Die Verhandlung im Handelsstreit

Studien zum Internationalen, Europäischen und Öffentlichen Recht

Herausgegeben von Eibe Riedel

Band 32

PETER LANG

Florent Duplouy

Die Verhandlung im Handelsstreit

Eine Untersuchung zum Vorverfahren im Streitbeilegungssystem der Welthandelsorganisation (WTO) am Beispiel der Sache *Kodak-Fujifilm*

PETER LANG

Bibliografische Information der Deutschen Nationalbibliothek
Die Deutsche Nationalbibliothek verzeichnet diese Publikation in der Deutschen Nationalbibliografie; detaillierte bibliografische Daten sind im Internet über http://dnb.d-nb.de abrufbar.

Zugl.: Mannheim, Univ., Diss., 2020

D 180
ISSN 1430-5380
ISBN 978-3-631-85352-8 (Print)
E-ISBN 978-3-631-86325-1 (E-PDF)
E-ISBN 978-3-631-86326-8 (EPUB)
DOI 10.3726/b18774

Peter Lang – Berlin · Bern · Bruxelles · New York · Oxford · Warszawa · Wien

Diese Publikation wurde begutachtet.

www.peterlang.com

Vorwort

Die vorliegende Arbeit wurde im Sommersemester 2020 von der Abteilung Rechtswissenschaft der Universität Mannheim als Dissertation angenommen. Die Themenstellung geht, seit einem Seminar am Johns Hopkins University Bologna Center zum multilateralen Handelssystem, auf eine Mitarbeit im interdisziplinären Forschungsprojekt „Institutionalisierung internationaler Verhandlungssysteme“ (IINS) während meiner Tätigkeit als wissenschaftlicher Mitarbeiter am Lehrstuhl für deutsches und ausländisches öffentliches Recht, Völkerrecht und Europarecht der Universität Mannheim zurück. Der Abschluss des Manuskripts erfolgte im Frühjahr 2021.

Großen Dank schulde ich meinem verehrten Doktorvater und geschätzten Lehrer, Herrn Professor Dr. Eibe Riedel, für sein vollendetes Engagement in der Betreuung und Erstbegutachtung. Seit ersten Begegnungen in Genf und Straßburg hat er mein Interesse für das Völkerrecht geweckt, meine Verbindung zu Deutschland gestützt, meine persönliche Entwicklung begleitet. Lange über die Mitarbeit an seinem Lehrstuhl hinaus schenkte er unermüdlich Geduld und entschlossene Beharrlichkeit zur Fortsetzung des stockenden Projekts.

Besonderen Dank schulde ich darüber hinaus Herrn Professor Dr. Hans-Joachim Cremer für die Erstellung eines wohlwollenden Zweitgutachtens. Wertvolle Anregungen zur Thematik und darüber hinaus erhielt ich von Kollegen am Lehrstuhl sowie Mitgliedern des Forschungsprojekts und des angegliederten Doktorandenkollegs.

Die Arbeit und ein Forschungsaufenthalt am Sitz der Welthandelsorganisation wurden durch die Gesellschaft der Freunde der Universität Mannheim gefördert. Die Publikation wurde von Herrn Bertrand Christmann (Rechtsanwaltskanzlei ChristmannSchmitt) aus Luxemburg unterstützt.

Besonders verbunden bin ich nicht zuletzt meinen Freunden, Eltern und Kollegen für ihre Teilnahme, Hilfe und Nachsicht während der vergangenen Jahre.

Allen Helfern, Nachsichtigen und Zuversichtlichen ist diese Arbeit gewidmet.

Straßburg, im Mai 2021 *Florent Duplouy*

Inhaltsverzeichnis

Abkürzungsverzeichnis

Hiernach nicht gesondert aufgeführte Abkürzungen richten sich alternativ nach:

Leistner, Otto (Hrsg.): Internationale Titelabkürzungen von Zeitschriften, Zeitungen, wichtigen Hand- und Wörterbüchern, Gesetzen, Institutionen usw. (ITA), Bde. I-III, München/Osnabrück: Saur, 12. Aufl. 2008.

Alkire, Leland D./Westerman-Alkire, Cheryl (eds.): Periodical Title Abbreviations, Covering Periodical Title Abbreviations, Database Abbreviations and Selected Monograph Abbreviations, Vols. I-II, Detroit: Thomson Gale, 17th ed. 2007.

#	number
&	and; und; et
§	Paragraph
1108 Hanrei Jihô 3	Fall Nummer 1108, Sammlung der Entscheidungen, Seite 3 fortfolgende
AAMA	American Automobile Manufacturers Association
ABA	American Bar Association
ABlEG	Amtsblatt der Europäischen Gemeinschaft
ABlEU	Amtsblatt der Europäischen Union
Abs.	Absatz
ACTPN	Advisory Committee for Trade Policy and Negotiations
ACWL	Advisory Centre on WTO Law
Add.	Addendum
adopt.	adopted
ADP	anti-dumping
ADR	alternative dispute resolution
AFDI	Annuaire français de droit international
aff'd	affirmed
AIAS	Arbeitsgemeinschaft für angewandte interdisziplinäre Sozialforschung
AITIC	Agency for International Trade Information and Co-operation
AJIL	American Journal of International Law
ALCOA	Aluminium Corporation of America
ALI	American Law Institute
Am. Econ. Rev.	American Economics Review

amend.	amended
amtl.	amtlich
Anm.	Anmerkung
Ann. IDI	Annuaire de l'Institut de droit international
ansatzw.	ansatzweise
Antitrust & Trade Reg. Rep. (BNA)	Antitrust and Trade Regulation Reporter (edited by the Bureau of National Affairs)
APEC	Asia-Pacific Economic Community
ArchVR	Archiv des Völkerrechts
Art.	Artikel
AS (CH)	Amtliche Sammlung (Confoederatio helvetica)
ASIL Bull.	Bulletin of the American Society of International Law
ASIL Proc.	Proceedings of the Annual Meeting of the American Society of International Law
ASIL	American Society of International Law
ATTAC	Association pour la taxation des transactions financières et pour l'action citoyenne
Aufl.	Auflage
AUS	Australia
ausländ.	ausländisch
Bankr.	United States Bankruptcy Court
BATNA	best alternative to a negotiated agreement
BB	Betriebs-Berater
Bd.	Band
bekl.	beklagt
BerDGV	Berichte der Deutschen Gesellschaft für Völkerrecht
beschwerdef.	beschwerdeführend
Bevans	Treaties and other International Agreements of the United States of America 1776–1949 (edited by Bevans)
BGBl	Bundesgesetzblatt
BISD	Basic Instruments and Selected Documents
BOP	balance-of-payments
Bus. Lawyer	The Business Lawyer
BYIL	British Yearbook of International Law
bzw.	beziehungsweise
c/	contre
CECIDE	Centre du commerce international pour le développement
CEDAM	Casa Editrice Dottore Antonio Milani

CEE	Communauté économique européenne
CEFIC	Conseil européen des fédérations de l'industrie chimique
CEPEJ	Commission européenne pour l'efficacité de la justice
CEPEJ-GT-QUAL	Groupe de travail de la CEPEJ sur la qualité de la justice
cert.	certiatori
CESD	Center for Economic and Social Development
CFR	Code of Federal Regulations
Cie	Compagnie
CIEL	Centre for International Environmental Law
Cir.	Circuit Court
circul.	circulated
CISDL	Centre for International Sustainable Development Law
CLP	competition law and policy
Cmd.	Command Papers
CMIT	Committee on Capital Movements and Invisible Transactions
CMLR	Common Market Law Review
CNAPS	Center for Northeast Asian Policy Studies
Co.	Company
comp.	comparative
conf.	confirmed
Cong.	Congress
Const.	Constitution
COPA-COGECA	Comité des organisations professionnelles agricoles
Corp.	Corporation
Corr.	Corrigendum
CPDP	Competition Policy Department Paper
CPJI	Cour permanente de justice internationale
CPRC	Competition Policy Research Center
Cr.	Cranch's Reports
CRN	Central Registry of Notifications
CRS Rep.	Reports of the Congressional Research Service
Ct.	Court
CVA	customs valuation
d	second; third
Dec.	December
déc.	décembre
Dep't	Department
Ders.	Derselbe

DIE	Deutsches Institut für Entwicklungspolitik
Dies.	Dieselbe; Dieselben
diplomat.	diplomatisch
Dir.	sous la direction de
Diss.	Dissertation
Diss. Op.	Dissenting Opinion
Doc.	Document
Dok.	Dokument
DS	Dispute Settlement
DSB	Dispute Settlement Body
DSU	Dispute Settlement Understanding
dt.	deutsch
e	deuxième; troisième usw.
EC	European Community; European Communities; European Commission
éd.	éditeur; éditeurs; édition
ed.	editor; edition
eds.	editors
EEC	European Economic Community
effect.	effective
EG	Europäische Gemeinschaft; Europäische Gemeinschaften
EGV	EG-Vertrag; Vertrag zur Gründung der Europäischen Wirtschaftsgemeinschaft
EIF	Enhanced Integrated Framework
EJIL	European Journal of International Law
ELSI S.p.A.	Elettronica Sicula Società per Azioni
engl.	Englisch
EPIL	Encyclopedia on Public International Law
ESCOR	Resolutions of the United Nations Economic and Social Council
et al.	et altera
etc.	et cetera
et seq.	et sequentia
EU	Europäische Union; European Union
EuGH Slg.	Sammlung der Entscheidungen des Europäischen Gerichtshofs
EuGRZ	Europäische Grundrechte-Zeitschrift

Europ. Journ. Law & Econs.	European Journal of Law and Economics
EuZW	Europäische Zeitschrift für Wirtschaftsrecht
F.	Federal
f.	folgende
F.2d (2d Cir. 1977)	Federal Reporter, Second Series (Court of Appeals for the Second Circuit)
FAH	Foreign Affairs Handbook
FAM	Foreign Affairs Manual
FCN-Treaty	Treaty of Friendship, Commerce and Navigation
Feb.	February
fév.	février
ff.	fortfolgende
Fordham Corp. Law Inst. Proc.	Proceedings of the Fordham Corporate Law Institute
FR	Federal Register
frz.	französisch
FTA	Free Trade Agreement
GAO	General Accounting Office
GAOR	Official Records of the General Assembly
GATS	General Agreement on Trade in Services
GATT	General Agreement on Tariffs and Trade
gem.	gemäß
George Washington JIL & Econs.	George Washington Journal of International Law and Economics
GER	Germany
gesellschaftl.	gesellschaftlich
GGD	General Government Division (General Accounting Office)
GPA	Agreement on Government Procurement
GPO	General Printing Office
GYIL	German Yearbook of International Law
H.R.	House of Representatives
Habil.	Habilitation
Hanrei Jihô	Sammlung der Entscheidungen
HMSO	Her Majesty's Stationery Office
HRC	Human Rights Council
Hrsg.	Herausgeber
IATA	International Air Transport Association

i.E.	im Ergebnis
i.S.	im Sinne
i.V.m.	in Verbindung mit
ICANN	Internet Corporation for Assigned Names and Numbers
ICAO	International Civil Aviation Organization
ICC	International Chamber of Commerce
ICITO	Interim Commission for the International Trade Organization
ICJ Rep.	Reports of the International Court of Justice
ICLQ	International Comparative Law Quarterly
ICSID	International Centre for Settlement of Investment Disputes
ICTSD	International Center for Trade and Sustainable Development
IDI	Institut de droit international
IFAP	International Federation of Agricultural Producers
IFRI	Institut français de relations internationales
IGB	Internationaler Gewerkschaftsbund
IGH	Internationaler Gerichtshof
IIE	Institute for International Economics
ILA	International Law Association
ILC	International Law Commission
ILJ	International Law Journal
ILM	International Legal Materials
ILO	International Labour Organization
ILP	import licensing procedures
ILR	International Law Review
IMO	International Maritime Organization
Inc.	Incorporated
Inmarsat	International Mobile Satellite Organization
insbes.	insbesondere
int'l	international
Int'l Journ. Social Econs.	International Journal of Social Economics
Int'l Lawyer	The International Lawyer
Int'l Trade Law & Reg.	International Trade Law and Regulation

Int'l Trade Rep. (BNA)	International Trade Reporter (edited by the Bureau of National Affairs)
internat.	international
IO	International Organization
ITA	Internationale Titelabkürzungen
ital.	italienisch
ITC	International Trade Centre
IUHEI	Institut universitaire des hautes études internationales
IWF	Internationaler Währungsfonds
J. oder Journ.	Journal
JADA	Japan Automobile Manufacturers Association
JAMA	Japan Automobile Dealers Association
Jan.	January
janv.	janvier
JAP	Japan
japan.	japanisch
Japan World Econ.	Japan and the World Economy
JDI	Journal du droit international
JFTC	Fair Trade Commission of Japan
JGT	Journal of Global Trade
JIEL	Journal of International Economic Law
JIL	Journal of International Law
JORF	Journal officiel de la République française
Journ. Common Market Studies	Journal of Common Market Studies
Journ. Consumer Policy	Journal of Consumer Policy
Journ. Int. Arb.	Journal of International Arbitration
Journ. Int'l Econs.	Journal of International Economics
juil.	juillet
JWT	Journal of World Trade
JWTL	Journal of World Trade Law
Kanpô	Amtsblatt
konsol.	konsolidiert
krit.	kritisch
KSZE	Konferenz über Sicherheit und Zusammenarbeit in Europa
L.Ed. 2d	Lawyers' Edition, Supreme Court Reports, Second Series

Law & Policy Int'l Business	Law and Policy in International Business
LGDJ	Librairie générale de droit et de jurisprudence
Lit.	Literatur
LJ	Law Journal
LLDC	Least Developed Country
LLP	Legal Partnership
LNTS	League of Nations Treaty Series
LR	Law Review
Ltd.	Limited
m.w.N.	mit weiteren Nachweisen
M.	Monsieur
METI	Ministry of Economy, Trade and Industry
MIT	Massachusetts Institute of Technology
MITI	Ministry of International Trade and Industry
MNCs	multinational corporations
MO	motivational orientation
modif.	modified
MOFA	Ministry of Foreign Affairs
MOSS	market-oriented, sector-specific
MTN	Multilateral Trade Negotiations
n.F.	neue Fassung
N.V.	Naamlooze Vennotschap
NAAEC	North American Agreement on Environmental Cooperation
NAALC	North American Agreement on Labor Cooperation
nachf.	nachfolgend
Nachw.	Nachweise
NAFTA	North American Free Trade Agreement
NATO	North Atlantic Treaty Organization
nd	second
New York Univ. JILP	New York University Journal of International Law and Politics
NGOs	non-governmental organizations
nichtamtl.	nichtamtlich
NIEO	New International Economic Order
NL	Nederlands
n°	numéro
No.	numero

notif.	notifiziert
nov.	novembre
Nr.	Nummer
NSIAD	National Security and International Affairs Division (General Accounting Office)
NVwZ	Neue Zeitschrift für Verwaltungsrecht
NYIL	Netherlands Yearbook of International Law
NYU Journ. Legislat. & Pub. Policy	New York University Journal of Legislation and Public Policy
O	Ordnung
Oct.	October
oct.	octobre
ODI	Overseas Development Institute
OECD	Organisation for Economic Cooperation and Development
OMC	Organisation mondiale du commerce; Organización Mundial del Comercio; Organizzazione mondiale del commercio
organisator.	organisatorisch
OSZE	Organisation für Sicherheit und Zusammenarbeit in Europa
Pet.	Peters' Reports
pr.	press
p.m.	post meridiem
polizeil.	polizeilich
PSI	preshipment inspection
Pub. L.	Public Law
pub.	publication
publ.	publishers; publishing; publications
PUF	Presses universitaires de France
Quarterly Journ. Econs.	Quarterly Journal of Economics
R&D	research and development
RADIC	Revue africaine de droit international et comparé
RBDI	Revue belge de droit international
RBP	restrictive business practices
rd	third
RdC	Recueil des Cours de l'Académie de droit international

Rec. CPJI Série A	Recueil des arrêts la Cour permanente de justice internationale
Rec. CPJI Série A/B	Recueil des arrêts, avis consultatifs et ordonnances de la Cour permanente de justice internationale
rechtsverbindl.	rechtsverbindlich
Res.	Resolution
Rev.	review
Rev. Econ. Studies	Review of Economic Studies
rev'd	revised
RGBl.	Reichsgesetzblatt
RGDIP	Revuc générale de droit international public
RIAA	Reports of International Arbitral Awards
RIS	Research and Information Services for Developing Countries
RIW	Recht der Internationalen Wirtschaft
RO (CH)	Recueil officiel (Confoederatio helvetica)
RRJ	Revue de la recherche juridique – Droit prospectif
Rs.	Rechtssache
Rspr.	Rechtsprechung
RTDE	Revue trimestrielle de droit européen
S.	Seite
S.Ct. oder Sup.Ct.	Supreme Court
S.D.N.Y.	Southern District of New York
S.Hrg.	Senate Hearing
SCM	subsidies and countervailing measures
SEATO	South East Asia Treaty Organization
Sec.	Section
Sep. Op.	Separate Opinion
sept.	septembre
Sess.	Session
SFG	safeguards
SII	Structural Impediments Initiative
SMEs	small and middle-sized enterprises
sog.	sogenannt
Souscr.	souscription
SPS	sanitary and phytosanitary
SRÜ	Seerechtsübereinkommen
st	first
St. Paul	Saint Paul

STA	Semiconductors Trade Agreement
staatl.	staatlich
Stat.	Statutes-at-Large
StIGH	Ständiger internationaler Gerichtshof
STR	state-trading
Supp. oder Suppl.	Supplement
TBT	technical barriers to trade
TCA	trade in civil aircraft
th	fourth; fifth; sixth usw.
TIAS	Treaties and Other International Acts Series
TPRB	Trade Policy Review Body
TPRM	Trade Policy Review Mechanism
Trade Reg. Rep. (CCH)	Trade Regulation Reporter (edited by Commerce Clearing House)
Transnat'l Law & Contemp. Probs.	Transnational Law and Contemporary Problems
TRIMs	trade-related investment measures
TRIPS	trade-related aspects of intellectual property rights
TRTA	trade-related technical assistance
u.a.	unter anderem
Übereink.	Übereinkommen
Übers.	Übersetzung
UBIFRANCE	Agence française pour le développement international des entreprises
U. Penn. Journ. Int'l Business Law	University of Pennsylvania Journal of International Business Law
USC	United States Code
UCLA	University of California at Los Angeles
UdSSR	Union der sozialistischen Sovietrepubliken
UKTS	United Kingdom Treaty Series
UN	United Nations
UNCLOS	United Nations Convention on the Law of the Sea
UNDP	United Nations Development Programme
UNEP	United Nations Environment Programme
UNIDO	United Nations Industrial Development Organization
UNITAR	United Nations Institute for Training and Research
Univ.	Universität
univ.	university
UNTS	United Nations Treaty Series

URAA	Uruguay Round Agreements Act
US oder U.S.	United States
USA	United States of America
USCCAN	United States Code of Congressional and Administrative News
USDOC	United States Department of Commerce
USDOJ	United States Department of Justice
USDOS	United States Department of State
USG	United States Government
USITC	United States International Trade Commission
UST	United States Treaties and Other International Agreements
USTR	United States Trade Representative
usw.	und so weiter
v.	versus; and
v.a.	vor allem
VER	voluntary export restraint
VerwArch	Verwaltungs-Archiv
vgl.	vergleiche
VIE	voluntary import expansion
VN	Vereinte Nationen
VO	Verordnung
Vol.	Volume
vol.	volume
vols.	volumes
WCPD	Weekly Compilation of Presidential Documents (edited by the Government Printing Office)
W.D.N.Y.	District Court for the Western District of New York
Wall.	Wallace's Reports
WeltwArch	Weltwirtschaftliches Archiv
WIPO	World Intellectual Property Organization
WL	WestLaw
WTI	World Trade Institute
WTO	World Trade Organization; Welthandelsorganisation
WÜD	Wiener Übereinkommen über diplomatische Beziehungen
WVK	Wiener Vertragsrechtskonvention
WWF International	World Wildlife Fund International
YILC	Yearbook of the International Law Commission

ZaöRV	Zeitschrift für ausländisches öffentliches Recht und Rechtsvergleichung
Ziff.	Ziffer
zugl.	zugleich
zwischenstaatl.	zwischenstaatlich

Einleitung

Seit Gründung der Welthandelsorganisation (WTO) am 1. Januar 1995 zielt die Beilegung zwischenstaatlicher Handelsstreitigkeiten aufgrund der Vereinbarung über Regeln und Verfahren zur Beilegung von Streitigkeiten (DSU)[1] vorrangig auf die Durchsetzung von Vertragspflichten aus den Übereinkommen von Marrakesch[2] ab.

Erfolgt solche Beilegung deshalb auch im gerichtlichen Verfahren?

In strenger Abgrenzung zur vormals geltenden[3] Koordination gemäß Artikel XXII und XXIII Allgemeines Zoll- und Handelsabkommen 1947 (GATT 1947)[4]

---

1 Understanding on Rules and Procedures Governing the Settlement of Disputes, Annex 2 to the Marrakesh Agreement Establishing the World Trade Organization, UNTS 1869 (1995), 401 ff.; TIAS No. 31874, in: ILM 33 (1994), 1226 ff.; ABlEG L 336 vom 23. Dez. 1994, 234 ff.

2 Marrakesh Declaration of 15 April 1994, UNTS 1867 (1995), 14 ff.; TIAS No. 31874, in: ILM 33 (1994), 1263 ff.; in nichtamtl. Übers. *Benedek, Wolfgang*: Die Welthandelsorganisation (WTO), München: Beck 1998, 591 ff. (Erklärung von Marrakesch); das anhängende Final Act Embodying the Results of the Uruguay Round of Multilateral Trade Negotiations, done at Marrakesh, 15 April 1994, UNTS 1867 (1995), 16 ff.; TIAS No. 31874, in: ILM 33 (1994), 1143 f.; ABlEG L 336 vom 23. Dez. 1994, 253 ff. (Schlussakte von Marrakesch), das Marrakesh Agreement Establishing the World Trade Organization, done at Marrakesh, 15 April 1994, UNTS 1867 (1995), 154 ff.; TIAS No. 31874, in: ILM 33 (1994), 1144 ff.; ABlEG L 336 vom 23. Dez. 1994, 3 ff. (Übereink. zur Errichtung der Welthandelsorganisation – WTO-Abkommen), die anhängenden Teilabk. sowie alle Beschlüsse, Erklärungen und Vereinbarungen der Uruguay-Runde werden nachf. als „Übereinkommen von Marrakesch" zusammengefasst.

3 So etwa *Dam, Kenneth*: The GATT: Law and International Economic Organization, Chicago/London: Univ. of Chicago Pr. 1970, 356; *Hudec, Robert E.*: The GATT Legal System: A Diplomat's Jurisprudence, JWTL 4 (1970), 615–665 (636 ff.); *Malinverni, Georges*: Le règlement des différends dans les organisations internationales économiques, Thèse Genève, Leiden/Genève: Sijthoff/IUHEI 1974, insbes. 27 ff.; 110 ff.; *McGovern, Edmond*: International Trade Regulation: GATT, the United States and the European Community, Exeter: Globefield Press, 2nd ed. 1986, 32; *Long, Olivier*: Law and its Limitations in the GATT Multilateral Trade System, Dordrecht/London/Boston: Martinus Nijhoff/Kluwer Academic Publ. 1987, insbes. 81 ff.

4 General Agreement on Tariffs and Trade, Annex to the Final Act Adopted at the Conclusion of the Second Session of the Preparatory Committee of the United Nations Conference on Trade and Employment, signed at Geneva, 30 Oct. 1947, UNTS

wird dies überwiegend bejaht: Der grundsätzliche, über eine tendenzielle Verrechtlichung und Judizialisierung hinausgehende Wandel zur gerichtlichen Beilegung gilt als wesentliche Errungenschaft des multilateralen Handelssystems neuerer Prägung.[5] Hiervon abweichende Stimmen[6] bleiben in der Minderheit.

---

55 (1950), 194 ff.; TIAS No. 814, in: Report on the Geneva Tariff Negotiations, with Text of the General Agreement on Tariffs and Trade, and Supplementary Agreements with the United States and Canada, Cmd. 7258, London: HMSO 1947; BGBl 1951 II, Anlagenband I, 4 ff.; bis einschl. 31. Dez. 1994 bildete dieses Übereink. das Kernstück der zwischenstaatl. Handelsregulierung.

5 So etwa *Montañá i Mora, Miquel*: A GATT with Teeth: Law Wins over Politics in the Resolution of International Trade Disputes, Columbia JTL 31 (1993/94), 103–180 (159 ff.; 176 ff.); *Lowenfeld, Andreas F.*: Remedies along with Rights: Institutional Reform in the New GATT, AJIL 88 (1994), 477–488 (479 ff.); *Kohona, Palitha T.*: Dispute Resolution under the World Trade Organization, JWT 28 (1994), 23–47 (24 f.); *Schott, Jeffrey J./Buurman, Johanna W.*: The Uruguay Round: An Assessment, Washington: IIE 1994, 125 ff.; *Bello, Judith. H./Holmer, Alan F.*: U.S. Trade Law and Policy Series No. 24: Dispute Resolution in the New World Trade Organization: Concerns and Net Benefits, Int'l Lawyer 28 (1994), 1095–1104 (1102 f.); *Preeg, Ernest H.*: Traders in a Brave New World: The Uruguay Round and the Future of the International Trading System, Chicago/London: Univ. of Chicago Pr. 1995, 208; *Young, Michael K.*: Dispute Resolution in the Uruguay Round: Lawyers Triumph over Diplomats, Int'l Lawyer 29 (1995), 389–409 (391 ff.); *Reich, Arie*: From Diplomacy to Law: The Juridicization of International Trade Relations, Northwestern JIL & Bus. 17 (1996/97), 775–849 (insbes. 784 ff.; 830 ff.); *Petersmann, Ernst-Ulrich*: International Trade Law and the GATT/WTO Dispute Settlement System 1948–1996: An Introduction, in: Petersmann, Ernst-Ulrich (ed.): International Trade Law and the GATT/WTO Dispute Settlement System, The Hague/London/Boston: Kluwer Law Int'l 1997, 3–122 (25 ff.); *Steger, Debra P./Hainsworth, Susan M.*: New Directions in International Trade Law: WTO Dispute Settlement, in: Cameron, James/Campbell, Karen (eds.): Dispute Resolution in the World Trade Organisation, London: Cameron May 1998, 28–58 (30 ff.); *Palmeter, David/Mavroidis, Petros C.*: Dispute Settlement in the World Trade Organization: Practice and Procedure, The Hague/London/Boston: Kluwer Law Int'l 1999, 17 f.; *Mengozzi, Paolo*: The World Trade Organization Law: An Analysis of its First Practice, in: Mengozzi, Paolo (ed.): International Trade Law on the 50th Anniversary of the Multilateral Trade System, Milano: Giuffrè 1999, 3–51 (5 ff.).

6 So etwa *Jackson, John H.*: The World Trading System: Law and Policy of International Economic Relations, Cambridge/London: MIT Press, 2nd ed. 1997, 109 ff.; *Busch, Marc L./Reinhardt, Eric*: Bargaining in the Shadow of the Law: Early Settlement in GATT/WTO Disputes, Fordham ILJ 24 (2000), 158–172 (158 ff.); ausf. *Baroncini, Elisa*: The WTO Dispute Settlement Understanding as a Promoter of Transparent,

Gleichwohl lässt die Staatenpraxis vermuten, dass Koordination und Verhandlung am 1. Januar 1995 keineswegs verbannt wurden, sondern die Beilegung von Handelsstreitigkeiten in höherem Maße bestimmen, als überwiegend angenommen. Erstens verbleibt eine Dunkelziffer von Situationen, die gar nicht erst dem DSU zugeführt[7] und folglich andernorts gelöst werden. Zweitens belegen Statistiken einen erheblichen Anteil an außergerichtlicher Beilegung aufgrund des DSU,[8] die durch Koordination im Vorverfahren des DSU beziehungsweise neben dem gerichtlichen Hauptverfahren „beiderseits akzeptable Lösungen" hervorbringen. Drittens durchlaufen Handelsstreitigkeiten um Bananen, Flugzeuge oder Holzfasern vielfache Verfahrensstufen im DSU, deren Handlungs- und Ermessensspielräume durch teils angeordnetes, teils freies Koordinieren der Parteien ausgefüllt werden. Wegen der dezentralen und genossenschaftlichen Ordnung zwischenstaatlicher Beziehungen ist das Koordinieren von Parteiwillen derart gegenwärtig,[9] dass ein Reduzieren von Handelsstreitigkeiten auf judiziäre Aspekte zum kritischen Hinterfragen geradezu auffordern muss.

Rule-oriented, Mutually Agreed Solutions – A Study on the Value of DSU Consultations and Their Positive Conclusion, in: Mengozzi, Paolo (ed.): International Trade Law on the 50th Anniversary of the Multilateral Trade System, Milano: Giuffrè 1999, 152–302 (157 ff.; 186 ff.; 227 ff.).

7 So hinsichtl. des GATT 1947, *Vagts, Detlev F.*: Dispute-resolution Mechanisms in International Business, RdC 203 (1987 III), 9–94 (31); *Hudec, Robert E.*: Enforcing International Trade Law: The Evolution of the Modern GATT Legal System, Salem: Butterworth 1993, 287 ff.; der WTO, *Jackson* (Anm. 6), 120; *Park, Young Duk/ Eggers, Barbara*: WTO Dispute Settlement 1995–99: A Statistical Analysis, JIEL 3 (2000), 193–204 (194 f.).

8 So etwa *Jackson* (Anm. 6), 109 ff.; 134 ff.; *Baroncini* (Anm. 6), 227 ff.; *Busch/Reinhardt* (Anm. 6), 160 ff.

9 So etwa *De Visscher, Charles*: Théories et réalités en droit international public, Paris: Pédone, 4e éd. 1970, 165 f.; *Vitzthum, Wolfgang Graf*: Begriff, Geschichte und Quellen des Völkerrechts, in: Vitzthum, Wolfgang Graf (Hrsg.): Völkerrecht, Berlin/New York: de Gruyter 1997, 1–100 (33 ff.); *Watts, Sir Arthur*: The Importance of International Law, in: Byers, Michael (ed.): The Role of Law in International Politics – Essays in International Relations and International Law, Oxford: Oxford Univ. Pr. 2000, 5–16 (6); *Hanschel, Dirk*: Verhandlungslösungen im Umweltvölkerrecht: Eine Untersuchung verhandlungsorientierter Institutionalisierungsformen anhand der Regime über weiträumige grenzüberschreitende Luftverschmutzung, zum Schutz der Ozonschicht und des Klimas, Diss. Mannheim, Stuttgart/München/Hannover: Boorberg 2003, 279 ff.

Diese Kluft von theoretischer Aussage und empirischer Staatenpraxis konnte auch die abweichende Dogmatik nur unvollkommen schließen. Es mag daran liegen, dass die Literatur zum GATT 1947 die Allgegenwart der Verhandlung zwar beschrieben,[10] sie jedoch nicht eingehend aufgearbeitet hat. Es mag aus dem Interesse der gegenwärtigen Dogmatik zur WTO an Fragen herrühren, die sich zwar vor den Panels beziehungsweise dem Berufungsgremium stellen mögen, jedoch lediglich die Spitze eines durch Verhandlung auf judiziäre Aspekte reduzierten Handelsstreits betreffen. Es kann sich aus dem konsequenten Streben von Rechtswissenschaft nach Ordnung, Norm, Institution, System, Verfahren und Urteil ergeben, dem sich Eigenschaften der Verhandlung wie Freiheit, Vielfalt, Flexibilität, Abdingbarkeit und Koordination zu entziehen scheinen. So wird das Entstehen von Übereinkommen kaum als eigenes Thema der Rechtswissenschaft begriffen, sondern meist als vorvertragliche, rechtsleere, machtbetonte *black box*, die der Empirie zu überlassen sei.[11]

Dem sollte abgeholfen werden. Hierzu bedarf es, über den engen und formalen Verhandlungsbegriff des Artikel 33 Ziffer 1 Charta der Vereinten Nationen (VN-Charta)[12] hinaus die materielle, auf den Koordinationscharakter abstellende sozialwissenschaftliche Definition aufzugreifen. Auf dieser Grundlage kann die Staatenpraxis am Beispiel eines konkreten Sachverhalts untersucht werden, was die Informationsbeschaffung über vertrauliche Abläufe löst, allzu abstrakte Deduktion vermeidet und gewonnene Erkenntnisse an die Realität bindet. Ausgesucht wurde hier der Handelsstreit *Kodak-Fujifilm*,[13] der transparent, ausführlich und kontradiktorisch dokumentiert ist.[14]

---

10 So etwa *Hudec* (Anm. 3), 639 ff.; *Malinverni* (Anm. 3), 110 ff.; 133 ff.; *Long* (Anm. 3), 21 ff.; 81 ff.

11 So etwa *Reuter, Paul*: De l'obligation de négocier, in: Il processo internazionale – Studi in onore di Gaetano Morelli, Comunicazioni e studi vol. XIV, Milano: Giuffrè 1975, 711–733 (714); *Combacau, Jean/Sur, Serge*: Droit international public, Paris: Montchrestien 1993, 567; *Schröder, Meinhard*: Verantwortlichkeit, Völkerstrafrecht, Streitbeilegung und Sanktionen, in: Vitzthum, Wolfgang Graf (Hrsg.): Völkerrecht, Berlin/New York: de Gruyter 1997, 525–580 (556 f.); *Merrills, John G.*: International Dispute Settlement, Cambridge/New York/Melbourne: Cambridge Univ. Pr., 3rd ed. 1998, 2 ff.

12 Charter of the United Nations, signed at San Francisco, 26 June 1945, UNTS 1 (1946/47), 16 ff.; UKTS 67 (1946), in: UN Yearbook 23 (1969), 953 ff.; BGBl 1973 II, 431 ff.; 1974 II, 769 ff.; 1980 II, 1252 ff.

13 So die fortan verwendete Bezeichnung des Handelsstreits *Japan – Film*; verbreitet auch als „*Kodak-Fujifilm* dispute", „film-dispute" bzw. „Filmstreit".

14 *Schweitzer, Frank J.*: Flash of the Titans: A Picture of Section 301 in the Dispute Between Kodak and Fuji and a View Toward Dismantling Anticompetitive Practices

An diesem Sachverhalt werden Verfahrensabschnitte, Strukturelemente und Erscheinungsformen der Verhandlung nachvollzogen, was Erkenntnisse über die streitbeilegende und somit rechtsanwendende Koordination eines Übereinkommens ermöglicht. Verhandlung und Handelsstreit werden hierbei nicht als Rechtsbegriffe aus Richtersicht betrachtet, sondern aus Anwaltssicht als Konstanten, wobei die „Richterbank" nur eine unter vielen Möglichkeiten darstellt.[15] Weil die rechtsanwendende Koordination die unmittelbare Konfliktbewältigung stärker betont als die institutionelle Fortentwicklung, liegt der Schwerpunkt der vorliegenden Untersuchung auf dem Frühstadium des

---

in the Japanese Distribution System, Am. U.J. Int'l L. & Pol'y. 11 (1996), 847–875 (864 ff.); *Lake, Charles D./Riccardi, Jennifer D.*: Market Access Barriers in the Japanese Consumer Photographic Film and Paper Sector – Can Section 301 Address the Problem? UCLA JIL & Foreign Affairs 1 (1996), 143–180 (144 ff.); *Hardt, Renee*: Kodak v. Fuji: A Test Case for the Extraterritorial Application of the Sherman Act, Boston University ILJ 15 (1997), 309–341 (315 ff.); *Joelson, Mark R.*: The Kodak-Fuji Trade Dispute: A U.S. View, Int'l Trade Law & Reg. 34 (1998), 34–39 (34 ff.); *Goldman, Julie*: Bad Lawyering or Ulterior Motive? Why the US Lost the Film Case before the WTO Dispute Settlement Panel, Law & Policy Int'l Business 30 (1998/99), 417–437 (418 ff.); *Dillon, Sara*: *Fuji-Kodak*, the WTO, and the Death of Domestic Political Constituencies, Minnesota JGT 8 (1999), 197–248 (245 ff.); *Durling, James P./Lester, Simon N.*: Original Meanings and the Film Dispute: Drafting History, Textual Evolution, and Application of the Non-violation or Impairment Remedy, George Wash. JIL & Econs. 32 (1999), 211–268 (213 ff.); *Linarelli, John*: The Role of Dispute Settlement in World Trade Law: Some Lessons from the *Kodak-Fuji* Dispute, Law & Policy Int'l Business 31 (1999/2000), 263–372 (332 ff.); *Suzuki, Masabumi*: Toward Constructive International Trade Dispute Resolution: Lessons from Recent U.S.-Japan Disputes on Restrictive Practices, CNAPS Working Paper, Washington: Brookings Institution 1999, 5 ff.; *Durling, James*: Anatomy of a Trade Dispute: A Documentary History of the Kodak-Fujifilm Dispute, London: Cameron May 2000, insbes. 669 ff.; *Devereaux, Charan/Lawrence, Robert Z./Watkins, Michael D.*: Case Studies in US Trade Negotiations, Vol. II: Resolving Disputes, Washington: Peterson Institute 2006, 143 ff.; *Iida, Keisuke*: Legalization and Japan: The Politics of WTO Dispute Settlement, London: Cameron May 2006, 97 ff.

15 Wohl grundl. *Eisenberg, Melvin A.*: Private Ordering through Negotiation: Dispute Settlement and Rulemaking, Harvard LR 89 (1976), 637–681 (insbes. 653 ff.); ihm folgend *Mnookin, Robert H./Kornhauser, Lewis*: Bargaining in the Shadow of the Law: The Case of Divorce, Yale LJ 88 (1979), 950–997 (951 ff.); *Shaw, Malcolm N.*: The International Court of Justice: A Practical Perspective, ICLQ 46 (1997), 831–865 (831 ff.); *Busch/Reinhardt* (Anm. 6), 158 ff.

Handelsstreits, innerstaatlichen und bilateralen Vorgängen sowie auf dem Vorverfahren im DSU.

Hierbei wird ersichtlich, dass die Verhandlung kaum aus der Beilegung von Handelsstreitigkeiten wegzudenken ist, und vielmehr abwechselnde Erscheinungsformen annimmt. Über diese Feststellung hinaus ist es Ziel der Untersuchung, im rechtlich definierten Verhandlungsraum die rechtliche Dimension von Strukturelementen der rechtsanwendenden Koordination zu erschließen und zu systematisieren, die Verhandlung mit weiteren Verfahrensinstrumenten der Streitbeilegung zu kombinieren sowie die Verhandlung im Vorverfahren des DSU neu zu bewerten. Hierdurch möchte der Verfasser zur rechtswissenschaftlichen Verhandlungstheorie beitragen, die Brücke zu sozialwissenschaftlichen Ansätzen schlagen, die Kluft zwischen dogmatischem Anspruch und empirischer Staatenpraxis verringern sowie in Verhandlung, Handelsstreit und Beilegung den praktischen Umgang mit der rechtlichen Materie erleichtern helfen.

Weil die Sprache kognitive Denkstrukturen, kulturelle Verhaltensmuster und rechtliche Referenzzusammenhänge mitbestimmt und weil sowohl das multilaterale Handelssystem als auch der zwischenstaatliche Rechtsverkehr die Sache aller Nationen ist, wird soweit möglich die Vielfalt von Quellen, Rechtskreisen und Sprachen berücksichtigt. Immer dann, wenn sie Abschnitte, Strukturelemente oder Funktionen der Verhandlung preisgeben, werden Quellen auszugsweise zitiert. Nicht ausdrücklich ausgewiesene Übersetzungen sind durch den Verfasser angefertigt.

Erster Teil: Grundlagen und Anknüpfungen der Untersuchung

Erstes Kapitel: Verwendeter Verhandlungsbegriff

Handelsstreitigkeiten, die Gegenstand der vorliegenden Untersuchung sind, haben eine zwischenstaatliche Dimension. Im Zusammenhang mit einer Gefährdung des Weltfriedens und der internationalen Sicherheit[1] normiert Artikel 33 Ziffer 1 Charta der Vereinten Nationen (VN-Charta)[2] allen Mitteln zur friedlichen Beilegung solcher Streitigkeiten voran die Verhandlung.

Diese wird in der völkerrechtlichen Dogmatik weitgehend durch ihre äußere Erscheinungsform definiert, als politisches Verfahren, das auf die am Streit beteiligten Parteien beschränkt sei.[3] Ein derart enges, formales und abstraktes Verständnis wird kaum der Vielfalt und Dynamik von Verhandlungsvorgängen gerecht. Auch verwehrt es der Rechtswissenschaft – und hier gerade der mit zwischenstaatlicher Streitbeilegung befassten – den Blick für eine Realität, in die sie ständig eingebunden ist. Freilich bemüht sich zumindest ein Teil der Literatur um Realitätsbezug.[4] Will man zu belastbaren und aussagekräftigen

---

1 Zum Begriff statt vieler, *Tomuschat, Christian*: Art. 33, in: Simma, Bruno/Mosler, Hermann/Ranzeldorfer, Albrecht/Tomuschat, Christian/Wolfrum, Rüdiger (Hrsg.): Kommentar der Charta der Vereinten Nationen, München: Beck 1991, 472–481 (475); *Bothe, Michael*: Friedenssicherung und Kriegsrecht, in: Vitzthum, Wolfgang Graf (Hrsg.): Völkerrecht, Berlin/New York: de Gruyter 1997, 581–663 (583 ff.).

2 Charter of the United Nations, signed at San Francisco, 26 June 1945, UNTS 1 (1946/47), 16 ff.; UKTS 67 (1946), in: UN Yearbook 23 (1969), 953 ff.; BGBl 1973 II, 431 ff.; 1974 II, 769 ff.; 1980 II, 1252 ff.

3 So etwa *Reuter, Paul*: De l'obligation de négocier, in: Il processo internazionale – Studi in onore di Gaetano Morelli, Comunicazioni e studi vol. XIV, Milano: Giuffrè 1975, 711–733 (714); *Combacau, Jean/Sur, Serge*: Droit international public, Paris: Montchrestien 1993, 567; *Fleischhauer, Carl-August*: Negotiation, in: Bernhardt, Rudolf (ed.): EPIL 3 (1997), 535–537 (536); *Schröder, Meinhard*: Verantwortlichkeit, Völkerstrafrecht, Streitbeilegung und Sanktionen, in: Vitzthum, Wolfgang Graf (Hrsg.): Völkerrecht, Berlin/New York: de Gruyter 1997, 525–580 (556 f.); *Merrills, John G.*: International Dispute Settlement, Cambridge/New York/Melbourne: Cambridge Univ. Pr., 3rd ed. 1998, 2 ff.

4 So etwa *De Visscher, Charles*: Théories et réalités en droit international public, Paris: Pédone, 4e éd. 1970, 163 ff.; *Simma, Bruno*: Das Reziprozitätselement im Zustandekommen völkerrechtlicher Verträge, Gedanken zu einem Bauprinzip internationaler Rechtsbeziehungen, Habil. Innsbruck, Berlin: Duncker & Humblot 1972, 38 ff.; *Neuhold, Hanspeter*: Internationale Konflikte – Verbotene und erlaubte Mittel ihrer

Ergebnissen gelangen, kann dieser Ansatz kaum vermieden werden. Deshalb ist von einem materiellen Verhandlungsbegriff auszugehen.

Eine umfangreiche sozialwissenschaftliche Literatur beschreibt die Verhandlung als Verfahren zur Koordination zweier oder mehrerer Parteien mit dem Ziel der einvernehmlichen Neuordnung ihrer Interessen.[5] Aspekte, um die Vielfalt und Dynamik dieses Verfahrens näher zu erfassen, sind Strukturelemente, Erscheinungsformen und Eigenschaften.

A. Strukturelemente

Aus der Fülle aller Aspekte, welche die Verhandlung inhaltlich gestalten, filtern politikwissenschaftliche, verhaltenspsychologische und volkswirtschaftliche Schriften einige heraus.[6] Auf Diskussionen, ob je nach Forschungsansatz mehr dieses oder eher jenes Strukturelement bevorzugt werden sollte, braucht eine

---

Austragung, Habil. Wien, Wien/New York: Springer 1977, 358 f.; *Riedel, Eibe*: Standards and Sources: Farewell to the Exclusivity of the Sources Triad in International Law? EJIL 2 (1991), 58–84 (65 ff.); *Virally, Michel*: La pensée juridique, Neudruck, Paris: LGDJ 1998, 22 f.; *Hanschel, Dirk*: Verhandlungslösungen im Umweltvölkerrecht: Eine Untersuchung verhandlungsorientierter Institutionalisierungsformen anhand der Regime über weiträumige grenzüberschreitende Luftverschmutzung, zum Schutz der Ozonschicht und des Klimas, Diss. Mannheim, Stuttgart/München/Hannover: Boorberg 2003, insbes. 273 ff.; sowie hinsichtl. privatrechtl. Langzeitverträge, *Leonhard, Marc*: Internationaler Industrieanlagenvertrag: Konfliktvermeidung und Konflikterledigung, BB Nr. 27/1999, Beilage 9 Mediation & Recht, 13–17 (13).

5 Hierzu etwa *Iklé, Fred C.*: Negotiation, in: Sills, David L. (ed.): International Encyclopedia of the Social Sciences, Vol. XI, London: Macmillan & Free Pr. 1968, 117–120 (117); *Rittberger, Volker*: International Conference Diplomacy: A Conspectus, in: Boisard, Marcel A./Chossudovsky, Evgeny M. (eds.): The United Nations System at Geneva: Scope and Practices of Multilateral Diplomacy and Co-operation, New York: UNITAR 1991, 36–44 (38 ff.); *Faure, Guy-Olivier*: Négociation, in: Akoun, André/Ansart, Pierre (Dir.): Dictionnaire de sociologie, Paris: Seuil 1999, 360–361 (360); *Zartman, Ira W./Rubin, Jeffrey Z.*: The Study of Power and the Practice of Negotiation, in: Zartman, Ira W./Rubin, Jeffrey Z. (eds.): Power and Negotiation, Ann Arbor: Univ. of Michigan Pr. 2002, 3–28 (12); *Paveau, Jacques/Duphil, François et al.*: Exporter: Pratique du commerce international, Vanves: Foucher/UBIFRANCE, 19e éd. 2005, 227; weiter gefasste und zugl. auf die Beilegung von Streitigkeiten reduzierte Definition bei *Lall, Arthur S.*: Modern International Negotiation: Principles and Practice, New York/London: Columbia Univ. Pr. 1966, 5.

6 Siehe etwa *Faure* (Anm. 5), 361.

rechtswissenschaftliche Untersuchung nicht abschließend einzugehen. Eine gewisse Vereinfachung in Kauf genommen, kann die Beschreibung der faktischen Zusammenhänge an sechs Strukturelementen verankert werden.

I. Interessen

Interessen sind Präferenzen, die eine Partei als notwendigen, nützlichen oder vorteilhaften Bestand ihres subjektiven Willens erachtet. Der identifizierte Gegensatz mit Interessen einer Gegenpartei ruft das Bedürfnis nach Koordination durch Verhandlung hervor.[7]

Die Konfliktforschung unterscheidet Interessen von Positionen, durch die eine Partei Teilaspekte des Sachverhalts verkürzt, als ihre Interessen ausgibt und argumentativ untermauert, um gezielte Handlungsfolgen der Gegenpartei zu induzieren.[8] Im ungeregelten Verhandlungsablauf drohen Interessen durch die Debatte um Positionen überlagert zu werden. Diese Herangehensweise, so die aktuelle Konfliktforschung, sei konfrontativ, machtgeleitet und auf die Durchsetzung der eigenen Interessen auf Kosten der Gegenpartei gerichtet (sogenannte *win-lose* Lösung). Vielmehr solle jede Partei auf das Freilegen der Interessen ihrer Gegenpartei hinarbeiten. Nur so könne eine Übereinkunft erreicht werden, welche die wirklichen – und nicht die als Positionen verkleideten – Interessen aller Parteien ausgleicht. Die Möglichkeit, eine solche *win-win* Lösung überhaupt zu erzielen, sei nicht judiziärem Entscheiden, sondern koordinierender Verhandlung vorbehalten.[9]

---

7 So etwa *Faure* (Anm. 5), 360; *Gervais, André*: Quelques réflexions à propos de la distinction des « droits » et des « intérêts », in: (Souscr.): Mélanges en l'honneur de Paul Roubier: Théorie générale du droit et droit transitoire, Tome I, Paris: Dalloz & Sirey 1961, 241–252 (241); *Hopmann, Philip T.*: The Negotiation Process and the Resolution of International Conflicts, Columbia: Univ. of South Carolina Pr. 1996, 99.

8 Strategien des rechtl. Positionierens etwa bei *Lacharrière, Guy de*: La politique juridique extérieure, Paris: IFRI/Économica 1983, 15 ff.

9 Zur Notwendigkeit interessengeleiteter Verhandlung aus psychologischer Sicht, *Burton, John W.*: The Procedures of Conflict Resolution, in: Azar, Edward E./Burton, John W. (eds.): International Conflict Resolution: Theory and Practice, Boulder/Brighton: Lynne Rienner/Wheatsheaf 1986, 92–116 (93 ff.); allgemein *Fisher, Roger/Ury, William/Patton, Bruce*: Getting to YES: Negotiating Agreement Without Giving In, New York/London: Penguin, 2nd ed. 1991, 19 ff.; *Zartman, Ira W./Berman, Maureen B.*: The Practical Negotiator, New Haven/London: Yale Univ. Pr. 1982, 28; *Hopmann* (Anm. 7), 190; *Risse, Jörg*: Die Rolle des Rechts in der Wirtschaftsmediation, BB Nr. 27/1999, Beilage 9 Mediation & Recht, 1–7 (3); i.E. bereits *Simma* (Anm. 4), 81 ff.

II. Macht

Macht ist zweifelsohne ein wichtiges Strukturelement jeder Verhandlung. Versteht die Intuition darunter meist absolute Macht im Sinne von materieller Überlegenheit, wird Verhandlungsmacht gleichwohl als Fähigkeit definiert, die Gegenpartei zum Treffen beziehungsweise Unterlassen von Entscheidungen zu veranlassen.[10]

Solche Macht wird im konfrontativen *bargaining* beziehungsweise *marchandage* eingesetzt, indem der Gegenpartei glaubhaft gemacht wird, dass der Eintritt bestimmter Ereignisse mit ihrer Entscheidung, letztlich mit ihrem Einlenken hinsichtlich vorgebrachter Positionen verknüpft sei.[11] Dies erfolgt typischerweise durch Drohung,[12] wobei mitunter schon ein höfliches Warnen das Einlenken der Gegenpartei bewirken kann.[13] Analog zur Drohung verhält sich das Versprechen, nur dass das Einlenken mit einer positiven Eigenleistung wie etwa einer Ausgleichszahlung verknüpft wird.[14]

---

10 Grundl. wohl *Tawney, Richard H.*: Equality, London: Allen & Unwin 1931, 229; ähnlich *Gottwald, Walther*: Stadien, Strategien und Maximen in Verhandlungen, in: Gottwald, Walther/Haft, Fritjof (Hrsg.), Verhandeln und Vergleichen als juristische Fertigkeiten, Tübingen: Attempto, 2. Aufl. 1993, 65–89 (84); *Salacuse, Jeswald W.*: Lessons for Practice, in: Zartman, Ira W./Rubin, Jeffrey Z. (eds.): Power and Negotiation, Ann Arbor: Univ. of Michigan Pr. 2002, 255–269 (259); *Haft, Fritjof*: Verhandlung und Mediation: Die Alternative zum Rechtsstreit, München: Beck, 2. Aufl. 2000, 203; krit. aber letztlich zust. *Zartman/Rubin* (Anm. 5), 7 ff.

11 So etwa *Habeeb, William M.*: Power and Tactics in International Negotiation: How Weak Nations Bargain with Strong Nations, Baltimore/London: Johns Hopkins Univ. Pr. 1988, 15 ff.; *Salacuse* (Anm. 10), 256 f.; 266 ff.

12 Grundl. *Schelling, Thomas C.*: The Strategy of Conflict, Cambridge: Harvard Univ. Pr. 1960, 35; *Haft* (Anm. 10), 171 f.; *Neuhold* (Anm. 4), 512 f.; zu den Bedingungen für den Einsatz, *Deutsch, Morton/Krauss, Robert M.*: Studies of Interpersonal Bargaining, Journ. Conflict Resolution 6 (1962), 52–76 (60 ff.; 73 ff.).

13 Zu Warnung, Drohung, Bluff und Ultimatum als Drohungsformen ausf., *Grewe, Wilhelm*: Die Arten der Behandlung internationaler Konflikte, in: Iklé, Fred C. (Hrsg.): Strategie und Taktik des diplomatischen Verhandelns, Gütersloh: Bertelsmann 1965, 11–41 (25 ff.); *Iklé, Fred C.*: How Nations Negotiate, New York: Harper and Row 1964, 62 ff.; *Plantey, Alain*: Principes de diplomatie, Paris: Pédone 2000, 58 f.

14 Grundl. *Schelling* (Anm. 12), 43 ff.; weiter *Neuhold* (Anm. 4), 512; *Bacharach, Samuel B./Lawler, Edward J.*: Power Dependence and Power Paradoxes in Bargaining, Negotiation Journal 2 (1986), 167–174 (169); *Lall* (Anm. 5), 132 ff.; 204 f.; *Zartman/Rubin* (Anm. 5), 281.

Die willensbeeinflussende Wirkung von Drohung und Versprechen ist letztlich darauf zurück zu führen, dass die Gegenpartei den Eintritt bestimmter Ereignisse als glaubhafte Folge ihres Verhaltens hinsichtlich vorgebrachter Positionen wahrnimmt. So mag die Umsetzung eines Versprechens glaubhafter erscheinen, wenn das Angebot so präzise formuliert wird, dass ein Ausfall schwer zu rechtfertigen wäre, oder wenn die Umsetzung durch Teilleistungen vorweg genommen oder die Entscheidung über das künftige Verhalten aus der Hand gegeben wird.[15] Es ist am glaubhaftesten, wenn das an die Einlösung des Versprechens gekoppelte Einlenken der Gegenpartei gewinnbringender ist als ein Bruch des Versprechens.[16] Hinsichtlich der Drohung besteht die Schwierigkeit darin, die nachteiligen Kosten einer Umsetzung zu vermeiden und diese doch zugleich glaubhaft erscheinen zu lassen. Dies kann etwa erreicht werden, indem die Drohung unbestimmt genug formuliert wird, um ohne Verlust an Glaubwürdigkeit oder Prestige von der Umsetzung absehen zu können, falls der Verhandlungspartner nicht darauf eingeht.[17] Kern von Verhandlungsmacht ist somit die Glaubwürdigkeit der beteuerten Aussagen. Sie entsteht vorrangig durch Rückschlüsse aus vorausgegangenen Handlungen, richtet sich nach dem Sachverhalt und ist Veränderungen unterworfen.[18] Materielle Überlegenheit beeinflusst Verhandlungsmacht letztlich nur insofern, als sie den Eintritt bestimmter Ereignisse glaubhafter erscheinen lässt. Dies gilt jedoch ebenso für immaterielle Aspekte wie Argumente, Zeitdruck, Öffentlichkeit, Information, Wahrnehmung oder Verhalten.[19]

---

15 Zu diesen Techniken *Schelling* (Anm. 12), 40; *Neuhold* (Anm. 4), 510; *Zartman/Berman* (Anm. 9), 33 f.; *Habeeb* (Anm. 11), 25; *Hopmann* (Anm. 7), 109.

16 So etwa *Schelling* (Anm. 12), 45; *Neuhold* (Anm. 4), 511.

17 Dieser wiederum spekuliert darauf, dass diese Kosten die durch ihre Verwendung als Verhandlungsargument erwarteten Vorteile übersteigen, so *Schelling* (Anm. 12), 36 ff.; *Iklé* (Anm. 13), 194; *Neuhold* (Anm. 4), 508.

18 Grundl. *Iklé* (Anm. 5), 119; *Horn, Norbert*: The Concepts of Adaptation and Renegotiation in the Law of Transnational Commercial Contracts, in: Horn, Norbert (ed.): Adaptation and Renegotiation of Contracts in International Trade and Finance, Deventer: Kluwer Law and Taxation 1985, 3–11 (6); *Hopmann* (Anm. 7), 107 f.; *Plantey* (Anm. 13), 124 ff.

19 So etwa *Neuhold* (Anm. 4), 508; *Habeeb* (Anm. 11), 24; *Hopmann* (Anm. 7), 102 ff. und krit. gegenüber der Betonung materieller Überlegenheit die sog. realistische Schule der zwischenstaatl. Beziehungen; folglich ist mit *Zartman/Rubin* (Anm. 5), 4 f. und *Salacuse* (Anm. 10), 263 die v.a. in der völkerrechtl. Dogmatik verbreitete Annahme abzulehnen, derzufolge die Verhandlung zwingend zu einem Ergebnis führt, das nicht die Interessenlage der Parteien, sondern die Machtverhältnisse widerspiegelt; so etwa *Virally, Michel*: Le principe de réciprocité dans le droit international contemporain,

Verhandlungsmacht entsteht ebenfalls durch Alternativen. Denn angedrohte oder versprochene Ereignisse verlieren an Wert, sobald Alternativen zur koordinierten Lösung bestehen. Je attraktiver sie sind, desto weniger ist die Gegenpartei auf ein Einlenken angewiesen und desto höher ist ihre Bereitschaft, auf eine koordinierte Lösung zu verzichten. In solchen Konstellationen wird eine Partei von Drohung oder Versprechen absehen und gegebenenfalls ihre Positionen korrigieren. Der Schwellenwert, ab dem die Gegenpartei den Verhandlungstisch verlassen kann, wird allgemein als *best alternative to negotiated agreement* (BATNA) bezeichnet.[20]

III. Forum

Das Forum bezeichnet im internationalen Privatrecht die gerichtliche Zuständigkeit.[21] In Anlehnung hieran, doch im faktisch-empirischen Sinne, bildet es den „Verhandlungstisch". Freilich ist die Verhandlung selten örtlich, sondern vielmehr durch immaterielle Kommunikation gebunden, weshalb der Ort der Verhandlung kaum räumlich zu erfassen ist. Deshalb bezeichnet das Forum fortan die Stelle, bei der die Verhandlung anhängig und durch Regeln und Verfahren strukturiert ist.

Regeln über Umgangsformen, Vertraulichkeit, Fristen, Akteure, Zuständigkeit ordnen die Abläufe beziehungsweise das Verfahren der Verhandlung. Sie geben die Rahmenbedingungen und Einschränkungen vor, innerhalb derer Interessen und Positionen erörtert werden. Insofern bestimmt das Verfahren, welche Inhalte vom Sachverhalt getrennt (*issue splitting*) und welche darin aufgenommen; welche Interessen vom Tausch ausgeschlossen und welche darin einbezogen sind.[22] Denn je weiter die Inhalte definiert, desto größer sind die

---

RdC 122 (1967 III), 1–106 (66); *Jackson, John H.*: The World Trading System: Law and Policy of International Economic Relations, Cambridge/London: MIT Press, 2nd ed. 1997, 109 f.; *Merrills* (Anm. 3), 24; *Ipsen, Knut*: Völkerrecht, München: Beck, 4. Aufl. 1999, 1017.

20 Grundl. *Fisher/Ury/Patton* (Anm. 9), 97 ff.; weiter *Geamanŭ, Grigore*: Théorie et pratique des négociations en droit international, RdC 166 (1980 I), 365–448 (410); *Lax, David A./Sebenius, James K.*: The Power of Alternatives or the Limits to Negotiation, Negotiation Journal 1 (1985), 163–179 (163 ff.); *Habeeb* (Anm. 11), 21; *Hopmann* (Anm. 7), 111 ff.; *Haft* (Anm. 10), 204 f.; ansatzw. bereits *Schelling* (Anm. 12), 61; *Iklé* (Anm. 13), 70 ff.

21 So etwa *Mayer, Pierre*: Droit international privé, Paris: Montchrestien, 3e éd. 1987, 240 ff.

22 Grundl. wohl *Fisher, Roger*: Fractionating Conflict, in: Fisher, Roger (ed.): International Conflict and Behavioral Sciences: The Craigville Papers, New York: Basic

Chancen für einen Tausch von Interessen. Allerdings vermindern zu weit definierte oder strategisch gekoppelte Inhalte (*issue-linking*, *tie-in* oder *package-deal*) den Sachverhaltsbezug und bergen daher die Gefahr einer allumfassenden Konfrontation.[23] Verfahren gliedern zudem die Tagesordnung, nach welcher der Sachverhalt abgearbeitet wird, und beeinflussen dadurch die Diskussion.[24] Sie bieten darüber hinaus, ausdrücklich oder stillschweigend, Alternativen zum Forum und bestimmen dadurch den BATNA der Parteien.[25] Ferner setzen sie Anhaltspunkte, die standardisierte Verhaltensmuster darstellen und jenseits aller rechtlichen Normierung Erwartungen an kooperatives Parteiverhalten stellen:[26] Unterhändler sollten anerkannt werden (Respekt);[27] Inhalte, über die ein Teilübereinkommen erzielt wurde, sollten nicht neu verhandelt werden (Treu und Glauben);[28] aus vergangenem sollte auf künftiges Verhalten geschlossen werden (Präzedenz); interne Schwierigkeiten einer Partei sollten nicht öffentlich ausgebeutet werden (Diskretion); Fragen sollten beantwortet, Argumente zielgerichtet formuliert, Wiederholungen beschränkt und Tatsachen nicht verzerrt werden (Vernunft); Zugeständnisse sollten durch eigene Vorschläge erwidert werden (Gegenseitigkeit). Die tatsächliche Erfüllung oder Nichterfüllung von Anhaltspunkten erlaubt eine Aussage über die kooperative beziehungsweise konfrontative Motivation der Parteien.[29] Mitunter kann Gegenseitigkeit unfreundliche Reaktionen erzeugen.[30]

Books 1964, 91–110 (96 ff.); weiter *Iklé* (Anm. 13), 77 ff.; 95 ff.; *Winham, Gilbert R.*: Negotiation as a Management Process, World Politics 30 (1977), 87–114 (100 ff.); *Merrills* (Anm. 3), 12 f.; *Haft* (Anm. 10), 69 ff.

23 Deshalb für ein inhaltliches Gleichgewicht plädierend *Fisher* (Anm. 22), 97 f.

24 Zur taktischen Sachverhaltsgliederung, *Iklé* (Anm. 13), 218 ff.; *Schelling* (Anm. 12), 31; 33; *Habeeb* (Anm. 11), 19; *Rangarajan, Chakravarthy N.*: The Limitations of Conflict: A Theory of Bargaining and Negotiation, New York: St. Martin's 1985, 83.

25 So etwa *Geamanŭ* (Anm. 20), 412; *Rangarajan* (Anm. 24), 82 f.; *Haft* (Anm. 10), 125; 129; und zur Auswirkung der Agenda auf die Verhandlungsmacht über die thematische Bindungwirkung *Iklé* (Anm. 13), 98.

26 So die Definition der Verhaltensregel von *Burton, John W.*: Systems, States, Diplomacy and Rules, Cambridge: Cambridge Univ. Pr. 1968, 99; ihr folgend *Iklé* (Anm. 13), 87 f.; *Haft* (Anm. 10), 177 f.; *Simma* (Anm. 4), 77 ff.; in Abgrenzung zur Rechtsnorm *Virally* (Anm. 19), 40 ff.; *Bothe, Michael*: Legal and Non-Legal Norms – A Meaningful Distinction in International Relations? NYIL 11 (1980), 65–95 (65 ff.; 93 f.).

27 *Iklé* (Anm. 13), 144 f.

28 *Iklé* (Anm. 13), 99; *Geamanŭ* (Anm. 20), 412.

29 So etwa *Iklé* (Anm. 13), 110 f.

30 So etwa *Virally* (Anm. 19), 50 ff.

Regeln des Forums schaffen zudem Bewertungsmaßstäbe, an denen der Sachverhalt inhaltlich abgearbeitet werden kann. Hier begrenzen insbesondere Rechtsnormen denkbare Spielräume für Drohung und Versprechen und gestalten somit die Verhandlungsmacht der Parteien. Sonstige Bewertungsmaßstäbe, auf die das Forum verweist, gelten als durch die Parteien anerkannt und ordnen definierten Situationen abstrakte Schlussfolgerungen zu, die im Einzelfall eine konkrete Bewertung der Stichhaltigkeit von Positionen erlauben:[31] Künftige sollten von vergangenen Bewertungen abgeleitet werden (Präzedenz); Aussagen unabhängiger Dritte sollten beachtet werden (Objektivität); Rechtsnormen sollten befolgt werden (Rechtstreue). Das wechselseitige Interesse der Parteien an einem im Übereinkommen verwirklichten materiellen Gleichgewicht von Vorteilen und Zugeständnissen etwa legitimiert Gegenseitigkeit als Maßstab, an dem das konkrete Angebot einer Partei gemessen werden kann.[32] Insofern wirkt Gegenseitigkeit zur Bewertung von Inhalten handlungsanweisend im faktisch-empirischen Sinne, wobei auch hier ein Rechtsnormcharakter unerheblich ist.[33] Vielmehr wäre es hinderlich, wenn Gegenseitigkeit als rechtsgeschütztes Interesse eine zwingende Rechtsfolge zugeschrieben, in Anwendung einer Kollisionsnorm ein Vorrang eingeräumt oder als verletztes Rechtsgut der Gegenpartei vorgeworfen würde, denn dadurch wäre sie der Disposition der Parteien entzogen.[34] Die handlungsanweisende Funktion erfüllen faktische Bewertungsmaßstäbe oder allenfalls unbestimmte Rechtsnormen wie Prinzipien, Standards, Bezugspunkte, Indikatoren weitaus besser.[35] Bewertungsmaßstäbe gestalten zudem die Glaubwürdigkeit von Positionen,[36] wenn aus der konkreten Argumentation hervorgeht, dass die Positionen einer Partei im Einklang mit gegenüber ihren Interessen unabhängigen, durch das Forum vorgegebenen Bewertungsmaßstäben stehen, oder ein seitens der Gegenpartei

---

31 Aus psychologischer Sicht, *Burton* (Anm. 26), 219 ff.; allgemein *Iklé* (Anm. 13), 215 ff.; *Fisher/Ury/Patton* (Anm. 9), 81 ff.; *Gottwald* (Anm. 10), 83 ff.

32 Zur inhaltlichen Gegenseitigkeit als Verhandlungsmotiv *Simma* (Anm. 4), 82 ff.; i.E. in Abgrenzung von *réciprocité juridique* und *économique*, *Virally* (Anm. 19), 39 f.

33 Zur unbestimmten Abgrenzung der Gegenseitigkeit *Simma* (Anm. 4), 85.

34 So bereits *Martens, Charles de*: Manuel diplomatique ou Précis de droits et des fonctions des agens diplomatiques, Paris/Londres/Bruxelles *et al.*: Treuttel et Würtz/Bossange/Frank-Demat-Wahlen/Brockhaus 1822, 116; hingegen strikte Kollisionsregeln im Umgang mit konfligierenden Interessen empfehlend, *Gervais* (Anm. 7), 248 ff.

35 So etwa *Iklé* (Anm. 5), 119; *Fisher* (Anm. 22), 102; *Bothe* (Anm. 26), 93 f.

36 So etwa hinsichtl. Rechtstreue *Horn* (Anm. 18), 6.

gefordertes Einlenken etwa zur Verletzung dieser Bewertungsmaßstäbe führen würde. Insofern kann eine Partei ihre Positionen auch präventiv in Bewertungsmaßstäben des Forums verankern.[37] Dergestalt grenzen faktische Bewertungsmaßstäbe einerseits die Ermessensspielräume um Positionen ein, während ihre Handlungsanweisung andererseits, da an Glaubwürdigkeit und Verhandlungsmacht gebunden, relativ, abdingbar und faktischen Veränderungen unterworfen sind.

Regeln des Forums bestimmen ferner, welche erkenntnistheoretischen Aussagen herangezogen werden, um Positionen zu bewerten. Denn die fachliche Zuordnung des Sachverhalts grenzt die Wahrnehmung auf teilobjektive, da fachimmanente Argumente, Analysen und Systeme ein. Zwar kann ein Streit auf diesem Wege versachlicht werden, wenn gegebene Positionen eine Bewertung im Lichte solcher Argumente, Analysen und Systeme nicht standhalten. Zugleich wird womöglich der dem Streit zugrunde liegende Interessengegensatz einer gebührenden Beachtung entzogen.[38]

IV. Motivation

Die Motivation einer Partei ist sowohl von Kooperation, im Sinne einer Bereitschaft zu Übereinkommen, Regulierung und Empathie als auch von Konfrontation, im Sinne einer Neigung zu Streit, Teilung und Übervorteilung geprägt.[39] Paradox am Streit ist, dass nur eine scheinbare Unvereinbarkeit von Interessen besteht. Die Verhandlung, durch die gegensätzliche Positionen kombiniert werden, um eine gemeinsame Übereinkunft hervorzubringen, bedingt ja sowohl Beilegung und Verwaltung, Interessengegensatz und -ergänzung.[40] Insofern

---

37 So etwa *Iklé* (Anm. 13), 201 ff.

38 Insofern krit. hierzu *Plehwe, Friedrich-Karl von*: Internationale Organisationen und die moderne Diplomatie, München/Wien: Olzog, 1972, 57; hingegen *Burton* (Anm. 26), 219 ff.

39 So etwa *Iklé* (Anm. 5), 117; *Rittberger* (Anm. 5), 38; *Eisenberg, Melvin A.*: Private Ordering through Negotiation: Dispute Settlement and Rulemaking, Harvard LR 89 (1976), 637–681 (638 ff.); *Pruitt, Dean G./Olczak, Paul V.*: Beyond Hope: Approaches to Resolving Seemingly Intractable Conflict, in: Bunker, Barbara B./Rubin, Jeffrey Z. (eds.): Conflict, Cooperation, and Justice: Essays Inspired by the Work of Morton Deutsch, San Francisco: Jossey-Bass Publ. 1995, 59–92 (67); *Hopmann* (Anm. 7), 121 ff.

40 Übereinst. *Simma* (Anm. 4), 81 ff.; *Winham* (Anm. 22), 111; *Faure* (Anm. 5), 360; *Lacharrière* (Anm. 8), 21 f.; *Zartman/Berman* (Anm. 9), 1; abwägend bereits *Martens* (Anm. 34), 110.

unterscheidet sich die streitbeilegende Verhandlung nicht grundsätzlich von jener zum Vertragsabschluss.[41] Vielmehr befindet sich, zumindest gedanklich, jede Verhandlung auf einem Kontinuum zwischen der Motivation zur absoluten Kooperation und jener zur absoluten Konfrontation,[42] wobei das Verhältnis von Kooperation zu Konfrontation als sogenannte *motivational orientation* (MO) gemessen wird.[43]

Nun kann eine Partei ihre Verhandlungsmacht erweitern, indem sie ihre Positionen als unwiderruflich festlegt, als regelgebunden erklärt oder an unumkehrbare Tatsachen kettet.[44] Analog zu Drohung und Versprechen wird solche Bindung an Beharrlichkeit, Prinzipien oder Präzedenzen die Erwartungen der Gegenpartei zum künftigen Verhalten der Partei beeinflussen.[45] Sie gestaltet die Motivation aber auch konfrontativer, erschwert die Aufgabe der Positionen, und erweitert den Sachverhalt thematisch über die Umstände des Einzelfalls hinaus.[46] Wie bei Drohung und Versprechen hängt der Erfolg dieser Strategie letztlich von der Glaubwürdigkeit der beteuerten Aussagen ab. Die aktuelle Konfliktforschung kritisiert sie im Übrigen als konfrontativ, machtgeleitet und ineffektiv. Vielmehr solle jede Partei ihrer Gegenpartei darlegen, dass ein Übereinkommen unter den Umständen des Einzelfalls nicht zur Aufgabe von Prinzipien oder Präzedenzen führen würde.[47] Andererseits ist vor einer allzu kooperativen Motivation zu warnen, die Streit durch einseitige Zugeständnisse zu meiden sucht, weil hier die Gefahr besteht, von konfrontativ gesinnten Gegenparteien übervorteilt zu werden.[48] Ein langfristig tragbares Übereinkommen lässt sich auf dieser Basis kaum erreichen.

---

41 So etwa *Fleischhauer* (Anm. 3), 537; eine Typologie bietet *Iklé* (Anm. 13), 26 ff.

42 So etwa *Plehwe* (Anm. 38), 22; *Iklé* (Anm. 5), 117; *Hopmann* (Anm. 7), 25.

43 Grundl. *Deutsch, Morton*: The Effect of Motivational Orientation upon Trust and Suspicion, Human Relations 16 (1960), 123–139 (126 ff.).

44 Zum *commitment* generell, *Iklé* (Anm. 13), 192; *Fisher* (Anm. 22), 102 ff.

45 So etwa *Iklé* (Anm. 5), 117 f.

46 Insofern krit. hierzu *Fisher* (Anm. 22), 102 ff.

47 Statt vieler *Fisher* (Anm. 22), 105 f.

48 So etwa *Fisher/Ury/Patton* (Anm. 9), 7 ff.; *Gottwald, Walther*: Streitbeilegung ohne Urteil: Vermittelnde Konfliktregelung alltäglicher Streitigkeiten in den USA, Tübingen: Mohr 1981, 70 f.; *Ponschab, Rainer*: Der Verhandler – über den kompetitiven und kooperativen Verhandlungsstil von Anwälten, in: Schmidt, Hans-Martin/Schmidt, Andreas (Hrsg.): Juristen im Spiegel ihrer Stärken und Schwächen, Köln: Otto Schmidt 1998, 174–186 (180 f.); *Williams, Gerald R.*: Legal Negotiation and Settlement, St Paul: West Publ. 1983, 34 ff.

V. Wahrnehmung

Die Wahrnehmung schildert das Verhältnis der Partei zum Sachverhalt oder, genauer ausgedrückt, die Art, in der ein Akteur den Sachverhalt kognitiv strukturiert.[49] Sie wirkt sich insofern auf die Verhandlung aus, als Macht, Glaubwürdigkeit oder Regeln keine feststehenden Größen sind, sondern letztlich von der Wahrnehmung abhängen, welche die Akteure von ihnen haben.[50] Insofern kann der Glaubwürdigkeitsbegriff präzisiert werden: Er drückt nicht die Fähigkeit aus, beteuerte Aussagen als objektiv darzustellen, sondern jene, solche Aussagen in der subjektiven Wahrnehmung der Gegenpartei als plausibel erscheinen zu lassen. Aus ihrer Wahrnehmung leiten Akteure ihr Verhalten, ihre Erwartungen und ihre Entscheidungen ab.[51]

Die Wahrnehmung wird vorrangig durch Werte, Erziehung und Sozialisierung der Akteure geprägt und ist darum schwer zu erfassen.[52] Sie ist zudem der Gefahr natürlicher Entstellung oder strategischer Beeinflussung ausgesetzt, etwa wenn eine Partei ernsthafte Konsequenzen androht, um ihre Verhandlungsmacht zu stärken, die sie letztlich jedoch nicht auszuführen bereit ist.[53] Im geregelten Verhandlungsablauf kommt es darauf an, die Wahrnehmung der Parteien auf die gemeinsamen, hinter ihren Positionen verdeckten Interessen zu lenken und durch ihre veränderte Wahrnehmung der relativen Vorteile und Lasten zum Übereinkommen zu bewegen.[54]

Sie wird aber auch von der Qualität der Kommunikation beeinflusst, etwa von der Transparenz, mit der eigene Interessen und Positionen der Gegenpartei

---

49 So etwa *Burton* (Anm. 26), 66; *Hopmann* (Anm. 7), 121.

50 Hierzu ausf. *Hopmann* (Anm. 7), 121 ff.

51 *Zartman/Berman* (Anm. 9), 17; *Fisher/Ury/Patton* (Anm. 9), 22 ff.; je weiter der Verhandlungsspielraum, desto stärker beeinflussen Verhalten und Persönlichkeit die Koordination, *Druckman, Daniel*: Social-Psychological Approaches to the Study of Negotiation, in: Druckman, Daniel (ed.): Negotiation: Social-Psychological Perspectives, Beverly Hills/London: Sage Publ. 1977, 15–43 (30).

52 So etwa *Burton* (Anm. 26), 67 f.; *Hopmann* (Anm. 7), 122.

53 So etwa *Habeeb* (Anm. 11), 15 f.; *Zartman/Rubin* (Anm. 5), 13; *Salacuse* (Anm. 10), 260.

54 Hierzu ausf. *Fisher/Ury/Patton* (Anm. 9), 22 ff.; in der Vermittlung, *Raman, K. Venkata*: The Ways of the Peacemaker: A Study of United Nations Intermediary Assitance in the Peaceful Settlement of Disputes, in: Raman, K. Venkata (ed.): Dispute Settlement through the United Nations, New York/Dobbs Ferry: UNITAR/Oceana 1977, 367–515 (446 ff.).

übermittelt werden.[55] Diese Kommunikation *inter partes* unterliegt regelmäßig der Vertraulichkeit, um strategische Spielräume im *bargaining* zu erhalten: Derart können Diskrepanzen zwischen tatsächlichen Verhältnissen und wahrgenommener Glaubwürdigkeit erhalten bleiben; Unterhändler ermächtigt werden, über private oder gesellschaftliche Interessen hinausgehende, weiter gefasste staatliche Interessen zu vertreten; Positionen vor verfrühter Kritik durch unbeteiligte Dritte geschützt werden; Regeln, Kriterien oder Zugeständnisse erarbeitet werden, die unbeteiligte Dritte bis zum Übereinkommen nicht zwingend nachvollziehbar erscheinen, denen sich die Parteien jedoch verpflichten wollen; Kreativität in der Lösungsfindung und Handlungsfreiheit für Lernprozesse erhalten werden.[56] Vertraulichkeit kann Kooperation soweit fördern, die materiellen Zugeständnisse zu verdecken, die eine vereinbarte Klausel herbeigeführt haben, oder aber die künftige Präzedenz einer Einzelfalllösung zu vermeiden.[57] Dies kann Unterhändler mitunter motivieren, die von ihnen erarbeitete, ihnen plausibel erscheinende Lösung anschließend ihren jeweiligen Mandanten zu vermitteln.[58]

Störungen der Kommunikation entstehen durch semantische Unterschiede bei der Enkodierung und Dekodierung von Mitteilungen.[59] Neben kognitiven oder sprachlichen[60] sind vor allem kulturelle Unterschiede zu berücksichtigen.[61] Dabei ist Kultur nicht nur schwer zu erfassen, sondern ebenso eng mit Persönlichkeit, Sozialisierung, Werten und Traditionen der Akteure verbunden, und wird generell umso gewichtiger, als personenbezogene Faktoren im konkreten

---

55 Grundl. wohl *Burton, John W.*: Conflict and Communication: The Use of Controlled Communication in International Relations, London: Macmillan 1969, 49 ff.

56 So etwa *Schelling* (Anm. 12), 29 f.; *Iklé* (Anm. 13), 134; *Wildner, Heinrich*: Die Technik der Diplomatie – L'art de négocier, Wien: Springer 1959, 203.

57 Dahingehend *Fisher/Ury/Patton* (Anm. 9), 35.

58 So etwa *Iklé* (Anm. 13), 145; *Zartman/Berman* (Anm. 9), 37 ff.; *Hopmann* (Anm. 7), 166 f.; auf die hiermit verbundenen Gefahren hinweisend *Salacuse* (Anm. 10), 208.

59 Statt vieler *Hopmann* (Anm. 7), 145 f.; *Fisher/Ury/Patton* (Anm. 9), 32 ff.; *Paveau/Duphil* (Anm. 5), 233 ff.

60 Hierzu *Burton* (Anm. 55), 55; *Rangarajan* (Anm. 24), 54 ff.; *Fisher/Ury/Patton* (Anm. 9), 32 ff.; *Hopmann* (Anm. 7), 145; insbes. in der multilateralen Diplomatie *Kaufmann, Johan*: Conference Diplomacy: An Introductory Analysis, Leiden/Dobbs Ferry: Sijthoff/Oceana 1968, 162 f.

61 Hierzu etwa *Neuhold* (Anm. 4), 500 f.; *Zartman/Berman* (Anm. 9), 224 ff.; *Hopmann* (Anm. 7), 138 ff.; *Salacuse* (Anm. 10), 261; als entscheidendes Element wohl überbewertend, *Paveau/Duphil* (Anm. 5), 229 ff.; 234 ff.

Verhandlungsablauf hervortreten.[62] Geteilte ausbildungs- und berufsbezogene Erfahrungen können Persönlichkeiten unterschiedlicher Herkunft durch Sozialisierung vereinen.[63] Freilich kann Sozialisierung die Kommunikation ebenso hemmen, wenn Akteure sie gebrauchen, um Andere ausgrenzen.[64] Ferner berührt Kultur das Verständnis der Akteure von Verhalten und Strategien der Verhandlung selbst: Entsteht hier das Übereinkommen aus der Konfrontation von Argumenten, geht es dort aus einem bestehenden Vertrauensverhältnis hervor.[65]

VI. Akteure

Akteure der Verhandlung sind in erster Linie die Personen, die als Unterhändler mit der Vertretung von Interessen und Positionen durch Parteien beauftragt sind. Sie gestalten die Verhandlung, indem sie dessen Strukturelemente den tatsächlichen Verhältnissen strategisch angleichen.[66] Hierbei können, etwa aus unterschiedlicher Bewertung dieser Verhältnisse, Spannungen mit dem Mandanten auftreten. Weisungen der übergeordneten Dienststellen geben die Interessen vor, welche die Unterhändler zu verfolgen haben, aber auch

---

62 So etwa *Salacuse* (Anm. 10), 201.

63 So etwa *Lang, Winfried*: A Professional's View, in: Faure, Guy-Olivier/Rubin, Jeffrey Z. (eds.): Culture and Negotiation: The Resolution of Water Disputes, Newbury Park/London/New Delhi: Sage Publ. 1993, 38–46 (39 ff.); *Kremenyuk, Victor A.*: A Pluralistic Viewpoint, in: Faure, Guy-Olivier/Rubin, Jeffrey Z. (eds.): Culture and Negotiation: The Resolution of Water Disputes, Newbury Park/London/New Delhi: Sage Publ. 1993, 47–54 (48 ff.).

64 *Faure, Guy-Olivier/Rubin, Jeffrey Z.*: Lessons for Theory and Research, in: Faure, Guy-Olivier/Rubin, Jeffrey Z. (eds.): Culture and Negotiation: The Resolution of Water Disputes, Newbury Park/London/New Delhi: Sage Publ. 1993, 209–231 (203 ff.).

65 So etwa *Hopmann* (Anm. 7), 140 ff.; praxisbezogen *Paveau/Duphil* (Anm. 5), 237 ff.; *Staehlin, Jenö C.A.*: Verhandlungsstil und Verhandlungstaktik als Problem interkultureller Verständigung, in: Corti, Mario/Ziegler, Peter (Hrsg.): Diplomatische Negoziation, Festschrift für Franz A. Blankart zum 60. Geburtstag, Bern/Stuttgart/Wien: Haupt, 2. Aufl. 1998, 221–238 (223 ff.).

66 So etwa *Zartman/Rubin* (Anm. 5), 280; weiter zu taktischen Aspekten, *Schelling* (Anm. 12), 23 ff.; *Iklé* (Anm. 13), 30 ff.; *Plantey* (Anm. 13), 62; sowie zu verwaltungstechnischen Aspekten in der multilateralen Diplomatie, *Vettovaglia, Jean-Pierre*: De la coordination comme instrument essentiel de la négociation multilatérale intergouvernementale, in: Boisard, Marcel A./Chossudovsky, Evgeny M. (eds.): The United Nations System at Geneva: Scope and Practices of Multilateral Diplomacy and Cooperation, New York: UNITAR 1991, 267–273 (269 f.).

die Handlungs- und Ermessensspielräume, die ihnen übertragen sind. In den meisten Fällen werden allgemeine Richtlinien vorgegeben, während taktische Fragen den Unterhändlern überlassen bleiben. Freilich können Befugnisse auf das Verlesen vorbereiteter Texte beschränkt sein. Umgekehrt können Unterhändler die Angleichung ihrer Weisungen an die Entwicklung der tatsächlichen Verhältnisse anregen.[67]

Um die Unbestimmtheit solcher Zusammenhänge zu überblicken, gelten Persönlichkeit, Denkstruktur und Gruppenverhalten von Unterhändlern, gepaart mit langjähriger Erfahrung und politischem Ermessen als wichtige Voraussetzungen.[68] Darüber hinaus helfen Charaktereigenschaften wie Einfühlungsvermögen und Offenheit,[69] Verständnis für die Gegenpartei zu erweisen und ein sachliches Verhältnis zu entwickeln,[70] während Selbstbeherrschung und Gelassenheit den emotionalen Abstand ermöglichen.[71] Hier gelten werteorientiertes Denken oder eine rechtswissenschaftliche Ausbildung nur bedingt als Stütze.[72] Geduld und Durchhaltevermögen schützen in langwierigen Verhandlungen vor einem Übereinkommen um jeden Preis.[73] Weiter werden Ausstrahlung, Auffassungsgabe, Schlagfertigkeit oder Menschenkenntnis gefordert.[74] Ferner können persönliche Freundschaften von Unterhändlern helfen, emotionale

---

67 So etwa *Plantey* (Anm. 13), 257; vgl. bereits *Martens* (Anm. 34), 131 f.

68 Zur Bewältigung von Komplexität aus psychologischer Sicht, *Burton* (Anm. 55), 64; *Druckman* (Anm. 51), 34 ff.; *Fisher/Ury/Patton* (Anm. 9), 29 ff.; *Hopmann* (Anm. 7), 120; *Haft* (Anm. 10), 185 ff.

69 Gemeint ist die Fähigkeit, kognitiv wie emotional den Standpunkt der Gegenpartei nachzuvollziehen, *Zartman/Berman* (Anm. 9), 17 ff.; dahingehend bereits *Plehwe* (Anm. 38), 33 f.; *Wildner* (Anm. 56), 148; *Rogers, Rita R.*: Psychological Aspects of Diplomatic Contacts in a Multicultural Setting, in: Boisard, Marcel A./Chossudovsky, Evgeny M. (eds.): The United Nations System at Geneva: Scope and Practices of Multilateral Diplomacy and Co-operation, New York: UNITAR 1991, 190–199 (194 f.); *Hopmann* (Anm. 7), 125 ff.; 149 ff.

70 Statt vieler *Burton* (Anm. 55), 73 ff.

71 Grundl. wohl *Rubin, Jeffrey Z./Brown, Bert R.*: The Social Psychlogy of Bargaining and Negotiation, New York/London: Academic Pr. 1975, 233 ff.; ähnlich *Wildner* (Anm. 56), 169; *Rogers* (Anm. 69), 191.

72 So etwa *Nicolson, Harold*: The Evolution of Diplomatic Method, London: Constable 1954, 66; *Wildner* (Anm. 56), 184; 190.

73 So etwa *Wildner* (Anm. 56), 171; *Iklé* (Anm. 13), 143 f.; 151 f.; *Geamanŭ* (Anm. 20), 410; *Zartman/Berman* (Anm. 9), 18 ff.

74 Mitunter wird gar ein künstlerischer Aspekt betont, so etwa *Martens* (Anm. 34), 109; *Plehwe* (Anm. 38), 146 ff.; *Wildner* (Anm. 56), 169 ff.; 181; weitere wünschenswerte Eigenschaften und Fähigkeiten bei *Winham, Gilbert R.*: The Mediation of Multilateral

Barrieren zu senken, Offenheit und kooperative Motivation zu stärken und letztlich das Spektrum an Lösungen zu erweitern.[75]

B. Erscheinungsformen

Im Gegensatz zur inhaltlichen Struktur der Verhandlung, die oft als vielfältig und komplex angenommen wird, unterliegt die Bewertung ihrer formalen Erscheinung einer weitgehenden Vereinfachung. Während die sozialwissenschaftliche Literatur zur zwischenstaatlichen Streitbeilegung die Verhandlung mit „Diplomatie", „diplomatischem Weg" oder „Konsultationen" gleichsetzt,[76] definiert das völkerrechtliche Schrifttum sie als politisches Verfahren, das auf die am Streit beteiligten Parteien beschränkt sei.[77] Beide Vereinfachungen liefern kaum befriedigende Erkenntnisse. Deshalb sollte, am materiellen Verhandlungsbegriff festhaltend, die Erscheinungsformen der Verhandlung über das bilaterale Parteienverhältnis hinaus neu bewertet werden.

Negotiations, JWTL 13 (1979), 193–208 (202); *Williams* (Anm. 48), 21 ff.; 34 ff.; *Lang, Winfried*: A Professional's View, in: Faure, Guy-Olivier/Rubin, Jeffrey Z. (eds.): Culture and Negotiation: The Resolution of Water Disputes, Newbury Park/London/New Delhi: Sage Publ. 1993, 38–46 (42).

75 Unterstreichend *Iklé* (Anm. 13), 159; *Burton* (Anm. 55), 66; *Zartman/Berman* (Anm. 9), 2; *Jolles, Paul*: Verhandlungskunst, in: Corti, Mario/Ziegler, Peter (Hrsg.): Diplomatische Negoziation, Festschrift für Franz A. Blankart zum 60. Geburtstag, Bern/Stuttgart/Wien: Haupt, 2. Aufl. 1998, 23–32 (31).

76 So etwa *UN Office of Legal Affairs*: Handbook on the Peaceful Settlement of Disputes between States, Annex to the Report of the Special Committee on the Charter of the United Nations and on the Strengthening of the Role of the Organization, UN Doc. ILA/COD/2394, GAOR XLVI, Supp. No. 33 (1992), 23 ff., New York: UN 1992, 9; ähnlich *Burton* (Anm. 26), 204; *Lall* (Anm. 5), 5; *Iklé* (Anm. 13), 3 f.; *Pruitt/Olczak* (Anm. 39), 67; eindeutig zu weit jedoch, da den Koordinationscharakter der Verhandlung verkennend, die Einbeziehung auch gerichtl. und schiedsgerichtl. Verfahrensinstrumente, *Waart, Paul J.I.M. de*: The Element of Negotiation in the Pacific Settlement of Disputes between States: An Analysis of Provisions Made and/or Applied since 1918 in the Field of Pacific Settlement of International Disputes, Diss. Amsterdam, The Hague: Martinus Nijhoff 1973, 32.

77 So etwa *Reuter* (Anm. 3), 567; *Schröder* (Anm. 3), 556 f.; *Merrills* (Anm. 3), 2 ff.; analog*Negotiating Group on Dispute Settlement*: Concepts, Forms and Effects of Arbitration: Note by the Secretariat, GATT Doc. MTN.GNG/NG13/W/20, circul. 22 Feb. 1988, S. 1.

I. Bilateral

Vom Verhandlungsbegriff sind die Information, die Notifikation und das Angebot zu unterscheiden, die durch die einseitige Willenshandlung einer Partei erfüllt sind und keinen Koordinationscharakter aufweisen. Zwar können diese Vorgänge bei Antwort der ersuchten Partei eine Koordination einleiten, die dann vom Verhandlungsbegriff erfasst würde, doch bedürfen sie solcher Antwort nicht.[78] Vom Verhandlungsbegriff hingegen erfasst sind Andeutungen, Hinweise oder Warnungen, sofern sie, wenn auch stillschweigend oder konkludent, auf Koordination gerichtet sind.[79]

Die Konsultation beziehungsweise das *échange de vues* wird der Verhandlung teils gleichgesetzt.[80] Tatsächlich jedoch beschreibt sie einen Vorgang, in dem eine Partei, die eine bestimmte Maßnahme ergreifen, auf veränderte Sachumstände reagieren oder eine bestimmte Auslegung ihrer völkerrechtlichen Pflichten festlegen möchte, potenziell betroffene Parteien hiervon unterrichtet und – im Gegensatz zur Information beziehungsweise Notifikation – ihre Stellungnahmen entgegennimmt.[81] Ziel der Konsultation ist für die ersuchende Partei, die Positionen der ersuchten Parteien bei der Durchführung ihres Vorhabens zu berücksichtigen, soweit sie es als nützlich erachtet. Initiative, Zeitpunkt und Reaktion bleiben dabei in ihrem einseitigen Ermessen.[82] Im losen

---

78 So etwa *Tomuschat* (Anm. 1), 477.

79 Zum stillschweigenden *tacit bargaining* bzw. *protonegotiation*, grundl. *Schelling* (Anm. 12), 54 ff.; 257 ff.; *Iklé* (Anm. 13), 2 ff.; *Geamanŭ* (Anm. 20), 402 f.; *Plantey, Alain*: La négociation internationale: Principes et méthodes, Paris: CNRS, 2e éd. 1994, 129 ff.

80 So etwa *UN Office of Legal Affairs* (Anm. 76), 10; *Behrens, Peter*: Alternative Methods of Dispute Settlement in International Economic Relations, in: Petersmann, Ernst-Ulrich/Jaenicke, Günther (eds.): Adjudication of International Trade Disputes in International and National Economic Law, Fribourg: Éditions universitaires 1992, 1–42 (14); *Collier, John/Lowe, Vaughan*: The Settlement of Disputes in International Law: Institutions and Procedures, Oxford: Oxford Univ. Pr. 2000, 20.

81 Somit zu Recht von der Verhandlung abgrenzend, *Martens* (Anm. 34), 110; *Geamanŭ* (Anm. 20), 402; *Schröder* (Anm. 3), 557; *Merrills* (Anm. 3), 3 ff.; ausf. *Thun-Hohenstein, Christoph*: Konsultationen: Versuch einer Klassifizierung, ÖZöRV 35 (1984), 155–175 (158 ff.).

82 So etwa *Merrills* (Anm. 3), 3 f.; *Verdross, Alfred/Simma, Bruno*: Universelles Völkerrecht: Theorie und Praxis, Berlin: Duncker & Humblot, 3. Aufl. 1984, 890; *Schröder* (Anm. 3), 557; ausf. *Gold, Sir Joseph*: Prior Consultation in International Law, Virginia JIL 24 (1983/84), 729–753 (737); *Kirgis, Frederic L.*: Prior Consultation in International Law: A Study of State Practice, Charlottesville, Univ. of Virginia Pr. 1983, 11 f.;

Sondieren hegen die Parteien keinerlei Erwartungen, Positionen zum Sachverhalt koordinieren oder gar ein Übereinkommen ausarbeiten zu müssen.[83] Eine Rechtspflicht, bei Konsultation einen Streit zu lösen oder auf ein Übereinkommen hinzuarbeiten, besteht jedenfalls nicht.[84] Freilich kann eine Konsultation die Erwartung von ersuchten Parteien wecken, dass ihre Ansichten berücksichtigt werden, wie auch die konsultierende Partei zur Erkenntnis gelangen mag, eine Zustimmung zu ihrem Vorhaben einholen zu müssen. Wegen des Koordinationscharakters liegt dann eine Verhandlung vor.[85] In internationalen Organisationen gehört die Konsultation zur täglichen Pflege diplomatischer Beziehungen. Die hierdurch gewonnene Information kann staatliche Positionen orientieren, ohne Erwartungsdruck für ein Übereinkommen aufzubauen[86] beziehungsweise Glaubwürdigkeit einzusetzen.[87] Um diese kooperative Motivation auszuschöpfen, enthalten völkervertragliche Dokumente oft Konsultationsklauseln, die streng genommen eine Verhandlung normieren.[88]

Nachdem die Verhandlung anhand von „Verfahren zur Koordination“ und „Ziel der einvernehmlichen Neuordnung ihrer Interessen“ von ähnlichen Handlungen abgegrenzt wurde, bleibt unter dem gewählten Verhandlungsbegriff das Koordinieren durch „mehrere Parteien“ zu prüfen.

Thun-Hohenstein (Anm. 81), 162; zur privatrechtl. Vertragsanpassung an veränderte Umstände, *Behrens* (Anm. 80), 14 f.

83 So etwa *Kirgis* (Anm. 82), 14 f.

84 Keine Rechtspflicht zur Lösung erkennend, *Năstase, Adrian*: Utilization of Negotiations and Consultations in the Process of Settlement of Disputes within International Economic Organizations, Revue roumaine d'études internat. 21 (1987), 431–441 (434 f.); *Tomuschat* (Anm. 1), 474; *Combacau/Sur* (Anm. 3), 561 ff.; *Schröder* (Anm. 3), 555; *Collier/Lowe* (Anm. 80), 21; abwägend und keine Rechtspflicht zum Übereink. erkennend, *Kirgis* (Anm. 82), 11; *Thun-Hohenstein* (Anm. 81), 161 ff.; hingegen *Economidès, Constantin P.*: L'obligation de règlement pacifique des différends internationaux: Une norme fondamentale tenue à l'écart, in: (Souscr.): Paix, développement, démocratie, Boutros Boutros-Ghali amicorum discipulorumque liber, Bruxelles: Bruylant 1998, 405–418 (409).

85 So etwa *Kirgis* (Anm. 82), 10 f.; *Schröder* (Anm. 3), 557.

86 So etwa *Kirgis* (Anm. 82), 10 f.; *Thun-Hohenstein* (Anm. 81), 159 f.; abwägend *Dominick, Mary F.*: Consultation, in: Bernhardt, Rudolf (ed.): EPIL 5 (2003), 776–779 (778).

87 Weil keine Koordination von Positionen zu erwarten sei, *Năstase* (Anm. 84), 439.

88 Feststellend *Thun-Hohenstein* (Anm. 81), 160.

II. Trilateral

Einige Koordinationsverfahren beteiligen einen Dritten, der den Parteien nicht gleichgestellt ist, sondern als Nebenakteur die Funktion übernimmt, diese in ihrer Verhandlung zu unterstützen und zum Übereinkommen zu führen.[89] Solche Unterstützung erscheint meist dann sinnvoll, wenn die Parteien selbst alle Möglichkeiten eines Übereinkommens ausgeschöpft haben, sie jedoch weiterhin hieran interessiert sind.[90] Als Voraussetzung gelten Unabhängigkeit beziehungsweise Unparteilichkeit, jedenfalls sollte der Dritte das Vertrauen der Parteien genießen und die Autorität besitzen, sie auf das erreichte Übereinkommen zu verpflichten.[91] Insofern ist die Teilnahme eines Dritten grundsätzlich zustimmungspflichtig,[92] was stillschweigend oder durch ausdrückliche Vereinbarung erfolgen kann, die *ad hoc* für den einzelnen Streit oder aber abstrakt für alle definierten Streitfälle die Ernennungsvoraussetzungen sowie die Verfahrensgestaltung (etwa Mandatsumfang, Bewertungsmaßstäbe, Verfahrenssprache) regelt. Im zwischenstaatlichen Umfeld dürfen Angebote Dritter an die Parteien nicht als unfreundlicher Akt oder als Intervention gewertet werden. Entsprechend können solche Angebote auch abgelehnt werden.[93]

---

89 Hierzu etwa, die koordinierende Funktion polit. Verfahren hervorhebend, *Martens* (Anm. 34), 111; *Young, Oran R.*: The Intermediaries: Third Parties in International Crises, Princeton: Princeton Univ. Pr. 1967, 34; *Lall* (Anm. 5), 5; 13; *Darwin, Henry G.*: Mediation and Good Offices, in: Waldock, Sir Humphrey (ed.): International Disputes: The Legal Aspects, Report of a Study Group of the David Davies Memorial Institute of International Studies, London: Europa Publ. 1972, 77–158 (81); *Waart* (Anm. 76), 32; *Reuter* (Anm. 3), 731 ff.; *Neuhold* (Anm. 4), 513 f.; *Winham* (Anm. 74), 194; *Bowett, Derek W.*: Contemporary Developments in Legal Techniques in the Settlement of Disputes, RdC 180 (1983 II), 169–235 (177); *Geamanŭ* (Anm. 20), 426 f.; *Năstase* (Anm. 84), 432; *Combacau/Sur* (Anm. 3), 567 f.; *Schröder* (Anm. 3), 557; *Hopmann* (Anm. 7), 222; *Eyffinger, Arthur/Witteveen, Arthur/Mellink, Bert*: The International Court of Justice 1946–1996, The Hague/London/Boston: Kluwer Law Int'l 1996, 24 f.; *Merrills* (Anm. 3), 27; aus privatrechtl. Sicht etwa *Prütting, Hanns*: Mediation und gerichtliches Verfahren – Ein nur scheinbarer Vergleich, BB Nr. 27/1999, Beilage 9 Mediation & Recht, 7–13 (8).

90 So etwa *Behrens* (Anm. 80), 38; *Hopmann* (Anm. 7), 222; *Merrills* (Anm. 3), 32.

91 So etwa *Hopmann* (Anm. 7), 225 f.; *Merrills* (Anm. 3), 33.

92 Statt vieler, aus dem Souveränitätsgrundsatz ableitend, *UN Office of Legal Affairs* (Anm. 76), 35; *Merrills* (Anm. 3), 31; *Collier/Lowe* (Anm. 80), 9.

93 Art. 3 Ziff. 2 und 3 Convention pour le règlement pacifique des conflits internationaux, signée à La Haye, 18 oct. 1907, LNTS 54 (1927), 435 ff.; Tractatenblad (NL) 158 (1963), 1 ff.; RO (CH) 11, 194 ff.; RGBl 1910, 5 ff. (Haager Streitbeilegungsabkommen 1907); zur entspr. Lit. statt vieler *Verdross/Simma* (Anm. 82), 302 f.

Die verfügbaren Mittel unterscheiden trilaterale Koordinationsverfahren voneinander. Im Rahmen guter Dienste erleichtert der Dritte den Verhandlungsablauf lediglich in logistischer beziehungsweise in politischer Hinsicht:[94] In logistischer, indem er zusätzliche Informationskanäle eröffnet, bestimmte Verfahrensabläufe erkundet oder kooperative Verhaltensregeln einrichtet; in politischer Hinsicht, indem er die Wahrnehmung der Parteien verändert, eine kooperative Motivation stützt, mögliche Drohungen ausschließt oder an bestimmte Grundsätze appelliert.[95] Der Dritte bleibt somit „vor dem Streit", während die Kontrolle über Interessen, Positionen, Macht sowie die Zugeständnisse in der Hand der Parteien liegt.[96] Wie der Dritte seine Werkzeuge, Konsultation der Parteien, Konsultation anderer interessierter Stellen, Informalität und Diskretion einsetzt, liegt unter den vorgegebenen Verfahrenspflichten in seinem politischen Ermessen.[97]

Oft sind gute Dienste kaum von der in Artikel 33 Ziffer 1 VN-Charta enthaltenen Vermittlung zu unterscheiden, sei es, dass die Parteien dem Dritten neue Aufgaben übertragen, oder dass sie seine Involvierung verstärken.[98] Über gute Dienste hinaus bedingt die Vermittlung die aktive Teilnahme des

94 Art. 33 Ziff. 1 VN-Charta führt dieses Verfahrensinstrument nicht gesondert auf; vgl. jedoch Art. 2 ff. Haager Streitbeilegungsabkommen 1907; Teil I Ziff. 5 *UN General Assembly*: Manila Declaration on the Peaceful Settlement of International Disputes, Res. 37/10, adopt. 15 Nov. 1982, UN Doc. A/RES/37/10, circul. 15 Nov. 1982, GAOR XXXVII, Suppl. No. 51 (1982), 261 ff., in: ILM 21 (1982), 449 ff. (Manila Deklaration); *Negotiating Group on Dispute Settlement*: Concepts, Forms and Effects of Arbitration: Note by the Secretariat, GATT Doc. MTN.GNG/NG13/W/20, circul. 22 Feb. 1988, S. 2 f.

95 So etwa *Burton* (Anm. 55), 61; *Darwin* (Anm. 89), 83 ff.; *Combacau/Sur* (Anm. 3), 568; *Hopmann* (Anm. 7), 123 f.; *Bindschedler, Rudolf L.*: Good Offices, in: Bernhardt, Rudolf (ed.): EPIL 2 (1995), 601–603 (601 f.); *Merrills* (Anm. 3), 35 f.

96 Ähnlich *Neuhold* (Anm. 4), 359 f.; *Geamanŭ* (Anm. 20), 627; *Tomuschat* (Anm. 1), 478; *Bindschedler* (Anm. 95), 601; *Schröder* (Anm. 3), 557; ausf. *UN Office of Legal Affairs* (Anm. 76), 36 f.

97 *Eyffinger/Witteveen/Mellink* (Anm. 89), 24; *Pechota, Vratislav*: The Quiet Approach: A Study of the Good Offices Exercised by the United Nations Secretary-General in the Cause of Peace, New York: UNITAR 1972, 25 f.

98 *UN Office of Legal Affairs* (Anm. 76), 35 ff.; die Unterscheidung wird nicht immer vollzogen, vgl. Art. 4 Haager Streitbeilegungsabkommen 1907; *Combacau/Sur* (Anm. 3), 568; *Quéneudec, Jean-Pierre*: Article 33, in: Cot, Jean-Pierre/Pellet, Alain (Dir.): La Charte des Nations Unies: Commentaire article par article, Paris: Économica, 2e éd. 1991, 565–573 (567); *Collier/Lowe* (Anm. 80), 27; *Schröder* (Anm. 3), 558; *Eyffinger/Witteveen/Mellink* (Anm. 89), 24.

Dritten an der inhaltlichen Diskussion des Sachverhalts.[99] Durch ihr Vertrauen legitimiert, kann er die Parteien beim Sondieren von Positionen, Strukturieren des Verhandlungsablaufs oder Freilegen von Interessen unterstützen. Im Kern besteht seine Aufgabe darin, von einer konfrontativen, auf Streit, Teilung und Übervorteilung ausgerichteten Verhandlung hin zu einer kooperativen, auf Übereinkommen, Interessenregulierung und Empathie orientierten überzuleiten, wenn die Parteien dazu selbst nicht in der Lage sind. Letztlich sollen die Parteien befähigt werden, auf Grundlage freigelegter Interessen und neu ausgerichteter Wahrnehmung selbst die Tauschverhältnisse eines *win-win* Übereinkommens zu bestimmen.[100] Grundsätzlich ist eine Vermittlung nicht schon mit der Beilegung eines Rechtsstreits erfolgreich, sondern erst mit der Beilegung des Streits in seinem politischen Gesamtumfang, so dass der Vermittler bei entsprechendem Mandat an der kreativen Lösungsfindung mitarbeiten, die Bedingungen des Übereinkommens vorschlagen oder gar die Einhaltung des Übereinkommens überwachen kann.[101] Wie beim Unterhändler, sind die Werkzeuge des Vermittlers an den subjektiven Denkrahmen gebunden, der ihm durch die Darstellung und Argumentation der Parteien vorgegeben wird.[102] Deshalb variieren, wenn der Vermittler umstrittene Tatsachen objektiviert, interessierte Stellen konsultiert, extreme Positionen reduziert, Machtverhältnisse verschiebt oder Zugeständnisse erwirkt, über welche die Parteien keinen direkten Konsens gefunden hätten, die Ebenen seines Handelns je nach Verhandlungsabschnitt.[103] Wie der Vermittler seine Werkzeuge einsetzt, liegt

---

99 *Geamanŭ* (Anm. 20), 428; *Bindschedler* (Anm. 95), 601 f.; *Collier, John G.*: The International Court of Justice and the Peaceful Settlement of Disputes, in: Lowe, Vaughan/Fitzmaurice, Malgosia (eds.): Fifty Years of the International Court of Justice: Essays in Honour of Sir Robert Jennings, Cambridge/New York: Cambridge Univ. Pr./Grotius Publ. 1996, 364–372 (367); zur Vermittlung ausf. *Pechota, Vratislav*: Complementary Structures of Third-Party Settlement of International Disputes, New York: UNITAR 1971, 13 ff.; *Breidenbach, Stephan*: Mediation: Struktur, Chancen und Risiken von Vermittlung im Konflikt, Habil. München, Köln: Otto Schmidt 1995, 11 ff.; *Haft* (Anm. 10), 243 ff.

100 *Hopmann* (Anm. 7), 232 ff; ähnlich *Darwin* (Anm. 89), 85 ff.; *Neuhold* (Anm. 4), 364 f.; *Schröder* (Anm. 3), 557; *Merrills* (Anm. 3), 37 f.

101 So etwa *Neuhold* (Anm. 4), 514; *Behrens* (Anm. 80), 23 f.; *Merrills* (Anm. 3), 28.

102 *Darwin* (Anm. 89), 83; *Hill, Richard*: Non-Adversarial Mediation, Journ. Int. Arb. 12 (1995), 135–143 (141).

103 Art. 4 Haager Streitbeilegungsabkommen 1907; zu den Vermittlungsebenen, *Pechota* (Anm. 99), 24 ff.; zur Verschiebung der Machtverhältnisse durch eigene Drohung bzw. Versprechen des Vermittlers, *Hopmann* (Anm. 7), 240 f.; *Merrills* (Anm. 3), 37 f.; zu weiteren Techniken, *Neuhold* (Anm. 4), 360 f.; 514 f.; *Combacau/Sur* (Anm.

unter den vereinbarten Verfahrenspflichten in seinem politischen Ermessen, in seinem diplomatischen Fingerspitzengefühl und an der jeweiligen Situation.[104]

Im Rahmen der ebenfalls in Artikel 33 Ziffer 1 VN-Charta normierten Untersuchung ermittelt der Dritte, ähnlich einem technischen Sachverständigen, die faktischen Umstände des strittigen Sachverhalts,[105] obgleich die Parteien das Mandat, vom Beweiserhebungsverfahren *ad hoc* bis zum schiedsgerichtlich angeordneten Sachverständigengutachten, ganz unterschiedlich gestalten können.[106] Die Untersuchung wirkt nicht direkt auf die Beilegung des Streits hin, sondern gibt den Parteien die Tatsachen an die Hand und überlässt es ihnen, hieraus die Konsequenzen zu ziehen.[107]

Von der Untersuchung übernimmt die Schlichtung das objektivierende Ermitteln von Fakten durch den Dritten.[108] Im Gegensatz zur Vermittlung ist die Anhörung der Parteien, aufgrund derer die Tauschverhältnisse und Bedingungen eines Schlichtungsvorschlags erarbeitet werden, der nach Auffassung des Schlichters die Zustimmung aller Parteien erhalten kann,[109] prozessual

---

3), 568; *Ipsen* (Anm. 19), 1017; *Collier/Lowe* (Anm. 80), 27; ausf. *Hill* (Anm. 102), 139 ff.; *UN Office of Legal Affairs* (Anm. 76), 43 ff.

104 Zu den nützlichen Eigenschaften und Fähigkeiten des Vermittlers etwa *Neuhold* (Anm. 4), 519 ff.

105 Art. 9 ff. Haager Streitbeilegungsabkommen 1907; zur Lit. *UN Office of Legal Affairs* (Anm. 76), 25; *Partsch, Karl-Josef*: Fact-finding and Inquiry, in: Bernhardt, Rudolf (ed.): EPIL 2 (1995), 343–345; *Schröder* (Anm. 3), 558; *Merrills* (Anm. 3), 44 ff.; *Ipsen* (Anm. 19), 1019; ausf. *Bar-Yaacov, Nissim*: The Handling of International Disputes by Means of Inquiry, London/New York: Oxford Univ. Pr. 1974.

106 So etwa *UN Office of Legal Affairs* (Anm. 76), 26 und weiter zu institutionellen Fragen 29 ff.; *Combacau/Sur* (Anm. 3), 572; *Partsch* (Anm. 105), 344; *Collier/Lowe* (Anm. 80), 26; *Merrills* (Anm. 3), 44; 58; *Ipsen* (Anm. 19), 1019; zum Einsatz von Experten innerhalb einer Verfahrensordnung, *International Centre for Settlement of Investment Disputes*: Fact-Finding (Additional Facility) Rules, Schedule A to the ICSID Rules Governing the Addtional Facility for the Administration of Proceedings by the Secretariat, ICSID Doc. 11/Rev2(2006), Washington: ICSID 2006, 13 ff.

107 Art. 35 Haager Streitbeilegungsabkommen 1907; *UN Office of Legal Affairs* (Anm. 76), 34; *Combacau/Sur* (Anm. 3), 571; *Partsch* (Anm. 105), 344.

108 Siehe die verbreitete Bezeichnung als Summe von Vermittlung und Untersuchung, *Ipsen* (Anm. 19), 1020; *Schröder* (Anm. 3), 558; *Tomuschat* (Anm. 1), 477; *Neuhold* (Anm. 4), 362; *UN Office of Legal Affairs* (Anm. 76), 48; *Collier/Lowe* (Anm. 80), 29; *Collier* (Anm. 99), 367; zur Schlichtung generell *Merrills* (Anm. 3), 62 ff.

109 Grundl. *Cot, Jean-Pierre*: La conciliation internationale, Thèse Paris, Paris: Pédone 1968, 9; ansatzw. *Efremoff, Jean*: La conciliation internationale, RdC 18 (1927 III), 5–148 (131); vgl. den Schlichtungsbegriff aus Art. 1 Résolution de l'IDI relative à la

strukturiert.[110] Durch das Mandat der Parteien legitimiert, liegt der Schwerpunkt hier weniger im persönlichen Sondieren von Positionen, die ja von den Parteien vorgetragen werden, als im verfahrensmäßigen Gliedern des Verhandlungsablaufs, in der Untersuchung umstrittener Punkte und im Ermitteln möglicher Zugeständnisse.[111] Doch weil die Zustimmung zum Vorschlag bei den Parteien verbleibt, sollte dieser auch die Machtverhältnisse ihrer Verhandlung widerspiegeln. Die mitunter mit Verfahrensgarantien versehene Verfahrensordnung soll eine Verhandlung nicht unterbrechen, sondern lediglich gliedern und objektivieren,[112] um die für die Verhandlung typischen *win-win* Ergebnisse zu erzielen. Im gleichen Sinne vermeiden der Ausschluss der Öffentlichkeit und die Vertraulichkeit des Vorschlags störende Kritik beziehungsweise künftige Präzedenzen.[113] Mitunter berät sich der Schlichter selbst nach Abgabe des Vorschlags mit den Parteien, um die Chancen ihrer Zustimmung zu verbessern oder eine letzte Vermittlung zu versuchen.[114] Inhaltlich gründet der Vorschlag auf der Glaubwürdigkeit des Schlichters und der Überzeugungskraft politischer, historischer oder praktischer Vernunft. Obgleich im Einzelfall rechtliche Erwägungen in Betracht kommen mögen, sollte die Aussprache von

---

Conciliation internationale, adopt. à la Session de Salzbourg, le 11 Sept. 1961, Ann. IDI 49 (1961 II), 385–391; zu institutionnellen und arbeitsmethodischen Fragen, *Combacau/Sur* (Anm. 3), 569; ausf. *UN Office of Legal Affairs* (Anm. 76), 52 ff.; *Merrills* (Anm. 3), 65 ff.

110 *UN Office of Legal Affairs* (Anm. 76), 45; *Bindschedler, Rudolf L.*: Conciliation and Mediation, in: Bernhardt, Rudolf (ed.): EPIL 1 (1992), 721–725 (722); *Behrens* (Anm. 80), 23 f.

111 So etwa *Bowett* (Anm. 89), 189.

112 Zu Verfahrensgarantien wie Parteiunabhängigkeit und Absetzbarkeit des Schlichters; Anwendung von Grundsätzen der Objektivität, Fairness und Gerechtigkeit, Art. 10 und 18 Draft Model Rules for the Conciliation of Disputes between States, Annex I to *UN General Assembly*: United Nations Rules for the Conciliation of Disputes Between States, Res. 50/50, adopt. 11 Dec. 1995, UN Doc. A/RES/50/50, circul. 29 Jan. 1996, GAOR L, Suppl. No. 33 (A/50/33), in: ILM 30 (1991), 229 ff. (Draft Model Rules on Conciliation 1995).

113 So etwa *Fox, Hazel*: Conciliation, in: Waldock, Sir Humphrey (ed.): International Disputes: The Legal Aspects, Report of a Study Group of the David Davies Memorial Institute of International Studies, London: Europa Publ. 1972, 93–100 (98); *Merrills* (Anm. 3), 73; siehe hierzu Art. 13, 32 und 33 Draft Model Rules on Conciliation 1995; *Negotiating Group on Dispute Settlement*: Concepts, Forms and Effects of Arbitration: Note by the Secretariat, GATT Doc. MTN.GNG/NG13/W/20, circul. 22 Feb. 1988, S. 2 f.

114 Siehe *Fox* (Anm. 113), 98; *Bowett* (Anm. 89), 189; *Merrills* (Anm. 3), 72 f.

Wertungen grundsätzlich vermieden werden.[115] Viele Schlichter erachten es als außerhalb ihres Mandats liegend, zur Rechtslage Stellung zu nehmen,[116] oder unterlassen überhaupt die Begründung ihres Vorschlags.[117]

C. Eigenschaften

Das Produkt der erörterten Strukturelemente und Erscheinungsformen offenbart Flexibilität und Koordination als wesenstypische Eigenschaften der Verhandlung.

I. Flexibilität

Als Flexibilität kann die der Verhandlung zugrunde liegende Handlungsfreiheit bezeichnet werden, von Positionen abzurücken, Wahrnehmungen zu revidieren oder Drohungen zurückzunehmen.

1. Abdingbarkeit des Verhandlungsablaufs

Damit ist weder das Modewort des *business management*, noch die Worthülse der Diplomatie gemeint, sondern vorweg die Abdingbarkeit eines typischerweise in fünf Abschnitte gegliederten Verhandlungsablaufs.[118] Zur Vorbereitung

---

115 So etwa *Gros, André*: Remarques sur la conciliation internationale, in: (Souscr.): L'évolution du droit public, Études offertes à Achille Mestre, Paris: Sirey 1956, 279–283 (279 f.); *Burton* (Anm. 55), 69 f.; dahingehend Art. 12 Ziff. 4 und Art. 28 Ziff. 2 Draft Model Rules on Conciliation 1995.

116 So etwa *Bowett* (Anm. 89), 188 f.; hierzu *International Conciliation Commission Denmark-Lithuania*: Method of Payment of the Balance of the Claim of Høgaard and Schultz against the Lithuanian Government, Report on 30 Sept. 1938, in: *Hamilton, Phyllis/Requena, Hilmara C./Scheltinga, Laurence de Blocq van/Shifman, Bette* (eds.): The Permanent Court of Arbitration: International Arbitration and Dispute Resolution: Summaries of Awards, Settlement Agreements and Reports, The Hague/Dordrecht/Boston: Kluwer Law Int'l 1999, 283–293 (283 ff.); *International Conciliation Commission Greece-Italy*: Destruction of the Steamship "Roula", Report on 20 Oct. 1956, in: *Hamilton, Phyllis/Requena, Hilmara C./Scheltinga, Laurence de Blocq van/Shifman, Bette* (eds.): The Permanent Court of Arbitration: International Arbitration and Dispute Resolution: Summaries of Awards, Settlement Agreements and Reports, The Hague/Dordrecht/Boston: Kluwer Law Int'l 1999, 283–293 (289 ff.).

117 Vgl. hingegen *Waart* (Anm. 76), 32; ebenso Art. 7 Draft Model Rules on Conciliation 1995.

118 Ebenso *Zartman/Berman* (Anm. 9), 10; *Geamanŭ* (Anm. 20), 401 ff.; *Paveau/Duphil* (Anm. 5), 228 f.; hingegen zieht *Habeeb* (Anm. 11), 30 f. eine Dreiteilung vor; Sechsteilung bei *Haft* (Anm. 10), 123 ff.

gehören die Auseinandersetzung der Parteien mit dem faktischen Sachverhalt und die Definition ihrer jeweiligen Interessen.[119] Ausgangspunkt ist hierbei das Beschaffen und Auswerten von Information zum Sachverhalt durch Konsultationen, *échanges de vues* und sonstiger *pourparlers* mit der Gegenpartei. Solche Gespräche schaffen zudem eine vertrauliche Atmosphäre, welche die intersubjektive Wahrnehmung der Unterhändler voneinander verbessert, ihre Motivation kooperativer orientiert und emotionale Gemeinsamkeiten schafft.[120] Dies erleichtert ein sachliches Zusammenarbeiten und kann etwa in festgefahrenen Situationen kreative Lösungen unterstützen.[121] Daher zählen Gespräche formeller wie informeller Art zur täglichen Pflege der diplomatischen Beziehungen.[122] Aufgrund der ausgewerteten Information definiert jede staatliche Partei ihre Interessen. Die Einigung der staatlichen Partei mit ihrem Unterhändler auf klare und realistische Interessen festigt deren Motivation und Glaubwürdigkeit in der Verhandlung.[123] Entscheidet die staatliche Partei, solche Interessen gegenüber einer anderen Partei geltend zu machen, sollte sie vorab den Sachverhalt eingrenzen, Zeitpunkt und Forum für die Verhandlung bestimmen, mögliche Akteure (Unterhändler und Mandanten der Gegenpartei sowie indirekt beteiligte Dritte) identifizieren und den weiteren Kontext (etwa Konjunktur oder

---

119 So etwa *Raiffa, Howard*: The Art and Science of Negotiation, Cambridge: Harvard Univ. Pr. 1982, 126 ff.; *Zartman/Berman* (Anm. 9), 42 ff.; *Williams* (Anm. 48), 73 ff.; *Paveau/Duphil* (Anm. 5), 228 f.; ausf. *Ury, William*: Getting Past NO: Negotiating with Difficult People, New York: Bantham 1993, 15 ff.

120 Zur Anerkennung der Gegenpartei und zum Aufbau emotionaler Gemeinsamkeiten, *Wedge, Bryant*: Psychology of the Self in Social Conflict, in: Azar, Edward E./Burton, John W. (eds.): International Conflict Resolution: Theory and Practice, Boulder/Brighton: Lynne Rienner/Wheatsheaf 1986, 56–62 (57 ff.); *Pruitt, Dean G.*: Negotiation Theory and the Development of Identity, International Negotiation 6 (2001), 269–279 (272 ff.); *Thuderoz, Christian*: Introduction: Identités, reconnaissance et négociations: Quelques coordonnées pour des débats majeurs en théorie de la négociation, Négociations 8 (2007), 5–10 (6 ff.).

121 Zur Funktion von *pourparlers* über begriffliche Aspekte der Konsultation hinaus, *Schelling* (Anm. 12), 45 f.; *Lall* (Anm. 5), 18; *Williams* (Anm. 48), 73; *Hopmann* (Anm. 7), 178 f.; *Plantey* (Anm. 79), 114; *Haft* (Anm. 10), 127; 187.

122 So etwa *Hopmann* (Anm. 7), 175; *Plantey* (Anm. 13), 267 ff.; vgl. Art. 3 Vienna Convention on Diplomatic Relations, signed at Vienna, 18 April 1961, UNTS 500 (1964), 95 ff.; TIAS No. 7310; BGBl 1964 II, 958 ff. (Wiener Übereink. über diplomatische Beziehungen – WÜD).

123 Betont wird eine Trennung von Sach- und Beziehungsebene, so etwa *Fisher/Ury/Patton* (Anm. 9), 51 ff.; *Gottwald* (Anm. 10), 73 ff.; Aufbau von Sachlichkeit und Kooperation, *Iklé* (Anm. 13), 87 ff.; *Fisher/Ury/Patton* (Anm. 9), 69 ff.; 107 ff.

Präzedenzen) berücksichtigen. Aus dem geschätzten Machtverhältnis kann die ersuchende Partei strategische Positionen definieren. Anschließend kann sie durch eine Démarche[124] ihren Koordinationsbedarf anmelden. Der Vorbereitungsabschnitt strukturiert den weiteren Verhandlungsablauf nachhaltig.[125]

Das Bestimmen des Forums erwählt zugleich Regeln, die von allen denkbaren nur bestimmte Handlungs- und Ermessensmöglichkeiten zulassen, wodurch Interessen, Machtfaktoren, Akteure, Wahrnehmung und auch Motivation an eine Objektivität gebunden werden. Dies strukturiert den weiteren Verhandlungsablauf sowohl hinsichtlich des Verfahrens, indem der Sachverhalt in Themenbereiche eingeteilt wird, die nach einer vereinbarten Tagesordnung abzuarbeiten sind, als auch hinsichtlich des Inhalts, da mögliche Positionen und Alternativen geordnet werden. Themenbereiche, Tagesordnung und Alternativen bilden im Forum Angelpunkte, anhand derer die Parteien das kooperative Verhalten ihres Gegenübers messen können.[126] Aus diesen Gründen ist dieser Schritt oft Gegenstand intensiver Verhandlung.

Die Erweiterung des Verhandlungsraums wird notwendig, wenn die Parteien konfrontative Strategien im Austausch der Positionen ausgeschöpft haben, und in einer verkeilten Situation weiter das Übereinkommen suchen. Dann sollte versucht werden, die hinter den Positionen verdeckten Interessen, sonach die mit der Verhandlung verbundenen Zwänge, Bedürfnisse oder Erwartungen zu ergründen.[127] Diese kooperative Wandlung erfordert seitens aller Parteien, vor allem der Unterhändler die Bereitschaft zum aktiven Zuhören und Einfühlungsvermögen, um einerseits Abstand von den eigenen Positionen zu gewinnen, andererseits kreative Spielräume zu erschließen.[128]

---

124 Zum Begriff der Démarche *Szilassy, Julius de*: Négociation, in: Frangulis, Antoine F. (Dir.): Dictionnaire diplomatique, Tome IV, Paris/Genève/New York: Académie diplomatique internat. 1948, 205–207 (206); *US Department of State*: Foreign Affairs Handbook, Volume 5 Handbook 1 – Correspondence Handbook, 5 FAH-1 H-610 Diplomatic Notes – Using Diplomatic Notes (2017).

125 So etwa *Hopmann* (Anm. 7), 175; *Paveau/Duphil* (Anm. 5), 228.

126 So etwa *Geamanŭ* (Anm. 20), 412; *Zartman/Berman* (Anm. 9), 87 f.; *Haft* (Anm. 10), 125; 129; zur taktischen Gliederung des Sachverhalts durch eine Tagesordnung, *Schelling* (Anm. 12), 31 ff.; *Iklé* (Anm. 13), 218 ff.; *Habeeb* (Anm. 11), 19; *Rangarajan* (Anm. 24), 83; zur Bindungswirkung der Tagesordnung, *Iklé* (Anm. 13), 98.

127 So etwa *Fisher/Ury/Patton* (Anm. 9), 40 ff.; *Gottwald* (Anm. 10), 76 ff.; *Burton* (Anm. 9), 100; *Neuhold* (Anm. 4), 499; *Paveau/Duphil* (Anm. 5), 229.

128 So etwa *Ury* (Anm. 119), 55 ff.; *Zartman/Berman* (Anm. 9), 20; *Fisher, Roger/Brown, Scott*: Getting Together: Building Relationships as We Negotiate, New York: Penguin 1989, 65 ff.; *Jolles* (Anm. 75), 30; *Hopmann* (Anm. 7), 190; *Haft* (Anm. 10),

Durch Zugeständnisse werden anschließend, im Tausch von Angebot und Gegenangebot, Teilvereinbarungen über die freigelegten Interessen erreicht, bis alle Themenbereiche der Tagesordnung abgearbeitet sind.[129] Der Tausch nunmehr klar definierter Interessen und das Argumentieren im *bargaining* erfordern politische Entscheidungsfreudigkeit und taktische Sicherheit, während ein Zeitdruck die konfrontative Motivation oft noch verstärkt. Durch ihre verhaltenslenkende und inhaltsbestimmende Wirkung können die Regeln des Forums hier helfen, eine kooperative Motivation zu wahren.[130] Aus den Teilvereinbarungen wird schließlich das Übereinkommen gebildet und als einseitige oder gemeinsame politische Erklärung beziehungsweise als rechtsverbindliches Übereinkommen die gewünschte Form verliehen.

Diese schematische, idealtypische Einteilung hilft, den geregelten Verhandlungsablauf zu veranschaulichen. Entscheidend für die Definition des Verhandlungsbegriffs ist aber, dass sie grundsätzlich zu relativieren ist, da sie im Einzelfall flexibel geändert werden kann. Wenn eine Strategie etwa schon im Forum so erfolgreich ist, dass die Gegenpartei auf ihre Positionen verzichtet, oder wenn Alternativen das Verlassen des Verhandlungstisches möglich machen, dann entfallen alle weiteren Verhandlungsabschnitte. Denkbar ist auch, dass eine unvorbereitete Partei einige Aspekte des Vorbereitungsabschnitts nachholen muss, wenn bereits das Forum bestimmt ist. Jedenfalls gilt, dass künftige Verhandlungsabschnitte ihren Schatten vorauswerfen, weil die Parteien schon jetzt berücksichtigen müssen, dass, falls sie nicht sogleich zum Übereinkommen finden, alternativ der nächste Verhandlungsabschnitt mit seinen spezifischen Voraussetzungen und Beschränkungen eintreten wird. Dies wird fortan als „strategische Vorausschau" bezeichnet. Auch ist ersichtlich, dass Strukturelemente kaum im Verhandlungsablauf einzureihen sind, sondern vielmehr wie Kreise in einem Verhandlungsraum nebeneinander stehen, die sich gegen- und wechselseitig beeinflussen.[131] So stärkt eine Regel des

---

134 ff.; es kann mitunter geboten sein, der Gegenpartei zur Verwirklichung ihrer Interessen zu verhelfen, *Iklé* (Anm. 13), 105; *Fisher/Ury/Patton* (Anm. 9), 76 ff.; zu Techniken kreativer Lösungsfindung ausf. *Fisher/Ury/Patton* (Anm. 9), 57 ff.; *Haft* (Anm. 10), 100 ff.; *Gottwald* (Anm. 10), 81 ff.

129 So etwa *Druckman* (Anm. 51), 26; *Zartman/Berman* (Anm. 9), 147; *Paveau/Duphil* (Anm. 5), 229.

130 So etwa *Fisher/Ury/Patton* (Anm. 9), 81 ff.; *Gottwald* (Anm. 10), 73; 83 ff; *Iklé* (Anm. 13), 215 ff.; zu objektiven Allokationsverfahren ausf. *Brams, Steven J./Taylor, Alan D.*: Fair Division: From Cake-cutting to Dispute Settlement, Cambridge/New York/Melbourne: Cambridge Univ. Pr. 1996, 5 ff.

131 Zum Begriff des Verhandlungsraums, *Hopmann* (Anm. 7), 100.

Forums die Glaubwürdigkeit und somit Macht der Partei, welche diese Regel einfordert; umgekehrt kann diese Regel entkräftet werden, wenn eine Drohung diese Partei dazu veranlasst, auf ihre Einforderung zu verzichten.

Von Kritik durch eine unmittelbare Öffentlichkeit geschützt, setzen Unterhändler diese abdingbaren Werkzeuge nach politischen, strategischen und einzelfallabhängigen Opportunitätserwägungen ein, um ihre Macht zu maximieren. Derart projizieren sie den durch sie vertretenen subjektiven Parteiwillen in den Verhandlungsraum, und insgesamt kann das Koordinieren solcher Vorgänge durchaus als politisch bezeichnet werden. Wegen ihrer Flexibilität kommt die Verhandlung dem Ordnungsprinzip der staatlichen Souveränität,[132] das Parteiwillen und Volontarismus weitgehend schont,[133] besonders entgegen. Teils wird ihr gar ein rechtlicher Vorrang unter den Mitteln zur friedlichen Beilegung aus Artikel 33 Ziffer 1 VN-Charta zuerkannt.[134] Wer allerdings

---

132 Grundl. « *Lotus* » (France c/ Turquie), arrêt du 7 sept. 1927, Rec. CPJI Série A n° 10, 1 ff. (18 ff.); völkergwohnheitsrechtl. Anerkennung seit *Military and Paramilitary Activities in and against Nicaragua* (Nicaragua v. United States of America), Merits, Judgment of 27 June 1986, ICJ Rep. 1986, 14 ff. (111 f.); völkervertragl. in Art. 2 Ziff. 1 VN-Charta; zur näheren Bestimmung *UN General Assembly*: Declaration on Principles of International Law Concerning Friendly Relations and Co-operation among States in Accordance with the Charter of the United Nations, Res. 2625 (XXV), adopt. 24 Oct. 1970, UN Doc. A/RES/2625 (XXV), circul. 24 Oct. 1970, GAOR XXV, Suppl. No. 28 (1970), 121 ff., in: ILM 9 (1970), 1292 ff. (Prinzipien Deklaration); hierzu insbes. im Zusammenhang mit der friedlichen Streitbeilegung, Teil I Ziff. 3 Manila Deklaration, *Economidès, Constantin P.*: La Déclaration de Manille sur le règlement pacifique des différends internationaux, AFDI 28 (1982), 613–627 (613 f.); weiter *Verdross/Simma* (Anm. 82), 25 ff.; *Combacau/Sur* (Anm. 3), 252; *Brownlie, Ian*: Principles of Public International Law, Oxford: Oxford Univ. Pr., 5th ed. 1998, 189 f.; *Ipsen* (Anm. 19), 329 ff.; ausf. *Schaumann, Wilfried*: Die Gleichheit der Staaten, ein Beitrag zu den Grundprinzipien des Völkerrechts, Habil. Zürich, Wien: Springer 1957, 69 ff.

133 Zur Begründung von Souveränität aus ursprünglicher Staatsmacht, *Schaumann* (Anm. 132), 73; *De Visscher* (Anm. 4), 121 ff.; *Lacharrière* (Anm. 8), 203; sowie i.E. *Weil, Prosper*: Vers und normativité relative en droit international? RGDIP 8 (1982), 5–47 (13 f.); aus völkerrechtl. zugewiesener Kompetenz, *Kelsen, Hans*: The Principle of Sovereign Equality of States as a Basis for International Organization, Yale LJ 53 (1944), 207–220 (207 f.); *Rousseau, Charles*: L'indépendance de l'État dans l'ordre international, RdC 73 (1948 II), 167–253 (181 ff.).

134 Siehe etwa Teil I Ziff. 10 Manila Deklaration; die Vorzüge der Verhandlung wohl überbewertend etwa *Geamanŭ* (Anm. 20), 416; *UN Office of Legal Affairs* (Anm. 76), 9 f.

Flexibilität ausschließlich als kooperativ einstuft, verkennt, dass sie nicht gegen konfrontative Strategien etwa der Drohung, Übervorteilung oder Polemik schützt.[135]

2. Vielfalt der Lösungen

Bislang wurde das Übereinkommen als die idealtypische, logische, verkörperte Lösung der Verhandlung angenommen. Dies mag den Abschluss der Verhandlung, dessen Strukturelemente wie Kreise zueinander stehen, besser veranschaulichen. Im faktisch-empirischen Sinne bezeichnet das Übereinkommen zunächst nur das inhaltliche Ergebnis, auf das die Parteien sich in Willenskongruenz geeinigt haben. Wegen der im zwischenstaatlichen Rechtsverkehr vorherrschenden Gestaltungsfreiheit unterliegt es keinen direkten Beschränkungen.[136]

Freilich ist damit nicht gesagt, welche Form das Übereinkommen annimmt, denn jenseits des unterzeichneten und später ratifizierten Vertrags kann die Willenskongruenz der Parteien durch ausdrückliche wie konkludente Handlungen (etwa abgestimmte Duldung einseitiger Maßnahmen; einseitiger Verzicht auf erhobene Rechtsansprüche; einseitige politische Erklärung; gemeinsame Presseerklärung) verkörpert werden. Aus der im zwischenstaatlichen Umfeld geltenden Formfreiheit ist allein auf die Willensübereinstimmung der Parteien und den rechtlichen Bindungswillen abzustellen.[137] Somit genießen staatliche Parteien die Freiheit, dem Übereinkommen rechtliche Geltung oder lediglich politische Tragweite zu verleihen. Als Lösung einer Verhandlung, in der eine Partei sich zu Lasten der Gegenpartei durchsetzt, ist selbst ein Übereinkommen denkbar, dass einseitige Maßnahmen festlegt. Anders ausgedrückt, kann eine formell einseitige Verpflichtung ein tatsächlich zweiseitiges Übereinkommen verbergen. Hieraus folgt, dass die Verhandlung und deren Flexibilität sich auch auf die Form des Übereinkommens erstrecken.

Wenn die Parteien zur besseren Nachweisbarkeit und Umsetzung meist einen Text erarbeiten, skizzieren dessen Klauseln, gleich ob der Text als *gentlemen's agreement* politische oder als *modus vivendi* rechtliche Wirkung[138]

---

135 Insofern krit. und zutr. *Plantey* (Anm. 13), 101; *Neuhold* (Anm. 4), 359; *Ipsen* (Anm. 19), 1017.

136 So etwa *Schaumann* (Anm. 132), 144 f.; *Collier/Lowe* (Anm. 80), 24.

137 So etwa *Schaumann* (Anm. 132), 144 f.; *Plantey* (Anm. 79), 190.

138 *Mosler, Herrmann*: Modus Vivendi, in: Bernhardt, Rudolf (ed.): EPIL 3 (1997), 442–444 (442 f.).

entfalten soll, nicht nur das Bild des Übereinkommens. Als Träger von Tauschverhältnissen und Teilübereinkünften übertragen sie noch während der Verhandlung den subjektiven Parteiwillen in eine objektive Textrealität. Somit steht auch das Ausformulieren von Klauseln insbesondere hinsichtlich des normativen Verpflichtungsgrades im Spannungsfeld von Sprache, Semantik und Verhandlungsmacht.

Ein missglücktes Übereinkommen wird oft als Versagen wahrgenommen. Im Sinne einer gescheiterten Koordination von Positionen, eines *lose-lose* Ergebnisses, kann dies tatsächlich zutreffen. Jedenfalls besteht wegen der im zwischenstaatlichen Rechtsverkehr geltenden Abschlussfreiheit keinerlei Einigungszwang.[139] Freilich können andere Lösungen als das Übereinkommen durchaus sinnvoll sein:[140] Offenhaltung kann sich ergeben, wenn der Sachverhalt etwa aufgrund der wirtschaftlichen Entwicklung derart gewandelt ist, dass Interessen sich von selbst erfüllen oder gar entfallen. Abänderung kann erfolgen, wenn eine Partei während der Verhandlung zur Aufgabe ihres Koordinationsbedarfs beziehungsweise zur grundsätzlichen Änderung ihrer Interessen, ihrer Wahrnehmung oder ihrer Motivation gelangt. Derartige Lernprozesse können etwa die ersuchende Partei dazu bringen, sich mit dem *status quo* zufrieden zu geben und auf ursprünglich formulierte Positionen zu verzichten. Abänderung entsteht zudem durch Teilvereinbarungen oder Zwischenabkommen, die eine lediglich partiell abgearbeitete Tagesordnung offenbaren und den Sachverhalt in Teilen ungeregelt bestehen lassen. Ferner kann ein veränderter BATNA eine Partei zur Aufgabe ihres Koordinationsbedarfs beziehungsweise von eingangs formulierten Positionen oder zum Verlassen des Verhandlungstisches bewegen. Letzteres führt etwa zum Wechsel des Forums beziehungsweise zur Anrufung einer schieds- oder gerichtlichen Einrichtung.

Somit wird ersichtlich, dass sowohl der Verhandlungsablauf als auch Begriffe von Übereinkommen, Offenhaltung oder Abänderung von Flexibilität geprägt sind. Letztere entsteht aus dem Wechselwirken von Sachverhalt und Strukturelementen der Verhandlung, welche die Parteien nach empirischen Opportunitätserwägungen zu beeinflussen suchen, um so die Lösung in ihrem Sinne zu gestalten. Aus diesen Erkenntnissen ist die Lösung als eine Situation zu

---

139 Hierzu etwa *Schaumann* (Anm. 132), 144 f.; *Plantey* (Anm. 79), 394; so darf ein Staat den Vorbehalt zu einer Konvention ablehnen, *Reservations to the Convention on the Prevention and Punishment of the Crime of Genocide*, Advisory Opinion of 28 May 1951, ICJ Rep. 1951, 15 ff. (21).

140 So etwa *Grewe* (Anm. 13), 12.

begreifen, in der keine Partei mehr einen Koordinationsbedarf an die Gegenpartei richtet.

II. Koordination

Wie Artikel 33 Ziffer 1 VN-Charta zu entnehmen ist, beruht die friedliche Beilegung zwischenstaatlicher Streitigkeiten letztlich entweder auf anordnende Entscheidungen eines Dritten, oder auf koordinierten Lösungen der Parteien.[141]

1. Abgrenzung zur Judikative

Gerade im zwischenstaatlichen Umfeld, in dem der diplomatische Aspekt allgegenwärtig ist, bedarf es einer klaren Abgrenzung der Verhandlung zu schieds- und gerichtlichen Verfahren. Jene, so nimmt *Christian Tomuschat* an,[142] müssen durch eine vertragliches Übereinkommen der Parteien *ad hoc* begründet oder für definierte Streitfälle institutionalisiert sein; bieten ein unabhängig besetztes Organ zur Garantie einer unparteiischen Entscheidung; entscheiden auf Grundlage völkerrechtlicher Bewertungsmaßstäbe; arbeiten nach einer definierten Verfahrensordnung und erlassen Entscheidungen mit rechtsverbindlicher und vollstreckbarer Wirkung.[143]

---

141 So etwa *Delbez, Louis*: Les principes généraux du contentieux international, Paris: LGDJ 1962, 11; *Giuliano, Mario*: Considerazioni sulla « via diplomatica » per la soluzione pacifica di controversie tra stati, in: Il processo internazionale – Studi in onore di Gaetano Morelli, Comunicazioni e studi vol. XIV, Milano: Giuffrè 1975, 365–376 (370 f.); *Neuhold* (Anm. 4), 366; *Ipsen* (Anm. 19), 1016; die Unterscheidung verkennend, *Waart* (Anm. 76), 32.

142 Wohl grundl. *Tomuschat, Christian*: International Courts and Tribunals with Regionally Restricted and/or Specialized Jurisdiction, in: Max-Planck Institut für ausländischens öffentliches Recht und Völkerrecht (Hrsg.): Judicial Settlement of International Disputes: International Court of Justice, Other Courts and Tribunals, Arbitration and Conciliation: An International Symposium, Berlin/Heidelberg/New York: Springer 1974, 285–416 (290 ff.).

143 Ebenso i.E. *Neuhold* (Anm. 4), 366; *Bernhardt, Rudolf*: Die gerichtliche Durchsetzung völkerrechtlicher Verpflichtungen, ZaöRV 47 (1987), 17–31 (24); *Wegen, Gerhard*: Vergleich und Klagerücknahme im internationalen Prozeß, Diss. Tübingen, Berlin: Duncker & Humblot 1987, 38 ff.; *Combacau/Sur* (Anm. 3), 572; *Mosler, Hermann*: Judgments of International Courts and Tribunals, in: Bernardt, Rudolf (ed.): EPIL 3 (1997), 31–38 (31 f.); *Rosenne, Shabtai*: The Law and Practice of the International Court 1920–1996, Vol. I: The Court and the United Nations, The Hague/London/New York: Kluwer Law Int'l, 3rd ed. 1997, 171 ff.; *Merrills* (Anm. 3), 121 ff.

Ist die Zuständigkeit eines gerichtlichen Forums gegeben und eine Verfahrensinstanz eingeleitet, wird der Streit vom faktischen Sachverhalt gelöst und in ein abstraktes, durch die Bestimmungen der Verfahrensordnung (rechtliches Gehör; Gleichstellung; Beweisaufnahme; Fristen) und die anwendbaren Bewertungsmaßstäbe geregeltes, rechtliches Eigenleben überführt. Die Lösung wird nicht durch das kreative Koordinieren subjektiver Parteiwillen, sondern durch das auslegende Ableiten aus objektiven Rechtsnormen gezeichnet. Durch das Einleiten der Verfahrensinstanz kann eine Partei die Lösung des Streits dem Willen der ersuchten Partei entziehen, denn sie erfolgt – unabhängig von einer Ratifizierung durch die Parteien – allein durch die anordnende Entscheidung des gerichtlichen Organs.[144] Diese Entscheidung entfaltet bindende, endgültige und vollstreckbare Urteilskraft im Rechtssinne, ganz unerheblich, ob sie auf der Ebene des faktischen Sachverhalts auch praktisch umsetzbar ist. Aufgrund dieser Eigenschaften ist allen Verfahren der Judikative trotz unterschiedlicher Verfahrensordnungen gemein, dass der Streit entpolitisiert, weniger flexibel gehandhabt und normkonservierend gelöst wird.

Zur Abgrenzung von Koordinationsverfahren ist letztlich unerheblich, ob Verfahren der Judikative institutionell oder vertraglich begründet sind,[145] oder ob deren Verfahrensordnungen Möglichkeiten für größere Parteiautonomie im Verfahren[146] beziehungsweise für erweiterte Bewertungsmaßstäbe[147]

144 *Merrills* (Anm. 3), 17 betont hier den Entzug des Sachverhalts aus der Parteisphäre durch die Verfahrensordnung.

145 Letzteres wird vorwiegend für Schiedsverfahren angenommen, *Delbez* (Anm. 141), 109 ff. *Gros, André*: Observations sur le mode de délibération de la Cour internationale de justice, in: Il processo internazionale – Studi in onore di Gaetano Morelli, Comunicazioni e studi vol. XVI, Milano: Giuffrè 1975, 377–386 (385 f.); *Caron, David D.*: The Nature of the Iran-United States Claims Tribunal and the Evolving Structure of International Dispute Resolution, AJIL 84 (1990), 104–156 (109); *Oppetit, Bruno*: Théorie de l'arbitrage, Paris: PUF 1998, 73 ff.

146 Zur vertraglichen Koordination in europäischen Prozessordnungen etwa *Lhuillier, Julien*: Contractualisation et processus judiciaires en Europe (état de la situation en 2009): Étude préparée dans le cadre des travaux du Groupe de travail de la CEPEJ sur la qualité de la justice (CEPEJ-GT-QUAL), Doc. CEPEJ(2010)10, circul. 10 déc. 2010, Strasbourg: CEPEJ 2010, 31 ff.; 36 ff.

147 *Steinberger, Helmut*: Judicial Settlement of International Disputes, in: Bernhardt, Rudolf (ed.): EPIL 3 (1997), 42–54 (52) sieht ein Gericht zur *amiable composition* auch ohne ausdrückl. Mandat befugt; anders hingegen *Delbez* (Anm. 141), 102 f.; zur Bewertung aufgrund *ex aequo et bono* Klauseln, *Merrills* (Anm. 3), 99 ff.; 149 ff.; weitere Bewertungsmaßstäbe bei *Oppetit* (Anm. 145), 87 ff.

einräumen. Ebenso ist ohne Bedeutung, dass die zwischenstaatliche Streitbeilegung einige Beispiele zählt, in denen Gerichte oder Schiedsgerichte offen rechtssetzend aufgetreten sind.[148]

2. *Berücksichtigen aller Koordinationsverfahren*

Koordinationsverfahren wie die Verhandlung unterscheiden sich hiervon in einigen Punkten: Erstens entfällt die zur Justiziabilität des Sachverhalts auf der Rechtsebene notwendige Jurisdiktionsbegründung und Verfahrensinstanz; zweitens erfolgt das Koordinieren nicht durch auslegendes Ableiten aus objektiven Rechtsnormen, sondern durch kreativen Einsatz faktischer Strukturelemente, unter Berücksichtigung sämtlicher und nicht nur rechtlich geschützter Interessen; drittens ist keine Verfahrensordnung vorgegeben und bleibt der Verhandlungsablauf flexibel und abdingbar; viertens erfolgt die Lösung des Streits nicht aufgrund einer anordnenden Entscheidung des schieds- oder gerichtlichen Organs, sondern im einvernehmlichen oder zumindest konkludenten Übereinkommen der Parteien; fünftens entfaltet das Übereinkommen keine bindende, endgültige und vollstreckbare Urteilskraft im Rechtssinne, sondern nur insofern eine rechtliche Vertragswirkung, als die Parteien dies vereinbaren. Im Ergebnis ordnen die Parteien ihre Interessen auf der Ebene des faktischen Sachverhalts neu und heben sie in den positivrechtlichen Schutzbereich, falls dies ihrem Willen entspricht, durch Eingliedern in das von ihnen geschaffene Vertragswerk. Im Gegensatz zur Judikative erfolgt die Rechtsetzung hier durch einen neuen Rechtsakt.[149]

Dies trifft grundsätzlich auch auf trilaterale Koordinationsverfahren zu, wobei die Parteien ihre Flexibilität in dem Maße einschränken, als sie dem Dritten das Mandat zum Koordinieren des Verhandlungsraums erteilen. Freilich bleibt der Kern von Koordinationsverfahren, die einvernehmliche Neuordnung von Interessen, durch die unterstützende Arbeit des Dritten unberührt. Zudem sind sowohl der Zeitpunkt für den Einsatz des Dritten im Verhandlungsablauf

---

148 Siehe etwa *Norwegian Shipowners' Claims* (Norway v. United States of America), Award of the Tribunal of Arbitration under the Special Agreement of 30 June 1921, rendered on 13 Oct. 1922, in: RIAA 1 (1948), 307 ff.; AJIL 17 (1923), 362 ff.; *Contrat de prêt entre l'Italie et le Costa Rica (litige portant sur un recouvrement de credit)* (Italie c/ Costa Rica), Sentence du Tribunal arbitral composé selon le Compromis arbitral du 11 sept. 1997, prononcée le 26 juin 1998, in: RIAA 25 (2006), 21 ff.; hierzu *Milano, Enrico*: La sentenza arbitrale fra Italia e Costa Rica relativa ad un prestito, Riv. Dir. Int. 90 (2007), 121–180.

149 So etwa *Waart* (Anm. 76), 17 ff.; *Virally* (Anm. 4), 26 ff.; 44 ff.

als auch die Verwendung der Strukturelemente im Verhandlungsraum im von den Parteien definierten Rahmen flexibel, abdingbar und einzelfallabhängig. Insofern umfassen „Koordinationsverfahren“, „zwei oder mehrere Parteien“ und „Ziel der einvernehmlichen Neuordnung der Interessen“ als Kriterien der Verhandlung auch trilaterale Koordinationsverfahren. Zumindest in der relativ ungegliederten Vermittlung erkennt die sozialwissenschaftliche Literatur eine Sonderform der Verhandlung.[150]

Wegen der stark eingeschränkten Flexibilität wären Zweifel allenfalls hinsichtlich der Schlichtung angebracht.[151] Je nach Mandatsumfang, Verfahrensgestaltung (Anhörungsrechte; Schrifterfordernis und Vortragsterminierung; Gleichstellung; Beweisaufnahme; Fristen), politische oder rechtliche Bewertungsmaßstäbe und gar Selbstverständnis des Schlichters können Unterschiede von zwischenstaatlicher Judikatur und Legislatur im Einzelfall verschwimmen.[152] Auch kennt die privatrechtliche Streitbeilegungspraxis weitere, nationalen Zivilprozessordnungen[153] oder branchentypischer Vertragspraxis entlehnte,[154] trilaterale Koordinationsverfahren *ad hoc*. Letztlich ist jeder

---

150 So etwa *Young* (Anm. 89), 34; *Lall* (Anm. 5), 5; 13; *Winham* (Anm. 74), 194; *Fisher/Ury/Patton* (Anm. 9), 115 f. sowie die auf S. 52 f. zitierte Lit.

151 Dogmatisch unklar *Fox* (Anm. 113), 93; die Schlichtung in die Nähe des schiedsgerichtl. Verfahrens rückend etwa *Lall* (Anm. 5), 13; *Combacau/Sur* (Anm. 3), 569; *Sawada, Toshio*: Supplemental Procedural Rules in International Non-judicial Proceedings, in: Young, Michael K./Iawasawa, Yuji (eds.): Trilateral Perspectives on International Legal Issues: Relevance of Domestic Law and Policy, Irvington: Transnational Publ. 1996, 419–429 (420).

152 Die Schwierigkeit der Bestimmung im Einzelfall unterstreichend, *De Visscher* (Anm. 4), 373; *Hafner, Gerhard*: The Physiognomy of Disputes and the Appropriate Means to Resolve Them, Round-Table Discussion held on 16 March 1995, in: International Law as a Language for International Relations, Proceedings of the United Nations Conference in Public International Law, New York, 13–17 March 1995, The Hague/London/Boston: UN/Kluwer Law Int'l 1996, 559–574 (564).

153 So etwa der Schiedsgutachter der dt.; die *expertise amiable* der frz.; den *arbitro irrituale* der ital.; das *appraisal, valuation, certification* und *summary proceedings* der angelsächs. Zivilprozessordnungen; hierzu *Weick, Günter*: Vorbeugung und Beilegung von Konflikten in internationalen Verträgen, in: Horn, Norbert (Hrsg.): Europäisches Rechtsdenken in Geschichte und Gegenwart, Festschrift für Helmut Coing zum 70. Geburtstag, Bd. II, München: Beck 1982, 543–564 (550 ff.); *Redfern, Alan/Hunter, Martin/Smith, Murray*: Law and Practice of International Commercial Arbitration, London: Sweet & Maxwell, 2nd ed. 1991, 24 ff.; ausf. *Oppetit* (Anm. 145), 65 ff.

154 So etwa *mini-trial, expert workshop, best offer arbitration, mediation-arbitration* oder *dispute review board*; hierzu *Hoellering, Michael F.*: The Mini-Trial, Arbitration

Einzelfall daran zu messen, ob hinsichtlich der von den Parteien gewährten Einschränkungen ihrer Autonomie, die Eigenschaften der Judikative überwiegen.[155] Zumindest gedanklich können trilaterale Koordinationsverfahren in ein Kontinuum eingeordnet werden, in dem Aspekte des Koordinierens in dem Maße abnehmen, als Eigenschaften der Gerichtsbarkeit auf den Dritten übertragen werden.[156] Bei näherer Prüfung überwiegen die Eigenschaften der Legislative letztlich in der Schlichtung. Denn übertritt der Schlichter sein Mandat, führt dies lediglich zur Ratifikationsverweigerung durch eine oder beide Parteien, nicht aber zur Nichtigkeit aus Verstoß gegen gerichtliche Verfahrensgrundsätze, die zumindest im privatrechtlichen Schiedsverfahren regelmäßig zulässig ist.[157] Zudem entwickeln der Schlichtungsvorschlag wie die darin enthaltenen Feststellungen des Schlichters keine Urteilskraft im Rechtssinne, sondern bezieht ihre die Ratifikation der Parteien induzierende „Autorität", letztlich ihre Glaubwürdigkeit im Sinne von Verhandlungsmacht, aus einem sachlich durchgeführten Verfahren und überzeugenden Schlussfolgerungen. Indessen bleibt solche logische Glaubwürdigkeit der faktischen Ebene verhaftet.[158] Entscheidend ist letztlich die Funktion des Schlichters, die

---

Journal 37 (1982), 48–50; *Redfern/Hunter/Smith* (Anm. 153), 235 ff.; *Leonhard* (Anm. 4), 16.

155 Zu Verfahrensfragen etwa *Waart* (Anm. 76), 32; *UN Office of Legal Affairs* (Anm. 76), 52 ff.; *Bindschedler* (Anm. 110), 723; ausf. *Bowett* (Anm. 89), 186 ff.; *Merrills* (Anm. 3), 67 ff. mit Hinweis auf *Continental Shelf Area between Iceland and Jan Mayen* (Norway v. Iceland), Report and Recommendations of the Conciliation Commission to the Governments of Iceland and Norway of June 1981, in: RIAA 27 (2008), 1 ff.; und *Irrégularités douanières (frais d'internement en Suisse de la deuxième division polonaise)* (France c/ Suisse), Rapport de la Commission de conciliation franco-suisse du 24 nov. 1955, in: *Hamilton, Phyllis/Requena, Hilmara C./Scheltinga, Laurence de Blocq van/Shifman, Bette* (eds.): The Permanent Court of Arbitration: International Arbitration and Dispute Resolution: Summaries of Awards, Settlement Agreements and Reports, The Hague/Dordrecht/Boston: Kluwer Law Int'l 1999, 283–293 (287 ff.); siehe Ziff. 8 Explanatory Commentary on the Application of the United Nations Rules for the Conciliation of Disputes between States, Annex II to *UN General Assembly*: United Nations Rules for the Conciliatio of Disputes between States, Res. 50/50, adopt. 11 Dec. 1995, UN Doc. A/RES/50/50, circul. 26 Jan. 1996, GAOR L, Suppl. No. 33 (A/50/33), in: ILM 30 (1991), 243 f.

156 So etwa *Waart* (Anm. 76), 35; *Combacau/Sur* (Anm. 3), 565; *Hafner* (Anm. 152), 571 f.

157 Hier differenzierter *Oppetit* (Anm. 145), 32 f.

158 Auf die polit. Autorität des Vorschlags abstellend, *De Visscher* (Anm. 4), 373; *Darwin* (Anm. 89), 83; *Fox* (Anm. 113), 95; *Bowett* (Anm. 89), 185; *Merrills* (Anm. 3), 62; selbst bei sog. rechtl. Streitigkeiten, *Collier/Lowe* (Anm. 80), 29; siehe Art. 17 und

willensabhängige Zustimmung der Parteien zum Schlichtungsvorschlag zu induzieren, nicht jedoch eine rechtlich anordnende Entscheidung zu erlassen.[159] Wegen der fehlenden Urteilskraft brauchen die Parteien bei Ratifikationsverweigerung allenfalls finanziellen oder politischen Schaden, jedoch kaum Rechtsfolgen zu befürchten, vielmehr können sie weiterhin Rechtsmittel einbeziehungsweise ihre Verhandlung fortsetzen.[160]

III. Zwischenergebnis

Dieses Kapitel stellt die Strukturelemente der Verhandlung fest: Interessen als Präferenzen, die eine Partei als notwendigen, nützlichen oder vorteilhaften Bestand ihres subjektiven Willens erachtet, wobei eine Frustration das Bedürfnis nach Koordination erzeugt. Hiervon sind Positionen zu unterscheiden, durch die Teilaspekte des Sachverhalts verkürzt werden, um gezielte Handlungsfolgen der Gegenpartei zu induzieren. Macht als Fähigkeit, aufgrund von Drohung oder Versprechen, Glaubwürdigkeit beziehungsweise Alternativen (BATNA) die Gegenpartei zum Treffen oder Unterlassen von Entscheidungen zu bewegen. Forum als Ort, dessen Regeln einzelne Interessen einbeziehen oder ausschließen; eine Tagesordnung zum Koordinieren bieten; Alternativen gestatten oder verwehren; Verhaltens- und Bewertungsmaßstäbe zum Objektivieren von Positionen stellen. Motivation als Verhältnis (MO) von Kooperation, im Sinne einer Bereitschaft zu Übereinkommen, Regulierung und Empathie, und Konfrontation im Sinne einer Neigung zu Streit, Teilung und Übervorteilung. Wahrnehmung als Art, eine Sachverhalt kognitiv zu strukturieren, was durch Werte, Erziehung und Sozialisierung der Akteure geprägt ist und von der Qualität der Kommunikation beeinflusst wird. Akteure als Personen, die mit der Vertretung von Interessen der Parteien beauftragt sind und die Verhandlung gestalten, indem sie Strukturelemente strategisch angleichen.

Information, Notifikation, Angebot und Konsultation sind nicht auf Koordination ausgerichtet und daher der Pflege diplomatischer Beziehungen

---

Art. 28 Ziff. 1 sowie ausdrückl. Art. 12 Ziff. 4 und Art. 28 Ziff. 2 Draft Model Rules on Conciliation 1995.

159 Insofern auf das ratifizierende Übereink. der Parteien abstellend, *De Visscher* (Anm. 4), 375; *Waart* (Anm. 76), 32 f.; *Gros* (Anm. 145), 385 f.; *Behrens* (Anm. 80), 25; *Hopmann* (Anm. 7), 228; *Merrills* (Anm. 3), 70; abwägend *Oppetit* (Anm. 145), 35 ff.; aufgrund einer angenommenen Verpflichtung der Parteien zur Anerkennung des Vorschlags dogmat. unklar, *UN Office of Legal Affairs* (Anm. 76), 58.

160 So etwa *Merrills* (Anm. 3), 73; vgl. dahingehend Art. 14, 29, 30, 37 und 48 Draft Model Rules on Conciliation 1995.

zuzuordnen. Hingegen stellen gute Dienste, Vermittlung, Untersuchung und Schlichtung, durch welche die Parteien einen Dritten mit der Unterstützung ihres Koordinierens beauftragen, eine trilaterale Erscheinungsform der Verhandlung dar.

Flexibilität fasst die Handlungs- und Ermessensfreiheit der Parteien im Gestalten der Strukturelemente zusammen. Die strategische Vorausschau impliziert das Wissen, dass vorbehaltlich eines sofortigen Übereinkommens künftige Verhandlungsabschnitte mit ihren spezifischen Voraussetzungen und Beschränkungen eintreten werden, und somit ihren Schatten vorauswerfen. Solche Abdingbarkeit erklärt, weshalb die Strukturelemente wie Kreise zueinander stehen, die Parteien nach empirischen Opportunitätserwägungen nutzen, um ihren Willen in den Verhandlungsraum zu projizieren und ihre Macht zu maximieren. Flexibilität zeichnet ebenso mögliche Lösungen der Verhandlung. Das aus der Willensübereinstimmung der Parteien entstehende Übereinkommen kann sowohl ausdrücklichen als auch konkludenten Handlungen entnommen werden. Im zwischenstaatlichen Rechtsverkehr steht es den Parteien offen, ihrem Übereinkommen politische Tragweite oder rechtliche Geltung zu verleihen, sowie den rechtlichen Verpflichtungsgrad zu beschließen. Die Entwicklung der Strukturelemente führt zur Abänderung aus gewandelten Positionen oder, bei Verzicht auf Koordinationsbedarf, zur Offenhaltung.

Weiter ist die Verhandlung von Verfahren der Judikative zu unterscheiden, die den Sachverhalt entpolitisieren und auf der anordnenden Entscheidung eines Dritten beruhen. Eine Justiziabilität ist nicht erforderlich, denn das Abstimmen von Parteien erfolgt nicht durch Ableiten aus objektiven Rechtsnormen, sondern durch faktischen Einsatz von Strukturelementen, unter Berücksichtigung aller und nicht nur rechtlich geschützter Interessen. Das Übereinkommen beruht auf der erklärten oder zumindest konkludenten Willensübereinstimmung der Parteien. Es entfaltet keine bindende, endgültige und vollstreckbare Urteilskraft, sondern nur insofern eine rechtlich bindende Vertragswirkung, als die Parteien es wollen. Solche Eigenschaften kennzeichnen ebenso trilaterale Koordinationsverfahren, wenngleich die Parteien eigenes Koordinieren in dem Maße einschränken, als sie Handlungs- und Ermessensspielräume auf einen Dritten übertragen. Als Kern der Koordination bleibt die einvernehmliche Neuordnung von Interessen den Parteien vorbehalten. Dies gilt auch für die Schlichtung, denn der Vorschlag und die darin enthaltenen Feststellungen beziehen ihre Glaubwürdigkeit allein aus einem sachlich geführten Verfahren und logisch überzeugenden Schlussfolgerungen, die der faktischen Ebene verhaftet bleiben.

Hieraus wird die Verhandlung als ein Verfahren zur Koordination zweier oder mehrerer Parteien mit dem Ziel der einvernehmlichen Neuordnung ihrer Interessen definiert. Dieses materielle Verständnis, das im Gegensatz zum formalen Begriff des Artikel 33 Ziffer 1 VN-Charta und der überwiegenden Völkerrechtslehre steht, greift sozialwissenschaftliche Erkenntnisse auf. Als Grundlage einer rechtswissenschaftlichen Untersuchung hilft der verwendete Begriff, notwendige wissenschaftliche Brücken zu schlagen, ein differenziertes Modell zu entwickeln und den zwischenstaatlichen Handelsstreit in seiner ganzen Wirklichkeit aufzufassen.

Zweites Kapitel: Untersuchter Handelsstreit

Als wesentliche Eigenschaften der Verhandlung implizieren Flexibilität und Koordination, dass Strukturelemente, Erscheinungsformen und Lösungen den Kontext widerspiegeln, in dem die Verhandlung stattfindet. Für die vorliegende Untersuchung geht dieser Kontext weitgehend aus dem Handelsstreit *Kodak-Fujifilm*[1] hervor.

A. Spezifische Rahmenbedingungen

Kennzeichnend sind darin das zwischenstaatliche Umfeld, die kontroverse Situation sowie die Handels- und Wettbewerbsregulierung durch 195 souveräne und gleiche Staaten.[2]

I. Zwischenstaatlichkeit

Zwischenstaatliche Beziehungen unterliegen einer oft als anarchisch bezeichneten, jedenfalls dezentral und genossenschaftlich organisierten Völkerrechtsordnung, in der unter dem Primat des Politischen die Entwicklung des Rechts verhältnismäßig primitiv[3] geblieben ist. Die Beziehungen unterliegen dem ständigen Wandel der politischen Verhältnisse, was die Bildung von Praxisdichte und Willensbeständigkeit hemmt, die für die Entstehung gewohnheitsrechtlicher Rechtsnormen notwendig sind.[4] Die Ausnahmen überwiegen somit

---

1 So die fortan verwendete Bezeichnung des Handelsstreits *Japan – Film*; verbreitet auch als „*Kodak-Fujifilm* dispute“, „film-dispute“ bzw. „Filmstreit“.

2 So die Zahlen am 15. April 2021; siehe *UN Department of Public Information*: United Nations Member States, Press Release, Doc. UN/ORG/1469, circul. 3 July 2006; zu den 192 darin aufgeführten Mitgliedern ist zum 14. Juli 2011 die Republik Südsudan aufgenommen worden; darüber hinaus genießen der Heilige Stuhl bei unbestrittener, Palästina bei bestrittener Staatenqualität VN-Beobachterstatus; die Situation von Kosovo, Abkhasien, Taiwan, West-Sahara, Nordzypern oder etwa Transnistrien mag hier dahingestellt bleiben.

3 Hierzu krit. etwa *Verdross, Alfred/Simma, Bruno*: Universelles Völkerrecht: Theorie und Praxis, Berlin: Duncker & Humblot, 3. Aufl. 1984, 33 f.

4 Zu den organisator. Grundsätzen zwischenstaatl. Beziehungen in Art. 2 Ziff. 1 bis 7 Charter of the United Nations, signed at San Francisco, 26 June 1945, UNTS 1 (1946/47), 16 ff.; UKTS 67 (1946), in: UN Yearbook 23 (1969), 953 ff.; BGBl 1973 II, 431 ff.; 1974 II, 769 ff.; 1980 II, 1252 ff. (Charta der Vereinten Nationen – VN-Charta); zur Lit. statt vieler *De Visscher, Charles*: Théories et réalités en droit international public,

gegenüber den Regeln. Um für solchen Wandel reaktionsfähig zu bleiben, richten die Staaten ihr Verhalten strategisch so, dass ihre politische Handlungsfreiheit möglichst gewahrt bleibt und ihr souveräner Parteiwille wenig durch Rechtsnormen eingeschränkt wird.

Geringe Mitgliederzahl und dezentrale Struktur haben zur Folge, dass partikuläre Interessenpolitik und individueller Parteiwille das soziale Umfeld bestimmen. Obgleich traditionell Gewohnheitsrecht als vorherrschende Rechtsquelle gilt, bevorzugen souveräne Staaten, die zugleich Rechtsetzer und Rechtsadressaten sind, heute vielmehr die konsentierte, also durch die Koordination von Parteiwillen entstandene, vertragliche Rechtsquelle.[5] Da sie eine auf die Parteien beschränkte relative Rechtskraft entfaltet und gegebenenfalls dem Wandel der politischen Verhältnisse angeglichen werden kann, bewahrt sie die politische Handlungsfreiheit.[6]

Dieses Umfeld verleiht Strukturelementen der Verhandlung eine besondere Prägung: Interessen staatlicher Parteien erwachsen entweder aus eigener Initiative, meist allerdings aus den Interessen privater beziehungsweise gesellschaftlicher Mandanten wie Bürgern, politischen Parteien, Verbänden, Unternehmen, Medien, die an staatliche Stellen herangetragen werden.[7] Welche Mandanten

---

Paris: Pédone, 4ᵉ éd. 1970, 166 f.; *Combacau, Jean*: Droit des traités, Paris: PUF 1991, 4 ff.; *Vitzthum, Wolfgang Graf*: Begriff, Geschichte und Quellen des Völkerrechts, in: Vitzthum, Wolfgang Graf (Hrsg.): Völkerrecht, Berlin/New York: de Gruyter 1997, 1–100 (33 ff.); *Watts, Sir Arthur*: The Importance of International Law, in: Byers, Michael (ed.): The Role of Law in International Politics – Essays in International Relations and International Law, Oxford: Oxford Univ. Pr. 2000, 5–16 (6); krit. hinsichtl. dieser individualistischen Auffassung, *Anand, Ram P.*: International Court and Contemporary Conflicts, London/Bombay: Asia Publ. 1974, 221.

5 Zum Kanon der Rechtsquellen des Völkerrechts Art. 38 Ziff. 1 Statute of the International Court of Justice, Annex to the Charter of the United Nations, signed at San Francisco, 26 June 1945, UNTS 1 (1946/47), 16 ff.; UKTS 67 (1946), in: UN Yearbook 23 (1969), 965 ff.; BGBl 1973 II, 505 ff. (Statut des Internationalen Gerichtshofs - IGH-Statut).

6 So etwa *De Visscher* (Anm. 4), 165 f.; *Reuter, Paul*: Droit international public, Paris: PUF, 5ᵉ éd. 1976, 14 f.; 32; 153; *Weil, Prosper*: Vers une normativité relative en droit international? RGDIP 8 (1982), 5–47 (13 f.; 23 f.); *Combacau* (Anm. 4), 4 ff.; *Bleckmann, Albert*: Art. 2 Ziff. 1, in: Simma, Bruno/Mosler, Hermann/Ranzeldorfer, Albrecht/Tomuschat, Christian/Wolfrum, Rüdiger (Hrsg.): Kommentar der Charta der Vereinten Nationen, München: Beck 1991, 37–50 (43); *Vitzthum* (Anm. 4), 14; 35; ausf. *Lacharrière, Guy de*: La politique juridique extérieure, Paris: IFRI/Économica 1983, 23 ff.; krit. *Anand* (Anm. 4), 221.

7 So etwa *Vitzthum* (Anm. 4), 15 f.

auf welche Weise bei welchen Stellen vorsprechen dürfen, hängt regelmäßig von verfassungsrechtlich, gesetzlich oder politisch festgelegten Zugangsvoraussetzungen ab. Sind private beziehungsweise gesellschaftliche Interessen bei der zuständigen staatlichen Stelle anhängig, werden diese mit sonstigen staatlichen Interessen abgeglichen und die Staatsinteressen identifiziert.[8]

Interessen, die als Staatsinteressen anerkannt werden, erfahren eine Ausweitung über den privaten beziehungsweise gesellschaftlichen Sachverhalt hinaus. Sie sollten daher eine besondere gesellschaftspolitische Unterstützung genießen. Den privaten beziehungsweise gesellschaftlichen Interessen erschließt die staatliche Dimension neue Ressourcen, stärkt die Verhandlungsmacht, gestaltet die Motivation konfrontativer und erschwert die Möglichkeit eines Übereinkommens. Werden Interessen gar zu „nationalen Interessen" erklärt, ist in der Diplomatensprache hieraus zu entnehmen, dass sie nicht zur Disposition stehen.

Sodann muss die Koordination auch entscheiden, ob und durch welche Maßnahme die Staatsinteressen wahrgenommen und welche staatlichen Akteure mit der Durchsetzung betraut werden sollen. Nach geltendem Völkerrecht ist ein Herkunftsstaat berechtigt, Staatsangehörige, zu denen eine tatsächliche und effektive Verbindung besteht,[9] gegen Verletzungen des Völkerrechts durch andere Staaten in diplomatischen Schutz zu nehmen.[10] Ein völkerrechtlicher

---

8 *Iklé, Fred C.*: How Nations Negotiate, New York: Harper and Row 1964, 122 f.; *De Visscher* (Anm. 4), 86 ff.; *Geamanŭ, Grigore*: Théorie et pratique des négociations en droit international, RdC 166 (1980 I), 365–448 (408); *Vettovaglia, Jean-Pierre*: De la coordination comme instrument essentiel de la négociation multilatérale intergouvernementale, in: Boisard, Marcel A./Chossudovsky, Evgeny M. (eds.): The United Nations System at Geneva: Scope and Practices of Multilateral Diplomacy and Co-operation, New York: UNITAR 1991, 267–273 (268); vgl. zum hieraus folgenden *principal-agent* Problem, *Hopmann, Philip T.*: The Negotiation Process and the Resolution of International Conflicts, Columbia: Univ. of South Carolina Pr. 1996, 153 ff.

9 Zur Staatsangehörigkeit als Grundvoraussetzung diplomat. Schutzes, *Chemin de fer Panevezis-Saldutiskis* (Estonie c/ Lithuanie), exceptions préliminaires, arrêt du 28 fév. 1939, CPJI Série A/B n° 76, 1 ff. (16); zum Erfordernis des *„genuine link"*, *Nottebohm* (Liechtenstein v. Guatemala), Second Phase, Judgment of 6 April 1955, ICJ Rep. 1955, 4 ff. (24 f.); zur Staatsangehörigkeit jurist. Personen nach nationalem Recht des Registrierungsstaates, sofern eine tatsächl. und effekt. Verbindung besteht, *Barcelona Traction, Light and Power Company, Limited* (Belgium v. Spain), Second Phase, Judgment of 5 Feb. 1970, ICJ Rep. 1970, 3 ff. (32 ff.; 42 f.).

10 Zur grunds. Anerkennung diplomat. Schutzansprüche, *Concessions Mavrommatis en Palestine* (Grèce c/ Royaume-Uni), arrêt du 30 août 1924, Rec. CPJI Série A n° 2, 1 ff. (12); zu den Voraussetzungen ausf. *Reparation for Injuries Suffered in the Service of*

Anspruch auf solchen Schutz besteht allerdings nicht.[11] Staatsangehörige müssen die verfügbaren Rechtsbehelfe im Belegenheitsstaat erschöpft haben, bevor auf zwischenstaatlicher Ebene diplomatischer Schutz beansprucht werden kann.[12] Dies soll: Missbrauch des diplomatischen Schutzes vorbeugen; Achtung

---

the United Nations, Advisory Opinion of 11 April 1949, ICJ Rep. 1949, 174 ff. (181 ff.); insbes. hinsichtl. jurist. Personen, *Barcelona Traction, Light and Power Company, Limited* (Belgium v. Spain), Second Phase, Judgment of 5 Feb. 1970, ICJ Rep. 1970, 3 ff. (32 ff.); weiter Art. 9 Draft Articles on Diplomatic Protection, adopt. by *UN General Assembly*: Diplomatic Protection, Res. 61/35, 4 Dec. 2006, UN Doc. A/RES/61/35, circul. 18 Dec. 2006, in: *International Law Commission*: Report of its Work at its Fifty-eighth Session, 1 May-9 June and 3 July-11 Aug. 2006, UN Doc. A/61/10, GAOR LXI, Suppl. No. 10 (A/61/10), 16 ff.; YILC (2006 II) Part 2, 22 ff. (52 ff.) (Draft Articles on Diplomatic Protection 2006); hierzu *De Visscher* (Anm. 4), 299 ff.; *Reuter, Paul*: Droit international public, Paris: PUF, 5ᵉ éd. 1976, 153 ff.; *Verdross/Simma* (Anm. 3), 858 ff.; *Rousseau, Charles*: Droit international public, Paris: Pédone 1984, 116 f.; *Mayer, Pierre*: Droit international privé, Paris: Montchrestien, 3ᵉ éd. 1987, 608 ff.; *Geck, Wilhelm K.*: Diplomatic Protection, in: Bernhardt, Rudolf (ed.): EPIL 1 (1992), 1054–1067 (1054 f.); *Herdegen, Matthias*: Internationales Wirtschaftsrecht: Ein Studienbuch, München: Beck, 2. Aufl. 1995, 56 ff.; 74 ff.; *Hailbronner, Kay*: Der Staat und der Einzelne als Völkerrechtssubjekte, in: Vitzthum, Wolfgang Graf (Hrsg.): Völkerrecht, Berlin/New York: de Gruyter 1997, 181–266 (213 f.); *Collier, John/Lowe, Vaughan*: The Settlement of Disputes in International Law: Institutions and Procedures, Oxford: Oxford Univ. Pr. 2000, 7 f.; ausf. *Caflisch, Lucius*: La protection des sociétés commerciales et des intérêts indirects en droit international public, Thèse Genève, La Haye: Martinus Nijhoff 1969, 11 ff.; *Amerasinghe, Chittharanjan F.*: Local Remedies in International Law, Cambridge/New York/Melbourne: Cambridge Univ. Pr., 2nd ed. 2004, 43 ff.

11 *Barcelona Traction, Light and Power Company, Limited* (Belgium v. Spain), Second Phase, Judgment of 5 Feb. 1970, ICJ Rep. 1970, 3 ff. (32 f.); dahingehende Rechtsansprüche des Individuums gegen den Staat können sich allerdings mitunter aus staatl. Recht ergeben.

12 Zur grunds. völkerrechtl. Anerkennung, *Claim of Finnish Shipowners Against Great Britain in Respect of the Use of Certain Finnish Vessels During the War* (Finland v. United Kingdom), Arbitral Award under the Special Agreement of 30 Sept. 1932, rendered on 9 May 1934, in: RIAA 3 (1949), 1479 ff. (1490 ff.); *The Ambatielos Claim* (Greece v. United Kingdom), Award by the Commission of Arbitration established by the Agreement concluded 24 Feb. 1955, rendered on 6 March 1956, in: RIAA 12 (1963), 83 ff. (118 ff.); *Interhandel* (Switzerland v. United States of America), Preliminary Objections, Judgment of 21 March 1959, ICJ Rep. 1959, 6 ff. (27 ff.); *Barcelona Traction, Light and Power Company, Limited* (Belgium v. Spain), Second Phase, Judgment of 5 Feb. 1970, ICJ Rep. 1970, 3 ff. (27 ff.); *Elettronica Sicula S.p.A. (ELSI)* (United States of America v. Italy), Judgment of 20 July 1989, ICJ Rep. 1989, 15 ff.

vor Souveränität, Rechtsordnung und Institutionen des Belegenheitsstaates zeigen; Gleichbehandlung von In- und Ausländern in der Rechtsordnung des Belegenheitsstaates gewährleisten; Streitigkeiten aus privaten beziehungsweise gesellschaftlichen Interessen möglichst innerhalb der Rechtsordnung des Belegenheitsstaates lösen; Eskalationen zur zwischenstaatlichen Streitsituation vorbeugen. Ausnahmen von dieser Regel gibt es, wenn etwa der Herkunftsstaat in seinen eigenen Rechten direkt betroffen ist,[13] staatliche Rechtsbehelfe nicht verfügbar sind beziehungsweise keinen effektiven Rechtsschutz bieten oder der Staatsangehörige seine Ansprüche verwirkt hat.[14]

(42 ff.); zur Staatenhaftung, Art. 14, 15 und 19 Draft Articles on Diplomatic Protection 2006; hierzu mit entspr. Begründung, *Meron, Theodor*: The Incidence of the Rule of Exhaustion of Local Remedies, BYIL 35 (1959), 83–101 (86 ff.); *Schwebel, Stephen M./ Wetter, Jan G.*: Arbitration and the Exhaustion of Local Remedies, AJIL 60 (1966), 484–501 (497 ff.); *Amerasinghe* (Anm. 10), 56 ff.; 145 ff; *Cançado Trinidade, Antônio A.*: Exhaustion of Local Remedies in International Law and the Role of National Courts, ArchVR 17 (1977–78), 333–370 (333 ff.; 345 ff.); *Herdegen, Matthias*: Diplomatischer Schutz und die Erschöpfung von Rechtsbehelfen, in: Ress, Georg/Stein, Torsten (Hrsg.): Der diplomatische Schutz im Völker- und Europarecht: Aktuelle Probleme und Entwicklungstendenzen, Baden-Baden: Nomos 1996, 63–82 (70); *Hailbronner, Kay*: Diplomatischer Schutz bei mehrfacher Staatsangehörigkeit, in: Ress, Georg/Stein, Torsten (Hrsg.): Der diplomatische Schutz im Völker- und Europarecht: Aktuelle Probleme und Entwicklungstendenzen, Baden-Baden: Nomos 1996, 27–43 (30 ff.); *Doehring, Karl*: Handelt es sich bei einem Recht, das durch diplomatischen Schutz eingefordert wird, um ein solches, das dem die Protektion ausübenden Staat zusteht, oder geht es um die Erzwingung von Rechten des betroffenen Individuums? in: Ress, Georg/Stein, Torsten (Hrsg.): Der diplomatische Schutz im Völker- und Europarecht: Aktuelle Probleme und Entwicklungstendenzen, Baden-Baden: Nomos 1996, 13–26 (15 ff.); *Ders.*: Local Remedies, Exhaustion of, EPIL 3 (1997), 238–242 (238).

13 Im Einzelfall allerdings strittig, *United States Diplomatic and Consular Staff in Tehran* (United States of America v. Iran), Judgment of 24 May 1980, ICJ Rep. 1980, 3 ff. (9 ff.; 28 ff.); *Interhandel* (Switzerland v. United States of America), Preliminary Objections, Judgment of 21 March 1959, ICJ Rep. 1959, 6 ff. (27 ff.); hierzu nur *Amerasinghe* (Anm. 10), 146 ff.

14 *Elettronica Sicula S.p.A. (ELSI)* (United States of America v. Italy), Judgment of 20 July 1989, ICJ Rep. 1989, 15 ff. (44 ff.); vgl. mögliche Ausnahmen vom Erschöpfen staatl. Rechtsbehelfe aus Art. 14 und 15 Draft Articles on Diplomatic Protection 2006; Art. 44 b) Draft Articles on Responsibility of States for Internationally Wrongful Acts, and Commentary, noted by *UN General Assembly*: Responsibility of States for Internationally Wrongful Acts, Res. 56/83, 12 Dec. 2001, UN Doc. A/RES/56/ 83, circul. 28 Jan. 2002, in: *International Law Commission*: Report of its Work at its

Im zwischenstaatlichen Umfeld wird Macht oft als militärische Überlegenheit verstanden. Im Verhandlungsraum jedoch ist die Klaviatur unbewaffneter, sogenannter „unfreundlicher" Maßnahmen mit extraterritorialer Wirkung (etwa Guthabensperrungen; Einreiseverbote; Ausweisungen; Strafzölle) derart reichhaltig, dass eine staatliche Partei meist nicht zu militärischen Maßnahmen greifen braucht, um ihre Positionen durch Drohung oder Versprechen zu untermauern. Da Staaten jedoch, trotz grundsätzlicher Freiwilligkeit von diplomatischen Beziehungen,[15] im zwischenstaatlichen Umfeld langfristig zur Koexistenz gezwungen sind, wird Macht hier vielmehr durch ihr langfristiges Verhalten gebunden: Glaubwürdigkeit erschließt sich grundsätzlich aus der Kette vorausgegangener Handlungen und Präzedenzen, weil diese verlässlichere Rückschlüsse auf das künftige Verhalten erlauben als punktuelle Drohungen oder Versprechen. Analog zur Kreditwürdigkeit im Bankgewerbe, welche die auf Zahlungsfähigkeit bezogene Glaubwürdigkeit darstellt, sollte die auf Verhandlungsmacht bezogene Glaubwürdigkeit im zwischenstaatlichen Umfeld treffend als *crédit diplomatique* bezeichnet werden.

Im Vergleich zum Rechtsweg staatlicher Rechtsordnungen entsteht Macht überdies – bedingt durch den generellen Zustimmungsvorbehalt zur Jurisdiktion gerichtlicher Foren – weniger durch *best alternative to negotiated agreement* (BATNA) als aus den faktischen Verhältnissen des *status quo*.

In Handelsstreitigkeiten wird Macht vorrangig durch den Abhängigkeitsgrad einer Volkswirtschaft von freien Handelsbeziehungen bestimmt. Je größer der Binnenmarkt eines Staates nämlich ist, desto weniger ist seine Volkswirtschaft exportabhängig und desto attraktiver ist dieser Binnenmarkt für Ausfuhren anderer Volkswirtschaften.[16] Strategisch vermag ein solcher Staat, seine Positionen auszusitzen. Zum einen ist der *status quo* meist im Sinne seiner

---

Fifty-third Session, 23 April-1 June and 2 July-10 Aug. 2001, UN Doc. A/56/10 (2001) and Corr.4, UN Doc. A/56/49 (Vol.I)/Corr.4, in: YILC (2001 II) Part 2, 20 ff. (120 f.) (Draft Articles on State Responsibility 2001); hierzu *Doehring, Karl*: Völkerrecht, Heidelberg: Müller 1999, 239 f.; *Amerasinghe* (Anm. 10), 181 ff.; 210 ff.

15 Art. 2 Vienna Convention on Diplomatic Relations, signed at Vienna, 18 April 1961, UNTS 500 (1964), 95 ff.; TIAS No. 7310; BGBl 1964 II, 958 ff. (Wiener Übereink. über diplomatische Beziehungen – WÜD).

16 Theoretische Grundlagen bei *Krugman, Paul R./Obstfeld, Maurice*: International Economics: Theory and Policy, Reading/Harlow: Addison Wesley, 4th ed. 1997, 132 ff.; *Hoekman, Bernard M./Kostecki, Michel M.*: The Political Economy of the World Trading System: The WTO and Beyond, Oxford/New York: Oxford Univ. Pr., 2nd ed. 2001, 90.

Interessen entstanden, zum anderen verleiht schon die faktische Situation ihm ausreichend Glaubwürdigkeit, um Drohungen oder Versprechen der Gegenpartei abzuwehren,[17] komplexe Handelsstreitigkeiten durchzustehen oder notfalls die Auswirkungen eines „Handelskrieges“ mit Retorsion beziehungsweise Repression volkswirtschaftlich auszugleichen. Demgegenüber sind die allermeisten Volkswirtschaften auf den Erhalt von Zusammenarbeit angewiesen.[18] Sie müssen Positionen durch geschickte Überzeugung, attraktive Alternativen oder dotierte Unterstützung auflösen.[19]

Die Hauptakteure im zwischenstaatlichen Umfeld sind Diplomaten als Unterhändler der Staaten. Idealerweise richten sie ihr kooperatives oder konfrontatives Verhalten ausschließlich nach der Einzelfallsituation aus. Lösungen suchen sie eher durch maßvolle Balance, annehmbare Politik und pragmatische Flexibilität als durch objektive Leitsätze und angewandte Regeln. Durch ständige Verhandlungspraxis realpolitisch geprägt, tendiert ihr Selbstverständnis

---

17 Das einzige Verfahren im GATT 1947, in dem das Panel die Aussetzung von Zugeständnissen gegen die Vereinigten Staaten gestattete, die Niederlande hiervon allerdings keinen Gebrauch machten, da Nachteile hieraus überwogen hätten, *United States – Restrictions on Dairy Products*, Report of the Working Party on Netherlands Action under Article XXIII:2, GATT Doc. L/61, circul. 7 Nov. 1952, adopt. 8 Nov. 1952, Ziff. 7, in: BISD 1S/62 (1952), 63; anschließend *Netherlands Dollar Import Restrictions*, First List of Liberalized Imports, GATT Doc. W.8/17, circul. 12 Oct. 1953, in: BISD 1S/32 (1953); hierzu *Jackson, John H.*: The World Trading System: Law and Policy of International Economic Relations, Cambridge/London: MIT Press, 2nd ed. 1997, 116; analog die Situation von Nicaragua im Anschluss an den verhinderten Panel-Bericht *US – Nicaraguan Trade*, Report of the Panel, GATT Doc. L/6053, circul. 13 Oct. 1986, unadopt., insbes. Ziff. 5.1 ff., in: BISD 31S/67 (1984), 78 ff.

18 Vorteile kooperativer Motivation auch für materiell dotierte Parteien hervorhebend, *Hamner, Clay W./Baird, Lloyd S.*: The Effect of Strategy, Pressure to Reach Agreement and Relative Power on Bargaining Behavior, in: Sauermann, Heinz (ed.): Bargaining Behavior, Tübingen: Mohr Siebeck 1978, 247–269 (263 ff.); *Bacharach, Samuel B./Lawler, Edward J.*: Power Dependence and Power Paradoxes in Bargaining, Negotiation Journal 2 (1986), 167–174 (169 ff.).

19 So können auch gering dotierte Parteien Ergebnisse erzielen, *Lall, Arthur S.*: Modern International Negotiation: Principles and Practice, New York/London: Columbia Univ. Pr. 1966, 204 f.; *Salacuse, Jeswald W.*: Lessons for Practice, in: Zartman, Ira W./Rubin, Jeffrey Z. (eds.): Power and Negotiation, Ann Arbor: Univ. of Michigan Pr. 2002, 255–269 (266 ff.); zur asymetrischen Machtverteilung, *Winham, Gilbert R./DeBoer-Ashworth, Elizabeth*: Asymmetry in Negotiating the Canada-US Free Trade Agreement, 1985–1987, in: Zartman, I. William/Rubin, Jeffrey Z. (eds.): Power and Negotiation, Ann Arbor: Univ. of Michigan Pr., 2002, 35–52.

eher zum Koordinator rechtlicher Produkte als zum Umsetzer einer vorgegebenen Völkerrechtsordnung.[20]

Die Ernennung der Unterhändler ist im Innenverhältnis durch Verfassung und Gesetze zur Staatsorganisation geregelt.[21] In den Vereinigten Staaten von Amerika (Vereinigten Staaten) etwa muss ein Unterhändler das Einleiten einer Verhandlung durch ein sogenanntes „*Action Memorandum*“ beantragen.[22] Die Ernennung erfolgt grundsätzlich durch den Außenminister (US Secretary of State) oder, bei ratifizierungspflichtigen Übereinkommen, durch den Präsidenten (US President).[23] Vor Annahme einer Position muss der Unterhändler per „*Action Memorandum*“ die Zustimmung des US Secretary of State einholen, der mitunter zuständige Ausschüsse im Senat (US Senate), Fraktionsvorsitzende oder auch die Öffentlichkeit vorab konsultieren muss.[24] Die Erlaubnis zum

---

20 So ansatzw. *Lacharrière* (Anm. 6), 195 ff.; 203 ff.; krit. feststellend *Watts* (Anm. 4), 6; entschieden *Plantey, Alain*: Principes de diplomatie, Paris: Pédone 2000, 72.

21 Hierzu vergleichend *Lueke, Monika/Wickremasinghe, Chanaka*: Expression by States of Consent to be Bound by a Treaty, in: Council of Europe/British Institute of International and Comparative Law (eds.): Treaty-making – Expression of Consent by States to be Bound by a Treaty, The Hague/London/New York: Kluwer Law Int'l 2001, 1–101 (5 ff.; 16 ff.; 37 ff.); insbes. zur Situation in den Vereinigten Staaten, *Wildhaber, Luzius*: Treaty-making Power and Constitution: An International and Comparative Study, Habil. Basel, Basel: Helbing & Lichtenhahn 1971, 59 ff.

22 *US Department of State*: Circular No. 175 of 13 Dec. 1955 on Coordination, Reporting and Publication of International Agreements, Title 22 Foreign Relations, Part 181 (22 CFR 181.4), resulting from 46 FR 35918 (13 July 1981), amend. 31 FR 7071 (26 Feb. 1996); 71 FR 53009 (8 Sept. 2006); das Verfahren gem. Circular No. 175 gilt nur für die Verhandlung von, nach Maßgabe des Office of the Legal Adviser im Außenministerium der Vereinigten Staaten (USDOS), als rechtsverbindl. eingestuften Übereink., *US Department of State*: U.S. Department of State Foreign Affairs Manual, Volume 11 – Political Affairs, 11 FAM 724.1 and 2 Treaties and Other International Agreements – Negotiation and Conclusion – Action Required in Negotiation, Conclusion, and Termination of Treaties and International Agreements (2017).

23 *US Department of State*: U.S. Department of State Foreign Affairs Manual, Volume 11 – Political Affairs, 11 FAM 733 Treaties and Other International Agreements – Guidelines for Concluding International Agreements – Exchange or Exhibition of Full Powers (2017).

24 *US Department of State*: U.S. Department of State Foreign Affairs Manual, Volume 11 – Political Affairs, 11 FAM 725.1 and 4 Treaties and Other International Agreements – Negotiation and Conclusion – Responsibility of Office or Officer Conducting Negotiations (2017); zudem sind sämtliche „*Action Memoranda*“ dem US Secretary of State mit einem sog. „*Memorandum of Law*“ des Office of the Legal Adviser im USDOS zu unterbreiten.

Abschluss beziehungsweise zur Unterzeichnung eines Übereinkommens erhält der Unterhändler nur auf Grundlage eines separaten, detailliert begründeten „*Action Memorandum*".[25] Solche Verfahrensvorschriften dienen der Gewährleistung, dass der Unterhändler den tatsächlichen Parteiwillen seinem Mandat entsprechend vertritt. Im Außenverhältnis muß der unmittelbare Zugang des Unterhändlers zum Parteiwillen absolut zweifelsfrei sein. Seine Vertretungsbefugnis ist deshalb, wenn sie nicht von Amts wegen vorausgesetzt werden kann,[26] durch entsprechende Vollmachten nachzuweisen.[27] Eine uneingeschränkte Vollmacht gestattet dem als *plénipotentiaire* bezeichneten Unterhändler, im Vollmachtschreiben beschriebene Geschäfte selbständig zu verhandeln und zu unterzeichnen.[28] Diese Befugnis wird bei Unterhändlern im Rang eines Missionschefs durch das sogenannte Agrément vorausgesetzt.[29] Angesichts solch weit formulierter Befugnisse können Mängel der Vertretungsbefugnis eine Rechtswirkung verhindern.[30] Sie können jedoch nachträglich geheilt werden.[31]

Im Rahmen der diplomatischen Beziehungen, die neben der Verhandlung zumindest auch die Berichterstattung und Repräsentation, mitunter auch die Entscheidung in seinem Sachbereich umfasst, genießt der Unterhändler

---

25 *US Department of State*: U.S. Department of State Foreign Affairs Manual, Volume 11 - Political Affairs, 11 FAM 724.3 Treaties and Other International Agreements - Negotiation and Conclusion - Action Required in Negotiation, Conclusion, and Termination of Treaties and International Agreements (2017).

26 So etwa hinsichtl. Staatsoberhäuptern, Regierungschefs und Außenministern aus Art. 7 Ziff. 2 Vienna Convention on the Law of Treaties, signed at Vienna, 23 May 1969, UNTS 1155 (1980), 331 ff.; TIAS No. 18232; BGBl 1985 II, 927 ff. (Wiener Übereink. über das Recht der Verträge - WVK).

27 Art. 7 Ziff. 1 Buchst. a) WVK; vgl. zu entspr. Richtlinien für rechtsverbindl. Übereink. etwa *US Department of State*: U.S. Department of State Foreign Affairs Manual, Volume 11 - Politcal Affairs, 11 FAM 730 Treaties and Other International Agreements - Guidelines for Concluding International Agreements (2017).

28 Art. 2 Ziff. 1 Buchst. c) WVK.

29 Art. 7 Ziff. 2 Buchst. b) WVK i.V.m. Art. 4 Ziff. 1 WÜD; zur Vertretungsbefugnis, *Combacau, Jean/Sur, Serge*: Droit international public, Paris: Montchrestien 1993, 14 f.; *Fleischhauer, Carl-August*: Negotiation, in: Bernhardt, Rudolf (ed.): EPIL 3 (1997), 535–537 (536); *Lueke/Wickremasinghe* (Anm. 21) 5 ff.; 16 ff.; 29 ff.; *Wildhaber* (Anm. 21), 14 ff.; spez. 59 ff.

30 Art. 8 WVK; etwa durch fehlende besondere Erlaubnis zur Unterzeichnung; hiervon unberührt sind evtl. disziplinarrechliche Folgen für den Unterhändler.

31 Art. 8 WVK.

Rechtsschutz und Vorrechte.[32] Die Kommunikation von Berichten und Weisungen genießt zur Minderung von Wahrnehmungsverzerrungen entsprechenden Rechtsschutz.[33]

Neben Unterhändlern der Staaten vertreten mittelbare Akteure wie etwa Unternehmen, internationale Organisationen, Nichtregierungsorganisationen (NGOs), Gerichte, Ministerien, politische Parteien, Verbände, Rechtsanwälte oder Bürger eigene Interessen. Doch nur Regierungen sind befugt, über alle politischen Felder hinweg das Staatsinteresse zu identifizieren und entsprechende Verhandlungsziele und Vertragsbedingungen für ihre Unterhändler festzulegen. Mittelbare Akteure haben daher weder staatliche Vertretungs- noch völkerrechtliche Verpflichtungsbefugnis.[34] Teils stützend, teils störend, betreiben sie informelle *second track* Diplomatie.

Hinsichtlich der Motivation eröffnet, verglichen mit den privaten beziehungsweise gesellschaftlichen Interessen offenstehenden Kanälen, das zwischenstaatliche Umfeld erweiterte Möglichkeiten, die eigene Verhandlungsmacht zu

---

32 Art. 3 Ziff. 1 WÜD; hierzu *Szilassy, Julius de*: Négociation, in: Frangulis, Antoine F. (Dir.): Dictionnaire diplomatique, Tome IV, Paris/Genève/New York: Académie diplomatique internat. 1948, 205–207 (205); *Nicolson, Harold*: The Evolution of Diplomatic Method, London: Constable 1954, 11; *Plehwe, Friedrich-Karl von*: Internationale Organisationen und die moderne Diplomatie, München/Wien: Olzog, 1972, 23 f.; *Wildner, Heinrich*: Die Technik der Diplomatie – L'art de négocier, Wien: Springer 1959, 177; *Eyffinger, Arthur/Witteveen, Arthur/Mellink, Bert*: The International Court of Justice 1946–1996, The Hague/London/Boston: Kluwer Law Int'l 1996, 21; vgl. für einen umfassenden Begriff der diplomat. Beziehungen, *Murty, Bhagevatula S.*: Diplomacy and Resolution of International Disputes, in: United Nations (ed.): International Law as a Language for International Relations, Proceedings of the United Nations Congress in Public International Law, New York, 13–17 March 1995, The Hague/London/Boston: UN/Kluwer Law Int'l 1996, 161–169; 199 (199); für einen engeren Begriff, *Claude, Inis L.*: Multilateralism – Diplomatic and Otherwise, IO 12 (1958), 43–52 (44).

33 Art. 24 ff. insbes. Art. 27 WÜD; vgl. zur Vergabe von Weisungen etwa *US Department of State*: U.S. Department of State Foreign Affairs Manual, Volume 11 – Political Affairs, 11 FAM 731 Treaties and Other International Agreements – Guidelines for Concluding International Agreements – Bilateral and Multilateral Agreements (2017).

34 Art. 7 und 8 WÜD *in fine*; *Anglo-Iranian Oil Co.* (United Kingdom v. Iran), Preliminary Objection, Judgment of 22 July 1952, ICJ Rep. 93 ff. (105); zust. etwa *Wildhaber* (Anm. 21), 14 ff.; *Bleckmann, Albert*: Das Souveränitätsprinzip im Völkerrecht, ArchVR 23 (1985), 450–477 (469); *Dupuy, Pierre-Marie*: Droit international public, Paris: Dalloz, 7e éd. 2004, 205.

potenzieren. Die Erklärung eines Interesses zum „nationalen Interesse" mag, wenn sie von der staatlichen Gegenpartei als glaubhaft wahrgenommen wird, sogar vermeiden, überhaupt Zugeständnisse machen zu müssen. Die inhaltliche Erweiterung in Bereiche wie Konjunktur, Bildung, Sicherheit, Kultur kann die gesellschaftliche Tragweite des Sachverhalts über die technischen Details hinaus ins Politische rücken.[35] Die Diskussion in Regierung, Parlament und Öffentlichkeit kann zu Verallgemeinerungen führen, die Wahrnehmung verzerren und die emotionale Einsatzbereitschaft der Massen – potenziert durch Medienkampagnen – bis zur kollektiven Gewaltbereitschaft peitschen.[36] Solche Politisierung der Motivation in die Konfrontation erschwert die Möglichkeiten zum Übereinkommen erheblich.

Demgegenüber ist die Pflege der diplomatischen Beziehungen, durch ein gewachsenes Expertenwissen über die Gegenpartei, ihre Akteure und Umstände, die einen Sachverhalt in den langfristigen Zusammenhang stellt, eher von Sachlichkeit, Routine und Sachverhaltsbezug geprägt. Da Diplomaten die Taktiken der Machtmaximierung kennen, ist ihnen die „unverrückbare" Aufstellung von Positionen durch den Mandanten von begrenzter Glaubwürdigkeit, während sie vielmehr wissen, dass man hinter den Positionen die Interessenergänzung suchen sollte. Aus ihrer strukturell kooperativeren Motivation gelangen Diplomaten zuweilen in die Lage, bei ihrem Mandanten Überzeugungsarbeit leisten zu müssen, wenn dessen konfrontative Motivation ein Übereinkommen zu verhindern droht.[37]

Unterschiede der Sprache, der Kultur oder des Rechtskreises potenzieren offenbar mögliche Verzerrungen der Wahrnehmung im zwischenstaatlichen Umfeld. Auch ist der geregelte Verhandlungsablauf nicht universell

---

35 Warnend deshalb *Fisher, Roger*: Fractionating Conflict, in: Fisher, Roger (ed.): International Conflict and Behavioral Sciences: The Craigville Papers, New York: Basic Books 1964, 91–110 (102 ff.).

36 Vgl. Kriegspropaganda und sonstige Maßnahmen in *United States Diplomatic and Consular Staff in Tehran* (United States of America v. Iran), Judgment of 24 May 1980, ICJ Rep. 1980, 3 ff. (12 ff.); *Military and Paramilitary Activities in and against Nicaragua* (Nicaragua v. United States of America), Merits, Judgment of 27 June 1986, ICJ Rep. 1986, 14 ff. (20 ff.).

37 Vgl. die Aufrufe zu *containment* gegenüber der Union der sozialistischen Sovietrepubliken (UdSSR), die in den Vereinigten Staaten zunächst überhört, dann verspätet aufgegriffen und über die Empfehlungen hinaus zu *roll-back* erweitert wurden, *Kennan, George F.*: Memoirs 1925–1950, New York/Toronto: Pantheon Books/Random House 1967, 354 ff.

übertragbar.[38] So verwenden etwa japanische Unterhändler relativ viel Zeit darauf, Kooperation und Harmonie in der Vorbereitung aufzubauen, aus denen sie das Übereinkommen abzuleiten suchen. Unterhändler der Vereinigten Staaten betonen hingegen das *bargaining*, da sie das Übereinkommen aus dem argumentierten Handel mit Konzessionen erwarten. Während japanische Unterhändler wenig in den Vordergrund treten, um den Kooperationswillen mit der Gegenpartei zu wahren, agieren ihre Kollegen aus den Vereinigten Staaten selbstbezogen, taktisch und direkt, bei gleichzeitiger Betonung aufrichtigen Verhaltens. Argumentative Konfrontation wiederum empfinden japanische Unterhändler als peinliche Störung der Harmonie und als unproduktives Hindernis bei der Suche nach Lösungen.[39] Nonverbale Codes, die Kommunikation hauptsächlich ausmachen, können Übersetzungen der verbalen Sprache nur sehr bedingt vermitteln.

Dies steigert die Möglichkeiten, den Sachverhalt über die technischen Details hinaus zu politisieren, indem etwa kulturelle Unterschiede zur Gegenpartei in der öffentlichen Diskussion ausgebeutet oder der Sachverhalt mit faktisch irrelevanten, emotional aber bewegenden konjunkturellen, kulturellen, geschichtlichen oder sicherheitspolitischen Zusammenhängen verbunden werden. Über solche Mobilisierung der öffentlichen Wahrnehmung ist eine Motivation konfrontativer zu gestalten und die Verhandlungsmacht taktisch zu stärken.

Dem wirkt die erwähnte kooperationsfreundlichere Motivation von Diplomaten entgegen, die auch kaum offene Drohungen benötigen, um die Folgen aus vertretenen Positionen zu erkennen. Ihre Wahrnehmung kann vielmehr durch die Subtilitäten der diplomatischen Sprache, gleichsam an der öffentlichen Wahrnehmung vorbei, beeinflusst werden. Um die Wahrnehmung zu objektivieren, zumindest verbale Missverständnisse zu vermeiden, besteht im zwischenstaatlichen Umfeld ein besonderer Schriftverkehr mittels diplomatischer Noten, denen bestimmte, durch Brauch anerkannte Funktionen zur Willenserklärung zugeordnet werden.[40] Neben der eigentlichen Note, die an

38 So etwa *Hopmann* (Anm. 8), 143; *Paveau, Jacques/Duphil, François et al.*: Exporter: Pratique du commerce international, Vanves: Foucher/UBIFRANCE, 19e éd. 2005, 231.

39 Hierzu *Staehlin, Jenö C.*: Verhandlungsstil und Verhandlungstaktik als Problem interkultureller Verständigung, in: Corti, Mario/Ziegler, Peter (Hrsg.): Diplomatische Negoziation, Festschrift für Franz A. Blankart zum 60. Geburtstag, Bern/Stuttgart/Wien: Paul Haupt, 2. Aufl. 1998, 221–238 (223 ff.).

40 Ausf. hierzu etwa *Martens, Charles de*: Manuel diplomatique ou Précis de droits et des fonctions des agens diplomatiques, Paris/Londres/Bruxelles *et al.*: Treuttel et Würtz/Bossange/Frank-Demat-Wahlen/Brockhaus 1822, 112 ff.; *Szilassy* (Anm. 32), 205 f.; *Wildner* (Anm. 32), 141 ff.; *US Department of State*: U.S. Department of State

den Außenminister gerichtet und vom Missionschef unterzeichnet ist, bestehen eine Reihe von Verbalnoten (Note verbale, Memorandum, Aide-mémoire, Note collective), die in der dritten Person verfasst und lediglich mit Datum und Dienststempel versehen sind.[41] Letztere dienen der schriftlichen, gegebenenfalls gemeinsam mit der Gegenpartei verfassten, Zusammenfassung mündlicher Gespräche.[42] Schriftliche Noten aller Art wie auch mündliche Antworten auf schriftliche Noten materialisieren Willenserklärungen und entfalten daher zumindest eine faktische Bindungswirkung in der Verhandlung. Bei Gefahr einer Weiterleitung an die Öffentlichkeit werden informelle oder vertrauliche Noten verwendet, die eine Bindungswirkung ausdrücklich ausschließen.[43]

Zudem haben gerade Diplomaten durch dominante Fachstudien (insbesondere Rechtswissenschaft; Volkswirtschaft; Politik- oder Sprachwissenschaft), gemeinsame Ausbildung (im spanischen, französischen, angelsächsischen, russischen, deutschen oder portugiesischen Sprachraum) sowie auch vereinheitlichte Arbeitsmethoden (Ausschussarbeit; Konsenspraxis; Expertentätigkeit in internationalen Organisationen) eine kooperationsfördernde geteilte Sozialisierung erfahren.

II. Streitsituation

Die empirische Realität, auf welche die Verhandlung nachfolgend bezogen wird, ist die zwischenstaatliche Streitsituation. Hierunter sind weder die Nuancen oder Spannungen unter privaten beziehungsweise gesellschaftlichen Interessen

---

Foreign Affairs Handbook, Volume 5 Handbook 1 – Correspondence Handbook, 5 FAH-1 H-610 Diplomatic Notes – Using Diplomatic Notes (2017); *US Department of State*: U.S. Department of State Foreign Affairs Manual, Volume 11 – Political Affairs, 11 FAM 710 Treaties and Other International Agreements – Uniform Measures and Procedures (2017); vgl. die Verwendung offizieller Briefe, *US Department of State*: U.S. Department of State Foreign Affairs Handbook, Volume 5 Handbook 1 – Correspondence Handbook, 5 FAH-1 H-410 Letters – Official State Department Letters (2017).

41 Ausf. hierzu *US Department of State*: U.S. Department of State Foreign Affairs Handbook, Volume 5 Handbook 1 – Correspondence Handbook, 5 FAH-1 H-600 Diplomatic Notes (2017); *US Department of State*: U.S. Department of State Foreign Affairs Handbook, Volume 5 Handbook 1 – Correspondence Handbook, 5 FAH-1 H-612 Diplomatic Notes – Using Diplomatic Notes – Types of Diplomatic Notes (2017); zur älteren Praxis *Martens* (Anm. 40), 119 ff.

42 Statt vieler *Martens* (Anm. 40), 118 f.; *Wildner* (Anm. 32), 201.

43 So etwa *Wildner* (Anm. 32), 144.

zu verstehen, die das zwischenstaatliche Umfeld nicht erreichen, noch diejenigen, die aus bloßer Rechtsunsicherheit, latente Interessengegensätze oder gemeinsame Koordination von Regulierungsvorhaben entstehen und im Rahmen der Pflege der diplomatischen Beziehungen durch Sondieren, Notifikation oder Konsultation adressiert werden.[44] Um die Frage zu beantworten, wann in Abgrenzung zu solchen Nuancen oder Spannungen die Verhandlung zur Beilegung einer zwischenstaatlichen Streitsituation einsetzt, ist vielmehr ein Streitbegriff gemeint, der identifizierte Interessengegensätze unter staatlichen Parteien beschreibt.

Aufgrund der bereits gewonnenen Erkenntnis, dass Interessengegensätze nur scheinbar existieren, und dass die Verhandlung sowohl Interessengegensatz als auch -ergänzung, Streitbeilegung und Situationsverwaltung, Konfrontation und Kooperation adressiert, kann hier noch weiter differenziert werden. Zum einen muss die ersuchende staatliche Partei Information auswerten und ihre Interessen definieren. Diese muss sie, gegebenenfalls in Positionen gekleidet, gegenüber der staatlichen Gegenpartei auf zwischenstaatlicher Ebene ausformulieren und mit der Erwartung auf Berücksichtigung versehen.[45] Zum anderen muss sich die staatliche Gegenpartei nicht durch einfache Annahme hierauf einlassen.[46] Erst wenn diese Voraussetzungen vorliegen, lösen die Parteien den

---

44 Hierzu insbes. *Iklé* (Anm. 8), 35 ff.; zu Nuancen und Spannungen der zwischenstaatl. Beziehungen, *De Visscher* (Anm. 4), 95; *Weick, Günter*: Vorbeugung und Beilegung von Konflikten in internationalen Verträgen, in: Horn, Norbert (Hrsg.): Europäisches Rechtsdenken in Geschichte und Gegenwart, Festschrift für Helmut Coing zum 70. Geburtstag, Bd. II, München: Beck 1982, 543–564 (544); *Rangarajan, Chakravarthy N.*: The Limitations of Conflict: a Theory of Bargaining and Negotiation, New York: St Martin's 1985, 20; *Tomuschat, Christian*: Art. 2 Ziff. 3, in: Simma, Bruno/Mosler, Hermann/Ranzeldorfer, Albrecht/Tomuschat, Christian/Wolfrum, Rüdiger (Hrsg.): Kommentar der Charta der Vereinten Nationen, München: Beck 1991, 58–67 (63); *Combacau/Sur* (Anm. 29), 558 f.; *Lall* (Anm. 19), 22 ff. überspannt den Bogen, wenn selbst der Wille einer Partei zur Klärung einer Frage bzw. zur Verbesserung einer Situation als Streit zu werten sei, weil dann jede Änderung des *status quo* zum Streit wird.

45 So etwa in einer einleitenden Démarche; zum Begriff etwa *Szilassy* (Anm. 32), 206; *US Department of State*: U.S. Department of State Foreign Affairs Handbook, Volume 5 Handbook 1 – Correspondence Handbook, 5 FAH-1 H-613 Diplomatic Notes – Using Diplomatic Notes – Demarches (2017).

46 So etwa *Abi-Saab, Georges*: « Interprétation » et « auto-interprétation » : Quelques réflexions sur leur rôle dans la formation et la résolution du différend international, in: Beyerlin, Ulrich/Bothe, Michael/Hofmann, Rainer/Petersmann, Ernst-Ulrich

identifizierten Sachverhalt aus der Pflege der diplomatischen Beziehungen und fixieren den Interessengegensatz derart, dass eine Neuordnung erforderlich wird.[47]

Von diesen Voraussetzungen abgesehen wird der Einsatz der Verhandlung weitgehend politisch-einzelfallabhängig durch das Verhalten der Parteien definiert.[48] Folglich ist denkbar, dass die von einer Partei gewünschte Angleichung von Vertragsbeziehungen in eine Streitsituation mündet, falls die ersuchte Partei diese als versuchtes *peaceful change* zurückweist.[49]

(Hrsg.): Recht zwischen Umbruch und Bewahrung – Festschrift für Rudolf Bernhardt, Berlin/Heidelberg/New York: Springer 1995, 9–19 (17 f.).

47 Hierbei auf den identifizierten Sachverhalt abstellend, *De Visscher* (Anm. 4), 95; *Schröder, Meinhard*: Verantwortlichkeit, Völkerstrafrecht, Streitbeilegung und Sanktionen, in: Vitzthum, Wolfgang Graf (Hrsg.): Völkerrecht, Berlin/New York: de Gruyter, 1. Aufl. 1997, 525–580 (554); *Negotiating Group on Dispute Settlement*: Concepts, Forms and Effects of Arbitration: Note by the Secretariat, GATT Doc. MTN.GNG/NG13/W/20, circul. 22 Feb. 1988, S. 1; zusätzlich auf die zwischenstaatl., also nicht dem innerstaatl. Kompetenzbereich zufallende, Relevanz des Sachverhalts, *Charpentier, Jean*: Article 2 paragraphe 3, in: Cot, Jean-Pierre/Pellet, Alain (Dir.): La Charte des Nations Unies, Commentaire article par article, Paris: Économica, 2e éd. 1991, 103–113 (108 f.); *Tomuschat* (Anm. 44), 63 f.; ferner auf erwartete Vorteile aus einer bestehenden Vertragsbeziehung, *Behrens, Peter*: Alternative Methods of Dispute Settlement in International Economic Relations, in: Petersmann, Ernst-Ulrich/Jaenicke, Günther (eds.): Adjudication of International Trade Disputes in International and National Economic Law, Fribourg: Éditions universitaires 1992, 1–42 (7).

48 So etwa *Morgenthau, Hans*: Die internationale Rechtspflege, ihr Wesen und ihre Grenzen, Diss. Frankfurt/Main, Leipzig: Noste 1929, 129 f.; *Anand* (Anm. 4), 232; *Lachs, Manfred*: The Law and the Settlement of International Disputes, in: Raman, K. Venkata (ed.): Dispute Settlement through the United Nations, New York/Dobbs Ferry: UNITAR/Oceana 1977, 283–300 (287); *Collier/Lowe* (Anm. 10), 8.

49 So etwa *Waart, Paul J.I.M. de*: The Element of Negotiation in the Pacific Settlement of Disputes between States: An Analysis of Provisions Made and/or Applied since 1918 in the Field of Pacific Settlement of International Disputes, Diss. Amsterdam, The Hague: Martinus Nijhoff 1973, 16; *Rangarajan* (Anm. 44), 20; *Anderson, David*: Negotiation and Dispute Settlement, in: Evans, Malcolm D. (ed.): Remedies in International Law: The Institutional Dilemma, Oxford: Hart 1998, 112–121 (113); *Collier/Lowe* (Anm. 10), 8; insbes. *Marcantonio, James B.*: ICSID as a Forum for the Renegotiation and Adaptation of Contracts, in: Horn, Norbert (ed.): Adaptation and Renegotiation of Contracts in International Trade and Finance, Deventer: Kluwer Law and Taxation 1985, 235–250 (237) unter Hinweis auf die Neuverhandlung eines Investitionsschutzabk. als Streit i.S. von Art. 25 Convention on the Settlement of Investment Disputes between States and Nationals of other States (ICSID), signed

Letztlich unwesentlich für den Einsatz der streitbeilegenden Verhandlung sind Unterscheidungen der völkerrechtlichen Dogmatik zwischen objektiv definierbarem Streit, der in Rechtsansprüche gekleidet werden könne, und Nuancen oder Spannungen der zwischenstaatlichen Beziehungen, die hierzu nicht geeignet seien;[50] sowie zwischen rechtsrelevantem und politischem Streit.[51] Denn

---

at Washington, 18 March 1965, UNTS 575 (1966), 159 ff.; TIAS No. 8359, in: ILM 4 (1965), 532 ff.; BGBl 1969 II, 367 ff. (ICSID Konvention); hiermit ist wohl auch der extensive Streitbegriff von *Lall* (Anm. 19), 22 ff. zu erklären.

50 Grundl. *Morgenthau* (Anm. 48), 73 ff. insbes. 129 f.; ihm folgend *Bourquin, Maurice*: Dans quelle mesure le recours à des négociations est-il nécessaire avant qu'un différend puisse être soumis à la juridiction internationale? in: Accioly, Hildebrand (Dir.): Hommage d'une génération de juristes au Président Basdevant, Paris: Pédone 1960, 43–55 (52); *Berber, Friedrich*: Lehrbuch des Völkerrechts, Bd. III: Streiterledigung, Kriegsverhütung, Integration, München: Beck, 2. Aufl. 1977, 29; *Verdross/Simma* (Anm. 3), 887 ff.

51 Zur Abgrenzung *Ahi, Mehdi M.*: Les négociations diplomatiques préalables à la soumission d'un différend à une instance internationale, Thèse Genève, Genève: Coopérative d'imprimerie 1957, 63 ff.; *Delbez, Louis*: Les principes généraux du contentieux international, Paris: LGDJ 1962, 47 ff.; *Beirlaen, André*: La distinction entre les différends juridiques et les différends politiques dans la pratique des organistions internationales, RBDI 11 (1975), 405–440 (415 ff.); *Hoffmann, Gerhard*: Die Grenzen rechtlicher Streiterledigung im Völkerrecht, BerDGV 9 (1969), 1–44 (26 ff.); *Darwin, Henry G.*: General Introduction, in: Waldock, Sir Humphrey (ed.): International Disputes: The Legal Aspects, Report of a Study Group of the David Davies Memorial Institute of International Studies, London: Europa Publ. 1972, 3–76 (59 f.); *Northedge, Frederick S./Donelan, Michael D.*: International Disputes: The Political Aspects, Report of a Study Group of the David Davies Memorial Institute of International Studies, London: Europa Publ. 1971, 2 ff.; 35 ff.; *Schlochauer, Hans-Jürgen/Oellers-Frahm, Karin*: International Court of Justice, in: Bernhardt, Rudolf (ed.): EPIL 2 (1995), 1084–1107 (1091); *Economidès, Constantin P.*: L'obligation de règlement pacifique des différends internationaux: Une norme fondamentale tenue à l'écart, in: (Souscr.): Paix, développement, démocratie, Boutros Boutros-Ghali amicorum discipulorumque liber, Bruxelles: Bruylant 1998, 405–418 (414 f.); *Collier/Lowe* (Anm. 10), 10 f.; in der Rspr. grundl. *Concessions Mavrommatis en Palestine* (Grèce c/ Royaume-Uni), arrêt du 30 août 1924, Rec. CPJI Série A n° 2, 1 ff. (11); *Certains intérêts allemands en Haute-Silésie polonaise* (Allemagne c/ Pologne), exceptions préliminaires, arrêt du 25 août 1925, Rec. CPJI Série A n° 6, 1 ff. (13 ff.); *Interprétation des arrêts n° 7 et 8 (Usine de Chorzów)* (Allemagne c/ Pologne), arrêt du 16 déc. 1927, Rec. CPJI Série A n° 13, 1 ff., (10 f.); *Interpretation of Peace Treaties with Bulgaria, Hungary and Romania*, First Phase, Advisory Opinion of 30 March 1950, ICJ Rep. 1950, 65 ff. (74 ff.); Diss. Op. Richter *Basdevant*, *Winiarski*, *McNair* und *Read* in *Conditions of*

obwohl die neuere Rechtsprechung sehr nah an die oben genannten Voraussetzungen reicht,[52] ja durch Abstellen auf die faktischen Bedingungen im konkreten Einzelfall selbst den objektiven Charakter des Streitbegriffs relativiert,[53]

Admission of a State to Membership in the United Nations (Article 4 of the Charter), Advisory Opinion of 28 May 1948, ICJ Rep. 1948, 82 ff. (92).

52 So sei zur relevanten Streitqualität das Vorliegen einer Formulierung gegensätzlicher Rechtsansprüche bzw. Interessenforderungen durch alle Parteien entscheidend, *South West Africa* (Ethiopia v. South Africa; Liberia v. South Africa), Preliminary Objections, Judgment of 21 Dec. 1962, ICJ Rep. 1962, 319 ff. (328); hingegen Sep. Op. Richter *Morelli* in *Northern Cameroons* (Cameroon v. United Kingdom), Preliminary Objections, Judgment of 2 Dec. 1963, ICJ Rep. 1963, 15 ff. (133).

53 So komme es im Einzelfall nicht auf eine bestimmte Art der Formulierung an, *Interprétation des arrêts n° 7 et 8 (Usine de Chorzów)* (Allemagne c/ Pologne), arrêt du 16 déc. 1927, Rec. CPJI Série A n° 13, 1 ff. (11); auch nicht auf das vorherige Ableisten einer Verhandlung, *Compagnie d'électricité de Sofia* (Belgique c/ Bulgarie), exception préliminaire, arrêt du 4 avril 1939, Rec. CPJI Série A/B n° 77, 63 ff. (83); jedoch entscheidend auf die inhaltliche Ausarbeitung einer Rechtsfrage, ebendort und *Right of Passage over Indian Territory* (Portugal v. India), Preliminary Objections, Judgment of 26 Nov. 1957, ICJ Rep. 1957, 125 ff. (148 f.); *Interhandel* (Switzerland v. United States of America), Preliminary Objections, Judgment of 21 March 1959, ICJ Rep. 1959, 6 ff. (22); *South West Africa* (Ethiopia v. South Africa; Liberia v. South Africa), Preliminary Objections, Judgment of 21 Dec. 1962, ICJ Rep. 1962, 319 ff. (344 ff.); *United States Diplomatic and Consular Staff in Tehran* (United States of America v. Iran), Merits, Judgment of 24 May 1980, ICJ Rep. 1980, 3 ff. (20); *Application for Revision and Interpretation of the Judgment of 24 February 1982 in the Case Concerning the* Continental Shelf (Tunisia v. Libyan Arab Jamahiriya) (Tunisia v. Libyan Arab Jamahiriya), Judgment of 10 Dec. 1985, ICJ Rep. 1985, 192 ff. (214 ff.); *Applicability of the Obligation to Arbitrate under Section 21 of the United Nations Headquarters Agreement of 26 June 1947*, Advisory Opinion of 26 April 1988, ICJ Rep. 1988, 12 ff. (27 ff.); *East Timor* (Portugal v. Australia), Judgment of 30 June 1995, ICJ Rep. 1995, 90 ff. (99 f.); ebenso die h.M., *Bruns, Viktor*: Grenzen der Schiedsgerichtsbarkeit, ZaöRV 9 (1939/40), 627–645 (638); *Wengler, Wilhelm*: Der Begriff des Politischen im internationalen Recht, Tübingen: Mohr 1956, 26 ff.; *Bourquin* (Anm. 50), 51 ff.; *Soubeyrol, Jacques*: La négociation diplomatique, élément du contentieux international, RGDIP 68 (1964), 319–349 (345 ff.); *Cassese, Antonio*: The Concept of « Legal Dispute » in the Jurisprudence of the International Court, in: Il processo internazionale – Studi in onore di Gaetano Morelli, Comunicazioni e studi vol. XIV, Milano: Giuffrè 1975, 173–200 (191); *Jennings, Sir Robert Y.*: Reflections on the Term "Dispute" in: Macdonald, Ronald St. John (ed.): Essays in Honour of Wang Tieya, Dordrecht/Boston: Martinus Nijhoff/Kluwer Academic Publ. 1994, 401–405 (403 f.); *Cahier, Philippe*: Les négociations diplomatiques comme préalable à l'action judiciaire, in: Ghebali, Victor-Yves/Kappeler, Dietrich (Dir.): Les multiples aspects des relations internationales, Études à la mémoire du professeur Jean Siotis, Bruxelles: Bruylant

erteilt sie daraus keine Auskunft darüber, ob das Vorliegen eines relevanten Streits eine Rechtspflicht aus Artikel 33 Ziffer 1 Charta der Vereinten Nationen (VN-Charta)[54] zur Verhandlung begründen sollte. Da die Verhandlung schon auf faktischer Ebene und vor dem Forum ansetzt, ist zudem kaum hilfreich, dass zwischenstaatliche Schiedsgerichte und Gerichte den objektiv definierbaren Streit stets aus Sicht ihrer eigenen Zuständigkeit definiert haben. Ob eine Streitsituation die Voraussetzungen der Justiziabilität erfüllt, ist letztlich eine Frage der Zuständigkeit eines schieds- oder gerichtlichen Forums, jedoch keine Voraussetzung für die Aufnahme von Verhandlung.[55] Vor dem heute mehrheitlich akzeptierten Hintergrund, dass die Völkerrechtsordnung keine Lücken aufweise[56] und folglich die Möglichkeit des *non liquet* hypothetisch sei, haben

---

1995, 327–336 (329 f.); *Merrills, John G.*: International Dispute Settlement, Cambridge/New York/Melbourne: Cambridge Univ. Pr., 3rd ed. 1998, 155 ff.; vgl. hingegen Sep. Op. Richter *Morelli* in *Northern Cameroons* (Cameroon v. United Kingdom), Preliminary Objections, Judgment of 2 Dec. 1963, ICJ Rep. 1963, 15 ff. (133), demzufolge schon der zugrunde liegende Interessenkonflikt völkerrechtsrelevant sei.

54 Charter of the United Nations, signed at San Francisco, 26 June 1945, UNTS 1 (1946/47), 16 ff.; UKTS 67 (1946), in: UN Yearbook 23 (1969), 953 ff.; BGBl 1973 II, 431 ff.; 1974 II, 769 ff.; 1980 II, 1252 ff.

55 Die Zuständigkeit gerichtl. Foren mit der Abgrenzung von polit. und völkerrechtsrelevantem Streit verbindend, *Concessions Mavrommatis en Palestine* (Grèce c/ Royaume-Uni), arrêt du 30 août 1924, Rec. CPJI Série A n° 2, 1 ff. (15); zur Lit. etwa *Wengler* (Anm. 53), 14 ff.; *Ahi* (Anm. 51), 68 ff.; *Delbez* (Anm. 51), 48 f.; *Hoffmann* (Anm. 51), 25 f.; *De Visscher* (Anm. 4), 388; *Schlochauer/Oellers-Frahm* (Anm. 51), 1091; *Steinberger, Helmut*: Judicial Settlement of International Disputes, in: Bernhardt, Rudolf (ed.): EPIL 3 (1997), 42–54 (48 f.); *Rosenne, Shabtai*: The Law and Practice of the International Court 1920–1996, Vol. I: The Court and the United Nations, The Hague/London/New York: Kluwer Law Int'l, 3rd ed. 1997, 168; *Collier/Lowe* (Anm. 10), 10 ff. (14 f.); vgl. zu diesem Problemkreis hinsichtl. eines möglichen *non liquet*, *Brownlie, Ian*: The Justiciability of Disputes and Issues in International Relations, BYIL 42 (1967), 123–143 (124 ff.); *Cassese* (Anm. 53), 185 ff.; *Mosler, Hermann*: Political and Justiciable Legal Disputes: Revival of an Old Controversy? in: Cheng, Bin/Brown, Edward D. (eds.): Contemporary Problems of International Law, Essays in Honour of Georg Schwarzenberger on his Eightieth Birthday, London: Stevens 1988, 216–229 (224); die Bedeutung der Abgrenzung für die strategische Forumswahl erkennend, *Couvreur, Philippe*: The Effectiveness of the International Court of Justice in the Peaceful Settlement of International Disputes, in: Muller, Alexander S./Raič, David/Thuránszky, Johanna M. (eds.): The International Court of Justice: Its Future Role after 50 Years, The Hague/London/Boston: Martinus Nijhoff 1997, 83–116 (94 f.); deshalb krit. *Anand* (Anm. 4), 194 ff.

56 Grundl. wohl *Lauterpacht, Hersch*: La théorie des différends non justiciables en droit international, RdC 34 (1930 IV), 493–654 (571 ff.); *Bruns* (Anm. 53), 627 f.; *Higgins, Rosalyn*: Policy Considerations and the International Judicial Process, ICLQ 17 (1968),

die auf einer als lückenhaft angenommenen Völkerrechtsordnung gegründeten Unterscheidungen ohnehin an praktischer Bedeutung verloren.[57] [58] Vor eben

58–84 (74 f.; 83 f.); *Hoffmann* (Anm. 51), 28 ff.; *Anand* (Anm. 4), 226; *Beirlaen* (Anm. 51), 419; *Vitzthum* (Anm. 4), 41 f.; *Collier/Lowe* (Anm. 10), 207 ff.; ausf. *Fastenrath, Ulrich*: Lücken im Völkerrecht: Zu Rechtscharakter, Quellen, Systemzusammenhang, Methodenlehre und Funktionen des Völkerrechts, Habil. München, Berlin: Duncker & Humblot 1991, insbes. 264; *Delbez* (Anm. 51), 48 f.; 91, aus *implied powers* der gerichtl. Funktion heraus sowie « *Lotus* » (France c/ Turquie), arrêt du 7 sept. 1927, Rec. CPJI Série A n° 10, 1 ff. (18); zur Rspr., derzufolge die faktische Bedeutung einer Rechtsfrage im polit. Umfeld diese nicht zum rein polit. Streit qualifiziere, *Conditions of Admission of a State to Membership in the United Nations* (Article 4 of the Charter), Advisory Opinion of 28 May 1948, ICJ Rep. 1948, 57 ff. (61 ff.); *Aegean Sea Continental Shelf* (Greece v. Turkey), Merits, Judgment of 19 Dec. 1978, ICJ Rep. 1978, 3 ff. (13); *United States Diplomatic and Consular Staff in Tehran* (United States of America v. Iran), Merits, Judgment of 24 May 1980, ICJ Rep. 1980, 3 ff (20); *Military and Paramilitary Activities in and against Nicaragua* (Nicaragua v. United States of America), Merits, Judgment of 27 June 1986, ICJ Rep. 1986, 14 ff. (435 ff.); hingegen Lückenhaftigkeit und damit die Möglichkeit des rein polit. Streits vertretend, Diss. Op. Richter *Basdevant, Winiarski, McNair* und *Read* in *Conditions of Admission of a State to Membership in the United Nations* (Article 4 of the Charter), Advisory Opinion of 28 May 1948, ICJ Rep. 1948, 82 ff. (92); *De Visscher* (Anm. 4), 169; 389; *Weil* (Anm. 6), 7.

57 So etwa *Hoffmann* (Anm. 51), 27; hieraus die Unterscheidung von zwischenstaatl. Streit und Nuancen bzw. Spannungen der zwischenstaatl. Beziehungen ablehnend, *Wengler* (Anm. 53), 41; *Higgins* (Anm. 56), 74; 83; *Darwin* (Anm. 51), 6 f.; *Schachter, Oscar*: Disputes Involving the Use of Force, in: Damrosch, Lori F. (ed.): The International Court of Justice at a Crossroads, Dobbs Ferry: Transnational Publ. 1987, 223–241 (241); *Couvreur* (Anm. 55), 93; *Sugihara, Takane*: The Judicial Function of the International Court of Justice with Respect to Disputes Involving Highly Political Issues, in: Muller, Alexander S./Raič, David/Thuránszky, Johanna M. (eds.): The International Court of Justice: Its Future Role after 50 Years, The Hague/London/Boston: Martinus Nijhoff 1997, 117–138 (118 ff.); *Jennings* (Anm. 53), 405; *Lowe, Vaughan*: The Politics of Law-making: Are the Method and Character of Norm Creation Changing? in: Byers, Michael (ed.): The Role of Law in International Politics – Essays in International Relations and International Law, Oxford: Oxford Univ. Pr. 2000, 207–226 (209 f.); aus nur einem beider Gründe *De Visscher* (Anm. 4), 89; 92; *Waart* (Anm. 49), 46; *Cassese* (Anm. 53), 179 f.; *Hafner, Gerhard*: The Physiognomy of Disputes and the Appropriate Means to Resolve Them, Round-Table Discussion held on 16 March 1995, in: International Law as a Language for International Relations, Proceedings of the United Nations Conference in Public International Law, New York, 13–17 March 1995, The Hague/London/Boston: UN/Kluwer Law Int'l 1996, 559–574 (560 f.); *Cahier* (Anm. 53), 328 f.

58 Die Unterscheidung von polit. und völkerrechtsrelevantem Streit ablehnend, *Bruns* (Anm. 53), 627 f.; *Wengler* (Anm. 53), 11 f.; *Hoffmann* (Anm. 51), 26 ff.; *Darwin* (Anm. 51),

diesem Hintergrund ist auch die Frage, ob die Parteien ihren Interessengegensatz auch als Rechtsanspruch formuliert haben müssen, für die Einleitung einer Verhandlung letztlich unerheblich. Denn auf faktischer Ebene läuft sie bereits, um den fixierten Interessengegensatz in Rechtsansprüche zu kleiden oder gegebenenfalls für schieds- oder gerichtliche Foren aufzubereiten.[59] Auch dies unterliegt letztlich der empirischen Strategie der ersuchenden Partei zum weiteren Verhandlungsverlauf.[60]

Ebenso unerheblich für den auf die Verhandlung bezogenen Streitbegriff ist, dass bestimmte Strukturelemente im Vorbereitungsabschnitt, insbesondere die Identifizierung staatlicher Interessen, mitunter bereits vor dem Entstehen der zwischenstaatlichen Streitsituation und somit parallel zur Pflege der diplomatischen Beziehungen stattfinden. Sie werden eben nur dann für die zwischenstaatliche Beilegung relevant, falls die zwischenstaatliche Streitsituation tatsächlich zustande kommt, und bewegen sich andernfalls im Bereich der Nuancen oder Spannungen der zwischenstaatlichen Beziehungen.

Auf die Identifizierung der Streitsituation folgt im geregelten Verhandlungsablauf die Bestimmung eines Forums. Da Staaten aus dem Grundsatz souveräner Gleichheit keinerlei Gerichtsbarkeit oder sonstigen Hoheitsakten unterliegen, bedingt die Zuständigkeit eines Dritten die Zustimmung der beteiligten Parteien.[61] Gleichstellung und Wahlfreiheit der Verfahrensinstrumente zur Streitbeilegung aus Artikel 33 Ziffer 1 VN-Charta gewähren *de iure*

6 f.; *Anand* (Anm. 4), 226 ff.; 417 ff.; *Beirlaen* (Anm. 51), 406; 416; 419; wohl letztlich auch *Delbez* (Anm. 51), 91; unklar *Sugihara* (Anm. 57), 119 ff.; 132 ff.

59 So etwa *Ahi* (Anm. 51), 119 f.; *Bourquin* (Anm. 50), 51.

60 So etwa *Anand* (Anm. 4), 232; *Lachs* (Anm. 48), 287; *Collier/Lowe* (Anm. 10), 8.

61 Zum Grundsatz *par in parem non habet iudicium* als Teil des durch das Interventionsverbot aus Art. 2 Ziff. 7 VN-Charta geschützten Bereichs, ständig seit *Statut de la Carélie orientale*, avis consultatif du 23 juil. 1923, Rec. CPJI Série B n° 5, 1 ff. (27 f.); *Concessions Mavrommatis en Palestine* (Grèce c/ Royaume-Uni), arrêt du 30 août 1924, Rec. CPJI Série A n° 2, 1 ff. (16); *Monetary Gold Removed from Rome in 1943* (Italy v. France, United Kingdom and United States of America), Preliminary Question, Judgment of 15 June 1954, ICJ Reports 1954, 19 ff. (30 ff.); ebenso *Bruns* (Anm. 53), 631 ff.; *Ahi* (Anm. 51), 63 ff.; *Anand* (Anm. 4), 194 ff.; *Mayer* (Anm. 10), 201 ff.; *Combacau/Sur* (Anm. 29), 228 f.; *Vitzthum* (Anm. 4), 34; *Couvreur* (Anm. 55), 89 ff.; sowie die im angelsächs. Rechtskreis verankerte „*Act of State*" Doktrin im zwischenstaatl. Umfeld ausschließend, *Kimminich, Otto*: Einführung in das Völkerrecht, Tübingen/Basel: Francke, 6. Aufl. 1997, 291; *Ipsen, Knut*: Völkerrecht, München: Beck, 4. Aufl. 1999, 330 ff.

weder der Verhandlung (ob bilateral, trilateral oder multilateral) noch dem Schieds- oder Gerichtsverfahren irgendeinen Vorrang.[62] Auch besteht grundsätzlich keine Rechtspflicht, eine Abfolge einzelner Verfahrensinstrumente zu

---

62 Grundl. *Statut de la Carélie orientale*, avis consultatif du 23 juil. 1923, Rec. CPJI Série B n° 5, 1 ff. (27); *Certains intérêts allemands en Haute-Silésie polonaise* (Allemagne c/ Pologne), exceptions préliminaires, arrêt du 25 août 1925, Rec. CPJI Série A n° 6, 1 ff. (13 ff.); *Interprétation des arrêts n° 7 et 8 (Usine de Chorzów)* (Allemagne c/ Pologne), arrêt du 16 déc. 1927, Rec. CPJI Série A n° 13, 1 ff. (10 f.); insbes. hinsichtl. schiedsgerichtl. und gerichtl. Foren, *Zones franches de la Haute-Savoie et du Pays de Gex* (Suisse c/ France), ordonnance du 19 août 1929, Rec. CPJI Série A n° 22, 1 ff. (13); *Right of Passage over Indian Territory* (Portugal v. India), Preliminary Objections, Judgment of 26 November 1957, ICJ Rep. 1957, 125 ff. (148 f.); *North Sea Continental Shelf* (Germany v. Denmark; Germany v. Netherlands), Judgment of 20 Feb. 1969, ICJ Rep. 1969, 3 ff. (46 ff.); Sep. Op. Richter *Lachs* in *Aegean Sea Continental Shelf* (Greece v. Turkey), Interim Protection, Order of 11 Sept. 1976, ICJ Rep. 1976, 20 ff.; *Military and Paramilitary Activities in and against Nicaragua* (Nicaragua v. United States of America), Merits, Judgment of 27 June 1986, ICJ Rep. 1986, 14 ff. (143); *Passage through the Great Belt* (Finland v. Denmark), Request for the Indication of Provisional Measures, Order of 29 July 1991, ICJ Rep. 1991, 12 ff. (20); entspr. Art. 33 Ziff. 1 VN-Charta; Teil I Ziff. 3 *UN General Assembly*: Manila Declaration on the Peaceful Settlement of International Disputes, Res. 37/10, adopt. 15 Nov. 1982, UN Doc. A/RES/37/10, circul. 15 Nov. 1982, GAOR XXXVII, Suppl. No. 51 (1982), 261 ff., in: ILM 21 (1982), 449 ff. (Manila Deklaration); befürw. die h.M., *Bourquin* (Anm. 50), 48 ff.; *Delbez, Louis*: Les principes généraux du droit international public, Paris: LGDJ, 3ᵉ éd. 1964, 454; *Soubeyrol* (Anm. 53), 328 ff.; *Waart* (Anm. 49), 4 f.; *Giuliano, Mario*: Considerazioni sulla « via diplomatica » per la soluzione pacifica di controversie tra stati, in: Il processo internazionale – Studi in onore di Gaetano Morelli, Comunicazioni e studi vol. XIV, Milano: Giuffrè 1975, 365–376 (368); *Neuhold, Hanspeter*: Internationale Konflikte – Verbotene und erlaubte Mittel ihrer Austragung, Habil. Wien, Wien/New York: Springer 1977, 450 ff.; *Lachs* (Anm. 48), 287 ff.; *Condorelli, Luigi*: L'autorité de la décision des juridictions internationales permanentes, in: Société française pour le droit international (éd.): La juridiction internationale permanente, Colloque de Lyon, 29–31 mai 1986, Paris: Pédone 1987, 281–313 (282 f.); *Tomuschat, Christian*: Art. 33, in: Simma, Bruno/Mosler, Hermann/Ranzeldorfer, Albrecht/Tomuschat, Christian/Wolfrum, Rüdiger (Hrsg.): Kommentar der Charta der Vereinten Nationen, München: Beck 1991, 472–481 (476); *Quéneudec, Jean-Pierre*: Article 33, in: Cot, Jean-Pierre/Pellet, Alain (Dir.): La Charte des Nations Unies: Commentaire article par article, Paris: Économica, 2ᵉ éd. 1991, 565–573 (568); *Behrens* (Anm. 47), 16; *Ghozali, Nacer-Eddine*: La négociation diplomatique dans la jurisprudence internationale, RBDI 25 (1992), 323–350 (330 ff.); *Combacau/Sur* (Anm. 29), 564; *Cahier* (Anm. 53), 332 ff.; *Schröder* (Anm. 47), 556; *Rosenne* (Anm. 55), 162 ff.; 178 ff.; *Shaw, Malcolm N.*: The International Court of Justice: A Practical Perspective, ICLQ 46

durchlaufen.[63] Ferner steht es den Parteien grundsätzlich frei, Verfahrensinstrumente *ad hoc* zu entwickeln,[64] ja mehrere prozessuale Pfade gleichzeitig zu verfolgen.[65] Die vorausgegangene Ableistung der Verhandlung kann *de iure* nur dann zur Zulässigkeitsvoraussetzung für ein anderes Forum werden, wenn die Parteien sich vertraglich dazu verpflichtet[66] oder ihre Rechtsansprüche hinsichtlich dieses Forums nicht hinreichend bestimmt haben.[67]

Dessen ungeachtet wird die Verhandlung stets eingesetzt werden, allein schon zur Feststellung der Streitsituation,[68] zur Bestimmung der Rechtsansprüche für ein gerichtliches Forum[69] oder überhaupt zur Wahl des angemessenen

(1997), 831–865 (836); *Merrills* (Anm. 53), 20 ff.; 164 ff.; *Anderson* (Anm. 49), 114; *Ipsen* (Anm. 61), 1016; *Collier/Lowe* (Anm. 10), 8.

63 So etwa *Schröder* (Anm. 47), 556; *Escher, Regina*: Friedliche Erledigung von Streitigkeiten nach dem System der Vereinten Nationen, Diss. Bern, Zürich: Schulthess 1985, 13; hingegen *Ahi* (Anm. 51), 38 ff.; 68 ff.; 78 ff.; 86 ff.; *Geamanŭ* (Anm. 8), 419.

64 So etwa *Tomuschat* (Anm. 62), 479; *Quéneudec* (Anm. 62), 569; *Shaw* (Anm. 62), 836; *Schröder* (Anm. 47), 556; *Marcantonio* (Anm. 49), 237.

65 So etwa *Shaw* (Anm. 62), 835 f.

66 *UN Office of Legal Affairs*: Handbook on the Peaceful Settlement of Disputes between States, Annex to the Report of the Special Committee on the Charter of the United Nations and on the Strengthening of the Role of the Organization, UN Doc. ILA/COD/2394, GAOR XLVI, Supp. No. 33 (1992), 23 ff., New York: UN 1992, 11.

67 Darüber hinaus als generelle Zulässigkeitsvoraussetzung, meist aus Courtoisie und Achtung der Souveränität, Art. 41 Convention pour le règlement pacifique des conflits internationaux, signée à La Haye, 18 oct. 1907, LNTS 54 (1927), 435 ff.; Tractatenblad (NL) 158 (1963), 1 ff.; RO (CH) 11, 194 ff.; RGBl 1910, 5 ff. (Haager Streitbeilegungsabkommen 1907); Art. 13 Pacte de la Société des Nations, Partie I du Traité de Versailles, signé le 28 juin 1919, JORF du 11 janv. 1920, 458 et s.; [1919] UKTS 4 (Cmd. 153); 2 Bevans 43; RGBl 1919, 701 ff. (Satzung des Völkerbundes); *Guggenheim, Paul*: L'élaboration d'une clause modèle de compétence obligatoire de la Cour internationale de Justice, Rapport et projet de Résolutions, Session d'Aix-en-Provence, avril 1954, Ann. IDI 45 (1954 I), 310–406 (318 ff.); *Ahi* (Anm. 51), 38 ff.; 68 ff.; 78 ff.; 86 ff.; *Reuter, Paul/Combacau, Jean*: Institutions et relations internationales, Paris: PUF, 4e éd. 1988, 219 ff.; *Cassese* (Anm. 53), 181 f.; zur Verwirklichung des Grundsatzes der friedlichen Streitbeilegung, *Economidès* (Anm. 51), 409 ff.; aus krit. Haltung zur internationalen Gerichtsbarkeit, *Geamanŭ* (Anm. 8), 419; 444.

68 So etwa *Tomuschat* (Anm. 62), 476; *Ahi* (Anm. 51), 119 f.; daraus allerdings unzutr. eine Rechtspflicht zur Verhandlung ableitend, *Bourquin* (Anm. 50), 49.

69 So etwa *Ahi* (Anm. 51), 119 f.

Forums.[70] Letzteres erfordert den Abschluss eines zuständigkeitsbegründenden Vertrags *ad hoc* (Compromis)[71] oder einer entsprechenden Schieds- oder Gerichtsstandsklausel.[72] Über dieses zuständigkeitsbegründende Übereinkommen hinaus ist, falls das Forum keine Verfahrensordnung bereit hält, ein weiteres Verfahrensabkommen der Parteien erforderlich, um Verfahrensgrundsätze, Formerfordernisse, Sprache, Fristen sowie personelle Besetzung des Dritten und materielle Bewertungsmaßstäbe zu definieren.[73] In Abgrenzung zur inhaltlich ausgerichteten Hauptverhandlung soll die Koordination solcher prozessualen Übereinkommen nachfolgend als Nebenverhandlung bezeichnet werden. Diese erübrigt sich nur in solchen Fällen, in denen die Jurisdiktion eines schieds- oder gerichtlichen Forums aufgrund einer Gerichtsstandsklausel[74] beziehungsweise einer allseitigen Anerkennung von Rechts wegen[75] begründet und die Verfahrensinstanz durch einseitige Erklärung eingeleitet werden kann. Solche Konstellationen, etwa im Sinne des Rechtswegs innerstaatlicher Rechtsordnungen, bilden im zwischenstaatlichen Umfeld weiterhin die Ausnahme.[76] Allerdings geböte die diplomatische Courtoisie selbst

70 Hieraus ebenso eine Rechtspflicht zur Verhandlung ableitend, *Economidès, Constantin P.*: La Déclaration de Manille sur le règlement pacifique des différends internationaux, AFDI 28 (1982), 613–627 (621).

71 So etwa *Schlochauer, Hans-Jürgen*: Arbitration, in: Bernhardt, Rudolf (ed.): EPIL 1 (1992), 215–230 (221).

72 Ebendort für schiedsgerichtl. Foren; analog auf alle Foren der Judikative sowie auf trilaterale bzw. multilaterale Koordinationsverfahren übertragbar.

73 Siehe etwa *Negotiating Group on Dispute Settlement*: Concepts, Forms and Effects of Arbitration: Note by the Secretariat, GATT Doc. MTN.GNG/NG13/W/20, circul. 22 Feb. 1988, S. 3 f.

74 Art. 36 Ziff. 1 IGH-Statut.

75 Art. 36 Ziff. 2 IGH-Statut.

76 Zum 15. April 2021 war die Zuständigkeit des IGH von Rechts wegen gem. Art. 36 Ziff. 2 und 5 IGH-Statut durch 74 Staaten anerkannt; dazu die Zuständigkeit des IGH durch Gerichtsstandsklauseln bzw. in unterbreiteten Rechtssachen gem. Art. 36 Ziff. 1 IGH-Statut; vgl. hierzu Übereink. mit Verweisung auf spez. Streitbeilegungsforen mit funktional begrenzter Zuständigkeit, etwa Teile XI und XV UN Convention on the Law of the Sea (UNCLOS), concluded at Montego Bay, 10 Dec. 1982, UNTS 1833 (1994), 396 ff.; TIAS No. 31367, in: ILM 21 (1982), 1261 ff.; BGBl 1994 II, 1798 ff. (Seerechtsübereink. – SRÜ); Kap. II, III und IV ICSID Konvention i.V.m. Gerichtsstandsklauseln in bilateralen Investitionsschutzabk.; Art. III Ziff. 3 Marrakesh Agreement Establishing the World Trade Organization, done at Marrakesh, 15 April 1994, UNTS 1867 (1995), 154 ff.; TIAS No. 31874, in: ILM 33 (1994), 1144 ff.; ABlEG L 336

dann, Interessengegensätze und Rechtsansprüche nicht erstmals in der Klage zu formulieren, sondern vorab eine Koordination der Streitsituation durch Verhandlung zumindest zu versuchen.[77]

Somit ist es den Parteien unter Beachtung des Gebots friedlicher Streitbeilegung grundsätzlich überlassen, das der konkreten Streitsituation angemessene Forum zu bestimmen.[78] Diese Freiheit nutzen sie zur strategischen Forumswahl.[79] Dabei ziehen Staaten generell Foren vor, die ihre Willensautonomie und Souveränität möglichst wenig einschränken, keine Entscheidungen oder Veränderungen von außen bindend setzen und ihre künftige Reaktionsfähigkeit auf Wandel im zwischenstaatlichen Umfeld möglichst intakt halten.[80] Folglich wird die bilaterale Verhandlung regelmäßig bevorzugt,[81] denn sie setzt ganz

---

vom 23. Dez. 1994, 1 ff. (Übereink. zur Errichtung der Welthandelsorganisation – WTO-Abkommen) i.V.m. Verweisungsklauseln der WTO-Teilabk.

77 So etwa *Merrills* (Anm. 53), 20 f.; *Ghozali* (Anm. 62), 335.

78 Grundl. *Concessions Mavrommatis en Palestine* (Grèce c/ Royaume-Uni), arrêt du 30 août 1924, Rec. CPJI Série A n° 2, 1 ff. (15); vgl. dahingehend Teil I Ziff. 5 Manila Deklaration; ebenso etwa *Delbez* (Anm. 51), 13 ff.; *Soubeyrol* (Anm. 53), 323 f.; *Fox, Hazel*: Conciliation, in: Waldock, Sir Humphrey (ed.): International Disputes: The Legal Aspects, Report of a Study Group of the David Davies Memorial Institute of International Studies, London: Europa Publ. 1972, 93–100 (114); *Beirlaen* (Anm. 51), 429; *Anand, Ram P.*: The Role of International Adjudication, in: Gross, Leo (ed.): The Future of the International Court of Justice, Vol. I, Dobbs Ferry: Oceana 1976, 1–21 (1); *UN Office of Legal Affairs* (Anm. 66), 9; 50; *Combacau/Sur* (Anm. 29), 564; *Quéneudec* (Anm. 62), 569; *Rosenne* (Anm. 55), 163 ff.; *Schröder* (Anm. 47), 556; *Couvreur* (Anm. 55), 94; *Merrills* (Anm. 53), 20; *Collier/Lowe* (Anm. 10), 9; 21; *Anderson* (Anm. 49), 118.

79 Zur Übersicht möglicher Pfade, *Grewe, Wilhelm*: Die Arten der Behandlung internationaler Konflikte, in: Iklé, Fred C. (Hrsg.): Strategie und Taktik des diplomatischen Verhandelns, Gütersloh: Bertelsmann 1965, 11–41 (12); ferner *Northedge/Donelan* (Anm. 51), 187 ff.; *Rangarajan* (Anm. 44), 27; *Lacharrière* (Anm. 6), 138 ff.; *Combacau/Sur* (Anm. 29), 562 ff.; *Shaw* (Anm. 62), 835 f.

80 Ebenso *Escher* (Anm. 63), 7; *Combacau/Sur* (Anm. 29), 566; *Collier/Lowe* (Anm. 10), 8 f.; insofern verwehren sich die Staaten einem allgemeinen System zur Streitbeilegung auf Grundlage der Schlichtung, wie sie bereits *Efremoff, Jean*: La conciliation internationale, RdC 18 (1927 III), 5–148 (124 ff.) vorgeschlagen hatte.

81 Siehe etwa Teil I Ziff. 10 Manila Deklaration; ebenso aus vielerlei Gründen, *Bruns* (Anm. 53), 630; *Lall* (Anm. 19), 2 f.; *Northedge/Donelan* (Anm. 51), 278; *Waart* (Anm. 49), 131; *Malinverni, Georges*: Le règlement des différends dans les organisations internationales économiques, Thèse Genève, Leiden/Genève: Sijthoff/IUHEI 1974, 110 ff.; *Lachs* (Anm. 48), 287 f.; *Geamanŭ* (Anm. 8), 416; *Bowett, Derek W.*: Contemporary Developments in Legal Techniques in the Settlement of Disputes, RdC 180

natürlich laufende Konsultationsbemühungen fort und erfordert weder die umständliche Berufung eines Dritten, noch eine Ableitung auf die abstrakte Rechtsebene; sie setzt die Projektion des Parteiwillens sowie die Selbstauslegung des Sachverhalts wie der Rechtslage um und schont somit am ehesten politische Handlungs- und Gestaltungsfreiheit; sie gestattet den Parteien die politische Kontrolle über die verfahrensmäßigen Abläufe und die inhaltlichen Bedingungen des Übereinkommens; sie ermöglicht eine pragmatische Verwaltung der Einzelfallsituation ohne zwingende Einbeziehung von belastenden Präzedenzen; sie gestattet eine relative Ausrichtung auf die partikularen Interessen der Parteien ohne belastende Rücksichtnahme auf Interessen Dritter; sie fördert den punktuellen Kompromiss bei ausgeklammerter strenger Rechtsanwendung und erleichtert somit die Anpassung beziehungsweise Abänderung des *status quo*.[82]

Demgegenüber neigen Juristen dazu, wohl aus Überzeugung, Ausbildung oder Denkstruktur,[83] schieds- oder gerichtliche Foren vorzuziehen. Dabei gehen sie oft vom innerstaatlichen Modell aus. Staaten jedoch verstehen sich im zwischenstaatlichen Umfeld nach wie vor als Herren des Forums. Wegen des einhergehenden Verlusts an souveräner Parteiautonomie und politischer Kontrolle hegen sie Bedenken, insbesondere schieds- oder gerichtliche Foren in abstrakt definierten Situationen oder auch nur im Einzelfall zu berufen.[84] Sie befürchten insbesondere, dass das anwendbare Völkerrecht zu unbestimmt sei, um durch abstrakte Subsumtion ein vorhersehbares Ergebnis zu liefern, und dass dem Dritten somit strukturell zu viel Macht übertragen werde, die dieser gelegentlich, in einem weiten Verständnis seiner Kompetenzen, zu

(1983 II), 169–235 (177); *UN Office of Legal Affairs* (Anm. 66), 9 f.; *Ghozali* (Anm. 62), 325; *Collier, John G.*: The International Court of Justice and the Peaceful Settlement of Disputes, in: Lowe, Vaughan/Fitzmaurice, Malgosia (eds.): Fifty Years of the International Court of Justice: Essays in Honour of Sir Robert Jennings, Cambridge/New York: Cambridge Univ. Pr. 1996, 364–372 (365); *Schröder* (Anm. 47), 557; *Collier/Lowe* (Anm. 10), 20.

82 Letztere Funktion hervorhebend, *Darwin* (Anm. 51), 35 f.; *Vitzthum* (Anm. 4), 51; *Delbrück, Jost*: Friedlicher Wandel, in: Wolfrum, Rüdiger/Philipp, Christiane (Hrsg.): Handbuch Vereinte Nationen, München: Beck, 2. Aufl. 1991, 191–201 (194).

83 So etwa *Fuller, Lon L.*: Mediation – Its Forms and Functions, Southern California LR 44 (1970/71), 305–339 (306 f.).

84 Feststellend etwa *Lacharrière* (Anm. 6), 174 ff.; *Condorelli* (Anm. 62), 288; *Rosenne* (Anm. 55), 178 ff.; *Merrills* (Anm. 53), 164 ff.

judicial activism und überraschenden Ergebnissen nutzt.[85] Auch befürchten sie vor allem in politisch brisanten Fragen langfristig die Begrenzung ihrer souveränen Entscheidungsfreiheit durch den Präzedenzeffekt von schieds- oder gerichtlichen Entscheidungen. Sie ziehen ferner politische Übereinkommen vor, die gegebenenfalls, von einigen besonders integrierten oder technischen Regulierungsbereichen abgesehen, bessere Umsetzungschancen bieten als schieds- oder gerichtliche Urteile.[86] Entwicklungsländer hegen darüber hinaus traditionell ein gewisses Misstrauen gegenüber schieds- oder gerichtlichen Foren, deren Besetzung ihrer Auffassung nach nicht das tatsächliche zwischenstaatliche Umfeld reflektiert. Zudem, so ihre Auffassung, inkorporiere das Völkerrecht als Bewertungsgrundlage historisch bedingt die Vorstellungen und Interessen einiger weniger Staaten, lasse manche Rechtstradition unberücksichtigt, und verkenne wünschenswerte Normen internationaler Solidarität und Wohlfahrt.[87]

Die generelle Vorliebe für die Verhandlung im bilateralen Forum wäre allerdings vereinfacht, wohl auch euphemistisch, würde man deren Grenzen verkennen. Die Hoffnung von souveränen Parteien, ihre Positionen, Drohungen,

---

85 Insofern krit. *Lacharrière* (Anm. 6), 135 ff.; 162 ff.; Diss. Op. Richter *Gros* in *Delimitation of the Maritime Boundary in the Gulf of Maine Area* (Canada v. United States of America), Judgment of 12 Oct. 1984, ICJ Rep. 1984, 360 ff.; sowie in *Nuclear Tests* (Australia v. France), Judgment of 20 Dec. 1974, ICJ Rep. 1974, 253 ff. (296 f.); *Tomuschat, Christian*: International Courts and Tribunals, in: Bernhardt, Rudolf (ed.): EPIL 2 (1995), 1108–1115 (1113 f.); *Rosenne* (Anm. 55), 171 ff.; *Sugihara* (Anm. 57), 132; *Merrills* (Anm. 53), 146 ff.; hingegen eine extensive Rolle des zwischenstaatl. Richters befürw. *Radbruch, Gustav*: Arten der Interpretation, in: (Souscr.): Les sources du droit: Recueil d'études en l'honneur de François Gény, Tome II: Les sources générales des systèmes juridiques actuels, Paris: Sirey 1934, 217–226 (217 ff.); *Politis, Nicolas*: Méthodes d'interprétation du droit international conventionnel, in: (Souscr.): Les sources du droit: Recueil d'études en l'honneur de François Gény, Tome III: Les sources des diverses branches du droit, Paris: Sirey 1934, 375–382 (375 ff.); *Weeramantry, Christopher G.*: The Function of the Internationnal Court of Justice in the Development of International Law, Leiden JIL 10 (1997), 309–340 (311 ff.); *Steinberger* (Anm. 55), 52.

86 So etwa *Wengler* (Anm. 53), 57 ff.; *Condorelli* (Anm. 62), 284 ff.; *Bernhardt, Rudolf*: Die gerichtliche Durchsetzung völkerrechtlicher Verpflichtungen, ZaöRV 47 (1987), 17–31 (29); *Riedel, Eibe*: Recht, Zwang, Effektivität – Muß Recht justizförmig sein? in: Pawlowski, Hans-Martin/Roellecke, Gerd (Hrsg.): Der Universalitätsanspruch des demokratischen Rechtsstaates, Stuttgart: Steiner 1996, 149–171 (169 f.); *Steinberger* (Anm. 55), 48 f.

87 Statt vieler *Darwin* (Anm. 51), 67; *Anand* (Anm. 77), 3 ff.

Versprechen auch durchsetzen zu können, lässt sich nämlich nur insofern aufrechterhalten, als die ebenso souveränen Gegenparteien dem fremden Parteiwillen entgegenkommen. Sie findet ihre Grenzen, sobald die ersuchten Parteien ihren eigenen Willen entgegensetzen beziehungsweise ein alternatives Forum geltend machen können. Das alternative Forum kann ein anderes, etwa zwingendes sein, falls die Parteien durch eine Zuständigkeit von Rechts wegen gebunden sind oder ein Compromis vereinbaren. Falls kein solches alternatives Forum begründet werden kann, und falls die Berührung von Interessen, Macht, Wahrnehmung, Motivation der ersuchten Partei in der laufenden Verhandlung nicht zur Änderung ihres Parteiwillens führt, kann diese Alternative auch die Beendigung der Verhandlung beziehungsweise die Offenhaltung der Streitsituation im *status quo* bedeuten. Jedenfalls bietet das Völkerrecht keine Lösung für den Fall, dass kein Übereinkommen zur Forumsbestimmung entsteht, etwa durch Kollisionsregeln in Artikel 33 VN-Charta oder als Rechtspflicht zur abschließenden Beilegung einer Streitsituation.[88]

Auf die sogenannte stillschweigende Verhandlung, die zuweilen in Streitsituationen mit hoher zwischenstaatlicher Spannung praktiziert wird, in denen eine direkte Verhandlung etwa wegen fehlender diplomatischer Beziehungen der Parteien zueinander nicht möglich ist, soll nicht eingegangen werden. Sie beschreibt eine rein empirische Koordination, die durch die Ausgabe von Beispielen oder Signalen erfolgt, um implizites Verhalten zu veranlassen. Ihr Bestehen soll nicht geleugnet werden, da sie Fragen der Kommunikation, der Wahrnehmung und der Glaubwürdigkeit im Verhandlungsablauf aufwirft. Mangels Berührung rechtlicher Normen beziehungsweise Verfahren verspricht sie jedoch kaum rechtswissenschaftlich relevante Erkenntnisse.

Die Freiheit der Parteien zur Offenhaltung endet allerdings, sobald der Tatbestand der Gefährdung des Weltfriedens und der internationalen Sicherheit erfüllt ist.[89] Die Parteien sind dann aus Artikel 33 Ziffer 1 VN-Charta in Konkretisierung des allgemeinen Gewaltverbots laut Artikel 2 Ziffer 4 VN-Charta verpflichtet,[90] sich um eine tatsächliche Streitbeilegung zu bemühen, und weiter

---

88 So etwa *Waart* (Anm. 49), 28; *Behrens* (Anm. 47), 12; *Combacau/Sur* (Anm. 29), 27 f.; dahingehend *Tomuschat* (Anm. 62), 476; *Abi-Saab* (Anm. 46), 18; hingegen *Economidès* (Anm. 51), 409 ff.

89 Zum Begriff statt vieler *Tomuschat* (Anm. 62), 475; *Bothe, Michael*: Friedenssicherung und Kriegsrecht, in: Vitzthum, Wolfgang Graf (Hrsg.): Völkerrecht, Berlin/New York: de Gruyter 1997, 581–663 (583 ff.).

90 Zur völkergewohnheitsrechtl. Anerkennung des Gewaltverbots über die Bindungswirkung der VN-Charta hinaus, grunds. *Military and Paramilitary Activities in and*

ausschließlich friedliche Mittel zu verwenden.[91] Durch diese Pflicht entsteht letztlich der Druck, die Bemühungen für eine Beilegung zu intensivieren,[92] was über die Vermeidung der Offenhaltung beziehungsweise von Gewalt hinaus auf eine positive Verhaltenspflicht verweist, nach Treu und Glauben auf schadende Handlungen zu verzichten und auf Lösungen hinzuarbeiten (*pactum de negotiando*).[93] Ein bestimmtes Ergebnis, etwa im Sinne eines zwingenden Forums

against Nicaragua (Nicaragua v. United States of America), Merits, Judgment of 27 June 1986, ICJ Rep. 1986, 14 ff. (25 ff.; 95 ff.); krit. doch letztlich befürw. *Ranzeldorfer, Albrecht*: Art. 2 Ziff. 4, in: Simma, Bruno/Mosler, Hermann/Ranzeldorfer, Albrecht/Tomuschat, Christian/Wolfrum, Rüdiger (Hrsg.): Kommentar der Charta der Vereinten Nationen, München: Beck 1991, 67–90 (87 f.); grunds. zust. *Charpentier* (Anm. 47), 105; *Bothe* (Anm. 89), 587; *Schröder* (Anm. 47), 551 ff.; *Kimminich* (Anm. 61), 253; weiter zum Gewaltverbot Teil I Ziff. 2 Manila-Deklaration; insbes. Prinzip a) *UN General Assembly*: Declaration on Principles of International Law Concerning Friendly Relations and Co-operation among States in Accordance with the Charter of the United Nations, Res. 2625 (XXV), adopt. 24 Oct. 1970, UN Doc. A/RES/2625 (XXV), circul. 24 Oct. 1970, GAOR XXV, Suppl. No. 28 (1970), 121 ff., in: ILM 9 (1970), 1292 ff. (Prinzipien Deklaration); keine wesentlichen Anhaltspunkte liefert hingegen *UN General Assembly*: Declaration on the Enhancement of the Effectiveness of the Principle of Refraining from the Threat or Use of Force in International Relations, Res. 42/22 (XLII), adopt. 18 Nov. 1987, UN Doc. A/RES/42/22 (XLII), circul. 18 Nov. 1987, GAOR XLII, Suppl. No. 49 (1987), 287 ff., in: ILM 27 (1988), 1672 ff.

91 So etwa *Tomuschat* (Anm. 62), 473; *Quéneudec* (Anm. 62), 568; *Combacau/Sur* (Anm. 29), 561 ff.; *Schröder* (Anm. 47), 551 ff.; *Economidès* (Anm. 51), 409 ff.; weiter zum Gebot friedlicher Streitbeilegung Teil I Ziff. 5 Manila Deklaration; insbes. Prinzip b) Prinzipien Deklaration.

92 Eine solche Rechtspflicht grunds. bejahend etwa *Cassese* (Anm. 53), 183; *Geamanŭ* (Anm. 8), 419; *Economidès* (Anm. 69), 619; *Verdross/Simma* (Anm. 3), 283; *Quéneudec* (Anm. 62), 571; *Combacau/Sur* (Anm. 29), 563; zur Rspr. *Lac Lanoux* (Espagne c/ France), Sentence du Tribunal arbitral constitué en vertu du Compromis d'arbitrage du 19 nov. 1956, prononcée le 16 nov. 1957, Ziff. 11 ff., in: RIAA 12 (1963), 281 ff. (314 f.); *North Sea Continental Shelf* (Germany v. Denmark; Germany v. Netherlands), Judgment of 20 Feb. 1969, ICJ Rep. 1969, 3 ff. (46 ff.); *Military and Paramilitary Activities in and against Nicaragua* (Nicaragua v. United States of America), Merits, Judgment of 27 June 1986, ICJ Rep. 1986, 14 ff. (145); allerdings nicht zwingend durch das Mittel der Verhandlung, *Compagnie d'électricité de Sofia* (Belgique c/ Bulgarie), exception préliminaire, arrêt du 4 avril 1939, Rec. CPJI Série A/B n° 77, 63 ff. (83).

93 Teil I Ziff. 2 Manila Deklaration; ebenso *Charpentier* (Anm. 47), 106 f.; *Tomuschat* (Anm. 44), 62; *Ders.* (Anm. 62), 475; *Verdross/Simma* (Anm. 3), 283; *Schröder* (Anm. 47), 554 f.

oder Übereinkommens (*pactum de contrahendo*), normiert diese Pflicht jedoch nicht.[94]

Liegt der Tatbestand der Gefährdung des Weltfriedens und der internationalen Sicherheit vor, verändert dies die Verhandlung insofern, als aus Artikel 33 fortfolgende VN-Charta eine subsidiäre,[95] jedoch permanente Zuständigkeit des VN-Sicherheitsrats gegeben ist, insbesondere dann, wenn eine Partei ihrer beschriebenen Pflicht zur Verhandlung nach Treu und Glauben nicht nachkommt.[96] Allerdings bleibt die Mehrheit aller Streitsituationen, in denen keine Gefährdung des Weltfriedens und der internationalen Sicherheit vorliegt, vom Gebot friedlicher Streitbeilegung unerfasst und der Willensautonomie der Parteien überlassen.[97] Auch kommen in Friedenszeiten die ganz spezifischen Problemkreise der Friedenssicherung und der Verwendung beziehungsweise Androhung von Gewalt nur selten mit der Wirtschaftsregulierung in Berührung. Folglich ist die vorliegende Untersuchung auf die Beilegung von Streitsituationen mit friedlichen Mitteln beschränkt.

---

94 So etwa *Kirgis, Frederic L.*: Prior Consultation in International Law: A Study of State Practice, Charlottesville, Univ. of Virginia Pr. 1983, 11; *Tomuschat* (Anm. 44), 62; *Charpentier* (Anm. 47), 106; *Verdross/Simma* (Anm. 3), 283; *Schröder* (Anm. 47), 554 f.; die Ableitung einer Schiedsklausel beim Scheitern der Verhandlung trotz vereinbartem *pactum* ablehnend, *Seidl-Hohenveldern, Ignaz*: Die Grenzen rechtlicher Streiterledigung im Völkerrecht und in internationalen Organisationen, BerDGV 9 (1969), 45–76 (56); *Beyerlin, Ulrich*: Pactum de contrahendo und pactum de negotiando im Völkerrecht? ZaöRV 36 (1976), 407–443 (431); *Wühler, Norbert*: Arbitration Clause in Treaties, in: Bernhardt, Rudolf (ed.): EPIL 1 (1992), 236–239 (237); ein *forum prorogatum* bzw. eine *invitatio ad forum prorogatum* erwägend, *Schlochauer* (Anm. 71), 223; *Highet, Keith*: Recent Developments in the International Court of Justice, in: Young, Michael K./Iawasawa, Yuji (eds.): Trilateral Perspectives on International Legal Issues: Relevance of Domestic Law and Policy, Irvington: Transnational Publ. 1996, 337–361 (342).

95 Art. 33 Ziff. 1 und 2 VN-Charta.

96 Art. 34 und 35 VN-Charta zum permanenten Untersuchungsrecht des VN-Sicherheitsrates von Amts wegen bzw. auf Betreiben eines Staates; hierzu etwa *Tomuschat* (Anm. 62), 472 ff.; *Bothe* (Anm. 89), 610 ff.

97 Treffend *Reuter, Paul*: De l'obligation de négocier, in: Il processo internazionale – Studi in onore di Gaetano Morelli, Comunicazioni e studi vol. XIV, Milano: Giuffrè 1975, 711–733 (727); *Combacau/Sur* (Anm. 29), 562 f.; *Schachter, Oscar*: Dispute Settlement and Countermeasures in the International Law Commission, AJIL 88 (1994), 471–477 (473 ff.); *Higgins, Rosalyn*: Peaceful Settlement of Disputes, ASIL Proc. 89 (1995), 293–296 (293).

III. Wirtschaftsregulierung

Seit 1945 hat eine gewachsene Interdependenz der Staaten die Völkerrechtsordnung von Anarchie und Koexistenz als Strukturprinzipien befreit und durch Integration und Kooperation abgelöst.[98] Zudem sind insbesondere aufgrund des Funktionalismus, der die Vorteile einer kollektiven und überstaatlichen Verwaltung einzelner Regulierungsbereiche hervorhebt,[99] immer mehr Regulierungsbereiche der zwischenstaatlichen Beziehungen integriert worden. Diese Entwicklung ist mit dem Ende ideologischer Ost-West-Spaltung und Nord-Süd-Spannung beschleunigt worden.[100]

1. Welthandel als integrierter Aufgabenbereich

In solchen Regulierungsbereichen haben Staaten ihre grundsätzliche Handlungsfreiheit durch vertragliche Regimes eingeschränkt und das anarchisch, dezentral und genossenschaftlich organisierte zwischenstaatliche Umfeld durch

---

98 Grundl. *Friedmann, Wolfgang G.*: The Changing Structure of International Law, New York/London: Columbia Univ. Pr./Stevens & Sons 1964, insbes. 88 ff.; analog die Ablösung der *société relationnelle* durch eine *société institutionnelle, Dupuy, René-Jean*: Communauté internationale et disparités de développement: Cours général de droit international public, RdC 165 (1979 IV), 9–231 (45 ff.; 67 ff.); weiter, einer anarchischen Ordnung nach *Thomas Hobbes* eine durch Verfassung und Herrschaft des Rechts befriedete Völkerrechtsordnung nach *Immanuel Kant* und *Hans Kelsen* entgegensetzend, *Slaughter, Anne-Marie*: International Law in a World of Liberal States, EJIL 6 (1995) 503–538 (510 ff.); *Petersmann, Ernst-Ulrich*: From the Hobbesian International Law of Coexistence to Modern Integration Law: The WTO Dispute Settlement System, JIEL 1 (1998), 175–198 (175 ff.); die Strukturveränderung zwischenstaatl. Beziehungen anerkennend, *Baldwin, David A.*: Interdependence and Power: A Conceptual Analysis, IO 34 (1980), 471–506 (476 ff.); *Bolton, John R.*: Should We Take Global Governance Seriously? Chicago JIL 1 (2000), 205–221 (210 ff.); abwägend *Schreuer, Christoph*: The Waning of the Sovereign State: Towards a New Paradigm of International Law? EJIL 4 (1993), 447–471 (469 ff.).

99 Grundl. *Mitrany, David*: A Working Peace System: An Argument for the Functional Development of International Organization, London: Oxford Univ. Pr./Royal Institute of Int'l Affairs 1943, 25 ff.; *Haas, Ernst B.*: Beyond the Nation State, Stanford: Stanford Univ. Pr. 1964, 3 ff.; 429 ff.; *Wolfe, Robert*: From Farm War to Working Peace: The Functionalist Approach to the Managment of Trade Conflict, in: Ashworth, Lucian M./Long, David (eds.): New Perspectives on International Functionalism, London/New York: Palgrave Macmillan/St. Martin's Pr. 1999, 137–155 (139 ff.).

100 So etwa *Romano, Cesare P.*: The Proliferation of International Judicial Bodies: The Pieces of the Puzzle, New York Univ. JILP 31 (1999), 709–751 (728 ff.).

Ordnungsprinzipien, Rechtsnormen, Verfahren und Institutionen gegliedert.[101] Neben Regulierungsbereichen der Kommunikation,[102] des Transportwesens,[103] der Sicherheit,[104] des Menschenrechts- und Umweltschutzes,[105] ist die Wirtschaft,[106]

---

101 Generell *Feld, Werner J./Jordan, Robert S./Hurwitz, Leon*: International Organizations: A Comparative Approach, Westport/New York: Praeger, 3rd ed. 1994, 9 ff.; *Klein, Eckart*: Die internationalen und supranationalen Organisationen als Völkerrechtssubjekte, in: Vitzthum, Wolfgang Graf (Hrsg.): Völkerrecht, Berlin/New York: de Gruyter 1997, 267–391 (276 ff.).

102 So etwa durch Universal Postal Union (UPU); Internet Corporation for Assigned Names and Numbers (ICANN); International Mobile Satellite Organization (Inmarsat); vgl. *Herdegen* (Anm. 10), 169 ff.; *Weber, Ludwig*: Universal Postal Union, in: Bernhardt, Rudolf (ed.): EPIL 4 (2000), 1235–1240; *Lyall, Francis*: Posts and Telecommunications, in: Schachter, Oscar/Joyner, Christopher (eds.): United Nations Legal Order, Vol. II, Cambridge/New York/Melbourne: Cambridge Univ. Pr. 1995, 789–824 (789 ff.).

103 So etwa durch International Air Transport Association (IATA); International Civil Aviation Organization (ICAO); International Maritime Organization (IMO), vgl. *Herdegen* (Anm. 10), 157 ff.; ausf. *Buergenthal, Thomas*: Law-making in the International Civil Aviation Organization, Syracuse: Syracuse Univ. Pr. 1969, 3 ff.; 57 ff.; *Kirgis, Frederic L.*: Shipping, in: Schachter, Oscar/Joyner, Christopher (eds.): United Nations Legal Order, Vol. II, Cambridge/New York/Melbourne: Cambridge Univ. Pr. 1995, 715–752 (715 ff.).

104 Art. 23 ff. VN-Charta (VN-Sicherheitsrat); North Atlantic Treaty Organization (NATO); hierzu *Murphy, John F.*: Force and Arms, in: Schachter, Oscar/Joyner, Christopher (eds.): United Nations Legal Order, Vol. I, Cambridge/New York/Melbourne: Cambridge Univ. Pr. 1995, 247–317; *Dupuy, René-Jean*: Le maintien de la paix, in: Dupuy, René-Jean (éd.): Manuel sur les organisations internationales, La Haye/Cambridge: Kluwer Law Int'l, 2e éd. 1998, 563–603.

105 So etwa durch UN Human Rights Council (HRC); UN Environment Programme (UNEP); International Labour Organization (ILO); hierzu *Morse, David A.*: The Origin and Evolution of the ILO and its Role in the World Community, Ithaca: Cornell Univ. Pr. 1969, 12 ff.; *Hannum, Hurst*: Human Rights, in: Schachter, Oscar/Joyner, Christopher (eds.): United Nations Legal Order, Vol. I, Cambridge/New York/Melbourne: Cambridge Univ. Pr. 1995, 319–348; *Crawford, James*: The UN Human Rights Treaty System: A System in Crisis? in: Alston, Philip/Crawford, James (eds.): The Future of UN Human Rights Treaty Monitoring, Cambridge/New York/Melbourne: Cambridge Univ. Pr. 2000, 1–14.

106 So etwa durch Internationalen Währungsfonds (IWF); Weltbank; Organisation für wirtschaftliche Zusammenarbeit und Entwicklung (OECD); hierzu *Lavalle, Roberto*: La Banque mondiale et ses filiales: Aspects juridiques et fonctionnement,

und hier die Handels- und Wettbewerbsregulierung,[107] nicht von dieser Entwicklung ausgenommen worden.

Diese Proliferation hat eine gewisse Zerteilung materiellrechtlicher Völkerrechtsnormen bewirkt: So hat die zwischenstaatliche Handelsregulierung eine weitgehend selbständige Entwicklung vollzogen, deren Regeln die allgemeine Völkerrechtsordnung vielfach derogieren und nur dadurch integriert werden können, dass man erstere als abgegrenzt oder letztere als subsidiär annimmt.[108] Geht man von der Verhandlung und der Streitsituation aus, die beide vor dem Forum ansetzen, hat die Gliederung in Sonderordnungen eine Vermehrung von politischen, quasi politischen oder zunehmend auch gerichtlichen Foren

---

Paris: LGDJ 1972, 23 ff.; *Mason, Edward S./Asher, Robert E.*: The World Bank since Bretton Woods: The Origins, Policies, Operations, and Impact of the International Bank for Reconstruction and Development and other Members of the World Bank Group, Washington: Brookings Institution 1973, 11 ff.; *Camps, Miriam*: "First World" Relationships: The Role of the OECD, New York: Council of Foreign Relations 1975, 14 ff.; vgl. generell *Erler, Georg*: Staatssouveränität und internationale Wirtschaftsverflechtung, BerDGV 1 (1957), 29–57 (37 f.); *VerLoren van Themaat, Pieter*: The Changing Structure of International Economic Law: A Contribution of Legal History, of Comparative Law, and of General Legal Debate on a New International Economic Order, The Hague/Boston: TMC Asser Institute/Martinus Nijhoff 1981, 67 ff.; *Meerhaeghe, Marcel A.G. van*: International Economic Institutions, Dordrecht/London/Boston: Kluwer Academic Publ., 7th ed. 1998, 25 ff.; 67 ff.; 133 ff.; *Carreau, Dominique/Juillard, Patrick*: Droit international économique, Paris: LGDJ, 4e éd. 1998, 15 ff.

107 So etwa durch OECD und WTO; hierzu etwa *Herdegen* (Anm. 10), 180 ff.; *Meerhaeghe* (Anm. 106), 104 ff.; 141 ff.; *Jackson* (Anm. 17), 238 ff.; *Carreau/Juillard* (Anm. 106), 93 ff.; *Hoekman/Kostecki* (Anm. 16), 425 ff.

108 Generell *Simma, Bruno*: Self-contained Regimes, NYIL 16 (1985), 111–136 (125); *Kunig, Philip*: Völkerrecht und staatliches Recht, in: Vitzthum, Wolfgang Graf (Hrsg.): Völkerrecht, Berlin/New York: de Gruyter 1997, 101–179 (118 ff.); *Uerpmann-Wittzack, Robert*: Völkerrechtliche Verfassungselemente, in: Bogdandy, Armin von/Bast, Jürgen (Hrsg.): Europäisches Verfassungsrecht: Theoretische und dogmatische Grundzüge, Berlin/Heidelberg: Springer, 2. Aufl. 2009, 177–226 (186 ff.); spez. zur Handelsregulierung, *Kuijper, Pieter J.*: The Law of GATT As a Special Field of International Law – Ignorance, Further Refinement or Self-contained System of International Law? NYIL 25 (1994), 227–257 (248); *Marceau, Gabrielle*: A Call for Coherence in International Law: Praises for the Prohibition against "Clinical Isolation" in WTO Dispute Settlement, JWT 33 (1999), 87–152 (106 ff.); *Pauwelyn, Joost*: The Role of Public International Law in the WTO: How Far Can we Go? AJIL 95 (2001), 535–578 (552 ff.).

hervorgebracht, die um die Thematisierung von Interessen, Positionen und Rechtsansprüche konkurrieren.[109] Zugleich reduziert solche Vielfalt die Handlungsfreiheit von Staaten in den entsprechenden Regulierungsbereichen immer stärker auf die Forumswahl.[110] Dies hat sowohl Kritiker als auch Befürworter.[111] Geht man aber weiterhin von der Verhandlung und der Streitsituation aus, ist die Wahl eines Forums faktisch – und wegen der grundsätzlich freien Wahl der Verfahrensinstrumente auch rechtlich – nicht auf judiziäre Foren beschränkt. Freilich würde ein Abbedingen zwingender Zuständigkeiten im Einzelfall eine zumindest konkludente Zustimmung – folglich den strategisch nachteiligen und daher unwahrscheinlichen Verzicht auf einen BATNA – aller Streitparteien voraussetzen.

Versuche, die Regulierung des Welthandels nach 1945 als dritte Säule der Institutionen von Bretton-Woods zu etablieren,[112] scheiterten an der fehlenden

---

109 Allein zur Vermehrung gerichtl. Foren, *UN Office of Legal Affairs* (Anm. 66), 11 f.; *Romano* (Anm. 100), 728 ff.; *Sands, Philippe*: Turtles and Torturers: The Transformation of International Law, New York Univ. JILP 33 (2001), 527–559 (548 ff.).

110 *UN Office of Legal Affairs* (Anm. 66), 11 f.; *Kingsbury, Benedict*: Foreword: Is the Proliferation of International Courts and Tribunals a Systemic Problem? New York Univ. JILP 31 (1999), 679–696 (684 f.).

111 Vor einer Proliferation gerichtl. Foren warnend, *Jessup, Philip C.*: Do New Problems Need New Courts? ASIL Proc. 65 (1971), 261–268 (262 ff.); *Guillaume, Gilbert*: The Future of International Judicial Institutions, ICLQ 44 (1995), 848–862 (861 f.); *Hafner, Gerhard*: Should One Fear the Proliferation of Mechanisms for the Peaceful Settlement of Disputes? in: Caflisch, Lucius (ed.): The Peaceful Settlement of Disputes between States: Universal and European Perspectives, The Hague/London/Boston: Kluwer Law Int'l 1998, 25–41 (30 ff.); *Dupuy, Pierre-Marie*: The Danger of Fragmentation or Unification of the International Legal System and the International Court of Justice, New York Univ. JILP 31 (1999), 791–807 (795 ff.); *Abi-Saab, Georges*: Fragmentation or Unification: Some Concluding Remarks, New York Univ. JILP 31 (1999), 919–933 (925 ff.); hingegen den Wettbewerb der Foren befürw., *Charney, Jonathan I.*: Is International Law Threatened by Multiple International Tribunals? RdC 271 (1998 I), 101–382 (347 ff.); *Kingsbury* (Anm. 110), 685 ff.; *Scott, Craig*: Bodies of Knowledge: A Diversity Promotion Role for the UN High Commissioner for Human Rights, in: Alston, Philip/Crawford, James (eds.): The Future of Human Rights Treaty Monitoring, Cambridge/New York/Melbourne: Cambridge Univ. Pr. 2000, 403–437 (406 ff.); abwägend *Jennings, Robert Y.*: The International Court of Justice after Fifty Years, AJIL 89 (1995), 493–505 (504).

112 Zum entspr. Mandat, *UN Economic and Social Council*: Calling of an International Conference on Trade and Employment, Res. No. 13 adopt. at its First Session, London, Feb. 1946, UN Doc. E/22(1946), in: *UN Conference on Trade and*

Ratifizierung der sogenannten Havanna-Charta[113] durch den Kongress der Vereinigten Staaten (US Congress).[114] Das Interesse einiger Staaten, die Regulierung von Zöllen und sonstigen Handelshemmnissen fortzusetzen, führte zur befristeten Inkraftsetzung des Allgemeinen Zoll- und Handelsabkommens (GATT 1947)[115] zum 1. Januar 1948 durch das sogenannte „Protocol of Provisional Application".[116] Trotz der historisch bedingten Provisorien, Regulierungs- und Institutionsdefizite, die typischen Pragmatismus und *trial-and-error* erklären, wurden über mehrere Verhandlungsrunden doch erhebliche Verminderungen von Zöllen und sonstigen Handelshemmnissen erreicht.[117]

Employment: Report of the First Session of the Preparatory Committee, London, 15 Oct. to 26 Nov. 1946, UN Doc. EPCT/33, circul. Oct. 1946, 42.

113 *Interim Commission for the International Trade Organization*: Final Act and Related Documents of the UN Conference on Trade and Employment Held at Havana, Cuba, from 21 Nov. 1947 to 24 March 1948, UN Doc. E/CONF.2/78 (1948), Lake Success: ICITO 1948, 35 ff.; Cmd. 7376, London: HMSO 1948; US Department of State Pub. No. 3206, Commercial Policy Series No. 114, Washington 1948.

114 Zu histor. Aspekten, *Jackson* (Anm. 17), 32 ff.; ausf. *Wilcox, Clair*: A Charter for World Trade, New York: Macmillan 1949, 53 ff.; *Diebold, William*: The End of the ITO, in: Princeton Essays in International Finance No. 16, Princeton: Princeton Univ. Pr. 1952, 1 ff.; *GATT Secretariat*: Analytical Index: Guide to GATT Law and Practice, Geneva: GATT, 6th ed. 1994, 3 ff.

115 General Agreement on Tariffs and Trade, Annex to the Final Act Adopted at the Conclusion of the Second Session of the Preparatory Committee of the United Nations Conference on Trade and Employment, signed at Geneva, 30 Oct. 1947, UNTS 55 (1948), 194 ff.; TIAS No. 1700, in: Report on the Geneva Tariff Negotiations, with Text of the General Agreement on Tariffs and Trade, and Supplementary Agreements with the United States and Canada, Cmd. 7258, London: HMSO 1947; BGBl 1951 II, Anlagenband I, 4 ff.

116 Protocol of Provisional Application of the General Agreement on Tariffs and Trade, signed at Geneva, 30 Oct. 1947, UNTS 55 (1948), 308 ff.; TIAS No. 1700, in: Report on the Geneva Tariff Negotiations, with Text of the General Agreement on Tariffs and Trade, and Supplementary Agreements with the United States and Canada, Cmd. 7258, London: HMSO 1947; BGBl 1951 II, Anlagenband I, 4 ff.; zu den polit. Motiven des Protokolls nur *Jackson* (Anm. 17), 39 ff.; zu den rechtl. Folgen, *Hudec, Robert E.*: The GATT Legal System: A Diplomat's Jurisprudence, JWTL 4 (1970), 615–665 (634 ff.); *Hansen, Marc/Vermulst, Edwin*: The GATT Protocol of Provisional Application: A Dying Grandfather? Columbia JTL 27 (1988/89), 263–308 (265 ff.).

117 So etwa *Jackson* (Anm. 17), 42 ff.; 73 ff.

Mit dem Abschluss der Uruguay-Runde und der Unterzeichnung der Übereinkommen von Marrakesch[118] hat die Regulierung des Welthandels eine völlig neue Dimension erreicht. Die aktive Beteiligung von 128 Staaten,[119] vor allem jene der Entwicklungsländer und Übergangswirtschaften, hat Jahrzehnte der Ost-West-Spaltung und die Nord-Süd-Spannung um Neokolonialismus,[120] Abhängigkeitstheorie[121] und Neue Weltwirtschaftsordnung (NIEO)[122]

---

118 Marrakesh Declaration of 15 April 1994, UNTS 1867 (1995), 14 ff.; TIAS No. 31874, in: ILM 33 (1994), 1263 ff.; in nichtamtl. Übers. *Benedek, Wolfgang*: Die Welthandelsorganisation (WTO), München: Beck 1998, 591 ff. (Erklärung von Marrakesch); das anhängende Final Act Embodying the Results of the Uruguay Round of Multilateral Trade Negotiations, done at Marrakesh, 15 April 1994, UNTS 1867 (1995), 16 ff.; TIAS No. 31874, in: ILM 33 (1994), 1143 f.; ABlEG L 336 vom 23. Dez. 1994, 253 ff. (Schlussakte von Marrakesch), das WTO-Abkommen, die anhängenden Teilabk. sowie alle Beschlüsse, Erklärungen und Vereinbarungen der Uruguay-Runde werden nachf. als „Übereinkommen von Marrakesch" zusammengefasst.

119 Zum Ablauf der Uruguay-Runde, *Jackson* (Anm. 17), 44 ff.; *Hoekman/Kostecki* (Anm. 16), 49 f.; ausf. *Preeg, Ernest H.*: Traders in a Brave New World: The Uruguay Round and the Future of the International Trading System, Chicago/London: Univ. of Chicago Pr. 1995, 46 ff.; am 15. April 2021 zählte die WTO 164 Mitglieder (Staaten, Freihandelszonen und die EU).

120 Grundl. *N'Krumah, Kwame*: Neo-colonialism: The Last Stage of Imperialism, London/New York: Nelson/International 1965, 12 ff.

121 Grundl. *Singer, Hans W.*: The Distribution of Gains between Investing and Borrowing Countries, Am. Econ. Rev. 40 (1950), 473–483; *Prebisch, Raùl*: The Economic Development of Latin America and Its Principal Problems, UN Doc. E/CN.12/89/Rev.1, circul. 27 April 1950, Lake Success: UN 1950, 8 ff.; *Hayter, Teresa*: Aid as Imperialism, Middlesex/Baltimore/Ringwood: Penguin 1971, 15 ff.; 150 ff.; *Amin, Samir*: Le développement inégal: Essai sur les formations sociales du capitalisme périphérique, Paris: Éditions de Minuit 1973, 9 ff.

122 *UN General Assembly*: Declaration on the Establishment of a New International Economic Order, Res. 3201 (S-VI), adopt. 1 May 1974, UN Doc. A/RES/3201 (S-VI), circul. 9 May 1974, GAOR XXIX, Suppl. No. 1 (1974), 3 ff., in: ILM 13 (1974), 715 ff.; *UN General Assembly*: Programme of Action on the Establishment of a New International Economic Order, Res. 3202 (S-VI), adopt. 1 May 1974, UN Doc. A/RES/3202 (S-VI), circul. 16 May 1974, GAOR XXIX (1974), 5 ff., in: ILM 13 (1974), 720 ff.; *UN General Assembly*: Charter of Economic Rights and Duties of States, Res. 3281 (XXIX), adopt. 12 Dec. 1974, UN Doc. A/RES/3281 (XXIX), circul. 15 Jan. 1975, GAOR XXIX, Suppl. No. 31 (1974), 51 ff., in: ILM 14 (1975), 251 ff.; *UN General Assembly*: Development and International Economic Co-operation, Res. 3362 (S-VII), adopt. 16 Sept. 1975, UN Doc. A/RES/3362 (S-VII), circul. 19 Sept. 1975, GAOR XXX, Suppl. No. 1 (1975), 3 ff., in: ILM 14 (1975), 1524 ff.; grundl. *Green,*

zugunsten einer Integration unter liberale Handelsprinzipien beendet. Die Vertragsstaaten[123] haben in den Übereinkommen von Marrakesch eingewilligt, das allgemeine Völkerrecht und den Souveränitätsgrundsatz vielfach zu derogieren. Von Anhängern einer liberalen Wirtschaftsregulierung ist dieses Ergebnis sehr begrüßt worden.[124]

Die am 1. Januar 1995 gegründete Welthandelsorganisation (WTO) ist wie folgt strukturiert:

Reginald H./Singer, Hans W.: Toward a Rational and Equitable New International Economic Order: A Case for Negotiated Structural Changes, World Development 3 (1975), 427–444 (429 ff.); *Bhagwati, Jagdish N.*: Market Disruption, Export Market Disruption, Compensation, and GATT Reform, in: Bhagwati, Jagdish N. (ed.): The New International Economic Order: The North-South Debate, Cambridge: MIT Pr. 1978, 159–179 (161 ff.); *Bedjaoui, Mohammed*: Pour un Nouvel ordre économique international, Paris: UNESCO 1979, insbes. 17 ff.; 67 ff.; 125 ff.; abwägend *Virally, Michel*: La Charte des droits et devoirs économiques des États: Notes de lecture, AFDI 20 (1974), 57–77 (65 ff.); *Tomuschat, Christian*: Die Charta der wirtschaftlichen Rechte und Pflichten der Staaten: Zur Gestaltungskraft von Deklarationen der UN-Generalversammlung, ZaöRV 36 (1976), 444–490 (465 ff.); *Murphy, Craig N.*: The Emergence of the NIEO Ideology, Boulder: Westview Pr. 1984, 59 ff.; krit. *Petersmann, Ernst-Ulrich*: Die Dritte Welt und das Wirtschaftsvölkerrecht: „Entwicklungsland" als privilegierter Rechtsstatus, ZaöRV 36 (1976), 492–548 (515 ff.).

123 Vertragsstaaten oder Vertragsparteien des GATT 1947 sind von den VERTRAGSPARTEIEN (*CONTRACTING PARTIES*) zu unterscheiden, wodurch alle Vertragsstaaten des GATT 1947 als handelndes Kollektiv bezeichnet werden; hierzu statt vieler *Jackson* (Anm. 17), 31 f.

124 So etwa *Preeg* (Anm. 119), 201 ff.; *Petersmann, Ernst-Ulrich*: International Trade Law and the GATT/WTO Dispute Settlement System 1948–1996: An Introduction, in: Petersmann, Ernst-Ulrich (ed.): International Trade Law and the GATT/WTO Dispute Settlement System, The Hague/London/Boston: Kluwer Law Int'l 1997, 3–122 (10 ff.); *Mengozzi, Paolo*: The World Trade Organization Law: An Analysis of its First Practice, in: Mengozzi, Paolo (ed.): International Trade Law on the 50th Anniversary of the Multilateral Trade System, Milano: Giuffrè 1999, 3–51 (5 ff.); abwägend *Jackson* (Anm. 17), 44 ff.; 339 ff.; *Hoekman/Kostecki* (Anm. 16), 25 ff.;

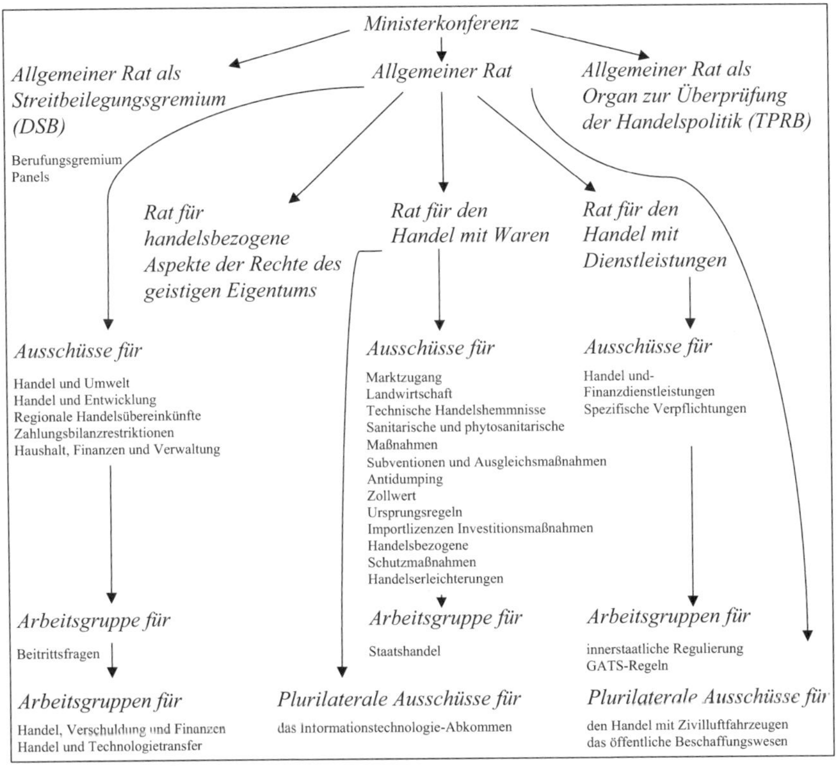

Abbildung 1: Organigramm der Welthandelsorganisation
Quelle: WTO

2. *Die Vereinbarung über Regeln und Verfahren zur Beilegung von Streitigkeiten (DSU)*

Die Übereinkommen von Marrakesch integrieren die zwischenstaatliche Beilegung von Handelsstreitigkeiten als Überwachungs- und Durchsetzungsfunktion des multilateralen Handelsregulierung. WTO-Mitglieder profitieren dadurchvon der gewachsenen Expertise von Panel, Berufungsgremium und WTO-Sekretariat hinsichtlich besonders technischer, vielfach das allgemeine Völkerrecht derogierender Rechtsgrundlagen und Staatenpraxis. Zudem steht es ihnen offen, erforderlichenfalls auf Entwicklungen in der Beilegung von Handelsstreitigkeiten zu reagieren, indem sie diese pragmatisch vor einem legislativen Subforum thematisieren und etwa durch begrenzte

Entpflichtung,[125] verbindliche Auslegung[126] oder Abänderung[127] von WTO-Teilabkommen durch die Ministerkonferenz verfolgen. So behalten sie letztlich die politische Herrschaft über das Vertragsregime.

In der Vergangenheit sind zwischenstaatliche schieds- oder gerichtliche Organe vergleichsweise selten mit Handelsstreitigkeiten befasst worden.[128] So

---

391 ff.; bedauernd *Flory, Maurice*: La quatrième décennie pour le développement: La fin du Nouvel Ordre Économique International? AFDI 36 (1990), 606–613 (610 ff.).

125 Art. IX Ziff. 3 und 4 WTO-Abkommen; hierzu *Jackson* (Anm. 17), 55; *Marceau* (Anm. 108), 144 f.

126 Art. 3 Ziff. 9 Understanding on Rules and Procedures Governing the Settlement of Disputes, Annex 2 to the Marrakesh Agreement Establishing the World Trade Organization, UNTS 1869 (1995), 401 ff.; TIAS No. 31874, in: ILM 33 (1994), 1226 ff.; ABlEG L 336 vom 23. Dez. 1994, 234 ff. (Vereinbarung über Regeln und Verfahren zur Beilegung von Streitigkeiten – DSU) und Art. IX Ziff. 2 WTO-Abkommen und etwa Art. XXV GATT 1994; hierzu *Petersmann* (Anm. 124), 57; *Kohona, Palitha T.*: Dispute Resolution under the World Trade Organization, JWT 28 (1994), 23–47 (30 f.); *Marceau* (Anm. 108), 145 f.

127 Art. X Ziff. 1 bis 10 WTO-Abkommen; vgl. die Sonderverfahren gem. Art. XXI Ziff. 1 bis 3 General Agreement on Trade in Services, Annex 1B to the Marrakesh Agreement Establishing the World Trade Organization, done at Marrakesh, 15 April 1994, UNTS 1869 (1995), 183 ff.; TIAS No. 31874, in: ILM 33 (1994), 1167 ff.; ABlEG L 336 vom 23. Dez. 1994, 191 ff. amend. Second Protocol to the GATS, done at Geneva, 6 Oct. 1995, UNTS 2057 (1999), 149 ff.; ABlEG L 167 vom 6. Juli 1996, 25 ff.; Third Protocol to the GATS, done at Geneva, 6 Oct. 1995, UNTS 2061 (1999), 190 ff.; ABlEG L 167 vom 6. Juli 1996, 43 ff.; Fourth Protocol to the GATS, done at Geneva, 15 April 1997, UNTS 2061 (1999), 209 ff.; ABlEG L 347 vom 18. Dez. 1997, 45 ff.; Fifth Protocol to the GATS, done at Geneva, 27 Feb. 1998, UNTS 2066 (1999), 155 ff.; ABlEG L 20 vom 27. Jan. 1999, 40 ff. (Allgemeines Übereink. über den Handel mit Dienstleistungen – GATS); Art. 8 Ziff. 5 Agreement on Subsidies and Countervailing Measures, Annex 1A to the Marrakesh Agreement Establishing the World Trade Organization, done at Marrakesh, 15 April 1994, UNTS 1869 (1995), 14 ff.; TIAS No. 31874, in: *World Trade Organization:* The WTO Agreements: The Marrakesh Agreement Establishing the World Trade Organization and its Annexes, Cambridge: Cambridge Univ. Pr., 2nd ed. 2017, 263 ff.; ABlEG L 336 vom 23. Dez. 1994, 156 ff. (Übereink. über Subventionen und Ausgleichsmaßnahmen – SCM-Abkommen); Art. 4 Ziff. 11 und Art. 7 Ziff. 10 SCM-Abkommen; hierzu *Palmeter, David/Mavroidis, Petros C.*: Dispute Settlement in the World Trade Organization: Practice and Procedure, The Hague/London/Boston: Kluwer Law Int'l 1999, 127 f.; 132 f.; *Marceau* (Anm. 108), 146 f.

128 Im 19. Jahrhundert v.a. schiedsgerichtl. Rspr. aus FCN-Abkommen, im 20. Jahrhundert dann zunehmend Rspr. des Ständigen IGH und des IGH aus diplomat. Schutz

ist etwa der Internationale Gerichtshof (IGH), obgleich gemäß Artikel 92 VN-Charta zentrales gerichtliches Organ der Vereinten Nationen, kaum in Konkurrenz zur Streitbeilegung aufgrund des GATT 1947 getreten.[129] Aus heutiger Sicht scheinen die Verfahrensregeln des IGH-Statuts und der Verfahrensordnung vom 14. April 1978 (IGH-VerfO)[130] zugleich einfacher, im Wesentlichen auf die gerichtliche Instanz beschränkt, deshalb hinsichtlich einer Streitsituation aber auch unfunktionaler als diejenigen der Vereinbarung über Regeln und

---

bzw. zunehmend unmittelbar zugänglicher, spezialisierter Foren mit funktional (ICSID; WIPO Arbitration and Mediation Center; Internationaler Seegerichtshof; ICC Schiedsgerichtshof) oder regional (Europäischer Gerichtshof; NAFTA Schiedsverfahren) begrenzter Zuständigkeit; zur Entwicklung der zwischenstaatl. Schiedsgerichtsbarkeit, *Caflisch, Lucius*: L'avenir de l'arbitrage interétatique, AFDI 25 (1979), 9–45 (13 ff.; 25 ff.; 41 ff.); *Butler, William E.*: The Hague Permanent Court of Arbitration, in: Janis, Mark W. (ed.): International Courts for the Twenty-first Century, Dordrecht/London/Boston: Martinus Nijhoff/Kluwer Academic Publ. 1992, 43–54 (46 ff.); *Schlochauer* (Anm. 71), 217 ff.; 226 ff.; *Gray, Christine/Kingsbury, Benedict*: Developments in Dispute Settlement: Inter-State Arbitration since 1945, BYIL 63 (1992), 97–134 (99 ff.); *Merrills* (Anm. 53), 115 ff.

129 So etwa *Petersmann* (Anm. 124), 23 ff.; *Jackson* (Anm. 17), 124; vgl. allerdings *Military and Paramilitary Activities in and against Nicaragua* (Nicaragua v. United States of America), Merits, Judgment of 27 June 1986, ICJ Rep. 1986, 14 ff. (115 f.); *US – Nicaraguan Trade*, Report of the Panel, GATT Doc. L/6053, circul. 13 Oct. 1986, unadopt., Ziff. 5.1 ff.; 5.15. ff., in: BISD 31S/67 (1984), 78 ff.; 82 ff.; hierzu *GATT Secretariat* (Anm. 114), 555 ff.; *Whitt, Richard S.*: The Politics of a Procedure: An Examination of the GATT Dispute Settlement Panel and the Article XXI Defense in the Context of the US Embargo of Nicaragua, Law & Policy Int'l Business 19 (1987), 603–631 (611 ff.).

130 *International Court of Justice*: Rules of Court, adopt. 14 April 1978, as amend. 14 April 2005, in: *International Court of Justice*: Acts and Documents Relating to the Organization of the Court No. 6: Charter of the United Nations, Statute and Rules of the Court and Other Documents, The Hague: ICJ 2007, 92 ff. (Verfahrensordnung des Internationalen Gerichtshofs – IGH-VerfO); zu Verfahrensfragen und Perspektiven des IGH, *Rosenne, Shabtai*: Procedure in the International Court: A Commentary on the 1978 Rules of the International Court of Justice, The Hague/London/Boston: Martinus Nijhoff/Kluwer Academic Publ. 1983, insbes. 48 ff.; 71 ff.; *Jennings* (Anm. 110), 494 ff.; *Schlochauer/Oellers-Frahm* (Anm. 51), 1091 ff.; ausf. *Bowett, Derek W./Crawford, James/Sinclair, Sir Ian/Watts, Sir Arthur*: The International Court of Justice: Efficiency of Procedures and Working Methods, Report of the Study Group Established by the British Institute of International and Comparative Law as a Contribution to the UN Decade of International Law, ICLQ 45 (1996) Suppl., S1–S35 (insbes. S30 f.); *Highet* (Anm. 94), 344 ff.; *Couvreur* (Anm. 55),

Verfahren zur Beilegung von Streitigkeiten (DSU).[131] Sie bleiben strenger auf die zwischenstaatliche Komponente ausgerichtet, bieten privaten beziehungsweise gesellschaftlichen Interessen wenig Zugang und integrieren weder die Vorbereitung der gerichtlichen Instanz noch die Vollstreckung der Urteile.[132]

Erstens normieren die Übereinkommen von Marrakesch eine klassische kooperative Überwachung der Rechtsordnungen von Mitgliedern aufgrund umfassender Transparenz- und Publikationsbestimmungen.[133] Aufgrund spezifischer Notifikationspflichten müssen Mitglieder den zuständigen Räten die Entwicklung ihrer Zollsätze, Bewertungsgrundlagen, Importquoten, Lizenzpflichten oder Steuervergünstigungen anzeigen.[134] Darüber hinaus unterliegen Maßnahmen, die geeignet sind, die Handelsregulierung zu berühren,

---

87 ff.; 100 ff.; *Schröder* (Anm. 47), 568 ff.; *Shaw* (Anm. 62), 862 ff.; *Merrills* (Anm. 53), 158 ff.; 164 ff.

131 Understanding on Rules and Procedures Governing the Settlement of Disputes, Annex 2 to the Marrakesh Agreement Establishing the World Trade Organization, UNTS 1869 (1995), 401 ff.; TIAS No. 31874, in: ILM 33 (1994), 1226 ff.; ABlEG L 336 vom 23. Dez. 1994, 234 ff.

132 Entspr. krit. *Petersmann* (Anm. 124), 27 ff.; *Jackson* (Anm. 17), 124; zur Willensabhängigkeit der Vollstreckung von schiedsgerichtl. und gerichtl. Urteilen im zwischenstaatl. Umfeld, *Schlochauer/Oellers-Frahm* (Anm. 51), 1097; *Tomuschat* (Anm. 85), 1113; *Schröder* (Anm. 47), 570; *Merrills* (Anm. 53), 159 ff.

133 Vgl. etwa Art. X Ziff. 1 bis 3 GATT 1994; Art. 15 Ziff. 5 Agreement on Trade-related Aspects of Intellectual Property Rights, Annex 1C to the Marrakesh Agreement Establishing the World Trade Organization, done at Marrakesh, 15 April 1994, UNTS 1869 (1995), 299 ff.; TIAS No. 31874, in: ILM 33 (1994), 1197 ff.; ABlEG L 336 vom 23. Dez. 1994, 214 ff.; amend. Protocol amending the TRIPS Agreement, done at Geneva, 6 Dec. 2005; adopt. by: *General Council*: Amendment of the TRIPS Agreement, Decision of 6 December 2005, Doc. WT/L/641, circul. 8 Dec. 2005; UNTS (im Erscheinen); ABlEU L 311 vom 29. Nov. 2004, 35 ff., in: *World Trade Organization*: The Legal Texts: The Results of the Uruguay Round of Multilateral Trade Negotiations, Geneva/Cambridge: WTO/Cambridge Univ. Pr., 2nd ed. 2017, 396 ff. (Übereink. über handelsbezogene Aspekte der Rechte des geistigen Eigentums – TRIPS-Abkommen).

134 Vgl. etwa allein bezügl. Subventions- und Ausgleichsmaßnahmen, Art. VI GATT; Art. XVI GATT; Art. XVIII Teile A, C und D GATT; Art. XXVIII Ziff. 1, 4 und 5 GATT, jeweils i.V.m. Art. 8 Ziff. 3 SCM-Abkommen; Art. 25 Ziff. 1 SCM-Abkommen; Art. 25 Ziff. 11 und 12 SCM-Abkommen; Art. 27 Ziff. 3 SCM-Abkommen *in fine*; Art. 27 Ziff. 11 und 13 SCM-Abkommen; Art. 28 Ziff. 1 SCM-Abkommen; Art. 29 Ziff. 3 SCM-Abkommen; Art. 32 Ziff. 6 SCM-Abkommen;

auch einer allgemeinen Notifikationspflicht beim zentralen Notifikationsregister des WTO-Sekretariats,[135] das die Information bündelt und interessierten Mitgliedern zur Einsicht bereithält.[136] Die gewonnene Information wirdim Mechanismus zur Überprüfung der Handelspolitik (TPRM),[137] dem Verfahren zur regelmäßigen und kollektiven Berichterstattung über die Handelspolitik einzelner Mitglieder, aufgegriffen. Sie bildet die Grundlage für die regelmäßige *peer review* der Handelspolitik einzelner Mitglieder vor dem Organ zur Überprüfung der Handelspolitik (TPRB) und anschließend veröffentlichter Berichte.

Zweitens besteht eine im zwischenstaatlichen Umfeld vergleichsweise einzigartige Durchsetzung von Vertragspflichten. Das DSU integriert ein koordinationsorientiertes Vorverfahren,[138] ein gerichtliches Hauptverfahren[139] und ein umsetzungsüberwachendes Nachverfahren[140] nach folgendem Schema:

weitere Notifikationspflichten ergeben sich aus GATS, TRIPS-Abkommen sowie deren ergänzende Teilabk., Beschlüsse und Erklärungen.

135 Ziff. 2 Decision on Notification Procedures, done at Marrakesh, 15 April 1994, UNTS 1867 (1995), 44 ff.; TIAS No. 31874, in: ILM 33 (1994), 1250 ff.; ABlEG L 336 vom 23 Dez. 1994, 256 ff. (Beschluss zu den Notifikationsverfahren); vgl. zu den formalen Voraussetzungen *Secretariat*: Central Registry of Notifications (CRN), WTO Doc. WT/INF/124, circul. 30 March 2007.

136 Ziff. 1 Beschluss zu den Notifikationsverfahren.

137 Trade Policy Review Mechanism, Annex 3 to the Marrakesh Agreement Establishing the World Trade Organization, done at Marrakesh, 15 April 1994, UNTS 1869 (1995), 480 ff.; TIAS No. 31874; ABlEG L 336 vom 23 Dez. 1994, 251 ff.; amend. *General Council*: Amendment to the Trade Policy Review Mechanism, Decision of 26 July 2017, WTO Doc. WT/L/1014, circul. 27 July 2017; UNTS (im Erscheinen), in: *World Trade Organization*: The WTO Agreements: The Marrakesh Agreement Establishing the World Trade Organization and its Annexes, Cambridge: Cambridge Univ. Pr., 2nd ed. 2017, 461 ff.

138 Art. 4 und 5 DSU.

139 Art. 6 bis 20 DSU.

140 Art. 21 bis 23 DSU.

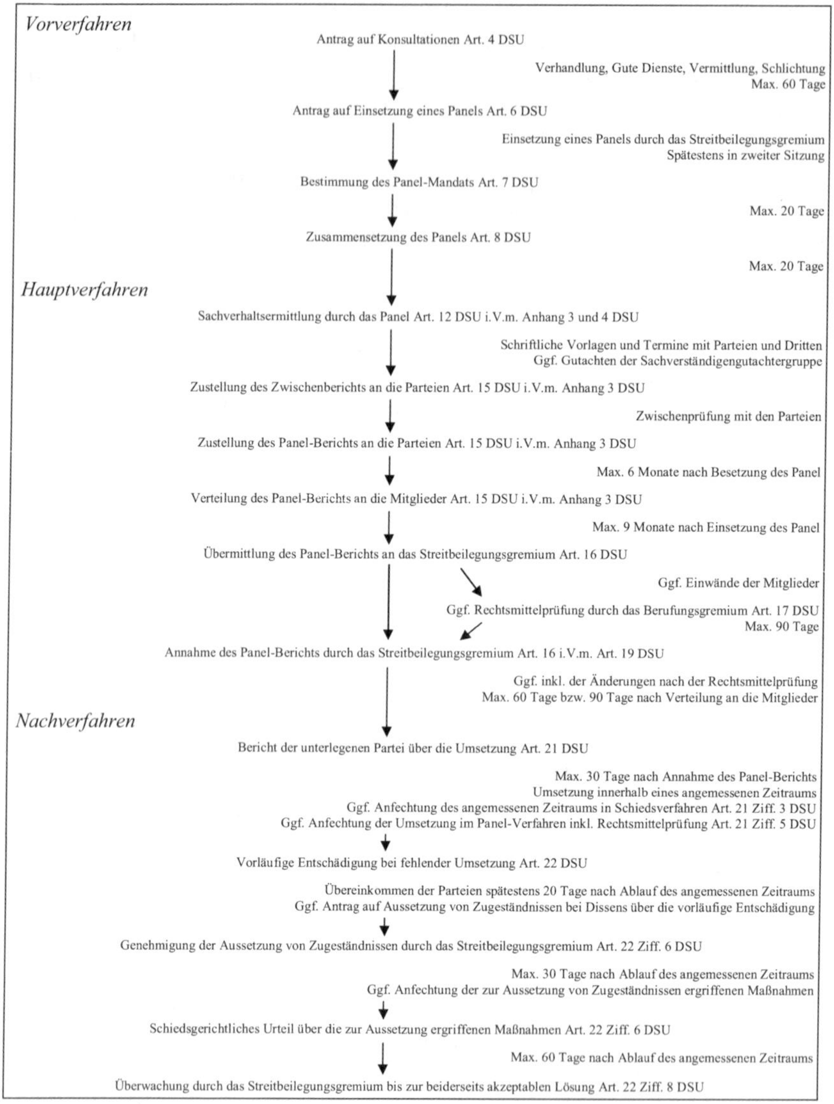

Abbildung 2: Durchsetzung von Vertragspflichten aufgrund der Vereinbarung über Regeln und Verfahren zur Beilegung von Streitigkeiten (DSU)

Quelle: WTO

Dabei ist anzumerken, dass die einzelnen Verfahrensphasen keineswegs durchlaufen werden müssen, und eine „beiderseits akzeptable und mit den WTO-Teilabkommen übereinstimmende Lösung“ im Vorverfahren sogar bevorzugt wird.[141] Ferner bezeichnen die als „Konsultationen“ normierten Kooperationsvorgänge, die aus der historischen Definition in Artikel XXII und XXIII GATT 1947 in die Übereinkommen von Marrakesch übernommen wurden, in der Terminologie der vorliegenden Untersuchung eindeutig Verhandlungen.

Aus den vielfach genannten Vorzügen[142] der Streitbeilegung aufgrund des DSU sind nur einige anzuführen. Das DSU normiert die ausschließliche Sachzuständigkeit für alle Verletzungen von Pflichten, sonstige „Zunichtemachung oder Schmälerung“ von Vorteilen aus allen Übereinkommen von Marrakesch, oder Behinderung bei der Erreichung eines ihrer Ziele. Entsprechend weit ist der Geltungsbereich, da mit dem Verweis auf sämtliche Übereinkommen von Marrakesch alles, was entfernt mit Handelsregulierung im Zusammenhang steht, potenziell erfasst wird.[143] Nur in einigen wenigen Regulierungsaspekten

---

141 Art. 3 Ziff. 7 DSU und Art. 4 Ziff. 5 DSU.

142 So etwa *Montañá i Mora, Miquel*: A GATT with Teeth: Law Wins over Politics in the Resolution of International Trade Disputes, Columbia JTL 31 (1993/94), 103–180 (159 ff.; 176 ff.); *Lowenfeld, Andreas F.*: Remedies along with Rights: Institutional Reform in the New GATT, AJIL 88 (1994), 477–488 (479 ff.); *Schott, Jeffrey J./Buurman, Johanna W.*: The Uruguay Round: An Assessment, Washington: IIE 1994 (125 ff.); *Bello, Judith. H./Holmer, Alan F.*: U.S. Trade Law and Policy Series No. 24: Dispute Resolution in the New World Trade Organization: Concerns and Net Benefits, Int'l Lawyer 28 (1994), 1095–1104 (1102 f.); *Preeg* (Anm. 119), 208; *Young, Michael K.*: Dispute Resolution in the Uruguay Round: Lawyers Triumph over Diplomats, Int'l Lawyer 29 (1995), 389–409 (391 ff.); *Reich, Arie*: From Diplomacy to Law: The Juridicization of International Trade Relations, Northwestern JIL & Bus. 17 (1996/97), 775–849 (insbes. 784 ff.; 830 ff.); *Petersmann* (Anm. 124), 25 ff.; *Steger, Debra P./Hainsworth, Susan M.*: New Directions in International Trade Law: WTO Dispute Settlement, in: Cameron, James/Campbell, Karen (eds.): Dispute Resolution in the World Trade Organisation, London: Cameron May 1998, 28–58 (30 ff.); *Palmeter/Mavroidis* (Anm. 127), 17 f.; abwägend *Kohona* (Anm. 126), 24 f.; *Jackson* (Anm. 17), 124 ff.

143 Art. 1 Ziff. 1 DSU i.V.m. Anhang 1 DSU; aus Art. XVI Ziff. 1 WTO-Abkommen sind die jeweiligen Vertragsbestimmungen mit dem *acquis* aus Entscheidungen, Verfahren und der Staatenpraxis der VERTRAGSPARTEIEN des GATT 1947, aus Art. 3 Ziff. 1 DSU die Grundsätze und Verwaltung von Streitigkeiten gem. Art. XXII

ist dieser Geltungsbereich ausdrücklich begrenzt.[144] Eine Zuständigkeit über die definierte materielle Bewertungsgrundlage hinaus lehnt die Spruchpraxis regelmäßig ab.[145] Diese ausschließliche Zuständigkeit, der die Mitglieder unterworfen sind, schränkt die grundsätzlich freie Wahl der Verfahrensinstrumente aus Artikel 33 Ziffer 1 VN-Charta erheblich ein. Sie kann in einigen Fällen zu Konflikten mit konkurrierenden Zuständigkeiten in der Wirtschaftsregulierung führen, etwa bei der Formulierung von Rechtsansprüchen aus dem Übereinkommen über handelsbezogene Aspekte der Rechte des geistigen Eigentums (TRIPS-Abkommen)[146] vor dem Streitbeilegungssystem der Weltorganisation

---

und XXIII GATT 1947 aufzufassen, sofern sie nicht durch die Übereink. von Marrakesch geändert wurden; hierzu *Palmeter/Mavroidis* (Anm. 127), 37 ff.; *Marceau* (Anm. 108), 109 ff.

144 Vgl. etwa Ausschluss von Doppelbesteuerungsabk. unterliegenden Maßnahmen gem. Art. XXII Ziff. 3 GATS; Ausschluss und Bindung von Rechten über Luftpersonen- und Luftfrachttransport an die vorherige Ausschöpfung sonstiger zwischenstaatl. Rechtsbehelfe gem. Ziff. 2 bis 4 GATS Annex on Air Transport Services, UNTS 1869 (1995), 208 f. TIAS No. 31874, in: ILM 33 (1994), 1188 f.; ABlEG L 336 vom 23. Dez. 1994, 205 f.; Vorbehalt sonstiger Zuständigkeiten zur Streitbeilegung gem. Art. 11 Ziff. 3 Agreement on the Application of Sanitary and Phytosanitary Measures, Annex 1A to the Marrakesh Agreement Establishing the World Trade Organization, done at Marrakesh, 15 April 1994, UNTS 1867 (1995), 493 ff.; TIAS No. 31874, in: *World Trade Organization*: The WTO Agreements: The Marrakesh Agreement Establishing the World Trade Organization and its Annexes, Cambridge: Cambridge Univ. Pr., 2nd ed. 2017, 135 ff.; ABlEG L 336 vom 23. Dez. 1994, 40 ff. (Übereink. über die Anwendung gesundheitspolizeil. und pflanzenschutzrechtl. Maßnahmen – SPS-Abkommen).

145 Ständig seit *Canada – FIRA*, Report of the Panel, GATT Doc. L/5504, circul. 25 June 1983, adopt. 7 Feb. 1984, Ziff. 1.4, in: BISD 30S/140 (1984), 141.

146 Agreement on Trade-related Aspects of Intellectual Property Rights, Annex 1C to the Marrakesh Agreement Establishing the World Trade Organization, done at Marrakesh, 15 April 1994, UNTS 1869 (1995), 299 ff.; TIAS No. 31874, in: ILM 33 (1994), 1197 ff.; ABlEG L 336 vom 23. Dez. 1994, 214 ff.; amend. Protocol amending the TRIPS Agreement, done at Geneva, 6 Dec. 2005; adopt. by: *General Council*: Amendment of the TRIPS Agreement, Decision of 6 December 2005, Doc. WT/L/641, circul. 8 Dec. 2005; UNTS (im Erscheinen); ABlEU L 311 vom 29. Nov. 2004, 35 ff., in: *World Trade Organization*: The Legal Texts: The Results of the Uruguay Round of Multilateral Trade Negotiations, Geneva/Cambridge: WTO/Cambridge Univ. Pr., 2nd ed. 2017, 396 ff.

für geistiges Eigentum (WIPO)[147] oder bei sicherheitspolitisch relevanten Handelsembargos im VN-Sicherheitsrat.[148]

Die Definition eines Handelsstreits als „nicht streitige Handlung"[149] bindet den Zugang zum Vorverfahren des DSU nicht an die Existenz eines objektiv definierbaren oder gar völkerrechtsrelevanten Streits, so dass selbst Interessengegensätze vorgebracht werden können, die nicht als Rechtsansprüche ausformuliert sind. Die Regeln des diplomatischen Schutzes und der völkerrechtlichen Staatenhaftung derogierend,[150] besteht nach überwiegender

---

147 *World Intellectual Property Organization*: Mediation, Arbitration, and Expedited Arbitration Rules, Oct. 1994, in: ILM 34 (1995), 559 ff.; aktualisiert in: *World Intellectual Property Organization*: WIPO Arbitration, Mediation, and Expert Determination Rules and Clauses, WIPO Pub. No. 446, Geneva: WIPO 2009; zur Regelung solcher konkurrierenden Zuständigkeiten, Art. 3 Agreement between the World Intellectual Property Organization and the World Trade Organization, done at Geneva, 22 Dec. 1995, WIPO Doc. WO030 (22 Dec. 1995), in: ILM 35 (1996), 754 ff.; *General Assembly*: Proposed Treaty on the Settlement of Disputes between States in the Field of Intellectual Property: Memorandum Prepared by the International Bureau, Twenty-first Session, Geneva, 22 Sept.-1 Oct. 1997, WIPO Doc. WO/GA/XXI/2, circul. 30 April 1997; with Background Information Document, WIPO Doc. WO/GA/XXI/3, circul. 30 April 1997; hierzu *Petersmann* (Anm. 124), 57.

148 Siehe etwa *US – Nicaraguan Trade*, Report of the Panel, GATT Doc. L/6053, circul. 13 Oct. 1986, unadopt., Ziff. 5.1 ff.; 5.15 ff., in: BISD 31S/67 (1984), 78 ff.; 82 ff.; eine konkurrierende Zuständigkeit mit dem VN-Sicherheitsrat bzw. dem IGH wurde hier nicht aufgeworfen, da wegen der bereits laufenden Verfahrensinstanz *Military and Paramilitary Activities in and against Nicaragua* (Nicaragua v. United States of America), Application Instituting Proceedings, filed on 9 April 1984, ICJ Rep. 1984, 1 ff. keine Partei die Aussetzung von Zugeständnissen beantragte; eine Bestätigung des zwischenzeitlich ergangenen Urteils in der Sache *Military and Paramilitary Activities in and against Nicaragua* (Nicaragua v. United States of America), Merits, Judgment of 27 June 1986, ICJ Rep. 1986, 14 ff. (126), wurde vom Panel mit dem Hinweis auf die Begrenzung seines Mandats auf die Auslegung des GATT 1947 abgewiesen; hierzu *GATT Secretariat* (Anm. 114), 555 ff.; *Whitt* (Anm. 129), 611 ff.

149 Art. 3 Ziff. 10 DSU.

150 Grunds. zulässige vertragl. Derogierung der Rechtspflicht (sog. Calvo-Klausel), Doehring (Anm. 12), 239; keine entspr. Rechtspflicht im ADP-Code des GATT 1947 erkennend, *US – Norwegian Salmon AD*, Report of the Panel, GATT Doc. ADP/87, circul. 30 Nov. 1992, adopt. 27 April 1994, Ziff. 347, in: BISD 41S/229 (1996), 360 ff.; *US – Cement*, Report of the Panel, GATT Doc. ADP/82, circul. 7 Sept. 1992, unadopt., Ziff. 5.9; allerdings blockierten die Vereinigten Staaten die Annahme des

Staatenpraxis und Rechtsauffassung[151] auch keine Rechtspflicht zum vorherigen Erschöpfen staatlicher Rechtsbehelfe. Von einfachen Formvorschriften zum Antrag abgesehen,[152] enthält Artikel 4 Ziffer 4 DSU keine objektiven Voraussetzungen, so dass der Zugang zum DSU und die Aufnahme von Konsultationen im Vorverfahren lediglich an die subjektive Prüfung durch die ersuchende Partei gebunden ist, ob Maßnahmen nach dem DSU „erfolgreich" (*fruitful*) wären.[153] Im Vorverfahren des DSU kann die ersuchende Partei den Sachverhalt quasi automatisch dem gerichtlichen Hauptverfahren zuführen, falls binnen 60 Tagen keine „beiderseits akzeptable Lösung" zustande kommt.[154] Diese oft als „Rechtsanspruch auf ein Panel" bezeichnete Einsetzung ist zwar nicht an übliche Zulässigkeitsvoraussetzungen geknüpft, wohl aber an Voraussetzungen zum Antrag auf Einsetzung[155] und zum Panel-Mandat.[156]

Unter diesen Bedingungen bietet die Regulierung des Welthandels pragmatisch, das allgemeine Völkerrecht vervollständigend, eine breite Auswahl intrainstitutioneller Subforen. Je nach Sachverhalt können Sonderverfahren

---

Panel-Berichts genau aus diesem Grund, vgl. etwa *ADP-Committee*: Minutes of the Meeting held on 28 July 1993, GATT Doc. ADP/M/45, circul. 17 Oct. 1993, Ziff. 6 f.; *ADP-Committee*: Minutes of the Meeting held on 22 Oct. 1996, GATT Doc. ADP/M/52, circul. 19 Feb. 1997, Ziff. 19.

151 Eine entspr. Rechtspflicht ablehnend, *Palmeter, David/Spak, Gregory J.*: Resolving Antidumping and Countervailing Duty Disputes: Defining GATT's Role in an Era of Increasing Conflict, Law & Policy Int'l Business 24 (1993), 1145–1166 (1158 f.); und für die Übereink. von Marrakesch, *Palmeter/Mavroidis* (Anm. 127), 30; *Petersmann* (Anm. 124), 116 ff.; *Mengozzi* (Anm. 124), 16 ff.; abwägend *Jackson* (Anm. 17), 238 f.; hingegen den Erhalt der Rechtspflicht für die Übereink. von Marrakesch befürw. *Kuijper, Pieter J.*: The New WTO Dispute Settlement System: The Impact on the European Community, JWT 29 (1995), 49–71 (65 f.); *Martha, Rutsel S.*: World Trade Dispute Settlement and the Exhaustion of Local Remedies Rules, JWT 30 (1996), 107–130 (108 ff.).

152 Schriftform; Identifizierung der strittigen Maßnahmen; Angaben zur Rechtsgrundlage der Beschwerde; Notifikation an das DSB sowie zuständige Räte; zur Notifikation insbes. *Dispute Settlement Body*: Minutes of the Meeting held on 19 July 1995, WTO Doc. WT/DSB/M/6, circul. 28 Aug. 1995, Ziff. 10.

153 Art. 3 Ziff. 7 DSU.

154 Art. 4 Ziff. 7 DSU i.V.m. Art. 6 Ziff. 1 DSU.

155 Art. 6 Ziff. 2 DSU.

156 Art. 7 Ziff. 1 bis 3 DSU.

einzelner WTO-Teilabkommen zur Anwendung kommen,[157] die eine koordinierte Streitbeilegung sowie alternative, das obige Schema derogierende Hauptverfahren normieren. Alleine das GATT 1994 normiert die Einsetzung eines Arbeitsausschusses zur Überprüfung von Notifikationen im Bereich des Staatshandels;[158] Konsultationen im Ausschuss für Zahlungsbilanzrestriktionen (BOP-Ausschuss);[159] die Überprüfung von Notifikationen im Bereich von Zollunionen und Freihandelszonen durch einen Arbeitsausschuss;[160] die Beilegung von Streitigkeiten über die Vorversandkontrolle durch eine dem Rat für den Handel mit Waren unterstellte Instanz.[161] Weiter regelt das Übereinkommen über die Anwendung gesundheitspolizeilicher und pflanzenschutzrechtlicher

---

157 Art. 1 Ziff. 2 DSU i.V.m. Anhang 2 DSU sowie entspr. Bestimmungen einzelner WTO-Teilabk.

158 Ziff. 5 Understanding on the Interpretation of Article XVII of the General Agreement on Tariffs and Trade 1994, Annex 1A to the Marrakesh Agreement Establishing the World Trade Organization, done at Marrakesh, 15 April 1994, UNTS 1867 (1995), 202 f.; TIAS No. 31874, in: ILM 33 (1994), 1157 f.; ABlEG L 336 vom 23. Dez. 1994, 13 f. (Vereinbarung zur Auslegung des Artikels XVII GATT 1994 – STR-Vereinbarung).

159 Ziff. 10 Understanding on the Balance-of-Payments Provisions of the General Agreement on Tariffs and Trade 1994, Annex 1A to the Marrakesh Agreement Establishing the World Trade Organization, done at Marrakesh, 15 April 1994, UNTS 1867 (1995), 208 ff.; TIAS No. 31874, in: ILM 33 (1994), 1158 ff.; ABlEG L 336 vom 23. Dez. 1994, 14 ff. (Vereinbarung über Zahlungsbilanzbestimmungen des GATT 1994 – BOP-Vereinbarung).

160 Ziff. 7 Understanding on the Interpretation of Article XXIV of the General Agreement on Tariffs and Trade 1994, Annex 1A to the Marrakesh Agreement Establishing the World Trade Organization, done at Marrakesh, 15 April 1994, UNTS 1867 (1995), 219 ff.; TIAS No. 31874, in: ILM 33 (1994), 1161 ff.; ABlEG L 336 vom 23. Dez. 1994, 16 ff. (Vereinbarung zur Auslegung von Artikel XXIV GATT 1994 – FTA-Vereinbarung).

161 Art. 4 Agreement on Preshipment Inspection, Annex 1A to the Marrakesh Agreement Establishing the World Trade Organization, done at Marrakesh, 15 April 1994, UNTS 1868 (1995), 368 ff.; TIAS No. 31874, in: *World Trade Organization*: The WTO Agreements: The Marrakesh Agreement Establishing the World Trade Organization and its Annexes, Cambridge: Cambridge Univ. Pr., 2nd ed. 2017, 232 ff.; ABlEG L 334 vom 23. Dez. 1994, 138 ff. (Übereink. über Vorversandkontrollen – PSI-Abkommen) i.V.m. *General Council*: Operation of the Independent Entity Established under Article 4 of the Agreement on Preshipment Inspection, Decision of 13 Dec. 1995, WTO Doc. WT/L/125/Rev.1, circul. 9 Feb. 1996; hierzu *Petersmann* (Anm. 124), 72.

Maßnahmen (SPS-Abkommen) die Einbeziehung von beratenden Sachverständigengruppen;[162] das Übereinkommen über technische Handelshemmnisse (TBT-Abkommen) Sonderverfahren zur Überprüfung der Einhaltung technischer Bestimmungen und Standards[163] und zur Beratung durch technische Sachverständigengruppen im Hauptverfahren;[164] das Übereinkommen zur Durchführung des Artikels VI GATT 1994 (ADP-Abkommen) die schriftliche Konsultation im Vorverfahren zum Schutz vertraulicher Geschäftsinformation;[165] das Übereinkommen zur Durchführung des Artikels VII GATT 1994 (CVA-Abkommen) die Unterstützung durch den Technischen Ausschuss für Zollwertermittlung im Vorverfahren sowie dessen Beteiligung im Hauptverfahren.[166] Das Übereinkommen über Subventionen und

---

162 Art. 11 Ziff. 2 Agreement on the Application of Sanitary and Phytosanitary Measures, Annex 1A to the Marrakesh Agreement Establishing the World Trade Organization, done at Marrakesh, 15 April 1994, UNTS 1867 (1995), 493 ff.; TIAS No. 31874, in: *World Trade Organization*: The WTO Agreements: The Marrakesh Agreement Establishing the World Trade Organization and its Annexes, Cambridge: Cambridge Univ. Pr., 2nd ed. 2017, 135 ff.; ABlEG L 336 vom 23. Dez. 1994, 40 ff.

163 Art. 5 bis 9 Agreement on Technical Barriers to Trade, Annex 1A to the Marrakesh Agreement Establishing the World Trade Organization, done at Marrakesh, 15 April 1994, UNTS 1868 (1995), 120 ff.; TIAS No. 31874, in: *World Trade Organization*: The WTO Agreements: The Marrakesh Agreement Establishing the World Trade Organization and its Annexes, Cambridge: Cambridge Univ. Pr., 2nd ed. 2017, 150 ff.; ABlEG L 336 vom 23. Dez. 1994, 86 ff.; hierzu *Palmeter/Mavroidis* (Anm. 127), 104 ff.

164 Art. 14 Ziff. 2 TBT-Abkommen.

165 Art. 17 Ziff. 2 bis 7 Agreement on Implementation of Article VI of the General Agreement on Tariffs and Trade 1994, Annex 1A to the Marrakesh Agreement Establishing the World Trade Organization, done at Marrakesh, 15 April 1994, UNTS 1868 (1995), 201 ff.; TIAS No. 31874, in: *World Trade Organization*: The WTO Agreements: The Marrakesh Agreement Establishing the World Trade Organization and its Annexes, Cambridge: Cambridge Univ. Pr., 2nd ed. 2017, 176 ff.; ABlEG L 336 vom 23. Dez. 1994, 103 ff.; hierzu *Palmeter/Mavroidis* (Anm. 127), 106 ff.; *Croley, Steven P./Jackson, John H.*: WTO Dispute Procedures, Standard of Review, and Deference to National Governments, AJIL 90 (1996), 193–213 (198 ff.); *Thomas, Jeffrey C.*: The Need for Due Process in WTO Proceedings, JWT 31 (1997), 45–57 (48).

166 Art. 18 Ziff. 1 und 2 sowie Art. 19 Ziff. 3 bis 5 Agreement on Implementation of Article VII of the GATT 1994, Annex 1A to the Marrakesh Agreement Establishing the World Trade Organization, done at Marrakesh, 15 April 1994, UNTS 1868 (1995), 279 ff.; TIAS No. 31874, in: *World Trade Organization*: The WTO Agreements: The Marrakesh Agreement Establishing the World Trade Organization and

Ausgleichsmaßnahmen (SCM-Abkommen) normiert eine Konsultationspflicht vor staatlichen Organen;[167] bei verbotenen Subventionen zwingende Konsultationsinhalte, die Beteiligung einer ständigen Sachverständigengruppe und eine verstärkte Kontrolldichte im Hauptverfahren sowie ein vereinfachtes Nachverfahren;[168] bei einklagbaren Subventionen umfassende Offenlegungspflichten und Sonderbefugnisse des Streitbeilegungsgremiums (DSB) zur Informations- und Beweiserhebung;[169] bei zulässigen Subventionen ein politisches Verfahren vor dem Ausschuss für Subventionen und Ausgleichsmaßnahmen (SCM-Ausschuss).[170] Das Allgemeine Übereinkommen über den Handel mit Dienstleistungen (GATS)[171] enthält fortgesetzte Konsultationspflichten unter Beteiligung des Rates für den Handel mit Dienstleistungen;[172] die Möglichkeit einer „Nichtverletzungsbeschwerde" trotz behaupteter Verletzungshandlungen

---

its Annexes, Cambridge: Cambridge Univ. Pr., 2nd ed. 2017, 202 ff.; ABlEG L 336 vom 23. Dez. 1994, 119 ff.; hierzu *Palmeter/Mavroidis* (Anm. 127), 110.

167 Art. 13 Agreement on Subsidies and Countervailing Measures, Annex 1A to the Marrakesh Agreement Establishing the World Trade Organization, done at Marrakesh, 15 April 1994, UNTS 1869 (1995), 14 ff.; TIAS No. 31874, in: *World Trade Organization:* The WTO Agreements: The Marrakesh Agreement Establishing the World Trade Organization and its Annexes, Cambridge: Cambridge Univ. Pr., 2nd ed. 2017, 263 ff.; ABlEG L 336 vom 23. Dez. 1994, 156 ff.; hierzu *Palmeter/Mavroidis* (Anm. 127), 109 ff.

168 Art. 3 Ziff. 1 und Art. 4 Ziff. 2 bis 12 SCM-Abkommen i.V.m. Art. 24 Ziff. 3 und 4 SCM-Abkommen sowie *SCM-Committee*: Draft Rules of Procedure for the Permanent Group of Experts, WTO Doc. G/SCM/W/365/Rev.1, circul. 26 June 1996, unadopt., vorläufige Anwendung aufgrund *SCM-Committee*: Minutes of the Meeting held on 22–26 July 1996, WTO Doc. G/SCM/M/11, circul. 24 Oct. 1996, Ziff. D.

169 Art. 7 Ziff. 2 bis 10 SCM-Abkommen i.V.m. Anhang V SCM-Abkommen.

170 Art. 8 Ziff. 3 bis 5 SCM-Abkommen.

171 General Agreement on Trade in Services, Annex 1B to the Marrakesh Agreement Establishing the World Trade Organization, done at Marrakesh, 15 April 1994, UNTS 1869 (1995), 183 ff.; TIAS No. 31874, in: ILM 33 (1994), 1167 ff.; ABlEG L 336 vom 23. Dez. 1994, 191 ff.; amend. Second Protocol to the GATS, done at Geneva, 6 Oct. 1995, UNTS 2057 (1999), 149 ff.; ABlEG L 167 vom 6. Juli 1996, 25 ff.; Third Protocol to the GATS, done at Geneva, 6 Oct. 1995, UNTS 2061 (1999), 190 ff.; ABlEG L 167 vom 6. Juli 1996, 43 ff.; Fourth Protocol to the GATS, done at Geneva, 15 April 1997, UNTS 2061 (1999), 209 ff.; ABlEG L 347 vom 18. Dez. 1997, 45 ff.; Fifth Protocol to the GATS, done at Geneva, 27 Feb. 1998, UNTS 2066 (1999), 155 ff.; ABlEG L 20 vom 27. Jan. 1999, 40 ff.; hierzu *Palmeter/Mavroidis* (Anm. 127), 126 ff.; *Petersmann* (Anm. 124), 86 ff.

172 Art. XXII Ziff. 2 und 3 GATS.

und einer direkten Aussetzung von Zugeständnissen durch das DSB;[173] sowie besondere Qualifikationserfordernisse für Panel-Mitglieder.[174] Konflikte des plurilateralen Übereinkommens über das öffentliche Beschaffungswesen (GPA-Abkommen)[175] sind aufgrund des DSU vorbehaltlich von Sonderregeln zu lösen,[176] während die Konsultationspflicht im Vorverfahren entfällt, Fristen im Haupt- und Nachverfahren verkürzt sind und die Aussetzung von Zugeständnissen vereinfacht ist.[177] Obwohl Sonderverfahren der WTO-Teilabkommen den Vorschriften des DSU grundsätzlich vorgehen sollen,[178] sind die Beziehungen der Verfahrensregeln, aber auch der WTO-Teilabkommen untereinander im Einzelfall nicht unproblematisch.[179]

Darüber hinaus besteht die Möglichkeit, den Sachverhalt vor einem politischen Organ zu thematisieren, und etwa die verbindliche Auslegung,[180] begrenzte Entpflichtung[181] oder Abänderung[182] von WTO-Teilabkommen durch

---

173 Art. XXIII Ziff. 2 und 3 GATS.

174 Art. 4 GATS Annex on Financial Services, UNTS 1869 (1995), 209 ff.; TIAS No. 31874, in: ILM 33 (1994), 1189 ff.; ABlEG L 336 vom 23. Dez. 1994, 206 ff.

175 Agreement on Government Procurement, Annex 4 to the Marrakesh Agreement Establishing the World Trade Organization, done at Marrakesh, 15 April 1994, UNTS 1915 (1995), 103 ff.; TIAS No. 31874; ABlEG L 334 vom 23. Dez. 1994, 273 ff.; amend. Protocol amending the Agreement on Government Procurement, done at Geneva, 30 March 2012, UNTS 3008 (im Erscheinen); ABlEU L 68 vom 7. März 2014, 2 ff., in: *World Trade Organization*: The WTO Agreements: The Marrakesh Agreement Establishing the World Trade Organization and its Annexes, Cambridge: Cambridge Univ. Pr., 2nd ed. 2017, 472 ff.

176 *GPA-Committee*: Special or Additional Rules and Procedures on Dispute Settlement in the Agreement on Government Procurement (1994), adopt. 8 July 1996, WTO Doc. GPA/5, circul. 19 July 1996.

177 Art. XXII Ziff. 2 bis 7 GPA-Abkommen; hierzu *Palmeter/Mavroidis* (Anm. 127), 129 ff.; *Petersmann* (Anm. 124), 104 ff.

178 Art. 1 Ziff. 2 DSU.

179 So etwa *Petersmann* (Anm. 124), 98 f.

180 Art. 3 Ziff. 9 DSU i.V.m. Art. IX Ziff. 2 WTO-Abkommen und etwa Art. XXV GATT 1994, durch eine Mehrheit von ¾ der Mitglieder; hierzu *Petersmann* (Anm. 124), 57; *Kohona* (Anm. 126), 30 f.; *Marceau* (Anm. 108), 145 f.

181 Art. IX Ziff. 3 und 4 WTO-Abkommen, auf Vorlage des zuständigen Rates an die Ministerkonferenz, Entpflichtung durch eine Mehrheit von ¾ der Mitglieder mangels Konsens binnen 90 Tagen; hierzu *Jackson* (Anm. 17), 55 f.; *Marceau* (Anm. 108), 144 f.

182 Art. X Ziff. 1 bis 10 WTO-Abkommen, durch Konsens der Mitglieder, jedoch Sonderverfahren gem. Art. XXI Ziff. 1 bis 3 GATS; Art. 8 Ziff. 5 SCM-Abkommen,

die Ministerkonferenz anzustreben. Ferner können Entwicklungsländer gegenüber Industriestaaten diverse Sonderrechte einfordern[183] und insbesondere das Sonderverfahren gemäß der Entscheidung der VERTRAGSPARTEIEN[184] vom 5. April 1966 (Entscheidung von 1966)[185] geltend machen.[186] Von diesen Optionen abgesehen ermöglicht das Vorverfahren, allseitiges Übereinkommen der Parteien vorausgesetzt, gute Dienste, Vermittlung oder Schlichtung als trilaterale Koordinationsverfahren zu bestimmen.[187] Von Amts wegen kann der WTO-Generaldirektor seine Unterstützung anbieten.[188] Ferner können die Parteien bei klaren, folglich zu Rechtsansprüchen ausgearbeiteten Streitfragen,[189] auch ein klassisches Schiedsgericht befassen.[190]

---

sowie Art. 4 Ziff. 11 und Art. 7 Ziff. 10 SCM-Abkommen; hierzu *Palmeter/Mavroidis* (Anm. 127), 127 f.; 132 ff.; *Marceau* (Anm. 108), 146 f.

183 Berücksichtigung ihrer Probleme und Interessen gem. Art. 4 Ziff. 10 DSU bzw. Art. 21 Ziff. 2 DSU; Ernennung mindestens eines Panel-Mitglieds aus einem Entwicklungsland gem. Art. 8 Ziff. 10 DSU; verlängerte Fristen gem. Art. 12 Ziff. 10 DSU; Berücksichtigung der differenzierten und bevorzugten Behandlung im Panel-Bericht gem. Art. 12 Ziff. 11 DSU; Berücksichtigung der Auswirkungen auf die Volkswirtschaft bei der Genehmigung von Maßnahmen im Nachverfahren durch das DSB gem. Art. 21 Ziff. 7 und 8 DSU; Zurückhaltung gegenüber am wenigsten entwickelten Staaten (LLDCs) sowie besondere Zuständigkeit des WTO-Generaldirektors bzw. des DSB Vorsitzenden zu guten Diensten, Vermittlung oder Schlichtung gem. Art. 24 Ziff. 1 und 2 DSU; weitere Pflichten zur differenzierten und bevorzugten Behandlung in den WTO-Teilabk.; hierzu *Kohona* (Anm. 126), 31 f.

184 Der Begriff (*CONTRACTING PARTIES*) bezeichnet, in Abgrenzung zu einzelnen Vertragsstaaten oder Vertragsparteien, alle Vertragsstaaten des GATT 1947 als handelndes Kollektiv; hierzu statt vieler *Jackson* (Anm. 17), 31 f.

185 *CONTRACTING PARTIES*: Procedures under Article XXIII, Decision of 5 April 1966, GATT Doc. L/2644, circul. 25 April 1966, in: BISD 14S/18 (1966).

186 Art. 3 Ziff. 12 DSU.

187 Art. 5 Ziff. 1 bis 5 DSU.

188 Art. 5 Ziff. 6 DSU; zum Antragsverfahren, *Director-General*: Article 5 of the Dispute Settlement Understanding: Communication from the Director-General, 13 July 2001, WTO Doc. WT/DSB/25, circul. 17 July 2001.

189 Art. 25 Ziff. 1 DSU.

190 Dies erfordert den Abschluss eines Compromis durch die Parteien gem. Art. 25 Ziff. 2 DSU; auch hier geltenAusnahmen, vgl. das Schiedsverfahren gem. Art. XXI Ziff. 3 GATS; ferner Sonderverfahren gem. Art. 8 Ziff. 5 SCM-Abkommen; Art. 4 Ziff. 11 und Art. 7 Ziff. 10 SCM-Abkommen; zur spärlichen RSpr., *US – Section 110(5) Copyright Act*, Recourse to Arbitration under Article 25 of the DSU: Award of the Arbitrators, WTO Doc. WT/DS160/ARB25/1, circul. 9 Nov. 2001, Ziff. 1.1 ff.; 2.1 ff.; hierzu *Palmeter/Mavroidis* (Anm. 127), 132 ff.; *Petersmann* (Anm. 124), 71 f.; ausf.

Materielle Bewertungsgrundlage für alle Lösungen eines Handelsstreits ist das Vertragsrecht der Übereinkommen von Marrakesch,[191] in Fortsetzung der Staatenpraxis aus Artikel XXII und XXIII GATT 1947[192] und in der Auslegung nach allgemeinem Völkergewohnheitsrecht.[193] Eine Rechtsprüfung von einvernehmlichen Übereinkommen ist im Vorverfahren lediglich im Nachhinein durch die Mitglieder, nach der Notifikation des Übereinkommens an das DSB vorgesehen,[194] während sie im Hauptverfahren vorab, im Panel-Bericht vorgenommen wird.

Jedes WTO-Teilabkommen normiert Haftungsvoraussetzungen in Anlehnung an Artikel XXII und XXIII GATT 1947, inklusive der entsprechenden Staaten- und Spruchpraxis, die weiterhin verbindlich bleiben.[195] Artikel XXIII Ziffer 1 GATT 1947 eröffnet dreierlei Haftungsgrundlagen:[196]

Ders.: Strengthening the GATT Dispute Settlement System: On the Use of Arbitration in GATT, in: Petersmann, Ernst-Ulrich/Hilf, Meinhard (eds.): The New GATT Round of Multilateral Trade Negotiations: Legal and Economic Problems, Deventer/Boston: Kluwer Law and Taxation, 2nd ed. 1991, 323–343 (336 ff.).

191 Art. 3 Ziff. 5 DSU.

192 Art. 3 Ziff. 1 DSU, als besondere Ausgestaltung für die Streitbeilegung der Übernahme der Vertragsbestimmungen des GATT 1947 und des *acquis* aus Entscheidungen, Verfahren und Staatenpraxis gem. Art. XVI Ziff. 1 WTO-Abkommen.

193 Art. 3 Ziff. 2 DSU und Art. 11 DSU *in fine*; die RSpr. folgt der kodifizierten Auslegung nach Art. 31 und 32 WVK, grundl. *US – Gasoline*, Report of the Appellate Body, WTO Doc. WT/DS2/AB/R, circul. 29 April 1996, adopt. 20 May 1996, S. 16 ff.; weiter *Japan – Alcoholic Beverages II*, Report of the Appellate Body, WTO Doc. WT/DS8/AB/R, WT/DS10/AB/R and WT/DS11/AB/R, circul. 4 Oct. 1996, adopt. 1 Nov. 1996, S. 10 ff.; *India – Patents*, Report of the Appellate Body, WTO Doc. WT/DS50/AB/R, circul. 19 Dec. 1997, adopt. 16 Jan. 1998, Ziff. 43 ff.; *US – Shrimp*, Report of the Appellate Body, WTO Doc. WT/DS58/AB/R, circul. 12 Oct. 1998, adopt. as 6 Nov. 1998, Ziff. 114; *EC – Hormones*, Report of the Appellate Body, WTO Doc. WT/DS26/AB/R and WT/DS48/AB/R, circul. 16 Jan. 1998, adopt. 13 Feb. 1998, Ziff. 181; *Argentina – Footwear*, Report of the Appellate Body, WTO Doc. WT/DS121/AB/R, circul. 14 Dec. 1999, adopt. 12 Jan. 2000, Ziff. 85 ff.; *US – DRAMS*, Report of the Panel, WTO Doc. WT/DS99/R, circul. 29 Jan. 1999, adopt. 19 March 1999, Ziff. 6.13 f.; hierzu *Palmeter/Mavroidis* (Anm. 127), 48 ff.; *Marceau* (Anm. 108), 106 ff.; 115 ff.

194 Art. 3 Ziff. 6 DSU; ergänzend *Dispute Settlement Body*: Notification of Mutually Agreed Solutions under Article 3.6 of the Dispute Settlement Understanding: Background Note by the Secretariat, WTO Doc. WT/DSB/W/35, circul. 7 Aug. 1996.

195 Art. 3 Ziff. 1 DSU und Art. XVI Ziff. 1 WTO-Abkommen.

196 Hierzu generell *UN Commission on Trade and Development*: Dispute Settlement: World Trade Organization, Module 3.1 Overview, UN Doc. UNCTAD/EDM/

Artikel XXIII
Schutz der Zugeständnisse und Vorteile

1. Sollte ein Vertragspartner der Auffassung sein, dass ein ihm unmittelbar oder mittelbar aus dem vorliegenden Abkommen zukommender Vorteil zunichte gemacht oder gefährdet ist, oder dass die Erreichung eines Zieles des vorliegenden Abkommens dadurch gehindert wird,

   (a) dass ein anderer Vertragspartner die Verpflichtungen, die er gemäß dem vorliegenden Abkommen eingegangen ist, nicht erfüllt, oder
   (b) dass ein anderer Vertragspartner eine Maßnahme trifft, sei sie den Bestimmungen des vorliegenden Abkommens zuwiderlaufend oder nicht, oder
   (c) dass irgendeine sonstige Lage eintritt, so kann dieser Vertragspartner zur befriedigenden Regelung der Frage bei dem oder den anderen seiner Ansicht nach daran interessierten Vertragspartnern schriftliche Vorstellungen erheben oder Vorschläge machen; jeder derart aufgeforderte Vertragspartner soll die ihm gemachten Vorstellungen oder Vorschläge einer wohlwollenden Prüfung unterziehen.

Buchstabe (a) („Verletzungsbeschwerde") begründet Haftungsansprüche analog zur völkerrechtlichen Staatenhaftung aus der Vertragsverletzung.[197] Allerdings wird, insofern den Grundsatz *actori incumbit probatio* derogierend,[198] der Schaden aus der Vertragsverletzung vermutet.[199] Da die Beweislast zum Vorliegen beziehungsweise über die Höhe des Schadens erheblich ist, entfällt der Schaden somit faktisch als Haftungsvoraussetzung.[200] Dies wird damit

---

Misc.232/Add.11, New York/Geneva: UN 2003, 45; *Jackson* (Anm. 17), 114 ff.; *Petersmann* (Anm. 124), 36 ff.; insbes. zum GATT 1947, *GATT Secretariat* (Anm. 114), 606 ff.; *Petersmann, Ernst-Ulrich*: Violation and Non-violation Complaints in Public International Trade Law, GYIL 34 (1991), 175–229.

197 Statt vieler *Petersmann* (Anm. 196), 177 ff.; 191 ff.

198 Zum Grundsatz im zwischenstaatl. Prozess ausf. *Kazazi, Mojtaba*: Burden of Proof and Related Issues: A Study on Evidence before International Tribunals, Diss. Louvain, The Hague/London/Boston: Kluwer Law Int'l 1996, 53 ff.; 221 f.

199 Art. 3 Ziff. 8 DSU.

200 Zur Beweislastvermutung im DSU, *Steger/Hainsworth* (Anm. 142), 45 f.; 48 f.; *Palmeter/Mavroidis* (Anm. 127), 81; *Martha, Rutsel S.*: Presumptions and Burden of Proof in World Trade Law, Journ. Int. Arb. 14 (1997), 67–98; im zwischenstaatl. Prozess, *Kazazi* (Anm. 198), 242 ff.; zur neueren RSpr., *US – Wool Shirts and Blouses*, Report of the Appellate Body, WTO Doc. WT/DS33/AB/R and Corr.1, circul. 25 April 1997 and 27 May 1997, adopt. 23 May 1997, S. 12 ff.; *Turkey – Textiles*, Report of the Panel, WTO Doc. WT/DS34/R, circul. 31 May 1999, adopt. as modif. 19 Nov. 1999, Ziff. 9.57 ff.; *Argentina – Textiles and Apparel*, Report of the Panel, WTO Doc. WT/DS56/R, circul. 25 Nov. 1997, adopt. as modif. 22 April 1998, Ziff. 6.34 ff.; *EC – Hormones*,

begründet, dass die Übereinkommen von Marrakesch keine Handelsströme *per se* schützen, sondern Erwartungen auf berechneten Gewinn aus Handelsströmen, die allein schon durch die handelshemmende Auswirkungen einer Vertragsverletzung enttäuscht werden können.[201]

Rechtsbehelf aus Vertragsverletzung ist vorrangig, die unzulässige Maßnahme in Einklang mit den Vertragsbestimmungen zu bringen,[202] womit vor allem die Aufhebung der Maßnahme gemeint ist,[203] ein Panel allerdings Vorschläge unterbreiten kann.[204] Nur im Falle der Unmöglichkeit, die Maßnahme innerhalb eines „angemessenen Zeitraums" in Einklang zu bringen, kann die Umsetzung der Empfehlungen eines Panels subsidiär und vorübergehend durch Entschädigung beziehungsweise Aussetzung von Zugeständnissen erfolgen.[205] Weitere, in der völkerrechtlichen Staatenhaftung bekannte Rechtsbehelfe wie Reparationen oder Wiedereinsetzung in den vorigen Stand,[206] sind nicht ausdrücklich vorgesehen.[207] Überhaupt sind Haftung und Rechtsbehelf nicht auf Entschädigung des erlittenen Schadens gerichtet. Vielmehr soll, nach der in den 1920er und 1930er Jahren vorherrschenden Auffassung multilateraler Verträge als eine Bündelung bilateraler Zugeständnisse, ganz pragmatisch und ökonomisch gedacht, Vertragsstaaten, denen „zugesicherte Vorteile" durch eine illegale Maßnahme „zunichte gemacht oder geschmälert" werden, das vertragliche „Gleichgewicht von Vorteilen und Zugeständnissen" *pro futuro* wiederhergestellt werden.[208] Derart wird stets die Rückbindung auf

---

Report of the Appellate Body, WTO Doc. WT/DS26/AB/R and WT/DS48/AB/R, circul. 18 Aug. 1997, adopt. 13 Feb. 1998, Ziff. 98; 104; für eine Anwendung auf das GATT 1994, *India – Quantitative Restrictions*, Report of the Appellate Body, WTO Doc. WT/DS90/AB/R, circul. 23 Aug. 1999, adopt. 22 Sept. 1999, Ziff. 131 ff.

201 *US – Superfund*, Report of the Panel, GATT Doc. L/6175, circul. 5 June 1987, adopt. 17 June 1987, Ziff. 5.1.9, in: BISD 34S/136 (1987), 158 f.

202 Art. 19 Ziff. 1 DSU.

203 Art. 3 Ziff. 7 DSU.

204 *US – Underwear*, Report of the Panel, WT/DS24/R, circul. 8 Nov. 1996, adopt. as modif. 25 Feb. 1997, Ziff. 8.1 ff.; *India – Patents (US)*, Report of the Panel, WT/DS50/R, circul. 5 Sept. 1997, adopt. as modif. 16 Jan. 1998, Ziff. 7.65 f.; zum Umfang der Vorschläge ausf. *Palmeter/Mavroidis* (Anm. 127), 163 ff.

205 Art. 22 Ziff. 1 DSU.

206 *Usine de Chorzów (demande en indemnité)* (Allemagne c/ Pologne), arrêt du 13 sept. 1928, Rec. CPJI Série A n° 17, 2 ff., (47 f.); *Corfu Channel* (United Kingdom v. Albania), Merits, Judgment of 9 April 1949, ICJ Rep. 1949, 4 ff. (23 ff.).

207 So etwa *Petersmann* (Anm. 124), 40 ff.; *Palmeter/Mavoiridis* (Anm. 127), 161 ff.

208 *Norway – Trondheim Toll Ring*, Report of the Panel, GATT Doc. GPR/DS2/R, circul. 28 April 1992, adopt. 13 May 1992, Ziff. 4.17, in: BISD 40S/319 (1993), 335; hierzu

die allgegenwärtigen Verhandlungs-, Gegenseitigkeits- und Vertrauensschutzgedanken gewährleistet, eine permanente *clausula rebus sic stantibus* vorausgesetzt, und damit letztlich die Geschäftsgrundlage von Vertragsstaaten zum Zeitpunkt der Aushandlung der Zollvereinbarungen geschützt.[209]

Folglich ist die Rechtsverletzung weder notwendige noch ausreichende Haftungsvoraussetzung.[210] So eröffnet Buchstabe (b) („Nichtverletzungsbeschwerde") Haftungsansprüche auch, wenn das „Gleichgewicht von Vorteilen und Zugeständnissen" durch eine Maßnahme aus dem Lot geworfen wird, die keine Vertragsverletzung darstellt. Damit sollen Vertragsstaaten, deren „zugesicherte Vorteile" ungeachtet der rechtlichen Konformität der Maßnahmen anderer Vertragsstaaten dennoch „zunichte gemacht oder geschmälert" wurden, die Möglichkeit haben, von rechtlichen Vorgaben gelöst das vertragliche „Gleichgewicht von Vorteilen und Zugeständnissen" *pro futuro* wiederherzustellen.[211]

Petersmann (Anm. 124), 41 ff.; 105 ff.; *Palmeter/Mavroidis* (Anm. 127), 161 f.; 166; *Jackson* (Anm. 17), 126.

209 So etwa *Hudec, Robert E*: GATT or GABB? Yale LJ 80 (1971), 1299–1386 (1341 ff.); *Ders.*: The GATT Legal System and World Trade Diplomacy, Salem: Butterworth, 2nd ed. 1990, 144 ff.; *Jackson* (Anm. 17), 114 ff.; *Petersmann* (Anm. 124), 36 f.; *Roessler, Frieder*: The Concept of Nullification and Impairment in the Legal System of the World Trade Organization, in: Petersmann, Ernst-Ulrich (ed.): International Trade Law and the GATT/WTO Dispute Settlement System, The Hague/London/Boston: Kluwer Law Int'l 1997, 125–142 (131).

210 Grundl. *Australia – Ammonium Sulphate*, Report of the Working Party, GATT Doc. CP.4/39, circul. 31 March 1950, adopt. 3 April 1950, Ziff. 12 f., in: BISD II/188 (1950), 194 f.

211 *EEC – Oilseeds*, Report of the Panel, GATT Doc. L/6627, circul. 14 Dec. 1989, adopt. 25 Jan. 1990, Ziff. 154, in: BISD 37S/86 (1990), 126 ff.; *Negotiating Group on Dispute Settlement*: Non-violation Complaints under GATT Article XXIII:2, Note by the Secretariat, GATT Doc. MTN.GNG/NG13/W/31, circul. 14 July 1989, Ziff. 3 ff.; hierzu *Petersmann* (Anm. 196), 196 ff.; *Hudec* (Anm. 209), 3 ff.; 144 ff.; *Ders.*: Enforcing International Trade Law: The Evolution of the Modern GATT Legal System, Salem: Butterworth 1993, 7 f.; *Bogdandy, Armin von*: The Non-violation Procedure of Article XXIII:2 GATT: Its Operational Rationale, JWT 26 (1992), 95–111 (109 ff.); zur WTO, *Roessler* (Anm. 209), 125 ff.; *Jackson* (Anm. 17), 112 ff.; *Palmeter/Mavroidis* (Anm. 127), 94 ff.; *Mengozzi* (Anm. 124), 24 ff.; ausf. *Cottier, Thomas/Schefer, Nadakavukaren*: Non-violation Complaints in WTO/GATT Dispute Settlement: Past, Present and Future, in: Petersmann, Ernst-Ulrich (ed.): International Trade Law and the GATT/WTO Dispute Settlement System, The Hague/London/Boston: Kluwer Law Int'l 1997, 145–183 (149 ff.; 163 ff.); *Williams, Brett G.*: Non-violation Complaints in the WTO System, in: Mengozzi, Paolo (ed.): International Trade Law

Dieser erweiterte Haftungsrahmen, der weit über die völkerrechtliche Staatenhaftung hinausgeht, sollte ursprünglich auch genutzt werden.[212] Um der Gefahr unkontrollierter Beschwerden vorzubeugen, knüpfte die Spruchpraxis „Nichtverletzungsbeschwerden" allerdings an derart strenge Voraussetzungen, dass diese Haftungsgrundlage historisch kaum eingefordert worden ist.[213] Seit Inkrafttreten der Übereinkommen von Marrakesch muss die ersuchende Partei einen Antrag auf dieser Haftungsgrundlage detailliert begründen,[214] wobei die Staaten- und Spruchpraxis des GATT 1947 relevant bleibt.[215] Entsprechend muss die beklagte „Maßnahme" erstens, wie bei „Verletzungsbeschwerden" auch, eine tatsächlich angewandte staatliche Maßnahme der ersuchten Partei darstellen.[216] Zweitens genügt es nicht, die Verletzung einer Vertragsbestimmung

---

on the 50th Anniversary of the Multilateral Trading System, Milano: Giuffrè 1999, 675–790 (677 ff.; 752 ff.).

212 So etwa *Wilcox* (Anm. 114), 305 ff.; *Roessler* (Anm. 209), 131.

213 So etwa *Petersmann* (Anm. 196), 220; 222; *Cottier/Schefer* (Anm. 211), 158 ff.; *Williams* (Anm. 211), 704 ff.; 770 f.; bis 31. Dez. 1994 wurden nur 14 „Nichtverletzungsbeschwerden" eingereicht, von denen lediglich vier zum Erfolg führten: *Australia – Ammonium Sulphate*, Report of the Working Party, GATT Doc. CP.4/39, circul. 31 March 1950, adopt. 3 April 1950, Ziff. 12 ff., in: BISD II/188 (1950), 194 ff.; *Germany – Sardines*, Report of the Panel, GATT Doc. G/26, circul. 30 Oct. 1952, adopt. 31 Oct. 1952, Ziff. 16 ff., in: BISD 1S/53 (1952), 57 ff.; *Germany – Flour*, Report of the Panel, GATT Doc. W.9/178, circul. 7 Feb. 1955, noted 16 Feb. 1955, Ziff. 4 ff., in: BISD 3S/77 (1955), 78 f.; *EEC – Oilseeds*, Report of the Panel, GATT Doc. L/6627, circul. 14 Dec. 1989, adopt. 25 Jan. 1990, Ziff. 142 ff., in: BISD 37S/86 (1990), 121 ff.

214 Art. 26 Ziff. 1 Buchst. (a) DSU.

215 Art. 3 Ziff. 1 DSU und Art. XVI Ziff. 1 WTO-Abkommen.

216 „Maßnahme" ist das Tun oder das Unterlassen einer versprochenen Handlung, grundl. *Germany – Sardines*, Report of the Panel, GATT Doc. G/26, circul. 30 Oct. 1952, adopt. 31 Oct. 1952, Ziff. 1; 10 ff., in: BISD 1S/53 (1952), 53; 58 f.; eine Qualifikation der Maßnahme als „politisch" ist unerheblich, *Council*: Minutes of the Meeting held on 8 Nov. 1974, GATT Doc. C/M/101, circul. 18 Nov. 1974, Ziff. 5; *Council*: Minutes of the Meeting held on 16 June 1988, GATT Doc. C/M/222, circul. 11 July 1988, Ziff. 10 f.; zust. *Hudec, Robert E.*: Transcending the Ostensible: Some Reflections on the Nature of Litigation between Governments, Minnesota LR 72 (1987), 211–226 (223 ff.); *Bogdandy* (Anm. 211), 105 ff.; die Prüfung ist auf die Bedeutung der „Maßnahme" für die Regulierungsziele des GATT 1947 zu begrenzen, *Canada – FIRA*, Report of the Panel, GATT Doc. L/5504, circul. 25 June 1983, adopt. 7 Feb. 1984, Ziff. 1.4; 5.1 ff., in: BISD 30S/140 (1983), 141; 157 ff.; ausf. *GATT Secretariat* (Anm. 114), 597 ff.

festzustellen, sondern es muss der aus einem Übereinkommen bezogene „Vorteil" nachgewiesen werden.[217] Drittens muss dieser „Vorteil" zum Schaden der ersuchenden Partei zumindest „geschmälert" worden sein.[218] Viertens muss die „Schmälerung" auf eine Maßnahme zurückzuführen sein, welche die ersuchende Partei zum Zeitpunkt der Zollvereinbarungen nicht „rechtmäßig" vorhersehen konnte.[219] Fünftens liegt, im Gegensatz zu „Verletzungsbeschwerden",

---

217 „Vorteil" ist etwa ein verbesserter Marktzugang ausländ. Produkte aufgrund einer erhöhten Wettbewerbsfähigkeit, *Australia – Ammonium Sulphate*, Report of the Working Party, GATT Doc. CP.4/39, circul. 31 March 1950, adopt. 3 April 1950, Ziff. 12 f., in: BISD II/188 (1950), 193 f.; *EEC – Oilseeds*, Report of the Panel, GATT Doc. L/6627, circul. 14 Dec. 1989, adopt. 25 Jan. 1990, Ziff. 148 f., in: BISD 37S/86 (1990), 123 f.; wobei in enger Auslegung von „Schmälerung" ausschließlich Zollbindungen als Ursache der erhöhten Wettbewerbsfähigkeit gelten, *EEC – Citrus*, Report of the Panel, GATT Doc. L/5776, circul. 7 Feb. 1985, unadopt., Ziff. 4.19 ff.; 4.25 ff.; 4.35 ff.; *Council*: Minutes of the Meeting held on 12 March 1985, GATT Doc. C/M/186, circul. 19 April 1985, Ziff. 5; hierzu *Bogdandy* (Anm. 211), 98 ff.; *Cottier/Schefer* (Anm. 211), 160.

218 So ist die „benachteiligende Wirkung" der „Maßnahme" nachzuweisen, *Australia – Ammonium Sulphate*, Report of the Working Party, GATT Doc. CP.4/39, circul. 31 March 1950, adopt. 3 April 1950, Ziff. 12 f., in: BISD II/188 (1950), 194 f.; ein statistisch belegter Rückgang der Handelsströme genügt hingegen nicht, *Germany – Sardines*, Report of the Panel, GATT Doc. G/26, circul. 30 Oct. 1952, adopt. 31 Oct. 1952, Ziff. 9, in: BISD 1S/53 (1952), 57; *EEC – Oilseeds*, Report of the Panel, GATT Doc. L/6627, circul. 14 Dec. 1989, adopt. 25 Jan. 1990, Ziff. 150 ff., in: BISD 37S/86 (1990), 125 ff.; wohl aber ein nicht nur hypothetischer, sondern subjektiv und tatsächlich erlittener Schaden, *US – Sugar (EEC)*, Report of the Panel, GATT Doc. L/6631, circul. 22 Jan. 1990, adopt. 7 Nov. 1990, Ziff. 5.17 ff., in: BISD 37S/228 (1990), 262 ff.; hierzu *GATT Secretariat* (Anm. 114), 610 ff.; 620 ff.; *Bogdandy* (Anm. 211), 103 ff.; *Cottier/Schefer* (Anm. 211), 162.

219 *Australia – Ammonium Sulphate*, Report of the Working Party, GATT Doc. CP.4/39, circul. 31 March 1950, adopt. 3 April 1950, Ziff. 12 f., in: BISD II/188 (1950), 194 f.; zum erforderlichen Kausalitätsnachweis von „Maßnahme" und Schaden, *EEC – Oilseeds*, Report of the Panel, GATT Doc. L/6627, circul. 14 Dec. 1989, adopt. 25 Jan. 1990, Ziff. 131, in: BISD 37S/86 (1990), 116 f.; als „rechtmäßige Erwartung" gilt, dass keine den Zollvereinbarungen zeitlich nachf. „Maßnahmen" eingeführt werden, es sei denn, die beschwerdef. Partei hat hiervon subjektiv Kenntnis erlangt, *EEC – Oilseeds*, Report of the Panel, GATT Doc. L/6627, circul. 14 Dec. 1989, adopt. 25 Jan. 1990, Ziff. 142, in: BISD 37S/86 (1990), 121 ff.; prakt. aber bleibt der Kausalzusammenhang ohne Bedeutung, da ein Rückgang der Handelsströme statistisch kaum zu belegen ist; zust. *Bogdandy* (Anm. 211), 108; *Cottier/Schefer* (Anm. 211), 162 f.; *Williams* (Anm. 211), 722 ff.

die Beweislast der Erfüllung aller Haftungsvoraussetzungen alleine bei der ersuchenden Partei.[220]

Ohne Vertragsverletzung steht der Rechtsbehelf der Aufhebung der beklagten Maßnahme nicht zur Verfügung. Es bestehen lediglich Ansprüche, die Empfehlung zur Aushandlung eines „zufriedenstellenden Ausgleichs" zu erhalten,[221] wobei die Aussetzung von Zugeständnissen hier als vollwertiger Bestandteil des abschließenden Ausgleichs zulässig ist,[222] sowie die Höhe der „Zunichtemachung oder Schmälerung" schiedsgerichtlich ermitteln zu lassen.[223]

Buchstabe (c) schließlich (sogenannte „Situationsbeschwerde") begründet Haftungsansprüche in sonstigen „Situationen", in denen das „Gleichgewicht von Vorteilen und Zugeständnissen" über die Haftung aufgrund von „Nichtverletzungsbeschwerden" hinaus aus dem Lot geworfen wird, etwa durch vertraglich ungedeckte Maßnahmen zur Abwendung von unvorhergesehenen Ereignissen. Neben der Voraussetzung einer detaillierten Begründung durch die ersuchende Partei[224] wird vor allem die Annahme eines Panel-Berichts durch negativen Konsens des DSB[225] ausgesetzt.[226] Des Weiteren unterliegen

---

220 Art. 26 Ziff. 1 Buchst. (a) DSU; insbes. greift die Schadensvermutung aus Art. 3 Ziff. 8 DSU nicht, siehe bereits *CONTRACTING PARTIES*: Agreed Description of the Customary Practice of the GATT in the Field of Dispute Settlement (Article XXIII:2), Annex to the Understanding Regarding Notification, Consultation, Dispute Settlement and Surveillance, adopt. 28 Nov. 1979, GATT Doc. L/4907, circul. 3 Dec. 1979, Ziff. 5, in: BISD 26S/210 (1979), 211; hierzu *GATT Secretariat* (Anm. 114), 620 f.

221 Art. 26 Ziff. 1 Buchst. (b) DSU; grundl. *Australia – Ammonium Sulphate*, Report of the Working Party, GATT Doc. CP.4/39, circul. 31 March 1950, adopt. 3 April 1950, Ziff. 13, in: BISD II/188 (1950), 195.

222 Grundl. *US – Dairy*, Report of the Working Party on Netherlands Action under Article XXIII:2, GATT Doc. L/61, circul. 7 Nov. 1952, adopt. 8 Nov. 1952, Ziff. 2 ff., in: BISD 1S/62 (1952), 62 f.; hierzu *Wilcox* (Anm. 114), 305 ff.; *Roessler* (Anm. 209), 131; die RSpr. allerdings legte sich nicht auf eine bevorzugte Form des Ausgleichs fest, *EEC – Dessert Apples (Chile)*, Report of the Panel, GATT Doc. L/6491, circul. 18 April 1989, adopt. 22 June 1989, Ziff. 12.34, in: BISD 36S/93 (1989), 143; hierzu *GATT Secretariat* (Anm. 114), 633 ff.; *Petersmann* (Anm. 196), 223 f.; *Palmeter/Mavroidis* (Anm. 127), 95; *Jackson* (Anm. 17), 126; aus dem GATS ist die Aussetzung von Zugeständnissen wohl nur vorübergehend möglich, *Cottier/Schefer* (Anm. 211), 157; *Williams* (Anm. 211), 688 f.

223 Art. 26 Ziff. 1 Buchst. (c) DSU.

224 Art. 26 Ziff. 2 Buchst. (a) DSU.

225 Art. 16 Ziff. 4 DSU.

226 Art. 26 Ziff. 2 Buchst. (b) DSU.

Umsetzung und Durchsetzung der Empfehlungen aus Panel-Berichten der Entscheidung der VERTRAGSPARTEIEN vom 12. April 1989 (Entscheidung von 1989),[227] die viele Freiräume zur Aushandlung eines „allseits zufriedenstellenden Ausgleichs“ bietet.[228] Sowohl wegen des außerordentlich weiten Haftungsrahmens, als auch wegen der strengen Erfolgsvoraussetzungen ist die „Situation“ höchstens als argumentativer Maßstab im Rat des GATT 1947 herangezogen worden.[229] In Anbetracht ihrer ausdrücklichen Aufnahme in das DSU kann die „Situationsbeschwerde“ dennoch nicht als verfallen betrachtet werden.[230]

Wegen des technischen Charakters von Handelsbeziehungen als besonderer Aufgabenbereich der Außenpolitik oder aber gerade wegen der hohen politischen Bedeutung ist die Vertretung durch Unterhändler aus den jeweiligen Fachministerien üblich. Die Funktion diplomatischer Kanäle ist dann auf Kommunikation und Unterstützung der Mandanten der beteiligten Parteien beschränkt.[231] Ebenso pragmatisch wird weitgehend auf den Nachweis von

---

227 Art. 26 Ziff. 2 DSU i.V.m. *CONTRACTING PARTIES*: Improvements to the GATT Settlement Rules and Procedures (Montreal-Rules), Decision of 12 April 1989, GATT Doc. L/6489, circul. 13 April 1989, in: BISD 36S/61 (1989).

228 So etwa *Palmeter/Mavroidis* (Anm. 127), 173.

229 *Council*: Recourse to Article XXIII by Uruguay: Statement by the Representative of Uruguay at the Meeting of the Contracting Parties, dated 8 Dec. 1961, GATT Doc. L/1679, circul. 18 Dec. 1961; Antrag Frankreichs nach Unruhen in *Council*: Minutes of the Meeting held on 4 July 1968, GATT Doc. C/M/48, circul. 10 July 1968, Ziff. 1 ff.; Antrag Kanadas infolge der Gründung der EG in *Permanent Mission of Canada*: Request for Inclusion on the Agenda, 4 Nov. 1974, circul. as *Canada – Article XXIV:6 Renegotiations with the European Communities*, GATT Doc. L/4107, 4 Nov. 1974; Antrag der EG in *Permanent Delegation of the European Commission*: Communication from the European Communities, 8 April 1983, circul. as *Japan – Nullification or Impairment of Benefits*, GATT Doc. L/5479, 8 April 1983; woraufhin der Antrag Chiles als ungenügend gerügt und *sine die* vertagt wurde, *Council*: Minutes of the Meeting held on 20 April 1983, GATT Doc. C/M/167, circul. 6 May 1983, Ziff. 7; hierzu *GATT Secretariat* (Anm. 114), 621 ff.; *Petersmann* (Anm. 196), 227; *Roessler* (Anm. 209), 139 f.; *Palmeter/Mavroidis* (Anm. 127), 95 f.

230 So aber *Petersmann* (Anm. 196), 220; 227; *Hoekman, Bernard M./Mavroidis, Petros C.*: Competition, Competition Policy, and the GATT, World Economy 17 (1994), 121–150 (141); *Roessler* (Anm. 209), 139 f.; hingegen *Bogdandy* (Anm. 211), 106.

231 *Combacau/Sur* (Anm. 29), 15; *Plantey* (Anm. 20), 190; *Lueke/Wickremasinghe* (Anm. 21), 5; ferner *Hopmann* (Anm. 8), 165; *Merrills* (Anm. 53), 8 f.; *Anderson* (Anm. 49), 113.

Vollmachten verzichtet. Dies ist zulässig, solange die Parteien die Vertretungsbefugnis ihrer jeweiligen Unterhändler eindeutig anerkennen.[232]

In diesem Zusammenhang steht das nachfolgende Beispiel.

B. *Kodak-Fujifilm* – Eine Unternehmensfehde eskaliert zum Handelsstreit

Die Sache *Kodak-Fujifilm* ist aufgrund übersetzten Quellenmaterials chronologisch und neutral einzuführen. Dort, wo keine Quellen vorliegen, werden übereinstimmende Schilderungen von *Susan Karamanian,*[233] *Masabumi Suzuki,*[234] *Sara Dillon,*[235] *James Durling,*[236] *Keisuke Iida*[237] sowie *Charan Devereaux, Robert Lawrence* und *Michael Watkins*[238] aufgenommen.

I. *Kodak* erhebt Beschwerde aus Section 301 fortfolgende US Trade Act

Im Winter 1993 ernannte der Vorstand von *Eastman Kodak Company, Inc.* (*Kodak*) einen neuen Vorsitzenden, um den Konzern vom wachsenden Konkurrenzdruck durch den Mitbewerber *Fuji Photo Film Company, Ltd.* (*Fujifilm*) zu befreien und aus der Krise zu führen. Zuvor hatte *George M. Fisher* das Mobiltelefongeschäft von *Motorola, Inc.* (*Motorola*) gefördert, indem er die

232 Art. 7 Ziff. 1 Buchst. b) WVK.

233 *Karamanian, Susan L.*: Economic Relations between Japan and North America: A Challenge to the International Legal System, in: Young, Michael K./Iwasawa, Yuji (eds.): Trilateral Perspectives on International Legal Issues: Relevance of Domestic Law and Policy, Irvington: Transnational Publ. 1996, 283–298.

234 *Suzuki, Masabumi*: Toward Constructive International Trade Dispute Resolution: Lessons from Recent U.S.-Japan Disputes on Restrictive Practices, CNAPS Working Paper, Washington: Brookings Institution 1999.

235 *Dillon, Sara*: *Fuji-Kodak*, the WTO, and the Death of Domestic Political Constituencies, Minnesota JGT 8 (1999), 197–248.

236 *Durling, James*: Anatomy of a Trade Dispute: A Documentary History of the Kodak-Fujifilm Dispute, London: Cameron May 2000.

237 *Iida, Keisuke*: Legalization and Japan: The Politics of WTO Dispute Settlement, London: Cameron May 2006.

238 *Devereaux, Charan/Lawrence, Robert Z./Watkins, Michael D.*: Case Studies in US Trade Negotiations, Vol. II: Resolving Disputes, Washington: Peterson Institute 2006.

Zusage der Regierung Japans erwirkte,[239] japanische Netzbetreiber auf die Verwendung *Motorola*-kompatibler Netztechnologie zu verpflichten.[240]

Am 18. Mai 1995 reichte *Kodak* mit Unterstützung seiner Rechtsanwälte beim Handelsbevollmächtigen der Vereinigten Staaten (USTR), der für die Wahrnehmung von Handelsinteressen der Vereinigten Staaten zuständigen Behörde, gemäß Section 302 Buchstabe (a) Ziffer (1) Handelsgesetz der Vereinigten Staaten (US Trade Act)[241] eine Beschwerde gegen Japan ein.[242]

Kodak führte darin aus,[243] sein Anteil von 9 % am japanischen Markt für Produkte und Zubehör für die Fotografie (Fotomaterial) sei trotz stetiger Anstrengungen unverändert und im Vergleich zu seinem Weltmarktanteil von 40 % unverhältnismäßig gering. Dies sei auf das Geschäftsverhalten von *Fujifilm* zurückzuführen, das seine Vertriebshändler (*tokuyakuten*) *Kashimura Co. Ltd.*, *Ohmiya Photo Equipment Co. Ltd.*, *Asanuma & Co. Ltd.* und *Misuzu Trading Corporation* durch Ausschließlichkeitsklauseln, umsatzabhängige Skonti und Rabatte sowie diktierte Absatzmengen und Wiederverkaufspreise beherrsche, während der Einzelhandel, der Fotomaterial nur über *tokuyakuten*

---

239 *Okuyama, Yusai*: Letter to Deputy USTR *Sidney L. Williams* (30 June 1989), Annex to the Cellular Telephone and Third Party Radio Agreement, signed at Washington, 30 June 1989, in: ILM 26 (1989), 1130 ff.

240 Übereinst. *Durling* (Anm. 236), 9 ff.; *Devereaux/Lawrence/Watkins* (Anm. 238), 155; *Iida* (Anm. 237), 97 ff.

241 Sec. 301-310 Trade Act of 1974, Pub. L. 93-618, 88 Stat. 1978 (3 Jan. 1975); as added Trade Agreements Act, Pub. L. 96-39, 93 Stat. 295 (26 July 1979); as amend. Trade and Tariff Act, Pub. L. 98-573, 98 Stat. 3002 (30 Oct. 1984); Omnibus Trade and Competitiveness Act of 1988, Pub. L. 100-418, 102 Stat. 1164 (23 Aug. 1988); Uruguay Round Agreements Act (URAA), Pub. L. 103-465, 108 Stat. 4993 (8 Dec. 1994); Act to Make Technical Corrections and Miscellaneous Amendments to Trade Laws, Pub. L. 104-295, 110 Stat. 3528 (11 Oct. 1996); 19 USC §§2411-2420 and §2155(a) (1994); hierzu statt vieler *Jackson* (Anm. 17), 127 ff.; *Bello, Judith H./Holmer, Alan F.*: U.S. Trade Law & Policy Series #13: Unilateral Action to Open Foreign Markets: The Mechanics of Retaliation Exercises, Int'l Lawyer 22 (1988), 1197-1206.

242 Kodak Files 301 Petition Against Anticompetitive Practices in Japan, Inside U.S. Trade (19 May 1995), No. 2924.

243 *Howell, Thomas R./Bartlett, Brent L.*: Privatizing Protection: Japanese Market Barriers in Consumer Photographic Film and Consumer Photographic Paper, Memorandum in Support of a Petition Filed Pursuant to Section 301 of the Trade Act of 1974, Washington: Dewey Ballantine/Eastman Kodak Co. 1995, 1 ff.; auszugsw. in: *Durling* (Anm. 236), 67 ff.

beziehen könne, ebenfalls abhängig gehalten werde.[244] Aufgrund dieser vertikalen Wettbewerbsbeschränkungen erziele *Fujifilm* dauerhaft hohe Abnehmer- und Wiederverkaufspreise und schalte die Konkurrenz weitgehend aus. Hinzu komme, so *Kodak* weiter, dass der Verband der Einzelhändler (*Zenren*) zum Erhalt langfristiger Preisstabilität und geringer Wettbewerbsintensität *Fujifilm* über Einzelhändler berichte, die aus der organisierten Vertriebsstruktur ausbrächen. Infolgedessen laufe das Marketing von *Kodak* weitgehend ins Leere.

Das Geschäftsverhalten von *Fujifilm* verstoße gegen Section 3, Section 8 Ziffer (1) und Section 19 der Wettbewerbsordnung Japans (Dokusen Kinshi Hô),[245] was auch bekannt sei, doch habe die Wettbewerbsbehörde Japans (JFTC)[246] bislang jede Aufsicht unterlassen. Solche Duldung unlauterer Geschäftspraktiken habe Japan zu vertreten. Vielmehr würden Richtlinien, Empfehlungen und Vorgaben des Ministeriums für Außenhandel und Industrie Japans (MITI)[247] solches Geschäftsverhalten geradezu nahegelegen. Denn seitdem in den 1960er und 1970er Jahren wichtige Investitions- und Handelshemmnisse aufgehoben wurden, entschärfe das MITI den als exzessiv empfundenen Wettbewerb einer freien Marktwirtschaft, indem es gegen den Marktzugang ausländischer Konkurrenten gerichtete, unlautere Geschäftspraktiken japanischer Unternehmen unterstütze. Dies gleiche einer Privatisierung von Protektionismus zugunsten japanischer Unternehmen und verletze sowohl das Freundschafts-, Handels- und Schifffahrtsabkommen mit den Vereinigten Staaten vom 2. April 1953 (FCN-Abkommen),[248] als auch den Kodex der Liberalisierung des Kapitalverkehrs der Organisation für wirtschaftliche Zusammenarbeit und Entwicklung (OECD-Kodex).[249] *Kodak* sei auf diese Weise ein Umsatzvolumen in Höhe von

---

244 Zum japan. Markt für Fotomaterial, *Devereaux/Lawrence/Watkins* (Anm. 238), 143 ff.; *Durling* (Anm. 236), 9 ff.; 63 ff.; *Manzenreiter, Wolfram*: Konsum und Freizeit in Japan nach der Bubble: Trends der neunziger Jahre, in: Linhart, Sepp (Hrsg.): Gesellschaftlicher Wandel Japans in den 90er Jahren, Wien: AIAS 1999, 73–96 (82 ff.; 88 ff.).

245 Act on the Prohibition of Private Monopolization and Maintenance of Fair Trade, No. 54 (1947), as amend. Act No. 107 (1992), Kanpô, 93 ff.

246 Fair Trade Commission of Japan (Nihon No Kôsei Torihiki Iinkai) (JFTC).

247 Ministry for International Trade and Industry (Kokusai Bôeki To Sangyôjô) (MITI); seit 2001 Ministry for Economy, Trade and Industry (METI).

248 Treaty and Protocol of Friendship, Commerce, and Navigation between the United States of America and Japan, signed at Tokyo, 2 April 1953, and Exchange of Notes of August 29, 1953, UNTS 206 (1955), 192 ff.; TIAS No. 2788.

249 *Council*: Code of Liberalisation of Capital Movements, adopt. 12 Dec. 1961, OECD Doc. C(61)96; am relevanten 18. Mai 1995 zuletzt geänd. durch *Council*: Resolution

5,6 Milliarden US-Dollar entgangen. Somit habe die Regierung Japans den Handel mit den Vereinigten Staaten in einer Weise beeinträchtigt, welche die Anspruchsvoraussetzungen aus Section 301 Buchstabe (a) Ziffer (1) US Trade Act[250] für eine Untersuchung erfülle.[251] Die Beschwerde wurde in Buchform vertrieben und durch eine landesweite Medien- und Lobbykampagne ergänzt.[252]

Mit Unterstützung amerikanischer Rechtsanwälte veröffentlichte *Fujifilm* eine umfangreiche Gegendarstellung. *Fujifilm* führte darin aus, der geringe Marktanteil von *Kodak* in Japan sei durch hohe Preise, geringe Innovation sowie ungeschicktes Marketing selbstverschuldet; die *tokuyakuten* führten durchaus Produkte von *Kodak* im Sortiment; die gerügten Wettbewerbsverzerrungen der 1960er und 1970er Jahre seien weitgehend beseitigt worden; die jeweiligen Marktanteile von *Kodak* in Japan und von *Fujifilm* in den Vereinigten Staaten, spiegelbildlich vergleichbar, forderten zur Untersuchung des Geschäftsverhaltens von *Kodak* auf seinem Heimatmarkt geradezu heraus. Die Tatsache, so *Fujifilm* schließlich, dass *Kodak* vor der zuständigen JFTC keine Rechtsmittel eingelegt habe, lege den Verdacht nahe, das Unternehmen versuche durch Einschaltung des USTR vorhandene Rechtsbehelfe und die Regeln des freien Wettbewerbs zu umgehen.[253] *Fujifilm* unterstützte diese Gegendarstellung seinerseits durch Medien- und Lobbyarbeit.[254]

---

amending the Code of Liberalisation of Capital Movements, adopt. 19 April 1995, OECD Doc. C(95)45Final, in: *Organization for Economic Co-operation and Development*: Code of Liberalisation of Capital Movements (1995), Paris: OECD 1995; hierzu *Committee on Invisible Operations*: Report on Codes of Liberalisation of Capital Movements and of Current Invisible Operations, OECD Doc. C(61)37 and C(61)73, circul. 28 Oct. 1961 and 8 Dec. 1961, in: *Organization for Economic Co-operation and Development*: Introduction to the OECD Codes of Liberalisation, Paris: OECD 1995, 8 ff.

250 19 USC §2411(a)(1)(1994).

251 *Howell/Bartlett* (Anm. 243), 17 ff.; auszugsw. in: *Durling* (Anm. 236), 75 ff.

252 Zur Medien- und Lobbyarbeit von *Kodak*, *Iida* (Anm. 237), 101 f.; ausf. *Durling* (Anm. 236), 115 ff.; 138 ff.; 214 ff.

253 *Barringer, William H./Durling, James P./Porter, Daniel L./Lindsay, William B.*: Rewriting History: Kodak's Revisionist Account of the Japanese Consumer Photographic Market, Memorandum Filed by Willkie Farr & Gallagher for Fuji Photo Film Co., Ltd., Washington: Willkie Farr & Gallagher/Fuji Photo Film Co., Ltd. 1995, 27 ff.; 36 ff; auszugsw. in: *Durling* (Anm. 236), 96 ff.; 101 ff.

254 Zur Medien- und Lobbyarbeit von *Fujifilm*, *Iida* (Anm. 237), 101 f.; *Devereaux/Lawrence/Watkins* (Anm. 238), 159 f.; ausf. *Durling* (Anm. 236), 86 ff.; 108 ff.; 216 ff.

Kodak widerlegte diese Argumente von *Fujifilm* durch eine neue, um Marktuntersuchungen bereicherte Stellungnahme.[255] Das schiere Ausmaß der Anstrengungen beider Kontrahenten kann hier nur angedeutet werden.[256]

Am 3. Juli 1995 beschloss der USTR gemäß Section 302 Buchstabe (a) US Trade Act[257] die Eröffnung einer Untersuchung.[258]

II. Verhandlungsgesuche des USTR werden vom MITI zurückgewiesen

Gemäß Section 303 Buchstabe (a) Ziffer (1) US Trade Act[259] ist der USTR verpflichtet, durch Verhandlung mit dem ersuchten Staat eine einvernehmliche Lösung zu suchen und, falls keine solche zustande kommt, ein zwischenstaatliches Forum zur Streitbeilegung anzurufen. Kommt keine einvernehmliche Lösung zustande oder entscheidet das zwischenstaatliche Forum zugunsten der Vereinigten Staaten, muss der USTR ermitteln, ob die Anspruchsvoraussetzungen aus Section 301 Buchstabe (a) Ziffer (1)[260] beziehungsweise Buchstabe (b) Ziffern (1) und (2) US Trade Act[261] erfüllt sind. Spätestens nach Ablauf der in Section 304 Buchstabe (a) Ziffer (2)(A) US Trade Act[262] vorgegebenen Untersuchungsfrist muss der USTR in einem Feststellungsbeschluss erklären, ob er auf die Beendigung der Maßnahme hinwirken wird, wozu er in den allermeisten Fällen verpflichtet ist.[263] Zugleich setzt er Art und Höhe von zu ergreifenden Gegenmaßnahmen fest.[264] Anschließend wird der Feststellungsbeschluss dem ersuchten Staat zugestellt.[265]

---

255 *Howell/Bartlett* (Anm. 243), 22 ff.; auszugsw. in: *Durling* (Anm. 236), 167 ff.; 175 ff.; 189 ff.

256 Hierzu weiter *Iida* (Anm. 237), 103 f.; *Durling* (Anm. 236), 116 ff.; 216 ff.

257 19 USC §2412(a)(1988).

258 *US Trade Representative*: Initiation of Investigation Pursuant to Section 302 Concerning Barriers to Access to the Japanese Market for Consumer Photographic Film and Paper, Request for Public Comment, 60 FR 35447 (7 July 1995).

259 19 USC §2413(a)(1)(1988).

260 19 USC §2411(a)(1)(1994).

261 19 USC §2411(b)(1)-(2)(1988).

262 19 USC §2414(a)(2)(A)(1994).

263 Sec. 304(a)(1)(A) und(2)(A) US Trade Act; 19 USC §2414(a)(1)(A) und (2)(A)(1994).

264 Sec. 301(c)(5) US Trade Act; 19 USC §2411(c)(5)(1994).

265 Sec. 304(a)(1)(B) US Trade Act; 19 USC §2414(a)(1)(B)(1988).

Auf dieser Grundlage schrieb der stellvertretende USTR *Ira Shapiro* an MITI-Vizeminister *Yoshihiro Sakamoto*, es liege im Interesse beider Regierungen, an einer schnellen Lösung der Sache Film zu arbeiten. Insofern habe er unterschiedliche Ansätze bedacht, einschließlich einer von Vizeminister *Sakamoto* bereits angeregten Befassung der JFTC. Allerdings habe die JFTC die Sache auf Antrag von *Kodak* und *Fujifilm* bereits geprüft und eine weitere Untersuchung trotz der vorgelegten Informations- und Beweisfülle abgelehnt. Er halte diesen Ansatz deshalb für unangebracht. Da die strittigen Handlungen und Politiken nicht privaten Parteien, sondern der Regierung Japans zuzuschreiben seien, falle dem MITI aufgrund seiner Sachzuständigkeit Vorrang bei der Lösung dieser Sache zu. Gesetze zur Kontrolle des Devisen- und Außenhandels (Gaikoku Kawase Oyobi Gaikoku Bôeki Kanri Hô),[266] zur Errichtung des Ministeriums für Außenhandel und Industrie (Tsûshô Sangyô Shô Setchi Hô),[267] zur Anpassung der Geschäftstätigkeit des Vertriebsdienstleistungssektors in großflächigen Kaufhäusern (Daiten Hô),[268] die MITI Richtlinien zur Verbesserung von Geschäftspraktiken,[269] und das Gesetz zur Unternehmensreform in bezeichneten Sektoren (Tokutei No Sangyô No Tame No Jigyô Kaikaku Ni Kansuru Hôritsu),[270] lieferten dem MITI hierzu die Rechtsgrundlage. Darüber hinaus hätten jüngste Handelsgespräche über Autos, Glas und Beschaffungswesen wettbewerbspolitische Inhalte aufgewiesen, was die Beteiligung des MITI nicht verhindert habe, da dies seit der „Structural Impediments Initiative" (SII)[271] dessen Politik entspreche. Bereits gemachte Aussagen zeigten, dass Vizeminister *Sakamoto* den Zusammenhang von vorliegender und vergangener Sachen verstehe. Daher schlage er vor, im Januar ein Treffen von Experten zur Erörterung der Sache zu vereinbaren, insbesondere in Bezug auf: Maßnahmen der Regierung Japans im Filmsektor, wie etwa die Entscheidung des Kabinetts von 1967

---

266 Foreign Exchange and Trade Control Act, No. 228 (1949), as amend. Act No. 65 (1979), Kanpô.

267 Ministry of International Trade and Industry Establishment Act, No. 275 (1949), Kanpô, 255 ff.

268 Act on the Adjustment of Retail Business Operations at Large Scale Retail Stores, No. 109 (1973), as amend. Act No. 105 (1978), Kanpô, 71 ff.

269 Wohl *Ministry of International Trade and Industry*: Guidelines on Business Practices to Promote a Free, Transparent and Competitive Distribution System (1990).

270 Act on the Business Reform for Specified Industries, No. 61 (1995), Kanpô.

271 Joint Report of the U.S.-Japan Working Group on the Structural Impediment Initiative, Joint Press Release at Tokyo, 28 June 1990, in: Antitrust & Trade Reg. Rep. (BNA) 59 (5 July 1990), 28 ff.

zur Liberalisierung von Inlandsinvestitionen;[272] die Richtlinien von 1970 zur Handelsnormalisierung für die Foto- und Filmindustrie;[273] die Vertriebsrichtlinien von 1990;[274] das Gesetz von 1995 zur Unternehmensreform in bezeichneten Sektoren (Tokutei No Sangyô No Tame No Jigyô Kaikaku Ni Kansuru Hôritsu);[275] die Formulierung von Wettbewerbspolitik und Durchsetzung des Dokusen Kinshi Hô durch die Regierung Japans; die Daten- und Informationserhebung im Filmsektor durch die Regierung Japans. Seines Erachtens sei die Sache Film lösbar, sofern das MITI seine Zuständigkeit eingestehe. Zugleich könne er geäußerte Bedenken verstehen und schlage alternativ vor, die Sache im Rahmen des United States-Japan Framework for a New Economic Partnership (FTA)[276] zu erörtern.[277]

Dem erteilte Vizeminister *Sakamoto* in seiner Antwort eine klare Absage. Das MITI teile keiner der Behauptungen von *Kodak*, die JFTC hätte vorgenannte Geschäftspraktiken geduldet, und sogenannte „Liberalisierungsgegenmaßnahmen" des MITI hätten zur beklagten Marktstruktur beigetragen. Erstens habe die JFTC keine unlauteren Geschäftspraktiken geduldet; zweitens beruhe die Unterstellung vergangener Handlungen und Politiken des MITI auf Tatsachenverzerrungen. Dessen ungeachtet sei es sinnlos, die JFTC der Duldung unlauterer Geschäftspraktiken, oder das MITI der Herstellung einer wettbewerbswidrigen Marktstruktur zu bezichtigen. Denn bis das Bestehen unlauterer Geschäftspraktiken erwiesen sei, seien solche Behauptungen irrelevant. Wie aus der von *Kodak* beim USTR eingereichten Beschwerde hervorgehe, seien die Kernvorwürfe ausschließlich auf privates, die eingeforderten Rechtsbehelfe auf unlauteres Geschäftsverhalten bezogen. Die Feststellung jedoch, ob eine Verletzung des Dokusen Kinshi Hô im japanischen Markt vorliege, obliege

---

272 *Cabinet of the Prime Minister*: Decision on the Liberalization of Inward Investments (1967), Kanpô.

273 *Ministry of International Trade and Industry*: Guidelines on Trade Normalization for the Photo and Film Industry (1970).

274 Wohl *Ministry of International Trade and Industry*: Guidelines on Business Practices to Promote a Free, Transparent and Competitive Distribution System (1990).

275 Act on the Business Reform for Specified Industries, No. 61 (1995), Kanpô.

276 Joint Statement on the United States-Japan Framework for a New Economic Partnership, by President *William Clinton* and Prime Minister *Miyazawa*, done at Tokyo, 10 July 1993, in: ILM 32 (1993), 1414 ff.; Agreement Clarifying the Framework Agreement, as agreed, 23 May 1994, in: U.S.-Japan Agreement on Framework, Inside U.S. Trade, Special Report (27 May 1994), No. 1656.

277 *Shapiro, Ira S.*: Letter to MITI Vice-Minister *Yoshihiro Sakamoto* (21 Dec. 1995), in: Shapiro Letter in Kodak Case, Inside U.S. Trade (12 Jan. 1996), No. 3735.

der JFTC. Die Behauptung, die JFTC hätte aufgrund eines Antrags von *Kodak* und *Fujifilm* bereits eine Untersuchung vorgenommen, entspreche nicht den Tatsachen. Gemäß Section 45 Dokusen Kinshi Hô könne jeder gesetzeswidrige Handlungen der JFTC anzeigen und die Ergreifung angemessener Maßnahmen beantragen. Nach Kenntnis des MITI habe *Kodak* jedoch keine solche Anzeige bei der JFTC erstattet. Der von *Kodak* angeführte „Unwillen und/oder die Unfähigkeit" der JFTC sei grundlos und unangemessen. Im Übrigen herrsche unter befragten amerikanischen Wettbewerbsrechtlern Konsens, dass die von *Kodak* veröffentlichten Dokumente keine ausreichende Grundlage bieten, um eine Verletzung des Dokusen Kinshi Hô zu begründen. Obwohl das MITI anerkenne, dass Wettbewerbsfragen in Handelsgesprächen unter Beteiligung des MITI thematisiert worden seien, sei es bisher nie in der Hauptsache um eine behauptete Verletzung des Dokusen Kinshi Hô gegangen. Unberührt sei zudem die Position des MITI, nicht auf Überlegungen einzugehen, die im Rahmen von Section 301 US Trade Act aufgeworfen würden, da dieses Verfahren und die Androhung einseitiger Maßnahmen mit internationalen Regeln unvereinbar sei.[278] Das Schreiben endete mit zweierlei Vorschlägen: Vom USTR und das MITI angeregte Gespräche der Wettbewerbsbehörden beider Länder, um diese und ähnliche Sachen konstruktiv anzugehen, und eine Fallstudie über Filmmärkte in einer OECD-Arbeitsgruppe.[279]

Am 21. Februar 1996 leitete die JFTC gemäß Section 45 Ziffer (4) in Verbindung mit Section 8 Ziffer (1) Dokusen Kinshi Hô, die bei vermuteten Verletzungen des Dokusen Kinshi Hô ein Initiativrecht der JFTC normieren, eine Untersuchung zum Markt für Fotomaterial ein.[280]

In einer Rede vor dem *Foreign Correspondents' Club of Japan* verlieh Vizeminister *Sakamoto* seiner Auffassung weiteren Nachdruck:[281] Während der Wettbewerb der 1970er und 1980er Jahre mangels effektiver Streitbeilegung im GATT 1947 zwangsweise zu Spannungen geführt habe, entbehrten bilaterale Vorstöße zugunsten einzelner Wirtschaftszweige angesichts einer in der WTO verankerten „Herrschaft des Rechts" nunmehr einer Grundlage, und erforderten globale Herausforderungen eine enge Zusammenarbeit.[282] Das derart

---

278 *Sakamoto, Yoshihiro*: Letter to Deputy USTR *Ira S. Shapiro* (5 Jan. 1996), in: Sakamoto Letter on Kodak Case, Inside U.S. Trade (12 Jan. 1996), No. 3736.

279 Ebendort.

280 Übereinst. *Suzuki* (Anm. 234), 5; ausf. *Durling* (Anm. 236), 242 ff.

281 Übereinst. *Suzuki* (Anm. 234), 4; 11; ausf. *Durling* (Anm. 236), 245 ff.

282 MITI Official Says Era of Bilateral Talks with U.S. Is Over, Inside U.S. Trade (22 March 1996), No. 4013.

verkündete „Ende des Bilateralismus" wurde in den Vereinigten Staaten mit Sorge aufgenommen.[283]

Kodak schürte die Polemik und vertiefte seine Argumente durch weitere Marktstudien.[284] Zudem sprach das Unternehmen bei *Agfa-Gevaert N.V.*, einem in Belgien ansässigen Konkurrenten, sowie bei der Europäischen Kommission vor, welche grundsätzliche Bedenken hinsichtlich der japanischen Wettbewerbsverhältnisse hegte.[285]

Fujifilm unternahm seinerseits Marktstudien und erweiterte sein Argument, der USTR solle die Wettbewerbsverhältnisse nicht nur am Geschäftsverhalten von *Fujifilm* in Japan beurteilen, sondern ebenso am Geschäftsverhalten von *Kodak* in den Vereinigten Staaten.[286] Zudem bat *Fujifilm* den Konkurrenten *Polaroid Corporation, Inc.* (*Polaroid*) um Unterstützung und hielt die Mitarbeiter seiner Tochterunternehmen *Fuji Photo Film, Inc.*, *Fuji Photo Film U.S.A., Inc.* sowie *Fuji Hunt Photographic Chemicals, Inc.* zur Ansprache ihrer

---

283 So etwa *Durling* (Anm. 236), 252 ff.; relativierend hingegen *Suzuki* (Anm. 234), 11; *Iida* (Anm. 237), 114.

284 Übereinst. *Iida* (Anm. 237), 108 f.; ausf. *Durling* (Anm. 236), 172 ff.; 185 ff. mit Auszügen aus den Stellungnahmen zur Verfügbarkeit von *Kodak*-Produkten, *Howell, Thomas R.*: Letter to Irving A. Williamson, Chair Section 301 Committee: Japan Market Access Survey for Photographic Film (20 March 1996); zur Struktur der Absatzkanäle, *Howell, Thomas R.*: Letter to Irving A. Williamson, Chair Section 301 Committee: Restraints on Price Competition in the Japanese Market for Consumer Photographic Film and Paper (16 April 1996).

285 Übereinst. *Iida* (Anm. 237), 87; *Durling* (Anm. 236), 403 f.

286 Übereinst. *Iida* (Anm. 237), 109; *Durling* (Anm. 236), 169 ff.; 179 ff.; 182 ff.; 191 ff.; 273 ff. mit Auszügen aus den Erwiderungen zur Verfügbarkeit von *Kodak*-Produkten, *Barringer, William H.*: Letter to *Irving A. Williamson*, Chair Section 301 Committee: Fujifilm's Rebuttal Regarding the Alleged "Distribution Bottleneck" (21 Dec. 1995); zu Preisbindungen, *Barringer, William H.*: Letter to *Irving A. Williamson*, Chair Section 301 Committee: Fujifilm's Rebuttal on Price Comparisons (7 Feb. 1996); zum Geschäftsverhalten von *Kodak* auf dem amerikan. Markt, *Barringer, William H.*: Letter to *Irving A. Williamson*, Chair Section 301 Committee: Fujifilm's Comments on USTR's Legal Requirement to Take into Account Reciprocal Opportunities for Fujifilm in the U.S. Market (8 Feb. 1996); zur Struktur der Absatzkanäle, *Barringer, William H.*: Letter to *Irving A. Williamson*, Chair Section 301 Committee: Fujifilm's Rebuttal Regarding its Alleged "Control" of the Tokuyakuten (13 March 1996); zu Preisabsprachen, *Barringer, William H.*: Letter to *Irving A. Williamson*, Chair Section 301 Committee: Fujifilm's Rebuttal Regarding Vertical and Horizontal Price Fixing (28 March 1996).

Abgeordneten im US Congress an.[287] Überdies wandte sich das Unternehmen ebenfalls an die Europäische Kommission.[288]

Am 18. Juni 1996 stellte der USTR im Ergebnis seiner Untersuchung fest, dass bestimmte Handlungen, Politiken und Praktiken der Regierung Japans in Bezug auf Verkauf und Vertrieb von Fotomaterial in Japan unvernünftig seien und den Handel mit den Vereinigten Staaten erschwerten oder hemmten. Insbesondere stelle er fest, dass die Regierung Japans eine Marktstruktur errichtet habe und dulde, die Exporte dieser Produkte von den Vereinigten Staaten nach Japan hemme, und in der Praktiken stattfänden, die ebenfalls Exporte dieser Produkte hemmen und dadurch lautere und billige Vermarktungschancen vorenthalten. Zeitgleich mit dem Abbau formaler Import- und Investitionshemmnisse ab den 1960er Jahren habe die Regierung Japans Liberalisierungsgegenmaßnahmen ergriffen, um den Zugang von ausländischem Kapital und ebensolchen Gütern zum japanischen Markt zu beeinträchtigen. Das MITI habe etwa Vertriebsrichtlinien für Fotofilm erlassen, die eine Marktstruktur beziehungsweise Vertriebspraktiken gefördert habe, welche Abhängigkeits- und Ausschließlichkeitsverhältnisse zwischen *Fujifilm* und Einzelhändlern entstehen ließen.[289]

Auf dieser Grundlage beschloss der USTR eine doppelte Strategie: Erstens würden die Vereinigten Staaten aus der Feststellung, Liberalisierungsgegenmaßnahmen der Regierung Japans verletzten Pflichten Japans aus den WTO-Teilabkommen, und vernichteten oder schmälerten aus diesen Übereinkommen zugesicherte Vorteile, diese Maßnahmen gemäß Artikel 23 DSU dem Streitbeilegungsverfahren der WTO zur Prüfung vorlegen. Sollte das WTO-Streitbeilegungsgremium feststellen, dass diese Maßnahmen diese Übereinkommen verletzen, mit ihnen unvereinbar sind oder anderweitig Vorteile vorenthalten, würden die Vereinigten Staaten gemäß Section 301 US Trade Act und in Übereinstimmung mit dem DSU Maßnahmen ergreifen, falls Japan keine zufriedenstellende Maßnahmen ergreife, um die Rechte der Vereinigten Staaten aus diesen Übereinkommen zu erfüllen, oder Zusagen zur Einstellung oder zum Auslaufen dieser Maßnahmen beziehungsweise zur Abschaffung von Handelshemmnissen oder ausgleichende Handelsvorteile gewähre. Zweitens

---

287 Public Comments on Kodak Complaint Reveal Split in U.S. Film Industry, Inside U.S. Trade (18 Aug. 1995), No. 3205.

288 So etwa *Durling* (Anm. 236), 403 f.

289 *US Trade Representative*: Section 304 Determinations: Barriers to Access to the Japanese Market for Consumer Photographic Film and Paper, Notice of Determinations, 61 FR 30929 (18 June 1996).

würden die Vereinigten Staaten aufgrund der Entscheidung der VERTRAGS-PARTEIEN vom 18. November 1960 (Entscheidung von 1960)[290] Konsultationen mit der Regierung Japans ersuchen; *Kodak* auffordern, der JFTC gemäß der Erklärung von Premierminister *Hashimoto* und weiteren Verpflichtungen der Regierung Japans aus der SII[291] und dem "Joint Statement on the FTA",[292] Information über unlautere Geschäftspraktiken im japanischen Markt für Fotomaterial vorzulegen, und selbst Information einreichen, um Wettbewerbsgesetze durchzusetzen; zudem würde das Justizministerium der Vereinigten Staaten (USDOJ) bei der Prüfung unlauterer Geschäftspraktiken um Zusammenarbeit mit der JFTC ersuchen; ferner würden die Vereinigten Staaten das Ausmaß des durch die Wettbewerbsverzerrung im Markt für Fotomaterial entstandenen wirtschaftlichen Schadens untersuchen und angemessene Konsequenzen erwägen.[293]

III. Der USTR beantragt Konsultationen im Streitbeilegungssystem der WTO

Am 13. Juni 1996 stellte der Ständige Vertreter der Vereinigten Staaten bei der WTO dem Ständigen Vertreter Japans drei Anträge auf Konsultationen zu.

Im Antrag DS44 führte er den Auftrag seiner Behörden aus, gemäß Artikel 4 DSU und Artikel XXIII Ziffer 1 GATT 1994 Konsultationen über Gesetze, Verordnungen und Anforderungen der Regierung Japans zu ersuchen, die Vertrieb, Angebot und Lieferung von importiertem Fotomaterial berührten, einschließlich: Liberalisierungsgegenmaßnahmen; Vertriebsrichtlinien; das

290 *Restrictive Business Practices*: Proposal by Chairman of the Working Party, GATT Doc. W.17/37, circul. 17 Nov. 1960, adopt. by *CONTRACTING PARTIES*: Summary Record of the Tenth Meeting, Held at Palais des Nations, Geneva, on 18 Nov. 1960, GATT Doc. SR.17/10, circul. 30 Nov. 1960, Ziff. 4; agedr. in: BISD 9S/28 (1960).

291 Joint Report of the U.S.-Japan Working Group on the Structural Impediment Initiative, Joint Press Release at Tokyo, 28 June 1990, in: Antitrust & Trade Reg. Rep. (BNA) 59 (5 July 1990), 28 ff.

292 Joint Statement on the United States-Japan Framework for a New Economic Partnership, by President *William Clinton* and Prime Minister *Miyazawa*, done at Tokyo, 10 July 1993, in: ILM 32 (1993), 1414 ff.; Agreement Clarifying the Framework Agreement, as agreed, 23 May 1994, in: U.S.-Japan Agreement on Framework, Inside U.S. Trade, Special Report (27 May 1994), No. 1656.

293 *US Trade Representative*: Section 304 Determinations: Barriers to Access to the Japanese Market for Consumer Photographic Film and Paper, Notice of Determinations, 61 FR 30929 (18 June 1996).

Daiten Hô; das Gesetz gegen ungerechtfertigte Prämien und irreführende Darstellungen (Futô Hyôji Bôshi Hô); Maßnahmen zur Abordnung von Arbeitnehmern aus dem Dokusen Kinshi Hô; die Anwendung des Tokutei No Sangyô No Tame No Jigyô Kaikaku Ni Kansuru Hôritsu; das Tsûshô Sangyô Shô Setchi Hô; sowie damit zusammenhängende Gesetze, Verordnungen und Verwaltungsmaßnahmen.[294] Der USTR schloss gemäß Buchstabe (a) der Bestimmung des GATT 1994 auf die Verletzung von Artikel III und X GATT 1994. Ferner rügte er, aus Buchstabe (b) der Vorschrift über „Nichtverletzungsbeschwerden", die „Zunichtemachung oder Schmälerung" von „zugesicherten Vorteilen" aus dem GATT 1994.[295]

Im Antrag DS45 führte er den Auftrag seiner Behörden aus, gemäß Artikel 4 DSU und Artikel XXIII GATS Konsultationen über Maßnahmen zu ersuchen, die Vertriebsdienstleistungen berührten und von der Regierung Japans gemäß, beziehungsweise in Verbindung mit dem Daiten Hô sowie hiermit zusammenhängender Gesetze, Verordnungen und Verwaltungsmaßnahmen, angewandt würden.[296] Der USTR schloss gemäß Ziffer 1 der Bestimmung des GATS bezüglich „Verletzungsbeschwerden" auf die „Zunichtemachung oder Schmälerung" von Vorteilen aus Artikel III und XVI GATS. Weiter rügte er, aufgrund Ziffer 3 der Vorschrift über „Nichtverletzungsbeschwerden", die „Zunichtemachung oder Schmälerung" von „zugesicherten Vorteilen" aus dem GATS.[297]

Im Antrag aufgrund der Entscheidung von 1960 führte er den Auftrag seiner Behörden aus, Konsultationen über gewisse Geschäftspraktiken im japanischen Markt für Fotomaterial zu ersuchen. Die Vereinigten Staaten hätten Hinweise erhalten, dass japanische Hersteller, Großhändler und Einzelhändler dieser Produkte sich auf Geschäftspraktiken einließen, die den Wettbewerb im Außenhandel mit Fotomaterial beeinträchtigten, indem sie Vertriebskanäle negativ beeinflussten und den Preiswettbewerb im japanischen Markt

294 *Permanent Mission of the United States*: Communication to the Permanent Mission of Japan and to the Dispute Settlement Body, 13 June 1996, circul. as *Japan – Film*, Request for Consultations by the United States, WTO Doc. WT/DS44/1, 21 June 1996.

295 Ebendort.

296 *Permanent Mission of the United States*: Communication to the Permanent Mission of Japan and to the Dispute Settlement Body, 13 June 1996, circul. as *Japan – Distribution Services*, Request for Consultations by the United States, WTO Doc. WT/DS45/1, 20 June 1996.

297 Ebendort.

einschränkten.[298] Die Entscheidung von 1960 erkenne an, dass „Geschäftspraktiken, die Wettbewerb im internationalen Handel beschränken, die Erweiterung des Welthandels und die wirtschaftliche Entwicklung einzelner Staaten beeinträchtigten und folglich Vorteile aus der Minderung von Zöllen und Beseitigung von zahlenmäßigen Beschränkungen frustrieren oder anderweitig die Ziele des [GATT 1947] beeinträchtigen könnten." Auf entsprechendem Antrag empfehle sie Konsultationen über solche Praktiken mit dem Ziel eines „beiderseits zufriedenstellenden Abschlusses".[299]

1. Konsultationen DS44

Am 11. Juli 1996 besprachen die Parteien den Antrag DS44. Dabei beharrten sie auf ihren Positionen: Für die Delegation Japans[300] war der japanische Markt für Fotomaterial offen für Wettbewerb aus dem Ausland. Etwaige Restriktionen seien ohne Zutun der Regierung auf Vereinbarungen von Unternehmen zurückzuführen. Für die Delegation der Vereinigten Staaten hingegen waren Hemmnisse gegen Wettbewerb aus dem Ausland, als Verwaltungsrichtlinien zumindest teilweise staatlicher Herkunft, nachweisbar vorhanden.[301] Die Delegation Japans versuchte zudem, den Streitgegenstand genauer zu erfassen, worauf sich die Delegation der Vereinigten Staaten nicht einließ. Diese hoffte ihrerseits auf Information zur Stützung ihrer Forderungen, die ihr ebenso verwehrt blieb.[302]

2. Konsultationen DS45

Das im Antrag DS45 thematisierte Daiten Hô war zu Beginn der 1970er Jahre verabschiedet worden, um Einzelhändler vor übermäßiger Konkurrenz durch

---

298 *Permanent Mission of the United States*: Communication to the Permanent Mission of Japan, 13 June 1996, circul. as *Japan – Business Practices*, Request for Consultations by the United States Pursuant to the Decision on "Restrictive Business Practices: Arrangement for Consultations", WTO Doc. WT/L/154, 26 June 1996.

299 Ebendort.

300 Bestehend aus Vertretern des Ministeriums für auswärtige Angelegenheiten Japans (Gaimu Shô) (MOFA), des MITI und der JFTC, so *Iida* (Anm. 237), 113.

301 U.S.-Japan Film Talks in WTO Make Little Progress Toward Agreement, Inside U.S. Trade (12 July 1996), No. 4480; übereinst. *Durling* (Anm. 236), 388; *Devereaux/Lawrence/Watkins* (Anm. 238), 168; *Iida* (Anm. 237), 113 erwähnt ferner Forderungen der Delegation der Vereinigten Staaten aus dem Daiten Hô und des Futô Hyôji Bôshi Hô.

302 Übereinst. *Durling* (Anm. 236), 388; *Devereaux/Lawrence/Watkins* (Anm. 238), 168.

Kaufhäuser, Supermärkte und Discounter zu schützen.[303] Gemäß Artikel 2 fortfolgende Daiten Hô unterlagen Niederlassungs- und Vergrößerungsvorhaben von über 500 m^2 Verkaufsfläche der Genehmigung durch das MITI.[304] Im Laufe des Prüfungs- und Genehmigungsverfahrens war die Stellungnahme nachgeordneter Beiräte einzuholen,[305] in denen Einzelhändler stark vertreten waren,[306] was zu erheblichen Verzögerungen führte. Zudem wurden Genehmigungen oft mit Auflagen verbunden.[307]

Von jeher hatten japanische wie ausländische Handelsketten moniert, sie würden mehr Auswahl und Importe bieten, während Einzelhändler, oft von japanischen Herstellern und Vertriebshändlern abhängig, ihr Sortiment eher

---

303 So etwa *Flath, David J.*: Why Are There So Many Retail Stores in Japan? Japan World Econ. 2 (1990), 365–386 (366 ff.); *Upham, Frank K*: Privatized Regulation: Japanese Regulatory Style in Comparative and International Perspective, Fordham ILJ 20 (1996), 396–511 (396 ff.); *Suzumura, Kotaro*: Formal and Informal Measures for Controlling Competition in Japan: Institutional Overview and Theoretical Evaluation, in: Graham, Edward W./Richardson, J. David (eds.): Global Competition Policy, Washington: IIE 1997, 439–473 (453 ff.); *Schoppa, Leonard J.*: Bargaining with Japan: What American Pressure Can and Cannot Do, New York: Columbia Univ. Pr. 1997, 146 ff.; *Pilat, Dirk*: Regulation and Performance in the Distribution Sector, Economics Department Working Papers No. 180, OECD Doc. GD(97)145, Paris: OECD 1997, 30 ff.; *Tsuchiya, Keizo/Riethmuller, Paul C.*: The Japanese Food Distribution System and the Large Scale Retail Store Law, Int'l Journ. Social Econs. 24 (1997), 197–206 (198 ff.); *Manzenreiter* (Anm. 244), 85 f.; *Grier, Jean H.*: Japan's Regulation of Large Retail Stores: Political Demands Versus Economic Interests, U. Penn. JIEL 22 (2001), 1–60 (9 ff.).

304 Sec. 2 ff. Daiten Hô n.F. i.V.m. *Ministry of International Trade and Industry*: Adjustment of the Business Activities of Large Scale Retail Stores, Meirei No. 17 (1974); *Ministry of International Trade and Industry*: Operation of the Commerce Adjustment Board, Directive No. 123 (1974); *Ministry of International Trade and Industry*: Self-restraint Regarding the Rush for the Construction and Expansion of New Stores, Directive No. 205 (1978); *Ministry of International Trade and Industry*: Self-restraint Regarding the Rush for the Expansion and Building of New Stores, Directive No. 564 (1978); *Ministry of International Trade and Industry*: Obligatory Action Pursuant to the Implementation Regulations for the Act on the Adjustment of the Business Activities of the Retail Industry for Large Scale Stores, Directives Nos. 365 and 366 (1979); *Ministry of International Trade and Industry*: Immediate Measures Regarding Notification to Establish Large Scale Retail Stores, Directive No. 36 (1982).

305 Sec. 5 ff. Daiten Hô zum Prüfungs- und Genehmigungsverfahren.

306 Sec. 11 ff. Daiten Hô zur Bildung und Zusammensetzung der Beiräte.

307 Sec. 8 Daiten Hô zu möglichen Auflagen.

auf einheimische Produkte beschränkten. Dadurch wirke sich das Daiten Hô negativ auf Markteinstiegskosten, Verbraucherpreise und, obwohl es nicht ausdrücklich auf die Herkunft der Produkte abstellte, letztlich auf den Vertrieb importierter Waren aus.[308] Ende der 1980er Jahre erwirkte die Regierung der Vereinigten Staaten eine Lockerung der Prüfungs- und Genehmigungsauflagen (Einführung von Fristen zur Stellungnahme; Erweiterung der Ladenöffnungszeiten; Verringerung der gesetzlichen Feiertage; Genehmigungsfreiheit für Vergrößerungen bis zu 100 m^2).[309] Zu Beginn der 1990er Jahre folgte eine Reform des Daiten Hô (Verkürzung der Fristen; Genehmigungsfreiheit für Vergrößerungen bis zu 1 000 m^2),[310] was einen regelrechten Boom von Kaufhäusern auslöste.[311] In einem dritten Anlauf wurde diese Reform noch erweitert.[312]

---

308 So etwa *Saxonhouse, Gary R.*: Japan, SII and the International Harmonization of Domestic Economic Practices, Michigan JIL 12 (1991), 450–469 (467 ff.); *Upham* (Anm. 303), 400 ff.; *Schoppa* (Anm. 303), 156 ff.; spez. *Riethmuller, Paul C.*: Reform of the Japanese Food Distribution System: Implications for Consumers, Journ. Consumer Policy 19 (1996), 69–82 (69 ff.); abwägend *Suzumura* (Anm. 303), 459 f.; *Dillon* (Anm. 235), 229 ff.; *Grier* (Anm. 303), 17 ff.

309 Joint Report of the U.S.-Japan Working Group on the Structural Impediment Initiative (SII), Joint Press Release at Tokyo, 28 June 1990, Report by the Japanese Delegation, Ziff. III, in: Antitrust & Trade Reg. Rep. (BNA) 59 (5 July 1990), 28 ff.; nachf. *Ministry of International Trade and Industry*: Guidance for Prior Explanation of Builders Carrying out a Notification for a Class I Store, Directive No. 135 (1990); *Large Store Council (Daitenshin)*: Investigatory Procedures for the Adjustment of the Business Activity of Large Scale Retail Stores, Recommendation (14 Nov. 1991), in: *Commission of International Trade and Industry*: Large Scale Stores Laws and Regulations, Tokyo: MITI 1997, 35 ff.

310 Second Annual Report of the U.S.-Japan Working Group on the Structural Impediment Initiative (SII), joint press release at Tokyo, 30 July 1992, Report by the Japanese Delegation, Ziff. 10; zur Reform, Special Act on Exceptional Measures Concerning Floor Space for Import Sales (Yunyuuhin Senmon Uriba Hô), No. 81 (1991), Kanpô, Special Ed., 69 ff.; *Ministry of International Trade and Industry*: Local Government Regulations Concerning Store Openings, *etc.*, Directive No. 24 (1992); *Ministry of International Trade and Industry*: Guidance for Local Explanation to Those Who submitted a Notification for New Construction of a Class I Large Scale Retail Store, Directive No. 25 (1992); *MITI Director-General*: Additional Local Regulations on New Store Openings, *etc.* by Local Governments, Sankyoku No. 24 (29 Jan. 1992).

311 Übereinst. *Suzumura* (Anm. 303), 458 f.; *Manzenreiter* (Anm. 244), 86 f.; *Tsuchiya/Riethmuller* (Anm. 303), 203 f.; *Pilat* (Anm. 303), 31.

312 Final Annual Report of the U.S.-Japan Working Group on the Structural Impediment Initiative (SII), Joint Press Release at Tokyo, 17 Feb. 1993, Report by the

Dennoch blieb das Ergebnis hinter den Erwartungen der Vereinigten Staaten zurück.[313]

In den Konsultationen zum Antrag DS45 vom 10. Juli 1996 erbat die Delegation der Vereinigten Staaten lediglich Auskünfte zur aktuellen Rechtslage, welche die Delegation Japans erteilte, während Fotomaterial unerwähnt blieb.[314]

Am 20. September 1996 übermittelte der USTR den Auftrag seiner Behörden, gemäß Artikel 4 DSU und Artikel XXIII Ziffer 1 GATS weitere Konsultationen über Maßnahmen zu ersuchen, die Vertriebsdienstleistungen berührten und gemäß oder in Verbindung mit dem Tokutei No Sangyô No Tame No Jigyô Kaikaku Ni Kansuru Hôritsu beziehungsweise mit Gesetzen über besondere Maßnahmen zur Verbesserung der Handelsintegration (Komâsu Tôgô No Kaizen Ni Kansuru Tokubetsu Sochi Hô);[315] über vorübergehende Maßnahmen zur Verbesserung von speziellen Einrichtungen durch Nutzung der Fähigkeiten der Privatwirtschaft (Minkatsu Hô);[316] zur Anpassung der Geschäftstätigkeit von Großunternehmen zur Sicherung der Wettbewerbschancen kleiner und

---

Japanese Delegation – Distribution System, in: Key Elements of U.S.-Japan Structural Impediments Initiative Joint Report, Int'l Trade Rep. (BNA) 7 (1994), 1014 ff.; zur Erweiterung, *MITI Director-General*: Instructing Parties Filing Notifications of New Type-I Large Scale Retail Stores *etc.* to Hold Public Briefing, Sankyoku Nos. 25 and 26 (1 April 1992); *Ministry of International Trade and Industry*: Executive Regulations Regarding the Act on the Adjustment of Retail Business Operations at Large Scale Retail Stores (1994); *Ministry of International Trade and Industry*: Meirei No. 33 (1994); *Ministry of International Trade and Industry*: Supplementary Provision for Meirei No. 33 (1994); *Ministry of International Trade and Industry*: Guidance for Local Explanation for Class I Stores that have Submitted a Notification for a New Building, Directive No. 93 (1994); *MITI Director-General*: Instructing Parties Filing Notifications of New Type-I Large Scale Retail Stores *etc.* to Hold Public Briefing, Sankyoku Nos. 93 and 94 (1 April 1994); *MITI Director-General*: Standards for Evaluating Probability under Article 7, Paragraphs 1 and 4 of the Large Stores Law, Sankyoku No. 96 (1 April 1994); *MITI Director-General*: Handling Procedures for the Enforcement of the Act on the Adjustment of Retail Business Operations at Large Scale Retail Stores, Sankyoku No. 97 (1 April 1994); *MITI Director-General*: Establishment of Ombudsman on Additional Local Regulations *etc.* on New Store Openings by Local Governments, Sankyoku No. 92 (9 April 1994).

313 So etwa *Schoppa* (Anm. 303), 160 f.; *Grier* (Anm. 303), 20 f.

314 Übereinst. *Durling* (Anm. 236), 387 ff.; *Iida* (Anm. 237), 113.

315 Act on Special Measures for the Improvement of Commerce Integration, No. 82 (1991), Kanpô.

316 Act on Temporary Measures for the Improvement of Specified Facilities by Utilizing the Abilities of Private Enterprise, No. 77 (1986), Kanpô.

mittlerer Unternehmen (Bunya Tô Chôsei Hô);[317] zur Unterstützung des kleinen und mittleren Einzelhandels (Shocho Kouri Shôgyô Shinkô Hô);[318] über besondere Maßnahmen zur Angleichung des Einzelhandels (Shocho Hô);[319] zur Strukturierung kleiner und mittlerer Unternehmen (Shocho Kigyo Dantai No Soshiki Ni Kanzuru Horitsu)[320] sowie hiermit zusammenhängender Maßnahmen angewandt würden.[321] Der USTR schloss gemäß Artikel XXIII Ziffer 1 GATS bezüglich „Verletzungsbeschwerden" auf die „Zunichtemachung oder Schmälerung" von Vorteilen aus Artikel III, Artikel VI, Artikel XVI und Artikel XVII GATS. Weiter hielt er, aufgrund Artikel XXIII Ziffer 3 GATS bezüglich „Nichtverletzungsbeschwerden", die „Zunichtemachung oder Schmälerung" von „zugesicherten Vorteilen" aus dem GATS vor.[322]

Die Konsultationen aufgrund dieses Antrags fanden am 7. und 8. November 1996 statt. Wie *Keisuke Iida* berichtet, erbat die Delegation der Vereinigten Staaten weitere Auskünfte zum Daiten Hô und thematisierte das Shocho Kigyo Dantai No Soshiki Ni Kanzuru Horitsu, das Shocho Kouri Shôgyô Shinkô Hô und das Bunya Tô Chôsei Hô, während die Delegation Japans auf Missverständnisse hinwies.[323] Durch die Vor- und Nachbereitung der Gespräche durch Fragenkataloge, welche die Delegation Japans beantwortete, konnte die Rechtslage wohl geklärt werden.[324]

Am 21. November 1996, nach Ablauf der neuen Frist von 60 Tagen,[325] hätte die Regierung der Vereinigten Staaten die Einsetzung eines Panels beantragen

317 Act on the Adjustment of Business Activities of Large Enterprises to Secure Business Opportunities for Small and Medium-sized Enterprises, No. 74 (1977), as amend. Act No. 78 (1983), Kanpô.

318 Act on the Promotion of Small and Medium-sized Retailers, No. 101 (1973), Kanpô.

319 Act on Special Measures for the Adjustment of Retail Business, No. 155 (1959), Kanpô.

320 Act on the Organization of Small and Medium Enterprises, No. 185 (1957), as amend. Act No. 96 (1997), Kanpô.

321 *Permanent Mission of the United States*: Communication to the Permanent Mission of Japan and to the Dispute Settlement Body, 20 Sept. 1996, circul. as *Japan – Distribution Services*: Request for further Consultations by the United States, WTO Doc. WT/DS45/1/Add.1, 26 Sept. 1996.

322 Ebendort.

323 *Iida* (Anm. 237), 116.

324 *Durling* (Anm. 236), 393.

325 Art. 4 Ziff. 7 DSU.

können. Dieser Schritt unterblieb jedoch.[326] Auch im DSB wurde der Antrag DS45 nicht mehr thematisiert.[327]

Am 27. Mai 1998 verabschiedete das Parlament Japans (Kokkai) das Gesetz über Maßnahmen großflächiger Kaufhäuser zum Schutz der Umwelt (Daiten Ricchi Hô).[328] Am 16. Oktober 1998 folgten ausführende Verwaltungsmaßnahmen.[329] Anders als das Daiten Hô, das die Errichtung von Einkaufszentren, Kaufhäusern und Discountern zu erschweren suchte, sollte das Daiten Ricchi Hô lediglich die Folgen für die Umwelt begrenzen. Mögliche Konflikte sollten durch die Gemeindeverwaltung in Abstimmung mit dem Projektentwickler beseitigt werden.[330]

3. *Konsultationen aufgrund der Entscheidung von 1960*

Am 24. Juni 1996 erfragte der Vertreter Japans aufgrund der Entscheidung von 1960, welches Geschäftsverhalten nach Auffassung der Regierung der Vereinigten Staaten unlauter sei, und welche Rechtsgrundlage diesen Schluss zulasse.[331]

Am 8. Juli 1996 antwortete der USTR, seine Behörden hätten Nachweise über Geschäftspraktiken, die Exporte von Fotomaterial aus den Vereinigten Staaten nach Japan beeinträchtigen könnten. Als horizontale Praktiken seien Preisbindungen, Marktabschottungen und Kollektivboykotte zu nennen, und sonstige Praktiken umfassten Wiederverkaufspreisbindungen, Ausschließlichkeitsvereinbarungen, sowie anderweitige Vorkehrungen, welche das Sortiment von Vertriebsdienstleistern und Einzelhändlern reduzierten. Darüber hinaus sei seine Regierung besorgt, dass Unternehmen ihre beherrschende oder einflussreiche Stellung missbrauchen könnten, um Mitbewerber auszuschließen. Ihrer Auffassung nach könnten vorgenannte Geschäftspraktiken vom Dokusen Kinshi Hô erfasst werden. Als Geschäftspraktiken, die durch vergleichbare

326 Übereinst. *Durling* (Anm. 236), 393; *Iida* (Anm. 237), 116.

327 *Dispute Settlement Body*: Minutes of the Meeting held on 3 Dec. 1996, WTO Doc. WT/DSB/M/27, circul. 15 Jan. 1997; *Dispute Settlement Body*: Minutes of the Meeting held on 22 Jan. 1997, WTO Doc. WT/DSB/M/28, circul. 21 Feb. 1997.

328 Act on Measures by Large Scale Retail Stores for the Preservation of the Living Environment, No. 91 (1998), Kanpô, Special Ed., 105 ff.

329 *Cabinet of the Prime Minister*: Enforcement of the Act on Measures by Large Scale Retail Stores for the Preservation of the Living Environment, Cabinet Decision No. 327 (1998), Kanpô; *Ministry of International Trade and Industry*: Enforcement of the Act on Measures by Large Scale Retail Stores for the Preservation of the Living Environment, Meirei No. 62 (1999).

330 *Dillon* (Anm. 235), 238 ff.; 242 ff.; *Grier* (Anm. 303), 38 ff.

331 Übereinst. *Suzuki* (Anm. 234), 7; *Durling* (Anm. 236), 395.

Gesetze anderer Staaten geahndet würden, sollten sie in Konsultationen aufgrund der Entscheidung von 1960 thematisiert werden.[332]

Am 9. August 1996 verdeutlichte der Vertreter Japans,[333] seine Regierung prüfe den Antrag auf Konsultationen nach Treu und Glauben, anerkennend, dass die Entscheidung von 1960 in das WTO-Abkommen aufgenommen worden sei. Zugleich bitte sie um Verständnis, wenn die Prüfung Zeit beanspruche, da solches Novum offenbar Präzedenzwirkung entfalten könne. Zudem normiere die Entscheidung von 1960 keine besonderen Verfahren für Konsultationen, weshalb seine Regierung erfrage, inwiefern die Regierung der Vereinigten Staaten ihre Auffassung hierzu und zum Schreiben vom 8. Juli 1996 teile: (1) Die Aufnahme von Konsultationen solle nicht als Anerkennung über das Bestehen restriktiver Geschäftspraktiken verstanden werden; (2) der Wortlaut der Entscheidung von 1960 ergebe, dass (i) private Geschäftspraktiken, nicht Maßnahmen von Regierungen, thematisiert würden; (ii) nur solche Geschäftspraktiken thematisiert würden, welche die Ausweitung des Welthandels und die wirtschaftliche Entwicklung einzelner Staaten hemmten und somit die Ziele des GATT 1994 beeinträchtigen könnten, nicht jedoch sämtliche Geschäftspraktiken im Markt für Fotomaterial; (iii) sollte die ersuchte Partei das Bestehen schädlicher Folgen eingestehen, ihr die Bestimmung der durch sie zu ergreifenden Maßnahmen überlassen sei; (iv) keine Verpflichtung bestünde, einen „beiderseits zufriedenstellenden Abschluss" zu erreichen, und der Inhalt eines solchen Abschlusses auf den Bereich hoheitlicher Zuständigkeit und Verantwortung begrenzt bleiben solle; (v) gleichwohl, ob ein Abschluss erreicht werde oder nicht, die Konsultationen beendet würden, sobald die Parteien das WTO-Sekretariat über das Ergebnis der Konsultationen in Kenntnis setzen; (3) es aufgrund des WTO-Abkommens weder praktikabel sei, eine Kontrolle solcher Praktiken anzubieten, noch Untersuchungen durchzuführen; (4) die Entscheidung darüber, ob thematisierte Geschäftspraktiken den Wettbewerb beschränkten oder nicht, durch die Regierung Japans gemäß dem geltenden Dokusen Kinshi Hô zu erfolgen hätte.[334] Weiter erfrage seine Regierung, wann die Regierung der Vereinigten Staaten, wie im Feststellungsbeschluss des USTR

---

332 *Permanent Mission of the United States*: Communication to the Permanent Mission of Japan, 8 July 1996, in: U.S. Letter on Film Consultations, Inside U.S. Trade (26 July 1996), No. 4530.

333 *Permanent Mission of Japan*: Communication to the Permanent Mission of the United States, 9 Aug. 1996, in: Japanese Letter on Film Consultations, Inside U.S. Trade (30 Aug. 1996), No. 4660.

334 Ebendort.

angekündigt,[335] der JFTC Information über unlautere Geschäftspraktiken im Markt für Fotomaterial vorzulegen gedenke.[336]

Hierauf bestätigte der USTR am 21. August 1996, dass seine Regierung die Annahme des Antrags lediglich als Zusage verstehe, in einen Dialog aufgrund der Entscheidung von 1960 zu treten. Hinsichtlich der im Schreiben vom 9. August 1996 aufgeführten Punkte seien die Vereinigten Staaten der allgemeinen Auffassung, dass die Entscheidung von 1960 keine Vorbedingungen zum Sachverhalt oder zur Durchführung von Konsultationen stelle, die einen produktiven Dialog über Geschäftspraktiken im japanischen Markt für Fotomaterial verhindern könnten. Im Besonderen seien sie in Bezug auf Absatz 2 Ziffer (2) Zeile (i) des Schreibens der Auffassung, dass Konsultationen aufgrund der Entscheidung von 1960 „Geschäftspraktiken, die den Wettbewerb im internationalen Handel beschränken" zum Inhalt und Ziel hätten. Hier sei es allerdings sinnvoll, Faktoren und Bedingungen des strukturellen und wettbewerbstechnischen Umfelds zu erörtern, in dem die Geschäftspraktiken stattfänden, beziehungsweise die für beiderseits zufriedenstellende Abschlüsse relevant sein könnten; in Bezug auf Absatz 2 Ziffer (2) Zeile (ii) des Schreibens, dass solche Konsultationen der ersuchenden Partei erlauben sollten, alle Praktiken anzusprechen, die ihrer Auffassung nach den Wettbewerb im Außenhandel beschränkten, wobei die ersuchte Partei ihren Standpunkt darüber liefern möge, ob solche Praktiken die behauptete Wirkung entfalteten; in Bezug auf Absatz 2 Ziffer (2) Zeilen (iii) bis (v) des Schreibens, dass solche Konsultationen zum Ziel hätten, beiderseits zufriedenstellende Abschlüsse zu erreichen. Zwar könnten die Parteien feststellen, dass sie keine solchen Abschlüsse erreichen konnten; unter anderen Umständen seien solche Abschlüsse dennoch zu erreichen, einschließlich Zusagen der ersuchten Partei, bestimmte Handlungen zur Beseitigung der restriktiven Geschäftspraktiken vorzunehmen; hinsichtlich der Aussage, dass der Inhalt eines solchen Abschlusses „auf den Bereich hoheitlicher Zuständigkeit und Verantwortung begrenzt" bleiben solle, könnten die Handlungen der ersuchten Partei durchaus Maßnahmen einschließen, um restriktive Geschäftspraktiken zu unterbinden oder Behinderungen des Wettbewerbs im Außenhandel zu beseitigen; in Bezug auf Absatz 2 Ziffer (3)

335 *US Trade Representative*: Section 301 Determinations: Barriers to Access to the Japanese Market for Consumer Photographic Film and Paper, Notice of Determinations, 61 FR 30929 (18 June 1996).

336 *Permanent Mission of Japan*: Communication to the Permanent Mission of the United States, 9 Aug. 1996, in: Japanese Letter on Film Consultations, Inside U.S. Trade (30 Aug. 1996), No. 4660.

des Schreibens, dass die Entscheidung von 1960 keine Untersuchung oder Kontrolle der umstrittenen Geschäftspraktiken durch die WTO normiere, wobei eine durch die WTO eingeleitete Überwachung des Sachverhalts nicht ausgeschlossen sei; in Bezug auf Absatz 2 Ziffer (4) des Schreibens, liege das Ziel der Konsultationen in der Feststellung der Parteien, welche Praktiken vorlägen, welche Wirkungen sie auf den Welthandel entwickelten und wie ihnen geeigneterweise beizukommen sei. Obgleich seine Regierung die Auffassung teile, dass die Feststellung, ob Geschäftspraktiken japanische Wettbewerbsgesetze verletzten, im Zuständigkeitsbereich der Regierung Japans liege, sei die in Konsultationen aufgrund der Entscheidung von 1960 zu thematisierende Art der Praktiken nicht auf solche beschränkt, welche die Regierung Japans als Verletzung japanischen Wettbewerbsrechts werte oder Grund zu werten hätte.[337] Weiter erklärte der Vertreter der Vereinigten Staaten, seine Regierung gedenke, die Information an die JFTC anlässlich der kommenden Konsultationen vorzulegen.[338]

Am 3. Oktober 1996 übermittelte der Vertreter Japans den Auftrag seiner Behörden, Konsultationen aufgrund der Entscheidung von 1960 über den amerikanischen Markt für Fotomaterial zu ersuchen. Der Antrag gründe auf der Überzeugung, gewisse Geschäftspraktiken im amerikanischen Markt beschränkten den Wettbewerb im Außenhandel von Fotomaterial. Darüber hinaus könnten Konsultationen sowohl über japanische als auch über amerikanische Marktsegmente, die erhebliche Ähnlichkeiten aufwiesen, konstruktive Gespräche herbeiführen.[339]

Gleichen Tags verdeutlichte der Vertreter der Vereinigten Staaten im DSB, seine Regierung versuche, durch Konsultationen aufgrund der Entscheidung von 1960 Hemmnissen gegen importiertes Fotomaterial beizukommen, die privaten Geschäftspraktiken zuzuschreiben seien. Weiter äußerte er die Sorge, dass das Einreichen eines eigenen Antrags aufgrund der Entscheidung von

337 *Permanent Mission of the United States*: Communication to the Permanent Mission of Japan, 21 Aug. 1996, in: U.S. Letter on Film Consultations, Inside U.S. Trade (30 Aug. 1996), No. 4659.

338 Ebendort.

339 *Permanent Mission of Japan*: Communication to the Permanent Mission of the United States, 3 Oct. 1996, circul. as *US – Business Practices*, Communication from Japan, WTO Doc. WT/L/180, 10 Oct. 1996.

1960 durch Japan taktisch begründet sein könnte, um Aufmerksamkeit von ernsthaften Bedenken abzulenken.[340]

Hierauf erwiderte der Vertreter Japans, seine Regierung sei der Auffassung, dass die Vereinigten Staaten noch nicht alle Möglichkeiten für eine Lösung durch Konsultationen ausgeschöpft hätten. Obgleich sie Gesetze, Verordnungen und Maßnahmen in ihrem Antrag gelistet hätten, hätten sie weder dort, noch im Laufe der Konsultationen geklärt, (i) welche spezifischen Maßnahmen welche spezifischen Pflichten aus dem GATT 1994 verletzten und (ii) auf welcher Grundlage sie dies behaupteten. Darüber hinaus berichtigte der Vertreter Japans, seine Regierung hege keinerlei Absicht, die Verfahren zu verzögern. Die Thematisierung des Sachverhalts ergebe sich nicht aus den Bestimmungen des DSU. Beide Märkte wiesen zahlreiche Ähnlichkeiten auf, weshalb seine Regierung berechtigt sei, diese Sache ebenso anzusprechen, wie die Regierung der Vereinigten Staaten dies getan habe. Seine Regierung sei der Auffassung, dass alle strittigen Maßnahmen mit dem GATT 1994 übereinstimmend seien und die Forderungen auf falschen Tatsachen beruhten. Die Regierung der Vereinigten Staaten habe weder im Antrag noch im Laufe der Konsultationen dargelegt, welche positive Lösung sie verfolge, sondern ebenso unbestimmte als breite Forderungen aufgestellt. Einen derartigen Sachverhalt auf solche Weise vor das DSB zu bringen, könne folgenschwer für die künftige Streitbeilegung sein. Zudem beruhe der Sachverhalt auf privaten Geschäftspraktiken und sei daher aufgrund des Dokusen Kinshi Hô beizulegen. Anfangs habe die Regierung der Vereinigten Staaten versucht, aus Section 301 fortfolgende US Trade Act zu handeln, und veraltete Regierungsmaßnahmen angeführt, um die Sache vor die WTO bringen zu können.[341]

Der Vertreter der Europäischen Gemeinschaften[342] nahm die Antwort des Vertreters Japans zur Kenntnis. Er erinnerte daran, dass die Europäischen Gemeinschaften die Teilnahme an diesen Konsultationen beantragt hatte und folglich die Annahme ihres Antrags durch die Regierung Japans erwarteten.[343]

---

340 *Dispute Settlement Body*: Minutes of the Meeting held on 3 Oct. 1996, WTO Doc. WT/DSB/M/23, circul. 31 Oct. 1996, Ziff. 1.

341 Ebendort.

342 Zum 1. Jan. 1995 sind die „Europäischen Gemeinschaften" (EG) neben ihren Mitgliedstaaten als Mitglied der WTO beigetreten; bis 30. Nov. 2009 wurden sie als solche, ab 1. Jan. 2009 dann als „Europäische Union", in der WTO bezeichnet und geführt; nachf. wird diese Unterscheidung übernommen.

343 *Dispute Settlement Body*: Minutes of the Meeting held on 3 Oct. 1996, WTO Doc. WT/DSB/M/23, circul. 31 Oct. 1996, Ziff. 1.

Am 11. Juni 1997 wiederholte der Vertreter der Vereinigten Staaten im Rat für den Handel mit Waren seine Kritik an der Beharrlichkeit der Regierung Japans. Seine Behörden hätten Konsultationen aufgrund der Entscheidung von 1960 beantragt, die gemäß Artikel 1 Buchstabe (b) GATT 1994 Teil dieses Abkommens sei, weshalb der Rat für den Handel mit Waren für die Überwachung der Umsetzung dieser Entscheidung zuständig sei. Darin hätten die VERTRAGSPARTEIEN die Empfehlung ausgesprochen, auf Antrag einer Vertragspartei gegebenenfalls in bilaterale oder multilaterale Konsultationen über solche Praktiken zu treten. Nun sei fast ein ganzes Jahr vergangen, seitdem seine Regierung einen solchen Antrag eingereicht habe, und fast neun Monate, seitdem sie dem Antrag der Europäischen Gemeinschaften auf Teilnahme zugestimmt habe. Dennoch stünde die Stellungnahme der Regierung Japans zu diesem Antrag weiterhin aus. Die Regierung Japans stelle Vorbedingungen zur Annahme des Antrags der Vereinigten Staaten, obgleich die Entscheidung von 1960 keinerlei Vorbedingungen zu Sachverhalt oder Ableistung von Konsultationen normiere. Tatsächlich verstießen solche Vorbedingungen gegen den Geist der WTO-Streitbeilegung. Seine Behörden hätten klargestellt, dass sie bereit seien, Japans Antrag zum amerikanischen Markt anzunehmen. Ebenso klargestellt hätten sie jedoch, dass sie eine Verknüpfung dieser Konsultationen mit Konsultationen zum japanischen Markt nicht hinnehmen würden, wie sie Japan herzustellen versuche. Derlei Konsultationen zu verbinden, verstieße gegen den Grundsatz, Forderungen und Gegenforderungen nicht miteinander zu verknüpfen, und sei deshalb nicht hinnehmbar. Deshalb forderten seine Behörden die Regierung Japans dringend auf, diese Konsultationen ohne weitere Verzögerung und unzulässige Vorbedingungen aufzunehmen.[344]

Der Vertreter der Europäischen Gemeinschaften teilte die durch die Vereinigten Staaten ausgedrückten Bedenken und forderte die Regierung Japans auf, den Antrag seiner Delegation auf Teilnahme an den vorgenannten Konsultationen baldmöglichst zu beantworten.[345]

Der Vertreter Japans erwiderte, seine Behörden hätten den Vereinigten Staaten im Oktober 1996 geantwortet, sie seien zur Annahme ihres Antrags unter der Bedingung bereit, dass die Vereinigten Staaten ihren Antrag auf Konsultationen aufgrund der gleichen Entscheidung zum amerikanischen Markt für Fotomaterial annähmen. Der Antrag seiner Regierung gründe auf

---

344 *Council for Trade in Goods*: Minutes of the Meeting held on 11 June 1997, WTO Doc. G/C/M/20, circul. 10 July 1997, Ziff. 10.1 ff.

345 Ebendort, Ziff. 10.6.

der Überzeugung, dass bestimmte Geschäftspraktiken im amerikanischen Markt den Wettbewerb im Außenhandel für Fotomaterial hemmten, und die amerikanischen und japanischen Märkte bedeutende Ähnlichkeiten aufwiesen. Die angeführte Tatsache, dass die Regierung der Vereinigten Staaten bereit sei, den Antrag Japans zum amerikanischen Markt anzunehmen, sei seiner Delegation neu.[346]

Keiner der Anträge aufgrund der Entscheidung von 1960 wurde darüber hinaus verfolgt.[347]

IV. Der USTR beantragt die Einsetzung eines Panels

Wegen der vorgenannten Entwicklungen wurde der Handelsstreit aufgrund des Antrags DS44[348] fortgeführt.

1. Antrag auf Einsetzung eines Panels

Nach den unergiebigen Konsultationsgesprächen vom 11. Juli 1996 beantragte der Vertreter der Vereinigten Staaten am 20. September 1996 die Einsetzung eines Panels.[349] Er führte aus, die Regierung Japans habe Gesetze, Verordnungen, Voraussetzungen und Maßnahmen verabschiedet und aufrecht erhalten, die Vertrieb, das Angebot und Verkauf von importiertem Fotomaterial hemmten, einschließlich: Liberalisierungsgegenmaßnahmen;[350] Vertriebsmaßnahmen wie etwa Kabinettsentscheidungen, Verwaltungsrichtlinien und weitere Maßnahmen gemäß Anlage A;[351] das Daiten Hô; das Shocho Hô; das Futô

---

346 Ebendort, Ziff. 10.7.

347 Übereinst. *Durling* (Anm. 236), 542; *Devereaux/Lawrence/Watkins* (Anm. 238), 169.

348 *Permanent Mission of the United States*: Communication to the Permanent Mission of Japan and to the Dispute Settlement Body, 13 June 1996, circul. as *Japan – Film*, Request for Consultations by the United States, WTO Doc. WT/DS44/1, 21 June 1996.

349 *Permanent Mission of the United States*: Communication to the Chairman of the Dispute Settlement Body, 20 Sept. 1996, circul. as *Japan – Film*, Request for the Establishment of a Panel by the United States, Doc. WT/DS44/2, 23 Sept. 1996.

350 Quelle nicht bestimmbar.

351 Anhang A listet u.a. *Ministry of International Trade and Industry*: Administrative Guidance to Promote Rationalization of Distribution System (1966); *Cabinet of the Prime Minister*: Decision on the Liberalization of Inward Investments (1967), Kanpô; *Ministry of International Trade and Industry/Industrial Structure Council, Distribution Subcommittee*: Distribution Systemization (Tsusansho Koho) (1969); *Ministry of International Trade and Industry*: Preparatory Survey: The Actual State of Trade Practices in Photo Film (1969); *Ministry of International*

Hyôji Bôshi Hô; Maßnahmen zur Abordnung von Arbeitnehmern aus dem Dokusen Kinshi Hô; das Tsûshô Sangyô Shô Setchi Hô; das Tokutei No Sangyô No Tame No Jigyô Kaikaku Ni Kansuru Hôritsu; sowie hiermit zusammenhängende Maßnahmen. Die Vereinigten Staaten seien der Auffassung, dass diese Maßnahmen wegen der Unterlassung der Regierung Japans, Pflichten aus Artikel III und X GATT 1994 zu erfüllen, ihnen zustehende Vorteile im Sinne von Artikel XXIII Ziffer 1 Buchstabe (a) GATT 1994 vernichteten oder schmälerten. Insbesondere seien die Maßnahmen: zielgerichtet umgesetzt und aufrechterhalten, um der inländischen Produktion von Fotomaterial im Sinne von Artikel III Ziffer 1 GATT 1994 Schutz zu gewähren; mit Artikel III Ziffer 4 GATT 1994 unvereinbar, da sie die Wettbewerbsbedingungen für Vertrieb, Angebot und Verkauf von Fotomaterial zielgerichtet beeinträchtigten, um importiertem Fotomaterial eine weniger günstige Behandlung zukommen zu lassen als vergleichbaren Produkten inländischer Herkunft; mit Artikel X Ziffern 1 und 3 GATT 1994 unvereinbar, da sie Transparenz vermissen ließen sowie nicht unmittelbar veröffentlicht und in einer nicht einheitlichen, unparteiischen und vernünftigen Weise verwaltet würden. Darüber hinaus vernichte oder schmälere die Anwendung dieser Maßnahmen im Sinne von Artikel XXIII Ziffer 1 Buchstabe (b) GATT 1994 Zollvergünstigungen, die Japan in den Kennedy-, Tokio- und Uruguay-Runden auf Fotomaterial gewährt hätten. Der USTR führte weiter aus, seine Regierung habe am 13. Juni 1996 Konsultationen mit der Regierung Japans gemäß Artikel 4 DSU und Artikel XXIII Ziffer 1 GATT 1994 beantragt.[352] Die Parteien hätten am 11. Juli 1996 Konsultationen abgehalten, ohne jedoch den Streit beizulegen, weshalb die Vereinigten Staaten

Trade and Industry: Guidelines on Trade Normalization for the Photo and Film Industry (1970); *Ministry of International Trade and Industry*: Business Bureau Report on Film Prices (1970); *Ministry of International Trade and Industry*: Basic Plan for Distribution Systemization (1971); *Ministry of International Trade and Industry*: Manual for Systemization of Distribution (1975); *Ministry of International Trade and Industry*: Guidelines for Improving Business Practices (1990); *Ministry of International Trade and Industry/Small and Medium Enterprises Agency*: Distribution Vision for the 21st Century (1995); sowie weitere hiermit zusammenhängende Maßnahmen, einschl. Richtlinien.

352 *Permanent Mission of the United States*: Communication to the Permanent Mission of Japan and to the Dispute Settlement Body, 13 June 1996, circul. as *Japan – Film*, Request for Consultations by the United States, WTO Doc. WT/DS44/1, 21 June 1996.

nun gemäß Artikel 4 und 6 DSU die Einsetzung mit dem Standardmandat aus Artikel 7 DSU beantragten.[353]

In der DSB-Sitzung vom 3. Oktober 1996 kam die Einsetzung eines Panels erstmals zur Sprache. Der Vertreter der Vereinigten Staaten erinnerte daran, dass die Regierung Japans über Jahrzehnte zusammenhängende Maßnahmen aufgestellt und aufrechterhalten habe, welche die Bildung eines Vertriebssystems gefördert hätten, in das kein ausländischer Hersteller signifikanten Zugang erhalten konnte. Sie habe weitere Schritte eingeleitet, um sicherzustellen, dass ausländische Filmhersteller keinen Zugang durch alternative Kanäle erreichen konnten, einschließlich Auflagen zur Beschränkung des Wachstums von großen Kaufhäusern, die eher importierte Produkte führten. Ebenso habe sie der Verwendung von Prämien und Werbung, typische Mittel zur Eroberung von Marktanteilen, intransparente Beschränkungen auferlegt. Seine Regierung sei der Auffassung, dass diese Maßnahmen die Pflichten aus Artikel III und X GATT 1994 umgehe und im Sinne von Artikel XXVIII Ziffer 1 Buchstabe (a) GATT 1994 zustehende Vorteile vernichteten oder schmälerten. Darüber hinaus vernichte oder schmälere die Anwendung dieser Maßnahmen im Sinne von Artikel XXIII Ziffer 1 Buchstabe (b) GATT 1994 Zollvergünstigungen, die Japan in aufeinanderfolgenden Verhandlungsrunden auf Fotomaterial gewährt hätte. Seine Regierung habe am 11. Juli 1996 Konsultationen mit der Regierung Japans abgehalten, um diesen Streit zu lösen, ohne jedoch eine beiderseits akzeptable Lösung zu erreichen. Folglich beantrage sie die Einsetzung.[354]

Der Vertreter Japans erklärte, seine Regierung sei bestrebt, weitere Konsultationen mit dem Ziel abzuhalten, eine beiderseits akzeptable Lösung zu erreichen. Japan sei der Auffassung, dass die Vereinigten Staaten, obgleich sie verschiedene Gesetze, Verordnungen und Maßnahmen in ihrem Antrag gelistet hätten, weder dort, noch im Laufe der Konsultationen geklärt hätten, (i) welche spezifischen Maßnahmen welche spezifischen Pflichten aus dem GATT 1994 verletzten, und (ii) auf welche Grundlage sie dies behaupteten. Dies verstoße gegen Artikel 4 Ziffern 4 und 5 DSU. Darüber hinaus hätten die Vereinigten Staaten nicht die gemäß Artikel 6 Ziffer 2 DSU anzeigepflichtigen „besonderen strittigen Maßnahmen" identifiziert. Ferner seien die meisten aufgeführten

353 *Permanent Mission of the United States*: Communication to the Chairman of the Dispute Settlement Body, 20 Sept. 1996, circul. as *Japan – Film*, Request for the Establishment of a Panel by the United States, Doc. WT/DS44/2, 23 Sept. 1996.

354 *Dispute Settlement Body*: Minutes of the Meeting held on 3 Oct. 1996, WTO Doc. WT/DSB/M/23, circul. 31 Oct. 1996, Ziff. 1.

Maßnahmen veraltet. Es sei nicht erkennbar, was die Vereinigten Staaten als „positive Lösung eines Streits" im Sinne von Artikel 3 Ziffer 7 DSU verfolgten. Ihr Vorgehen habe über diesen Fall hinaus weitreichende Folgen für die künftige Streitbeilegung. Deshalb könne seine Regierung der Einsetzung nicht zustimmen.[355]

Der Vertreter der Vereinigten Staaten bedauerte die Entscheidung der Regierung Japans. Seine Regierung sei dennoch zuversichtlich, dass das Panel gemäß Artikel 6 DSU eingesetzt werden würde, wenn ihr Antrag auf die Tagesordnung der nächsten DSB-Sitzung gesetzt würde.[356]

In der DSB-Sitzung vom 16. Oktober 1996 begrüßte der Vertreter der Vereinigten Staaten, dass der Antrag seiner Regierung wiederholt auf die Tagesordnung gesetzt worden sei, wodurch die Einsetzung nun beschlossen werden könne. Seine Regierung stehe bereit, alle Maßnahmen nachzuweisen, welche die Regierung Japans aufgestellt habe und die den Marktzugang für Fotofilm in Verletzung von Artikel III und X GATT 1994 hemmten. Der Vertreter der Vereinigten Staaten wiederholte die Auffassung seiner Regierung, dass diese Maßnahmen zustehende Vorteile im Sinne von Artikel XXIII Ziffer 1 Buchstabe (a) GATT 1994 vernichteten oder schmälerten, und deren Umsetzung im Sinne von Artikel XXIII Ziffer 1 Buchstabe (b) GATT 1994 Zollvergünstigungen auf Fotomaterial vernichteten oder schmälerten.[357]

Der Vertreter Japans erklärte, seine Regierung widerstehe nicht länger der Einsetzung eines Panels, da die Sache erneut auf die Tagesordnung gesetzt worden sei und sie zu Artikel 6 Ziffer 1 DSU stehe. Dennoch wolle er darauf hinweisen, dass der Antrag der Vereinigten Staaten auf Einsetzung entgegen Artikel 6 Ziffer 2 DSU, demzufolge dieser „die einzelnen strittigen Maßnahmen nennen und eine kurze Zusammenfassung der Rechtsgrundlage der Beschwerde geben [solle], die zur Verdeutlichung des Problems [ausreiche]", einige der „strittigen Maßnahmen" nicht bestimme. Beispielsweise (i) sei der Verweis auf den Gattungsbegriff „Liberalisierungsmaßnahmen" zu allgemein und mehrdeutig, um als „strittige Maßnahmen" gewertet werden zu können; (ii) führe Anhang A eine Maßnahme auf, „Verwaltungsrichtlinien zur Förderung der Rationalisierung des Vertriebssystems 1996", die seine Regierung nicht identifizieren könne; (iii) implizierten weitere Ausdrücke wie „jedoch nicht beschränkt

355 Ebendort.

356 Ebendort.

357 *Dispute Settlement Body*: Minutes of the Meeting held on 16 Oct. 1996, WTO Doc. WT/DSB/M/24, circul. 26 Nov. 1996, Ziff. 2.

auf", „weitere zusammenhängende Maßnahmen einschließlich Richtlinien" sowie „und zusammenhängende Maßnahmen", dass die Vereinigten Staaten alle strittigen Maßnahmen identifiziert hätten. Die Annahme eines solchen Antrags hätte jedoch zur Folge, dass beschwerdeführende Parteien im Panel-Verfahren jederzeit Maßnahmen anführen könnten, die ihrer Auffassung nach vom Begriff „und zusammenhängende Maßnahmen" erfasst würden. Folglich solle das Panel-Mandat auf die im Antrag der Vereinigten Staaten bestimmten Maßnahmen, nämlich sechs identifizierte Gesetze und zehn Maßnahmen aus Anhang A, beschränkt werden. Unter diesen Bedingungen werde seine Regierung die Einsetzung mit dem Standardmandat aus Artikel 7 DSU billigen.[358]

Der Vertreter der Vereinigten Staaten erwiderte, die Anträge seiner Regierung genügten den Voraussetzungen aus Artikel 4 und 6 DSU. Offenbar versuche die Regierung Japans, die Aufmerksamkeit des DSB von strittigen Inhalten abzulenken, eine bereits am 3. Oktober 1996 verfolgte Taktik. In dieser Sitzung versuche Japan, durch einen Gegenantrag auf Konsultationen aufgrund der Entscheidung von 1960[359] die Aufmerksamkeit vom Antrag seiner Regierung auf Einsetzung abzulenken. Es sei ein wohl befolgter, in Artikel 3 Ziffer 10 DSU aufgenommener Grundsatz des GATT 1947, dass Parteien Anträge *bona fide* annehmen sollten, ohne Beschwerden mit Gegenbeschwerden zu verknüpfen. Während seine Regierung Japans Ansatz zum Standardmandat bedaure, sei zu hoffen, dass die Parteien bei der Zusammensetzung des Panels kooperieren würden.[360]

Der Vertreter Japans ergänzte, seine Regierung hege keinerlei Absicht, von strittigen Inhalten abzulenken oder die Ergebnisse der Uruguay-Runde zu verwässern. Doch könne die Aufnahme von nichtexistenten Sachverhalten im Antrag Folgen für das Streitbeilegungssystem haben, weshalb die „Verwaltungsrichtlinien zur Förderung der Rationalisierung des Vertriebssystems 1966" nicht in das Mandat aufgenommen werden könnten. Falls durch Auslegung des DSU nicht zu ermitteln sei, ob das Standardmandat auf die von Japan genannten Maßnahmen begrenzt werden könnte, ermächtige seine Regierung den Vorsitzenden gemäß Artikel 7 Ziffer 3 DSU, das Mandat in Konsultationen mit den Parteien mit dem Ziel festzulegen, die unklaren

358 Ebendort.

359 *Permanent Mission of Japan*: Communication to the Permanent Mission of the United States, 3 Oct. 1996, circul. as *US – Business Practices*, Communication from Japan, WTO Doc. WT/L/180, 10 Oct. 1996.

360 *Dispute Settlement Body*: Minutes of the Meeting held on 16 Oct. 1996, WTO Doc. WT/DSB/M/24, circul. 26 Nov. 1996, Ziff. 2.

Punkte im Antrag zu lösen. Falls nach einem solchen Versuch weiter Unklarheit bestünde, würde Japan sich vorbehalten, diese Frage dem Panel zur Entscheidung vorzulegen.[361]

Der DSB-Vorsitzende wies darauf hin, dass „Panels gemäß Artikel 7 Ziffer 1 DSU das Standardmandat haben sollen, sofern die Streitparteien nicht binnen 20 Tagen nach Einsetzung eines Panels etwas anderes vereinbaren." Allerdings könne das DSB seinen Vorsitzenden aus Artikel 7 Ziffer 3 DSU ermächtigen, das Panel-Mandat nach Konsultation mit den Streitparteien festzulegen. Er fragte daher, ob das DSB ihn entsprechend ermächtigen wolle.[362]

Der Vertreter der Vereinigten Staaten warf ein, der von der Regierung Japans angeführte Artikel 7 Ziffer 3 DSU sei Artikel 7 Ziffer 1 DSU untergeordnet. Folglich könne Japan, falls es seine Bedenken mit den Vereinigten Staaten erörtern wollte, dies binnen 20 Tagen tun, doch bestünde für den DSB-Vorsitzenden keine Pflicht, das Mandat festzulegen. Gemäß Artikel 7 Ziffer 1 DSU würde das Standardmandat nach Ablauf von 20 Tagen anwendbar.

Der DSB-Vorsitzende erklärte, er und das Sekretariat stünden bereit, zur Aufsetzung des Panel-Mandats Hilfe zu leisten, falls die Parteien dies für erforderlich hielten.

Das DSB nahm die Erklärungen zur Kenntnis und beschloss, ein Panel mit dem gemäß Artikel 7 Ziffer 1 DSU durch die Parteien binnen 20 Tagen aufzustellenden Mandat einzusetzen.[363]

2. Verfahrensbeitritt durch die Europäischen Gemeinschaften und Mexiko

Am 5. Juli 1996 erklärte der Vertreter der Europäischen Gemeinschaften, die Vereinigten Staaten hätten am 13. Juni 1996 Konsultationen aufgrund der Entscheidung von 1960 beantragt.[364] Die Gemeinschaften, die durch bedeutende Ausfuhren an Fotomaterial nach Japan ein substanzielles Interesse an den erörterten Fragen hätten, wünschten den Konsultationen beizutreten.[365]

---

361 Ebendort.

362 Ebendort.

363 Ebendort.

364 *Permanent Mission of the United States*: Communication to the Permanent Mission of Japan, 13 June 1996, circul. as *Japan – Business Practices*, Request for Consultations by the United States Pursuant to the "Decision on Restrictive Business Practices: Arrangement for Consultations", WTO Doc. WT/L/154, 26 June 1996.

365 *Permanent Delegation of the European Commission*: Communication to the Permanent Missions of the United States and Japan, 5 July 1996, circul. as *Japan – Business*

In der Sitzung des Rats für den Handel mit Waren vom 19. September 1996 führte der Vertreter der Vereinigten Staaten aus, gemäß Artikel 1 Buchstabe (b) GATT 1994 sei die Entscheidung von 1960 Teil des GATT 1994, weshalb der Rat für den Handel mit Waren für die Überwachung der Umsetzung dieser Entscheidung zuständig sei. Darin hätten die VERTRAGSPARTEIEN empfohlen, auf Antrag einer Vertragspartei gegebenenfalls bilaterale oder multilaterale Konsultationen aufzunehmen. Seine Regierung weise darauf hin, dass über drei Monate vergangen seien, seitdem sie ihren Antrag zugestellt habe.[366] Die Europäischen Gemeinschaften hätten am 5. Juli 1996 beantragt, diesen Konsultationen beizutreten, was die Vereinigten Staaten am 15. August 1996 gewährt hätten. Statt Konsultationen aufzunehmen oder den Antrag der Europäischen Gemeinschaften zu beantworten, habe die Regierung Japans am 24. Juni 1996 weitere Information über die Maßnahmen und Praktiken erbeten, welche die Vereinigten Staaten zu erörtern gedächten.[367] Seine Regierung habe am 8. Juli 1996 eine ausführliche Antwort geliefert.[368] Daraufhin habe die Regierung Japans Vorbedingungen formuliert,[369] die vor einer Aufnahme von Konsultationen zu erfüllen seien. In ihrer Antwort vom 21. August 1996 habe seine Regierung darauf hingewiesen,[370] dass die Entscheidung von 1960 keinerlei Vorbedingungen zum Sachverhalt beziehungsweise zu Konsultationen stellte, die eine potenzielle Lösung verhindern könnten. Sinnvollerweise sollten die Parteien Faktoren erörtern können, die ein umfassendes Verständnis sowohl vom Umfeld der Geschäftspraktiken, als auch von deren Auswirkungen auf den Wettbewerb im Außenhandel vermittelten. Allerdings habe seine Regierung

---

Practices, Communication from the European Communities, WTO Doc. WT/L/158, 11 July 1996.

366 *Permanent Mission of the United States*: Communication to the Permanent Mission of Japan, 13 June 1996, circul. as *Japan – Business Practices*, Request for Consultations by the United States Pursuant to the "Decision on Restrictive Business Practices: Arrangement for Consultations", WTO Doc. WT/L/154, 26 June 1996.

367 Übereinst. *Suzuki* (Anm. 234), 7; *Durling* (Anm. 236), 395.

368 *Permanent Mission of the United States*: Communication to the Permanent Mission of Japan, 8 July 1996, in: U.S. Letter on Film Consultations, Inside U.S. Trade (26 July 1996), No. 4530.

369 *Permanent Mission of Japan*: Communication to the Permanent Mission of the United States, 9 Aug. 1996, in: Japanese Letter on Film Consultations, Inside U.S. Trade (30 Aug. 1996), No. 4660.

370 *Permanent Mission of the United States*: Communication to the Permanent Mission of Japan, 21 Aug. 1996, in: U.S. Letter on Film Consultations, Inside U.S. Trade (30 Aug. 1996), No. 4659.

kürzlich erfahren, dass die Regierung Japans vielleicht gerade im Begriffe sei, den Konsultationen zuzusagen. Seine Delegation fordere die Regierung Japans auf, die Konsultationen ohne weitere Verzögerung aufzunehmen.[371]

Der Vertreter der Europäischen Gemeinschaften bestätigte das substanzielle Interesse der Gemeinschaften an den aufgeworfenen Fragen und ihren Antrag auf Teilnahme an diesen Konsultationen. Er pflichte den Vereinigten Staaten bei, dass eine zügige Antwort der zwischenstaatlichen Handelsregulierung förderlich sein würde.[372]

Der Vertreter Japans erklärte, seine Regierung nehme den Antrag auf Konsultationen der Vereinigten Staaten ernst und erkenne die Entscheidung von 1960 als Bestandteil des WTO-Abkommens an. Doch bestehe sie auf eine sorgfältige Prüfung, da ein solcher Antrag offenbar erstmalig sei und die Entscheidung selbst keine Richtlinien über Tagesordnung oder Verfahren vorgebe, weshalb sie die Vereinigten Staaten um Klarstellung ihrer Auffassung zu Geltungsbereich und Verfahren der Entscheidung von 1960 ersucht habe.[373] Der anschließenden Antwort habe sie entnommen, dass die Auffassungen der Parteien in manchen Punkten auseinandergingen; doch versichere er, dass keinerlei Absicht bestünde, die Konsultationen zu verzögern.[374]

Nachdem die Regierung Japans am 3. Oktober 1996 ihren eigenen Antrag aufgrund der Entscheidung von 1960 eingereicht[375] und gleichen Tags im DSB einen ersten Antrag der Vereinigten Staaten zur Einsetzung abgelehnt hatte,[376] erinnerte der Vertreter der Europäischen Gemeinschaften daran, dass die Gemeinschaft die Teilnahme an Konsultationen aufgrund der Entscheidung

---

371 *Council for Trade in Goods*, Minutes of the Meeting held on 19 Sept. 1996, WTO Doc. G/C/M/13, circul. 9 Oct. 1996, Ziff. 12.1 ff.

372 Ebendort.

373 *Permanent Mission of Japan*: Communication to the Permanent Mission of the United States, 9 Aug. 1996, in: Japanese Letter on Film Consultations, Inside U.S. Trade (30 Aug. 1996), No. 4660.

374 *Council for Trade in Goods*, Minutes of the Meeting held on 19 Sept. 1996, WTO Doc. G/C/M/13, circul. 9 Oct. 1996, Ziff. 12.7.

375 *Permanent Mission of Japan*: Communication to the Permanent Mission of the United States, 3 Oct. 1996, circul. as *US – Business Practices*, Communication from Japan, WTO Doc. WT/L/180, 10 Oct. 1996.

376 *Dispute Settlement Body*: Minutes of the Meeting held on 3 Oct. 1996, WTO Doc. WT/DSB/M/23, circul. 31 Oct. 1996, Ziff. 1.

von 1960 beantragt hatte[377] und folglich die Annahme ihres Antrags erwartete.[378]

In der DSB-Sitzung vom 16. Oktober 1996 erklärte der Vertreter der Europäischen Gemeinschaften, die Gemeinschaften teilten die Bedenken der Vereinigten Staaten über strukturelle Zugangshemmnisse zum japanischen Markt. Sie beabsichtigten, ein substanzielles Interesse in der Sache zu notifizieren, um dem gerichtlichen Panel-Verfahren als Dritte beizutreten. Die Entscheidung von 1960 zeige die potenziellen handelsbezogenen Auswirkungen restriktiver Geschäftspraktiken. Die Gemeinschaften mäßen auch dieser Frage große Bedeutung bei, und wünschten, sie sachgerecht und rasch behandelt zu wissen. Der Vertreter der Europäischen Gemeinschaften stellte fest, dass die Regierung Japans den Antrag der Gemeinschaften auf Teilnahme an den Konsultationen aufgrund der Entscheidung von 1960[379] nicht beantwortet habe. Er erinnerte daran, dass die Regierung der Vereinigten Staaten diesen Antrag am 15. August 1996 angenommen, und die Regierung Japans den Vereinigten Staaten am 3. Oktober 1996 geantwortet habe.[380] Die Gemeinschaften betrachteten die Absicht mit Sorge, die Teilnahme an solchen Konsultationen von der Annahme des spiegelbildlichen Antrags der Regierung Japans durch die Vereinigten Staaten abhängig zu machen. Solches Tun sei ihrer Auffassung nach nicht mit der Staatenpraxis vereinbar. Es sei für das Sekretariat angebracht, dies nach Prüfung der Rechtslage zur Entscheidung 1960 hinsichtlich (i) der Möglichkeit einer Partei, die Teilnahme von Dritten abzulehnen; und (ii) der Bedingungen, unter denen solche Teilnahme abgelehnt werden könne, zu bestätigen.[381]

---

377 *Permanent Delegation of the European Commission*: Communication to the Permanent Missions of the United States and Japan, 5 July 1996, circul. as *Japan – Business Practices*: Communication from the European Communities, WTO Doc. WT/L/158, 11 July 1996.

378 *Dispute Settlement Body*: Minutes of the Meeting held on 3 Oct. 1996, WTO Doc. WT/DSB/M/23, circul. 31 Oct. 1996, Ziff. 1.

379 *Permanent Delegation of the European Commission*: Communication to the Permanent Missions of the United States and Japan, 5 July 1996, circul. as *Japan – Business Practices*: Communication from the European Communities, WTO Doc. WT/L/158, 11 July 1996.

380 *Permanent Mission of Japan*: Communication to the Permanent Mission of the United States, 3 Oct. 1996, circul. as *US – Business Practices*, Communication from Japan, WTO Doc. WT/L/180, 10 Oct. 1996.

381 *Dispute Settlement Body*: Minutes of the Meeting held on 16 Oct. 1996, WTO Doc. WT/DSB/M/24, circul. 26 Nov. 1996, Ziff. 2.

Als das DSB beschloss, ein Panel einzusetzen, behielten die Vertreter der Europäischen Gemeinschaften und von Mexiko sich den Verfahrensbeitritt vor.[382] Gleichen Tags gab die Europäische Kommission bekannt, sie habe entschieden, dem Panel-Verfahren beizutreten. Die Europäische Union begrüße die Entscheidung der Vereinigten Staaten, die Sache über multilaterale Kanäle zu verfolgen, statt einseitige Handlungen zu ergreifen. Abgesehen von ihrem wirtschaftlichen habe sie auch ein systematisches Interesse am Funktionieren des japanischen Vertriebssystems, am verbesserten Zugang zum japanischen Markt und an der aufgeworfenen internationalen Dimension des Wettbewerbs. Sie bedauere, keine Antwort Japans auf ihren Antrag auf Teilnahme an Konsultationen aufgrund der Entscheidung von 1960 erhalten zu haben.[383]

In der DSB-Sitzung vom 16. Oktober 1996 ergänzte der Vertreter Japans, seine Regierung habe den Antrag der Europäischen Gemeinschaften auf Teilnahme nicht beantworten können. Am 3. Oktober 1996 habe sie erklärt, den Antrag der Vereinigten Staaten auf Konsultationen unter der Bedingung anzunehmen, dass die Vereinigten Staaten ihren Antrag zur gleichen Sache annähmen,[384] und die Antwort der Vereinigten Staaten sei erst an diesem Tage eingegangen.[385] Seine Regierung werde den Antrag der Gemeinschaften nach eingehender Prüfung beantworten.[386]

3. *Zusammensetzung des Panels*

Die Parteien konnten sich binnen der vorgegebenen 20 Tage weder auf ein besonderes Mandat noch auf die personelle Besetzung des Panels einigen.[387]

Am 17. Dezember 1996 gab der DSB-Vorsitzende bekannt, dass das Panel das Standardmandat aus Artikel 7 Ziffer 1 DSU haben solle, „im Lichte der einschlägigen Bestimmungen der unter die Vereinbarung fallenden Übereinkommen,

---

382 Ebendort.

383 Kodak-Fuji Case – EU to Join the WTO/GATT Panel: Statement by the European Commission, Press Release of 16 Oct. 1996, EU Doc. IP/96/931.

384 *Permanent Mission of Japan*: Communication to the Permanent Mission of the United States, 3 Oct. 1996, circul. as *US – Business Practices*, Communication from Japan, WTO Doc. WT/L/180, 10 Oct. 1996.

385 *Dispute Settlement Body*: Minutes of the Meeting held on 3 Oct. 1996, WTO Doc. WT/DSB/M/23, circul. 31 Oct. 1996, Ziff. 1.

386 *Dispute Settlement Body*: Minutes of the Meeting held on 16 Oct. 1996, WTO Doc. WT/DSB/M/24, circul. 26 Nov. 1996, Ziff. 2.

387 *Japan – Film*, Report of the Panel, WTO Doc. WT/DS44/R, circul. 31 March 1998, adopt. 22 April 1998, Ziff. 1.3.

die von den Vereinigten Staaten in Dokument WT/DS44/2[388] genannt wurden, die von den Vereinigten Staaten durch dieses Dokument dem DSB unterbreitete Angelegenheit zu prüfen und Feststellungen zu treffen, die das DSB bei seinen in diesem Übereinkommen vorgesehenen Empfehlungen oder Entscheidungen unterstützen." Am 12. Dezember 1996 habe die Regierung der Vereinigten Staaten gemäß Artikel 8 Ziffer 7 DSU den WTO-Generaldirektor ersucht, die Zusammensetzung des Panels zu bestimmen. Folglich seien *William Rossier* zum Vorsitzenden, *Adrian Macey* und *Victor Luiz do Prado* zu Panel-Mitgliedern ernannt worden. Die Europäischen Gemeinschaften und Mexiko hätten ihre Rechte als Dritte vorbehalten.[389]

V. Der USTR und das MITI beenden den Handelsstreit

Aus dem ursprünglichen Handelsstreit wurde nur die Beschwerde aus dem Antrag DS44 dem gerichtlichen Panel-Verfahren zugeführt. Sie wurde im Panel-Bericht vom 3. April 1998 abgewiesen.[390] Damit obsiegte die Regierung Japans,[391] was vielfach kommentiert wurde,[392] und der Diskussion um eine weltweit harmonisierte Wettbewerbsregulierung neue Impulse gab. Der Antrag aufgrund der Entscheidung von 1960 wurde nicht über die Jahresmitte 1997 hinaus verfolgt. Auch hier setzte die Regierung Japans sich durch. Der Antrag DS45 schließlich hatte am 7. und 8. November 1996 zu klärenden Konsultationsgesprächen geführt. Sie wurden zwar nicht von aktiven Maßnahmen der Regierung der Vereinigten Staaten gefolgt, doch wurde am 27. Mai 1998 das Daiten Ricchi Hô verabschiedet, dazu ausführende Verwaltungsmaßnahmen.

---

388 *Permanent Mission of the United States*: Communication to the Chairman of the Dispute Settlement Body, 20 Sept. 1996, circul. as *Japan – Film*, Request for the Establishment of a Panel by the United States, Doc. WT/DS44/2, 23 Sept. 1996.

389 *Japan – Film*, Constitution of the Panel Established at the Request of the United States, Communication from the DSB Chairman, WTO Doc. WT/DS44/3, circul. 17 Dec. 1996.

390 *Japan – Film*, Report of the Panel, WTO Doc. WT/DS44/R, circul. 31 March 1998, adopt. 22 April 1998, insbes. Ziff. 10.402 ff.

391 So etwa *Dillon* (Anm. 235), 236 f.; 245 ff.; *Durling* (Anm. 236), 637 ff.; 669 ff.

392 Siehe etwa *Goldman, Julie*: Bad Lawyering or Ulterior Motive? Why the US Lost the Film Case before the WTO Dispute Settlement Panel, Law & Policy Int'l Business 30 (1998/99), 417–437 (418 ff.); *Suzuki* (Anm. 234), 9 ff.; *Linarelli, John*: The Role of Dispute Settlement in World Trade Law: Some Lessons from the *Kodak-Fuji* Dispute, Law & Policy Int'l Business 31 (1999/2000), 263–372 (insbes. 332 ff.).

Mit diesem Ergebnis konnte *Kodak* nicht zufrieden sein. Es kamen weitere, dramatische Sorgen hinzu, denn mit der Entwicklung der digitalen Fotografie war die weltweite Nachfrage nach Fotomaterial innerhalb kürzester Zeit eingebrochen. Nach weiteren Marktverlusten, Entlassungen[393] sowie letzten Versuchen, den Verkauf von Patentrechten gerichtlich zu erstreiten, musste *Kodak* am 19. Januar 2012 schließlich Insolvenz anmelden.[394]

VI. Zwischenergebnis

Dieses Kapitel schildert typische Merkmale der Strukturelemente der Verhandlung im Kontext zwischenstaatlicher Handelsstreitigkeiten: Interessen staatlicher Parteien aggregieren die Interessen privater beziehungsweise gesellschaftlicher Mandanten; Macht entsteht aus dem *status quo* der faktischen Verhältnisse, der Glaubwürdigkeit langfristigen Verhaltens und der Abhängigkeit von freien Handelsbeziehungen; Motivation tendiert aufgrund der politischen Dimension zur Konfrontation; Wahrnehmung kann aufgrund kultureller Unterschiede verzerrt werden; Akteure zwischenstaatlicher Handelsbeziehungen sind vorrangig Diplomaten.

Die völkerrechtliche Dogmatik zur streitbeilegenden Verhandlung beruht weitgehend auf Rechtsprechung zur Lösung von Zulässigkeitsfragen. Der materielle Verhandlungsbegriff der vorliegenden Untersuchung grenzt den völkerrechtlich relevanten Streit vergleichsweise einfach von der Pflege diplomatischer Beziehungen ab: Ein solcher Streit entsteht daraus, dass die ersuchende Partei ihre Interessen als Positionen definiert, diese an die Gegenpartei richtet und mit der Erwartung auf Berücksichtigung versieht, und die Gegenpartei sich nicht durch einfache Annahme hierauf einlässt. Ob die Parteien den Gegensatz ihrer Positionen auch als Rechtsanspruch formuliert haben, ist für die Verhandlung unerheblich, da dies aus ihrer Strategie im Vorbereitungsabschnitt hervorgeht.

Kritisch erscheint indes die Abgrenzung eines objektiv definierten Streitbegriffs von den Nuancen und Spannungen diplomatischer Beziehungen, da manche Funktionen im Vorbereitungsabschnitt der Verhandlung der faktischen Ebene verhaftet bleiben; sowie die Trennung von völkerrechtsrelevanten und politischen Streitigkeiten, weil nach überwiegender Rechtsauffassung jeder

---

393 So etwa *Iida* (Anm. 237), 120.

394 *McCarthy, Dawn/Jinks; Beth*: Kodak Files for Bankruptcy as Digital Era Spells End to Film, Bloomberg (19 Jan. 2012); *In re Eastman Kodak Co.*, Case No. 12-10202, 2012 WL 2501071 (Bankr. S.D.N.Y. 2012).

Streit sowohl empirische als auch rechtliche Dimensionen aufweist. Ob die Voraussetzungen dieser Rechtskonstrukte erfüllt sind, um die Zuständigkeit eines schieds- oder gerichtlichen Forums zu begründen, ist aus der gewählten Anwaltssicht eine Frage der Strategie der ersuchenden Partei im Vorbereitungsabschnitt. Da Artikel 33 Ziffer 1 VN-Charta weder einen Vorrang der Verhandlung noch die Rechtspflicht normiert, eine Abfolge einzelner Verfahren zu durchlaufen, bleibt es ebenso dieser Partei überlassen, ihren Koordinationsbedarf durch Verhandlung zu erfüllen oder nur Teilaspekte hiervon zu verwenden.

Weiterhin aus Anwaltssicht, werden die Voraussetzungen erläutert, unter denen ein Handelsstreit dem zwischenstaatlichen Vertragsregime zur Handelsregulierung (WTO) und dessen Subforen zur institutionellen Überwachung (Ministerkonferenz, Allgemeiner Rat, zuständige Räte und TPRM) beziehungsweise zur Durchsetzung von Vertragspflichten (DSU) zugeführt werden kann. Aufgrund weiter Zugangs- und Zulässigkeitsvoraussetzungen, eines „Rechtsanspruchs auf ein Panel", ausgedehnter und differenziert normierter Vertragspflichten der WTO-Teilabkommen, erweiterter Haftung aus „Zunichtemachung oder Schmälerung des Gleichgewichts von Vorteilen und Zugeständnissen" sowie aus „sonstige Situationen" bevorzugen ersuchende Parteien regelmäßig das DSU. Dieses gliedert die Streitbeilegung in Vor,- Haupt- und Nachverfahren sowie in Sonderverfahren einzelner WTO-Teilabkommen. Alternativ können die Parteien ein Schiedsverfahren beziehungsweise gute Dienste, Vergleich oder Vermittlung vorziehen. Rechtsbehelfe sind die „beiderseits akzeptable und mit den WTO-Teilabkommen übereinstimmende Lösung", die „Rücknahme der beklagten Maßnahmen" sowie die vorübergehende und genehmigte Aussetzung von Zugeständnissen aus den WTO-Teilabkommen.

Es folgt die chronologische Schilderung des Handelsstreits *Kodak-Fujifilm*.

Zweiter Teil: Funktion und Wandel der Strukturelemente im Verhandlungsablauf

Drittes Kapitel: Festigen des Handelsstreits im Vorbereitungsabschnitt

Funktionszusammenhänge erschließen sich aus der Wechselwirkung von Aspekten der Verhandlung zueinander. Entsprechend sind Strukturelemente, Abschnitte, Erscheinungsformen und Lösungen der Verhandlung dem Handelsstreit *Kodak-Fujifilm*[1] zu entnehmen. Information über *Kodak-Fujifilm* und dessen Hintergründe beruht teils auf eigener Recherche, teils auf der Gegenüberstellung von *Susan Karamanian*,[2] *Masabumi Suzuki*,[3] *Sara Dillon*,[4] *James Durling*,[5] *Keisuke Iida*[6] sowie *Charan Devereaux*, *Robert Lawrence* und *Michael Watkins*.[7] Allerdings geht diese Literatur, wie auch *Dick Nanto*, *William Cooper* und *Gwenell Bass*[8] sowie *Tracy Abels*[9] zum Handelsstreit um Kraftfahrzeuge und Ersatzteile,[10] trotz detaillierter Berichterstattung und Analyse nicht vom Verhandlungsbegriff der vorliegenden Untersuchung aus. Folglich sind die

---

1 So die fortan verwendete Bezeichnung des Handelsstreits *Japan – Film*; verbreitet auch als „*Kodak-Fujifilm* dispute", „film-dispute" bzw. „Filmstreit".

2 *Karamanian, Susan L.*: Economic Relations between Japan and North America: A Challenge to the International Legal System, in: Young, Michael K./Iwasawa, Yuji (eds.): Trilateral Perspectives on International Legal Issues: Relevance of Domestic Law and Policy, Irvington: Transnational Publ. 1996, 283–298.

3 *Suzuki, Masabumi*: Toward Constructive International Trade Dispute Resolution: Lessons from Recent U.S.-Japan Disputes on Restrictive Practices, CNAPS Working Paper, Washington: Brookings Institution 1999.

4 *Dillon, Sara*: *Fuji-Kodak*, the WTO, and the Death of Domestic Political Constituencies, Minnesota JGT 8 (1999), 197–248.

5 *Durling, James*: Anatomy of a Trade Dispute: A Documentary History of the Kodak-Fujifilm Dispute, London: Cameron May 2000.

6 *Iida, Keisuke*: Legalization and Japan: The Politics of WTO Dispute Settlement, London: Cameron May 2006.

7 *Devereaux, Charan/Lawrence, Robert Z./Watkins, Michael D.*: Case Studies in US Trade Negotiations, Vol. II: Resolving Disputes, Washington: Peterson Institute 2006.

8 *Nanto, Dick K./Cooper, William H./Bass, Gwenell L.*: The Japan-U.S. Automobile and Parts Trade Dispute, CRS Rep. 95-725E (9 June 1995).

9 *Abels, Tracy M.*: The World Trade Organization's First Test: The United States-Japan Auto Dispute, UCLA LR 44 (1996), 467–526.

10 So fortan die Bezeichnung des Handelsstreits *US – Autos*, verbreitet auch als „auto dispute".

erkannten Strukturelemente, Abschnitte, Erscheinungsformen und Lösungen der Verhandlung zu systematisieren.

Die Untersuchung folgt weitgehend dem geregelten Verhandlungsablauf. Allerdings greifen Forums-, Erweiterungs-, Zugeständnis- und Übereinkommensabschnitte aufgrund der angeführten Dynamik und Flexibilität der Verhandlung häufig ineinander. Zudem ist zu berücksichtigen, dass künftige Verhandlungsabschnitte wie erwähnt ihren Schatten vorauswerfen und spezifische Aspekte daher teils in dem Abschnitt ihre Wirkung entfalten, in dem die Parteien diese Wirkung tatsächlich erfahren, teils auch vorab, wenn die Parteien diese Wirkung in strategischer Vorausschau antizipieren. Nachfolgend wird letztere Perspektive angenommen.

Die Untersuchung würdigt die in *Kodak-Fujifilm* geltende Rechtslage. Dies erklärt die Referenzen zum Allgemeinen Zoll- und Handelsabkommen 1947 (GATT 1947),[11] dessen Vertragsbestimmungen und *acquis* aus Entscheidungen, Verfahren und Staatenpraxis aufgrund Artikel XVI Ziffer 1 Übereinkommen zur Errichtung der Welthandelsorganisation (WTO-Abkommen)[12] in die Übereinkommen von Marrakesch[13] eingehen und kurz nach Gründung der Welthandelsorganisation (WTO) besonders relevant waren. Seither haben

---

11 General Agreement on Tariffs and Trade, Annex to the Final Act Adopted at the Conclusion of the Second Session of the Preparatory Committee of the United Nations Conference on Trade and Employment, signed at Geneva, 30 Oct. 1947, UNTS 55 (1948), 194 ff.; TIAS No. 1700, in: Report on the Geneva Tariff Negotiations, with Text of the General Agreement on Tariffs and Trade, and Supplementary Agreements with the United States and Canada, Cmd. 7258, London: HMSO 1947; BGBl 1951 II, Anlagenband I, 4 ff.

12 Marrakesh Agreement Establishing the World Trade Organization, done at Marrakesh, 15 April 1994, UNTS 1867 (1995), 154 ff.; TIAS No. 31874, in: ILM 33 (1994), 1144 ff.; ABlEG L 336 vom 23. Dez. 1994, 3 ff.

13 Marrakesh Declaration of 15 April 1994, UNTS 1867 (1995), 14 ff.; TIAS No. 31874, in: ILM 33 (1994), 1263 ff.; in nichtamtl. Übers. *Benedek, Wolfgang*: Die Welthandelsorganisation (WTO), München: Beck 1998, 591 ff. (Erklärung von Marrakesch); einschl. Final Act Embodying the Results of the Uruguay Round of Multilateral Trade Negotiations, done at Marrakesh, 15 April 1994, UNTS 1867 (1995), 16 ff.; TIAS No. 31874, in: ILM 33 (1994), 1143 f.; ABlEG L 336 vom 23. Dez. 1994, 253 ff. (Schlussakte von Marrakesch), das Marrakesh Agreement Establishing the World Trade Organization, done at Marrakesh, 15 April 1994, UNTS 1867 (1995), 154 ff.; TIAS No. 31874, in: ILM 33 (1994), 1144 ff.; ABlEG L 336 vom 23. Dez. 1994, 3 ff. (Übereink. zur Errichtung der Welthandelsorganisation – WTO-Abkommen), die anhängenden Teilabk. sowie alle Beschlüsse, Erklärungen und Vereinbarungen der Uruguay-Runde werden nachf. als „Übereinkommen von Marrakesch“ zusammengefasst.

Wettbewerbs- und Handelsregulierung eine beträchtliche Weiterentwicklung erfahren. Dort, wo dies von Erkenntnisinteresse ist, wird die geltende Rechtslage berücksichtigt.

Ein Handelsstreit erhärtet im Vorbereitungsabschnitt der Verhandlung aus den nachfolgenden Funktionen.

A. Beschaffen und Auswerten relevanter Information

Wie auch in der untersuchten Sache, in der *Eastman Kodak Company, Inc.* (*Kodak*) seine Expansion auf dem japanischen Markt für Produkte und Zubehör für die Fotografie (Fotomaterial) durch das Geschäftsverhalten von *Fuji Photo Film Company, Ltd.* (*Fujifilm*) verhindert sah, entsteht ein Handelsstreit oft durch die behauptete Verletzung von Interessen privater beziehungsweise gesellschaftlicher Mandanten. Um eine potenzielle Berührung von Interessen jedoch überhaupt erkennen zu können, müssen solche Mandanten, aber auch staatliche Organe über die handelspolitisch relevante Rechtslage in anderen Staaten unterrichtet sein. Anders ausgedrückt, wenn keine Information vorliegt, kann weder die Berührung von Interessen identifiziert noch eine Rechtsverletzung geltend gemacht werden. Information ist deshalb Grundlage jeder Verhandlung.

I. Berichterstattung

Information zur handelspolitisch relevanten Rechtslage kann staatlichen Amtsblättern und Entscheidungssammlungen entnommen werden, die durch Transparenz- und Publikationsbestimmungen wie beispielsweise Artikel X Ziffer 1 Allgemeines Zoll- und Handelsabkommen 1994 (GATT 1994)[14] oder Artikel III Ziffer 1 Allgemeines Abkommen über den Handel mit Dienstleistungen (GATS)[15]

14 General Agreement on Tariffs and Trade 1994, Annex 1A to the Marrakesh Agreement Establishing the World Trade Organization, done at Marrakesh, 15 April 1994, UNTS 1867 (1995), 187 ff.; TIAS No. 31874, in: ILM 33 (1994), 1154 ff.; ABlEG L 336 vom 23. Dez. 1994, 11 ff.

15 General Agreement on Trade in Services, Annex 1B to the Marrakesh Agreement Establishing the World Trade Organization, done at Marrakesh, 15 April 1994, UNTS 1869 (1995), 183 ff.; TIAS No. 31874, in: ILM 33 (1994), 1167 ff.; ABlEG L 336 vom 23. Dez. 1994, 191 ff.; amend. Second Protocol to the GATS, done at Geneva, 6 Oct. 1995, UNTS 2057 (1999), 149 ff.; ABlEG L 167 vom 6. Juli 1996, 25 ff.; Third Protocol to the GATS, done at Geneva, 6 Oct. 1995, UNTS 2061 (1999), 190 ff.; ABlEG L 167 vom 6. Juli 1996, 43 ff.; Fourth Protocol to the GATS, done at Geneva, 15 April 1997,

vorgeschrieben sind.[16] Solche amtlichen Quellen werden im Rahmen der laufenden Handelsdiplomatie durch informelle Gespräche, Konsultationen oder *échanges de vues* mit weiteren Akteuren der zwischenstaatlichen Handelsregulierung geprüft, vervollständigt, verfeinert und an zuständige Regierungsstellen berichtet. Die Staaten mit dem größten Anteil am Welthandel (die sogenannte „Quad" aus Europäischer Union,[17] den Vereinigten Staaten von Amerika [Vereinigte Staaten], Japan und der Volksrepublik China) pflegen eine umfassende Berichterstattung über Auslandsvertretungen, Ministerien oder Außenhandelskammern. Schwellenländer (etwa Brasilien, Indien oder Chile) oder „kleinere" Industriestaaten (etwa Neuseeland oder Norwegen) dagegen konzentrieren ihre Berichterstattung regelmäßig auf ihre wichtigsten Handelspartner. Entwicklungsländer (etwa Bangladesch oder Tschad) betreiben kaum eigene Berichterstattung.

In weniger organisiertem, jedoch breiter gestreutem Maße informieren Nichtregierungsorganisationen (NGOs), wie alle an der zwischenstaatlichen Handelsregulierung interessierten privaten Akteure in der Staatenpraxis zusammengefasst werden,[18] ihre Mandanten im Rahmen einer *veille juridique.*

UNTS 2061 (1999), 209 ff.; ABlEG L 347 vom 18. Dez. 1997, 45 ff.; Fifth Protocol to the GATS, done at Geneva, 27 Feb. 1998, UNTS 2066 (1999), 155 ff.; ABlEG L 20 vom 27. Jan. 1999, 40 ff.

16 Hierzu *Hoekman, Bernard M./Kostecki, Michel M.*: The Political Economy of the World Trading System: The WTO and Beyond, Oxford: Oxford Univ. Pr., 2nd ed. 2001, 61 ff.; *UN Commission on Trade and Development*: Dispute Settlement: World Trade Organization, Module 3.1 Overview, UN Doc. UNCTAD/EDM/Misc.232/Add.11, New York/Geneva: UN 2003, 24 f.

17 Zum 1. Jan. 1995 sind die „Europäischen Gemeinschaften" (EG) neben ihren Mitgliedstaaten als Mitglied der WTO beigetreten; bis 30. Nov. 2009 wurden sie als solche, ab 1. Jan. 2009 dann als „Europäische Union", in der WTO bezeichnet und geführt; nachf. wird diese Unterscheidung übernommen.

18 Hierzu *Ministerial Conference*: Non-governmental Organizations Accredited to Attend the Eleventh WTO Ministerial Conference, Buenos Aires, 10–13 Dec. 2017, WTO Doc. WT/MIN(17)/INF/31, circul. 29 Jan. 2018; in der Handelsregulierung aktiv sind etwa *International Chamber of Commerce* (ICC); *International Federation of Agricultural Producers* (IFAP); *WWF International*; *Association pour la taxation des transactions financières et pour l'action citoyenne* (ATTAC); Internationaler Gewerkschaftsbund (IGB); *European Chemical Industry Council* (CEFIC); *Greenpeace International*; Friedrich-Ebert-Stiftung; *Oxfam International*; *Fairtrade Foundation*; *Comité des organisations professionnelles agricoles* (COPA-COGECA); *Dairy Farmers of Canada*; *Centre du commerce international pour le développement* (CECIDE); aktive Think Tanks sind etwa das *Deutsche Institut für Entwicklungspolitik* (DIE);

Multinational agierende Unternehmen (MNCs) wie *Kodak* nutzen, wenn sie nicht direkt mit Regierungsstellen in Verbindung treten, regelmäßig solche Dienstleistungen und vervollständigen sie gegebenenfalls mit entsprechender Rechtsberatung. In diesem Zusammenhang ist die Staatenpraxis zu begrüßen, im Vergleich zum GATT 1947 die Vertraulichkeit um zwischenstaatliche Verhandlungsvorgänge zu lüften und Dokumente wie Entscheidungen der WTO-Organe weitgehend freizugeben.[19] Darüber hinaus kann privat gewonnene Information in einigen Staaten in politische, administrative oder gerichtliche Verfahren zur Abwehr unlauterer Handelsmaßnahmen und Mobilisierung diplomatischen Schutzes eingespeist werden.[20]

Center for Economic and Social Development (CESD); *Peter G. Peterson Institute*; *World Trade Institute* (WTI); *Overseas Development Institute* (ODI); *International Center for Trade and Sustainable Development* (ICTSD); *Centre for International Sustainable Development Law* (CISDL); *Centre for International Environmental Law* (CIEL); *Third World Network*; vgl. *Ministerial Conference*: Eleventh Session, Buenos Aires, 10–13 Dec. 2017: Non-governmental Organizations Accredited to Attend the Eleventh WTO Ministerial Conference, WTO Doc. WT/MIN(17)/INF/31, circul. 29 Jan. 2018; die Liste von *amicus curiae* in Panel-Verfahren bei *Stern, Brigitte*: L'intervention des tiers dans le contentieux de l'OMC, RGDIP 107 (2003), 257–303 (274 ff.).

19 Grundl. *Secretariat*: Derestriction of Documents and Documents Remaining Restricted, Note of 28 May 1996, WTO Doc. WT/INF/3, circul. 12 June 1996; ferner *General Council*: Procedures for the Circulation and Derestriction of WTO Documents, Decision of 18 July 1996, WTO Doc. WT/L/160/Rev.1, circul. 26 July 1996; as amend. *General Council*: Procedures for the Circulation and Derestriction of WTO Documents, Decision of 14 May 2002, WTO Doc. WT/L/452, circul. 16 May 2002; *General Council*: Guidelines for Arrangements on Relations with Non-governmental Organizations, Decision of 18 July 1996, WTO Doc. WT/L/162, circul. 23 July 1996; *General Council*: Derestriction of Official GATT 1947 Documents, Communication by the Chairman, 5 May 2006, WTO Doc. WT/GC/W/562, circul. 15 May 2006.

20 So etwa das *Trade Compliance Center* (TCC), Washington, als öffentliche Sammelstelle des Handelsministeriums der Vereinigten Staaten (USDOC) für privat gewonnene Information; vgl. die Verordnung (EG) Nr. 3286/94 des Rates vom 22. Dez. 1994 zur Festlegung der Verfahren der Gemeinschaft im Bereich der gemeinsamen Handelspolitik zur Ausübung der Rechte der Gemeinschaft nach internationalen Handelsregeln, insbesondere den im Rahmen der Welthandelsorganisation vereinbarten Regeln, ABlEG L 349 vom 31.12.1994, 71 ff.; geänd. durch Verordnung (EG) des Rates Nr. 356/95 vom 20. Feb. 1995, ABlEG L 41 vom 23. Feb. 1995, 3 ff. Verordnung (EG) des Rates Nr. 125/2008 vom 12. Februar 2008, ABlEG L 40 vom 14. Feb. 2008, 1 ff.; Verordnung (EU) Nr. 37/2014 des Europäischen Parlaments und des Rates vom 15. Januar 2014, ABlEU Nr. L 18 vom 21. Januar 2014, 1 ff.; Verordnung (EU) No. 654 des Europäischen Parlaments und des Rates vom 15. Mai 2014, ABlEU Nr. L 189 vom

In *Kodak-Fujifilm* wurde dieser Schritt hinsichtlich des Gesetzes zur Anpassung der Geschäftstätigkeit des Vertriebsdienstleistungssektors in großflächigen Kaufhäusern (Daiten Hô)[21] nicht etwa vorbereitend vollzogen, sondern, da dieses Gesetz erst mit dem Antrag aus Artikel XXIII Ziffern 1 und 3 GATS (DS45)[22] in den Handelsstreit einbezogen wurde, durch die Konsultationen am 10. Juli 1996 sowie am 7. und 8. November 1996.

II. Überwachung

Institutionstechnisch betrachtet kann staatliche beziehungsweise private Berichterstattung ein kollektives Notifikations- und Berichtssystem, das regelmäßig und objektiv über die Entwicklung der einzelnen Rechtsordnungen informiert, allenfalls ergänzen, keinesfalls aber ersetzen.[23]

So verpflichten zahllose spezifische Notifikationsbestimmungen der Übereinkommen von Marrakesch die WTO-Mitglieder dazu, den zuständigen Räten die Entwicklung ihrer Zollsätze, Bewertungsgrundlagen, Importquoten,

---

27. Juni 2014, 50 ff. (Handelshemmnis-VO); hierzu *Kuijper, Pieter J.*: The New WTO Dispute Settlement System: The Impact on the European Community, JWT 29 (1995), 49–71 (54 ff.); *Bronckers, Marco C.E.J.*: Private Participation in the Enforcement of WTO Law: The New EC Trade Barriers Regulation, CMLR 33 (1996), 299–318 (305 ff.); *McNelis, Natalie*: The European Union Trade Barriers Regulation: A More Effective Instrument, JIEL 1 (1998), 149–155; *Berrisch, Georg M./Kamann, Hans-Georg*: Die Handelshemmnis-Verordnung, EuZW 4 (1999), 101–107; rechtsvgl. mit Sec. 301–310 Trade Act of 1974, Pub. L. 93-618, 88 Stat. 1978 (3 Jan. 1975); as added Trade Agreements Act, Pub. L. 96-39, 93 Stat. 295 (26 July 1979); as amend. Trade and Tariff Act, Pub. L. 98-573, 98 Stat. 3002 (30 Oct. 1984); Omnibus Trade and Competitiveness Act of 1988, Pub. L. 100-418, 102 Stat. 1164 (23 Aug. 1988); Uruguay Round Agreements Act (URAA), Pub. L. 103-465, 108 Stat. 4993 (8 Dec. 1994); Act to Make Technical Corrections and Miscellaneous Amendments to Trade Laws, Pub. L. 104-295, 110 Stat. 3528 (11 Oct. 1996); 19 USC §§2411-2420 and §2155(a)(1994) (US Trade Act), *Mavroidis, Petros C./Zdouc, Werner*: Legal Means to Protect Private Parties' Interests in the WTO: The Case of the EC New Trade Barriers Regulation, JIEL 1 (1998), 407–432 (423 ff.); *Ohlhoff, Stefan/Schloemann, Hannes*: Durchsetzung internationaler Handelsregeln durch Unternehmen und Verbände: Im Blickpunkt: EG-Verordnung gegen Handelshemmnisse, RIW 45 (1999), 649–659.

21 Act on the Adjustment of Retail Business Operations at Large Scale Retail Stores, No. 109 (1973), as amend. Act No. 105 (1978), Kanpô, 71 ff.

22 *Permanent Mission of the United States*: Communication to the Permanent Mission of Japan and to the Dispute Settlement Body, 13 June 1996, circul. as *Japan – Distribution Services*, Request for Consultations by the United States, WTO Doc. WT/DS45/1, 20 June 1996.

23 So etwa *Hoekman/Kostecki* (Anm. 16), 61 ff.

Lizenzpflichten oder Steuervergünstigungen anzuzeigen.[24] Darüber hinaus unterliegen Maßnahmen, die geeignet sind, die Handelsregulierung zu berühren, auch einer allgemeinen Notifikationspflicht beim zentralen Notifikationsregister des WTO-Sekretariats,[25] das die Information bündelt und diese interessierten Mitgliedern zur Einsicht bereithält.[26] Allerdings machen die WTO-Teilabkommen zur Form (Gesetz, Verwaltungsakt, Judikat) der zu notifizierenden Maßnahme praktisch keine, hingegen zum Informationswert der Notifikation ganz unterschiedliche Angaben.[27] Folglich haben die Räte, um eine wirklich transparente, präzise und qualitative Information zu gewährleisten, für ihren jeweiligen Regulierungsbereich Richtlinien und Formate beschlossen.[28] Nach aktueller Spruchpraxis können solche Richtlinien und Formate das Ermessen der Mitglieder über die Notifikationsrelevanz einer Maßnahme

---

24 Zum Stand der Notifikationspflichten allein bezügl. Subventions- und Ausgleichsmaßnahmen, *Council for Trade in Goods*: Decision on Notification Procedures for Quantitative Restrictions, adopt. 1 Dec. 1995, WTO Doc. G/L/59, circul. 10 Jan. 1996 *in fine*; zusammenf. *Council for Trade in Goods*: Report of the Working Group on Notification Obligations and Procedures, WTO Doc. G/L/112, circul. 7 Oct. 1996, insbes. Anhang III; *Council for Trade in Goods*: Updating of the Listing of Notification Obligations and the Compliance Therewith Set Out in Annex III of the Report of the Working Group on Notification Obligations and Procedures, Revision, WTO Doc. G/L/223/Rev.25, circul. 21 Feb. 2018.

25 Ziff. 2 Decision on Notification Procedures, done at Marrakesh, 15 April 1994, UNTS 1867 (1995), 44 ff.; TIAS No. 31874, in: ILM 33 (1994), 1250 ff.; ABlEG L 336 vom 23 Dez. 1994, 256 ff. (Beschluss zu den Notifikationsverfahren); *Secretariat*: Central Registry of Notifications (CRN), WTO Doc. WT/INF/124, circul. 30 March 2007.

26 Ziff. 1 Beschluss zu den Notifikationsverfahren; zum allgemeinen Verfahren, *Trade Negotiation Committee*: Decision on Notification Procedures, 15 Dec. 1993, adopt. by *General Council*: Minutes of the Meeting held on 31 Jan. 1995, WTO Doc. WT/GD/M/1, circul. 28 Feb. 1995, Ziff. 12; selbstverständlich darf ein Mitglied nur die Notifikationen des WTO-Teilabk. einsehen, dem er beigetreten ist.

27 Die im Anhang zum Beschluss zu den Notifikationsverfahren gegebene Aufstellung der *allgemein* notifikationspflichtigen Maßnahmen ist nicht abschließend.

28 Hierzu *Hoekman/Kostecki* (Anm. 16), 62; siehe nur bezügl. Subventions- und Ausgleichsmaßnahmen: zum Format der Notifikation geplanter Subventionsmaßnahmen gem. Art. 8 Ziff. 3 Agreement on Subsidies and Countervailing Measures, Annex 1A to the Marrakesh Agreement Establishing the World Trade Organization, done at Marrakesh, 15 April 1994, UNTS 1869 (1995), 14 ff.; TIAS No. 31874, in: *World Trade Organization:* The WTO Agreements: The Marrakesh Agreement Establishing the World Trade Organization and its Annexes, Cambridge: Cambridge Univ. Pr., 2nd ed. 2017, 263 ff.; ABlEG L 336 vom 23. Dez. 1994, 156 ff. (Übereink. über Subventionen und Ausgleichsmaßnahmen – SCM-Abkommen), *SCM-Committee Working Party on Subsidy Notifications*: Draft Format for Yearly Notifications under Article 8.3 of the Agreement on

Subsidies and Countervailing Measures, Note from the Secretariat, WTO Doc. G/SCM/W/7, circul. 1 June 1995, adopt. by *SCM-Committee*: Format for Notifications under Article 8.3 of the Agreement on Subsidies and Countervailing Measures, 22 Feb. 1995, WTO Doc. G/SCM/14, circul. 31 March 1998; zur Frist für die Notifikation von Subventionsmaßnahmen gem. Art. 25 Ziff. 1 ff. SCM-Abkommen, *SCM-Committee*: Notifications Pursuant to Article XVI:1 of the GATT 1994 and Article 25 of the Agreement on Subsidies and Countervailing Measures, WTO Doc. G/SCM/N/3, circul. 30 Jan. 1995; zuletzt geänd. durch *SCM-Committee*: Procedure for Review of 2005 Full and New Subsidy Notifications, Note by the Secretariat, adopt. 14 April 2005, WTO Doc. G/SCM/117, circul. 26 April 2005; zum Format der Notifikation von Subventionensmaßnahmen gem. Art. 25 Ziff. 2 SCM-Abkommen, *SCM-Committee*: Questionnaire Format for Subsidy Notifications under Article 25 of the Agreement on Subsidies and Countervailing Measures and under Article XVI of the GATT 1994, adopt. 21 July 1995, WTO Doc. G/SCM/6, circul. 9 Aug. 1995; as amend. *SCM-Committee*: Questionnaire Format for Subsidy Notifications under Article 25 of the Agreement on Subsidies and Countervailing Measures and under Article XVI of the GATT 1994, adopt. 28 Oct. 2003, WTO Doc. G/SCM/6/Rev.1, circul. 11 Nov. 2003; zur halbjährlichen Berichtspflicht über Ausgleichszölle gem. Art. 25 Ziff. 11 SCM-Abkommen, *SCM-Committee*: Guidelines for Information Provided in the Semi-annual Reports, adopt. 13 June 1995, WTO Doc. G/SCM/2, circul. 22 June 1995 und *SCM-Committee*: Minimum Information to Be Provided under Article 25.11 of the Agreement in the Reports on All Preliminary or Final Countervailing Actions, adopt. 13 June 1995, WTO Doc. G/SCM/3, circul. 22 June 1995; zur Notifikation zuständiger Untersuchungsbehörden und relevanter Bestimmungen gem. Art. 25 Ziff. 12 SCM-Abkommen, *SCM-Committee*: Notification of Competent Authorities, WTO Doc. G/SCM/N/18, circul. 22 May 1996; zur Notifikation bestimmter Subventionsmaßnahmen der Entwicklungsländer gem. Art. 27 Ziff. 11 und 13 SCM-Abkommen *in fine* amend. *SCM-Committee*: Format for Notification under Article 27.11 of the Agreement on Subsidies and Countervailing Measures, adopt. 22 Feb. 1995, WTO Doc. G/SCM/16, circul. 31 March 1998; *SCM-Committee*: Format for Notifications under Article 27.13 of the Agreement on Subsidies and Countervailing Measures, adopt. 22 Feb. 1995, WTO Doc. G/SCM/15, circul. 31 March 1998; zur einmaligen Notifikation der zum 1. Jan. 1995 bestehenden, mit dem SCM-Abkommen unvereinbaren, Subventionsmaßnahmen gem. Art. 28 Ziff. 1 SCM-Abkommen, *SCM-Committee*: Notification Pursuant to Article 28.1(a) of Subsidies Inconsistent with the Agreement, WTO Doc. G/SCM/N/2, circul. 30 Jan. 1995 i.V.m. Anhang 4 *Preparatory Committee for the World Trade Organization Sub-committee on Institution, Procedural and Legal Matters, Informal Contact Group on Anti-dumping, Subsidies and Safeguards*: Report by the Chairman, adopt. 28 Nov. 1994, GATT Doc. PC/IPL/11, circul. 2 Dec. 1994; zur Notifikation eventueller Vorbehalte gem. Art. 32 Ziff. 6 SCM-Abkommen, *SCM-Committee*: Notification of Laws and Regulations under Article 32.6 of the Agreement, WTO Doc. G/SCM/N/1, Corr.1 and Suppl.1, circul. 30 Jan. 1995, 23 Feb. 1995 and 2 March 1995 i.V.m. Anhang 4 *Preparatory Committee for the World Trade Organization Sub-committee on Institution, Procedural and Legal Matters, Informal Contact Group on Anti-dumping, Subsidies and Safeguards*: Report by the Chairman, adopt. 28 Nov. 1994, GATT Doc. PC/IPL/11, circul. 2 Dec. 1994.

jedoch nicht nehmen, das nach objektivem, dem Vertragstext und dem Kontext zu entnehmendem Maßstab ausgeübt werden soll.[29]

Wegen der unübersichtlichen Fülle von Notifikationspflichten und des hohen Verwaltungsaufwands (Einrichten von Auskunftstellen; Koordinieren von Entscheidungen durch Regierungsstellen; Übertragen auf die vorgegebenen Formate; Übersetzen usw.) haben Mitglieder diese lange nur unzureichend erfüllt.[30] Sicher ermutigt auch der Umstand, dass das Vorliegen einer zwar notifikationspflichtigen, aber vielleicht nicht zweifelsfrei mit den Übereinkommen von Marrakesch konformen Maßnahme zunächst nur dem verpflichteten Mitglied bekannt ist, nicht eben zur Selbstanzeige. Deshalb räumen einzelne WTO-Teilabkommen den übrigen Mitgliedern die Möglichkeit ein, bei Verdacht auf unterlassene Notifikation gezielte Anfragen zu stellen[31] oder

---

29 So erfordert die Notifikation einer Ausgleichsmaßnahme gem. Art. 12 Ziff. 1 bis 3 SCM-Abkommen zum Nachweis eines „schwerwiegenden Schadens" nicht etwa nur den Hinweis auf das laufende Verfahren, sondern mindestens alle in Art. 4 Ziff. 2 Buchst. (a) SCM-Abkommen zur Beurteilung des Verfahrens relevanten Angaben, *Korea – Dairy*, Report of the Appellate Body, WTO Doc. WT/DS98/AB/R, circul. 14 Dec. 1999, adopt. 12 Jan. 2000, Ziff. 107 ff.; aus Art. 12 Ziff. 1 SCM-Abkommen ergibt sich ebenfalls, dass zwischen dem Gebot der Eile und jenem der Ausführlichkeit einer Notifikation einzelfallbedingt abzuwägen ist, *Korea – Dairy*, Report of the Panel, WTO Doc. WT/DS98/R and Corr. 1, circul. 21 June 1999 and 22 July 1999, adopt. as modif. 12 Jan. 2000, Ziff. 7.134; ebenso *US – Wheat Gluten*, Report of the Appellate Body, WTO Doc. WT/DS166/AB/R, circul. 22 Dec. 2000, adopt. 19 Jan. 2001, Ziff. 105 ff.

30 Siehe etwa, Lagebericht zur Notikationsumsetzung in *Council for Trade in Goods*: Report of the Working Group on Notification Obligations and Procedures, WTO Doc. G/L/112, circul. 7 Oct. 1996, Annex III; von den Verbesserungsvorschlägen, die daraufhin im *Council for Trade in Goods*: Minutes of the Meeting held on 15 Oct. 1996, WTO Doc. G/C/M/14, circul. 30 Oct. 1996, 5 eingereicht wurden, hat *General Council*: Minutes of the Meeting held on 19 Feb. 1998, WTO Doc. WT/GC/M/26, circul. 16 March 1998, 18 nur wenige aufgegriffen; hierzu nur bezügl. Subventions- und Ausgleichsmaßnahmen der Ergebnisbericht *SCM-Committee*: Members' Difficulties in Making Subsidy Notifications, Note from the Chairman on Members' Replies Submitted to Date to Questions in Part B of Document G/SCM/W/473, Doc. WTO G/SCM/W/505, circul. 27 March 2002.

31 Zur spezifischen Auskunftspflicht etwa Art. 6 Ziff. 3 Agreement on Trade-related Investment Measures, Annex 1A to the Marrakesh Agreement Establishing the World Trade Organization, done at Marrakesh, 15 April 1994, UNTS 1868 (1995), 186 ff.; TIAS No. 31874, in: *World Trade Organization:* The WTO Agreements: The Marrakesh Agreement Establishing the World Trade Organization and

sogenannte Umkehrnotifikationen vorzunehmen.[32] Unabhängig hiervon werden Maßnahmen, von denen Mitglieder anderweitig als durch das kollektive Notifikations- und Berichtssystem erfahren, regelmäßig in den zuständigen Räten thematisiert.[33]

---

its Annexes, Cambridge: Cambridge Univ. Pr., 2nd ed. 2017, 172 ff.; ABlEG L 336 vom 23. Dez. 1994, 100 ff. (Übereink. über handelsbezogene Investitionsmaßnahmen – TRIMs-Abkommen); Art. 25 Ziff. 9 SCM-Abkommen; Art. 63 Ziff. 3 Agreement on Trade-related Aspects of Intellectual Property Rights, Annex 1C to the Marrakesh Agreement Establishing the World Trade Organization, done at Marrakesh, 15 April 1994, UNTS 1869 (1995), 299 ff.; TIAS No. 31874, in: ILM 33 (1994), 1197 f.; ABlEG L 336 vom 23. Dez. 1994, 214 ff.; amend. Protocol amending the TRIPS Agreement, done at Geneva, 6 Dec. 2005; adopt. by: *General Council*: Amendment of the TRIPS Agreement, Decision of 6 December 2005, Doc. WT/L/641, circul. 8 Dec. 2005; UNTS (im Erscheinen); ABlEU L 311 vom 29. Nov. 2004, 35 ff., in: *World Trade Organization*: The WTO Agreements: The Marrakesh Agreement Establishing the World Trade Organization and its Annexes, Cambridge: Cambridge Univ. Pr., 2nd ed. 2017, 396 ff. (TRIPS-Abkommen).

32 Hierbei zeigt ein verdächtigendes Mitglied die Maßnahme an Stelle des notifikationspflichtigen an; etwa Ziff. 4 Understanding on the Interpretation of Article XVII of the General Agreement on Tariffs and Trade 1994, Annex 1A to the Marrakesh Agreement Establishing the World Trade Organization, done at Marrakesh, 15 April 1994, UNTS 1867 (1995), 202 f.; TIAS No. 31874, in: ILM 33 (1994), 1157 f.; ABlEG L 336 vom 23. Dez. 1994, 13 f. (Vereinbarung zur Auslegung des Artikels XVII GATT 1994 – STR-Vereinbarung); Art. 5 Ziff. 5 Agreement on Import Licensing Procedures, Annex 1A to the Marrakesh Agreement Establishing the World Trade Organization, done at Marrakesh, 15 April 1994, UNTS 1868 (1995), 436 ff.; TIAS No. 31874, in: *World Trade Organization*: The WTO Agreements: The Marrakesh Agreement Establishing the World Trade Organization and its Annexes, Cambridge: Cambridge Univ. Pr., 2nd ed. 2017, 255 ff.; ABlEG L 336 vom 23. Dez. 1994, 151 ff. (Übereink. über Einfuhrlizenzverfahren – ILP-Abkommen); Art. 25 Ziff. 10 SCM-Abkommen; Art. 12 Ziff. 8 Agreement on Safeguards, Annex 1A to the Marrakesh Agreement Establishing the World Trade Organization, done at Marrakesh, 15 April 1994, UNTS 1869 (1995), 154 ff.; TIAS No. 31874, in: *World Trade Organization*: The WTO Agreements: The Marrakesh Agreement Establishing the World Trade Organization and its Annexes, Cambridge: Cambridge Univ. Pr., 2nd ed. 2017, 311 ff.; ABlEG L 336 vom 23. Dez. 1994, 184 ff. (Übereink. über Schutzmaßnahmen – SFG-Abkommen).

33 Siehe etwa die Anfrage des Vertreters der Vereinigten Staaten zur Unterstützung von *Hyundai Electronic Industries, Inc.* durch die *Korean Development Bank* in *SCM-Committee*: Minutes of the Meeting held on 2–3 May 2001, WTO Doc. G/SCM/M/28, circul. 14 Aug. 2001, Ziff. 1; 14 ff.

Die gewonnene Information wird im Mechanismus zur Überprüfung der Handelspolitik (TPRM)[34] aufgegriffen. Sie findet sich ebenso im Jahresbericht des WTO-Generaldirektors zur Entwicklung der zwischenstaatlichen Handelsregulierung wieder.[35] Die im Ergebnis einer *peer review* im Organ zur Überprüfung der Handelspolitik (TPRB) veröffentlichten Berichte des WTO-Sekretariats bieten potenziell zusätzlichen Erkenntnisgewinn, weil das WTO-Sekretariat über die von Mitgliedern notifizierte und ergänzte Information hinaus anderweitige Quellen heranziehen kann.[36]

Information, Notifikation und Überwachung durch Räte und, wegen des systematischen und wiederkehrenden Charakters, stärker noch durch das TPRM bieten die Gelegenheit, erkennbar gewordene Maßnahmen der Auswertung und Bewertung durch die Mitglieder auszusetzen. Im Dialog, der jenseits von konkreten Handelsstreitigkeiten und strategischer Zielausrichtung in kooperativer Motivation und Wahrnehmung möglich ist, können eventuelle Verletzungen von Interessen direkt angesprochen werden.[37] Weiter liefern die Stellungnahmen anderer Mitglieder sekundäre Information über

34 Teil C Ziff. (ii) Trade Policy Review Mechanism, Annex 3 to the Marrakesh Agreement Establishing the World Trade Organization, done at Marrakesh, 15 April 1994, UNTS 1869 (1995), 480 ff.; TIAS No. 31874; ABlEG L 336 vom 23 Dez. 1994, 251 ff.; amend. *General Council*: Amendment to the Trade Policy Review Mechanism, Decision of 26 July 2017, WTO Doc. WT/L/1014, circul. 27 July 2017; UNTS (im Erscheinen), in: *World Trade Organization*: The WTO Agreements: The Marrakesh Agreement Establishing the World Trade Organization and its Annexes, Cambridge: Cambridge Univ. Pr., 2nd ed. 2017, 461 ff.; hierzu *Hoekman/Kostecki* (Anm. 16), 62 f.; *Bourgeois, Jacques H.J.*: GATT Surveillance of Trade-related Policies: A Comment, in: Petersmann, Ernst-Ulrich/Hilf, Meinhard (eds.): The New GATT Round of Multilateral Trade Negotiations-Legal and Economic Problems, Deventer: Kluwer Law and Taxation, 2nd ed. 1991, 157–161; *Mavroidis, Petros C.*: Surveillance Schemes: The GATT's New Trade Policy Review Mechanism, Michigan JIL 13 (1992), 374–414; *Qureshi, Asif H.*: Some Lessons from "Developing" Countries' Trade Policy Reviews in the GATT Framework: An Enforcement Perspective, World Economy 18 (1995), 489–503; *Laird, Sam*: The WTO's Trade Policy Review Mechanism – From Through the Looking Glass, World Economy 22 (1999), 741–764.

35 Teil G TPRM; vgl. etwa *Trade Policy Review Body*: Overview of Developments in the International Trading Environment: Annual Report by the Director-General, WTO Doc. WT/TPR/OV/11, circul. 6 Feb. 2006.

36 Teil C Ziff. (v) Buchst. (b) TPRM *in fine*; die entspr. Praxis dokumentiert *Laird* (Anm. 34), 747 ff.

37 Siehe etwa *SCM-Committee*: Minutes of the Meeting held on 2–3 May 2001, WTO Doc. G/SCM/M/28, circul. 14 Aug. 2001, Ziff. 1; 14 ff.

die kursierenden Positionen hinsichtlich erkennbar gewordener Maßnahmen, die in einer späteren Verhandlung zum Aufbau von Unterstützung von strategischer Bedeutung werden oder aber zur Überarbeitung beziehungsweise Zurücknahme der Maßnahmen führen kann, noch bevor ein Handelsstreit entsteht.[38] Diese Art der multilateralisierten Konsultation erreicht oft Lösungen, die kaum von der breiten Öffentlichkeit wahrgenommen werden, eben weil ihnen der Streitcharakter fehlt. Sie ist der Pflege der diplomatischen Beziehungen zuzuordnen, nicht aber der streitbeilegenden Verhandlung, die Thema der vorliegenden Untersuchung ist. Die Räte, welche gemäß Artikel III Ziffer 2 WTO-Abkommen der institutionellen und fortwährenden Pflege der diplomatischen Beziehungen dienen, tragen somit dazu bei, die in Artikel III Ziffer 1 WTO-Abkommen normierte kollektive Umsetzung der Übereinkommen von Marrakesch zu gewährleisten, die zwischenstaatliche Handelsregulierung zu verwalten und die politische Verpflichtung zu erneuern.[39]

B. Involvieren staatlicher Organe

Entnehmen private beziehungsweise gesellschaftliche Mandanten der ausgewerteten Information zur Rechtslage, dass ihre Interessen berührt werden, können sie die staatliche Vertretung dieser Interessen betreiben. Welche Mandanten bei welchen staatlichen Organen vorsprechen dürfen, welche Verfahren in Gang gesetzt werden können und inwieweit private und staatliche Akteure zusammenarbeiten, hängt regelmäßig von den Zugangsvoraussetzungen politischer, administrativer oder gerichtlicher Verfahren ab.[40] Section 302

---

38 So etwa *Hahn, Hugo J.*: Le contrôle de l'exécution de l'obligation des États dans les organisations internationales économiques, in: Société française pour le droit international (éd.): Aspects du droit international économique – Élaboration, contrôle, sanction, Colloque d'Orléans, 25–27 mai 1971, Paris: Pédone 1972, 35–66 (53 ff.; 57 f.); ausf. *Baroncini, Elisa*: The WTO Dispute Settlement Understanding as a Promoter of Transparent, Rule-oriented, Mutually Agreed Solutions – A Study on the Value of DSU Consultations and Their Positive Conclusion, in: Mengozzi, Paolo (ed.): International Trade Law on the 50th Anniversary of the Multilateral Trade System, Milano: Giuffrè 1999, 152–302 (178 ff.).

39 Vgl. ebenfalls die Zielbestimmungen in Teil A (i) TPRM; *Hoekman/Kostecki* (Anm. 16), 64 f.; *UN Commission on Trade and Development* (Anm. 16), 8 f.

40 Hierzu nach dem Recht der Vereinigten Staaten, *Lukas, Martin*: The Role of Private Parties in the Enforcement of the Uruguay Round Agreements, JWT 29 (1995), 181–206 (186 ff.; 191 ff.); *Lowenfeld, Andreas F.*: Forum Shopping, Antisuit Injunctions, Negative Declarations, and Related Tools of International Litigation, AJIL 91 (1997), 314–324 (320 ff.).

Buchstabe (b) Ziffer (1)(A) Handelsgesetz der Vereinigten Staaten (US Trade Act)[41] [42] etwa räumt dem Handelsbevollmächtigten der Vereinigten Staaten (USTR) zur Abwehr unlauterer Handelsmaßnahmen ein Initiativrecht ein. Selten jedoch greift der USTR auf diese Rechtsgrundlage zurück, wenn hinter der „langfristigen Politik" keine Mandanten zu erkennen sind, deren Interessen er sich verpflichtet sieht.[43]

I. Ausschließen des Rechtswegs

Die Interessen von *Kodak* in der Sache *Kodak-Fujifilm* bestanden vorrangig darin, die eigene Geschäftskrise auf Kosten des Konkurrenten *Fujifilm* zu überwinden. Allerdings fiel die Untersuchung des Geschäftsverhaltens eines japanischen Unternehmens auf japanischem Staatsgebiet offensichtlich der Jurisdiktion Japans zu. Jedenfalls war hierfür aus Section 27 in Verbindung mit Section 1 der Wettbewerbsordnung Japans (Dokusen Kinshi Hô)[44] eine Zuständigkeit der Wettbewerbsbehörde Japans (JFTC)[45] gegeben.[46] *Kodak* hätte

---

41 Sec. 301-310 Trade Act of 1974, Pub. L. 93-618, 88 Stat. 1978 (3 Jan. 1975); as added Trade Agreements Act, Pub. L. 96-39, 93 Stat. 295 (26 July 1979); as amend. Trade and Tariff Act, Pub. L. 98-573, 98 Stat. 3002 (30 Oct. 1984); Omnibus Trade and Competitiveness Act of 1988, Pub. L. 100-418, 102 Stat. 1164 (23 Aug. 1988); Uruguay Round Agreements Act (URAA), Pub. L. 103-465, 108 Stat. 4993 (8 Dec. 1994); Act to Make Technical Corrections and Miscellaneous Amendments to Trade Laws, Pub. L. 104-295, 110 Stat. 3528 (11 Oct. 1996); 19 USC §§2411-2420 and §2155(a)(1994); hierzu statt vieler *Jackson, John H.*: The World Trading System: Law and Policy of International Economic Relations, Cambridge/London: MIT Press, 2nd ed. 1997, 127 ff.; *Bello, Judith H./Holmer, Alan F.*: U.S. Trade Law & Policy Series #13: Unilateral Action to Open Foreign Markets: The Mechanics of Retaliation Exercises, Int'l Lawyer 22 (1988), 1197-1206.

42 19 USC §2412(b)(1)(A)(1994).

43 Vgl. die Vertretung aus diesem Initiativrecht von *General Motors Corporation, Ford Motor Company* und *Chrysler Corporation, US Trade Representative*: Initiation of Section 302 Investigation and Request for Public Comment: Barriers to Access to the Auto Parts Replacement Markets in Japan, 59 FR 52034 (13 Oct. 1994).

44 Act on the Prohibition of Private Monopolization and Maintenance of Fair Trade, No. 54 (1947), as amend. Act No. 107 (1992), Kanpô, 93 ff.

45 Fair Trade Commission of Japan (Nihon No Kôsei Torihiki Iinkai) (JFTC).

46 Hierzu *Matsushita, Mitsuo*: The Antimonopoly Law of Japan, in: Graham, Edward M./Richardson, J. David (eds.): Global Competition Policy, Washington: IIE 1997, 151–198 (158 ff.); *Organization for Economic Co-operation and Development*: Regulatory Reform in the Japan: The Role of Competition Policy in Regulatory Reform, Paris: OECD 1999, 6 ff.; krit. *Saxonhouse, Gary R.*: Japan, SII and the International

entweder als Muttergesellschaft *Eastman Kodak Company, Inc.* oder über seine japanische Tochter *Kodak Japan Ltd.* eine Beschwerde aufgrund Section 45 Ziffer (1) Dokusen Kinshi Hô gegen *Fujifilm* einreichen können.[47]

Wohl aber zogen *Kodak* und seine Rechtsberater es vor, eine Jurisdiktion der Vereinigten Staaten zu begründen. Unter diesem Gesichtspunkt hätte *Kodak* allenfalls gegen die in den Vereinigten Staaten ansässigen Tochterunternehmen *Fuji Photo Film USA, Inc., Fujifilm Medical Systems USA, Inc.* beziehungsweise *Fuji Hunt Photographic Chemicals, Inc.* vor den zuständigen Bezirksgerichten klagen können. Anspruchsgrundlage wäre hier Section 6a Ziffer (1)(B) Kartellgesetz der Vereinigten Staaten (Sherman Act)[48] gewesen, wobei nach Auffassung des Obersten Gerichtshofs der Vereinigten Staaten (US Supreme Court) das Kartellrecht der Vereinigten Staaten auch extraterritoriale Sachverhalte erfasse, sofern sie „unmittelbare, erhebliche und hinreichend vorhersehbare" Auswirkungen auf die Ausfuhr von Waren und Dienstleistungen aus den Vereinigten Staaten entfalten (sogenanntes Auswirkungsprinzip), und eine Zuständigkeit der Gerichte der Vereinigten Staaten über die verklagten Unternehmen gegeben ist.[49] Diese Rechtsprechung, die nicht auf zwischenstaatliche Rechte und Pflichten (etwa Rechtssphären des Interventionsverbots; Intensität der Verknüpfung;

Harmonization of Domestic Economic Practices, Michigan JIL 12 (1991), 450–469 (465 ff.).

47 Siehe zum Beschwerde- und Anhörungsverfahren vor der JFTC nach neuerer Rechtslage, die umfangreichen Novellen des Dokusen Kinshi Hô von 2000, 2001, 2002 und 2005 sowie Sec. 9(1) ff. Rules on Hearing by the Fair Trade Commission, FTC Rule No. 8 (2005), in: Publication of the Cabinet Ordinances and the Fair Trade Commission Rules Related to the Implementation of the Amendments for the Antimonopoly Act, JFTC Press Release (6 Oct. 2005).

48 Sec. 6a(1)(B) Sherman Act, 26 Stat. 210 (2 July 1890); as added Pub. L. 97-290, 96 Stat. 1246 (8 Oct. 1982); 15 USC §6a(1)(B)(1982).

49 Grundl. *United States v. Aluminium Co. of America (ALCOA)*, 148 F.2d 416 (2d Cir. 1945); *Timberlane Lumber Co. v. Bank of America*, 549 F.2d 597 (9th Cir. 1976); *In re Uranium Antitrust Litigation*, 617 F.2d 1248 (7th Cir. 1980); *Mannington Mills, Inc. v. Congoleum Corporation*, 595 F.2d 1287 (3rd Cir. 1979); *Hartford Fire Insurance Co. v. California*, 11 S.Ct. 2891 (1993); *United States v. Nippon Paper Industries Co. Ltd.*, 109 F.3d 1 (1st Cir. 1997), *cert. denied*, L.Ed. 2d 632, 118 S.Ct. 685 (1998); zu den Voraussetzungen für die Einleitung von Antitrust-Verfahren bei Auslandsberührung, US Department of Justice/US Federal Trade Commission: Antitrust Enforcement Guidelines for International Operations (5 April 1995), Ziff. 3.1 ff., in: ILM 34 (1996), 1080 ff.; hierzu *American Law Institute*: Restatement (Third) of the Law: The Foreign Relations Law of the United States (1987), St. Paul: ALI 1987, Ziff. 403 ff.

wirtschaftspolitische Belange des Aufenthaltsstaates; Widerspruch zu Anordnungen des Aufenthaltsstaates) beruht, sondern auf einseitig durch Gerichte der Vereinigten Staaten definierte Kriterien, wurde jedoch verbreitet als unzulässiger Eingriff in die Wirtschaftshoheit anderer Staaten kritisiert.[50] Mangels bestehender Übereinkommen mit entsprechenden Kollisionsbestimmungen musste *Kodak* folglich davon ausgehen, dass selbst in der Annahme, dass es vor Gerichten der Vereinigten Staaten ein günstiges Urteil erstreiten konnte, die Anerkennung und Vollstreckung des Urteils auf japanischem Staatsgebiet verwehrt werden konnte. Zudem hätte wohl schon in der Verfahrensinstanz das Justizministerium der Vereinigten Staaten (USDOJ), das als Kartellaufsichtsbehörde über einen *Attorney General* in Wettbewerbssachen zu beteiligen ist, Bedenken gegen das Geschäftsverhalten von *Kodak* erheben können.[51]

Vor allem aber hätte der Rechtsweg den strategischen Handlungs- und Ermessensspielraum von *Kodak* wesentlich eingeengt. Denn Akteure (Richter, Aufsichtsbehörden und Rechtsberater) der Jurisdiktion und Verfahrensordnungen (Beteiligung, Anhörung, Kontradiktion und Beweisführung) gerichtlicher Organe erfordern eine rechtsgeleitete, sachbezogene und gleichgestellte Diskussion, die nur indirekt über die Wahrnehmung zu emotionalisieren ist. Zudem erlaubte die umstrittene Rechtslage kein ausreichend vorhersehbares

50 So etwa *Jennings, Robert Y.*: Extraterritorial Jurisdiction and the United States Antitrust Laws, BYIL 33 (1957), 146–175 (148 ff.; 172 ff.); *Mann, Friedrich A.*: The Doctrine of Jurisdiction in International Law, RdC 111 (1964 I), 1–162 (9 ff.); *Akehurst, Michael*: Jurisdiction in International Law, BYIL 46 (1972/73), 145–257 (230 ff.); *Meessen, Karl M.*: Völkerrechtliche Grundsätze des internationalen Kartellrechts, Habil. Bonn, Baden-Baden: Nomos 1975, 149 ff.; *Meng, Werner*: Neuere Entwicklungen im Streit um die Jurisdiktionshoheit der Staaten im Bereich der Wettbewerbsbeschränkungen, ZaöRV 41 (1981), 469–513 (476 ff.); *Demaret, Paul*: L'extraterritorialité des lois et les relations transatlantiques: Une question de droit ou de diplomatie? RTDE 21 (1985), 1–39 (5 ff.); *Scherer, Frederic M.*: Competition Policies for an Integrated World Economy, Washington: Brookings Institution 1994, 28 ff.; *Lowenfeld, Andreas F.*: Conflict, Balancing of Interests, and the Exercise of Jurisdiction to Prescribe: Reflections on the Insurance Antitrust Case, AJIL 89 (1995), 42–52 (47 ff.); *Herdegen, Matthias*: Internationales Wirtschaftsrecht: Ein Studienbuch, München: Beck, 2. Aufl. 1995, 34 ff.

51 *Barringer, William H.*: Letter to *Irving A. Williamson*, Chair Section 301 Committee: Fujifilm's Comments on USTR's Legal Requirement to Take into Account Reciprocal Opportunities for Fujifilm in the U.S. Market (8 Feb. 1996), auszugsw. in: *Durling* (Anm. 5), 191 ff.; zu den zeitgleich laufenden Klagen des USDOJ gegen *Kodak* vor Gerichten der Vereinigten Staaten, *Iida* (Anm. 6), 114.

Ergebnis. Vielmehr waren hier jahrelange Verfahren vorauszusehen. Vor der JFTC wären, durch den Bezug aller Strukturelemente auf die Jurisdiktion Japans (Beteiligung japanischer Regierungsstellen am Verfahren; Dokusen Kinshi Hô als Bewertungsmaßstab; Verfahrensführung in japanischer Sprache), die Risiken noch verstärkt gewesen. Folglich bot der Rechtsweg geringe Aussichten auf den von *Kodak* angestrebten Erfolg.[52]

II. Befassen einer Regierungsstelle

Solche oder ähnliche Überlegungen müssen *Kodak* und seine Rechtsberater im Vorbereitungsabschnitt dazu bewogen haben, als „interessierte Person" im Sinne von Section 302 Buchstabe (a) Ziffer (1) US Trade Act[53] vor dem USTR aufzutreten,[54] einer der Geschäftsstelle des Präsidenten der Vereinigten Staaten (US President) angegliederten Ministerialbehörde.

Hierzu musste *Kodak* seine Beschwerde auf Maßnahmen der Regierung Japans zuschneiden, denn im Gegensatz zum Rechtsweg, der gemäß Section 1 und 2 Sherman Act[55] nur gegen das Geschäftsverhalten von *Fujifilm* gerichtet sein konnte, stellt Section 301 Buchstabe (a) Ziffer (1) US Trade Act[56] ausschließlich auf staatliche Maßnahmen ab. Dies geschah durch die Darstellung des Geschäftsverhaltens von *Fujifilm* als Unterlassungen (Duldung unlauterer Geschäftspraktiken beziehungsweise einer wettbewerbswidrigen Marktstruktur) der japanischen Regierungsstellen Ministerium für Außenhandel und Industrie (MITI)[57] und JFTC.[58]

---

52 So etwa *Smith, Aubry D.*: Bringing Down Private Trade Barriers – An Assessment of the United States' Unilateral Options: Section 301 of the 1974 Trade Act and Extraterritorial Application of U.S. Antitrust Law, Michigan JIL 16 (1994), 241–289 (260); krit. *Janow, Merit E.*: International Perspectives on Abuse of Dominance, in: Organization for Economic Co-operation and Development (ed.): Abuse of Dominance and Monopolisation, OECD Doc. GD(96)131, Paris: OECD 1996, 33–58 (40 ff.).

53 19 USC §2412(a)(1)(1988).

54 So etwa *Durling* (Anm. 5), 17 ff. und krit. 85; letztlich stellt die extraterritoriale Jurisdiktion nur die einseitige Alternative zur zwischenstaatlichen Koordination dar, krit. *Meng, Werner*: Wirtschaftssanktionen und staatliche Jurisdiktion – Grauzonen im Völkerrecht, ZaöRV 57 (1997), 269–328 (27 f.).

55 15 USC §§1 und 2(1990).

56 19 USC §2411(a)(1)(1994).

57 Ministry of Interntional Trade and Industry (Kokusai Bôeki To Sangyôjô) (MITI); seit 2001 Ministry of Economy, Trade and Industry (METI).

58 *Howell, Thomas R./Bartlett, Brent L.*: Privatizing Protection: Japanese Market Barriers in Consumer Photographic Film and Consumer Photographic Paper, Memorandum

Zwar war eine potenzielle Zuständigkeit des USTR in Wettbewerbssachen nur aus der Sicht des Marktzugangs denkbar. Doch zur Bewertung der in diesem Verhandlungsabschnitt entscheidenden Zulässigkeit der Beschwerde belassen sowohl der Begriff der „interessierten Person" aus Section 302 Buchstabe (a) Ziffer (1) US Trade Act,[59] als auch die in Section 302 Buchstabe (c) US Trade Act[60] verbürgte Ermessensfreiheit dem USTR erhebliche Handlungs- und Ermessensspielräume. Darüber hinaus sind die Anspruchsvoraussetzungen in Section 301 Buchstabe (a) Ziffer (1) US Trade Act[61] äußerst offen normiert, und knüpfen weder an eine nachgewiesene Rechtsverletzung oder einen ebensolchen Schaden, sondern bewusst an unbestimmte Rechtsbegriffe an:[62]

> §2411. Handlungen des Handelsbevollmächtigten der Vereinigten Staaten
>
> (a) Handlungspflicht
>
> (1) Falls der Handelsbevollmächtigte der Vereinigten Staaten gemäß Section 2414(a)(1) diesen Titels feststellt, dass:
> (A) Rechte der Vereinigten Staaten aus einem bestehenden Handelsabkommen vorenthalten werden oder
> (B) Handlungen, Politiken oder Praktiken eines fremden Staates:
> (i) Bestimmungen eines bestehenden Handelsabkommens verletzen oder hiermit unvereinbar sind oder anderweitig den Vereinigten Staaten hieraus entstehende Vorteile vorenthalten oder

---

in Support of a Petition Filed Pursuant to Section 301 of the Trade Act of 1974, Washington: Dewey Ballantine/Eastman Kodak Co. 1995, 17 ff.; auszugsw. in: *Durling* (Anm. 5), 75 ff.

59 19 USC §2412(a)(1)(1988); vgl. Art. 3, 4 und 6 Handelshemmnis-VO, die den Personenkreis nicht auf „interessierte Personen", sondern auf Unternehmen der EG, natürl. bzw. jurist. Personen oder Vereinigungen ohne Rechtspersönlichkeit im Namen eines Wirtschaftszweigs der EG sowie Mitgliedstaaten beschränkt; hierzu *Bronckers* (Anm. 20), 309 f.; *Ohlhoff/Schloemann* (Anm. 20), 652.

60 19 USC §2412(c)(1988).

61 19 USC §2411(a)(1)(1994).

62 Zu unbestimmten Rechtsbegriffen, *Schoch, Frank*: Unbestimmte Rechtsbegriffe im Rahmen des GATT: Eine Untersuchung anhand der Regelungen über Dumping und Subventionen, Diss. Mannheim, Frankfurt/Berlin/Bern *et al.*: Lang 1994, insbes. 57 ff.; vgl. Art. 3 Ziff. 2, Art. 4 Ziff. 2 und Art. 6 Ziff. 2 Handelshemmnis-VO i.V.m. Art. 10 Ziff. 1 und 2 Handelshemmnis-VO, die strengere Nachweise der Maßnahme und eines Schadens voraussetzen; hierzu *Bronckers* (Anm. 20), 305 ff.; *Ohlhoff/Schloemann* (Anm. 20), 652 f.; *Mavroidis/Zdouc* (Anm. 20), 423 ff.; sowie die strengeren Voraussetzungen für die Ausübung diplomat. Schutzes nach allgemeinem Völkerrecht auf S. 75 ff. m.w.N.

(ii) unvertretbar sind und den Handel der Vereinigten Staaten erschweren oder hemmen;
ist der Handelsbevollmächtigte verpflichtet, in Buchstabe (c) dieser Section genehmigte Handlungen vorzunehmen (...).

Gesetzliche[63] oder verwaltungstechnische[64] Ergänzungen bieten kaum nähere Anhaltspunkte.[65] Auch der Eröffnungsbescheid des USTR vom 6. Juli 1995[66] nicht, demzufolge der USTR „gemäß Section 302 Buchstabe (a) US Trade Act [ermächtigt sei], aufgrund einer Beschwerde aus Section 302 Buchstabe (a) Ziffer (1) US Trade Act eine Untersuchung nach Titel III Kapitel 1 US Trade Act [...] zu eröffnen. [Anfechtbare] Sachverhalte umfassten etwa Handlungen, Politiken und Praktiken eines fremden Staates, die ungerechtfertigt, unvernünftig oder diskriminierend sind und den Handel der Vereinigten Staaten erschweren oder hemmen. Handlungen, Politiken oder Praktiken seien ungerechtfertigt, wenn sie [...] Rechte der Vereinigten Staaten verletzen oder hiermit unvereinbar sind. [Sie] seien unvernünftig, wenn [sie darüber hinaus] anderweitig unlauter oder unbillig sind [und etwa] lautere beziehungsweise billige Vermarktungschancen vorenthalten.“[67] Letzteres, ergänzt der USTR über den Wortlaut des Gesetzes hinaus, „umfasse auch die Duldung durch eine ausländische Regierung von

---

63 In Sec. 301(d) US Trade Act; 19 USC §2411(d)(1994) normierte Definitionen und Beispiele sind nicht abschließend; das mit dem Uruguay Round Agreements Act (URAA), Pub. L. 103-465, 108 Stat. 4809 ff. (8 Dec. 1994); 19 USC §§3501 bis 3624(1994) erlassene Statement of Administrative Action (SAA), H.R. Doc. No. 103-316, 103d Cong., 2d Sess. (1994), 656–895, in: 1994 USCCAN (108 Stat. 4809) 3773, 4040 erweitert die Handlungs- und Ermessensspielräume des USTR eher noch.

64 *US Trade Representative*: Procedure for Filing Petitions for Actions under Section 301 of the Trade Act of 1974, 55 FR 20595 (18 May 1990).

65 Zu dogmatischen Versuchen, *Eichmann, Erwin P./Horlick, Gary N.*: Political Questions in International Trade: Judicial Review of Section 301, Michigan JIL 10 (1989), 735–764 (747 ff.); krit. zur entstehenden Rechtsunsicherheit *Hudec, Robert E.*: The Legal Status of GATT in the Domestic Law of the United States, in: Hilf, Meinhard/Jacobs, Francis G./Petersmann, Ernst-Ulrich (eds.): The European Community and GATT, Deventer/Boston: Kluwer Law and Taxation 1986, 187–249 (243); *Hansen, Patricia I.*: Defining Unreasonableness in International Trade: Section 301 of the Trade Act of 1974, Yale LJ 96 (1987), 1122–1146 (1125 ff.); *Gowdy, Jonathan S.*: Exposing Kodak: A Critique of the Toleration of Anticompetitive Practice Provision of Section 301 of the Trade Act of 1974, Florida LR 47 (1995), 459–487 (470 ff.).

66 *US Trade Representative*: Initiation of Investigation Pursuant to Section 302 Concerning Barriers to Access to the Japanese Market for Consumer Photographic Film and Paper, Request for Public Comment, 60 FR 35447 (7 July 1995).

67 Ebendort.

systematischen unlauteren Tätigkeiten durch oder zwischen Unternehmen im fremden Staat, die im Ergebnis [...] den Zugang für Güter oder Dienstleistungen der Vereinigten Staaten zu einem ausländischen Markt beeinträchtigen oder hemmen."[68]

III. Ausfüllen der Handlungs- und Ermessensspielräume

Dementsprechend verschwimmt der Übergang von unbestimmt normierter, materieller Rechtsgrundlage in der Entscheidung und scheinbar ergänzend postulierten Positionen. Zudem belässt eine aufgelöste Rechtsebene die Ermessensfreiheit des USTR bei der Bewertung von „ungerechtfertigt", „unvernünftig", „unvereinbar", „unlauter", „unbillig" dahingehend, dass das Definieren staatlicher Interessen im Hinblick auf die Entscheidung weitgehend außerhalb der Rechtsebene strukturiert wird. Folglich werden, und sollen dem Sinn und Zweck des Gesetzes nach, Section 301-Verfahren üblicherweise durch Medien- und Lobbyarbeit ergänzt.[69] In *Kodak-Fujifilm* konnte *Kodak* seinen Status als amerikanisches Unternehmen, Hersteller hochwertiger Produkte und wichtiger Arbeitgeber im Bundesstaat New York geltend machen.[70]

Darüber hinaus bleibt das Involvieren staatlicher Stellen nicht auf Beschwerde, Ermittlung, Auswertung und Entscheidung beschränkt, sondern erstreckt sich auf die persönliche Kontaktaufnahme mit Entscheidungsträgern, um in informellen Konsultationen ihre Motivation zu sondieren, ihr Interesse am Sachverhalt zu stärken oder schlichtweg zu vermeiden, dass eine Beschwerde abgewiesen wird. Solche Kontakte können über allgemeine Verbindungen zur Fachwelt oder Gespräche auf Tagungen bestehen. In dieser Hinsicht bieten politisch-administrative Verfahren verglichen mit dem Rechtsweg erheblich weitergehende Handlungs- und Ermessensspielräume. Auch hierbei konnten *Kodak* und dessen Rechtsberater punkten.[71]

Vor allem inhaltlich war die Beschwerde von *Kodak* günstig positioniert. Seit den 1980er Jahren nämlich waren in den Vereinigten Staaten die Thesen der sogenannten „New International Economics" im Umlauf, denen zufolge

68 Ebendort.

69 So etwa *Durling* (Anm. 5), 49 f.; *Bello/Holmer* (Anm. 41), 1203; *Smith* (Anm. 52), 260; *Janow* (Anm. 52), 42 f.; *Moyer, Homer E.*: How Will the Uruguay Round Change the Practice of Trade Law in the United States? U.S. Institutions, Not the WTO, May Hold the Answer, JWT 30 (1996), 63–85 (81 f.).

70 So etwa *Durling* (Anm. 5), 9 ff.; 115 ff.; 138 ff.

71 Ebendort, 11 ff.; 139 ff.; 221 ff.; 320 ff.

Industrienationen im Wettbewerb um die Fähigkeit stünden, ihren materiellen Lebensstandard für die Zukunft zu sichern.[72] Daraus waren Forderungen aufgestellt worden, die Wettbewerbsfähigkeit eines Staates nicht einfach dem Spiel des freien Wettbewerbs zu überlassen, sondern vielmehr durch eine „strategische Handelspolitik" zu unterstützen, die zugunsten ausgewählter, technologieintensiver Schlüsselindustrien neue Absatzmärkte erschließen sollte.[73] Japan war bevorzugtes Ziel dieser Handelspolitik.[74]

Aufgrund dieser Thesen waren MITI und JFTC verbreitet vorgeworfen worden, eine kollektive und zielstrebige Anstrengung von Staat und Wirtschaft zu lenken; zugunsten starker Technologiekonzerne unzureichenden Rechtsschutz gegen unlauteres Geschäftsverhalten zu bieten; moderne Vertriebsstrukturen implizit zu unterdrücken und den Marktzugang für ausländische Unternehmen zu erschweren.[75] Hier wurden vor allem *keiretsu* kritisiert, auf

---

72 Wohl grundl. *Brander, James A./Spencer, Barbara J.*: International R&D Rivalry and Industrial Strategy, Rev. Econ. Studies 50 (1983), 707–722; *Dies.*: Trade Warfare: Tariffs and Cartel, Journal of Int'l Economics 16 (1984), 227–242; *Helpman, Elhanan/Krugman, Paul R.*: Market Structure and Foreign Trade, Cambridge: MIT Pr. 1985, 2 ff.

73 Dies aufgrund der Annahme, dass Schlüsselindustrien sog. *spin-off* Effekte produzieren, welche die Wettbewerbsfähigkeit einer Volkswirtschaft insgesamt stärken, grundl. die zitierte Lit. (Anm. 72) sowie *Scott, Bruce R.*: U.S. Competitiveness: Concepts, Performance, and Implications, in: Scott, Bruce R./Lodge, George C. (eds.): U.S. Competitiveness in the World Economy, Boston: Harvard Business School 1985, 13–70 (13 ff.); *Tyson, Laura D'Andrea*: Who's Bashing Whom: Trade Conflict in High-technology Industries, Washington: IIE 1992, 32 ff.; *Hoekman, Bernard M./Mavroidis, Petros C.*: Policy Externalities and High-tech Rivalry: Competition and Multilateral Cooperation Beyond the WTO, Leiden JIL 9 (1996), 273–318 (277 ff.); *Krugman, Paul R./Obstfeld, Maurice*: International Economics: Theory and Policy, Reading/Harlow: Addison Wesley, 4th ed. 1997, 278 ff.

74 Statt vieler *Organization for Economic Co-operation and Development* (Anm. 46), 8 ff.

75 So etwa *Ramseyer, John M.*: The Costs of the Consensual Myth: Japanese Antitrust Enforcement and Institutional Barriers to Litigation in Japan, Yale LJ 94 (1985), 604–629; *Prestowitz, Clyde V.*: Trading Places: How We Allowed Japan to Take the Lead, New York: Basic Books 1988, 122 ff.; *Haley, John O.*: Luck, Law, Culture and Trade: The Intractability of United States-Japan Trade Conflict, Cornell ILJ 22 (1989), 403–423 (411 f.); hingegen neuere Ansätze des MITI erkennend, *Yamamura, Kozo*: Caveat Emptor: The Industrial Policy of Japan, in: Krugman, Paul R. (ed.): Strategic Trade Policy and the New International Economics, Cambridge: MIT Pr. 1986, 169–210 (169 ff.); *Jacquemin, Alexis*: Stratégies et coopération dans les échanges internationaux, in: Messerlin, Pierre/Vellas, François (éd.): Conflits et négociation dans le commerce international, Paris: Économica 1989, 77–96 (93 f.); *Matsushita, Mitsuo*: Coordinating

langfristige Partnerschaft ausgerichtete Konzernstrukturen, die sich durch gekreuzte Kapitalbeteiligung, integrierte Finanzierung, ebensolche Personalpolitik sowie exklusive Bindungsverhältnisse von Zulieferer und Abnehmer auszeichnen.[76] Gegen solchen „privat organisierten und öffentlich tolerierten Protektionismus“ wurde multilaterale Streitbeilegung aus Artikel XXIII GATT 1947 wegen der Anknüpfung an staatliche Maßnahmen als ineffektiv erachtet. Vielmehr sollten die Vereinigten Staaten, die stets für Freihandel und Markttransparenz eingetreten seien, nun aber stetig an Wettbewerbsfähigkeit verlören, ihre „strategische Handelspolitik“ ungeachtet rechtlicher Bedenken auch einseitig durchsetzen.[77] Hierzu bot Section 301 Buchstabe (c) US Trade Act[78] als „Brecheisen“ entsprechende Gegenmaßnahmen (Strafzölle; Einfuhrbeschränkungen; Aussetzung, Rücknahme beziehungsweise Verhinderung des Nutzens von Zugeständnissen aus bestehenden Handelsabkommen).

Vor diesem Hintergrund hatte die *Reagan*-Administration in „Market-oriented, Sector-specific“ (MOSS) Verhandlung mit japanischen Regierungsstellen

---

International Trade with Competition Policies, in: Petersmann, Ernst-Ulrich/Hilf, Meinhard (eds.): The New GATT Round of Multilateral Trade Negotiations: Legal and Economic Problems, Deventer/Boston: Kluwer Law and Taxation, 2nd ed. 1991, 395–432 (420 ff.); *Iyori, Hiroshi/Uesugi, Akinori*: The Antimonopoly Laws and Policies of Japan, New York: Federal Legal Publ. 1994, 47 f.; *Scherer* (Anm. 50), 11 ff.; *Janow* (Anm. 52), 39 ff.; *Krugman/Obstfeld* (Anm. 73), 285 ff.; *Organization for Economic Co-operation and Development* (Anm. 46), 10 ff.

76 So etwa *Morita, Mark K.*: Structural Impediments Initiative: Is it an Effective Correction of Japan's Antimonopoly Policy? U. Penn. Journ. Int'l Business Law 12 (1991), 777–809 (780 ff.); *Myerson, Toby*: Barriers to Trade in Japan: The Keiretsu System – Problems and Prospects, New York Univ. JILP 24 (1992), 1107–1114 (1108 ff.); *Gilson, Ronald J./Roe, Mark J.*: Understanding the Japanese Keiretsu: Overlaps between Corporate Governance and Industrial Organization, Yale LJ 102 (1993), 871–880 (873 ff.); abwägend *Tamura, Jiro*: U.S. Extraterritorial Application of Antitrust Law to Japanese Keiretsu, New York Univ. JILP 25 (1993), 385–403 (399 ff.); *First, Harry*: Antitrust Enforcement in Japan, Antitrust LJ 64 (1995), 144–163 (147 ff.).

77 So etwa *Bello/Holmer* (Anm. 41), 1202 ff.; *Robert E. Hudec* und *Jane A. Bradley* in *Trendl, Thomas J.*: Self-help in International Trade Disputes, ASIL Proc. 84 (1990), 32–51 (43 f.); spätere Rechtsberater von *Kodak*, *Howell, Thomas R./Wolff, Alan W.*: Introduction, in: Howell, Thomas R./Wolff, Alan W./Bartlett, Brent L./Gadbaw, R. Michael (eds.): Conflict Among Nations: Trade Policies in the 1990s, Boulder/San Francisco/Oxford: Westview Pr. 1992, 3–43 (14 ff.; 23 ff.).

78 19 USC §2411(c)(1994).

auf Reformen für verbesserten Marktzugang gedrängt.[79] Unter der *Bush*-Administration wurde die Strategie als „Structural Impediment Initiative“ (SII) wiederholt auf Strukturen der japanischen Wirtschaftsordnung (*keiretsu*; Vertriebssysteme; Raumordnungsplanung; Preisgestaltung und Ausschließlichkeitsbindungen) bezogen.[80] Aus sicherheitspolitischer Loyalität, der sie Priorität einräumte,[81] hatte die Regierung Japans Reformen des Daiten Hô im Sinne der Forderungen konsentiert. Unternehmen aus den Vereinigten Staaten hatten die Gelegenheit erkannt, ihre Absatzstrategien durch Regierungsstellen indossieren zu lassen und die Regierung Japans in ihrem jeweiligen Marktsegment auf sogenannte „Grauzonenabkommen“ zu verpflichten.[82] Auf diese Weise war es *Motorola, Inc.* (*Motorola*) gelungen, über eine Beschwerde nach dem Section 301-Verfahren

---

79 Die von 1985 bis 1987 geführte Verhandlung betraf v.a. für die Vereinigten Staaten ausfuhrträchtige Telekommunikation, Pharmazeutik, Computertechnik, Holzprodukte und Ersatzteile, siehe *US General Accounting Office*: U.S.-Japan Trade: Evaluation of the Market-Oriented Sector-Selective Talks, Report to the Honorable Lloyd M. Bentsen, U.S. Senate (18 July 1988), GAO Doc. NSIAD-88-205, Washington: GAO 1988, 57 ff.

80 Von einer interministeriellen Arbeitsgruppe wurden übereinst. Erklärungen erarbeitet, die von Fortschrittsberichten jeder Delegation gefolgt wurden, die wohl zumindest politisch als verbindlich gelten sollten; siehe Joint Report of the U.S.-Japan Working Group on the Structural Impediment Initiative, Joint Press Release at Tokyo, 28 June 1990, in: Antitrust & Trade Reg. Rep. (BNA) 59 (5 July 1990), 28 ff.; First Annual Report of the U.S.-Japan Working Group on the Structural Impediment Initiative, Joint Press Release at Tokyo, 22 May 1991; Second Annual Report of the U.S.-Japan Working Group on the Structural Impediment Initiative, Joint Press Release at Tokyo, 30 July 1992; Final Annual Report of the U.S.-Japan Working Group on the Structural Impediment Initiative, Joint Press Release at Tokyo, 17 Feb. 1993, in: Key Elements of U.S.-Japan Structural Impediments Initiative Joint Report, Int'l Trade Rep. (BNA) 7 (1994), 1014 ff.; hierzu *Saxonhouse* (Anm. 46), 454 ff.; *Morita* (Anm. 76), 778 ff.; *Matsushita, Mitsuo*: The Structural Impediments Initiative: An Example of Bilateral Trade Negotiations, Michigan JIL 12 (1991), 436–449 (439 ff.); *Cooper, William H.*: Japan-U.S. Trade: The Structural Impediments Initiative, CRS Rep. 93-341E (15 March 1993), 11 ff.

81 So etwa *Durling* (Anm. 5), 20 f.; vgl. *Japan Ministry of Foreign Affairs*: Diplomatic Bluebook 1993 (Geiko Seisho): Striving for a More Secure and Humane World, Tokyo: MOFA 1994, Ziff. 3.

82 Solche „Voluntary Import Expansions“ (VIEs), „Voluntary Export Restraints“ (VERs) bzw. „Orderly Marketing Agreements“ (OMAs), durch die Einfuhr- und Ausfuhrstaat ihre Handelsströme regulieren, sollen inländische Erzeuger vor importbedingtem Schaden schützen; sie gelten als volkswirtschaftl. ineffizient, anfällig für Missbrauch und mit Art. I, II, XI, XIX und XXV GATT 1947 unvereinbar; daher krit., *Wong*,

das „Cellular Telephone and Third Party Radio Agreement" zu erzwingen,[83] das japanische Netzbetreiber auf die Verwendung einer *Motorola*-kompatiblen Netztechnologie verpflichtete. Ebenfalls über eine Beschwerde nach dem Section 301-Verfahren[84] sowie zwei Beschwerden wegen Dumpings vor der Außenhandelskommission der Vereinigten Staaten (USITC)[85] hatte die *US Semiconductor Industry Association* das sogenannte „Semiconductor Trade Agreement" (STA)[86]

Peter: The Japanese Automotive Voluntary Export Restraint Agreements and International Law, Canadian YIL 23 (1985), 297–310 (300 ff.); *Leutwiler, Fritz et al.*: Trade Policies for a Better Future: The Leutwiler Report, in: Dunkel, Arthur (ed.): Trade Policies for a Better Future: The "Leutwiler Report", the GATT, and the Uruguay Round, Dordrecht/Lancaster/Boston: Martinus Nijhoff 1987, 9–69 (38 ff.); *Petersmann, Ernst-Ulrich*: Grey Area Measures and the Rule of Law, JWTL 22 (1988), 23–44 (27 ff.); hingegen befürw. *Hudec, Robert E.*: Tiger, Tiger in the House: A Critical Appraisal of the Case against Discriminatory Trade Measures, in: Petersmann, Ernst-Ulrich/Hilf, Meinhard (eds.): The New GATT Round of Multilateral Trade Negotiations – Legal and Economic Problems, Deventer/Boston: Kluwer Law and Taxation, 2nd ed. 1991, 165–212 (184 ff.).

83 Zusage des Vizeministers für Post und Telekommunikation Japans, *Okuyama, Yusai*: Letter to Deputy USTR *Sidney L. Williams* (30 June 1989), Annex to the Cellular Telephone and Third Party Radio Agreement, signed at Washington, 30 June 1989, in: ILM 26 (1989), 1130 ff.

84 *US Trade Representative*: Investigation under Section 301: Semiconductor Industry Association, 50 FR 28866 (16 July 1985).

85 *US Department of Commerce*: Eraseable Programmable Read Only Memories (EPROMs) from Japan: Initiation of Antidumping Investigation, 50 FR 43603 (28 Oct. 1985); *US Department of Commerce*: Dynamic Random Access Memory Semiconductors (DRAMs) of 256 Kilobits and Above from Japan: Initiation of Antidumping Investigation, 50 FR 51450 (6 Dec. 1985); vorläufige Feststellung durch *US Department of Commerce*: Eraseable Programmable Read Only Memories (EPROMs) from Japan: Preliminary Determinations of Sales at Less Than Fair Value, 51 FR 9087 (17 March 1986); *US Department of Commerce*: Dynamic Random Access Memory Semiconductors (DRAMs) of 256 Kilobits and Above from Japan: Preliminary Determination of Sales at Less Than Fair Value, 51 FR 9475 (19 March 1986).

86 Arrangement between the Government of Japan and the Government of the United States of America Concerning Trade in Semiconductor Products (STA), bestehend aus einem Konvolut von Notenwechsel zur Grundsatzvereinbarung, *Ambassador of Japan to the United States*: Letter to USTR *Clayton K. Yeutter* (2 Sept. 1986); *US Trade Representative*: Letter to Ambassador *Nobuo Matsunaga* (2 Sept. 1986), in: ILM 25 (1986), 1409 ff.; zu den vereinbarten Datenberichten, *Ambassador of Japan to the United States*: Letter to USTR *Clayton K. Yeutter* (2 Sept. 1986); *US Trade Representative*: Letter to Ambassador *Nobuo Matsunaga* (2 Sept. 1986), in: ILM 25 (1986),

erwirkt.[87] Darin erfüllte das MITI gegen Aussetzung der laufenden Verfahren[88] sämtliche Forderungen nach einer Marktöffnung im Halbleitersektor. Brisant war hier eine geheime Nebenabrede, diese Marktöffnung daran zu messen, ob ausländische Unternehmen einen Marktanteil von 20 % des japanischen Halbleitermarktes erreichen würden.[89]

Dennoch überwog zu Beginn der 1990er Jahre die Auffassung, dass die bisherige „strategische Handelspolitik" die „Undurchdringlichkeit japanischer

---

1415 ff.; beide notif. durch *US Trade Representative*: Communication, 27 Oct. 1986, circul. as *Council*: Notification in Pursuance of Paragraph 3 of the Understanding Regarding Notification, Consultation, Dispute Settlement and Surveillance: Notification by the United States, GATT Doc. L/6076, 6 Nov. 1986; zu den wettbewerbsrechtl. Folgen, *Ambassador of Japan to the United States*: Letter to US Attorney General *Arnold I. Burns* (2 Sept. 1986); *US Attorney General.*: Letter to Ambassador *Nobuo Matsunaga* (2 Sept. 1986), in: ILM 25 (1986), 1427 f.

87 Hierzu *Prestowitz* (Anm. 75), 55 ff.; *Howell, Thomas R./Noellert, William A./MacLaughlin, Janet H./Wolff, Alan W.*: The Microelectronics Race: The Impact of Government Policy on International Competition, Boulder: Westview Pr. 1988, 196 ff.; *Tyson* (Anm. 73), 66 ff.; krit. *Matsushita* (Anm. 75), 411 ff.; *Krauss, Ellis S.*: U.S.-Japan Negotiations on Construction and Semiconductors, 1985–1988: Building Friction and Relation-Chips, in: Evans, Peter B./Jacobson, Harold K./Putnam, Robert D. (eds.): Double-edged Diplomacy: International Bargaining and Domestic Politics, Berkeley/London: Univ. of California Pr. 1993, 265–293 (267 ff.); *Baldwin, Richard E.*: The Impact of the 1986 US-Japan Semiconductor Agreement, Japan World Econ. 6 (1994), 129–152 (151); *Ryan, Michael P.*: Playing by the Rules: American Trade Power and Diplomacy in the Pacific, Washington: Georgetown Univ. Pr. 1995, 95 ff.; *Flamm, Kenneth*: Mismanaged Trade: Strategic Policy and the Semiconductor Industry, Washington: Brookings Institution 1996, insbes. 173 ff.; 425 ff.

88 Ankündigung in *US President*: Statement, White House Press Release (4 Aug. 1986), WCPD 22 (1986), 1020 f., in: ILM 25 (1986), 1408; Vollzug durch *US Trade Representative*: Determination under Section 301 of the Trade Act of 1974, 51 FR 27811 (31 July 1986), in: ILM 25 (1986), 1408; *US Department of Commerce*: Eraseable Programmable Read Only Memories (EPROMs) from Japan: Suspension of Investigation, 51 FR 28253 (6 Aug. 1986); *US Department of Commerce*: Dynamic Random Access Memory Semiconductors (DRAMs) of 256 Kilobits and Above from Japan: Suspension of Investigation, 51 FR 28396 (7 Aug. 1986).

89 Text der als „vertraulich" eingestuften Nebenabrede in: *Morrison, Wayne M./Cooper, William H./Nanto, Dick K.*: A "Managed Trade" Policy Toward Japan? CRS Rep. 94-524E (14 June 1994), 13 f.; hierzu besonders krit. *Matsushita* (Anm. 75), 411; *Krauss* (Anm. 87), 273 ff.; *Baldwin* (Anm. 87), 141; abwägend *Flamm* (Anm. 87), 173 f.

Märkte" nicht gelöst habe,[90] und ihnen letztlich nur durch aggressive „strategische Handelspolitik" aus Drohung, Gegenmaßnahmen und Fristsetzung beizukommen sei. Dem Ansatz des STA folgend suchte die *Clinton*-Administration „quantitative Indikatoren" zu erfüllen und „ergebnisorientiert" statt „verfahrensbezogen" zu verhandeln.[91]

Genau auf diese Thesen war die Beschwerde *Kodaks* zugeschnitten: Nachdem sie das Geschäftsverhalten von *Fujifilm* als *keiretsu*-typisch beschreibt, legt sie eine unterbleibende Rechtsverfolgung durch die JFTC als Unterstützung einer japanischen Schlüsselindustrie aus, ganz im Sinne einer dirigistischen Politik.[92] Folglich sollten die privaten Interessen von *Kodak*, auf Kosten von *Fujifilm* Marktanteile auf dem japanischen Markt zu erobern, dem USTR Gelegenheit bieten, die geforderte offensivere „strategische Handelspolitik" umzusetzen.

Da Section 302 Buchstabe (a) Ziffer (2) US Trade Act[93] bis zur Eröffnung der Untersuchung weder Anhörungs- noch Partizipationsrechte gewährt, musste sich der USTR auf die von *Kodak* recherchierte Information und die von *Kodak* gesteuerte politische Debatte verlassen, während *Fujifilm* und die Regierung Japans vom Verfahren ausgeschlossen waren.[94]

---

90 So etwa *Lincoln, Edward J.*: Japan's Unequal Trade, Washington: Brookings Institution 1990, 13 ff.; *Morita* (Anm. 76), 802 ff.; *Sutter, Robert G.*: Japan-U.S. Relations: U.S. Official's Attitudes on the Eve of the Clinton Administration, CRS Rep. 93-99S (19 Jan. 1993), 7 ff.

91 Dies befürw. die spätere Vorsitzende des Council of Economic Advisors, *Tyson* (Anm. 73), 17 ff.; 53 ff.; der spätere Undersecretary of Commerce, *Garten, Jeffrey E.*: A Cold Peace: America, Japan, and the Struggle for Supremacy, New York: Times Books 1992, 25 ff.; der spätere Rechtsberater von *Kodak*, *Wolff, Alan W.*: The Changing Trade Policy Environment and the United States, in: Howell, Thomas R./Wolff, Alan W./Bartlett, Brent L./Gadbaw, R. Michael (eds.): Conflict Among Nations: Trade Policies in the 1990s, Boulder/San Francisco/Oxford: Westview Pr. 1992, 599–616 (599 ff.); ferner *Thurow, Lester C.*: Head to Head: The Coming Economic Battle Among Japan, Europe, and America, New York: Morrow 1992, 113 ff.; *Bergsten, C. Fred/Noland, Marcus*: Reconcilable Differences? United States-Japan Economic Conflict, Washington: IIE 1993, 210 f.

92 So etwa *Howell/Bartlett* (Anm. 58), 1 ff.; auszugsw. in: *Durling* (Anm. 5), 67 ff.; zust. *Schweitzer, Frank J.*: Flash of the Titans: A Picture of Section 301 in the Dispute Between Kodak and Fuji and a View Toward Dismantling Anticompetitive Practices in the Japanese Distribution System, Am. U.J. Int'l L. & Pol'y. 11 (1996), 847–875 (858 ff.; 864 ff.).

93 19 USC §2412(a)(2)(1988).

94 Krit. hierzu *Gowdy* (Anm. 65), 464 ff.

Somit gelang es *Kodak*, ohne vorab alle Rechtsbehelfe auszuschöpfen, innerhalb der kurzen Fristen aus Section 304 Buchstabe (a) Ziffer (2) US Trade Act[95] eine Bewertung der japanischen Wettbewerbsverhältnisse in die Jurisdiktion der Vereinigten Staaten zu ziehen. Bei Erfüllung der offen normierten Anspruchsvoraussetzungen, was wie beschrieben herzuleiten war, konnte *Kodak* über die Rechtslage nach allgemeinem Völkerrecht hinausgehend einen Rechtsanspruch auf diplomatischen Schutz aus Section 301 Buchstabe (a) Ziffer (1) US Trade Act[96] geltend machen. Die Präzedenzen von MOSS bis SII, die Verbindungen der Rechtsberater von *Kodak* zur Regierung der Vereinigten Staaten sowie die persönliche Erfahrung des Vorstandsvorsitzenden von *Kodak* mit dem „Cellular Telephone and Third Party Radio Agreement"[97] konnten die berechtigte Wahrnehmung zulassen, dass der USTR an „strategischer Handelspolitik" festhielt und diese folglich auch im vorliegenden Sachverhalt verfolgen würde. Aus der engen Sicht von *Kodak* mussten der USTR als Regierungsstelle und das Section 301-Verfahren als die effektivste Strategie erscheinen.[98]

Somit blieb die Wahrscheinlichkeit, dass die Eröffnung einer Untersuchung gemäß Section 302 Buchstabe (a) Ziffer (3) US Trade Act[99] abgelehnt wird,[100] relativ gering. In einem solchen Falle hätte *Kodak* wohl aufgeben müssen, denn Gerichte der Vereinigten Staaten lehnen eine Kontrolle von Entscheidungen der ausführenden Gewalt in Handelssachen als *political questions* ab.[101]

---

95 19 USC §2414(a)(2)(1994); der die Untersuchung abschließende Feststellungsbeschluss soll binnen 12 bzw. 18 Monaten ab Eröffnungsbescheid erfolgen.

96 19 USC §2411(a)(1)(1994).

97 *Okuyama, Yusai*: Letter to Deputy USTR *Sidney L. Williams* (30 June 1989), Annex to the Cellular Telephone and Third Party Radio Agreement, signed at Washington, 30 June 1989, in: ILM 26 (1989), 1130 ff.

98 Zu möglichen staatl. Stellen, *Lukas* (Anm. 40), 186 ff.; 191 ff.; generell *Lowenfeld* (Anm. 40), 320 ff.; krit. zur Strategie von *Kodak*, *Gowdy* (Anm. 65), 464 ff.

99 19 USC §2412(a)(3)(1988).

100 Vgl. etwa *US Trade Representative*: Determination not to Initiate Investigation under Section 301: Roses, Inc., 50 FR 40250 (19 Sept. 1985).

101 Grundl. *Consumers Union, Inc. v. Rogers*, 352 F.Supp. 1319, 1322 f. (1973); *Sneaker Circus, Inc. v. Carter*, 466 F.2d 396 (2d Cir. 1977); hierzu krit. *Hudec, Robert E.*: Retaliation Against "Unreasonable" Foreign Trade Practices: The New Section 301 and GATT Nullification and Impairment, Minnesota LR 59 (1975), 461–539 (535 ff.); *Eichmann/Horlick* (Anm. 65), 754 ff.; *Vagts, Detlev F.*: The United States and its Treaties – Observance and Breach, AJIL 95 (2001), 313–334 (317 ff.; 323 ff.); hingegen ist ein Ablehnungsbeschluss der Europäischen Kommission gem. Art. 5 Ziff. 3 oder Art. 6 Ziff. 4 Handelshemmnis-VO zwar gem. Art. 230 Abs. 2 und 4 Traité instituant la Communauté économique européenne (avec annexes et protocoles), fait à

Die Wahl des staatlichen Organs prägt den weiteren Verhandlungsablauf, denn sie bestimmt, aufgrund welcher Verhaltens- und Bewertungsmaßstäbe die staatlichen Interessen im Sachverhalt definiert werden und schränkt auf diese Weise die weitere Handlungs- und Ermessensfreiheit ein. Indirekt nimmt sie auch die Wahl eines zwischenstaatlichen Forums vorweg, da staatliche Organe international entlang ihrer Fachzuständigkeiten vernetzt sind: So wäre das USDOJ in *Kodak-Fujifilm* stärker mit der Koordination nationaler Wettbewerbsordnungen in der Organisation für wirtschaftliche Zusammenarbeit und Entwicklung (OECD) vertraut gewesen, wohingegen der USTR traditionell die Abwehr unlauterer Handelsmaßnahmen in der WTO bediente.

C. Definieren staatlicher Interessen

Die erfolgreiche Befassung eines staatlichen Organs, in *Kodak-Fujifilm* der ergangene Eröffnungsbescheid[102] aus Section 302 Buchstabe (a) US Trade Act,[103] hebt die potenzielle Berührung von privaten Interessen auf die staatliche Ebene.

Rome, le 25 mars 1957, UNTS 294 (1958), 23 ff.; TIAS No. 4300; BGBl 1957 II, 766 ff.; geänd. durch Vertrag über die Europäische Union, unterzeichnet in Maastricht am 7. Feb. 1992, ABlEG C 224 vom 31. Aug. 1992, 8 ff.; BGBl 1992 II, 1253 ff.; Vertrag von Amsterdam, unterzeichnet am 2. Okt. 1997, ABlEG C 340 vom 10. Nov. 1997, 173 ff.; BGBl 1998 II, 387 ff.; Vertrag von Nizza, unterzeichnet am 26. Feb. 2001, ABlEG C 80 vom 10. März 2001, 1 ff.; BGBl 2001 II, 1667 ff.; Vertrag über den Beitritt der Tschechischen Republik, Estlands, Zyperns usw., unterzeichnet in Athen am 16 April 2003, ABlEU L 236 vom 23. Sept. 2003, 17 ff.; BGBl 2003 II, 1410 ff.; Vertrag über den Beitritt der Republik Bulgarien und Rumäniens zur Europäischen Union, unterzeichnet in Luxemburg am 25. April 2005, ABlEU L 157 vom 21. Juni 2005, 11 ff.; konsol. Fassung ABlEU C 321E vom 29. Dez. 2006, 1 ff.; BGBl 2006 II, 1148 ff.; geänd. durch Vertrag von Lissabon, unterzeichnet am 13. Dez. 2007, ABlEU C 306 vom 17. Dez. 2007, 1 ff. (Vertrag über die Gründung der Europäischen Gemeinschaft – EGV), gerichtl. anfechtbar, Rs. C-191/82 *Fediol / Kommission*, 4 Dez. 1983, EuGH Slg. 1983, 2913 ff. (2935 f.), allerdings fällt die Kontrolldichte umso geringer aus; hierzu *Bronckers* (Anm. 20), 313 ff.; *Ohlhoff/Schloemann* (Anm. 20), 655 ff.; *Lukas* (Anm. 40), 193 ff.

102 *US Trade Representative*: Initiation of Investigation Pursuant to Section 302 Concerning Barriers to Access to the Japanese Market for Consumer Photographic Film and Paper, Request for Public Comment, 60 FR 35447 (7 July 1995); Anhang 2 Nr. 1.

103 19 USC §2412(a)(1988).

I. Inkongruenz privater und staatlicher Interessen

Selten gehen private in staatliche Interessen auf. Zum einen erfordert das Veranlassen diplomatischen Schutzes erheblichen Aufwand für Rechtsberater, Medien- und Lobbyarbeit, die nur einige wenige Konzerne wie *Kodak* beziehungsweise gesellschaftlich signifikante Mandanten aufzubringen vermögen. Damit bleiben, verglichen mit ihrer volkswirtschaftlichen Bedeutung, kleine und mittelständische Unternehmen häufig unterrepräsentiert, und es kann staatlichen Interessen entsprechen, hier das Spielfeld zu ebnen.[104]

Zum anderen reflektieren private, ja selbst gesellschaftliche Interessen meist nur eine enge, oft eigennützige Sicht. In *Kodak-Fujifilm* bestanden die Interessen von *Kodak* primär darin, die Krise des Unternehmens zu überwinden; auf dem japanischen Markt für Fotomaterial Marktanteile zu erobern, war sekundär.[105] Diesen Interessen hätte ja mit ganz anderen, rückblickend sicher effektiveren Maßnahmen gedient werden können, als mit der zwischenstaatlichen Verfolgung von unlauteren Handelsmaßnahmen. Im Rahmen einer zusammenhängenden Handelspolitik gehört es zur staatlichen Willensbildung, miteinander konkurrierende Interessen zu berücksichtigen (hier etwa ausfuhrorientierte Interessen von *Polaroid Corporation, Inc.* (*Polaroid*) sowie *Fuji Photo Film USA, Inc.*, *Fuji Hunt Photochemicals, Inc.* und *Fujifilm Medical Systems USA, Inc.*).[106] Auch anderweitige volkswirtschaftliche Interessen (wie etwa einfuhrorientierte Interessen der vorgenannten Unternehmen aus Japan, ihrer Arbeitnehmer in den Vereinigten Staaten sowie von Verbrauchern in den Vereinigten Staaten) müssen Beachtung finden, ebenso auch solche Interessen, die nicht unmittelbar handelspolitisch (hier etwa die sicherheitspolitische Loyalität Japans)[107] relevant sind. Denn es gilt als volkswirtschaftlich ineffizient und außenpolitisch wenig sinnvoll, zugunsten eines politisch vernetzten Mandanten wie *Kodak* die zwar verteilten, jedoch insgesamt erheblichen Kosten von protektionistischen Maßnahmen durch die Allgemeinheit tragen zu lassen.[108]

---

104 So etwa *Dirk Vantyghem* in *WTO Public Forum 2007*: WTO and SMEs: What Is Needed to Have a Win-win Situation? Geneva, 4–5 Oct. 2007.

105 Hierzu oben S. 132 f. m.w.N.

106 So etwa *Ohlhoff/Schloemann* (Anm. 20), 653.

107 Hierzu etwa *Durling* (Anm. 5), 20 f.; vgl. *Japan Ministry of Foreign Affairs*: Diplomatic Bluebook 1993 (Geiko Seisho): Striving for a More Secure and Humane World, Tokyo: MOFA 1994, Ziff. 3.

108 Statt vieler *Krugman/Obstfeld* (Anm. 73), 187 ff. insbes. 203 f.; *Hoekman/Kostecki* (Anm. 16), 462 ff.; zur Dogmatik des Protektionismus, *Hillman, Arye L.*: Protectionist Policies as the Regulation of International Industry, Public Choice 67 (1990),

Ferner bleiben Aspekte der zwischenstaatlichen Handelsregulierung von privaten Interessen häufig unterbelichtet. So sollte das befasste staatliche Organ in Vorausschau des weiteren Verhandlungsablaufs etwa prüfen, ob es den staatlichen Interessen entsprechen kann, diplomatischen Schutz gegen die Maßnahme eines anderen Staates zu aktivieren, die in gleicher oder ähnlicher Weise (womöglich zugunsten des privaten Beschwerdeführers) selbst praktiziert wird. In einem solchen Falle sollte es wohl vermieden werden, einen Sachverhalt auf zwischenstaatlicher Ebene zu thematisieren, der zu einer Überprüfung und möglicherweise Verurteilung der eigenen Maßnahme führen könnte. In diese Richtung wies in *Kodak-Fujifilm* etwa das Argument von *Fujifilm*,[109] spiegelbildlich das Verhalten von *Kodak* auf dem amerikanischen Markt und die Duldung der Gerichte der Vereinigten Staaten zu berücksichtigen. In solcher Vorausschau sollte ebenso geprüft werden, inwiefern die behauptete Berührung von privaten Interessen sich auch wohlverstanden und langfristig in die staatliche Handelspolitik einfügt und insbesondere im zwischenstaatlichen Umfeld Legitimität und Rechtsschutz genießt.[110] Sinnvollerweise werden staatliche Rechtsberater präventiv Handlungsmöglichkeiten im zwischenstaatlichen Umfeld abstecken, mögliche Rechtsverletzungen identifizieren und etwaige Risiken in einer Kosten-Nutzen-Analyse quantifizieren.[111] Durch solches Einlassen

---

101 110 (102 ff.); *Laffont, Jean-Jacques/Tirole, Jean*: The Politics of Governmental Decision-making: A Theory of Regulatory Capture, Quarterly Journ. Econs. 106 (1991), 1089–1127 (1175 ff.; 1106 ff.); *Petersmann, Ernst-Ulrich*: Welthandelsrecht als Freiheits- und Verfassungsordnung, ZaöRV 65 (2005), 543–586 (563).

109 *Barringer, William H./Durling, James P./Porter, Daniel L./Lindsay, William B.*: Rewriting History: Kodak's Revisionist Account of the Japanese Consumer Photographic Market, Memorandum Filed by Willkie Farr & Gallagher for Fuji Photo Film Co., Ltd., Washington: Willkie Farr & Gallagher/Fuji Photo Film Co., Ltd. 1995, 37 ff.; auszugsw. in: *Durling* (Anm. 5), 102 ff.; *Barringer, William H.*: Letter to *Irving A. Williamson*, Chair Section 301 Committee: Fujifilm's Comments on USTR's Legal Requirement to Take into Account Reciprocal Opportunities for Fujifilm in the U.S. Market (8 Feb. 1996), auszugsw. in: *Durling* (Anm. 5), 191 ff.

110 So etwa *Lacharrière, Guy de*: La politique juridique extérieure, Paris: IFRI/Économica 1983, 17 f.; ähnlich *Bleckmann, Albert*: Das Souveränitätsprinzip im Völkerrecht, ArchVR 23 (1985), 450–477 (476); zum Erhalt des multilateralen Handelssystems als „Interesse der Gemeinschaft" in der Handelshemmnis-VO, *Bronckers* (Anm. 20), 306 f.; *Ohlhoff/Schloemann* (Anm. 20), 653.

111 Hierzu wohl grundl. *Neuhold, Hanspeter*: Die Einhaltung des Völkerrechts in einer außenpolitischen „Kosten-Nutzen-Analyse", GYIL 19 (1976), 317–351 (324 ff.); als Ziel von Konsultation bei *Kirgis, Frederic L.*: Prior Consultation in International Law: A Study of State Practice, Charlottesville, Univ. of Virginia Pr. 1983, 2 f.; als

auf das zwischenstaatliche Umfeld werden zwischenstaatliche Risiken in die Ermittlung der staatlichen Interessen eingepreist,[112] wobei im Ergebnis identifizierte Interessen mitunter aufgegeben oder erst zu einem späteren Zeitpunkt geltend gemacht werden.[113]

II. Koordinieren staatlicher Willensbildung

Wieviel Ermessensspielraum beim Abgleichen der staatlichen Interessen besteht und wie dieser ausgefüllt wird, bestimmen die materiellen Bewertungsmaßstäbe, die vom befassten staatlichen Organ anzuwenden sind. Generell wird ein gerichtliches Organ über geringeren Ermessensspielraum verfügen als eine Regierungsstelle für das Aktivieren diplomatischen Schutzes. Auf die in *Kodak-Fujifilm* durch Section 301 Buchstabe (a) Ziffer (1) US Trade Act[114] bestehenden Handlungs- und Ermessensspielräume und die damit verbundenen Einflussmöglichkeiten durch Politik und Wahrnehmung wurde bereits hingewiesen.

Prozessual betrachtet, erfolgt das Ermitteln der staatlichen Interessen in der Untersuchung gemäß Section 304 Buchstabe (b) Ziffer (1)(B) und (C) US Trade Act[115] durch Koordination verschiedener Regierungsstellen im Beratenden Ausschuss für Handelspolitik- und Verhandlungen (ACTPN).[116] Während der USTR den Sachverhalt durch die Botschaft der Vereinigten Staaten am Ort

---

Teil der Rechtspolitik bei *Lacharrière* (Anm. 110), 135 ff.; *Abbott, Kenneth W.*: The Trading Nation's Dilemma: The Functions of the Law of International Trade, Harvard ILJ 26 (1985), 501–532 (518 ff.); *Combacau, Jean/Sur, Serge*: Droit international public, Paris: Montchrestien 1993, 565; *William J. Davey* und *Gary N. Horlick* in: *Mavroidis, Petros C./Cottier, Thomas/Davey, William J./Fox, Eleanor M./Horlick, Gary N./Komuro, Norio/Rosenthal, Douglas*: Is the WTO Dispute Settlement Mechanism Responsive to the Needs of the Traders? Would a System of Direct Action by Private Parties Yield Better Results? JWT 32 (1998), 147–165 (148; 151); *Kessie, Edwinie*: Enhancing Security and Predictability for Private Business Operators under the Dispute Settlement System of the WTO, JWT 34 (2000), 1–17 (9 f.).

112 Zur Quantifizierung insbes. *Neuhold* (Anm. 111), 330 ff.; *Meng* (Anm. 54), 317 ff.

113 So etwa *Kirgis* (Anm. 111), 362 f.; *Kessie* (Anm. 111), 10; skeptisch *Lukas* (Anm. 40), 199 ff.

114 19 USC §2411(a)(1)(1994).

115 19 USC §2414(b)(1)(B)-(C)(1988).

116 Zur Zusammensetzung des ACTPN, Sec. 135(a)-(b) US Trade Act; 19 USC §2155(a)-(b)(1994); zur Stellungnahme der USITC, Sec. 334 Tariff Act of 1930, Pub. L. 71-361, 46 Stat. 700 (17 June 1930); 19 USC §1334(1930) (Tariff Act); erläuternd *Bello/Holmer* (Anm. 41), 1202 ff.

überprüfen lässt und die aus dem ersuchten Staat eingeführten Güter ermittelt, quantifizieren Ökonomen der Fachressorts die handelshemmende Wirkung der strittigen Maßnahmen. Anschließend gibt das ACTPN eine Stellungnahme ab, welche Güter in welcher Höhe mit welchen Gegenmaßnahmen aus Section 301 Buchstabe (c) US Trade Act[117] belastet werden sollen.[118]

Freilich sind, anders als im vergleichbaren Kartellaufsichtsverfahren, keinerlei Anhörungs- oder Partizipationsrechte zugunsten des Beschwerdegegners vorgesehen.[119] Section 302 Buchstabe (a) Ziffern (1) und (4) US Trade Act[120] behält diese dem Beschwerdeführer sowie „interessierten Personen" (hier etwa *Polaroid* sowie *Fuji Photo Film USA, Inc.*, *Fuji Hunt Photochemicals, Inc.* und *Fujifilm Medical Systems USA Inc.* als in den Vereinigten Staaten ansässige Unternehmen, deren Arbeitnehmer in den Vereinigten Staaten sowie Verbrauchern aus den Vereinigten Staaten) vor. Dementsprechend forderte der Eröffnungsbescheid „interessierte Personen" auf, „hinsichtlich (i) Handlungen, Politiken und Praktiken der Regierung Japans, die Gegenstand dieser Untersuchung sind; (ii) Ausmaß der durch diese Handlungen, Politiken und Praktiken verursachten Beeinträchtigung oder Hemmnis des Handels mit den Vereinigten Staaten; (iii) aufgrund Section 304 Trade Act erforderlicher Feststellungen; sowie (iv) aufgrund Section 301 angemessener Handlungen [schriftliche Stellungnahme einzureichen]."[121]

Während *Fujifilm* sich über seine Tochterunternehmen aus den Vereinigten Staaten als „interessierten Person" in die Untersuchung einschalten konnte,[122] blieb die Regierung Japans, deren Untätigkeit ja beklagt wurde, hiervon weiter ausgeschlossen. Dabei empfahl der Rat der OECD schon zum damaligen Zeitpunkt, eingeleitete Kartell- beziehungsweise Wettbewerbsaufsichtsverfahren dem berührten Staat zu notifizieren und diesen in die Ermittlungen einzubeziehen,[123] um eine möglichst informierte Entscheidungsfindung zu

---

117 19 USC §2411(c)(1994).

118 Hierzu *Durling* (Anm. 5), 52 f.

119 Vgl. Art. 8 Ziff. 1, 2 und 4 Handelshemmnis-VO, die Beschwerdegegnern und Regierungen ausdrückl. Anhörung und Akteneinsicht gewähren.

120 19 USC §2412(a)(1) und (4)(1988).

121 *US Trade Representative*: Initiation of Investigation Pursuant to Section 302 Concerning Barriers to Access to the Japanese Market for Consumer Photographic Film and Paper, Request for Public Comment, 60 FR 35447 (7 July 1995).

122 *Barringer/Durling/Porter/Lindsay* (Anm. 109), 14 ff.; auszugsw. in: *Durling* (Anm. 5), 87 ff.

123 *Council*: Revised Recommendation Concerning Co-operation between Member Countries on Restrictive Business Practices Affecting International Trade, adopt.

erleichtern und gegebenenfalls wichtige Interessen des ersuchten Staates durch Courtoisie berücksichtigen zu können.[124] Allerdings war in der anwendbaren Fassung der Leitlinien zur Durchsetzung des Kartellrechts bei Sachverhalten mit Auslandsberührung vom 5. April 1995[125] das Gebot der Courtoisie durch den Hinweis ersetzt worden, dass der Sherman Act auf handelsbezogene Sachverhalte anwendbar sei.[126] Mangels bestehender Übereinkommen bestand zum damaligen Zeitpunkt keinerlei Rechtspflicht der Vereinigten Staaten gegenüber Japan zur Notifikation, Konsultation[127] oder zur Berücksichtigung durch Courtoisie.[128]

---

21 May 1986, OECD Doc. C(86)44, circul. 5. June 1986, in: ILM 25 (1986), 1629 ff.; as amend. *Council*: Revised Recommendation Concerning Co-operation between Member Countries on Anticompetitive Practices Affecting International Trade, adopt. 27–28 July 1995, OECD Doc. C(95)130/Final, circul. 21 Sept. 1995, in: ILM 35 (1996), 1313 ff.

124 *US Department of Justice/US Federal Trade Commission*: Antitrust Enforcement Guidelines for International Operations (5 April 1995), Ziff. 2.9 ff., in: ILM 34 (1996), 1080 ff.

125 Ebendort, Ziff. 3.1 ff.

126 Hierzu krit. *Ohara, Yoshio*: The New U.S. Policy on the Extraterritorial Application of Antitrust Laws, and Japan's Response, World Competition 17 (1994), 49–54 (51 f.).

127 Vgl. Art. 2 und 3 Abkommen zwischen der Regierung der Bundesrepublik Deutschland und der Regierung der Vereinigten Staaten von Amerika über die Zusammenarbeit in bezug auf restriktive Geschäftspraktiken, unterzeichnet in Bonn, 23. Juni 1976; UNTS 1039 (1977), 345 ff.; TIAS No. 8291; BGBl 1976 II, 1711 ff.; engl. Fassung 27 UST 1956 ff., in: ILM 15 (1976), 1282 ff. (USA-GER Antitrust-Abkommen); Art. 1 und 2 Agreement between the Government of the United States of America and the Government of Australia Relating to Cooperation on Antitrust Matters, signed at Washington, 29 June 1982, UNTS 1369 (1984), 43 ff.; TIAS No. 10365, in: ILM 21 (1982), 702 ff. (USA-AUS Antitrust-Abkommen 1982).

128 Über Notifikation und Konsultation hinaus verpflichteten ältere Übereink. nur indirekt zur Beachtung von Courtoisie, vgl. Art. 4 USA-GER Antitrust-Abkommen; Art. 2 Nr. 5 und Art. 5 USA-AUS Antitrust-Abkommen 1982; neuere Übereink. hingegen normierten dies ausdrückl., Art. III und IV Agreement between the European Communities and the Government of the United States of America on the Application of Positive Comity Principles in the Enforcement of Their Competition Laws, signed at Brussels and Washington, 3 and 4 June 1998, UNTS 2872 (2012), 107 ff.; TIAS No. 12958, in: ILM 37 (1998), 1070 ff.; ABlEG L 173 vom 18. Juli 1998, 28 ff. (USA-EC Antitrust-Abkommen 1998); Art. II bis VII Agreement between the Government of the United States of America and the Government of Japan Concerning Cooperation on Anticompetitive Activities, signed at Washington, 7 Oct. 1999, in: ILM 38 (1999), 1698 ff. (USA-JAP Antitrust-Abkommen); Art. II bis V

Diese Schwäche wird, anders als im Kartellaufsichtsverfahren, nicht etwa durch Ermittlungsbefugnisse des USTR ausgeglichen.[129] In *Kodak-Fujifilm* wurde kontradiktorische Information somit erstmals durch die Initiative von *Fujifilm* eingespeist.[130] Eine belastbare Gegenprüfung der von *Kodak* gelieferten Befunde und damit die Erfüllung des Beschaffens und Auswertens relevanter Information erfolgte jedoch erst später im Verhandlungsablauf anhand der Vorlagen des MITI.

Insgesamt ist die Untersuchung weniger auf die Ermittlung des Sachverhalts ausgerichtet, als auf die Koordination im ACTPN der Positionen von Regierungsstellen zu „Interessen der Vereinigten Staaten" hinsichtlich extraterritorial gerichteter Gegenmaßnahmen. Diese Tendenz spiegelt die Stellung des USTR im institutionellen Gefüge der Vereinigten Staaten wie die Rechtsstellung des Völkerrechts in der Verfassung der Vereinigten Staaten (US Constitution)[131] wider.

Denn im Bewusstsein seiner demokratischen Legitimation, nutzt der Kongress der Vereinigten Staaten (US Congress) regelmäßig seine in Artikel I Section 8 Clause 3 US Constitution verankerte Sachzuständigkeit, um die

---

Agreement between the Government of the United States of America and the Government of Australia on Mutual Antitrust Enforcement, signed at Washington, 27 April 1999, UNTS 2117 (2000), 204 ff.; TIAS No. 36839, in: 4 Trade Reg. Rep. (CCH) No. 13502A (USA-AUS Antitrust-Abkommen 1999).

129 Insofern krit. *Gowdy* (Anm. 65), 474 ff.; *Durling* (Anm. 5), 51 ff.; auf die Notwendigkeit einer Sachverhaltsermittlung hinweisend, *Ohlhoff/Schloemann* (Anm. 20), 653.

130 So etwa *Durling* (Anm. 5), 169 ff.; 179 ff.; 182 ff.; 191 ff.; 273 ff. mit Auszügen aus den Stellungnahmen zur Verfügbarkeit von *Kodak*-Produkten, *Barringer, William H.*: Letter to *Irving A. Williamson*, Chair Section 301 Committee: Fujifilm's Rebuttal Regarding the Alleged "Distribution Bottleneck" (21 Dec. 1995); zu Preisbindungen, *Barringer, William H.*: Letter to *Irving A. Williamson*, Chair Section 301 Committee: Fujifilm's Rebuttal on Price Comparisons (7 Feb. 1996); zum Geschäftsverhalten von *Kodak* auf dem amerikan. Markt, *Barringer, William H.*: Letter to *Irving A. Williamson*, Chair Section 301 Committee: Fujifilm's Comments on USTR's Legal Requirement to Take into Account Reciprocal Opportunities for Fujifilm in the U.S. Market (8 Feb. 1996); zur Struktur der Absatzkanäle, *Barringer, William H.*: Letter to *Irving A. Williamson*, Chair Section 301 Committee: Fujifilm's Rebuttal Regarding its Alleged "Control" of the Tokuyakuten (13 March 1996); zu Preisabsprachen, *Barringer, William H.*: Letter to *Irving A. Williamson*, Chair Section 301 Committee: Fujifilm's Rebuttal Regarding Vertical and Horizontal Price Fixing (28 March 1996).

131 The Constitution of the United States, done at Philadelphia, 17 Sept. 1787, H.R. Doc. No. 110-50, 110th Cong. 1st Sess. (25 July 2007), Washington: GPO 2007.

Handelsinteressen der Vereinigten Staaten aktiv wahrzunehmen.[132] Allerdings ist diese Sachzuständigkeit, wie in vielen Regulierungsbereichen, mit der in Artikel II Section 2 Clause 2 US Constitution verbrieften Ermächtigung des US President zum Abschluss zwischenstaatlicher Übereinkommen in Einklang zu bringen, aufgrund derer der US President sogenannte „Executive Agreements" selbständig eingehen darf.[133] Weil aber die Abgrenzung zu Übereinkommen, welche der Mitwirkung des US Congress bedürfen, nicht eindeutig geklärt ist,[134] kann der US Congress seine Sachzuständigkeit im Einzelfall über das Ratifikationsgesetz einfordern.[135] Als Teil der organisierten „Checks and Balances" bewirkt dieses Spannungsfeld, dass der USTR, trotz seiner Angliederung an die Geschäftsstelle des US President und über seine Ernennung hinaus, stets der mittelbaren Kontrolle des US Congress unterliegt.

Zwar ist ein Bundesgesetz wegen der in Artikel VI Clause 2 US Constitution normierten Gleichstellung mit zwischenstaatlichen Übereinkommen[136] aufgrund der Rechtsprechung des US Supreme Court in *Charming Betsy*

---

132 Ausf. *Killian, Johnny H./Costello, George A./Thomas, Kenneth R.*: The Constitution of the United States of America: Analysis and Interpretation, Washington: GPO, 2nd ed. 2004, 168 ff.; zur Demokratisierung des Abschlusses zwischenstaatl. Übereink. in der Verfassung der Vereinigten Staaten, *Wildhaber, Luzius*: Treaty-making Power and Constitution: An International and Comparative Study, Habil. Basel, Basel: Helbing & Lichtenhahn 1971, 9 ff.

133 Hierzu etwa *Wildhaber* (Anm. 132), 109 ff. und bewertend 135 ff.

134 Ebendort, 62 ff.; 68 ff.; Bedeutung für die künftige Außenpolitik der Vereinigten Staaten als entscheidendes Kriterium, *Killian/Costello/Thomas* (Anm. 132), 522 ff.

135 Grunds. unterliegt der innerstaatl. Vollzug zwischenstaatl. Übereink. der Ratifikationspflicht, *Foster v. Neilson*, 27 U.S. (2 Pet.) 253, 314 f. (1829); *Whitney v. Robertson*, 124 U.S. 190, 194 (1888); hingegen sind *self-executing* bzw. unmittelbar anwendbare völkervertragl. Bestimmungen als „Law of the Land" gültig; Abgenzung zur Ratifikationspflicht etwa in *United States v. Schooner Peggy*, 5 U.S. (1 Cr.) 103 (1801); *Cook v. United States*, 288 U.S. 102, 118 f. (1933); *Saipan v. U.S. Dep't of the Interior*, 502 F.2d 90 (9th Cir. 1974); hierzu *Wildhaber* (Anm. 132), 192 ff. und bewertend, 239 ff.; *Hudec* (Anm. 65), 240 f.; *American Law Institute* (Anm. 49), Ziff. 301 ff.; *Killian/Costello/Thomas* (Anm. 132), 497 ff.; 501 ff.

136 Unstr., *Henkin, Louis*: International Law as Law in the United States, Michigan LR 82 (1984), 1555–1569 (1559 ff.); *American Law Institute* (Anm. 49), Ziff. 111 ff.; *Steinhardt, Ralph G.*: The Role of International Law as a Canon of Domestic Statutory Construction, Vanderbilt LR 43 (1990), 1103–1197 (1162 ff.); *Killian/Costello/Thomas* (Anm. 132), 493 ff.

nach Möglichkeit völkerrechtskonform auszulegen.[137] Besteht diese Möglichkeit nicht, und das stellt nach geltender Rechtsprechung die Masse aller Fälle dar, soll gemäß *Cherokee Tobacco* die jeweils neuere Rechtsquelle überwiegen.[138] Das Zusammenspiel dieser „Later-in-Time" Regel mit dem Ratifikationserfordernis führt dazu, dass der US Congress den Vollzug von bereits unterzeichneten Übereinkommen nachträglich einschränken kann, indem er im Ratifikationsgesetz eine Qualifikation als *self-executing* ausdrücklich ausschließt oder einen Vollzug an Bedingungen knüpft.[139] Dass diese Konstellation möglicherweise eine völkerrechtliche Haftung herbeiführen kann, wird in der parlamentarischen Debatte gerne übersehen,[140] durch eine verzerrte Darstellung der Rechtslage entstellt[141] oder auf die Nachsicht der Handelspartner

---

137 Grundl. *Murray v. Schooner Charming Betsy*, 6 U.S. (2 Cr.) 64, 118 (1804); *Chew Heong v. United States*, 112 U.S. 536 (1884); hierzu *Bradley, Curtis A.*: The *Charming Betsy* Canon and Separation of Powers: Rethinking the Interpretive Role of International Law, Georgetown LJ 86 (1998), 479–537 (485 ff.; 504 ff.).

138 Grundl. *The Cherokee Tobacco*, 78 U.S. (11 Wall.) 616, 621 (1871); *Head Money Cases* (Edye v. Robertson), 112 U.S. 580, 597 (1884); *Whitney v. Robertson*, 124 U.S. 190, 194 (1888); *Chinese Exclusion Case* (Chae Chan Ping v. United States), 130 U.S. 581, 600 (1889); *Diggs v. Shultz*, 470 F.2d, 461, 465 (D.C. Cir. 1972), *cert. denied*, 411 U.S. 931 (1973); *Breard v. Greene*, 523 U.S. 371, 376 (1998); hierzu *Killian/Costello/Thomas* (Anm. 132), 499 f.

139 Zu dieser Praxis krit. *Jackson* (Anm. 41), 96 f.

140 Dies reicht mitunter bis zur Leugnung des Völkerrechts, *Bolton, John R.*: Is There Really "Law" in International Affairs? Transnat'l Law & Contemp. Probs. 10 (2000), 1–48 (4 f.).

141 So ist zu lesen, mangels unmittelbarer Anwendbarkeit der Übereink. von Marrakesch und aus dem in Sec. 102(a)(1) Uruguay Round Agreements Act (URAA); 19 USC §3512(a)(1)(1994) normierten Vorrang des Bundesrechts, aufgrund dessen der US Congress Entscheidungen des DSB entkräften kann, seien Sec. 301 ff. US Trade Act vorrangig zu beachten, *Bello, Judith H./Holmer, Alan F.*: The Post-Uruguay Round Future of Section 301, Law & Policy Int'l Business 25 (1994), 1297–1309 (1306 f.); *McDonald, Kevin M.*: Warum die USA Section 301 Trade Act nicht aufheben müssen, RIW 45 (1999), 356–358 (356 f.); zutr. hingegen ist, dass staatl. Recht weder gem. Art. 27 Vienna Convention on the Law of Treaties, signed at Vienna, 23 May 1969, UNTS 1155 (1980), 331 ff.; TIAS No. 18232; BGBl 1985 II, 927 ff. (Wiener Übereink. über das Recht der Verträge – WVK), noch gem. Art. 46 WVK eine Verletzung geltender Übereink. begründen kann; unstr. seit *Zones franches de la Haute-Savoie et du Pays de Gex* (Suisse c/ France), arrêt du 7 juin 1932, Rec. CPJI Série A/B n° 46, 95 ff. (169 f.); zust. *Wildhaber* (Anm. 132), 147 ff.; 172 ff.; *Meron, Theodor*: Article 46 of the Vienna Convention on the Law of Treaties (*Ultra Vires* Treaties): Some Recent Cases, BYIL 49 (1978), 175–199 (191 ff.); *Sinclair, Sir*

verschoben.[142] Meistens wird jedoch argumentiert, eine völkerrechtliche Haftung sei zum Schutz von als National- oder Sicherheitsinteresse erklärten Interessen als notwendiges Übel in Kauf zu nehmen.[143] Schließlich, so auch der US Supreme Court, solle die verfassungsrechtlich garantierte „Souveränität" des

---

Ian: The Vienna Convention on the Law of Treaties, Manchester/Dover: Manchester Univ. Pr., 2nd ed. 1984, 169; *Schreuer, Christoph*: The Waning of the Sovereign State: Towards a New Paradigm for International Law? EJIL 4 (1993), 447–471 (457 f.); *Aceves, William J.*: Lost Sovereignty? The Implications of the Uruguay Round Agreements, Fordham ILJ 19 (1995/96), 427–474 (465 ff.; 472 ff.); analog hinsichtl. außervertragl. völkerrechtl. Haftung, Art. 32 Draft Articles on Responsibility of States for Internationally Wrongful Acts, and Commentary, noted by *UN General Assembly*: Responsibility of States for Internationally Wrongful Acts, Res. 56/83, 12 Dec. 2001, UN Doc. A/RES/56/83, circul. 28 Jan. 2002, in: *International Law Commission*: Report on the Work at its Fifty-third Session, 23 April-1 June and 2 July-10 Aug. 2001, UN Doc. A/56/10 (2001) and Corr.1, UN Doc. A/56/49 (Vol. I)/Corr.4, in: YILC (2001 II) Part 2, 20 ff. (94 f.) (Draft Articles on State Responsibility 2001); hierzu *Wolfrum, Rüdiger*: Internationally Wrongful Acts, in: Bernhardt, Rudolf (ed.): EPIL 2 (1995), 1398–1403 (1400 f.); *Schröder, Meinhard*: Verantwortlichkeit, Völkerstrafrecht, Streitbeilegung und Sanktionen, in: Vitzthum, Wolfgang Graf (Hrsg.): Völkerrecht, Berlin/New York: de Gruyter 1997, 525–580 (537 f.); es wird auch behauptet, Art. 19 ff. Understanding on Rules and Procedures Governing the Settlement of Disputes, Annex 2 to the Marrakesh Agreement Establishing the World Trade Organization, UNTS 1869 (1995), 401 ff.; TIAS No. 31874, in: ILM 33 (1994), 1226 ff.; ABlEG L 336 vom 23. Dez. 1994, 234 ff. (Vereinbarung über Regeln und Verfahren zur Beilegung von Streitigkeiten – DSU) zufolge sei die Umsetzung wahlweise auch durch Schadensersatz erfüllt, *Bello, Judith H.*: The WTO Dispute Settlement Understanding: Less is More, AJIL 90 (1996), 416–418; zutr. ist, dass primäre Leistungspflicht die Aufhebung der Maßnahme ist und auch Gegenmaßnahmen gem. Art. 22 Ziff. 1 DSU nur bis zur vollständigen Umsetzung befristet sind, *Jackson, John H.*: The WTO Dispute Settlement Understanding: Misunderstandings on the Nature of Legal Obligation, AJIL 91 (1997), 60–64 (60 ff.); *Pauwelyn, Joost*: Enforcement and Countermeasures in the WTO: Rules Are Rules – Toward a More Collective Approach, AJIL 94 (2000), 335–347 (341 f.).

142 So etwa *US General Accounting Office*: The General Agreement on Tariffs and Trade: Uruguay Round Final Act Should Produce Overall U.S. Economic Gains, Report to the Congress (29 July 1994), GAO Doc. GGD-94-83B, Vol. II, Washington: GAO 1994, 42 ff.

143 So etwa *Abbott* (Anm. 111), 518 ff.; *Dillon, Thomas J.*: The World Trade Organization: A New Legal Order for World Trade? Michigan JIL 16 (1995), 349–402 (400); *Abels* (Anm. 9), 497 ff.; krit. *Meng* (Anm. 54), 296 f.; 304 ff.

US Congress nicht durch zwischenstaatliche Verpflichtungen beschnitten werden.[144]

So war im Zusammenhang mit den Beratungen des Uruguay Round Agreements Act (URAA)[145] die Frage aufgekommen, ob das Section 301-Verfahren in unverändert „offensiver" Auslegung mit dem Vorrang multilateraler Streitbeilegung[146] vereinbar sei oder in „entschärfter", *Charming Betsy* folgender Auslegung darauf beschränkt werden müsse, diplomatischen Schutz zu gewähren und, nach durchlaufener zwischenstaatlicher Streitbeilegung beziehungsweise aufgrund multilateraler Genehmigung, mögliche Gegenmaßnahmen bereitzustellen. Zwar hatten Fachkreise eindeutig die „entschärfte" Variante befürwortet,[147] doch waren sie angesichts des befürchteten „Souveränitätsverlustes"

144 *The Cherokee Tobacco*, 78 U.S. (11 Wall.) 616, 621 (1871); befürw. *Killian/Costello/Thomas* (Anm. 132), 499 f.; krit. *Jackson, John H.*: The General Agreement on Tariffs and Trade in United States Domestic Law, Michigan LR 66 (1967), 249–332 (312); *Wildhaber* (Anm. 132), 357 ff.; 375 ff.; *Hudec* (Anm. 65), 245 ff.; *Brand, Ronald A.*: The Status of the General Agreement on Tariffs and Trade in United States Domestic Law, Stanford JIL 26 (1990), 479–508 (486 ff.; 497 ff.); *Aceves* (Anm. 141), 461 f.; 466 f.; *Moyer* (Anm. 69), 70 f.; *Vagts* (Anm. 101), 317 ff.; 323 ff.

145 Uruguay Round Agreements Act (URAA), Pub. L. 103-465, 108 Stat. 4809 (8 Dec. 1994); 19 USC §§3501-3624(1994), zu den Beratungen, *US President*: Notification of Intention to Sign the Uruguay Round Agreements (15 Dec. 1993), 58 FR 67263 (20 Dec. 1993); *US Intergovernmental Policy Advisory Committee*: The Uruguay Round of Multilateral Trade Negotiations: Report (14 Jan. 1994), Washington: GPO 1994; *US Advisory Committee for Trade Policy and Negotiations*: A Report to the President, the Congress, and the United States Trade Representative Concerning the Uruguay Round of Negotiations on the General Agreement on Tariffs and Trade (15 Jan. 1994), Washington: GPO 1994; Ausfertigung inkl. einem Statement of Administrative Action (SAA), H.R. Doc. No. 103-316, 103d Cong., 2d Sess. (1994), 656–895, in: 1994 USCCAN (108 Stat. 4809) 3773, 4040 durch US President *William J. Clinton* am 8. Dez. 1994; hierzu *Aceves* (Anm. 141), 443 ff.; *Jackson* (Anm. 41), 97 f.; *Buys, Cindy G./Isasi, William*: An "Authoritative" Statement of Administrative Action: A Useful Political Invention or a Violation of the Separation of Powers Doctrine? NYU Journ. Legislat. & Pub. Policy 7 (2003), 73–114 (83 ff.).

146 Art. 23 DSU.

147 So etwa *Smith* (Anm. 52), 260; *Garten, Jeffrey E.*: American Trade in a Changing World Economy, Int'l Lawyer 29 (1995), 15–41 (35); *Horlick, Gary N.*: Dispute Resolution Mechanism: Will the United States Play by the Rules? JWT 29 (1995), 163–171 (169); *Aceves* (Anm. 141), 468 f.; *Schaefer, Matthew*: Section 301 and the World Trade Organization: A Largely Peaceful Coexistence to Date, JIEL 1 (1998), 156–160 (156 f.).

der Argumentation unterlegen, der zufolge eine „offensive“ Auslegung den Vorrang multilateraler Streitbeilegung wohl verletzen würde, dies aber die Wahrnehmung der nationalen Interessen der Vereinigten Staaten letztlich nicht verhindern dürfe.[148] Um letztere Auffassung zu verankern, hatte der US Congress die Ratifikationsermächtigung in Section 101 Buchstaben (a) bis (d) URAA[149] mit derart massiven Vorbehalten in Section 102 Buchstaben (a) bis (c) URAA[150] verknüpft, deren Vorrang gegenüber den Vertragsbestimmungen durch die „Later-in-Time“ Regel gesichert wurde, dass eine völkerrechtskonforme Auslegung aufgrund *Charming Betsy* ausgeschlossen ist und zeitweise der Eindruck entsteht, als sollte die WTO den Vereinigten Staaten beitreten und nicht umgekehrt. Beispielsweise sollen aufgrund Section 102 Buchstabe (a) Ziffer (1) URAA[151] Vertragsbestimmungen, die Bundesgesetzen entgegenstehen, unbeachtet bleiben.[152]

Bezogen auf das Section 301-Verfahren gewährleisten diese verfassungsrechtlichen Vorgaben wie die politische Kultur, dass der US Congress bei ausreichendem politischen Druck jederzeit seine Sachzuständigkeit in Handelssachen geltend machen kann, und die staatliche Willensbildung vorrangig subjektiv-parteibezogen erfolgt.[153] In diesem Zusammenhang tritt der USTR paradoxerweise eher als Makler denn als staatlicher Rechtsberater auf: Im Innenverhältnis, um den US Congress zu beruhigen, dass seine Handlungs- und Ermessensfreiheit im Einzelfall nicht durch zwischenstaatliche Rechtspflichten

---

148 Insofern die Ratifizierung empfehlend, *Jackson, John H.*: Testimony Prepared for the U.S. Senate Committee on Foreign Relations June 14, 1994 Hearing on the World Trade Organization and U.S. Sovereignty, 103d Cong. 2d Sess. (14 June 1994), unveröffentlicht, 1 f.; 7 f.; *Lowenfeld, Andreas F.*: Remedies Along With Rights: Institutional Reform in the New GATT, AJIL 88 (1994), 477–488 (486); *Bayard, Thomas O./Elliott, Kimberly A.*: Reciprocity and Retaliation in U.S. Trade Policy, Washington: IIE 1994, 343 ff.; *Bello, Judith. H./Holmer, Alan F.*: U.S. Trade Law and Policy Series No. 24: Dispute Resolution in the New World Trade Organization: Concerns and Net Benefits, Int'l Lawyer 28 (1994), 1095–1104 (1102); *Dies.* (Anm. 141), 1306 f.; *US General Accounting Office* (Anm. 142), Vol. I, 16 ff.; 42 ff.

149 19 USC §3511(a)-(d)(1994).

150 19 USC §3512(a)-(c)(1994).

151 19 USC §3512(a)(1)(1994).

152 Daher genössen Sec. 301 ff. US Trade Act stets Vorrang, *Bello/Holmer* (Anm. 141), 1306 f.; *McDonald* (Anm. 141), 356 f.

153 Solche Selbstbezogenheit bedauernd *Wildhaber* (Anm. 132), 253; feststellend, und zum Stellenwert des Völkerrechts aufgrund verfassungsrechtl. bzw. innenpolitischer Vorgaben, *Lacharrière* (Anm. 110), 208 ff.

eingeschränkt werde; im Außenverhältnis, um die Handelspartner zu überzeugen, dass die Vereinigten Staaten ihre zwischenstaatlichen Rechtspflichten erfüllen.

Die Zulassung von privaten beziehungsweise gesellschaftlichen Interessen zu aggregierten „Interessen der Vereinigten Staaten" hängt dann letztlich von der konfrontativen Motivation und politischen Nähe des Beschwerdeführers und seiner These mit der Handelspolitik der jeweiligen Administration sowie von der Wahrnehmung des USTR, des ACTPN, der USITC und des US Congress zu beklagten Handlungen, Politiken oder Praktiken ab. Zweitrangig dagegen sind die wirkliche Untersuchung des Sachverhalts und der Begründetheit der Beschwerde, sowie eingepreiste Rechtsrisiken oder objektivierende Überlegungen zur zwischenstaatlichen Handelsregulierung. Dank unbestimmter Rechtsgrundlagen, einseitiger Information, privilegierter Anhörungs- und Partizipationsrechte, ausgeschlossener Beschwerdegegner, selbstzentrierte Wahrnehmung des US Congress und eigener Medien- und Lobbyarbeit kann ein Beschwerdeführer die Beratungen auf seine These hin orientieren. Dass diplomatischer Schutz dann möglicherweise als verlängerter Arm politisch vernetzter Mandanten instrumentalisiert wird, um Unternehmensstrategien gegenüber Konkurrenten durchzusetzen, entspricht der erwünschten Beteiligung von privaten Mandanten an den zwischenstaatlichen Beziehungen,[154] der beschriebenen politischen Kultur und dem „offensiven" Verständnis des Section 301-Verfahrens. Verfechter des Freihandels und Handelspartner der Vereinigten Staaten erkennen hier durchaus die Gefahr unlauterer Geschäftspraktiken und protektionistischen Missbrauchs.[155]

---

154 So etwa *Jessup, Philip C.*: A Modern Law of Nations: An Introduction, New York: Macmillan 1948, 30 ff.; *McDougal, Myres S.*: International Law, Power, and Policy: A Contemporary Conception, RdC 82 (1953 I), 133–259 (160 ff.; 249 ff.); *Miller, Arthur S.*: The Corporation as a Private Government in the World Community, Virginia LR 46 (1960), 1539–1572 (1550 ff.); ACTPN Urges Greater Transparency in WTO Dispute Settlement, Inside U.S. Trade (28 April 1995), No. 2826; *US President*: Remarks at the Commemoration of the 50th Anniversary of the World Trade Organization in Geneva, Switzerland, White House Press Release (18 May 1998), WCPD 34 (1998), 926 ff.; vgl. die auf S. 175 f. zitierte Lit. zur Handelshemmnis-VO.

155 Krit. etwa *Hudec* (Anm. 65), 243; *Gowdy* (Anm. 65), 470 ff.; *Jackson* (Anm. 41), 129 ff.; nuancierter mit unterschiedl. Begründungen, *William J. Davey, Gary N. Horlick* und *Eleanor M. Fox* in: *Mavroidis/Cottier/Davey/Fox/Horlick/Komuro/Rosenthal* (Anm. 111), 148; 152; 159; *Afilalo, Ari*: Not in My Backyard: Power and Protectionism in U.S. Trade Policy, New York Univ. JILP 34 (2002), 749–796 (765 ff.;

Nach dem gegebenen Stand ist jedoch nachvollziehbar, dass sich die Positionen von *Kodak* im Feststellungsbeschluss des USTR[156] niederschlagen konnten. Erstaunlich bleibt, wie unmittelbar die Thesen von *Kodak* und Schlagwörter wie „Duldung von systematischen unlauteren Geschäftspraktiken" oder „Liberalisierungsgegenmaßnahmen"[157] als „Interessen der Vereinigten Staaten" indossiert wurden.[158] Allerdings waren die These des „privat organisierten und öffentlich tolerierten Protektionismus", die Forderung nach „Marktöffnung" durch „offensive" Verwendung des Section 301-Verfahrens und die Erschließung neuer Absatzmärkte durch verbesserte „strategische Handelspolitik" geradezu auf die Handelspolitik der *Clinton*-Administration und des US Congress ausgerichtet. Somit blieb die Wahrscheinlichkeit gering, dass die – ebenso wie die positiven Anspruchsvoraussetzungen aus Section 301 Buchstabe (a) Ziffer (1) US Trade Act[159] – unbestimmt fomulierten negativen Anspruchsvoraussetzungen „nationale Sicherheitsinteressen" beziehungsweise „unverhältnismäßig negative Auswirkungen auf die Wirtschaft der Vereinigten Staaten" aus Section 301 Buchstabe (a) Ziffer (2)(B)(ii) bis (v) US Trade Act[160] vom USTR als erfüllt betrachtet wurden, um einen Ablehnungsbeschluss zu begründen.

D. Ermitteln strategischer Positionen

Parallel zur Willensbildung werden die staatlichen Interessen vom zuständigen Organ auf der zwischenstaatlichen Ebene vertreten. Beim Aktivieren diplomatischen Schutzes erfolgt dies noch im Vorbereitungsabschnitt über Konsultationen mit der Regierung des ersuchten Staates, um eigene Positionen bekanntzugeben, gegnerische Interessen, Positionen, Wahrnehmung und Motivation zu testen sowie Foren und Machtverhältnisse zu ermitteln. Zur strategischen Ausrichtung von Positionen sollten die zwischenstaatlichen Aspekte in die staatliche Willensbildung eingespeist werden.

---

794 ff.); volkswirtschaftl. statt vieler *Krugman/Obstfeld* (Anm. 73), 187 ff. insbes. 203 f.; *Hoekman/Kostecki* (Anm. 16), 462 ff.

156 *US Trade Representative*: Section 304 Determinations: Barriers to Access to the Japanese Market for Consumer Photographic Film and Paper, Notice of Determinations, 61 FR 30929 (18 June 1996).

157 *Howell/Bartlett* (Anm. 58), 1 ff.; auszugsw. in: *Durling* (Anm. 5), 67 ff.

158 So etwa *Durling* (Anm. 5), 270 f.

159 19 USC §2411(a)(1)(1994).

160 19 USC §2411(a)(2)(B)(ii)-(v)(1994).

Folglich informierte der Eröffnungsbescheid, der USTR habe „zum untersuchten Sachverhalt gemäß Section 303 [Buchstabe] (a) [US] Trade Act[161] [...] Konsultationen mit der Regierung Japans beantragt. Zur Vorbereitung der Vorlagen der Vereinigten Staaten [...] würde der USTR Information und Empfehlungen der in Section 135 US Trade Act[162] bestimmten [...] Vertreter einholen."[163] Die entsprechende Démarche[164] erfolgte durch das Schreiben des stellvertretenden USTR *Ira Shapiro* an seinen Amtskollegen im MITI vom 21. Dezember 1995.[165]

I. Beschaffenheit

Bei diesem Vorgang werden Teilaspekte des Sachverhalts verkürzt, als Interessen ausgegeben und argumentativ untermauert, um gezielte Handlungsfolgen der Gegenpartei zu induzieren, die eine Lösung im Sinne der sendenden Partei gestalten könnte.[166] Diese logische Abfolge kann bereits aus der selektiven Darstellung des Sachverhalts entstehen, weshalb der Positionsbegriff fortan „Ansichten" umfasst, wie auch erklärte Forderungen, die gezielt auf die angedachte Lösung drängen.

Ob die empfangende Partei diese Positionen als glaubhaft einstuft, die zu erwartenden Handlungsfolgen zu bewirken, bestimmen die „Spielregeln", das heißt die Ausgestaltung der Strukturelemente in der konkreten Beziehung der Parteien. Erfahrene Unterhändler verstehen es, diese „Spielregeln" im Einzelfall aus relevanten Präzedenzen, Zusammenhängen, Formulierungen oder Wahrnehmungen zu entnehmen. Bei der Ausübung dieser Funktion treten Aspekte des zwischenstaatlichen Umfelds, die sich der strategischen Einflussnahme

161 19 USC §2413(a)(1)(1988).

162 19 USC §2155(1994).

163 *US Trade Representative*: Initiation of Investigation Pursuant to Section 301 Concerning Barriers to Access to the Japanese Market for Consumer Photographic Film and Paper, Request for Public Comment, 60 FR 35447 (7 July 1995).

164 Zum Begriff der Démarche *Szilassy, Julius de*: Négociation, in: Frangulis, Antoine F. (Dir.): Dictionnaire diplomatique, Tome IV, Paris/Genève/New York: Académie diplomatique internat. 1948, 205–207 (206); *US Department of State*: Foreign Affairs Handbook, Volume 5 Handbook 1 – Correspondence Handbook, 5 FAH-1 H-610 Diplomatic Notes – Using Diplomatic Notes (2017).

165 *Shapiro, Ira S.*: Letter to MITI Vice-Minister *Yoshihiro Sakamoto*, 21 Dec. 1995, in: Shapiro Letter in Kodak Case, Inside U.S. Trade (12 Jan. 1996), No. 3735.

166 Strategien des rechtl. Positionierens etwa bei *Lacharrière* (Anm. 110), 15 ff.; ausf. oben S. 37 m.w.N.

privater und staatlicher Mandanten weitgehend entziehen, gegenüber subjektiv-parteibezogenen Belangen stärker in den Vordergrund.

Allerdings ist der USTR durch verfassungsrechtliche Vorgaben, politische Kultur und Section 301-Verfahren berufen, als Makler eine gute Portion strategischer Verfremdung und konfrontativer Motivation bei der Vertretung von Positionen zu leisten. In *Kodak-Fujifilm* waren die „Interessen der Vereinigten Staaten“ zwar nicht abschließend definiert, als Konsultationen beantragt wurden, doch liefen sie dem Inhalt des Schreibens vom 21. Dezember 1995 zufolge darauf hinaus, im Sinne „offensiver“ Auslegung des Section 301-Verfahrens und „strategischer Handelspolitik“ den Marktzugang für *Kodak* in Japan zu verbessern. Denn um seinen Gegenpart im MITI statt der in Fragen der Kartell- und Wettbewerbsaufsicht zuständigen, jedoch unabhängigen JFTC zu befassen, behauptete der stellvertretende USTR unrichtigerweise,[167] die JFTC habe die Sache auf Antrag von *Kodak* und *Fujifilm* bereits geprüft und eine weiter gehende Untersuchung abgelehnt. Statt auf privates Geschäftsverhalten von *Fujifilm* abzustellen, berief er sich ferner in seiner Beschwerde, wie zuvor *Kodak*, auf eine Anzahl von Gesetzen und Richtlinien, die unter die Sachzuständigkeit des MITI fallen: Gesetze zur Kontrolle des Devisen- und Außenhandels (Gaikoku Kawase Oyobi Gaikoku Bôeki Kanri Hô),[168] zur Errichtung des Ministeriums für Außenhandel und Industrie (Tsûshô Sangyô Shô Setchi Hô),[169] zur Anpassung der Geschäftstätigkeit des Vertriebsdienstleistungssektors in großflächigen Kaufhäusern (Daiten Hô).[170]

Verglichen mit dem Eröffnungsbescheid,[171] der Anspruchsvoraussetzungen aus Section 301 Buchstabe (a) Ziffer (1) US Trade Act[172] wie „Handlungen, Politiken und Praktiken eines fremden Staates, die ungerechtfertigt, unvernünftig oder diskriminierend sind und den Handel der Vereinigten Staaten erschweren oder hemmen“ enthielt, beziehungsweise das Freundschafts- Handels- und

167 Ebendort.

168 Foreign Exchange and Trade Control Act, No. 228 (1949), as amend. Act No. 65 (1979), Kanpô.

169 Ministry of International Trade and Industry Establishment Act, No. 275 (1949), Kanpô, 255 ff.

170 Act on the Adjustment of Retail Business Operations at Large Scale Retail Stores, No. 109 (1973), as amend. Act No. 105 (1978), Kanpô, 71 ff.

171 *US Trade Representative*: Initiation of Investigation Pursuant to Section 301 Concerning Barriers to Access to the Japanese Market for Consumer Photographic Film and Paper, Request for Public Comment, 60 FR 35447 (7 July 1995).

172 19 USC §2411(a)(1)(1994).

Schiffahrtsabkommen vom 2. April 1953 (FCN-Abkommen)[173] und den OECD-Kodex der Liberalisierung des Kapitalverkehrs 1995 (OECD-Kodex 1995)[174] als Haftungsgrundlage aufführte, thematisierte das Schreiben vom 21. Dezember 1995 vielmehr die bilateralen Handelsbeziehungen und forderte die Beteiligung des MITI in ähnlichen Sachverhaltslagen als Präzedenzen ein.[175]

II. Präzedenzen

Zum damaligen Zeitpunkt herrschte in Japan der, im Vergleich zu den Vereinigten Staaten entgegengesetzte Konsens, eine Wirtschaftsordnung solle über die effizienteste Allokation von Ressourcen hinaus die gesellschaftliche Wohlfahrt (Wohlstand, Wachstum, Unternehmensethik und Harmonie) realisieren.[176] Wegen der vorausgesetzten Konfrontation gefährde übermäßiger Wettbewerb die gesellschaftliche Wohlfahrt und eigne sich deshalb nicht als übergreifendes Ordnungsprinzip.[177] Wettbewerb zu begrenzen bedeute zwar, Produzenten zugunsten von Preis-, Absatz- und Arbeitsmarktstabilität

---

173 Treaty and Protocol of Friendship, Commerce, and Navigation between the United States of America and Japan, signed at Tokyo, 2 April 1953, and Exchange of Notes of 29 August 1953, UNTS 206 (1955), 192 ff.; TIAS No. 2788; hierzu generell *Blumenwitz, Dieter*: Treaties of Friendship, Commerce, and Navigation, in: Bernhardt, Rudolf (ed.): EPIL 4 (2000), 953–958.

174 *Council*: Code of Liberalisation of Capital Movements, adopt. 12 Dec. 1961, OECD Doc. C(61)96; am relevanten 18. Mai 1995 zuletzt geänd. durch *Council*: Resolution amending the Code of Liberalisation of Capital Movements, adopt. 19 April 1995, OECD Doc. C(95)45Final, in: *Organization for Economic Co-operation and Development*: Code of Liberalisation of Capital Movements (1995), Paris: OECD 1995; hierzu *Committee on Invisible Operations*: Report on Codes of Liberalisation of Capital Movements and of Current Invisible Operations, OECD Doc. C(61)37 and C(61)73, circul. 28 Oct. 1961 and 8 Dec. 1961, in: *Organization for Economic Co-operation and Development*: Introduction to the OECD Codes of Liberalisation, Paris: OECD 1995, 8 ff.

175 *US Trade Representative*: Initiation of Investigation Pursuant to Section 301 Concerning Barriers to Access to the Japanese Market for Consumer Photographic Film and Paper, Request for Public Comment, 60 FR 35447 (7 July 1995).

176 Zum Vergleich beider Modelle, *Van Siclen, Sally*: Background Note, in: *CLP Committee*: International Perspectives on Abuse of Dominance and Monopolisation, Proceedings of the February 1996 Competition Policy Roundtable, OECD Doc. GD(96)131, Paris: OECD 1996, 7–18 (14 f.).

177 So etwa *Suzumura, Kotaro/Kiyono, Kazuharu*: Entry Barriers and Economic Welfare, Rev. Econ. Studies 54 (1987), 157–167 (158 ff.).

gegenüber den Verbrauchern zu fördern, entspringe aber letztlich ebenso einer politischen Entscheidung wie Verbraucher durch ungezügelten Wettbewerb gegenüber den Produzenten zu bevorzugen.[178] Dementsprechend sei es Aufgabe der Regierung, durch kluge Industrie- und Wettbewerbspolitik, über reine Kartellaufsicht hinaus die volkswirtschaftlichen Werte zu maximieren.[179] Seitdem die japanische Wirtschaftsordnung wieder industrielle Züge trug, sollte diese Industrie- und Wettbewerbspolitik auch nicht mehr auf dirigistischen, sondern auf marktwirtschaftlichen Prinzipien beruhen, weshalb ab den 1960er Jahren ganze Wirtschaftszweige liberalisiert worden waren.[180] Aus diesem Verständnis heraus wurde „strategische Handelspolitik" grundsätzlich als unzulässiger Eingriff in die Wirtschaftshoheit Japans empfunden.[181]

Obgleich sich die Regierung Japans dennoch auf „strategische Handelspolitik" eingelassen hatte, war diese kooperative Motivation mit Unterzeichnung des STA an ihre Grenzen gestoßen: Da eine staatliche Zusage, die Produktion bestimmter Halbleiter durch japanische Hersteller zurückfahren zu lassen, der Rechtsprechung des Obersten Gerichts in *Idemitsu kosan* zufolge gegen die in Section 1 Dokusen Kinshi Hô verbriefte Wettbewerbsfreiheit verstößt,[182] konnte das STA nicht rechtmäßig durch allgemeine Verwaltungsakte gegenüber japanischen Herstellern vollzogen werden. Bevor das MITI deshalb auf individuelle Empfehlungen zurückgriff, hatte es sich vorab beim USDOJ versichern müssen,

---

178 So etwa *Meng* (Anm. 54), 473 f.; *Suzumura/Kiyono* (Anm. 177), 161.

179 So übereinst. *Matsushita* (Anm. 75), 425; *Iyori/Uesugi* (Anm. 75), 35 f.; ausf. *Iyori, Hiroshi*: Competition Culture and the Aims of Competition Law, in: Zäch, Roger (ed.): Towards WTO Competition Rules: Key Issues and Comments on the WTO Report on Trade and Competition, Proceedings of the Seminar Held at Zurich University, 8–10 July 1999, Berne/The Hague/London *et al.*: Staempfli/Kluwer Law Int'l 1999, 127–136 (133 ff.); *Lu, Ding*: Resolving Economic Frictions: Role of Value Judgment and Relevance of Asian Values, in: Hamada, Koichi/Matsushita, Mitsuo/Komura, Chikara (eds.): Dreams and Dilemmas: Economic Friction and Dispute Settlement in the Asia-Pacific, Singapore/Seikei: Institute of Southeast Asian Studies/Center for Asian and Pacific Studies 2000, 229–255 (230 ff.; 240 ff.).

180 So übereinst. *Yamamura* (Anm. 75), 169 ff.; *Matsushita* (Anm. 75), 420 ff.; *Iyori/Uesugi* (Anm. 75), 47 f.; *Organization for Economic Co-operation and Development* (Anm. 46), 6 ff.

181 Statt vieler *Suzumura, Kotaro*: Competition, Welfare, and Competition Policy, FTC of Japan Competition Policy Research Center Discussion Paper Series CPDP 3E, Tokyo: CPRC 2003, 13 f.

182 *Japan v. Idemitsu kosan*, 985 Hanrei Jihô 3 (Tokyo High Ct. 26 Sept. 1980), *aff'd in part and rev'd in part*, 1108 Hanrei Jihô 3 (Sup. Ct. 24 Feb. 1984).

dass ein (vom USTR ja gerade gefordertes) abgestimmtes Preisverhalten japanischer Hersteller nicht als Verletzung des (vom USDOJ ja extraterritorial angewendeten) Sherman Act betrachtet würde.[183] Trotz aller Vorsorge hatte das MITI nicht verhindern können, dass die Auswirkungen des STA auf den Handel mit Dritten, auf Betreiben der Europäischen Gemeinschaften[184] als Verletzung von Artikel XI Ziffer 1 GATT 1947 verurteilt wurden.[185] Zudem umgingen japanische Hersteller das STA, indem sie ihre Niedrigpreispolitik in Drittstaaten ausweiteten.[186] Weil das MITI aber einerseits keine gesetzliche Grundlage hatte, dies zu unterbinden, der USTR andererseits die geheime Nebenabrede über einen Marktanteil von 20 % des japanischen Halbleitermarktes[187] entgegen ihrem Wortlaut als zugesicherte Leistung wertete, verhängte US President *Ronald Reagan* am 17. April 1987 Strafzölle auf japanische Produkte in Höhe von 100 % und im Wert von über 300 Millionen US-Dollar.[188] Somit hatte die kooperative Motivation des MITI die ursprünglich angedrohten Gegenmaßnahmen nicht abwenden können. Im Gegenteil, neben innenpolitischen Spannungen mit den japanischen Herstellern hatte sie handelspolitisch falsche Hoffnungen aufkeimen lassen und somit Spannungen mit den Vereinigten Staaten wie mit Drittstaaten noch verstärkt.[189] Zugleich war ersichtlich geworden, dass die Vereinigten Staaten durch „strategische Handelspolitik" kooperative Motivation nutzten, um unter dem Vorwand ungenügenden Marktzugangs

---

183 Siehe den Notenwechsel zu den kartell- und wettbewerbsrechtl. Folgen, *Ambassador of Japan to the United States*: Letter to US Attorney General *Arnold I. Burns* (2 Sept. 1986); *US Attorney General.*: Letter to Ambassador *Nobuo Matsunaga* (2 Sept. 1986), in: ILM 25 (1986), 1427 f.; hierzu *Matsushita* (Anm. 75), 412 ff. mit Hinweis auf die Risiken aufgrund *Sneaker Circus, Inc. v. Carter*, 457 F.Supp. 771, 796 (1978) *conf.* 614 F.2d 1290 (1979).

184 Zum 1. Jan. 1995 sind die „Europäischen Gemeinschaften" (EG) neben ihren Mitgliedstaaten als Mitglied der WTO beigetreten; bis 30. Nov. 2009 wurden sie als solche, ab 1. Jan. 2009 dann als „Europäische Union", in der WTO bezeichnet und geführt; nachf. wird diese Unterscheidung übernommen.

185 *Japan – Semi-conductors*, Report of the Panel, GATT Doc. L/6309, circul. 24 March 1988, adopt. 4 May 1988, Ziff. 10 ff.; 99 ff., in: BISD 35S/116 (1988), 120 ff.; 143 ff.

186 So etwa *Krauss* (Anm. 87), 272 ff.

187 Text der als „vertraulich" eingestuften Nebenabrede in: *Morrison/Cooper/Nanto* (Anm. 89), 13 f.

188 *US President*: Proclamation 5631 Increase in the Rates of Duty for Certain Articles from Japan (17 April 1987), 52 FR 13412 (22 April 1987).

189 So etwa *Krauss* (Anm. 87), 289 ff.; *Flamm* (Anm. 87), 223 ff.

letztlich planwirtschaftliche Zielvorgaben zugunsten einzelner Unternehmen zu erzwingen.[190]

Auch das zur Durchsetzung „strategischer Handelspolitik“ verwendete Section 301-Verfahren wurde zunehmend kritisiert. Problematisch war, dass Section 301 Buchstaben (a), (b) und (d) US Trade Act[191] einen Rechtsanspruch auf diplomatischen Schutz aufgrund von Interessen wie „anderweitig faire und billige Handlungen, Politiken und Praktiken“, „faire und billige Bedingungen zur Gründung eines Unternehmens“ oder „nichtdiskriminierende Geschäftsmöglichkeiten“ normierten, auf denen eine Wirtschaftsregulierung nach Vorstellung des US Congress zwar beruhen sollte, die auf zwischenstaatlicher Ebene jedoch weder einheitlich definiert, noch politisch legitimiert oder rechtlich geschützt waren.[192] Ebenso fragwürdig war, dass ein gesetzlicher Rechtsanspruch auf diplomatischen Schutz selbst ohne nachgewiesene Rechtsverletzung oder einen solchen Schaden erwirkt werden konnte.[193] Diese strukturellen Widersprüche des Section 301-Verfahrens förderten unrealistische Erwartungen, die spätestens dann zum Vorschein kamen, wenn der USTR die ersuchte Regierung mit vorgefertigten Positionen konfrontierte. Aufgrund der beschriebenen politischen Kultur allerdings wurde diese zwischenstaatliche

---

190 Zum erneuerten STA, *US Trade Representative*: Letter to *Riohei Murata*, Ambassador of Japan to the United States (11 June 1991), in: ILM 31 (1992), 1078 ff.; zu dessen Drittwirkung etwa krit. *Flamm* (Anm. 87), 229 f.; *Petersmann, Ernst-Ulrich:* International Trade Law and the GATT/WTO Dispute Settlement System 1948–1996: An Introduction, in: Petersmann, Ernst-Ulrich (ed.): International Trade Law and the GATT/WTO Dispute Settlement System, The Hague/London/Boston: Kluwer Law Int'l 1997, 3–122 (95 f.); *Baroncini* (Anm. 38), 248 f.

191 19 USC §2411(a)-(b) und (d)(1994).

192 So gibt es weder einen völkerrechtl. Anspruch auf Handelsbeziehungen noch ein ebensolches Diskriminierungsverbot, *Ranzeldorfer, Albrecht*: Art. 2 Ziff. 4, in: Simma, Bruno/Mosler, Hermann/Ranzeldorfer, Albrecht/Tomuschat, Christian/Wolfrum, Rüdiger (Hrsg.): Kommentar der Charta der Vereinten Nationen, München: Beck 1991, 67–90 (73 f.); *Schröder* (Anm. 141), 579 f.; ein völkerrechtl. Schutz der genannten Interessen bestand auch nicht aufgrund der geltenden USA-GER Antitrust-Abkommen bzw. USA-AUS Antitrust-Abkommen 1982.

193 So daher krit. *Zoller, Elisabeth*: Guerre commerciale et droit international: Réflexions sur les contre-mesures de la Loi américaine de 1988 sur le commerce et la concurrence, AFDI 35 (1989), 65–89 (81 ff.); *Gowdy* (Anm. 65), 470 ff.; 479 ff.; vgl. Sec. 301(a)(1) US Trade Act; 19 USC §2411(a)(1)(1994) mit den strengeren Anspruchsvoraussetzungen in Art. 3 Ziff. 2, Art. 4 Ziff. 2 und Art. 6 Ziff. 2 Handelshemmnis-VO i.V.m. Art. 10 Ziff. 1 und 2 Handelshemmnis-VO; hierzu *Bronckers* (Anm. 20), 305 ff.; *Ohlhoff/Schloemann* (Anm. 20), 657 f.

Komponente kaum in der staatlichen Willensbildung antizipiert, so dass in Fällen, in denen die Positionen des USTR unterhalb der rechtlichen Haftungsschwelle angesiedelt wurden, selbst eine „defensive" Durchführung des Section 301-Verfahrens letztlich nur mit Zustimmung der ersuchten Regierung zu verwirklichen waren.

In den meisten Fällen jedoch, in denen die ersuchte Regierung keine derart kooperative Motivation aufbringen mochte, wurde das Section 301-Verfahren „offensiv" gefahren und eine entsprechende Zustimmung unter Androhung der als „Brecheisen" konzipierten Gegenmaßnahmen aus Section 301 Buchstabe (c) US Trade Act[194] erzwungen. Derart wurden faktisch etwa 50 % aller Section 301-Verfahren gemäß Section 304 Buchstabe (a) Ziffer (1)(A) US Trade Act[195] in Verbindung mit Section 301 Buchstabe (a) Ziffer (2)(B) US Trade Act[196] infolge von Übereinkommen im Sinne des Beschwerdeführers beendet, während Gegenmaßnahmen nur in 15 % aller Fälle verhängt wurden.[197] Welche Variante sich im Einzelfall durchsetzte, kontrollierte, wie beschrieben durch den Beschwerdeführer steuerbar, letztlich der USTR. Den Zynismus der „offensiven" Variante machen die Fristen in Section 304 Buchstabe (a) Ziffer (2) US Trade Act[198] besonders deutlich, welche die Drohung mit Gegenmaßnahmen gemäß Section 303 Buchstabe (a) Ziffer (1) US Trade Act[199] parallel zur Untersuchung des Sachverhalts und zur Definition staatlicher Interessen ermöglicht. Wurde hierdurch ein Übereinkommen im Sinne des Beschwerdeführers erreicht, konnten letztere, im geregelten Verhandlungsablauf eigentlich vorauszusetzende Funktionen erübrigt werden. Weil „strategische Handelspolitik" und Section 301-Verfahren meist zum gewünschten Ergebnis führten, stärkte dies innenpolitische Belange sowie Positionen der Beschwerdeführer und schwächte hingegen die Wahrnehmung im Definieren staatlicher Interessen, dass zwischenstaatliche Belange und die Positionen des ersuchten Staates zu berücksichtigen seien.

Obgleich das Section 301-Verfahren letztlich zur einseitigen Aussetzung von Zugeständnissen führte und gegen den aus Artikel XXIII GATT 1947

---

194 19 USC §2411(c)(1994).

195 19 USC §2414(a)(1)(A)(1994).

196 19 USC §2411(a)(2)(B)(1994).

197 So etwa *Puckett, Lynne A./Reynolds, William L.*: Rules, Sanctions and Enforcement under Section 301: At Odds with the WTO? AJIL 90 (1996), 675–689 (681).

198 19 USC §2414(a)(2)(1994).

199 19 USC §2413(a)(1)(1988).

abgeleiteten Vorrang multilateraler Streitbeilegung verstieß,[200] war solche „Selbsthilfe" (*self-help*) vielfach als „Ausweichen" (*fall-back*) toleriert und teilweise auch als rechtlich zulässig erachtet worden, wenn die multilaterale Streitbeilegung sich als ungeeignet erwies, Rechtsverletzungen des GATT 1947 effektiv zu ahnden.[201] Letztlich waren „Selbsthilfe" und „Ausweichen" in die breitere Diskussion um die Subsidiarität des allgemeinen Völkerrechts gegenüber Vertragsregimes einzuordnen. Hier wurde einerseits eine Durchlässigkeit des Vertragsregimes vertreten, infolgedessen ein „Ausweichen" in die Haftung nach allgemeinem Völkerrecht als weithin zulässig galt;[202] andererseits die

200 Hierzu *CONTRACTING PARTIES*: Agreed Description of the Customary Practice of the GATT in the Field of Dispute Settlement (Article XXIII:2), Annex to the Understanding Regarding Notification, Consultation, Dispute Settlement and Surveillance, adopt. 28 Nov. 1979, GATT Doc. L/4907, circul. 3 Dec. 1979, Ziff. 5, in: BISD 26S/210 (1979), 211; ausf. *GATT Secretariat*: Analytical Index: Guide to GATT Law and Practice, Geneva: GATT, 6th ed. 1994, 645 ff.

201 So etwa *Bello, Judith H./Holmer, Alan F.*: U.S. Trade Law & Policy Series No. 14, The 1988 Trade Bill: Savior or Scourge of the International Trading System? Int'l Lawyer 23 (1988), 523–532 (527 f.); *Dies.* (Anm. 41), 1202 ff.; *Hudec, Robert E.*: Thinking About the New Section 301: Beyond Good and Evil, in: Bhagwati, Jagdish N./ Patrick, Hugh T. (eds.): Aggressive Unilateralism: America's 301 Policy and the World Trading System, Ann Arbor: Univ. of Michigan Pr. 1990, 113–159 (145); *Ders.* in *Trendl* (Anm. 77), 43 f.; *Pons, Javier-Fernández*: Self-help and the World Trade Organization, in: Mengozzi, Paolo (ed.): International Trade Law on the 50th Anniversary of the World Trade System, Milano: Giuffrè 1999, 55–112 (61; 73).

202 Hierzu *International Law Commission*: Third Report on the Content, Forms and Degrees of State Responsibility by Willem Riphagen, Special Rapporteur, 12 and 30 March 1982, UN Doc. A/CN.4/354, Corr.1, Add.1 and Add.2, in: YILC (1982 II) Part 1, 23 ff. (30 f.); *International Law Commission*: Third Report on State Responsibility, by Gaetano Arangio-Ruiz, Special Rapporteur, 19 July 1991, UN Doc. A/ CN.4/440 and Add.1, in: YILC (1991 II) Part 1, 1 ff. (22 ff.); aus der Berechtigung, die erhebliche Verletzung eines Vertrags gem. Art. 60 Ziff. 1 WVK als Grund für die Beendigung bzw. Suspendierung des Vertrags geltend zu machen, *Barcelona Traction, Light and Power Company, Limited* (Belgium v. Spain), Second Phase, Judgment of 5 Feb. 1970, ICJ Rep. 1970, 3 ff. (46 f.); *Air Services Agreement of 27 March 1946* (France v. United States of America), Arbitral Award of 9 Dec. 1978, in: RIAA 18 (1978), 417 ff. (484 f.); *Difference Between New Zealand and France Concerning the Interpretation or Application of Two Agreements Concluded on 9 July 1986 Between the Two States and Which Related to the Problems Arising from the* Rainbow Warrior *Affair* (New Zealand v. France), Decision of 20 April 1990, in: RIAA 20 (1990), 215 ff. (251 f.); zust. etwa *Simma, Bruno*: Self-contained Regimes, NYIL 16 (1985), 111–136 (136); *Zemanek, Karl*: The Unilateral Enforcement of International Obligations,

Selbstträgerschaft des Vertragsregimes, infolgedessen eine Haftung nach allgemeinem Völkerrecht ausgeschlossen, da die Rechtsfolgen einer Rechtsverletzung durch vertragliche Haftungsregeln abschließend geregelt sind.[203]

Kein Panel des GATT 1947 hatte je Stellung in dieser Frage beziehen müssen. Vielmehr rief die Systematisierung der „strategischen Handelspolitik" und die Verschärfung des Section 301-Verfahrens durch das „Omnibus Trade and Competitiveness Act of 1988"[204] den Protest zahlreicher Vertragsstaaten des GATT 1947[205] hervor.[206] Anschließend verging kaum eine Sitzung des Rates

---

ZaöRV 47 (1987), 32–43 (40 f.); *Zoller* (Anm. 193), 69 ff.; *Alland, Denis*: Justice privée et ordre juridique international: Étude théorique des contre-mesures en droit international public, Thèse Paris, Paris: Pédone 1994, 291 f.; *Tomuschat, Christian*: Are Counter-measures Subject to Prior Recourse to Dispute Settlement Procedures? EJIL 5 (1994), 77–88 (79); *Dupuy, Pierre-Marie*: The Danger of Fragmentation or Unification of the International Legal System and the International Court of Justice, New York Univ. JILP 31 (1999), 791–807 (795 ff.); *Marceau, Gabrielle*: A Call for Coherence in International Law: Praises for the Prohibition against "Clinical Isolation" in WTO Dispute Settlement, JWT 33 (1999), 87–152 (107 ff.).

203 Vgl. etwa Art. 2, später Art. 37 und Art. 55 Draft Articles on State Responsibility for Internationally Wrongful Acts, in: *International Law Commission*: Report on the Work of its Forty-eighth Session, 6 May-26 July 1996, UN Doc. A/51/10, GAOR LI, Suppl. No. 10 (A/51/10 and Corr.1), 125 ff., in: YILC (1996 II) Part 2, 57 ff. (62) (Draft Articles on State Responsibility 1996); hierzu *Kingsbury, Benedict*: Foreword: Is the Proliferation of International Courts and Tribunals a Systemic Problem? New York Univ. JILP 31 (1999), 679–696 (687 f.); daraus die Selbstträgerschaft der Haftung aus Art. XXIII GATT 1947 ableitend, *Petersmann, Ernst-Ulrich*: Violation and Non-violation Complaints in Public International Trade Law, GYIL 34 (1991), 175–229 (193 f.); *Kuijper, Pieter J.*: The Law of GATT As a Special Field of International Law - Ignorance, Further Refinement or Self-contained System of International Law? NYIL 25 (1994), 227–257 (251).

204 Omnibus Trade and Competitiveness Act of 1988, Pub. L. 100-418, 102 Stat. 1164 (23 Aug. 1988); as amend. Uruguay Round Agreements Act (URAA), Pub. L. 103-465, 108 Stat. 4993 (8 Dec. 1994); 19 USC §§1 *et seq.* (1994).

205 Vertragsstaaten oder Vertragsparteien des GATT 1947 sind von den VERTRAGSPARTEIEN (*CONTRACTING PARTIES*) zu unterscheiden, wodurch alle Vertragsstaaten des GATT 1947 als handelndes Kollektiv bezeichnet werden; hierzu statt vieler *Jackson* (Anm. 41), 31 f.

206 *Council*: Minutes of the Meeting held on 22 Sept. 1988, GATT Doc. C/M/224, circul. 17 Oct. 1988, Ziff. 16; *Council*: United States: Identification of Trade Liberalization Priorities for Japan under Section 301 of the Omnibus Trade and Competitiveness Act of 1988, Communication from Japan, 26 May 1989, GATT Doc. L/6511, circul. 29 May 1989; *Council*: United States: Identification of Trade Liberalization Priorities

des GATT 1947 ohne Aussprache über „Selbsthilfe", „Ausweichen" und „Unilateralismus".[207] Letztlich führte die „strategische Handelspolitik" dazu, dass Vertragsstaaten des GATT 1947, die wie Japan grundsätzlich eine gemäßigte Handelsliberalisierung und eine koordinierende Streitbeilegung befürworteten, in der Uruguay-Runde offen für „Herrschaft des Rechts" und ein gerichtlich ausgerichtetes Streitbeilegungssystem eintraten.[208] Würden Pflichten aus

---

for Brazil under Section 301 of the Omnibus Trade and Competitiveness Act of 1988, Communication from Brazil, 7 June 1989, GATT Doc. L/6517, circul. 8 June 1989; *Council*: United States: Identification of India as a "Priority Country" under "Super 301" Provision of the Omnibus Trade and Competitiveness Act of 1988, Communication from India, 8 June 1989, GATT Doc. L/6525, circul. 9 June 1989; ebenso krit. die intl. Lit., *Zoller* (Anm. 193), 82; *Nara, Fusae*: A Shift Toward Protectionism under S. 301 of the 1974 Trade Act: Problems of Unilateral Trade Retaliation under International Law, Hofstra LR 19 (1990), 229–267 (246 ff.; 256 ff.); *Yogesh Tyagi* in *Trendl* (Anm. 77), 48 f.; hingegen befürw. *Bello/Holmer* (Anm. 201), 523 ff.; *Dies.* (Anm. 41), 1202 ff.; *Hudec* (Anm. 201), 145; *Ders.* in *Trendl* (Anm. 77), 44 f.

207 Siehe etwa der Vertreter Brasiliens in *Council*: Minutes of the Meeting held on 22 June 1989, GATT Doc. C/M/234, circul. 31 July 1989, Ziff. 7; die Grundsatzdebatte in *Council*: Discussion on Unilateral Measures, 8–9 Feb. 1989, GATT Doc. C/163, circul. 16 March 1989; *Council*: Review of Developments in the Trading System (Special Meeting on Notification, Consultation, Dispute Settlement and Surveillance), Minutes of the Meeting held on 21 June 1989, GATT Doc. C/M/233, circul. 31 Aug. 1989; ebenso krit. die spez. Lit., *Hudec* (Anm. 101), 535 ff.; *Roessler, Frieder*: L'attitude des États-Unis et de la CEE devant le droit du GATT, in: Bourrinet, Jacques (Dir.): Les relations Communauté européenne-États-Unis, Travaux de la Commission pour l'étude des Communautés européennes, Paris: Économica 1987, 43–62 (46 ff.); *Elisabeth Zoller* in *Trendl* (Anm. 77), 40 f.; sowie nach Gründung der WTO, *Smith* (Anm. 52), 260; *Hoekman/Mavroidis* (Anm. 73), 277 ff.; *Petersmann* (Anm. 190), 46; *Hahn, Michael J.*: Die einseitige Aussetzung von GATT-Verpflichtungen als Repressalie, Diss. Heidelberg, Berlin/Heidelberg/New York: Springer 1996, 279 f.; *Pace, Virgile*: L'Organisation mondiale du commerce et le renforcement de la réglementation juridique des échanges commerciaux internationaux, Thèse Paris, Paris/Montréal: L'Harmattan 2000, 131 ff.; ebenso die allgemeine Lit., *Wildhaber* (Anm. 132), 147 ff.; *Zemanek* (Anm. 202), 43; *Tomuschat* (Anm. 202), 81; *Meng, Werner*: Extraterritoriale Jurisdiktion in der US-amerikanischen Sanktionsgesetzgebung, EuZW 8 (1997), 423–428 (426 f.); *Dupuy, Pierre-Marie*: The Place and Role of Unilateralism in Contemporary International Law, EJIL 11 (2000), 19–29 (21 f.); *Chinkin, Christine*: The State That Acts Alone: Bully, Good Samaritan or Iconoclast? EJIL 11 (2000), 31–41 (32 f.).

208 So etwa der Vertreter Japans in *Council*: Discussion on Unilateral Measures, 8–9 Feb. 1989, GATT Doc. C/163, circul. 16 March 1989, S. 4; dieser Position zust. *Negotiating Group on Dispute Settlement*: Statement by the Spokesman of the European

den WTO-Teilabkommen durch ein solches Streitbeilegungssystem effektiver durchgesetzt, so ihre Hoffnung, werde „Selbsthilfe“, „Ausweichen“ und „Unilateralismus“ die Grundlage entzogen.[209]

Aus Interesse an der Wirtschaftshoheit Japans und wegen der grundsätzlichen Unvereinbarkeit protektionistisch inspirierter „strategischer Handelspolitik“ mit marktwirtschaftlichen Prinzipien,[210] der erwiesenen Unzweckmäßigkeit kooperativen Entgegenkommens zur langfristigen Bereinigung der Wirtschaftsbeziehungen sowie der beschriebenen Mobilisierung gegen „Selbsthilfe“, „Ausweichen“ sowie „Unilateralismus“ und für „Herrschaft des Rechts“ in der Uruguay-Runde, setzte das MITI zu Beginn der 1990er Jahre Forderungen der Vereinigten Staaten nach mehr Marktzugang eine konfrontativere Motivation entgegen.[211] Beim Koordinieren staatlicher Willensbildung hatte das MITI sogar vertreten, die Beendigung „strategischer Handelspolitik“ entspräche den Interessen Japans und ein Erwidern der zynischen Taktiken sei hierzu die geeignete Strategie,[212] ohne sich damit allerdings gegen Regierungsstellen wie das Ministerium für auswärtige Angelegenheiten Japans (MOFA)[213] durchzusetzen, die handelspolitische Interessen breiter angelegten außenpolitischen

---

Community at the Meeting on 5–6 April 1990, GATT Doc. MTN.GNG/NG13/W/39, circul. 5 April 1990; *Negotiating Group on Dispute Settlement*: Communication from Canada, 28 June 1990, GATT Doc. MTN.GNG/NG13/W/41, circul. 28 June 1990; *Negotiating Group on Dispute Settlement*: Proposal by Mexico, 11 July 1990, GATT Doc. MTN.GNG/NG13/W/42, circul. 12 July 1990; *Negotiating Group on Dispute Settlement*: Communication from the United States, GATT Doc. MTN.GNG.NG13/W/40, circul. 6 April 1990; die Entwicklung nachzeichnend, *Bello/Holmer* (Anm. 148), 1096 ff.

209 So etwa *Stewart, Terence P./Callahan, Christopher J.*: Dispute Settlement Mechanisms, in: Stewart, Terence P. (ed.): The GATT Uruguay Round: A Negotiating History (1986–1992), Vol. II: Commentary, Deventer/Boston: Kluwer Law and Taxation 1993, 2663–2878 (2769 f.); *Nara* (Anm. 206), 264 ff.; *Renouf, Yves*: Les mécanismes d'adoption et de mise en œuvre du règlement des différends dans le cadre de l'OMC sont-ils viables? AFDI 40 (1994), 776–791 (784 ff.).

210 So etwa *Suzuki* (Anm. 3), 4 f.; *Karamanian* (Anm. 2), 289 ff.; *Suzumura* (Anm. 181), 13 f.

211 So übereinst. *Suzuki* (Anm. 3), 4 f.; *Karamanian* (Anm. 2), 297 f.; *Durling* (Anm. 5), 22 f.; 161 f.

212 So etwa *Sutter, Robert G.*: Japanese Officials' View of Relations with the Clinton Administration, May-June 1993, CRS Report 93-601S (14 June 1993), 2 ff.; *Ahearn, Raymond J.*: Japan's Response to U.S. Trade Pressures: End of an Era? CRS Rep. 95-714F (12 June 1995), 26 ff.; *Devereaux/Lawrence/Watkins* (Anm. 7), 175.

213 Ministry of Foreign Affairs (Gaimun Shô) (MOFA).

Erwägungen unterordneten.[214] Doch hatte diese konfrontative Motivation alle bilateralen Verhandlungen unter der Federführung des MITI wesentlich zäher gestaltet und sehr zur Ernüchterung des USTR über den Erfolg „strategischer Handelspolitik beigetragen.[215]

Dieser Entwicklung wollte die *Clinton*-Administration mit einer verbesserten „strategischen Handelspolitik“ begegnen.[216] Hierzu sollte die aus Sicht des amerikanischen Halbleitersektors recht erfolgreiche Strategie des STA[217] auf die gesamten Handelsbeziehungen mit Japan übertragen werden. Am 16. April 1993 schlug US President *William Clinton* Japans Premierminister *Kiichi Miyazawa* ein entsprechendes Freihandelsabkommen vor, das „ergebnisorientiert“ statt „verfahrensbezogen“ formuliert und mit „objektiven, qualitativen und quantitativen Indikatoren“ versehen werden sollte, an denen die fortschreitende Marktöffnung zu messen war. Dieses sollte später durch sektorenspezifische Protokollvereinbarungen konkretisiert werden.[218]

Dem stellte die Regierung Japans nun „gegenseitige Zugeständnisse“, „Stärkung des multilateralen Handelssystems“, „Marktwirtschaft und Freihandel“ sowie den Ausschluss von „strategischer Handelspolitik“ entgegen.[219] Als das „United States-Japan Framework for a New Economic Partnership“ (FTA)[220] am 10. Juli 1993 dennoch unterzeichnet wurde, hatte sich das MITI in der staatlichen Willensbildung nicht durchsetzen können,[221] doch waren aus „objektiven, qualitativen und quantitativen“ lediglich „objektive“ Indikatoren in den Wortlaut aufgenommen worden.[222] Die Regierung der Vereinigten Staaten konnte

---

214 So etwa *Durling* (Anm. 5), 22 f.

215 Ebendort, 24 f.

216 Ebendort, 25 f.

217 Der Marktzuwachs ausländ. Anbieter auf dem japan. Halbleitermarkt von 8 % auf 13 % wurde in amerikan. Wirtschaftskreisen den vereinbarten quantitativen Indikatoren zugeschrieben, übereinst. *Cooper* (Anm. 80), 2 f.; *Devereaux/Lawrence/Watkins* (Anm. 7), 175.

218 So übereinst. *Cooper, William H.*: The Japan-United States Framework for Trade Negotiations, CRS Rep. 93-722E (6 Aug. 1993), 4 ff.; *Durling* (Anm. 5), 29 f.; *Iida* (Anm. 6), 67 ff.

219 Underlying Principles of New Framework Talks on Economy, Trade, and Cooperation, Prepared by the Government of Japan (May 1993), in: *Sutter* (Anm. 212), 8.

220 Joint Statement on the United States-Japan Framework for a New Economic Partnership, by President *William Clinton* and Prime Minister *Miyazawa*, done at Tokyo, 10 July 1993, in: ILM 32 (1993), 1414 ff.

221 So etwa *Durling* (Anm. 5), 31 f.

222 So etwa *Iida* (Anm. 6), 70.

ihre Forderungen[223] erst nach Drohungen durchsetzen, „quantitative Indikatoren“ einseitig zu verkünden[224] und eine Untersuchung aufgrund Section 310 Buchstabe (a) US Trade Act[225] einzuleiten.[226]

In dieser von Forderungen, Drohungen, Misstrauen, Sanktionen geprägten Atmosphäre geriet im Sommer 1994 die Verhandlung zur FTA-Protokollvereinbarung um Kraftfahrzeuge und Ersatzteile ins Stocken.[227] Die Regierung der Vereinigten Staaten behauptete, *keiretsu* behinderten Angebot und Verkauf importierter Kraftfahrzeuge und Ersatzteile und trieben so das Handelsdefizit in die Höhe.[228] Die Regierung Japans führte niedrige Verkaufszahlen auf Verbrauch, Wagenmaße und Mängel der Fabrikate von *General Motors Corporation*, *Ford Motor Company* und *Chrysler Corporation* zurück. Sie bot eine Lockerung der Zulassungsbedingungen für Werkstätten an, wies aber Forderungen nach „quantitativen Indikatoren“ auf eine Reduzierung des Handelsdefizits und Selbstverpflichtungen der Automobilindustrie als „strategische Handelspolitik“ zurück.[229]

Um einen Durchbruch zu erzielen, leitete USTR *Michael Kantor* am 13. Oktober 1994 aufgrund seines Initiativrechts aus Section 302 Buchstabe (b) Ziffer (1)(A) US Trade Act[230] eine Untersuchung ein.[231] Daraufhin knüpfte

---

223 Agreement Clarifying the Framework Agreement, as agreed, 23 May 1994, in: U.S.-Japan Agreement on Framework, Inside U.S. Trade, Special Report (27 May 1994), No. 1656.

224 So übereinst. *Karamanian* (Anm. 2), 295 f.; *Durling* (Anm. 5), 33 ff.; ausf. *Barshevsky, Charlene*: Report on the United States-Japan Framework for a New Economic Partnership, in: US Senate Finance Committee: United States-Japan Policy, Hearing before the Subcommittee on International Trade, 103d Cong. 1st Sess. (22 July 1993), S.Hrg. 103–354, Washington: GPO 1994, 8–23 (9).

225 19 USC §2420(a)(1994).

226 *US President*: Identification of Trade Expansion Priorities, Executive Order No. 12901 (3 March 1994), 59 FR 10727 (8 March 1994).

227 So etwa *Iida* (Anm. 6), 85.

228 So übereinst. *Nanto/Cooper/Bass* (Anm. 8), 1 ff.; 7 ff.; *Abels* (Anm. 9), 478 ff.; *Iida* (Anm. 6), 70 f.; streng krit. *Bhagwati, Jagdish N.*: The US-Japan Car Dispute: A Monumental Mistake, Int’l Affairs 72 (1996), 261–279 (262 ff.).

229 So übereinst. *Nanto/Cooper/Bass* (Anm. 8), 9 f.; *Abels* (Anm. 9), 482; *Iida* (Anm. 6), 71 f.

230 19 USC §2412(b)(1)(A)(1988).

231 *US Trade Representative*: Initiation of Section 302 Investigation and Request for Public Comment: Barriers to Access to the Auto Parts Replacement Markets in Japan, 59 FR 52034 (13 Oct. 1994).

die Regierung Japans, jeder kooperativen Motivation entleert, nunmehr geschlossen die Fortsetzung der Verhandlung an Bedingungen: Ausschluss des Section 301-Verfahrens; Ausschluss von „quantitativen Indikatoren“; keine Beteiligung der Regierung Japans an Ersatzteilbeschaffung oder Vertriebsstätten für importierte Kraftfahrzeuge.[232] Dessen ungeachtet kündigte der Feststellungsbeschluss des USTR an,[233] wegen „unangemessener“ Handelshemmnisse rückwirkend bestimmte Luxuswagen mit Strafzöllen in Höhe von 100 % und im Wert von knapp sechs Milliarden US-Dollar zu belegen, sowie die Zollabfertigungen ab dem 20. Mai 1995 einzubehalten, sollte die Regierung Japans nicht bis zum 28. Juni 1995 einwilligen. Zugleich reichte USTR *Kantor* beim WTO-Generaldirektor die „Vorankündigung“ eines Antrags auf Konsultationen wegen „Diskriminierung von Produkten aus den Vereinigten Staaten“ ein.[234]

Dies beantwortete die Regierung Japans mit einem Antrag auf Konsultationen gemäß Artikel 4 Vereinbarung über Regeln und Verfahren zur Beilegung von Streitigkeiten (DSU)[235] in Verbindung mit Artikel XXII Ziffer 1 GATT 1994 wegen Verletzung von Artikel I und II GATT 1994 sowie Artikel 23 DSU.[236]

---

232 So übereinst. *Durling* (Anm. 5), 40 f.; *Iida* (Anm. 6), 81 f.; die konfrontative Wandlung hervorhebend *Nanto/Cooper/Bass* (Anm. 8), 2 f.; *Abels* (Anm. 9), 477 f.; *Bhagwati* (Anm. 228), 265 f.

233 *US Trade Representative*: Notice of Determination and Request for Public Comment Concerning Proposed Determination of Action Pursuant to Section 301: Barriers to Access to the Auto Parts Replacement Market in Japan, 60 FR 26745 (18 May 1995).

234 *US Trade Representative*: Communication to the Director-General, 10 May 1995, circul. as *US – Autos*, Communication from the United States, 10 May 1995, WTO Doc. WT/INF/1, 17 May 1995.

235 Understanding on Rules and Procedures Governing the Settlement of Disputes, Annex 2 to the Marrakesh Agreement Establishing the World Trade Organization, UNTS 1869 (1995), 401 ff.; TIAS No. 31874, in: ILM 33 (1994), 1226 ff.; ABlEG L 336 vom 23. Dez. 1994, 234 ff.

236 *Permanent Mission of Japan*: Communication to the Office of the United States Trade Representative, 17 May 1995, circul. as *US — Autos*, Request for Consultations by Japan, WTO Doc. WT/DS6/1, 22 May 1995; ausf. zur Rechtsauffassung, *Permanent Mission of Japan*: Communication, 17 May 1995, circul. as *US – Autos*, Communication from Japan, WTO Doc. WT/INF/2, 22 May 1995; der Vertreter Japans in *Council for Trade in Goods*: Minutes of the Meeting held on 29 May 1995, WTO Doc. WT/G/C/M/3, circul. 28 June 1995, Ziff. 5 f.; sowie in *Permanent Mission of Japan*: Statement by Japan at the Meeting of the Dispute Settlement Body on 31 May 1995, circul. as *United States' Auto and Autoparts Issues*: US Unilateral Measures: Statement by Japan, WTO Doc. WT/DSB/COM/1, 12 June 1995; zur Erwiderung

Mit der Androhung von Strafzöllen, die einseitig beschlossen worden waren und nicht durch Streitbeilegung aufgrund des DSU, wie seit dem Inkrafttreten der Übereinkommen von Marrakesch normiert,[237] hatte sich der USTR in eine Sackgasse manövriert. Zudem untersagte das Übereinkommen über Schutzmaßnahmen[238] nunmehr die anvisierte freiwillige Importförderung (VIE).[239] Gegenüber solch politisch schwerwiegenden, rechtlich eindeutigen Problemkreisen gerieten die Forderungen des USTR um mehr Marktzugang zur Nebensache.[240] Zudem begann „strategische Handelspolitik" auch in den Vereinigten Staaten kritisiert zu werden.[241]

---

des Vertreters der Vereinigten Staaten in *US Trade Representative*: Statement by the United States at the Meeting of the Dispute Settlement Body on 31 May 1995, circul. as *United States' Auto and Autoparts Issues*: US Unilateral Measures: Statement by the United States, WTO Doc. WT/DSB/COM/2, 27 June 1995.

237 Art. 23 Ziff. 2 Buchst. (a) DSU.

238 Art. 11 Ziff. 1 und 3 Agreement on Safeguards, Annex 1A to the Marrakesh Agreement Establishing the World Trade Organization, done at Marrakesh, 15 April 1994, UNTS 1869 (1995), 154 ff.; TIAS No. 31874, in: *World Trade Organization*: The WTO Agreements: The Marrakesh Agreement Establishing the World Trade Organization and its Annexes, Cambridge: Cambridge Univ. Pr., 2nd ed. 2017, 311 ff.; ABlEG L 336 vom 23. Dez. 1994, 184 ff. (Übereink. über Schutzmaßnahmen – SFG-Agreement).

239 Begrüßend *Hilpold, Peter*: Die Neuregelung der Schutzmaßnahmen im GATT/WTO-Recht und ihr Einfluss auf „Grauzonenmaßnahmen", ZaöRV 55 (1995), 89–127 (90 ff.); *Meng, Werner*: WTO-Recht als Steuerungsmechanismus der neuen Welthandelsordnung, in: Klein, Martin/Meng, Werner/Rode, Reinhard (Hrsg.): Die neue Welthandelsordnung der WTO, Amsterdam: G+B Fakultas 1998, 19–73 (51 f.); *Jackson* (Anm. 41), 203 ff.; krit. hingegen *Bronckers, Marco C.E.J.*: Voluntary Export Restraints and the GATT 1994 Agreement on Safeguards, in: Bourgeois, Jacques H.J./Berrod, Frédérique/Fournier, Éric G. (eds.): The Uruguay Round Results: A European Lawyers' Perspective, Bruges/Bruxelles: College of Europe/European Interuniv. Pr. 1995, 273–279 (275 f.); *Hoekman/Kostecki* (Anm. 16), 311 ff.; *Afilalo* (Anm. 155), 765 ff.

240 So übereinst. *Durling* (Anm. 5), 44; *Iida* (Anm. 6), 93.

241 Krit. aus volkswirtschaftl. Sicht, *Porter, Michael E.*: The Competitive Advantage of Nations, London: Macmillan 1992, 3 ff.; 29 ff.; aus polit. Motiven, *Krugman, Paul R.*: Competitiveness: A Dangerous Obsession, Foreign Affairs 73 (1994), 28–44 (30 ff.); *Elwell, Craig*: U.S.-Japan Trade Confrontation: Economic Perspective and Policy Options, CRS Rep. 94-526E (23 June 1994), 15 f.; *Bayard/Elliott* (Anm. 148), 64 ff.; *Smith* (Anm. 52), 264 f.; *Busch, Marc L.*: Trade Warriors: States, Firms, and Strategic Trade Policy in High-technology Competition, Cambridge/New York: Cambridge Univ. Pr. 1999, 141 ff.; spez. zum Handelsstreit *Bhagwati* (Anm. 228), 265 ff.; *Nanto/Cooper/Bass* (Anm. 8), 27 ff.

Aus diesen Gründen hatte die Regierung Japans hier eine Chance, die jahrelang erlittene „strategische Handelspolitik" aburteilen zu lassen.[242] Nach umfassenden Konsultationsgesprächen[243] zog sie dennoch eine einvernehmliche Lösung vor.[244] In einem Konvolut aus Presseerklärungen von MITI-Minister *Ryutaro Hashimoto* und USTR *Kantor*,[245] Selbstverpflichtungen durch die japanische Automobilindustrie,[246] Erklärungen des MITI[247] sowie

---

242 So etwa *John H. Jackson* in *Permanent Mission of Japan*: Communication, 17 May 1995, circul. as *US – Autos*, Communication from Japan, WTO Doc. WT/INF/2, 22 May 1995; *Alan F. Holmer* in *Scanlan, William T.*: A Test Case for the New World Trade Organization's Dispute Settlement Understanding: The Japan-United States Auto Parts Dispute, Kansas LR 45 (1996), 591–618 (609).

243 Hierzu *Durling* (Anm. 5), 45 f.; *Iida* (Anm. 6), 90 f.

244 Siehe der Vertreter Japans in *Council for Trade in Goods*: Minutes of the Meeting held on 3 July 1995, WTO Doc. G/C/M/4, circul. 28 July 1995, Ziff. 7.

245 Joint Press Statement (29 June 1995), in: ILM 34 (1995), 1527; Joint Announcement by *Ryutaro Hashimoto*, Minister of Trade and Industry of Japan, and *Michael Kantor*, United States Trade Representative, Regarding Autos and Auto Parts (28 June 1995), in: ILM 34 (1995), 1523; Joint Announcement by *Ryutaro Hashimoto*, Minister of Trade and Industry of Japan, and *Michael Kantor*, United States Trade Representative, Regarding the Japanese Auto Companies' Plans (28 June 1995), in: ILM 34 (1995), 1524; Joint Announcement on Dealerships by Mr *Ryutaro Hashimoto*, Minister of International Trade and Industry, and Mr *Michael Kantor*, United States Representative (28 June 1995), in: ILM 34 (1995), 1525; Joint Announcement on Dealership by Mr *Ryutaro Hashimoto*, Minister of International Trade and Industry, and Mr *Michael Kantor*, United States Trade Representative (undatiert), in: ILM 34 (1995), 1526.

246 *American Automobile Manufacturers Association (AAMA)*: Statement (29 June 1995), in: ILM 34 (1995), 1520; *Japan Automobile Manufacturers Association (JAMA)*: JAMA Action Plan for International Cooperation (June 1995), in: ILM 34 (1995), 1528 ff.; *Japan Automobile Dealers Association (JADA)*: Statement on the Dealership of Foreign Automobiles (28 June 1995), in: ILM 34 (1995), 1533 f.; *Japan Automobile Products Association/Japan Federation of Auto Parts Sales Association/Japan Auto Accessories*: Statement Concerning Efforts to Improve Access to Japan's Auto Parts Aftermarket (29 June 1995), in: ILM 34 (1995), 1535; *Japan Automobile Service Promotion Association/Japan Automotive Industry Commerce Association*: Statement Concerning Efforts to Improve Access to Japan's Auto Parts Aftermarket (29 June 1995), in: ILM 34 (1995), 1536; *Japan Auto Parts Industries Association*: Global Plan to Promote International Coordination (29 June 1995), in: ILM 34 (1995), 1537 f.

247 Siehe den Notenwechsel *MITI Minister*: Letter to Japan Automobile Dealers Association (JADA) (22 Aug. 1995), in: ILM 34 (1995), 1518; *MITI Director of Automobile*

der eigentlichen FTA-Protokollvereinbarung um Kraftfahrzeuge und Ersatzteile vom 23. August 1995[248] willigte die Regierung Japans unter anderem ein, die Zulassungsbedingungen für Werkstätten zu lockern; die Erklärung der japanischen Automobilindustrie zum verstärkten Import ausländischer Kraftfahrzeuge und Ersatzteile wohlwollend zu unterstützen und ihren Antrag zurückzunehmen.[249] Die Regierung der Vereinigten Staaten verpflichtete sich ihrerseits, das Section 301-Verfahren einzustellen,[250] und sie legte Schätzungen und Erwartungen für eine Zunahme von Vertriebsstätten für Kraftfahrzeuge ausländischer Bauart fest. Minister *Hashimoto* dementierte jedoch umgehend solche Schätzungen und Erwartungen.[251]

Beide Parteien erklärten diesen Kompromiss zum Meilenstein.[252] Bei näherer Betrachtung jedoch gingen die Zugeständnisse kaum über die ursprünglich vom MITI formulierten Positionen hinaus. Die Erklärungen, Vereinbarungen und Selbstverpflichtungen enthielten lediglich nebeneinanderstehende,

---

Division: Letter to US Director of the Office of Automotive Affairs *Henry P. Misisco* (22 Aug. 1995), in: ILM 34 (1995), 1519.

248 Siehe den Notenwechsel *Ambassador of Japan to the United States*: Letter to US Trade Representative *Michael Kantor* and US Secretary of Commerce *Ronald H. Brown* (23 Aug. 1995); *US Trade Representative/US Secretary of Commerce*: Letter to Ambassador *Takakazu Kuriyama* (23 Aug. 1995), in: ILM 34 (1995), 1492 ff.

249 Siehe der Vertreter Japans in *Council for Trade in Goods*: Minutes of the Meeting held on 3 July 1995, WTO Doc. G/C/M/4, circul. 28 July 1995, Ziff. 7; *General Council*: Minutes of the Meeting held on 11 July 1995, WTO Doc. WT/GC/M/5, circul. 17 Aug. 1995, Ziff. 8; *Dispute Settlement Body*: Minutes of the Meeting held on 19 July 1995, WTO Doc. WT/DSB/M/6, circul. 28 Aug. 1995, Ziff. 5.

250 *US Trade Representative*: Termination of Investigation: Barriers to Access to the Auto Parts Replacement Market in Japan, 60 FR 35253 (6 July 1995).

251 Übereinst. *Durling* (Anm. 7), 45; *Matsushita, Mitsuo*: Restrictive Business Practices and the WTO/GATT Dispute Settlement Process, in: Petersmann, Ernst-Ulrich (ed.): International Trade Law and the GATT/WTO Dispute Settlement System, The Hague/London/Boston: Kluwer Law Int'l 1997, 357–373 (365); zum Vereinbarungspaket ausf. *Nanto, Dick K./Bass, Gwenell L.*: The 1995 Japan-U.S. Auto and Parts Trade Dispute: Terms of the Settlement and Implications, CRS Rep. 95-876E (9 Aug. 1995), 1 ff.; *Southwick, James T.*: Japan-United States: Automotive Agreement and Supporting Documents: Introductory Note, ILM 34 (1995), 1482–1489 (1484 ff.); *Baroncini* (Anm. 38), 224 ff.

252 So etwa *Southwick* (Anm. 251), 1489.

inhaltlich unvereinbare Aussagen, die keine wirkliche Übereinstimmung erkennen ließen.[253]

Über die unmittelbaren Folgen für die Automobilindustrie beider Parteien hinaus hat dieser Handelsstreit die Strukturelemente und deren Funktionen, somit die „Spielregeln“ künftiger Verhandlungen Japans mit den Vereinigten Staaten, grundlegend neu definiert.[254] So hat die Regierung Japans ihre Bereitschaft gezeigt, und dies war letztlich wohl der Auslöser der Wende, handelspolitische mit breiter angelegten außenpolitischen Interessen zu verbinden. Durch den zunehmenden Widerstand gegen „strategische Handelspolitik“ wurde die konfrontative Motivation des MITI in der staatlichen Willensbildung nicht mehr zwingend der kooperativen Einstellung anderer Regierungsstellen untergeordnet, wodurch dem USTR ein wichtiger Hebel für Drohungen und Versprechen entfiel. Weiter wurde im Zusammenhang mit Forderungen nach Marktzugang und Wettbewerbsregulierung die JFTC erstmals als zuständiges staatliches Organ ins Gespräch gebracht.[255] Ferner musste die resultierende Machtverschiebung zugunsten des DSU und zu Lasten des „offensiv“ ausgelegten Section 301-Verfahrens auch die Quantifizierung zwischenstaatlicher Belange sowie der Positionen des beklagten Staates beim Definieren staatlicher Interessen aufwerten.

Vor allem aber wurde die WTO als Forum und das DSU als Subforum erstmals auch in Verbindung mit Forderungen nach Marktzugang und Wettbewerbsregulierung zum entscheidenden Machtfaktor. Denn die Tatsache, dass das Vereinbarungspaket vom 28. Juni bis 23. August 1995 im Wesentlichen die Positionen des MITI reflektierte, lässt darauf schließen, dass es inhaltlich weniger durch die einseitige Drohungen des USTR mit erheblichen Strafzöllen zustande gekommen war, als durch die gerügte Verletzung von Artikel I und II GATT 1994 sowie Artikel 23 DSU im Antrag auf Konsultationen. Hätte der USTR seine Positionen nicht aufgegeben, wäre eine Niederlage im gerichtlichen

253 So etwa *Nanto/Bass* (Anm. 251), 3 f.; *Abels* (Anm. 9), 482 f.; *Matsushita* (Anm. 251), 365 f.; *Suzuki* (Anm. 3), 4; *Durling* (Anm. 5), 46 f.; *Iida* (Anm. 6), 91 f.; zur dieser Vertragstechnik *Lacharrière* (Anm. 110), 91 f.

254 So etwa *Nanto/Cooper/Bass* (Anm. 8), 27 ff.; *Ahearn* (Anm. 212), 5 f.; 15 ff.; *Suzuki* (Anm. 3), 4; *Durling* (Anm. 5), 29; 47; *Devereaux/Lawrence/Watkins* (Anm. 7), 160 f.; *Iida* (Anm. 6), 92.

255 Teil A Anhang II zum Notenwechsel *Ambassador of Japan to the United States:* Letter to USTR *Michael Kantor* and Secretary of Commerce *Ronald H. Brown* (23 Aug. 1995); *US Trade Representative/US Secretary of Commerce:* Letter to Ambassador *Takakazu Kuriyama* (23 Aug. 1995), in: ILM 34 (1995), 1492 ff.

Verfahren vor einem Panel, das aufgrund des „Rechtsanspruchs auf ein Panel" einseitig eingesetzt werden kann,[256] höchst wahrscheinlich gewesen.[257] Somit wurden Drohpotenzial und Hebelwirkung von Strafzöllen aufgelöst und glaubwürdig durch das bis *dato* nur international erhoffte[258] und im DSU nur abstrakt verbriefte Machtpotenzial des Antrags als *best alternative to negotiated agreement* (BATNA) sowie durch geltende Fristen,[259] den „Rechtsanspruch auf ein Panel",[260] die quasi automatischen Annahme von Panel-Berichten[261] und die Verfügbarkeit multilateral genehmigter Aussetzungen von Zugeständnissen ersetzt.[262] Zugleich wurden „Selbsthilfe", „Ausweichen" und „Unilateralismus" die Grundlage entzogen, denn weder waren einseitig verhängte Gegenmaßnahmen zur Durchsetzung des multilateralen Handelssystems notwendig, noch waren sie mit dem Vorrang multilateraler Streitbeilegung[263] vereinbar.[264] Selbst in der Wettbewerbsregulierung, für die Section 301 Buchstaben (a) beziehungsweise (b) US Trade Act[265] mitunter eine Zuständigkeit des USTR begründen, die jedoch nicht direkt im Geltungsbereich des DSU[266] liegen, konnte der USTR keine einseitigen Gegenmaßnahmen mehr beschließen, ohne durch deren

---

256 Art. 4 Ziff. 7 DSU i.V.m. Art. 6 Ziff. 1 DSU.

257 So etwa *Bhagwati* (Anm. 228), 265 ff.; *Nanto/Cooper/Bass* (Anm. 8), 27 ff.; *Durling* (Anm. 5), 46.

258 Zur Diskussion in der Uruguay-Runde, oben S. 219 ff. m.w.N.

259 Art. 4 Ziff. 3 DSU; Art. 6 Ziff. 1 DSU; Art. 7 Ziff. 1 DSU; Art. 8 Ziff. 5 DSU und Art. 12 Ziff. 5 DSU sowie Anhang 3 DSU.

260 Art. 4 Ziff. 7 DSU i.V.m. Art. 6 Ziff. 1 DSU.

261 Art. 16 Ziff. 4 DSU.

262 Art. 22 Ziff. 2 DSU.

263 Art. 23 DSU.

264 Siehe die Vertreter der EG, der Schweiz, Brasiliens, Indonesiens und Kanadas zum Handelsstreit in *Dispute Settlement Body*: Minutes of the Meeting held on 31 May 1995, WTO Doc. WT/DSB/M/5, circul. 4 July 1995, Ziff. 2; insofern zust. *Abels* (Anm. 9), 491 ff.; 522 ff.; *Dillon* (Anm. 143), 400; *Schede, Christian*: The Strengthening of the Multilateral System: Article 23 of the WTO Dispute Settlement Understanding: Dismantling Unilateral Retaliation under Section 301 of the 1974 Trade Act? World Competition 20 (1996), 109–138 (128); *Pons* (Anm. 201), 62; 86.

265 19 USC §2411(a)-(b)(1994).

266 Art. 1 Ziff. 1 DSU i.V.m. Anhang 1 DSU; aus Art. XVI Ziff. 1 WTO-Abkommen sind die jeweiligen Vertragsbestimmungen mit dem *acquis* aus Entscheidungen, Verfahren und der Staatenpraxis der VERTRAGSPARTEIEN des GATT 1947, aus Art. 3 Ziff. 1 DSU die Grundsätze und Verwaltung von Streitigkeiten gem. Art. XXII und XXIII GATT 1947 aufzufassen, sofern sie nicht durch die Übereink. von Marrakesch geändert wurden; hierzu *Palmeter, David/Mavroidis, Petros C.*: Dispute

handelshemmende Wirkung in diesen Geltungsbereich gezogen zu werden. Umgekehrt konnte das MITI und jede andere Gegenpartei eine Drohung des USTR mit „offensiver" Verwendung des Section 301-Verfahrens (beziehungsweise ein Versprechen seiner Einstellung) mit dem Hinweis auf Artikel 4 DSU oder auf „Kraftfahrzeuge und Ersatzteile"[267] glaubwürdig entkräften.

Insofern sanierte diese Präzedenz die Handelsbeziehungen mit den Vereinigten Staaten. Sie erfüllte auch die Hoffnungen der meisten Vertragsstaaten in der Uruguay-Runde und bestätigte die Wandlung des multilateralen Handelssystems in eine beschränkt effektive Systemverfassung.[268]

III. Machtverhältnisse

Im ähnlich gelagerten Handelsstreit *Kodak-Fujifilm* konnten die neuen „Spielregeln" allein schon wegen der zeitlichen Nähe des Vereinbarungspakets vom 23. August 1995 und des Eröffnungsbescheids[269] nicht ignoriert werden.[270] Von Tokio und Genf aus betrachtet musste der USTR die Präzedenz erkannt und ergebnisorientierte Verhandlung unter „offensiver" Verwendung des Section 301-Verfahrens, mit „quantitativen Indikatoren" versehene Grauzonenabkommen, überhaupt das Konzept „strategischer Handelspolitik" überdacht haben. Als Makler musste er folglich die veränderten Handlungs- und Ermessensspielräume in die staatliche Willensbildung integriert haben sowie künftige Positionen der Vereinigten Staaten an diese neuen Vorgaben ausrichten.

Allerdings waren dadurch, dass im Handelsstreit um Kraftfahrzeuge und Ersatzteile ein gerichtliches Panel-Verfahren vermieden worden war, die

---

Settlement in the World Trade Organization: Practice and Procedure, The Hague/London/Boston: Kluwer Law Int'l 1999, 37 ff.; *Marceau* (Anm. 202), 109 ff.

267 So fortan die Bezeichnung des Handelsstreits *US – Autos*; verbreitet auch als „auto dispute".

268 So etwa *Jackson, John H.*: Reflections on Problems of International Economic Relations, in: Young, Michael K./Iwasawa, Yuji (eds.): Trilateral Perspectives on International Legal Issues: Relevance of Domestic Law and Policy, Irvington: Transnational 1996, 263–281 (271 ff.); zum Begriff der Systemverfassung *Reisman, W. Michael*: Unilateral Action and the Transformations of the World Constitutive Process: The Special Problem of Humanitarian Intervention, EJIL 11 (2000), 3–18 (8 f.).

269 *US Trade Representative*: Initiation of Investigation Pursuant to Section 302 Concerning Barriers to Access to the Japanese Market for Consumer Photographic Film and Paper, Request for Public Comment, 60 FR 35447 (7 July 1995).

270 So etwa *Durling* (Anm. 5), 47; 54.

Strukturelemente lediglich abstrakt berührt worden, so dass von Washington aus betrachtet womöglich die Wahrnehmung fehlte, dass diesem Handelsstreit eindeutige Präzedenz zukomme. Ohne eine veränderte Wahrnehmung jedoch fehlte ein verbindendes Strukturelement, damit der USTR sein Verhalten an den neuen „Spielregeln" ausrichten, und sich in *Kodak-Fujifilm* die in Tokio und Genf erkannte Machtverschiebung auch tatsächlich auswirken konnte.[271] Die Medien- und Lobbyarbeit von *Kodak* suchte zu verhindern, dass die Zuversicht in „strategische Handelspolitik", „Selbsthilfe", „Ausweichen" und „Unilateralismus" in der staatlichen Willensbildung revidiert würde. *Kodak* nutzte die ständige Sorge des US Congress um die Beschneidung seiner „Souveränität", die Erklärungsnot der *Clinton*-Administration um die Vereinbarkeit einer „offensiven" Verwendung des Section 301-Verfahrens mit den Übereinkommen von Marrakesch[272] und präsentierte seine Beschwerde als Gelegenheit, „strategische Handelspolitik" endgültig zu verankern.[273] Aufgrund der verfassungsrechtlichen Vorgaben, der politischen Kultur und der Struktur des Section 301-Verfahrens vermochte *Kodak* die staatliche Willensbildung in selbstbezogene und souveränistische Richtung zu verzerren.[274] *Fujifilm*, das kaum als ansässiges Unternehmen wahrgenommen wurde, oder das USDOJ, dessen Bedenken nicht in die Stoßrichtung „strategischer Handelspolitik" wiesen, konnten dies nur bedingt ausgleichen.[275] Der USTR, das ACTPN, die USITC oder der US Congress sahen sich folglich veranlasst zu hinterfragen, ob die Verweisung des MITI auf die JFTC und die konfrontative Motivation der Regierung Japans im Handelsstreit um Kraftfahrzeuge und Ersatzteile etwa wegen der involvierten Interessen der Automobilindustrie oder wegen der Höhe der verhängten Strafzölle einzelfallbedingt war oder einem grundsätzlich neuen Konsens in der Regierung Japans entsprach.

271 Die Wahrnehmung der Entscheidungsträger als Faktor hervorhebend, *Lacharrière* (Anm. 110), 212.

272 Die Vereinbarkeit des Verfahrens mit den Übereink. von Marrakesch fordernd, *Bello/Holmer* (Anm. 141), 1300 ff.; *Lukas* (Anm. 40), 202 f.; *Schaefer* (Anm. 147), 156 f.; bei Ausfall von genehmigten Gegenmaßnahmen ein „Ausweichen" befürw. *Ligustro, Aldo*: Le controversie tra Stati nel diritto del commercio internazionale: dal GATT all'OMC, Padova: CEDAM 1996, 1066; *Hahn* (Anm. 207), 279 f.

273 So übereinst. *Nanto/Bass* (Anm. 251), 5 f.; *Devereaux/Lawrence/Watkins* (Anm. 7), 143 ff.

274 So etwa *Durling* (Anm. 5), 117 ff.; 140 ff.

275 Ebendort, 127 ff.

Daher zielte das Schreiben des stellvertretenden USTR *Shapiro* neben der förmlichen Notifikation von Positionen über die Zuständigkeit des MITI in der Sache auch darauf ab, verbindliche Positionen des MITI hinsichtlich der, in Fortführung unveränderter „Spielregeln" und herkömmlicher „strategischer Handelspolitik" vorgeschlagenen Betrachtung der Sache als Problem bilateraler Handelsbeziehungen zu sondieren:[276] „Darüber hinaus hätten jüngste bilaterale Handelsabkommen über Autos, Glas und öffentliches Beschaffungswesen wettbewerbspolitische Inhalte aufgewiesen, was die Teilnahme des MITI an den Verhandlungen nicht verhindert habe […]. Die ihm gegenüber im Oktober […] gemachten Aussagen deuteten darauf hin, dass Vizeminister *Sakamoto* den Zusammenhang von vorliegender und vergangener Sachen verstehe."[277] Der versöhnliche Ton überbrachte die Erwartung des stellvertretenden USTR, auf ein Übereinkommen hinzuarbeiten, und wies die für die Konsultation typische kooperative Motivation auf.

In dieser Hinsicht sollte die Antwort von MITI-Vizeminister *Yoshihiro Sakamoto* die Wahrnehmung des USTR zurechtrücken.[278] Dies erfolgte durch eine schroffe Korrektur der Darstellung, ein glattes Abschlagen der Positionen des USTR über die Zuständigkeit von JFTC und MITI und die Messung des Section 301-Verfahrens am Maßstab des Völkerrechts: Das MITI „teile keine dieser Behauptungen. […] Erstens habe die JFTC keine unlauteren Geschäftspraktiken geduldet; zweitens beruhe die Unterstellung vergangener Handlungen und Politiken des MITI wie im Oktober erläutert auf Tatsachenverzerrungen. […] Nach Kenntnis des MITI habe die JFTC bislang keinerlei ‚Feststellung' zu den von *Kodak* geäußerten Vorwürfen getroffen. Denn *Kodak* habe keinerlei Schritte eingeleitet, die Beschwerdeführern in der japanischen Rechtsordnung offen stünden, sondern stattdessen ein Verfahren aufgrund Section 301 US Trade Act eingeleitet, einem mit internationalen Regeln unvereinbaren Verfahren. […] Unberührt sei im Übrigen die Position des MITI, nicht auf Überlegungen oder Verhandlungen einzugehen, die im Rahmen von Section 301 US Trade Act aufgeworfen würden, da dieses Verfahren und die Androhung einseitiger Maßnahmen mit internationalen Regeln unvereinbar sei. Er[, Vizeminister *Sakamoto*,] wundere sich, weshalb der stellvertretende USTR *Shapiro* auf solche Konsultationen oder Verhandlungen bestehe, obwohl das MITI seine

276 Ebendort, 237.

277 *Shapiro, Ira S.*: Letter to MITI Vice-Minister *Yoshihiro Sakamoto* (21 Dec. 1995), in: Shapiro Letter in Kodak Case, Inside U.S. Trade (12 Jan. 1996), No. 3735.

278 So etwa *Ahearn* (Anm. 212), 32 ff.; *Durling* (Anm. 5), 161 f.

Position mehrmals dargelegt habe. Daher müsse [er] den Vorschlag ablehnen, ein Treffen der jeweiligen Experten für diesen Monat anzuberaumen. Vielmehr möchte er dem USTR vorschlagen, *Kodak* nahezulegen, die JFTC mit seiner Beschwerde zu befassen."[279] Der scharfe Tonfall der Neujahrswünsche im Schlusssatz beseitigte jeden Zweifel an der konfrontativen Motivation.

Das Schreiben gab die Positionen der Regierung Japans in der Sache *Kodak-Fujifilm* bekannt und vollzog, vorbehaltlich eines weiteren Koordinationsbedarfs des USTR, der im Feststellungsbeschluss des USTR[280] bestätigt wurde, den Übergang von Konsultation zur eigentlichen Verhandlung. Zugleich formulierte es einen Gegensatz von Interessen und verlieh, vorbehaltlich des gleichen Koordinationsbedarfs, den bestehenden Nuancen und Spannungen eine objektiv definierbare Streitqualität im Sinne der älteren völkerrechtlichen Dogmatik.[281] Weil die objektiv definierbare Streitqualität jedoch gegebenenfalls eine Zulässigkeitsvoraussetzung von Gerichten gewesen wäre und im nachfolgend befassten Subforum DSU eine solche Voraussetzung weder für den Zugang zum Vorverfahren noch für die Zulässigkeit zum Panel-Verfahren normiert ist, blieb das Erreichen dieser Streitqualität für den weiteren Verlauf des Handelsstreits ohne Bedeutung.

Ohne wesentliches Risiko konnten die notifizierten Positionen die neuen „Spielregeln" reflektieren, da ohne Aufnahme des Marktsegments Fotomaterial im FTA keinerlei Verhandlungspflicht bestand und eine nachträgliche Aufnahme dieses Marktsegments in das FTA gegebenenfalls von der Beendigung des laufenden Section 301-Verfahrens abhängig zu machen war. Außerhalb des Section 301-Verfahrens aber war dem USTR das „Brecheisen" aus der Hand genommen, mit dem er nach unveränderten „Spielregeln" zur Vereinbarung

279 *Sakamoto, Yoshihiro*: Letter to Deputy USTR *Ira S. Shapiro* (5 Jan. 1996), in: Sakamoto Letter on Kodak Case, Inside U.S. Trade (12 Jan. 1996), No. 3736.

280 *US Trade Representative*: Section 304 Determinations: Barriers to Access to the Japanese Market for Consumer Photographic Film and Paper, Notice of Determinations, 61 FR 30929 (18 June 1996).

281 Grundl. *Morgenthau, Hans*: Die internationale Rechtspflege, ihr Wesen und ihre Grenzen, Diss. Frankfurt/Main, Leipzig: Noste 1929, 73 ff. insbes. 129 f.; ihm folgend *Bourquin, Maurice*: Dans quelle mesure le recours à des négociations est-il nécessaire avant qu'un différend puisse être soumis à la juridiction internationale? in: Accioly, Hildebrand (Dir.): Hommage d'une génération de juristes au Président Basdevant, Paris: Pédone 1960, 43–55 (52); *Berber, Friedrich*: Lehrbuch des Völkerrechts, Bd. III: Streiterledigung, Kriegsverhütung, Integration, München: Beck, 2. Aufl. 1977, 29.

von Grauzonenabkommen zwang. Im Übrigen signalisierte, ohne eine offene Drohung auszusprechen, der Hinweis auf das „mit internationalen Regeln unvereinbare Verfahren", dass die Regierung Japans die Verwendung von Gegenmaßnahmen wie im Handelsstreit um Kraftfahrzeuge und Ersatzteile durch einen Antrag auf Konsultationen gemäß Artikel 4 DSU beantworten würde.[282] Ohne Gegenmaßnahmen jedoch konnte das MITI seine Positionen aufrechterhalten, die von *Kodak* erhobenen Vorwürfe seien unbegründet, und alle weitergehenden Ansprüche an die JFTC verweisen. Folglich erkannte das MITI zwar an, dass „Wettbewerbsfragen in bilateralen Handelsgesprächen mit Beteiligung des MITI thematisiert worden seien, [doch] habe es bislang keinen einzigen Fall gegeben, der in der Hauptsache eine behauptete Verletzung des [Dokusen Kinshi Hô] betroffen habe. Die vorliegende Sache unterliege nicht der Zuständigkeit des MITI. [Seines Erachtens] unterliege die Feststellung zu Sachverhalten des japanischen [Dokusen Kinshi Hô] auch nicht der Zuständigkeit des USTR."[283]

Kodak-Fujifilm konnte somit eine Gelegenheit darstellen, den Widerstand gegen „strategische Handelspolitik" konsequent durchzuspielen und den neuen „Spielregeln" die notwendige Glaubwürdigkeit zu verleihen.[284] Die zum

---

282 Aus der Annahme eines Panel-Berichts zur Verletzungshaftung entsteht keine rechtl. *stare decisis*, jedoch eine *de facto* Präzedenz für künftige Sachverhalte, grundl. *EEC – Dessert Apples (Chile)*, Report of the Panel, GATT Doc. L/6491, circul. 18 April 1989, adopt. 22 June 1989, Ziff. 12.1; 12.10 ff., in: BISD 36S/93 (1989), 123 f.; 127 ff.; so etwa der Vertreter der EG zu *Japan – Agricultural Products I* in *Council*: Minutes of the Meeting held on 2 Feb. 1988, GATT Doc. C/M/217, circul. 8 March 1988, Ziff. 10; hingegen der Vertreter Koreas zu *Korea – Restrictions on Import of Beef* in *Council*: Minutes of the Meeting held on 11 Oct. 1989, GATT Doc. C/M/236, circul. 6 Nov. 1989, Ziff. 5; hierzu *GATT Secretariat* (Anm. 200), 702 ff.; durch frühere Panel-Berichte geschaffene rechtmäßige Erwartungen sind Teil des GATT 1947 *acquis* und wo relevant zu berücksichtigen, sind jedoch rechtl. nicht bindend und bilden auch keine „spätere Übung" i.S.v. Art. 31 Ziff. 3 WVK, *Japan – Alcoholic Beverages II*, Report of the Appellate Body, WTO Doc. WT/DS8/AB/R, WT/DS10/AB/R and WT/DS11/AB/R, circul. 4 Oct. 1996, adopt. 1 Nov. 1996, Ziff. 13 f.; zust. *Jackson* (Anm. 41), 126; krit. *Petersmann* (Anm. 190), 39; allerdings unterstützt die Befolgung der etablierten RSpr. durch Panels die erforderliche zügige Beilegung, *US – Stainless Steel (Mexico)*, Report of the Appellate Body, WTO Doc. WT/DS344/AB/R, circul. 30 April 2008, adopt. 20 May 2008, Ziff. 161.

283 *Sakamoto, Yoshihiro*: Letter to Deputy USTR *Ira S. Shapiro* (5 Jan. 1996), in: Sakamoto Letter on Kodak Case, Inside U.S. Trade (12 Jan. 1996), No. 3736.

284 So etwa *Devereaux/Lawrence/Watkins* (Anm. 7), 161.

besseren Verständnis der Zielgruppe in englischer Sprache gehaltene Grundsatzrede von Vizeminister *Sakamoto* vor dem Foreign Correspondents' Club of Japan sollte diese Glaubwürdigkeit durch Bindung an Prinzip und Unumkehrbarkeit bekräftigen.[285] Die womöglich durch das MITI angeregte Initiative der JFTC zur Untersuchung der Wettbewerbsstruktur im Markt für Fotomaterial stieß in die gleiche Richtung.

Die Einpreisung dieser zwischenstaatlichen Belange in die Kosten-Nutzen-Analyse hätte, wie schon früher in der staatlichen Willensbildung, und selbst wenn die Positionen von *Kodak* als staatliche Interessen der Vereinigten Staaten anerkannt worden wären, aufgrund Section 301 Buchstabe (a) Ziffer (2)(B) (iv) US Trade Act[286] wegen „unverhältnismäßig negativer Auswirkungen auf die Wirtschaft der Vereinigten Staaten" zum Ablehnungsbeschluss führen können. Stattdessen setzte sich *Kodak* in der staatlichen Willensbildung durch, so dass der Feststellungsbeschluss des USTR[287] Positionen bekanntgab, die im Wesentlichen dessen Thesen indossierten. Indes lässt sich das eigentliche Ergebnis der staatlichen Willensbildung, die unterliegenden staatlichen Interessen, nur indirekt aus dem Text erschließen. Die geäußerten Positionen unterscheiden sich kaum vom Eröffnungsbescheid[288] und bleiben im offenen Widerspruch zu den erklärten Positionen der Regierung Japans.

E. Begründen prozessualer Zuständigkeiten

Dieser Widerspruch der Positionen besiegelt den Übergang von der Konsultation zur eigentlichen Verhandlung und bestätigt der Regierung der Vereinigten Staaten, was seit dem Schreiben von Vizeminister *Sakamoto*[289] in Frage steht: Dass sie zur Durchsetzung ihrer Positionen ihren Koordinationsbedarf konfrontativer einfordern sollte.

---

285 Übereinst. *Suzuki* (Anm. 234), 4; 11; ausf. *Durling* (Anm. 236), 245 ff.

286 19 USC §2411(a)(2)(B)(1994).

287 *US Trade Representative*: Section 304 Determinations: Barriers to Access to the Japanese Market for Consumer Photographic Film and Paper, Notice of Determinations, 61 FR 30929 (18 June 1996), Teil I.

288 *US Trade Representative*: Initiation of Investigation Pursuant to Section 302 Concerning Barriers to Access to the Japanese Market for Consumer Photographic Film and Paper, Request for Public Comment, 60 FR 35447 (7 July 1995).

289 *Sakamoto, Yoshihiro*: Letter to Deputy USTR *Ira S. Shapiro* (5 Jan. 1996), in: Sakamoto Letter on Kodak Case, Inside U.S. Trade (12 Jan. 1996), No. 3736.

I. Bestimmen des Forums

Die geklärten Machtverhältnisse und der nunmehr eindeutige Konsens der Regierung Japans um die neuen „Spielregeln“ engten den Handlungs- und Ermessensspielraum des USTR erheblich ein. Zwar mochte er im Rahmen des Section 301-Verfahrens weiterhin Positionen aus „strategischer Handelspolitik“ behaupten. Doch erlaubten ihm die neuen „Spielregeln“ der Handelsbeziehungen nicht, hieraus etwa über Drohung oder Versprechen Handlungsfolgen für die Regierung Japans durchzusetzen, ohne den Vorrang multilateraler Streitbeilegung[290] zu verletzen. Wollte der USTR seine Positionen dennoch weiterverfolgen, musste er strategisch einen BATNA bestimmen.[291]

1. *Abstrakte Kriterien*

In strategischer Vorausschau ist der Einfluss des Forums zu berücksichtigen. Die staatliche Partei, die weiteren Koordinationsbedarf verspürt, vergleicht analog der Befassung staatlicher Organe durch private Mandanten ihre Interessen sowie Positionen mit den Voraussetzungen denkbarer Foren auf zwischenstaatlicher Ebene.[292] Bei grundsätzlicher Gleichstellung solcher Foren sowie unter Beachtung des Gebots friedlicher Streitbeilegung[293] ist der Einzelfall eine Frage der Rechtspolitik der ersuchenden Partei.[294] Ohne auf Interessen,

290 Art. 23 DSU.

291 *Vagts, Detlev F.*: Dispute-resolution Mechanisms in International Business, RdC 203 (1987 III), 9–94 (31) schätzt die Anzahl der privatrechtl. Handelsgerichten zugeführten auf ca. 9 % aller Situationen; *Park, Young Duk/Eggers, Barbara*: WTO Dispute Settlement 1995–99: A Statistical Analysis, JIEL 3 (2000), 193–204 (194 f.) beziffern die Anzahl der dem DSU als Handelsstreit zugeführten auf lediglich ca. 15 % aller Situationen; abhängig von der Streitqualität; der gesellschaftl., staatl. bzw. zwischenstaatl. Ebene der Verhandlung; dem abstrakten oder konkreten Geltungsbereich des DSU; dem angesetzten Zeitraum können die Ergebnisse abweichen.

292 Hierzu insbes. *Grewe, Wilhelm*: Die Arten der Behandlung internationaler Konflikte, in: Iklé, Fred C. (Hrsg.): Strategie und Taktik des diplomatischen Verhandelns, Gütersloh: Bertelsmann 1965, 11–41 (12).

293 Dies kann in den meisten Handelsstreitigkeiten vorausgesetzt werden, so dass eine Gefährdung des Weltfriedens und der internationalen Sicherheit; im Schema von *Grewe* eine Durchsetzung durch Gewalt, entfällt; hierzu oben S. 101 m.w.N.

294 So etwa *Lacharrière* (Anm. 110), 135 ff.; *Combacau/Sur* (Anm. 111), 565; *Shaw, Malcolm N.*: The International Court of Justice: A Practical Perspective, ICLQ 46 (1997), 831–865 (835 ff.).

Wahrnehmung oder Machtverhältnisse einzugehen, hat *Gerhard Hafner* hier grundlegende Kriterien identifiziert.[295]

Die Möglichkeiten der ersuchenden Partei zur weiteren Koordination ihrer Positionen hängen zunächst von der Verfügbarkeit von Foren ab, in denen diese Positionen beziehungsweise Interessen thematisiert werden können.[296] Da eine Zuständigkeit von Dritten gegenüber Staaten deren vorherige Zustimmung voraussetzt, wird diese Verfügbarkeit in erster Linie durch die Vernetzung der Parteien im zwischenstaatlichen Umfeld bestimmt, wobei die mit der Zunahme zwischenstaatlicher Regulierung einhergehende Vermehrung von politischen, quasi politischen oder zunehmend auch rein gerichtlichen Foren sich hierbei positiv auswirkt. Beispielsweise zählen die Vereinigten Staaten, abgesehen von der Mitgliedschaft in den universellen Systemen der Vereinten Nationen (VN) und der Weltbank-Gruppe sowie zahlreichen bilateralen Übereinkommen, funktionale beziehungsweise regionale Mitgliedschaften in der Nordamerikanischen Freihandelszone (NAFTA),[297] der Organisation für Sicherheit und

295 *Hafner, Gernard*: Should One Fear the Proliferation of Mechanisms for the Peaceful Settlement of Disputes? in: Caflisch, Lucius (ed.): The Peaceful Settlement of Disputes between States: Universal and European Perspectives, The Hague/London/Boston: Kluwer Law Int'l 1998, 25–41 (29 ff.); weitere Kriterien bei *Darwin, Henry G.*: General Introduction, in: Waldock, Sir Humphrey (ed.): International Disputes: The Legal Aspects, Report of a Study Group of the David Davies Memorial Institute of International Studies, London: Europa Publ. 1972, 3–76 (62); *Rosenne, Shabtai*: The Law and Practice of the International Court 1920–1996, Vol. I: The Court and the United Nations, The Hague/London/New York: Kluwer Law Int'l, 3rd ed. 1997, 179; *Steinberger, Helmut*: Judicial Settlement of International Disputes, in: Bernhardt, Rudolf (ed.): EPIL 3 (1997), 42–54 (48 f.).

296 So etwa *Hafner* (Anm. 295), 29 f.

297 North American Free Trade Agreement between the Government of the United States of America, the Government of Canada and the Government of the United Mexican States (NAFTA), done at Washington, Ottawa and Mexico, 8, 11, 14 and 17 Dec. 1992, in: ILM 32 (1993), 289 ff.; 605 ff.; North American Agreement on Environmental Cooperation between the Government of Canada, the Government of the United Mexican States and the Government of the United States of America (NAAEC), done at Ottawa, Mexico and Washington, 8, 9, 12 and 14 Sept. 1993, in: ILM 32 (1993), 1480 ff.; North American Agreement on Labor Cooperation between the Government of the United Mexican States, the Government of the United States of America and the Governments of Canada, (NAALC), done at Mexico, Washington and Ottawa, 8, 9, 12 and 14 Sept. 1993, in: ILM 32 (1993), 1499 ff.; hierzu *Meerhaeghe, Marcel A.G. van*: International Economic Institutions, Dordrecht/London/Boston: Kluwer Academic Publ., 7th ed. 1998, 335 ff.

Zusammenarbeit in Europa (OSZE)[298] sowie der Asiatisch-Pazifischen Wirtschaftsgemeinschaft (APEC). Allein das Wissen um diese Vielfalt an verfügbaren Handlungs- und Argumentationsspielräumen reduziert, der eigentlichen Kosten-Nutzen-Analyse vorgreifend, die Schwelle zum BATNA und erhöht den Umfang der vertretenen Positionen und letztlich auch der verfolgten Interessen. Demgegenüber sind viele Staaten nur begrenzt vernetzt und arbeiten selbst in den universellen Systemen, in denen sie formelle Mitgliedschaft besitzen, faktisch nur am Rande mit, etwa weil sie keine ständige Vertretung vor Ort unterhalten. Da eine Zuständigkeit von Dritten zudem an Zugangs- beziehungsweise Zulässigkeitsvoraussetzungen geknüpft ist, hängt die Verfügbarkeit zudem von der Frage ab, ob und inwieweit der Handelsstreit diese Voraussetzungen – und hier gegebenenfalls die Voraussetzung des rechtlich relevanten Streits – im Einzelfall erfüllt. Zu berücksichtigen ist, dass die Einschaltung von Dritten zu Ungunsten schwächer dotierter Parteien bestehende Asymmetrien, passiv (als BATNA durch ihre Verfügbarkeit) beziehungsweise aktiv (durch ihre Arbeit aufgrund von Verfahrensregeln) ausgleichen kann.[299]

Nächstes Kriterium ist die Struktur der Regeln, da im weiteren Verhandlungsverlauf nur Positionen vertreten werden können, die durch die Bewertungsmaßstäbe des anvisierten Forums als schutzwürdige Inhalte und tauschbare Gegenleistungen anerkannt sind[300] oder zumindest nach dessen Verfahrensregeln als solche wahrgenommen werden. Durch die Bestimmung der zulässigen und die Abweisung von unzulässigen Regeln grenzt das Forum die Handlungs- und Ermessensspielräume ein, in denen sich Ablauf und Inhalt der Koordination von Positionen bewegen können. Insbesondere legt das Forum fest, ob und an welchem Bewertungs- beziehungsweise Haftungsmaßstab sich das Ergebnis der Verhandlung, das Übereinkommen messen lassen

---

298 Schlussakte der Konferenz über Sicherheit und Zusammenarbeit in Europa, unterzeichnet in Helsinki, 1 Aug. 1975, in: Europa-Archiv 30 (1975), D 437 ff.; Charta von Paris für ein neues Europa, gefertigt zu Paris, 21 Nov. 1990, in: Europa-Archiv 45 (1990), D 656 ff.; Europäische Sicherheitscharta, geschehen zu Istanbul, 19. Nov. 1999, in: Organisation für Sicherheit und Zusammenarbeit (Hrsg.): Dokument von Istanbul, Istanbul: OSZE 1999, 47 ff.; spez. hierzu *Prévost, Jean-François*: Observations sur la nature juridique de l'Acte final de la Conférence sur la sécurité et la coopération en Europe, AFDI 21 (1975), 129–153; *Schweisfurth, Theodor*: Zur Frage der Rechtsnatur, Verbindlichkeit und völkerrechtlichen Relevanz der KSZE-Schlussakte, ZaöRV 36 (1976), 681–726 (insbes. 686 ff.).

299 So etwa *Lacharrière* (Anm. 110), 138 ff.

300 *Hafner* (Anm. 295), 30 f.

muss. Je nach Einschätzung ihrer Positionen als haltbare Rechtsansprüche hat die ersuchende Partei zu prüfen, ob als Bewertungsmaßstab das Völkerrecht oder im Hinblick auf ein *peaceful change* nicht vielmehr ein Mandat zur Auslegung *ex aequo et bono* angestrebt werden soll.[301]

Weiteres Kriterium ist die Permanenz des Verfahrens zur Entscheidungsfindung, da dies den Zugang zum Forum erleichtert und Blockademöglichkeiten der ersuchten Partei beim Ausarbeiten eines Compromis reduziert.[302] Je nach Bewertung ihrer Positionen auf der Rechtsebene wird die ersuchende Partei eine Koordination durch Untersuchung, Vermittlung, Schlichtung beziehungsweise durch eine Mischform *ad hoc* vorziehen oder aber eine schieds- oder gerichtliche Verfahrensordnung wählen. Besonders in letzterem Falle sind der Umfang der übertragenen Kompetenzen (Kompetenz-Kompetenz; Verfügung einstweiliger Maßnahmen; Auslegung der eigenen Entscheidung) und die Einsetzung der Akteure (Fachkompetenz; Selbstverständnis im Umgang mit den Bewertungsmaßstäben; Beziehung zur Funktion des Forums) zu klären.[303]

Schließlich ist der BATNA an der Effektivität des Ergebnisses zu messen.[304] Bei Einschätzung ihrer Positionen als belastbare Rechtsansprüche sollte eine ersuchende Partei möglichst Foren bevorzugen, die mit rechtsverbindlicher Urteilskraft versehene Ergebnisse ermöglichen, da solche Foren Rechtsansprüche tendenziell bestätigen und somit weniger Zugeständnisse erfordern als Koordinationsverfahren.[305] Darüber hinaus sollte das Ergebnis faktisch geeignet sein, die hinter den Positionen stehenden Interessen der ersuchenden Partei und die ihres privaten beziehungsweise gesellschaftlichen Mandanten zu befriedigen. Jenseits aller Zwangsvollstreckung rechtsverbindlicher Urteile

---

301 So etwa *Lacharrière* (Anm. 110), 138 ff.; *Steinberger* (Anm. 295), 52 sieht ein Gericht zur *amiable composition* selbst ohne spez. Mandat befugt; hingegen *Delbez, Louis*: Les principes généraux du contentieux international, Paris: LGDJ 1962, 102 f.; zur Bewertung *ex aequo et bono*, *Merrills, John G.*: International Dispute Settlement, Cambridge/New York/Melbourne: Cambridge Univ. Pr., 3rd ed. 1998, 99 ff.; 149 ff.; weitere Bewertungsmaßstäbe bei *Oppetit, Bruno*: Théorie de l'arbitrage, Paris: PUF 1998, 87 ff.

302 *Hafner* (Anm. 295), 42.

303 So etwa *Lacharrière* (Anm. 110), 138 ff. und krit. 162 ff.

304 *Hafner* (Anm. 295), 31; mögliche Hindernisse bei *Charney, Jonathan I.*: Disputes Implicating the Institutional Credibility of the Court: Problems of Non-appearance, Non-participation, and Non-performance, in: Damrosch, Lori F. (ed.): The International Court of Justice at a Crossroads, Dobbs Ferry: Transnational Publ. 1987, 288–319 (291 ff.).

305 So etwa *Lacharrière* (Anm. 110), 138 ff.

gegen umsetzungsrenitente, jedoch souveräne Staaten kann es die Vollstreckung des Ergebnisses begünstigen, auch die Interessen der ersuchten Partei zu berücksichtigen. In dieser Hinsicht bringt ein Urteil keinen zwingenden Vorteil gegenüber einer rechtsunverbindlichen Empfehlung.[306]

Neben der Definition von staatlichen Interessen stellt die Bewertung solcher Positionen hinsichtlich der genannten Kriterien und die Kosten-Nutzen-Analyse der verbundenen Risiken die dritte, rechtstechnisch wohl anspruchsvollste Komponente der staatlichen Willensbildung im Vorbereitungsabschnitt einer Verhandlung dar.[307] Denn obgleich die ersuchende Partei erhofft, ein Forum zu bestimmen, dessen „Spielregeln" ihren subjektiv-parteibezogenen Willen anzuerkennen und durchzusetzen vermag, wird sie nur solche Positionen im weiteren Verhandlungsverlauf vertreten können, die in diesem Forum Zugang beziehungsweise Zulässigkeit, Legitimität und Schutz genießen. Sonstige Positionen beziehungsweise Interessen müssen spätestens jetzt aus dem Erwartungshorizont entfernt oder aber soweit möglich strategisch an die „Spielregeln" des anvisierten Forums angeglichen werden. Fallen die Ergebnisse der Prüfung negativ aus, wird die ersuchende Partei versuchen, in der Nebenverhandlung Zugeständnisse zur Gestaltung der „Spielregeln" im anvisierten Forum zu erhalten. Deshalb gestaltet sich die Nebenverhandlung oft strategischer, prozesstechnischer und konfrontativer als die inhaltliche Hauptverhandlung. Ist etwa kein Forum verfügbar, um die Positionen der ersuchenden Partei zu thematisieren, kann dies auf eine fehlende Anerkennung solcher Positionen im zwischenstaatlichen Umfeld hindeuten. Die ersuchende Partei kann sich dann bemühen, die Zuständigkeit eines *ad hoc* Forums vertraglich zu begründen, was jedoch ein erhebliches Zugeständnis der ersuchten Partei voraussetzt und nur selten ein mit rechtsverbindlicher Urteilskraft versehenes Ergebnis hervorbringen wird. Ähnlich ist die Situation, falls die Positionen nicht durch zwischenstaatliche Bewertungsmaßstäbe gedeckt sind. Hier kann die ersuchende Partei darauf hinarbeiten, ihre Positionen als Rechtsansprüche zu festigen, um den Zulässigkeitsvoraussetzungen schieds- oder gerichtlicher Foren entsprechend justiziabel zu machen. Ist schließlich keine Effektivität zu erwarten, besteht für die ersuchende Partei die Gefahr, dass die Entscheidungsfindung im Ergebnis keine Lösung des Handelsstreits hervorbringt.

Über Loyalität, Vertrautheit mit den eigenen verfassungsrechtlichen Vorgaben und der politischen Kultur sowie außenpolitische Erfahrung hinaus

---

306 So etwa *Hafner* (Anm. 295), 31.

307 Hierzu etwa *Lacharrière* (Anm. 110), 129 ff.; 135 ff.

erfordert diese Tätigkeit die Lösung spezifisch völkerrechtlicher Rechts- und Verfahrensfragen, welche die Pflege diplomatischer Beziehungen eindeutig übersteigen und mit der Proliferation zwischenstaatlicher Foren nur zugenommen haben. Hierbei trägt der staatliche Rechtsberater der ersuchenden Partei in typischer Maklerstellung zwischenstaatliche Belange in die staatliche Willensbildung hinein, indem er subjektive Wahrnehmung mäßigt, konfrontative Motivation zensiert und zwischenstaatliche Rechtstreue in die Kosten-Nutzen-Analyse einpreist. Derart nimmt er das Objektivieren des Handelsstreits vorweg, die im folgenden Verhandlungsabschnitt stattfinden wird, wenn der BATNA eingelöst wird. Er schützt ebenfalls davor, dass parteibezogen definierte Positionen sich im designierten zwischenstaatlichen Forum als undurchsetzbar erweisen, beziehungsweise eine völkerrechtliche Staatenhaftung auslösen, wie etwa durch den einseitigen Beschluss von Strafzöllen durch USTR *Kantor* im Handelsstreit um Kraftfahrzeuge und Ersatzteile geschehen. Der staatliche Rechtsberater schützt darüber hinaus langfristig staatliche Interessen im zwischenstaatlichen Umfeld, schafft eine breitere internationale Unterstützung für die eigenen Positionen[308] und fördert die langfristige Glaubwürdigkeit der Regierung im zwischenstaatlichen Umfeld. Diese Arbeit fordert dem staatlichen Rechtsberater innenpolitische Überzeugungskraft und Glaubwürdigkeit ab, um in der staatlichen Willensbildung an die Lernfähigkeit appellieren und international unvertretbare Thesen beziehungsweise identifizierte Interessen aus dem Erwartungshorizont entfernen zu können.[309]

Tendenzen zum Objektivieren des Handelsstreits wirkt freilich entgegen, wenn die staatliche Willensbildung nach den Vorgaben der Verfassung, des Gesetzgebers beziehungsweise der Judikatur ausschließlich selbstzentriert ausgerichtet sein soll, das zwischenstaatliche Umfeld in der politischen Kultur ausgeblendet wird, oder der staatliche Rechtsberater in der staatlichen Willensbildung als Bremser staatlicher Interessen oder Sprecher für die Gegenpartei isoliert wird. Im zynischen Szenario erhält er gar vorgegebene Positionen, denen er lediglich eine argumentative *habillage* verleihen soll.[310] Denn aus

---

308 So etwa *Neuhold* (Anm. 111), 339 f.; ähnlich *Lacharrière* (Anm. 110), 187 ff.; *Abbott* (Anm. 111), 521 ff.

309 So etwa *Neuhold* (Anm. 111), 339 f.; *Bothe, Michael*: Friedenssicherung und Kriegsrecht, in: Vitzthum, Wolfgang Graf (Hrsg.): Völkerrecht, Berlin/New York: de Gruyter 1997, 581–663 (604).

310 So etwa *Lacharrière* (Anm. 110), 132 ff.; 204 ff.; *Sands, Philippe*: Lawless World: America and the Making and Breaking of Global Rules, London/New York/Toronto: Penguin 2005, 153 ff.; befürw. hingegen *Dershowitz, Alan M.*: Why

seiner Maklerstellung heraus ist der staatliche Rechtsberater auf eine strategische Vertretung von Positionen im Außenverhältnis geschult, die aber konfrontative Motivation, eine Verschärfung des Handelsstreits voraussetzt, die unter Umständen im weiteren Verhandlungsverlauf das Zustandekommen eines Übereinkommens behindern kann. Sofern innenpolitischer Handlungs- und Ermessensspielraum besteht, kann er jedoch ebenso kreative Auswege entwickeln, welche die Lösung des Handelsstreits durch Verzicht auf eigene Positionen oder über die Durchsetzung des eigenen Willens zu Lasten der Gegenpartei (*win-lose*) vermeiden und vielmehr einen sekundären Willen hervorbringen, der im Streben nach beiderseitigem Gewinn (*win-win*) und unter langfristigen Gesichtspunkten die Interessen der ersuchten Partei in die Definition der eigenen Interessen zu integrieren sucht. Trotz aller rhetorischen Schärfe ist dieser Gedanke dem Vorschlag von Vizeminister *Sakamoto* zu entnehmen: „Obwohl es keinen Sinn für den USTR und das MITI mache, Gespräche über Wettbewerbspolitik zu führen, erkenne [das MITI], dass Gespräche der Wettbewerbsbehörden beider Länder zu diesem Thema durchaus fruchtbar sein könnten, um diesen und ähnliche Fälle künftig konstruktiv anzugehen."[311]

Als staatlicher Rechtsberater verfügte der USTR über etwa 200 Mitarbeiter, die im Anschluss an das Schreiben von Vizeminister *Sakamoto*[312] mehrere Monate damit verbrachten, mit *Kodak* und *Fujifilm*, dem ACTPN, der USITC und dem US Congress aus den verbleibenden Handlungs- und Ermessensspielräumen einen BATNA auszuloten.[313] Neben Medien- und Lobbyarbeit verleitet die finanzielle, personelle und fachliche Ausstattung des staatlichen Rechtsberaters dazu, die subjektiv-parteibezogene Komponente von Positionen auf Kosten der objektiv-systembezogenen Belange zwischenstaatlicher Foren zu stärken.[314] Da die Maklertätigkeit des staatlichen Rechtsberaters kaum durch Nichtregierungsorganisationen (NGOs), Rechtsberater oder Think Tanks und nur in äußerst beschränktem Maße[315] durch das WTO-Sekretariat ausgeglichen werden kann, wirken Asymmetrien in der Ressourcenverteilung streitfördernd,

---

Terrorism Works: Understanding the Threat, Responding to the Challenge, New Haven: Yale Univ. Pr. 2002, 131 ff.

311 *Sakamoto, Yoshihiro*: Letter to Deputy USTR *Ira S. Shapiro* (5 Jan. 1996), in: Sakamoto Letter on Kodak Case, Inside U.S. Trade (12 Jan. 1996), No. 3736.

312 Ebendort.

313 So etwa *Iida* (Anm. 6), 104 ff.; ausf. *Durling* (Anm. 5), 253 ff.; 266 ff.; 286 ff.; 301 ff.; 320 ff.; 336 ff.

314 Zur Situation in der EG, *Kuijper* (Anm. 20), 60 f.

315 Art. 27 Ziff. 2 und 3 DSU.

ja ermutigend für private beziehungsweise gesellschaftliche Mandanten wohl dotierter Staaten, ihre Interessen in der staatlichen Willensbildung konfrontativ zu vertreten.[316] Zudem verwässern solche Asymmetrien Unterschiede von vertragstreuer *bona fide* und taktischer *mala fide*. Denn bei entsprechend konfrontativer Motivation ist die Bewertung des BATNA nicht auf die kooperative Nutzung des Forums, in *Kodak-Fujifilm* etwa im Sinne einer Einforderung von Grundsätzen des Freihandels in der WTO ausgerichtet, sondern auf die durch finanzielle, personelle und fachliche Ressourcen erweiterte Möglichkeiten der kreativen Durchsetzung von protektionistischen Positionen. Schließlich bewirkt Ressourcenknappheit indirekte, subtilere Asymmetrien, indem allein das Wissen um fehlende Rechtsberater der ersuchten die Wahrnehmung der ersuchenden Partei erzeugen kann, dass staatliche Interessen möglicherweise unzureichend definiert, Handlungs- oder Ermessensspielräume unerforscht bleiben werden und eigene Positionen sich deshalb selbst dann durchsetzen können, wenn sie zwar nicht von vertragstreuer *bona fide* getragen sind, jedoch mit ausreichend konfrontativer Motivation vertreten werden.[317] Solche selbstzentrierte Wahrnehmung erhöht die Verhandlungsmacht bereits im vorbereitenden Verhandlungsabschnitt und kann die Gefahr bergen, die WTO zum Forum für protektionistische Handelspolitik und den organisierten Marktzugang der privaten beziehungsweise gesellschaftlichen Mandanten einiger weniger Mitglieder werden zu lassen.

2. *Strategische Verwendung*

Teil II des Feststellungsbeschlusses des USTR[318] enthält das Ergebnis dieser Prüfung in *Kodak-Fujifilm*. Dem Widerspruch zum Teil I, der ungeachtet der

316 So etwa, auf das Verfahren vor dem IGH bezogen, *Bedjaoui, Mohammed*: L'égalité des États dans le procès international, un mythe? in: (Souscr.): Le procès international: Liber amicorum Jean-Pierre Cot, Bruxelles: Bruylant 2009, 1–27 (25 ff.).

317 Dagegen ein offenes, freiheitlich orientiertes Verfassungs- und Weltbürgerrecht fordernd, *Petersmann* (Anm. 108), 558 f.; 563 f.; 581 ff.; auch ermahnt der Grundsatz von Treu und Glauben sowie die Pflicht aus Art. 26 WVK zu entspr. Vertragserfüllung dort, wo Staaten in einem qualifizierten Vertrauensverhältnis zueinander stehen, zur verstärkten Zusammenwirkung zum Erreichen der gemeinsamen Ziele, *Müller, Jörg P.*: Art. 2 Ziff. 2, in: Simma, Bruno (Hrsg.): Kommentar der Charta der Vereinten Nationen, München: Beck 1991, 50–58 (54).

318 *US Trade Representative*: Section 304 Determinations: Barriers to Access to the Japanese Market for Consumer Photographic Film and Paper, Notice of Determinations, 61 FR 30929 (18 June 1996).

Kritik keinerlei strategische Angleichung der Positionen an zwischenstaatliche Belange erkennen lässt und weitgehend die Thesen von *Kodak* als Interessen der Vereinigten Staaten übernimmt, kann entnommen werden, dass der USTR dieses Ergebnis entweder mitgetragen hat oder sich in der staatlichen Willensbildung nicht durchsetzen konnte. Jedenfalls brachte die Prüfung des BATNA ebenso kühne wie vielschichtige Pfade hervor. Daneben bestimmt Teil II die mit der Vertretung der Interessen der Vereinigten Staaten auf zwischenstaatlicher Ebene befassten staatlichen Akteure.

a. Bilateral

Aus diesem Text geht hervor, dass der USTR auf den grundsätzlich bevorzugten, mit den Möglichkeiten des Section 301-Verfahrens ausgestatteten bilateralen Pfad weitgehend verzichtete. Damit zog er mehrfache Konsequenzen aus dem Schreiben von Vizeminister *Sakamoto*.[319] Erstens nahm er stillschweigend die konfrontative Motivation des MITI wahr; zweitens erkannte er konkludent die Präzedenz des Handelsstreits um Kraftfahrzeuge und Ersatzteile und hieraus die Bereitschaft des MITI, bei Wiederholung alter „Spielregeln" das Forum WTO als BATNA geltend zu machen; drittens übernahm er die Rechtsauffassung des MITI, derzufolge der multilateralen Streitbeilegung[320] Vorrang einzuräumen sei: „(1) Aus der Feststellung, die beachtliche Beweislage gäbe Grund zur Annahme, bestimmte Liberalisierungsgegenmaßnahmen der Regierung Japans, insbesondere Vertriebsrichtlinien[321] und hiermit zusammenhängende Maßnahmen, das [Daiten Hô] und das Gesetz [gegen ungerechtfertigte] Prämien [und irreführende Darstellungen – Futô Hyôji Bôshi Hô][322] verletzten Pflichten Japans aus den Übereinkommen von Marrakesch und vernichteten oder schmälerten den Vereinigten Staaten aus diesen Übereinkommen zugesicherte Vorteile, [würden die Vereinigten Staaten umgehend] diese Maßnahmen

---

319 *Sakamoto, Yoshihiro*: Letter to Deputy USTR *Ira S. Shapiro* (5 Jan. 1996), in: Sakamoto Letter on Kodak Case, Inside U.S. Trade (12 Jan. 1996), No. 3736.

320 Art. 23 DSU.

321 Wohl *Ministry of International Trade and Industry*: Guidelines on Business Practices to Promote a Free, Transparent and Competitive Distribution System (1990).

322 Act to Prohibit Unreasonable Premiums and Misleading Representations, No. 134 (1962), as amend. Act No. 89 (1993), Kanpô.

und deren Umsetzung, wie im [US] Trade Act normiert und gemäß Artikel 23 DSU, der WTO im Streitbeilegungsverfahren zur Prüfung vorlegen."[323]

Angesichts der fortschreitenden Verfestigung internationaler Wirtschaftsregulierung und Vielfalt von Foren muss die blanke Völkerrechtsverletzung bei Inkaufnahme der Folgen auf zwischenstaatlicher Ebene als Handlungsalternative entfallen.[324] Dies könnte zur Revision bestehender Schemen anregen.[325] Wagt es nämlich eine ersuchende Partei, wie im Handelsstreit um Kraftfahrzeuge und Ersatzteile unerlaubte Gegenmaßnahmen zur Durchsetzung ihrer Positionen zu verwenden, vergibt sie nicht nur die Möglichkeit, selbst das zwischenstaatliche Forum zu bestimmen, in dem diese thematisiert werden können. Sie läuft vor allem Gefahr, mit den Rechtsfolgen ihres Verhaltens konfrontiert zu werden, und zwar an den Bewertungs- und Haftungsmaßstäben eines nunmehr von der ersuchten Partei bestimmten Forums, dessen Zugang sie erst durch ihr Verhalten ermöglicht hat. Zumindest bei Sachverhalten beziehungsweise unerlaubten Gegenmaßnahmen mit Wirtschaftsberührung ist die Wahrscheinlichkeit, dass dieses Verhalten unter die vergleichsweise strengen Bewertungs- und Haftungsmaßstäbe der Übereinkommen von Marrakesch fällt, aufgrund des weit gefassten Geltungsbereichs des DSU[326] und des Vorrangs multilateraler Streitbeilegung[327] hoch. Insofern wirkt sich das DSU nicht nur auf Verhandlungen in Handelsstreitigkeiten sanierend aus, sondern auch auf Verhandlungen in anderen Regulierungsbereichen.[328]

In vielerlei Fällen wird, etwa falls die Positionen der ersuchenden Partei begründet und auf zwischenstaatlicher Ebene potenziell durchsetzbar sind, allein dieses eindeutige Machtverhältnis die Gegenpartei zum Einlenken bewegen.[329]

---

323 *US Trade Representative*: Section 304 Determinations: Barriers to Access to the Japanese Market for Consumer Photographic Film and Paper, Notice of Determinations, 61 FR 30929 (18 June 1996).

324 So etwa *Bolton, John R.*: Should We Take Global Governance Seriously? Chicago JIL 1 (2000), 205–221 (210 ff.); begründeter *Lacharrière* (Anm. 110), 203 ff.

325 So wäre etwa die nach *Grewe* (Anm. 292), 12 mögliche Durchsetzung durch Gewalt auszuschließen, die von *Neuhold* (Anm. 111), 330 ff. entwickelte Kosten-Nutzen-Analyse weiter zu differenzieren; hierzu anregend *Abbott* (Anm. 111), 521 ff.

326 Art. 1 Ziff. 1 DSU i.V.m. Anhang 1 DSU.

327 Art. 23 DSU.

328 So etwa *Petersmann, Ernst-Ulrich*: From the Hobbesian International Law of Coexistence to Modern Integration Law: The WTO Dispute Settlement System, JIEL 1 (1998), 175–198 (179 ff.).

329 Hierzu das Schema verfügbarer Handlungsspielräume nach *Grewe* (Anm. 292), 12.

Sind solche Positionen hingegen begründet, aber es fehlt an einem potenziellen Forum, in dem sie auf zwischenstaatlicher Ebene thematisiert werden könnten; oder es besteht zwar ein solches Forum, ohne dass jedoch die Positionen den darin rechtlich geschützten Interessen entsprächen, hat die ersuchte Partei gute Gründe, dieses für sie günstigere Machtverhältnis zu nutzen. Sie kann dann auf ihre eigenen Positionen beharren oder nur einem Übereinkommen zustimmen, dass diese zumindest berücksichtigt. In letzterem Fall stellen, von einer Gefährdung des Weltfriedens abgesehen, die Einstellung oder Offenhaltung des Handelsstreits denkbare Handlungsalternativen dar.

In *Kodak-Fujifilm* wäre dies eingetreten, wenn der USTR die Untersuchung durch einen Ablehnungsbeschluss beispielsweise wegen „unverhältnismäßig negativer Auswirkungen auf die Wirtschaft der Vereinigten Staaten" aufgrund Section 301 Buchstabe (a) Ziffer (2)(B)(iv) US Trade Act[330] beendet hätte, gegebenenfalls unter Hinweis auf die Zuständigkeit der JFTC. Solches Einlenken empfahl der Vermerk von Vizeminister *Sakamoto*, „[w]egen des Schwerpunkts in dieser Sache seien keine Konsultationen oder Verhandlungen des USTR und des MITI, für die Lösung von Anwendungsfällen zum [Dokusen Kinshi Hô] unzuständige Behörden, sondern allein die Anzeige von *Kodak* bei der JFTC zur Tatsachenermittlung und entsprechenden Verfügung angemessen."[331] Denkbar wäre auch gewesen, dass *Kodak* etwa wegen steigender Verfahrenskosten seine Beschwerde zurückzöge, was wohl so entscheidend die Interessen der Vereinigten Staaten berührt hätte, dass die empirische Motivation des USTR entfallen wäre, die bisherigen Positionen weiter zu verfolgen.[332] Zumindest aus der Rückschau könnten diese streitvermeidenden Handlungsalternativen sinnvoll gewesen sein. Eine frühere Einpreisung zwischenstaatlicher Belange in die staatliche Willensbildung hätte diese Lösung mitunter angeraten.

Dieser Schritt ergibt sich im Übrigen aus der Prüfungspflicht ersuchender Parteien, ob Maßnahmen nach dem DSU „erfolgreich" (*fruitful*) wären.[333] Die

---

330 19 USC §2411(a)(2)(B)(iv)(1994).

331 *Sakamoto, Yoshihiro*: Letter to Deputy USTR *Ira S. Shapiro* (5 Jan. 1996), in: Sakamoto Letter on Kodak Case, Inside U.S. Trade (12 Jan. 1996), No. 3736.

332 So etwa *Palmeter/Mavroidis* (Anm. 266), 24 mit Hinweis auf den Vergleich der Mandanten *Akzo N.V.* und *du Pont de Nemours and Company* sowie den folglich reduzierten Streitumfang in *US – Section 337 Tariff Act*, Report of the Panel, GATT Doc. L/6439, circul. 16 Jan. 1989, adopt. 7 Nov. 1989, Ziff. 2.9 f., in: BISD 36S/345 (1989), 355 f.

333 Art. 3 Ziff. 7 DSU; hierzu *Kohona, Palitha T.*: Dispute Resolution under the World Trade Organization, JWT 28 (1994), 23–47 (29 f.).

Spruchpraxis hat diese Bestimmung dahingehend ausgelegt, dass es weitestgehend im Ermessen dieser Parteien liegen soll, potenziell alle mit Handelsregulierung im Zusammenhang stehenden Streitsituationen dem Vorverfahren des DSU zuzuführen. Solches Ermessen solle zwar nicht leichtfertig ausgeübt werden, sei vom Panel jedoch vorauszusetzen und entziehe sich jedenfalls seiner Prüfung.[334] Bedauerlicherweise wird dadurch die einzige Hürde ihres *effet utile* beraubt, die einen protektionistischen Missbrauch, unnötige zwischenstaatliche Eskalation privater Streitigkeiten, ein exzessives *forum shopping* ohne vorheriges Erschöpfen staatlicher Rechtsbehelfe vermeiden könnte. Denn eine ersuchende Partei, die im Anschluss an die Prüfung möglicher Pfade dabei ist, ausreichend konfrontative Motivation für einen Antrag auf Konsultationen im Vorverfahren des DSU zusammenzuziehen, wird sich praktisch kaum bereit finden, freiwillig auf einen solchen Antrag zu verzichten, wenn Artikel 3 Ziffer 7 DSU nicht ein Mindestmaß an objektivem Pflichtgehalt besitzt. Zwar ist die Semantik des Begriffs „erfolgreich" nicht einfach auszulegen, doch darf dies allein kein Grund zur Auflösung einer Bestimmung sein, die ausdrücklich in das DSU aufgenommen wurde. Ein objektiver Pflichtgehalt könnte etwa über einen erforderlichen Nachweis der erfolgten Prüfung für den Zugang zum Vorverfahren des DSU hergestellt werden. Zudem wäre der Zusammenhang der Vorschrift mit kooperativen Zielbestimmungen und Verhaltenspflichten des DSU zu erkennen, sich *bona fide* im Bemühen um Streitbeilegung am Verfahren zu beteiligen;[335] eine „positive Lösung" des Handelsstreits zu suchen;[336] eine „beiderseits akzeptable und mit den WTO-Teilabkommen übereinstimmende Lösung" eindeutig vorzuziehen;[337] Ansprüche der Gegenpartei wohlwollend

334 *Mexico – Corn Syrup*, Recourse to Article 21.5 of the DSU by the United States: Report of the Appellate Body, WTO Doc. WT/DS132/AB/RW, circul. 22 Oct. 2001, adopt. 21 Nov. 2001, Ziff. 71 ff.; zust. *Mengozzi* (Anm. 124), 18 f.

335 Art. 3 Ziff. 10 DSU; gerade der Grundsatz der *bona fide* sowie die Pflicht aus Art. 26 WVK zu entspr. Vertragserfüllung verbietet eine allzu formalistische Auslegung und gebietet eine solche, die sich am Sinn und Zweck von Rechtspflichten orientiert, *Müller* (Anm. 317), 52.

336 Art. 3 Ziff. 7 DSU; siehe entspr. der Vertreter Japans in *Dispute Settlement Body*: Minutes of the Meeting held on 3 Oct. 1996, WTO Doc. WT/DSB/M/23, circul. 31 Oct. 1996, Ziff. 1.

337 Art. 3 Ziff. 7 DSU und Art. 4 Ziff. 5 DSU sowie *US – Wool Shirts and Blouses*, Report of the Appellate Body, WT/DS33/AB/R and Corr.1, circul. 25 April 1997 and 27 May 1997, adopt. 23 May 1997, S. 17 ff.; *US – Continued Suspension*, Report of the Appellate Body, WTO Doc. WT/DS320/AB/R, circul. 16 Oct. 2008, adopt. 14 Nov. 2008, Ziff. 340; hierzu *Busch, Marc L./Reinhardt, Eric*: Bargaining in the Shadow

zu prüfen und ausreichend Gelegenheit zur Konsultation zu geben;[338] gegebenenfalls Problemen und Interessen von Entwicklungsländern[339] sowie der speziellen Lage von am wenigsten entwickelten Staaten (LLDCs)[340] besonders Rechnung zu tragen. Auch eine Verknüpfung mit materiellen Pflichten der WTO-Teilabkommen beziehungsweise mit völkerrechtlichen Verhaltenspflichten aus dem *pactum de negotiando*[341] oder zum vorherigen Erschöpfen staatlicher Rechtsbehelfe wäre erwägenswert. Streitvermeidend ist lediglich der Umstand, dass Haftungsansprüche aus den WTO-Teilabkommen nicht verjähren,[342] die Parteien also nicht gezwungen sind, einen Handelsstreit zu

---

of the Law: Early Settlement in GATT/WTO Disputes, Fordham ILJ 24 (2000), 158–172 (158).

338 Art. 4 Ziff. 2 DSU.

339 Art. 4 Ziff. 10 DSU.

340 Art. 24 Ziff. 1 DSU; hierzu *Kohona* (Anm. 333), 32 f.

341 Zur positiven Verhaltenspflicht, nach Treu und Glauben auf schadende Handlungen zu verzichten und auf Lösungen hinzuarbeiten, *Lac Lanoux* (Espagne c/ France), Sentence du Tribunal arbitral constitué en vertu du Compromis d'arbitrage du 19 nov. 1956, prononcée le 16 nov. 1957, Ziff. 11 ff., in: RIAA 12 (1963), 281 ff. (314 f.); *North Sea Continental Shelf* (Germany v. Denmark; Germany v. Netherlands), Judgment of 20 Feb. 1969, ICJ Rep. 1969, 3 ff. (46 ff.); *Military and Paramilitary Activities in and against Nicaragua* (Nicaragua v. United States of America), Merits, Judgment of 27 June 1986, ICJ Rep. 1986, 14 ff. (145); ebenso Teil I Ziff. 2 *UN General Assembly*: Manila Declaration on the Peaceful Settlement of International Disputes, Res. 37/10, adopt. 15 Nov. 1982, UN Doc. A/RES/37/10, circul. 15 Nov. 1982, GAOR XXXVII, Suppl. No. 51 (1982), 261 ff., in: ILM 21 (1982), 449 ff.; grunds. zust. die Lit., die hiermit keine Pflicht für ein bestimmtes Ergebnis verbindet, *Cassese, Antonio*: The Concept of « Legal Dispute » in the Jurisprudence of the International Court, in: Il processo internazionale – Studi in onore di Gaetano Morelli, Comunicazioni e studi vol. XIV, Milano: Giuffrè 1975, 173–200 (183); *Economidès, Constantin P.*: La Déclaration de Manille sur le règlement pacifique des différends internationaux, AFDI 28 (1982), 613–627 (619); *Kirgis* (Anm. 111), 11; *Verdross, Alfred/Simma, Bruno*: Universelles Völkerrecht: Theorie und Praxis, Berlin: Duncker & Humblot, 3. Aufl. 1984, 283; *Tomuschat, Christian*: Art. 33, in: Simma, Bruno/Mosler, Hermann/Ranzeldorfer, Albrecht/Tomuschat, Christian/Wolfrum, Rüdiger (Hrsg.): Kommentar der Charta der Vereinten Nationen, München: Beck 1991, 472–481 (475); *Quéneudec, Jean-Pierre*: Article 33, in: Cot, Jean-Pierre/Pellet, Alain (Dir.): La Charte des Nations Unies: Commentaire article par article, Paris: Économica, 2e éd. 1991, 565–573 (571); *Combacau/Sur* (Anm. 111), 563; *Schröder* (Anm. 141), 554 f.

342 Zur RSpr. des GATT 1947, *EEC – Import Restrictions*, Report of the Panel, GATT Doc. L/5511, circul. 1 July 1983, adopt. 12 July 1983, Ziff. 17; 28, in: BISD 30S/

riskieren, um ein Erlöschen von Rechtsansprüchen abzuwenden.[343] Dadurch bleiben solche Ansprüche jederzeit als Tauschgegenstände eines Verzichts oder Anerkenntnisses verfügbar.

Eine tatsächliche Prüfung der ersuchenden Partei, ob Maßnahmen nach dem DSU „erfolgreich“ wären, könnte im Sinne der Inanspruchnahme des Streitbeilegungsverfahrens als nicht-streitige Handlung[344] und der vorgenannten Verhaltenspflichten[345] die faktische Konkurrenz des DSU mit dem allgemeinen Rechtsweg, staatlichen und zwischenstaatlichen Foren reduzieren; Anreize zur *bona fide*, zur kooperativen Motivation und zur notwendigen Einpreisung der Handelsregulierung in die staatliche Willensbildung schaffen; Anteile konfrontativer Motivation und taktischer *mala fide* mit dem Ziel einer gerichtlichen Durchsetzung subjektiver Interessen reduzieren; die Aufrüstung staatlicher Rechtsberater und die Benachteiligung von Mitgliedern mit geringen Ressourcen im materiell aufwendigen Panel-Verfahren ausgleichen. Sie würde die WTO vor politisch belasteten, jedoch nur sekundär mit Handelsregulierung zusammenhängenden und wegen der vergleichsweise attraktiven Struktur der Regeln, Verfahren zur Entscheidungsfindung und Effektivität des

---

129 (1983), 134; 146, demzufolge über 30 Jahre Stillschweigen evtl. Haftungsansprüche aus dem GATT 1947 unberührt lasse; zust. etwa *Renouf* (Anm. 209), 788; *Baroncini* (Anm. 38), 169; *Kuijper, Pieter J.*: The Pre-litigation Stage in the WTO Dispute Settlement Procedure and in the EC Infringement Procedure, in: Weiss, Friedl (ed.): Improving WTO Dispute Settlement Procedures: Issues and Lessons from the Practice of other International Courts and Tribunals, London: Cameron May 2000, 67–74 (69 f.).

343 Anders die universelle RSpr., *The Ambatielos Claim* (Greece v. United Kingdom), Award by the Commission of Arbitration established by the Agreement concluded 24 Feb. 1955, rendered on 6 March 1956, in: RIAA 12 (1963), 83 ff. (103 ff.), derzufolge Haftungsansprüche auch ohne entspr. vertragsrechtl. Bestimmungen durch Verzug erlöschen können, was mangels bestehender Fristen dem Einzelfall zu entnehmen sei; *Certain Phosphate Lands in Nauru* (Nauru v. Australia), Preliminary Objections, Judgment of 26 June 1992, ICJ Rep. 1992, 240 ff. (253 f.), wobei die Qualität der Beziehungen der Parteien und die Art der Unternehmungen des Klägers es auch ohne formelles diplomat. Vorbringen genügen lasse, dass der Beklagte sich der Haftungsansprüche bewusst war; ferner *LaGrand* (Germany v. United States of America), Judgment of 27 June 2001, ICJ Rep. 2001, 466 ff. (486 f.); Art. 45 Buchst. a) und b) Draft Articles on State Responsibility 2001; die Rspr. befürw. *Fleischhauer, Carl-August*: Prescription, in: Bernhardt, Rudolf (ed.): EPIL 3 (1997), 1105–1108 (1107 f.).

344 Art. 3 Ziff. 10 DSU.

345 Insbes. Art. 3 Ziff. 7 und Art. 10 DSU sowie Art. 4 Ziff. 2 DSU.

Ergebnisses im DSU verhandelten Streitigkeiten bewahren. Letztlich könnte in der Folge die Spruchpraxis, die stark auf das Panel-Verfahren ausgerichtet ist, die vereinbarte Balance von judiziären und kooperativen Komponenten im DSU[346] wieder herstellen.

In *Kodak-Fujifilm* wäre die Ablehnung der Beschwerde von *Kodak* wegen des politischen und medialen Drucks durch *Kodak*, wohl aber auch wegen der weitgehenden Identifizierung des ACTPN wie des USTR mit den Thesen von *Kodak*, wahrscheinlich nicht durchsetzbar gewesen. Wohl wegen des geringen BATNA unter multilateralen Foren jedoch wahrte der USTR die Offenhaltung im bilateralen Pfad und ging teils auf die vorgenannten Positionen des MITI ein. Ohne Rechtsgrundlage in Section 301 Buchstabe (c) US Trade Act,[347] Anordnungen und Weisungen gegenüber Beschwerdeführern zu erlassen, konnte *Kodak* nicht gezwungen werden, eine förmliche Beschwerde bei der JFTC einzureichen. Deshalb begnügte sich der USTR damit, im Feststellungsbeschluss des USTR[348] *Kodak* zur Vorlage von Information an die JFTC aufzufordern, wobei offen bleibt, ob dies durch eine eigene Beschwerde von *Kodak* gegen *Fujifilm* aus Section 45 Ziffer (1) Dokusen Kinshi Hô erfolgen sollte oder im Rahmen der laufenden Untersuchung der JFTC aus Section 45 Ziffer (4) in Verbindung mit Section 8 Ziffer (1) Dokusen Kinshi Hô zur Wettbewerbsstruktur im Markt für Fotomaterial. So „(b) [würden die Vereinigten Staaten] gemäß der Erklärung von Premierminister *Hashimoto*, seiner persönlich eingegangen Verpflichtung und einer Reihe von Verpflichtungen, welche die Regierung Japans aufgrund der [SII][349] und des ‚Joint Statement on the [FTA]'[350] eingegangen sei, die [JFTC] und die Durchsetzung der japanischen Wettbewerbsgesetze zu stärken, (i) *Kodak* auffordern, der JFTC Information über [...] unlautere

346 Hierzu etwa *Baroncini* (Anm. 38), 190 ff.

347 19 USC §2411(c)(1994).

348 *US Trade Representative*: Section 304 Determinations: Barriers to Access to the Japanese Market for Consumer Photographic Film and Paper, Notice of Determinations, 61 FR 30929 (18 June 1996), Teil II Ziff. 2 (b)(i).

349 Joint Report of the U.S.-Japan Working Group on the Structural Impediment Initiative, Joint Press Release at Tokyo, 28 June 1990, in: Antitrust & Trade Reg. Rep. (BNA) 59 (5 July 1990), 28 ff.

350 Joint Statement on the United States-Japan Framework for a New Economic Partnership, by President *William Clinton* and Prime Minister *Miyazawa*, done at Tokyo, 10 July 1993, in: ILM 32 (1993), 1414 ff.; Agreement Clarifying the Framework Agreement, as agreed, 23 May 1994, in: U.S.-Japan Agreement on Framework, Inside U.S. Trade, Special Report (27 May 1994), No. 1656.

Geschäftspraktiken im japanischen Markt für Fotomaterial für Verbraucher vorzulegen."[351]

Zugleich baute der USTR den Pfad aus und erklärte, eine weitere Anregung des MITI aufgreifend, die Vereinigten Staaten würden „(ii) der JFTC Information vorlegen, um Wettbewerbsgesetze im Markt für Fotomaterial für Verbraucher durchzusetzen; (c) das [USDOJ würde] bei der Prüfung der Nachweise über unlautere Geschäftspraktiken im japanischen Markt und gegebenenfalls bei der Berücksichtigung von korrigierenden Maßnahmen um die Zusammenarbeit mit der JFTC ersuchen, und der USTR [würde] bei der Bewertung von Anstrengungen der JFTC bei der Durchsetzung der Wettbewerbsgesetze im japanischen Markt für Fotomaterial mit dem [USDOJ] zusammenarbeiten."[352] Es mag dahingestellt bleiben, auf welcher Rechtsgrundlage der USTR etwa dem USDOJ gegenüber derlei Anordnungen erlassen konnte und in welchem prozessualen Zusammenhang das USDOJ oder sonstige Regierungsstellen der Vereinigten Staaten an die JFTC herantreten sollten. Möglich war wohl eine Einbeziehung aufgrund der Empfehlung des OECD-Rates, betroffene Staaten in eingeleitete Kartell- beziehungsweise Wettbewerbsaufsichtsverfahren einzubeziehen,[353] um deren Interessen durch Courtoisie berücksichtigen zu können. Bei der vom USTR angeführten „Erklärung" von Premierminister *Hashimoto* beziehungsweise bei den im Rahmen der SII[354] oder des „Joint Statement on the FTA"[355] eingegangenen „Verpflichtungen" jedenfalls konnte die JFTC jederzeit

351 *US Trade Representative*: Section 304 Determinations: Barriers to Access to the Japanese Market for Consumer Photographic Film and Paper, Notice of Determinations, 61 FR 30929 (18 June 1996), Teil II Ziff. 2 (b)(i).

352 Ebendort, Teil II Ziff. 2 (b)(ii) und (c).

353 *Council*: Revised Recommendation Concerning Co-operation between Member Countries on Restrictive Business Practices Affecting International Trade, adopt. 21 May 1986, OECD Doc. C(86)44, circul. 5 June 1986, in: ILM 25 (1986), 1629 ff.; as amend. *Council*: Revised Recommendation Concerning Co-operation between Member Countries on Anticompetitive Practices Affecting International Trade, adopt. 27–28 July 1995, OECD Doc. C(95)130/Final, circul. 21 Sept. 1995, in: ILM 35 (1996), 1313 ff.

354 Joint Report of the U.S.-Japan Working Group on the Structural Impediment Initiative, Joint Press Release at Tokyo, 28 June 1990, in: Antitrust & Trade Reg. Rep. (BNA) 59 (5 July 1990), 28 ff.

355 Joint Statement on the United States-Japan Framework for a New Economic Partnership, by President *William Clinton* and Prime Minister *Miyazawa*, done at Tokyo, 10 July 1993, in: ILM 32 (1993), 1414 ff.; Agreement Clarifying the Framework Agreement, as agreed, 23 May 1994, in: U.S.-Japan Agreement on Framework, Inside U.S. Trade, Special Report (27 May 1994), No. 1656.

die durch Section 28 Dokusen Kinshi Hô zugesicherte Unabhängigkeit geltend machen beziehungsweise entgegnen, dass die angeführte „Erklärung" und „Verpflichtung" keine Interventionsrechte des USTR oder des USDOJ in laufenden Untersuchungen begründen konnten.

Selbst nachdem *Kodak* bei der JFTC Anzeige aufgrund Section 45 Ziffer (1) Dokusen Kinshi Hô gegen *Fujifilm* erstattete,[356] blieb der bilaterale Pfad ohne tiefgreifende Folgen für den Handelsstreit. Vielmehr zwang die Unabhängigkeit der JFTC, die Gespräche auf diesem Pfad zumindest bis zur Vorlage ihres Untersuchungsberichts am 23. Juli 1997[357] auszusetzen.[358] Im Rahmen einer neuen „United States-Japan Enhanced Initiative on Deregulation and Competition Policy"[359] konnten beide Regierungen am 7. Oktober 1999 das Netz bilateraler Abkommen um das Übereinkommen über die Zusammenarbeit in wettbewerbswidrigen Tätigkeiten (USA-JAP Antitrust Abkommen)[360] erweitern. Für die vorliegende Untersuchung ist festzuhalten, dass die Prüfung der Kriterien sowie der geringe BATNA einen Verzicht des USTR auf den bilateralen Pfad und sein stillschweigendes Einlenken über weite Teile der formulierten Positionen, die sich nicht unter ein multilaterales Forum thematisieren ließen, durch Offenhaltung im *status quo* bewirkt hat.

b. Multilateral

Für einen multilateralen Pfad waren sowohl die Vereinigten Staaten als auch Japan vom Gesichtspunkt der Verfügbarkeit von Foren her ausreichend vernetzt, um in Verwirklichung des Grundsatzes von Gleichstellung und Wahlfreiheit der Verfahrensinstrumente mehrere zwischenstaatliche Foren mit dem

---

356 Kodak Cites Private Anticompetitive Practices in JFTC Complaint, Inside U.S. Trade (9 Aug. 1996), No. 4589.

357 JFTC Report Finds Japan Film Market Free of Anticompetitive Practices, Inside U.S. Trade (25 July 1997), No. 5896.

358 So übereinst. *Durling* (Anm. 5), 250 ff.; *Iida* (Anm. 6), 119.

359 Submission by the Government of the United States to the Government of Japan Regarding Deregulation, Competition Policy, and Transparency and Other Government Practices in Japan, 7 Nov. 1997, in: U.S. Deregulation Proposal, Inside U.S. Trade (14 Nov. 1997), No. 6333; First Joint Status Report on the U.S.-Japan Enhanced Initiative on Deregulation and Competition Policy, 15 May 1998, in: U.S.-Japan Joint Report on Enhanced Deregulation Initiative, Inside U.S. Trade (19 May 1998), No. 53867.

360 Agreement between the Government of the United States of America and the Government of Japan Concerning Cooperation on Anticompetitive Activities, signed at Washington, 7 Oct. 1999, in: ILM 38 (1999), 1698 ff.

Handelsstreit befassen beziehungsweise aufgrund von Gerichtsstandsklauseln durch einseitige Erklärung bestimmen zu können. Wie *Durling* berichtet,[361] hatte *Fujifilm* dem USTR mehrere Alternativen zum bilateralen Pfad unterbreitet: Sachverständigenpanel beziehungsweise nichtbindendes Schiedsgericht *ad hoc*; OECD-Arbeitsgruppe; DSU.[362] Das FCN-Abkommen, dessen Verletzung *Kodak* in seiner Beschwerde behauptet hatte,[363] normierte eine allgemeine Konsultationspflicht über handelshemmende Wettbewerbsverzerrungen:

Artikel XVIII

1. Beide Parteien kommen überein, dass Geschäftspraktiken, die Wettbewerb beschränken, Marktzugang begrenzen oder Monopolstellung fördern, und durch eine oder mehrere private oder staatliche gewerbetreibende Unternehmen oder durch Zusammenwirken, Zustimmung oder sonstige Vereinbarung solcher Unternehmen unternommen oder umgesetzt werden, schädigende Auswirkungen auf den Handel ihrer jeweiligen Staatsgebiete entfalten können. Infolgedessen willigt jede Partei ein, die andere Partei auf Antrag in Bezug auf solche Praktiken zu konsultieren und Maßnahmen zu ergreifen, die sie für geeignet hält, auf die Beseitigung solcher schädigenden Auswirkungen hinzuwirken.

Streitigkeiten, die nicht durch friedliche Mittel beigelegt wurden, konnten dem Internationalen Gerichtshof (IGH) unterbreitet werden:[364]

Artikel XXIV

1. Jede Partei prüft wohlwollend die Vorstellungen, welche die andere Partei in Bezug auf irgendeinen, die Ausführung des vorliegenden Übereinkommens berührenden, Sachverhalt vorbringt, und gibt ausreichend Gelegenheit zu Konsultationen.
2. Jeder Streit der Parteien über die Auslegung oder Anwendung des vorliegenden Übereinkommens, der nicht zufriedenstellend auf diplomatischem Wege ausgeglichen wird, ist vorbehaltlich einer durch die Parteien vereinbarten Beilegung durch sonstige friedliche Mittel dem Internationalen Gerichtshof zu unterbreiten.

---

361 So etwa *Durling* (Anm. 5), 253 ff.

362 *Barringer, William H./Durling, James P./Porter, Daniel L./Lindsay, William B.*: Position Paper of Fuji Photo Film Co., Ltd. and Fuji Photo Film U.S.A., Inc.: Proposals and Rationales for Mechanisms to Address the Legal and Factual Disputes in the Section 301 Investigation of the Consumer Photographic Color Film and Color Negative Paper Markets in Japan (15 Nov. 1995), in: Fuji Memo on Kodak Section 301 Case, Inside U.S. Trade (5 Jan. 1996), No. 3701.

363 *US Trade Representative*: Initiation of Investigation Pursuant to Section 301 Concerning Barriers to Access to the Japanese Market for Consumer Photographic Film and Paper, Request for Public Comment, 60 FR 35447 (7 July 1995).

364 Dies erwägend *Suzuki* (Anm. 3), 3.

Vor dem Hintergrund eines Antrags der Regierung der Niederlande im OECD-Rat,[365] aufgrund Artikel 18a OECD-Kodex 1995 eine Arbeitsgruppe im OECD-Ausschuss für Kapitalverkehr und unsichtbare Transaktionen (CMIT) mit einer vergleichenden Untersuchung der Wechselwirkungen von Handel und Wettbewerb am Beispiel des Marktes für Fotomaterial zu beauftragen,[366] hatte Vizeminister *Sakamoto* seinerseits Schlussfolgerungen zur angeregten Fallstudie über Filmmärkte in einer OECD-Arbeitsgruppe erbeten.[367] Zwar ging der Feststellungsbeschluss des USTR[368] nicht auf diese Anfrage ein. Doch legte die Regierung der Vereinigten Staaten in der Sitzung des OECD-Rates am 14. und 15. Februar 1996 unter Verweis auf den bilateralen Pfad ein Veto gegen den entsprechenden Antrag ein.[369] Alternativ hierzu erfüllten beide Parteien als Mitglieder die Voraussetzungen für eine Befassung des Forums WTO und zur Parteifähigkeit im Subforum DSU.

Die Prüfung des BATNA musste über das Kriterium der Verfügbarkeit von Foren hinausgehen. Auf die Struktur der Regeln bezogen wirkte sich nun aus, dass der fehlende zwischenstaatliche Konsens und Rechtsschutz über die vom USTR formulierten Positionen in der staatlichen Willensbildung nicht ausreichend berücksichtigt worden war. Zwar war seit der sogenannten Havanna-Charta,[370] die ein Kapitel über das Verhältnis von Handel und Wettbewerb enthielt, nie grundsätzlich bestritten worden,[371] dass Handelsströme durch das Geschäftsverhalten von Unternehmen beeinflusst werden.[372] Doch nachdem die

---

365 So etwa *Durling* (Anm. 5), 254; *Iida* (Anm. 6), 104 schreibt den Antrag der Regierung Japans zu.

366 Hierzu *Organization for Economic Co-operation and Development* (Anm. 175), 19 ff.

367 *Sakamoto, Yoshihiro*: Letter to Deputy USTR *Ira S. Shapiro* (5 Jan. 1996), in: Sakamoto Letter on Kodak Case, Inside U.S. Trade (12 Jan. 1996), No. 3736.

368 *US Trade Representative*: Section 304 Determinations: Barriers to Access to the Japanese Market for Consumer Photographic Film and Paper, Notice of Determinations, 61 FR 30929 (18 June 1996).

369 So übereinst. *Durling* (Anm. 5), 254; *Iida* (Anm. 6), 104.

370 *Interim Commission for the International Trade Organization*: Final Act and Related Documents of the UN Conference on Trade and Employment Held at Havana, Cuba, from 21 Nov. 1947 to 24 March 1948, UN Doc. E/CONF.2/78, Lake Success: ICITO 1948, 35 ff.; Cmd. 7376, London: HMSO 1948; US Department of State Pub. No. 3206, Commercial Policy Series No. 114, Washington 1948.

371 Hierzu *GATT Secretariat* (Anm. 200), 3 ff.; *Jackson* (Anm. 41), 36 ff.; *Palmeter/Mavroidis* (Anm. 266), 2 ff.

372 So etwa *Jackson* (Anm. 41), 239 f.; *Hoekman/Kostecki* (Anm. 16), 425 ff.; zur volkswirtschaftl. Begründung *Krugman/Obstfeld* (Anm. 73), 132 ff.; *Scherer* (Anm. 50), 15 ff.; 28 ff.

Ratifizierung der Havanna-Charta scheiterte, haben sich die VERTRAGSPARTEIEN[373] im GATT 1947 nie darauf einigen können, das Verhältnis von Handel und Wettbewerb nachträglich zu regulieren.[374] Zwar mündete die Diskussion schließlich in die Einsetzung einer Sachverständigengruppe,[375] die im Bericht vom 30. Juni 1959 auch grundsätzlich die Vereinbarung von Maßnahmen zur Beseitigung offensichtlich unlauteren Geschäftsverhaltens empfahl, ohne sich jedoch auf weitergehende Aussagen einigen zu können.[376]

Denn das GATT 1947 adressierte Maßnahmen von Regierungen und nicht von Unternehmen. Zudem konnten Artikel XXII und XXIII GATT 1947 kaum den faktenlastigen Anforderungen von Verfahren der Kartell- und

---

373 Der Begriff (*CONTRACTING PARTIES*) bezeichnet, in Abgrenzung zu einzelnen Vertragsstaaten oder Vertragsparteien, alle Vertragsstaaten des GATT 1947 als handelndes Kollektiv; hierzu statt vieler *Jackson* (Anm. 41), 31 f.

374 Entspr. Vorstöße der Vereinigten Staaten aus Art. 55 VN-Charta, *UN Economic and Social Council*: Restrictive Business Practices, Res. 375 (XIII), adopt. 13 Sept. 1951, UN Doc. E/2152, circul. 10 Oct. 1951, in: UN Official Records, ESCOR, Thirteenth Session, 30 July to 21 Sept. 1951, Suppl. No. 1, 20 ff.; *UN Economic and Social Council*: Restrictive Business Practices, Res. 487 (XVI), adopt. 31 July 1953, UN Doc. E/2508, circul. 15 Aug. 1953, in: UN Official Records, ESCOR, Sixteenth Session, 30 June to 5 Aug. 1953, Suppl. No. 1, 4; Initiativen einzelner Vertragsstaaten im GATT 1947, *Review of the General Agreement*: Restrictive Business Practices, Proposal by the Delegations of Denmark, Norway, and Sweden, GATT Doc. L/283, circul. 17 Nov. 1954; *Review of the General Agreement*: Proposals by the Government of the Federal Republic of Germany, Addendum, GATT Doc. L/261/Add.1, circul. 12 Nov. 1954, S. 43 ff.; Aussetzung dieser Initiativen aufgrund von *UN Economic and Social Council*: Restrictive Business Practices, Res. 568 (XIX), adopt. 26 May 1955, circul. June 1955, in: UN Doc. E/2730/Add.1, UN Official Records, ESCOR, Nineteenth Session (Resumed), 16 to 27 May 1955, Suppl. No. 1A, 2; dazu *Restrictive Business Practices*: Note by the Executive Secretary, GATT Doc. L/384, circul. 5 Aug. 1955; Wiederaufnahme durch *Restrictive Business Practices*: Proposal by the Delegation of the Federal Republic of Germany, GATT Doc. L/551, circul. 16 Oct. 1956; zusammenf. *Restrictive Business Practices and Trade in Services*: Note by the Secretariat, GATT Doc. MTN.GNS/W/99, circul. 25 April 1990, Ziff. 2 ff.

375 *CONTRACTING PARTIES*: Restrictive Business Practices, Resolution of 5 Nov. 1958, GATT Doc. L/907, circul. 7 Nov. 1958, in: BISD 7S/29 (1958).

376 *Action by the CONTRACTING PARTIES in Dealing with Restrictive Business Practices in International Trade*: Report by the Group of Experts, GATT Doc. L/1015 and Corr.1, circul. 30 June 1959 and 1 July 1959, adopt. 2 June 1960, Ziff. 5 ff., in: BISD 9S/170 (1960), 172 ff.

Wettbewerbsaufsicht genügen.[377] Vor allem aber schien eine Einigung auf einheitliche Bewertungsmaßstäbe unerreichbar, weil der vorrangig von westlichen Industriestaaten verfolgte Ansatz der Handelsregulierung durch die Förderung von Marktzugang komparative Kostenvorteile betont, während die mehrheitlich von asiatischen Industriestaaten, Schwellen- und Entwicklungsländern vertretene Betrachtung zur Wettbewerbsregulierung durch die Steigerung der Effizienz auf den Wohlfahrtsgedanken abstellt.[378] Als Kernbestandteile staatlicher Wirtschaftshoheit jedoch werden „Effizienz“ und „Wohlfahrt“ weitgehend staatlich definiert, wodurch zwangsweise Bewertungsdifferenzen über die angemessene Wettbewerbsregulierung entstehen.[379]

Nachdem die zwischenstaatliche Regulierung des Verhältnisses von Handel und Wettbewerb infolge des Berichts vom 30. Juni 1959[380] mit einer mehrdeutigen Entscheidung der VERTRAGSPARTEIEN vom 18. November 1960 (Entscheidung von 1960)[381] vorläufig aus dem GATT 1947 entfernt worden war, wurden Einzelaspekte daraus in Richtlinien der OECD[382] beziehungsweise

---

377 So etwa *Mavroidis, Petros C./Van Siclen, Sally*: The Application of the GATT/WTO Dispute Resolution System to Competition Issues, JWT 31 (1997), 5–48 (35 ff.).

378 Siehe mögliche universelle Kriterien der Marktbeherrschung und dessen Missbrauch bei *Van Siclen* (Anm. 176), 7 ff.

379 So etwa *Matsushita* (Anm. 75), 421 ff.; *Hoekman/Kostecki* (Anm. 16), 425 ff.; ausf. *Scherer* (Anm. 50), 38 ff.; *CLP Committee*: Interim Report on Convergence of Competition Policies, June 1994, OECD Doc. GD(94)64, Paris: OECD 1994, 6 ff.; *Hawk, Barry E.*: Antitrust and Market Access: The Scope and Coverage of Competition Laws and Implications for Trade, Paris: OECD 1996, 7 ff.

380 *Action by the CONTRACTING PARTIES in Dealing with Restrictive Business Practices in International Trade*: Report by the Group of Experts, GATT Doc. L/1015 and Corr.1, circul. 30 June 1959 and 1 July 1959, adopt. 2 June 1960, insbes. Ziff. 5 ff., in: BISD 9S/170 (1960), 172 ff.; zusammenf. *Restrictive Business Practices*: Report by the Chairman of the Working Party, GATT Doc. W.17/23, circul. 15 Nov. 1960.

381 *Restrictive Business Practices*: Proposal by Chairman of the Working Party, GATT Doc. W.17/37, circul. 17 Nov. 1960, adopt. by *CONTRACTING PARTIES*: Summary Record of the Tenth Meeting, Held at Palais des Nations, Geneva, on 18 Nov. 1960, GATT Doc. SR.17/10, circul. 30 Nov. 1960, Ziff. 4, in: BISD 9S/28 (1960).

382 Guidelines for Multinational Enterprises, adopt. by *Council*: Declaration and Decisions on International Investment and Multinational Enterprises, 21 June 1976, OECD Doc. C(76)99/Final; zum relevanten Zeitpunkt zuletzt geänd. durch *Council*: Revised Decision on Inter-governmental Consultation Procedures on the Guidelines for Multinational Enterprises, adopt. 13 June 1979, OECD Doc. C(79)102; *Council*: Second Revised Decision, adopt. 17 May 1984, OECD Doc. C(84)90; *Council*: Third Revised Decision, adopt. 5 June 1991, OECD Doc. C/MIN(91)7/Ann1,

der VN[383] für MNCs integriert. Als wichtigstes Forum für die Konvergenz von Ziel- und Bewertungsmaßstäben zur Wettbewerbsregulierung[384] wurde die OECD schließlich auch mit der Erörterung des Verhältnisses von Handel und Wettbewerb befasst.[385] Empfehlungen des OECD-Rates zur Erleichterung zwischenstaatlicher Rechtshilfe in Aufsichtsverfahren mit Auslandsberührung regten Notifikationen, Konsultationen und Informationsaustausch aufgrund von Courtoisie an.[386] Die Umsetzung dieser Empfehlungen in staatlichen

---

in: *Organization for Economic Co-operation and Development*: The OECD Guidelines for Multinational Enterprises, Paris: OECD 1994, 2 ff.; hierzu *Meng* (Anm. 50), 497 f.; ausf. *Grosse, Robert*: Codes of Conduct for Multinational Enterprises, JWT 16 (1982), 414–433 (416 ff.).

383 *UN Commission on Transnational Corporations*: Draft Code of Conduct on Transnational Corporations, Annex to the Letter from the Chairman of the Reconvened Special Session of the Commission on Transnational Corporations to the President of the ECOSOC, UN Doc. E/1990/94, circul. 12 June 1990, 5 ff.; *UN Conference on Restrictive Business Practices*: The Set of Multilaterally Agreed Equitable Principles and Rules for the Control of Restrictive Business Practices, UN Doc. TD/RBP/10 (1980), circul. 2 May 1980, adopt. by *UN General Assembly*: Restrictive Business Practices, Res. 35/63, 5 Dec. 1980, UN Doc. A/RES/35/63, circul. 16 Dec. 1980, in: GAOR XXXV, Suppl. No. 48 (1980), 123 f.; ILM 19 (1980), 813 ff.; hierzu *Brusick, Philippe*: UN Control of Restrictive Business Practices: A Decisive First Step, JWTL 17 (1983), 337–351 (340 ff.).

384 *CLP Committee*: Interim Report on Convergence of Competition Policies, June 1994, OECD Doc. GD(94)64, Paris: OECD 1994, 4 f.

385 *Council*: Recommendaton for Co-operation between Member Countries in Areas of Potential Conflict between Competition and Trade Policies, adopt. 23 Oct. 1986, OECD Doc. C(86)65/Final, in: *Organization for Economic Co-operation and Development*: Competition Policy and International Trade: OECD Instruments of Cooperation, Paris: OECD 1987, 24 ff.; *CLP Committee/Trade Committee*: Trade and Competition Policies, Joint Report by the Trade Committee and the Committee on Competition Law and Policy, June 1993, OECD Doc. GD(93)101, Paris: OECD 1993; *CLP Committee/Trade Committee*: Trade and Competition Policies, Joint Report by the Committee on Competition Law and Policy and the Trade Committee, June 1994, OECD Doc. GD(94)63, Paris: OECD 1994, 2 ff.; *International Trade and Investment Division*: Trade and Competition: Frictions After the Uruguay Round, Economics Department Working Paper No. 165, OECD Doc. GD(96)105, Paris: OECD 1996, 6 ff.; zusammenf. *Meng* (Anm. 50), 497 f.

386 *Council*: Revised Recommendation concerning Co-operation between Member Countries on Restrictive Business Practices Affecting International Trade, adopt. 21 May 1986, OECD Doc. C(86)44/Final, circul. 5 June 1986, in: ILM 25 (1986), 1629 ff.; as amend. *Council*: Revised Recommendation concerning Co-operation between Member Countries on Anticompetitive Practices Affecting International

Rechtsordnungen beziehungsweise durch bilaterale Übereinkommen verbesserte mitunter die bilaterale Rechtshilfe in Sachverhalten mit Auslandsberührung.

Strategien,[387] darüber hinaus ein „Weltkartellrecht" zu entwickeln, etwa durch Harmonisierung von multilateralen Wettbewerbsgrundsätzen in der OECD;[388] durch Verknüpfung multilateraler Wettbewerbsgrundsätze, bilateraler Übereinkommen, plurilateraler Zusammenarbeit der Aufsichtsbehörden und einseitiger „Selbsthilfe";[389] durch Annäherung von Aufsichtsbehörden und folgenden Rahmenübereinkommen mit wenigen Wettbewerbsgrundsätzen[390] oder gar durch ein WTO-Teilabkommen,[391] hatten sich bis *Kodak-Fujifilm* nicht verwirklichen lassen.

Trade, adopt. 27–28 July 1995, OECD Doc. C(95)130/Final, circul. 21 Sept. 1995, in: ILM 35 (1996), 1313 ff.

387 Hierzu *Jackson, John H.*: Alternative Approaches for Implementing Competition Rules in International Economic Relations, Aussenwirtschaft 49 (1994), 177–200 (188 ff.); *Scherer* (Anm. 50), 38 ff.; 91 ff.; *Hawk* (Anm. 379), 7 ff.; *Mavroidis/Van Siclen* (Anm. 377), 17 ff.; *Fox, Eleanor M.*: Toward World Antitrust and Market Access, AJIL 91 (1997), 1–25 (14 ff.); *Miert, Karel van*: International Cooperation in the Field of Competition: A View from the EC, in: Hawk, Barry E. (ed.): International Antitrust Law and Policy, 1997 Fordham Corp. Law Inst. Proc. 24 (1998), 13–26 (15 ff.).

388 So etwa *Jacquemin, Alexis*: The International Dimension of European Competition Policy, Journ. Common Market Studies 31 (1993), 91–101 (91 ff.); krit. hierzu *Fox* (Anm. 387), 10 ff.; 16 ff.

389 So etwa *American Bar Association Section of Antitrust Law*: Report of the Special Committee on International Antitrust: Working Draft, 1 Sept. 1991, Chicago: ABA 1991, 2 ff.; *Fox, Eleanor*: International Antitrust: Against Minimum Rules, for Cosmopolitan Principles, Antitrust Bulletin 43 (1998), 5–13 (5 ff.); *Klein, Joel I.*: Anticipating the Millenium: International Antitrust Enforcement at the End of the Twentieth Century, in: Hawk, Barry E. (ed.): International Antitrust Law and Policy, 1997 Fordham Corp. Law Inst. Proc. 24 (1998), 1–12 (2 ff.); krit. hierzu *Immenga, Ulrich*: Comment: The Failure of Present Institutions and Rules to Respond to the Globalization of Competition, Aussenwirtschaft 49 (1994), 201–204 (201 ff.).

390 So etwa *EC Commission/Group of Experts on International Cooperation in Competition Policy*: Competition Policy in the New Trade Order: Strengthening International Cooperation and Rules: Report by the Group of Experts, EU Doc. COM(95)359, circul. 12 July 1995, 11 ff.; *Nicolaides, Phedon*: For a World Competition Authority: The Role of Competition Policy in Economic Integration and the Role of Regional Blocs in Internationalizing Competition Policy, JWT 30 (1996), 131–145 (135 ff.).

391 So etwa *Matsushita* (Anm. 75), 425 ff.; *EC Commission*: Towards an International Framework of Competition Rules, Communication from the Commission to the Council, EU Doc. COM(96)284, circul. 18 June 1996, 11 ff.; *Hindley, Brian*: Competition

Die Prüfung musste weitere Konsultationen aufgrund von Artikel XVIII Ziffer 1 FCN-Abkommen ausschließen, da die dort normierten Tatbestandsmerkmale ausschließlich auf das Verhalten von Unternehmen abstellen, nicht aber wie im Feststellungsbeschluss des USTR[392] vertreten auf das Verhalten der Regierung Japans. Solch fehlender Rechtsschutz der Positionen minderte ebenso Erfolgschancen als ersuchende Partei vor einem Sachverständigenpanel *ad hoc*, einem Schiedsgericht *ad hoc* oder gar dem IGH gemäß Artikel XXIV Ziffer 1 FCN-Abkommen. Demgegenüber konnte eine vergleichende Untersuchung von Handel und Wettbewerb durch eine Arbeitsgruppe im OECD-CMIT grundsätzlich an bestehende Entwicklungen anknüpfen. Doch wegen der genannten Divergenzen hatte der OECD-Rat zum Verhältnis von Handel und Wettbewerb lediglich Empfehlungen zur prozessualen Rechtshilfe in Aufsichtsverfahren mit Auslandsberührung beschlossen, jedoch kaum inhaltliche Ziel- und Bewertungsmaßstäbe,[393] an denen die im Feststellungsbeschluss des

---

Law and the WTO: Alternative Structures for Agreement, in: Bhagwati, Jagdish N./Hudec, Robert E. (eds.): Fair Trade and Harmonization: Prerequisites for Fair Trade? Vol. II: Legal Analysis, Cambridge: MIT Pr. 1996, 333–348 (335 ff.); *Fox* (Anm. 387), 18 ff.; *Janow, Merit E.*: Unilateral and Bilateral Approaches to Competition Policy Drawing on Trade Experience, in: Lawrence, Robert Z. (ed.): Brookings Trade Forum 1998, Washington: Brookings Institution 1998, 253–298 (281 ff.); *Jenny, Frédéric*: Globalization, Competition and Trade Policy: Issues and Challenges, in: Zäch, Roger (ed.): Towards WTO Competition Rules: Key Issues and Comments on the WTO Report on Trade and Competition, Proceedings of the Seminar Held at Zürich University, 8–10 July 1999, Berne/The Hague/London *et al.*: Staempfli/Kluwer Law Int'l 1999, 3–40 (13 ff.); für ein detailliertes WTO-Teilabk., *International Antitrust Code Working Group*: Draft International Antitrust Code as a GATT-MIO Plurilateral Trade Agreement, Special Supplement, in: Antitrust & Trade Reg. Rep. (BNA) 64 (1993), 1628 ff.; *Fikentscher, Wolfgang/Drexl, Josef*: Der Draft International Antitrust Code – Zur institutionellen Struktur eines künftigen Weltkartellrechts, RIW 40 (1994), 93–99 (94 ff.); *Petersmann, Ernst-Ulrich*: Proposals for Negotiating International Competition Rules in the GATT-WTO World Trade and Legal System, Aussenwirtschaft 49 (1994), 231–277 (247 ff.); krit. hierzu *Jackson* (Anm. 388), 198 f.; *Fox* (Anm. 387), 15 f.; *Hoekman/Kostecki* (Anm. 16), 425 f.; 433 f.

392 *US Trade Representative*: Section 304 Determinations: Barriers to Access to the Japanese Market for Consumer Photographic Film and Paper, Notice of Determinations, 61 FR 30929 (18 June 1996), Teil I.

393 *Council*: Revised Recommendation concerning Co-operation between Member Countries on Restrictive Business Practices Affecting International Trade, adopt. 21 May 1986, OECD Doc. C(86)44/Final, circul. 5 June 1986, in: ILM 25 (1986), 1629 ff.; as amend. *Council*: Revised Recommendation concerning Co-operation between Member Countries on Anticompetitive Practices Affecting International

USTR[394] vertretenen Positionen hätten gemessen werden können. Artikel 1 des OECD-Kodex 1995[395] selbst bot ebenso wenig Rechtsschutz der vertretenen Positionen:

Artikel 1
Allgemeine Verpflichtungen

a. Gemäß Artikel 2 beseitigen die Mitgliedstaaten die Beschränkungen des Kapitalverkehrs untereinander schrittweise soweit, wie dies für eine wirksame wirtschaftliche Zusammenarbeit notwendig ist. Maßnahmen zur Aufhebung derartiger Beschränkungen werden im Folgenden als „Liberalisierungsmaßnahmen" bezeichnet.
b. Insbesondere bemühen sich die Mitgliedstaaten:
   i) alle Vermögenswerte Gebietsfremder ohne Rücksicht auf den Zeitpunkt der Entstehung gleich zu behandeln,
   ii) die Liquidierung aller Vermögenswerte Gebietsfremder sowie den Transfer dieser Vermögenswerte
   iii) beziehungsweise der Liquidationserlöse hieraus zuzulassen.
c. Die Mitgliedstaaten sollen nach Kräften dafür Sorge tragen, dass die Liberalisierungsmaßnahmen in ihren überseeischen Gebieten angewandt werden.
d. Die Mitgliedstaaten bemühen sich, die Liberalisierungsmaßnahmen auf alle Mitglieder des Internationalen Währungsfonds auszudehnen.
e. Die Mitgliedstaaten bemühen sich, keine neuen Devisenbeschränkungen für den Kapitalverkehr oder Beschränkungen hinsichtlich der Verwendung von Guthaben Gebietsfremder einzuführen und die bestehenden Bestimmungen nicht zu verschärfen.

Schnittstellen waren lediglich zu Liberalisierungsverpflichtungen über Finanzdienstleistungen, Direktinvestitionen, Zahlungsströme[396] herzuleiten, nicht jedoch zum Handel mit Fotomaterial. Somit musste aus strategischer Sicht des USTR auch dieses Forum als kaum geeignet erscheinen.

Trade, adopt. 27–28 July 1995, OECD Doc. C(95)130/Final, circul. 21 Sept. 1995, in: ILM 35 (1996), 1313 ff.

394 *US Trade Representative*: Section 304 Determinations: Barriers to Access to the Japanese Market for Consumer Photographic Film and Paper, Notice of Determinations, 61 FR 30929 (18 June 1996), Teil I.

395 Übers. in *Organisation für wirtschaftliche Zusammenarbeit und Entwicklung*: OECD-Kodizes der Liberalisierung des Kapitalverkehrs und der laufenden unsichtbaren Operationen: Leitfaden für den Benutzer, Paris: OECD 2005, 23.

396 Ausf. etwa *Organization for Economic Co-operation and Development* (Anm. 175), 8 ff.

Demgegenüber bot die WTO einen vergleichsweise integrierten Regulierungsbereich, in dem das Verhältnis von Handel und Wettbewerb ausgiebig unter dem Blickwinkel des Marktzugangs diskutiert wurde. Zudem wiesen die WTO-Teilabkommen detaillierte, rechtsverbindliche und durch eine ausgereifte Spruchpraxis näher bestimmte Vertragsbestimmungen auf, die einklagbare Haftungsansprüche begründen konnten, wie der USTR sie zur weiteren Koordination seiner Positionen auf zwischenstaatlicher Ebene suchte. Allerdings hatte die Uruguay-Runde die Regeln des GATT 1947 zu Wettbewerbsfragen kaum verändert,[397] so dass es *de lege lata* problematisch blieb, Behinderungen des Marktzugangs unter die WTO-Teilabkommen zu fassen. Solche Behinderungen waren allenfalls an Artikel III, X oder XVII GATT 1994 zu messen, die aber lediglich normieren, dass Mitglieder ihr Wettbewerbsrecht transparent und ohne Diskriminierung anwenden sollen.[398] Dies bot den im

397 So etwa *Jackson* (Anm. 269), 278; *Hoekman/Mavroidis* (Anm. 73), 313 ff.; *Mavroidis/Van Siclen* (Anm. 377), 8.

398 Zu weiteren Wettbewerbsaspekten, jeweils auf das Regulierungsziel des WTO-Teilabk. begrenzt, Art. 8 Ziff. 1 Agreement on Technical Barriers to Trade, Annex 1A to the Marrakesh Agreement Establishing the World Trade Organization, done at Marrakesh, 15 April 1994, UNTS 1868 (1995), 120 ff.; TIAS No. 31874, in: *World Trade Organization*: The WTO Agreements: The Marrakesh Agreement Establishing the World Trade Organization and its Annexes, Cambridge: Cambridge Univ. Pr., 2nd ed. 2017, 150 ff.; ABlEG L 336 vom 23. Dez. 1994, 86 ff. (Übereink. über technische Handelshemmnisse – TBT-Abkommen); Art. 2 Agreement on Preshipment Inspection, Annex 1A to the Marrakesh Agreement Establishing the World Trade Organization, done at Marrakesh, 15 April 1994, UNTS 1868 (1995), 368 ff.; TIAS No. 31874, in: *World Trade Organization*: The WTO Agreements: The Marrakesh Agreement Establishing the World Trade Organization and its Annexes, Cambridge: Cambridge Univ. Pr., 2nd ed. 2017, 232 ff.; ABlEG L 334 vom 23. Dez. 1994, 138 ff. (Übereink. über Vorversandkontrollen – PSI-Abkommen); Art. 3 Ziff. 5 Agreement on Implementation of Article VI of the General Agreement on Tariffs and Trade 1994, Annex 1A to the Marrakesh Agreement Establishing the World Trade Organization, done at Marrakesh, 15 April 1994, UNTS 1868 (1995), 201 ff.; TIAS No. 31874, in: *World Trade Organization*: The WTO Agreements: The Marrakesh Agreement Establishing the World Trade Organization and its Annexes, Cambridge: Cambridge Univ. Pr., 2nd ed. 2017, 176 ff.; ABlEG L 336 vom 23. Dez. 1994, 103 ff. (Übereink. zur Durchführung des Artikels VI GATT 1994 – ADP-Abkommen); Art. 15 Ziff. 5 SCM-Abkommen; Art. 11 Ziff. 3 SFG-Abkommen; Art. VIII und Art. IX GATS; Art. 40 TRIPS-Abkommen; Art. 9 TRIMs-Abkommen.

Feststellungsbeschluss des USTR[399] vertretenen Positionen kaum Rechtsschutz. Damit war eine „Verletzungsbeschwerde" nur schwer zu begründen.

Frühere Versuche der Vereinigten Staaten und der Europäischen Gemeinschaften, den Dissens um das Verhältnis von Handel und Wettbewerb im GATT 1947 durch Beschwerden zu durchbrechen, die im Wesentlichen die These vertraten, die schwache Durchsetzung von Kartell- beziehungsweise Wettbewerbsgesetzen „toleriere" ein Verhalten privater Unternehmen, das den Marktzugang ausländischer Unternehmen behindere, und „mache zunichte oder schmälere" daher „zugesicherte Vorteile" im Sinne von Artikel XXIII Ziffer 1 Buchstaben (b) beziehungsweise (c) GATT 1947, waren allesamt auf erhebliche Vorbehalte der Staaten- wie der Spruchpraxis gestoßen.[400] In *Kodak-Fujifilm* war zur Begründung einer „Nichtverletzungsbeschwerde" bereits die Voraussetzung des staatlichen Ursprungs der Maßnahme schwer zu erfüllen. Zwar galt die Voraussetzung einer ausreichenden „Verbindung zur Regierung", um den staatlichen Ursprung zu begründen, hinsichtlich „informellen

---

399 *US Trade Representative*: Section 304 Determinations: Barriers to Access to the Japanese Market for Consumer Photographic Film and Paper, Notice of Determinations, 61 FR 30929 (18 June 1996), Teil I.

400 So hatte ein Panel festgestellt, das GATT 1947 regele nicht das Verhalten von Unternehmen, und daher keine Empfehlung abgegeben, *Panel on Subsidies and State Trading*, Report on Subsidies, GATT Doc. L/1160, circul. 23 March 1960, adopt. 24 May 1960, Ziff. 12 ff., in: BISD 9S/188 (1960), 191 f.; weiter der Vertreter der EG in *Permanent Delegation of the European Commission*: Communication from the European Communities, 8 April 1983, circul. as *Japan – Nullification or Impairment of Benefits*, GATT Doc. L/5479, 8 April 1983, jene des Vertreters Chiles in *Council*: Minutes of the Meeting held on 20 April 1983, GATT Doc. C/M/167, circul. 6 May 1983, Ziff. 7 zurückgewiesen wurden; der Widerspruch des Vertreters Japans gegen die von der EG beantragte Untersuchung zur Mitwirkung seiner Regierung bei der Einfuhr von Kupfererzen mit der Begründung, Preise würden zwischen Unternehmen ermittelt, ein nicht vom GATT 1947 erfasster Tatbestand, *Council*: Minutes of the Meeting held on 22 May 1986, GATT Doc. C/M/198, circul. 12 June 1986, Ziff. 3; der mit der Durchführung guter Dienste beauftragte *Gardner Patterson* gelang zum Schluss, die Regierung Japans habe, abgesehen von allgemeiner Unterstützung, keinen Einfluss auf die Wettbewerbsbedingungen ausgeübt und insofern das GATT 1947 nicht verletzt, *Japan – Copper Ores*, Note by the Director-General, including Good Offices Report by the Personal Representative of the Director-General, dated 16 Dec. 1988, GATT Doc. L/6456, circul. 31 Jan. 1989, Ziff. 4, in: BISD 36S/199 (1989), 200 f.; hierzu *GATT Secretariat* (Anm. 200), 607 f.; *Petersmann* (Anm. 203), 213 f.

Verwaltungshandelns" (*gyôsei shidô*) als erfüllt,[401] wenn solches Verwaltungshandeln im besonderen Wirtschaftskontext staatlichen Einfluss auf den Privatsektor ausübe.[402] Allerdings hätte es zumindest irgendeiner Verbindung der Regierung Japans zum Geschäftsverhalten von *Fujifilm* bedurft. Anders als aufgrund von Section 301 Buchstabe (d) Ziffer (3)(B)(i)(IV) US Trade Act,[403] hätte das schlichte Dulden eines behaupteten unlauteren Geschäftsverhaltens von *Fujifilm* durch JFTC oder MITI, falls hinreichend belegt, nach gängiger Staaten- und Spruchpraxis und überwiegender Auffassung der Literatur nicht die Voraussetzung einer ausreichenden Verbindung zur Regierung erfüllt, um den staatlichen Ursprung zu begründen.[404]

Darüber hinaus hatten Vertragsstaaten und Spruchpraxis, um die künstliche Erzwingung des fehlenden Konsenses über das Verhältnis von Handel und Wettbewerb im GATT 1947 durch „Nichtverletzungsbeschwerden" zu

---

401 So im japan. Wirtschaftskontext die Verletzung von Art. XI Ziff. 1 GATT 1947 durch Einfuhrhemmnisse bzw. Ausfuhrkontrollen feststellend, *Japan – Agricultural Products I*, Report of the Panel, GATT Doc. L/6253, circul. 18 Nov. 1987, adopt. 2 Feb. 1988, Ziff. 5.4.1, in: BISD 35S/163 (1988), 241 f.; *Japan – Semi-conductors*, Report of the Panel, GATT Doc. L/6309, circul. 24 March 1988, adopt. 4 May 1988, Ziff. 96 ff. insbes. 132, in: BISD 35S/116 (1988), 143 ff. insbes. 162; hierzu *GATT Secretariat* (Anm. 200), 603 ff.

402 Zur handlungslenkenden Wirkung informellen Verwaltungshandelns in der japan. Rechtsordnung, *Ohashi, Yoichi*: Verwaltungsvorschriften und informelles Verwaltungshandeln – Zum besseren Verständnis der Verwaltungspraxis Japans, VerwArch 82 (1991), 220–245 (234 ff.); *Fujita, Tokiyasu*: Streitvermeidung und Streiterledigung durch informelles Verwaltungshandeln in Japan, NVwZ 13 (1994), 133–138 (133 ff.); *Ködderitzsch, Lorenz*: Die Rolle der Verwaltungsvorschriften im japanischen Verwaltungsrecht, Diss. Freiburg/Breisgau, Baden-Baden: Nomos, 1995, 62 ff.; *Nakagawa, Takehisa*: Administrative Guidance: A Tentative Model of How Japanese Lawyers Understand It, Kobe Univ. LR 32 (1998), 1–20 (2 ff.); *Doll, Katharina*: Einführung in das japanische Verwaltungsrecht, in: Kaspar, Johannes/Schön, Oliver: Einführung in das japanische Recht, Baden-Baden: Nomos 2018, 181–203 (188 ff.).

403 19 USC §2411(d)(3)(B)(i)(IV)(1988).

404 So etwa *Matsushita* (Anm. 251), 367 ff.; *Iyori* (Anm. 179), 132 f.; mit Bezug zur völkerrechtl. Staatenhaftung *Bogdandy, Armin von*: The Non-violation Procedure of Article XXIII:2 GATT: Its Operational Rationale, JWT 26 (1992), 95–111 (106); hingegen wohl *Abels* (Anm. 9), 506 ff.; im ähnlich gelagerten *Japan – Semi-conductors*, Report of the Panel, GATT Doc. L/6309, circul. 24 March 1988, adopt. 4 May 1988, Ziff. 10 ff., in: BISD 35S/116 (1988), 119 ff. konnte eine aktive Einflussnahme durch Verwaltungshandeln nachgewiesen worden.

vermeiden,[405] die bereits strengen Voraussetzungen für solche Beschwerden durch erweiterte Anforderungen an die Beweisführung derart verschärft,[406] dass sie hinsichtlich komplexer Handelshemmnisse kaum zu erfüllen waren. Schließlich eine „Situationsbeschwerde" zu formulieren, war angesichts der Staaten- und Spruchpraxis des GATT 1947 kaum ernsthaft zu erwägen,[407] zudem die Literatur, von einigen wenigen Ausnahmen abgesehen, die Voraussetzungen für eine Subsumierung des Geschäftsverhaltens von Unternehmen auch unter die Übereinkommen von Marrakesch ganz überwiegend nicht als gegeben betrachtete.[408] Ferner konnte die Regierung Japans im Fall eines für

---

405 Hierzu insbes. *Action by the CONTRACTING PARTIES in Dealing with Restrictive Business Practices in International Trade*: Report by the Group of Experts, GATT Doc. L/1015 and Corr.1, circul. 30 June 1959 and 1 July 1959, adopt. 2 June 1960, Ziff. 6 ff., in: BISD 9S/170 (1960), 172 ff.

406 Hier genügte kein *prima facie* Nachweis der „benachteiligenden Wirkung" gem. *Australia – Ammonium Sulphate*, Report of the Working Party, GATT Doc. CP.4/39, circul. 31 March 1950, adopt. 3 April 1950, Ziff. 12 f., in: BISD II/188 (1950), 194 f.; vielmehr war diese konkret durch einen statistisch belegten Rückgang der Handelsströme nachzuweisen, *Japan – Semi-conductors*, Report of the Panel, GATT Doc. L/6309, circul. 24 March 1988, adopt. 4 May 1988, Ziff. 130 f., in: BISD 35S/116 (1988), 160 ff.; ferner wurde der gem. *EEC – Oilseeds*, Report of the Panel, GATT Doc. L/6627, circul. 14 Dec. 1989, adopt. 25 Jan. 1990, Ziff. 131, in: BISD 37S/86 (1990), 116 f. zu erbringende Kausalitätsnachweis von Maßnahme und Schaden dadurch erschwert, dass wettbewerbsrelevante Maßnahmen meist nicht spez. gegen ausländ. Unternehmen gerichtet sind.

407 So allerdings *Bogdandy* (Anm. 404), 106; *Abels* (Anm. 9), 503 ff.; ablehnend *Roessler, Frieder*: The Concept of Nullification and Impairment in the Legal System of the World Trade Organization, in: Petersmann, Ernst-Ulrich (ed.): International Trade Law and the GATT/WTO Dispute Settlement System, The Hague/London/Boston: Kluwer Law Int'l 1997, 125–142 (139 f.); engagierter *Hoekman, Bernard M./Mavroidis, Petros C.*: Competition, Competition Policy, and the GATT, World Economy 17 (1994), 121–150 (141); *Petersmann* (Anm. 203), 220; 227.

408 So etwa *Nanto/Cooper/Bass* (Anm. 8), 32; *Matsushita* (Anm. 251), 367 ff.; *Hoekman/Kostecki* (Anm. 16), 85; 428; *Mavroidis/Van Siclen* (Anm. 377), 9 f.; *Cottier, Thomas/Schefer, Nadakavukaren*: Non-violation Complaints in WTO/GATT Dispute Settlement: Past, Present and Future, in: Petersmann, Ernst-Ulrich (ed.): International Trade Law and the GATT/WTO Dispute Settlement System, The Hague/London/Boston: Kluwer Law Int'l 1997, 145–183 (182); *Roessler, Frieder*: Should Principles of Competition Policy Be Incorporated into WTO Law Through Non-violation Complaints? JIEL 2 (1999), 413–421 (418 ff.); *Durling, James P./Lester, Simon N.*: Original Meanings and the Film Dispute: Drafting History, Textual Evolution,

sie ungünstigen Panel-Berichtes ein Zustandekommen des für die Annahme erforderlichen positiven Konsenses im DSB[409] verhindern.

Hinsichtlich des Verfahrens zur Entscheidungsfindung war eine mögliche Konsultationspflicht aus Artikel XVIII Ziffer 1 beziehungsweise Artikel XXIV Ziffer 1 FCN-Abkommen zum vorliegenden Zeitpunkt in *Kodak-Fujifilm* bereits erschöpft. Wegen der fehlenden Permanenz hätte die Aushandlung eines Compromis zur Aufstellung eines Sachverständigenpanels oder Schiedsverfahrens *ad hoc* der Regierung Japans einige Möglichkeiten zur taktischen Verhinderung gelassen. Durch die Gerichtsstandsklausel in Artikel XXIV Ziffer 2 FCN-Abkommen waren die Voraussetzungen des Artikel 36 Ziffer 1 Statut des Internationalen Gerichtshofs (IGH-Statut)[410] gegeben, um solche Verhinderung zu vermeiden und eine Verfahrensinstanz durch Klage[411] einzuleiten. Doch war davon auszugehen, dass dann übliche Zulässigkeitsvoraussetzungen des allgemeinen Völkerrechts, insbesondere die hinreichende Bestimmung der Positionen als Rechtsansprüche beziehungsweise das erforderliche Erschöpfen staatlicher Rechtsbehelfe relevant geworden wären, die jedenfalls zu diesem Zeitpunkt im Verhandlungsablauf nicht geklärt waren. Zudem genügt die prozessuale Ausstattung des Verfahrens vor dem IGH nicht den faktenlastigen Anforderungen der Kartell- beziehungsweise Wettbewerbsaufsicht. Unter diesen Bedingungen war für den USTR wohl weder ein günstiges, noch ein vorhersehbares Ergebnis zu erwarten. Folglich enthält der Feststellungsbeschluss des USTR[412] keinerlei Hinweis mehr auf dieses Forum.

Demgegenüber bot eine Arbeitsgruppe im OECD-CMIT eine neutrale, politische Untersuchung im Rahmen der multilateralen Überwachung des OECD-Kodex 1995. Artikel 18a OECD-Kodex 1995 bietet ausreichend Flexibilität, um das Verfahren den faktenlastigen Anforderungen der Kartell- beziehungsweise

---

and Application of the Non-violation or Impairment Remedy, George Wash. JIL & Econs. 32 (1999), 211–268 (218 ff.); hingegen dafür *Hoekman/Mavroidis* (Anm. 407), 141.

409 Art. 26 Ziff. 2 DSU.

410 Statute of the International Court of Justice, Annex to the Charter of the United Nations, signed at San Francisco, 26 June 1945, UNTS 1 (1946/47), 16 ff.; UKTS 67 (1946), in: UN Yearbook 23 (1969), 965 ff.; BGBl 1973 II, 505 ff. (Statut des Internationalen Gerichtshofs – IGH-Statut).

411 Art. 41 Ziff. 1 IGH-Statut.

412 *US Trade Representative*: Section 304 Determinations: Barriers to Access to the Japanese Market for Consumer Photographic Film and Paper, Notice of Determinations, 61 FR 30929 (18 June 1996), Teil II.

Wettbewerbsaufsicht anzugleichen, gegebenenfalls durch eine Erweiterung zum Panel *ad hoc* beziehungsweise eine Mitwirkung des OECD-Ausschusses für Wettbewerbsrecht und -Politik.[413] Als Experten hätten die Mitglieder der Arbeitsgruppe die notwendige Vertrautheit mit der Materie erwiesen. Jedenfalls hätte eine solche Arbeitsgruppe, da sie kein förmliches Subforum zur Streitbeilegung darstellte, die um den Themenkreis Marktzugang und Wettbewerb kreisenden Handelsstreitigkeiten Japans mit den Vereinigten Staaten politisch zu entlasten vermocht.[414] Aus Sicht des USTR konnte jedoch nachteilig sein, dass die Untersuchung sinnvollerweise marktvergleichend angelegt sein sollte, wodurch das Geschäftsverhalten von *Kodak* auf seinem Heimatmarkt und die Haltung des USDOJ als Kartellaufsichtsbehörde wie der Gerichte der Vereinigten Staaten thematisiert werden konnten, was unter Umständen die vom USTR vertretenen Positionen angreifbar machte.[415] Zudem würde eine solche Untersuchung nicht zentral auf direkte, gegebenenfalls einklagbare oder gar mit Gegenmaßnahmen erzwingbare Haftungsansprüche ausgerichtet sein.[416] Auf solchen Gründen beruhte wohl das Veto der Regierung der Vereinigten Staaten gegen einen entsprechenden Vorschlag im OECD-Rat.

Im Vergleich hierzu bot das Forum der WTO gleich mehrere, mit dem WTO-Rat für den Handel mit Waren oder dem TPRB ebenso politisch, wie auch gerichtlich strukturierte Subforen. Im Gegensatz zur OECD war insbesondere ein Verfahren aufgrund des DSU nicht marktvergleichend, sondern dem Ansatz der Beschwerde von *Kodak* entsprechend einseitig auf die Durchsetzung von Haftungsansprüchen und die Verurteilung der Regierung Japans ausgerichtet.[417] Auch konnte das Verfahren den faktenlastigen Anforderungen der Kartell- beziehungsweise Wettbewerbsaufsicht angepasst werden, da Panels Sachverständige befragen[418] und gegebenenfalls Sachverständigengutachtergruppen einrichten[419] können. Zudem waren die Zugangsvoraussetzungen zum Vorverfahren im DSU vergleichsweise leicht zu erfüllen, da sie lediglich die subjektive Prüfung der ersuchenden Partei erfordern,[420] ob Maßnahmen

---

413 *Organization for Economic Co-operation and Development* (Anm. 175), 21.

414 So etwa *Suzuki* (Anm. 3), 12.

415 So etwa *Durling* (Anm. 5), 188 ff.; 195 f.

416 *Williamson, Irving A.*: Letter to *Thomas J. Downey*, Counsel to Fujifilm (10 Dec. 1995), in: USTR Letter on Kodak-Fuji Case, Inside U.S. Trade (5 Jan. 1996), No. 3702.

417 Siehe insbes. Art. 3 Ziff. 2 bis 5 DSU.

418 Art. 13 Ziff. 2 DSU.

419 Art. 13 Ziff. 2 DSU i.V.m. Anhang 4 DSU.

420 Art. 3 Ziff. 7 DSU.

nach dem DSU „erfolgreich“ wären. Unerheblich jedoch war, ob die vertretenen Positionen als geschützte Rechtsansprüche formuliert werden konnten, da selbst Haftungsansprüche aufgrund von „Nichtverletzungs- beziehungsweise Situationsbeschwerden“ zulässig sind. Vor allem aber ermöglichte das DSU, spätestens nach Ablauf von 60 Tagen nach Eingang des Antrags auf Konsultationen die Einsetzung eines Panels zu beantragen,[421] und bot die durch das negative Konsenserfordernis im DSB gewährte Gewissheit,[422] dass einem solchen Antrag quasi automatisch stattgegeben werde. Dieser „Rechtsanspruch auf ein Panel“ stärkt eindeutig den BATNA der ersuchenden Partei im Vorverfahren, denn angesichts geringer Anforderungen der Spruchpraxis an das Verhalten während der Konsultationsgespräche kann sie einen starken BATNA einlösen, statt sich um eine „positive Lösung“ und eine „beiderseits akzeptable Lösung“ zu bemühen. Wegen des vorgegebenen Standardmandats[423] und der möglichen Zusammensetzung des Panels durch den WTO-Generaldirektor[424] kann die ersuchte Partei den Vollzug dieses BATNA allenfalls verzögern, jedoch nicht verhindern. Auf diese Weise organisiert das DSU, obgleich mit dem Antrag aufgrund Artikel 4 DSU ein politisches Subforum angerufen wird, pragmatisch die Zuständigkeit des gerichtlichen Panels. Somit konnte das Subforum DSU dem USTR geeignet erscheinen, trotz Schwächen in der Struktur der Regeln und bislang erfolgloser „Nichtverletzungsbeschwerden“ im GATT 1947, trotz vereitelter Strategie im Handelsstreit um Kraftfahrzeuge und Ersatzteile und einer möglichen Einstellung des Verfahrens aufgrund Section 301 Buchstabe (a) Ziffer (2)(A) US Trade Act,[425] in nunmehr „defensiver“ Auslegung des Section 301-Verfahrens Konsultationen und gegebenenfalls ein Panel-Verfahren einzugehen.

Vom Kriterium der Effektivität des Ergebnisses her bot Artikel 18a OECD-Kodex 1995 einer Arbeitsgruppe im OECD-CMIT keine Rechtsgrundlage, um eine Entscheidung gegen den Willen der Regierung Japans zu formulieren, sondern höchstens für eine Empfehlung an den OECD-Rat, die lediglich politischen Appellcharakter aufweist.[426] Somit bot die Untersuchung durch eine solche Arbeitsgruppe, ohne zeitliche Befristung, ohne die Möglichkeit einer Haftungsfeststellung beziehungsweise Schadensregulierung, nicht die

421 Art. 4 Ziff. 7 DSU i.V.m. Art. 6 Ziff. 1 DSU.
422 Art. 6 Ziff. 1 DSU.
423 Art. 7 Ziff. 1 DSU.
424 Art. 8 Ziff. 7 DSU.
425 19 USC §2411(a)(2)(A)(1994).
426 *Organization for Economic Co-operation and Development* (Anm. 175), 20 f.

vom USTR gewünschte kurzfristige Effektivität. Auch dies erklärt das Veto der Regierung der Vereinigten Staaten im OECD-Rat. Der Feststellungsbeschluss des USTR ging auch nicht ausdrücklich auf die entsprechende Anregung von Vizeminister *Sakamoto* ein,[427] nahm jedoch dessen Vorschlag in den bilateralen Pfad auf, Gespräche der jeweiligen Wettbewerbsbehörden USDOJ und JFTC zum Verhältnis von Handel und Wettbewerb zu unterstützen. Folglich „(c) würde das [USDOJ] bei der Prüfung der Nachweise über unlautere Geschäftspraktiken im japanischen Markt und gegebenenfalls bei der Berücksichtigung von korrigierenden Maßnahmen um die Zusammenarbeit mit der JFTC ersuchen, und der USTR [würde] bei der Bewertung von Anstrengungen der JFTC bei der Durchsetzung der Wettbewerbsgesetze im japanischen Markt für Fotomaterial mit dem [USDOJ] zusammenarbeiten; und (d) würden die Vereinigten Staaten das Ausmaß untersuchen, in dem Japans Marktstruktur für Fotomaterial für Verbraucher den Wettbewerb verzerren oder wirtschaftlichen Schaden in den Vereinigten Staaten und in Drittmärkten verursache, und angemessene Erwiderungen erwägen.“[428]

Die Frage, ob Section 301 Buchstabe (c) US Trade Act[429] eine Rechtsgrundlage lieferte, um den USDOJ zu verpflichten, sowie weitere Verkettungen dieses Pfades brauchen wegen des Fokusses der vorliegenden Untersuchung auf das Streitbeilegungsverfahren der WTO nicht weiter zu beschäftigen. Es kann aber davon ausgegangen werden, dass *Kodak-Fujifilm* zur Intensivierung der Bemühungen der Regierung der Vereinigten Staaten beigetragen hat, das Verhältnis von Handel und Wettbewerb sowohl bilateral mit der Regierung Japans, als auch multilateral in der OECD[430]

---

427 *Sakamoto, Yoshihiro*: Letter to Deputy USTR *Ira S. Shapiro* (5 Jan. 1996), in: Sakamoto Letter on Kodak Case, Inside U.S. Trade (12 Jan. 1996), No. 3736.

428 *US Trade Representative*: Section 304 Determinations: Barriers to Access to the Japanese Market for Consumer Photographic Film and Paper, Notice of Determinations, 61 FR 30929 (18 June 1996), Teil II.

429 19 USC §2411(c)(1994).

430 Siehe etwa *International Trade and Investment Division*: Trade and Competition: Frictions After the Uruguay Round, Economics Department Working Paper No. 165, OECD Doc. GD(96)105, Paris: OECD 1996, 6 ff.; *CLP Committee*: Abuse of Dominance and Monopolisation, Proceedings of the February 1996 Competition Policy Roundtable, OECD Doc. GD(96)131, Paris: OECD 1996, insbes. 131 ff.; 161 ff.; 247 ff.; *CLP Committee*: Judicial Enforcement of Competition Law, Proceedings of the October 1996 Competition Policy Roundtable, OECD Doc. GD(97)200, Paris: OECD 1997, insbes. 16 ff.; 166 ff.; *CLP-Committee*: Resale Price Maintenance, Proceedings of the February 1997 Competition Policy Roundtable, OECD Doc.

wie der WTO[431] zu regulieren. Weit darüber hinaus konnte die WTO, und hier vorrangig ein gerichtliches Panel-Verfahren, die potenziell einschneidende Verurteilung durch das DSB hervorbringen, die der USTR zur zwischenstaatlichen Rechtserheblichkeit seiner Positionen wohl wünschte. Hierzu normiert das DSU kurze Fristen, die in der Regel sechs Monate ab Zusammensetzung des Panels bis zur Zustellung des Berichtes an die Parteien[432] und weitere 60 Tage für die Annahme des Berichtes durch das DSB nicht überschreiten sollen,[433] so dass nach *circa* neun Monaten eine rechtkräftige Entscheidung des DSB vorliegt.[434] Im Haftungsfall entsteht eine sekundäre Rechtspflicht, die „strittige Maßnahme" innerhalb eines „angemessenen Zeitraums"[435] und aufgrund der Empfehlungen des DSB mit dem verletzten WTO-Teilabkommen in Einklang zu bringen[436] beziehungsweise im Falle von „Nichtverletzungsbeschwerden"

GD(97)229, Paris: OECD 1997 insbes. 7 ff.; 83 ff.; 101 ff.; *Council*: Recommendation Concerning Effective Action Against Hard Core Cartels, adopt. 25 March 1998, OECD Doc. C(98)35/Final, circul. 14 May 1998, 2 ff.; *CLP Committee*: Competition Elements in International Trade Agreements: A Post-Uruguay Round Overview of WTO Agreements, adopt. 8 Jan. 1999, OECD Doc. COM/TD/DAFFE/CLP(98)26/Final, Paris: OECD 1998, 4 ff.; *CLP Committee*: Report on Positive Comity: Making International Markets more Efficient through "Positive Comity" in Competition Law Enforcement, adopt. 6–7 May 1999, OECD Doc. COM/TD/DAFFE/CLP(99)19/Final, circul. 14 June 1999, Paris: OECD 1999, 2 ff.; *Joint Group on Trade and Competition*: Complementarities between Trade and Competition Policies: Note by the Secretariat, adopt. 8 Jan. 1999, OECD Doc. COM/TD/DAFFE/CLP(98)98/Final, circul. 9 Jan. 1999, Paris: OECD 1999, 4 ff.

431 Siehe die Abschlusserklärungen zeitnaher Ministerkonferenzen, *Ministerial Conference*: First Session, Singapore, 9–13 Dec. 1996: Ministerial Declaration, WTO Doc. WT/MIN(96)/DEC, adopt. 13 Dec. 1996, circul. 18 Dec. 1996, Ziff. 20; *Ministerial Conference*: Fourth Session, Doha, 9–14 Nov. 2001: Ministerial Declaration, WTO Doc. WT/MIN(01)/DEC/1, adopt. 14 Nov. 2001, circul. 20 Nov. 2001, Ziff. 23 ff.

432 Art. 12 Ziff. 8 DSU.

433 Art. 16 Ziff. 4 DSU.

434 Art. 20 DSU.

435 Art. 21 Ziff. 4 DSU; der „angemessene Zeitraum" soll die Regelfrist von 15 Monaten möglichst nicht überschreiten; nur selten und geringfügig weicht die RSpr. gem. Art. 21 Ziff. 3 Buchst. (c) DSU von dieser Regelfrist ab; Art. 94 Ziff. 1 Charter of the United Nations, signed at San Francisco, 26 June 1945, UNTS 1 (1946/47), 16 ff.; UKTS 67 (1946), in: UN Yearbook 23 (1969), 953 ff.; BGBl 1973 II, 431 ff.; 1974 II, 769 ff.; 1980 II, 1252 ff. (Charta der Vereinten Nationen – VN-Charta) hingegen normiert keine Frist für die Umsetzung von Urteilen des IGH.

436 Art. 19 Ziff. 1 DSU.

auf einen „allseits zufriedenstellenden Ausgleich“ hinzuwirken.[437] Bei ausbleibender beziehungsweise nicht zufriedenstellender Umsetzung[438] besteht notfalls die Möglichkeit, vorübergehend die Aussetzung von Zugeständnissen als Gegenmaßnahmen zu beantragen[439] und somit unter Beachtung der Vorbehalte aus Artikel 23 Ziffer 2 DSU aufgrund Section 305 Buchstabe (b) Ziffer (2) US Trade Act[440] zurück ins Section 301-Verfahren zu finden.

Nach monatelanger Prüfung und vergleichender Bewertung überwog im ACTPN die Auffassung,[441] dass außerhalb des FCN-Abkommens und parallel zu politischen Pfaden in der OECD, die WTO den vergleichsweise günstigsten multilateralen Pfad zur weiteren Koordination der vorgegebenen Positionen biete. Folglich erklärt der Feststellungsbeschluss des USTR: „(1) [A]us der Feststellung, die beachtliche Beweislage gäbe Grund zur Annahme, bestimmte Liberalisierungsgegenmaßnahmen der Regierung Japans, insbesondere Vertriebsrichtlinien[442] und hiermit zusammenhängende Maßnahmen, das [Daiten Hô] und das [Futô Hyôji Bôshi Hô] verletzten Pflichten Japans aus den Übereinkommen von Marrakesch und vernichteten oder schmälerten den Vereinigten Staaten aus diesen Übereinkommen zugesicherte Vorteile, diese Maßnahmen und deren Umsetzung, wie im [US] Trade Act normiert und gemäß Artikel 23 DSU, der WTO im Streitbeilegungsverfahren zur Prüfung vorlegen. Sollte das WTO-Streitbeilegungsgremium [infolge] des Streitbeilegungsverfahrens feststellen, dass Handlungen, Politiken oder Praktiken der Regierung Japans die Bestimmungen der Übereinkommen von Marrakesch verletzen, mit ihnen unvereinbar sind oder anderweitig Vorteile vorenthalten, die den Vereinigten Staaten aus [diesen] Übereinkommen erwachsen, würden [diese], falls Japan keine zufriedenstellende Maßnahmen ergreife, um [deren Rechte aus diesen] Übereinkommen zu erfüllen; Zusagen zur Einstellung oder zum Auslaufen entsprechender Handlungen, Politiken oder Praktiken beziehungsweise zur zufriedenstellenden Abschaffung der Hürden oder Hemmnisse des Handels oder hinreichende ausgleichende Handelsvorteile gewähre, gemäß Section 301

---

437 Art. 26 Ziff. 1 Buchst. (b) DSU.

438 Art. 21 DSU.

439 Art. 22 DSU; demgegenüber hat Art. 94 Ziff. 2 VN-Charta zur Durchsetzung von Urteilen des IGH durch Empfehlungen bzw. Maßnahmen des VN-Sicherheitsrats kaum prakt. Bedeutung erlangt.

440 19 USC §2416(b)(2)(1994).

441 So übereinst. *Durling* (Anm. 5), 253 ff.; 273 ff.; 301 ff.; 343 ff.; *Iida* (Anm. 6), 109 ff.

442 Wohl *Ministry of International Trade and Industry*: Guidelines on Business Practices to Promote a Free, Transparent and Competitive Distribution System (1990).

US Trade Act und in Übereinstimmung mit dem DSU Maßnahmen ergreifen."[443]

Ferner „(2)(a) [würden] die Vereinigten Staaten auf Grundlage [der Entscheidung von 1960], die 1960 von den [VERTRAGSPARTEIEN] angenommen und in die WTO übernommen worden [sei], umgehend Konsultationen mit der Regierung Japans ersuchen [...]."[444] Dieser erstmals je beanspruchte politische Pfad aufgrund der Entscheidung von 1960[445] ergänzte multilaterale Gespräche zum Verhältnis von Handel und Wettbewerb in der OECD.

Wohl werden einige Mitglieder im ACTPN der Auffassung gewesen sein, die von *Kodak* gelieferten Beweise würden ein multilaterales Streitbeilegungsforum erfolgreich bestehen,[446] während andere verstanden, dass diese Grundlage geringe Handlungs- und Ermessensspielräume bot und die WTO vielleicht am ehesten geeignet sei, *Kodak* von der Undurchsetzbarkeit seiner Positionen zu überzeugen.[447] *Kodak* kritisierte offen diesen seine Positionen eingrenzenden Pfad.[448] *Fujifilm* und das MITI hingegen befürworteten die WTO als Verzicht auf einseitige Gegenmaßnahmen und stillschweigende Anerkennung neuerer Präzedenzen, Machtverhältnisse und „Spielregeln" sowie als Zeichen grundsätzlichen Lösens der *Clinton*-Administration von „strategischer Handelspolitik".[449]

II. Einleiten der Verfahrensinstanz

Mit der Bestimmung der Pfade und Foren findet der Vorbereitungsabschnitt der Verhandlung seinen Abschluss. Um ihre subjektiven Positionen im multilateral anvisierten Forum zum Tragen zu bringen, kann die ersuchende Partei die aufgrund der Zugangs- beziehungsweise Zulässigkeitsvoraussetzungen dieses Forums verbleibenden prozessualen Handlungsspielräume für die Bestimmung

---

443 *US Trade Representative*: Section 304 Determinations: Barriers to Access to the Japanese Market for Consumer Photographic Film and Paper, Notice of Determinations, 61 FR 30929 (18 June 1996), Teil II Ziff. 1.

444 Ebendort, Teil II Ziff. 2.

445 So übereinst. *Durling* (Anm. 5), 386; *Iida* (Anm. 6), 111.

446 So etwa *Devereaux/Lawrence/Watkins* (Anm. 7), 167; *Ahearn* (Anm. 212), 38 ff.

447 So etwa *Durling* (Anm. 5), 245 f.; zu dieser Funktion zwischenstaatl. Streitbeilegung etwa *Palmeter/Mavroidis* (Anm. 266), 175.

448 So übereinst. *Durling* (Anm. 5), 344; 358; *Iida* (Anm. 6), 109 f.

449 So übereinst. *Durling* (Anm. 5), 356 ff.; *Iida* (Anm. 6), 110 f.

eines oder mehrerer Subforen strategisch nutzen. Parallel hierzu muss sie ihre Positionen strategisch den Bewertungsmaßstäben der anvisierten Subforen angleichen, dabei aber soweit möglich ihre subjektiven Interessen wahren. Diese Tätigkeit wiederholt die zur Bestimmung des Forums vorgenommenen Prüfungen und vergleichenden Bewertungen, orientiert diese jedoch weitgehend an den objektiven Voraussetzungen und Anforderungen der Subforen. Sie fordert in besonderem Maße das nach außen gerichtete, rechtstechnische und fachlich am anvisierten Forum orientierte Können des staatlichen Rechtsberaters heraus.

Am Ende dieser Entwicklung gibt die ersuchende Partei verbindlich bekannt, welche Pfade sie zu gehen und welche Inhalte sie im Forumsabschnitt zu koordinieren gedenkt. Taktisch kühn und ausgefeilt, begründeten die Anträge auf Konsultationen des USTR in *Kodak-Fujifilm* zwei Pfade im bevorzugten Subforum DSU sowie einen weiteren Pfad.

1. *Bevorzugtes Subforum*

Weil das DSU als umfassende Verfahrensordnung dem Panel-Verfahren zwingende Konsultationen voranstellt, erfolgt die konkrete Verfahrenseinleitung nicht über eine Klage,[450] sondern durch einen Antrag auf Konsultationen gemäß Artikel 4 DSU. Die Voraussetzungen für den Zugang zum Vorverfahren sind niedrig, nicht an das Bestehen eines objektiv definierbaren Streits gebunden und ermöglichen gar die Thematisierung von „Nichtverletzungbeschwerden" beziehungsweise „Situationsbeschwerden" auf der empirischen und nicht zwingend auf der Rechtsebene. Die vorausgehende Prüfungspflicht der ersuchenden Partei,[451] ob Maßnahmen nach dem Streitbeilegungsverfahren „erfolgreich" wären, läuft mangels Kritik durch die Staatenpraxis und Konkretisierung durch die Spruchpraxis auf eine Einschätzung allein dieser Partei hinaus, die je nach Interessen, Machtverhältnisse, Forumswahl, Motivation oder Wahrnehmung sehr unterschiedlich ausfallen kann. Wie im Feststellungsbeschluss des USTR[452] anerkannt, musste der USTR lediglich auf „Selbsthilfe", „Ausweichen", „Unilateralismus" sowie Nötigung aufgrund des Section 301-Verfahrens

450 Zum Klagebegriff etwa *Wegen, Gerhard*: Vergleich und Klagerücknahme im internationalen Prozeß, Diss. Tübingen, Berlin: Duncker & Humblot 1987, 58 ff.

451 Art. 3 Ziff. 7 DSU.

452 *US Trade Representative*: Section 304 Determinations: Barriers to Access to the Japanese Market for Consumer Photographic Film and Paper, Notice of Determinations, 61 FR 30929 (18 June 1996).

verzichten (prozessuales *de-linking*) und die prozessualen Regeln des multilateralen Subforums beachten – hier insbesondere der Vorrang multilateraler Streitbeilegung.[453]

Bewertungsmaßstäbe werden im Subforum DSU durch den Rechtsschutz definiert, der von vergleichsweise präzisen Rechtsnormen im weit definierten Geltungsbereich des DSU[454] geboten und durch eine ausgereifte Spruchpraxis ergänzt wird. Dementsprechend musste der USTR subjektive Positionen, die wie beschrieben nicht von diesen Übereinkommen geschützt werden[455] und deshalb im Subforum DSU als *de lege ferenda* gefährdet sind, systembezogen auf geschützte Haftungsansprüche *de lege lata* reduzieren (materielles *issue-splitting*).

Folglich lässt der Antrag aufgrund Artikel XXIII Ziffer 1 GATT 1994 (DS44)[456] mehrfache Strategien erkennen, welche die Positionen der Regierung der Vereinigten Staaten im Schutzbereich des GATT 1994 verankern sollen. Erstens sind diese so formuliert, dass zwar die erforderliche[457] „Rechtsgrundlage der Beschwerde" („verletzen die Pflichten der Regierung Japans aus dem GATT 1994, einschließlich Artikel III und Artikel X") zu erkennen ist, die „strittigen Maßnahmen" hingegen, wie die beklagten Rechtsgrundlagen bezeichnet werden, unbestimmt bleiben („Liberalisierungsgegenmaßnahmen"; „damit zusammenhängende Gesetze, Verordnungen und Verwaltungsmaßnahmen"; „Vertriebsrichtlinien und damit zusammenhängende Maßnahmen"). Aufgrund solcher Formulierung sind weder Subsumtionen durchzuführen, noch potenzielle Rechtsfolgen abzuleiten, so dass der Regierung Japans die Möglichkeit genommen wird, die zur Koordination notwendige Stellung zu beziehen. Zugleich bleiben dem USTR weite Handlungs- und Ermessensspielräume erhalten, hier Positionen nach taktischen Gesichtspunkten zu verändern.[458] Zweitens sind die Positionen nicht nur als Haftungsansprüche *de lege lata* aufgestellt, sondern aufgrund einer „Nichtverletzungsbeschwerde" auch

---

453 Art. 23 DSU.

454 Art. 1 Ziff. 1 DSU i.V.m. Anhang 1 DSU.

455 Zu den Haftungsgrundlagen aus GATT 1947 und WTO, ausf. oben S. 124 ff. m.w.N.; zu zwischenstaatl. Foren im Verhältnis von Handel und Wettbewerb, S. 253 ff. m.w.N.

456 *Permanent Mission of the United States*: Communication to the Permanent Mission of Japan and to the Dispute Settlement Body, 13 June 1996, circul. as *Japan – Film*, Request for Consultations by the United States, WTO Doc. WT/DS44/1, 21 June 1996.

457 Art. 4 Ziff. 4 DSU.

458 So etwa *Durling* (Anm. 5), 386.

als Regulierungsansprüche *de lege ferenda* („sind ebenfalls der Auffassung, dass diese Maßnahmen unmittelbar oder mittelbar den Vereinigten Staaten aus dem GATT 1994 zugesicherte Vorteile im Sinne von Artikel XXIII Ziffer 1 Buchstaben (a) und (b) zunichte machen oder schmälern“). Dadurch wird die im zwischenstaatlichen Umfeld seltene Möglichkeit genutzt, Regulierungsansprüchen den prozessualen Schutz des gerichtlichen Hauptverfahrens im DSU zukommen zu lassen und hieraus möglicherweise sekundäre Rechtspflichten zu begründen. Dies erklärt den Vorbehalt im Feststellungsbeschluss des USTR,[459] im Falle einer durch ein Panel festgestellten Nichtverletzungshaftung wieder Gegenmaßnahmen zu aktivieren („Sollte das WTO-Streitbeilegungsgremium [infolge] des Streitbeilegungsverfahrens feststellen, dass Handlungen, Politiken oder Praktiken der Regierung Japans die Bestimmungen der Übereinkommen von Marrakesch verletzen, mit ihnen unvereinbar sind oder anderweitig Vorteile vorenthalten, […] würden die Vereinigten Staaten […] gemäß Section 301 US Trade Act und in Übereinstimmung mit dem DSU Maßnahmen ergreifen“).[460] Letztlich kann eine „Nichtverletzungshaftung“ nur eine Empfehlung zum Herbeiführen eines „allseits zufriedenstellenden Ausgleichs“ bewirken.[461]

Drittens wird der Handelsstreit über den Antrag DS45[462] um einen völlig neuen Sachverhalt erweitert (materielles *tie-in*), dem Daiten Hô. Zwar wurden behauptete handels- und wettbewerbsverzerrende Auswirkungen des Daiten Hô bereits im Rahmen der SII thematisiert. Seit dem Inkrafttreten des GATS am 1. Januar 1995 wurden sie jedoch zugleich vom Geltungsbereich des DSU[463] erfasst. Folglich konnte ihre Thematisierung im Marktsegment für Fotomaterial und die Möglichkeit einer Haftung aus dem GATS unzureichende Fortschritte in der SII beleben helfen. Zudem konnte die Problematik um Marktzugang,

---

459 *US Trade Representative*: Section 304 Determinations: Barriers to Access to the Japanese Market for Consumer Photgraphic Film and Paper, Notice of Determinations, 61 FR 30929 (18 June 1996), Teil II.

460 *Permanent Mission of the United States*: Communication to the Permanent Mission of Japan and to the Dispute Settlement Body, 13 June 1996, circul. as *Japan – Film*, Request for Consultations by the United States, WTO Doc. WT/DS44/1, 21 June 1996.

461 Art. 26 Ziff. 1 Buchst. (b) DSU.

462 *Permanent Mission of the United States*: Communication to the Permanent Mission of Japan and to the Dispute Settlement Body, 13 June 1996, circul. as *Japan – Distribution Services*, Request for Consultations by the United States, WTO Doc. WT/DS45/1, 20 June 1996.

463 Art. 1 Ziff. 1 DSU i.V.m. Anhang 1 DSU.

Wettbewerb und Stadtplanung, obwohl sie nicht unmittelbar die Interessen von *Kodak* bediente, jene der Regierung der Vereinigten Staaten unterstützen, im absehbaren Forumsabschnitt den Aufwand in *Kodak-Fujifilm* zu amortisieren; angreifbare Positionen zum GATT 1994 mit rechtlich geschützten Positionen zum GATS zu kompensieren;[464] die bestehende Anerkennung der Positionen in der Sache durch das MITI für bessere Erfolgschancen zu nutzen; den Austausch von Zugeständnissen für ein Übereinkommen zu erleichtern; durch verbesserte Vermarktungsmöglichkeiten zumindest mittelbar die Interessen von *Kodak* zu bedienen. Viertens vermeidet ein separater Antrag auf Konsultationen aus dem GATS (prozessuales *de-linking*) eine mögliche Diskreditierung durch die riskanten Positionen zum GATT 1994. Auch begrenzt dies eine denkbare Übertragung der ungünstigen Spruchpraxis zum GATT 1947 auf das GATS und erhält die Möglichkeiten einer freieren, bis *dato* nicht durch die Spruchpraxis eingeengte Argumentation. Weiter kann im Falle eines negativen Ausgangs im Pfad zum GATT 1994 zumindest die Problematik zum GATS potenziell gelöst werden. Folglich wirft die Regierung der Vereinigten Staaten der Regierung Japans vor, „mit diesen Maßnahmen Pflichten und besondere Zusicherungen aus Artikel III und XVI GATS nicht eingehalten [zu] haben.“[465] Die Verwendung von „nicht einhalten“ (*fail to carry out*) statt des im Antrag DS44 gebrauchten „verletzens“ (*violate*) mag dahinstehen. Hingegen sind die „strittigen Maßnahmen“ vergleichsweise eingeschränkt („Maßnahmen […], die Vertriebsdienstleistungen berührten und von der Regierung Japans gemäß, beziehungsweise in Verbindung mit dem [Daiten Hô] sowie hiermit zusammenhängender Gesetze, Verordnungen und Verwaltungsmaßnahmen, angewandt würden“), obgleich auch hier Schwächen in der Bestimmbarkeit verbleiben. Wie im Antrag DS44 werden auch im Antrag DS45 aufgrund einer „Nichtverletzungsbeschwerde“ Regulierungsansprüche *de lege ferenda* formuliert („diese Maßnahmen unmittelbar oder mittelbar den Vereinigten Staaten aus dem GATS zugesicherte Vorteile im Sinne von Artikel XXIII Ziffer 3 zunichte machen oder schmälern“).[466]

---

464 So etwa *Dillon* (Anm. 4), 227.

465 *Permanent Mission of the United States*: Communication to the Permanent Mission of Japan and to the Dispute Settlement Body, 13 June 1996, circul. as *Japan – Distribution Services*, Request for Consultations by the United States, WTO Doc. WT/DS45/1, 21 June 1996.

466 Ebendort.

Ferner schließen die beanspruchten Haftungsgrundlagen Artikel XXIII Ziffer 1 GATT 1994 beziehungsweise Artikel XXIII Ziffern 1 und 3 GATS[467] die Möglichkeit aus, dass Dritte, die ein wesentliches Interesse am Handelsstreit bekunden, die Parteien um Teilnahme an den Konsultationen ersuchen.[468] Diese Möglichkeit ist ausschließlich Konsultationen zu Beschwerden vorbehalten, die auf Artikel XXII Ziffer 1 GATT 1994, Artikel XXII Ziffer 1 GATS beziehungsweise entsprechenden Bestimmungen anderer WTO-Teilabkommen[469] beruhen. Durch diese Wahl der Haftungsgrundlagen vermeidet die ersuchende Partei, ihre Positionen einer objektivierenden Kritik durch Dritte auszusetzen,[470] und erhält dadurch soweit im multilateralen Pfad möglich ihre subjektive Handlungsfreiheit und das bilaterale Verhältnis zur ersuchten Partei. Demgegenüber hatte die Regierung Japans im Handelsstreit um Kraftfahrzeuge und Ersatzteile, im Vertrauen auf die Belastbarkeit ihrer Positionen, ihren Antrag strategisch auf Artikel XXII Ziffer 1 GATT 1994 gestützt, woraufhin Australien[471] und die Europäischen Gemeinschaften[472] die Teilnahme beantragten.

2. *Alternatives Subforum*

Der Antrag aufgrund der Entscheidung von 1960[473] begründet einen Pfad, der aufgrund der in der vergleichenden Prüfung möglicher Foren aufgespürten Entscheidung Positionen hinsichtlich Maßnahmen nichtstaatlicher Herkunft

---

467 *Permanent Mission of the United States*: Communication to the Permanent Mission of Japan and to the Dispute Settlement Body, 13 June 1996, circul. as *Japan – Film*, Request for Consultations by the United States, WTO Doc. WT/DS44/1, 21 June 1996.

468 Art. 4 Ziff. 11 DSU.

469 Anm. 4 zu Art. 4 Ziff. 11 DSU.

470 So etwa *Durling* (Anm. 5), 422.

471 *Permanent Delegation of the European Commission*: Communication to the Office of the United States Trade Representative and the Permanent Mission of Japan, 31 May 1995, circul. as *US – Autos*, Request to Join Consultations Pursuant to Art. 4.11 DSU, WTO Doc. WT/DS6/2, 12 June 1995.

472 *Permanent Mission of Australia*: Communication to the Permanent Mission of Japan and the Office of the United States Trade Representative, 1 June 1995, circul. as *US – Autos*, Request to Join Consultations Pursuant to Art. 4.11 DSU, WTO Doc. WT/DS6/3, 2 June 1995.

473 *Permanent Mission of the United States*: Communication to the Permanent Mission of Japan, 13 June 1996, circul. as *Japan – Business Practices*, Request for Consultations by the United States Pursuant to the Decision on "Restrictive Business Practices: Arrangement for Consultations", WTO Doc. WT/L/154, 26 June 1996.

(„gewisse Geschäftspraktiken in den japanischen Marktsegmenten für Fotomaterial") aufnimmt, die nicht ausdrücklich vom Geltungsbereich des DSU[474] erfasst werden.[475] Ohne Hinweis auf ein ersuchtes Rechtsmittel, zitiert der Antrag weitgehend aus der Entscheidung („anerkenne, dass Geschäftspraktiken, die Wettbewerb im internationalen Handel beschränken, die Erweiterung des Welthandels und die wirtschaftliche Entwicklung einzelner Staaten beeinträchtigten und folglich Vorteile aus der Minderung von Zöllen und Beseitigung von zahlenmäßigen Beschränkungen frustrieren oder anderweitig die Ziele des Allgemeinen Zoll- und Handelsabkommens beeinträchtigen könnten"), und verknüpft diese mit der Erwartung einer „beiderseits akzeptablen Lösung" („empfehle Mitgliedern, auf Antrag in Konsultationen über solche Praktiken mit dem Ziel eines beiderseits zufriedenstellenden Abschlusses zu treten").[476]

Letztlich lässt der Antrag das taktische Bestreben erkennen, die zentralen, da der Beschwerde von *Kodak* zugrunde liegenden Positionen des USTR irgendeiner Rechtsgrundlage im Forum WTO zuzuordnen, um zumindest die Wahrnehmung eines Konsenses zur Thematik herzustellen und somit die Glaubwürdigkeit seiner Thesen zu stärken. Tatsächlich jedoch hatte die Entscheidung von 1960 lediglich zur Funktion, eine fruchtlose Diskussion um die Einbeziehung von Wettbewerbsfragen in das GATT 1947 abzubrechen, in der sich zwei Auffassungen unvereinbar gegenüberstanden. Schon die mehrdeutige Überschrift „Vereinbarung" (*arrangement*), unmittelbar gefolgt vom Zusatz „Entscheidung" (*decision*), verrät den schwelenden Dissens. Ein materieller Pflichtgehalt ist nur schwer zu ermitteln: Die Hauptpflicht, Konsultationen einleiten, ist dem empfehlenden Abschnitt („*recommend*") zugeordnet, während der als rechtsverbindlich überschriebene Abschnitt („*decide*") lediglich Nebenpflichten (Notifikation der Art der Beschwerde und eines erreichten Abschlusses beziehungsweise der Unmöglichkeit eines Abschlusses; Weitergabe der notifizierten Angaben an alle Vertragsstaaten) normiert.[477] Die Schwächen

474 Art. 1 Ziff. 1 DSU i.V.m. Anhang 1 DSU.

475 So etwa *Durling* (Anm. 5), 394.

476 *Permanent Mission of the United States*: Communication to the Permanent Mission of Japan, 13 June 1996, circul. as *Japan – Business Practices*, Request for Consultations by the United States Pursuant to the Decision on "Restrictive Business Practices: Arrangement for Consultations", WTO Doc. WT/L/154, 26 June 1996.

477 *Restrictive Business Practices*: Proposal by Chairman of the Working Party, GATT Doc. W.17/37, circul. 17 Nov. 1960, adopt. by *CONTRACTING PARTIES*: Summary Record of the Tenth Meeting, Held at Palais des Nations, Geneva, on 18 Nov. 1960, GATT Doc. SR.17/10, circul. 30 Nov. 1960, Ziff. 4, in: BISD 9S/28 (1960).

solcher prozessual wie inhaltlich kaum vereinbaren Aussagen zeichnen eher ein „Übereinkommen im Dissens“ (*agreement not to agree*)[478] aus als eine geeignete Rechtsgrundlage zur Streitbeilegung. Entsprechend ist die Entscheidung von 1960 in der Staatenpraxis des GATT 1947 nie herangezogen worden.

Mit der Wahl der Pfade und der Begründung entsprechender Zuständigkeiten konnte die Regierung der Vereinigten Staaten als ersuchende Partei die Bedingungen bestimmen, unter denen die Regierung Japans im angehenden Forumsabschnitt der Verhandlung würde antworten müssen. Gegenüber den Erwartungen von *Kodak* als privatem Mandanten haben die Strukturelemente bereits im Vorbereitungsabschnitt entscheidende Veränderungen erfahren. Im Forumsabschnitt ist das Unternehmen allenfalls noch im Rahmen einer *second-track* Diplomatie am Geschehen beteiligt.

III. Zwischenergebnis

Dieses Kapitel konkretisiert den Vorbereitungsabschnitt der Verhandlung in *Kodak-Fujifilm*. Das Schreiben von Vizeminister *Sakamoto* löste einen völkerrechtlich relevanten Streit aus der Pflege der diplomatischen Beziehungen und verkörpert zugleich den Übergang von der Konsultation zur Verhandlung. Dass dies indes weder Voraussetzung für Konsultationen im DSU noch für die Einsetzung eines Panels, wie überhaupt die Inanspruchnahme des Streitbeilegungsverfahrens der WTO nicht als streitige Handlung beabsichtigt oder zu betrachten ist, bestätigt, dass völkerrechtliche Streitbegriffe nur bedingt für das Vorverfahren des DSU relevant sind.

Als erste Funktion im Vorbereitungsabschnitt und Grundlage jeder Verhandlung gilt das Beschaffen und Auswerten von Information. Weil die Prüfung und Kritik von Sachverhalten umso eher Lösungen herbeiführen kann, als die Strukturelemente solcher Koordination nicht auf einen Handelsstreit ausgerichtet sind, ist die Überwachung in den Räten der WTO beziehungsweise im TPRM ergänzend zur Durchsetzung von Rechtspflichten aufgrund des DSU zu empfehlen. Wegen der systembezogenen Qualität der ermittelten Information und ihrer geringeren Anfälligkeit für parteibezogene Verzerrung empfiehlt sich die kollektive Erfüllung dieser Funktion. Das Involvieren staatlicher Organe erfolgt aufgrund staatlicher Verfassungen, Verfahrensordnungen oder Gesetzen. In den Vereinigten Staaten vermochte *Kodak*, statt den Rechtsweg zu beschreiten, mit einer Beschwerde aus Section 302 Buchstabe (a) Ziffer (1) US

478 Hierzu etwa *Lacharrière* (Anm. 110), 91 ff.

Trade Act[479] den USTR zu befassen und einen Rechtsanspruch auf diplomatischen Schutz gegen unlautere Handelsmaßnahmen zu begründen. Dieses Verfahren schließt die ersuchte Partei vom Definieren staatlicher Interessen aus. So konnte *Kodak* die Ermessensspielräume in Section 301 Buchstabe (a) Ziffer (1) US Trade Act durch Medien- und Lobbyarbeit besetzen und eigene Positionen auf die Handelspolitik der Regierung der Vereinigten Staaten ausrichten. Zum Ermitteln strategischer Positionen beanspruchte die Démarche des stellvertretenden USTR *Shapiro* die gewohnten „Spielregeln" der „strategischen Handelspolitik"; die Antwort von Vizeminister *Sakamoto* hingegen jene der „Herrschaft des Rechts" aus dem jüngsten Handelsstreit um Kraftfahrzeuge und Ersatzteile, in dem Gegenmaßnahmen aus Section 301 Buchstabe (c) US Trade Act[480] durch beantragte Konsultationen aufgrund Artikel 4 DSU abgewehrt wurden.

Der Feststellungsbeschluss des USTR indossierte die Positionen von *Kodak*, obgleich sie unter den bestehenden Machtverhältnissen kaum Handlungsfolgen für die Regierung Japans ergaben, und verzichtete daher weitgehend auf den bilateralen Pfad. Die als BATNA bevorzugte multilaterale WTO folgte aus dem Abgleich der Positionen der Vereinigten Staaten mit den Verhaltens- und Bewertungsmaßstäben bestehender Foren. Entsprechend wurden die Anträge DS44 und DS45 den „Spielregeln" im Subforum DSU angepasst, während der Pfad aufgrund der Entscheidung von 1960 lediglich die Wahrnehmung eines Konsenses um die Thesen von *Kodak* erzeugen sollte.

Kodak-Fujifilm belegt die Abdingbarkeit des geregelten Verhandlungsablaufs: Während der Pfad DS44 die Funktionen des Vorbereitungsabschnitts idealtypisch durchläuft, wird das Beschaffen und Auswerten von Information erst durch die Antwort von Vizeminister *Sakamoto* vollzogen, und nimmt der Verzicht auf Gegenmaßnahmen den Forumsabschnitt vorweg. Im Pfad DS45 zieht das *tie-in* des Daiten Hô den Erweiterungsabschnitt vor, während das Beschaffen und Auswerten von Information sowie das Ermitteln strategischer Positionen erst im Forumsabschnitt erfolgen.

Zudem steht die staatliche Willensbildung im Kreuzfeuer von subjektivem Parteiwillen staatlichen Ursprungs und objektiven Vorgaben funktionaler Herkunft. Das Koordinieren beider Ebenen beruht auf der Rechtsstellung des Völkerrechts in der Verfassung, die in den Vereinigten Staaten wegen der konkurrierenden Kompetenzen des US Congress für Handelsinteressen und des

479 19 USC §2412(a)(1)(1988).
480 19 USC §2411(c)(1994).

US President zum Abschluss zwischenstaatlicher Übereinkommen mit einer erheblichen Unsicherheit behaftet ist. Section 102 Buchstaben (a) bis (c) URAA[481] knüpft den Vollzug der Übereinkommen von Marrakesch an Bedingungen, die aufgrund der „Later-in-Time“ Regel überwiegen, so dass der US Congress im Einzelfall eine Mitwirkung beanspruchen kann.

Um einen privaten Missbrauch der staatlichen Willensbildung, die protektionistische Entfremdung des multilateralen Handelssystems und die selbsterfüllende Prophezeiung gegenüber Mitgliedern mit geringen Ressourcen zu vermeiden, sind staatliche Rechtsberater aufgerufen, den Koordinationsbedarf von privaten Mandanten eingehend zu prüfen. Dies bedeutet nicht nur, konkurrierende gesellschaftliche Interessen, sondern vor allem auch zwischenstaatliche Belange in die staatliche Willensbildung hineinzutragen. Hierzu empfiehlt es sich, analog der in Kartellaufsichtsverfahren anempfohlenen Courtoisie, diese Willensbildung an zwischenstaatlich anerkannten Vorgaben zu orientieren; unzulässige Eingriffe in die Wirtschaftshoheit anderer Staaten und damit verbundene Risiken einer völkerrechtlichen Staatenhaftung zu vermeiden; das Objektivieren des Sachverhalts im Forumsabschnitt der Verhandlung zu antizipieren. Ein entsprechender Ablehnungsbeschluss des USTR wäre aus den negativen Anspruchsvoraussetzungen „nationale Sicherheitsinteressen“ und „unverhältnismäßig negative Auswirkungen auf die Wirtschaft der Vereinigten Staaten“ aus Section 301 Buchstabe (a) Ziffer (2)(B)(ii) bis (v) US Trade Act[482] zu begründen gewesen. Zudem ist die Prüfungspflicht der ersuchenden Partei aus Artikel 3 Ziffer 7 DSU zu beachten, ob Maßnahmen nach dem DSU „erfolgreich“ wären, welche die allgemeine Rechtspflicht zum vorherigen Erschöpfen staatlicher Rechtsbehelfe ersetzt. Um den Verfall dieser Prüfungspflicht zu vermeiden, sei ihr vermehrtes Einfordern durch interessierte Mitglieder und das DSB empfohlen, sowie ihre Verknüpfung mit kooperativen Zielbestimmungen und Verhaltenspflichten des Vorverfahrens im DSU beziehungsweise mit materiellen Pflichten der WTO-Teilabkommen und des allgemeinen Völkerrechts. Auch sollte eine ersuchende Partei etwa aufgrund von Richtlinien oder Formaten des DSB zum Nachweis angeleitet werden, diese Prüfung zumindest durchgeführt zu haben.

Vorteile der solcherart konkretisierten Prüfungspflicht wären das Einbinden von Verfahren zum Veranlassen diplomatischen Schutzes in die zwischenstaatliche Handelsregulierung; das Schaffen, entsprechend der Vorgabe, dass

481 19 USC §3512(a)-(c)(1994).
482 19 USC §2411(a)(2)(B)(ii)-(v)(1994).

die Inanspruchnahme der Streitbeilegungsverfahrens nicht als streitige Handlung beabsichtigt oder zu betrachten ist, von Anreizen zur *bona fide*, kooperativen Motivation und Einpreisung objektiv-systembezogener Vorgaben; das entsprechende Reduzieren konfrontativer Motivation und taktischer *mala fide* zur Durchsetzung von subjektiven Vorstellungen; das Vermeiden der Eskalation privater Rechts- zu zwischenstaatlichen Handelsstreitigkeiten; der Schutz des Streitbeilegungssystems der WTO vor übertriebenem *forum shopping*; das Fördern der institutionellen Überwachung gegenüber ihrer Durchsetzung.

Viertes Kapitel: Objektivieren des Handelsstreits im designierten Forum

Anders als vielfach angenommen, unterbricht das Beantragen von Konsultationen in der Welthandelsorganisation (WTO) die Verhandlung der Parteien nicht, wenn die ersuchende und nunmehr beschwerdeführende Partei weiteren Koordinationsbedarf verspürt.

Allerdings unterliegt die Verhandlung nun den prozessualen und materiellen Rechtsnormen der Übereinkommen von Marrakesch.[1] Im Streitbeilegungsverfahren sind die Handlungsspielräume der Parteien durch Verhaltenspflichten der Vereinbarung über Regeln und Verfahren zur Beilegung von Streitigkeiten (DSU)[2] geordnet: So können Gegenmaßnahmen aus Section 301 Buchstabe (c) Handelsgesetz der Vereinigten Staaten von Amerika (Vereinigte Staaten) (US Trade Act)[3] [4]

---

1 Marrakesh Declaration of 15 April 1994, UNTS 1867 (1995), 14 ff.; TIAS No. 31874, in: ILM 33 (1994), 1263 ff.; in nichtamtl. Übers. *Benedek, Wolfgang*: Die Welthandelsorganisation (WTO), München: Beck 1998, 591 ff. (Erklärung von Marrakesch); einschl. Final Act Embodying the Results of the Uruguay Round of Multilateral Trade Negotiations, done at Marrakesh, 15 April 1994, UNTS 1867 (1995), 16 ff.; TIAS No. 31874, in: ILM 33 (1994), 1143 f.; ABlEG L 336 vom 23. Dez. 1994, 253 ff. (Schlussakte von Marrakesch), das Marrakesh Agreement Establishing the World Trade Organization, done at Marrakesh, 15 April 1994, UNTS 1867 (1995), 154 ff.; TIAS No. 31874, in: ILM 33 (1994), 1144 ff.; ABlEG L 336 vom 23. Dez. 1994, 3 ff. (Übereink. zur Errichtung der Welthandelsorganisation – WTO-Abkommen), die anhängenden Teilabk. sowie alle Beschlüsse, Erklärungen und Vereinbarungen der Uruguay-Runde werden nachf. als „Übereinkommen von Marrakesch" zusammengefasst.

2 Understanding on Rules and Procedures Governing the Settlement of Disputes, Annex 2 to the Marrakesh Agreement Establishing the World Trade Organization, UNTS 1869 (1995), 401 ff.; TIAS No. 31874, in: ILM 33 (1994), 1226 ff.; ABlEG L 336 vom 23. Dez. 1994, 234 ff.

3 Sec. 301-310 Trade Act of 1974, Pub. L. 93-618, 88 Stat. 1978 (3 Jan. 1975); as added Trade Agreements Act, Pub. L. 96-39, 93 Stat. 295 (26 July 1979); as amend. Trade and Tariff Act, Pub. L. 98-573, 98 Stat. 3002 (30 Oct. 1984); Omnibus Trade and Competitiveness Act of 1988, Pub. L. 100-418, 102 Stat. 1164 (23 Aug. 1988); Uruguay Round Agreements Act (URAA), Pub. L. 103-465, 108 Stat. 4993 (8 Dec. 1994); Act to Make Technical Corrections and Miscellaneous Amendments to Trade Laws, Pub. L. 104-295, 110 Stat. 3528 (11 Oct. 1996); 19 USC §§2411-2420 and §2155(a)(1994); hierzu statt vieler *Jackson, John H.*: The World Trading System: Law and Policy of International Economic Relations, Cambridge/London: MIT Press, 2nd ed. 1997, 127 ff.; *Bello, Judith H./Holmer, Alan F.*: U.S. Trade Law & Policy Series #13: Unilateral Action to Open Foreign Markets: The Mechanics of Retaliation Exercises, Int'l Lawyer 22 (1988), 1197–1206.

4 19 USC §2411(c)(1994).

etwa weiterhin verhängt, angedroht oder versprochen werden, doch wegen des Verstoßes gegen den Vorrang multilateraler Streitbeilegung[5] sollte dies unterbleiben. Verfügbare Ermessensspielräume werden von Rechtspflichten der vom Geltungsbereich des DSU[6] erfassten WTO-Teilabkommen begrenzt: So können subjektive Positionen zwar weiterhin behauptet werden, doch werden sie die ersuchte Partei nur dann zum Treffen beziehungsweise Unterlassen von Entscheidungen bewegen, wenn sie solchen Rechtspflichten zu entnehmen sind.[7] Insofern fallen ungeschützte Forderungen, Zugeständnisse oder Tauschgegenstände fort, während aus den WTO-Teilabkommen begründete Rechtsbegriffe, -ansprüche und -auffassungen in den Vordergrund treten.

Der solcherart objektivierte Forumsabschnitt der Verhandlung erfolgt unter veränderten Strukturelementen: Im Handelsstreit *Kodak-Fujifilm*[8] etwa weichen die Interessen von *Eastman Kodak Company, Inc.* (*Kodak*) und *Fuji Photo Film Company, Ltd.* (*Fujifilm*) den Interessen der Vereinigten Staaten und Japans zur zwischenstaatlichen Handels- und Wettbewerbsregulierung; ebenso lösen die Ständigen Vertreter der Vereinigten Staaten und Japans sowie die WTO-Organe *Kodak* und *Fujifilm* mitsamt ihrer jeweiligen Berater als Akteure ab. Die Komplexität und Vielschichtigkeit der entstehenden Koordination sprengt den engen, formalen und bilateralen Verhandlungsbegriff aus Artikel 33 Ziffer 1 Charta der Vereinten Nationen

---

5 Art. 23 DSU.

6 Art. 1 Ziff. 1 DSU i.V.m. Anhang 1 DSU; aus Art. XVI Ziff. 1 WTO-Abkommen sind die jeweiligen Vertragsbestimmungen mit dem *acquis* aus Entscheidungen, Verfahren und der Staatenpraxis der VERTRAGSPARTEIEN des GATT 1947, aus Art. 3 Ziff. 1 DSU die Grundsätze und Verwaltung von Streitigkeiten gem. Art. XXII und XXIII GATT 1947 aufzufassen, sofern sie nicht durch die Übereink. von Marrakesch geändert wurden; hierzu *Palmeter, David/Mavroidis, Petros C.*: Dispute Settlement in the World Trade Organization: Practice and Procedure, The Hague/London/Boston: Kluwer Law Int'l 1999, 37 ff.; *Marceau, Gabrielle*: A Call for Coherence in International Law: Praises for the Prohibition against "Clinical Isolation" in WTO Dispute Settlement, JWT 33 (1999), 87–152 (109 ff.).

7 So etwa *Jackson, John H.*: Emerging Problems of the WTO Constitution: Dispute Settlement and Decision Making in the Jurisprudence of the WTO, in: Rutley, Philip/Mac Vay, Ian/Masa' deh, Ahmad (eds.): Liberalisation and Protectionism in the World Trading System, London: Cameron May 1999, 25–38 (28).

8 So die fortan verwendete Bezeichnung des Handelsstreits *Japan – Film*; verbreitet auch als „*Kodak-Fujifilm* dispute", „film-dispute" bzw. „Filmstreit".

(VN-Charta)[9] deutlich. Seit dem Allgemeinen Zoll- und Handelsabkommen 1947 (GATT 1947)[10] wird sie als „Konsultation" bezeichnet.

Pieter Kuijper ordnet Konsultationen im Vorverfahren des DSU der Streitvermeidung, dem Definieren von zuständigkeitsbestimmenden Ansprüchen und dem Sichern von Verfahrensrechten der ersuchten Partei zu.[11] Angeregt durch *John Jackson*,[12] ist die an den Verhaltens- und Bewertungsmaßstäben des DSU objektivierte Koordination von *Elisa Baroncini* als „rechtsgeleitete Verhandlung" (*rule-oriented diplomacy*)[13] bezeichnet worden. Allerdings bleibt das systembezogene Objektivieren nur insofern erhalten, als die ersuchende Partei die Verhandlung im Forum belässt, denn aufgrund der Gleichstellung der

---

9 Charter of the United Nations, signed at San Francisco, 26 June 1945, UNTS 1 (1946/47), 16 ff.; UKTS 67 (1946), in: UN Yearbook 23 (1969), 953 ff.; BGBl 1973 II, 431 ff.; 1974 II, 769 ff.; 1980 II, 1252 ff.

10 General Agreement on Tariffs and Trade, Annex to the Final Act Adopted at the Conclusion of the Second Session of the Preparatory Committee of the United Nations Conference on Trade and Employment, signed at Geneva, 30 Oct. 1947, UNTS 55 (1948), 194 ff.; TIAS No. 1700, in: Report on the Geneva Tariff Negotiations, with Text of the General Agreement on Tariffs and Trade, and Supplementary Agreements with the United States and Canada, Cmd. 7258, London: HMSO 1947; BGBl 1951 II, Anlagenband I, 4 ff.

11 *Kuijper, Pieter J.*: The Pre-litigation Stage in the WTO Dispute Settlement Procedure and in the EC Infringement Procedure, in: Weiss, Friedl (ed.): Improving WTO Dispute Settlement Procedures: Issues and Lessons from the Practice of other International Courts and Tribunals, London: Cameron May 2000, 67–74 (67 f.); ähnlich *Renouf, Yves*: Garantir les « droits de la défense » : Quelques remarques préliminaires sur la nécessité de développer les règles de procédure dans le règlement des différends de l'OMC, in: Société française pour le droit international (éd.): La réorganisation mondiale des échanges (problèmes juridiques), Colloque de Nice, 1er-3 juin 1995, Paris: Pédone, 293–307 (297 f.).

12 Wohl grundl. *Jackson* (Anm. 3), 109 ff.; ansatzw. *Petersmann, Ernst-Ulrich*: International Trade Law and the GATT/WTO Dispute Settlement System 1948–1996: An Introduction, in Petersmann, Ernst-Ulrich (ed.): International Trade Law and the GATT/WTO Dispute Settlement System, The Hague/London/Boston: Kluwer 1997, 3–122 (30 ff.).

13 *Baroncini, Elisa*: The WTO Dispute Settlement Understanding as a Promoter of Transparent, Rule-oriented, Mutually Agreed Solutions – A Study on the Value of DSU Consultations and Their Positive Conclusion, in: Mengozzi, Paolo (ed.): International Trade Law on the 50th Anniversary of the Multilateral Trade System, Milano: Giuffrè 1999, 152–302 (157 ff.; 186 ff.; 227 ff.).

Mittel zur friedlichen Beilegung aus Artikel 33 Ziffer 1 VN-Charta steht es ihr frei, dieses jederzeit zu verlassen.

Nachfolgend werden prozessuale, inhaltliche und partizipative Dimensionen des Objektivierens unterschieden. In Bezug auf Quellen, Orientierung am geregelten Verhandlungsablauf und Rechtslage *rationae tempore* wird auf die Einführung zum zweiten Teil der Untersuchung verwiesen.

A. Gliedern prozessualer Grundlagen

Über Verhaltenspflichten strukturiert die Verfahrensordnung des Forums die Fortsetzung der Verhandlung in den Erweiterungs-, Zugeständnis- und Übereinkommensabschnitten. Liegt keine solche Verfahrensordnung vor, oder belässt sie allzu weite Handlungs- und Ermessensspielräume, entsteht ein Koordinationsbedarf der ersuchenden Partei, solche prozessualen Grundlagen in einem Verfahrensabkommen zu klären. Dieses Koordinieren ist den Vorgaben des Forums unterworfen.

I. Bestehende Verfahrensordnung

Im integrierten, zwingenden Vorverfahren des DSU ist die ersuchte Partei verpflichtet, einen Antrag auf Konsultationen binnen zehn Tagen zu beantworten, und binnen 30 Tagen Konsultationsgespräche aufzunehmen, um eine „allseits zufriedenstellende Lösung" herbeizuführen.[14] Die den Konsultationen vorbehaltene Frist von 60 Tagen[15] kann verkürzt werden, wenn die ersuchte Partei nicht innerhalb der vorgeschriebenen Fristen handelt,[16] die Parteien einvernehmlich das Scheitern der Konsultationen feststellen,[17] oder in dringenden Fällen eine Aufnahme von Konsultationen binnen zehn Tagen beziehungsweise eine „Lösung" binnen 20 Tagen ausbleibt.[18] Ort, Zeit und Akteure der Konsultationen sind den Parteien weitgehend überlassen und in der Praxis unstrittig.

14 Art. 4 Ziff. 3 DSU.
15 Art. 4 Ziff. 7 DSU.
16 Art. 4 Ziff. 3 DSU.
17 Art. 4 Ziff. 7 DSU.
18 Art. 4 Ziff. 8 und 9 DSU.

In *Kodak-Fujifilm* wurden die Anträge aufgrund Artikel XXIII Ziffer 1 Allgemeines Zoll- und Handelsabkommen 1994 (GATT 1994)[19] DS44[20] und Artikel XXIII Ziffern 1 und 3 Allgemeines Abkommen über den Handel mit Dienstleistungen (GATS)[21] DS45[22] gemäß Artikel 4 Ziffer 4 DSU an das Streitbeilegungsgremium (DSB) und die zuständigen Räte notifiziert,[23] vom WTO-Sekretariat registriert und an die WTO-Mitglieder verteilt. Die Regierung Japans reagierte fristgerecht, so dass Konsultationen im vorgeschriebenen Zeitraum von 60 Tagen[24] abgehalten wurden.

II. Koordinierte Verfahrensordnung

Koordinationsbedarf für eine prozessuale Gliederung der Konsultationsgespräche kann jedoch entstehen, wenn das DSU Handlungs- beziehungsweise Ermessensspielräume über Verfahrens- und Rechtspflichten belässt, und die eine oder die andere Partei diese Freiheit innerhalb der vorgegebenen Fristen zur Thematisierung dieser Pflichten nutzt. Dies kann etwa der Fall sein, wenn

---

19 General Agreement on Tariffs and Trade 1994, Annex 1A to the Marrakesh Agreement Establishing the World Trade Organization, done at Marrakesh, 15 April 1994, UNTS 1867 (1995), 187 ff.; TIAS No. 31874, in: ILM 33 (1994), 1154 ff.; ABlEG L 336 vom 23. Dez. 1994, 11 ff.

20 *Permanent Mission of the United States*: Communication to the Permanent Mission of Japan and to the Dispute Settlement Body, 13 June 1996, circul. as *Japan – Film*, Request for Consultations by the United States, WTO Doc. WT/DS44/1, 21 June 1996.

21 General Agreement on Trade in Services, Annex 1B to the Marrakesh Agreement Establishing the World Trade Organization, done at Marrakesh, 15 April 1994, UNTS 1869 (1995), 183 ff.; TIAS No. 31874, in: ILM 33 (1994), 1167 ff.; ABlEG L 336 vom 23. Dez. 1994, 191 ff.; amend. Second Protocol to the GATS, done at Geneva, 6 Oct. 1995, UNTS 2057 (1999), 149 ff.; ABlEG L 167 vom 6. Juli 1996, 25 ff.; Third Protocol to the GATS, done at Geneva, 6 Oct. 1995, UNTS 2061 (1999), 190 ff.; ABlEG L 167 vom 6. Juli 1996, 43 ff.; Fourth Protocol to the GATS, done at Geneva, 15 April 1997, UNTS 2061 (1999), 209 ff.; ABlEG L 347 vom 18. Dez. 1997, 45 ff.; Fifth Protocol to the GATS, done at Geneva, 27 Feb. 1998, UNTS 2066 (1999), 155 ff.; ABlEG L 20 vom 27. Jan. 1999, 40 ff.

22 *Permanent Mission of the United States*: Communication to the Permanent Mission of Japan and to the Dispute Settlement Body, 13 June 1996, circul. as *Japan – Distribution Services*, Request for Consultations by the United States, WTO Doc. WT/DS45/1, 20 June 1996.

23 *Dispute Settlement Body*: Minutes of the Meeting held on 19 July 1995, WTO Doc. DSB/M/6, circul. 28 Aug. 1995, Ziff. 12.

24 Art. 4 Ziff. 7 DSU.

die Parteien trilaterale Koordinationsverfahren wie gute Dienste, Vermittlung oder Schlichtung vereinbart haben[25] und hierfür Verfahrensregeln (Verfahrensgrundsätze, Bewertungsmaßstäbe, Sprache, Fristen, Besetzung) aufzustellen sind.[26] Zudem kann ein prozessualer Koordinationsbedarf entstehen, wenn die Parteien ein Schiedsverfahren vereinbaren und infolgedessen die Streitfrage klar zu definieren, beziehungsweise auch hier Verfahrensregeln aufzustellen sind.[27]

Ebenso wie bilaterale sind trilaterale Koordinationsverfahren binnen 60 Tagen einzugehen.[28] Die Frist kann verkürzt werden, wenn alle Parteien das Scheitern der Gespräche feststellen,[29] beziehungsweise verlängert, wenn sie die

---

25 Art. 5 Ziff. 1 bis 5 DSU.

26 Zur Verfahrensvereinbarung in europäischen Prozessordnungen etwa *Lhuillier, Julien*: Contractualisation et processus judiciaires en Europe (état de la situation en 2009): Etude préparée dans le cadre des travaux du Groupe de travail de la CEPEJ sur la qualité de la justice (CEPEJ-GT-QUAL), Doc. CEPEJ(2010)10, circul. 10 déc. 2010, Strasbourg: CEPEJ 2010, 36 ff.

27 Art. 25 Ziff. 1 und 2 DSU sowie etwa *US – Section 110(5) Copyright Act*, Recourse to Arbitration under Article 25 of the DSU: Award of the Arbitrators, WTO Doc. WT/DS160/ARB25/1, circul. 9 Nov. 2001, Ziff. 1.1 ff.; 2.1 ff.; zu koordinierten Ernennungs- und Verfahrensregeln sowie Fristen, *Permanent Delegation of the European Commission/Permanent Mission of the United States*: Communication to the Dispute Settlement Body, 23 July 2001, circul. as *US – Section 110(5) Copyright Act*, Recourse to Arbitration under Article 25 of the DSU, WTO Doc. WT/DS160/15; sowie *US – Section 110(5) Copyright Act*, Recourse to Arbitration under Article 25 of the DSU: Constitution of the Arbitrator, WTO Doc. WT/DS160/16, circul. 13 Aug. 2001; hierzu *Palmeter/Mavroidis* (Anm. 6), 132 ff.; *Petersmann* (Anm. 12), 71 f.; ausf. *Ders.*: Strengthening the GATT Dispute Settlement System: On the Use of Arbitration in GATT, in: Petersmann, Ernst-Ulrich/Hilf, Meinhard (eds.): The New GATT Round of Multilateral Trade Negotiations: Legal and Economic Problems, Deventer/Boston: Kluwer Law and Taxation, 2nd ed. 1991, 323–343 (336 ff.); vgl. etwa das Schiedsverfahren gem. Art. XXI Ziff. 3 GATS, sowie Sonderverfahren gem. Art. 8 Ziff. 5 Agreement on Subsidies and Countervailing Measures, Annex 1A to the Marrakesh Agreement Establishing the World Trade Organization, done at Marrakesh, 15 April 1994, UNTS 1869 (1995), 14 ff.; TIAS No. 31874, in: *World Trade Organization:* The WTO Agreements: The Marrakesh Agreement Establishing the World Trade Organization and its Annexes, Cambridge: Cambridge Univ. Pr., 2nd ed. 2017, 263 ff.; ABlEG L 336 vom 23. Dez. 1994, 156 ff. (Übereink. über Subventionen und Ausgleichsmaßnahmen – SCM-Abkommen), Art. 4 Ziff. 11 SCM-Abkommen und Art. 7 Ziff. 10 SCM-Abkommen.

28 Art. 4 Ziff. 7 DSU i.V.m. Art. 5 Ziff. 4 DSU.

29 Art. 5 Ziff. 4 DSU.

Gespräche parallel zum Panel-Verfahren fortsetzen wollen.[30] Die Frist kann sich darüber hinaus pragmatisch strecken, solange die ersuchende Partei keine Einsetzung eines Panels beantragt.[31]

Wegen der grundsätzlichen Freiwilligkeit alternativer Koordinations- und Schiedsverfahren[32] erfordert das Aushandeln eines eventuellen Verfahrensabkommens die Mitwirkung aller Parteien. Umgekehrt kann mangelnde Kooperation kaum als *mala fide* ausgelegt werden. Ein Objektivieren wird jedoch insofern erreicht, als das Koordinieren nicht mehr allgemeinem Völkerrecht unterliegt, sondern den vergleichsweise eng definierten Verhaltenspflichten, Fristen und Alternativen des Vorverfahrens im DSU. Zudem verleihen die allgemeine Aufsichtskompetenz des DSB[33] und die mögliche Unterstützung des WTO-Generaldirektors[34] eine trilaterale Komponente.

Ungeachtet einer Mitwirkung der Parteien können Sachverhalte in Anhang 2 DSU gelistete Sonderverfahren der WTO-Teilabkommen *de iure* zur Anwendung bringen, die das geregelte Vorverfahren im DSU derogieren. Obwohl Sonderverfahren den allgemeinen Vorschriften des DSU grundsätzlich vorgehen sollen,[35] sind Konflikte mit Sonderverfahren der WTO-Teilabkommen binnen 20 Tagen zunächst durch die Parteien selbst zu regeln. Nur bei fehlendem Übereinkommen legt der DSB-Vorsitzende auf Antrag einer Partei binnen zehn Tagen verbindliche Regeln und Verfahren fest.[36] Zwar hat die Spruchpraxis anfängliche Konflikte weitgehend geklärt,[37] doch bleibt die Koordination von

---

30 Art. 5 Ziff. 5 DSU.

31 So etwa *Baroncini* (Anm. 13), 176 ff. m.w.N.

32 Art. 5 Ziff. 1 bis 5 DSU bzw. Art. 25 Ziff. 2 DSU.

33 Art. 2 Ziff. 1 DSU.

34 Art. 5 Ziff. 6 DSU.

35 Art. 1 Ziff. 2 DSU.

36 Art. 1 Ziff. 2 DSU.

37 Siehe etwa zum Verfahren vor der Außenhandelskommission der Vereinigten Staaten (US International Trade Commission – USITC) und das Verfahren gem. Art. 11 Ziff. 2 Agreement on Implementation of Article VI of the General Agreement on Tariffs and Trade 1994, Annex 1A to the Marrakesh Agreement Establishing the World Trade Organization, done at Marrakesh, 15 April 1994, UNTS 1868 (1995), 201 ff.; TIAS No. 31874, in: *World Trade Organization*: The WTO Agreements: The Marrakesh Agreement Establishing the World Trade Organization and its Annexes, Cambridge: Cambridge Univ. Pr., 2nd ed. 2017, 176 ff.; ABlEG L 336 vom 23. Dez. 1994, 103 ff. (Übereink. zur Durchführung des Artikels VI GATT 1994 – ADP-Abkommen), *US – DRAMS*, Report of the Panel, WTO Doc. WT/DS99/R, circul. 29 Jan. 1999, adopt. 19 March 1999, Ziff. 6.56 ff.; Art. 4 Ziff. 2 Agreement on Safeguards, Annex 1A to the Marrakesh Agreement Establishing the World Trade Organization, done

Verfahrensabkommen durch die Parteien im Grundsatz bestehen,[38] wobei die kurze Frist und das mögliche Eingreifen des DSB-Vorsitzenden ein Objektivieren fördern. Ähnlicher Koordinationsbedarf entsteht, wenn ein Entwicklungsland das Sonderverfahren aus der Entscheidung der VERTRAGSPARTEIEN[39] vom 5. April 1966 (Entscheidung von 1966)[40] beansprucht.[41]

---

at Marrakesh, 15 April 1994, UNTS 1869 (1995), 154 ff.; TIAS No. 31874, in: *World Trade Organization*: The WTO Agreements: The Marrakesh Agreement Establishing the World Trade Organization and its Annexes, Cambridge: Cambridge Univ. Pr., 2nd ed. 2017, 311 ff.; ABlEG L 336 vom 23. Dez. 1994, 184 ff. (Übereink. über Schutzmaßnahmen – SFG-Abkommen), *US – Wheat Gluten*, Report of the Panel, WTO Doc. WT/DS166/R, circul. 31 July 2000, adopt. as modif. 19 Jan. 2001, Ziff. 8.38 ff.; zust. Report of the Appellate Body, WTO Doc. WT/DS166/AB/R, circul. 22 Dec. 2000, adopt. 19 Jan. 2001, Ziff. 45 ff.; hierzu *Ruiz-Fabri, Hélène*: Organisation mondiale du commerce: Chronique du règlement des différends 2000, JDI 128 (2001), 901–953 (940 f.); und die Sonderverfahren gem. Art. 17 Ziff. 4 bis 7 ADP-Abkommen, *Guatemala – Cement I*, Report of the Panel, WTO Doc. WT/DS60/R, circul. 19 June 1998, adopt. as modif. 25 Nov. 1998, Ziff. 7.4 ff.; *Guatemala – Cement I*, Report of the Appellate Body, WTO Doc. WT/DS60/AB/R, circul. 2 Nov. 1998, adopt. 25 Nov. 1998, Ziff. 64 ff.; gem. Anhang V SCM-Abkommen, *Canada – Aircraft*, Report of the Panel, WTO Doc. WT/DS70/R, circul. 14 April 1999, adopt. as modif. 20 Aug. 1999, Ziff. 9.5 ff.; *EC and Certain Member States – Large Civil Aircraft*, Report of the Appellate Body, WTO Doc. WT/DS316/AB/R, circul. 18 May 2011, adopt. 1 June 2011, Ziff. 633 ff.; *US – Large Civil Aircraft (2nd Complaint)*, Report of the Panel, WTO Doc. WT/DS353/R, circul. 31 March 2011, adopt. as modif. 23 March 2012, Ziff. 7.19 ff.; *US – Large Civil Aircraft (2nd Complaint)*, Report of the Appellate Body, WTO Doc. WT/DS353/AB/R, circul. 12 March 2012, adopt. 23 March 2012, Ziff. 480 ff.

38 Siehe nur das Verfahrensabk. zum Koordinieren mehrerer Parteien und Sonderverfahren gem. Art. 9 Ziff. 1 DSU, *Permanent Delegation of the European Commission*: Communication to the Chairman of the Dispute Settlement Body, 15 July 2002, circul. as *US – Steel Safeguards*: Procedural Agreement between the United States and China, the European Communities, Japan, Korea, New Zealand, Norway and Switzerland, WTO Doc. WT/DS248/13, WT/DS249/7, WT/DS251/8, WT/DS252/6, WT/DS253/6, WT/DS254/6 and WT/DS258/10, 22 July 2002; hierzu *Ruiz-Fabri, Hélène/Monnier, Pierre*: Organisation mondiale du commerce: Chronique du règlement des différends 2003, JDI 131 (2004), 997–1047 (1017 f.).

39 Der Begriff (*CONTRACTING PARTIES*) bezeichnet, in Abgrenzung zu einzelnen Vertragsstaaten oder Vertragsparteien, alle Vertragsstaaten des GATT 1947 als handelndes Kollektiv; hierzu statt vieler *Jackson* (Anm. 3), 31 f.

40 *CONTRACTING PARTIES*: Procedures under Article XXIII, Decision of 5 April 1966, GATT Doc. L/2644, circul. 25 April 1966, in: BISD 14S/18 (1966).

41 Art. 3 Ziff. 12 DSU.

Aufgrund seiner allgemeinen Aufsichtskompetenz über die Streitbeilegung in der WTO[42] wird das DSB darüber hinaus mit Anträgen zu Verhaltenspflichten befasst, die pragmatisch zu koordinieren sind. Alleine zum Vorverfahren betreffen sie etwa die Aufsicht über die Einhaltung von Vertraulichkeit, Unabhängigkeit und Unbefangenheit im Vor- und Hauptverfahren.[43]

Ferner besteht die Möglichkeit, einen Sachverhalt außerhalb des DSU vor einem politischen WTO-Organ zu thematisieren und etwa die verbindliche Auslegung,[44] begrenzte Entpflichtung[45] oder Änderung von WTO-Teilabkommen durch die Ministerkonferenz[46] anzustreben. Bei entsprechendem Konsens der Mitglieder besteht im Übrigen die pragmatische Staatenpraxis des GATT 1947 weiter, Arbeits- beziehungsweise Sondergruppen *sui generis* einzurichten,[47] um eine Konsultation der Parteien unter Teilnahme interessierter oder neutraler Mitglieder zu ermöglichen. Die Übergänge von Rechtssetzung, -umsetzung und -durchsetzung sind fließend.

In jener Tradition steht der Antrag auf Konsultationen aufgrund der Entscheidung der VERTRAGSPARTEIEN[48] vom 18. November 1960 (Entscheidung

---

42 Art. 2 Ziff. 1 DSU.

43 *Dispute Settlement Body*: Rules of Conduct for the Understanding on Rules and Procedures Governing the Settlement of Disputes, adopt. 3 Dec. 1996, WTO Doc. WT/DSB/RC/1, circul. 11 Dec. 1996.

44 Art. 3 Ziff. 9 DSU i.V.m. Art. IX Ziff. 2 WTO-Abkommen und etwa Art. XXV GATT 1994, durch eine Mehrheit von ¾ der Mitglieder; hierzu *Petersmann* (Anm. 12), 57; *Kohona, Palitha T.*: Dispute Resolution under the World Trade Organization, JWT 28 (1994), 23–47 (30 f.); *Marceau* (Anm. 6), 145 f.

45 Art. IX Ziff. 3 und 4 WTO-Abkommen; hierzu *Jackson* (Anm. 3), 55 f.; *Marceau* (Anm. 6), 144 f.

46 Art. X Ziff. 1 bis 10 WTO-Abkommen; unter Beachtung von Sonderverfahren gem. Art. XXI Ziff. 1 bis 3 GATS; Art. 4 Ziff. 11 SCM-Abkommen; Art. 7 Ziff. 10 SCM-Abkommen und Art. 8 Ziff. 5 SCM-Abkommen; hierzu *Palmeter/Mavroidis* (Anm. 6), 127 f.; 132 f.; *Marceau* (Anm. 6), 146 f.

47 Zu diesen Vorformen gerichtl. Panels, *Jackson, John H.*: World Trade and the Law of GATT: A Legal Analysis of the General Agreement on Tariffs and Trade, Indianapolis: Bobbs-Merill 1969, 171 ff.; *Flory, Thiébaut*: Le GATT, droit international et commerce mondial, Diss. Paris, Paris: LGDJ 1968, 67 ff.; 73 ff; *Meng, Werner*: Streitbeilegung im GATT, ZaöRV 41 (1981), 69–102 (78 ff.).

48 Der Begriff (*CONTRACTING PARTIES*) bezeichnet, in Abgrenzung zu einzelnen Vertragsstaaten oder Vertragsparteien, alle Vertragsstaaten des GATT 1947 als handelndes Kollektiv; hierzu statt vieler *Jackson* (Anm. 3), 31 f.

von 1960),[49] in dem die Regierung der Vereinigten Staaten Rechtsansprüche *de lege ferenda* formuliert und den Wunsch anmeldet, einen „beiderseits zufriedenstellenden Abschluss“ im Sinne dieser Entscheidung zu erreichen.[50]

Da die Entscheidung von 1960 nicht ausdrücklich vom Geltungsbereich der unter das DSU fallenden Übereinkommen[51] erfasst wird, konnte das WTO-Sekretariat den Antrag allenfalls ohne Angabe einer Rechtsgrundlage an die Mitglieder verteilen, ihn jedoch weder als Antrag aufgrund Artikel 4 Ziffer 4 DSU registrieren, noch dem DSB als Handelsstreit notifizieren. Einer Bitte des Vertreters der Europäischen Gemeinschaften[52] um Klarstellung durch das WTO-Sekretariat[53] wurde nicht entsprochen. Einerseits ging der Feststellungsbeschluss des Handelsbevollmächtigten der Vereinigten Staaten (USTR) davon aus, die Entscheidung von 1960 sei „von den [VERTRAGSPARTEIEN] angenommen und in die WTO übernommen worden“,[54] etwa als Teil der „Beschlüsse, Verfahren und üblichen Praktiken der VERTRAGSPARTEIEN des GATT 1947“ im Sinne von Artikel XVI Ziffer 1 Übereinkommen zur Errichtung der Welthandelsorganisation (WTO-Abkommen).[55] Diese Rechtsauffassung, also die Aufnahme in das Forum WTO und der Ausschluss vom

49 *Restrictive Business Practices*: Proposal by Chairman of the Working Party, GATT Doc. W.17/37, circul. 17 Nov. 1960, adopt. by *CONTRACTING PARTIES*: Summary Record of the Tenth Meeting, Held at Palais des Nations, Geneva, on 18 Nov. 1960, GATT Doc. SR.17/10, circul. 30 Nov. 1960, Ziff. 4, in: BISD 9S/28 (1960).

50 *Permanent Mission of the United States*: Communication to the Permanent Mission of Japan, 13 June 1996, circul. as *Japan – Business Practices*, Request for Consultations by the United States Pursuant to the “Decision on Restrictive Business Practices: Arrangement for Consultations”, WTO Doc. WT/L/154, 26 June 1996.

51 Art. 1 Abs. 1 und 2 DSU i.V.m. Anhang 1 DSU.

52 Zum 1. Jan. 1995 sind die „Europäischen Gemeinschaften“ (EG) neben ihren Mitgliedstaaten als Mitglied der WTO beigetreten; bis 30. Nov. 2009 wurden sie als solche, ab 1. Jan. 2009 dann als „Europäische Union“, in der WTO bezeichnet und geführt; nachf. wird diese Unterscheidung übernommen.

53 *Dispute Settlement Body*: Minutes of the Meeting held on 16 Oct. 1996, WTO Doc. WT/DSB/M/24, circul. 26 Nov. 1996, Ziff. 2.

54 *US Trade Representative*: Section 304 Determinations: Barriers to Access to the Japanese Market for Consumer Photographic Film and Paper, Notice of Determinations, 61 FR 30929 (18 June 1996).

55 Marrakesh Agreement Establishing the World Trade Organization, done at Marrakesh, 15 April 1994, UNTS 1867 (1995), 154 ff.; TIAS No. 31874, in: ILM 33 (1994), 1144 ff.; ABlEG L 336 vom 23. Dez. 1994, 3 ff.

Subforum DSU,[56] wurde von der Regierung Japans geteilt.[57] Andererseits ging der Antrag der Vereinigten Staaten vom 13. Juni 1996 davon aus,[58] die Entscheidung von 1960 sei in das GATT 1994 integriert worden, und zwar als „sonstige Entscheidungen der VERTRAGSPARTEIEN des GATT 1947" im Sinne von Artikel I Buchstabe (b) Zeile (iv) GATT 1994.[59] Die hierdurch implizierte Aufnahme in den Geltungsbereich des DSU[60] wurde fortan von den Vereinigten Staaten[61] und wohl auch den Europäischen Gemeinschaften[62] zumindest vorausgesetzt. Diesem schwelenden Dissens entspringen die Koordinationsbemühungen der Parteien im Pfad aufgrund der Entscheidung von 1960. Tatsächlich wurde der Antrag zunächst im Rat für den Handel mit Waren[63] thematisiert, bevor er im DSB[64] und schließlich wieder im Rat für den Handel mit Waren[65] diskutiert wurde. Zumindest faktisch stand der Pfad somit außerhalb des DSU.

---

56 So etwa *Durling, James P.*: Anatomy of a Trade Dispute: A Documentary History of the Kodak-Fujifilm Dispute, London: Cameron May 2000, 394.

57 *Permanent Mission of Japan*: Communication to the Permanent Mission of the United States, 9 Aug. 1996, in: Japanese Letter on Film Consultations, Inside U.S. Trade (30 Aug. 1996), No. 4660; vgl. der Vertreter Japans in *Council for Trade in Goods*: Minutes of the Meeting held on 19 Sept. 1996, WTO Doc. G/C/M/13, circul. 9 Oct. 1996, Ziff. 12.7.

58 *Permanent Mission of the United States*: Communication to the Permanent Mission of Japan, 13 June 1996, circul. as *Japan – Business Practices*, Request for Consultations by the United States Pursuant to the "Decision on Restrictive Business Practices: Arrangement for Consultations", WTO Doc. WT/L/154, 26 June 1996.

59 So der Vertreter der Vereinigten Staaten in *Council for Trade in Goods*: Minutes of the Meeting held on 19 Sept. 1996, WTO Doc. G/C/M/13, circul. 9 Oct. 1996, Ziff. 12.1.

60 Art. 1 Ziff. 1 DSU i.V.m. Anhang 1 DSU.

61 So der Vertreter der Vereinigten Staaten in *Dispute Settlement Body*: Minutes of the Meeting held on 3 Oct. 1996, WTO Doc. WT/DSB/M/23, circul. 31 Oct. 1996, Ziff. 1.

62 Vgl. der Vertreter der EG in *Dispute Settlement Body*: Minutes of the Meeting held on 16 Oct. 1996, WTO Doc. WT/DSB/M/24, circul. 26 Nov. 1996, Ziff. 2.

63 *Council for Trade in Goods*: Minutes of the Meeting held on 19 Sept. 1996, WTO Doc. G/C/M/13, circul. 9 Oct. 1996, Ziff. 12.1 ff.

64 *Dispute Settlement Body*: Minutes of the Meeting held on 3 Oct. 1996, WTO Doc. WT/DSB/M/23, circul. 31 Oct. 1996, Ziff. 1; *Dispute Settlement Body*: Minutes of the Meeting held on 16 Oct. 1996, WTO Doc. WT/DSB/M/24, circul. 26 Nov. 1996, Ziff. 2.

65 *Council for Trade in Goods*: Minutes of the Meeting held on 11 June 1997, WTO Doc. G/C/M/20, circul. 10 July 1997, Ziff. 10.1 ff.

Obwohl der Antrag weitgehend taktisch motiviert scheint und die Entscheidung von 1960 lediglich eine Empfehlung, jedoch keine Anordnung zur Aufnahme von Konsultationen enthält, war die Regierung Japans wohl nicht ausreichend konfrontativ motiviert, um solche Konsultationen rundweg abzulehnen.[66] Immerhin war der Pfad aufgrund der Entscheidung, alternativ zum Section 301-Verfahren, wie von der Regierung Japans gefordert einem multilateralen Forum zuzuordnen. Außerhalb des DSU konnte die Regierung der Vereinigten Staaten zwar nicht den „Rechtanspruch auf ein Panel“[67] einfordern oder eine Aussetzung von Zugeständnissen[68] beantragen. Im Gegenzug konnte die Regierung Japans auch nicht den Vorrang multilateraler Streitbeilegung[69] geltend machen. Folglich war ein „Ausweichen“ (*fall-back*) der Vereinigten Staaten in die „Selbsthilfe“ (*self-help*) und die einhergehende Drohung mit einseitigen Gegenmaßnahmen aus Section 301 Buchstabe (c) US Trade Act[70] nicht völlig auszuschließen.[71] Weiter ließ die Entscheidung von 1960 offen, wie und worüber Konsultationen stattfinden sollen, denn abgesehen von ihrem mehrdeutigen Pflichtgehalt fehlte es an Präzedenzen. Wenn die Regierung Japans also Konsultationen aufnehmen wollte, ohne sich der vorgefertigten Rechtsauffassung der Regierung der Vereinigten Staaten auszuliefern, dass sie unlautere Geschäftspraktiken geduldet habe,[72] bestand ein Koordinationsbedarf zur prozessualen Strukturierung der kommenden (Aufstellen der Tagesordnung und der Bewertungsmaßstäbe; Erweitern des Verhandlungsraums; Austausch von Zugeständnissen; Erstellen des Übereinkommens) Verhandlungsabschnitte.

Aus diesen Überlegungen ergab sich die Anfrage des Ständigen Vertreters Japans vom 24. Juni 1996, welches Geschäftsverhalten nach Auffassung der Regierung der Vereinigten Staaten als unlauter zu werten sei,

---

66 So übereinst. *Suzuki, Masabumi*: Toward Constructive International Trade Dispute Resolution: Lessons from Recent U.S.-Japan Disputes on Restrictive Business Practices, CNAPS Working Paper, Washington: Brookings Institution 1999, 7; *Durling* (Anm. 57), 394 f.

67 Art. 4 Ziff. 7 DSU i.V.m. Art. 6 Ziff. 1 DSU; hierzu abstrakt, oben S. 115 ff. m.w.N.; konkret im Handelsstreit um Kraftfahrzeuge und Ersatzteile, S. 223 ff. m.w.N.

68 Art. 22 Ziff. 1 und 2 DSU.

69 Art. 23 DSU.

70 19 USC §2411(c)(1994).

71 So übereinst. *Suzuki* (Anm. 67), 7; *Durling* (Anm. 57), 394 f.

72 *US Trade Representative*: Section 304 Determinations: Barriers to Access to the Japanese Market for Consumer Photographic Film and Paper, Notice of Determinations, 61 FR 30929 (18 June 1996).

welche Rechtsgrundlage diesen Schluss zulasse[73] sowie, da die Antwort vom 8. Juli 1996[74] die Stellungnahme durch unbestimmte Formulierungen vermied, die weitere Anfrage vom 9. August 1996.[75] Erstens signalisierte die erklärte Bereitschaft der Regierung Japans zur Prüfung des Antrags deren kooperative Motivation, verbunden mit der Bitte um Verständnis für die zeitaufwendige Prüfung. Zweitens bildete die Anerkennung, dass die Entscheidung von 1960 Teil des WTO-Abkommens sei, ein prozessuales Zugeständnis; die im Gegenzug formulierten Rechtsauffassungen zu dieser Entscheidung lieferten im Hinblick auf ein Verfahrensabkommen *ad hoc* Angebote für einen eng definierten Sachverhaltsumfang und an der Wettbewerbsordnung Japans (Dokusen Kinshi Hô)[76] orientierte Bewertungsmaßstäbe: Die Regierung Japans sei der Auffassung, dass die Entscheidung darüber, ob thematisierte Geschäftspraktiken den Wettbewerb beschränkten oder nicht, durch die Regierung Japans gemäß dem geltenden Dokusen Kinshi Hô zu erfolgen hätte.[77] Drittens bereitete das Ersuchen weiterer Information die Prüfung von Handlungs- und Ermessensspielräumen in kommenden Verhandlungsabschnitten vor.

Die Antwort der Vereinigten Staaten vom 21. August 1996[78] enthielt stark abweichende Auffassungen zur Entscheidung von 1960. Vor allem blieb offen, nach welcher alternativen Rechtsgrundlage zum Dokusen Kinshi Hô die handelsbeschränkende Wirkung von Geschäftsverhalten im japanischen Markt für Produkte und Zubehör für die Fotografie (Fotomaterial) bewertet werden sollte: In Bezug auf Absatz 2 Ziffer (4) des Schreibens vom 9. August 1996 liege das Ziel der Konsultationen in der Feststellung der Parteien, welche Praktiken vorlägen, welche Wirkungen sie auf den Welthandel entwickelten und wie ihnen

73 So übereinst. *Suzuki* (Anm. 67), 7; *Durling* (Anm. 57), 395.

74 *Permanent Mission of the United States*: Communication to the Permanent Mission of Japan, 8 July 1996, in: U.S. Letter on Film Consultations, Inside U.S. Trade (26 July 1996), No. 4530.

75 *Permanent Mission of Japan*: Communication to the Permanent Mission of the United States, 9 Aug. 1996, in: Japanese Letter on Film Consultations, Inside U.S. Trade (30 Aug. 1996), No. 4660.

76 Act on the Prohibition of Private Monopolization and Maintenance of Fair Trade, No. 54 (1947), as amend. Act No. 107 (1992), Kanpô, 93 ff.

77 *Permanent Mission of Japan*: Communication to the Permanent Mission of the United States, 9 Aug. 1996, in: Japanese Letter on Film Consultations, Inside U.S. Trade (30 Aug. 1996), No. 4660.

78 *Permanent Mission of the United States*: Communication to the Permanent Mission of Japan, 21 Aug. 1996, in: U.S. Letter on Film Consultations, Inside U.S. Trade (30 Aug. 1996), No. 4659.

geeigneterweise beizukommen sei. Obgleich seine Regierung die Auffassung teile, dass die Feststellung, ob Geschäftspraktiken japanische Wettbewerbsgesetze verletzten, im Zuständigkeitsbereich der Regierung Japans liege, sei die in Konsultationen aufgrund der Entscheidung von 1960 zu thematisierende Art der Praktiken nicht auf solche beschränkt, welche die Regierung Japans als Verletzung japanischen Wettbewerbsrechts werte oder Grund zu werten hätte.

Dieser Vorschlag, nach freiem Ermessen statt aufgrund des Dokusen Kinshi Hô über die handelsbeschränkende Wirkung des Geschäftsverhaltens von *Fuji Photo Film Company, Ltd.* (*Fujifilm*) im japanischen Markt für Fotomaterial zu verhandeln, wehrte die Bemühungen der Regierung Japans ab. Vor allem jedoch legte der Austausch der Rechtsauffassungen nahe, dass die Bestimmung der Bewertungsmaßstäbe als prozessuales Zugeständnis das Ergebnis der Konsultationen weitgehend festlegen würde. Denn eine zwischenstaatlich vereinbarte Abbedingung des Dokusen Kinshi Hô durch die Regierung Japans hätte die aufgrund Section 301 Buchstabe (a) Ziffer (1) US Trade Act[79] bereits getroffene und veröffentlichte Feststellung des USTR[80] bestehen lassen, die Regierung Japans habe unlautere Geschäftspraktiken geduldet.[81] Weil dies auf das Schema des sogenannten „Semiconductor Trade Agreement" (STA)[82] hinauslief, dessen

79 19 USC §2411(a)(1)(1994).

80 *US Trade Representative*: Section 304 Determinations: Barriers to Access to the Japanese Market for Consumer Photographic Film and Paper, Notice of Determinations, 61 FR 30929 (18 June 1996).

81 So übereinst. *Suzuki* (Anm. 67), 7 f.; *Durling* (Anm. 57), 401.

82 Arrangement between the Government of Japan and the Government of the United States of America Concerning Trade in Semiconductor Products (STA), bestehend aus einem Konvolut von Notenwechsel zur Grundsatzvereinbarung, *Ambassador of Japan to the United States*: Letter to USTR *Clayton K. Yeutter* (2 Sept. 1986); *US Trade Representative*: Letter to Ambassador *Nobuo Matsunaga* (2 Sept. 1986), in: ILM 25 (1986), 1409 ff.; zu den vereinbarten Datenberichten, *Ambassador of Japan to the United States*: Letter to USTR *Clayton K. Yeutter* (2 Sept. 1986); *US Trade Representative*: Letter to Ambassador *Nobuo Matsunaga* (2 Sept. 1986), in: ILM 25 (1986), 1415 ff.; beide notif. durch *US Trade Representative*: Communication, 27 Oct. 1986, circul. as *Council*: Notification in Pursuance of Paragraph 3 of the Understanding Regarding Notification, Consultation, Dispute Settlement and Surveillance: Notification by the United States, GATT Doc. L/6076, 6 Nov. 1986; zu den wettbewerbsrechtl. Folgen, *Ambassador of Japan to the United States*: Letter to US Attorney General *Arnold I. Burns* (2 Sept. 1986); *US Attorney General.*: Letter to Ambassador *Nobuo Matsunaga* (2 Sept. 1986), in: ILM 25 (1986), 1427 f.

Wiederholung sie vermeiden wollte, konnte die Regierung Japans das geforderte Zugeständnis nicht eingehen.

Mit dem Antrag aufgrund der Entscheidung von 1960 vom 3. Oktober 1996[83] begründete sie stattdessen einen spiegelbildlichen Pfad zum Geschäftsverhalten von *Kodak* auf dem amerikanischen Markt für Fotomaterial. Dies erweiterte den Verhandlungsraum um einen neuen Sachverhalt (materielles *tie-in* beziehungsweise *issue-linking*) und erleichterte der Regierung Japans den Austausch von Zugeständnissen in einem ihren Interessen entsprechenden Bereich. Obgleich der Wortlaut keine prozessuale Verknüpfung beider Anträge auf Konsultationen aufgrund der Entscheidung von 1960 herstellte, deutete der Hinweis auf eine „vergleichende Studie" eine solche an, und hatte die Regierung Japans an anderer Stelle ihre Zustimmung zu Konsultationen über das Geschäftsverhalten von *Fujifilm* auf dem japanischen von spiegelbildlichen Konsultationen über das Geschäftsverhalten von *Kodak* auf dem amerikanischen Markt abhängig gemacht.[84]

Von *Fujifilm* schon früh vertreten,[85] entsprach dieser vergleichende Ansatz die Verhaltensregel der Gegenseitigkeit, und verfolgte die Bewertung vergleichbarer Situationen von *Kodak* und *Fujifilm* im jeweils anderen Markt mit analogen Maßstäben. In der Sache konnte die Thematisierung des Geschäftsverhaltens von *Kodak* auf dem amerikanischen Markt die verbreitete Auffassung widerlegen, im Gegensatz zum japanischen sei der amerikanische Markt offen, denn nach den von der Regierung der Vereinigten Staaten angesetzten

83 *Permanent Mission of Japan*: Communication to the Permanent Mission of the United States, 3 Oct. 1996, circul. as *US – Business Practices*, Communication from Japan, WTO Doc. WT/L/180, 10 Oct. 1996.

84 Japan Considering Possible WTO Counterclaim Against U.S. on Film, Inside U.S. Trade (5 July 1996), No. 4443; übereinst. *Suzuki* (Anm. 67), 8; *Durling* (Anm. 57), 404; *Iida, Keisuke*: Legalization and Japan: The Politics of WTO Dispute Settlement, London: Cameron May 2006, 115; später der Vertreter Japans in *Council for Trade in Goods*: Minutes of the Meeting held on 11 June 1997, WTO Doc. G/C/M/20, circul. 10 July 1997, Ziff. 10.7.

85 *Barringer, William H./Durling, James P./Porter, Daniel L./Lindsay, William B.*: Rewriting History: Kodak's Revisionist Account of the Japanese Consumer Photographic Market, Memorandum Filed by Willkie Farr & Gallagher for Fuji Photo Film Co., Ltd., Washington: Willkie Farr & Gallagher/Fuji Photo Film Co., Ltd. 1995, 37 ff.; auszugsw. in: *Durling* (Anm. 57), 102 ff.; *Barringer, William H.*: Letter to *Irving A. Williamson*, Chair Section 301 Committee: Fujifilm's Comments on USTR's Legal Requirement to Take into Account Reciprocal Opportunities for Fujifilm in the U.S. Market (8 Feb. 1996); auszugsw. in: *Durling* (Anm. 57), 191 ff.

Maßstäben war das Geschäftsverhalten von *Kodak* auf dem amerikanischen Markt angreifbar.[86] Dies jedenfalls hatte das Justizministerium der Vereinigten Staaten (USDOJ) als Kartellaufsichtsbehörde vor dem Bezirksgericht in Rochester (Bundesstaat New York) gegen die von *Kodak* betriebene Aufhebung von „Consent Decrees" vertreten, welche die vertragliche Bindung von Filmverkauf und Entwicklungsdienstleistungen bei Farbfilmen gerügt und die Veräußerung von Entwicklungslabors angeordnet hatten.[87] *Kodak* hatte sich dennoch auch vor dem Berufungsgericht mit dem Argument durchgesetzt, seine Marktstellung müsse nunmehr am relevanten Weltmarkt gemessen werden und sei dort keineswegs beherrschend,[88] ohne dass das USDOJ hiergegen vor den Obersten Gerichtshof der Vereinigten Staaten (US Supreme Court) Beschwerde eingelegt hätte. Es schritt auch nicht ein, etwa wegen einer möglichen Verletzung geltender Grenzwerte für nicht-horizontale Unternehmenszusammenschlüsse,[89] als *Kodak* unmittelbar hierauf Fotolabors in den Vereinigten Staaten aufkaufte.[90] Solche Duldsamkeit des USDOJ und der Gerichte der Vereinigten Staaten war mit der behaupteten Untätigkeit der Wettbewerbsbehörde Japans (JFTC)[91] einfach zu vergleichen. Auch war die Messung am relevanten Weltmarkt mit der Fixierung von *Kodak* und dem USTR auf den japanischen Markt unvereinbar.[92] Wohl war die Regierung Japans bereit, die vergleichende Untersuchung in die Konsultationen aufgrund des Antrags der Regierung der Vereinigten Staaten zu integrieren, und nur infolge der Ablehnung dazu gebracht worden, dies aufgrund eines eigenen Antrags auf Konsultationen zu tun.[93]

Tatsächlich beklagte der Vertreter der Vereinigten Staaten noch in der DSB-Sitzung vom 3. Oktober 1996: Obgleich Japan dieses Recht zustehe, seien die Vereinigten Staaten besorgt, dass das Einreichen eines eigenen Antrags durch

86 So etwa *Suzuki* (Anm. 67), 5 ff.; *Durling* (Anm. 57), 404 ff.; *Petersmann* (Anm. 12), 97; *Devereaux, Charan/Lawrence, Robert Z./Watkins, Michael D.*: Case Studies in US Trade Negotiations, Vol. II: Resolving Disputes, Washington: Peterson Institute 2006, 169.

87 So übereinst. *Suzuki* (Anm. 67), 5; *Durling* (Anm. 57), 195; *Iida* (Anm. 84), 99.

88 *United States v. Eastman Kodak Co.*, 853 F.Supp. 1454, 1479 (W.D.N.Y. 1994), *aff'd*, 63 F.3d 95 (2d Cir. 1995).

89 *US Department of Justice*: Merger Guidelines (14 June 1984), Sec. 4, in: 4 Trade Reg. Rep. (CCH) No. 13103.

90 Hierzu übereinst. *Suzuki* (Anm. 67), 5; *Durling* (Anm. 57), 195; *Devereaux/Lawrence/Watkins* (Anm. 86), 145 f.

91 Fair Trade Commission of Japan (Nihon No Kôsei Torihiki Iinkai) (JFTC).

92 So etwa *Petersmann* (Anm. 12), 97; *Durling* (Anm. 57), 111.

93 So etwa *Suzuki* (Anm.), 8; *Durling* (Anm. 57), 404.

die Regierung Japans taktisch begründet sein könnte, um Aufmerksamkeit von ernsthaften Bedenken abzulenken. Die Bindung ihrer Konsultationsbereitschaft an Vorbedingungen stehe dem Verbot der Verknüpfung von Beschwerden und Gegenbeschwerden aus Artikel 3 Ziffer 10 DSU entgegen.[94] Dem entgegnete der Vertreter Japans neben weiteren, bereits im Schreiben des Vizeministers im Ministerium für Außenhandel und Industrie Japans (MITI)[95] *Yoshihiro Sakamoto*[96] geäußerten Positionen, seine Regierung hege keinerlei Absicht, die Verfahren zu verzögern. Die Thematisierung des Sachverhalts ergebe sich nicht aus den Bestimmungen des DSU. Beide Märkte wiesen zahlreiche Ähnlichkeiten auf, weshalb seine Regierung berechtigt sei, diese Sache ebenso anzusprechen, wie die Regierung der Vereinigten Staaten dies getan habe.[97]

Allerdings drückte er die Rechtsauffassung der Regierung Japans, dass Anträge aufgrund der Entscheidung von 1960 gerade nicht dem Geltungsbereich des DSU[98] unterliegen, nicht eindeutig aus. Andernfalls hätte der Vertreter Japans hieraus folgern können, dass die Entscheidung keine geeignete Rechtsgrundlage zur Streitbeilegung darstelle, folglich das DSB unzuständig sei und das Verknüpfungsverbot aus Artikel 3 Ziffer 10 DSU entfalle. Zudem hätte vertreten werden können, dass bei angenommener Relevanz des DSU das Verknüpfungsverbot lediglich für unterschiedliche, nicht aber wie vorliegend für verbundene Angelegenheiten gelte,[99] da es ja lediglich dem „Rechtsanspruch auf ein Panel"[100] entgegenwirkende Verknüpfungstaktiken verhindern soll und die Entscheidung von 1960 gerade keinen solchen Rechtsanspruch normiert.[101] Warum der Vertreter Japans in seinen Ausführungen vage blieb, ließe sich vielleicht dadurch erklären, dass die konfrontative Motivation fehlte, die Verwendung der Entscheidung von 1960 als Rechtsgrundlage zur Streitbeilegung

94 *Dispute Settlement Body*: Minutes of the Meeting held on 3 Oct. 1996, WTO Doc. WT/DSB/M/23, circul. 31 Oct. 1996, Ziff. 1.

95 Ministry for International Trade and Industry (Kokusai Bôeki To Sangyôjô) (MITI); seit 2001 Ministry of Economy, Trade and Industry (METI).

96 *Sakamoto, Yoshihiro*: Letter to Deputy USTR *Ira S. Shapiro*, 5 Jan. 1996, in: Sakamoto Letter on Kodak Case, Inside U.S. Trade (12 Jan. 1996), No. 3736.

97 *Dispute Settlement Body*: Minutes of the Meeting held on 3 Oct. 1996, WTO Doc. WT/DSB/M/23, circul. 31 Oct. 1996, Ziff. 1.

98 Art. 1 Ziff. 1 DSU i.V.m. Anhang 1 DSU; zur Unterscheidung insbes. *Marceau* (Anm. 6), 109 ff.

99 So etwa *Durling* (Anm. 57), 408.

100 Art. 4 Ziff. 7 DSU i.V.m. Art. 6 Ziff. 1 DSU.

101 So etwa *Suzuki* (Anm. 67), 8.

insgesamt zu verwerfen;[102] der bestehende Dissens zum gegebenen Zeitpunkt nicht eindeutig identifiziert und folglich analysiert war; oder aber der Ständige Vertreter eine öffentliche Kritik der von den Europäischen Gemeinschaften mitgetragenen[103] Rechtsauffassung der Regierung der Vereinigten Staaten unterließ, um eine mögliche Brüskierung zu vermeiden.

Im Ergebnis jedenfalls mochte die Regierung der Vereinigten Staaten sich ebensowenig auf den Antrag Japans vom 3. Oktober 1996[104] einlassen, ohne inhaltliche Positionen preiszugeben, wie die Regierung Japans Konsultationen aufgrund des Antrags der Regierung der Vereinigten Staaten vom 13. Juni 1996[105] eingehen konnte, ohne inhaltliche Zugeständnisse einzugehen.

Als ersuchende Partei oblag es jedoch den Vereinigten Staaten, den *status quo* zu durchbrechen und die Regierung Japans zur Gliederung kommender Verhandlungsabschnitte zu bewegen. Wegen des schwachen Verpflichtungscharakters der Entscheidung von 1960 unterstützten Verhaltens- und Bewertungsmaßstäbe der WTO hierbei weder ihre Positionen, noch boten sie eine *best alternative to negotiated settlement* (BATNA). Angebote des Vertreters der Vereinigten Staaten, die Konsultationen terminlich voneinander zu entkoppeln, wurden von der Regierung Japans mit der Bedingung neutralisiert, die Termine zeitnah und vorab zu vereinbaren.[106] Doch war diese Bedingung weder geeignet, den Antrag der Vereinigten Staaten wie beabsichtigt zu entkoppeln, noch die Regierung Japans wie erhofft ausschließlich auf Zugeständnisse aufgrund dieses Antrags zu verpflichten. Denn genau dies suchte die Regierung Japans durch das *tie-in* beziehungsweise *issue-linking* zu vermeiden.[107]

---

102 So etwa *Durling* (Anm. 57), 404.

103 *Dispute Settlement Body*: Minutes of the Meeting held on 16 Oct. 1996, WTO Doc. WT/DSB/M/24, circul. 26 Nov. 1996, Ziff. 2.

104 *Permanent Mission of Japan*: Communication to the Permanent Mission of the United States, 9 Aug. 1996, Ziff. 2, in: Japanese Letter on Film Consultations, Inside U.S. Trade (30 Aug. 1996), No. 4660.

105 *Permanent Mission of the United States*: Communication to the Permanent Mission of Japan, 13 June 1996, circul. as *Japan – Business Practices*, Request for Consultations by the United States Pursuant to the "Decision on Restrictive Business Practices: Arrangement for Consultations", WTO Doc. WT/L/154, 26 June 1996.

106 So etwa *Durling* (Anm. 57), 408.

107 So übereinst. *Suzuki* (Anm. 67), 8; *Durling* (Anm. 57), 404; *Devereaux/Lawrence/Watkins* (Anm. 86), 169.

In der Sitzung des Rates für den Handel mit Waren vom 11. Juni 1997[108] versuchte der Vertreter der Vereinigten Staaten, den Pfad wieder aufzunehmen und Dritte für seine Positionen zu gewinnen. Tatsächlich hatten die Europäischen Gemeinschaften das Beharren der Regierung Japans auf dem *status quo* und die Verknüpfung mit einem eigenen Antrag auf Konsultationen bereits kritisiert.[109] Ein Antrag auf Teilnahme an den Konsultationen aufgrund des Antrags der Regierung der Vereinigten Staaten[110] war von besagter Regierung rasch zugelassen worden, von der Regierung Japans jedoch unbeantwortet geblieben.[111] Zugleich traten die Europäischen Gemeinschaften und die Regierung von Mexiko als interessierte Dritte dem Panel-Verfahren im Pfad DS44 bei.[112] Entsprechend teilte der Vertreter der Europäischen Gemeinschaften die durch die Vereinigten Staaten ausgedrückten Bedenken und forderte die Regierung Japans auf, den Antrag seiner Delegation auf Teilnahme an den vorgenannten Konsultationen baldmöglichst zu beantworten.[113]

Hingegen deutete das Befassen des Rates für den Handel mit Waren eine mögliche Bereitschaft der Regierung der Vereinigten Staaten an, die zuvor vertretene Zuständigkeit des DSB und Anwendbarkeit des DSU für die Aufsicht über die Umsetzung der Entscheidung von 1960 zu revidieren: Diese Entscheidung sei Teil des GATT 1994, wie in Artikel 1 Buchstabe (b) dieses Abkommens definiert, und folglich sei der Rat für den Handel mit Waren für die Überwachung der Umsetzung dieser Entscheidung zuständig.[114] Seit dem

108 *Council for Trade in Goods*: Minutes of the Meeting held on 11 June 1997, WTO Doc. G/C/M/20, circul. 10 July 1997, Ziff. 10.1 ff.

109 Siehe der Vertreter der EG in *Council for Trade in Goods*: Minutes of the Meeting held on 19 Sept. 1996, WTO Doc. G/C/M/13, circul. 9 Oct. 1996, Ziff. 12.6; *Dispute Settlement Body*: Minutes of the Meeting held on 3 Oct. 1996, WTO Doc. WT/DSB/M/23, circul. 31 Oct. 1996, Ziff. 1; *Dispute Settlement Body*: Minutes of the Meeting held on 16 Oct. 1996, WTO Doc. WT/DSB/M/24, circul. 26 Nov. 1996, Ziff. 2.

110 *Permanent Delegation of the European Commission*: Communication to the Permanent Missions of the United States and Japan, 5 July 1996, circul. as *Japan – Business Practices*, Communication from the European Communities, WTO Doc. WT/L/158, 11 July 1996.

111 So etwa *Durling* (Anm. 57), 402 f.

112 Art. 10 Ziff. 2 DSU; siehe entspr. Erklärungen in *Dispute Settlement Body*: Minutes of the Meeting held on 16 Oct. 1996, WTO Doc. WT/DSB/M/24, circul. 26 Nov. 1996, Ziff. 2.

113 *Council for Trade in Goods*: Minutes of the Meeting held on 11 June 1997, WTO Doc. G/C/M/20, circul. 10 July 1997, Ziff. 10.6.

114 Ebendort, Ziff. 10.1.

17. Dezember 1996 allerdings[115] lief im Pfad DS44 ein gerichtliches Panel-Verfahren, so dass die Aufsicht des DSB in *Kodak-Fujifilm* wenn nicht *de iure*, so zumindest faktisch auf jenen Pfad konzentriert war. Auch kann dahinstehen, ob die hier erstmals erklärte Bereitschaft der Regierung der Vereinigten Staaten, das Geschäftsverhalten von *Kodak* auf dem amerikanischen Markt aufgrund des Antrags der Regierung Japans zu besprechen,[116] durch entsprechende Weisungen gesichert war.

Im Ergebnis hat das Objektivieren an den Verhaltens- und Bewertungsmaßstäben die Strukturelemente im Koordinieren prozessualer Grundlagen im Pfad aufgrund der Entscheidung von 1960 verdeutlicht: Von konfrontativ motivierten und in zwischenstaatlicher Handelsregulierung seit dem GATT 1947 versierten Rechtsberatern, Vertretern und Prozessvertretern strategisch erstellt, waren die Positionen beider Parteien unvereinbar. Jede versuchte Erweiterung des Verhandlungsraums, etwa durch Gewähren von Zugeständnissen oder Versprechen Zug um Zug, wurde von der jeweiligen Gegenpartei als taktisches Manöver wahrgenommen, *mala fide* eine Übervorteilung zu erwirken, die zu gewähren sie weder verpflichtet noch bereit war. So blieben nur geringe Handlungsspielräume, um Strukturelemente abzuändern und über den Forumsabschnitt hinaus kommende Verhandlungsabschnitte einvernehmlich zu gliedern. Ein „Ausweichen“ auf einseitige Gegenmaßnahmen aus Section 301 Buchstabe (c) US Trade Act[117] hätte die Regierung Japans in diesem Stadium mit großer Wahrscheinlichkeit wie im Handelsstreit um Kraftfahrzeuge und Ersatzteile[118] entgegnet.

Wie *James Durling* berichtet, ließ die konfrontative Motivation der Vereinigten Staaten ab Frühjahr 1997 insofern nach, als mit der Wiederwahl von US President *Bill Clinton* die innenpolitischen Interessen am harten Vorgehen gegen Japan entfielen.[119] Vielmehr konzentrierte sich die öffentliche Wahrnehmung in den Vereinigten Staaten auf das laufende Panel-Verfahren im Pfad DS44.

---

115 *Japan – Film*, Constitution of the Panel Established at the Request of the United States, Communication from the DSB Chairman, WTO Doc. WT/DS44/3, circul. 17 Dec. 1996.

116 *Council for Trade in Goods*: Minutes of the Meeting held on 11 June 1997, WTO Doc. G/C/M/20, circul. 10 July 1997, Ziff. 10.4.

117 19 USC §2411(c)(1994).

118 So die fortan verwendete Bezeichnung des Handelsstreits *US – Autos*; verbreitet auch als „auto dispute“.

119 So etwa *Durling* (Anm. 57), 535.

Auch hatte die JFTC im Untersuchungsbericht vom 23. Juli 1997[120] zur Untersuchung der Wettbewerbsstruktur im Markt für Fotomaterial keine Verletzung des Dokusen Kinshi Hô durch *Fujifilm* feststellen können.[121] In der gegen *Fujifilm* geführten Beschwerde hatte *Kodak* die angekündigten Nachweise nicht zu erbringen vermocht.[122]

Ohne das Aufstellen der Tagesordnung und der Bewertungsmaßstäbe zu erreichen, kam der Pfad aufgrund der Entscheidung von 1960 nicht über den Forumsabschnitt hinaus. Die Koordinationsmöglichkeiten subjektiver, jedoch ansatzweise objektivierter Positionen aufgrund im Subforum akzeptierter Regeln (Verfahrens- und Rechtspflichten), Machtverhältnisse (Drohung, Glaubwürdigkeit und Alternativen) und konfrontativer Motivation stießen letztlich an ihre Grenzen. Der Verzicht der Regierung der Vereinigten Staaten auf weiteren Koordinationsbedarf kann als Offenhaltung im *status quo* gewertet werden. Einen „allseits zufriedenstellenden Abschluss" im Sinne der Entscheidung von 1960 stellt diese Lösung wohl nicht dar. Allerdings ist nicht belegt, dass die Parteien der einzigen Verhaltenspflicht aus dieser Entscheidung, die Notifikation der Beschwerde und der Unmöglichkeit eines Abschlusses an das WTO-Sekretariat, nachgekommen wären.

Folglich wurde der durch die ersuchende Regierung der Vereinigten Staaten strategisch erweiterte Handelsstreit *Kodak-Fujifilm* auf die Pfade DS44 und DS45 begrenzt.

B. Wandeln inhaltlicher Positionen

Sind prozessuale Grundlagen aufgrund einer Verfahrensordnung gegeben oder anderweitig geklärt, können die Erweiterungs-, Zugeständnis- und Übereinkommensabschnitte der Verhandlung ausgeführt werden. Dies erfolgt durch die kritische Prüfung, gemäß den bestehenden Verhaltenspflichten, von Positionen an den Bewertungsmaßstäben des Forums.

---

120 *Fair Trade Commission of Japan*: Survey of Transactions among Firms Regarding Photographic Colour Film for General Use and Photographic Colour Paper, JFTC Press Release (23 July 1997).

121 JFTC Report Finds Japan Film Market Free of Anticompetitive Practices, Inside U.S. Trade (25 July 1997), No. 5896.

122 So übereinst. *Durling* (Anm. 57), 408 f.; *Iida* (Anm. 84), 112 ff.

I. Fixierte Information im Antrag auf Konsultationen

Aus systembezogener Sicht, welche die Kehrseite der subjektiv-parteibezogenen Strategien für das Einleiten der Verfahrensinstanz bildet, verwirklicht das Überprüfen und gegebenenfalls Wandeln von Positionen die abstrakt definierten Bewertungsmaßstäbe des Subforums. Hierdurch wird der einzelne Handelsstreit im Sinne „rechtsgeleiteter Verhandlung" näherungsweise objektiviert. Allerdings enthalten die Rechtspflichten aus den WTO-Teilabkommen Ermessensspielräume,[123] die nur teilweise durch die Spruchpraxis geschlossen wurden.[124] Entgegengesetzte Rechtsauffassungen über solche Ermessensspielräume nähren den inhaltlichen Koordinationsbedarf der Parteien.

Ausgangspunkt solchen Objektivierens ist die Niederschrift im Antrag auf Konsultationen,[125] einerseits der „strittigen Maßnahmen" (*measures at issue*) – der empirische Sachverhalt einschließlich des staatlichen Rechts und dessen Praxis;[126] andererseits der „Rechtsgrundlage der Beschwerde" (*legal basis of the complaint*) – die Rechtsauffassung der ersuchenden Partei hinsichtlich bestehender Rechtspflichten. Zwar steht die Angabe der „strittigen Maßnahmen"

---

123 Statt vieler *Schoch, Frank*: Unbestimmte Rechtsbegriffe im Rahmen des GATT: Eine Untersuchung anhand der Regelungen über Dumping und Subventionen, Diss. Mannheim, Frankfurt/Berlin/Bern *et al.*: Lang 1994, insbes. 86 ff.; 146 ff.; zur „Gleichartigkeit" in Art. III Ziff. 2 Satz 1 GATT 1994, *Japan – Alcoholic Beverages II*, Report of the Appellate Body, WTO Doc. WT/DS8/AB/R, WT/DS10/AB/R and WT/DS11/AB/R, circul. 4 Oct. 1996, adopt. 1 Nov. 1996, S. 21.

124 Aus Art. XVI Ziff. 1 WTO-Abkommen sind die Vertragsbestimmungen mit dem *acquis* aus Entscheidungen, Verfahren und der Staatenpraxis der VERTRAGSPARTEIEN des GATT 1947, aus Art. 3 Ziff. 1 DSU die Grundsätze und Verwaltung von Streitigkeiten gem. Art. XXII und XXIII GATT 1947 aufzufassen, sofern sie nicht durch die Übereink. von Marrakesch geändert wurden; hierzu *Palmeter/Mavroidis* (Anm. 6), 37 ff.

125 Art. 4 Ziff. 4 DSU.

126 So gelten staatl. Rechtsnormen auf zwischenstaatl. Rechtsebene als Fakten und Belege der Staatenpraxis im Umgang mit zwischenstaatl. Pflichten, grundl. *Certains intérêts allemands en Haute-Silésie polonaise* (Allemagne c/ Pologne), fond, arrêt du 25 mai 1926, Rec. CPJI Série A n° 7, 3 ff. (19); die „objektive Beurteilung" gem. Art. 11 DSU von staatl. Rechtsnormen allerdings als Rechtsfrage, *EC – Hormones*, Report of the Appellate Body, WTO Doc. WT/DS26/AB/R and WT/DS48/AB/R, circul. 16 Jan. 1998, adopt. 13 Feb. 1998, Ziff. 131 ff.; *India – Patents*, Report of the Appellate Body, WTO Doc. WT/DS50/AB/R, circul. 19 Dec. 1997, adopt. 16 Jan. 1998, Ziff. 65 ff.; *US – Section 211 Appropriations Act*, Report of the Appellate Body, WTO Doc. WT/DS176/AB/R, circul. 2 Jan. 2002, adopt. 2 Jan. 2002, Ziff. 100 ff.

grundsätzlich im Ermessen der ersuchenden Partei, sofern sie rechtlich über die Ermessensspielräume verfügen darf, was etwa im Falle rechtswirksamer schieds- oder gerichtlicher Urteile entfiele.[127] Zudem werden die „strittigen Maßnahmen" im Laufe solcher Objektivierung kaum noch trennbar mit der „Rechtsgrundlage der Beschwerde" verbunden. Denn um potenzielle Rechtsfolgen glaubhaft zu bewirken und damit Aussagen über die zu koordinierende Zukunft zu ermöglichen, muss die Rechtsgrundlage einen Sachverhalt betreffen, welcher Tatbestandsvoraussetzungen erfüllt, die durch die Rechtsnormen des Subforums definiert sind. Umgekehrt muss der Sachverhalt vom Geltungsbereich des Subforums erfasst werden, um in derartigen Aussagen relevant zu sein. Die Konsultationen aufgrund der Entscheidung von 1960 veranschaulichen eine Situation, in der die Rechtsnormen des Subforums nicht verbindlich genug formuliert sind, um das Objektivieren subjektiver Rechtsansprüche zum beschriebenen Sachverhalt zu unterstützen. Insofern ist die eindeutige Bezeichnung sowohl der „strittigen Maßnahmen" als auch der „Rechtsgrundlage der Beschwerde" eine wichtige Voraussetzung für „adäquate" Konsultationen.[128]

Die Niederschrift von „strittigen Maßnahmen" und der „Rechtsgrundlage der Beschwerde" zwingt die ersuchende Partei, ihre Positionen rechtsverbindlich zu formulieren. Dies nimmt ihr die Freiheit, diese nach taktischen Gesichtspunkten zu ändern, was deren Relevanz und Glaubwürdigkeit fördert. Es versetzt die ersuchte Partei zudem in die Lage, die „strittigen Maßnahmen" und die „Rechtsgrundlage der Beschwerde" am Maßstab des Subforums zu messen, und an dessen Verfahrensordnung gebundene Aussagen über die zu koordinierende Zukunft zu treffen. Zudem kann sie die gemachten Angaben durch eigene Information präzisieren, kritische Positionen geltend machen sowie gegebenenfalls Einigungsspielräume aufdecken.[129] Auf diese Weise

---

127 Hierzu etwa *Bowett, Derek W.*: *Res judicata* and the Limits of Rectification of Decisions by International Tribunals, RADIC 8 (1996), 577–591 (577 ff.); vgl. *India – Autos*, Report of the Panel, WTO Doc. WT/DS175/R and Corr.1, circul. 21 Dec. 2001 and 10 Jan. 2002, adopt. as modif. 14 March 2002, Ziff. 7.54 ff. insbes. 7.91 ff.; *Canada – Aircraft Credits and Guarantees*, Report of the Panel, WTO Doc. WT/DS222/R and Corr.1, circul. 28 Jan. 2002, adopt. 19 Feb. 2002, Ziff. 7.15 ff.

128 Zum Begriff wohl grundl. *Baroncini* (Anm. 13), 192 f.; 207 ff.; zust. *Jansen, Bernhard*: Scope of Jurisdiction in GATT/WTO Dispute Settlement: Consultations and Panel Requests, in: Weiss, Friedl (ed.): Improving WTO Dispute Settlement Procedures: Issues and Lessons from the Practice of other International Courts and Tribunals, London: Cameron May 2000, 45–53 (45).

129 So etwa *Renouf* (Anm. 11), 298 f.; *Jackson* (Anm. 7), 28; aus Art. 4 Ziff. 3 DSU gar eine Prüfungspflicht der bekl. Partei ableitend, *Baroncini* (Anm. 13), 193; 210.

erweitert die Konkretisierung der abstrakten Bedingungen des Subforums den Verhandlungsraum.

Die Spruchpraxis unterstützt dies allerdings kaum. Sie knüpft ihre Prüfungskompetenz streng an das Mandat,[130] aus dem Artikel 4 Ziffer 4 DSU ausgeschlossen ist, und leitet die „Festsetzung der Ansprüche und des Sachverhalts" (*definition of claims and facts*)[131] sowie die „Bestimmtheit der Beschwerde" (*specificity of the complaint*)[132] aus Artikel 6 Ziffer 2 DSU zum Antrag auf Einsetzung eines Panels ab. Zudem bestehe aufgrund unterschiedlicher Formvorschriften keine Pflicht zur Kongruenz der Anträge auf Konsultationen und auf Einsetzung.[133] Weiter sei die Einrede der unvollständigen

---

130 *Bananas III*, Report of the Appellate Body, WTO Doc. WT/DS27/AB/R, circul. 9 Sept. 1997, adopt. 25 Sept. 1997, Ziff. 132 ff.; wegen fehlender Nachweise über Inhalte der Konsultationsgespräche befürw. *Renouf* (Anm. 11), 301; streng krit. hingegen *Baroncini* (Anm. 13), 203 ff.

131 Grundl. und für hinreichend bestimmte Angaben, *EC – Bananas III*, Report of the Appellate Body, WTO Doc. WT/DS27/AB/R, circul. 9 Sept. 1997, adopt. 25 Sept. 1997, Ziff. 139 ff.; die Berücksichtigung eines strittigen Sachverhalts erfordert die Geltendmachung entspr. Ansprüche, *Brazil – Desiccated Coconut*, Report of the Panel, WTO Doc. WT/DS22/R, circul. 17 Oct. 1996, adopt. as modif. 20 March 1997, Ziff. 226 f.; 286 ff.; allerdings sei eine zum Zeitpunkt des Antrags auf Konsultationen nicht in Kraft getretene Maßnahme vom Panel-Mandat ausgeschlossen, *US – Certain EC Products*, Report of the Appellate Body, WTO Doc. WT/DS165/AB/R, circul. 11 Dec. 2000, adopt. 10 Jan. 2001, Ziff. 70.

132 Für unzureichend bestimmte „strittige Maßnahmen", *Japan – Film*, Report of the Panel, WTO Doc. WT/DS44/R, circul. 31 March 1998, adopt. 22 April 1998, Ziff. 10.12 ff.; 10.21; *Thailand – H-Beams*, Report of the Panel, WTO Doc. WT/DS122/R, circul. 28 Sept. 2000, adopt. as modif. 5 April 2001, Ziff. 7.11 ff.; zust. Report of the Appellate Body, WTO Doc. WT/DS122/AB/R, circul. 12 March 2001, adopt. 5 April 2001, Ziff. 80 ff.; hinreichend bestimmte „strittige Maßnahmen", *Japan – Film*, Report of the Panel, WTO Doc. WT/DS44/R, circul. 31 March 1998, adopt. 22 April 1998, Ziff. 10.12 ff.; 10.20; *US – FSC*, Report of the Panel, WTO Doc. WT/DS108/R, circul. 8 Oct. 1999, adopt. as modif. 20 March 2000, Ziff. 7.23 ff.; *Argentina – Footwear (EC)*, Report of the Panel, WTO Doc. WT/DS121/R, circul. 25 June 1999, adopt. as modif. 12 Jan. 2000, Ziff. 8.29 ff.; *EC – Bed Linen*, Report of the Panel, WTO Doc. WT/DS141/R, circul. 30 Oct. 2000, adopt. 12 March 2001, Ziff. 6.12 ff.

133 Wobei der Antrag auf Konsultationen auch nicht zur Ergänzung des Antrags auf Einsetzung herangezogen werden könne, *Brazil – Aircraft*, Report of the Panel, WTO Doc. WT/DS46/R, circul. 14 April 1999, adopt. as modif. 19 Nov. 1999, Ziff. 7.9; zust. Report of the Appellate Body, WTO Doc. WT/DS46/AB/R, circul. 2 Aug. 1999, adopt. 19 Nov. 1999, Ziff. 131 ff.; *EC – Bed Linen*, Report of the Panel, WTO Doc. WT/DS141/R, circul. 30 Oct. 2000, adopt. as modif. 12 March 2001, Ziff. 6.12 ff.;

Festsetzung der Ansprüche und des Sachverhalts durch eine Verletzung von Verfahrensgarantien der beklagten Partei im gerichtlichen Panel-Verfahren bedingt.[134] Ferner könnten, obgleich die Ansprüche im Antrag auf Einsetzung aufgeführt werden müssen, zugehörige Argumente noch in späteren Schriftsätzen vor dem Panel entwickelt werden.[135] Diese Spruchpraxis steht der vorausgegangenen des GATT 1947 teils entgegen[136] und ist, obgleich mit dem Antrag auf Konsultationen der Zugang zum DSU eingeleitet wird, fast ausschließlich auf das Panel-Verfahren bezogen. Zusammen mit der entfallenden Kontrolle über die Prüfungspflicht der ersuchenden Partei, ob Maßnahmen nach dem DSU erfolgreich (*fruitful*) wären,[137] erschwert sie die Streitvermeidung. Wie die Anträge DS44[138] und DS45[139] zeigen, toleriert sie indessen unbestimmte

---

US – Steel Plate, Report of the Panel, WTO Doc. WT/DS206/R, circul. 28 June 2002, adopt. 29 July 2002, Ziff. 7.17; zust. *Palmeter/Mavroidis* (Anm. 6), 23 f.; *Horlick, Gary N./Butterton, Glenn R.*: A Problem of Process in WTO Jurisprudence: Identifying Disputed Issues in Panels and Consultations, Law & Policy Int'l Business 31 (1999/2000), 573–582 (579 ff.); *Kuijper* (Anm. 11), 69; hingegen *Renouf* (Anm. 11), 298 f.; *Baroncini* (Anm. 13), 193 ff.; 207 ff.

134 *EC – Computer Equipment*, Report of the Appellate Body, WTO Doc. WT/DS62/AB/R, WT/DS67/AB/R and WT/DS68/AB/R, circul. 5 June 1998, adopt. 22 June 1998, Ziff. 58 ff.; *Thailand – H-Beams*, Report of the Panel, WTO Doc. WT/DS122/R, circul. 28 Sept. 2000, adopt. as modif. 5 April 2001, Ziff. 7.14 ff. inbes. 7.37 ff.; hierzu krit. *Kuijper* (Anm. 11), 72; *Jansen* (Anm. 128), 48 f.

135 Zur Unterscheidung von „Ansprüchen" und „Argumenten", *EC – Bananas III*, Report of the Appellate Body, WTO Doc. WT/DS27/AB/R, circul. 9 Sept. 1997, adopt. 25 Sept. 1997, Ziff. 141; *Korea – Dairy*, Report of the Appellate Body, WTO Doc. WT/DS98/AB/R, circul. 14 Dec. 1999, adopt. 12 Jan. 2000, Ziff. 123 ff.; allerdings gebiete die Pflicht aus Art. 3 Ziff. 10 DSU zur Verfahrensführung nach Treu und Glauben, Verfahrensfehler umgehend im gerichtl. Verfahren zu rügen, *US – FSC*, Report of the Appellate Body, WTO Doc. WT/DS108/AB/R, circul. 24 Feb. 2000, adopt. 20 March 2000, Ziff. 155 ff. insbes. 166.

136 So solle ein Anspruch, um im Panel-Verfahren zulässig zu sein, vom Mandat erfasst und im Vorverfahren identifiziert worden sein, *US – Norwegian Salmon AD*, Report of the Panel, GATT Doc. ADP/87, circul. 30 Nov. 1992, adopt. 27 April 1994, Ziff. 331 ff., in: BISD 41S/229 (1996), 360 ff.; befürw. *Baroncini* (Anm. 13), 207 f.

137 Art. 3 Ziff. 7 DSU; hierzu ausf. oben S. 246 ff. m.w.N.

138 *Permanent Mission of the United States*: Communication to the Permanent Mission of Japan and to the Dispute Settlement Body, 13 June 1996, circul. as *Japan – Film*, Request for Consultations by the United States, WTO Doc. WT/DS44/1, 21 June 1996.

139 *Permanent Mission of the United States*: Communication to the Permanent Mission of Japan and to the Dispute Settlement Body, 13 June 1996, circul. as

Formulierungen der „strittigen Maßnahmen" und der „Rechtsgrundlage der Beschwerde",[140] was die freie Verfügung der ersuchenden Partei über ihre Positionen erhält und den Vertrauensschutz der ersuchten Partei in „adäquaten" Konsultationen verhindert.

II. Strategischer Verzicht auf unvertretbare Inhalte

In diesen auferlegten Grenzen regt die Niederschrift die ersuchende Partei an, ihre subjektiven Positionen an den abstrakt definierten Zugangsbedingungen und Bewertungsmaßstäben des anvisierten Subforums zu messen. Aus eigenem, strategischem Interesse entfernt sie unglaubwürdige und somit inopportune oder gar schädigende Positionen, und richtet sie objektiv-systembezogen aus.[141] Hierdurch reduziert sie die zur Koordination verfügbaren Ermessensspielräume. Ist das verfassungsrechtliche Umfeld der ersuchenden Partei für zwischenstaatliche Belange und langfristige Politik offen, kann der objektivierende Verzicht aufgrund der handlungsanweisenden Kraft von Zugangsbedingungen und Bewertungsmaßstäben des Subforums bereits bei der Definition staatlicher Interessen im Vorbereitungsabschnitt berücksichtigt werden.

Weitgehend unbeachtet ist jedoch, dass die geltenden Zugangsbedingungen und Bewertungsmaßstäbe der ersuchenden Partei zugleich Möglichkeiten eröffnen, künstlich erfasste Sachverhalte als „strittige Maßnahmen" zu integrieren, um so den angemeldeten Koordinationsbedarf zu erweitern. Ebenfalls besteht die Möglichkeit, subjektiv-parteibezogene um objektiv-systemkonforme Positionen zu erweitern, und Ermessensspielräume zu erhalten. In *Kodak-Fujifilm* etwa erfassten die Anträge DS44,[142] DS45[143] und aufgrund der Entscheidung von

Japan – Distribution Services, Request for Consultations by the United States, WTO Doc. WT/DS45/1, 20 June 1996.

140 Zum taktischen Vorenthalten von Information zur Vermeidung logischer Widersprüche, *Lacharrière, Guy de*: La politique juridique extérieure, Paris: IFRI/Économica 1983, 191 f.

141 So etwa *Jackson* (Anm. 3), 109 f.; *Baroncini* (Anm. 13), 157 f.

142 *Permanent Mission of the United States*: Communication to the Permanent Mission of Japan and to the Dispute Settlement Body, 13 June 1996, circul. as *Japan – Film*, Request for Consultations by the United States, WTO Doc. WT/DS44/1, 21 June 1996.

143 *Permanent Mission of the United States*: Communication to the Permanent Mission of Japan and to the Dispute Settlement Body, 13 June 1996, circul. as *Japan – Distribution Services*, Request for Consultations by the United States, WTO Doc. WT/DS45/1, 20 June 1996.

1960[144] im Vergleich zu den im Vorbereitungsabschnitt der Verhandlung definierten auch neuartige Positionen (Nichtverletzungshaftung aus Artikel XXIII Ziffer 1 Buchstabe (b) GATT 1994; Verletzungs- und Nichtverletzungshaftung aus Artikel XXIII Ziffern 1 und 3 GATS; Koordination aufgrund der Entscheidung von 1960) sowie, durch Ausschöpfung des verfügbaren Rechtsschutzes, gänzlich neue Sachverhalte (Gesetz zur Anpassung der Geschäftstätigkeit des Vertriebsdienstleistungssektors in großflächigen Kaufhäusern – Daiten Hô).[145] Dem strategischen Verzicht auf unvertretbare entsprach also letztlich eine strategische Erweiterung um vertretbare Inhalte.

III. Konkretes Testen im Austausch von Information

In anders gelagerten Fällen verzichtet die ersuchende Partei nicht aus eigenem Antrieb auf ihre Positionen, sondern wird erst im Austausch von Information mit der ersuchten Partei zur Erkenntnis gebracht, dass einzelne Inhalte an den Bewertungsmaßstäben des Subforums gemessen unvertretbar sind, beziehungsweise für die zu koordinierende Zukunft dem eigenen Interesse entgegenstehen. Zug um Zug schärfen die Parteien somit die Aussagekraft ihrer jeweiligen Positionen im Sinne der „rechtsgeleiteten Verhandlung“.[146] Im Pfad aufgrund der Entscheidung von 1960[147] etwa gab die Regierung der Vereinigten Staaten sämtliche Positionen auf, als die Regierung Japans ihre Teilnahme an Konsultationen mit einem eigenen Antrag[148] verknüpfte, deren konkrete Durchführung die Positionen der Regierung der Vereinigten Staaten am Maßstab der Entscheidung von 1960 als unhaltbar erweisen hätte. Zudem bot die Entscheidung von 1960 anders als das DSU keinen belastbaren BATNA, der wie

144 *Permanent Mission of the United States*: Communication to the Permanent Mission of Japan, 13 June 1996, circul. as *Japan – Business Practices*, Request for Consultations by the United States Pursuant to the Decision on “Restrictive Business Practices: Arrangement for Consultations”, WTO Doc. WT/L/154, 26 June 1996.

145 Act on the Adjustment of Retail Business Operations at Large Scale Retail Stores, No. 109 (1973), as amend. Act No. 105 (1978), Kanpô, 71 ff.

146 So etwa *Jackson* (Anm. 3), 109 f.; *Baroncini* (Anm. 13), 157 f.

147 *Permanent Mission of the United States*: Communication to the Permanent Mission of Japan, 13 June 1996, circul. as *Japan – Business Practices*, Request for Consultations by the United States Pursuant to the Decision on “Restrictive Business Practices: Arrangement for Consultations”, WTO Doc. WT/L/154, 26 June 1996.

148 *Permanent Mission of Japan*: Communication to the Permanent Mission of the United States, 3 Oct. 1996, circul. as *US – Business Practices*, Communication from Japan, WTO Doc. WT/L/180, 10 Oct. 1996.

im Pfad DS44[149] ein trotziges Beharren auf Positionen bis zur Einsetzung eines Panels[150] erlaubt hätte, während eine Teilnahme an Konsultationen aufgrund des Antrags der Regierung Japans die Gefahr barg, Information ans Licht zu fördern, welche die in den Pfaden DS44 und DS45 vertretenen Positionen entkräften konnten.

Allerdings belassen die Begriffe der „strittigen Maßnahmen“ und der „Rechtsgrundlage der Beschwerde“ aus Artikel 4 Ziffer 4 DSU weite Ermessensspielräume, welche die Spruchpraxis nicht besetzt hat. So enthielt der Antrag DS44[151] im Vergleich zu den im Vorbereitungsabschnitt der Verhandlung definierten Positionen keine grundlegenden Neuerungen. Insofern stand dieser Pfad im Vorverfahren des DSU im Erweiterungsabschnitt der Verhandlung. Um aus dem Wortlaut des Antrags jedoch potenzielle Rechtsfolgen ableiten, Aussagen über die zu koordinierende Zukunft treffen und eigene Positionen formulieren zu können, musste die Regierung Japans in den Konsultationsgesprächen vom 11. Juli 1996 die als „Liberalisierungsgegenmaßnahmen“,[152] „damit zusammenhängende Gesetze, Verordnungen und Verwaltungsmaßnahmen“ oder „Vertriebsrichtlinien und damit zusammenhängende Maßnahmen“[153] angedeuteten „strittigen Maßnahmen“ mit den Haftungsvoraussetzungen der eingeforderten und X GATT 1994 abzugleichen versuchen, die unter anderem auf staatliche Maßnahmen begrenzt sind.

Die Delegation der Vereinigten Staaten ließ sich nicht auf entsprechende Anfragen ein.[154] Taktisch betrachtet musste sie, wollte sie die verfügbaren Ermessensspielräume nicht preisgeben und die inhaltliche Auseinandersetzung dem Panel-Verfahren vorbehalten, solche Information verwehren. Hätte sie etwa zugegeben, dass der Antrag sich auf ein „Tolerieren“ als „Handlungen,

149 *Permanent Mission of the United States*: Communication to the Permanent Mission of Japan and to the Dispute Settlement Body, 13 June 1996, circul. as *Japan – Film*, Request for Consultations by the United States, WTO Doc. WT/DS44/1, 21 June 1996.

150 *Japan – Film*, Constitution of the Panel Established at the Request of the United States, Communication from the DSB Chairman, WTO Doc. WT/DS44/3, circul. 17 Dec. 1996.

151 *Permanent Mission of the United States*: Communication to the Permanent Mission of Japan and to the Dispute Settlement Body, 13 June 1996, circul. as *Japan – Film*, Request for Consultations by the United States, WTO Doc. WT/DS44/1, 21 June 1996.

152 Quelle nicht bestimmbar.

153 Ebenso.

154 So übereinst. *Durling* (Anm. 57), 388; *Devereaux/Lawrence/Watkins* (Anm. 86), 168.

Politiken oder Praktiken eines fremden Staates" im Sinne von Section 301 Buchstabe (a) Ziffer (1)(B) US Trade Act[155] beziehen sollte, das weder das GATT 1994 noch die geltende Spruchpraxis als „strittige Maßnahmen" begriff, hätte es der Delegation Japans[156] wohl kaum Mühe bereitet, das Ausbleiben von Rechtsfolgen im Subforum DSU aufzuzeigen. Zudem hätte sie die Irrelevanz des im Antrag DS44 beanspruchten Koordinationsbedarfs aufdecken können, was die Glaubwürdigkeit und somit auch Verhandlungsmacht der Regierung der Vereinigten Staaten beeinträchtigt hätte. In dieser Lage reduzierte sich die Verhandlungsmacht dieser Regierung auf den BATNA eines Panel-Verfahrens, das aus dem „Rechtsanspruch auf ein Panel"[157] eingesetzt werden konnte, wobei sie dann vermeiden musste, gegen die eigene *causa* verwendbare Information preiszugeben.[158]

Ohne zusätzliche Information jedoch bleiben die Positionen der ersuchenden Partei stehen, ohne auf geltende Bewertungsmaßstäbe konkretisiert zu werden, was ein inhaltliches Objektivieren verhindert. Auch kann die notwendige Verknüpfung von faktischen „strittigen Maßnahmen" mit der normativen „Rechtsgrundlage der Beschwerde" nicht stattfinden. Entsprechend rügte der Vertreter Japans in der DSB-Sitzung vom 3. Oktober 1996, dass die Vereinigten Staaten, obgleich sie verschiedene Gesetze, Verordnungen und Maßnahmen in ihrem Antrag gelistet hätten, weder dort, noch im Laufe der Konsultationen geklärt hätten, (i) welche spezifischen Maßnahmen welche spezifischen Pflichten aus dem GATT 1994 verletzten und (ii) auf welcher Grundlage sie dies behaupteten. Dies verstoße gegen Artikel 4 Ziffern 4 und 5 DSU. Es sei nicht erkennbar, was die Vereinigten Staaten als „positive Lösung eines Streits" im Sinne von Artikel 3 Ziffer 7 DSU verfolgten.[159]

Im Ergebnis wurden, analog dem Pfad aufgrund der Entscheidung von 1960, die Strukturelemente im Pfad DS44 verdeutlicht. Das Ablehnen weiterer Information, gefolgt vom Vermeiden einseitiger Zugeständnisse, gestattete keine weitere inhaltliche Koordination und führte zur Offenhaltung der Verhandlung.

---

155 19 USC §2411(a)(1)(1994).

156 Bestehend aus Vertretern des Ministeriums für auswärtige Angelegenheiten Japans (Gaimun Shô) (MOFA), des MITI und der JFTC, so *Iida* (Anm. 84), 113.

157 Art. 4 Ziff. 7 DSU i.V.m. Art. 6 Ziff. 1 DSU.

158 Ebenso etwa *Horlick/Butterton* (Anm. 133), 579 f.; zum taktischen Vorenthalten von Information zur Vermeidung logischer Widersprüche, *Lacharrière* (Anm. 140), 191 f.

159 *Dispute Settlement Body*: Minutes of the Meeting held on 3 Oct. 1996, WTO Doc. WT/DSB/M/23, circul. 31 Oct. 1996, Ziff. 1.

Dies stellt wohl weder eine „gemeinsam vereinbarte Lösung",[160] eine „allseits zufriedenstellende Lösung"[161] noch einen „zufriedenstellenden Ausgleich"[162] dar. Anders als im Pfad aufgrund der Entscheidung von 1960 stockte das inhaltliche Koordinieren vorliegend erst im Erweiterungsabschnitt der Verhandlung. Im DSU währt solche Offenhaltung jedoch nur vorübergehend, bis die ersuchende Partei den „Rechtsanspruch auf ein Panel"[163] geltend macht. Als die Regierung der Vereinigten Staaten dies im Pfad DS44 einleitete,[164] entstand ein prozessualer Koordinationsbedarf zur Gestaltung der Einsetzung des Panels. Der Inhaltliche hingegen beschränkte sich auf den Pfad DS45.

Da dieser Pfad, einem strategischen *tie-in* der Liberalisierung von Vertriebsdienstleistungen und des Daiten Hô entspringend, erst im ursprünglichen Antrag DS45[165] begründet wurde, waren die Funktionen des Vorbereitungsabschnitts der Verhandlung nachzuholen. Von der Formulierung der „strittigen Maßnahmen" und der „Rechtsgrundlage der Beschwerde" abgesehen, enthielt dieser Antrag ob der neuen Thematik erhebliche Sondierungsspielräume: Zu Interessen der Parteien; zu Positionen der Regierung Japans; zu Machtverhältnissen, Motivation und Wahrnehmung der Parteien; zu Akteuren neben *Kodak* und *Fujifilm*; sowie zum Forum WTO und zum Subforum DSU. Der kooperative Verlauf der Konsultationsgespräche vom 10. Juli 1996 wurde damit begründet,[166] dass die Parteien aus der „Structural Impediments Initiative" (SII)[167] grundsätzlich mit dem Sachverhalt vertraut waren, und das

160 Art. 3 Ziff. 5 DSU.

161 Art. 4 Ziff. 3 DSU.

162 Art. 4 Ziff. 5 DSU.

163 Art. 4 Ziff. 7 DSU i.V.m. Art. 6 Ziff. 1 DSU.

164 *Permanent Mission of the United States*: Communication to the Chairman of the Dispute Settlement Body, 20 Sept. 1996, circul. as *Japan – Film*, Request for the Establishment of a Panel by the United States, Doc. WT/DS44/2, 23 Sept. 1996.

165 *Permanent Mission of the United States*: Communication to the Permanent Mission of Japan and to the Dispute Settlement Body, 13 June 1996, circul. as *Japan – Distribution Services*, Request for Consultation by the United States, WTO Doc. WT/DS45/1, 20 June 1996.

166 So übereinst. *Durling* (Anm. 57), 387 ff.; *Iida* (Anm. 84), 113.

167 Von einer interministeriellen Arbeitsgruppe wurden übereinst. Erklärungen erarbeitet, die von Fortschrittsberichten jeder Delegation gefolgt wurden, die wohl zumindest politisch als verbindlich gelten sollten; siehe Joint Report of the U.S.-Japan Working Group on the Structural Impediment Initiative, Joint Press Release at Tokyo, 28 June 1990, in: Antitrust & Trade Reg. Rep. (BNA) 59 (5 July 1990), 28 ff.; First Annual Report of the U.S.-Japan Working Group on the Structural Impediment Initiative, Joint Press Release at Tokyo, 22 May 1991; Second Annual Report

MITI in diesem Zusammenhang eine Bereitschaft zur Liberalisierung seiner Verwaltungsvorschriften erwiesen hatte.[168] Zudem kann angenommen werden, dass die Regierung Japans ein kooperatives Zugehen als geeignetes Mittel erachtete, die konfrontative Motivation der Regierung der Vereinigten Staaten im Pfad DS44 abzumildern. Folglich bedurfte es lediglich eines Sondierens im definierten Sinne, um aus dem bekannten Sachverhalt die „strittigen Maßnahmen" herauszuschälen und den Zusammenhang mit der „Rechtsgrundlage der Beschwerde" herzustellen.

Hieraus kann gefolgert werden, dass die Delegation der Vereinigten Staaten in den Konsultationsgesprächen erläutert hat, auf welche konkreten „Verordnungen, Rundschreiben oder Einzelentscheidungen" die behauptete Verletzung des Artikel III Ziffer 1 GATS[169] abstellte.[170] So konnte die Delegation Japans erklären, welche ausführenden Rechtsakte zum Daiten Hô bestanden; welchen Stellenwert sie im japanischen Wirtschaftskontext genossen; welche weiteren Rechtsakte zu berücksichtigen und welche Fundstellen einzusehen waren.[171]

---

of the U.S.-Japan Working Group on the Structural Impediment Initiative, Joint Press Release at Tokyo, 30 July 1992; Final Annual Report of the U.S.-Japan Working Group on the Structural Impediment Initiative, Joint Press Release at Tokyo, 17 Feb. 1993, in: Key Elements of U.S.-Japan Structural Impediments Initiative Joint Report, Int'l Trade Rep. (BNA) 7 (1994), 1014 ff.; ausf. oben S. 192 ff. m.w.N.

168 So etwa *Durling* (Anm. 57), 21 f.; 534.

169 *Permanent Mission of the United States*: Communication to the Permanent Mission of Japan and to the Dispute Settlement Body, 13 June 1996, circul. as *Japan – Distribution Services*, Request for Consultations by the United States, WTO Doc. WT/DS45/1, 20 June 1996.

170 Im gerichtl. Verfahren DS44 wurde dies hinsichtl. Art. X Ziff. 1 GATT 1994 thematisiert, *Japan – Film*, First Submission of the United States of America, 20 Feb. 1997, Ziff. 377 ff.; zusammenf. in: *Durling* (Anm. 57), 426 ff.; *Japan – Film*, Second Submission of the United States of America, 20 May 1997, Ziff. 1 ff.; zusammenf. in: *Durling* (Anm. 57), 497 ff.; wie aus den Fragen des Panels hervorgeht, konnte der Prozessvertreter der Vereinigten Staaten keine Verbindung von konkreten „Verordnungen, Rundschreiben oder Einzelentscheidungen" zur behaupteten Verletzung darlegen, *Japan – Film*, Questions from the Panel to the United States, 18 April 1997; zusammenf. in: *Durling* (Anm. 57), 469 ff.; *Japan – Film*, Questions from the Panel to the United States, 2 June 1997; zusammenf. in: *Durling* (Anm. 57), 513 ff.

171 So übereinst. *Durling* (Anm. 57), 388 f.; *Iida* (Anm. 84), 113; im Pfad DS44 reichte die Regierung Japans weitere Angaben zum Daiten Hô ein, um den Vorwurf der Intransparenz zu entkräften, *Japan – Film*, First Submission by the Government of Japan, 3 April 1997, Ziff. 1 ff.; zusammenf. in: *Durling* (Anm. 57), 449 ff.; dennoch sah das Panel weiteren Aufklärungsbedarf, *Japan – Film*, Questions from the Panel

Nach solchem Austausch von Information reduzierte sich die Thematik auf die Rechtsfrage, welche „allgemeingültigen Maßnahmen" im Sinne von Artikel III Ziffer 1 GATS zu veröffentlichen, und welche „bestehenden Gesetze, Verordnungen oder Verwaltungsvorschriften, die den Handel mit Dienstleistungen wesentlich berühren" im Sinne von Artikel III Ziffer 3 GATS dem Rat für den Handel mit Dienstleistungen zu notifizieren waren.[172] In enger Auslegung konnte das Veröffentlichungsgebot auf allgemeine und rechtsverbindliche Rechtsakte (etwa Ministerialverordnungen oder Richtlinien) begrenzt;[173] in weiter Auslegung auf Einzelentscheidungen oder gar auf Rechtsakte ohne Bindungswirkung (etwa Rundschreiben) erweitert werden.[174] Weder zu Artikel III Ziffern 1 und 3 GATS, noch zu den analogen Transparenz- und Publikationsbestimmungen des Artikel X Ziffer 1 GATT 1994, lieferte die zum damaligen Zeitpunkt relevante Spruchpraxis spezifische Anhaltspunkte.[175] Im Übrigen galt als schwer zu ermitteln,[176] welche Rechtsakte im japanischen Wirtschaftskontext geeignet waren, ungeachtet ihrer rechtlichen Bindungswirkung staatlichen Einfluss auf den Privatsektor ausübten[177] und folglich aufgrund von

---

to the Government of Japan, 17 April 1997; zusammenf. in: *Durling* (Anm. 57), 475 ff.

172 So etwa *Durling* (Anm. 57), 389.

173 So die Rechtsauffassung der Regierung Japans im gerichtl. Verfahren DS44, *Japan – Film*, First Submission by the Government of Japan, 3 April 1997, Ziff. 1 ff.; zusammenf. in: *Durling* (Anm. 57), 449 ff.; *Japan – Film*, Second Submission by the Government of Japan, 20 May 1997, Ziff. 1 ff.; 25 ff.; zusammenf. in: *Durling* (Anm. 57), 502 ff.

174 So die Rechtsauffassung der Regierung der Vereinigten Staaten, die auf die Nachvollziehbarkeit der Regierungsarbeit abstellt, *Japan – Film*, First Submission of the United States of America, 20 Feb. 1997, Ziff. 377 ff.; zusammenf. in: *Durling* (Anm. 57), 426 ff.

175 So die Feststellung des Panels zumindest hinsichtl. Art. X Ziff. 1 GATT 1994, *Japan – Film*, Report of the Panel, WTO Doc. WT/DS44/R, circul. 31 March 1997, adopt. 22 April 1998, Ziff. 10.386.

176 So etwa *Durling* (Anm. 57), 389.

177 Siehe die Anforderungen der damals geltenden RSpr. zu Art. XI Ziff. 1 GATT 1947, *Japan – Agricultural Products I*, Report of the Panel, GATT Doc. L/6253, circul. 18 Nov. 1987, adopt. 2 Feb. 1988, Ziff. 5.4.1, in: BISD 35S/163 (1988), 241 f.; *Japan – Semi-conductors*, Report of the Panel, GATT Doc. L/6309, circul. 24 March 1988, adopt. 4 May 1988, Ziff. 96 ff. und insbes. 132, in: BISD 35S/116 (1988), 143 ff. insbes. 162; hierzu *GATT Secretariat*: Analytical Index: Guide to GATT Law and Practice, Geneva: GATT, 6th ed. 1994, 603 ff.

Artikel III Ziffern 1 und 3 GATS zu veröffentlichen beziehungsweise notifizieren gewesen wären.

Ebenso kann vermutet werden, dass die Delegation der Vereinigten Staaten näher bestimmte, auf welche konkreten „Maßnahmen" etwa im Sinne von Artikel XVI Ziffer 2 GATS die behauptete Verletzung von Artikel XVI GATS sich bezog.[178] Gegen die Rechtsauffassung jedoch, wonach Beschränkungen der geographischen Konzentration von Kaufhäusern durch das Daiten Hô etwa das Verbot zahlenmäßiger Beschränkungen aus Artikel XVI Ziffer 2 Buchstaben (a) bis (d) GATS verletzten, konnte Anmerkung 9 eingewendet werden, demzufolge Buchstabe (c) „nicht für Maßnahmen eines Mitglieds [gilt], die Vorleistungen für die Erbringung von Dienstleistungen beschränken." Wie *Durling* hervorhebt,[179] geht diese Anmerkung auf einen Vorschlag der Regierung Japans während der Uruguay-Runde zurück, der in der Verhandlungsgruppe Dienstleistungen an-[180] und in den kommentierten Vertragsentwurf des GATS vom 25. Juli 1991 aufgenommen wurde.[181] Dies legte die Vermutung nahe, dass Beschränkungen der Öffnungszeiten beziehungsweise der Verkaufsfläche durch Gesetze wie das Daiten Hô vom Verbot zahlenmäßiger Beschränkungen aus Artikel XVI Ziffer 2 GATS ausgenommen werden sollten.[182]

Letztlich kann dahinstehen, ob die Regierung der Vereinigten Staaten selbst erkannte, dass die im Antrag DS45[183] formulierten Positionen an den geltenden Bewertungsmaßstäben gemessen angreifbar waren, oder erst aufgrund entsprechender Hinweise der Delegation Japans in den Konsultationsgesprächen vom 10. Juli 1996. Jedenfalls ergab die im Sinne von „rechtsgeleiteter Verhandlung" erfolgte Subsumierung des Daiten Hô unter Artikel III Ziffern 1

---

178 *Permanent Mission of the United States*: Communication to the Permanent Mission of Japan and to the Dispute Settlement Body, 13 June 1996, circul. as *Japan – Distribution Services*, Request for Consultations by the United States, WTO Doc. WT/DS45/1, 20 June 1996.

179 *Durling* (Anm. 57), 389 f.

180 *Multilateral Trade Negotiations on Services*: Note on the Meeting of 10–25 July 1991, GATT Doc. MTN.GNS/44, circul. 28 Aug. 1991, Ziff. 45 f.

181 *Multilateral Trade Negotiations on Services*: Report by the Chairman of the Group of Negotiations on Services to the Trade Negotiation Committee, GATT Doc. MTN.GNS/W/130, circul. 30 July 1991, S. 1 f.

182 So etwa *Durling* (Anm. 57), 389 f.

183 *Permanent Mission of the United States*: Communication ot the Permanent Mission of Japan and to the Dispute Settlement Body, 13 June 1996, circul. as *Japan – Distribution Services*, Request for Consultation by the United States, WTO Doc. WT/DS45/1, 20 June 1996.

und 3 GATS mangels konkretisierender Spruchpraxis, sowie unter Artikel XVI Ziffer 2 GATS wegen möglicher Einreden aus Anmerkung 9, zu vernachlässigende „strittige Maßnahmen“ und eine unsichere „Rechtsgrundlage der Beschwerde“.[184] Infolge solchen Objektivierens im Forumsabschnitt nahm die Regierung der Vereinigten Staaten ihre Positionen nicht mehr als geeignet wahr, im Subforum DSU erwartete Rechtsfolgen zu bewirken und somit der Regierung Japans gegenüber die zu koordinierende Zukunft auf glaubwürdige Weise zu beeinflussen.

C. Fördern kooperativen Parteiverhaltens

Im Verbund mit den Pflichten zur Prüfung, ob Maßnahmen nach dem DSU „erfolgreich“ wären,[185] sowie zur Niederschrift der „strittigen Maßnahmen“ und der „Rechtsgrundlage der Beschwerde“ im Antrag auf Konsultationen,[186] normiert das DSU kooperative Zielbestimmungen und Verhaltenspflichten zugunsten einer „rechtsgeleiteten Verhandlung“ und „adäquater“ Konsultationen.

I. Abstrakte Verhaltenspflichten des Subforums

So haben die Parteien den Antrag binnen zehn Tagen zu beantworten und spätestens binnen 30 Tagen Konsultationsgespräche abzuhalten.[187] Auch kann der „Rechtsanspruch auf ein Panel“ frühestens nach 60 Tagen eingelöst werden.[188]

---

184 So etwa *Durling* (Anm. 57), 390; vgl. die spätere RSpr. zu den Voraussetzungen des Marktzugangs gem. Art. XVI Ziff. 2 GATS, generell *US – Gambling*, Report of the Appellate Body, WTO Doc. WT/DS285/AB/R, circul. 7 April 2005, adopt. 20 April 2005, Ziff. 143; 233; *China – Electronic Payment Services*, Report of the Panel, WTO Doc. WT/DS413/R, circul. 16 July 2012, adopt. 31 Aug. 2012, Ziff. 7.652; *Argentina – Financial Services*, Report of the Appellate Body, WTO Doc. WT/DS453/AB/R, circul. 14 April 2016, adopt. 9 May 2016, Ziff. 7.419 f.; spez. zu Beschränkungen hinsichtl. von Vertriebskanälen bzw. innerhalb von Dienstleistungssektoren, *US – Gambling*, Report of the Panel, Doc. WT/D285/R, circul. 10 Nov. 2004, adopt. as modif. 20 April 2005, Ziff. 6.285; 6.290; zum Verbot zahlenmäßiger Beschränkungen gem. Art. XVI Ziff. 2 (c) GATS, *US – Gambling*, Report of the Appellate Body, WTO Doc. WT/DS285/AB/R, circul. 7 April 2005, adopt. 20 April 2005, Ziff. 245 ff.

185 Art. 3 Ziff. 7 DSU.

186 Art. 4 Ziff. 4 DSU.

187 Art. 4 Ziff. 3 DSU.

188 Art. 4 Ziff. 7 DSU i.V.m. Art. 6 Ziff. 1 DSU.

Ferner sind die Parteien angehalten, sich *bona fide* im Bemühen um Streitbeilegung am Verfahren zu beteiligen;[189] die Wirksamkeit von Konsultationen zu stärken und zu verbessern;[190] Ansprüche der Gegenpartei wohlwollend zu prüfen und ausreichend Gelegenheit zur Konsultation zu geben;[191] eine „positive Lösung" des Handelsstreits zu suchen;[192] eine „beiderseits akzeptable und mit den WTO-Teilabkommen übereinstimmende Lösung" eindeutig vorzuziehen;[193] Vertraulichkeit zu wahren;[194] das Verfahren in dringenden Fällen möglichst zu beschleunigen;[195] gegebenenfalls Problemen und Interessen von Entwicklungsländern[196] beziehungsweise der speziellen Lage von am wenigsten entwickelten Staaten (LLDCs)[197] besonders Rechnung zu tragen. Sonderverfahren einzelner WTO-Teilabkommen[198] normieren weitergehende beziehungsweise abweichende Verhaltenspflichten.

Abstrakt scheint dieser Korpus aus kooperativen Zielbestimmungen und Verhaltenspflichten zu gewährleisten, dass die Parteien die Wandlung ihrer Positionen in „adäquaten" Konsultationen zulassen und sich *bona fide* um eine „positive Lösung" bemühen. Denn bei aller Verschiebung zugunsten gerichtlicher Streitbeilegung ist der Wille der Vertragsstaaten[199] unverkennbar, ein Gleichgewicht von kooperativer und konfrontativer Streitbeilegung im DSU zu wahren. Wie *Baroncini* überzeugend darlegt,[200] bilden die Formvorschriften zum Antrag auf Konsultationen;[201] die Begrenzung der Ermessensfreiheit

189 Art. 3 Ziff. 10 DSU.

190 Art. 4 Ziff. 1 DSU.

191 Art. 4 Ziff. 2 DSU.

192 Art. 3 Ziff. 7 DSU.

193 Art. 3 Ziff. 7 DSU und Art. 4 Ziff. 5 DSU.

194 Art. 4 Ziff. 6 DSU unter Maßgabe von Art. 4 Ziff. 11 DSU; für trilaterale Verfahren analog Art. 5 Ziff. 2 DSU.

195 Art. 4 Ziff. 8 und 9 DSU.

196 Art. 4 Ziff. 10 DSU.

197 Art. 24 Ziff. 1 DSU; hierzu *Kohona* (Anm. 44), 32 f.

198 Art. 1 Ziff. 2 DSU i.V.m. Anhang 2 DSU sowie entspr. Bestimmungen einzelner WTO-Teilabk.

199 Vertragsstaaten oder Vertragsparteien sind von den VERTRAGSPARTEIEN (*CONTRACTING PARTIES*) zu unterscheiden, wodurch alle Vertragsstaaten des GATT 1947 als handelndes Kollektiv bezeichnet werden; hierzu statt vieler *Jackson* (Anm. 3), 31 f.

200 So etwa *Baroncini* (Anm. 13), 190 ff.; ähnlich *Renouf, Yves*: Les mécanismes d'adoption et de mise en œuvre du règlement des différends dans le cadre de l'OMC sont-ils viables? AFDI 40 (1994), 776–791 (778 ff.); *Kohona* (Anm. 44), 28 f.

201 Art. 4 Ziff. 4 DSU.

von Panels, Berufungsgremium und Schiedsgerichten;[202] die verbindliche Auslegung,[203] begrenzte Entpflichtung[204] und Abänderung[205] von WTO-Teilabkommen durch die Ministerkonferenz, sowie der Vertrauensschutz im Vorverfahren des DSU das Gegengewicht zur folgenschweren Einrichtung des „Rechtsanspruchs auf ein Panel"[206] und eines gerichtlichen Hauptverfahrens.[207] Tatsächlich verbietet der Vorrang multilateraler Streitbeilegung[208] die Androhung von Gegenmaßnahmen während der Konsultationen. Auch kann das Parteiverhalten im Vorverfahren aufgrund des „Rechtsanspruchs auf ein

---

202 Art. 3 Ziff. 2 DSU, Art. 11 DSU *in fine* und Art. 19 Ziff. 2 DSU; die RSpr. folgt der kodifizierten Auslegung nach Völkergewohnheitsrecht gem. Art. 31 und 32 Vienna Convention on the Law of Treaties, signed at Vienna, 23 May 1969, UNTS 1155 (1980), 331 ff.; TIAS No. 18232; BGBl 1985 II, 927 ff. (Wiener Übereink. über das Recht der Verträge – WVK), grundl. *US – Gasoline*, Report of the Appellate Body, WTO Doc. WT/DS2/AB/R, circul. 29 April 1996, adopt. 20 May 1996, S. 16 ff.; weiter *Japan – Alcoholic Beverages II*, Report of the Appellate Body, WTO Doc. WT/DS8/AB/R, WT/DS10/AB/R and WT/DS11/AB/R, circul. 4 Oct. 1996, adopt. 1 Nov. 1996, S. 10 ff.; *India – Patents*, Report of the Appellate Body, WTO Doc. WT/DS50/AB/R, circul. 19 Dec. 1997, adopt. 16 Jan. 1998, Ziff. 43 ff.; *US – Shrimp*, Report of the Appellate Body, WTO Doc. WT/DS58/AB/R, circul. 12 Oct. 1998, adopt. as 6 Nov. 1998, Ziff. 114; *EC – Hormones*, Report of the Appellate Body, WTO Doc. WT/DS26/AB/R and WT/DS48/AB/R, circul. 16 Jan. 1998, adopt. 13 Feb. 1998, Ziff. 181; *Argentina – Footwear*, Report of the Appellate Body, WTO Doc. WT/DS121/AB/R, circul. 14 Dec. 1999, adopt. 12 Jan. 2000, Ziff. 85 ff.; *US – DRAMS*, Report of the Panel, WTO Doc. WT/DS99/R, circul. 29 Jan. 1999, adopt. 19 March 1999, Ziff. 6.13 f.; hierzu *Palmeter/Mavroidis* (Anm. 6), 48 ff.; *Marceau* (Anm. 6), 106 ff.; 115 ff.

203 Art. 3 Ziff. 9 DSU i.V.m. Art. IX Ziff. 2 WTO-Abkommen und etwa Art. XXV GATT 1994, durch eine Mehrheit von ¾ der Mitglieder; hierzu *Petersmann* (Anm. 12), 57; *Kohona* (Anm. 44), 30 f.; *Marceau* (Anm. 6), 145 f.

204 Art. IX Ziff. 3 und 4 WTO-Abkommen, auf Vorlage des zuständigen Rates an die Ministerkonferenz, Entpflichtung durch eine Mehrheit von ¾ der Mitgelidstaaten mangels Konsens binnen 90 Tagen; hierzu *Jackson* (Anm. 3), 55 f.; *Marceau* (Anm. 6), 144 f.

205 Art. X Ziff. 1 bis 10 WTO-Abkommen, durch Konsens der Mitglieder, jedoch Sonderverfahren gem. Art. XXI Ziff. 1 bis 3 GATS; Art. 8 Ziff. 5 SCM-Abkommen, sowie Art. 4 Ziff. 11 und Art. 7 Ziff. 10 SCM-Abkommen; hierzu *Palmeter/Mavroidis* (Anm. 6), 127 f.; 132 f.; *Marceau* (Anm. 6), 146 f.

206 Art. 4 Ziff. 7 DSU i.V.m. Art. 6 Ziff. 1 DSU.

207 Zum Übertragen der Zuständigkeit, für alle Mitglieder ein Recht zu schaffen, um die während der Uruguay-Runde herrschenden Machtverhältnisse fortzuschreiben, *Lacharrière* (Anm. 140), 49 ff.

208 Art. 23 DSU.

Panel" und möglicher Einrede im gerichtlichen Verfahren eine korrigierende Spruchpraxis auslösen.[209] Zudem überträgt, in strategischer Vorausschau, der „Rechtsanspruch auf ein Panel" die im Hauptverfahren herrschenden Bedingungen auf das Vorverfahren. Insbesondere die Aufgabe von Panels, eine „objektive Beurteilung" der Angelegenheit vorzunehmen,[210] liefert weitere Bewertungsmaßstäbe, um Positionen in „rechtsgeleiteter Verhandlung" zu objektivieren und gegebenenfalls zu wandeln.

Bei näherer Betrachtung allerdings können Einreden mangels einstweiliger Maßnahmen stets nur im Panel-Verfahren, also nach Abschluss des Vorverfahrens im DSU erfolgen, so dass eine Korrektur laufender Konsultationen entfällt. Solche Einreden können allenfalls mittelbare Präzedenzen bewirken, welche die Folgen im potenziellen gerichtlichen Verfahren so glaubwürdig antizipieren, dass die Parteien sie in strategischer Vorausschau als „Spielregeln" ihrer Konsultationen erkennen. Auch steht die Aufgabe von Panels zur „objektiven Beurteilung" im Verbund mit der Pflicht zur regelmäßigen Beratung mit den Parteien,[211] einer begrenzten Kontrolldichte,[212] besonderen Auslegungsregeln

209 So etwa *Baroncini* (Anm. 13), 194 f.

210 Art. 11 DSU; zur RSpr. *Korea – Alcoholic Beverages*, Report of the Appellate Body, WTO Doc. WT/DS75/AB/R and WT/DS84/AB/R, circul. 18 Jan. 1999, adopt. 17 Feb. 1999, Ziff. 159 ff.; *Japan – Agricultural Products II*, Report of the Appellate Body, WTO Doc. WT/DS76/AB/R, circul. 22 Feb. 1999, adopt. 19 March 1999, Ziff. 140 ff.; *EC – Asbestos*, Report of the Appellate Body, WTO Doc. WT/DS135/AB/R, circul. 12 March 2001, adopt. 5 April 2001, Ziff. 84 ff.; *US – Cotton Yarn*, Report of the Appellate Body, WTO Doc. WT/DS192/AB/R, circul. 8 Oct. 2001, adopt. 5 Nov. 2001, Ziff. 62 ff. insbes. 73 f.; *US – Steel Safeguards*, Report of the Appellate Body, WTO Doc. WT/DS248/AB/R and WT/DS259/AB/R, circul. 10 Nov. 2003, adopt. 10 Dec. 2003, Ziff. 494 ff.

211 Art. 11 DSU; dies allerdings auf das Panel-Verfahren beschränkt, *Australia – Salmon*, Report of the Appellate Body, WTO Doc. WT/DS18/AB/R, circul. 20 Oct. 1998, adopt. 6 Nov. 1998, Ziff. 274 ff.

212 So ist die Verletzung der „objektiven Beurteilung" schweren Verstößen durch Panels vorbehalten, *EC – Hormones*, Report of the Appellate Body, WTO Doc. WT/DS26/AB/R and WT/DS48/AB/R, circul. 16 Jan. 1998, adopt. 13 Feb. 1998, Ziff. 110 ff.; 131 ff.; *Korea – Alcoholic Beverages*, Report of the Appellate Body, WTO Doc. WT/DS75/AB/R and WT/DS84/AB/R, circul. 18 Jan. 1999, adopt. 17 Feb. 1999, Ziff. 163 ff.; *Japan – Agricultural Products II*, Report of the Appellate Body, WTO Doc. WT/DS76/AB/R, circul. 22 Feb. 1999, adopt. 19 March 1999, Ziff. 141; *Japan – Apples*, Report of the Appellate Body, WTO Doc. WT/DS245/AB/R, circul. 26 Nov. 2003, adopt. 10 Dec. 2003, Ziff. 227 ff.; aus Art. 2 Ziff. 1 und Art. 4 Ziff. 2 SFG-Abkommen, *Argentina – Footwear*, Report of the Appellate Body, WTO Doc. WT/DS121/AB/R,

bei „Nichtverletzungsbeschwerden“[213] beziehungsweise aus Sonderbestimmungen einzelner WTO-Teilabkommen,[214] was im Einzelfall weite Freiräume belässt.[215]

Vor allem normieren die genannten Zielbestimmungen und Verfahrensmaßstäbe kaum Ergebnis-, sondern allenfalls Leistungspflichten,[216] die weitgehend der Selbstauslegung der Parteien anvertraut sind. Denn die Spruchpraxis knüpft, wie schon in Bezug auf Artikel 3 Ziffer 7 DSU[217] und Artikel 4 Ziffer 4 DSU[218] festgestellt, ihre Prüfungskompetenz streng an das Mandat, welches Zielbestimmungen und Verhaltenspflichten des Vorverfahrens im DSU

---

circul. 14 Dec. 1999, adopt. 12 Jan. 2000, Ziff. 116 ff.; für eine stärkere Kontrolldichte aus Art. 4 Ziff. 2 SFG-Abkommen, *US – Lamb*, Report of the Appellate Body, WTO Doc. WT/DS177/AB/R and WT/DS178/AB/R, circul. 1 May 2001, adopt. 16 May 2001, Ziff. 97 ff. insbes. 103 ff.

213 Ausf. *Korea – Procurement*, Report of the Panel, WTO Doc. WT/DS163/R, circul. 1 May 2000, adopt. 19 June 2000, Ziff. 7.84 ff. inbes. 7.93 ff.; hierzu *Ruiz-Fabri* (Anm. 37), 913 f.

214 So etwa Art. 17 Ziff. 6 ADP-Abkommen, *Mexico – Corn Syrup*, Report of the Panel, WTO Doc. WT/DS132/R and Corr.1, circul. 28 Jan. and 25 Feb. 2000, adopt. 24 Feb. 2000, Ziff. 7.91 ff.; *US – Lead and Bismuth II*, Report of the Appellate Body, WTO Doc. WT/DS138/AB/R, circul. 10 May 2000, adopt. 7 June 2000, Ziff. 44 ff; zur besonderen Kontrolldichte aus dieser Bestimmung, *US – Hot-rolled Steel*, Report of the Appellate Body, WTO Doc. WT/DS184/AB/R, circul. 24 July 2001, adopt. 23 Aug. 2001, Ziff. 50 ff.; aus Art. 4 Ziff. 2 SCM-Abkommen, wobei Einreden hier bereits während der Konsultationen vorzubringen sind, *US – FSC*, Report of the Appellate Body, WTO Doc. WT/DS108/AB/R, circul. 24 Feb. 2000, adopt. 20 March 2000, Ziff. 155 ff.; ebenso *US – 1916 Act*, Report of the Appellate Body, WTO Doc. WT/DS136/AB/R and WT/DS162/AB/R, circul. 28 Aug. 2000, adopt. 26 Sept. 2000, Ziff. 51 ff.

215 So erwächst aus der Pflicht von Panels zur Prüfung von Beweismaterial ihr grunds. Ermessen über die zur Begründung heranzuziehenden Fakten, *EC – Hormones*, Report of the Appellate Body, WTO Doc. WT/DS26/AB/R and WT/DS48/AB/R, circul. 16 Jan. 1998, adopt. 13 Feb. 1998, Ziff. 110 ff.; 131 ff.; hierzu *Ruiz-Fabri, Hélène*: Organisation mondiale du commerce: Chronique du règlement des différends 1996–1998, JDI 126 (1999), 453–506 (484 f.).

216 Zur Unbestimmtheit von Bestimmungen als Formelkompromisse, die ungelöste Positionsgegensätze überbrücken, *Lacharrière* (Anm. 140), 90 ff.; *Schoch* (Anm. 123), 71 ff.; zur „Gleichartigkeit“ in Art. III Ziff. 2 Satz 1 GATT 1994, *Japan – Alcoholic Beverages II*, Report of the Appellate Body, WTO Doc. WT/DS8/AB/R, WT/DS10/AB/R and WT/DS11/AB/R, circul. 4 Oct. 1996, adopt. 1 Nov. 1996, S. 21.

217 Hierzu ausf. oben S. 246 ff. m.w.N.

218 Hierzu ausf. oben S. 306 ff. m.w.N.

nicht umfasst.[219] Auch lehnt sie es ab, die Einsetzung von Panels an Voraussetzungen zu knüpfen, die über die begriffliche Erfüllung der Formvorschriften zum Antrag auf Konsultationen[220] sowie die grundsätzliche Bereitschaft der Parteien zu Konsultationen während der Frist von 60 Tagen[221] hinausgehen und etwa eine Adäquanz der Konsultationsgespräche berücksichtigt.[222] Der Pflicht zum eindeutigen Vorzug der „beiderseits akzeptablen und mit den WTO-Teilabkommen übereinstimmende Lösung“[223] zollt sie lediglich Lippenbekenntnisse.[224] Ähnliches widerfährt der Konkretisierung von *bona fide* im

219 So stehe die Rechtsprüfung über die konkrete Leistung der Konsultationsgespräche außerhalb des Panel-Mandats, *EC – Bananas III (US)*, Report of the Panel, WTO Doc. WT/DS27/R/USA, circul. 22 May 1997, adopt. as modif. 25 Sept. 1997, Ziff. 7.49 f.; zust. Report of the Appellate Body, WTO Doc. WT/DS27/AB/R, circul. 9 Sept. 1997, adopt. 25 Sept. 1997, Ziff. 132 ff.; *Korea – Dairy*, Report of the Panel, WTO Doc. WT/DS98/R and Corr.1, circul. 21 June 1999 and 22 July 1999, adopt. as modif. 12 Jan. 2000, Ziff. 7.14; befürw. *Palmeter/Mavroidis* (Anm. 6), 23 f.; wegen fehlender Nachweise über Inhalte der Konsultationsgespräche *Renouf* (Anm. 11), 301; *Horlick/Butterton* (Anm. 133), 579 ff.; streng krit. hingegen *Baroncini* (Anm. 13), 203 ff.

220 Art. 4 Ziff. 4 DSU.

221 Art. 4 Ziff. 3 DSU und Art. 4 Ziff. 7 DSU i.V.m. Art. 6 Ziff. 1 DSU; zur RSpr. *Brazil – Desiccated Coconut*, Report of the Appellate Body, WTO Doc. WT/DS22/AB/R, circul. 21 Feb. 1997, adopt. 20 March 1997, S. 22; *EC – Bananas III (Ecuador)*, Report of the Panel, WTO Doc. WT/DS27/R/ECU, circul. 22 May 1997, adopt. as modif. 25 Sept. 1997, Ziff. 7.19; zust. Report of the Appellate Body, WTO Doc. WT/DS27/AB/R, circul. 9 Sept. 1997, adopt. 25 Sept. 1997, Ziff. 139 ff.; *Turkey – Textiles*, Report of the Panel, WTO Doc. WT/DS34/R, circul. 31 May 1999, adopt. as modif. 19 Nov. 1999, Ziff. 9.22 ff.; *India – Patents*, Report of the Appellate Body, WTO Doc. WT/DS50/AB/R, circul. 19 Dec. 1997, adopt. 16 Jan. 1998, Ziff. 86 ff.

222 Siehe *Korea – Alcoholic Beverages*, Report of the Panel, WTO Doc. WT/DS75/R and WT/DS84/R, circul. 17 Sept. 1998, adopt. as modif. 17 Feb. 1999, Ziff. 10.17; *Turkey – Textiles*, Report of the Panel, WTO Doc. WT/DS34/R, circul. 31 May 1999, adopt. as modif. 19 Nov. 1999, Ziff. 9.24; *EC – Bananas III (Ecuador)*, Report of the Panel, WTO Doc. WT/DS27/R/ECU, circul. 22 May 1997, adopt. as modif. 25 Sept. 1997, Ziff. 7.18 f.

223 Art. 3 Ziff. 7 DSU und Art. 4 Ziff. 5 DSU.

224 Siehe *US – Wool Shirts and Blouses*, Report of the Appellate Body, WT/DS33/AB/R and Corr.1, circul. 25 April 1997 and 27 May 1997, adopt. 23 May 1997, S. 17 ff.; *US – Continued Suspension*, Report of the Appellate Body, WTO Doc. WT/DS320/AB/R, circul. 16 Oct. 2008, adopt. 14 Nov. 2008, Ziff. 340; entspr. krit. *Busch, Marc L./Reinhardt, Eric*: Bargaining in the Shadow of the Law: Early Settlement in GATT/WTO Disputes, Fordham ILJ 24 (2000), 158–172 (158).

Bemühen um Streitbeilegung;[225] im Bekenntnis zur Stärkung und Verbesserung der Wirksamkeit von Konsultationsgesprächen;[226] im Bemühen um einen „zufriedenstellenden Ausgleich";[227] im Beschleunigen des Verfahrens in dringenden Fällen.[228] Selbst die Pflicht zur besonderen Berücksichtigung der Probleme und Interessen von Entwicklungsländern[229] greift weithin ins Leere, da kaum überprüft wird, inwiefern die Parteien solche Berücksichtigung vorgenommen haben.[230]

Derart schwach konkretisierte Zielbestimmungen und Verhaltenspflichten der koordinierten Streitbeilegung stehen als Ergebnispflichten formulierten,[231] auf die Vorbereitung des gerichtlichen Panel-Verfahrens gerichteten Verhaltensmaßstäben gegenüber.[232] Dort, wo solche Verhaltensmaßstäbe als Leistungspflichten bestehen,[233] sind sie durch eine differenzierte Spruchpraxis konkretisiert – und begrenzt auf die Folgen im Panel-Verfahren.[234] Forderungen

---

225 Art. 3 Ziff. 10 DSU.

226 Art. 4 Ziff. 1 DSU.

227 Art. 4 Ziff. 5 DSU.

228 Art. 4 Ziff. 8 und 9 DSU.

229 Art. 4 Ziff. 10 DSU.

230 So sichert die Pflicht lediglich Verfahrensrechte der bekl. Partei im Panel-Verfahren und kann daher nicht durch beigetretene Dritte eingefordert werden, *US – Upland Cotton*, Report of the Panel, WTO Doc. WT/DS267/R, circul. 8 Sept. 2004, adopt. as modif. 21 March 2005, Ziff. 7.54; 7.318; 7.1410 ff.; zust. Report of the Appellate Body, WTO Doc. WT/DS267/AB/R, circul. 3 March 2005, adopt. 21 March 2005, Ziff. 512.

231 Zur Eindeutigkeit von Bestimmungen als Vertragstechnik zur Verankerung erwünschter Positionen, *Lacharrière* (Anm. 140), 189 f.

232 Siehe etwa Fristen aus Art. 4 Ziff. 3 und 7 DSU sowie Art. 6 Ziff. 1 DSU.

233 Siehe etwa das Vertraulichkeitsgebot gem. Art. 4 Ziff. 6 DSU unter Maßgabe von Art. 4 Ziff. 11 DSU; für trilaterale Verfahren analog Art. 5 Ziff. 2 DSU.

234 So ist Vertraulichkeit derart zu gewährleisten, dass die Rechte aller Parteien im Panel-Verfahren auch tatsächlich unberührt bleiben, *Australia – Automotive Leather II*, Report of the Panel, WTO Doc. WT/DS126/R, circul. 25 May 1999, adopt. 16 June 1999, Ziff. 9.31; *Brazil – Aircraft*, Report of the Appellate Body, WTO Doc. WT/DS46/AB/R, circul. 2 Aug. 1999, adopt. 20 Aug. 1999, Ziff. 120 ff.; *Mexico – Corn Syrup*, Report of the Panel, WTO Doc. WT/DS132/R and Corr.1, circul. 28 Jan. 2000 and 25 Feb. 2000, adopt. 24 Feb. 2000, Ziff. 7.41 ff.; vgl. der auf das Panel-Verfahren begrenzte Dringlichkeitscharakter gem. Art. 4 Ziff. 9 DSU, *Canada – Patent Term*, Report of the Panel, WTO Doc. WT/DS170/R, circul. 5 May 2000, adopt. as modif. 12 Oct. 2000, Ziff. 1.5; vgl. der Antrag auf Einsetzung gem. Art. 6 Ziff. 2 DSU bildet die Grundlage für das Mandat und für den Vertrauensschutz der bekl. Partei im Panel-Verfahren, *Brazil – Desiccated Coconut*, Report of the Appellate Body, WTO

der Literatur nach Vertrauensschutz für die ersuchte Partei sind ebenfalls hierauf beschränkt.[235]

Das Ergebnis dieser Spruchpraxis setzt dem inhaltlichen Objektivieren im Forumsabschnitt der Verhandlung enge Grenzen und begünstigt die gerichtliche Streitbeilegung vor dem Panel über das im DSU verankerte Gleichgewicht von kooperativer und konfrontativer Streitbeilegung hinaus. Dies mag zwar die herrschende Literatur[236] bestätigen, entspricht jedoch kaum der Vielfalt staatlicher Streitkulturen[237] und ebenso wenig dem Wortlaut als auch dem Sinn

---

Doc. WT/DS22/AB/R, circul. 21 Feb. 1997, adopt. 20 March 1997, S. 21; *EC – Bananas III*, Report of the Appellate Body, WTO Doc. WT/DS27/AB/R, circul. 9 Sept. 1997, adopt. 25 Sept. 1997, Ziff. 142 f.; daher sind der Sachverhalt offenzulegen und Ansprüche klar anzugeben, *India – Patents*, Report of the Appellate Body, WTO Doc. WT/DS50/AB/R, 19 Dec. 1997, adopt. 16 Jan. 1998, Ziff. 88 ff.; allerdings unter Voraussetzung verletzter Verfahrensrechte im Panel-Verfahren, *Korea – Dairy*, Report of the Appellate Body, WTO Doc. WT/DS98/AB/R, circul. 14 Dec. 1999, adopt. 12 Jan. 2000, Ziff. 114 f.; krit. hierzu *Kuijper* (Anm. 11), 72.

235 So etwa *Kuijper* (Anm. 11), 69; 72; zugl. krit. zur RSpr. *Jansen* (Anm. 128), 45 ff.

236 So etwa *Montañá i Mora, Miquel*: A GATT with Teeth: Law Wins over Politics in the Resolution of International Trade Disputes, Columbia JTL 31 (1993/94), 103–180 (159 ff.; 176 ff.); *Lowenfeld, Andreas F.*: Remedies along with Rights: Institutional Reform in the New GATT, AJIL 88 (1994), 477–488 (479 ff.); *Schott, Jeffrey J./Buurman, Johanna W.*: The Uruguay Round: An Assessment, Washington: IIE 1994 (125 ff.); *Bello, Judith. H./Holmer, Alan F.*: U.S. Trade Law and Policy Series No. 24: Dispute Resolution in the New World Trade Organization: Concerns and Net Benefits, Int'l Lawyer 28 (1994), 1095–1104 (1102 f.); *Preeg, Ernest H.*: Traders in a Brave New World: The Uruguay Round and the Future of the International Trading System, Chicago/London: Univ. of Chicago Pr. 1995, 208; *Young, Michael K.*: Dispute Resolution in the Uruguay Round: Lawyers Triumph over Diplomats, Int'l Lawyer 29 (1995), 389–409 (391 ff.); *Reich, Arie*: From Diplomacy to Law: The Juridicization of International Trade Relations, Northwestern JIL & Bus. 17 (1996/97), 775–849 (insbes. 784 ff.; 830 ff.); *Petersmann* (Anm. 12), 25 ff.; *Steger, Debra P./Hainsworth, Susan M.*: New Directions in International Trade Law: WTO Dispute Settlement, in: Cameron, James/Campbell, Karen (eds.): Dispute Resolution in the World Trade Organisation, London: Cameron May 1998, 28–58 (30 ff.); *Palmeter/Mavroidis* (Anm. 6), 17 f.; abwägend *Kohona* (Anm. 44), 24 f.; *Jackson* (Anm. 3), 124 ff.; krit. zur nachträglichen Auslegung des Willens von Vertragsstaaten, *Lacharrière* (Anm. 140), 126.

237 Insofern etwa *Bello/Holmer* (Anm. 236), 1096 f.; daher eine begrenzte Kontrolldichte durch Panels befürw. *Croley, Steven P./Jackson, John H.*: WTO Dispute Procedures, Standard of Review, and Deference to National Governments, AJIL 90 (1996), 193–213 (211 ff.).

und Zweck der genannten Zielbestimmungen und Verhaltenspflichten,[238] die durch Empfehlungen und Entscheidungen des DSB weder ergänzt noch eingeschränkt werden dürfen.[239]

Die von *Baroncini* aus den Pflichten zur Suche einer „positiven Lösung“ und zum eindeutigen Vorzug „beiderseits akzeptabler Lösungen“[240] geforderte Leistung „adäquater“ Konsultationen als Voraussetzung für die Einsetzung von Panels[241] hat bedauerlicherweise kaum Resonanz gefunden. Stattdessen wäre doch eine Spruchpraxis zu wünschen, die das vereinbarte Gleichgewicht beachten und ein Erfüllen der genannten Zielbestimmungen und Verhaltenspflichten des DSU nach ihrem Wortlaut sowie nach deren Sinn und Zweck ambitionieren würde.[242] Dies wäre gegenwärtig, da das DSU weithin Glaubwürdigkeit[243] erlangt hat, auch rechtspolitisch tragfähig.

Ohne zwingend eine verbindliche Auslegung einzelner Zielbestimmungen und Verfahrenspflichten des Vorverfahrens im DSU durch die Ministerkonferenz anzustreben,[244] um die geltende Spruchpraxis in die Pflicht zu nehmen, könnte die Staatenpraxis das Konkretisieren von „adäquaten“ Konsultationen und Leistungspflichten im Vorverfahren des DSU zumindest unterstützen, indem sie ihr Verhalten in Konsultationsgesprächen diszipliniert und

---

238 Folglich das schleichende Auflösen des Vorverfahrens im DSU bedauernd, *Renouf* (Anm. 11), 295; *Baroncini* (Anm. 13), 198 f.; krit. zur Tendenz von judiziären Foren, sich durch Auslegungstechniken nachträgliche Entscheidungsfreiheit zu verschaffen, *Lacharrière* (Anm. 140), 59 f.; 164 f.

239 Art. 3 Ziff. 2 DSU und Art. 19 Ziff. 2 DSU.

240 Art. 3 Ziff. 7 DSU und Art. 4 Ziff. 5 DSU.

241 *Baroncini* (Anm. 13), 193 f.; aus Art. 4 Ziff. 7 und 8 DSU wohl auch *Kuijper* (Anm. 11), 68; siehe entspr. der Vertreter Japans in *Dispute Settlement Body*: Minutes of the Meeting held on 3 Oct. 1996, WTO Doc. WT/DSB/M/23, circul. 31 Oct. 1996, Ziff. 1.

242 Als Grundsatz wie auch als Pflicht aus Art. 26 WVK gebietet *bona fide* eine Orientierung am Sinn und Zweck von Rechtspflichten; dies umso eher, als Staaten in einem qualifizierten Vertrauensverhältnis zueinander stehen und sich auf ein gemeinsames Ziel verpflichtet haben, zutr. *Müller, Jörg P.*: Art. 2 Ziff. 2, in: Simma, Bruno (Hrsg.): Kommentar der Charta der Vereinten Nationen, München: Beck 1991, 52; 54.

243 Generell hierzu etwa *Charney, Jonathan I.*: Disputes Implicating the Institutional Credibility of the Court: Problems of Non-appearance, Non-participation, and Non-performance, in: Damrosch, Lori F. (ed.): The International Court of Justice at a Crossroads, Dobbs Ferry: Transnational Publ. 1987, 288–319 (302 ff.).

244 Art. 3 Ziff. 9 DSU i.V.m. Art. IX Ziff. 2 WTO-Abkommen und etwa Art. XXV GATT 1994, durch eine Mehrheit von ¾ der Mitglieder.

bestehende kooperative Verhaltenspflichten vor dem DSB wie auch im Panel-Verfahren einfordert.

II. Konkrete Verhaltensführung im Austausch von Information

In *Kodak-Fujifilm* hätte die aus den Konsultationsgesprächen DS45 gewonnene Erkenntnis der Regierung der Vereinigten Staaten, dass die im ersten Antrag DS45[245] formulierten Positionen nicht geeignet waren, die zu koordinierende Zukunft auf glaubwürdige Weise zu beeinflussen, diese zur schlichten Aufgabe dieser Positionen bewegen können; oder aber, entsprechende konfrontative Motivation vorausgesetzt, zum Beharren im materiellen *tie-in* unter Verschärfung der strategischen Analyse. Letzteres bedeutete, die von der Delegation Japans erhaltene Information zu nutzen, um die „strittigen Maßnahmen" der japanischen Rechtsordnung über das Daiten Hô hinaus sowie die „Rechtsgrundlage der Beschwerde" um neue beziehungsweise genauere Bestimmungen des GATS so zu erweitern, dass die vertretenen Positionen im Geltungsbereich des DSU besser verankert sind. Wegen der Pflicht zur Niederschrift der „strittigen Maßnahmen" und der „Rechtsgrundlage der Beschwerde"[246] wäre ein ergänzter Antrag auf Einsetzung möglicherweise nicht zulässig, somit auch als BATNA nicht glaubwürdig gewesen. Denn im Gegensatz zur neueren[247] forderte die zum damaligen Zeitpunkt geltende Spruchpraxis des GATT 1947[248] eine Kongruenz der Anträge auf Konsultationen und auf Einsetzung. Hiermit ist vermutlich das Nachbessern des ursprünglichen Antrags[249] durch den Antrag DS45 vom 20. September 1996[250] zu erklären.

245 *Permanent Mission of the United States*: Communication to the Permanent Mission of Japan and to the Dispute Settlement Body, 13 June 1996, circul. as *Japan – Distribution Services*, Request for Consultation by the United States, WTO Doc. WT/DS45/1, 20 June 1996.

246 Art. 4 Ziff. 4 DSU.

247 Hierzu ausf. oben S. 306 ff. m.w.N.

248 So sollte ein Anspruch, um im gerichtlichen Verfahren zulässig zu sein, vom Mandat erfasst und im Vorverfahren identifiziert worden sein, *US – Norwegian Salmon AD*, Report of the Panel, GATT Doc. ADP/87, circul. 30 Nov. 1992, adopt. 27 April 1994, Ziff. 331 ff., in: BISD 41S/229 (1996), 360 ff.; zust. *Baroncini* (Anm. 13), 207 f.

249 *Permanent Mission of the United States*: Communication to the Permanent Mission of Japan and to the Dispute Settlement Body, 13 June 1996, circul. as *Japan – Distribution Services*, Request for Consultations by the United States, WTO Doc. WT/DS45/1, 20 June 1996.

250 *Permanent Mission of the United States*: Communication to the Permanent Mission of Japan and to the Dispute Settlement Body, 20 Sept. 1996, circul. as

Im Ergebnis erwirkten die Konsultationsgespräche aufgrund des ersten Antrags vom 13. Juni 1996, dass die lückenhafte Niederschrift von Positionen zum Daiten Hô und angreifbare Zuständigkeitsbegründungen strategisch nachgebessert, und so der Vorbereitungsabschnitt der Verhandlung abgeschlossen wurden. Hier förderte die erforderliche Niederschrift im Zusammenspiel der Verhaltens- und Bewertungsmaßstäbe des DSU das Objektivieren inhaltlicher Positionen im Sinne einer „rechtsgeleiteten Verhandlung", und eröffnete weitere Einigungsspielräume. Mit dem Definieren von zuständigkeitsbestimmenden Ansprüchen und der Streitvermeidung wurden zwei der von *Kuijper* dem Vorverfahren im DSU zugeschriebenen Funktionen[251] verwirklicht.

Während ein Streitgegenstand nach allgemeinem Völkerrecht nicht in der Klage festgelegt ist und nachträglich abgeändert werden kann,[252] zumindest bei Einwilligung der beklagten Partei,[253] sind Ansprüche und Sachverhalt[254] im Antrag auf Einsetzung mit hinreichender Bestimmtheit[255] anzugeben.

Japan – Distribution Services, Request for further Consultations by the United States, WTO Doc. WT/DS45/1/Add.1, 26 Sept. 1996.

251 *Kuijper* (Anm. 11), 67 f.; ähnlich *Renouf* (Anm. 11), 297 f.

252 Statt vieler *Shaw, Malcolm N.*: The International Court of Justice: A Practical Perspective, ICLQ 46 (1997), 831–865 (855).

253 Siehe die Abänderung und Erweiterung der Klage durch *Ministre de la Justice*: Requête additionnelle à la requête introductive d'instance de la République du Cameroun, 29 mars 1994; und Annahme in *Land and Maritime Boundary between Cameroon and Nigeria* (Cameroon v. Nigeria), Order of 16 June 1994, ICJ Rep. 1994, 105 ff. (106 f.).

254 Grundl. und für hinreichend bestimmte Angaben, *EC – Bananas III*, Report of the Appellate Body, WTO Doc. WT/DS27/AB/R, circul. 9 Sept. 1997, adopt. 25 Sept. 1997, Ziff. 139 ff.; die Berücksichtigung eines strittigen Sachverhalts erfordert die Geltendmachung entspr. Ansprüche, *Brazil – Desiccated Coconut*, Report of the Panel, WTO Doc. WT/DS22/R, circul. 17 Oct. 1996, adopt. as modif. 20 March 1997, Ziff. 226 f.; 286 ff.; allerdings sei eine zum Zeitpunkt des Antrags auf Konsultationen nicht in Kraft getretene Maßnahme vom Panel-Mandat ausgeschlossen, *US – Certain EC Products*, Report of the Appellate Body, WTO Doc. WT/DS165/AB/R, circul. 11 Dec. 2000, adopt. 10 Jan. 2001, Ziff. 70.

255 Für unzureichend bestimmte „strittige Maßnahmen", *Japan – Film*, Report of the Panel, WTO Doc. WT/DS44/R, circul. 31 March 1998, adopt. 22 April 1998, Ziff. 10.12 ff.; 10.21; *Thailand – H-Beams*, Report of the Panel, WTO Doc. WT/DS122/R, circul. 28 Sept. 2000, adopt. as modif. 5 April 2001, Ziff. 7.11 ff.; zust. Report of the Appellate Body, WTO Doc. WT/DS122/AB/R, circul. 12 March 2001, adopt. 5 April 2001, Ziff. 80 ff.; hinreichend bestimmte „strittige Maßnahmen", *Japan – Film*, Report of the Panel, WTO Doc. WT/DS44/R, circul. 31 March 1998, adopt. 22 April 1998, Ziff. 10.12 ff.; 10.20; *US – FSC*, Report of the Panel, WTO Doc. WT/

Allerdings können zugehörige Argumente in Schriftsätzen entwickelt werden.[256] Aufgrund dieser Rechtslage sind nachgebesserte Anträge auf Konsultationen[257] beziehungsweise deren Wiederaufnahme in einem anderen Pfad[258] in

---

DS108/R, circul. 8 Oct. 1999, adopt. as modif. 20 March 2000, Ziff. 7.23 ff.; *Argentina - Footwear (EC)*, Report of the Panel, WTO Doc. WT/DS121/R, circul. 25 June 1999, adopt. as modif. 12 Jan. 2000, Ziff. 8.29 ff.; *EC - Bed Linen*, Report of the Panel, WTO Doc. WT/DS141/R, circul. 30 Oct. 2000, adopt. 12 March 2001, Ziff. 6.12 ff.

256 Zur Unterscheidung von „Ansprüchen“ und „Argumenten“, *EC - Bananas III*, Report of the Appellate Body, WTO Doc. WT/DS27/AB/R, circul. 9 Sept. 1997, adopt. 25 Sept. 1997, Ziff. 141; 143; *Korea - Dairy*, Report of the Appellate Body, WTO Doc. WT/DS98/AB/R, circul. 14 Dec. 1999, adopt. 12 Jan. 2000, Ziff. 123 ff.; allerdings gebiete die Pflicht aus Art. 3 Ziff. 10 DSU zur Verfahrensführung nach Treu und Glauben, Verfahrensfehler umgehend im gerichtl. Verfahren zu rügen, *US - FSC*, Report of the Appellate Body, WTO Doc. WT/DS108/AB/R, circul. 24 Feb. 2000, adopt. 20 March 2000, Ziff. 155 ff. insbes. 166.

257 Siehe etwa, im gleichen Pfad, *Permanent Mission of the United States*: Communication to the Permanent Mission of Japan and to the Dispute Settlement Body, 13 June 1996, circul. as *Japan - Distribution Services*, Request for Consultations by the United States, WTO Doc. WT/DS45/1, 20 June 1996, und *Permanent Mission of the United States*: Communication to the Permanent Mission of Japan and to the Dispute Settlement Body, 20 Sept. 1996, circul. as *Japan - Distribution Services*, Request for further Consultations by the United States, WTO Doc. WT/DS45/1/Add.1, 26 Sept. 1996; *Permanent Delegation of the European Commission*: Communication to the Permanent Mission of the United States and to the Dispute Settlement Body, 18 Nov. 1997, circul. as *US - FSC*, Request for Consultations by the European Communities, WT/DS108/1, 28 Nov. 1997, und *Permanent Delegation of the European Commission*: Communication to the Permanent Mission of the United States and to the Dispute Settlement Body, 4 March 1998, circul. as *US - FSC*, Request for Consultations by the European Communities, WT/DS108/1/Add.1, 12 March 1998; zust. *Baroncini* (Anm. 13), 217.

258 Siehe nur, unter gleichen Parteien in *Korea - Agricultural Products*, *Permanent Mission of the United States*: Communication to the Permanent Mission of Korea, 4 April 1995, circul. as *Korea - Agricultural Products*, Request for Consultations by the United States, WTO Doc. WT/DS3/1, 6 April 1995, um „strittige Maßnahmen“ erweitert in *Permanent Mission of the United States*: Communication to the Permanent Mission of Korea, 24 May 1995, circul. as *Korea - Agricultural Products*, Request for Consultations by the United States, WTO Doc. WT/DS41/1, 31 May 1996; in *Chile - Sugar*, *Permanent Mission of Colombia*: Communication to the Permanent Mission of Chile and to the Dispute Settlement Body, 15 March 2001, circul. as *Chile - Sugar*, Request for Consultations by Colombia, WTO Doc. WT/DS228/1, 22 March 2001, präzisiert durch *Permanent Mission of Colombia*: Communication to the Permanent Mission of Chile and to the Dispute Settlement Body,

der Staatenpraxis geläufig. Hiervon zu unterscheiden ist jedoch das Überspringen des Vorverfahrens mitsamt der Nebenverhandlung zur Einsetzung eines Panels. Insofern rügte der Prozessvertreter Japans im Panel-Verfahren DS44, die Regierung der Vereinigten Staaten habe während der Konsultationen DS45 gewonnene Erkenntnisse über relevante „strittige Maßnahmen" statt in einen neuen Antrag DS44, erstmals im ersten Schriftsatz angegeben.[259] Dies verletzte

---

17 April 2001, circul. as *Chile – Sugar*, Request for Consultations by Colombia, WTO Doc. WT/DS230/1, 23 April 2001; mit unterschiedl. Parteien, *Permanent Mission of Canada*: Communication to the Permanent Delegation of the European Commission, circul. as *EC – Cereals*, Request for Consultations by Canada, WTO Doc. WT/DS9/1, 10 July 1995, um „strittige Maßnahmen" erweitert in *Permanent Delegation of the United States*: Communication to the Permanent Delegation of the European Communities, 19 July 1995, circul. as *EC – Grains*, Request for Consultations, WTO Doc. WT/DS13/1, 26 July 1995; weitere Parteien erweitert in *Permanent Mission of Thailand*: Communication to the Permanent Delegation of the European Commission, 3 Oct. 1995, circul. as *EC – Rice*, Request for Consultations by Thailand, WTO Doc. WT/DS17/1, 11 Oct. 1995 und *Permanent Mission of Uruguay*: Communication to the Permanent Delegation of the European Commission, 12 Dec. 1995, circul. as *EC – Rice*, Request for Consultations by Uruguay, WTO Doc. WT/DS25/1, 17 Jan. 1996; in *Brazil – Desiccated Coconut, Permanent Mission of Sri Lanka*: Communication to the Permanent Mission of Brazil, 23 Feb. 1996, circul. as *Brazil – Desiccated Coconut and Coconut Milk Powder*, Request for Consultations by Sri Lanka, WTO Doc. WT/DS30/1, 5 March 1996, auf anderer Rechtsgrundlage in *Permanent Mission of the Philippines*: Communication to the Permanent Mission of Brazil, 27 Nov. 1995, circul. as *Brazil – Desiccated Coconut*, Request for Consultations by the Philippines, WTO Doc. WT/DS22/1, circul. 20 Dec. 1995; in *Brazil – Autos, Permanent Mission of Japan*: Communication to the Permanent Mission of Brazil, 30 July 1996, circul. as *Brazil – Autos*, Request for Consultations by Japan, WTO Doc. WT/DS51/1, 6 Aug. 1996, um weitere Parteien und Rechtsgrundlagen erweitert in *Permanent Mission of the United States*: Communication to the Permanent Mission of Brazil, 9 Aug. 1996, circul. as *Brazil – Autos*, Request for Consultations by the United States, WTO Doc. WT/DS52/1, 6 Aug. 1996, sowie um „strittige Maßnahmen" erweitert in *Permanent Mission of the United States*: Communication to the Permanent Mission of Brazil, 10 Jan. 1997, circul. as *Brazil – Autos*, Request for Consultations by the United States, WTO Doc. WT/DS65/1, 17 Jan. 1997 sowie in *Permanent Delegation of the European Commission*: Communication to the Permanent Mission of Brazil, 7 May 1997, circul. as *Brazil – Autos*, Request for Consultations by the European Communities, WTO Doc. WT/DS81/1, 20 May 1997.

259 *Japan – Film*, First Submission by the Government of Japan, 3 April 1997, Ziff. 50 ff.; zusammenf. in: *Durling* (Anm. 57), 463 ff.; *Japan – Film*, Report of the Panel, WTO Doc. WT/DS44/R, circul. 31 March 1997, adopt. 22 April 1998, Ziff. 3.11 ff.; 10.1 ff.

Bestimmtheitsvoraussetzungen für den Antrag auf Konsultationen[260] wie auch für den Antrag auf Einsetzung.[261] Mit Bezug auf Artikel 6 Ziffer 2 DSU schloss der Panel-Bericht die meisten erstmals erwähnten „strittigen Maßnahmen" aus,[262] so dass der Streitgegenstand zumindest auf die im Antrag auf Einsetzung aufgeführten Maßnahmen beschränkt blieb.[263]

Gegenüber dem Ursprünglichen ergänzt der Antrag DS45 vom 20. September 1996[264] die „strittigen Maßnahmen" um weitere Gesetze.[265] Zudem wird der Streitgegenstand hinsichtlich der „Rechtsgrundlage der Beschwerde" über die im ursprünglichen Antrag aufgeführten Artikel III und XVI GATS hinaus um Artikel VI und XVII GATS erweitert. Gemäß Artikel VI Ziffer 1 GATS müssen Mitglieder „in Sektoren, in denen spezifische Verpflichtungen übernommen wurden, sicherstellen, dass alle allgemein geltenden Maßnahmen, die den Handel mit Dienstleistungen berühren, angemessen, objektiv und unparteiisch angewendet werden." Diese mehrdeutige Formulierung begründet vermutlich das durch Artikel VI Ziffer 4 GATS auferlegte Ausarbeiten präziserer Kriterien hinsichtlich der Ausführung von Qualifikationserfordernissen und

260 Art. 4 Ziff. 4 DSU.

261 Art. 6 Ziff. 2 DSU; siehe analog der Vertreter Japans in *Dispute Settlement Body*: Minutes of the Meeting held on 16 Oct. 1996, WTO Doc. WT/DSB/M/24, circul. 26 Nov. 1996, Ziff. 2.

262 *Japan – Film*, Report of the Panel, WTO Doc. WT/DS44/R, circul. 31 March 1997, adopt. 22 April 1998, Ziff. 10.12 ff.

263 So etwa *Durling* (Anm. 57), 465 f.

264 *Permanent Mission of the United States*: Communication to the Permanent Mission of Japan and to the Dispute Settlement Body, 20 Sept. 1996, circul. as *Japan – Distribution Services*, Request for further Consultations by the United States, WTO Doc. WT/DS45/1/Add.1, 26 Sept. 1996.

265 Act on the Business Reform for Specified Industries (Tokutei No Sangyô No Tame No Jigyô Kaikaku Ni Kansuru Hôritsu), No. 61 (1995), Kanpô; Act on Special Measures for the Improvement of Commerce Integration (Komâsu Tôgô No Kaizen Ni Kansuru Tokubetsu Sochi Hô), No. 82 (1991), Kanpô; Act on Temporary Measures for the Improvement of Specified Facilities by Utilizing the Abilities of Private Enterprise (Minkatsu Hô), No. 77 (1986), Kanpô; Act on the Adjustment of Business Activities of Large Enterprises to Secure Business Opportunities for Small and Medium-sized Enterprises (Bunya Tô Chôsei Hô), No. 74 (1977), as amend. Act No. 78 (1983), Kanpô; Act on the Promotion of Small and Medium-sized Retailers (Shocho Kouri Shôgyô Shinkô Hô), No. 101 (1973), Kanpô; Act on Special Measures for the Adjustment of Retail Business (Shocho Hô), No. 155 (1959), Kanpô; Act on the Organization of Small and Medium Enterprises (Shocho Kigyo Dantai No Soshiki Ni Kanzuru Horitsu), No. 185 (1957), as amend. Act No. 96 (1997), Kanpô.

-verfahren, technischen Normen und Zulassungserfordernisse durch den Rat für den Handel mit Dienstleistungen.[266] Ohne solche Kriterien beziehungsweise konkretisierende Staaten- oder Spruchpraxis war zum damaligen Zeitpunkt jedoch schwer zu bestimmen, wie der Maßstab der „angemessenen, objektiven und unparteiischen“ Anwendung sich auf „strittige Maßnahmen“ wie die Gesetze über besondere Maßnahmen zur Verbesserung der Handelsintegration (Komasu Tôgô No Kaizen Ni Kansuru Tokubetsu Sochi Hô)[267] und zur Unternehmensreform in bezeichneten Sektoren (Tokutei No Sangyô No Tame No Jigyô Kaikaku Ni Kansuru Hôritsu)[268] auswirken sollte.[269]

Ferner übertrug der Antrag DS45 vom 20. September 1996[270] die im Antrag DS44[271] gerügte Verletzung von Artikel III GATT 1994 auf den Dienstleistungsbereich. Entsprechend wurden Vertriebsdienstleistungen durch Einzelhändler oder Kaufhäuser als „gleichartige Dienstleistungen und Anbieter von Dienstleistungen“ (*like services and service suppliers*) im Sinne von Artikel XVII Ziffer 1 GATS aufgefasst.[272] Auf dieser Grundlage wurde beanstandet, ausländische Anbieter von Vertriebsdienstleistungen (meist Kaufhäuser) würden im Vergleich zu einheimischen (meist Einzelhändler) durch „strittige Maßnahmen“ wie das Daiten Hô, das Gesetz zur Angleichung der Geschäftstätigkeit von Großunternehmen zur Sicherung der Wettbewerbschancen kleiner und mittlerer Unternehmen (Bunya Tô Chôsei Hô)[273] oder das Minkatsu Hô benachteiligt. Solche Positionen wurden jedoch kaum durch die zum damaligen Zeitpunkt

266 So etwa *Durling* (Anm. 57), 392.

267 Act on Special Measures for the Improvement of Commerce Integration, No. 82 (1991), Kanpô.

268 Act on the Business Reform for Specified Industries, No. 61 (1995), Kanpô.

269 So etwa *Durling* (Anm. 57), 392 f.

270 *Permanent Mission of the United States*: Communication to the Permanent Mission of Japan and to the Dispute Settlement Body, 20 Sept. 1996, circul. as *Japan – Distribution Services*, Request for further Consultations by the United States, WTO Doc. WT/DS45/1/Add.1, 26 Sept. 1996.

271 *Permanent Mission of the United States*: Communication to the Permanent Mission of Japan and to the Dispute Settlement Body, 13 June 1996, circul. as *Japan – Film*, Request for Consultations by the United States, WTO Doc. WT/DS44/1, 21 June 1996.

272 So etwa *Durling* (Anm. 57), 392.

273 Act on the Adjustment of Business Activities of Large Enterprises to Secure Business Opportunities for Small and Medium-sized Enterprises, No. 74 (1977), as amend. Act No. 78 (1983), Kanpô.

bestehende Staaten- oder Spruchpraxis gestützt.[274] Denn anders als im Falle von Produkten, die als gleichartige Erzeugnisse (*like products*) im Sinne von Artikel III Ziffer 4 GATT 1994 gelten konnten, war eine „Gleichartigkeit" von unterschiedlich strukturierten „Dienstleistungen und Anbietern von Dienstleistungen" im Sinne von Artikel XVII Ziffer 1 GATS nicht gesichert. Es konnte lediglich vermutet werden, dass die Spruchpraxis zu Artikel III Ziffer 4 GATT 1947[275] und die neuere Spruchpraxis zu Artikel III GATT 1994[276] herangezogen werden sollte. Letztere beschränkte sich jedoch auf den Vergleich von Erzeugnissen im konkreten Einzelfall, ohne sich auf abstrakte Kriterien wie Produkteigenschaften oder Konsumverhalten festzulegen: „Der Begriff der ‚Gleichartigkeit' ist ein Relativer, der an das Bild eines Akkordeons erinnert. Das Akkordeon der ‚Gleichartigkeit' dehnt und presst sich an unterschiedlichen Stellen, je nach den angewendeten Bestimmungen des WTO-Abkommens. Die Weite des Akkordeons an einer gegebenen Stelle ist durch die jeweilige Bestimmung zu ermitteln, die das Wort ‚gleichartig' enthält, wie auch durch den Kontext und die Umstände, die in einer gegebenen Sache vorherrschen, auf welche die Bestimmung anzuwenden ist. Unseres Erachtens ist der Begriff der ‚Gleichartigkeit' in Artikel III [Ziffer] 2 Satz 1 GATT [1994] eng zu pressen."[277]

---

274 So etwa *Durling* (Anm. 57), 392 f.

275 Zu den Voraussetzungen für Verkauf, Marketing und Vertrieb, insbes. hinsichtl. der Gleichbehandlung mit Inlandswaren, *US – Section 337 Tariff Act*, Report of the Panel, GATT Doc. L/6439 and Add.1, circul. 16 Jan. 1989, adopt. 21 June 1989, Ziff. 5.10 ff., in: BISD 36S/345 (1989), 386; *Canada – Provincial Liquor Board (US)*, Report of the Panel, GATT Doc. DS17/R, circul. 16 Oct. 1991, adopt. 18 Feb. 1992, Ziff. 5.4 f.; 5.12 ff., in: BISD 39S/27 (1993), 75 f.; 78 f.; *US – Malt Beverages*, Report of the Panel, GATT Doc. DS23/R, circul. 16 March 1992, adopt. 19 June 1992, Ziff. 5.30 ff.; 5.55 ff.; 5.71 ff., in: BISD 39S/206 (1993), 279 f.; 289 f.; 293 f.; der strittigen Maßnahmen, *Canada – FIRA*, Report of the Panel, GATT Doc. L/5504, circul. 25 June 1983, adopt. 7 Feb. 1984, Ziff. 5.5 f., in: BISD 30S/140 (1983), 159; des Bezugs zu Verkauf, Marketing und Vertrieb, *Italy – Agricultural Machinery*, Report of the Panel, Doc. L/833, circul. 15 July 1958, adopt. 23 Oct. 1958, Ziff. 12, in: BISD 7S/60 (1958), 64; *US – Tuna (Mexico)*, Report of the Panel, GATT Doc. DS21/R, circul. 3 Sept. 1991, unadopt., Ziff. 5.11 ff., in: BISD 39S/155 (1993), 194 f.; hierzu *GATT Secretariat* (Anm. 177), 148 ff.; 157 ff.

276 *Japan – Alcoholic Beverages II*, Report of the Appellate Body, WTO Doc. WT/DS8/AB/R, WT/DS10/AB/R and WT/DS11/AB/R, circul. 4 Oct. 1996, adopt. 1 Nov. 1996, S. 15 ff.

277 Ebendort, S. 21.

Solche Bildersprache liefert Parteien kaum Bewertungsmaßstäbe, um in „rechtsgeleiteter Verhandlung" subjektive Rechtsauffassungen zur „Gleichartigkeit" von Vertriebsdienstleistungen im Sinne von Artikel XVII Ziffer 1 GATS zu koordinieren.[278] Insofern verblieb die Rechtsunsicherheit, bei gleichfalls analoger Anwendung der Spruchpraxis zu Artikel III Ziffer 4 GATT 1947, auch zur Beurteilung der gerügten „strittigen Maßnahmen" am Maßstab der Gleichbehandlung (*treatment no less favourable*) im Sinne von Artikel XVII Ziffer 1 GATS.[279] Im Übrigen stellte sich auch hier die Frage,[280] welche Rechtsakte im japanischen Wirtschaftskontext geeignet waren, ungeachtet ihrer rechtlichen

278 So etwa *Durling* (Anm. 57), 392 f.

279 Zu den wegen fehlender RSpr. zu Art. XVII Ziff. 1 GATS relevanten Voraussetzungen der Gleichbehandlung gem. Art. III Ziff. 4 GATT 1947, ausf. *Italy – Agricultural Machinery*, Report of the Panel, Doc. L/833, circul. 15 July 1958, adopt. 23 Oct. 1958, Ziff. 11 ff., in: BISD 7S/60 (1958), 64; *EEC – Animal Feed Proteins*, Report of the Panel, GATT Doc. L/4599, circul. 2 Dec. 1977, adopt. 14 March 1978, Ziff. 4.10 ff., in: BISD 25S/49 (1978), 65 f.; *US – Tuna (Mexico)*, Report of the Panel, GATT Doc. DS21/R, circul. 3 Sept. 1991, unadopt., Ziff. 5.15 ff., in: BISD 39S/155 (1993), 195 f.; *Canada – FIRA*, Report of the Panel, GATT Doc. L/5504, circul. 25 June 1983, adopt. 7 Feb. 1984, Ziff. 5.9 ff.; 6.3 ff., in: BISD 30S/140 (1983), 159 ff.; 166 ff.; *US – Section 337 Tariff Act*, Report of the Panel, GATT Doc. L/6439 and Add.1, circul. 16 Jan. 1989, adopt. 21 June 1989, Ziff. 5.11 ff., in: BISD 36S/345 (1989), 386 ff.; *Canada – Provincial Liquor Board (US)*, Report of the Panel, GATT Doc. DS17/R, circul. 16 Oct. 1991, adopt. 18 Feb. 1992, Ziff. 5.5, in: BISD 39S/27 (1993), 76; *US – Malt Beverages*, Report of the Panel, GATT Doc. DS23/R, circul. 16 March 1992, adopt. 19 June 1992, Ziff. 5.30 ff., in: BISD 39S/206 (1993), 279 f.; *EEC – Oilseeds*, Report of the Panel, GATT Doc. L/6627, circul. 14 Dec. 1989, adopt. 25 Jan. 1990, Ziff. 137 ff., in: BISD 37S/86 (1990), 124 f.; hierzu *GATT Secretariat* (Anm. 177), 148 ff.; vgl. nachträglich *Japan – Film*, Report of the Panel, WTO Doc. WT/DS44/R, circul. 31 March 1997, adopt. 22 April 1998, Ziff. 10.368 ff.; vgl. die neuere RSpr. zu den Voraussetzungen der Gleichbehandlung gem. Art. XVII Ziff. 1 GATS, zur „Gleichartigkeit", *China – Publications and Audiovisual Products*, Report of the Panel, WTO Doc. WT/DS363/R, 12 Aug. 2009, adopt. as modif. 19 Jan. 2010, Ziff. 7.944 ff.; 7.975 f.; *China – Electronic Payment Services*, Report of the Panel, WTO Doc. WT/DS413/R, circul. 16 July 2012, adopt. 31 Aug. 2012, Ziff. 7.697 ff.; zur Gleichbehandlung, *China – Publications and Audiovisual Products*, Report of the Panel, WTO Doc. WT/DS363/R, 12 Aug. 2009, adopt. as modif. 19 Jan. 2010, Ziff. 7.978 f.; 7.1130 ff.; *Argentina – Financial Services*, Report of the Appellate Body, WTO Doc. WT/DS453/AB/R, circul. 14 April 2016, adopt. 9 May 2016, Ziff. 6.103 f.

280 Zur handlungslenkenden Wirkung informellen Verwaltungshandelns im japan. Wirtschaftskontext, S. 262 f. m.w.N.

Bindungswirkung staatlichen Einfluss auf den Privatsektor auszuüben,[281] und folglich als „Maßnahmen“ im Sinne von Artikel XVII Ziffer 1 GATS zu gelten.

Mangels Handlungsanweisung vermögen solche Bewertungsmaßstäbe kaum, die Selbstauslegung der Parteien aufzuheben, deren Handlungs- und Ermessensspielräume zu reduzieren sowie ein inhaltliches Objektivieren zu erreichen. Folglich konnte die Prüfung der im Antrag DS45 vom 20. September 1996[282] geäußerten Positionen ergeben, dass auch diese kaum geeignet waren, Rechtsfolgen im DSU zu bewirken und somit die zu koordinierende Zukunft zu beeinflussen. Allerdings erfüllte der Austausch von Information eine Untersuchungsfunktion, die durch Förderung von *bona fide* neue Möglichkeiten für eine „beiderseits akzeptable Lösung“[283] im Erweiterungsabschnitt der Verhandlung aufzeigen kann.

Der Pfad DS45 veranschaulicht jedoch auch die Gefahr der Preisgabe von Information für die *bona fide* handelnde Partei: Zwar wirkte die Kritik der Regierung Japans an den Rechtsauffassungen im ursprünglichen Antrag DS45[284] auf ein Kürzen unhaltbarer Positionen, somit kooperationsfördernd hin. Zugleich jedoch erleichterte sie es der Regierung der Vereinigten Staaten, ihre Rechtsauffassungen im Antrag DS45 vom 20. September 1996[285] besser im Geltungsbereich des DSU verankern, was wiederum die Positionen der

---

281 Siehe die Anforderungen der damals geltenden RSpr. zu Art. XI Ziff. 1 GATT 1947, *Japan – Agricultural Products I*, Report of the Panel, GATT Doc. L/6253, circul. 18 Nov. 1987, adopt. 2 Feb. 1988, Ziff. 5.4.1, in: BISD 35S/163 (1988), 241 f.; *Japan – Semi-conductors*, Report of the Panel, GATT Doc. L/6309, circul. 24 March 1988, adopt. 4 May 1988, Ziff. 96 ff. und insbes. 132, in: BISD 35S/116 (1988), 143 ff. insbes. 162; hierzu *GATT Secretariat* (Anm. 177), 603 ff.

282 *Permanent Mission of the United States*: Communication to the Permanent Mission of Japan and to the Dispute Settlement Body, 20 Sept. 1996, circul. as *Japan – Distribution Services*, Request for further Consultations by the United States, WTO Doc. WT/DS45/1/Add.1, 26 Sept. 1996.

283 Art. 3 Ziff. 7 DSU.

284 *Permanent Mission of the United States*: Communication to the Permanent Mission of Japan and to the Dispute Settlement Body, 13 June 1996, circul. as *Japan – Distribution Services*, Request for Consultations by the United States, WTO Doc. WT/DS45/1, 20 June 1996.

285 *Permanent Mission of the United States*: Communication to the Permanent Mission of Japan and to the Dispute Settlement Body, 20 Sept. 1996, circul. as *Japan – Distribution Services*, Request for further Consultations by the United States, WTO Doc. WT/DS45/1/Add.1, 26 Sept. 1996.

Regierung Japans schwächte. Solche Verwendbarkeit von Information zur *discovery* in derselben Verhandlung, in anderen Pfaden beziehungsweise im Panel-Verfahren kann dazu führen, dass Parteien die kooperative Preisgabe von Information vermeiden und die konfrontative Pattsituation des Pfades DS44 entsteht.[286]

Während das Vorenthalten von Information über die „strittigen Maßnahmen" und die „Rechtsgrundlage der Beschwerde" im Bestreben der ersuchenden Regierung der Vereinigten Staaten im Pfad DS44, ein inhaltliches Objektivieren bis zur Einsetzung eines Panels zu verhindern, der geltenden Auslegung von Artikel 3 Ziffern 3, 7 und 10 DSU sowie Artikel 4 Ziffer 2 bis 5 DSU wohl genügte,[287] begünstigten die Konsultationsgespräche DS45 solches Objektivieren und Wandeln ursprünglicher Positionen ganz im Sinne „rechtsgeleiteter Verhandlung". Ob die Konsultationsgespräche im Einzelfall nach dem Modell DS44 oder DS45 verlaufen, oder welche Schattierungen dazwischen gefahren werden, überlässt die geltende Spruchpraxis zwar den Parteien und faktisch dem Ermessen der ersuchenden Partei. Erst die Überprüfung vertretener Rechtsauffassungen an den Bewertungsmaßstäben der WTO-Teilabkommen kann vermitteln, ob diese Positionen geeignet sind, im DSU Rechtsfolgen zu bewirken und somit die zu koordinierende Zukunft glaubwürdig zu beeinflussen. Dies festzustellen, obliegt im gerichtlichen Verfahren dem Panel; in kooperativen Konsultationsgesprächen der ersuchten Partei oder beteiligten Dritten, in einer „rechtsgeleiteten Verhandlung", jenseits streitiger Handlungen[288] und mit dem Ziel einer „beiderseits akzeptablen und mit den WTO-Teilabkommen übereinstimmenden Lösung".[289]

Für eine Bewertung von Parteiverhalten jenseits der geltenden Spruchpraxis hilft die von *Baroncini* befürwortete Suche nach „adäquaten" Konsultationen[290] wenig; auch deshalb nicht, weil der Begriff auf der verbreiteten Annahme beruht, „rechtsgeleitete" und „machtgeleitete" Verhandlung seien voneinander

---

286 Entspr. krit. zur Entwicklung qualifizierter Verhaltenspflichten im Vorverfahren des DSU durch *Brazil – Desiccated Coconut*, Report of the Appellate Body, WTO Doc. WT/DS22/AB/R, circul. 21 Feb. 1997, adopt. 20 March 1997, S. 21; *India – Patents*, Report of the Appellate Body, WTO Doc. WT/DS50/AB/R, circul. 19 Dec. 1997, adopt. 16 Jan. 1998, Ziff. 94; *Horlick/Butterton* (Anm. 133), 579 ff.

287 So etwa *Durling* (Anm. 57), 388; die entstehende *embuscade juridique* bedauernd, *Renouf* (Anm. 11), 299.

288 Art. 3 Ziff. 10 DSU.

289 Art. 3 Ziff. 7 DSU und Art. 4 Ziff. 5 DSU.

290 *Baroncini* (Anm. 13), 194 ff.; 207 ff.; 227 ff.

zu trennen,[291] wohingegen sie eng miteinander verwoben sind. Zwar ist etwa die Pflicht zur Teilnahme an Konsultationsgesprächen *bona fide* im Bemühen um Streitbeilegung abstrakt normiert,[292] doch je nach Interessenlage, Akteure, Wahrnehmung, Motivation fällt die konkrete Abgrenzung zur taktischen *mala fide* schwer.[293] Auch Pflichten zum wohlwollenden Prüfen von Vorstellungen und zum Einräumen ausreichender Gelegenheit zu Konsultationen[294] definieren kaum die Angaben, die eine Partei über die eigene Rechtsordnung machen soll. Gesetzt, sie seien beiden Parteien auferlegt, kann ihr Sinn und Zweck nicht nur sein, Information zum Nachbessern der Positionen der ersuchten Partei zu liefern; andererseits muss ein in dieser Absicht formulierter Antrag bestehen können, solange die angegebenen Rechtsauffassungen auf materiellen Rechtspflichten der WTO-Teilabkommen zu rechtfertigen sind.

Grober Vertrauensschutz ließe sich etwa aus Artikel 31 und 32 Wiener Übereinkommen über das Recht der Verträge (WVK)[295] ableiten, die als Auslegungsregel des Völkerrechts von der Spruchpraxis herangezogen werden;[296] aus der Pflicht zur Vertragserfüllung nach Treu und Glauben;[297] sowie aus den Gründen für die Ungültigkeit, Beendigung oder Suspendierung völkerrechtlicher Übereinkommen. Insbesondere scheinen Irrtum,[298] Betrug,[299] nachträgliche

291 So etwa *Jackson* (Anm. 3), 109 f.; *Baroncini* (Anm. 13), 157 f.

292 Art. 3 Ziff. 10 DSU und Art. 4 Ziff. 3 DSU.

293 Ähnlich *Lacharrière* (Anm. 140), 108 f.; die Schwäche der Verhaltenspflicht bedauernd, *Kuijper* (Anm. 11), 72; siehe die Vertreter der Vereinigten Staaten und Japans in *Dispute Settlement Body*: Minutes of the Meeting held on 3 Oct. 1996, WTO Doc. WT/DSB/M/23, circul. 31 Oct. 1996, Ziff. 1; *Dispute Settlement Body*: Minutes of the Meeting held on 16 Oct. 1996, WTO Doc. WT/DSB/M/24, circul. 26 Nov. 1996, Ziff. 2.

294 Art. 4 Ziff. 2 DSU; strittig ist, ob diese Verhaltenspflicht lediglich der ersuchten oder ebenso der ersuchenden Partei obliegt, eine Symmetrie i.V.m. Art. 3 Ziff. 10 DSU und Art. 4 Ziff. 1 DSU streng befürw. *Baroncini* (Anm. 13), 198 ff.; zu Vertragstechniken der *égalité avantageuse* und scheinbar gegenseitiger Klauseln, *Lacharrière* (Anm. 140), 65.

295 Vienna Convention on the Law of Treaties, signed at Vienna, 23 May 1969, UNTS 1155 (1980), 331 ff.; TIAS No. 18232; BGBl 1985 II, 927 ff.

296 Art. 3 Ziff. 2 DSU.

297 Art. 26 WVK; gerade dies gebietet eine nicht nur formalistische, sondern aus objektivem Sinn und Zweck erfüllten Auslegung; dies umso mehr, als Staaten in einem qualifizierten Vertrauensverhältnis zueinander stehen und sich auf ein gemeinsames Ziel verpflichtet haben, zutr. *Müller* (Anm. 242), 52; 54.

298 Art. 48 WVK.

299 Art. 49 WVK.

Unmöglichkeit[300] oder grundlegende Änderung[301] geeignet, gelegentlich mit dem normierten Vorzug der „beiderseits akzeptablen Lösung" in Zusammenhang gesetzt zu werden.[302] Auch könnte die völkerrechtliche Rechtsprechung inspirieren, die durchaus Verhandlung aufgrund einzelner Vertragsklauseln untersucht[303] beziehungsweise Verhaltenspflichten eines *pactum de negotiando* definiert hat.[304]

Zudem könnte die gewonnene Erkenntnis, dass die Niederschrift von „strittigen Maßnahmen" und der „Rechtsgrundlage der Beschwerde" den Verhandlungsraum zu erweitern vermag, der Pflicht aus Artikel 4 Ziffer 4 DSU objektiven Sinn und Zweck verleihen. Ebenso könnte die Teilnahme an Konsultationsgesprächen *bona fide* im Bemühen um Streitbeilegung[305] insoweit konkretisiert werden, als taktisches Verhindern jeden Objektivierens – etwa durch vollständige Informationsverweigerung – als Verstoß gegen die kooperativen Zielbestimmungen und Verhaltenspflichten nicht streitiger Handlung, „positiver" Lösung und eindeutigen Vorzugs „beiderseits akzeptabler Lösungen"

300 Art. 61 WVK.

301 Art. 62 WVK.

302 Als parteiunabhängige Umstände werden letztere in der allgemeinen Staatenpraxis öfter herangezogen, *Lacharrière* (Anm. 140), 122 f.

303 Siehe etwa *Concessions Mavrommatis en Palestine* (Grèce c/ Royaume-Uni), arrêt du 30 août 1924, Rec. CPJI Série A n° 2, 1 ff. (11); *South West Africa* (Ethiopia v. South Africa; Liberia v. South Africa), Preliminary Objections, Judgment of 21 Dec. 1962, ICJ Rep. 1962, 319 ff. (344 ff.); *Lac Lanoux* (Espagne c/ France), Sentence du Tribunal arbitral constitué en vertu du Compromis d'arbitrage du 19 nov. 1956, prononcée le 16 nov. 1957, in: RIAA 12 (1963), 281 ff. (308 ff.).

304 Entspr. die Pflicht, nach Treu und Glauben auf schadende Handlungen zu verzichten und auf Lösungen hinzuarbeiten, *Lac Lanoux* (Espagne c/ France), Sentence du Tribunal arbitral constitué en vertu du Compromis d'arbitrage du 19 nov. 1956, prononcée le 16 nov. 1957, Ziff. 11 ff., in: RIAA 12 (1963), 281 ff. (314 f.); *North Sea Continental Shelf* (Germany v. Denmark; Germany v. Netherlands), Judgment of 20 Feb. 1969, ICJ Rep. 1969, 3 ff. (46 ff.); *Military and Paramilitary Activities in and against Nicaragua* (Nicaragua v. United States of America), Merits, Judgment of 27 June 1986, ICJ Rep. 1986, 14 ff. (145); ebenso Teil I Ziff. 2 *UN General Assembly*: Manila Declaration on the Peaceful Settlement of International Disputes, Res. 37/10, adopt. 15 Nov. 1982, UN Doc. A/RES/37/10, circul. 15 Nov. 1982, GAOR XXXVII, Suppl. No. 51 (1982), 261 ff., in: ILM 21 (1982), 449 ff.; hierzu oben S. 248 f. m.w.N.

305 Art. 3 Ziff. 10 DSU und Art. 4 Ziff. 3 DSU.

gewertet würden.[306] Der völkerrechtlichen *bona fide* hätte etwa das Verhalten im Pfad DS44 wohl kaum genügt. Es vereitelte die von *Kuijper* erkannten[307] Funktionen der Streitvermeidung, des Definierens von zuständigkeitsbestimmenden Ansprüchen und des Sicherns von Verfahrensrechten der ersuchten Partei im Vorverfahren des DSU. Es hinderte diese Partei ferner daran, eigene Verhaltenspflichten zur *bona fide* im Bemühen um Streitbeilegung, zum wohlwollenden Prüfen von Vorstellungen und zur Suche einer „beiderseits akzeptablen Lösung" zu erfüllen.

Aus der wechselseitigen Motivation der Parteien,[308] Information zu erlangen, über welche die jeweils andere Partei verfügt, sei weiter ein Informationsaustausch Zug um Zug angeregt: Einerseits durch die ersuchte Partei zu den „strittigen Maßnahmen", die zu klären die Positionen der ersuchenden Partei trägt; andererseits durch die ersuchende Partei zur „Rechtsgrundlage der Beschwerde", was die Abwehr der ersuchten Partei unterstützt. Eine derart objektivierte Gegenseitigkeit[309] könnte eine kooperative Dynamik erzeugen, die das wohlwollende Prüfen von Vorstellungen, die erforderliche *bona fide* und das Ziel der „beiderseits akzeptablen Lösung" näher konkretisiert.

D. Beteiligen weiterer Teilnehmer

Als Forum weist die WTO die Besonderheit auf, über die Parteien hinaus weitere Akteure zu beteiligen, die zum Objektivieren der Verhandlung beitragen können.[310] Insofern stellt die eingangs gegebene, Artikel 33 Ziffer 1 VN-Charta entnommene Trennung einzelner Koordinationsverfahren ein zwar nützliches, im praktischen Verständnis jedoch künstliches Konstrukt dar. Vielmehr erübrigen sich diskutierte Fragen des Vorrangs oder der Gleichstellung der

306 *Lacharrière* (Anm. 140), 191 f. erkennt hierin die taktische Vermeidung logischer Widersprüche; zust. *Horlick/Butterton* (Anm. 133), 579 f.; hingegen *Renouf* (Anm. 11), 299.

307 *Kuijper* (Anm. 11), 67 f.; ähnlich *Renouf* (Anm. 11), 297 f.

308 Als subjektive Reziprozität bei *Simma, Bruno*: Das Reziprozitätselement im Zustandekommen völkerrechtlicher Verträge, Gedanken zu einem Bauprinzip internationaler Rechtsbeziehungen, Habil. Innsbruck, Berlin: Duncker & Humblot 1972, 73 ff.

309 Als objektive Reziprozität ebendort, 19 ff.; ähnlich *Decaux, Emmanuel*: La réciprocité en droit international, Thèse Paris II, Paris: LGDJ 1980, 9 ff.

310 Ansatzw. bereits *Hudec, Robert E.*: The GATT Legal System: A Diplomat's Jurisprudence, JWTL 4 (1970), 615–665 (661 ff.); *Malinverni, Georges*: Le règlement des différends dans les organisations internationales économiques, Thèse Genève, Leiden/Genève: Sijthoff/IUHEI 1974, 120 ff.

Verhandlung neben anderen Verfahrensinstrumenten sowie der Aufeinanderfolge oder des Nebeneinanders solcher Instrumente: Ab dem Forumsabschnitt setzt sich die Verhandlung trilateral beziehungsweise multilateral fort.

I. Interessierte Mitglieder

Gleich, in welchem sozialen Umfeld sie stattfinden, sind Streithandlungen nicht den Parteien vorbehalten, sondern binden stets einen mehr oder minder großen Teil der Gesellschaft ein. Im zwischenstaatlichen Umfeld, das geringe Mitgliederzahl und dezentrale Struktur aufweist, berühren die vorgebrachten Positionen der Parteien vergleichsweise rasch die Interessen Dritter, und gestalten den ständigen Wandel der politischen Verhältnisse aktiv mit. Folglich werden Streitigkeiten als Bestandteil staatlicher Berichterstattung und Überwachung beobachtet.

Auch deshalb gilt nach allgemeiner Rechtsauffassung im zwischenstaatlichen Umfeld,[311] dass Dritte in laufender Konsultation oder Verhandlung aktiv werden können, ohne dass dies als feindlicher Akt zu werten wäre. Sie können etwa Positionen oder Rechtsansprüche geltend machen und derart die Rechtsentwicklung beeinflussen.[312] Jenseits formaler Verfahrensbeitritte ermöglicht die frühzeitige Teilnahme Dritter in Konsultation und Verhandlung die Berücksichtigung des zwischenstaatlichen Umfelds, bevor eine schieds- oder gerichtliche zwischenstaatliche Verfahrensinstanz[313] eingeleitet wird. Im DSU

---

311 Statt vieler *Bothe, Michael*: Friedenssicherung und Kriegsrecht, in: Vitzthum, Wolfgang Graf (Hrsg.): Völkerrecht, Berlin/New York: de Gruyter 1997, 581–663 (589 f.).

312 So etwa, bezogen auf das GATT 1947, *Meng* (Anm. 47), 91; bezogen auf den Verfahrensbeitritt gem. Art. 62 Statute of the International Court of Justice, Annex to the Charter of the United Nations, signed at San Francisco, 26. June 1945, UNTS 1 (1946/47), 16 ff.; UKTS 67 (1946), in: UN Yearbook 23 (1969), 965 ff.; BGBl 1973 II, 505 ff. (Statut des Internationalen Gerichtshofs – IGH-Statut) i.V.m. Art. 81 Ziff. 1 und 2 *International Court of Justice*: Rules of Court (1978), adopt. 14 April 1978, as amend. 14 April 2005, in: *International Court of Justice*: Acts and Documents Relating to the Organization of the Court No. 6: Charter of the United Nations, Statute and Rules of the Court and other Documents, The Hague: ICJ 2007, 92 ff. (Verfahrensordnung des Internationalen Gerichtshofs – IGH-VerfO), *Shaw* (Anm. 252), 838 f.

313 Zu diesem Dilemma des Verfahrens vor dem IGH, das auf das Panel-Verfahren übertragbar ist, *Highet, Keith*: Recent Developments in the International Court of Justice, in: Young, Michael K./Iwasawa, Yuji (eds.): Trilateral Perspectives on International Legal Issues: Relevance of Domestic Law and Policy, Irvington: Transnational Publ. 1996, 337–361 (345).

ist eine direkte Teilnahme von nichtstaatlichen Akteure nicht normiert und zumindest im gerichtlichen Hauptverfahren[314] umstritten.[315]

Wie *Durling* berichtet, war der USTR in *Kodak-Fujifilm* parallel zur Lobbyarbeit von *Kodak* im Vorbereitungsabschnitt mit zentralen Regierungsstellen und Ständigen Vertretungen in Kontakt getreten, um interessierte Mitglieder für seine Positionen zu gewinnen.[316] Die Europäischen Gemeinschaften waren in der Vergangenheit selbst gegen die japanischen Wettbewerbsverhältnisse vorgegangen.[317] Ebenso jedoch hatte sie die Regierung Japans gegen „strategische

---

314 Generell sind Verfahrensrechte staatl. Parteien bzw. beigetretenen Dritten vorbehalten, deren Schriftsätze allerdings Stellungnahmen von privaten *amici curiae* aufnehmen dürfen, *US – Shrimps*, Report of the Appellate Body, WTO Doc. WT/DS58/AB/R, circul. 12 Oct. 1998, adopt. 6 Nov. 1998, Ziff. 100 ff.; ob jene im Berufungsverfahren berücksichtigt werden, entscheidet das Berufungsgremium, *US – Lead and Bismuth II*, Report of the Appellate Body, WTO Doc. WT/DS138/AB/R, circul. 10 May 2000, adopt. 7 June 2000, Ziff. 39 ff.; Mitglieder dürfen ohne Verfahrensbeitritt gem. Art. 10 Ziff. 2 DSU als *amici curiae* auftreten, *EC – Sardines*, Report of the Appellate Body, WTO Doc. WT/DS231/AB/R, circul. 26 Sept. 2002, adopt. 23 Oct. 2002, Ziff. 162 ff.

315 Krit. hierzu die Vertreter von Thailand, Pakistan, Indien, Japan und Mexiko in *Dispute Settlement Body*: Minutes of the Meeting held on 6 Nov. 1998, WTO Doc. WT/DSB/M/50, circul. 14 Dec. 1998, Ziff. 1; positiver die Vertreter der Vereinigten Staaten und der EG in *Dispute Settlement Body*: Minutes of the Meeting held on 7 June 2000, WTO Doc. WT/DSB/M/83, circul. 7 July 2000, Ziff. 1; sowie in *General Council*: Minutes of the Meeting held on 22 Nov. 2000, WTO Doc. WT/GC/M/60, circul. 23 Jan. 2001; krit. etwa *Appleton, Arthur E.*: Amicus Curiae Submissions in the Carbon Steel Case: Another Rabbit from the Appellate Body's Hat? JIEL 3 (2000), 691–699 (696 ff.); befürw. hingegen *Padilla, Christopher/Wolff, Alan W./Howell, Thomas R./Reif, Timothy, M./Lake, Charles D.*: Letter to Amelia Porges and William Kane, Office of the US Trade Representative (25 June 1998) upon *US Trade Representative*: Trade Policy Staff Committee: Request for Comments Concerning Review of the World Trade Organization Dispute Settlement Understanding, Notice and Request for Comments, 63 FR 28543 (26 May 1998), auszugsw. in: Kodak Charges WTO Secretariat with Unfair Intervention in Film Case, Inside U.S. Trade (3 July 1998), No. 66; *Marceau, Gabrielle/Stilwell, Matthew*: Practical Suggestions for Amicus Curiae Briefs before WTO Adjudicating Bodies, JIEL 4 (2001), 155–187 (163 ff.; 175 ff.); abwägend *Stern, Brigitte*: L'intervention des tiers dans le contentieux de l'OMC, RGDIP 107 (2003), 257–303 (289 ff.).

316 So etwa *Durling* (Anm. 57), 417 ff.

317 Aus dem GATT 1947, als beschwerdef. Partei, *Permanent Delegation of the European Commission*: Communication by the European Communities, 21 Jan. 1982, circul. as *Japan – Copper Ores*, Request by the European Communities for Consultations

Handelspolitik“ und Gegenmaßnahmen der Vereinigten Staaten unterstützt.[318] Seit dem STA und dem Handelsstreit um Kraftfahrzeuge und Ersatzteile mussten die Europäischen Gemeinschaften zudem wissen, dass die Regierung der Vereinigten Staaten den Abschluss bilateraler Übereinkommen auch unter Verletzung der WTO-Teilabkommen suchen konnte.[319] Zur Definition eigener Interessen in *Kodak-Fujifilm* hatten die Europäischen Gemeinschaften bereits im Vorbereitungsabschnitt der Verhandlung Information bezogen und ausgewertet.[320]

Im Forumsabschnitt blieb die Möglichkeit, aufgrund Artikel 4 Ziffer 11 DSU in Verbindung mit Artikel XXII Ziffer 1 GATT 1994, Artikel XXII Ziffern 1 und 3 GATS oder analogen Bestimmungen weiterer WTO-Teilabkommen[321] als interessiertes Mitglied um Teilnahme an Konsultationgesprächen zu ersuchen, wegen der in den Anträgen DS44[322] und

---

under Article XXII:1, GATT Doc. L/5286, 29 Jan. 1982; *Japan – Copper Ores*, Note by the Director-General, including Good Offices Report by the Personal Representative of the Director-General, 16 Dec. 1988, GATT Doc. L/6456, circul. 31 Jan. 1989, Ziff. 1 ff., in: BISD 36S/199 (1989), 199 f.; *Permanent Delegation of the European Commission:* Communication by the European Communities, 8 April 1983, circul. as *Japan – Nullification or Impairment of Benefits*, Recourse to Article XXIII:2 by the European Community, GATT Doc. L/5479, 8 April 1983; andere Parteien unterstützend, *Permanent Mission of the United States*: Communication from the United States, 7 Nov. 1979, circul. as *Japan – Tobacco*, Recourse to Article XXIII:2 by the United States, GATT Doc. L/4871, 8 Nov. 1979; hierzu der Vertreter der EG in *Council*: Minutes of the Meeting held on 16 Nov. 1979, GATT Doc. C/M/136, circul. 22 Nov. 1979, Ziff. 7; *Permanent Mission of the United States*: Communication from the United States, 23 Oct. 1986, circul. as *Japan – Restrictions on Imports of Herring, Pollock and Surimi*, Recourse to Article XXIII:2 by the United States, GATT Doc. L/6070, 24 Oct. 1986; dazu der Vertreter der EG in *Council*: Minutes of the Meeting, 5–6 Nov. 1986, GATT Doc. C/M/204, circul. 19 Nov. 1986, Ziff. 11.

318 Siehe der Vertreter der EG in *Dispute Settlement Body*: Minutes of the Meeting held on 31 May 1995, WTO Doc. WT/DSB/M/5, circul. 4 July 1995, Ziff. 2.

319 So etwa krit. in *Japan – Trade in Semi-conductors*, Report of the Panel, GATT Doc. L/6309, circul. 24 March 1988, adopt. 4 May 1988, Ziff. 96 ff., in: BISD 35S/116 (1988), 143 ff.

320 So etwa *Durling* (Anm. 57), 403 f.

321 Anm. 4 zu Art. 4 Ziff. 11 DSU.

322 *Permanent Mission of the United States*: Communication to the Permanent Mission of Japan and to the Dispute Settlement Body, 13 June 1996, circul. as *Japan – Film*, Request for Consultations by the United States, WTO Doc. WT/DS44/1, 21 June 1996.

DS45[323] enthaltenen Haftungsgrundlagen[324] verwehrt. Die Europäischen Gemeinschaften konnten deshalb nur die Teilnahme an den Konsultationen aufgrund der Entscheidung von 1960 anstreben,[325] die eine Teilnahme interessierter Mitglieder zwar nicht normiert, diese aber auch nicht ausschließt.

Obgleich Anträge auf Teilnahme an Konsultationen sowohl an die Parteien zu richten als auch an das DSB zu notifizieren sind,[326] um interessierten Mitgliedern die Kenntnisnahme und gegebenenfalls Diskussion von Positionen zu ermöglichen, sind die Parteien – anders als im zwischenstaatlichen Rechtsverkehr,[327] beim Verfahrensbeitritt im Panel-Verfahren[328] oder vor dem Internationalen Gerichtshof (IGH)[329] – im Vorverfahren des DSU nicht zur Duldung interessierter Mitglieder verpflichtet. Vielmehr erfordert die Teilnahme an solchen Konsultationen das Einverständnis beider Parteien: Jenes der ersuchenden Partei, indem sie durch entsprechende Haftungsgrundlagen im Antrag[330] die Möglichkeit der Teilnahme an Konsultationen eröffnet; das Einverständnis der ersuchten Partei, indem sie das erforderliche wesentliche Interesse des Dritten[331] anerkennt, was in der Staatenpraxis jedoch unstrittig ist. Haftungsgrundlagen im Antrag und Teilnahmebedingungen an Konsultationen bilden somit Instrumente zur Einladung beziehungsweise Abwehr der Einflussnahme interessierter Mitglieder auf die parteiliche Handlungsfreiheit. In *Kodak-Fujifilm*

323 *Permanent Mission of the United States*: Communication to the Permanent Mission of Japan and to the Dispute Settlement Body, 13 June 1996, circul. as *Japan – Distribution Services*, Request for Consultations by the United States, WTO Doc. WT/DS45/1, 20 June 1996; ebenso *Permanent Mission of the United States*: Communication to the Permanent Mission of Japan and to the Dispute Settlement Body, 20 Sept. 1996, circul. as *Japan – Distribution Services*, Request for further Consultations by the United States, WTO Doc. WT/DS45/Add.1, 26 Sept. 1996.

324 Art. XXIII Ziff. 1 GATT 1994 bzw. Art. XXIII Ziff. 1 und 3 GATS.

325 Zum entspr. Antrag, *Permanent Delegation of the European Commission*: Communication to the Permanent Missions of the United States and Japan, 5 July 1996, circul. as *Japan – Business Practices*, Communication from the European Communities, WTO Doc. WT/L/158, 11 July 1996.

326 Art. 4 Ziff. 11 DSU.

327 Statt vieler *Bothe* (Anm. 311), 589 f.

328 Art. 10 Ziff. 2 DSU.

329 Art. 62 Ziff. 1 IGH-Statut i.V.m. Art. 81 Ziff. 1 IGH-VerfO.

330 Art. XXII Ziff. 1 GATT 1994, Art. XXII Ziff. 1 und 3 GATS bzw. entspr. Bestimmungen weiterer WTO-Teilabk.

331 Art. 4 Ziff. 11 DSU.

ermöglichten die in den Anträgen DS44[332] und DS45[333] gewählten Haftungsgrundlagen Artikel XXIII Ziffer 1 GATT 1994 und Artikel XXIII Ziffern 1 und 3 GATS den Ausschluss Dritter von den Konsultationsgesprächen und somit einen weitgehenden Schutz von Positionen vor Kritik. Die Funktion des DSB bleibt auf die Publikation der Anträge auf Konsultationen[334] und der Verwaltung der Anträge auf Teilnahme[335] beschränkt. Somit sind, verglichen mit dem Verfahrensbeitritt im Panel-Verfahren, die Anforderungen an die Teilnahme interessierter Mitglieder im Vorverfahren des DSU hoch: Sie müssen durch alle Parteien getragen sein.

Funktional betrachtet, erweitert die Teilnahme interessierter Mitglieder an Konsultationen die bilaterale zur trilateralen Verhandlung. Im Pfad aufgrund der Entscheidung von 1960 ließ die Regierung Japans den Antrag der Europäischen Gemeinschaften[336] auf Teilnahme unbeantwortet, da dieser möglicherweise die Qualität der Positionen des MITI bezweifelte; die vom Ministerium für auswärtige Angelegenheiten Japans (MOFA)[337] gestellte Ständige Vertretung die Positionen des MITI vielleicht nicht vollends teilte; und die fehlende Normierung in der Entscheidung von 1960 eine Abwehr interessierter, jedoch den Positionen der ersuchenden Vereinigten Staaten nahestehender Mitglieder erleichterte. Tatsächlich kritisierte der Vertreter der Europäischen Gemeinschaften im Rat für den Handel mit Waren wie im DSB die ausbleibende Beantwortung seines Antrags auf Teilnahme und das Verknüpfen des Antrags der

332 *Permanent Mission of the United States*: Communication to the Permanent Mission of Japan and to the Dispute Settlement Body, 13 June 1996, circul. as *Japan – Film*, Request for Consultations by the United States, WTO Doc. WT/DS44/1, 21 June 1996.

333 *Permanent Mission of the United States*: Communication to the Permanent Mission of Japan and to the Dispute Settlement Body, 13 June 1996, circul. as *Japan – Distribution Services*, Request for Consultations by the United States, WTO Doc. WT/DS45/1, 20 June 1996; ebenso *Permanent Mission of the United States*: Communication to the Permanent Mission of Japan and to the Dispute Settlement Body, 20 Sept. 1996, circul. as *Japan – Distribution Services*, Request for further Consultations by the United States, WTO Doc. WT/DS45/Add.1, 26 Sept. 1996.

334 Art. 4 Ziff. 4 DSU.

335 Art. 4 Ziff. 11 DSU.

336 *Permanent Delegation of the European Commission*: Communication to the Permanent Missions of the United States and Japan, 5 July 1996, circul. as *Japan – Business Practices*, Communication from the European Communities, WTO Doc. WT/L/158, 11 July 1996.

337 Ministry of Foreign Affairs (Gaimun Shô) (MOFA).

Regierung der Vereinigten Staaten mit einem eigenen Antrag.[338] Stillschweigen musste hier als peinliche und glaubwürdigkeitsmindernde *mala fide* wahrgenommen werden. Insofern erwies sich die Strategie der Vereinigten Staaten, ungeachtet der im Handelsstreit um Kraftfahrzeuge und Ersatzteile diskreditierten „strategischen Handelspolitik", „Ausweichen", beziehungsweise „Unilateralismus" die Wahrnehmung und Motivation interessierter Mitglieder für die eigenen Interessen und Positionen zu gewinnen, durchaus als erfolgreich.

Ist die Teilnahme interessierter Mitglieder von den Parteien zugelassen, bewirkt sie ein vielfältiges Objektivieren der Verhandlung. Wie weit diese reicht, und ob sie die Funktionen guter Dienste (Beschaffen und Auswerten von Information; Bearbeiten der Wahrnehmung), gar der Vermittlung (Abgleichen von Positionen) umfasst, ist nicht in den WTO-Teilabkommen normiert und deshalb dem konkreten Einzelfall vorbehalten: Sie mäßigen subjektiv-parteibezogene Interessen und Strategien der Parteien,[339] indem sie diese ihren eigenen Positionen gegenüberstellen oder an den objektiv-systembezogenen Bewertungsmaßstäben des Forums[340] prüfen. Falls erforderlich, können interessierte Mitglieder die Möglichkeit geltend machen, aus Artikel 4 Ziffer 11 DSU einen eigenen Antrag auf Konsultationen zu stellen. Damit erreichen sie unmittelbar, dass bilaterale Konsultationen nicht gegen eigene Interessen verstoßen, und nehmen mittelbar eine Überwachungsfunktion wahr.[341] Darüber

338 *Council for Trade in Goods*: Minutes of the Meeting held on 19 Sept. 1996, WTO Doc. G/C/M/13, circul. 9 Oct. 1996, Ziff. 12.6; *Dispute Settlement Body*: Minutes of the Meeting held on 3 Oct. 1996, WTO Doc. WT/DSB/M/23, circul. 31 Oct. 1996, Ziff. 1; *Council for Trade in Goods*: Minutes of the Meeting held on 11 June 1997, WTO Doc. G/C/M/20, circul. 10 July 1997, Ziff. 10.6.

339 Zum strategischen Ausschluss von Art. XXII GATT 1994 aus dem Antrag auf Konsultationen DS44, ausf. oben S. 276.

340 Siehe der Vertreter der EG in *Council for Trade in Goods*: Minutes of the Meeting held on 19 Sept. 1996, WTO Doc. G/C/M/13, circul. 9 Oct. 1996, Ziff. 12.6; *Dispute Settlement Body*: Minutes of the Meeting held on 3 Oct. 1996, WTO Doc. WT/DSB/M/23, circul. 31 Oct. 1996, Ziff. 1; *Council for Trade in Goods*: Minutes of the Meeting held on 11 June 1997, WTO Doc. G/C/M/20, circul. 10 July 1997, Ziff. 10.6.

341 So etwa zum GATT 1947, *Meng* (Anm. 47), 91; zur WTO, *Baroncini* (Anm. 13), 248 ff.; vgl. die Verurteilung der Auswirkungen des STA auf Antrag der EG, *Japan – Semi-conductors*, Report of the Panel, GATT Doc. L/6309, circul. 24 March 1988, adopt. 4 May 1988, Ziff. 10 ff.; 99 ff., in: BISD 35S/116 (1988), 120 ff.; 143 ff.; vgl. die Reaktion der Mitglieder auf die Lösung des Handelsstreits um Kraftfahrzeuge und Ersatzteile, ausf. oben S. 228 ff. m.w.N.

hinaus fördern sie kooperatives Parteiverhalten, wandeln inhaltliche Positionen, und gestalten so materielle Inhalte eines werdenden Übereinkommens, beziehungsweise unterstützen die Parteien beim Ausarbeiten ihrer Streitfragen zu Rechtsansprüchen, die einem Schiedsverfahren zugeführt werden können.[342] Ferner ermöglicht die Teilnahme interessierter Mitglieder eine Bündelung der Mittel benachteiligter Mitglieder beziehungsweise eine Anlehnung an Mitglieder mit größerer materieller und personeller Ausstattung. Eine derart erreichte Berichterstattung und Überwachung kann die abstrakt-rechtliche Parteiqualität materiell benachteiligter Mitglieder in eine konkret-faktische wandeln, und die subjektiven Interessen auch dieser Mitglieder als Teil der objektiven Bewertungsmaßstäbe des Forums geltend machen. Entsprechend gab die Presseerklärung der Europäischen Kommission bekannt, sie habe entschieden, dem Verfahren gegen Japan beizutreten. Die Europäische Union begrüße die Entscheidung der Vereinigten Staaten, die Sache über multilaterale Kanäle zu verfolgen, statt einseitige Handlungen zu ergreifen. Abgesehen von ihrem wirtschaftlichen habe sie auch ein systematisches Interesse am Funktionieren des japanischen Vertriebssystems, am verbesserten Zugang zum japanischen Markt und an der aufgeworfenen internationalen Dimension des Wettbewerbs. Sie bedauere, keine Antwort Japans auf ihren Antrag auf Teilnahme an Konsultationen aufgrund der Entscheidung von 1960 erhalten zu haben.[343]

Ersuchende Staaten, die Maßnahmen nach dem DSU als „erfolgreich" erachten,[344] bevor sie Anträge auf Konsultationen formulieren, sollten es zu ihrem *crédit diplomatique* werden lassen, das Objektivieren im Forum WTO durch die partizipative Dimension zu stärken. Hierzu sollten sie ihre Konsultationen interessierten Mitglieder öffnen und entsprechend Artikel XXII Ziffer 1 GATT 1994, Artikel XXII Ziffern 1 und 3 GATS beziehungsweise analogen Bestimmungen weiterer WTO-Teilabkommen als Haftungsgrundlage wählen.

II. Sämtliche Mitglieder

Konsultationen im Subforum DSU unterliegen über die trilaterale Berichterstattung und Überwachung interessierter Mitglieder hinaus einer multilateralen Aufsicht durch sämtliche Mitglieder. Entsprechend der vom GATT 1947 übernommenen pragmatischen Staatenpraxis erfolgt diese in politischen

---

342 Art. 25 Ziff. 1 DSU.

343 Kodak-Fuji Case – EU to Join the WTO/GATT Panel: Statement by the European Commission, Press Release of 16 Oct. 1996, EU Doc. IP/96/931.

344 Art. 3 Ziff. 7 DSU.

Subforen wie Arbeitsgruppen *sui generis*, dem Rat für den Handel mit Waren oder dem Organ zur Überprüfung der Handelspolitik (TPRB); bei entsprechend formulierten Anträgen auf Konsultationen in Sonderverfahren einzelner WTO-Teilabkommen; meistens allerdings im DSB.[345]

In *Kodak-Fujifilm* wurde der Rat für den Handel mit Waren mit dem Pfad aufgrund der Entscheidung von 1960 befasst.[346] Durch einen entsprechenden Antrag[347] machte der Vertreter der Vereinigten Staaten diesen Pfad allen Mitgliedern zugänglich. Mit dem Vortrag der Positionen seiner Regierung aufgrund der Entscheidung von 1960 als Haftungsgrundlage und im Rat für den Handel mit Waren als Subforum für die Überwachung dieser Entscheidung bot er ihnen ein Objektivieren an Bewertungsmaßstäben des Handelssystems an. Durch das Stigmatisieren der ausbleibenden Antwort und das Bewerten der Anfrage der Regierung Japans um weitere Information als Vorbedingung für eine Annahme der Konsultationen versuchte er zugleich, die Wahrnehmung der Mitglieder subjektiv-parteibezogen zu beeinflussen. Auch der Vertreter Japans erkannte die Entscheidung von 1960 als relevanten Bewertungsmaßstab an, begründete jedoch mit dessen Mehrdeutigkeit seine Relativierung des zu verfolgenden Verfahrens und seine Anfrage um weitere Information. Sein Vortrag appellierte an den Einzelfallcharakter, die Präzedenzwirkung und folglich die Prüfungsnotwendigkeit des Antrags.[348] Zugleich versuchte auch er, die Wahrnehmung einer dilatorisch-bösgläubigen Absicht seiner Regierung bei den Mitgliedern zu zerstreuen. Der Vertreter der Europäischen Gemeinschaften meldete ein Interesse an der Teilnahme an den Konsultationen und reihte seine Positionen an die Seite der Vereinigten Staaten.

Die Notifikation eines Antrags auf Konsultationen im Rat für den Handel mit Waren erfüllt die ersten Funktionen im Vorbereitungsabschnitt (Beschaffen

---

345 Art. 2 Ziff. 1 DSU.

346 *Council for Trade in Goods*: Minutes of the Meeting held on 19 Sept. 1996, WTO Doc. G/C/M/13, circul. 9 Oct. 1996, Ziff. 12.1 ff.

347 *Permanent Mission of the United States*: Communication to the Permanent Mission of Japan, 13 June 1996, circul. as *Japan – Business Practices*, Request for Consultations by the United States Pursuant to the Decision on "Restrictive Business Practices: Arrangement for Consultations", WTO Doc. WT/L/154, 26 June 1996.

348 *Permanent Mission of Japan*: Communication to the Permanent Mission of the United States, 3 Oct. 1996, circul. as *United States – Business Practices Affecting Consumer Photographic Film and Paper*, Communication from Japan, WTO Doc. WT/L/180, 10 Oct. 1996.

und Auswerten relevanter Information) der Verhandlung und fördert zugleich ein Objektivieren des eingeleiteten Pfades auf vielfältige Weise. Sie legt die Identität der beteiligten Parteien und Dritten offen und erweitert die bilateral-trilaterale um alle Mitglieder zur halböffentlichen Verhandlung. Nicht am Vorbereitungsabschnitt der Verhandlung beteiligte Mitglieder werden somit in die Lage versetzt, aufgrund der gelieferten Information eigene Strukturelemente in Bezug zum laufenden Pfad zu setzen und etwa staatliche Stellen zu involvieren, eigene Interessen zu prüfen, eigene Positionen zu bilden, und so die Funktionen des Vorbereitungsabschnitts im Schnelldurchlauf zu erfüllen. Oft involviert das Koordinieren staatlicher Willensbildung die rechtliche Überprüfung der vorgetragenen Positionen an den Bewertungsmaßstäben des Subforums, die informelle Einholung zusätzlicher Information bei den Parteien oder Dritten beziehungsweise die ebensolche Konsultation mit anderen Mitgliedern. Im Ergebnis können einzelne Mitglieder sich entscheiden, eigene Stellungnahmen abzugeben, die den Parteien oft nützliche Hinweise auf den aggregierten Willen aller Mitglieder liefern.

Darüber hinaus erfüllt die Gesamtheit der Mitglieder einzelne Funktionen eines institutionellen Dritten. Sie wirkt subjektiv-parteibezogenen Strategien entgegen, intensiviert die Prüfung des Einzelfalls an den objektiv-systembezogenen Bewertungsmaßstäben;[349] bewirkt durch ihre Kritik den Ausschluss bestimmter Positionen der Parteien; erreicht eine kollektive Konsens- und Willensbildung aus geteilten Auffassungen und vermittelnden Bezugspunkten (*focal points*).[350] Ob hier die Funktionen guter Dienste (Beschaffen und Auswerten von Information; Bearbeiten der Wahrnehmung), gar der Vermittlung (Abgleichen von Positionen) erfüllt werden, unterliegt regelmäßig der Dynamik des Einzelfalls. Generell zielt die Befassung aller Mitglieder in den zuständigen Räten mangels entsprechender Ermächtigung nicht auf die Lösung von Handelsstreitigkeiten ab. So begnügte sich der Rat für den Handel in *Kodak-Fujifilm*, die Pragmatik der Staatenpraxis des GATT 1947 fortsetzend,[351] mit der „Kenntnisnahme" der vorgetragenen

---

349 Insofern den Sinn und Zweck der vereinbarten Gemeinschaftsziele zur Bereitstellung objektiver *bona fide* konkretisierend, *Müller, Jörg P.*: Vertrauensschutz im Völkerrecht, Habil. Bern, Köln/Berlin: Carl Heymanns 1971, 52 ff.

350 Grundl. hierzu wohl *Iklé, Fred C.*: How Nations Negotiate, New York: Harper and Row 1964, 213 f.

351 So etwa *Meng* (Anm. 47), 78 f.; zur Entstehung der Entscheidung von 1960, ausf. oben S. 254 ff. m.w.N.

Positionen.[352] Ebenso aus dem Bedürfnis des GATT 1947 entstanden, allgemein annehmbare Lösungen in strittigen Fragen zu koordinieren,[353] ist die Offenlegung bestimmter Strukturelemente und die Wahrnehmung konsultativer Funktionen durch das Kollektiv aller Mitglieder.[354] Die rechtssystematisch unsichere Legitimität solcher Pragmatik erklärt das Bemühen des Vertreters der Vereinigten Staaten, angesichts mangelnden Zugangs zum DSU zumindest den Rat für den Handel mit Waren mit den Konsultationen aufgrund der Entscheidung von 1960 zu befassen.[355] Somit ist diese Tätigkeit der Räte in aller Regel unterhalb der Verhandlungsschwelle, im Rahmen konsultativer Funktionen anzusiedeln, auf deren praktische Relevanz jedoch bereits hingewiesen wurde. Allerdings enthalten das GATS[356] und die Übereinkommen zur Durchführung des Artikel VII GATT 1994 (CVA-Abkommen);[357] über Subventionen und Ausgleichsmaßnahmen (SCM-Abkommen);[358] über den Handel mit

352 *Council for Trade in Goods*: Minutes of the Meeting held on 19 Sept. 1996, WTO Doc. G/C/M/13, circul. 9 Oct. 1996, Ziff. 12.1 ff.

353 Siehe etwa die erste Arbeitsgruppe der VERTRAGSPARTEIEN aus Parteien, interessierten und neutralen Parteien, aus der später Panels hervorgingen, *CONTRACTING PARTIES*: Report of Working Party 7 on the Cuban Schedule, GATT Doc. CP.2/43, circul. 13 Sept. 1948, unadopt.; einleuchtend *Council*: Discussion on Unilateral Trade Measures, 8–9 Feb. 1989, GATT Doc. C/163, circul. 16 March 1989, S. 1 ff.; 14 ff., in dem der Vertreter der EG zur Aussprache der Mitglieder zum Unilateralismus anregte, um auf dieser Grundlage die Zustimmung für die eigenen Positionen zu messen und mit anderen Mitglieder konkrete Handlungen zu koordinieren.

354 Zur Entstehung dieser Staatenpraxis *Jackson* (Anm. 47), 171 ff.; *Flory* (Anm. 47), 67 ff.; 73 ff.; *Meng* (Anm. 47), 78 ff.

355 *Council for Trade in Goods*: Minutes of the Meeting held on 19 Sept. 1996, WTO Doc. G/C/M/13, circul. 9 Oct. 1996, Ziff. 12.1 ff.

356 Art. XXII Ziff. 3 GATS (Schiedsverfahren).

357 Art. 19 Ziff. 3 bis 5 Agreement on Implementation of Article VII of the GATT 1994, Annex 1A to the Marrakesh Agreement Establishing the World Trade Organization, done at Marrakesh, 15 April 1994, UNTS 1868 (1995), 279 ff.; TIAS No. 31874, in: *World Trade Organization*: The WTO Agreements: The Marrakesh Agreement Establishing the World Trade Organization and its Annexes, Cambridge: Cambridge Univ. Pr., 2nd ed. 2017, 202 ff.; ABlEG L 336 vom 23. Dez. 1994, 119 ff. sowie Art. 2 Buchst. (f) Ziff. 3, 9 und 21 Anhang II hierzu (Unterstützung der Parteien durch Panels bzw. ein Technisches Komittee).

358 Art. 4 Ziff. 2 und 3; Art. 6 Ziff. 6; Art. 7 Ziff. 2 und 3; Art. 8 Ziff. 4 und 5; Art. 9 Ziff. 1 bis 4; Art. 13 Ziff. 1 bis 4; sowie Art. 24 Ziff. 4 und 5 SCM-Abkommen (verkürzte Fristen; Unterstützung und Beratung der Parteien durch eine Ständige

Zivilluftfahrzeugen (TCA-Abkommen)[359] weitergehende, der Streitbeilegung vorangestellte Sonderverfahren, welche diese Staatenpraxis institutionalisieren und den Räten weitere Koordinationsfunktionen zuschreiben,[360] die über reine gute Dienste hinaus der Vermittlung beziehungsweise der Schlichtung zuzuordnen sind.

Die Gesamtheit der Mitglieder ist, jenseits des Allgemeinen Rats und der zuständigen Räte, im ausdrücklich der Beilegung von Handelsstreitigkeiten gewidmeten Subforum DSB[361] institutionalisiert. Denn das DSU normiert weitergehende, auf die Beilegung von Handelsstreitigkeiten abgestimmte Handlungs- und Verhaltenspflichten, welche die Mitglieder einzeln wie kollektiv ermächtigen, als Dritte inhaltliche Handlungsfreiheiten abzugrenzen, prozessuale Grundlagen zu gliedern und Koordinationsbedarf zu ermitteln, um das DSU zu verwalten.[362] So gewährleisten die Pflichten zur Notifikation aller Anträge auf Konsultationen,[363] zur Benachrichtigung der zuständigen Räte[364] und zur Notifikation aller „gemeinsam vereinbarten Lösungen"[365] nicht nur Publizität und Transparenz, sondern versetzen unbeteiligte Mitglieder in die

---

Sachverständigengruppe [PGE]; Aufsicht, Untersuchung und/oder Streitbeilegung durch den SCM-Ausschuss).

359 Art. 8 Ziff. 1 bis 8 Agreement on Trade in Civil Aircraft, done at Geneva on 12 April 1979, UNTS 1186 (1980), 170 ff.; TIAS No. 814, in: BISD 26S/162 (1980), Annex 4 to the Marrakesh Agreement Establishing the World Trade Organization, done at Marrakesh, 15 April 1994, UNTS 1915 (1995), 103 ff.; TIAS No. 31874; ABlEG L 71 vom 17. März 1980, 58 ff.; amend. Protocol (2001) amending the Annex to the Agreement on Trade in Civil Aircraft, done at Geneva, 6 June 2001, UNTS 2204 (2004), 206 ff.; ABlEU 151 E vom 25. Juni 2002, 236 ff.; Protocol (2015) amending the Annex to the Agreement on Trade in Civil Aircraft, done at Geneva, 5 Nov. 2015, UNTS (im Erscheinen); ABlEU L 69 vom 15. Nov. 2017, 3 ff., in: *World Trade Organization*: The WTO Agreements: The Marrakesh Agreement Establishing the World Trade Organization and its Annexes, Cambridge: Cambridge Univ. Pr., 2nd ed. 2017, 465 ff.

360 Art. 1 Ziff. 2 DSU i.V.m. Anhang 2 DSU sowie entspr. Bestimmungen einzelner WTO-Teilabk.

361 Art. 2 Ziff. 1 DSU.

362 Art. 2 Ziff. 1 DSU.

363 Art. 4 Ziff. 4 DSU.

364 Art. 2 Ziff. 2 DSU.

365 Art. 3 Ziff. 6 DSU; ergänzend *Dispute Settlement Body*: Notification of Mutually Agreed Solutions under Article 3.6 of the Dispute Settlement Understanding: Background Note by the Secretariat, WTO Doc. WT/DSB/W/35, circul. 7 Aug. 1996.

Lage, etwa in Bezug auf solche Lösungen eigene Strukturelemente (Interessen; Machtverhältnisse; Foren; Motivation; Wahrnehmung; Akteure) zu ermitteln, und gegebenenfalls eine Prüfung der erforderlichen Übereinstimmung mit den Rechten und Pflichten aus den Übereinkommen von Marrakesch[366] durchzuführen. Über solche, von subjektiv-parteibezogener Motivation getragene, jedoch aufgrund institutioneller Bewertungsmaßstäbe und Verfahrensregeln durchgeführte Objektivierung sollen Mitglieder den Vorrang der Übereinkommen von Marrakesch gegenüber bilateralen Übereinkommen kontrollieren.[367] Die Ausübung dieser Kontrollfunktion kann bis zur Geltendmachung eigener Rechtsansprüche führen.

Während den Parteien aufgetragen ist, eine zügige,[368] zufriedenstellende und die Rechte und Pflichten aus den Übereinkommen von Marrakesch achtende,[369] weder ergänzende noch einschränkende[370] Beilegung ihres Handelsstreits zu erreichen, enthalten diese Zielbestimmungen zugleich objektiv-systembezogene Bewertungsmaßstäbe, anhand derer Mitglieder das Verhalten der Parteien hinterfragen können. Ebenso wie in den zuständigen Räten kann die Formulierung eigener Positionen durch einzelne Mitglieder im DSB den Parteien teilobjektivierte, vermittelnde Bezugspunkte nahebringen. Solche Bezugspunkte fließen mitunter in eine Vermittlung oder Schlichtung[371] beziehungsweise in die spätere Diskussion vor dem Panel ein. Während etwa im Handelsstreit um Kraftfahrzeuge und Ersatzteile beide Parteien ihre Positionen ausführlich im DSB begründeten, erreichte die Kritik aller Mitglieder an „strategischer Handelspolitik", „Selbsthilfe", „Ausweichen" und „Unilateralismus" ausreichend Drohpotenzial und Hebelwirkung, um die Regierung der Vereinigten Staaten zum Verzicht auf unvertretbare Inhalte zu bewegen und

---

366 Art. 3 Ziff. 5 DSU.

367 Zutr. etwa *Petersmann* (Anm. 12), 64.

368 Art. 3 Ziff. 3 DSU; zur RSpr., v.a. als Vermeidung von mehrfachen Arbeitsprozessen des gerichtl. Verfahrens bei mehreren beschwerdef. Parteien, *US – Offset Act (Byrd Amendment)*, Report of the Appellate Body, WTO Doc. WT/DS217/AB/R and WT/DS234/AB/R, circul. 16 Jan. 2003, adopt. 27 Jan. 2003, Ziff. 311; zur Vermeidung mehrfacher Verfahren im gleichen Handelsstreit durch Einbezug zwischenzeitlich in Kraft getretener Maßnahmen in das Panel-Mandat, *US – Upland Cotton* (Article 21.5 – Brazil), Report of the Appellate Body, WTO Doc. WT/DS246/AB/RW, circul. 2 June 2008, adopt. 20 June 2008, Ziff. 246.

369 Art. 3 Ziff. 4 und 5 DSU.

370 Art. 3 Ziff. 2 DSU und Art. 19 Ziff. 2 DSU.

371 Art. 5 Ziff. 1 bis 5 DSU.

den gefundenen Kompromiss im Sinne der Regierung Japans zu beeinflussen. In *Kodak-Fujifilm* führte der Austausch von Information im Pfad DS45 den USTR zur Einsicht, dass die im ursprünglichen Antrag DS45[372] formulierten Positionen an den relevanten Bewertungsmaßstäben[373] angreifbar waren, und infolgedessen zur Aufsetzung des korrigierten Antrags DS45 vom 20. September 1996.[374] Da im Pfad DS44 die bilateralen Konsultationsgespräche keine entsprechenden Ergebnisse hervorgebracht hatten, wurde im DSB Kritik zur unbestimmten Formulierung der „strittigen Maßnahmen" und der „Rechtsgrundlage der Beschwerde" in den Anträgen auf Konsultationen[375] und auf Einsetzung[376] geäußert. Die vom Vertreter Japans vorgetragene Rüge[377] der Verletzung der Begründungs- und Verhaltenspflichten aus Artikel 4 Ziffern 4 und 5 DSU sowie der Begründungspflicht aus Artikel 6 Ziffer 2 DSU zielte darauf ab, die Wahrnehmung der Mitglieder im DSB subjektiv-parteibezogen zu beeinflussen, und das eigene Handeln in dieser erweiterten Verhandlung ebenso *bona fide* wie die Positionen seines Gegenparts *mala fide* erscheinen zu lassen. Die Klarstellung des Vertreters der Vereinigten Staaten, dass der Pfad DS44 lediglich „strittigen Maßnahmen" der Regierung gelte, während solche Maßnahmen der Wirtschaft im Pfad aufgrund der Entscheidung von 1960 thematisiert seien, verbesserte indes die Informationslage. Seine Kritik der Positionen der Regierung Japans als dilatorisches Verhalten und taktisches Manöver versuchte, das Handeln der Vereinigten Staaten ebenso *bona fide* wie

372 *Permanent Mission of the United States*: Communication to the Permanent Mission of Japan and to the Dispute Settlement Body, 13 June 1996, circul. as *Japan – Distribution Services*, Request for Consultation by the United States, WTO Doc. WT/DS45/1, 20 June 1996.

373 Art. 1 Ziff. 1 DSU i.V.m. Anhang 1 DSU.

374 *Permanent Mission of the United States*: Communication to the Permanent Mission of Japan and to the Dispute Settlement Body, 20 Sept. 1996, circul. as *Japan – Distribution Services*, Request for further Consultations by the United States, WTO Doc. WT/DS45/Add.1, 26 Sept. 1996.

375 *Permanent Mission of the United States*: Communication to the Permanent Mission of Japan and to the Dispute Settlement Body, 13 June 1996, circul. as *Japan – Film*, Request for Consultations by the United States, WTO Doc. WT/DS44/1, 21 June 1996.

376 *Permanent Mission of the United States*: Communication to the Chairman of the Dispute Settlement Body, 20 Sept. 1996, circul. as *Japan – Film*, Request for the Establishment of a Panel by the United States, WTO Doc. WT/DS44/2, 23 Sept. 1996.

377 *Dispute Settlement Body*: Minutes of the Meeting held on 3 Oct. 1996, WTO Doc. WT/DSB/M/23, circul. 31 Oct. 1996, Ziff. 1.

die Positionen der Regierung Japans *mala fide* zu zeichnen. Als der Vertreter der Vereinigten Staaten die Einsetzung eines Panels in der darauffolgenden Sitzung[378] erneut beantragte, dessen Ablehnung nunmehr den Konsens des DSB erfordert hätte,[379] konzentrierte der Vertreter Japans seine Kritik auf „strittige Maßnahmen", die im Antrag auf Konsultationen unzureichend identifiziert und im Antrag auf Einsetzung nicht hinreichend spezifiziert seien. Indem er, ohne auf diese prozessualen Fragen einzugehen, die Positionen der Vereinigten Staaten hinsichtlich der strukturellen Handelshemmnisse auf dem japanischen Markt für Fotomaterial teilte, verlieh der Vertreter der Europäischen Gemeinschaften als dritte, objektivierende Partei diesen Positionen entscheidende Glaubwürdigkeit und führte somit die Konsens- und Willensbildung der Mitglieder der Einsetzung eines Panels zu.

Auch das DSB als Subforum trifft grundsätzlich keine Entscheidungen zum Sachverhalt und beschränkt sich auf die Kenntnisnahme von Erklärungen. Solche konsultative Funktionen des DSB sind somit unterhalb der Verhandlungsschwelle anzusiedeln. Aus dem Mandat zur Verwaltung des DSU[380] ist eine Entscheidungsgewalt des DSB nur in Verfahrensfragen abzuleiten. Entscheidungen, die das DSB im Konsens zu treffen hat,[381] folgen Konsultationen aller Mitglieder zur kollektiven Willensbildung. In Bezug auf das Vorverfahren betreffen solche Verfahrensfragen etwa die Anwendung der Entscheidung von 1966 durch Entwicklungsländer gegen Industrieländer;[382] die verbindliche Auslegung von Bestimmungen eines WTO-Teilabkommens durch Beschluss des Allgemeinen Rats;[383] die Einsetzung von

378 *Dispute Settlement Body*: Minutes of the Meeting held on 16 Oct. 1996, WTO Doc. WT/DSB/M/24, circul. 26 Nov. 1996, Ziff. 2.

379 Art. 6 Ziff. 1 DSU.

380 Art. 2 Ziff. 1 DSU.

381 Art. 2 Ziff. 4 DSU.

382 Art. 3 Ziff. 12 DSU.

383 Art. 3 Ziff. 9 DSU; aus dem Schluss in *EC – Bananas III*, Recourse to Article 21.5 of the DSU by Ecuador: Report of the Panel, WTO Doc. WT/DS27/RW/ECU, circul. 12 April 1999, adopt. 6 May 1999, Ziff. 6.160 ff., dass die Umsetzung der Panel-Empfehlungen ungenügend sei, übergibt das DSB an den Allgemeinen Rat, der zunächst einen Verzicht gem. Art. IX Ziff. 3 WTO-Abkommen und Art. XXV GATT 1994 genehmigt: *General Council*: Preferential Tariff Treatment for Least-developed Countries: Decision on Waiver, adopt. 15 June 1999, WTO Doc. WT/L/304, circul. 17 June 1999; bestätigt durch die Ministerkonferenz in *Ministerial Conference*: Fourth Session, Doha, 9–14 Nov. 2001: European Communities – The ACP-EC Partnership

Schiedsgerichten[384] sowie Sonderverfahren einzelner WTO-Teilabkommen.[385]

Im Einzelfall kann eine Thematisierung im DSB auch eine Auslegung von Verfahrensfragen durch Entscheidung erfordern. Dies betrifft etwa die Definition des Geltungsbereichs des DSU;[386] die Überwachung der Einhaltung der Termine für Schriftsätze insbesondere im Zusammenhang mit einer beanspruchten Dringlichkeit aus Artikel 4 Ziffer 8 DSU;[387] die Prüfung des Erfolgs einer Nutzung des DSU;[388] die Teilnahme am Vorverfahren *bona fide* im Bemühen um Streitbeilegung;[389] das wohlwollende Prüfen der Vorstellungen der ersuchten Partei und die Gewährung ausreichender Gelegenheit zu Konsultationsgesprächen;[390] die besondere Berücksichtigung der Probleme und Interessen von Entwicklungsländern[391] und die Ausübung gebührender Zurückhaltung gegenüber LLDCs.[392] In *Kodak-Fujifilm* hätte das eine oder andere Mitglied

Agreement, Decision of 14 Nov. 2001, WTO Doc. WT/MIN(01)/15, circul. 14 Nov. 2001; *Ministerial Conference*: Fourth Session, Doha, 9–14 Nov. 2001: European Communities – Transitional Regime for the EC Autonomous Tariff Rate Quotas on Imports of Bananas, Decision of 14 Nov. 2001, WTO Doc. WT/MIN(01)/16, circul. 14 Nov. 2001.

384 Art. 25 Ziff. 2 und 3 DSU; siehe *US – Section 110(5) Copyright Act*, Recourse to Arbitration under Article 25 of the DSU: Award of the Arbitrators, WTO Doc. WT/DS160/ARB25/1, circul. 9 Nov. 2001, Ziff. 1.1 ff.; 2.1 ff.; koordinierte Ernennungs- und Verfahrensregeln sowie Fristen, *Permanent Delegation of the European Commission/Permanent Mission of the United States*: Communication to the Dispute Settlement Body, 23 July 2001, circul. as *US – Section 110(5) Copyright Act*, Recourse to Arbitration under Article 25 of the DSU, WTO Doc. WT/DS160/15; sowie *US – Section 110(5) Copyright Act*, Recourse to Arbitration under Article 25 of the DSU: Constitution of the Arbitrator, WTO Doc. WT/DS160/16, circul. 13 Aug. 2001; hierzu *Palmeter/Mavroidis* (Anm. 6), 132 ff.; *Petersmann* (Anm. 12), 71 f.; ausf. *Ders.* (Anm. 27), 336 ff.

385 Art. 1 Ziff. 2 DSU i.V.m. Anhang 2 DSU sowie entspr. Bestimmungen einzelner WTO-Teilabk.

386 Art. 1 Ziff. 1 DSU i.V.m. Anhang 1 DSU.

387 Art. 4 Ziff. 3 DSU.

388 Art. 3 Ziff. 7 DSU.

389 Art. 3 Ziff. 10 DSU und Art. 4 Ziff. 3 DSU.

390 Art. 4 Ziff. 2 DSU; eine Symmetrie der Verhaltenspflicht aus Art. 4 Ziff. 2 DSU i.V.m. Treu und Glauben aus Art. 3 Ziff. 10 DSU sowie Art. 4 Ziff. 1 DSU streng befürw. *Baroncini* (Anm. 13), 198 ff.

391 Art. 4 Ziff. 10 DSU.

392 Art. 24 Ziff. 1 DSU; die Pflicht zur „gebührenden Zurückhaltung“ ist auf die verletzten Rechte der beschwerdef. Partei begrenzt und erstreckt sich nicht etwa auf Dritte im Verfahren, *US – Upland Cotton*, Report of the Panel, WTO Doc. WT/DS267/R,

durchaus die Positionen des Vertreters Japans im DSB[393] unterstützen können. Denn eine unzureichende Bezeichnung der „strittigen Maßnahmen“ und der „Rechtsgrundlage der Beschwerde“ ist durchaus als Verletzung der Begründungspflichten aus Artikel 4 Ziffer 4 DSU, und eine mangelhafte Suche des „zufriedenstellenden Ausgleichs“ vor weiteren Schritten, ebenfalls als Verletzung der Verhandlungspflichten aus Artikel 4 Ziffer 5 DSU zu werten. Darüber hinaus hätte der Vertreter Japans eine unzureichende Prüfung des Erfolgs einer Nutzung des DSU;[394] ein Mangel an *bona fide* in der Teilnahme am Vorverfahren[395] und ein unzureichendes Bemühen um Streitbeilegung[396] eingehender rügen können. Dadurch wurde schließlich der eindeutige Vorzug der „beiderseits akzeptablen und mit den WTO-Teilabkommen übereinstimmenden Lösung“[397] verletzt und die aufgegebene Verbesserung der Effektivität der Konsultationen[398] verhindert.

So integriert das DSU, über einzelne Mitglieder hinaus, auch das DSB als trilaterale Komponente in die Verhandlung der Parteien, was die vorangestellte Einbindung auch trilateraler Koordinationsverfahren unter den Verhandlungsbegriff bestätigt. Wenngleich die trilateralen Funktionen des DSB grundsätzlich der Konsultation zuzuordnen sind, kommen sie in Verfahrensfragen recht nahe an Schlichtungsaufgaben heran. Sie werden in der Literatur auch regelmäßig unterschätzt[399] und von Mitgliedern selten eingefordert.[400] Im Ergebnis bleibt

---

circul. 8 Sept. 2004, adopt. as modif. 21 March 2005, Ziff. 7.54; 7.318; 7.1410 ff.; zust. Report of the Appellate Body, WTO Doc. WT/DS267/AB/R, circul. 3 March 2005, adopt. 21 March 2005, Ziff. 512.

393 *Dispute Settlement Body*: Minutes of the Meeting held on 3 Oct. 1996, WTO Doc. WT/DSB/M/23, circul. 31 Oct. 1996, Ziff. 1.

394 Art. 3 Ziff. 7 DSU; vgl. allerdings entspr. Forderungen in *Dispute Settlement Body*: Minutes of the Meeting held on 3 Oct. 1996, WTO Doc. WT/DSB/M/23, circul. 31 Oct. 1996, Ziff. 1.

395 Art. 3 Ziff. 10 DSU.

396 Art. 4 Ziff. 3 DSU.

397 Art. 3 Ziff. 7 DSU und Art. 4 Ziff. 5 DSU.

398 Art. 4 Ziff. 1 DSU.

399 Nuancierter allerdings *Baroncini* (Anm. 13), 164 ff.; *Busch/Reinhardt* (Anm. 224), 158 ff.

400 Vgl. allerdings die Vertreter der Vereinigten Staaten und Japans in *Dispute Settlement Body*: Minutes of the Meeting held on 3 Oct. 1996, WTO Doc. WT/DSB/M/23, circul. 31 Oct. 1996, Ziff. 1; *Dispute Settlement Body*: Minutes of the Meeting held on 16 Oct. 1996, WTO Doc. WT/DSB/M/24, circul. 26 Nov. 1996, Ziff. 2.

dieser durchaus umfangreiche Korpus von Bestimmungen im DSU unterbelichtet; wird das Potenzial des DSB zum Objektivieren des Handelsstreits im Vorverfahren des DSU nicht ausgeschöpft; wird entgegen dem eindeutigen Vorzug der „beiderseits akzeptablen und mit den WTO-Teilabkommen übereinstimmenden"[401] die gerichtliche Lösung im Hauptverfahren gefördert und, von diesem Standpunkt aus, die Einsetzung von Panels unnötig verzögert.

Gerade, weil die Spruchpraxis kooperative Zielbestimmungen und Verhaltenspflichten des Vorverfahrens im DSU aus ihrem Mandat ausschließt und kaum konkretisiert,[402] sind die Mitglieder aufgerufen, das Vorverfahren im DSU unter die Aufsicht des DSB zu fassen. Ersuchende Staaten, die Maßnahmen nach dem DSU als „erfolgreich" erachten,[403] wenn sie Anträge auf Konsultationen formulieren, sollten es im Vertrauen auf ihre Rechtsauffassung zu ihrem *crédit diplomatique* werden lassen, das Objektivieren im Forum WTO durch die partizipative Dimension zu verstärken. Wie im Handelsstreit Kraftfahrzeuge und Ersatzteile geschehen,[404] könnten sie ihre vertraulichen Konsultationsgespräche im DSB[405] und ihre Rechtsauffassungen[406] offenlegen, was

---

401 Art. 3 Ziff. 7 DSU und Art. 4 Ziff. 5 DSU.

402 Vgl. mit dem eindeutigen Vorzug „beiderseits akzeptabler Lösungen" aus Art. 3 Ziff. 7 DSU, *US – Wool Shirts and Blouses*, Report of the Appellate Body, WT/DS33/AB/R and Corr.1, circul. 25 April 1997 and 27 May 1997, adopt. 23 May 1997, S. 17 ff.; *US – Continued Suspension*, Report of the Appellate Body, WTO Doc. WT/DS320/AB/R, circul. 16 Oct. 2008, adopt. 14 Nov. 2008, Ziff. 340.

403 Art. 3 Ziff. 7 DSU.

404 Hierzu *Baroncini* (Anm. 13), 223 ff.

405 *Permanent Mission of Japan*: Communication to the Office of the United States Trade Representative, 17 May 1995, circul. as *US — Autos*, Request for Consultations by Japan, WTO Doc. WT/DS6/1, 22 May 1995; *Dispute Settlement Body*: Minutes of the Meeting held on 19 July 1995, WTO Doc. WT/DSB/M/6, circul. 28 Aug. 1995, Ziff. 5; vgl. der Vertreter Japans in den Räten *Council for Trade in Goods*: Minutes of the Meeting held on 29 May 1995, WTO Doc. WT/G/C/M/3, circul. 28 June 1995, Ziff. 5 f.; *Council for Trade in Goods*: Minutes of the Meeting held on 3 July 1995, WTO Doc. G/C/M/4, circul. 28 July 1995, Ziff. 7; *General Council*: Minutes of the Meeting held on 11 July 1995, WTO Doc. WT/GC/M/5, circul. 17 Aug. 1995, Ziff. 8.

406 Zu den Positionen der Regierung Japans, *Permanent Mission of Japan*: Communication, 17 May 1995, circul. as *US – Autos*, Communication from Japan, WTO Doc. WT/INF/2, 22 May 1995; *Permanent Mission of Japan*: Statement by Japan at the Meeting of the Dispute Settlement Body on 31 May 1995, circul. as *United States' Auto and Autoparts Issues*: US Unilateral Measures: Statement by Japan, WTO Doc. WT/DSB/COM/1, 12 June 1995; *United States' Auto and Auto Parts Issues*: Statement by Japan at the Meeting of the General Council on 11 July 1995, WTO Doc.

zudem vor unzulässiger Drohung und Versprechen während der Konsultationsgespräche schützen könnte.

In *Kodak-Fujifilm* verwies der Vertreter der Vereinigten Staaten in der DSB-Sitzung vom 16. Oktober 1996[407] darauf, die Regierung Japans habe im Pfad aufgrund der Entscheidung von 1960 einen eigenen Antrag gestellt, der gegen das Gebot zur Annahme von Konsultationen *bona fide* und das Verbot der Verknüpfung von Anträgen und Gegenanträgen aus Artikel 3 Ziffer 10 DSU verstoße. Allerdings war keineswegs gesichert, dass die Entscheidung von 1960 dem Geltungsbereich des DSU[408] unterlag und das DSB somit überhaupt zuständig war. Hier hätte der Vertreter Japans wohl darauf hinweisen können, dass die Entscheidung von 1960 kaum eine Rechtsgrundlage zur Beilegung von Handelsstreitigkeiten bot, und darüber hinaus eine Aufsicht des DSB über die Teilnahme an Konsultationen entfiel.

III. Einzelne Amtsträger

Die aktive trilaterale Mitwirkung interessierter Mitglieder und der Gesamtheit der Mitglieder im DSB erklärt, warum das Angebot der Koordinationsverfahren gute Dienste, Vermittlung und Schlichtung[409] kaum von der Staatenpraxis in Anspruch genommen wird.[410] Selbst in der pragmatischen Staatenpraxis des GATT 1947 sind solche trilateralen Koordinationsverfahren kaum eingesetzt

---

WT/GC/COM/3, circul. 21 July 1995; zu den Positionen der Regierung der Vereinigten Staaten in *US Trade Representative*: Statement by the United States at the Meeting of the Dispute Settlement Body on 31 May 1995, circul. as *United States' Auto and Autoparts Issues*: US Unilateral Measures: Statement by the United States, WTO Doc. WT/DSB/COM/2, 27 June 1995.

407 *Dispute Settlement Body*: Minutes of the Meeting held on 16 Oct. 1996, WTO Doc. WT/DSB/M/24, circul. 26 Nov. 1996, Ziff. 2.

408 Art. 1 Ziff. 1 DSU i.V.m. Anhang 1 DSU; zur Unterscheidung insbes. *Marceau* (Anm. 6), 109 ff.

409 Art. 5 Ziff. 1 bis 5 DSU.

410 So etwa *Director-General*: Article 5 of the Dispute Settlement Understanding: Communication from the Director-General, 13 July 2001, WTO Doc. WT/DSB/25, circul. 17 July 2001; *Sawada, Toshio*: Supplemental Procedural Rules in International Non-judicial Proceedings, in: Young, Michael K./Iawasawa, Yuji (eds.): Trilateral Perspectives on International Legal Issues: Relevance of Domestic Law and Policy, Irvington: Transnational Publ. 1996, 419–429 (420 f.) führt zudem fehlende Verfahrensregeln als mögliches Motiv an.

worden.[411] Allerdings enthalten das GATS;[412] das CVA-Abkommen;[413] das SCM-Abkommen;[414] sowie das TCA-Abkommen[415] weitergehende, der Streitbeilegung im DSU voranzustellende[416] Sonderverfahren, die jeweiligen Räten Zuständigkeiten zur Vermittlung beziehungsweise Schlichtung übertragen, auf

---

411 Zuweilen führten die guten Dienste des GATT-Generaldirektors aufgrund der Vereinbarung *CONTRACTING PARTIES*: Agreed Description of the Customary Practice of the GATT in the Field of Dispute Settlement (Article XXIII:2), Annex to the Understanding Regarding Notification, Consultation, Dispute Settlement and Surveillance, adopt. 28 Nov. 1979, GATT Doc. L/4907, circul. 3 Dec. 1979, Ziff. 8, in: BISD 26S/210 (1979), 211 nicht zu einer beiderseits akzeptablen Lösung, siehe *EEC – Citrus*, Report of the Panel, GATT Doc. L/5776, circul. 7 Feb. 1985, unadopt., Ziff. 1.3; in *Japan – Copper Ores* gelangte der mit der Durchführung guter Dienste aus Ziff. 8 dieser Vereinbarung i.V.m. *CONTRACTING PARTIES*: Thirty-eighth Session, Ministerial Declaration adopt. 29 Nov. 1982, GATT Doc. L/5424, circul. 29 Nov. 1982, S. 6 ff., in: BISD 29S/13 (1983), 18 f. *Gardner Patterson* zum Schluss, die Regierung Japans habe, abgesehen von allgemeiner Unterstützung, keinen Einfluss auf die Wettbewerbsbedingungen ausgeübt und insofern das GATT 1947 nicht verletzt, *Japan – Copper Ores*, Note by the Director-General, including Good Offices Report by the Personal Representative of the Director-General, 16 Dec. 1988, GATT Doc. L/6456, circul. 31 Jan. 1989, Ziff. 4, in: BISD 36S/199 (1989), 200 f.; hierzu *GATT Secretariat* (Anm. 177), 607 f.; *Petersmann, Ernst-Ulrich*: Violation and Non-violation Complaints in Public International Trade Law, GYIL 34 (1991), 175–229 (213 f.); in *EEC – Salted Cod* berichtete der GATT-Generaldirektor, ein Rechtsgutachten zur Übertragbarkeit von 1961 gewährten Zollpräferenzen von Portugal an Kanada notifiziert zu haben, um eine beiderseits akzeptable Lösung in Verhandlungen gem. Art. XXIV Ziff. 6 GATT 1947 zu erleichtern, *Council*: Review of Developments in the Trading System, Minutes of the Meeting held on 19 Oct. 1988, GATT Doc. C/M/225, circul. 2 Nov. 1988, S. 2.

412 Art. XXII Ziff. 3 GATS (Schiedsverfahren).

413 Art. 19 Ziff. 3 bis 5 CVA-Abkommen sowie Art. 2 Buchst. (f), 3, 9 und 21 Anhang II CVA-Abkommen (Unterstützung der Parteien durch Panels bzw. ein Technischer Ausschuss).

414 Art. 4 Ziff. 2 und 3; Art. 6 Ziff. 6; Art. 7 Ziff. 2 und 3; Art. 8 Ziff. 4 und 5; Art. 9 Ziff. 1 bis 4; Art. 13 Ziff. 1 bis 4; sowie Art. 24 Ziff. 4 und 5 SCM-Abkommen (verkürzte Fristen; Unterstützung und Beratung der Parteien durch eine Ständige Sachverständigengruppe [PGE]; Aufsicht, Untersuchung und/oder Streitbeilegung durch den SCM-Ausschuss).

415 Art. 8 Ziff. 1 bis 8 TCA-Abkommen.

416 Art. 1 Ziff. 2 DSU i.V.m. Anhang 2 DSU sowie entspr. Bestimmungen einzelner WTO-Teilabk.

deren Besonderheiten im Rahmen der vorliegenden Untersuchung nicht eingegangen zu werden braucht.

Kaum weiter entwickelt ist die Zuständigkeit des WTO-Generaldirektors von Amts wegen zu guten Diensten, Vermittlung und Schlichtung.[417] Selbst das Entwicklungsländern eingeräumte Vorrecht,[418] beim Scheitern von Konsultationen die guten Dienste, Vermittlung beziehungsweise Schlichtung des WTO-Generaldirektors aus Ziffern 1 bis 4 der Entscheidung von 1966 zu beantragen, spiegelt sich kaum in der Staatenpraxis wider. Ebenso ist die Zuständigkeit des WTO-Generaldirektors und des DSB-Vorsitzenden[419] zu bewerten, LLDCs beim Scheitern der Konsultationen gute Dienste, Vermittlung oder Schlichtung zu bieten. Zwar lässt die mehrfache Normierung alternativer Koordinationsverfahren den Willen der Vertragsstaaten erkennen, Entwicklungsländer und LLDCs durch die Beteiligung einzelner Amtsträger zusätzliche prozessuale Kanäle zum Objektivieren ihrer Handelsstreitigkeiten zu eröffnen. Jedoch hat auch hier die mehrfache Normierung allein, ohne entsprechende, gegen die Judizialisierung der Streitbeilegung in der WTO einfordernde Staatenpraxis, diesen Willen der Vertragsstaaten nicht konkretisieren können.

Aus dieser Realität heraus erinnerte WTO-Generaldirektor *Mike Moore* per Schreiben vom 13. Juli 2001 an seine Zuständigkeit,[420] von Amts wegen gute Dienste, Vermittlung und Schlichtung, sowie darüber hinaus Beihilfe zur Beilegung ihrer Handelsstreitigkeiten zu leisten.[421] Er forderte die Mitglieder auf, diese Alternative dem gerichtlichen Panel-Verfahren möglichst vorzuziehen, und fügte dem allgemein gehaltenen Artikel 5 Ziffer 6 DSU prozessuale Vorgaben hinzu:[422] So sollte ein Antrag an den WTO-Generaldirektor aufgrund von Artikel 5 DSU stets einem Antrag auf Konsultationen gemäß Artikel 4 DSU folgen und die Art des gewünschten trilateralen Koordinationsverfahrens angeben; binnen fünf Tagen sollte der WTO-Generaldirektor die Parteien hören, die Ressourcen für das Verfahren bestimmen, und einen stellvertretenden WTO-Generaldirektor oder einen externen Berater mit dem Sachverhalt

417 Art. 5 Ziff. 6 DSU.
418 Art. 3 Ziff. 12 DSU.
419 Art. 24 Ziff. 2 DSU.
420 Art. 5 Ziff. 6 DSU.
421 *Director-General*: Article 5 of the Dispute Settlement Understanding: Communication from the Director-General, 13 July 2001, WTO Doc. WT/DSB/25, circul. 17 July 2001.
422 Ebendort, Attachment B: Procedures for Requesting Action Pursuant to Article 5 of the DSU.

beauftragen; mit Ausnahme der guten Dienste sollte der WTO-Generaldirektor an Gesprächen der Parteien persönlich teilnehmen; zugleich die Vertraulichkeit der Parteiengespräche und des Schriftverkehrs gegenüber den Mitarbeitern des WTO-Sekretariats, Beratern und dritten Mitgliedern sichern; sollten sämtliche „gemeinsam vereinbarte Lösungen" den zuständigen Räten und dem DSB notifiziert werden.[423]

Seither wurde das Angebot nur in der Frage wahrgenommen, ob die Interessen der Philippinen und Thailands durch die Umsetzung der Präferenzbehandlung von Thunfischkonserven aus Afrika-Karibik-Pazifik-Staaten durch die Europäischen Gemeinschaften unzulässig geschmälert würden, was beide Parteien nicht als Handelsstreit im Sinne von Artikel 1 Ziffer 1 DSU qualifiziert wissen wollten. So beauftragten sie den stellvertretenden WTO-Generaldirektor *Rufus Xerxa*,[424] seine Vermittlung analog Artikel 5 Ziffer 6 DSU und dem Schreiben des WTO-Generaldirektors vom 13. Juli 2001 zu gestalten. Auf dieser Grundlage gab dieser schließlich bekannt,[425] dass die Parteien aufgrund seines Gutachtens eine „beiderseits akzeptable Lösung" erreicht hätten, deren Inhalt sie vertraulich hielten. Letztere Verfahrensaspekte wichen von den prozessualen Vorgaben des Schreibens des WTO-Generaldirektors vom 13. Juli 2001 ab. Vor allem die unterlassene Notifikation der „beiderseits akzeptablen Lösung" an die zuständigen Räte und das DSB setzte die Kontrollfunktion durch Mitglieder aus. Dem kann entgegnet werden, dass die Frage keinen Handelsstreit im Sinne von Artikel 1 Ziffer 1 DSU darstellen sollte, kein Antrag auf Konsultationen aufgrund Artikel 4 DSU ergangen war, und somit auch eine Notifikationspflicht aus Artikel 3 Ziffer 6 DSU entfiel: Im Ergebnis eine Fortsetzung der pragmatischen Staatenpraxis des GATT 1947 in der WTO.

In *Kodak-Fujifilm* wäre ebenso denkbar gewesen, im Pfad aufgrund der Entscheidung von 1960 eine Arbeitsgruppe mit Vermittlungsmandat, einen Vermittler oder einen Schlichter einzusetzen, denn ähnlich der Frage der Präferenzbehandlung von Thunfischkonserven durch die Europäischen Gemeinschaften bestand Rechtsunsicherheit, inwiefern die Entscheidung von 1960 überhaupt als Grundlage für einen Handelsstreit taugte. Womöglich haben

423 Art. 3 Ziff. 6 DSU.

424 *General Council*: Request for Mediation by the Philippines, Thailand and the European Communities: Communication from the Director-General, 10 Oct. 2001, WTO Doc. WT/GC/66 and Add.1, circul. 16 Oct. 2002 and 23 Dec. 2003.

425 *General Council*: Request for Mediation by the Philippines, Thailand and the European Communities: Joint Communication from the European Communities, Thailand and the Philippines, 17 July 2003, WTO Doc. GC/71, circul. 1 Aug. 2003.

die Vertreter der Vereinigten Staaten, Japans und der Europäischen Gemeinschaften hierüber beraten. Allerdings hätte dies wohl das Aushandeln eines Compromis erfordert, den wohl weder die Vereinigten Staaten noch Japan einzugehen bereit waren. Stattdessen beklagten die Europäischen Gemeinschaften in der DSB-Sitzung vom 16. Oktober 1996, keine Antwort auf ihren Antrag auf Teilnahme erhalten zu haben. Schließlich appellierte der Vertreter der Europäischen Gemeinschaften an das WTO-Sekretariat, die Rechtslage aus der Entscheidung von 1960 zu klären.[426]

Damit bat er das WTO-Sekretariat, die Leistung guter Dienste zu übernehmen, was dem weiten Verständnis von WTO-Generaldirektor *Moore* über seine Zuständigkeit aus Artikel 5 Ziffer 6 DSU hinaus entsprochen hätte.[427] Zum damaligen Zeitpunkt jedoch wurde die Unterstützung des WTO-Sekretariats im Zustandekommen von Lösungen überaus kritisch betrachtet.[428] Im DSU jedenfalls ist eine Rechtsberatung durch das WTO-Sekretariat lediglich zugunsten von Entwicklungsländern normiert.[429] Zudem ist ein Verbot von Gegenanträgen und das Gebot der Durchführung von Konsultationen *bona fide* zwar im DSU verankert,[430] aber eben diese Anwendbarkeit des DSU aufgrund der Entscheidung von 1960 keineswegs eindeutig. Folglich waren die Positionen der Europäischen Gemeinschaften nicht durch Verfahren und Bewertungsmaßstäbe der Entscheidung von 1960 gedeckt und somit weder rechtlich durchsetzbar noch handlungsanweisend.

IV. Zwischenergebnis

Dieses Kapitel systematisiert den Forumsabschnitt der Verhandlung in *Kodak-Fujifilm*. Aufgrund der Verhaltens- und Rechtspflichten der WTO werden die Handlungs- und Ermessensspielräume der Parteien nun mehrfach objektiviert. Grundlage hierfür ist die Niederschrift von „strittigen Maßnahmen" und der „Rechtsgrundlage der Beschwerde" im Antrag auf Konsultationen.

---

426 *Dispute Settlement Body*: Minutes of the Meeting held on 16 Oct. 1996, WTO Doc. WT/DSB/M/24, circul. 26 Nov. 1996, Ziff. 2; hierzu ausf. oben S. 292 ff.

427 *Director-General*: Article 5 of the Dispute Settlement Understanding: Communication from the Director-General, 13 July 2001, WTO Doc. WT/DSB/25, circul. 17 July 2001; vgl. krit. GATT-Generaldirektor *Arthur Dunkel* in *Council*: Discussion on Unilateral Trade Measures, 8–9 Feb. 1989, GATT Doc. C/163, circul. 16 March 1989, S. 14; 16.

428 Siehe etwa *Padilla/Wolff/Howell/Reif/Lake* (Anm. 315).

429 Art. 27 Ziff. 2 DSU.

430 Art. 3 Ziff. 10 DSU.

Die Konsultationen DS44 und DS45, in denen die Parteien bestehende Handlungsspielräume klären, dokumentieren ein prozessuales Objektivieren. Das Koordinieren etwa der Aufnahme, des Verkürzens und Verlängerns von Konsultationen sowie von Schiedsverfahren erfolgt gemäß den Verhaltenspflichten des DSU und unter Aufsicht des DSB. Abhängig vom Sachverhalt können Konflikte des DSU mit Sonderverfahren der WTO-Teilabkommen auftreten, die einvernehmlich zu klären sind. Das Objektivieren ist hier verstärkt, da die Sonderverfahren vorrangig sind, eine ausführliche Spruchpraxis typische Konflikte löst und ohne Übereinkommen der Parteien binnen 20 Tagen eine Entscheidung des DSB-Vorsitzenden droht. Derart bereinigte Verfahrenspflichten erleichtern das Erörtern inhaltlicher Positionen.

Weitaus mehr Handlungsspielräume bestehen jenseits des DSU, etwa zur verbindlichen Auslegung, Abänderung oder begrenzten Entpflichtung von WTO-Teilabkommen durch die Ministerkonferenz. Der Pfad aufgrund der Entscheidung von 1960 schildert das Koordinieren eines Verfahrensabkommens *ad hoc*, in dem die Regierung der Vereinigten Staaten den spiegelbildlichen Antrag auf Konsultationen der Regierung Japans kritisierte, obgleich jenseits des DSU kein Verknüpfungsverbot von Beschwerde und Gegenbeschwerde besteht. Insofern ist das Gliedern prozessualer Grundlagen selbst Gegenstand „rechtsgeleiteter Verhandlung". Die mangelnde Handlungsanweisung der Verhaltenspflichten der Entscheidung von 1960 objektivierte das Handeln der ersuchenden Partei insofern, als sie es als undurchsetzbar erwies.

Die Prüfung von Positionen aufgrund der Bewertungsmaßstäbe des Forums vollzieht ein inhaltliches Objektivieren. Bereits die Niederschrift von „strittigen Maßnahmen" und der „Rechtsgrundlage der Beschwerde" regt die ersuchende Partei an, an den WTO-Teilabkommen gemessen unvertretbare Positionen herauszufiltern und verbleibende Positionen hieran auszurichten. Indessen verdeutlicht der Antrag DS45 die Staatenpraxis, neue „strittige Maßnahmen" wie das Daiten Hô zu thematisieren, um den angemeldeten Koordinationsbedarf zu erweitern. Dies unterstützt in der Regel systembezogenes Objektivieren und ist deshalb zulässig. Überdies entzieht die durch die Niederschrift hergestellte Rechtsbindung der ersuchenden Partei die Freiheit, ihre Positionen nachträglich zu revidieren, wodurch die ersuchte Partei ihre Vereinbarkeit mit den WTO-Abkommen überprüfen kann. Anhand der Prüfungsergebnisse kann die ersuchende Partei gegebenenfalls zur Erkenntnis gebracht werden, dass einzelne Positionen unvertretbar sind.

Allerdings erhielt die unbestimmte Niederschrift des Antrags DS44 sowie das Vorenthalten von Information zum Klären der „strittigen Maßnahmen" und der „Rechtsgrundlage der Beschwerde" die Ermessensspielräume der ersuchenden Partei aufrecht und vertagte das Objektivieren auf das gerichtliche Panel-Verfahren. Im Gegensatz hierzu brachte der Austausch von Information zum Daiten Hô im Pfad DS45 die ersuchende Partei zur Erkenntnis, dass der Antrag DS45 nicht hinreichend bestimmt sei, um die zu koordinierende Zukunft zu beeinflussen. Dennoch verzichtete sie nicht auf weitere Koordination, sondern hielt ihre Positionen aufrecht, bei gleichzeitiger Nachbesserung der Niederschrift im Antrag DS45 vom 20. September 1996. Aus mangelnder Handlungsanweisung stützte zwar auch die erweiterte „Rechtsgrundlage der Beschwerde“ kaum ein Wandeln inhaltlicher Positionen und somit das Vollziehen einer „rechtsgeleiteten Verhandlung“. Indessen erfüllte die Preisgabe von Information eine Untersuchungsfunktion, was die *bona fide* förderte, neue Freiräume schaffte und eine „beiderseits akzeptable Lösung“ begünstigte.

Sowohl das konfrontative Verhalten der ersuchenden Partei im Pfad DS44 als auch das kooperative im Pfad DS45 genügten wohl geltender Spruchpraxis. Eine gründliche Prüfung ergibt allerdings, dass ihr Verhalten im Pfad DS44 nicht nur die Prüfungspflicht aus Artikel 3 Ziffer 7 DSU verkannte, sondern ebenso kooperative Verhaltenspflichten zur Niederschrift von „strittigen Maßnahmen“ und der „Rechtsgrundlage der Beschwerde“, zum Streben nach einer „positiven“ und „beiderseits akzeptablen“ Lösung sowie zum Beteiligen am Verfahren *bona fide* im Bemühen um Streitbeilegung.

Im konfrontativen Zusammenhang des Handelsstreits freilich ist taktische *mala* kaum von strategischer *bona fide* zu unterscheiden. Auch deshalb nicht, weil dies auf der Annahme beruht,[431] „macht“- und „rechtsgeleitete“ Verhandlung seien voneinander zu trennen. Vielmehr bestehen beide als Teilaspekte von Motivation. Zwar scheinen die genannten Zielbestimmungen und Verhaltenspflichten, wie auch das Vertraulichkeitsgebot und die Fristen aus Artikel 4 Ziffern 3 und 7 DSU, Vertrauensschutz zu gewährleisten, damit die Parteien in „rechtsgeleiteter Verhandlung“ ein Wandeln ihrer Positionen zulassen. Ebenso verbannt der Vorrang multilateraler Streitbeilegung aus Artikel 23 DSU die Drohung mit Gegenmaßnahmen, entzieht der „Rechtsanspruch auf ein Panel“ das Veto der beklagten Partei über die Einsetzung eines Panels und können Einreden zum Parteiverhalten eine korrigierende Spruchpraxis auslösen. Weiter trägt der „Rechtsanspruch auf ein Panel“ die im gerichtlichen Verfahren herrschenden Verhältnisse, insbesondere die Aufgabe von Panels zur „objektiven Beurteilung“ aus Artikel 11 DSU, in die „rechtsgeleitete Verhandlung“

431 So etwa *Jackson* (Anm. 3), 109 f.; *Baroncini* (Anm. 13), 157 f.

hinein, so dass die Parteien ihre Positionen auf solche kürzen, die diese Beurteilung standhalten.

Allerdings normieren diese Verhaltensmaßstäbe kaum Ergebnispflichten, sondern Leistungspflichten die, aufgrund unbestimmter Formulierung, vertraulicher Umsetzung und scheuer Einforderung in der Staatenpraxis weithin dem subjektiven Parteiwillen überlassen sind. Ohne einstweilige Maßnahmen gestatten Einreden allenfalls künftige Präzedenzen, so dass eine Korrektur laufender Konsultationsgespräche entfällt. Vor allem setzt eine vorrangig auf ihr Mandat im gerichtlichen Verfahren abstellende Spruchpraxis die Kontrolle über kooperative Verhaltenspflichten des Vorverfahrens im DSU weitgehend aus, so dass Panel-Berichte zur Niederschrift, zum eindeutigen Vorzug der „beiderseits akzeptablen Lösung", zur Konkretisierung von *bona fide* und des Bemühens um Streitbeilegung spärlich bleiben. Im Gegensatz hierzu normieren Verhaltenspflichten, die das Panel-Verfahren gestalten, vergleichsweise eindeutige Ergebnispflichten und aufgrund einer ausführlichen Spruchpraxis etwa zur Wahrung der Rechte der Parteien aus dem Vertraulichkeitsgebot oder zur „objektiven Beurteilung", zugleich differenzierte Rechtsfolgen ihrer Verletzung im Hauptverfahren des DSU.

Diese Rechtslage führt wohl dazu, dass die genannten Zielbestimmungen und Verhaltenspflichten nur dann greifen, wenn die ersuchende Partei es duldet. Indessen ist der Vertrauensschutz der ersuchten Partei geschwächt und das Vorverfahren im DSU entgegen dem eindeutigen Vorzug der „beiderseits akzeptablen Lösung" in den Dienst des gerichtlichen Hauptverfahrens gestellt.

Im Einklang mit den allgemeinen Auslegungsregeln des Völkerrechts ist im Wortlaut, Zusammenhang sowie Ziel und Zweck der genannten Verhaltenspflichten der Wille der Vertragsstaaten zu erkennen, im Vorverfahren des DSU durchaus Vertrauensschutz und kooperatives Objektivieren zu sichern. Insofern wäre anzuregen, diese wie andere Zielbestimmungen zur sofortigen Klärung von Situationen, zur zufriedenstellenden Regelung der Angelegenheit und zum eindeutigen Vorzug der „beiderseits akzeptablen Lösung" zu beachten, zumal auch sie gemäß Artikel 3 Ziffer 2 DSU und Artikel 19 Ziffer 2 DSU durch Empfehlungen und Entscheidungen des DSB weder ergänzt noch eingeschränkt werden dürfen. Dies gebietet ihre aktive Einforderung sowie eine strengere Aufsicht des Parteiverhaltens unter Beachtung des Gleichgewichts von judiziärer und kooperativer Streitbeilegung im DSU. Diese Aufgabe obläge zunächst den Mitgliedern und dem für die Aufsicht über die Streitbeilegung zuständigen DSB. Mittelbar könnten Panels und das Berufungsgremium ihre restriktive Spruchpraxis überdenken und den unbestimmten Wortlaut mancher Verhaltenspflichten konkretisieren. Hierbei wären solche Verhaltenspflichten gemäß Artikel 31 Ziffer 1 WVK in Zusammenhang mit dem eindeutigen Vorzug der „beiderseits akzeptablen Lösung“ zu setzen. Auch könnten Konsultationen im kooperativen Sinn und Zweck gefestigt werden, indem sie nach der Maßgabe beurteilt würden, ob sie ein „funktionsgerechtes“ Objektivieren an den Rechtspflichten der WTO-Teilabkommen unterstützen. So würde etwa die Erkenntnis, dass die Niederschrift den Sinn und Zweck erfüllt, das nachträgliche Abändern von Positionen zu verhindern, ein Vorenthalten von Information während der Konsultationsgespräche verbieten. Ferner könnte aus der Motivation der Parteien zur Erlangung von Information, über welche die jeweils andere Partei verfügt, die Regel der Gegenseitigkeit zur Auslegung von *bona fide* in Konsultationen herangezogen werden: Der Klärungspflicht der ersuchten Partei über „strittige Maßnahmen“, welche die Positionen der ersuchenden Partei trägt, wäre Zug um Zug eine Bestimmungspflicht der ersuchenden Partei über die „Rechtsgrundlage der Beschwerde“ entgegenzustellen, welche die Überprüfung dieser Positionen durch die ersuchte Partei ermöglicht.

Grundlage des partizipativen Objektivierens ist die Notifikation des Antrags auf Konsultationen beim DSB und den zuständigen Räten aufgrund Artikel 2 Ziffer 2 DSU und Artikel 4 Ziffer 4 DSU. Obgleich die Parteien, anders als im zwischenstaatlichen Umfeld üblich und im Panel-Verfahren geregelt, nicht zur Duldung dritter Mitglieder verpflichtet sind, sollten ersuchende Parteien dennoch offene Konsultationen anstreben, indem sie Artikel XXII Ziffer 1 GATT 1994, Artikel XXII Ziffer 1 GATS oder analoge Bestimmungen weiterer WTO-Teilabkommen als Haftungsgrundlage wählen. Beantragt ein interessiertes Mitglied die Teilnahme, kann dies die subjektiven Positionen der Parteien um jene dieses Mitglieds anreichern, wobei jede zusätzliche Teilnahme näher an den Konsens der Gesamtheit aller Mitglieder führt.

In der Ministerkonferenz, in den zuständigen Räten und im TPRB üben die Mitglieder eine analoge Mitwirkung aus. Aufgrund der Notifikation können sie dort die Funktionen der Vorbereitungs- und Forumsabschnitte der Verhandlung nachholen und eigene Positionen formulieren, die Prüfung an den Rechtspflichten der WTO-Teilabkommen intensivieren oder objektiv-systembezogene Bezugspunkte für ein Übereinkommen empfehlen. Solche kollektive Mitwirkung greift vor allem im DSB, in dem die Mitglieder etwa die Vereinbarkeit von „beiderseits akzeptablen Lösungen“ mit den WTO-Teilabkommen gemäß Artikel 3 Ziffer 6 DSU überprüfen sollen. In diesem Sinne unterstützten die Europäischen Gemeinschaften die Positionen der ersuchenden Partei zu *Kodak-Fujifilm* während der DSB-Sitzungen vom 3. und 16. Oktober 1996 objektivierend.

Von der Mitwirkung aller Mitglieder ist die ausdrückliche Koordinations- und Entscheidungsgewalt des DSB zur Verwaltung von Regeln und Verfahren der Streitbeilegung aus Artikel 2 Ziffer 1 DSU zu unterscheiden. Zur Abstimmung mit Sonderverfahren aus bestimmten WTO-Teilabkommen, zur Umsetzung von Schiedssprüchen und zur Überprüfung der Vereinbarkeit von „beiderseits akzeptablen Lösungen“ mit den WTO-Teilabkommen nimmt dieses Organ diverse Vermittlungs-, Schlichtungs- und Schiedsaufgaben wahr. Das Potenzial des DSB zum systembezogenen Objektivieren des Handelsstreits wird von der Staatenpraxis zu selten genutzt und von der Spruchpraxis kaum gewürdigt. Ursache hierfür dürfte die Vielfalt der kollektiven Mitwirkungsrechte sein, weshalb auch alternative Koordinationsverfahren des DSU wie gute Dienste, Vermittlung und Schlichtung sowie analoge Zuständigkeiten des WTO-Generaldirektors und des DSB-Vorsitzenden in der Staatenpraxis kaum beansprucht werden. Die fehlende Bereitschaft der Mitglieder, allzu parteibezogene Konsultationen durch eine objektivierende Mitwirkung einzelner Amtsträger zu lindern, ist zu bedauern.

Fünftes Kapitel: Definieren der Lösung im erweiterten Verhandlungsraum

Die Selektion, Wandlung und Neuordnung, welche die Handlungs- und Ermessensspielräume der Parteien im Forumsabschnitt erfahren, wirken auf das gesellschaftliche Umfeld zurück und ändern teils die anfänglichen Interessen. Bekräftigt die ersuchende Partei dennoch ihren Koordinationsbedarf, tritt die Verhandlung in die Erweiterungs-, Zugeständnis- und Übereinkommensabschnitte.

Dort bestehen die Handlungs- und Ermessensspielräume für das Definieren der inhaltlichen Lösung in Gegenwart prozessualer Alternativen, welche die Vereinbarung über Regeln und Verfahren zur Beilegung von Streitigkeiten (DSU)[1] durch die Befristung der Konsultationen auf 60 Tage[2] in Verbindung mit dem „Rechtsanspruch auf ein Panel“[3] errichtet, und die als *best alternative to negotiated agreement* (BATNA) gelten können. Entsprechend teilt sich der Koordinationsbedarf der Parteien in eine Hauptverhandlung zur inhaltlichen Lösung und eine Nebenverhandlung zum Gestalten der Alternativen.[4]

In Bezug auf Quellen, Orientierung am geregelten Verhandlungsablauf und Rechtslage *rationae tempore* wird auf die Einführung zum zweiten Teil der Untersuchung verwiesen.

A. Koordinieren inhaltlicher Willenskongruenz

Wie *Wilhelm Grewe* hervorhebt,[5] bewegt sich die inhaltliche Lösung letztlich im Spannungsfeld von Übereinkommen, Offenhaltung und Abänderung.

---

1 Understanding on Rules and Procedures Governing the Settlement of Disputes, Annex 2 to the Marrakesh Agreement Establishing the World Trade Organization, UNTS 1869 (1995), 401 ff.; TIAS No. 31874, in: ILM 33 (1994), 1226 ff.; ABlEG L 336 vom 23. Dez. 1994, 234 ff.

2 Bei Nichtbeantwortung des Antrags auf Konsultationen binnen zehn Tagen bzw. Nichtaufnahme von Konsultationen binnen 30 Tagen und in dringenden Fällen gem. Art. 4 Ziff. 3 und 8 DSU entspr. kürzer.

3 Art. 4 Ziff. 7 DSU i.V.m. Art. 6 Ziff. 1 DSU.

4 Hierzu ansatzw. etwa *Merrills, John G.*: International Dispute Settlement, Cambridge/New York/Melbourne: Cambridge Univ. Pr., 3rd ed. 1998, 2.

5 *Grewe, Wilhelm*: Die Arten der Behandlung internationaler Konflikte, in: Iklé, Fred C. (Hrsg.): Strategie und Taktik des diplomatischen Verhandelns, Gütersloh: Bertelsmann 1965, 11–41 (12).

Dies bestätigt der Handelsstreit *Kodak-Fujifilm*,[6] wenn man ihn als Gesamtheit begreift und Konsultationsgespräche im DSU nicht wie überwiegend[7] als Nebenverhandlung zur Gliederung des gerichtlichen Panel-Verfahrens auffasst, sondern als eigenständige Hauptverhandlung.[8]

I. Übereinkommen

Beim Definieren einer Lösung ist den Parteien angeordnet,[9] eine „beiderseits akzeptable Lösung" eindeutig zu bevorzugen; alternativ hierzu im Panel-Verfahren die Rücknahme der strittigen Maßnahmen zu verfolgen; und nur

---

6 So die fortan verwendete Bezeichnung des Handelsstreits *Japan – Film*; verbreitet auch als „*Kodak-Fujifilm* dispute", „film-dispute" bzw. „Filmstreit".

7 So etwa *Goldman, Julie*: Bad Lawyering or Ulterior Motive? Why the US Lost the Film Case before the WTO Dispute Settlement Panel, Law & Policy Int'l Business 30 (1998/1999), 417–437 (420; 426); *Padilla, Christopher/Wolff, Alan W./Howell, Thomas R./Reif, Timothy, M./Lake, Charles D.*: Letter to Amelia Porges and William Kane, Office of the US Trade Representative (25 June 1998) upon *US Trade Representative*: Trade Policy Staff Committee: Request for Comments Concerning Review of the World Trade Organization Dispute Settlement Understanding, Notice and Request for Comments, 63 FR 28543 (26 May 1998), auszugsw. in: Kodak Charges WTO Secretariat with Unfair Intervention in Film Case, Inside U.S. Trade (3 July 1998), No. 66; *Linarelli, John*: The Role of Dispute Settlement in World Trade Law: Some Lessons from the *Kodak-Fuji* Dispute, Law & Policy in Int'l Business 31 (1999/2000), 263–372 (273); *Devereaux, Charan/Lawrence, Robert Z./Watkins, Michael D.*: Case Studies in US Trade Negotiations, Vol. II: Resolving Disputes, Washington: Peterson Institute 2006, 174 ff.; *Iida, Keisuke*: Legalization and Japan: The Politics of WTO Dispute Settlement, London: Cameron May 2006, 92 ff.

8 So etwa ansatzw. *Karamanian, Susan L.*: Economic Relations between Japan and North America: A Challenge to the International Legal System, in: Young, Michael K./Iwasawa, Yuji (eds.): Trilateral Perspectives on International Legal Issues: Relevance of Domestic Law and Policy, Irvington: Transnational Publ. 1996, 283–298 (293 ff.); *Suzuki, Masabumi*: Toward Constructive International Dispute Resolution: Lessons from Recent U.S.-Japan Disputes on Restrictive Practices, CNAPS Working Paper, Washington: Brookings Institution 1999, 5 ff.; *Dillon, Sara*: *Fuji-Kodak*, the WTO, and the Death of Domestic Political Constituencies, Minnesota JGT 8 (1999), 197–248 (199 f.; 219 f.; 235 f.); *Grier, Jean H.*: Japan's Regulation of Large Retail Stores: Political Demands Versus Economic Interests, U. Penn. JIEL 22 (2001), 1–60 (22 ff.); ausf. *Durling, James P.*: Anatomy of a Trade Dispute: A Documentary History of the Kodak-Fujifilm Dispute, London: Cameron May 2000, insbes. 381 ff.

9 Art. 3 Ziff. 7 DSU und Art. 4 Ziff. 5 DSU.

dann Ausgleichsmaßnahmen in Betracht zu ziehen, wenn die sofortige Rücknahme dieser Maßnahmen praktisch nicht möglich ist.

Der eindeutige Vorzug der „beiderseits akzeptablen Lösung" vor dem gerichtlichen Verfahren,[10] der dem *acquis* aus Entscheidungen, Verfahren und Staatenpraxis des Allgemeinen Zoll- und Handelsabkommens 1947 (GATT 1947)[11] vom 18. November 1979[12] entnommen ist, soll auf eine „positive Lösung" des Handelsstreits[13] hinwirken. Als solche gilt vor allem das Übereinkommen der Parteien,[14] das die geforderte zügige Beilegung des Handelsstreits[15] unterstützt: Während Übereinkommen in der Staatenpraxis zwischen sechs und 22 Monate ab Antrag auf Konsultationen beanspruchen, erfolgt die Rücknahme

---

10 Art. 3 Ziff. 7 DSU und Art. 4 Ziff. 5 DSU; siehe *US – Wool Shirts and Blouses*, Report of the Appellate Body, WT/DS33/AB/R and Corr.1, circul. 25 April 1997 and 27 May 1997, adopt. 23 May 1997, S. 17 ff.; *US – Continued Suspension*, Report of the Appellate Body, WTO Doc. WT/DS320/AB/R, circul. 16 Oct. 2008, adopt. 14 Nov. 2008, Ziff. 340; hierzu *Busch, Marc L./Reinhardt, Eric*: Bargaining in the Shadow of the Law: Early Settlement in GATT/WTO Disputes, Fordham ILJ 24 (2000), 158–172 (158).

11 General Agreement on Tariffs and Trade, Annex to the Final Act Adopted at the Conclusion of the Second Session of the Preparatory Committee of the United Nations Conference on Trade and Employment, signed at Geneva, 30 Oct. 1947, UNTS 55 (1948), 194 ff.; TIAS No. 1700, in: Report on the Geneva Tariff Negotiations, with Text of the General Agreement on Tariffs and Trade, and Supplementary Agreements with the United States and Canada, Cmd. 7258, London: HMSO 1947; BGBl 1951 II, Anlagenband I, 4 ff.

12 *CONTRACTING PARTIES*: Agreed Description of the Customary Practice of the GATT in the Field of Dispute Settlement (Article XXIII:2), Annex to the Understanding Regarding Notification, Consultation, Dispute Settlement and Surveillance, adopt. 28 Nov. 1979, GATT Doc. L/4907, circul. 3 Dec. 1979, Ziff. 4, in: BISD 26S/210 (1979), 210; hierzu *GATT Secretariat*: Analytical Index: Guide to GATT Law and Practice, Geneva: GATT, 6th ed. 1994, 645 ff.

13 Art. 3 Ziff. 7 DSU.

14 So etwa *Renouf, Yves*: Garantir les « droits de la défense » : Quelques remarques préliminaires sur la nécessité de développer les règles de procédure dans le règlement des différends de l'OMC, in: Société française pour le droit international (éd.): La réorganisation mondiale des échanges (problèmes juridiques), Colloque de Nice, 1er-3 juin 1995, Paris: Pédone, 293–307 (297); *Baroncini, Elisa*: The WTO Dispute Settlement Understanding as a Promoter of Transparent, Rule-oriented, Mutually Agreed Solutions – A Study on the Value of DSU Consultations and Their Positive Conclusion, in: Mengozzi, Paolo (ed.): International Trade Law on the 50th Anniversary of the Multilateral Trade System, Milano: Giuffrè 1999, 152–302 (170 ff.).

15 Art. 3 Ziff. 3 DSU.

von Maßnahmen im Anschluss an das Panel-Verfahren und gegebenenfalls des Berufungsgremiums nach etwa 31 Monaten. Jenseits einstweiliger Maßnahmen während des gerichtlichen Verfahrens hilft die zügige Beilegung, den durch eine mögliche Verletzung der Übereinkommen von Marrakesch[16] bei privaten beziehungsweise gesellschaftlichen Mandanten entstehenden Schaden zu begrenzen, weshalb sie als Zielbestimmung normiert ist. Zudem ist die Inanspruchnahme des Streitbeilegungsverfahrens nicht als streitige Handlung beabsichtigt oder zu betrachten,[17] die eine Verurteilung der ersuchten Partei zum Ziel hätte, sondern als Mittel zum Erhalt eines ausgewogenen Verhältnisses von Rechten und Pflichten.[18] Ferner erlaubt das Übereinkommen die *ad hoc* Lösung des Handelsstreits und die Kontrolle der Parteien über die Auslegung von Bewertungsmaßstäben der Welthandelsorganisation (WTO).[19]

Wie aber sieht die Staatenpraxis aus? Sind „beiderseits akzeptable Lösungen" tatsächlich „beiderseits akzeptabel", „mit den WTO-Teilabkommen übereinstimmend" und „positiv"? Bewirkt eine zügige Beilegung stets den von Artikel 3 Ziffer 3 DSU implizierten Erhalt eines ausgewogenen Verhältnisses von Rechten und Pflichten? Aus bereits genannten Gründen[20] sind Konsultationen im Vorverfahren des DSU weitgehend einer pragmatischen Staatenpraxis überlassen.[21]

---

16 Marrakesh Declaration of 15 April 1994, UNTS 1867 (1995), 14 ff.; TIAS No. 31874, in: ILM 33 (1994), 1263 ff.; in nichtamtl. Übers. *Benedek, Wolfgang*: Die Welthandelsorganisation (WTO), München: Beck 1998, 591 ff. (Erklärung von Marrakesch); einschl. Final Act Embodying the Results of the Uruguay Round of Multilateral Trade Negotiations, done at Marrakesh, 15 April 1994, UNTS 1867 (1995), 16 ff.; TIAS No. 31874, in: ILM 33 (1994), 1143 f.; ABlEG L 336 vom 23. Dez. 1994, 253 ff. (Schlussakte von Marrakesch), das Marrakesh Agreement Establishing the World Trade Organization, done at Marrakesh, 15 April 1994, UNTS 1867 (1995), 154 ff.; TIAS No. 31874, in: ILM 33 (1994), 1144 ff.; ABlEG L 336 vom 23. Dez. 1994, 3 ff. (Übereink. zur Errichtung der Welthandelsorganisation – WTO-Abkommen), die anhängenden Teilabk. sowie alle Beschlüsse, Erklärungen und Vereinbarungen der Uruguay-Runde werden nachf. als „Übereinkommen von Marrakesch" zusammengefasst.

17 Art. 3 Ziff. 10 DSU.

18 So etwa *Renouf* (Anm. 14), 297; *Jackson, John H.*: The World Trading System: Law and Policy of International Economic Relations, Cambridge/London: MIT Press, 2nd ed. 1997, 113 ff.; *Baroncini* (Anm. 14), 171 f.

19 So etwa *Baroncini* (Anm. 14), 173; 175.

20 Hierzu ausf. oben S. 246 ff.; 306 ff.; 310 ff. m.w.N.

21 Ebenso etwa *Shoyer, Andrew W.*: The First Three Years of WTO Dispute Settlement: Observations and Suggestions, JIEL 1 (1998), 277–302 (283 f.).

Im Anschluss an den Erweiterungsabschnitt der Verhandlung erhalten die Strukturelemente in den Zugeständnis- und Übereinkommensabschnitten eine vergleichsweise konfrontative Färbung. Denn der argumentative Tausch der an den Bewertungsmaßstäben des Forums objektivierten Positionen und das Erreichen von Zugeständnissen über die freigelegten oder gewandelten Interessen fordern im *bargaining* beziehungsweise *marchandage* zur Durchsetzung des Parteiwillens heraus.

Zwar bestimmen Zielbestimmungen und Verhaltenspflichten des DSU das Gebot aus Artikel 3 Ziffer 10 DSU zur Verhandlung *bona fide* näher: Rechte und Pflichten aus den WTO-Teilabkommen sind zu bewahren[22] und im Einklang mit den herkömmlichen Regeln der Auslegung des Völkerrechts zu klären;[23] in dringenden Fällen ist das Verfahren soweit möglich zu beschleunigen;[24] gegebenenfalls ist den speziellen Problemen und Interessen von Entwicklungsländern[25] sowie der speziellen Lage der am wenigsten entwickelten Staaten (LLDCs)[26] besonders Rechnung zu tragen. Damit soll zwar die kooperative Motivation der Parteien gesichert werden, doch sind ihnen aufgrund

22 Art. 3 Ziff. 2 DSU und Art. 19 Ziff. 2 DSU.

23 Art. 3 Ziff. 2 DSU und Art. 11 DSU *in fine*; die RSpr. folgt der kodifizierten Auslegung nach Völkergewohnheitsrecht gem. Art. 31 und 32 Vienna Convention on the Law of Treaties, signed at Vienna, 23 May 1969, UNTS 1155 (1980), 331 ff.; TIAS No. 18232; BGBl 1985 II, 927 ff. (Wiener Übereink. über das Recht der Verträge – WVK), grundl. *US – Gasoline*, Report of the Appellate Body, WTO Doc. WT/DS2/AB/R, circul. 29 April 1996, adopt. 20 May 1996, S. 16 ff.; weiter *Japan – Alcoholic Beverages II*, Report of the Appellate Body, WTO Doc. WT/DS8/AB/R, WT/DS10/AB/R and WT/DS11/AB/R, circul. 4 Oct. 1996, adopt. 1 Nov. 1996, S. 10 ff.; *India – Patents*, Report of the Appellate Body, WTO Doc. WT/DS50/AB/R, circul. 19 Dec. 1997, adopt. 16 Jan. 1998, Ziff. 43 ff.; *US – Shrimp*, Report of the Appellate Body, WTO Doc. WT/DS58/AB/R, circul. 12 Oct. 1998, adopt. as 6 Nov. 1998, Ziff. 114; *EC – Hormones*, Report of the Appellate Body, WTO Doc. WT/DS26/AB/R and WT/DS48/AB/R, circul. 16 Jan. 1998, adopt. 13 Feb. 1998, Ziff. 181; *Argentina – Footwear*, Report of the Appellate Body, WTO Doc. WT/DS121/AB/R, circul. 14 Dec. 1999, adopt. 12 Jan. 2000, Ziff. 85 ff.; *US – DRAMS*, Report of the Panel, WTO Doc. WT/DS99/R, circul. 29 Jan. 1999, adopt. 19 March 1999, Ziff. 6.13 f.; hierzu *Palmeter, David/Mavroidis, Petros C.*: Dispute Settlement in the World Trade Organization: Practice and Procedure, The Hague/London/Boston: Kluwer Law Int'l 1999, 48 ff.; *Marceau, Gabrielle*: A Call for Coherence in International Law: Praises for the Prohibition against "Clinical Isolation" in WTO Dispute Settlement, JWT 33 (1999), 87–152 (106 ff.; 115 ff.).

24 Art. 4 Ziff. 8 und 9 DSU.

25 Art. 4 Ziff. 10 DSU.

26 Art. 24 Ziff. 1 DSU.

unbestimmter Formulierung und begrifflicher Spruchpraxis weite Handlungs- und Ermessensspielräume überlassen, die mit Unterstützung von Rechtsberatern subjektiv-parteibezogen zu formen sind. Die Teilnahme weiterer WTO-Mitglieder in den Erweiterungs-, Zugeständnis- und Übereinkommensabschnitten unterliegt weitgehend der Zustimmung der Parteien.[27] Während der vertraulichen Konsultationsgespräche[28] entgeht ihr Verhalten somit einer Kontrolle.

So sind Konsultationen nicht frei von Machtfaktoren wie der Drohung, etwa wenn die Vereinigten Staaten von Amerika (Vereinigte Staaten) Artikel XXI des Allgemeinen Zoll- und Handelsabkommens 1994 (GATT 1994)[29] einfordern und die ersuchten Parteien aus Sorge vor einer Reaktion des Kongresses (US Congress) einen Vergleich eingehen.[30] Selbst eine Drohung mit einseitigen

27 Art. 4 Ziff. 11 DSU i.V.m. Art. XXIII Ziff. 1 GATT 1994 sowie entspr. Bestimmungen weiterer WTO-Teilabk.

28 Art. 4 Ziff. 6 DSU; Vertraulichkeit ist derart zu gewährleisten, dass die Rechte aller Parteien im Panel-Verfahren auch tatsächlich unberührt bleiben, *Australia – Automotive Leather II*, Report of the Panel, WTO Doc. WT/DS126/R, circul. 25 May 1999, adopt. 16 June 1999, Ziff. 9.31; *Brazil – Aircraft*, Report of the Appellate Body, WTO Doc. WT/DS46/AB/R, circul. 2 Aug. 1999, adopt. 20 Aug. 1999, Ziff. 120 ff.; *Mexico – Corn Syrup*, Report of the Panel, WTO Doc. WT/DS132/R and Corr.1, circul. 28 Jan. 2000 and 25 Feb. 2000, adopt. 24 Feb. 2000, Ziff. 7.41 ff.; dies aus Vertrauensschutz im Vorverfahren des DSU bedauernd, *Kuijper, Pieter J.*: The Pre-litigation Stage in the WTO Dispute Settlement Procedure and in the EC Infringement Procedure, in: Weiss, Friedl (ed.): Improving WTO Dispute Settlement Procedures: Issues and Lessons from the Practice of other International Courts and Tribunals, London: Cameron May 2000, 67–74 (70 f.); zum Grundsatz der *bona fide* in Vorstadien des Übereink., *Müller, Jörg P.*: Vertrauensschutz im Völkerrecht, Habil. Bern, Köln/Berlin: Carl Heymanns 1971, 154 ff.

29 General Agreement on Tariffs and Trade 1994, Annex 1A to the Marrakesh Agreement Establishing the World Trade Organization, done at Marrakesh, 15 April 1994, UNTS 1867 (1995), 187 ff.; TIAS No. 31874, in: ILM 33 (1994), 1154 ff.; ABlEG L 336 vom 23. Dez. 1994, 11 ff.

30 Siehe nur, nachdem die Vereinigten Staaten die Zuständigkeit eines WTO-Panels in Sicherheitsfragen anfechten, die Aussetzung des Panel-Verfahrens, *US – Helms-Burton*, Communication from the Chairman of the Panel, WTO Doc. WT/DS38/5, circul. 25 April 1997 und dessen Erlöschen, Lapse of the Authority for Establishement of the Panel, Note by the Secretariat, WTO Doc. WT/DS38/6, circul. 26 April 1998; hierzu krit. *Van den Bossche, Peter*: World Trade Organization Dispute Settlement in 1997 (Part I and II), JIEL 1 (1998), 161–171 and 479–490 (163); *Baroncini* (Anm. 14), 181 ff.

Gegenmaßnahmen aus Section 301 Buchstabe (c)[31] Handelsgesetz der Vereinigten Staaten (US Trade Act)[32] kann Mitglieder mit geringem Handelsvolumen durchaus zum zügigen Übereinkommen verleiten, weil ein potenzieller Schaden sofort entstünde, während der Nachweis ihrer Unzulässigkeit erst eines gerichtlichen Panel-Verfahrens bedürfte.[33] Da eine Drohung die gleiche schädliche Unsicherheit in Handelsgeschäften verbreiten kann wie ihre Ausführung,[34] wertete die Spruchpraxis in der Vergangenheit eine in Kraft getretene Gesetzgebung, die das Ergreifen bestimmter Maßnahmen zu einem definierten Zeitpunkt vorschrieb, als Verletzung des GATT 1947, obgleich sie keine praktischen Auswirkungen entfaltete.[35]

Dabei kommt es auf die konkreten Umstände der Verhandlung im Einzelfall an, die kaum aus der zu notifizierenden[36] „beiderseits akzeptablen Lösung" hervorgehen, und wegen des Vertraulichkeitsgebots[37] schwer nachzuweisen

---

31 19 USC §2411(c)(1994).

32 Sec. 301-310 Trade Act of 1974, Pub. L. 93-618, 88 Stat. 1978 (3 Jan. 1975); as added Trade Agreements Act, Pub. L. 96-39, 93 Stat. 295 (26 July 1979); as amend. Trade and Tariff Act, Pub. L. 98-573, 98 Stat. 3002 (30 Oct. 1984); Omnibus Trade and Competitiveness Act of 1988, Pub. L. 100-418, 102 Stat. 1164 (23 Aug. 1988); Uruguay Round Agreements Act (URAA), Pub. L. 103-465, 108 Stat. 4993 (8 Dec. 1994); Act to Make Technical Corrections and Miscellaneous Amendments to Trade Laws, Pub. L. 104-295, 110 Stat. 3528 (11 Oct. 1996); 19 USC §§2411-2420 and §2155(a)(1994); hierzu statt vieler *Jackson* (Anm. 18), 127 ff.; *Bello, Judith H./Holmer, Alan F.*: U.S. Trade Law & Policy Series #13: Unilateral Action to Open Foreign Markets: The Mechanics of Retaliation Exercises, Int'l Lawyer 22 (1988), 1197–1206.

33 So etwa *Hudec, Robert E*: Enforcing International Trade Law: The Evolution of the Modern GATT Legal System, Salem: Butterworth 1993, 224 f.; *Dillon, Thomas J.*: The World Trade Organization: A New Legal Order for World Trade? Michigan JIL 16 (1995), 349–402 (400); *Abels, Tracy M.*: The World Trade Organization's First Test: The United States-Japan Auto Dispute, UCLA LR 44 (1996), 467–526 (497 ff.) mit Hinweis auf die Produktionseinschränkung japan. Hersteller nach der Ankündigung von Strafzöllen im Handelsstreit um Kraftfahrzeuge und Ersatzteile.

34 So etwa *Abels* (Anm. 33), 501 f.

35 *US – Superfund*, Report of the Panel, GATT Doc. L/6175, circul. 5 June 1987, adopt. 17 June 1987, Ziff. 5.2.1 ff., in: BISD 34S/136 (1987), 160 ff.; hierzu *GATT Secretariat* (Anm. 12), 601 f.

36 Art. 3 Ziff. 6 DSU; erläuternd *Dispute Settlement Body*: Notification of Mutually Agreed Solutions under Article 3.6 of the Dispute Settlement Understanding: Background Note by the Secretariat, WTO Doc. WT/DSB/W/35, circul. 7 Aug. 1996.

37 Art. 4 Ziff. 6 DSU unter Maßgabe von Art. 4 Ziff. 11 DSU; für trilaterale Verfahren analog Art. 5 Ziff. 2 DSU.

sind. Jedenfalls kann bezweifelt werden, dass ein zügiges Übereinkommen stets den „Erhalt eines ausgewogenen Verhältnisses von Rechten und Pflichten“[38] bewirkt, und alle „Lösungen“ stets „beiderseits akzeptabel“, „mit den WTO-Teilabkommen übereinstimmend“ und „positiv“[39] sind. Eine treue Umsetzung dieser kooperativen Verhaltenspflichten könnte, neben ihrer stärkeren Konkretisierung durch die Spruchpraxis, durchaus über mehr Transparenz bei der Entstehung von „beiderseits akzeptablen Lösungen“ erreicht werden.[40] Mögliche Wege hierzu wären eine verstärkte Teilnahme interessierter Mitglieder an Konsultationen, eine kritische Überwachung solcher Lösungen durch die Mitglieder im DSB und in zuständigen Räten[41] sowie die aktive Involvierung einzelner Amtsträger der WTO.

Ein besonderer Machtfaktor ergibt sich in den Erweiterungs-, Zugeständnis- und Übereinkommensabschnitten aus der Möglichkeit, nach Ablauf von 60 Tagen ab Zugang des Antrags[42] einseitig den „Rechtsanspruch auf ein Panel“[43] geltend zu machen und das gerichtliche Hauptverfahren einzuleiten. Als BATNA reduziert diese Verfahrensnorm im Sinne der von *Baroncini* vertretenen „rechtsgeleiteten Verhandlung“ (*rule-oriented diplomacy*)[44] die Zugeständnisse und Tauschgegenstände der Parteien auf Positionen, die nach einer Feststellung im Panel-Bericht die inhaltliche Lösung vorzeichnen würden.[45] Entsprechend tritt die Aufgabe des Panels, eine „objektive Beurteilung der vor ihm liegenden Angelegenheit vorzunehmen“,[46] sowie hiervon abgeleitete

---

38 Art. 3 Ziff. 3 DSU.

39 Art. 3 Ziff. 7 DSU.

40 Ebenso etwa *Kuijper* (Anm. 28), 69 ff.

41 So etwa durch erweiterte Verhaltenspflichten aus *Dispute Settlement Body*: Rules of Conduct for the Understanding on Rules and Procedures Governing the Settlement of Disputes, adopt. 3 Dec. 1996, WTO Doc. WT/DSB/RC/1, circul. 11 Dec. 1996; ferner transparenten Schriftverkehr und Mitschriften der Konsultationsgespräche empfehlend, *Renouf* (Anm. 14), 301; *Kuijper* (Anm. 28), 71 f.

42 Art. 4 Ziff. 7 DSU; bei Nichtbeantwortung des Antrags auf Konsultationen binnen zehn Tagen, Nichtaufnahme von Konsultationen binnen 30 Tagen und in dringenden Fällen gem. Art. 4 Ziff. 3 und 8 DSU entspr. kürzer.

43 Art. 6 Ziff. 1 DSU.

44 Wohl grundl. *Jackson* (Anm. 18), 109 ff.; ansatzw. *Petersmann, Ernst-Ulrich*: International Trade Law and the GATT/WTO Dispute Settlement System 1948–1996: An Introduction, in Petersmann, Ernst-Ulrich (ed.): International Trade Law and the GATT/WTO Dispute Settlement System, The Hague/London/Boston: Kluwer 1997, 3–122 (30 ff.); ausf. *Baroncini* (Anm. 14), 157 ff.; 186 ff.; 227 ff.

45 So etwa *Baroncini* (Anm. 14), 157 f.

46 Art. 11 DSU.

Spruchpraxis zur Beweiserhebung;[47] Ermittlung des Sachverhalts und der Ansprüche;[48] objektiven Beurteilung des Sachverhalts[49] in den Vordergrund.

---

47 So obliegt die Beweislast zunächst jener Partei, die eine Tatsache behauptet, und geht auf die bekl. Partei über, falls die gelieferten Beweise eine Wahrheitsvermutung nahelegen, *US – Wool Shirts and Blouses*, Report of the Appellate Body, WTO Doc. WT/DS33/AB/R, circul. 27 April 1997, adopt. 23 May 1997, S. 13 f.; die zur Aufstellung der Wahrheitsvermutung erforderliche Beweisqualität richtet sich nach der Maßnahme, der Bestimmung und dem Sachverhalt, *US – Wool Shirts and Blouses*, Report of the Appellate Body, WTO Doc. WT/DS33/AB/R and Corr.1, circul. 25 April 1997 and 27 May 1997, adopt. 23 May 1997, S. 14; gelingt es der bekl. Partei nicht, die Vermutung durch eigene Beweise zu widerlegen, hat das Panel zugunsten der Partei zu entscheiden, deren Wahrheitsvermutung obsiegt, *EC – Hormones*, Report of the Appellate Body, WTO Doc. WT/DS26/AB/R and WT/DS48/AB/R, circul. 16 Jan. 1998, adopt. 13 Feb. 1998, Ziff. 14.

48 Der Sachverhalt setzt sich aus den strittigen Maßnahmen und der Rechtsgrundlage der Beschwerde zusammen, *Guatemala – Cement I*, Report of the Appellate Body, WTO Doc. WT/DS60/AB/R, circul. 2 Nov. 1998, adopt. 25 Nov. 1998, Ziff. 72 ff.; zum Verhältnis von Sachverhalt und Panel-Mandat, *Brazil – Desiccated Coconut*, Report of the Appellate Body, WTO Doc. WT/DS22/AB/R, circul. 21 Feb. 1997, adopt. 20 March 1997, S. 22; ein verletztes Rechtsinteresse allein begründet keine Haftungsansprüche, *EC – Bananas III*, Report of the Appellate Body, WTO Doc. WT/DS27/AB/R, circul. 9 Sept. 1997, adopt. 25 Sept. 1997, Ziff. 132 ff.

49 So ist die Verletzung der „objektiven Beurteilung“ lediglich schweren Verstößen durch Panels vorbehalten, *EC – Hormones*, Report of the Appellate Body, WTO Doc. WT/DS26/AB/R and WT/DS48/AB/R, circul. 16 Jan. 1998, adopt. 13 Feb. 1998, Ziff. 110 ff.; 131 ff.; *Korea – Alcoholic Beverages*, Report of the Appellate Body, WTO Doc. WT/DS75/AB/R and WT/DS84/AB/R, circul. 18 Jan. 1999, adopt. 17 Feb. 1999, Ziff. 163 ff.; *Japan – Agricultural Products II*, Report of the Appellate Body, WTO Doc. WT/DS76/AB/R, circul. 22 Feb. 1999, adopt. 19 March 1999, Ziff. 141; *Japan – Apples*, Report of the Appellate Body, WTO Doc. WT/DS245/AB/R, circul. 26 Nov. 2003, adopt. 10 Dec. 2003, Ziff. 227 ff.; aufgrund Art. 2 Ziff. 1 und Art. 4 Ziff. 2 Agreement on Safeguards, Annex 1A to the Marrakesh Agreement Establishing the World Trade Organization, done at Marrakesh, 15 April 1994, UNTS 1869 (1995), 154 ff.; TIAS No. 31874, in: *World Trade Organization*: The WTO Agreements: The Marrakesh Agreement Establishing the World Trade Organization and its Annexes, Cambridge: Cambridge Univ. Pr., 2nd ed. 2017, 311 ff.; ABlEG L 336 vom 23. Dez. 1994, 184 ff. (Übereink. über Schutzmaßnahmen – SFG-Abkommen), *Argentina – Footwear*, Report of the Appellate Body, WTO Doc. WT/DS121/AB/R, circul. 14 Dec. 1999, adopt. 12 Jan. 2000, Ziff. 116 ff.; für eine stärkere Kontrolldichte aus Art. 4 Ziff. 2 SFG-Abkommen, *US – Lamb*, Report of the Appellate Body, WTO Doc. WT/DS177/AB/R and WT/DS178/AB/R, circul. 1 May 2001, adopt. 16 May 2001, Ziff. 97 ff. insbes. 103 ff.

Zugleich verdeutlichen die im Antrag auf Einsetzung eines Panels einzufordernden Rechtsansprüche aus den WTO-Teilabkommen[50] die inhaltlichen Bewertungsmaßstäbe. Wenn der BATNA nun zum entscheidenden Machtfaktor, ja selbst zum Tauschgegenstand wird, muss die Wechselwirkung prozessualer und inhaltlicher Handlungs- und Ermessensspielräume der Parteien in den Erweiterungs-, Zugeständnis- und Übereinkommensabschnitten angenommen werden. Folglich ist die Nebenverhandlung zur Gliederung des BATNA eng mit der Hauptverhandlung zur Koordination inhaltlicher Willenskongruenz verbunden. In *Kodak-Fujifilm* bestand der Vertreter Japans im Pfad aufgrund der Entscheidung der VERTRAGSPARTEIEN[51] vom 18. November 1960 (Entscheidung von 1960)[52] auf die Klarstellung bestimmter Verfahrensfragen, während der Vertreter der Vereinigten Staaten inhaltliche Verpflichtung forderte,[53] weshalb mangels einer Verhaltenspflicht zur Verknüpfung beider Aspekte und einer Bereitschaft der Parteien zu deren Tauschbarkeit kein Übereinkommen zustande kam. Diese Zusammenhänge weisen durchaus Ähnlichkeiten zur strategischen Verfahrenseinleitung vor dem Forum auf, sind im Subforum DSU jedoch voneinander zu trennen, da die Konsultationen hier einem gerichtlichen Verfahren vorgelagert sind, was den Parteien theoretisch Gelegenheit zum Objektivieren gibt.

Allerdings gestattet die Befristung der Konsultationen auf 60 Tage kaum das vollständige Ableisten des geregelten Verhandlungsablaufs.[54] Meist haben die Parteien zumindest den Vorbereitungsabschnitt bereits anderweitig durchlaufen. In *Kodak-Fujifilm* traf dies auf den Pfad aus Artikel XXIII Ziffer 1

---

50 Art. 6 Ziff. 2 DSU.

51 Der Begriff (*CONTRACTING PARTIES*) bezeichnet, in Abgrenzung zu einzelnen Vertragsstaaten oder Vertragsparteien, alle Vertragsstaaten des GATT 1947 als handelndes Kollektiv; hierzu statt vieler *Jackson* (Anm. 18), 31 f.

52 *Restrictive Business Practices*: Proposal by Chairman of the Working Party, GATT Doc. W.17/37, circul. 17 Nov. 1960, adopt. by *CONTRACTING PARTIES*: Summary Record of the Tenth Meeting, Held at Palais des Nations, Geneva, on 18 Nov. 1960, GATT Doc. SR.17/10, circul. 30 Nov. 1960, Ziff. 4, in: BISD 9S/28 (1960).

53 *Permanent Mission of Japan*: Communication to the Permanent Mission of the United States, 9 Aug. 1996, Ziff. 2, in: Japanese Letter on Film Consultations, Inside U.S. Trade (30 Aug. 1996), No. 4660; Anhang 2 Nr. 11; *Permanent Mission of the United States*: Communication to the Permanent Mission of Japan, 21 Aug. 1996, in: U.S. Letter on Film Consultations, Inside U.S. Trade (30 Aug. 1996), No. 4659; sowie *Council for Trade in Goods*: Minutes of the Meeting held on 11 June 1997, WTO Doc. G/C/M/20, circul. 10 July 1997, Ziff. 10.1 ff.; *Council for Trade in Goods*, Minutes of the Meeting held on 19 Sept. 1996, WTO Doc. G/C/M/13, circul. 9 Oct. 1996, Ziff. 12.1 ff.

54 So etwa *Baroncini* (Anm. 14), 177 f.; *Kuijper* (Anm. 28), 70 f.

GATT 1994 (DS44)[55] zu, nicht hingegen auf die Pfade aus Artikel XXIII Ziffern 1 und 3 Allgemeines Übereinkommen über den Handel mit Dienstleistungen (GATS)[56] (DS45)[57] und aufgrund der Entscheidung von 1960,[58] die erst durch die jeweiligen Anträge auf Konsultationen begründet wurden. Abgesehen von der möglichen Fristverlängerung durch Anordnung des DSB-Vorsitzenden auf Antrag eines ersuchten Entwicklungslandes[59] steht es der ersuchenden Partei in solchen Fällen frei, auf die Einlösung des BATNA zu verzichten und die Konsultationen über 60 Tage hinaus fortzuführen.

Dies geschieht regelmäßig[60] durch stillschweigendes[61] beziehungsweise

55 *Permanent Mission of the United States*: Communication to the Permanent Mission of Japan and to the Dispute Settlement Body, 13 June 1996, circul. as *Japan – Film*, Request for Consultations by the United States, WTO Doc. WT/DS44/1, 21 June 1996.

56 General Agreement on Trade in Services, Annex 1B to the Marrakesh Agreement Establishing the World Trade Organization, done at Marrakesh, 15 April 1994, UNTS 1869 (1995), 183 ff.; TIAS No. 31874, in: ILM 33 (1994), 1167 ff.; ABlEG L 336 vom 23. Dez. 1994, 191 ff.; amend. Second Protocol to the GATS, done at Geneva, 6 Oct. 1995, UNTS 2057 (1999), 149 ff.; ABlEG L 167 vom 6. Juli 1996, 25 ff.; Third Protocol to the GATS, done at Geneva, 6 Oct. 1995, UNTS 2061 (1999), 190 ff.; ABlEG L 167 vom 6. Juli 1996, 43 ff.; Fourth Protocol to the GATS, done at Geneva, 15 April 1997, UNTS 2061 (1999), 209 ff.; ABlEG L 347 vom 18. Dez. 1997, 45 ff.; Fifth Protocol to the GATS, done at Geneva, 27 Feb. 1998, UNTS 2066 (1999), 155 ff.; ABlEG L 20 vom 27. Jan. 1999, 40 ff.

57 *Permanent Mission of the United States*: Communication to the Permanent Mission of Japan and to the Dispute Settlement Body, 13 June 1996, circul. as *Japan – Distribution Services*, Request for Consultation by the United States, WTO Doc. WT/DS45/1, 20 June 1996.

58 *Permanent Mission of the United States*: Communication to the Permanent Mission of Japan, 13 June 1996, circul. as *Japan – Business Practices*, Request for Consultations by the United States Pursuant to the Decision on "Restrictive Business Practices: Arrangement for Consultations", WTO Doc. WT/L/154, 26 June 1996.

59 Art. 12 Ziff. 10 DSU.

60 So etwa *Jackson* (Anm. 18), 109 ff.; 134 ff.; *Baroncini* (Anm. 14), 177 ff.; 227 ff.; *Van den Bossche* (Anm. 30), 162; 479; von 1995 bis einschl. 1997 wurden 23,5 % aller Anträge auf Konsultationen vor, weitere 8,8 % nach Einsetzung eines Panels gelöst, *Shoyer* (Anm. 21), 280 ff.; von 1995 bis einschl. 1999 betrugen diese Zahlen respektive 22,2 % und 8,0 %, *Busch/Reinhardt* (Anm. 10), 160 ff.; in diesem Zeitraum wurden 16,2 % aller Lösungen durch bilaterales Übereink., weitere 6,0 % durch sonstige Maßnahmen vor Annahme des Panel-Berichts erreicht, *Park, Young Duk/Eggers, Barbara*: WTO Dispute Settlement 1995–99: A Statistical Analysis, JIEL 3 (2000), 193–204 (194 f.); abhängig von der Streitqualität; der gesellschaftl., staatl. bzw. zwischenstaatl. Ebene der Verhandlung; dem abstrakten bzw. konkreten Geltungsbereich des DSU; dem angesetzten Zeitraum können die Ergebnisse abweichen.

61 Siehe nur, keine Einsetzung eines Panels nach *Permanent Mission of the United States*: Communication to the Permanent Mission of Korea, 4 April 1995, circul.

as *Korea – Agricultural Products*, Request for Consultations by the United States, WTO Doc. WT/DS3/1, 6 April 1995, bzw. um „strittige Maßnahmen" erweitert, nach *Permanent Mission of the United States*: Communication to the Permanent Mission of Korea, 24 May 1995, circul. as *Korea – Agricultural Products*, Request for Consultations by the United States, WTO Doc. WT/DS41/1, 31 May 1996; keine Einsetzung nach *Permanent Mission of Thailand*: Communication to the Permanent Delegation of the European Commission, 3 Oct. 1995, circul. as *EC – Rice*, Request for Consultations by Thailand, WTO Doc. WT/DS17/1, 11 Oct. 1995, doch im analogen Pfad, *Permanent Mission of Canada*: Communication to the Permanent Delegation of the European Commission, circul. as *EC – Cereals*, Request for Consultations by Canada, WTO Doc. WT/DS9/1, 10 July 1995, siehe *Dispute Settlement Body*: Minutes of the Meeting held on 11 Oct. 1995, WTO Doc. WT/DSB/M/8, circul. 1 Nov. 1995, Ziff. 2; im um „strittige Maßnahmen" erweiterten Pfad, *Permanent Delegation of the United States*: Communication to the Permanent Delegation of the European Communities, 19 July 1995, circul. as *EC – Grains*, Request for Consultations, WTO Doc. WT/DS13/1, 26 July 1995, werden mehrere Anträge auf Einsetzung widerrufen, zuletzt in *Dispute Settlement Body*: Minutes of the Meeting held on 3 Dec. 1996, WTO Doc. WT/DSB/M/27, circul. 15 Jan. 1997, S. 1; zur Lösung *Dispute Settlement Body*: Minutes of the Meeting held on 30 April 1997, WTO Doc. WT/DSB/M/32, circul. 3 June 1997, S. 1; das Ersetzen von *Permanent Mission of Sri Lanka*: Communication to the Permanent Mission of Brazil, 23 Feb. 1996, circul. as *Brazil – Desiccated Coconut and Coconut Milk Powder*, Request for Consultations by Sri Lanka, WTO Doc. WT/DS30/1, 5 March 1996, durch einen Verfahrensbeitritt im analogen Pfad *Brazil – Desiccated Coconut*, Constitution of the Panel Established at the Request of the Philippines: Note by the Secretariat, WTO Doc. WT/DS22/6, circul. 18 April 1996, Ziff. 4, und anschl. Abweisung der Beschwerde, *Brazil – Desiccated Coconut*, Report of the Panel, WTO Doc. WT/DS22/R, circul. 17 Oct. 1996, adopt. as modif. 20 March 1997, Ziff. 294 f.; keine Einsetzung nach *Permanent Delegation of the European Commission*: Communication to the Permanent Mission of the United States, 28 Nov. 1996, circul. as *US – Urea*, Request for Consultations by the European Communities, WTO Doc. WT/DS63/1, 9 Dec. 1996, doch Einstellung der strittigen Anti-dumping Überprüfungen durch *US Department of Commerce*: Solid Urea from the German Democratic Republic: Termination of Changed Circumstances Review, 61 FR 49436 (20 Sept. 1996); *US Department of Commerce*: Preliminary Results of Antidumping Duty Administrative Review of Solid Urea from the Former German Democratic Republic, 62 FR 36492 (8 July 1997); *US Department of Commerce*: Final Results of Antidumping Duty Administrative Review of Solid Urea from the Former German Democratic Republic, 62 FR 61271 (17 Nov. 1997); keine Einsetzung nach *Permanent Mission of Colombia*: Communication to the Permanent Mission of the United States, 28 April 1997, circul. as *US – Corn Brooms*, Request for Consultations by Colombia, WTO Doc. WT/DS78/1, 1 May 1997, doch Einstellung der strittigen Schutzmaßnahmen durch *US President*: Proclamation 7154 to Terminate Temporary ausdrückliches[62] Aufschieben oder Widerrufen[63] der Einsetzung des Panels.

Duties on Imports of Broom Corn Brooms (3 Dec. 1998), 63 FR 67761 (8 Dec. 1998); keine Einsetzung nach *Permanent Mission of the United States*: Communication to the Permanent Mission of Denmark and to the Dispute Settlement Body, 14 May 1997, circul. as *Denmark – Intellectual Property Rights*, Request for Consultations by the United States, WTO Doc. WT/DS83/1, 21 May 1997, zur Lösung, *Permanent Mission of the United States/Permanent Mission of Denmark/Permanent Delegation of the European Commission*: Communication to the Chairman of the Dispute Settlement Body, 7 June 2001, circul. as *Denmark – Intellectual Property Rights*, Notification of Mutually Agreed Solution, WTO Doc. WT/DS83/2, 13 June 2001.

62 Siehe etwa den Aufschub der Einsetzung des Panels in *Pakistan – Patent Protection* (DS36) in *Dispute Settlement Body*: Minutes of the Meeting held on 15 and 16 July 1996, WTO Doc. WT/DSB/M/21, circul. 5 Aug. 1996, Ziff. 2, und das Ausarbeiten einer Lösung, *Dispute Settlement Body*: Minutes of the Meeting held on 25 Feb. 1997, WTO Doc. WT/DSB/M/29, circul. 26 March 1997, Ziff. 13; den Aufschub in *India – Measures Affecting Export of Certain Commodities* (DS120) in *Dispute Settlement Body*: Minutes of the Meeting held on 23 Oct. 2000, WTO Doc. WT/DSB/M/91, circul. 30 Nov. 2000, Ziff. 4; *Permanent Delegation of the European Commission*: Communication to the Director-General, the Chairman of the Dispute Settlement Body and the Permanent Mission of Chile, 23 March 2001, circul. as *Chile – Swordfish*, Arrangement between the European Communities and Chile: Communication by the European Communities, WTO Doc. WT/DS193/3, 6 April 2001; zur Lösung, *Permanent Delegations of the European Union and Chile*: Communication to the Chairperson of the Dispute Settlement Body, 28 May 2010, circul. as *Chile – Swordfish*, Joint Communication from the European Union and Chile, WTO Doc. WT/DS193/4, 3 June 2010.

63 Siehe etwa den Widerruf des gesamten Handelsstreits in *Malaysia – Polyethylene and Polypropylene* (DS1) in *Dispute Settlement Body*: Minutes of the Meeting held on 19 July 1995, WTO Doc. WT/DSB/M/6, circul. 28 Aug. 1995, Ziff. 6; den Widerruf der Einsetzung des Panels in *EC – Grains* (DS13) in *Dispute Settlement Body*: Minutes of the Meeting held on 3 December 1996, WTO Doc. WT/DSB/M/27, circul. 15 Jan. 1997, S. 1; zur Lösung, *Permanent Mission of the United States*: Communication to the Permanent Delegation of the European Commission and to the Dispute Settlement Body, 30 April 1997, circul. as *EC – Grains*, Communication from the United States, WTO Doc. WT/DS13/8, 2 May 1997; den Widerruf ohne weitere Handlung in *Argentina – Footwear (Indonesia)* (DS123) durch *Permanent Mission of Indonesia*: Communication to the Chairman of the Dispute Settlement Body, 10 May 1999, circul. as *Argentina – Footwear (Indonesia)*, Communication from Indonesia, WTO Doc. WT/DS123/4, 11 May 1999; den Widerruf nach Auslaufen der strittigen Maßnahme in *Colombia – Polyester Filaments* (DS181) in *Dispute Settlement Body*: Minutes of the Meeting held on 27 Oct. and 3 Nov. 1999, WTO Doc. WT/DSB/M/70, circul. 15 Dec. 1999, Ziff. 3; den Widerruf nach Aufhebung der strittigen Maßnahme durch

Ferner sind das Vertagen der Zusammensetzung des Panels[64] sowie das Erlöschen der Einsetzung gemäß Artikel 12 Ziffer 12 DSU[65] nachgewiesen. Als

---

Permanent Mission of Hungary: Communication to the Chairman of the Dispute Settlement Body, 20 Dec. 2001, circul. as *Romania – Wheat and Wheat Flour*, Withdrawal of the Request for the Establishment of a Panel by Hungary, WTO Doc. WT/DS240/3, 7 Jan. 2002.

64 Siehe nur den Aufschub der Zusammensetzung des Panels in *EC – Cereals* (DS9) in *Dispute Settlement Body*: Minutes of the Meeting held on 11 Oct. 1995, WTO Doc. WT/DSB/M/8, circul. 1 Nov. 1995, Ziff. 2; in *Nicaragua – Measures Affecting Imports from Honduras and Colombia* (DS201) in *Dispute Settlement Body*: Minutes of the Meeting held on 18 May 2000, WTO Doc. WT/DSB/M/80, circul. 26 June 2000, Ziff. 2; in *Turkey – Fresh Fruit Import Procedures* (DS237) in *Dispute Settlement Body*: Minutes of the Meeting held on 29 July 2002, WTO Doc. WT/DSB/M/130, circul. 18 Aug. 2002, Ziff. 2; zur Lösung, *Permanent Mission of Ecuador/Permanent Mission of Turkey*: Communication to the Chairman of the Dispute Settlement Body, 22 Nov. 2002, circul. as *Turkey – Fresh Fruit Import Procedures*, Notification of Mutually Agreed Solution, WTO Doc. WT/DS237/4, 29 Nov. 2002; der Aufschub der Zusammensetzung des Panels bis zum Beschluss eines Verzichts auf die Pflichten aus Art. 3 Ziff. 3, Art. 8 and Art. 9 Ziff. 2 Agreement on Agriculture, Annex 1A to the Marrakesh Agreement Establishing the World Trade Organization, done at Marrakesh, 15 April 1994, UNTS 1867 (1995), 410 ff.; TIAS No. 31874, in: *World Trade Organization*: The WTO Agreements: The Marrakesh Agreement Establishing the World Trade Organization and its Annexes, Cambridge: Cambridge Univ. Pr., 2nd ed. 2017, 106 ff.; ABlEG L336 vom 23. Dez. 1994, 22 ff. (Übereink. über die Landwirtschaft – AGR-Abkommen) in *Hungary – Agricultural Products* (DS35) in *Dispute Settlement Body*: Minutes of the Meeting held on 30 July 1997, WTO Doc. WT/DSB/M/36, circul. 17 Sept. 1997, Ziff. 5; zu letzterem *Van den Bossche* (Anm. 30), 480.

65 Siehe etwa die Aussetzung des Verfahrens durch *US – Helms-Burton*, Communication from the Chairman of the Panel, WTO Doc. WT/DS38/5, circul. 25 April 1997, und dessen Erlöschen, Lapse of the Authority for Establishement of the Panel, Note by the Secretariat, WTO Doc. WT/DS38/6, circul. 24 April 1998; hierzu krit. *Van den Bossche* (Anm. 30), 163; *Baroncini* (Anm. 14), 180 ff.; durch *Argentina – Textiles and Clothing*, Communication from the Chairman of the Panel, WTO Doc. WT/DS77/5, circul. 31 July 1998; Lapse of the Authority for the Establishment of the Panel, Note by the Secretariat, WTO Doc. WT/DS77/6, circul. 24 May 2002; durch *US – Government Procurement*, Communication from the Chairman of the Panel to the Chairman of the Dispute Settlement Body, WTO Doc. WT/DS88/5 and WT/DS95/5, circul. 12 Feb. 1999; Lapse of Authority for Establishment of the Panel, Note by the Secretariat, WTO Doc. WT/DS88/6 and WT/DS95/6, circul. 14 Feb. 2000; durch *Belgium – Rice*, Communication from the Chairman of the Panel to the Dispute Settlement Body, 26 July 2001, WTO Doc. WT/DS210/4, circul. 27 July 2001; zur Lösung, *Permanent Mission of the United States/Permanent Delegation of the*

Motive gelten das abklingende Interesse der Parteien aufgrund eines geringen Handelsvolumens, schwacher Mandanten oder politischer Entwicklungen; der ungesicherte Rechtsschutz von Positionen in den WTO-Teilabkommen;[66] der ressourcenschonende Verfahrensbeitritt zu einem bestehenden Panel-Verfahren.[67]

Zur Form „beiderseits akzeptabler Lösungen“ enthält das DSU keine Vorschriften. Einzige Voraussetzung ist die Übereinstimmung mit den WTO-Teilabkommen,[68] die durch die Notifikation solcher „Lösungen“ an das Streitbeilegungsgremium (DSB) und die zuständigen Räte erfolgen soll.[69] Freilich belegt die „beiderseits akzeptable Lösung“ im Handelsstreit um Kraftfahrzeuge und Ersatzteile,[70] dass das Aufschieben der Einsetzung

---

European Commission: Communication to the Chairman of the Dispute Settlement Body, 18 Dec. 2001, circul. as *Belgium – Rice*, Notification of Mutually Agreed Solution, WTO Doc. WT/DS210/6, 2 Jan. 2002.

66 So etwa *Baroncini* (Anm. 14), 180; 225; 232 m.w.N.

67 Siehe nur das Ersetzen von *Permanent Mission of Sri Lanka*: Communication to the Permanent Mission of Brazil, 23 Feb. 1996, circul. as *Brazil – Desiccated Coconut and Coconut Milk Powder*, Request for Consultations by Sri Lanka, WTO Doc. WT/DS30/1, 5 March 1996, durch Verfahrensbeitritt in *Brazil – Desiccated Coconut*, Constitution of the Panel Established at the Request of the Philippines: Note by the Secretariat, WTO Doc. WT/DS22/6, circul. 18 April 1996, Ziff. 4; das Ersetzen von *Permanent Mission of the Philippines*: Communication to the Permanent Mission of the United States and the Dispute Settlement Body, 25 Oct. 1996, circul. as *US – Shrimp*, Request for Consultations by the Philippines, WTO Doc. WT/DS61/1, 4 Nov. 1996, durch Verfahrensbeitritt in *US – Shrimp*, Constitution of the Panel Established at the Requests of Malaysia, Thailand, Pakistan and India, Note by the Secretariat, WTO Doc. WT/DS58/9, circul. 17 April 1997, Ziff. 5; das Ersetzen des Widerrufs der Einsetzung des Panels durch *Permanent Mission of Indonesia*: Communication to the Chairman of the Dispute Settlement Body, 10 May 1999, circul. as *Argentina – Footwear (Indonesia)*, Communication from Indonesia, WTO Doc. WT/DS123/4, 11 May 1999, durch Verfahrensbeitritt in *Argentina – Footwear (EC)*, Constitution of the Panel Established at the Request of the European Communities, Note by the Secretariat, WTO Doc. WT/DS121/4, circul. 18 Sept. 1998, Ziff. 4.

68 Art. 3 Ziff. 5 und 7 DSU.

69 Art. 3 Ziff. 6 DSU; ergänzend *Dispute Settlement Body*: Notification of Mutually Agreed Solutions under Article 3.6 of the Dispute Settlement Understanding: Background Note by the Secretariat, WTO Doc. WT/DSB/W/35, circul. 7 Aug. 1996.

70 So die fortan verwendete Bezeichnung des Handelsstreits *US – Autos*; verbreitet auch als „auto dispute“.

eines Panels[71] in der Praxis als starker BATNA fungieren und zum entscheidenden Tauschgegenstand werden kann,[72] wenn es konkludent erfolgt und die Positionen der ersuchenden Partei ebenso eindeutig den Rechtsschutz der WTO-Teilabkommen genießen.[73] Sie belegt auch, dass prozessuale Tauschgegenstände leichter nachvollziehbar sind als inhaltliche. Denn bei genauer Betrachtung besteht die „Lösung" aus vier Erklärungen des Ministers für Außenhandel und Industrie Japans *Ryutaro Hashimoto* und des Handelsbevollmächtigen der Vereinigten Staaten (USTR) *Michael Kantor* vom 28. Juni 1995,[74] einer gemeinsamen Presseerklärung vom 29. Juni 1995,[75] sowie zahlreichen weiteren Handlungen,[76] Erklärungen,[77]

---

71 Siehe der Vertreter Japans in *Council for Trade in Goods*: Minutes of the Meeting held on 3 July 1995, WTO Doc. G/C/M/4, circul. 28 July 1995, Ziff. 7; *General Council*: Minutes of the Meeting held on 11 July 1995, WTO Doc. WT/GC/M/5, circul. 17 Aug. 1995, Ziff. 8; *Dispute Settlement Body*: Minutes of the Meeting held on 19 July 1995, WTO Doc. WT/DSB/M/6, circul. 28 Aug. 1995, Ziff. 5.

72 Übereinst. *Nanto, Dick K./Bass, Gwenell L.*: The 1995 Japan-U.S. Auto and Parts Trade Dispute: Terms of the Settlement and Implications, CRS Rep. 95-876E (9 Aug. 1995), 3 f.; *Abels* (Anm. 33), 482 f.; *Bhagwati, Jagdish N.*: The US-Japan Car Dispute: A Monumental Mistake, Int'l Affairs 72 (1996), 261–279 (277 f.); *Matsushita, Mitsuo*: Restrictive Business Practices and the WTO/GATT Dispute Settlement Process, in: Petersmann, Ernst-Ulrich (ed.): International Trade Law and the GATT/WTO Dispute Settlement System, The Hague/London/Boston: Kluwer Law Int'l 1997, 357–373 (365 f.); *Suzuki* (Anm. 8), 4 f.; *Iida* (Anm. 7), 91 f.

73 So etwa *Baroncini* (Anm. 14), 229 ff.; 237 ff.

74 Joint Announcement by *Ryutaro Hashimoto*, Minister of Trade and Industry of Japan, and *Michael Kantor*, United States Trade Representative, Regarding Autos and Auto Parts (28 June 1995), in: ILM 34 (1995), 1523; Joint Announcement by *Ryutaro Hashimoto*, Minister of Trade and Industry of Japan, and *Michael Kantor*, United States Trade Representative, Regarding the Japanese Auto Companies' Plans (28 June 1995), in: ILM 34 (1995), 1524; Joint Announcement on Dealerships by Mr *Ryutaro Hashimoto*, Minister of International Trade and Industry, and Mr *Michael Kantor*, United States Representative (28 June 1995), in: ILM 34 (1995), 1525; Joint Announcement on Dealership by Mr *Ryutaro Hashimoto*, Minister of International Trade and Industry, and Mr *Michael Kantor*, United States Trade Representative (undatiert), in: ILM 34 (1995), 1526.

75 Joint Press Statement (29 June 1995), in: ILM 34 (1995), 1527.

76 Zur Einstellung der Untersuchung gem. Sec. 301 ff. US Trade Act, *US Trade Representative*: Termination of Investigation: Barriers to Access to the Auto Parts Replacement Market in Japan, 60 FR 35253 (6 July 1995).

77 *MITI Minister*: Letter to Japan Automobile Dealers Association (JADA) (22 Aug. 1995), in: ILM 34 (1995), 1518; *MITI Director of Automobile Division*: Letter to US

Selbstverpflichtungen[78] und Protokollvereinbarungen.[79] Zurechenbarkeit, Zusammenhang, Regelungsinhalt und Bindungswirkung dieses Konvoluts sind kaum nachvollziehbar. Zwar ergänzte der Vertreter Japans nach entsprechender Kritik im Rat für den Handel mit Waren[80] seine Erklärung an die Mitglieder mündlich[81] wie schriftlich.[82] Doch ließen diese Ergänzungen nachträglich erfolgte Geschäftshandlungen unberücksichtigt. Letztlich ist das Vereinbarungspaket nur durch private Quellen, behördliche Webseiten und Fachliteratur dokumentiert.[83]

Solche unfertigen Übereinkommen verschleiern die materiellen Tauschgegenstände und enthalten regulierungstechnische Schwächen. Ihre zuweilen

---

Director of the Office of Automotive Affairs *Henry P. Misisco* (22 Aug. 1995), in: ILM 34 (1995), 1519.

78 *American Automobile Manufacturers Association (AAMA)*: Statement (29 June 1995), in: ILM 34 (1995), 1520; *Japan Automobile Manufacturers Association (JAMA)*: JAMA Action Plan for International Cooperation (June 1995), in: ILM 34 (1995), 1528 ff.; *Japan Automobile Dealers Association (JADA)*: Statement on the Dealership of Foreign Automobiles (28 June 1995), in: ILM 34 (1995), 1533 f.; *Japan Automobile Products Association/Japan Federation of Auto Parts Sales Association/Japan Auto Accessories*: Statement Concerning Efforts to Improve Access to Japan's Auto Parts Aftermarket (29 June 1995), in: ILM 34 (1995), 1535; *Japan Automobile Service Promotion Association/Japan Automotive Industry Commerce Association*: Statement Concerning Efforts to Improve Access to Japan's Auto Parts Aftermarket (29 June 1995), in: ILM 34 (1995), 1536; *Japan Auto Parts Industries Association*: Global Plan to Promote International Coordination (29 June 1995), in: ILM 34 (1995), 1537 f.

79 Siehe den Notenwechsel als FTA-Protokollvereinbarung über Kraftfahrzeuge und Ersatzteile, *Ambassador of Japan to the United States*: Letter to US Trade Representative *Michael Kantor* and US Secretary of Commerce *Ronald H. Brown* (23 Aug. 1995); *US Trade Representative/US Secretary of Commerce*: Letter to Ambassador *Takakazu Kuriyama* (23 Aug. 1995), in: ILM 34 (1995), 1492 ff.

80 *Council for Trade in Goods*: Minutes of the Meeting held on 3 July 1995, WTO Doc. G/C/M/4, circul. 28 July 1995, Ziff. 7.

81 *General Council*: Minutes of the Meeting held on 11 July 1995, WTO Doc. WT/GC/M/5, circul. 17 Aug. 1995, Ziff. 8; *Dispute Settlement Body*: Minutes of the Meeting held on 19 July 1995, WTO Doc. WT/DSB/M/6, circul. 28 Aug. 1995, Ziff. 5.

82 *United States' Auto and Auto Parts Issues*: Statement by Japan at the Meeting of the General Council on 11 July 1995, WTO Doc. WT/GC/COM/3, circul. 21 July 1995.

83 Hierzu *Nanto/Bass* (Anm. 72), 1 ff.; *Southwick, James T.*: Japan-United States: Automotive Agreement and Supporting Documents: Introductory Note, ILM 34 (1995), 1482–1489 (1483 ff.).

mangelhafte[84] beziehungsweise fehlende[85] Notifikation hindert unbeteiligte Mitglieder am Wahrnehmen ihrer Kontrollfunktion über die Übereinstimmung

84 Siehe etwa unzureichende Angaben zur Lösung in *US – Autos* (DS6) in *Dispute Settlement Body*: Minutes of the Meeting held on 11 July 1995, WTO Doc. WT/DSB/M/6, circul. 28 Aug. 1995, Ziff. 5; zur Einstellung der strittigen anti-dumping Untersuchung, *Permanent Mission of Mexico*: Communication to the Permanent Mission of the Republic of Venezuela and to the Dispute Settlement Body, 6 May 1997, circul. as *Venezuela – OCTG*, Notification Concerning Consultations, WTO Doc. WT/DS23/3, 26 May 1997; *Permanent Mission of Korea*: Communication to the Chairman of the Dispute Settlement Body, 15 Sept. 1998, circul. as *US – Colour Televisions*, Communication from Korea, WTO Doc. WT/DS89/9, 18 Sept. 1998; zu den korrektiven Maßnahmen, *Permanent Mission of the United States/Permanent Mission of Japan*: Communication to the Dispute Settlement Body, 24 Jan. 1997, circul. as *Japan – Sound Recordings*, Notification of Mutually Agreed Solution, WTO Doc. WT/DS28/4, 5 Feb. 1997, sowie *Permanent Delegation of the European Commission/Permanent Mission of Japan*: Communication to the Dispute Settlement Body, 7 Nov. 1997, circul. as *Japan – Sound Recordings*, Notification of a Mutually Agreed Solution, WTO Doc. WT/DS42/4, 17 Nov. 1997; *Dispute Settlement Body*: Minutes of the Meeting held on 16 Oct. 1996, WTO Doc. WT/DSB/M/24, circul. 26 Nov. 1996, Ziff. 6; *Permanent Delegation of the European Commission/Permanent Mission of Korea*: Communication to the Dispute Settlement Body, 22 Oct. 1997, circul. as *Korea – Telecommunication Procurement*, Notification of a Mutually Agreed Solution, WTO Doc. WT/DS40/2, 29 Oct. 1997; *Permanent Mission of the United States/Permanent Mission of Denmark/Permanent Delegation of the European Commission*: Communication to the Chairman of the Dispute Settlement Body, 7 June 2001, circul. as *Denmark – Intellectual Property Rights*, Notification of Mutually Agreed Solution, WTO Doc. WT/DS83/2, 13 June 2001.

85 So v.a. bei einseitiger Rücknahme der strittigen Maßnahme, ersetzt durch *Permanent Mission of Malaysia*: Communication, 29 March 1995, circul. as *Malaysia – Polyethylene and Polypropylene*, Communication from Malaysia, WTO Doc. WT/DS1/3, 31 March 1995, sowie Erklärung in *Dispute Settlement Body*: Minutes of the Meeting held on 19 July 1995, WTO Doc. WT/DSB/M/6, circul. 28 Aug. 1995, Ziff. 6; zur Rücknahme der strittigen Zollsätze in *US – Tariff Increases on Products from the European Communities* (DS39) durch *US Trade Representative*: Termination of Increased Duties on Certain Products of the European Community, 61 FR 37309 (17 July 1996), sowie Erklärungen in *Dispute Settlement Body*: Minutes of the Meeting held on 5 July 1996, WTO Doc. WT/DSB/M/20, circul. 29 July 1996, Ziff. 1; *Dispute Settlement Body*: Minutes of the Meeting held on 15 and 16 July 1996, WTO Doc. WT/DSB/M/21, circul. 5 Aug. 1996, Ziff. 1; zur Einstellung der strittigen Anti-dumping Überprüfungen in *US – Urea* (DS63) durch *US Department of Commerce*: Solid Urea from the German Democratic Republic: Termination of Changed Circumstances

mit den WTO-Teilabkommen.[86] Dies dürfte weder der Notifikationspflicht aus Artikel 3 Ziffer 6 DSU,[87] noch den Registrierungs- und Publikationspflichten für völkerrechtliche Verträge aus Artikel 102 Ziffer 1 Charta der Vereinten Nationen (VN-Charta)[88] beziehungsweise aus Artikel 80 Ziffer 1

Review, 61 FR 49436 (20 Sept. 1996); *US Department of Commerce*: Preliminary Results of Antidumping Duty Administrative Review of Solid Urea from the Former German Democratic Republic, 62 FR 36492 (8 July 1997); *US Department of Commerce*: Final Results of Antidumping Duty Administrative Review of Solid Urea from the Former German Democratic Republic, 62 FR 61271 (17 Nov. 1997); zur Einstellung der strittigen Schutzmaßnahmen in *US – Corn Brooms* (DS78) durch *US President*: Proclamation 7154 to Terminate Temporary Duties on Imports of Broom Corn Brooms (3 Dec. 1998), 63 FR 67761 (8 Dec. 1998); bei vereinbarter Lösung statt Notifikation, Angaben zur Abänderung der strittigen Maßnahme in *EC – Grains* (DS13) in *Dispute Settlement Body*: Minutes of the Meeting held on 30 April 1997, WTO Doc. WT/DSB/M/32, circul. 3 June 1997, S. 1; zum Verzicht der Mitglieder in *Hungary – Agricultural Products* (DS35) auf die Pflichten aus Art. 3 Ziff. 3, Art. 8 und Art. 9 Ziff. 2 AGR-Abkommen durch *General Council*: Hungary – Agreement on Agriculture, Decision of 22 Oct. 1997, WTO Doc. WT/L/238, circul. 29 Oct. 1997.

86 Vgl. die transparente und vollständige Notifikation von Lösungen durch *Permanent Mission of India/Permanent Mission of Poland*: Communication, 26 Aug. 1996, circul. as *Poland – Autos*, Notification of Mutually Agreed Solution, WTO Doc. WT/DS19/2, 11 Sept. 1996; durch *Permanent Mission of Canada/Permanent Mission of Korea*: Communication, 24 April 1996, circul. as *Korea – Bottled Water*, Notification of Mutually Agreed Solution, WTO Doc. WT/DS20/6, 6 May 1996; durch *Permanent Mission of the United States/Permanent Mission of Australia*: Communication to the Chairman of the Dispute Settlement Body, 27 Oct. 2000, circul. as *Australia – Salmonids*, Notification of Mutually Agreed Solution, WTO Doc. WT/DS21/10, 1 Nov. 2000; durch *Permanent Mission of the United States/Permanent Mission of the Philippines*: Communication, 12 March 1998, circul. as *Philippines – Pork and Poultry*, Notification of Mutually Agreed Solution, WTO Doc. WT/DS74/5, 13 March 1998; durch *Permanent Delegation of the European Commission/Permanent Mission of the United States*: Communication, 11 Feb. 1998, circul. as *US – Textiles Apparel*, Notification of Mutually Agreed Solution, WTO Doc. WT/DS85/9, 25 Feb. 1998.

87 Ergänzend hierzu, *Dispute Settlement Body*: Notification of Mutually Agreed Solutions under Article 3.6 of the Dispute Settlement Understanding: Background Note by the Secretariat, WTO Doc. WT/DSB/W/35, circul. 7 Aug. 1996.

88 Charter of the United Nations, signed at San Francisco, 26 June 1945, UNTS 1 (1946/47), 16 ff.; UKTS 67 (1946), in: UN Yearbook 23 (1969), 953 ff.; BGBl 1973 II, 431 ff.; 1974 II, 769 ff.; 1980 II, 1252 ff.

Wiener Übereinkommen über das Recht der Verträge (WVK)[89] genügen.[90] Denn zumindest formal erfüllen solche Übereinkommen die Voraussetzungen völkerrechtlicher Verträge,[91] selbst wenn die Noten und Erklärungen im Handelsstreit um Kraftfahrzeuge und Ersatzteile als typische Übereinstimmung im Dissens (*agreement not to agree*) lediglich nebeneinanderstehende, inhaltlich unvereinbare Aussagen enthalten, die keine wirkliche Willenskongruenz erkennen lassen.[92] Zwar wurde die „beiderseits akzeptable Lösung" zunächst als Übereinkommen wahrgenommen, doch wegen der fehlenden Regulierungswirkung tendiert sie inhaltlich zur Offenhaltung. Entsprechend formulierten USTR *Kantor* und der Handelsminister der Vereinigten Staaten *Ronald Brown* schon in der FTA-Protokollvereinbarung über Kraftfahrzeuge und Ersatzteile vom 23. August 1995[93] Schätzungen und Erwartungen für eine Zunahme von neuen Vertriebsstätten für Fahrzeuge ausländischer Bauart,[94] denen Minister *Hashimoto* umgehend widersprach.[95]

Insgesamt überwiegen Übereinkommen im DSU als „beiderseits akzeptable Lösungen". Allerdings weisen Konsultationen des Vor-, Haupt- und Nachverfahrens mitunter Verbindungen zueinander auf, so dass komplexe „Lösungen" aus dem Widerruf des Antrags auf Konsultationen,[96] der einseitigen

89 Vienna Convention on the Law of Treaties, signed at Vienna, 23 May 1969, UNTS 1155 (1980), 331 ff.; TIAS No. 18232; BGBl 1985 II, 927 ff.

90 Ebenso krit. *Shoyer* (Anm. 21), 289.

91 Art. 1 WVK; gem. Art. 5 WVK bildet die Tatsache, dass sie im Rahmen der WTO angenommen werden, keine Ausnahme hiervon.

92 So etwa *Nanto/Bass* (Anm. 72), 3 f.; *Abels* (Anm. 33), 482 f.; *Suzuki* (Anm. 8), 4; *Iida* (Anm. 7), 91 f.; *Matsushita* (Anm. 72), 365 f.; zu dieser Vertragstechnik, *Lacharrière, Guy de*: La politique juridique extérieure, Paris: IFRI/Économica 1983, 91 ff.

93 *Ambassador of Japan to the United States*: Letter to US Trade Representative *Michael Kantor* and US Secretary of Commerce *Ronald H. Brown* (23 Aug. 1995); *US Trade Representative/US Secretary of Commerce*: Letter to Ambassador *Takakazu Kuriyama* (23 Aug. 1995), in: ILM 34 (1995), 1492 ff.

94 So etwa *Nanto/Bass* (Anm. 72), 3; *Southwick* (Anm. 83), 1484; 1486; 1489.

95 Übereinst. *Matsushita* (Anm. 72), 365; *Durling* (Anm. 8), 45.

96 Oft in der Notifikation einer Lösung, etwa durch *Permanent Mission of the United States*: Communication to the Permanent Delegation of the European Commission and to the Dispute Settlement Body, 30 April 1997, circul. as *EC – Grains*, Communication from the United States, WTO Doc. WT/DS13/8, 2 May 1997 i.V.m. *Dispute Settlement Body*: Minutes of the Meeting held on 30 April 1997, WTO Doc. WT/DSB/M/32, circul. 3 June 1997, S. 1; *Permanent Mission of Mexico*: Communication to the Permanent Mission of the Republic of Venezuela and to the Dispute Settlement

Rücknahme der strittigen Maßnahme[97] beziehungsweise dem materiellen Übereinkommen[98] entstehen. Während ihre prozessualen Aspekte vergleichsweise erkennbar sind, werden die inhaltlichen Tauschgegenstände nur dann

---

Body, 6 May 1997, circul. as *Venezuela - OCTG*, Notification Concerning Consultations, WTO Doc. WT/DS23/3, 26 May 1997; *Permanent Delegation of the European Commission/Permanent Mission of Korea*: Communication to the Dispute Settlement Body, 22 Oct. 1997, circul. as *Korea – Telecommunication Procurement*, Notification of a Mutually Agreed Solution, WTO Doc. WT/DS40/2, 29 Oct. 1997; *Permanent Mission of Korea*: Communication to the Chairman of the Dispute Settlement Body, 15 Sept. 1998, circul. as *US – Colour Televisions*, Communication from Korea, WTO Doc. WT/DS89/9, 18 Sept. 1998; *Permanent Delegation of the European Commission/ Permanent Mission of the United States*: Communication, 11 Feb. 1998, circul. as *US – Textiles Apparel*, Notification of Mutually Agreed Solution, WTO Doc. WT/DS85/9, 25 Feb. 1998.

97 Siehe etwa die Notifikationen der Lösung durch *Permanent Mission of Malaysia*: Communication, 29 March 1995, circul. as *Malaysia – Polyethylene and Polypropylene*, Communication from Malaysia, WTO Doc. WT/DS1/3, 31 March 1995; *Permanent Mission of Mexico*: Communication to the Permanent Mission of the Republic of Venezuela and to the Dispute Settlement Body, 6 May 1997, circul. as *Venezuela – OCTG*, Notification Concerning Consultations, WTO Doc. WT/DS23/ 3, 26 May 1997; *Permanent Mission of Korea*: Communication to the Chairman of the Dispute Settlement Body, 15 Sept. 1998, circul. as *US – Colour Televisions*, Communication from Korea, WTO Doc. WT/DS89/9, 18 Sept. 1998, nach Rücknahme des strittigen anti-dumping Erlasses durch *US Department of Commerce*: Color Television Receivers from the Republic of Korea: Final Results of Changed Circumstances Antidumping Duty Review, 63 FR 46759 (2 Sept. 1998); unter Fortsetzung des Panel-Verfahrens in *EC – Hormones* (DS26), die Rücknahme der strittigen Maßnahme in *US – Tariff Increases on Products from the European Communities* (DS39) durch *US Trade Representative*: Termination of Increased Duties on Certain Products of the European Community, 61 FR 37309 (17 July 1996); die Einstellung der strittigen anti-dumping Überprüfungen in *US – Urea* (DS63) durch *US Department of Commerce*: Solid Urea from the German Democratic Republic: Termination of Changed Circumstances Review, 61 FR 49436 (20 Sept. 1996); *US Department of Commerce*: Preliminary Results of Antidumping Duty Administrative Review of Solid Urea from the Former German Democratic Republic, 62 FR 36492 (8 July 1997); *US Department of Commerce*: Final Results of Antidumping Duty Administrative Review of Solid Urea from the Former German Democratic Republic, 62 FR 61271 (17 Nov. 1997); die Einstellung der strittigen Schutzmaßnahmen in *US – Corn Brooms* (DS78) durch *US President*: Proclamation 7154 to Terminate Temporary Duties on Imports of Broom Corn Brooms (3 Dec. 1998), 63 FR 67761 (8 Dec. 1998).

98 Siehe etwa die Lösungen in *Permanent Mission of India/Permanent Mission of Poland*: Communication, 26 Aug. 1996, circul. as *Poland – Autos*, Notification of

nachvollziehbar, wenn die „beiderseits akzeptable Lösung" notifiziert oder eine begrenzte Entpflichtung[99] gemäß Artikel IX Ziffern 3 und 4 Übereinkommen zur Errichtung der Welthandelsorganisation (WTO-Abkommen)[100] erwogen wird.[101]

Mutually Agreed Solution, WTO Doc. WT/DS19/2, 11 Sept. 1996; sowie *Dispute Settlement Body*: Minutes of the Meeting held on 15 and 16 July 1996, WTO Doc. WT/DSB/M/21, circul. 5 Aug. 1996, Ziff. 4; *Permanent Mission of Canada/Permanent Mission of Korea*: Communication, 24 April 1996, circul. as *Korea – Bottled Water*, Notification of Mutually Agreed Solution, WTO Doc. WT/DS20/6, 6 May 1996 i.V.m. *Dispute Settlement Body*: Minutes of the Meeting held on 24 April 1996, WTO Doc. WT/DSB/M/15, circul. 15 May 1996, Ziff. 2; *Permanent Mission of the United States/ Permanent Mission of Australia*: Communication to the Chairman of the Dispute Settlement Body, 27 Oct. 2000, circul. as *Australia – Salmonids*, Notification of Mutually Agreed Solution, WTO Doc. WT/DS21/10, 1 Nov. 2000; *Permanent Mission of the United States/Permanent Mission of Japan*: Communication to the Dispute Settlement Body, 24 Jan. 1997, circul. as *Japan – Sound Recordings*, Notification of Mutually Agreed Solution, WTO Doc. WT/DS28/4, 5 Feb. 1997 i.V.m. *Permanent Delegation of the European Commission/Permanent Mission of Japan*: Communication to the Dispute Settlement Body, 7 Nov. 1997, circul. as *Japan – Sound Recordings*, Notification of a Mutually Agreed Solution, WTO Doc. WT/DS42/4, 17 Nov. 1997; ; *Permanent Mission of the United States/Permanent Mission of the Philippines*: Communication, 12 March 1998, circul. as *Philippines – Pork and Poultry*, Notification of Mutually Agreed Solution, WTO Doc. WT/DS74/5, 13 March 1998; *Permanent Mission of the United States/Permanent Mission of Denmark/Permanent Delegation of the European Commission*: Communication to the Chairman of the Dispute Settlement Body, 7 June 2001, circul. as *Denmark – Intellectual Property Rights*, Notification of Mutually Agreed Solution, WTO Doc. WT/DS83/2, 13 June 2001.

99 Nach Bericht des zuständigen Rates an die Ministerkonferenz, Entpflichtung durch eine Mehrheit von ¾ der Mitgelidstaaten, mangels Konsens binnen 90 Tagen; hierzu *Jackson* (Anm. 18), 55 f.; *Marceau* (Anm. 23), 144 f.

100 Marrakesh Agreement Establishing the World Trade Organization, done at Marrakesh, 15 April 1994, UNTS 1867 (1995), 154 ff.; TIAS No. 31874, in: ILM 33 (1994), 1144 ff.; ABlEG L 336 vom 23. Dez. 1994, 3 ff.

101 Siehe nur *Permanent Missions of Argentina, Australia, Canada, New Zealand, Thailand and the* United States: Communication to the Permanent Mission of Hungary and to the Dispute Settlement Body, 27 March 1996, circul. as *Hungary – Agricultural Products*, Request for Consultations by Argentina, Australia, Canada, New Zealand, Thailand and the United States, WTO Doc. WT/DS35/1, 2 April 1996; Entpflichtung von Art. 3 Ziff. 3, Art. 8 and Art. 9 Ziff. 2 AGR-Abkommen durch *General Council*: Hungary – Agreement on Agriculture, Decision of 22 Oct. 1997, WTO Doc. WT/L/238, circul. 29 Oct. 1997, während dessen die Einsetzung eines Panels aufrecht erhalten bleibt; hierzu insbes. *Van den Bossche* (Anm. 30), 480.

Im relativen Gegensatz zum Handelsstreit um Kraftfahrzeuge und Ersatzteile stehen die Konsultationen DS44.[102] Am 11. Juli 1996 spielten die Vertreter beider Parteien wohl Möglichkeiten durch, ihre Positionen anzugleichen, um schließlich den Stillstand der Hauptverhandlung festzustellen.[103] Dies beschreibt die verkeilte Pattsituation, in der die Strukturelemente der Verhandlung geklärt sind und die Parteiwillen sich unvereinbar gegenüber stehen. Jedes Handeln ruft dann eine Abwehr der Gegenpartei hervor. Wenn keine Handlungs- und Ermessensspielräume in der inhaltlichen Hauptverhandlung verbleiben, verlagert die ersuchende Partei ihren Koordinationsbedarf dorthin, wo solche noch bestehen. Wenn, wie im Subforum DSU, aus dem „Rechtsanspruch auf ein Panel"[104] ein gerichtlicher BATNA zu bestimmen ist, sind die zur Einsetzung des Panels verbleibenden Aspekte durch eine prozessuale Nebenverhandlung zu koordinieren.

Am Ende des Übereinkommensabschnitts bleibt der Streitgegenstand in der vom USTR gewünschten Unbestimmtheit definiert. Verbleibende inhaltliche wie prozessuale Streitpunkte, wie etwa zur Bestimmtheit des Antrags auf Einsetzung,[105] in denen keine Willenskongruenz erreicht wird, gehen in das Panel-Verfahren über.[106]

Weshalb – anders als im Pfad DS44 – im Handelsstreit um Kraftfahrzeuge und Ersatzteile eine „beiderseits akzeptable Lösung" erreicht wurde, ist dadurch zu erklären, dass inhaltliche Positionen der ersuchenden Partei dort nicht eindeutig durch Rechtspflichten der WTO-Teilabkommen geschützt sind, während die eingesetzten Gegenmaßnahmen eine Umkehrung des BATNA zugunsten der ersuchten Partei bewirken. Diese wiederum sah ihre Interessen durch die Gegenmaßnahmen stark belastet, konnte aufgrund der Rechtslage auf ein günstiges Übereinkommen hoffen, und blieb grundsätzlich kooperativ eingestellt. Dadurch entstand viel Raum für einen Kompromiss. Im Pfad DS44 hingegen vermeidete die ersuchende Partei die Umkehrung des BATNA zugunsten der ersuchten Partei. Aufgrund besserer fachlicher Vorbereitung, innenpolitische Unterstützung und strategische Analyse waren ihre inhaltlichen Positionen

102 *Permanent Mission of the United States*: Communication to the Permanent Mission of Japan and to the Dispute Settlement Body, 13 June 1996, circul. as *Japan – Film*, Request for Consultations by the United States, WTO Doc. WT/DS44/1, 21 June 1996.

103 Übereinst. *Durling* (Anm. 8), 388; *Devereaux/Lawrence/Watkins* (Anm. 7), 168.

104 Art. 4 Ziff. 7 DSU i.V.m. Art. 6 Ziff. 1 DSU.

105 Art. 6 Ziff. 2 DSU.

106 So etwa der Vertreter Japans in *Dispute Settlement Body*: Minutes of the Meeting held on 16 Oct. 1996, WTO Doc. WT/DSB/M/24, circul. 26 Nov. 1996, Ziff. 2; zur Darstellung des Streitgegenstands in *Japan – Film*, Report of the Panel, WTO Doc.

umfassender durch Rechtspflichten der WTO-Teilabkommen gedeckt. Durch die erfolgreiche Präzedenz im Handelsstreit um Kraftfahrzeuge und Ersatzteile war die ersuchte Partei konfrontativer motiviert und innenpolitisch unterstützt. Doch konnte sie den gerichtlichen BATNA nicht zu ihren Gunsten nutzen.

Welche Handlungs- und Ermessensspielräume im Übereinkommensabschnitt für eine „beiderseits akzeptable Lösung" bestehen, prägen letztlich die Strukturelemente, in ihrer durch die Verhaltens- und Bewertungsmaßstäben des DSU und der WTO-Teilabkommen erlaubten Form.

II. Offenhaltung

Die Verbindung einer offensichtlichen Verletzung der WTO-Teilabkommen mit einem belastbaren BATNA entfällt im Pfad aufgrund der Entscheidung von 1960.[107] Zunächst wurde der Forumsabschnitt hier kaum erreicht, weshalb die Handlungsfreiheit der ersuchten Regierung Japans kaum durch prozessuale Verhaltenspflichten eingeschränkt war.[108] Im Gegensatz zum DSU[109] bestand in diesem Subforum auch keine Pflicht, Anträge interessierter Mitglieder auf Teilnahme an den Konsultationen zu beantworten. Dennoch konnte die ersuchte Partei jede Drohung mit einseitigen Gegenmaßnahmen mit Hinweis auf den Handelsstreit um Kraftfahrzeuge und Ersatzteile abwenden. Zudem blieb ihre inhaltliche Ermessensfreiheit unberührt, da aus der Entscheidung von 1960 kaum ein positiver Rechtsschutz der Positionen der ersuchenden Partei nachzuweisen war.

In diesem für die Regierung der Vereinigten Staaten ungünstigen Machtverhältnis ließ die Regierung Japans aus kooperativer Motivation solange einen

---

WT/DS44/R, circul. 31 March 1998, adopt. 22 April 1998, Ziff. 3.1 ff.; 3.11 ff.; Erörterung Ziff. 10.12 ff.

107 *Permanent Mission of the United States*: Communication to the Permanent Mission of Japan, 13 June 1996, circul. as *Japan – Business Practices*, Request for Consultations by the United States Pursuant to the Decision on "Restrictive Business Practices: Arrangement for Consultations", WTO Doc. WT/L/154, 26 June 1996.

108 So etwa Pflichten zur wohlwollenden Prüfung der Vorstellungen gem. Art. 4 Ziff. 2 DSU; zur Beantwortung des Antrags auf Konsultationen binnen zehn Tagen gem. Art. 4 Ziff. 3 DSU; zur Befristung der Konsultationen auf 60 Tage gem. Art. 4 Ziff. 7 DSU; zum Verbot der Verknüpfung von Antrag und Gegenantrag gem. Art. 3 Ziff. 10 DSU mit solchen aus *Restrictive Business Practices*: Proposal by Chairman of the Working Party, GATT Doc. W.17/37, circul. 17 Nov. 1960, adopt. by *CONTRACTING PARTIES*: Summary Record of the Tenth Meeting, Held at Palais des Nations, Geneva, on 18 Nov. 1960, GATT Doc. SR.17/10, circul. 30 Nov. 1960, Ziff. 4, in: BISD 9S/28 (1960).

109 Art. 4 Ziff. 11 DSU i.V.m. Art. XXII Ziff. 1 GATT 1994 bzw. entspr. Bestimmungen weiterer WTO-Teilabk.

Notenwechsel zu,[110] als sie ihn mit ihren Positionen für vereinbar hielt, was zur partiellen Aufstellung einer Tagesordnung führte.[111] Sie brach die inhaltliche Hauptverhandlung jedoch ab, als sich herausstellte, dass die Regierung der Vereinigten Staaten weiter privates Marktverhalten thematisierte, das zu koordinieren sie nicht bereit war.[112]

Indessen entstand keine wirkliche Nebenverhandlung. Zwar versuchte die Regierung der Vereinigten Staaten, im DSB die Relevanz des DSU für die Entscheidung von 1960 einzufordern und weitere Mitglieder für diese Position zu motivieren, was insofern gelang, als die Europäischen Gemeinschaften[113] einen Antrag auf Teilnahme an diesen Konsultationen stellte,[114] die ausbleibende Antwort der Regierung Japans rügten und eine Stellungnahme des WTO-Sekretariats zur Anwendbarkeit des DSU anregten.[115] Doch wurde die Aufsicht vom DSB in den Rat für den Handel mit Waren verschoben,[116] ein BATNA nicht eingefordert und die Teilnahme der Europäischen Gemeinschaften abgewehrt, ohne dass die Regierung der Vereinigten Staaten Gegenmaßnahmen verhängte.

Ohne ausreichenden Rechtsschutz ihrer Positionen in der Entscheidung von 1960 und einem günstigen BATNA kann die ersuchende Partei keinen auf die Veränderung des *status quo* hinwirkenden Parteiwillen aufzwingen. Diese Erkenntnis führte den Pfad zu Offenhaltung und Erhalt des *status quo*. In der Staatenpraxis

---

110 *Permanent Mission of the United States*: Communication to the Permanent Mission of Japan, 8 July 1996, in: U.S. Letter on Film Consultations, Inside U.S. Trade (26 July 1996), No. 4530; *Permanent Mission of Japan*: Communication to the Permanent Mission of the United States, 9 Aug. 1996, in: Japanese Letter on Film Consultations, Inside U.S. Trade (30 Aug. 1996), No. 4660.

111 Hierzu abstrakt oben S. 40 f.; konkret in *Kodak-Fujifilm*, S. 291 ff. m.w.N.

112 *Permanent Mission of the United States*: Communication to the Permanent Mission of Japan, 21 Aug. 1996, in: U.S. Letter on Film Consultations, Inside U.S. Trade (30 Aug. 1996), No. 4659.

113 Zum 1. Jan. 1995 sind die „Europäischen Gemeinschaften" (EG) neben ihren Mitgliedstaaten als Mitglied der WTO beigetreten; bis 30. Nov. 2009 wurden sie als solche, ab 1. Jan. 2009 dann als „Europäische Union", in der WTO bezeichnet und geführt; nachf. wird diese Unterscheidung übernommen.

114 *Permanent Delegation of the European Commission*: Communication to the Permanent Missions of the United States and Japan, 5 July 1996, circul. as *Japan – Business Practices*, Communication from the European Communities, WTO Doc. WT/L/158, 11 July 1996.

115 *Dispute Settlement Body*: Minutes of the Meeting held on 16 Oct. 1996, WTO Doc. WT/DSB/M/24, circul. 26 Nov. 1996, Ziff. 2.

116 *Council for Trade in Goods*: Minutes of the Meeting held on 11 June 1997, WTO Doc. G/C/M/20, circul. 10 July 1997, Ziff. 10.1 ff.

ist dieses Ergebnis bei fehlender Information zum Ausgang eingeleiteter Konsultationen,[117] in einem anderen Pfad fortgesetzter Konsultationen[118] beziehungsweise nach Abweisung der Beschwerde im Panel-Bericht[119] anzunehmen.

---

117 Siehe nur zum Subforum DSU, fehlende Information zu *Mexico – Customs Valuation* (DS53) nach *Permanent Delegation of the European Commission*: Communication to the Permanent Mission of Mexico, 27 Aug. 1996, circul. as *Mexico – Customs Valuation*, Request for Consultations by the European Communities, WTO Doc. WT/DS53/1, 9 Sept. 1996; zu *Australia – Import Credit Scheme* (DS57), nach *Permanent Mission of the United States*: Communication to the Permanent Mission of Australia, 7 Oct. 1996, circul. as *Australia – Import Credit Scheme*, Request for Consultations by the United States, WTO Doc. WT/DS57/1, 9 Oct. 1996; zum Pfad DS66 *Japan – Pork*, nach *Permanent Delegation of the European Commission*: Communication to the Permanent Mission of Japan, 15 Jan. 1997, circul. as *Japan – Pork*, Request for Consultations by the European Communities, WTO Doc. WT/DS66/1, 22 Jan. 1997; zu *Belgium – Telephone Services* (DS80), nach *Permanent Mission of the United States*: Communication to the Permanent Mission of Belgium, 2 May 1997, circul. as *Belgium – Telephone Services*, Request for Consultations by the United States, WTO Doc. WT/DS80/1, 13 May 1997; fehlende Information nach Aussetzung des Panel-Verfahrens, siehe *Argentina – Textiles and Clothing*, Lapse of the Authority for the Establishment of the Panel, Note by the Secretariat, WTO Doc. WT/DS77/6, circul. 24 May 2002; *US – Government Procurement*, Lapse of Authority for Establishment of the Panel, Note by the Secretariat, WTO Doc. WT/DS88/6 and WT/DS95/6, circul. 14 Feb. 2000.

118 Siehe nur die Fortsetzung der Konsultationen DS51 und DS52 in *Brazil – Autos*, dort keine Information zum Ergebnis nach *Permanent Mission of the United States*: Communication to the Permanent Mission of Brazil, 10 Jan. 1997, circul. as *Brazil – Autos*, Request for Consultations by the United States, WTO Doc. WT/DS65/1, 17 Jan. 1997; *Permanent Delegation of the European Commission*: Communication to the Permanent Mission of Brazil, 7 May 1997, circul. as *Brazil – Autos*, Request for Consultations by the European Communities, WTO Doc. WT/DS81/1, 20 May 1997; Fortsetzung der Konsultationen DS3 in *Korea – Agricultural Products*, dort keine Information zum Ausgang nach *Permanent Mission of the United States*: Communication to the Permanent Mission of Korea, 24 May 1995, circul. as *Korea – Agricultural Products*, Request for Consultations by the United States, WTO Doc. WT/DS41/1, 31 May 1996; Weiterführung der Konsultationen DS30 in *Brazil – Desiccated Coconut*, dort Abweisung der Beschwerde in *Brazil – Desiccated Coconut*, Report of the Panel, WTO Doc. WT/DS22/R, circul. 17 Oct. 1996, adopt. as modif. 20 March 1997, Ziff. 286 ff.; Fortsetzung der Konsultationen DS228 in *Chile – Sugar*, dort keine Information zum Ergebnis nach *Permanent Mission of Colombia*: Communication to the Permanent Mission of Chile and to the Dispute Settlement Body, 17 April 2001, circul. as *Chile – Sugar*, Request for Consultations by Colombia, WTO Doc. WT/DS230/1, 23 April 2001.

119 Siehe hierzu nur *Japan – Film*, Report of the Panel, WTO Doc. WT/DS44/R, circul. 31 March 1998, adopt. 22 April 1998, Ziff. 10.402 ff.; *Guatemala – Cement I*, Report of the

III. Abänderung

Die Ausgangslage im Pfad DS45 weicht von den vorgenannten Pfaden ab. Wie bereits erläutert,[120] nahm der Antrag DS45[121] durch das *tie-in* von Positionen aus dem GATS schon im Vorbereitungsabschnitt der Verhandlung eine Erweiterung des Verhandlungsraums vor, während er den Pfad eindeutig im DSU verankerte. Zugleich erzeugte die späte Aufstellung des Pfades einen Klärungsbedarf hinsichtlich von Funktionen (Definieren staatlicher Interessen; Ermitteln strategischer Positionen; Begründen prozessualer Zuständigkeiten) des Vorbereitungsabschnitts. Die „strittigen Maßnahmen" und die „Rechtsgrundlage der Beschwerde"[122] wurden teils während der Konsultationsgespräche vom 10. Juli 1996[123] im Forumsabschnitt geklärt. Hierbei erhaltene Information nutzte die Regierung der Vereinigten Staaten zur Verbesserung des Antrags DS45 vom 20. September 1996.[124]

Wie *Sara Dillon* vermutet,[125] hatte die „Structural Impediment Initiative" (SII)[126] womöglich zu Folge, dass die Liberalisierung (*deregulation*) der

---

Panel, WTO Doc. WT/DS60/R, circul. 19 June 1998, adopt. as modif. 25 Nov. 1998, Ziff. 8.1 ff., i.V.m. Report of the Appellate Body, WTO Doc. WT/DS60/AB/R, circul. 2 Nov. 1998, adopt. 25 Nov. 1998, Ziff. 90; *EC – Computer Equipment*, Report of the Panel, WTO Doc. WT/DS62/R, WT/DS67/R and WT/DS68/R, circul. 5 Feb. 1998, adopt. as modif. 22 June 1998, Ziff. 9.1 f., i.V.m. Report of the Appellate Body, WTO Doc. WT/DS62/AB/R, WT/DS67/AB/R and WT/DS68/AB/R, circul. 5 June 1998, adopt. 22 June 1998, Ziff. 111; *EC – Asbestos*, Report of the Panel, WTO Doc. WT/DS135/R, circul. 18 Sept. 2000, adopt. as modif. 5 April 2001, Ziff. 9.1, i.V.m. Report of the Appellate Body, WTO Doc. WT/DS135/AB/R, circul. 12 March 2001, adopt. 5 April 2001, Ziff. 192 f.

120 Hierzu oben S. 274 ff. m.w.N.

121 *Permanent Mission of the United States*: Communication to the Permanent Mission of Japan and to the Dispute Settlement Body, 13 June 1996, circul. as *Japan – Distribution Services*, Request for Consultations by the United States, WTO Doc. WT/DS45/1, 20 June 1996.

122 Art. 4 Ziff. 4 DSU.

123 Übereinst. *Durling* (Anm. 8), 367 ff.; *Iida* (Anm. 7), 113.

124 *Permanent Mission of the United States*: Communication to the Permanent Mission of Japan and to the Dispute Settlement Body, 20 Sept. 1996, circul. as *Japan – Distribution Services*: Request for further Consultations by the United States, WTO Doc. WT/DS45/1/Add.1, 26 Sept. 1996.

125 Übereinst. *Dillon* (Anm. 8), 233 f.; *Upham, Frank K*: Privatized Regulation: Japanese Regulatory Style in Comparative and International Perspective, Fordham ILJ 20 (1996), 396–511 (420); *Grier* (Anm. 8), 17 ff.; *Durling* (Anm. 8), 388 f.

126 Von einer interministeriellen Arbeitsgruppe wurden übereinst. Erklärungen erarbeitet, die von Fortschrittsberichten jeder Delegation gefolgt wurden, die wohl zumindest politisch als verbindlich gelten sollten; siehe Joint Report of the

Wettbewerbs- und Handelsregulierung[127] von den Regierungsstellen Japans als staatliches Interesse erkannt wurde. Insofern ist vorstellbar, dass das Ministerium für Außenhandel und Industrie Japans (MITI)[128] die Kritik des USTR am Regulierungsansatz des Gesetzes zur Anpassung der Geschäftstätigkeit des Vertriebsdienstleistungssektors in großflächigen Kaufhäusern (Daiten Hô)[129] grundsätzlich teilte, dies wegen des politischen Gewichts von Einzelhändlern im Parlament Japans (Kokkai) jedoch nicht über die vorgenommenen Reformen hinaus durchsetzbar war. Entsprechend konnte der verbesserte Antrag DS45 vom 20. September 1996 die Position des MITI in der staatlichen Willensbildung unterstützen und eine Reform des Daiten Hô nach eigenen Vorstellungen statt aufgrund von Empfehlungen eines Panels anregen.[130] Möglicherweise wurde die Delegation der Vereinigten Staaten in den Konsultationsgesprächen vom 7. und 8. November 1996 über laufende Vorarbeiten zum Gesetz über

---

U.S.-Japan Working Group on the Structural Impediment Initiative, Joint Press Release at Tokyo, 28 June 1990, in: Antitrust & Trade Reg. Rep. (BNA) 59 (5 July 1990), 28 ff.; First Annual Report of the U.S.-Japan Working Group on the Structural Impediment Initiative, Joint Press Release at Tokyo, 22 May 1991; Second Annual Report of the U.S.-Japan Working Group on the Structural Impediment Initiative, Joint Press Release at Tokyo, 30 July 1992; Final Annual Report of the U.S.-Japan Working Group on the Structural Impediment Initiative, Joint Press Release at Tokyo, 17 Feb. 1993, in: Key Elements of U.S.-Japan Structural Impediments Initiative Joint Report, Int'l Trade Rep. (BNA) 7 (1994), 1014 ff.; ausf. oben S. 192 ff. m.w.N.

127 Hierzu *Cabinet of the Prime Minister*: Decision on the Deregulation Programme Outline (1988), Kanpô; *Japan Economic Planning Agency*: Economic Theory of Deregulation (10 June 1989), Tokyo: Ôkurashô Insatsuyoku 1989; *Cabinet of the Prime Minister*: Decision on the Deregulation Action Programme (1995), revised 1996 and 1997, Kanpô; insbes. zur Liberalisierung von Handels- und Vertriebsdienstleistungen, *Ministry of International Trade and Industry*: Guidelines on Business Practices to Promote a Free, Transparent and Competitive Distribution System (1990); *JFTC Secretary General*: Guidelines on Distribution Systems and Business Practices under the Antimonopoly Act (11 July 1991); *JFTC Secretary General*: Guidelines on Administrative Guidance under the Antimonopoly Act (30 June 1994); *JFTC Secretary General*: Guidelines on the Activities of Trade Associations under the Antimonopoly Act (30 Oct. 1995).

128 Ministry for International Trade and Industry (Kokusai Bôeki To Sangyôjô) (MITI); seit 2001 Ministry of Economy, Trade and Industry (METI).

129 Act on the Adjustment of Retail Business Operations at Large Scale Retail Stores, No. 109 (1973), as amend. Act No. 105 (1978), Kanpô, 71 ff.

130 Übereinst. *Dillon* (Anm. 8), 235 ff.; *Durling* (Anm. 8), 534; *Grier* (Anm. 8), 28 ff. insbes. 33 f.

Maßnahmen großflächiger Kaufhäuser zum Schutz der Umwelt (Daiten Ricchi Hô)[131] informiert.[132] Obgleich das MITI eine Verletzung des GATS durch das Daiten Hô vielleicht erkannte,[133] sollte allein hieraus nicht gefolgert werden, dass die Delegation Japans dem Kokkai vorgriff und die Aufhebung des Gesetzes zusicherte.[134] Plausibel ist aber, dass der USTR ein kooperatives Entgegenkommen honorierte, und die Vorarbeiten zum Daiten Ricchi Hô bei Erhalt des Antrags DS45 vom 20. September 1996[135] und Aufschub der Einsetzung eines Panels unter Beobachtung stellte.

Dieses Ergebnis bediente sowohl die Interessen Japans an einer Lösung durch multilaterale Konsultationen als auch die Interessen der Vereinigten Staaten an der Aufhebung des Daiten Hô.[136] Ausstehende Bedenken des USTR und des Handelsministeriums der Vereinigten Staaten (USDOC), seit Abänderung des Stadtplanungsgesetzes (Toshi Keikaku Hô)[137] könnte die Niederlassung großer Handelsketten durch ungünstige Auslegung von Richtlinien oder unzureichende Ausübung der Planungskompetenz beziehungsweise Rechtsaufsicht behindert werden,[138] waren aufgrund des im Antrag DS45 vom

---

131 Act on Measures by Large Scale Retail Stores for the Preservation of the Living Environment, No. 91 (1998), Kanpô, Special Ed., 105 ff.

132 So etwa *Dillon* (Anm. 8), 238 f.

133 Entspr. zitierte japan. Regierungsmitarbeiter in *US Trade Representative/US Department of Commerce*: Access to Japan's Photographic Film and Paper Market: Report on Japan's Implementation of its WTO Representations (19 Aug. 1998), in: USTR Report on Japanese Film, Inside U.S. Trade (20 Aug. 1998), No. 55563.

134 So allerdings, obgleich das zitierte Material diesen Schluss kaum zulässt, *Dillon* (Anm. 8), 199.

135 *Permanent Mission of the United States*: Communication to the Permanent Mission of Japan and to the Dispute Settlement Body, 20 Sept. 1996, circul. as *Japan – Distribution Services*: Request for further Consultations by the United States, WTO Doc. WT/DS45/1/Add.1, 26 Sept. 1996.

136 Übereinst. *Dillon* (Anm. 8), 247 f.; *Durling* (Anm. 8), 240.

137 Urban Planning Act, No. 100 (1968), as amend. Act No. 76 (1992), Kanpô.

138 So etwa *US Trade Representative/US Department of Commerce*: Access to Japan's Photographic Film and Paper Market: Report on Japan's Implementation of its WTO Representations (19 Aug. 1998), in: USTR Report on Japanese Film, Inside U.S. Trade (20 Aug. 1998), No. 55563; *US Trade Representative/US Department of Commerce*: Access to Japan's Photographic Film and Paper Market: Report on Japan's Implementation of its WTO Representations (9 June 1999), in: Text of USTR Report on Access to Japan's Film Market, Inside U.S. Trade (10 June 1999), No. 62345.

20. September 1996[139] definierten Streitumfangs nicht zu beseitigen. *Eastman Kodak Company, Inc. (Kodak)* hingegen brachte der verbesserte Zugang zu japanischen Vertriebskanälen kaum Gewinn. Die zur Rettung des Konzerns verfolgte Eroberung des japanischen Marktes für Produkte und Zubehör für die Fotografie (Fotomaterial) blieb aus. Stattdessen brachte die Entwicklung der digitalen Fotografie neue Herausforderungen.

Hinsichtlich der Strukturelemente ist die kooperative Motivation der Regierung Japans in den Zugeständnis- und Übereinkommensabschnitten der Verhandlung wohl dadurch zu erklären, dass die Regierung der Vereinigten Staaten auf einseitige Gegenmaßnahmen verzichtete und Handlungs- wie Ermessensspielräume bereits im Erweiterungsabschnitt ausgebaut wurden. Aufgrund der Konsultationsgespräche vom 10. Juli 1996 bezeichnete der Antrag DS45 vom 20. September 1996 die „strittigen Maßnahmen" der japanischen Rechtsordnung und die „Rechtsgrundlage der Beschwerde" exakter. Dies erfüllte die Zugangsvoraussetzungen aus Artikel 4 Ziffer 4 DSU und verbesserte die Glaubwürdigkeit der eingeforderten Positionen, auf deren Grundlage die Regierung der Vereinigten Staaten die Aufhebung des Daiten Hô und die Verabschiedung des Daiten Ricchi Hô abwarten konnte, ohne die Einsetzung eines Panels zu beantragen. Begünstigt wurde solch kooperative Motivation dadurch, dass der Pfad DS45 auf die Initiative des USTR zurückging, *Kodak* folglich weder Interessen hiermit verband noch politischen Druck ausübte. Somit behielt der USTR die Handlungsfreiheit, das Verfahren zeitlich zu strecken und eine inhaltliche Abänderung zu erreichen.

Die Lösung des Pfades DS45 geht weniger auf dramatische Gegenmaßnahmen oder ein Panel-Verfahren zurück als auf die geschickte Wandlung von Interessen, Motivation und Wahrnehmung. Zwar haben die Parteien kein formelles Übereinkommen geschlossen, doch erreicht der revidierte Antrag DS45 vom 20. September 1996 stillschweigend einen materiellen Vergleich. Insofern bildet das Ergebnis beispielhafter „rechtsgeleiteter Verhandlung" eine „beiderseits akzeptable und mit den WTO-Teilabkommen übereinstimmende Lösung".[140] Die Staatenpraxis weist ähnliche Ergebnisse auf, bei Abänderung

139 *Permanent Mission of the United States*: Communication to the Permanent Mission of Japan and to the Dispute Settlement Body, 20 Sept. 1996, circul. as *Japan – Distribution Services*, Request for further Consultations by the United States, WTO Doc. WT/DS45/1/Add.1, 26 Sept. 1996.

140 Art. 3 Ziff. 7 DSU.

der Rechtslage infolge eingeleiteter[141] beziehungsweise in einem anderen Pfad fortgesetzter[142] Konsultationen. Bemerkenswert ist, dass die Lösung im Pfad

141 Siehe nur die Rücknahme der strittigen Zollsätze in *US – Tariff Increases on Products from the European Communities* (DS39) durch *US Trade Representative*: Termination of Increased Duties on Certain Products of the European Community, 61 FR 37309 (17 July 1996), sowie Erklärungen in *Dispute Settlement Body*: Minutes of the Meeting held on 5 July 1996, WTO Doc. WT/DSB/M/20, circul. 29 July 1996, Ziff. 1 und *Dispute Settlement Body*: Minutes of the Meeting held on 15 and 16 July 1996, WTO Doc. WT/DSB/M/21, circul. 5 Aug. 1996, Ziff. 1; Einstellung der strittigen anti-dumping Überprüfungen in *US – Urea* (DS63) durch *US Department of Commerce*: Solid Urea from the German Democratic Republic: Termination of Changed Circumstances Review, 61 FR 49436 (20 Sept. 1996); *US Department of Commerce*: Preliminary Results of Antidumping Duty Administrative Review of Solid Urea from the Former German Democratic Republic, 62 FR 36492 (8 July 1997); *US Department of Commerce*: Final Results of Antidumping Duty Administrative Review of Solid Urea from the Former German Democratic Republic, 62 FR 61271 (17 Nov. 1997); Einstellung der strittigen Schutzmaßnahmen in *US – Corn Brooms* (DS78) durch *US President*: Proclamation 7154 to Terminate Temporary Duties on Imports of Broom Corn Brooms (3 Dec. 1998), 63 FR 67761 (8 Dec. 1998).

142 Siehe hierzu, nach Fortsetzung der Konsultationen *EC – Cereals* (DS9) und *EC – Rice* (DS17 und DS25) in *EC – Grains*, dort die Notifikation einer Lösung durch *Permanent Mission of the United States*: Communication to the Permanent Delegation of the European Commission and to the Dispute Settlement Body, 30 April 1997, circul. as *EC – Grains*, Communication from the United States, WTO Doc. WT/DS13/8, 2 May 1997, sowie der Widerruf der Einsetzung eines Panels nach einer abändernden Verordnung der Europäischen Kommission, *Dispute Settlement Body*: Minutes of the Meeting held on 30 April 1997, WTO Doc. WT/DSB/M/32, circul. 3 June 1997, S. 1; nach Fortsetzung der Konsultationen in *Turkey – Textiles* (DS29 und DS47), einvernehmliche Umsetzung der Beschwerde nach *Turkey – Textiles*, Report of the Panel, WTO Doc. WT/DS34/R, circul. 31 May 1999, adopt. as modif. 19 Nov. 1999, Ziff. 10.1 ff. i.V.m. Report of the Appellate Body, WTO Doc. WT/DS34/AB/R, circul. 22 Oct. 1999, adopt. 19 Nov. 1999, Ziff. 64 ff., zum Übereink. zur Umsetzung, *Permanent Mission of India/Permanent Mission of Turkey*: Communication to the Dispute Settlement Body, 6 July 2001, circul. as *Turkey – Textiles*, Notification of Mutually Acceptable Solution, WTO Doc. WT/DS34/14, 19 July 2001; nach Weiterführung der Konsultationen in *US – Shrimps* (DS61), dort nach *US – Shrimps*, Report of the Panel, WTO Doc. WT/DS58/R, circul. 15 May 1998, adopt. as modif. 6 Nov. 1998, Ziff. 8.1 f. i.V.m. Report of the Appellate Body, WTO Doc. WT/DS58/AB/R, circul. 12 Oct. 1998, adopt. 6 Nov. 1998, Ziff. 187 f.; Recourse by Malaysia to Article 21.5 of the DSU: Report of the Panel, WTO Doc. WT/DS58/RW, circul. 15 June 2001, adopt. as modif. 21 Nov. 2001, Ziff. 6.1 ff. i.V.m. Report of the Appellate Body, WTO

DS45 zugunsten der Vereinigten Staaten kaum[143] von der umfangreichen Literatur zu *Kodak-Fujifilm* reflektiert wurde, die ihr Augenmerk auf den Panel-Bericht im Pfad DS44 gerichtet hat.[144] Dies bestätigt die eingangs kritisierte Selbstbegrenzung rechtswissenschaftlicher Dogmatik auf judiziäre Aspekte.

B. Gestalten prozessualer Alternativen

Durch seine Einlösung erzeugt der „Rechtsanspruch auf ein Panel"[145] eine Nebenverhandlung zur Gliederung von prozessualen Grundlagen. Im Gegensatz zum allgemeinen Völkerrecht, dass vergleichsweise weite Handlungs- und Ermessensspielräume zur Vereinbarung eines Compromis aufweist, beschränken Artikel 6 bis 8 DSU sowie Artikel 10 DSU die Koordination auf ermächtigende beziehungsweise jurisdiktionsbegründende Rechtsakte.

In *Kodak-Fujifilm* ging die Nebenverhandlung aus dem Pfad DS44 hervor.

I. Einsetzen eines Panels

Sie wurde durch den Antrag auf Einsetzung vom 20. September 1996[146] eingeleitet und fand in den DSB-Sitzungen vom 3. und 16. Oktober 1996[147] statt.

1. Fixieren des Rechtsstreits

Im Vergleich zum Antrag DS44,[148] der die strittigen Maßnahmen unbestimmt als „Vertriebsrichtlinien und hiermit zusammenhängende Maßnahmen" sowie „damit zusammenhängende Gesetzgebung, Verordnungen

---

Doc. WT/DS58/AB/RW, circul. 22 Oct. 2001, adopt. 21 Nov. 2001, Ziff. 153 f., zur ausstehenden Umsetzung, *Dispute Settlement Body*: Minutes of the Meeting held on 21 Nov. 2001, WTO Doc. WT/DSB/M/113, circul. 17 Dec. 2001, Ziff. 2.

143 Ansatzw. nur *Dillon* (Anm. 8), 235 f.; *Durling* (Anm. 8), 381 ff.; *Grier* (Anm. 8), 22 ff.

144 So etwa *Goldman* (Anm. 7), 420; 426; *Padilla/Wolff/Howell/Reif/Lake* (Anm. 7); *Linarelli* (Anm. 7), 273; *Devereaux/Lawrence/Watkins* (Anm. 7), 174 ff.; *Iida* (Anm. 7), 92 ff.

145 Art. 4 Ziff. 7 DSU i.V.m. Art. 6 Ziff. 1 DSU.

146 *Permanent Mission of the United States*: Communication to the Chairman of the Dispute Settlement Body, 20 Sept. 1996, circul. as *Japan – Film*, Request for the Establishment of a Panel by the United States, Doc. WT/DS44/2, 23 Sept. 1996.

147 *Dispute Settlement Body*: Minutes of the Meeting held on 3 Oct. 1996, WTO Doc. WT/DSB/M/23, circul. 31 Oct. 1996, Ziff. 1; insbes. *Dispute Settlement Body*: Minutes of the Meeting held on 16 Oct. 1996, WTO Doc. WT/DSB/M/24, circul. 26 Nov. 1996, Ziff. 2.

148 *Permanent Mission of the United States*: Communication to the Permanent Mission of Japan and to the Dispute Settlement Body, 13 June 1996, circul. as *Japan – Film*, Request for Consultations by the United States, WTO Doc. WT/DS44/1, 21 June 1996.

und Verwaltungsmaßnahmen“ bezeichnete, machte der Antrag auf Einsetzung vergleichsweise genaue Angaben. Über die einfachen Formvorschriften aus Artikel 4 Ziffer 4 DSU hinaus müssen Anträge auf Einsetzung etwas strengere Voraussetzungen erfüllen: Schriftform; Angaben über Konsultationsgespräche, „strittige Maßnahmen“, „Rechtsgrundlage der Beschwerde“ und gegebenenfalls über ein besonderes Mandat.[149] Die Erfüllung dieser Voraussetzungen wird von Panels geprüft, was eine differenzierte Spruchpraxis zur Festsetzung der Ansprüche und des Sachverhalts (*definition of claims and facts*)[150] und zur Bestimmtheit der Beschwerde (*specificity of the complaint*)[151] hervorgerufen hat.

---

149 Art. 6 Ziff. 2 DSU.

150 Hierzu ausf. oben S. 306 ff. m.w.N.; weiter erfordert die Berücksichtigung des strittigen Sachverhalts dessen Erörterung in Konsultationen aus Art. 4 Ziff. 4 Agreement on Subsidies and Countervailing Measures, Annex 1A to the Marrakesh Agreement Establishing the World Trade Organization, done at Marrakesh, 15 April 1994, UNTS 1869 (1995), 14 ff.; TIAS No. 31874, in: *World Trade Organization:* The WTO Agreements: The Marrakesh Agreement Establishing the World Trade Organization and its Annexes, Cambridge: Cambridge Univ. Pr., 2nd ed. 2017, 263 ff.; ABlEG L 336 vom 23. Dez. 1994, 156 ff. (Übereink. über Subventionen und Ausgleichsmaßnahmen – SCM-Abkommen), *Canada – Aircraft*, Report of the Panel, WTO Doc. WT/DS70/R, circul. 14 April 1999, adopt. as modif. 20 Aug. 1999, Ziff. 9.5 ff.; aus Art. 17 Ziff. 4 und 5 Agreement on Implementation of Article VI of the General Agreement on Tariffs and Trade 1994, Annex 1A to the Marrakesh Agreement Establishing the World Trade Organization, done at Marrakesh, 15 April 1994, UNTS 1868 (1995), 201 ff.; TIAS No. 31874, in: *World Trade Organization*: The WTO Agreements: The Marrakesh Agreement Establishing the World Trade Organization and its Annexes, Cambridge: Cambridge Univ. Pr., 2nd ed. 2017, 176 ff.; ABlEG L 336 vom 23. Dez. 1994, 103 ff. (Übereink. zur Durchführung des Artikels VI GATT 1994 – ADP-Abkommen), *Mexico – Corn Syrup*, Report of the Panel, WTO Doc. WT/DS132/R and Corr.1, circul. 28 Jan. 2000 and 25 Feb. 2000, adopt. 24 Feb. 2000, Ziff. 7.6 ff.; 7.19 ff.; aus Art. 2, Art. 3 und Art. 18 Ziff. 4 ADP-Abkommen sowie aus Art. XVI Ziff. 4 WTO-Abkommen, *US – DRAMS*, Report of the Panel, WTO Doc. WT/DS99/R, circul. 29 Jan. 1999, adopt. 19 March 1999, Ziff. 6.6 ff.; zur Unterscheidung von Ansprüchen, die im Antrag aufgeführt sein müssen, und Argumenten, die im Panel-Verfahren entwickelt werden können, *EC – Bananas III*, Report of the Appellate Body, WTO Doc. WT/DS27/AB/R, circul. 9 Sept. 1997, adopt. 25 Sept. 1997, Ziff. 141; *Korea – Dairy*, Report of the Appellate Body, WTO Doc. WT/DS98/AB/R, circul. 14 Dec. 1999, adopt. 12 Jan. 2000, Ziff. 123 ff.

151 Hierzu ausf. oben S. 306 ff. m.w.N.; ferner für eine unzureichend bestimmte „Nichtverletzungsbeschwerde“, *EC – Poultry*, Report of the Panel, WTO Doc. WT/DS69/R,

Die im Antrag auf Einsetzung enthaltenen Angaben fixieren den Rechtsstreit und folglich mittelbar das Panel-Mandat.[152] Erfüllt der Antrag die Voraussetzungen aus Artikel 6 Ziffer 2 DSU nicht, geht die beschwerdeführende Partei das Risiko ein, dass er als nicht ordnungsgemäß (*properly before the Panel*) abgewiesen[153] oder zumindest teilweise vom Mandat ausgeschlossen wird,[154] ohne dass die Mängel im gerichtlichen Verfahren geheilt werden könnten.[155] Allerdings sind Ausnahmen hiervon etwa zum Schutz vertraulicher

circul. 12 March 1998, adopt. as modif. 23 July 1998, Ziff. 293; insbes. unterliegt die Angabe der Produkte, auf die sich „strittige Maßnahmen" beziehen, der Verletzung von Verfahrensgarantien der bekl. Partei, *EC – Computer Equipment*, Report of the Appellate Body, WTO Doc. WT/DS62/AB/R, WT/DS67/AB/R and WT/DS68/AB/R, circul. 5 June 1998, adopt. 22 June 1998, Ziff. 58 ff.; *Thailand – H-Beams*, Report of the Panel, WTO Doc. WT/DS122/R, circul. 28 Sept. 2000, adopt. as modif. 5 April 2001, Ziff. 7.14 ff. inbes. 7.37 ff.

152 So liegt die Bestimmheit der Beschwerde dem bindenden Mandat zugrunde, *India – Patents*, Report of the Appellate Body, WTO Doc. WT/DS50/AB/R, circul. 19 Dec. 1997, adopt. 16 Jan. 1998, Ziff. 86 ff.; *Guatemala – Cement I*, Report of the Panel, WTO Doc. WT/DS60/R, circul. 19 June 1998, adopt. as modif. 25 Nov. 1998, Ziff. 7.4 ff.; anders Report of the Appellate Body, WTO Doc. WT/DS60/AB/R, circul. 2 Nov. 1998, adopt. 25 Nov. 1998, Ziff. 72 ff.; 81 ff.; dem folgend *Australia – Automotive Leather II*, Report of the Panel, WTO Doc. WT/DS126/R, circul. 25 May 1999, adopt. 16 June 1999, Ziff. 9.16 ff.; 9.36 ff.; hierzu *Ruiz-Fabri, Hélène/Monnier, Pierre*: Organisation mondiale du commerce: Chronique du règlement des différends 2003, JDI 131 (2004), 997–1047 (1023 f.).

153 Siehe etwa *Guatemala – Cement I*, Report of the Appellate Body, WTO Doc. WT/DS60/AB/R, circul. 2 Nov. 1998, adopt. 25 Nov. 1998, Ziff. 80; 89; hingegen *Australia – Automotive Leather II*, Report of the Panel, WTO Doc. WT/DS126/R, circul. 25 May 1999, adopt. 16 June 1999, Ziff. 9.16 ff.; 9.23 ff.

154 *India – Patents*, Report of the Appellate Body, WTO Doc. WT/DS50/AB/R, circul. 19 Dec. 1997, adopt. 16 Jan. 1998, Ziff. 89 ff.; *Indonesia – Autos*, Report of the Panel, WTO Doc. WT/DS54/R, WT/DS55/R, WT/DS59/R, WT/DS64/R and Corr.1 to 4, circul. 2 July 1998, 9 July 1998, 6 Oct. 1998 and 27 Oct. 1998, adopt. as modif. 23 July 1998, Ziff. 14.3 f.

155 Grundl. *EC – Bananas III*, Report of the Appellate Body, WTO Doc. WT/DS27/AB/R, circul. 9 Sept. 1997, adopt. 25 Sept. 1997, Ziff. 143; weder durch Schriftsätze, *India – Patents*, Report of the Appellate Body, WTO Doc. WT/DS50/AB/R, circul. 19 Dec. 1997, adopt. 16 Jan. 1998, Ziff. 89 ff.; noch durch beantragte Erweiterung des Mandats, *EC – Hormones (US)*, Report of the Panel, WTO Doc. WT/DS26/R/USA, circul. 18 Aug. 1997, adopt. as modif. 13 Feb. 1998, Ziff. 8.16 ff.; *Guatemala – Cement I*, Report of the Appellate Body, WTO Doc. WT/DS60/AB/R, circul. 2 Nov. 1998,

Geschäftsinformation zugelassen worden.[156] Ohne formal auf Zulässigkeitskriterien abzustellen,[157] folgt diese Spruchpraxis einem engen Verständnis des *ultra petita* Grundsatzes des allgemeinen Völkerrechts,[158] einschließlich etwaiger Ausnahmen hiervon,[159] demzufolge es den Parteien obliegt, den zur Entscheidung vorgelegten Rechtsstreit zu definieren.

Spiegelbildlich hierzu sind nicht im Antrag auf Einsetzung erfasste Aspekte des Handelsstreits der Disposition der Parteien überlassen. Insofern wirkt die Formulierung des Antrags auf die Hauptverhandlung zurück.[160] Ebenso bestimmen die Formvorschriften aus Artikel 6 Ziffer 2 DSU die Hauptverhandlung, wenn sie die Einsetzung eines Panels davon abhängig machen, dass die „strittigen Maßnahmen" und die „Rechtsgrundlage der Beschwerde" mit hinreichender Bestimmtheit offengelegt werden. Dies erklärt, warum der Antrag

---

adopt. 25 Nov. 1998, Ziff. 81 ff.; noch durch Abänderung der „strittigen Maßnahme", *Argentina – Textiles and Apparel*, Report of the Appellate Body, WTO Doc. WT/DS56/AB/R, circul. 27 March 1998, adopt. 22 April 1998, Ziff. 64.

156 *Indonesia – Autos*, Report of the Panel, WTO Doc. WT/DS54/R, WT/DS55/R, WT/DS59/R, WT/DS64/R and Corr.1 to 4, circul. 2 July 1998, 9 July 1998, 6 Oct. 1998 and 27 Oct. 1998, adopt. as modif. 23 July 1998, Ziff. 14.5 ff.

157 Zu den Folgen dieser RSpr. für den Vertrauensschutz im Panel-Verfahren und das Gleichgewicht von judiziärer und kooperativer Streitbeilegung, krit. *Kuijper* (Anm. 28), 69 ff.; *Jansen, Bernhard*: Scope of Jurisdiction in GATT/WTO Dispute Settlement: Consultations and Panel Requests, in: Weiss, Friedl (ed.): Improving WTO Dispute Settlement Procedures: Issues and Lessons from the Practice of other International Courts and Tribunals, London: Cameron May 2000, 45–53 (45 ff.).

158 Hierzu grundl. *Usine de Chorzów (demande en indemnité)* (Allemagne c/ Pologne), arrêt du 13 sept. 1928, Rec. CPJI Série A n° 17, 2 ff. (16 ff.); *Asylum Case* (Colombia v. Peru), Judgment of 20 Nov. 1950, ICJ Rep. 1950, 266 ff. (279 ff.).

159 So ist ein Gericht nicht durch die Klage, sondern durch die Schriftsätze der Parteien gebunden, *Usine de Chorzów (demande en indemnité)* (Allemagne c/ Pologne), arrêt du 13 sept. 1928, Rec. CPJI Série A n° 17, 2 ff. (16 ff.); *Asylum Case* (Colombia v. Peru), Judgment of 20 Nov. 1950, ICJ Rep. 1950, 266 ff. (279 ff.); zur Abänderung des Streitgegenstands und Erweiterung der Klage durch *Ministre de la Justice*: Requête additionnelle à la requête introductive d'instance de la République du Cameroun, 29 mars 1994, und Annahme in *Land and Maritime Boundary between Cameroon and Nigeria* (Cameroon v. Nigeria), Order of 16 June 1994, ICJ Rep. 1994, 105 ff. (106 f.).

160 Analog etwa *Shaw, Malcolm N.*: The International Court of Justice: A Practical Perspective, ICLQ 46 (1997), 831–865 (838 f.).

auf Einsetzung[161] im Vergleich zum Antrag DS44[162] die Bestimmtheit der „strittigen Maßnahmen" („Maßnahmen zur Abordnung von Arbeitnehmern aufgrund der [Wettbewerbsordnung Japans – Dokusen Kinshi Hô]")[163] und der „Rechtsgrundlage der Beschwerde" (nähere Ausfürungen zu den eingeforderten Artikel III und X GATT 1994) erhöhte, sowie die „strittigen Maßnahmen" um das Gesetz über besondere Maßnahmen zur Angleichung des Einzelhandels (Shocho Hô)[164] und eine Liste weiterer Dokumente erweiterte.[165]

Darüber hinaus liegt es im strategischen Interesse der beschwerdeführenden Partei, im Antrag auf Einsetzung weiter auf Positionen zu verzichten, die nicht nur aufgrund schwach konkretisierter kooperativer Verhaltenspflichten des Vorverfahrens, sondern auch aufgrund Artikel 11 fortfolgende DSU als Rechtsansprüche *de lege lata* aus den WTO-Teilabkommen unvertretbar scheinen. Weitergehende Positionen, Vorstellungen oder Interessen müssen aus dem politischen Erwartungshorizont entfernt, oder aber taktisch soweit angeglichen werden, dass sie als Rechtsansprüche erscheinen. Insofern erzwingt das gerichtliche Panel-Verfahren eine Flexibilität der beschwerdeführenden Partei, berührt ihre Handlungs- und Ermessensspielräume und folglich ihre Verhandlungsmacht. Diese, in der rechtswissenschaftlichen Literatur oft hervorgehobenen,[166]

---

161 *Permanent Mission of the United States*: Communication to the Chairman of the Dispute Settlement Body, 20 Sept. 1996, circul. as *Japan – Film*, Request for the Establishment of a Panel by the United States, Doc. WT/DS44/2, 23 Sept. 1996.

162 *Permanent Mission of the United States*: Communication to the Permanent Mission of Japan and to the Dispute Settlement Body, 13 June 1996, circul. as *Japan – Film*, Request for Consultations by the United States, WTO Doc. WT/DS44/1, 21 June 1996.

163 Act on the Prohibition of Private Monopolization and Maintenance of Fair Trade, No. 54 (1947), as amend. Act No. 107 (1992), Kanpô, 93 ff.

164 Act on Special Measures for the Adjustment of Retail Business, No. 155 (1959), Kanpô.

165 *Permanent Mission of the United States*: Communication to the Chairman of the Dispute Settlement Body, 20 Sept. 1996, circul. as *Japan – Film*, Request for the Establishment of a Panel by the United States, Doc. WT/DS44/2, 23 Sept. 1996.

166 So etwa *Montañá i Mora, Miquel*: A GATT with Teeth: Law Wins over Politics in the Resolution of International Trade Disputes, Columbia JTL 31 (1993/94), 103–180 (159 ff.; 176 ff.); *Lowenfeld, Andreas F.*: Remedies along with Rights: Institutional Reform in the New GATT, AJIL 88 (1994), 477–488 (479 ff.); *Bello, Judith. H./Holmer, Alan F.*: U.S. Trade Law and Policy Series No. 24: Dispute Resolution in the New World Trade Organization: Concerns and Net Benefits, Int'l Lawyer 28 (1994), 1095–1104 (1102 f.); *Young, Michael K.*: Dispute Resolution in the Uruguay Round: Lawyers Triumph over Diplomats, Int'l Lawyer 29 (1995), 389–409 (391 ff.); *Reich, Arie*: From Diplomacy to Law: The Juridicization of International

Vorzüge schieds- und gerichtlicher Verfahren relativiert jedoch, dass die Verhandlungsmacht der beschwerdeführenden Partei hier nicht beschränkt, sondern ausgehend von in Selbstauslegung beanspruchten Handlungs- und Ermessensspielräumen nur sukzessive auf das gerichtliche Panel übertragen wird. Bis zur tatsächlichen Einsetzung des Panels wird sie eher potenziert. Dazu geben Artikel 11 fortfolgende DSU Verfahren, Wahrnehmung und Bewertungsmaßstäbe des Panel-Verfahrens vor, in dem Rechtsbegriffe, -auffassungen und -ansprüche der WTO-Teilabkommen die Argumente um „Recht“ und „Unrecht“ bestimmen. Diese von der beschwerdeführenden Partei erstrebten Bedingungen können sie verleiten, in konfrontativer Motivation und aggressiver Taktik sowie im Widerspruch zu kooperativen Verhaltenspflichten des Vorverfahrens die verringerten Handlungs- und Ermessensspielräume um unhaltbare Rechtsansprüche zu erweitern. Insofern war das *tie-in* des Shocho Hô und der Liste weiterer Dokumente im Antrag auf Einsetzung,[167] die in den Konsultationen DS44 nicht thematisiert wurden, zu kritisieren.

Zudem erfüllen die Voraussetzungen aus Artikel 6 Ziffer 2 DSU weitere Funktionen in der Verhandlung. Analog zum Begründen prozessualer Zuständigkeiten im Vorbereitungsabschnitt, ermöglicht die qualifizierte Niederschrift der strittigen Maßnahmen und der Rechtsgrundlage der Beschwerde das Beschaffen und Auswerten relevanter Information durch die beklagte Partei, wenn diese Aspekte in den Konsultationsgesprächen nur unzureichend identifiziert wurden. Dies ist unverzichtbare Voraussetzung für das Definieren von Interessen und Ermitteln von Positionen als weitere Funktionen des Vorbereitungsabschnitts. Es ist zudem Voraussetzung für das kritische Überprüfen der gemachten Angaben aufgrund der nunmehr relevanten Artikel 11 fortfolgende DSU durch die beklagte Partei, das potenziell zum kooperativen Wandeln inhaltlicher Positionen der beschwerdeführenden Partei als Funktionen des Forumsabschnitts der Verhandlung führen kann. Insofern erfolgte das

---

Trade Relations, Northwestern JIL & Bus. 17 (1996/97), 775–849 (insbes. 784 ff.; 830 ff.); *Petersmann* (Anm. 44), 25 ff.; *Steger, Debra P./Hainsworth, Susan M.*: New Directions in International Trade Law: WTO Dispute Settlement, in: Cameron, James/Campbell, Karen (eds.): Dispute Resolution in the World Trade Organisation, London: Cameron May 1998, 28–58 (30 ff.); *Palmeter/Mavroidis* (Anm. 23), 17 f.; abwägend *Kohona, Palitha T.*: Dispute Resolution under the World Trade Organization, JWT 28 (1994), 23–47 (24 f.); *Jackson* (Anm. 18), 124 ff.

167 *Permanent Mission of the United States*: Communication to the Chairman of the Dispute Settlement Body, 20 Sept. 1996, circul. as *Japan – Film*, Request for the Establishment of a Panel by the United States, Doc. WT/DS44/2, 23 Sept. 1996.

tie-in des Shocho Hô und der Liste weiterer Dokumente sowie die präzisierte Rechtsgrundlage der Beschwerde im Antrag[168] zu spät, um dem Ministerium für auswärtige Angelegenheiten Japans (MOFA)[169] und dem MITI zu ermöglichen, eigene Interessen und Positionen hinsichtlich dieser Angaben zu definieren und die vorgenannten Funktionen zu vollziehen.

Ferner nimmt der Antrag auf Einsetzung die weitere Begrenzung der involvierten Akteure auf Prozessvertreter der Parteien vorweg. Diese wurden von zugelassenen Beamten des USTR (Vereinigte Staaten) und des MOFA (Japan) gestellt.[170] Vertreter weiterer staatlicher Organe wie etwa das Justizministerium der Vereinigten Staaten (USDOJ), die Wettbewerbsbehörde Japans (JFTC)[171] oder auch das MITI blieben nach bestehender Spruchpraxis auf das diplomatische *back office* beschränkt, während Vertreter gesellschaftlicher Interessen wie etwa *Kodak*, *Fujifilm* und deren jeweilige Berater, Strategen und Ökonomen ausgeschlossen waren.[172] [173] Selbst die Mitwirkungsrechte von Mitgliedern und

---

168 Ebendort.

169 Ministry of Foreign Affairs (Gaimun Shô) (MOFA).

170 Übereinst. *Durling* (Anm. 8), 22 f.; 448; *Iida* (Anm. 7), 41 f.; 289.

171 Fair Trade Commission of Japan (Nihon No Kôsei Torihiki Iinkai) (JFTC).

172 Generell sind Verfahrensrechte staatl. Parteien bzw. beigetretenen Dritten vorbehalten, deren Schriftsätze allerdings Stellungnahmen von privaten *amici curiae* aufnehmen dürfen, *US – Shrimps*, Report of the Appellate Body, WTO Doc. WT/DS58/AB/R, circul. 12 Oct. 1998, adopt. 6 Nov. 1998, Ziff. 100 ff.; ob diese im Berufungsverfahren berücksichtigt werden, entscheidet das Berufungsgremium, *US – Lead and Bismuth II*, Report of the Appellate Body, WTO Doc. WT/DS138/AB/R, circul. 10 May 2000, adopt. 7 June 2000, Ziff. 39 ff.; Mitglieder dürfen ohne Verfahrensbeitritt gem. Art. 10 Ziff. 2 DSU als *amici curiae* auftreten, *EC – Sardines*, Report of the Appellate Body, WTO Doc. WT/DS231/AB/R, circul. 26 Sept. 2002, adopt. 23 Oct. 2002, Ziff. 162 ff.

173 Krit. hierzu die Vertreter von Thailand, Pakistan, Indien, Japan und Mexiko in *Dispute Settlement Body*: Minutes of the Meeting held on 6 Nov. 1998, WTO Doc. WT/DSB/M/50, circul. 14 Dec. 1998, Ziff. 1; positiver die Vertreter der Vereinigten Staaten und der EG in *Dispute Settlement Body*: Minutes of the Meeting held on 7 June 2000, WTO Doc. WT/DSB/M/83, circul. 7 July 2000, Ziff. 1; sowie in *General Council*: Minutes of the Meeting held on 22 Nov. 2000, WTO Doc. WT/GC/M/60, circul. 23 Jan. 2001; zur krit. Lit. etwa *Appleton, Arthur E.*: Amicus Curiae Submissions in the Carbon Steel Case: Another Rabbit from the Appellate Body's Hat? JIEL 3 (2000), 691–699 (696 ff.); befürw. hingegen *Padilla, Christopher/Wolff, Alan W./Howell, Thomas R./Reif, Timothy, M./Lake, Charles D.*: Letter to Amelia Porges and William Kane, Office of the US Trade Representative (25 June 1998) upon *US Trade Representative*: Trade Policy Staff Committee: Request for Comments Concerning

einzelner Amtsträger der WTO, die am Vorverfahren des DSU beteiligt sind, unterliegen im gerichtlichen Hauptverfahren Veränderungen. Vorbehaltlich der Zustimmung der Parteien bleiben gute Dienste, Vermittlung und Schlichtung[174] sowie entsprechende Zuständigkeiten des WTO-Generaldirektors[175] weiterhin zugänglich.[176] Die Beteiligung von Mitgliedern und des DSB-Vorsitzenden jedoch ist nunmehr auf das Gestalten des Verfahrens beschränkt: Koordinieren besonderer oder zusätzlicher Regeln und Verfahren;[177] Informieren zuständiger Räte;[178] Einsetzen des Panels;[179] Ausarbeiten des Mandats;[180] Zusammensetzen des Panels;[181] Koordinieren des Verfahrensbeitritts interessierter Mitglieder;[182] Kontrollieren der Verfahrensdauer;[183] Annehmen der Berichte.[184] Allerdings können die Parteien interessierte Mitglieder nicht länger am Beitritt hindern.[185] Vor allem aber treten mit der Einsetzung eines Panels neue Akteure in den Vordergrund, auf die Handlungs- und Ermessensspielräume übertragen werden, die jedoch in Bezug auf Status[186], Funktion[187] und Verfahrensregeln[188] judiziär gebunden sind. Dies verstärkt das Objektivieren weiter. Gleichermaßen wirkt die

---

Review of the World Trade Organization Dispute Settlement Understanding, Notice and Request for Comments, 63 FR 28543 (26 May 1998), auszugsw. in: Kodak Charges WTO Secretariat with Unfair Intervention in Film Case, Inside U.S. Trade (3 July 1998), No. 66; *Marceau, Gabrielle/Stilwell, Matthew*: Practical Suggestions for Amicus Curiae Briefs before WTO Adjudicating Bodies, JIEL 4 (2001), 155–187 (163 ff.; 175 ff.); abwägend *Stern, Brigitte*: L'intervention des tiers dans le contentieux de l'OMC, RGDIP 107 (2003), 257–303 (289 ff.).

174 Art. 5 Ziff. 1 bis 5 DSU.

175 Art. 5 Ziff. 6 DSU.

176 Art. 5 Ziff. 3 und 4 DSU.

177 Art. 1 Ziff. 2 DSU.

178 Art. 2 Ziff. 1 DSU.

179 Art. 6 Ziff. 1 und 2 DSU.

180 Art. 7 Ziff. 1 bis 3 DSU.

181 Art. 8 Ziff. 1 bis 10 DSU.

182 Art. 10 Ziff. 2 DSU.

183 Art. 12 Ziff. 9 DSU und Art. 17 Ziff. 5 DSU.

184 Art. 16 Ziff. 1 und 4 DSU und Art. 17 Ziff. 14 DSU.

185 Art. 10 Ziff. 1 bis 4 DSU; anders hingegen im schiedsgerichtl. Verfahren, Art. 25 Ziff. 3 DSU; vgl. Art. 4 Ziff. 11 DSU zur Teilnahme interessierter Mitglieder im Vorverfahren.

186 Art. 8 Ziff. 1 bis 4 und 9 bis 11 DSU.

187 Art. 11 DSU.

188 Art. 9 Ziff. 1 bis 3 DSU; Art. 12 Ziff. 1 bis 12 DSU; Anhang 3 DSU.

Unterstützung durch das WTO-Sekretariat[189] und die gegebenenfalls vom Panel befragten Sachverständigen.[190] Die Übereinkommen über die Anwendung gesundheitspolizeilicher und pflanzenschutzrechtlicher Maßnahmen (SPS-Abkommen);[191] über technische Handelshemmnisse (TBT-Abkommen);[192] zur Durchführung des Artikels VI des GATT 1994 (ADP-Abkommen);[193] zur Durchführung des Artikels VII GATT 1994 (CVA-Abkommen);[194] über Subventionen und Ausgleichsmaßnahmen (SCM-Abkommen)[195] sowie das

---

189 Art. 27 Ziff. 1 DSU.

190 Art. 13 Ziff. 2 DSU i.V.m. Anhang 4 DSU.

191 Art. 11 Ziff. 2 Agreement on the Application of Sanitary and Phytosanitary Measures, Annex 1A to the Marrakesh Agreement Establishing the World Trade Organization, done at Marrakesh, 15 April 1994, UNTS 1867 (1995), 493 ff.; TIAS No. 31874, in: *World Trade Organization*: The WTO Agreements: The Marrakesh Agreement Establishing the World Trade Organization and its Annexes, Cambridge: Cambridge Univ. Pr., 2nd ed. 2017, 135 ff.; ABlEG L 336 vom 23. Dez. 1994, 40 ff.

192 Art. 13 Ziff. 2 und Art. 14 Ziff. 2 bis 4 sowie Anhang 2 Agreement on Technical Barriers to Trade, Annex 1A to the Marrakesh Agreement Establishing the World Trade Organization, done at Marrakesh, 15 April 1994, UNTS 1868 (1995), 120 ff.; TIAS No. 31874, in: *World Trade Organization*: The WTO Agreements: The Marrakesh Agreement Establishing the World Trade Organization and its Annexes, Cambridge: Cambridge Univ. Pr., 2nd ed. 2017, 150 ff.; ABlEG L 336 vom 23. Dez. 1994, 86 ff.

193 Art. 17 Ziff. 5 bis 7 Agreement on Implementation of Article VI of the General Agreement on Tariffs and Trade 1994, Annex 1A to the Marrakesh Agreement Establishing the World Trade Organization, done at Marrakesh, 15 April 1994, UNTS 1868 (1995), 201 ff.; TIAS No. 31874, in: *World Trade Organization*: The WTO Agreements: The Marrakesh Agreement Establishing the World Trade Organization and its Annexes, Cambridge: Cambridge Univ. Pr., 2nd ed. 2017, 176 ff.; ABlEG L 336 vom 23. Dez. 1994, 103 ff.

194 Art. 19 Ziff. 4 und 5 Agreement on Implementation of Article VII of the GATT 1994, Annex 1A to the Marrakesh Agreement Establishing the World Trade Organization, done at Marrakesh, 15 April 1994, UNTS 1868 (1995), 279 ff.; TIAS No. 31874, in: *World Trade Organization*: The WTO Agreements: The Marrakesh Agreement Establishing the World Trade Organization and its Annexes, Cambridge: Cambridge Univ. Pr., 2nd ed. 2017, 202 ff.; ABlEG L 336 vom 23. Dez. 1994, 119 ff. sowie Art. 2 Buchst. (f), 3, 9 und 21 Anhang II hierzu.

195 Art. 4 Ziff. 4 bis 9; Art. 6 Ziff. 6; Art. 7 Ziff. 4 bis 7; Art. 8 Ziff. 4 und 5; Art. 9 Ziff. 4; Art. 10; Art. 24 Ziff. 3 bis 5; Art. 27 Ziff. 7 Agreement on Subsidies and Countervailing Measures, Annex 1A to the Marrakesh Agreement Establishing the World Trade Organization, done at Marrakesh, 15 April 1994, UNTS 1869 (1995), 14 ff.; TIAS No. 31874, in: *World Trade Organization:* The WTO Agreements: The

GATS[196] enthalten gesonderte Verfahrensregeln,[197] die im Rahmen der vorliegenden Untersuchung nur begrenzt von Erkenntnisinteresse sind.

Das bevorstehende Objektivieren ist zweifelsohne bei der strategischen Prüfung durch die beschwerdeführende Partei zu berücksichtigen, wobei die Kriterien der Zulässigkeit, anders als die Voraussetzungen für den Zugang zum Vorverfahren, insgesamt viel stärker durch die Spruchpraxis definiert sind.

Zugleich stehen mehrere Aspekte den Möglichkeiten entgegen, aufgrund der strengeren Formvorschriften aus Artikel 6 Ziffer 2 DSU ein Wandeln inhaltlicher Positionen und das Fördern kooperativen Parteiverhaltens als objektivierende Funktionen des Forumsabschnitts in der Hauptverhandlung tatsächlich zu erreichen. So lässt die fehlende Kongruenz der Formvorschriften aus Artikel 4 Ziffer 4 DSU und Artikel 6 Ziffer 2 DSU das Einfließen von Information aus Konsultationsgesprächen anderer prozessualer Pfade zu. Dies fördert zwar den Austausch von späten Zugeständnissen zugunsten einer „beiderseits akzeptablen Lösung", gestattet jedoch ebenso erstmals im Antrag auf Einsetzung aufgeführte Positionen. So versuchte der Vertreter Japans in der DSB-Sitzung vom 16. Oktober 1996 zum Pfad DS44 das späte, wohl in den Konsultationsgesprächen DS45 und aufgrund der Entscheidung von 1960 als relevant erkannte, *tie-in* des Shocho Hô und einer Liste weiterer Dokumente im Antrag[198] unter Hinweis auf *mala fide*, auf die Formvorschriften zu „strittigen Maßnahmen" und zur „Rechtsgrundlage der Beschwerde" aus Artikel 6 Ziffer 2 DSU sowie aus der Spruchpraxis zur „Festsetzung der Ansprüche und des Sachverhalts"

Marrakesh Agreement Establishing the World Trade Organization and its Annexes, Cambridge: Cambridge Univ. Pr., 2nd ed. 2017, 263 ff.; ABlEG L 336 vom 23. Dez. 1994, 156 ff. sowie Art. 1 bis 9 Anhang II hierzu.

196 Art. XXII Ziff. 3 GATS; Ziff. 4 Anhang über Luftverkehrsdienstleistungen; Ziff. 4 Anhang über Finanzdienstleistungen; Art. 1 bis 5 *Trade Negotiation Committee*: Decision on Certain Dispute Settlement Procedures for the General Agreement on Trade in Services, 15 Dec. 1993, adopt. by *Council for Trade in Services*: Decision on Certain Dispute Settlement Procedures for the General Agreement on Trade in Services, 1 March 1995, WTO Doc. S/L/2, circul. 4 April 1995, in: *World Trade Organization*: The Legal Texts: The Results of the Uruguay Round of Multilateral Trade Negotiations, Geneva/Cambridge: WTO/Cambridge Univ. Pr. 2007, 401.

197 Art. 1 Ziff. 2 DSU i.V.m. Anhang 2 DSU sowie entspr. Bestimmungen einzelner WTO-Teilabk.

198 *Permanent Mission of the United States*: Communication to the Chairman of the Dispute Settlement Body, 20 Sept. 1996, circul. as *Japan – Film*, Request for the Establishment of a Panel by the United States, Doc. WT/DS44/2, 23 Sept. 1996.

und zur „Bestimmtheit der Beschwerde"[199] zu entschärfen.[200] Konkret scheint die behauptete *mala fide* vorzuliegen, da diese Information wohl weder in den Verhandlungen der Parteien in Tokio und Washington noch während der Konsultationsgespräche erörtert wurde; für eine „beiderseits akzeptable Lösung" im Pfad DS44 kaum geeignet scheint; darüber hinaus kaum auf die Formvorschriften aus Artikel 6 Ziffer 2 DSU und folglich die Zulässigkeit von Verletzungsansprüchen aus Artikel III Ziffern 1 und 3 GATT 1994 und Artikel X Ziffern 1 und 4 GATT 1994 sowie von Nichtverletzungsansprüchen aus dem GATT 1994[201] ausgerichtet ist.[202] In anders gelagerten Fällen ist jedoch nicht auszuschließen, dass „strittige Maßnahmen" oder Aspekte der „Rechtsgrundlage der Beschwerde" während der Konsultationsgespräche übersehen und folglich erst aufgrund der Formvorschriften aus Artikel 6 Ziffer 2 DSU[203] zur Verhandlung freigegeben werden. Hier sollte *bona fide* die beschwerdeführende Partei inspirieren, ein Aufschieben beziehungsweise Widerrufen der Einsetzung des Panels vorzuschlagen,[204] um die Prüfung dieser neu eingeführten Aspekte durch die beklagte Partei zu ermöglichen.

Insofern scheint das *de-linking*, das der Vertreter Japans seit den Konsultationsgesprächen DS44 verfolgte, von *bona fide* getragen, da es auf die Klärung von „strittigen Maßnahmen", „Ansprüche und Sachverhalt" und „Bestimmtheit der Beschwerde"; das Definieren eigener Interessen, Positionen und Strategien für eine „beiderseits akzeptable Lösung"; sowie auf die Erfüllung der Formvorschriften aus Artikel 6 Ziffer 2 DSU hinwirkte.

Somit errichten die Formvorschriften zu „strittigen Maßnahmen" und zur „Rechtsgrundlage der Beschwerde" aus Artikel 6 Ziffer 2 DSU sowie aus der Spruchpraxis zur „Festsetzung der Ansprüche und des Sachverhalts" und zur „Bestimmtheit der Beschwerde" sowohl prozessuale Verhaltenspflichten der inhaltlichen Hauptverhandlung DS44 als auch materielle Bewertungsmaßstäbe für die Prüfung von Positionen in den Erweiterungs-,

---

199 Hierzu ausf. oben S. 306 ff; 397 ff. m.w.N.

200 *Dispute Settlement Body*: Minutes of the Meeting held on 3 Oct. 1996, WTO Doc. WT/DSB/M/23, circul. 31 Oct. 1996, Ziff. 1.

201 *Permanent Mission of the United States*: Communication to the Chairman of the Dispute Settlement Body, 20 Sept. 1996, circul. as *Japan – Film*, Request for the Establishment of a Panel by the United States, Doc. WT/DS44/2, 23 Sept. 1996.

202 So etwa der Vertreter Japans in *Dispute Settlement Body*: Minutes of the Meeting held on 3 Oct. 1996, WTO Doc. WT/DSB/M/23, circul. 31 Oct. 1996, Ziff. 1.

203 Hierzu ausf. oben S. 306 ff.; 397 ff. m.w.N.

204 Zur entspr. Staatenpraxis ausf. oben S. 374 ff. m.w.N.

Zugeständnis- und Übereinkommensabschnitten der zugeordneten Nebenverhandlung. In *Kodak-Fujifilm* erfolgte keine Entscheidung des DSB über die Zulässigkeit von unbestimmt bezeichneten Maßnahmen wie „Verwaltungsrichtlinien zur Förderung der Rationalisierung des Vertriebssystems 1966" beziehungsweise „damit zusammenhängende Maßnahmen".[205] Solche Maßnahmen blieben folglich im Antrag auf Einsetzung bestehen, wurden im gerichtlichen Verfahren erneut beanstandet und vom Panel aufgrund Artikel 6 Ziffer 2 DSU teilweise vom Streitgegenstand ausgeschlossen.[206] Der Panel-Bericht klärte den erforderlichen Umfang der Information zu „strittigen Maßnahmen", „Festsetzung der Ansprüche und des Sachverhalts" und „Bestimmtheit der Beschwerde" somit rückwirkend für die Konsultationen DS44. Die neuere Spruchpraxis zu Artikel 6 Ziffer 2 DSU[207] differenziert diesbezügliche Verhaltenspflichten und folglich die Unterscheidung von *bona* und *mala fide* in diesem Zusammenhang weiter, ohne jedoch die Kongruenz mit den Formvorschriften aus Artikel 4 Ziffer 4 DSU einzufordern, was taktische Manöver *mala fide* schon zu Beginn der Konsultationen im Vorverfahren reduzieren könnte.

Denn schließlich lassen die vorgegebenen Fristen kaum Zeit, aus den im Vergleich zum Antrag auf Konsultationen objektivierten Angaben des Antrags auf Einsetzung ein Wandeln inhaltlicher Positionen zu erreichen. Die beschwerdeführende Partei kann ihren „Rechtsanspruch auf ein Panel" spätestens in der DSB-Sitzung durchsetzen, die binnen 15 Tagen derjenigen folgt, in welcher der Antrag auf Einsetzung erstmals auf der Tagesordnung erscheint.[208] In *Kodak-Fujifilm* stand dieser Antrag[209] erstmals auf der

---

205 *Dispute Settlement Body*: Minutes of the Meeting held on 3 Oct. 1996, WTO Doc. WT/DSB/M/23, circul. 31 Oct. 1996, Ziff. 1; *Dispute Settlement Body*: Minutes of the Meeting held on 16 Oct. 1996, WTO Doc. WT/DSB/M/24, circul. 26 Nov. 1996, Ziff. 2.

206 Art. 6 Ziff. 2 DSU gebietet, dass eine im Antrag nicht enthaltene zumindest eine Verbindung zu einer enthaltenen Maßnahme aufweise, und die bekl. Partei über das Ausmaß der strittigen Ansprüche informiert sei, *Japan – Film*, Report of the Panel, WTO Doc. WT/DS44/R, circul. 31 March 1998, adopt. 22 April 1998, Ziff. 10.6 ff.; 10.12 ff.

207 Hierzu ausf. oben S. 306 ff.; 397 ff. m.w.N.

208 Art. 6 Ziff. 1 DSU.

209 *Permanent Mission of the United States*: Communication to the Chairman of the Dispute Settlement Body, 20 Sept. 1996, circul. as *Japan – Film*, Request for the Establishment of a Panel by the United States, Doc. WT/DS44/2, 23 Sept. 1996.

Tagesordnung vom 3. Oktober 1996[210] und wurde in der DSB-Sitzung vom 16. Oktober 1996 bewilligt.[211] Zwar erklärte der Vertreter Japans in der Sitzung vom 3. Oktober 1996, Japan sei der Auffassung, dass die Vereinigten Staaten, obgleich sie verschiedene Gesetze, Verordnungen und Maßnahmen in ihrem Antrag gelistet hätten, weder dort, noch im Laufe der Konsultationen geklärt hätten, (i) welche spezifischen Maßnahmen welche spezifischen Pflichten aus dem GATT 1994 verletzten und (ii) auf welcher Grundlage sie dies behaupteten. Dies verstoße gegen Artikel 4 Ziffern 4 und 5 DSU. Weiter rügte er, die Behauptungen der Vereinigten Staaten hinsichtlich jeder einzelnen Maßnahme Japans beruhten auf Tatsachenverzerrungen. Die Vereinigten Staaaten hätten weder im Laufe der Konsultationen noch im Antrag auf Konsultationen dargelegt, welche positive Lösung sie verfolgten, sondern ebenso unbestimmte als breite Forderungen aufgestellt. Einen derartigen Sachverhalt auf solche Weise vor das DSB zu bringen, könnte folgenschwer für die künftige Streitbeilegung sein.[212] Bis zur nächsten Sitzung allerdings wurden diese Positionen nicht weiter erörtert.

Die automatische Einsetzung des Panels kann die beschwerdeführende Partei verleiten, in konfrontativer Taktik und entgegen der kooperativen Zielbestimmungen[213] und Verhaltenspflichten[214] des Vorverfahrens im DSU Information zu verwehren, subjektive Positionen zu bestärken und letztlich selbst die Formvorschriften aus Artikel 6 Ziffer 2 DSU zu vernachlässigen.[215] Entsprechend rügte der Vertreter Japans in der Sitzung vom 16. Oktober 1996,

210 *Dispute Settlement Body*: Minutes of the Meeting held on 3 Oct. 1996, WTO Doc. WT/DSB/M/23, circul. 31 Oct. 1996, Ziff. 1.

211 *Dispute Settlement Body*: Minutes of the Meeting held on 16 Oct. 1996, WTO Doc. WT/DSB/M/24, circul. 26 Nov. 1996, Ziff. 2.

212 *Dispute Settlement Body*: Minutes of the Meeting held on 3 Oct. 1996, WTO Doc. WT/DSB/M/23, circul. 31 Oct. 1996, Ziff. 1.

213 Prüfungspflicht, ob Maßnahmen nach dem DSU „erfolgreich" wären, Art. 3 Ziff. 7 DSU; positive Lösung der Streitigkeit und Vorzug „beiderseits akzeptabler Lösungen", Art. 3 Ziff. 7 DSU sowie Art. 4 Ziff. 5 DSU; Beteiligung *bona fide* im Bemühen um Streitbeilegung, Art. 3 Ziff. 10 DSU.

214 Stärkung und Verbesserung der Wirksamkeit von Konsultationsverfahren, Art. 4 Ziff. 1 DSU; Niederschrift von „strittigen Maßnahmen" und „Rechtsgrundlage der Beschwerde" im Antrag auf Konsultationen, Art. 4 Ziff. 4 DSU.

215 Art. 6 Ziff. 2 DSU gebiete, dass eine im Antrag nicht enthaltene zumindest eine Verbindung zu einer enthaltenen Maßnahme aufweise, und die bekl. Partei über das Ausmaß der Ansprüche informiert sei, *Japan – Film*, Report of the Panel, WTO Doc. WT/DS44/R, circul. 31 March 1998, adopt. 22 April 1998, Ziff. 10.6 ff.; 10.12 ff.

die Vereinigten Staaten hätten einige der „strittigen Maßnahmen" nicht wie in Artikel 6 Ziffer 2 DSU vorgeschrieben bestimmt. Beispielsweise (i) sei der Verweis auf den Gattungsbegriff „Liberalisierungsmaßnahmen" zu allgemein und mehrdeutig, um als „strittige Maßnahmen" gewertet werden zu können; (ii) führe Anhang A eine Maßnahme auf, „Verwaltungsrichtlinien zur Förderung der Rationalisierung des Vertriebssystems 1996", die seine Regierung nicht identifizieren könne; (iii) implizierten weitere Ausdrücke wie „jedoch nicht beschränkt auf", „weitere zusammenhängende Maßnahmen einschließlich Richtlinien" sowie „und zusammenhängende Maßnahmen" , dass die Vereinigten Staaten alle strittigen Maßnahmen identifiziert hätten. Die Annahme eines solchen Antrags hätte jedoch zur Folge, dass beschwerdeführende Parteien im Panel-Verfahren jederzeit Maßnahmen ansprechen könnten, die ihrer Auffassung nach vom Begriff „und zusammenhängende Maßnahmen" erfasst würden. Folglich solle das Panel-Mandat auf die im Antrag der Vereinigten Staaten bestimmten Maßnahmen beschränkt werden.[216] Infolge der Einsetzung des Panels obsiegte jedoch die Behauptung des Vertreters der Vereinigten Staaten, die „Anträge seiner Regierung […] genügten den in Artikel 4 und 6 DSU normierten Voraussetzungen."[217]

2. *Ausarbeiten des Mandats*

Im Zusammenhang mit dem Fixieren des Rechtsstreits steht das Koordinieren des Panel-Mandats aus Artikel 7 Ziffern 1 bis 3 DSU, das analog Gerichtsstandsklauseln der zwischenstaatlichen Beziehungen[218] festlegt, nach welchen Verfahrensgrundsätzen und materiellen Bewertungsmaßstäben das Panel zu Schlussfolgerungen kommen darf.[219] Wegen der jurisdiktionsbegründenden

216 *Dispute Settlement Body*: Minutes of the Meeting held on 16 Oct. 1996, WTO Doc. WT/DSB/M/24, circul. 26 Nov. 1996, Ziff. 2.

217 Ebendort.

218 Hierzu S. 94 f. m.w.N. über Zuständigkeiten des Internationalen Gerichtshofs (IGH) gem. Art. 36 Ziff. 1 Statute of the International Court of Justice, Annex to the Charter of the United Nations, signed at San Francisco, 26. June 1945, UNTS 1 (1946/47), 16 ff.; UKTS 67 (1946), in: UN Yearbook 23 (1969), 965 ff.; BGBl 1973 II, 505 ff. (Statut des Internationalen Gerichtshofs – IGH-Statut).

219 So liegt die Bestimmheit der Beschwerde dem bindenden Mandat zugrunde, *India – Patents*, Report of the Appellate Body, WTO Doc. WT/DS50/AB/R, circul. 19 Dec. 1997, adopt. 16 Jan. 1998, Ziff. 86 ff.; *Guatemala – Cement I*, Report of the Panel, WTO Doc. WT/DS60/R, circul. 19 June 1998, adopt. as modif. 25 Nov. 1998,

Funktion des Mandats sind Panels verpflichtet, auf betreffende Einreden einzugehen,[220] ja solche gar von Amts wegen zu prüfen,[221] sofern Verfahrensgarantien der beklagten Partei berührt werden.[222] So können im Antrag auf Einsetzung unzureichend bestimmte „strittige Maßnahmen",[223] nicht aufgeführte Sondergesetze,[224] außer Kraft[225] beziehungsweise nicht in Kraft getretene „Maßnahmen"[226] dazu führen, dass die gesamte Beschwerde abgewiesen wird[227] beziehungsweise Teile hiervon vom Mandat ausgeschlossen werden,[228]

Ziff. 7.4 ff.; anders Report of the Appellate Body, WTO Doc. WT/DS60/AB/R, circul. 2 Nov. 1998, adopt. 25 Nov. 1998, Ziff. 72 ff.; 81 ff.; dem folgend *Australia – Automotive Leather II*, Report of the Panel, WTO Doc. WT/DS126/R, circul. 25 May 1999, adopt. 16 June 1999, Ziff. 9.16 ff.; 9.36 ff.; hierzu *Ruiz-Fabri/Monnier* (Anm. 152), 1023 f.

220 *Japan – Alcoholic Beverages II*, Report of the Appellate Body, WTO Doc. WT/DS8/AB/R, WT/DS10/AB/R and WT/DS11/AB/R, circul. 4 Oct. 1996, adopt. 1 Nov. 1996, S. 30 f.

221 *Mexico – Corn Syrup*, Recourse to Article 21.5 of the DSU by the United States: Report of the Appellate Body, WTO Doc. WT/DS132/AB/RW, circul. 22 Oct. 2001, adopt. 21 Nov. 2001, Ziff. 35 ff.

222 Grundl. *Brazil – Desiccated Coconut*, Report of the Appellate Body, WTO Doc. WT/DS22/AB/R, circul. 21 Feb. 1997, adopt. 20 March 1997, S. 22; zur erforderlichen Verletzung von Verfahrensgarantien der bekl. Partei, *Korea – Various Measures on Beef*, Report of the Panel, WTO Doc. WT/DS161/R and WT/DS169/R, circul. 31 July 2000, adopt. as modif. 10 Jan. 2001, Ziff. 798 ff.; zust. Report of the Appellate Body, WTO Doc. WT/DS161/AB/R and WT/DS169/AB/R, circul. 11 Dec. 2000, adopt. 10 Jan. 2001, Ziff. 76 ff.

223 *Japan – Film*, Report of the Panel, WTO Doc. WT/DS44/R, circul. 31 March 1998, adopt. 22 April 1998, Ziff. 10.12 ff.; 10.21; *Guatemala – Cement I*, Report of the Appellate Body, WTO Doc. WT/DS60/AB/R, circul. 2 Nov. 1998, adopt. 25 Nov. 1998, Ziff. 72 ff.; 81 ff.; *US – Hot-rolled Steel*, Report of the Panel, WTO Doc. WT/DS184/R, circul. 28 Feb. 2001, adopt. as modif. 23 Aug. 2001, Ziff. 7.16 ff.

224 *Japan – Alcoholic Beverages II*, Report of the Panel, WTO Doc. WT/DS8/R, WT/DS10/R and WT/DS11/R, circul. 11 July 1996, adopt. as modif. 1 Nov. 1996, Ziff. 6.1 ff.; *US – Lamb*, Report of the Panel, WTO Doc. WT/DS177/R and WT/DS178/R, circul. 21 Dec. 2000, adopt. as modif. 16 May 2001, Ziff. 5.56 ff.

225 *US – Gasoline*, Report of the Panel, WTO Doc. WT/DS2/R, circul. 29 Jan. 1996, adopt. as modif. 20 May 1996, Ziff. 6.18 f.

226 *US – Section 337 Tariff Act*, Report of the Panel, GATT Doc. L/6439, circul. 16 Jan. 1989, adopt. 7 Nov. 1989, Ziff. 5.2, in: BISD 36S/345 (1989), 383; *EC – Computer Equipment*, Report of the Panel, WTO Doc. WT/DS62/R, WT/DS67/R and WT/DS68/R, circul. 5 Feb. 1998, adopt. as modif. 22 June 1998, Ziff. 8.12.

227 Hierzu die in Anm. 153 zitierte RSpr.

228 Hierzu die in Anm. 154 zitierte RSpr.

ohne dass die Mängel nachträglich geheilt werden können.[229] Allerdings können Einzelbestimmungen dem Kontext[230] beziehungsweise den Schlussfolgerungen des Berufungsgremiums[231] entnommen werden. Außer Kraft gesetzte, doch aufgrund von Verwaltungsrichtlinien weiter angewandte Maßnahmen, sind dem Mandat zuzurechnen.[232] Obgleich die geordnete Ableistung der Konsultationen vom Mandat ausgenommen ist,[233] können die Parteien aus Treu und Glauben verpflichtet sein, zulässigkeitsrelevante Einreden vor dem Antrag geltend zu machen.[234]

Artikel 7 Ziffer 1 DSU erteilt den Parteien den Auftrag, binnen 20 Tagen ab Einsetzung des Panels ein besonderes Mandat zu koordinieren, was insbesondere dann relevant werden kann, wenn abweichende, gegensätzliche oder zusätzliche Verfahrensgrundsätze[235] beziehungsweise materielle

229 Hierzu die in Anm. 155 zitierte RSpr.

230 So etwa Art. III Ziff. 2 GATT 1994 aus dem Kontext von Art. III Ziff. 1 GATT 1994, *Canada – Periodicals*, Report of the Appellate Body, WTO Doc. WT/DS31/AB/R, circul. 30 June 1997, adopt. 30 July 1997, Ziff. 17 ff.

231 So erfordert die revidierte Auslegung von Art. 5 Ziff. 1 AGR-Abkommen eine neue Auslegung von Art. 5 Ziff. 5 AGR-Abkommen, die das Berufungsgremium in Ergänzung des Panel-Berichts ausführt, *EC – Poultry*, Report of the Appellate Body, WTO Doc. WT/DS69/AB/R, circul. 13 July 1998, adopt. 23 July 1998, Ziff. 137 ff.; hingegen, Report of the Panel, WTO Doc. WT/DS69/R, circul. 12 March 1998, adopt. as modif. 23 July 1998, Ziff. 276 ff.

232 *Japan – Film*, Report of the Panel, WTO Doc. WT/DS44/R, circul. 31 March 1998, adopt. 22 April 1998, Ziff. 10.6 ff.; 10.12 ff.; von Vertragserfüllung *bona fide* ausgehend, ist die Wiedereinführung außer Kraft gesetzter Maßnahmen allerdings nicht zu vermuten, *Argentina – Textiles and Apparel*, Report of the Panel, WTO Doc. WT/DS56/R, circul. 25 Nov. 1997, adopt. as modif. 22 April 1998, Ziff. 6.4 ff. insbes. 6.14.

233 *Brazil – Desiccated Coconut*, Report of the Panel, WTO Doc. WT/DS22/R, circul. 17 Oct. 1996, adopt. as modif. 20 March 1997, Ziff. 288 ff.

234 So etwa aus Art. 4 Ziff. 2 SCM-Abkommen, *US – FSC*, Report of the Appellate Body, WTO Doc. WT/DS108/AB/R, circul. 24 Feb. 2000, adopt. 20 March 2000, Ziff. 155 ff. insbes. 166; aus anderen WTO-Teilabk., *US – Offset Act (Byrd Amendment)*, Report of the Appellate Body, WTO Doc. WT/DS217/AB/R and WT/DS234/AB/R, circul. 16 Jan. 2003, adopt. 27 Jan. 2003, Ziff. 187 ff.; *EC – Tube or Pipe Fittings*, Report of the Panel, WTO Doc. WT/DS219/R, circul. 7 March 2003, adopt. as modif. 18 Aug. 2003, Ziff. 7.12 ff.; 7.31 ff.

235 So etwa das erweiterte Mandat aus Art. 6 SPS-Abkommen, *Australia – Salmon*, Report of the Appellate Body, WTO Doc. WT/DS18/AB/R, circul. 20 Oct. 1998, adopt. 6 Nov. 1998, Ziff. 106 ff.

Bewertungsmaßstäbe[236] aus den WTO-Teilabkommen für die gerichtliche Prüfung in Einklang zu bringen sind. Scheitern die Parteien in ihrer Verhandlung, führt dies nicht zur Zurückweisung der Beschwerde, sondern zur Anwendung des Standardmandats:[237]

> Sie prüfen im Licht der einschlägigen Bestimmungen in (Bezeichnung des/der unter die Vereinbarung fallenden Übereinkommen/s, auf das/die sich die Streitparteien beziehen) die von (Name der Partei) in Dokument … dem DSB unterbreitete Angelegenheit und treffen Feststellungen, die den DSB bei seinen in diesem/diesen Übereinkommen vorgesehenen Empfehlungen oder Entscheidungen unterstützen.

Hierdurch wird die im zwischenstaatlichen Rechtsverkehr, vor der Entscheidung der VERTRAGSPARTEIEN vom 12. April 1989 (Entscheidung von 1989)[238] auch im GATT 1947 häufig langwierige[239] Ausarbeitung des Mandats vermieden.

Wie bereits hinsichtlich des Fixierens des Rechtsstreits festgestellt wurde, sind nicht vom Mandat erfasste Aspekte des Handelsstreits der Jurisdiktion des Panels entzogen, spiegelbildlich den Konsultationen der Parteien im Vorverfahren überlassen. In *Kodak-Fujifilm* verwies der Antrag auf Einsetzung auf

---

236 So etwa der spez. Prüfungsmaßstab aus Art. 17 Ziff. 6 ADP-Abkommen, *Guatemala – Cement II*, Report of the Panel, WTO Doc. WT/DS156/R, circul. 24 Oct. 2000, adopt. 17 Nov. 2000, Ziff. 8.17 ff.; hierzu *Baroncini* (Anm. 14), 191.

237 Art. 7 Ziff. 1 DSU.

238 Art. 26 Ziff. 2 DSU i.V.m. *CONTRACTING PARTIES*: Improvements to the GATT Settlement Rules and Procedures (Montreal-Rules), Decision of 12 April 1989, GATT Doc. L/6489, circul. 13 April 1989, in: BISD 36S/61 (1989).

239 Siehe zur Ausarbeitung des Mandats in *Canada – Measures Affecting the Sale of Gold Coins*, *Council*: Minutes of the Meeting held on 29 Jan. 1985, GATT Doc. C/M/185, circul. 13 Feb. 1985, Ziff. 10; in *US – Nicaraguan Trade*, *Council*: Minutes of the Meeting held on 29 May 1985, GATT Doc. C/M/188, circul. 28 June 1985, Ziff. 1 und *Council*: Minutes of the Meeting held on 17–19 July 1985, GATT Doc. C/M/191, circul. 11 Sept. 1985, Ziff. 12 und *Council*: Minutes of the Meeting held on 10 Oct. 1985, GATT Doc. C/M/192, circul. 24 Oct. 1985, Ziff. 4; in *EC – Citrus*, *Council*: Minutes of the Meeting held on 2 Nov. 1982, GATT Doc. C/M/162, circul. 19 Nov. 1982, Ziff. 6 und *Council*: Minutes of the Meeting held on 26 May 1983, GATT Doc. C/M/168, circul. 14 June 1983, Ziff. 4; in *Thailand – Restrictions on Importation of and Internal Taxes on Cigarettes*, *Council*: Minutes of the Meeting held on 16 May 1990, GATT Doc. C/M/241, circul. 8 June 1990, Ziff. 10; in *US – Malt Beverages*, *Council*: Minutes of the Meeting held on 29–30 May 1991, GATT Doc. C/M/250, circul. 28 June 1991, Ziff. 8; hierzu *GATT Secretariat* (Anm. 12), 659; 679 ff.

das Standardmandat des Artikel 7 Ziffer 1 DSU.[240] Nach der folgenlosen Kritik an unbestimmt bezeichneten „strittigen Maßnahmen" in der DSB-Sitzung vom 3. Oktober 1996 versuchte der Vertreter Japans in der Sitzung vom 16. Oktober 1996,[241] seine Zustimmung zum Standardmandat davon abhängig zu machen, dass es auf die im Antrag auf Einsetzung ausdrücklich bezeichneten Maßnahmen beschränkt würde. Vor dem DSB wies er auf die Folgen einer Aufnahme nichtexistenter Sachverhalte für das Streitbeilegungssystem sowie auf die unbestimmte Formulierung „damit zusammenhängender Maßnahmen", die es der beschwerdeführenden Partei vorbehielte, erst im Panel-Verfahren jede erdenkliche Maßnahme zu beanstanden.

Die auf den Widerspruch des Vertreters der Vereinigten Staaten folgende Anregung, den DSB-Vorsitzenden aufgrund Artikel 7 Ziffer 3 DSU mit dem Ausarbeiten des Mandats zu ermächtigen, scheiterte an der Einrede, diese Möglichkeit sei dem Standardmandat aus Artikel 7 Ziffer 1 DSU untergeordnet und setze das Übereinkommen der Parteien binnen 20 Tagen nach Einsetzung des Panels voraus.[242] Da eine anderweitige Entscheidung des Konsenses aller Mitglieder im DSB bedarf,[243] somit der Zustimmung der anwesenden beschwerdeführenden Partei, konnte der DSB-Vorsitzende die Anregung nicht weiter verfolgen.

Insofern scheiterte der Versuch des Vertreters Japans, ein prozessuales *delinking* zu erreichen,[244] und wurde der Antrag auf Einsetzung in unveränderter Form bewilligt. Aufgrund der automatischen Einsetzung des Panels wurde die Debatte über „Verwaltungsrichtlinien zur Förderung der Rationalisierung des Vertriebssystems 1966" sowie „damit zusammenhängender Maßnahmen" von der Haupt- und Nebenverhandlung im Vorverfahren in das gerichtliche Panel-Verfahren verschoben.

Analog zum Festigen des Rechtsstreits werden Handlungs- und Ermessensspielräume der beschwerdeführenden Partei in der Nebenverhandlung zum Ausarbeiten des Mandats vom Panel-Verfahren bestimmt. Denn ihre Positionen müssen auch hier aufgrund Artikel 11 fortfolgende DSU und im Austausch

240 *Permanent Mission of the United States*: Communication to the Chairman of the Dispute Settlement Body, 20 Sept. 1996, circul. as *Japan – Film*, Request for the Establishment of a Panel by the United States, Doc. WT/DS44/2, 23 Sept. 1996.

241 *Dispute Settlement Body*: Minutes of the Meeting held on 16 Oct. 1996, WTO Doc. WT/DSB/M/24, circul. 26 Nov. 1996, Ziff. 2.

242 Ebendort.

243 Art. 2 Ziff. 4 DSU.

244 So etwa *Durling* (Anm. 8), 412 f.

der Schriftsätze als Rechtsansprüche *de lege lata* aus den WTO-Teilabkommen erscheinen. In *Kodak-Fujifilm* etwa wurden, über die „Verwaltungsrichtlinien zur Förderung der Rationalisierung des Vertriebssystems 1966" sowie „damit zusammenhängender Maßnahmen" hinaus, fünf der einundzwanzig beanstandeten Maßnahmen vom Mandat ausgeschlossen, die nicht im Antrag auf Einsetzung aufgeführt waren.[245] Wie die Verhandlung der Parteien in der DSB-Sitzung vom 16. Oktober 1996 zeigt,[246] ist die Macht der beschwerdeführenden Partei beim Koordinieren des Mandats maximal, falls sie das Standardmandat aus Artikel 7 Ziffer 1 DSU einfordert, das den BATNA bestimmt. Denn die Vereinbarung eines besonderen Mandats bedarf des Vorschlags der beschwerdeführenden Partei im Antrag,[247] sowie ihrer Zustimmung,[248] die auch eine Bereitschaft des DSB-Vorsitzenden zur Schlichtung aus Artikel 7 Ziffer 3 DSU nicht ersetzen kann. Diese Macht kann die beschwerdeführende Partei verleiten, in konfrontativer Motivation und aggressiver Taktik unhaltbare Rechtsansprüche, die in den Konsultationen des Vorverfahrens nicht thematisiert wurden, künstlich zu unterbreiten.

Der Wille der beschwerdeführenden Partei prägt ebenso die Funktionen der Verhandlung. Besteht sie auf das Standardmandat, so ist es der beklagten Partei unmöglich, über unzureichend identifizierte „strittige Maßnahmen" Information zu erhalten und auszuwerten; staatliche Akteure zu involvieren; Interessen zu definieren; Positionen zu ermitteln, geschweige denn zulässigkeitsrelevante Einreden vor dem Antrag geltend zu machen, wie es ihr obliegt.[249] Besteht die beschwerdeführende Partei hingegen nicht auf das Standardmandat, ist das Koordinieren eines besonderen Mandats gegeben, deren Klauseln das Panel im gerichtlichen Verfahren binden. Dies stellt in der Staatenpraxis jedoch

245 *Japan – Film*, Report of the Panel, WTO Doc. WT/DS44/R, circul. 31 March 1998, adopt. 22 April 1998, Ziff. 10.12 ff.; 10.21; krit. hierzu *Padilla/Wolff/Howell/Reif/Lake* (Anm. 146).

246 *Dispute Settlement Body*: Minutes of the Meeting held on 16 Oct. 1996, WTO Doc. WT/DSB/M/24, circul. 26 Nov. 1996, Ziff. 2.

247 Art. 6 Ziff. 2 DSU.

248 Art. 7 Ziff. 1 DSU.

249 *US – FSC*, Report of the Appellate Body, WTO Doc. WT/DS108/AB/R, circul. 24 Feb. 2000, adopt. 20 March 2000, Ziff. 155 ff. insbes. 166; *US – Offset Act (Byrd Amendment)*, Report of the Appellate Body, WTO Doc. WT/DS217/AB/R and WT/DS234/AB/R, circul. 16 Jan. 2003, adopt. 27 Jan. 2003, Ziff. 187 ff.; *EC – Tube or Pipe Fittings*, Report of the Panel, WTO Doc. WT/DS219/R, circul. 7 March 2003, adopt. as modif. 18 Aug. 2003, Ziff. 7.12 ff.; 7.16 ff.; 7.31 ff.

die Ausnahme dar.[250] Insofern ist die Nebenverhandlung zum Koordinieren des Mandats stark reduziert und kann schon wegen der kurzen Frist von 20 Tagen nach Einsetzung des Panels kaum auf die inhaltliche Hauptverhandlung zurückwirken. Allerdings mag, bei entsprechendem Einverständnis der beschwerdeführenden Partei, der Aufschub beziehungsweise Widerruf der Einsetzung mehr Freiräume entstehen lassen.[251]

Das Ausarbeiten des Mandats eröffnet den Parteien die Möglichkeit, das Verhältnis von subjektiv-parteibezogenen zu systembezogenen Handlungs- und Ermessensspielräumen zu definieren, welches das Panel berücksichtigen soll. Das SPS-Abkommen;[252] das TBT-Abkommen;[253] das ADP-Abkommen;[254] das CVA-Abkommen[255] und das SCM-Abkommen[256] bestimmen mitunter

---

250 Im Pfad DS22 etwa wird die Frage während der Konsultationen aufgeworfen, siehe *Permanent Mission of Brazil*: Communication to the Chairman of the Dispute Settlement Body, 24 January 1996, circul. as *Brazil – Desiccated Coconut*, Communication by Brazil, WTO Doc. WT/DS22/3, circul. 29 Jan. 1996; hierauf folgt *Permanent Mission of the Phillippines*: Communication to the Permanent Mission of Brazil, 5 Feb. 1996, circul. as *Brazil – Desiccated Coconut*, Request for the Establishment of a Panel by the Philippines, WTO Doc. WT/DS22/5, circul. 8 Feb. 1996; das DSB verschiebt die Einsetzung des Panels gem. Art. 6 Ziff. 1 DSU, *Dispute Settlement Body*: Minutes of the Meeting held on 21 Feb. 1996, WTO Doc. WT/DSB/M/11, circul. 19 March 1996, Ziff. 1; in der nächsten Sitzung setzt das DSB das Panel ein und ermächtigt den Vorsitzenden gem. Art. 7 Ziff. 3 DSU, ein besonderes Mandat festzulegen, *Dispute Settlement Body*: Minutes of the Meeting held on 5 March 1996, WTO Doc. WT/DSB/M/12, circul. 21 March 1996, Ziff. 1; die Parteien einigen sich binnen 20 Tagen auf ein besonderes Mandat, *Brazil – Desiccated Coconut*, Constitution of the Panel Established at the Request of the Philippines: Note by the Secretariat, WTO Doc. WT/DS22/6, circul. 18 April 1996.

251 Hierzu S. 374 ff. m.w.N.

252 Art. 11 Ziff. 2 SPS-Abkommen (Mandat beratender Sachverständigengruppen).

253 Ziff. 1 Anhang 2 TBT-Abkommen (Mandat für Technische Sachverständigengruppen).

254 Art. 17 Ziff. 6 ADP-Abkommen (besonderes Panel-Mandat).

255 Art. 19 Ziff. 4 CVA-Abkommen und Ziff. 2 Buchst. (f) Anhang II hierzu (Mandat für den Technischen Ausschuss).

256 Art. 4 Ziff. 5; Art. 7 Ziff. 4; Art. 8 Ziff. 5; Art. 24 Ziff. 4; Art. 27 Ziff. 7 SCM-Abkommen und Ziff. 6 bis 9 Anhang V hierzu (Ausarbeiten eines besonderen Mandats binnen 15 Tagen durch die Parteien; Mandate der Ständigen Sachverständigengruppe [PGE] und des Ausschusses für Subventionen und Ausgleichsmaßnahmen [SCM-Ausschuss]).

abweichende Mandate,[257] deren Besonderheiten im Rahmen der vorliegenden Untersuchung nicht weiter von Erkenntnisinteresse sind. Es sei lediglich auf das einvernehmliche Ausarbeiten des Mandats aus Artikel 7 Ziffer 4 Anhang V SCM-Abkommen[258] hingewiesen.

Im allgemeinen Verfahren bestimmt Artikel 7 DSU eine trilaterale Verhandlung unter Beteiligung aller Mitglieder und, vorbehaltlich der Zustimmung der Parteien,[259] des DSB-Vorsitzenden. Handlungs- und Ermessensspielräume werden ebenfalls auf das Standardmandat hin gelenkt. Zwar ist die Nebenverhandlung zum Koordinieren des Mandats ebenfalls am Panel-Verfahren ausgerichtet, doch besteht im Gegensatz zum Fixieren des Rechtsstreits hier keine Permabilität der Pfade, die eine Übertragung von Information zum Mandat aus Konsultationsgesprächen anderer prozessualer Pfade zulassen würde. So werden Freiräume weder für den Austausch von Zugeständnissen zugunsten einer „beiderseits akzeptablen Lösung" in letzter Minute bewahrt, noch für erstmals im Vorfeld des gerichtlichen Verfahrens formulierte Positionen zum Mandat. Dies zeigt in *Kodak-Fujifilm* die Ausrichtung der DSB-Sitzung vom 16. Oktober 1996 auf das Standardmandat und das Panel-Verfahren.

3. *Verfahrensbeitritt*

Ungeachtet einer möglichen Teilnahme an Konsultationen im Vorverfahren[260] des DSU können Mitglieder, die ein wesentliches Interesse anzeigen, dem gerichtlichen Panel-Verfahren beitreten.[261] Im Gegensatz zum Vorverfahren[262] und zum Schiedsverfahren[263] bedarf es keiner Zustimmung der Parteien. Auch ist, im Gegensatz zum Verfahrensbeitritt nach Artikel 62 Ziffer 1 Statut des

---

257 Art. 1 Ziff. 2 DSU i.V.m. Anhang 2 DSU sowie entspr. Bestimmungen einzelner WTO-Teilabk.

258 Analog das einvernehmliche Koordinieren des Mandats für ein Schiedsgericht aus Art. 25 Ziff. 2 DSU.

259 Art. 7 Ziff. 3 DSU.

260 Art. 4 Ziff. 11 DSU i.V.m. Art. XXII Abs. 1 GATT 1994 bzw. entspr. Bestimmungen weiterer WTO-Teilabk.

261 Art. 10 Ziff. 2 DSU.

262 Siehe hierzu S. 276 f. m.w.N.

263 Art. 25 Ziff. 3 DSU.

Internationalen Gerichtshofs vom 26. Juni 1945 (IGH-Statut),[264] [265] weder ein Rechtsinteresse nachzuweisen,[266] noch eine Entscheidung einzuholen.[267] Vielmehr setzt die Staatenpraxis im DSB das gemäß Artikel 10 Ziffer 2 DSU erforderliche wesentliche Interesse an einer Angelegenheit regelmäßig voraus,[268] was dem speziellen Beitritt dritter Vertragsstaaten aus Artikel 63 Ziffer 1 IGH-Statut[269] näher steht.

---

264 Art. 62 Ziff. 1 IGH-Statut i.V.m. Art. 81 Ziff. 1 und 2 *International Court of Justice*: Rules of Court (1978), adopt. 14 April 1978, as amend. 14 April 2005, in: *International Court of Justice*: Acts and Documents Relating to the Organization of the Court No. 6: Charter of the United Nations, Statute and Rules of the Court and other Documents, The Hague: ICJ 2007, 92 ff. (Verfahrensordnung des Internationalen Gerichtshofs – IGH-VerfO).

265 Hierzu etwa *Jessup, Philip C.*: Intervention in the International Court, AJIL 75 (1981), 903–909 (903 ff.); *Rosenne, Shabtai*: Intervention in the International Court of Justice, Dordrecht/Boston: Martinus Nijhoff/Kluwer Academic Publ. 1993, 39 ff.

266 Ständige RSpr. seit « *Wimbledon* » (Royaume-Uni, France, Italie et Japon c/ Allemagne), intervention de la Pologne, arrêt du 28 juin 1923, Rec. CPJI Série A n° 1, 12 ff. (12 f.); hierzu *Doussis, Emmanuella*: Intérêt juridique devant la Cour internationale de justice, RGDIP 105 (2001), 55–91 (59 ff.); krit. *Highet, Keith*: Recent Developments in the International Court of Justice, in: Young, Michael K./Iwasawa, Yuji (eds.): Trilateral Perspectives on International Legal Issues: Relevance of Domestic Law and Policy, Irvington: Transnational Publ. 1996, 337–361 (345).

267 Vgl. Art. 62 Ziff. 2 IGH-Statut i.V.m. Art. 84 Ziff. 1 und 2 IGH-VerfO; zur Rspr. *South-West Africa* (Liberia v. South Africa; Ethiopia v. South Africa), Second Phase, Judgment of 18 July 1966, ICJ Rep. 1966, 6 ff. (31 ff.); *Military and Paramilitary Activities in and against Nicaragua* (Nicaragua v. United States of America), Declaration of Intervention, Order of 4 Oct. 1984, ICJ Rep. 1984, 215 ff.; zur Abweisung eines Verfahrensbeitritts Maltas bzw. Italiens, *Continental Shelf* (Tunisia v. Libyan Arab Jamahiriya), Application to Intervene, Judgment of 14 April 1981, ICJ Rep. 1981, 3 ff. (12 ff.); *Continental Shelf* (Libyan Arab Jamahiriya v. Malta), Application to Intervene, Judgment of 21 March 1984, ICJ Rep. 1984, 3 ff. (9 ff.); hierzu *Doussis* (Anm. 266), 66 ff.

268 *EC – Bananas III (US)*, Report of the Panel, WTO Doc. WT/DS27/R/USA, circul. 22 May 1997, adopt. as modif. 25 Sept. 1997, Ziff. 7.49 ff.; zust. Report of the Appellate Body, WTO Doc. WT/DS27/AB/R, circul. 9 Sept. 1997, adopt. 25 Sept. 1997, Ziff. 132 ff.

269 Vgl. Art. 63 Ziff. 1 IGH-Statut i.V.m. Art. 82 Ziff. 1 und 2 IGH-VerfO; aus Art. 84 Ziff. 1 und 2 IGH-VerfO obliegt auch hier die Entscheidung über die Zulässigkeit des Verfahrensbeitritts beim IGH; das Rechtsinteresse dritter Vertragsstaaten besteht in der Auslegung ihrer vertragl. Rechte und Pflichten, *Haya de la Torre Case*

Der Verfahrensbeitritt ermöglicht es interessierten Mitgliedern, im gerichtlichen Verfahren aus den Schriftsätzen der Parteien[270] Information zum Streitgegenstand und zur Rechtsgrundlage der Beschwerde zu erhalten sowie die Berührung eigener Interessen zu prüfen, um gegebenenfalls eigene Konsultationen zu beantragen.[271] Letzteres kann insbesondere dann relevant werden, wenn interessierte Mitglieder zuvor nicht von den Parteien als Teilnehmer ihrer Konsultationen zugelassen wurden. Durch schriftliche und mündliche Stellungnahme vor dem Panel[272] können sie zudem die Verfahrensführung und die Argumente am Maßstab der WTO-Teilabkommen systembezogen hinterfragen,[273] oder aber im Sinne eigener oder befreundeter Interessen agieren.[274]

Im Vorverfahren des Streitbeilegungssystems der WTO bestehen solche Möglichkeiten weitgehend als trilaterale Nebenverhandlung im DSB. Allerdings beschränken kurze Fristen zwischen der Einsetzung des Panels durch das DSB, das den Verfahrensbeitritt in der Regel feststellt, und die Festsetzung des Zeitplans für den gerichtlichen Verfahrensablauf, die möglichst eine Woche nach der Zusammensetzung des Panels[275] erfolgen soll,[276] Handlungs- und Ermessensspielräume interessierter Mitglieder auf das kommende Panel-Verfahren. Falls sie zuvor an den Konsultationen im Vorverfahren teilnehmen konnten, sind solche Mitglieder imstande, die Funktionen der Vorbereitungs-, Forums- und Erweiterungsabschnitte des geregelten Verhandlungsablaufs bereits zu vollziehen und mögliche Übereinkommensspielräume zu prüfen.

In *Kodak-Fujifilm* waren interessierte Mitglieder von den Konsultationen DS44 und DS45 ausgeschlossen. Die kooperative Motivation der Parteien in der Hauptverhandlung im Pfad DS45 jedoch, die zum faktisch und rechtlich besser untermauerten Antrag DS45 vom 20. September 1996[277] führte, stärkte

---

(Colombia v. Peru), Judgment of 13 June 1951, ICJ Rep. 1951, 71 ff. (76 f.); hierzu *Doussis* (Anm. 266), 82 ff.

270 Art. 10 Ziff. 3 DSU; analog Art. 85 Ziff. 1 und Art. 86 Ziff. 1 IGH-VerfO.

271 Art. 10 Ziff. 4 DSU.

272 Art. 10 Ziff. 2 DSU i.V.m. Ziff. 6 Anhang 3 DSU; analog Art. 85 Ziff. 3 und Art. 86 Ziff. 1 und 2 IGH-VerfO.

273 Analog etwa *Shaw* (Anm. 160), 838 f.

274 So etwa *Baroncini* (Anm. 14), 181.

275 Generell binnen 20 Tagen nach Einsetzung, Art. 8 Ziff. 7 DSU.

276 Art. 12 Ziff. 3 DSU.

277 *Permanent Mission of the United States*: Communication to the Permanent Mission of Japan and to the Dispute Settlement Body, 20 Sept. 1996, circul. as *Japan – Distribution Services*: Request for further Consultations by the United States, WTO Doc. WT/DS45/1/Add.1, 26 Sept. 1996.

zunächst die Chancen für ein mögliches Panel-Verfahren. Weil die ersuchende Regierung der Vereinigten Staaten von der Verwirklichung dieses BATNA absah, entstand auch kein Koordinationsbedarf zum Rechtsstreit, zum Panel-Mandat und zum Verfahrensbeitritt, der einer prozessualen Nebenverhandlung bedurft hätte. Insofern bestand der Koordinationsbedarf der Parteien in der Hauptverhandlung fort.

Anders verhielt es sich im Pfad aufgrund der Entscheidung von 1960,[278] in dem die Regierung der Vereinigten Staaten keinen „Rechtsanspruch auf ein Panel“[279] als BATNA geltend machen und die Regierung Japans mangels eindeutiger Handlungs- und Ermessensspielräume nicht zur Aufnahme von Konsultationen zwingen konnte. Zwar beantragten, wohl wegen ihres Ausschlusses von den Konsultationen DS44 und DS45, die Europäischen Gemeinschaften die Teilnahme an diesen Konsultationen aufgrund der Entscheidung von 1960,[280] was die Regierung der Vereinigten Staaten nach eigenen Angaben bewilligte und die Regierung Japans zunächst unbeantwortet ließ. Wie bereits erläutert,[281] wurde die Entscheidung von 1960 von den Parteien als Teil der Abkommen von Marrakesch anerkannt, die Anwendbarkeit des DSU jedoch bestritten, weshalb der Antrag der Europäischen Gemeinschaften auf Teilnahme zunächst im Rat für den Handel mit Waren erörtert wurde.[282] Wohl wegen des Stillstands der Verhandlung um diesen Antrag nutzen die Europäischen Gemeinschaften nun die Nebenverhandlung über ihren Verfahrensbeitritt im Pfad DS44, um in diesem eigentlich unzuständigen Subforum die Zustimmung der Regierung Japans zur Teilnahme zu erwirken.[283]

278 *Permanent Mission of the United States*: Communication to the Permanent Mission of Japan, 13 June 1996, circul. as *Japan – Business Practices*, Request for Consultations by the United States Pursuant to the Decision on “Restrictive Business Practices: Arrangement for Consultations”, WTO Doc. WT/L/154, 26 June 1996.

279 Art. 4 Ziff. 7 DSU i.V.m. Art. 6 Ziff. 1 DSU.

280 *Permanent Delegation of the European Commission*: Communication to the Permanent Missions of the United States and Japan, 5 July 1996, circul. as *Japan – Business Practices*, Communication from the European Communities, WTO Doc. WT/L/158, 11 July 1996.

281 Hierzu ausf. oben S. 291 ff. m.w.N.

282 *Council for Trade in Goods*, Minutes of the Meeting held on 19 Sept. 1996, WTO Doc. G/C/M/13, circul. 9 Oct. 1996, Ziff. 12.6.

283 *Dispute Settlement Body*: Minutes of the Meeting held on 3 Oct. 1996, WTO Doc. WT/DSB/M/23, circul. 31 Oct. 1996, Ziff. 1; insbes. *Dispute Settlement Body*: Minutes of the Meeting held on 16 Oct. 1996, WTO Doc. WT/DSB/M/24, circul. 26 Nov. 1996, Ziff. 2.

Dieser Versuch der Europäischen Gemeinschaften instrumentalisiert die Nebenverhandlung im Erweiterungsabschnitt des Pfades DS44, um den Forumsabschnitt im Pfad aufgrund der Entscheidung von 1960 zu festigen, in mehrfacher Hinsicht. Zunächst ist zu vermuten, dass der Ausschluss von den Konsultationen DS44 und DS45 sowie die ausbleibende Antwort durch die Regierung Japans die Europäischen Gemeinschaften konfrontativ motiviert haben. Es könnte ihren Rechtsberater angeregt haben, kreative Positionen zur Teilnahme an den Konsultationen aufgrund der Entscheidung von 1960 zu vertreten, die sich nicht aus dieser Vereinbarung ergeben. Letztlich instrumentalisierten sie das DSB als Subforum zur multilateralen Nebenverhandlung im Vorfeld des gerichtlichen Panel-Verfahrens, um Analogien zur Teilnahme an Konsultationen[284] und zum Verfahrensbeitritt interessierter Mitglieder[285] vorzugeben, die jenseits des Geltungsbereichs des DSU[286] nicht bestanden.

Derartige Strategien sind nicht zwingend als *mala fide* zu werten, sie belegen vielmehr den für die WTO typischen Pragmatismus und das *trial-and-error*, die in Einzelfällen zur Lösung führen können. Die vorliegende Strategie der Europäischen Gemeinschaften drückt einen Koordinationsbedarf im Pfad aufgrund der Entscheidung von 1960 zur Gliederung prozessualer Grundlagen aus. Doch ließen sich weder die Mitglieder, noch das WTO-Sekretariat darauf ein, diesen Koordinationsbedarf der Europäischen Gemeinschaften jenseits der Vorschriften des DSU zu unterstützen. So erklärte Mexiko ausschließlich seinen Verfahrensbeitritt im Pfad DS44, während das WTO-Sekretariat, das die Europäischen Gemeinschaften zur Prüfung der Zulässigkeit einer Ablehnung der Teilnahme an Konsultationen aufgrund der Entscheidung von 1960 aufgefordert hatte, hierzu kein Mandat erhielt.[287] Infolgedessen scheiterte die Belebung des Forumsabschnitts im Pfad aufgrund der Entscheidung von 1960,

---

284 Art. 4 Ziff. 11 DSU i.V.m. Art. XXII Abs. 1 GATT 1994 bzw. entspr. Bestimmungen weiterer WTO-Teilabk.

285 Art. 10 Ziff. 2 DSU.

286 Art. 1 Ziff. 1 DSU i.V.m. Anhang 1 DSU; aus Art. XVI Ziff. 1 WTO-Abkommen sind die jeweiligen Vertragsbestimmungen mit dem *acquis* aus Entscheidungen, Verfahren und der Staatenpraxis der VERTRAGSPARTEIEN des GATT 1947, aus Art. 3 Ziff. 1 DSU die Grundsätze und Verwaltung von Streitigkeiten gem. Art. XXII und XXIII GATT 1947 aufzufassen, sofern sie nicht durch die Übereink. von Marrakesch geändert wurden; hierzu *Palmeter/Mavroidis* (Anm. 23), 37 ff.; *Marceau* (Anm. 23), 109 ff.

287 *Dispute Settlement Body*: Minutes of the Meeting held on 16 Oct. 1996, WTO Doc. WT/DSB/M/24, circul. 26 Nov. 1996, Ziff. 2.

wurden die Erweiterungs-, Zugeständnis- und Übereinkommensabschnitte in diesem Pfad nicht erreicht. Dies bestätigt, dass die trilaterale Nebenverhandlung zum Verfahrensbeitritt im DSB eindeutig auf das Panel-Verfahren ausgerichtet ist, und kaum Wechselwirkungen mit der inhaltlichen Hauptverhandlung zu erwarten sind.

II. Zusammensetzen des Panels

Die Nebenverhandlung zur personellen Besetzung des Panels für das gerichtliche Verfahren folgt eigenständigen Verhaltenspflichten des DSU. Analog zum Verfahrensabkommen der Parteien, das etwa zur Bestellung des Schiedsgerichtes erforderlich ist,[288] obliegt es dem DSB, innerhalb 20 Tagen nach Einsetzung des Panels das Übereinkommen der Parteien über drei Personen einzuholen und das Panel zusammenzusetzen.[289] Bei der Umsetzung der vorgegebenen Auswahlkriterien[290] in der Nebenverhandlung der Parteien leistet das WTO-Sekretariat wesentliche Vorarbeit.

Zunächst sind Staatsangehörige der Parteien und beigetretener Mitglieder auszuschließen.[291] In *Kodak-Fujifilm* entfielen somit Staatsangehörige der Vereinigten Staaten, Japans, Mexikos und aller Mitgliedstaaten der Europäischen

288 Art. 25 Ziff. 2 DSU.

289 Art. 8 Ziff. 7 DSU; alternativ können Parteien gem. Art. 8 Ziff. 5 DSU ein Panel aus fünf Mitgliedern vereinbaren; zur Zusammensetzung durch ein Verfahrensabk. mehrerer Parteien gem. Art. 9 Ziff. 1 DSU, *Permanent Delegation of the European Commission*: Communication to the Chairman of the Dispute Settlement Body, 15 July 2002, circul. as *US – Steel Safeguards*: Procedural Agreement between the United States and China, the European Communities, Japan, Korea, New Zealand, Norway and Switzerland, WTO Doc. WT/DS248/13, WT/DS249/7, WT/DS251/8, WT/DS252/6, WT/DS253/6, WT/DS254/6 and WT/DS258/10, 22 July 2002; *US – Steel Safeguards*, Constitution of the Panel Established at the Request of the European Communities, Japan, Korea, China, Switzerland, Norway and New Zealand, Note by the Secretariat, WTO Doc. WT/DS248/14, WT/DS249/8, WT/DS251/9, WT/DS252/7, WT/DS253/7, WT/DS254/7 and WT/DS258/11, circul. 29 July 2002; Constitution of the Panel Established at the Request of the European Communities, Japan, Korea, China, Switzerland, Norway, New Zealand and Brazil, Note by the Secretariat, WTO Doc. WT/DS248/15, WT/DS249/9, WT/DS251/10, WT/DS252/8, WT/DS253/8, WT/DS254/8, WT/DS258/12 and WT/DS259/11, circul. 12 Aug. 2002; hierzu *Ruiz-Fabri/Monnier* (Anm. 152), 1017 f.

290 Art. 8 Ziff. 1 bis 4 DSU.

291 Art. 8 Ziff. 3 DSU.

Gemeinschaften. Auf Antrag ist mindestens eine Person aus einem Entwicklungsland zu bestimmen.[292] Vor allem aber sind die Unabhängigkeit der Personen, ein weit gefächerter Hintergrund und ein breites Erfahrungsspektrum zu beachten.[293]

Wie *Rosine Plank* erläutert,[294] identifiziert das WTO-Sekretariat zur Gewährleistung der „Unabhängigkeit der Personen" Mitglieder, die auch jenseits eines Verfahrensbeitritts ein besonderes Interesse am Handelsstreit haben und daher motiviert sein könnten, eine Person ihrer Staatsangehörigkeit einzusetzen. Dies erfordert die Kenntnis der Handelsphilosophie, -interessen und -gesetze einzelner Mitglieder, ihrer Beziehungen zu den Parteien und ihrer anderweitigen Bündnisse, sowie relevanter Präzedenzfälle. Zur Berücksichtigung des „weit gefächerten Hintergrunds" und des „breiten Erfahrungsspektrums" beachtet das WTO-Sekretariat geographische Herkunft, Dienstrang, sowie den kooperativen beziehungsweise konfrontativen Verhandlungsstil der Personen.[295] Anhand der bestehenden Listen von qualifizierten Personen,[296] welche die Qualifikationsmerkmale aus Artikel 8 Ziffer 1 DSU und gegebenenfalls zusätzliche erforderliche Sachverstands- oder Qualifikationsmerkmale erfüllen,[297] sortiert das WTO-Sekretariat weitere Personen aus.

Anschließend werden den Parteien Nominierungen unterbreitet, die sie nur aus triftigen Gründen ablehnen können.[298] Falls binnen 20 Tagen nach Einsetzung kein Übereinkommen erreicht wird, kann jede Partei den WTO-Generaldirektor ersuchen, in Konsultationen mit den Parteien, dem DSB-Vorsitzenden und den Vorsitzenden der zuständigen Räte die Zusammensetzung

---

292 Art. 8 Ziff. 10 DSU.

293 Art. 8 Ziff. 2 DSU.

294 *Plank, Rosine*: An Unofficial Description of How a GATT Panel Works and Does Not, Journ. Int. Arb. 4 (1987), 53–102 (66 ff.); *GATT Secretariat* (Anm. 12), 675 ff. m.w.N.; die beschriebene Staatenpraxis des GATT 1947 ist weitgehend auf die WTO übertragbar; die Bedeutung dieser Tätigkeit für die Sicherung der Unparteilichkeit des Panels unterstreicht *Meng, Werner*: Streitbeilegung im GATT, ZaöRV 41 (1981), 69–102 (91 f.).

295 *Plank* (Anm. 294), 68 f.

296 Art. 8 Ziff. 4 DSU; im Handelsstreit *Kodak-Fujifilm*, *Dispute Settlement Body*: Indicative List of Governmental and Non-governmental Panelists, WTO Doc. WT/DSB/5, Add.1 and Add.2, circul. 14 May 1996, 6 Aug. 1996 and 2 Dec. 1996.

297 Art. 11 Ziff. 2 SPS-Abkommen; Ziff. 2 bis 5 Anhang 2 TBT-Abkommen; Ziff. 4 GATS Anhang über Finanzdienstleistungen; Ziff. 1 bis 5 Beschluss zu bestimmten Streitbeilegungsverfahren im Hinblick auf das GATS.

298 Art. 8 Ziff. 6 DSU.

des Panels zu bestimmen.[299] Hierbei soll der WTO-Generaldirektor gegebenenfalls Sonderregeln aus anwendbaren WTO-Teilabkommen berücksichtigen.

Wie *James Durling* berichtet,[300] bevorzugte die Regierung der Vereinigten Staaten in *Kodak-Fujifilm* Personen, die weniger technische Details als politische Dimensionen berücksichtigen würden, während die Regierung Japans solche wünschte, die ihre Aufmerksamkeit auf Sachverhalt und Dogmatik richten würden. Dementsprechend hat die Regierung Japans Personen aus der Schweiz, Brasilien und Neuseeland vorgeschlagen, welche die Regierung der Vereinigten Staaten bestätigte. Allerdings lehnten die angedachten Personen den Auftrag ab, weshalb die Parteien 60 weitere Personalien prüften und die Regierung der Vereinigten Staaten schließlich WTO-Generaldirektor *Renato Ruggiero* ersuchten, die Zusammensetzung des Panels zu bestimmen. Dieser hat die angedachten Personen schließlich überzeugen können.[301]

---

299 Hierzu etwa *EC – Bananas III*, Constitution of the Panel Established at the Request of Ecuador, Guatemala, Honduras, Mexico and the United States: Communication by the DSB Chairman, WTO Doc. WT/DS27/7, circul. 7 June 1997; *US – Helms-Burton*, Constitution of the Panel Established at the Request of the European Communities: Communication by the DSB Chairman, WTO Doc. WT/DS38/3, circul. 20 Feb. 1997; *Japan – Film*, Constitution of the Panel Established at the Request of the United States, Communication from the DSB Chairman, WTO Doc. WT/DS44/3, circul. 17 Dec. 1996; *Brazil – Aircraft*, Constitution of the Panel Established at the Request of Canada: Communication by the DSB Chairman, WTO Doc. WT/DS46/7, circul. 28 Oct. 1998; *Indonesia – Autos*, Constitution of the Panel Established at the Request of Japan, the European Communities and the United States: Communication by the DSB Chairman, WTO Doc. WT/DS54/8, WT/DS55/8, WT/DS59/7 and WT/DS64/6, circul. 5 Aug. 1997; *Canada – Aircraft*, Constitution of the Panel Established at the Request of Brazil: Communication by the DSB Chairman, WTO Doc. WT/DS70/3, circul. 27 Oct. 1998; *Korea – Alcoholic Beverages*, Constitution of the Panel Established at the Request of the European Communities: Note by the Secretariat, WTO Doc. WT/DS75/7 and WT/DS84/5, circul. 10 Dec. 1997; *US – DRAMs*, Constitution of the Panel Established at the Request of Korea: Note by the Secretariat, WTO Doc. WT/DS99/3, circul. 23 March 1998; *US – Softwood Lumber V*, Recourse to Article 21.5 of the DSU by Canada, Constitution of the Panel: Note by the Secretariat, WTO Doc. WT/DS264/20, Rev.1 and Rev.2, circul. 10 June 2005, 15 June 2005 and 17 June 2005; Replacement of the Chairperson of the Panel: Note by the Secretariat, WTO Doc. WT/DS264/23, circul. 29 Aug. 2005.

300 *Durling* (Anm. 8), 414.

301 Übereinst. *Devereaux/Lawrence/Watkins* (Anm. 7), 169; *Iida* (Anm. 7), 116.

Diese Nebenverhandlung erfolgt trilateral, außerhalb des DSB und im zweistufigen Verfahren. Das Unterbreiten von Vorschlägen durch das das WTO-Sekretariat, die der Zustimmung der Parteien bedürfen, entspricht institutionalisierten guten Diensten. Die subsidiäre Zusammensetzung des Panels durch den WTO-Generaldirektor kommt einem vereinfachten Schiedsverfahren gleich. Insgesamt ähnelt dieses Verfahren der privatrechtlichen *mediation-arbitration*,[302] wobei die Entscheidungsgewalt des WTO-Generaldirektors mit erheblichen Konsultationspflichten belegt ist. In der Staatenpraxis werden diese wohl ausgiebig genutzt, da die Mitglieder des GATT 1947 bis zur Entscheidung von 1989 ein Vetorecht über die personelle Besetzung von Panels pflegten, was bei brisanten Sachverhalten durchaus sachdienlich ist. Daher wird selbst der Schiedsspruch des WTO-Generaldirektors stets auch von seiner Glaubwürdigkeit und der Überzeugungskraft politischer Vernunft getragen sein.

In dieser Nebenverhandlung stützen die beteiligten WTO-Organe (Sekretariat; Generaldirektor; Vorsitzende des DSB und der zuständigen Räte) die von den Parteien wahrgenommene Unabhängigkeit des Panels. Das Profil der verfügbaren Personen in Bezug auf Unabhängigkeit, Hintergrund und Erfahrungsspektrum beruht weitgehend auf ihrem individuellen Ruf. Zudem sind Strukturelemente der Verhandlung wie Macht aus Drohung und Versprechen nicht von dieser Nebenverhandlung auszuschließen. Wie *Durling* berichtet,[303] ist den in *Kodak-Fujifilm* angedachten Personen die Undankbarkeit der Aufgabe, die Brisanz des Handelsstreits, der voraussichtliche Arbeitsaufwand und das Karriererisiko bewusst gewesen. Insofern sind Versprechen des WTO-Sekretariats denkbar, solche Nachteile durch eigene Leistungen aufzufangen. Auch der Umstand, dass der DSB-Vorsitzende, Botschafter *Celso Lafer*, als Ständiger Vertreter Brasiliens zugleich Dienstherr von Botschaftssekretär *Victor Luiz do Prado* war, mag die Überzeugungskraft von WTO-Generaldirektor *Ruggiero* gefördert haben.

Wegen der Zielvorgaben Unabhängigkeit, Hintergrund und Erfahrensspektrum[304] liegt es im Interesse der Parteien, subjektive Positionen in dieser Nebenverhandlung gering zu halten und ein systembezogenes Objektivieren durch das WTO-Sekretariat zuzulassen. Dieses erfordert einiges Fingerspitzengefühl,

302 Hierzu *Hoellering, Michael F.*: The Mini-Trial, Arbitration Journal 37 (1982), 48–50; *Leonhard, Marc*: Internationaler Industrieanlagenvertrag: Konfliktvermeidung und Konflikterledigung, BB Nr. 27/1999, Beilage 9 Mediation & Recht, 13–17 (16).

303 *Durling* (Anm. 8), 414.

304 Art. 8 Ziff. 2 DSU.

da die unbestimmt formulierten Kriterien weite Ermessensspielräume belassen, und ein ausgewogener Kompromiss oft schwer zu finden ist. Es wird mitunter als Überrest des GATT 1947 kritisiert und einem Modell gegenüber gestellt, in dem die Zusammensetzung des Panels auf fachkundige, hauptamtliche und gewählte Personen beruhte, wobei der Schutz vor Interessenskonflikten durch die Möglichkeit der Entlassung aufgrund eines strengen Verhaltenskodexes gewährleistet würde.[305] Dieses Modell, das der Projektion einiger weniger nationaler Justizorganisationen entspringt, ließe jedoch die notwendige Flexibilität vermissen, um die Unterstützung aller Mitglieder zu gewinnen und das breite Spektrum der angetragenen Sachverhalte zu berücksichtigen. Ferner wirkt die Routine des WTO-Sekretariats der subjektiven Motivation der Parteien entgegen und fördert somit das Objektivieren durch Wandeln von Positionen. Wie beim Einsetzen des Panels gilt allerdings auch für die Nebenverhandlung zur personellen Besetzung des Panels, dass die hierzu normierten Verhaltenspflichten und Fristen kaum geeignet sind, das Definieren der inhaltlichen Lösung in der Hauptverhandlung zu unterstützen.

Angesichts der Vielzahl der relevanten Kriterien kann angenommen werden,[306] dass die Ernennung von Botschafter *William Rossier* zum Vorsitzenden des Panels, von Botschafter *Adrian Macey* und *Luiz do Prado*[307] einen ausgewogenen Kompromiss darstellte: Als ehemaliger Ständiger Vertreter der Schweiz beim GATT 1947 und laufender Vorsitzender des Allgemeinen Rats sowie des Handels- und Entwicklungsrats der Konferenz der Vereinten Nationen für Handel und Entwicklung (UNCTAD) war Botschafter *Rossier* ein erfahrener Handelsdiplomat; der Liste von qualifizierten Personen entnommen,[308] hatte Botschafter *Macey* Neuseeland in den Verhandlungen der Uruguay-Runde zur Streitbeilegung vertreten, und stand für die von den Vereinigten Staaten gewünschte politische Ausrichtung; als Erster Sekretär in der Ständigen Vertretung Brasiliens und Vorsitzender des Ausschusses für Subventionen und Ausgleichsmaßnahmen (SCM-Ausschuss) vertrat *Luiz do Prado* die von Japan gewünschte sachbezogene Linie.

---

305 So etwa *Padilla/Wolff/Howell/Reif/Lake* (Anm. 146).

306 Ebenso etwa *Durling* (Anm. 8), 414; *Devereaux/Lawrence/Watkins* (Anm. 7), 169.

307 *Japan – Film*, Constitution of the Panel Established at the Request of the United States, Communication from the DSB Chairman, WTO Doc. WT/DS44/3, circul. 17 Dec. 1996.

308 *Dispute Settlement Body*: Indicative List of Governmental and Non-governmental Panelists, WTO Doc. WT/DSB/5, Add.1 and Add.2, circul. 14 May 1996, 6 Aug. 1996 and 2 Dec. 1996.

III. Zwischenergebnis

Dieses Kapitel analysiert die Erweiterungs-, Zugeständnis- und Übereinkommensabschnitte der Verhandlung in *Kodak-Fujifilm*. In Gegenwart prozessualer Alternativen (BATNA) teilt sich der Koordinationsbedarf der Parteien in eine Hauptverhandlung zur inhaltlichen Lösung und eine Nebenverhandlung zum Gestalten dieser Alternativen.

Die Konsultationen DS44 belegen, dass fehlende Handlungs- und Ermessensspielräume zur Offenhaltung führen und den Koordinationsbedarf der ersuchenden Partei auf den BATNA lenken, woraus eine Nebenverhandlung über die Einlösung des „Rechtsanspruchs auf ein Panel" entsteht. Indessen zeigt der Pfad aufgrund der Entscheidung von 1960, dass eine ersuchte Partei die Hauptverhandlung abbrechen kann, wenn die Positionen der ersuchenden Partei keinen Rechtsschutz genießen, was ebenfalls zur Offenhaltung führt, ohne BATNA jedoch keine Nebenverhandlung erzeugt. Dagegen entfaltete die behauptete Verletzung des GATS im neuen Antrag DS45 vom 20. September 1996 ausreichend Glaubwürdigkeit, um Handlungs- und Ermessensspielräume für die Hauptverhandlung zu erhalten und die Abänderung des *status quo* zu bewirken. Auch ohne Übereinkommen tilgte die Ablösung des Daiten Hô den Koordinationsbedarf der ersuchenden Partei, weshalb sie als „beiderseits akzeptable Lösung" zu werten ist.

Die Auffassung, aus den Zielbestimmungen des Artikel 3 Ziffern 3 und 10 DSU gehe das Übereinkommen stets als „positive Lösung" hervor, ist zu hinterfragen. Denn das Bemühen der Parteien, ihre im Forumsabschnitt objektivierten Positionen als „beiderseits akzeptable Lösung" zu verankern, färbt die Hauptverhandlung in den Erweiterungs-, Zugeständnis- und Übereinkommensabschnitten konfrontativ. Zwar wird das Gebot aus Artikel 3 Ziffer 10 DSU zur Verhandlung *bona fide* im Bemühen um Streitbeilegung durch kooperative Verhaltenspflichten gestützt.[309] Doch bleibt die Abgrenzung zur taktischen *mala fide* diffus, solange die Konkretisierung dieser Verhaltenspflichten den Parteien überlassen ist, und ist zweifelhaft, ob eine „Lösung" stets die erforderliche „Wiederherstellung eines ausgewogenen Verhältnisses von Rechten und Pflichten" trägt, „mit den WTO-Teilabkommen übereinstimmend" und „positiv" ist. Kooperative Verhaltenspflichten des DSU sollten daher auch im Hinblick auf die systembezogene Qualität von Lösungen konkretisiert werden.

309 Art. 3 Ziff. 2, 5 und 7 DSU; Art. 4 Ziff. 8 bis 10 DSU; Art. 19 Ziff. 2 DSU; Art. 24 Ziff. 1 DSU.

Insofern, als ihre Einhaltung nach bestehender Spruchpraxis weitgehend den Partei überlassen ist, sollte eine kritische Teilnahme interessierter Mitglieder und eine strengere Aufsicht des DSB aufgrund Artikel 2 Ziffer 1 DSU erfolgen. Mittelbar könnten Panels und das Berufungsgremium ihre restriktive Spruchpraxis überdenken.

Der Handelsstreit um Kraftfahrzeuge und Ersatzteile belegt, dass die Notifikation von „beiderseits akzeptablen Lösungen" aus Übereinkommen, Offenhaltung oder Abänderung zuweilen lückenhaft ist. Dies kann regulierungstechnische Schwächen verbergen, Zugeständnisse und Tauschgegenstände verschleiern und Mitglieder daran hindern, die Vereinbarkeit solcher Lösungen mit den WTO-Teilabkommen zu überprüfen. Dies wiederum schadet der systembezogenen Qualität von Lösungen. Zudem genügt die Registrierung und Veröffentlichung von Übereinkommen, die oft völkerrechtliche Verträge bilden, kaum Artikel 102 Ziffer 1 VN-Charta und Artikel 80 Ziffer 1 WVK. Daher sollte die transparente Notifikation von Lösungen einer besseren Aufsicht und Kontrolle unterliegen.

Aufgrund spezieller Verhaltenspflichten nimmt die Nebenverhandlung vielfältige Formen an. Zum Definieren des Rechtsstreits und des Verfahrensbeitritts ist sie multilateral, bei Teilnahme des DSB-Vorsitzenden; zum Ausarbeiten des Mandats, bilateral, bei Mitwirkung des DSB-Vorsitzenden; für das Zusammensetzen des Panels, trilateral, bei umfassender Teilnahme des WTO-Sekretariats sowie des WTO-Generaldirektors, des DSB-Vorsitzenden und der zuständigen Räte.

Über jene für Anträge auf Konsultationen hinaus, müssen Anträge auf Einsetzung eines Panels strengeren Formvorschriften aus Artikel 6 Ziffer 2 DSU genügen, die von der Spruchpraxis ausführlich qualifiziert sind. Das strategische Interesse der beschwerdeführenden Partei an der Zulässigkeit ihrer Beschwerde erklärt die vergleichsweise genaue Niederschrift der „strittigen Maßnahmen" und der „Rechtsgrundlage der Beschwerde" im Antrag auf Einsetzung im Pfad DS44. Aus gleichem Antrieb sind die Positionen auf solche begrenzt, die nicht mehr nur aufgrund der Verhaltenspflichten des Vorverfahrens im DSU, sondern unter den Verhaltenspflichten im gerichtlichen Verfahren und der Aufgabe von Panels zur „objektiven Beurteilung" aus Artikel 11 DSU als Rechtsansprüche bestehen. Die derart verbesserte Niederschrift fixiert den Rechtsstreit und kann theoretisch auch das systembezogene Objektivieren der Hauptverhandlung durch die beklagte Partei vertiefen. Die erstmalige Aufnahme des Shocho Hô und weiterer Rechtsakte im Antrag auf Einsetzung verhinderte dies allerdings, denn die verbleibende Frist von höchstens 15 Tagen bis zur Einsetzung des Panels gestattete es der beklagten Partei kaum, die Vorbereitungs- und Forumsabschnitte der Verhandlung hinsichtlich dieser „strittigen Maßnahmen" zu vollziehen. Solches Nachreichen von „strittigen Maßnahmen" verletzt kooperative Verhaltenspflichten zur Verhandlung *bona fide* im Bemühen um Streitbeilegung, zum eindeutigen Vorzug der „beiderseits akzeptablen Lösung" sowie zur Stärkung und Verbesserung der Wirksamkeit von Konsultationsverfahren. Die nach geltender Spruchpraxis zulässige Inkongruenz der Formvorschriften aus Artikel 4 Ziffer 4 DSU und Artikel 6 Ziffer 2 DSU wäre insofern zu überdenken.

Wegen des Standardmandats aus Artikel 7 Ziffer 1 DSU ist das Koordinieren eines besonderen Mandats für die gerichtliche Prüfung solchen Sachverhalten vorbehalten, in denen Verfahrens- beziehungsweise Rechtspflichten anwendbarer WTO-Teilabkommen konfligieren, oder aber kein Standardmandat vorliegt. Ohne entsprechende Angaben im Antrag auf Einsetzung ist keine Nebenverhandlung zum Mandat zu erwirken.

Ein Beitritt zum gerichtlichen Verfahren aus Artikel 10 Ziffer 2 DSU ermöglicht es interessierten Mitgliedern, den Vorbereitungsabschnitt der Verhandlung anhand der Schriftsätze der Parteien abzuleisten und so gegebenenfalls eigenen Koordinationsbedarf in der Sache zu erkennen. Im Gegensatz zur Teilnahme an Konsultationen im Vorverfahren des DSU ist der Beitritt nicht zustimmungspflichtig. Die DSB-Sitzungen vom 3. und 16. Oktober 1996 zeigen, wie die Europäischen Gemeinschaften ihre Nebenverhandlung zum Verfahrensbeitritt im Pfad DS44 nutzten, um durch Analogien, die jenseits des DSU nicht bestehen, die Zustimmung der ersuchten Partei für ihre Teilnahme an den Konsultationen aufgrund der Entscheidung von 1960 zu erwirken. Dies ist nicht zwingend als *mala fide* zu werten.

Die Nebenverhandlung zur personellen Besetzung des Panels erfolgt gemäß Artikel 8 Ziffern 4 und 6 DSU ähnlich einer *mediation-arbitration* unter Mitwirkung des WTO-Sekretariats. Subsidiär ergeht ein Schiedsspruch des WTO-Generaldirektors nach Rücksprache mit den Vorsitzenden des DSB und der zuständigen Räte. Die Bindung der WTO-Organe an systembezogene Kriterien und eine Liste wirken den subjektiven Präferenzen der Parteien entgegen. Die speziellen Verhaltenspflichten, Fristen und der mögliche Schiedsspruch des WTO-Generaldirektors als BATNA stärken den Einfluss der WTO-Organe in diesem Teil der Nebenverhandlung.

Die im Koordinationscharakter begründete Teilung der Erweiterungs-, Zugeständnis- und Übereinkommensabschnitte in eine inhaltliche Haupt- und eine prozessuale Nebenverhandlung klärt die Beziehung der Verhandlung zu den anderen Mitteln der friedlichen Beilegung zwischenstaatlicher Streitigkeiten des Artikel 33 Ziffer 1 VN-Charta: Weil dort weder ein Vorrang der Verhandlung noch die Rechtspflicht normiert ist, eine Abfolge einzelner Verfahren zu durchlaufen, entlastet eine ersuchende Partei ihren Koordinationsbedarf spontan in der Hauptverhandlung. Will sie jedoch einen BATNA einlösen, verschieben die für das zwischenstaatliche Umfeld typischen prozessualen Handlungs- und Ermessensspielräume diesen Koordinationsbedarf auf die Vereinbarung eines Compromis beziehungsweise eines Verfahrensabkommens. Dies bestätigt, dass die Verhandlung mit allen zwischenstaatlichen Verfahren und selbst mit jenen der Judikative verbunden ist.

Die Nebenverhandlung zum Koordinieren von Rechtsstreit, Mandat, Verfahrensbeitritt und Zusammensetzung des Panels betrifft primär das gerichtliche Hauptverfahren im DSU. Daher ist in strategischer Vorausschau davon auszugehen, dass Positionen der Neben- jene der Hauptverhandlung beeinflussen; dies umso eher, als die Nebenverhandlung geeignet ist, inhaltliche Positionen zu berühren. Entsprechende Möglichkeiten bestehen allenfalls für das Fixieren des Rechtsstreits.

Dritter Teil: Freiheit und Rechtsbindung im Verhandlungsraum

Sechstes Kapitel: Rechtsbindung als Koordinationsfaktor

Dem Spannungsfeld von Freiheit und Rechtsbindung ist der dritte Teil gewidmet. Er schlägt Rechtsberatern eine Methode vor, Handlungs- und Ermessensspielräume des Koordinierens rechtlich zu definieren und zu ordnen.

Ob prozessualer oder materieller Art, entfaltet die Rechtspflicht handlungsanweisende Kraft, wodurch sie Handlungs- und Ermessensspielräume abgrenzt, in denen die bestehende Parteifreiheit systemkonform auszuüben ist. Insofern kann jedem Strukturelement der Verhandlung eine rechtliche Dimension zugeordnet und empirische Freiheit von normativer Rechtspflicht unterschieden werden. Dies ist für die Strukturelemente der Interessen und der Macht eingehender zu untersuchen. Wechselwirkungen werden nur dann berücksichtigt, wenn sie auf das Zusammenspiel mit der Rechtsnorm zurückzuführen sind. Im Handelsstreit *Kodak-Fujifilm*[1] sind sie meist zwischen den Zeilen aufzuspüren, teils aufgrund eigener Recherche, teils aus der Gegenüberstellung von *Susan Karamanian*,[2] *Masabumi Suzuki*,[3] *Sara Dillon*,[4] *James Durling*,[5] *Keisuke Iida*[6] sowie *Charan Devereaux*, *Robert Lawrence* und *Michael Watkins*.[7] Aus Anwaltssicht erscheint die einvernehmliche Neuordnung von Interessen als „beiderseits akzeptable Lösung" im Sinne von Artikel 3 Ziffer 7

1 So die fortan verwendete Bezeichnung des Handelsstreits *Japan – Film*; verbreitet auch als „*Kodak-Fujifilm* dispute", „film-dispute" bzw. „Filmstreit".

2 *Karamanian, Susan L.*: Economic Relations between Japan and North America: A Challenge to the International Legal System, in: Young, Michael K./Iwasawa, Yuji (eds.): Trilateral Perspectives on International Legal Issues: Relevance of Domestic Law and Policy, Irvington: Transnational Publ. 1996, 283–298.

3 *Suzuki, Masabumi*: Toward Constructive International Trade Dispute Resolution: Lessons from Recent U.S.-Japan Disputes on Restrictive Practices, CNAPS Working Paper, Washington: Brookings Institution 1999.

4 *Dillon, Sara*: *Fuji-Kodak*, the WTO, and the Death of Domestic Political Constituencies, Minnesota JGT 8 (1999), 197–248.

5 *Durling, James*: Anatomy of a Trade Dispute: A Documentary History of the Kodak-Fujifilm Dispute, London: Cameron May 2000.

6 *Iida, Keisuke*: Legalization and Japan: The Politics of WTO Dispute Settlement, London: Cameron May 2006.

7 *Devereaux, Charan/Lawrence, Robert Z./Watkins, Michael D.*: Case Studies in US Trade Negotiations, Vol. II: Resolving Disputes, Washington: Peterson Institute 2006.

der Vereinbarung über Regeln und Verfahren zur Beilegung von Streitigkeiten (DSU).[8]

Die Untersuchung würdigt die in *Kodak-Fujifilm* geltende Rechtslage. Dies erklärt die Referenzen zum Allgemeinen Zoll- und Handelsabkommen (GATT 1947),[9] dessen Vertragsbestimmungen und *acquis* aus Entscheidungen, Verfahren und Staatenpraxis aufgrund Artikel XVI Ziffer 1 Übereinkommen zur Errichtung der Welthandelsorganisation (WTO-Abkommen)[10] in die Übereinkommen von Marrakesch[11] übergehen und kurz nach Gründung der Welthandelsorganisation (WTO) besonders relevant waren. Seither haben Wettbewerbs- und Handelsregulierung eine beträchtliche Weiterentwicklung erfahren. Dort, wo dies von Erkenntnisinteresse ist, wird die geltende Rechtslage berücksichtigt.

A. Interessen

Die Rechtsnorm gestaltet sowohl Interessen im eigentlichen als auch Positionen im strategisch veränderten Sinne.

8 Understanding on Rules and Procedures Governing the Settlement of Disputes, Annex 2 to the Marrakesh Agreement Establishing the World Trade Organization, UNTS 1869 (1995), 401 ff.; TIAS No. 31874, in: ILM 33 (1994), 1226 ff.; ABlEG L 336 vom 23. Dez. 1994, 234 ff.

9 General Agreement on Tariffs and Trade, Annex to the Final Act Adopted at the Conclusion of the Second Session of the Preparatory Committee of the United Nations Conference on Trade and Employment, signed at Geneva, 30 Oct. 1947, UNTS 55 (1948), 194 ff.; TIAS No. 1700, in: Report on the Geneva Tariff Negotiations, with Text of the General Agreement on Tariffs and Trade, and Supplementary Agreements with the United States and Canada, Cmd. 7258, London: HMSO 1947; BGBl 1951 II, Anlagenband I, 4 ff.

10 Marrakesh Agreement Establishing the World Trade Organization, done at Marrakesh, 15 April 1994, UNTS 1867 (1995), 154 ff.; TIAS No. 31874, in: ILM 33 (1994), 1144 ff.; ABlEG L 336 vom 23. Dez. 1994, 3 ff.

11 Marrakesh Declaration of 15 April 1994, UNTS 1867 (1995), 14 ff.; TIAS No. 31874, in: ILM 33 (1994), 1263 ff.; in nichtamtl. Übers. *Benedek, Wolfgang*: Die Welthandelsorganisation (WTO), München: Beck 1998, 591 ff. (Erklärung von Marrakesch); einschl. Final Act Embodying the Results of the Uruguay Round of Multilateral Trade Negotiations, done at Marrakesh, 15 April 1994, UNTS 1867 (1995), 16 ff.; TIAS No. 31874, in: ILM 33 (1994), 1143 f.; ABlEG L 336 vom 23. Dez. 1994, 253 ff. (Schlussakte von Marrakesch), das WTO-Abkommen, die anhängenden Teilabk. sowie alle Beschlüsse, Erklärungen und Vereinbarungen der Uruguay-Runde werden nachf. als „Übereinkommen von Marrakesch" zusammengefasst.

I. Erweiterungs- und Eingrenzungsfaktor in der Interessendefinition

1. *Transparenz-, Publikations- und Notifikationsbestimmungen*

Rechtsnormen des zwischenstaatlichen Forums zu Transparenz, Publikation und Notifikation vermitteln Information über staatliche Maßnahmen,[12] auf deren Grundlage WTO-Mitglieder überhaupt erst imstande sind, mögliche Interessengegensätze zu erkennen, bestehende Handlungs- und Ermessensspielräume zu ermitteln und einen Koordinationsbedarf geltend zu machen. Insofern erweitert solche institutionelle Transparenz die Interessendefinition staatlicher Parteien. Dies ist vor allem im Vorbereitungsabschnitt der Verhandlung relevant, wobei die anfängliche Interessendefinition, etwa hinsichtlich neu gewonnener Erkenntnisse oder aufgrund der Kosten-Nutzen-Analyse,[13] laufend überprüft werden sollte. In *Kodak-Fujifilm* etwa waren die Interessen von *Eastman Kodak Company, Inc.* (*Kodak*), den wachsenden Konkurrenzdruck durch *Fuji Photo Film Company, Ltd.* (*Fujifilm*) zu bremsen, zu Jahresbeginn 1994 vielleicht noch mit der gewählten Strategie zu bedienen. Doch ergingen der Feststellungsbeschluss des Handelsbevollmächtigten der Vereinigten Staaten von Amerika (Vereinigte Staaten) (USTR) am 18. Juni 1996,[14] die Annahme

---

12 Siehe hierzu oben S. 173 ff. m.w.N.

13 Wohl grundl. *Neuhold, Hanspeter*: Die Einhaltung des Völkerrechts in einer außenpolitischen „Kosten-Nutzen-Analyse", GYIL 19 (1976), 317–351 (324 ff.); als Ziel von Konsultation, *Kirgis, Frederic L.*: Prior Consultation in International Law: A Study of State Practice, Charlottesville, Univ. of Virginia Pr. 1983, 2 f.; als Teil der Rechtspolitik, *Lacharrière, Guy de*: La politique juridique extérieure, Paris: IFRI/Économica 1983 135 ff.; *Abbott, Kenneth W.*: The Trading Nation's Dilemma: The Functions of the Law of International Trade, Harvard ILJ 26 (1985), 501–532 (518 ff.); *Combacau, Jean/Sur, Serge*: Droit international public, Paris: Montchrestien 1993, 565; *Meng, Werner*: Wirtschaftssanktionen und staatliche Jurisdiktion – Grauzonen im Völkerrecht, ZaöRV 57 (1997), 269–328 (272 f.; 317 ff.); *William J. Davey* und *Gary N. Horlick* in: *Mavroidis, Petros C./Cottier, Thomas/Davey, William J./Fox, Eleanor M./Horlick, Gary N./Komuro, Norio/Rosenthal, Douglas*: Is the WTO Dispute Settlement Mechanism Responsive to the Needs of the Traders? Would a System of Direct Action by Private Parties Yield Better Results? JWT 32 (1998), 147–165 (148; 151); *Kessie, Edwinie*: Enhancing Security and Predictability for Private Business Operators under the Dispute Settlement System of the WTO, JWT 34 (2000), 1–17 (9 f.).

14 *US Trade Representative*: Section 301 Determinations: Barriers to Access to the Japanese Market for Consumer Photographic Film and Paper, Notice of Determinations, 61 FR 30929 (18 June 1996).

des Panel-Berichts am 22. April 1998[15] im Pfad aus Artikel XXIII Ziffer 1 Allgemeines Zoll- und Handelsabkommen 1994 (GATT 1994)[16] (DS44)[17] oder die Verabschiedung des Gesetzes über Maßnahmen großflächiger Kaufhäuser zum Schutz der Umwelt (Daiten Ricchi Hô)[18] am 27. Mai 1998 im Pfad aus Artikel XXIII Ziffern 1 und 3 Allgemeines Übereinkommen über den Handel mit Dienstleistungen (GATS)[19] (DS45)[20] in dieser Hinsicht zu spät. Ein Aktualisieren der anfänglichen Kosten-Nutzen-Analyse mit dem nunmehr geltenden Vorrang multilateraler Streitbeilegung,[21] dem Handelsstreit um Kraftfahrzeuge und Ersatzteile[22] und der konfrontativen Motivation der Regierung Japans

---

15 *Japan – Film*, Report of the Panel, WTO Doc. WT/DS44/R, circul. 31 March 1998, adopt. 22 April 1998.

16 General Agreement on Tariffs and Trade 1994, Annex 1A to the Marrakesh Agreement Establishing the World Trade Organization, done at Marrakesh, 15 April 1994, UNTS 1867 (1995), 187 ff.; TIAS No. 31874, in: ILM 33 (1994), 1154 ff.; ABlEG L 336 vom 23. Dez. 1994, 11 ff.

17 *Permanent Mission of the United States*: Communication to the Permanent Mission of Japan and to the Dispute Settlement Body, 13 June 1996, circul. as *Japan – Film*, Request for Consultations by the United States, WTO Doc. WT/DS44/1, 21 June 1996; *Permanent Mission of the United States*: Communication to the Chairman of the Dispute Settlement Body, 20 Sept. 1996, circul. as *Japan – Film*, Request for the Establishment of a Panel by the United States, Doc. WT/DS44/2, 23 Sept. 1996.

18 Act on Measures by Large Scale Retail Stores for the Preservation of the Living Environment, No. 91 (1998), Kanpô, Special Ed., 105 ff.

19 General Agreement on Trade in Services, Annex 1B to the Marrakesh Agreement Establishing the World Trade Organization, done at Marrakesh, 15 April 1994, UNTS 1869 (1995), 183 ff.; TIAS No. 31874, in: ILM 33 (1994), 1167 ff.; ABlEG L 336 vom 23. Dez. 1994, 191 ff.; amend. Second Protocol to the GATS, done at Geneva, 6 Oct. 1995, UNTS 2057 (1999), 149 ff.; ABlEG L 167 vom 6. Juli 1996, 25 ff.; Third Protocol to the GATS, done at Geneva, 6 Oct. 1995, UNTS 2061 (1999), 190 ff.; ABlEG L 167 vom 6. Juli 1996, 43 ff.; Fourth Protocol to the GATS, done at Geneva, 15 April 1997, UNTS 2061 (1999), 209 ff.; ABlEG L 347 vom 18. Dez. 1997, 45 ff.; Fifth Protocol to the GATS, done at Geneva, 27 Feb. 1998, UNTS 2066 (1999), 155 ff.; ABlEG L 20 vom 27. Jan. 1999, 40 ff.

20 *Permanent Mission of the United States*: Communication to the Permanent Mission of Japan and to the Dispute Settlement Body, 20 Sept. 1996, circul. as *Japan – Distribution Services*, Request for further Consultations by the United States, WTO Doc. WT/DS45/1/Add.1, 26 Sept. 1996.

21 Art. 23 DSU.

22 So die fortan verwendete Bezeichnung des Handelsstreits *US – Autos*; verbreitet auch als „auto dispute".

hätte indessen sicher Chancen geboten, die abweisenden Empfehlungen des Panel-Berichts[23] zu vermeiden.

Neben solcher institutionellen Transparenz besteht ein faktisches Ermitteln und Auswerten von Information durch Nichtregierungsorganisationen (NGOs) und multinational agierende Unternehmen (MNCs).[24] Rechtsnormen einzelner Mitglieder binden diese Tätigkeit durch politische, administrative oder gerichtliche Verfahren, etwa aufgrund Section 301 fortfolgende Handelsgesetz der Vereinigten Staaten (US Trade Act)[25] beziehungsweise aufgrund der Verordnung (EG) Nr. 3286/94 des Rates vom 22. Dezember 1994 (Handelshemmnis-VO)[26] in die staatliche Abwehr unlauterer Handelsmaßnahmen ein. Die Vereinigten

---

23 *Japan – Film*, Report of the Panel, WTO Doc. WT/DS44/R, circul. 31 March 1998, adopt. 22 April 1998, Ziff. 10.402 ff.

24 Hierzu etwa *Ministerial Conference*: Eleventh Session, Buenos Aires, 10–13 Dec. 2017: Non-governmental Organizations Accredited to Attend the Eleventh WTO Ministerial Conference, WTO Doc. WT/MIN(17)/INF/31, circul. 29 Jan. 2018.

25 Sec. 301-310 Trade Act of 1974, Pub. L. 93-618, 88 Stat. 1978 (3 Jan. 1975); as added Trade Agreements Act, Pub. L. 96-39, 93 Stat. 295 (26 July 1979); as amend. Trade and Tariff Act, Pub. L. 98-573, 98 Stat. 3002 (30 Oct. 1984); Omnibus Trade and Competitiveness Act of 1988, Pub. L. 100-418, 102 Stat. 1164 (23 Aug. 1988); Uruguay Round Agreements Act (URAA), Pub. L. 103-465, 108 Stat. 4993 (8 Dec. 1994); Act to Make Technical Corrections and Miscellaneous Amendments to Trade Laws, Pub. L. 104-295, 110 Stat. 3528 (11 Oct. 1996); 19 USC §§2411-2420 and §2155(a)(1994); hierzu statt vieler *Jackson, John H.*: The World Trading System: Law and Policy of International Economic Relations, Cambridge: MIT Press, 2nd ed. 1997, 127 ff.; *Bello, Judith H./ Holmer, Alan F.*: U.S. Trade Law & Policy Series #13: Unilateral Action to Open Foreign Markets: The Mechanics of Retaliation Exercises, Int'l Lawyer 22 (1988), 1197–1206.

26 Verordnung (EG) Nr. 3286/94 des Rates vom 22. Dez. 1994 zur Festlegung der Verfahren der Gemeinschaft im Bereich der gemeinsamen Handelspolitik zur Ausübung der Rechte der Gemeinschaft nach internationalen Handelsregeln, insbesondere den im Rahmen der Welthandelsorganisation vereinbarten Regeln, ABlEG L 349 vom 31.12.1994, 71 ff.; geänd. durch Verordnung (EG) des Rates Nr. 356/95 vom 20. Feb. 1995, ABlEG L 41 vom 23. Feb. 1995, 3 ff.; Verordnung (EG) des Rates Nr. 125/ 2008 vom 12. Februar 2008, ABlEG L 40 vom 14. Feb. 2008, 1 ff.; Verordnung (EU) Nr. 37/2014 des Europäischen Parlaments und des Rates vom 15. Januar 2014, ABlEU Nr. L 18 vom 21. Januar 2014, 1 ff.; Verordnung (EU) No. 654 des Europäischen Parlaments und des Rates vom 15. Mai 2014, ABlEU Nr. L 189 vom 27. Juni 2014, 50 ff. (Handelshemmnis-VO); hierzu *Kuijper, Pieter J.*: The New WTO Dispute Settlement System: The Impact on the European Community, JWT 29 (1995), 49–71 (54 ff.); *Bronckers, Marco C.E.J.*: Private Participation in the Enforcement of WTO Law: The New EC Trade Barriers Regulation, CMLR 33 (1996), 299–318 (305 ff.); *McNelis, Natalie*: The European Union Trade Barriers Regulation: A More Effective

Staaten, welche eine unmittelbare Teilnahme von NGOs und MNCs an den zwischenstaatlichen Beziehungen unterstützen,[27] befürworten diese Zusammenarbeit von privaten Mandanten und staatlichen Stellen für die Durchsetzung der zwischenstaatlichen Handelsregulierung.[28] Eine verbreitete Literatur fordert gar autonome, von staatlicher Kontrolle und ebensolchen Interessen unabhängige Selbstdurchsetzung privater beziehungsweise gesellschaftlicher Interessen.[29]

Obgleich Artikel V Ziffer 2 WTO-Abkommen das Ermitteln und Auswerten durch NGOs und MNCs grundsätzlich anerkennt, ist kaum Staatenpraxis zu erkennen, diese über eine informelle, begleitende *second track* Diplomatie

---

Instrument, JIEL 1 (1998), 149–155; *Berrisch, Georg M./Kamann, Hans-Georg*: Die Handelshemmnis-Verordnung, EuZW 4 (1999), 101–107; rechtsvgl. mit Sec. 301-310 US Trade Act, *Mavroidis, Petros C./Zdouc, Werner*: Legal Means to Protect Private Parties' Interests in the WTO: The Case of the EC New Trade Barriers Regulation, JIEL 1 (1998), 407–432 (423 ff.); *Ohlhoff, Stefan/Schloemann, Hannes*: Durchsetzung internationaler Handelsregeln durch Unternehmen und Verbände: Im Blickpunkt: EG-Verordnung gegen Handelshemmnisse, RIW 45 (1999), 649–659.

27 So etwa *Jessup, Philip C.*: A Modern Law of Nations: An Introduction, New York: Macmillan 1948, 30 ff.; *McDougal, Myres S.*: International Law, Power, and Policy: A Contemporary Conception, RdC 82 (1953 I), 133–259 (160 ff.; 249 ff.); *Miller, Arthur S.*: The Corporation as a Private Government in the World Community, Virginia LR 46 (1960), 1539–1572 (1550 ff.).

28 Siehe ACTPN Urges Greater Transparency in WTO Dispute Settlement, Inside U.S. Trade (28 April 1995), No. 2826; *US President*: Remarks at the Commemoration of the 50th Anniversary of the World Trade Organization in Geneva, Switzerland, White House Press Release (18 May 1998), WCPD 34 (1998), 926 ff.

29 So etwa *Lukas, Martin*: The Role of Private Parties in the Enforcement of the Uruguay Round Agreements, JWT 29 (1995), 181–206 (199 ff.); *Bronckers* (Anm. 26), 299 ff.; *Petros C. Mavroidis, William J. Davey* und *Thomas Cottier* in: *Mavroidis, Petros C./Cottier, Thomas/Davey, William J./Fox, Eleanor M./Horlick, Gary N./Komuro, Norio/Rosenthal, Douglas E.*: Is the WTO Dispute Settlement Mechanism Responsive to the Needs of the Traders? Would a System of Direct Action by Private Parties Yield Better Results? Panel Discussion Held at the 6th Geneva Global Arbitration Forum, 3–4 Dec. 1997, JWT 32 (1998), 147–165 (158 ff.); *McNelis* (Anm. 26), 149; *Petersmann, Ernst-Ulrich*: International Trade Law and the GATT/WTO Dispute Settlement System 1948–1996: An Introduction, in: Petersmann, Ernst-Ulrich (ed.): International Trade Law and the GATT/WTO Dispute Settlement System, The Hague/London/Boston: Kluwer 1997, 3–122 (73); *Mavroidis/Zdouc* (Anm. 26), 414; *Ohlhoff/Schloemann* (Anm. 26), 649; *Hoekman, Bernard M./Kostecki, Michel M.*: The Political Economy of the World Trading System: The WTO and Beyond, Oxford/New York: Oxford Univ. Pr., 2nd ed. 2001, 64 ff.

hinaus am multilateralen Handelssystem zu beteiligen.[30] Denn eine Zusammenarbeit von privaten Mandanten und staatlichen Stellen erweitert zwar potenziell die Interessendefinition, orientiert diese jedoch im subjektiv-parteibezogenen Sinne und stützt die Vereinnahmung durch private Mandanten. So ließ *Kodak* im Vorfeld seiner Beschwerde aus Section 302 Buchstabe (a) Ziffer (1)[31] US Trade Act die japanische Sach- und Rechtslage zwar durch seine Rechtsberater ermitteln.[32] Weil dies jedoch aus der Motivation geschah, ein privates Interesse taktisch zu belegen, war kaum ein Ergebnis im Sinne zwischenstaatlicher Möglichkeiten zu erwarten. Darüber hinaus überging *Kodak* den allgemeinen Rechtsweg und schneidete seine Positionen, unbestimmte Anspruchsvoraussetzungen in Section 301 Buchstabe (a) Ziffer (1) US Trade Act[33] nutzend, auf in den Vereinigten Staaten diskutierte Thesen zu. Solche konfrontative Taktiken mögen gemäß der beanspruchten Rechtsgrundlage zwar nicht zu beanstanden sein. Problematisch und konfliktträchtig wird eine privatisierte, parteibezogen erweiterte Interessendefinition allerdings, wenn die staatliche Rechtsnorm Handlungs- und Ermessensspielräume für Forderungen freigibt, die im zwischenstaatlichen Umfeld keinen Rechtsschutz genießen.[34] Bedenklich ist ebenso, dass die Prüfungskompetenz über die

30 Siehe *General Council*: Guidelines for Arrangements on Relations with Non-governmental Organizations, adopt. 18 July 1996, WTO Doc. WT/L/162, circul. 23 July 1996.

31 19 USC §2412(a)(1)(1988).

32 *Howell, Thomas R./Bartlett, Brent L.*: Privatizing Protection: Japanese Market Barriers in Consumer Photographic Film and Consumer Photographic Paper, Memorandum in Support of a Petition Filed Pursuant to Section 301 of the Trade Act of 1974, Washington: Dewey Ballantine/Eastman Kodak Co. 1995, 17 ff.; auszugsw. in: *Durling* (Anm. 5), 75 ff.

33 19 USC §2411(a)(1)(1994).

34 Insofern krit. *Zoller, Elisabeth*: Guerre commerciale et droit international: Réflexions sur les contre-mesures de la Loi américaine de 1988 sur le commerce et la concurrence, AFDI 35 (1989), 65–89 (81 ff.); *Gowdy, Jonathan S.*: Exposing Kodak: A Critique of the Toleration of Anticompetitive Practice Provision of Section 301 of the Trade Act of 1974, Florida LR 47 (1995), 459–487 (470 ff.; 479 ff.); vgl. die Zulassungsbegrenzung gem. Art. 4 Ziff. 1 Handelshemmnis-VO auf Rechtsansprüche aus internationalen Handelsregeln, die in multilateralen oder plurilateralen Handelsübereinkünften festgelegt sind; hierzu, sowie in diesem Zusammenhang für den Erhalt des multilateralen Handelssystems als „Interesse der Gemeinschaft“, *Bronckers* (Anm. 26), 306 f.; *Ohlhoff/Schloemann* (Anm. 26), 652 f.; *Mavroidis/Zdouc* (Anm. 26), 415 ff.; ferner die Voraussetzungen für die Ausübung diplomat. Schutzes nach allgemeinem Völkerrecht, oben S. 75 ff. m.w.N.

Zulässigkeit und Begründetheit einer Beschwerde in eine staatliche Rechtsordnung verlegt ist und das Ermessen durch staatliche Stellen ausgeübt wird, obgleich die Prüfungsfolgen das gesamte multilaterale Handelssystem betreffen. In *Kodak-Fujifilm* etwa genügte die Lobby- und Medienarbeit von *Kodak*, um die Eröffnung einer Untersuchung durch den USTR und die Positionen von *Kodak* als Interessen der Vereinigten Staaten zu definieren, ohne vorheriges Erschöpfen staatlicher Rechtsbehelfe und ohne Überprüfung einer Vertretbarkeit auf zwischenstaatlicher Ebene. Eine Zusammenarbeit von privaten beziehungsweise gesellschaftlichen Interessen und staatlichen Stellen in der Abwehr unlauterer Handelsmaßnahmen kann deshalb nur dann positiv zur zwischenstaatlichen Handelsregulierung beitragen, wenn staatliche Organe wie der USTR ihrer Prüfungspflicht, ob Maßnahmen nach dem DSU „erfolgreich" (*fruitful*) wären,[35] ernsthaft nachgehen. Auch in dieser Hinsicht wäre zu wünschen, dass die Spruchpraxis den Vollzug der Prüfung nicht gänzlich dem Ermessen der ersuchenden Partei überließe,[36] sondern dieser Bestimmung ein *effet utile* verliehe.

Schließlich sind weitere Zugangserleichterungen zum bereits mit *forum shopping* strapazierten DSU beziehungsweise eine direkte Beteiligung von NGOs und MNCs an der zwischenstaatlichen Handelsregulierung zu vermeiden, solange in anderen Regulierungsbereichen keine der Handelsregulierung vergleichbare zwischenstaatliche Integration zu erzielen ist. Andernfalls droht eine privat bestimmte Interessendefinition zur Handelsregulierung (Export, Import, Verbrauch, Landwirtschaft, Entwicklung, Umwelt) zu Lasten zwar weniger durchsetzungsfähiger, jedoch nicht minder bedeutender gesellschaftlicher Interessen (Entwicklung, Umwelt, Sicherheit, Menschenrechte, Kultur) zu gehen. Die könnte zu einer übermäßigen Förderung der Handelsliberalisierung, einer institutionellen Überdehnung der WTO führen, welche die zwischenstaatliche Regulierungsverteilung und das interinstitutionelle Gleichgewicht zweckentfremden würde.

Rechtsnormen des Forums zu Transparenz, Publikation und Notifikation können der subjektiv-parteibezogenen eine kollektive, objektiv-systembezogene Interessendefinition entgegensetzen. Denn aufgrund von Notifikations- und Berichtspflichten gesammelte, durch den Mechanismus zur Überprüfung der Handelspolitik (TPRM)[37] freigegebene Information muss als systembezogen

35 Art. 3 Ziff. 7 DSU.

36 Siehe hierzu oben S. 246 ff. m.w.N.

37 Trade Policy Review Mechanism, Annex 3 to the Marrakesh Agreement Establishing the World Trade Organization, done at Marrakesh, 15 April 1994, UNTS 1869 (1995),

gelten. Denkbar wäre, diese Information im Rahmen der *peer review* durch Kommentare, Richtlinien oder Standards des WTO-Organs zur Überprüfung der Handelspolitik (TPRB) zu qualifizieren, um die Interessendefinition in Einzelfällen zu legitimieren beziehungsweise die Auslegung von unbestimmten Vertragsbestimmungen[38] anzuleiten. Derart könnten die Rechtsnormen des Forums die Interessendefinition auch qualitativ stützen. Der internationale Pakt über wirtschaftliche, soziale und kulturelle Rechte vom 19. Dezember 1966[39] etwa gestattet solches Vorgehen.[40] Indessen schließt Teil A Zeile (i) TPRM die Verwendung zur Durchsetzung von Vertragspflichten, Beilegung von Streitigkeiten oder Auflage neuer Verpflichtungen ausdrücklich aus, weshalb die im Auftrag des TPRB veröffentlichten Berichte kaum über das Beschreiben staatlicher Maßnahmen hinausgehen.[41] Insofern bieten Rechtsnormen der WTO zur Transparenz, Publikation und Notifikation weder einen Mehrwert für das Ermitteln und Auswerten von Handlungs- und Ermessensspielräumen, noch ein systembezogenes Gegengewicht zur subjektiv-parteibezogenen,

---

480 ff.; TIAS No. 31874; ABlEG L 336 vom 23 Dez. 1994, 251 ff.; amend. *General Council*: Amendment to the Trade Policy Review Mechanism, Decision of 26 July 2017, WTO Doc. WT/L/1014, circul. 27 July 2017; UNTS (im Erscheinen), in: *World Trade Organization*: The WTO Agreements: The Marrakesh Agreement Establishing the World Trade Organization and its Annexes, Cambridge: Cambridge Univ. Pr., 2nd ed. 2017, 461 ff.

38 So etwa der Rechtsbegriff „erfolgreich“ in Art. 3 Ziff. 7 DSU; zur „Gleichartigkeit“ in Art. III Ziff. 2 Satz 1 GATT 1994, *Japan – Alcoholic Beverages II*, Report of the Appellate Body, WTO Doc. WT/DS8/AB/R, WT/DS10/AB/R and WT/DS11/AB/R, circul. 4 Oct. 1996, adopt. 1 Nov. 1996, S. 21; zu unbestimmten Rechtsbegriffen weiter *Schoch, Frank*: Unbestimmte Rechtsbegriffe im Rahmen des GATT: Eine Untersuchung anhand der Regelungen über Dumping und Subventionen, Diss. Mannheim, Frankfurt/Berlin/Bern *et al.*: Lang 1994, insbes. 57 ff.

39 International Covenant on Economic, Social and Cultural Rights, adopt. by *UN General Assembly*: International Covenant on Economic, Social and Cultural Rights, Res. 2200A (XXI), adopt. 16 Dec. 1966, UN Doc. A/6316 (1967), GAOR XXI, Suppl. No. 16 (1967), 49 ff.; UNTS 993 (1976), 3 ff.; TIAS No. 14531, in: ILM 6 (1967), 368 ff.; BGBl. 1973 II, 1569 ff.

40 So etwa *Riedel, Eibe*: Verhandlungslösungen im Rahmen des Sozialpakts der Vereinten Nationen, in: Ipsen, Jörn/Schmidt-Jortzig, Edzard (Hrsg.): Recht – Staat – Gemeinwohl, Festschrift für Dietrich Rauschning, Köln/Berlin: Carl Heymanns 2001, 441–456 (443 ff.); generell *Keohane, Robert O.*: Reciprocity in International Relations, IO 40 (1986), 1–27 (7 f.).

41 Hierzu krit. etwa *Hoekman/Kostecki* (Anm. 29), 63.

gegebenenfalls in Zusammenarbeit mit privaten Mandanten erfolgten Interessendefinition.

In derart freigegebenen Handlungs- und Ermessensspielräumen wird das Ermitteln eines Koordinationsbedarfs und die Teilnahmefähigkeit staatlicher Parteien[42] an einer Verhandlung zur Funktion der Verfügbarkeit von materiellen und personellen Ressourcen. Denn amtliche Information zu liefern, kritisch auszuwerten und an Interessen parteibezogen zu messen, erfordert umfassende Kenntnisse nicht nur der zwischenstaatlichen Handelsregulierung, sondern auch staatlicher Rechtsordnungen, über die nur wenige Mitglieder im Rahmen ihrer laufenden Handelsdiplomatie verfügen. Es ist für den langfristigen Bestand der zwischenstaatlichen Handelsregulierung bedenklich, wenn die Mehrheit der Mitglieder kaum in der Lage ist, ihre Notifikations- und Berichtspflichten zu erfüllen beziehungsweise Maßnahmen anderer Mitglieder auf die potenzielle Berührung eigener Interessen hin auszuwerten.[43] Wenn Notifikations- und Berichtspflichten derart belastend sind, erbringen sie nur den Mitgliedern effektiv Transparenz und Nutzen, die über die Ressourcen verfügen, solche Auswertung vorzunehmen. Andere Mitglieder hingegen verpflichten sie zur Offenlegung und binden der eigenen Interessendefinition verschriebene Ressourcen. Diese faktische, jedoch durch Rechtsnormen des Forums gestaltete Asymmetrie erzeugt einerseits Transparenzdefizit, begrenzte Interessendefinition und Ausgrenzung, wenn Mitglieder nicht über ausreichende Ressourcen verfügen; andererseits Verteilungsdefizit im Überwachungs- und Umsetzungsdruck gegenüber Mitgliedern, die entsprechend dotiert sind. Die Asymmetrie in der Interessendefinition verschärft sich noch dadurch, dass private Information und Auswertung durch NGOs und MNCs[44] die Ressourcen ihrer jeweiligen Herkunftsstaaten oftmals ergänzen.[45] In *Kodak-Fujifilm* wurden die von

42 Hierzu *Kirgis* (Anm. 13), 360 f. mit Bezug auf *Lac Lanoux* (Espagne c/ France), Sentence du Tribunal arbitral constitué en vertu du Compromis d'arbitrage du 19 nov. 1956, prononcée le 16 nov. 1957, Ziff. 11 ff., in: RIAA 12 (1963), 281 ff. (302 ff.).

43 Entspr. krit. etwa *Laird, Sam*: The WTO's Trade Policy Review Mechanism – From through the Looking Glass, World Economy 22 (1999), 741–764 (755 ff.); *Hoekman/Kostecki* (Anm. 29), 69 f.; sowie Botschafter *Bruce Gosper* (Australien) in *WTO Public Forum 2007*: WTO Dispute Settlement – Its Impact on the Multilateral Trading System and its Role in a Globalized World, Geneva, 4–5 Oct. 2007.

44 Hierzu *Ministerial Conference*: Eleventh Session, Buenos Aires, 10–13 Dec. 2017: Non-governmental Organizations Accredited to Attend the Eleventh WTO Ministerial Conference, WTO Doc. WT/MIN(17)/INF/31, circul. 29 Jan. 2018.

45 So etwa *Stern, Brigitte*: L'intervention des tiers dans le contentieux de l'OMC, RGDIP 107 (2003), 257–303 (294 ff.).

Kodak mobilisierten Rechts-, Politik- und Medienberater durch die Kapazitäten des USTR noch verstärkt. NGOs, Rechtsberater und Think Tanks, die sich auf die *veille juridique* für Entwicklungsländer spezialisiert haben,[46] lassen Unabhängigkeit vermissen[47] und vermögen diese Asymmetrie bestenfalls zu lindern.

Das Berühren geteilter Interessen führt oft zur gemeinsamen Vertretung von Interessen und zur Bündelung von Mitteln. Das multilaterale Südzentrum,[48] das unabhängige Beratungszentrum für WTO-Recht (ACWL)[49] und die Agentur für internationale Handelsinformation und -kooperation (AITIC)[50] erweitern das institutionelle Angebot von Beratungsstrukturen. Zudem erleichtert das WTO-Sekretariat die Auswertung des kollektiven Berichtssystems, indem es die vorläufigen Ergebnisse der *peer review* durch das TPRB zuständigen Regierungsstellen in Entwicklungsländern erläutert und Maßnahmen identifiziert, die mit den Vertragstexten unvereinbar sind.[51] Ferner unterstützt

---

46 So etwa die Verbände bzw. Hilfsorganisationen *WWF International*; *Association pour la taxation des transactions financières et pour l'action citoyenne* (ATTAC); *Greenpeace International*; *Oxfam International*; *Fairtrade Foundation*; *Centre du commerce international pour le développement* (CECIDE); die Think Tanks *Deutsches Institut für Entwicklungspolitik* (DIE); *Center for Economic and Social Development* (CESD); *Peter G. Peterson Institute*; *World Trade Institute* (WTI); *Overseas Development Institute* (ODI); *International Center for Trade and Sustainable Development* (ICTSD); *Centre for International Sustainable Development Law* (CISDL); *Centre for International Environmental Law* (CIEL); *Third World Network*; siehe die Liste von *amicus curiae* in gerichtlichen Panel-Verfahren bei *Stern* (Anm. 45), 274 ff.

47 Das CISDL bzw. die *Research and Information Services for Developing Countries* (RIS) etwa sind zumindest teilw. staatl. finanziert.

48 Agreement to Establish the South Centre, signed at Geneva, 1 Sept. 1994, UNTS 1885 (1995), 63 ff.; TIAS No. 32076, in: Agreement to Establish the South Centre, UN Doc. UNST/LEG(092)/A32, New York: UN 1994.

49 Agreement Establishing the Advisory Centre on WTO Law, signed at Seattle, 30 Nov. 1999, UNTS 2303 (2005), 421 ff.; TIAS No. 40998; AS (CH) 2005, 771 ff.; im Angebot ist die kontingentierte bzw. tarifierte Beratung von Entwicklungsländern durch eigene bzw. gelistete Rechtsberater; hierzu *Borght, Kim van der*: The Advisory Center on WTO Law: Advancing Fairness and Equality, JIEL 2 (1999), 723–728.

50 Agreement Establishing the Agency for International Trade Information and Cooperation as an Intergovernmental Organisation, done at Geneva, 9 Dec. 2002, UNTS 2256 (2006), 417 ff.; TIAS No. 40216; AS (CH) 2004, 3963 ff.

51 Hierzu *Trade Policy Review Body*: Report of the Trade Policy Review Body for 2008, WTO Doc. WT/TPR/192, circul. 31 Oct. 2006, Ziff. 13 ff.; *Trade Policy Review Body*: Report of the Trade Policy Review Body for 2008, WTO Doc. WT/TPR/232, circul. 14 Nov. 2008, Ziff. 13 ff.; *Trade Policy Review Body*: Report of the Trade Policy

das WTO-Sekretariat die Erfüllung von Notifikationspflichten durch Handbücher,[52] computergestützte Notifikation[53] und handelsbezogene technische Unterstützung (TRTA).[54] Schließlich identifiziert es Maßnahmen, die dem „verstärkten integrierten Netzwerk" für handelsbezogene technische Unterstützung zugunsten am wenigsten entwickelter Staaten (EIF), einem Verbund der WTO mit der VN-Konferenz über Handel und Entwicklung (UNCTAD), dem Internationalen Handelszentrum (ITC), dem VN-Entwicklungsprogramm (UNDP) und der VN-Organisation für industrielle Entwicklung (UNIDO) zur Formulierung, Verhandlung und Umsetzung von Handelspolitik, zugeführt werden können.[55] Insgesamt verbessern diese Initiativen die Teilnahmefähigkeit von Mitgliedern an streitbeilegenden Verhandlungen. Doch mag bezweifelt werden, dass solche Unterstützung ausreichend, strukturell und nachhaltig ist.[56]

Denn aufgrund ihrer Unabhängigkeitsbindung[57] kann institutionelle Hilfeleistung nur systembezogen erfolgen, und das subjektive Ermessen von staatlichen Parteien nur unvollkommen bedienen. Wirkliche Teilnahmefähigkeit

---

Review Body for 2016, WTO Doc. WT/TPR/387, circul. 7 Nov. 2016, Ziff. 8 f.; *Trade Policy Review Body*: Report of the Trade Policy Review Body for 2017, WTO Doc. WT/TPR/407, circul. 30 Oct. 2017, Ziff. 10 f.

52 Siehe etwa *Secretariat*: Technical Cooperation Handbook on Notification Requirements, WTO Doc. WT/TC/NOTIF/INF/1, circul. 12 Aug. 1996; *Secretariat*: Technical Cooperation Handbook on Notification Requirements: Agreement on Subsidies and Countervailing Measures, WTO Doc. WT/TC/NOTIF/SCM/1, circul. 9 Sept. 1996; *Secretariat*: Technical Cooperation Handbook on Notification Requirements: The Trade Policy Review Mechanism, WTO Doc. WT/TC/NOTIF/TPR/1, circul. 15 Oct. 1996.

53 *General Council*: Supply of Information to the Integrated Data Base for Personal Computers, Decision of 16 July 1997, WTO Doc. WT/L/225, circul. 18 July 1997; siehe etwa das Sanitary and Phytosanitary Information Management System (SPS IMS) auf http://spsims.wto.org (15 April 2021).

54 Siehe *Committee on Trade and Development*: Biennial Technical Assistance and Training Plan 2018–2019, WTO Doc. WT/COMTD/W/227 and Rev.1, circul. 14 Sept. 2017 and 23 Oct. 2017.

55 In diesem Zusammenhang bietet das ITC Unterstützung, Beratung und Fortbildung zum Exportmarketing, die UNCTAD Seminare zur Verhandlungsführung und Streitbeilegung; hierzu *UN Commission on Trade and Development*: Dispute Settlement: World Trade Organization, Module 3.1 Overview, UN Doc. UNCTAD/EDM/Misc.232/Add.11, New York/Geneva: UN 2003, 8 f.

56 So haben Mitglieder etwa das AITIC-Abkommen nach Kritik an der Geschäftsführung aufgekündigt und die Tätigkeit eingestellt.

57 Art. VI Ziff. 4 WTO-Abkommen.

entspringt dem Ermitteln und Auswerten von Information, ist der Interessendefinition und allen weiteren Funktionen im Vorbereitungsabschnitt der Verhandlung voranzustellen und deshalb Grundvoraussetzung für ein effektives Streitbeilegungssystem der WTO. Aus dieser Erkenntnis ist Teilnahmefähigkeit neben technische Unterstützung, Kapazitätenaufbau und am wenigsten entwickelte Staaten (LLDCs) zu thematisieren.[58] Ziel sollte es sein, die Transparenz-, Publikations- und Notifikationsbestimmungen der WTO für eine effektive und qualitative Interessendefinition durch alle Mitglieder nutzbar zu machen und die ressourcenbedingte Asymmetrie von koordinierter Streitbeilegung zu reduzieren. Auf den Ministerialkonferenzen von Bali (2013)[59] und Nairobi (2015)[60] getroffene Entscheidungen weisen ansatzweise in die richtige Richtung. Im Übereinkommen über Handelserleichterungen (TFA-Abkommen),[61] das am 22. Februar 2017 in Kraft getreten ist, sind neue Transparenz- und Publikationsbestimmungen zumindest durch eine Schonzeit für die Anwendbarkeit des DSU gegenüber Entwicklungsländern sowie durch Bestimmungen über Zusamenarbeit und Unterstützung beim Kapazitätsaufbau aufgefangen worden.[62]

2. *Schutzumfang*

Dort, wo die Rechtsnorm Interessen in ein Verpflichtungsverhältnis von Tatbestand und Rechtsfolge einbindet, das vor bestimmen Handlungen schützt,[63]

---

58 Siehe entspr. Schwerpunkte der sog. Doha Development Agenda in *Ministerial Conference*: Fourth Session, Doha, 9–14 Nov. 2001: Ministerial Declaration, WTO Doc. WT/MIN(01)/DEC/1, adopt. 14 Nov. 2001, circul. 20 Nov. 2001, Ziff. 2; 27; 38 ff.; 42 ff.; Implementation-related Issues and Concerns, Decision of 14 November 2001, WTO Doc. WT/MIN(01)/17, circul. 20 Nov. 2001.

59 Zum sog. „Bali-package", *Ministerial Conference*: Ninth Session, Bali, 3–6 December 2013: Ministerial Declaration, WTO Doc. WT/MIN(13)/DEC, adopt. 7 Dec. 2013, circul. 11 Dec 2013, Part I und II.

60 Zum sog. „Nairobi-package", *Ministerial Conference*: Tenth Session, Nairobi, 15–18 Dec. 2015, Ministerial Declaration, WTO Doc. WT/MIN(15)/DEC, adopt. 19 Dec. 2015, circul. 21 Dec. 2015, Part II.

61 Agreement on Trade Facilitation, Annex 1A to the Marrakesh Agreement Establishing the World Trade Organization, done at Geneva, 27 Nov. 2014; UNTS (im Erscheinen), TIAS No. 31874, in: *World Trade Organization*: The WTO Agreements: The Marrakesh Agreement Establishing the World Trade Organization and its Annexes, Cambridge: Cambridge Univ. Pr., 2nd ed. 2017, 321 ff.; ABlEU L 284 vom 30. Okt. 2015, 3 ff. (Übereink. über Handelserleichterungen – TFA-Abkommen).

62 Vgl. Art. 1 bis 3 und Art. 20 bis 22 TFA-Abkommen.

63 Hierzu etwa *Virally, Michel*: La pensée juridique, Neudruck, Paris: LGDJ 1998, 45 ff.

entzieht sie diese Interessen der freien Verfügung der Parteien. Deshalb haben diese den Schutzumfang bestehender Rechtsnormen zu berücksichtigen, wenn sie unbesetzte Handlungs- und Ermessensspielräume für ihre Koordination ermitteln.[64] Im Gegensatz zum innerstaatlichen operiert die Interessendefinition im zwischenstaatlichen Umfeld grundsätzlich *ad hoc* und nur ausnahmsweise, etwa im Zusammenhang mit einem Antrag auf Konsultationen, entlang der Verhaltenspflichten eines Forums. So ist die streitbeilegende, rechtsanwendende Koordination hier von der rechtssetzenden kaum zu trennen, und kann die Streitbeilegung mitunter zum Katalysator einer Rechtssetzung werden.[65]

Wenn aber die Interessendefinition vor dem Forum ansetzt, kommt es auf die staatliche beziehungsweise zwischenstaatliche Ebene der Rechtsnorm an, deren Schutzumfang zu ermitteln ist. In *Kodak-Fujifilm* versuchte die Regierung der Vereinigten Staaten, wie schon in den Verhandlungen zum sogenannten „Semiconductor Trade Agreement" (STA)[66] und zum „United States-Japan Framework for a New Economic Partnership" (FTA),[67] auf zwischenstaatlicher Ebene Interessen durchzusetzen, die aufgrund Section 301 Buchstabe (a) Ziffer (1)

---

64 So etwa *Delbez, Louis*: Les principes généraux du contentieux international, Paris: LGDJ 1962, 14; *Virally* (Anm. 63), 12 ff.

65 So etwa *Waart, Paul J.I.M. de*: The Element of Negotiation in the Pacific Settlement of Disputes between States: An Analysis of Provisions Made and/or Applied since 1918 in the Field of Pacific Settlement of International Disputes, Diss. Amsterdam, The Hague: Martinus Nijhoff 1973, 16 ff.

66 Arrangement between the Government of Japan and the Government of the United States of America Concerning Trade in Semiconductor Products (STA), bestehend aus einem Konvolut von Notenwechsel zur Grundsatzvereinbarung, *Ambassador of Japan to the United States*: Letter to USTR *Clayton K. Yeutter* (2 Sept. 1986); *US Trade Representative*: Letter to Ambassador *Nobuo Matsunaga* (2 Sept. 1986), in: ILM 25 (1986), 1409 ff.; zu den vereinbarten Datenberichten, *Ambassador of Japan to the United States*: Letter to USTR *Clayton K. Yeutter* (2 Sept. 1986); *US Trade Representative*: Letter to Ambassador *Nobuo Matsunaga* (2 Sept. 1986), in: ILM 25 (1986), 1415 ff.; beide notif. durch *US Trade Representative*: Communication, 27 Oct. 1986, circul. as *Council*: Notification in Pursuance of Paragraph 3 of the Understanding Regarding Notification, Consultation, Dispute Settlement and Surveillance: Notification by the United States, GATT Doc. L/6076, 6 Nov. 1986; zu den wettbewerbsrechtl. Folgen, *Ambassador of Japan to the United States*: Letter to US Attorney General *Arnold I. Burns* (2 Sept. 1986); *US Attorney General.*: Letter to Ambassador *Nobuo Matsunaga* (2 Sept. 1986), in: ILM 25 (1986), 1427 f.

67 Joint Statement on the United States-Japan Framework for a New Economic Partnership, by President *William Clinton* and Prime Minister *Miyazawa*, done at Tokyo, 10 July 1993, in: ILM 32 (1993), 1414 ff.; Agreement Clarifying the Framework

US Trade Act[68] nur im staatlichen Umfeld geschützt sind. Dies erfüllte zwar die Zielbestimmungen des Gesetzes, ging jedoch weder auf die japanische noch auf die zwischenstaatliche Rechtsordnungen ein, was die Not der Regierung der Vereinigten Staaten erklärt, um eine Zuständigkeit der WTO herzuleiten. Durch den fehlenden Rechtsschutz standen die Interessen der Vereinigten Staaten im zwischenstaatlichen Umfeld weitgehend außerhalb des Verpflichtungsverhältnisses von Tatbestand und Rechtsfolge, und somit grundsätzlich im freien und dispositiven Handlungs- und Ermessensspielraum der Parteien, weshalb die Regierung Japans berechtigt war, aus ihrer Abschlussfreiheit heraus[69] einen Koordinationsbedarf zu verneinen. Nach dem im STA und im FTA verfolgten Schema wurden solche Interessen aufgrund von Gegenmaßnahmen der ersuchenden Partei durchgesetzt, die durch Aussetzung subjektiver Rechte der ersuchten Partei eine Rechtsverletzung erzeugen. Im Zusammenhang mit der Selbstauslegung, die staatliche Parteien im zwischenstaatlichen Umfeld regelmäßig vornehmen,[70] stellen solche Gegenmaßnahmen, die eigentlich defensive Retorsion herstellen sollen, potenziell offensive Repressalien dar, wenn die eingeforderten Interessen keinen zwischenstaatlichen Rechtsschutz genießen.[71] Auf jeden Fall jedoch entfaltet, solange dieser Rechtsschutz nicht durch ein zuständiges Forum objektiv qualifiziert ist, die als Gegenmaßnahme erzeugte Rechtsverletzung eine Nötigung, die allenfalls Gegenmaßnahmen der ersuchten Partei auslösen könnte. Im Erfolgsfall setzt das staatliche Verfahren zur Einleitung diplomatischen Schutzes eine Selbstdefinition des zwischenstaatlichen Rechtsschutzes durch.

Seit Inkrafttreten des DSU zum 1. Januar 1995 kann ein zwischenstaatliches Forum jedoch einseitig angerufen werden, um den Rechtsschutz verbindlich

---

Agreement, as agreed, 23 May 1994, in: U.S.-Japan Agreement on Framework, Inside U.S. Trade, Special Report (27 May 1994), No. 1656.

68 19 USC §2411(a)(1)(1994).

69 Zur Abschlussfreiheit, Vertragsfreiheit (Privatrecht), in: *Tilch, Horst* (Hrsg.): Staatsrechtslexikon, Bd. 3, München: Beck, 2. Aufl. 1992, 1057–1059 (1057).

70 Treffend etwa *Abi-Saab, Georges*: « Interprétation » et « auto-interprétation » : Quelques réflexions sur leur rôle dans la formation et la résolution du différend international, in: Beyerlin, Ulrich/Bothe, Michael/Hofmann, Rainer/Petersmann, Ernst-Ulrich (Hrsg.): Recht zwischen Umbruch und Bewahrung – Festschrift für Rudolf Bernhardt, Berlin/Heidelberg/New York: Springer 1995, 9–19 (18 f.).

71 Zur Mehrdeutigkeit von Gegenmaßnahmen, *Zoller, Elisabeth*: Peacetime Unilateral Remedies: An Analysis of Countermeasures, Dobbs Ferry: Transnational Publ. 1984, 45 ff.; *Hahn, Michael J.*: Die einseitige Aussetzung von GATT-Verpflichtungen als Repressalie, Diss. Heidelberg, Berlin/Heidelberg/New York: Springer 1996, 84 ff.

und abschließend zu klären. Wegen des festgelegten Geltungsbereichs des DSU[72] und des „Rechtsanspruchs auf ein Panel"[73] kann die ersuchende Partei bereits im Vorbereitungsabschnitt einer Verhandlung absehen, dass künstlich erweiterte Interessen auf den Rechtsschutz der WTO-Teilabkommen zurückgestutzt und ihrem Handlungs- und Ermessensspielraum entzogen werden kann. Dies begrenzt ihre Interessendefinition und erweitert jene der ersuchten Partei. Ebenso markiert der Vorrang multilateraler Streitbeilegung[74] einseitige Gegenmaßnahmen als offensive Repressalie, nimmt sie aus dem Handlungsspielraum der Parteien und entzieht ihnen die im Schema des STA und des FTA erfolgreiche Schadenswirkung. Im Handelsstreit um Kraftfahrzeuge und Ersatzteile begründeten diese für die ersuchende Regierung der Vereinigten Staaten negativen Aussichten das Übereinkommen. In *Kodak-Fujifilm* wurde auf Gegenmaßnahmen verzichtet, die vertretenen Positionen jedoch im Pfad DS44 quasi unverändert aufrechterhalten[75] und erst im Panel-Bericht vom 31. März 1998[76] ein Rechtsschutz aus Artikel III und X GATT 1994 verneint.

Dies belegt erstens, entgegen der klassischen Trennung von prozessualer und materieller Rechtsnorm,[77] die Untrennbarkeit und Wechselwirkung aller Rechtsnormen im Verhandlungsraum. Dies zeigt zweitens, dass eine

---

72 Art. 1 Ziff. 1 DSU i.V.m. Anhang 1 DSU; aus Art. XVI Ziff. 1 WTO-Abkommen sind die jeweiligen Vertragsbestimmungen mit dem *acquis* aus Entscheidungen, Verfahren und der Staatenpraxis der VERTRAGSPARTEIEN des GATT 1947, aus Art. 3 Ziff. 1 DSU die Grundsätze und Verwaltung von Streitigkeiten gem. Art. XXII und XXIII GATT 1947 aufzufassen, sofern sie nicht durch die Übereink. von Marrakesch geändert wurden; hierzu *Palmeter, David/Mavroidis, Petros C.*: Dispute Settlement in the World Trade Organization: Practice and Procedure, The Hague/London/Boston: Kluwer Law Int'l 1999, 37 ff.; *Marceau, Gabrielle*: A Call for Coherence in International Law: Praises for the Prohibition against "Clinical Isolation" in WTO Dispute Settlement, JWT 33 (1999), 87–152 (109 ff.).

73 Art. 4 Ziff. 7 DSU i.V.m. Art. 6 Ziff. 1 DSU.

74 Art. 23 DSU.

75 *Permanent Mission of the United States*: Communication to the Permanent Mission of Japan and to the Dispute Settlement Body, 13 June 1996, circul. as *Japan – Film*, Request for Consultations by the United States, WTO Doc. WT/DS44/1, 21 June 1996; vgl. *Permanent Mission of the United States*: Communication to the Chairman of the Dispute Settlement Body, 20 Sept. 1996, circul. as *Japan – Film*, Request for the Establishment of a Panel by the United States, Doc. WT/DS44/2, 23 Sept. 1996.

76 *Japan – Film*, Report of the Panel, WTO Doc. WT/DS44/R, circul. 31 March 1998, adopt. 22 April 1998, Ziff. 10.382; 10.401.

77 So etwa *Jackson* (Anm. 25), 110.

prozessuale Rechtsnorm des zwischenstaatlichen Forums wie Artikel 23 DSU einseitige Gegenmaßnahmen in allen vom Geltungsbereich des DSU[78] erfassten zwischenstaatlichen Regulierungsbereichen verbieten, und so die Verhandlung der Parteien bereits vor dem Forum sanieren kann.

Dies belegt drittens, dass die materielle Rechtsnorm des zwischenstaatlichen Forums, die aufgrund des von der ersuchenden Partei zu bestimmenden Zugangs des Forums zu antizipieren ist, bereits vor dem Forum die Handlungs- und Ermessensspielräume neu definiert.[79] Denn ebenso, wie Strukturelemente der Verhandlung teils im Abschnitt ihre Wirkung entfalten, in denen die Parteien diese Wirkung tatsächlich erfahren, teils aber auch vorab, wenn die Parteien sie in strategischer Vorausschau einpreisen,[80]60 können tauschbare Interessen ausschließlich durch die Rechtsnorm des Forums geschützte Interessen sein. In *Kodak-Fujifilm* führte der Geltungsbereich des DSU[81] zum materiellen *de-linking* der zunächst angeführten Loyalität Japans in Sicherheitsfragen. Dies reduzierte die Interessendefinition der Vereinigten Staaten und engte den Handlungs- und Ermessensspielraum für ein Übereinkommen ein. Zugleich aber bot der Geltungsbereich des DSU einen Rechtsschutz für Interessen, die zuvor nicht im Verhandlungsraum standen, und erweiterte insofern die Interessensdefinition: Die ersuchende Regierung der Vereinigten Staaten nutzte das *tie-in* von Interessen unter den Rechtsschutz des GATS, erweiterte den Handlungs- und Ermessensspielraum für ein Übereinkommen und konnte hierdurch zumindest diese Interessen erfolgreich durchsetzen. Mit der Erweiterung des Handelsstreits, entlang nicht der Interessen des privaten Mandanten, sondern eines geltenden Rechtsschutzes, ist eine Portion taktischer, konfrontativer Motivation verbunden. Dies ist letztlich nicht zu beanstanden, solange der eingeforderte Rechtsschutz auf das zwischenstaatliche Forum zurückzuführen ist, wobei konfrontative Fähigkeiten staatlicher Rechtsberater wie bereits erläutert die Grenzen verschieben können. Insofern sind als Rechtsanspruch formulierte Interessen notwendiger Bestandteil der Strukturelemente der Verhandlung und die rechtliche Bewertung für die Ermittlung freier und dispositiver Handlungs- und Ermessensspielräume unerlässlich. Mit der Proliferation zwischenstaatlicher Foren liegt die Schwierigkeit rechtlicher Prüfung nicht mehr darin, zwischenstaatliche Rechtsnormen zur Anwendung zu bringen,

78 Art. 1 Ziff. 1 DSU i.V.m. Anhang 1 DSU.
79 So etwa *Delbez* (Anm. 64), 14; *Virally* (Anm. 63), 12 ff.
80 Zum Begriff oben S. 60 f. m.w.N.
81 Art. 1 Ziff. 1 DSU i.V.m. Anhang 1 DSU.

sondern zu ermitteln, welche Rechtsnormen die Spielräume der Parteien einzugrenzen vermögen.[82]

Dies belegt viertens, dass es nicht auf die Rechtsnorm an sich, sondern auf deren Ebene ankommt, wobei zwischenstaatliche Rechtsnormen eher systembezogene; staatliche hingegen subjektiv-parteibezogene Interessendefinition unterstützen. Im staatlichen Umfeld können Erstere unterliegen, etwa durch extraterritorial ausgerichtete Gesetzgebung,[83] Rechtsanwendung[84] oder Rechtsprechung,[85] wenn das verfassungsmäßige und politische Umfeld ihnen keinen Vorrang einräumt[86] 205oder zwischenstaatliche Haftungsrisiken in der Wahrnehmung herunterspielt. Dann begünstigen staatliche Rechtsnormen bis an die Schwelle der zwischenstaatlichen Ebene eine erweiterte Interessendefinition. Auf zwischenstaatlicher Ebene können staatliche Rechtsnormen aus den gleichen Gründen unterliegen, etwa aufgrund der Verdichtung vertraglicher Rechtspflichten in zwischenstaatlichen Foren, von Präzedenzen in solchen Foren beziehungsweise der konfrontativen Motivation von Gegenparteien.

82 So etwa *Jennings, Robert Y.*: The International Court of Justice after Fifty Years, AJIL 89 (1995), 493–505 (504).

83 Siehe etwa Anspruchsvoraussetzungen aus Sec. 301(a)(1) US Trade Act; 19 USC §2411(a)(1)(1994) auf Eröffnung eines Verfahrens gegen unlautere Handelsmaßnahmen.

84 Siehe etwa das Belegen mit Strafzöllen auf eingeführte Luxuswagen und das Einbehalten von Zollabfertigungen im Handelsstreit um Kraftfahrzeuge und Ersatzteile, *US Trade Representative*: Notice of Determination and Request for Public Comment Concerning Proposed Determination of Action Pursuant to Section 301: Barriers to Access to the Auto Parts Replacement Market in Japan, 60 FR 26745 (18 May 1995).

85 Zur RSpr. des Obersten Gerichtshofs der Vereinigten Staaten (US Supreme Court) zur extraterritorialen Anwendbarkeit des Kartellgesetzes der Vereinigten Staaten (Sherman Act), 26 Stat. 210 (2 July 1890); as amend. 50 Stat. 693 (17 Aug. 1937); 69 Stat. 282 (7 July 1955); Antitrust Procedures and Penalties Act, Pub. L. 93-528, 88 Stat. 1708 (21 Dec. 1974); Consumer Goods Pricing Act of 1975, Pub. L. 94-145, 89 Stat. 801 (12 Dec. 1975); as added Foreign Trade Antitrust Improvements Act of 1982, Pub. L. 97-290, 96 Stat. 1246 (8 Oct. 1982); Antitrust Amendments Act of 1990, Pub. L. 101-588, 104 Stat. 2880 (16 Nov. 1990); 15 USC §§1-7(1990), grundl. *United States v. Aluminium Co. of America (ALCOA)*, 148 F.2d 416 (2d Cir. 1945); hierzu oben S. 184 f. m.w.N.

86 Zum Vorrang von Bundesgesetzen vor völkerrechtl. Verpflichtungen, grundl. *The Cherokee Tobacco*, 78 U.S. (11 Wall.) 616, 621 (1871); *Whitney v. Robertson*, 124 U.S. 190, 194 (1888); *Chinese Exclusion Case* (Chae Chan Ping v. United States), 130 U.S. 581, 600 (1889); *Diggs v. Shultz*, 470 F.2d, 461, 465 (D.C. Cir. 1972), *cert. denied*, 411 U.S. 931 (1973); *Breard v. Greene*, 523 U.S. 371, 376 (1998); ausf. oben S. 205 ff. m.w.N.

Wenn die staatliche Interessendefinition sich nicht an die Schutzbereiche zwischenstaatlicher Rechtsnormen angleicht, droht zumindest im Geltungsbereich des DSU[87] eine quasi automatische Entscheidung des Streitbeilegungsgremiums (DSB) zur völkerrechtlichen Staatenhaftung.[88] Um die Glaubwürdigkeit dieser logischen Rechtsfolge auch im innerstaatlichen Umfeld zu festigen, sollte überzogene Interessen ersuchender Parteien wiederholt zum Antrag auf Konsultationen beziehungsweise bis zur Entscheidung des DSB führen.[89] Dabei bieten die Übereinkommen von Marrakesch eine die Regeln völkerrechtlicher Staatenhaftung derogierende Möglichkeit, staatliche Interessen, die über die Rechtspflichten der WTO-Teilabkommen hinaus lediglich *de lege ferenda* bestehen, aufgrund von „Nichtverletzungs- beziehungsweise Situationshaftung"[90] einen zwischenstaatlichen Rechtsschutz zu gewähren. In *Kodak-Fujifilm* fanden weitergehende Positionen der Vereinigten Staaten, denen aufgrund von Section 301 Buchstabe (a) Ziffer (1) US Trade Act[91] staatlicher Rechtsschutz gesichert war, trotz dieses erweiterten Haftungsrahmens keinen Rechtsschutz in der WTO.

3. *Verpflichtungsgrad*

Tendenziell fallen freie, der Koordination überlassene Handlungs- und Ermessensspielräume umso weiter aus, als der Verpflichtungsgrad der Rechtsnorm gering ist.[92] Dies gilt aufgrund geringer Integration, vergleichsweise auslegungsbedürftiger Vertragspflichten[93] und verbreiteter Verwendung von

---

87 Art. 1 Ziff. 1 DSU i.V.m. Anhang 1 DSU.

88 Art. 16 Ziff. 4 DSU bzw. Art. 19 Ziff. 1 DSU.

89 *Japan – Film*, Report of the Panel, WTO Doc. WT/DS44/R, circul. 31 March 1998, adopt. 22 April 1998, Ziff. 3.9 ff.

90 Art. XXIII Abs. 1 Ziff. (b) bzw. (c) GATT 1947 sowie entspr. Bestimungen einzelner WTO-Teilabk.; hierzu ausf. oben S. 127 ff. m.w.N.

91 19 USC §2411(a)(1)(1994).

92 So etwa *Salmon, Jean*: Le concept de raisonnable en droit international public, in: (Soucr.): Le droit international: unité et diversité, Mélanges offerts à Paul Reuter, Paris: Pédone 1981, 447–478 (449 f.); *Wróblewski, Jerzy*: Les standards juridiques: problèmes théoriques de la législation et de l'application du droit, RRJ 13 (1988), 847–870 (860 f.).

93 *Weil, Prosper*: Vers une normativité relative en droit international? RGDIP 8 (1982), 5–47 (7 f.); *Lowe, Vaughan*: The Politics of Law-making: Are the Method and Character of Norm Creation Changing? in: Byers, Michael (ed.): The Role of Law in International Politics – Essays in International Relations and International Law, Oxford: Oxford Univ. Pr. 2000, 207–226 (213); insbes. zur zwischenstaatl. Rechtsordnung, *De Visscher,*

allgemeinen Rechtsgrundsätzen, Prinzipien und Präzedenzen besonders für das zwischenstaatliche Umfeld.[94] Doch selbst in strukturierten Rechtsordnungen können Sachverhalte unterschiedliche Tatbestände erfüllen und so zugleich mehreren Rechtspflichten unterliegen.[95] Andernfalls wäre das Verhalten sämtlicher Rechtssubjekte durch Rechtsnormen diktiert, die letztlich auf eine einzige Grundnorm zurückzuführen wären.[96] Insofern besteht kein

---

Charles: Théories et réalités en droit international public, Paris: Pédone, 4e éd. 1970, 166 f.; *Combacau, Jean*: Droit des traités, Paris: PUF 1991, 4 ff.; *Vitzthum, Wolfgang Graf*: Begriff, Geschichte und Quellen des Völkerrechts, in: Vitzthum, Wolfgang Graf (Hrsg.): Völkerrecht, Berlin/New York: de Gruyter 1997, 1–100 (33 ff.); *Watts, Sir Arthur*: The Importance of International Law, in: Byers, Michael (ed.): The Role of Law in International Politics – Essays in International Relations and International Law, Oxford: Oxford Univ. Pr. 2000, 5–16 (6); krit. hinsichtl. dieser individualistischen Auffassung, *Anand, Ram P.*: International Court and Contemporary Conflicts, London/Bombay: Asia Publ. 1974, 221; zur Auslegung des Rechtsbegriffs der „Gleichartigkeit" in Art. III Ziff. 2 Satz 1 GATT 1994, *Japan – Alcoholic Beverages II*, Report of the Appellate Body, WTO Doc. WT/DS8/AB/R, WT/DS10/AB/R and WT/DS11/AB/R, circul. 4 Oct. 1996, adopt. 1 Nov. 1996, S. 21.

94 Anschaulich etwa *Hudec, Robert E.*: The GATT Legal System: A Diplomat's Jurisprudence, JWTL 4 (1970), 615–665 (661 ff.); die Durchsetzung des Völkerrechts durch die Verhandlung hervorhebend, *Hanschel, Dirk*: Verhandlungslösungen im Umweltvölkerrecht: Eine Untersuchung verhandlungsorientierter Institutionalisierungsformen anhand der Regime über weiträumige grenzüberschreitende Luftverschmutzung, zum Schutz der Ozonschicht und des Klimas, Diss. Mannheim, Stuttgart/München/Hannover: Boorberg 2003, 279 ff.; *Riedel* (Anm. 40), 453 ff.; vgl. die strittigen Funktionen des Kartell- und Wettbewerbsrechts nach Auffassung des US Supreme Court, oben S. 184 f. m.w.N.; der Organisation für wirtschaftliche Zusammenarbeit und Entwicklung (OECD), des US Department of Justice (USDOJ) und der US Federal Trade Commission, S. 201 ff. m.w.N.; sowie Japans, S. 213 ff. m.w.N.

95 So etwa *Schachter, Oscar*: The Place of Policy in International Law, Georgia Journ. Int'l & Comp. Law 2 (1972), 5–14 (7); *Lowe* (Anm. 93), 214; Vertreter der *critical legal studies* bezweifeln die Möglichkeit einer einzig „zulässigen" Bewertung eines Sachverhalts und lehnen die Vorstellung ab, Rechtsnormen könnten eine Entscheidung anweisen; vielmehr plädieren sie für die Verwendung von Standards, um in einem durch Rechtsnormen abgesteckten Verfahren zu einer einzelfallbezogenen und auch -gerechten Lösung zu gelangen, hierzu *Kratochwil, Friedrich V.*: How Do Norms Matter? in: Byers, Michael (ed.): The Role of Law in International Politics – Essays in International Relations and International Law, Oxford: Oxford Univ. Pr. 2000, 35–68 (44 ff.; 63 f.).

96 Wohl grundl. *Kelsen, Hans*: Reine Rechtslehre, Wien: Deuticke, 2. Aufl. 1960, 196 ff.; ihm folgend etwa *Petersmann, Ernst-Ulrich*: Welthandelsrecht als Freiheits- und Verfassungsordnung, ZaöRV 65 (2005), 543–586 (550 ff.).

grundsätzlicher Wesensunterschied von inner- und zwischenstaatlichem Umfeld, vielmehr weisen die Rechtsnormen beider Rechtsebenen verschiedene Verpflichtungsgrade auf, die bei zunehmender vertraglicher und institutioneller Integration sowie proliferierender Foren zur Festigung tendieren. In *Kodak-Fujifilm* veranschaulicht die grundlegende Ambivalenz der Entscheidung der VERTRAGSPARTEIEN[97] vom 18. November 1960 (Entscheidung von 1960)[98] das strukturierende Potenzial der Übereinkommen von Marrakesch für die zwischenstaatliche Wettbewerbsregulierung.

Je geringer der Verpflichtungsgrad von Rechtsnormen der zwischenstaatlichen Rechtsebene, desto weiter sind die Handlungs- und Ermessensspielräume, die zur freien staatlichen Interessendefinition verbleiben. Als primärer Rechtsanwender nimmt der staatliche Rechtsberater hier eine wahrhaft zentrale Maklerstellung ein, denn es obliegt ihm, in Selbstauslegung die Interessen staatlicher Mandanten in materielle Rechtsansprüche zu fassen und die Effektivität der Rechtsnorm wie des Verfahrens darzulegen. Insofern ist solche Effektivität zumindest teilweise ein Ergebnis verfügbarer materieller und personeller Ressourcen.

II. Kooperations- und Konfrontationsfaktor in der Positionsaufstellung

Im strategischen Aufstellen von Positionen, in dem eine Teilrealität wiedergegeben wird, die im Sinne der sendenden Partei gezielte Handlungsfolgen für die Lösung implizieren soll,[99] ist die Rechtsnorm – und hier vorrangig die Rechtsnorm des zwischenstaatlichen Umfelds, in dem die Verhandlung geführt wird – Kooperations- und Konfrontationsfaktor zugleich.

1. Rechtsebene

Denn sie hat die Eigenschaft, von ihrem Schutzbereich erfasste empirische Positionen auf die Rechtsebene zu heben, über das Verpflichtungsverhältnis

---

97 Der Begriff (*CONTRACTING PARTIES*) bezeichnet, in Abgrenzung zu einzelnen Vertragsstaaten oder Vertragsparteien, alle Vertragsstaaten des GATT 1947 als handelndes Kollektiv; hierzu statt vieler *Jackson* (Anm. 25), 31 f.

98 *Restrictive Business Practices*: Proposal by Chairman of the Working Party, GATT Doc. W.17/37, circul. 17 Nov. 1960, adopt. by *CONTRACTING PARTIES*: Summary Record of the Tenth Meeting, Held at Palais des Nations, Geneva, on 18 Nov. 1960, GATT Doc. SR.17/10, circul. 30 Nov. 1960, Ziff. 4, in: BISD 9S/28 (1960).

99 Hierzu oben S. 37 m.w.N.

von Tatbestand und Rechtsfolge rechtlich einzubinden und somit den freien Handlungs- und Ermessensspielräumen der Parteien zu entziehen. Folglich ist jeder Partei gelegen, ihre Positionen als Rechtsansprüche zu formulieren, die vom Schutzbereich der Rechtsnorm erfasst werden, beziehungsweise diesen Schutzbereich so auszulegen, dass er ihre Positionen mit umfasst.[100] Deshalb wird das Aufstellen von Positionen regelmäßig von rechtlicher Argumentation begleitet, ein aufgrund von Selbstauslegung für das zwischenstaatliche Umfeld typischer Vorgang. In *Kodak-Fujifilm* erfolgte solche Argumentation zunächst in der Beschwerde von *Kodak*,[101] die Regierung Japans verletze das Freundschafts-, Handels- und Schifffahrtsabkommen vom 2. April 1953 (FCN-Abkommen)[102] und den OECD-Kodex der Liberalisierung des Kapitalverkehrs 1995 (OECD-Kodex 1995);[103] später in den vom stellvertretenden USTR *Ira Shapiro* geäußerten Bedenken[104] sowie in der Behauptung des Vizeministers im Ministerium für Außenhandel und Industrie Japans (MITI)[105] *Yoshihiro Sakamoto*, das durch die Regierung der Vereinigten Staaten verfolgte Section 301-Verfahren sei rechtswidrig.[106]

Gleich, ob durch die Rechtsnorm angewiesen oder aufgrund faktischer Motivation, muss das Aufstellen von Positionen, um den eigenen Parteiwillen

---

100 So etwa *Delbez* (Anm. 64), 14; *Virally* (Anm. 63), 12 ff.; *Lacharrière* (Anm. 13), 14 ff.; 110 ff.

101 *Howell, Thomas R./Bartlett, Brent L.*: Privatizing Protection: Japanese Market Barriers in Consumer Photographic Film and Consumer Photographic Paper, Memorandum in Support of a Petition Filed Pursuant to Section 301 of the Trade Act of 1974, Washington: Dewey Ballantine/Eastman Kodak Co. 1995, 1 ff.; auszugsw. in: *Durling* (Anm. 5), 67 ff.

102 Treaty and Protocol of Friendship, Commerce, and Navigation between the United States of America and Japan, signed at Tokyo, 2 April 1953, and Exchange of Notes of 29 August 1953, UNTS 206 (1955), 192 ff.; TIAS No. 2788.

103 *Council*: Code of Liberalisation of Capital Movements, adopt. 12 Dec. 1961, OECD Doc. C(61)96; am relevanten 18. Mai 1995 zuletzt geänd. durch *Council*: Resolution amending the Code of Liberalisation of Capital Movements, adopt. 19 April 1995, OECD Doc. C(95)45/Final, in: *Organization for Economic Co-operation and Development*: Code of Liberalisation of Capital Movements (1995), Paris: OECD 1995, 2 ff..

104 *Shapiro, Ira S.*: Letter to MITI Vice-Minister *Yoshihiro Sakamoto* (21 Dec. 1995), in: Shapiro Letter in Kodak Case, Inside U.S. Trade (12 Jan. 1996), No. 3735.

105 Ministry for International Trade and Industry (Kokusai Bôeki To Sangyôjô) (MITI); seit 2001 Ministry of Economy, Trade and Industry (METI).

106 *Sakamoto, Yoshihiro*: Letter to Deputy USTR *Ira S. Shapiro* (5 Jan. 1996), in: Sakamoto Letter on Kodak Case, Inside U.S. Trade (12 Jan. 1996), No. 3736.

in den Verhandlungsraum zu projizieren, den gegnerischen Parteiwillen zu testen und hieraus die Spielregeln, Handlungs- und Ermessensspielräume des Einzelfalls zu ermitteln, als konfrontativ gelten. Solches Stärken eigener Macht verfolgt letztlich *win-lose* Ergebnisse, in denen die eigenen Interessen auf Kosten der Gegenpartei überwiegen.[107] Außer dem Rechtsschutz von Interessen liefert die Rechtsnorm hierbei die Legitimität der *bona fide* sowie prozessuale Handlungsalternativen, die auch im faktischen Argumentieren überzeugen und Macht deshalb stützen.[108] Zugleich erschweren ihre handlungsanweisenden Eigenschaften einen Wandel von Positionen im Erweiterungsabschnitt der Verhandlung, auf dessen Grundlage eine kreative *win-win* Lösung möglich werden soll. Praktiker der streitbeilegenden Verhandlung gebrauchen die Rechtsnorm deshalb mit Vorsicht.[109]

Auch deshalb ist die verbreitete Annahme[110] zu kritisieren, in „machtgeleiteter" Verhandlung würden die Tauschverhältnisse aufgrund von Drohung und Versprechen zwingend die relative materielle Machtausstattung der Parteien reflektieren, während die Lösung „rechtsgeleiteter Verhandlung" (*rule-oriented*

---

107 Zutr. etwa *Lacharrière* (Anm. 13), 136 f.; *Petersmann* (Anm. 29), 33.

108 So etwa *Eckhoff, Torstein*: The Mediator, the Judge and the Administrator in Conflict-Resolution, Acta Sociologica 10 (1967), 148–172 (155 f.).

109 So etwa *Zartman, Ira W./Berman, Maureen B.*: The Practical Negotiator, New Haven/London: Yale Univ. Pr. 1982, 28; *Fisher, Roger/Ury, William/Patton, Bruce*: Getting to YES: Negotiating Agreement Without Giving In, New York/London: Penguin, 2nd ed. 1991, 19 ff.; *Hopmann, Philip T.*: The Negotiation Process and the Resolution of International Conflicts, Columbia: Univ. of South Carolina Pr. 1996, 190; 232 ff.; ähnlich in der Vermittlung, *Darwin, Henry G.*: Mediation and Good Offices, in: Waldock, Sir Humphrey (ed.): International Disputes: The Legal Aspects, Report of a Study Group of the David Davies Memorial Institute of International Studies, London: Europa Publ. 1972, 77–158 (85 ff.); *Neuhold, Hanspeter*: Internationale Konflikte – Verbotene und erlaubte Mittel ihrer Austragung, Habil. Wien, Wien/New York: Springer 1977, 364 f.; *Lacharrière* (Anm. 13), 136 f.; *Merrills, John G.*: International Dispute Settlement, Cambridge/New York/Melbourne: Cambridge Univ. Pr., 3rd ed. 1998, 37 f.; *Risse, Jörg*: Die Rolle des Rechts in der Wirtschaftsmediation, BB Nr. 27/1999, Beilage 9 Mediation & Recht, 1–7 (3).

110 So etwa *Jackson* (Anm. 25), 109 f.; *Baroncini, Elisa*: The WTO Dispute Settlement Understanding as a Promoter of Transparent, Rule-oriented, Mutually Agreed Solutions – A Study on the Value of DSU Consultations and Their Positive Conclusion, in: Mengozzi, Paolo (ed.): International Trade Law on the 50th Anniversary of the Multilateral Trade System, Milano: Giuffrè 1999, 152–302 (157 ff.); ansatzw. bereits *Eckhoff* (Anm. 108), 155 f.

diplomacy)[111] ein geteiltes Verständnis zur Auslegung von Rechtsnormen übersetze. Solche Gegenüberstellung verkennt die Macht, die Rechtsbindung über das Formulieren von Positionen entfaltet. In *Kodak-Fujifilm* etwa beschränkte die im Schreiben von Vizeminister *Sakamoto*[112] geäußerte Rechtsauffassung, das Section 301-Verfahren sei rechtswidrig, zweifelsohne die Macht der Regierung der Vereinigten Staaten im faktisch-empirischen Sinne: Als prozessuale Position disqualifizierte sie die Verwendung von Gegenmaßnahmen aus Section 301 Buchstabe (c) US Trade Act[113] und folglich Handlungsspielraum. Dem hielt das Schreiben des stellvertretenden USTR *Shapiro*[114] die inhaltliche Position entgegen, die Maßnahmen der Regierung Japans verletzten Artikel III und X GATT 1994, was Ermessensspielraum entzog. Dies belegt Untrennbarkeit und Wechselwirkung von prozessualer und materieller Rechtsbindung im Verhandlungsraum.[115]

Die Macht der Rechtsnorm leitet sich vielmehr von der Beschaffenheit ihres Schutzumfangs und ihres Verpflichtungsgrades ab. Je deutlicher der Rechtsschutz einer vertretenen Rechtsauffassung, desto wirksamer entsteht hieraus Interessenschutz, Unabdingbarkeit und Handlungsanweisung. Aus einer rechtlich eindeutig abgesicherten Position heraus kann eine Partei eine kooperative, transparente und *bona fide* Verhandlung anbieten, wie das Verhalten der Regierung Japans im Handelsstreit um Kraftfahrzeuge und Ersatzteile[116] veranschaulicht. Ist solcher Rechtsschutz hingegen schwer nachvollziehbar, muss der staatliche Rechtsberater konfrontative Motivation, taktische Auslegung und eine gewisse *mala fide* aufbringen, wie das Taktieren der Regierung der Vereinigten Staaten in *Kodak-Fujifilm*[117] zeigt. Im Zweifelsfall sind verkeilte Rechtsauffassungen nur durch schieds- oder gerichtliche Entscheidung aufzulösen. In *Kodak-Fujifilm* etwa wurde der im Antrag DS44[118] behauptete Rechtsschutz

111 Wohl grundl. *Jackson* (Anm. 25), 109 ff.; ansatzw. *Petersmann* (Anm. 29), 30 ff.; ausf. *Baroncini* (Anm. 99), 157 ff.; 186 ff.; 227 ff.

112 *Sakamoto, Yoshihiro*: Letter to Deputy USTR *Ira S. Shapiro* (5 Jan. 1996), in: Sakamoto Letter on Kodak Case, Inside U.S. Trade (12 Jan. 1996), No. 3736.

113 19 USC §2411(c)(1994).

114 *Shapiro, Ira S.*: Letter to MITI Vice-Minister *Yoshihiro Sakamoto*, 21 Dec. 1995, in: Shapiro Letter in Kodak Case, Inside U.S. Trade (12 Jan. 1996), No. 3735.

115 Hingegen etwa *Jackson* (Anm. 25), 110.

116 Hierzu ausf. oben S. 224 ff. m.w.N.

117 Hierzu oben S. 244 ff.; 272 ff. m.w.N.

118 *Permanent Mission of the United States*: Communication to the Permanent Mission of Japan and to the Dispute Settlement Body, 13 June 1996, circul. as *Japan – Film*,

aus Artikel III und X GATT 1994 erst durch die Annahme des Panel-Berichts[119] durch das DSB[120] abschließend geklärt. Je geringer hingegen der Schutzumfang beziehungsweise Verpflichtungsgrad der Rechtsnorm, desto strittiger mögen einerseits auf ihr gegründete Positionen erscheinen; umso offener sind andererseits Handlungs- und Ermessensspielräume für eine koordinierte Lösung aufgrund von Interessen.[121]

2. *Rechtsstreit*

Zugleich hat die Rechtsnorm zur Eigenschaft, die von ihrem Schutzbereich erfassten Interessen in die Rechtsebene einzubinden, strategische Drohung und Versprechen, konfrontative Motivation oder polemisierende Wahrnehmung zu lindern und somit den Handelsstreit zu entpolitisieren. Trotz Selbstauslegung durch staatliche Parteien kann das Prüfen und Gegenprüfen von Rechtsauffassungen inhaltliche Positionen wandeln, Spielregeln präzisieren, Wahrnehmung versachlichen, Handlungs- und Ermessensspielräume objektivieren und Lerneffekte auslösen.[122] In *Kodak-Fujifilm* etwa führte die von Vizeminister *Sakamoto*[123] geäußerte Rechtsauffassung, das Section 301-Verfahren sei rechtswidrig, die Regierung der Vereinigten Staaten zur Wahl der WTO statt des bilateralen Forums. Da diese Rechtsauffassung in Artikel 23 DSU verankert und kaum zu beanstanden ist, wurden Gegenmaßnahmen aus dem Handlungsspielraum der Regierung der Vereinigten Staaten entfernt und der Vorbereitungsabschnitt der Verhandlung versachlicht, ohne jedoch die Offenhaltung des gesamten Handelsstreits zu veranlassen.

Indem er aufgestellte Positionen von der empirischen Sachebene in die Rechtsebene hebt, verleiht der Abgleich von Rechtsauffassungen einer strittigen Situation die Dimension des Rechtsstreits. Die Rechtsnorm erzeugt folglich ein Argumentieren um den durch sie gewährten Schutz von identifizierten Rechtsansprüchen sowie um eventuelle Zugangs- beziehungsweise

---

Request for Consultations by the United States, WTO Doc. WT/DS44/1, 21 June 1996.

119 *Japan – Film*, Report of the Panel, WTO Doc. WT/DS44/R, circul. 31 March 1998, adopt. 22 April 1998, Ziff. 10.382; 10.401.

120 *Dispute Settlement Body*: Minutes of the Meeting held on 22 April 1998, WTO Doc. WT/DSB/M/45, circul. 10 June 1998, Ziff. 3.

121 Anschaulich etwa *Hudec* (Anm. 94), 661 ff.

122 So etwa *Eckhoff* (Anm. 108), 155 f.; *Baroncini* (Anm. 99), 298 ff.

123 *Sakamoto, Yoshihiro*: Letter to Deputy USTR *Ira S. Shapiro* (5 Jan. 1996), in: Sakamoto Letter on Kodak Case, Inside U.S. Trade (12 Jan. 1996), No. 3736.

Zulässigkeitsvoraussetzungen verfügbarer Foren. Insofern, als sie die Dimension des Rechtsstreits hervorruft und den Handelsstreit an multilaterale Foren heranführt, erfüllt die Rechtsnorm eine kooperationsfördernde Funktion. Auch in dieser Hinsicht scheinen schieds- und gerichtliche Foren besonders geeignet, als konfrontative Positionen verkeilte Rechtsauffassungen zu lösen. In *Kodak-Fujifilm* gelang dies aufgrund der Abweisung der im Antrag DS44[124] behaupteten und im Antrag auf Einsetzung eines Panels[125] bestätigten Verletzungen von Artikel III und X GATT 1994 im Panel-Bericht.[126] Da Artikel 3 Ziffer 10 DSU Anträge auf Konsultationen als „nicht streitige Handlung" definiert und selbst Interessengegensätze zum Vorverfahren im DSU zulässt, die nicht als Rechtsauffassungen formuliert sind, bildet die Rechtsstreitsqualität hier keine Zugangsvoraussetzung. Die Zulässigkeit zum gerichtlichen Panel-Verfahren hingegen ist zwar nicht an das Bestehen eines objektiv definierbaren Rechtsstreits gebunden, wohl aber an die Voraussetzungen des Artikel 6 Ziffer 2 DSU, insbesondere zur „Festsetzung der Ansprüche und des Sachverhalts" (*definition of claims and facts*) sowie zur „Bestimmtheit der Beschwerde" (*specificity of the complaint*).[127]

B. Macht

Als Strukturelement der Verhandlung wurde Macht anfangs als Fähigkeit definiert, die Gegenpartei zum Treffen beziehungsweise Unterlassen bestimmter Entscheidungen zu veranlassen.[128] Kern solcher Macht ist die Glaubwürdigkeit

---

124 *Permanent Mission of the United States*: Communication to the Permanent Mission of Japan and to the Dispute Settlement Body, 13 June 1996, circul. as *Japan – Film*, Request for Consultations by the United States, WTO Doc. WT/DS44/1, 21 June 1996.

125 *Permanent Mission of the United States*: Communication to the Chairman of the Dispute Settlement Body, 20 Sept. 1996, circul. as *Japan – Film*, Request for the Establishment of a Panel by the United States, Doc. WT/DS44/2, 23 Sept. 1996.

126 *Japan – Film*, Report of the Panel, WTO Doc. WT/DS44/R, circul. 31 March 1998, adopt. 22 April 1998, Ziff. 10.382; 10.401.

127 Hierzu ausf. oben S. 306 ff.; 397 ff. m.w.N.

128 So wohl grundl. *Tawney, Richard H.*: Equality, London: Allen & Unwin 1931, 229; ausf. oben S. 38 f. m.w.N.

von beteuerten Aussagen, die vorrangig durch Rückschlüsse aus vorausgegangenen Handlungen entsteht.[129]

In diesem Zusammenhang bestimmt die prozessuale Rechtsnorm Fristen, formale Voraussetzungen, mögliche Alternativen, vor allem aber die Tagesordnung, derzufolge materielle Rechtspflichten relevant werden. Derart leitet sie in Wechselwirkung mit Strukturelementen der Verhandlung das Koordinieren der Parteiwillen, weshalb ihr Potenzial erkundet werden kann, Parteien zum Treffen beziehungsweise Unterlassen von Entscheidungen zu veranlassen.

I. Drohung und Versprechen

Wenn Verhandlungsmacht letztlich auf der Glaubwürdigkeit von beteuerten Aussagen beruht, entwickelt die Rechtsnorm durch ihren Anspruch, einem Tatbestand bestimmte Rechtsfolgen eintreten zu lassen, eine für die Bildung von Macht zentrale willensbeeinflussende, verhaltenslenkende und handlungsanweisende Kraft. Kleidet eine sendende Partei den Eintritt künftiger Ereignisse nämlich als Rechtsfolge eines Verhaltens in subjektive Positionen, kann die Rechtsnorm eine von der Gegenpartei wahrgenommene Möglichkeit herstellen, dass die beteuerte Rechtsfolge eintreten wird und sie ihr Verhalten entsprechend ausrichten sollte.

Solches Handeln der sendenden Partei mag faktisch als Drohung beziehungsweise, wenn Rechtsvorteile mit dem Verhalten verknüpft werden, als Versprechen empfunden werden. Auf der Rechtsebene gilt es als zulässiges und angemessenes Einfordern der Rechtsnorm. Faktisch wirkt es gleichwohl als Drohung beziehungsweise Versprechen.[130] Sind materielle Rechtspflichten entsprechend klar und die Ergebnisse rechtlicher Prüfung eindeutig, kann Verhandlungsmacht allein aufgrund rechtlicher Argumentation, Prüfung und Schlussfolgerung erreicht werden, wobei die Verfügbarkeit von materiellen und personellen Ressourcen helfen mag, den Eintritt der Rechtsfolgen aus dem beteuerten Verpflichtungsverhältnis glaubhafter erscheinen zu lassen. Mitunter entsteht eine beträchtliche Hebelwirkung: Im Handelsstreit um Kraftfahrzeuge und Ersatzteile etwa verschaffte das Einfordern von Artikel 23 DSU[131]

---

129 Grundl. *Iklé, Fred C.*: Negotiation, in: Sills, David L. (ed.): International Encyclopedia of the Social Sciences, Vol. XI, London: Macmillan & Free Pr. 1968, 117–120 (119); hierzu oben S. 39 f. m.w.N.

130 So wohl *Neuhold* (Anm. 109), 511; *Virally* (Anm. 63), 68.

131 *Permanent Mission of Japan*: Communication to the Office of the United States Trade Representative, 17 May 1995, circul. as *US — Autos*, Request for Consultations by Japan, WTO Doc. WT/DS6/1, circul. 22 May 1995; ausf. zur Rechtsauffassung,

der Regierung Japans mehr Macht als die Strafzölle der Vereinigten Staaten in Milliardenhöhe. In *Kodak-Fujifilm* genügte dann ein Hinweis von Vizeminister *Sakamoto* auf das Section 301-Verfahren,[132] um die Präzedenz des Handelsstreits um Kraftfahrzeuge und Ersatzteile in den Verhandlungsraum zu holen. Umgekehrt entfällt die Verhandlungsmacht aus der Rechtsnorm, wenn die formulierte Rechtsauffassung nicht vom Schutzbereich erfasst und somit nicht durchsetzbar ist. In *Kodak-Fujifilm* etwa führte die Wahl der WTO und des Subforums DSU zum materiellen *de-linking* der zunächst thematisierten Loyalität Japans in Sicherheitsfragen,[133] die im Geltungsbereich des DSU[134] nicht geschützt[135] war.

Wie hinsichtlich der vertretenen Interessen, ist die Drohwirkung der Rechtsnorm an das Umfeld gebunden, dem das Forum im jeweiligen Verhandlungsabschnitt erwächst, denn im staatlichen Forum wird die zwischenstaatliche Rechtsnorm, im zwischenstaatlichen Umfeld die staatliche nur mittelbare Drohwirkung entfalten. Im Vorbereitungsabschnitt von *Kodak-Fujifilm* etwa schienen die Positionen von *Kodak* zunächst vertretbar, da die Anspruchsvoraussetzungen aus Section 301 Buchstabe (a) Ziffer (1) US Trade Act[136] sie schützten und staatliche Rechtsnormen im politischen und verfassungsrechtlichen Umfeld der Vereinigten Staaten zwischenstaatliche entkräfteten. Der stellvertretende USTR *Shapiro*[137] projizierte diese Anspruchsvoraussetzungen extraterritorial, gestützt auf die in Section 301 Buchstabe (c) US Trade Act[138]

Permanent Mission of Japan: Communication, 17 May 1995, circul. as *US – Autos*, Communication from Japan, WTO Doc. WT/INF/2, 22 May 1995; der Vertreter Japans in *Council for Trade in Goods*: Minutes of the Meeting held on 29 May 1995, WTO Doc. WT/G/C/M/3, circul. 28 June 1995, Ziff. 5 f.; *Permanent Mission of Japan*: Statement by Japan at the Meeting of the Dispute Settlement Body on 31 May 1995, circul. as *United States' Auto and Autoparts Issues*: US Unilateral Measures: Statement by Japan, WTO Doc. WT/DSB/COM/1, 12 June 1995.

132 *Sakamoto, Yoshihiro*: Letter to Deputy USTR *Ira S. Shapiro* (5 Jan. 1996), in: Sakamoto Letter on Kodak Case, Inside U.S. Trade (12 Jan. 1996), No. 3736.

133 *Japan Ministry of Foreign Affairs*: Diplomatic Bluebook 1993 (Geiko Seisho): Striving for a More Secure and Humane World, Tokyo: MOFA 1994, Ziff. 3; siehe etwa *Durling* (Anm. 5), 20 f.

134 Art. 1 Ziff. 1 DSU i.V.m. Anhang 1 DSU.

135 Vgl. etwa Art. XXI GATT 1994.

136 19 USC §2411(a)(1)(1994).

137 *Shapiro, Ira S.*: Letter to MITI Vice-Minister *Yoshihiro Sakamoto*, 21 Dec. 1995, in: Shapiro Letter in Kodak Case, Inside U.S. Trade (12 Jan. 1996), No. 3735.

138 19 USC §2411(c)(1994).

normierten Gegenmaßnahmen. Jenseits institutioneller Foren ist solche Selbstauslegung nicht zwingend rechtswidrig. Nach für *Kodak-Fujifilm* geltender Spruchpraxis[139] konnten entgegenstehende staatliche Rechtspflichten als solche keine Haftung aus dem GATT 1947 begründen, solange sie den staatlichen Organen ausreichende Ermessensspielräume beließen, keine oder mit den Rechtspflichten des GATT 1947 übereinstimmende Maßnahmen zu ergreifen. Staatliche Rechtspflichten begründeten nur dann eine Haftung, wenn sie das Ergreifen den Rechtspflichten des GATT 1947 entgegenstehender Maßnahmen vorschrieben[140] oder vorhandene Ermessensspielräume durch eine entgegenstehende Maßnahme konkretisierten. Allerdings wurde bereits diskutiert, dass die in Artikel XVI Ziffer 4 WTO-Abkommen eingeführte Rechtspflicht zur Sicherstellung der Übereinstimmung von Gesetzen, Verordnungen und Verwaltungsverfahren als Vorschrift begriffen werden konnte, entgegenstehende Maßnahmen aktiv in Übereinstimmung mit den Übereinkommen von Marrakesch zu bringen.[141] Für das Section 301-Verfahren ist dies, aufgrund eines begrenzten Mandats und weitgehender Zusicherungen des Prozessvertreters der Vereinigten Staaten, verbleibende Handlungsspielräume stets im Einklang mit den Übereinkommen von Marrakesch zu nutzen, mittlerweile verneint worden.[142]

Die Antwort von Vizeminister *Sakamoto*[143] setzte die Drohwirkung von Artikel 23 DSU entgegen, deren Glaubwürdigkeit daher rührte, dass ein Ergreifen von Gegenmaßnahmen aus Section 301 Buchstabe (c) US Trade Act den Rechtsschutz aus dieser zwischenstaatliche Verhaltenspflicht auslösen würde und jener durch einseitigen Antrag auf Konsultationen[144] im zwischenstaatlichen Forum WTO eingefordert werden konnte. Durch die Präzedenz des

---

139 *US – Superfund*, Report of the Panel, GATT Doc. L/6175, circul. 5 June 1987, adopt. 17 June 1987, Ziff. 5.2.9 f., in: BISD 34S/136 (1987), 163 f.; *EEC – Parts and Components*, Report of the Panel, GATT Doc. L/6657, circul. 22 March 1990, adopt. 16 May 1990, Ziff. 5.25 f., in: BISD 37S/132 (1990), 199; *US – Tobacco*, Report of the Panel, GATT Doc. DS44/R, circul. 12 Aug. 1994, adopt. 4 Oct. 1994, Ziff. 118, in: BISD 41S/131 (1994), 163.

140 Ebendort; *US – MFN Footwear*, Report of the Panel, GATT Doc. DS18/R, circul. 10 Jan. 1992, adopt. 19 June 1992, Ziff. 6.13, in: BISD 39S/128 (1993), 151.

141 Zust. etwa *Kuijper* (Anm. 26), 68 ff.; *Palmeter/Mavroidis* (Anm. 72), 25 f.

142 *US – Section 301 Trade Act*, Report of the Panel, WTO Doc. WT/DS152/R, circul. 22 Dec. 1999, adopt. 27 Jan. 2000, Ziff. 7.95 ff. insbes. 7.131 ff.

143 *Sakamoto, Yoshihiro*: Letter to Deputy USTR *Ira S. Shapiro* (5 Jan. 1996), in: Sakamoto Letter on Kodak Case, Inside U.S. Trade (12 Jan. 1996), No. 3736.

144 Art. 4 DSU.

Handelsstreits um Kraftfahrzeuge und Ersatzteile, in dem diese Spielregeln durchgespielt worden waren, brauchte Artikel 23 DSU nicht ausdrücklich im Schreiben erwähnt zu werden, um solche Drohwirkung zu entfalten. Neuerdings sollte ein Hinweis auf die im gerichtlichen Verfahren *US – Section 301 Trade Act* gegebenen Zusicherungen des Prozessvertreters der Vereinigten Staaten[145] ausreichen, um eine Drohwirkung von Gegenmaßnahmen aus Section 301 Buchstabe (c) US Trade Act[146] zu entkräften.

Die bereits festgestellte Vielfalt zwischenstaatlicher Foren reduziert Möglichkeiten, die Drohwirkung extraterritorial projizierter staatlicher Rechtsnormen zu instrumentalisieren, und fördert indessen das Einfordern zwischenstaatlich konsentierter Rechtsnormen. Ebenso zwingt solche Vielfalt die Parteien, die Drohwirkung zwischenstaatlicher Rechtsnormen zu berücksichtigen und alternativ in einem Forum gegen sich gelten zu lassen.

Freilich ist das Aufbauen von Drohwirkung selbst legitimer zwischenstaatlicher Rechtsnormen nicht auf eine kooperative Lösung, sondern konfrontativ ausgerichtet. Durch eine ranghohe Verankerung des Völkerrechts in der Verfassung; eine stärkere Ausrichtung gesetzlicher Koordinationsverfahren und Bewertungsmaßstäbe an zwischenstaatlichen Belangen und Rechtspflichten; eine kritische Prüfung privat erbrachter Information; eine glaubwürdige Verankerung des staatlichen Rechtsberaters; eine regelmäßige Berücksichtigung von Rechtssystemen, Sprachen und Courtoisie; eine gelegentlich gewährte Handlungsbegrenzung, kann das politische und verfassungsrechtliche Umfeld eine bessere Integration der zwischenstaatlichen Ebene ab der staatlichen Willensbildung sichern und somit ein kooperatives Verhalten im zwischenstaatlichen Umfeld fördern. Die vorherige Erschöpfung staatlicher Rechtsbehelfe[147] und die Prüfungspflicht, ob Maßnahmen nach dem DSU „erfolgreich" wären,[148]

---

145 *US – Section 301 Trade Act*, Report of the Panel, WTO Doc. WT/DS152/R, circul. 22 Dec. 1999, adopt. 27 Jan. 2000, Ziff. 7.114 ff. insbes. 7.131 ff.

146 19 USC §2411(c)(1994).

147 Zur grunds. völkerrechtl. Anerkennung, *Claim of Finnish Shipowners Against Great Britain in Respect of the Use of Certain Finnish Vessels During the War* (Finland v. United Kingdom), Arbitral Award under the Special Agreement of 30 Sept. 1932, rendered on 9 May 1934, in: RIAA 3 (1949), 1479 ff. (1490 ff.); *The Ambatielos Claim* (Greece v. United Kingdom), Award by the Commission of Arbitration established by the Agreement concluded 24 Feb. 1955, rendered on 6 March 1956, in: RIAA 12 (1963), 83 ff. (118 ff.); *Interhandel* (Switzerland v. United States of America), Preliminary Objections, Judgment of 21 March 1959, ICJ Rep. 1959, 6 ff. (27 ff.); ausf. oben S. 76 ff. m.w.N.

148 Art. 3 Ziff. 7 DSU.

bieten staatlichen Organen Rechtsgrundlagen, um diese Fähigkeit unter Beweis zu stellen, bevor ein Handelsstreit in das zwischenstaatliche Umfeld eskaliert.

II. *Crédit diplomatique*

Langfristig betrachtet, erhärtet das wiederholte Einfordern einer Rechtsnorm in Positionen beziehungsweise die mehrfache Prüfung gegnerischer Positionen die als *crédit diplomatique* bezeichnete,[149] auf Verhandlungsmacht bezogene Glaubwürdigkeit einer staatlichen Partei. Jenseits von vordergründigem Prestige entsteht rechtliches *crédit diplomatique* aus dem Umgang einer solchen Partei mit der Rechtsnorm, auf dessen Grundlage Akteure ihre Wahrnehmung beziehungsweise Erwartung an deren künftiges Verhalten ausrichten.[150] Das *crédit diplomatique* umfasst ebenso das in vorausgegangenen, ähnlich gelagerten Situationen bekundete Vermögen, die in Positionen gekleidete Rechtsnorm insoweit durchzusetzen, als ihre Handlungsanweisung tatsächlich vollzogen wurde.[151] Unwesentlich für die empirische Effektivität hingegen ist die Unterscheidung rechtmäßiger Erwartungen[152] oder einer Präzedenzwirkung der Spruchpraxis[153] im Rechtssinne.

---

149 Hierzu ausf. oben S. 78 m.w.N.

150 Ähnlich als Bestandteil staatl. Rechts- und Außenpolitik, *Hahn, Hugo J.*: Le contrôle de l'exécution de l'obligation des États dans les organisations internationales économiques, in: Société française pour le droit international (éd.): Aspects du droit international économique – Élaboration, contrôle, sanction, Colloque d'Orléans, 25–27 mai 1971, Paris: Pédone 1972, 35–66 (53 ff.); staatl. Strategien zur Vermeidung logischer Fehler und Widersprüche, *Lacharrière* (Anm. 13), 177 ff.

151 Vgl. etwa *Lacharrière* (Anm. 13), 187 ff.

152 Zum Begriff des Estoppel, *Bowett, Derek W.*: Estoppel before International Tribunals and its Relation to Acquiescence, BYIL 33 (1957), 176–202 (176 ff.); *Vallée, Charles*: Quelques observations sur l'estoppel en droit des gens, RGDIP 77 (1973), 949–999 (950 ff.); *Martin, Antoine*: L'estoppel en droit international public, précédé d'un aperçu de l'estoppel en droit anglais, Thèse Genève, Paris: Pédone 1979, insbes. 71 ff.; 162 ff.; 297 ff.; *Müller, Jörg P./Cottier, Thomas*: Estoppel, in: Bernhardt, Rudolf (ed.): EPIL 2 (1995), 116–119 (116 ff.).

153 Während die Annahme eines Panel-Berichts zur Verletzungshaftung unstr. rechtl. bindende *res adjudicata* für den vorgelegten Sachverhalt und die beteiligten Parteien entfaltet, entsteht hieraus keine rechtl. *stare decisis*, jedoch eine *de facto* Präzedenz für künftige Verhandlung, grundl. *EEC – Dessert Apples (Chile)*, Report of the Panel, GATT Doc. L/6491, circul. 18 April 1989, adopt. 22 June 1989, Ziff. 12.1; 12.10 ff., in: BISD 36S/93 (1989), 123 f.; 127 ff.; hierzu *GATT Secretariat*: Analytical Index: Guide to GATT Law and Practice, Geneva: GATT, 6th ed. 1994, 702 ff.; ausf. hierzu oben S. 234 ff. m.w.N.

So ließ etwa das wiederholt kooperative Verhalten Japans nach dem im STA und im FTA verfolgten Schema das *crédit diplomatique* entstehen, dass es durch Gegenmaßnahmen aus Section 301 Buchstabe (c) US Trade Act[154] veranlasst werden könnte, Rechtspflichten aus der Wettbewerbsordnung Japans (Dokusen Kinshi Hô)[155] und dem GATT 1947 einvernehmlich abzuändern oder auszusetzen. Spiegelbildlich stärkte die wiederholt erfolgreiche Androhung solcher Gegenmaßnahmen durch die Regierung der Vereinigten Staaten das *crédit diplomatique*, sie wisse Rechtsansprüche aus Section 301 Buchstabe (a) Ziffer (1) US Trade Act[156] durchzusetzen. Die etablierte[157] extraterritoriale Anwendung des Kartellgesetzes der Vereinigten Staaten (Sherman Act),[158] die „Later-in-Time" Regel[159] und die „Souveränität" des Kongresses (US Congress) gegenüber völkerrechtlichen Verpflichtungen[160] unterstützen dies. Solcher wiederholter Umgang beider Regierungen mit Rechtspflichten degradierte das Dokusen Kinshi Hô und das GATT 1947 letztlich zu schwachen, da abbedungenen Rechtsnormen, und werteten das US Trade Act zur starken, da faktisch durchgesetzten Rechtsnorm. Im Ergebnis setzte die Rechtsordnung der Vereinigten Staaten die japanischen und völkerrechtlichen Rechtsordnungen aus.

Die zum 1. Januar 1995 in Kraft getretenen Übereinkommen von Marrakesch boten zunächst nur abstrakte, einer Konkretisierung im Einzelfall harrende, Rechtspflichten. Denn bestehenden Präzedenzen war nicht zu entnehmen, ob

---

154 19 USC §2411(c)(1994).

155 Act on the Prohibition of Private Monopolization and Maintenance of Fair Trade, No. 54 (1947), as amend. Act No. 107 (1992), Kanpô, 93 ff.

156 19 USC §2411(a)(1)(1994).

157 Grundl. *United States v. Aluminium Co. of America (ALCOA)*, 148 F.2d 416 (2d Cir. 1945).

158 Sherman Act, 26 Stat. 210 (2 July 1890); as amend. 50 Stat. 693 (17 Aug. 1937); 69 Stat. 282 (7 July 1955); Antitrust Procedures and Penalties Act, Pub. L. 93-528, 88 Stat. 1708 (21 Dec. 1974); Consumer Goods Pricing Act of 1975, Pub. L. 94-145, 89 Stat. 801 (12 Dec. 1975); as added Foreign Trade Antitrust Improvements Act of 1982, Pub. L. 97-290, 96 Stat. 1246 (8 Oct. 1982); Antitrust Amendments Act of 1990, Pub. L. 101-588, 104 Stat. 2880 (16 Nov. 1990); 15 USC §§1-7(1990).

159 Grundl. *The Cherokee Tobacco*, 78 U.S. (11 Wall.) 616, 621 (1871); *Head Money Cases* (Edye v. Robertson), 112 U.S. 580, 597 (1884); *Whitney v. Robertson*, 124 U.S. 190, 194 (1888); *Chinese Exclusion Case* (Chae Chan Ping v. United States), 130 U.S. 581, 600 (1889); *Diggs v. Shultz*, 470 F.2d, 461, 465 (D.C. Cir. 1972), *cert. denied*, 411 U.S. 931 (1973); *Breard v. Greene*, 523 U.S. 371, 376 (1998); ausf. hierzu oben S. 268 ff. m.w.N.

160 *The Cherokee Tobacco*, 78 U.S. (11 Wall.) 616, 621 (1871); ausf. hierzu oben S. 205 ff. m.w.N.

ihre Rechtspflichten das *crédit diplomatique* der Regierungen der Vereinigten Staaten beziehungsweise Japans revidieren,[161] oder weiterhin im bilateralen Verhältnis abbedungen werden würden.[162] Im Handelsstreit um Kraftfahrzeuge und Ersatzteile setzte die Regierung der Vereinigten Staaten ihr bestehendes *crédit diplomatique* voraus,[163] nach *Guy de Lacharrière* ein schädigender Widerspruch zeitgleicher Positionen,[164] während die Regierung Japans die neuen Rechtspflichten in ihre Positionen aufnahm[165] und ein durch sie gewandeltes

161 In diesem Sinne die entschärfte Auslegung des Section 301-Verfahrens befürw., *Smith, Aubry D.*: Bringing Down Private Trade Barriers – An Assessment of the United States' Unilateral Options: Section 301 of the 1974 Trade Act and Extraterritorial Application of U.S. Antitrust Law, Michigan JIL 16 (1994), 241–289 (260); *Garten, Jeffrey E.*: American Trade in a Changing World Economy, Int'l Lawyer 29 (1995), 15–41 (35); *Horlick, Gary N.*: Dispute Resolution Mechanism: Will the United States Play by the Rules? JWT 29 (1995), 163–171 (169); *Aceves, William J.*: Lost Sovereignty? The Implications of the Uruguay Round Agreements, Fordham ILJ 19 (1995/96), 427–474 (468 f.); *Schaefer, Matthew*: Section 301 and the World Trade Organization: A Largely Peaceful Coexistence to Date, JIEL 1 (1998), 156–160 (156 f.).

162 Diese Möglichkeit und damit die offensive Auslegung des Section 301-Verfahrens letztlich vorbehaltend, *Jackson, John H.*: Testimony Prepared for the U.S. Senate Committee on Foreign Relations June 14, 1994 Hearing on the World Trade Organization and U.S. Sovereignty, 103d Cong. 2d Sess. (14 June 1994), unveröffentlicht, 1 f.; 7 f.; *US General Accounting Office*: The General Agreement on Tariffs and Trade: Uruguay Round Final Act Should Produce Overall U.S. Economic Gains, Report to the Congress (29 July 1994), GAO Doc. GGD-94-83B, Washington: GAO 1994., Vol. I, 16 ff.; 42 ff.; ausf. hierzu oben S. 207 f. m.w.N.

163 *US Trade Representative*: Notice of Determination and Request for Public Comment Concerning Proposed Determination of Action Pursuant to Section 301: Barriers to Access to the Auto Parts Replacement Market in Japan, 60 FR 26745 (18 May 1995); ausf. zur Rechtsauffassung *US Trade Representative*: Communication to the Director-General, 10 May 1995, circul. as *US – Autos*, Communication from the United States, WTO Doc. WT/INF/1, 17 May 1995; *US Trade Representative*: Statement by the United States at the Meeting of the Dispute Settlement Body on 31 May 1995, circul. as *United States' Auto and Autoparts Issues*: US Unilateral Measures: Statement by the United States, WTO Doc. WT/DSB/COM/2, 27 June 1995.

164 *Lacharrière* (Anm. 13), 179 f.

165 *Permanent Mission of Japan*: Communication to the Office of the United States Trade Representative, 17 May 1995, circul. as *US — Autos*, Request for Consultations by Japan, WTO Doc. WT/DS6/1, circul. 22 May 1995; ausf. zur Rechtsauffassung, *Permanent Mission of Japan*: Communication, 17 May 1995, circul. as *US – Autos*, Communication from Japan, WTO Doc. WT/INF/2, 22 May 1995; der Vertreter Japans in *Council for Trade in Goods*: Minutes of the Meeting held on 29 May 1995,

crédit diplomatique einforderte. Wegen des einvernehmlichen Abschlusses im Handelsstreit um Kraftfahrzeuge und Ersatzteile wurde das gewandelte *crédit diplomatique* erst mit der Annahme des Panel-Berichts *Japan – Film*,[166] der einen relativierenden Umgang mit Rechtspflichten der WTO-Teilabkommen ausschließt,[167] klar und abschließend bestätigt.

Hiermit entsteht eine objektive Präzedenz, welche die Handlungsanweisung aus Rechtspflichten der WTO-Teilabkommen sowie den Vorrang multilateraler Streitbeilegung[168] verwirklicht, und somit den normierten Rechtsfolgen in zwischenstaatlichen Handelsstreitigkeiten Glaubwürdigkeit verleiht. Auf dieser Grundlage können Positionen, die vom Schutzbereich dieser Rechtspflichten gedeckt sind, in „rechtsgeleiteter Verhandlung" gestärkt, und entgegenstehende Positionen geschwächt werden. Insofern fördert die Präzedenz den systembezogenen Umgang mit der Rechtsnorm. Zugleich steigert ihre Handlungsanweisung das *crédit diplomatique* von staatlichen Parteien, welche diese Rechtspflichten als Positionen einfordern, und färbt es objektiv-systembezogen. Weitere subjektiv-parteibezogene Aspekte, die solcher Handlungsanweisung zuwider laufen, verlieren indes allmählich an Glaubwürdigkeit und können ein *crédit diplomatique* gar schädigen.

Umgekehrt kann die Handlungsanweisung von Rechtspflichten verfallen, wenn sie, obgleich ausdrücklich im Wortlaut der Übereinkommen von Marrakesch enthalten, kaum ernsthaft als staatliche Positionen eingefordert wird.[169]

WTO Doc. WT/G/C/M/3, circul. 28 June 1995, Ziff. 5 f.; *Permanent Mission of Japan*: Statement by Japan at the Meeting of the Dispute Settlement Body on 31 May 1995, circul. as *United States' Auto and Autoparts Issues*: US Unilateral Measures: Statement by Japan, WTO Doc. WT/DSB/COM/1, 12 June 1995.

166 *Dispute Settlement Body*: Minutes of the Meeting held on 22 April 1998, WTO Doc. WT/DSB/M/45, circul. 10 June 1998, Ziff. 3.

167 *Japan – Film*, Report of the Panel, WTO Doc. WT/DS44/R, circul. 31 March 1998, adopt. 22 April 1998, Ziff. 10.402 ff.

168 Art. 23 DSU.

169 Auf dieser Grundlage etwa eine „Situationshaftung" aus Art. XXIII Ziff. 1 Buchst. (c) GATT 1947 ablehnend *Roessler, Frieder*: The Concept of Nullification and Impairment in the Legal System of the World Trade Organization, in: Petersmann, Ernst-Ulrich (ed.): International Trade Law and the GATT/WTO Dispute Settlement System, The Hague/London/Boston: Kluwer Law Int'l 1997, 125–142 (139 f.); engagierter *Petersmann, Ernst-Ulrich*: Violation and Non-violation Complaints in Public International Trade Law, GYIL 34 (1991), 175–229 (220; 227); *Hoekman, Bernard M./Mavroidis, Petros C.*: Competition, Competition Policy, and the GATT, World Economy 17 (1994), 121–150 (141); hingegen *Bogdandy, Armin von*: The

Fehlende Präzedenzen entziehen solchen Rechtspflichten die Glaubwürdigkeit, dass ihre Handlungsanweisung als Rechtsfolge durchsetzbar sei, während entstehende Freiräume anderweitigen, nicht von der Rechtsnorm des multilateralen Handelssystems gedeckten Machtfaktoren überlassen sind. Dies betrifft vor allem unbestimmt formulierte Rechtspflichten, deren unvollkommene Handlungsanweisung durch eine weitgehend am Wortlaut orientierte und am Mandat im Panel-Verfahren orientierte Spruchpraxis[170] wenig konkretisiert wird. Umso eher sind Mitglieder dann aufgerufen, solche Rechtspflichten als Bestandteil ihres *crédit diplomatique* einzufordern, um deren Glaubwürdigkeit zu ergänzen. Dies gilt besonders für Zielbestimmungen und Verhaltenspflichten des Streitbeilegungssystems,[171] kooperativen Verhaltenspflichten im Vorverfahren des DSU[172] sowie das Berücksichtigungsgebot für Probleme und Interessen von Entwicklungsländern.[173] Aufgrund dieser Erkenntnisse könnte die Spruchpraxis schließlich konsequenter am Sinn und Zweck kooperativer Zielbestimmungen und Verhaltenspflichten des Vorverfahrens im DSU ausgerichtet werden.[174] Dies könnte eine „funktionsgerechte" Verhandlung verstärken, die Hauptverhandlung als selbständiges Verfahrensinstrument alternativer Streitbeilegung verankern,[175] der asymmetrischen Ressourcenverteilung unter Mitgliedern entgegenwirken[176] und letztlich die ursprünglich

---

Non-violation Procedure of Article XXIII:2 GATT: Its Operational Rationale, JWT 26 (1992), 95–111 (106).

170 Hierzu ausf. oben S. 306 ff.; 310 ff. m.w.N.

171 Erhalt eines ausgewogenen Verhältnisses von Rechten und Pflichten, Art. 3 Ziff. 3 DSU; Prüfungspflicht, ob Maßnahmen nach dem DSU „erfolgreich" wären, Art. 3 Ziff. 7 DSU; positive Lösung der Streitigkeit und Vorzug „beiderseits akzeptabler Lösungen", Art. 3 Ziff. 7 DSU sowie Art. 4 Ziff. 5 DSU; Beteiligung *bona fide* im Bemühen um Streitbeilegung, Art. 3 Ziff. 10 DSU.

172 Stärkung und Verbesserung der Wirksamkeit von Konsultationsverfahren, Art. 4 Ziff. 1 DSU; wohlwollende Prüfung der Vorstellungen, Art. 4 Ziff. 2 DSU; Niederschrift von „strittigen Maßnahmen" und der „Rechtsgrundlage der Beschwerde" im Antrag auf Konsultationen, Art. 4 Ziff. 4 DSU; Notifikation „gemeinsam vereinbarter Lösungen" an das DSB und die zuständigen Räte, Art. 3 Ziff. 6 DSU; Übereinstimmung „beiderseits akzeptabler Lösungen" mit den WTO-Teilabk, Art. 3 Ziff. 5 und 7 DSU.

173 Art. 4 Ziff. 10 DSU; ferner „gebührende Zurückhaltung" gegenüber am wenigsten entwickelte staatliche Mitglieder, Art. 24 Ziff. 1 DSU.

174 Hierzu oben S. 324 ff. m.w.N.

175 Hierzu ausf. S. 362 ff. m.w.N.

176 Hierzu oben S. 174 ff.; 442 ff. m.w.N.

vereinbarte Balance von judiziären und kooperativen Komponenten im DSU[177] wieder herstellen.

Der hinsichtlich von Wahrnehmung erörterte Schutz des Verhandlungsraums durch Vertraulichkeit[178] ist auch deshalb notwendig, da der Einsatz des *crédit diplomatique* im Einzelfall, somit das Beanspruchen der Handlungsanweisung einer Rechtspflicht, um das Verhalten der Gegenpartei zu beeinflussen, sonst einer möglichen Kritik durch Dritte ausgesetzt wäre. Die Handlungs- und Ermessensfreiheit von Unterhändlern, *inter partes* Forderungen, Angebote oder Tauschgegenstände aus der beanspruchten Rechtspflicht zuzulassen oder zu verweigern, sollte auf Strukturelemente, Verhandlungsablauf und Lösungen im Einzelfall erhalten bleiben. Ein Ausschluss der Öffentlichkeit vermeidet hier eine festigende und das *crédit diplomatique* der Gegenpartei womöglich stärkende Präzedenz des Umgangs mit der Rechtsnorm für künftige Handelsstreitigkeiten.[179]

So schadete die offensichtliche Drohung mit Gegenmaßnahmen aus Section 301 Buchstabe (c) US Trade Act[180] im Handelsstreit um Kraftfahrzeuge und Ersatzteile[181] dem *crédit diplomatique* der Vereinigten Staaten,[182] weil „Selbsthilfe" (*self-help*), „Ausweichen" (*fall-back*) und „Unilateralismus" den von dieser Regierung in der Uruguay-Runde vertretenen Positionen widersprachen,[183]

---

177 Ebenso ausf. *Baroncini* (Anm. 99), 190 ff.

178 Hierzu oben S. 46 ff. m.w.N.

179 Generell formuliert, *Schelling, Thomas C.*: The Strategy of Conflict, Cambridge: Harvard Univ. Pr. 1960, 29 f.; *Iklé, Fred C.*: How Nations Negotiate, New York: Harper and Row 1964, 134; *Burton, John W.*: Conflict and Communication: The Use of Controlled Communication in International Relations, London: Macmillan 1969, 49 ff.; *Fisher, Roger/Ury, William/Patton, Bruce*: Getting to YES: Negotiating Agreement Without Giving In, New York/London: Penguin, 2nd ed. 1991, 35; zur Vertraulichkeit ausf. oben S. 46 ff.; 56 ff. m.w.N.

180 19 USC §2411(c)(1994).

181 *US Trade Representative*: Notice of Determination and Request for Public Comment Concerning Proposed Determination of Action Pursuant to Section 301: Barriers to Access to the Auto Parts Replacement Market in Japan, 60 FR 26745 (18 May 1995).

182 Generell *Lacharrière* (Anm. 13), 179 f.

183 Siehe der Vertreter der Vereinigten Staaten in *Council*: Minutes of the Meeting held on 22 Sept. 1988, GATT Doc. C/M/224, circul. 17 Oct. 1988, Ziff. 16; *Council*: Discussion on Unilateral Measures, 8–9 Feb. 1989, GATT Doc. C/163, circul. 16 March 1989, S. 3 f.; *Council*: Review of Developments in the Trading System (Special Meeting on Notification, Consultation, Dispute Settlement and Surveillance), Minutes of the Meeting held on 21 June 1989, GATT Doc. C/M/233, circul. 31 Aug. 1989, S. 32 ff.

den Vorrang multilateraler Streitbeilegung[184] verletzten und folglich ihre Bereitschaft zur Umsetzung der Übereinkommen von Marrakesch in Zweifel zog. Eindeutiger noch zeigt die geheime Nebenabrede zum STA,[185] welche die zugesagte Marktöffnung im Halbleitersektor daran maß, ob ausländische Unternehmen einen Marktanteil von 20 % des japanischen Halbleitermarktes erreichen, die Schutzwirkung von Vertraulichkeit: Denn während die Parteien über das STA hinaus Vertraulichkeit vereinbarten, um den Vollzug der in den Erweiterungs-, Zugeständnis- und Übereinkommensabschnitten zugesicherten Umgehung des Dokusen Kinshi Hô und des GATT 1947 abzusichern, nahm das *crédit diplomatique* Japans erheblichen Schaden, als dieses die japanischen und völkerrechtlichen Rechtsordnungen verletzende Verhalten bekannt wurde.

Ohne Rechtsgrundlage im Wiener Übereinkommen über das Recht der Verträge (WVK)[186] beziehungsweise aufgrund des Diplomatiebegriffs aus Artikel 3 Ziffer 1 Buchstabe c) Wiener Übereinkommen über diplomatische Beziehungen (WÜD)[187] nur periphär durch Vorrechte und Immunitäten gedeckt,[188] bleibt das Vertraulichkeitsgebot grundsätzlich der Courtoisie überlassen.[189] Abweichend hiervon unterliegen Konsultationsgespräche im DSU der Vertraulichkeit,[190] was als Katalysator für kooperative Motivation, die zur Wandlung von Positionen unerlässlich ist, grundsätzlich zu würdigen ist. Es ist gar besonders geboten, wenn private beziehungsweise gesellschaftliche Akteure über das

184 Art. 23 DSU.

185 Text in: *Morrison, Wayne M./Cooper, William H./Nanto, Dick K.*: A “Managed Trade” Policy Toward Japan? CRS Rep. 94-524E (14 June 1994), 13 f.

186 Vienna Convention on the Law of Treaties, signed at Vienna, 23 May 1969, UNTS 1155 (1980), 331 ff.; TIAS No. 18232; BGBl 1985 II, 927 ff.

187 Vienna Convention on Diplomatic Relations, signed at Vienna, 18 April 1961, UNTS 500 (1964), 95 ff.; TIAS No. 7310; BGBl 1964 II, 958 ff.

188 Unverletzlichkeit der Mission, ihrer Räumlichkeiten, Archive, Schriftstücke, Korrepondenz, Art. 22 ff. WÜD; Unverletzlichkeit des Diplomaten, seiner Person, Wohnung, Familienmitglieder, Art. 29 ff. WÜD.

189 So etwa *Plantey, Alain*: Principes de diplomatie, Paris: Pédone 2000, 233.

190 Art. 4 Ziff. 6 DSU unter Maßgabe von Art. 4 Ziff. 11 DSU; für trilaterale Verfahren analog Art. 5 Ziff. 2 DSU; sie ist derart zu konkretisieren, dass die Rechte aller Parteien im Panel-Verfahren auch tatsächlich unberührt bleiben, *Australia – Automotive Leather II*, Report of the Panel, WTO Doc. WT/DS126/R, circul. 25 May 1999, adopt. 16 June 1999, Ziff. 9.31; *Brazil – Aircraft*, Report of the Appellate Body, WTO Doc. WT/DS46/AB/R, circul. 2 Aug. 1999, adopt. 20 Aug. 1999, Ziff. 120 ff.; *Mexico – Corn Syrup*, Report of the Panel, WTO Doc. WT/DS132/R and Corr.1, circul. 28 Jan. 2000 and 25 Feb. 2000, adopt. 24 Feb. 2000, Ziff. 7.41 ff.

Beschaffen und Auswerten relevanter Information hinaus Funktionen in der Verhandlung übernehmen.[191] Wie die intransparente Lösung im Handelsstreit um Kraftfahrzeuge und Ersatzteile und die geheime Nebenabrede zum STA belegen, ist Vertraulichkeit jedoch auf die Konsultationsgespräche zu begrenzen, weil deren Lösung dem DSB und den zuständigen Räten zu notifizieren ist,[192] den Erhalt eines ausgewogenen Verhältnisses von Rechten und Pflichten sichern[193] und mit den WTO-Teilabkommen vereinbar sein soll.[194] Auch ist das Vertraulichkeitsgebot so auszulegen, dass es der kollektiven Aufsicht über die Erfüllung dieser Pflichten und Gebote im DSB[195] nicht entgegensteht.

In Anbetracht bestehender Zweifel an der effektiven Umsetzung dieser Pflichten und Gebote in der Staatenpraxis[196] sowie weitgehend fehlender Kontrolle über das Parteiverhalten während der Konsultationsgespräche könnten Mitglieder und ihre Rechtsberater in Ergänzung bereits vorgeschlagener Maßnahmen die kollektive Aufsicht im DSB unterstützen, indem sie den Einsatz von Drohung, Gegenmaßnahmen, Taktik und generell systemwidrige Macht aus ihrem *crédit diplomatique* entfernen. Sie könnten stattdessen das Bemühen um den systembezogenen Umgang mit Rechtspflichten aus den Übereinkommen von Marrakesch in ihr *crédit diplomatique* aufnehmen und hiermit vom Machtgewinn aus der Orientierung ihres Verhaltens am Sinn und Zweck der vereinbarten Gemeinschaftsziele[197] profitieren. Zum Konkretisieren kooperativer Zielbestimmungen und Verhaltenspflichten etwa könnten sie Kriterien zur Erfüllung der Zielbestimmung *bona fide* aus Artikel 3 Ziffer 10 DSU erarbeiten; die Einhaltung der Formvorschriften aus Artikel 4 Ziffer 4 DSU und die Kongruenz mit jenen aus Artikel 6 Ziffer 2 DSU beachten, überprüfen und einfordern; die Teilnahme Dritter an Konsultationsgesprächen[198] beziehungsweise

---

191 So etwa *Busch, Marc L./Reinhardt, Eric*: Bargaining in the Shadow of the Law: Early Settlement in GATT/WTO Disputes, Fordham ILJ 24 (2000), 158–172 (171).

192 Art. 3 Ziff. 6 DSU; erläuternd *Dispute Settlement Body*: Notification of Mutually Agreed Solutions under Article 3.6 of the Dispute Settlement Understanding: Background Note by the Secretariat, WTO Doc. WT/DSB/W/35, circul. 7 Aug. 1996.

193 Art. 3 Ziff. 3 DSU.

194 Art. 3 Ziff. 5 und 7 DSU.

195 Art. 2 Ziff. 1 DSU i.V.m. Art. 3 Ziff. 6 DSU.

196 Hierzu ausf. oben S. 306 ff.; 310 ff. m.w.N.

197 So etwa *Müller, Jörg P.*: Art. 2 Ziff. 2, in: Simma, Bruno: Kommentar der Charta der Vereinten Nationen, München: Beck 1991, 50–58 (54 f.).

198 Art. 4 Ziff. 11 DSU i.V.m. Art. XXII Ziff. 1 GATT 1994 bzw. entspr. Bestimmungen weiterer WTO-Teilabk.

Schiedsverfahren[199] großzügig zulassen. Solche individuelle Staatenpraxis könnte helfen, eine „rechtsgeleitete Verhandlung“ als Koordinationsverfahren für beiderseits akzeptable Lösungen zu etablieren, die als „positive Lösung“[200] der gerichtlich durchgesetzten Rücknahme von strittigen Maßnahmen vorzuziehen ist.

III. *Best alternative to negotiated agreement* (BATNA)

Wie zu Beginn der Untersuchung ermittelt wurde, entwickelt der Schwellenwert, ab dem eine Partei den Verhandlungstisch verlassen und eine Alternative vorziehen kann, empfindliche Macht[201]. In solcher Funktion entfaltet die Rechtsnorm ihre Gestaltungskraft vor allem als Verfahrenspflicht, welche die Voraussetzungen definiert, an die der Zugang zu trilateralten Koordinationsverfahren beziehungsweise schieds- oder gerichtliche Zuständigkeiten geknüpft sind. Die Unterscheidung von Zugang und Zulässigkeit ist darin begründet, dass die Erfüllung der Voraussetzungen einerseits einer politischen, empirischen Prüfung unterliegt, wenn sie trilateralen Koordinationsverfahren vorsteht, während schieds- oder gerichtliche Zuständigkeiten eine rechtliche Zulässigkeitsprüfung erfordern. Im Subforum DSU ist der Zugang zu Konsultationen an Formvorschriften aus Artikel 4 Ziffer 4 DSU gebunden, während die Zuständigkeit von gerichtlichen Panels aus Artikel 6 Ziffer 2 DSU[202] begründet wird. Allerdings verstärkt die Spruchpraxis die Unterscheidung beider Formvorschriften jenseits ihres Wortlauts, Zusammenhangs sowie Sinn und Zwecks, wenn sie die Erfüllung der Voraussetzungen aus Artikel 6 Ziffer 2 DSU einer differenzierten Zulässigkeitsprüfung zur „Festsetzung der Ansprüche und des Sachverhalts“ sowie zur „Bestimmtheit der Beschwerde“ unterzieht,[203] Angaben zu „strittigen Maßnahmen“ und zur „Rechtsgrundlage der Beschwerde“ aus Artikel 4 Ziffer 4 DSU hingegen, wie auch die Prüfungspflicht, ob Maßnahmen nach dem DSU „erfolgreich“ wären,[204] einer Kontrolle entgehen. Wie bereits kritisiert wurde,[205] begünstigt dies das taktische Vorenthalten von Information durch die ersuchende Partei, behindert ein Verhalten *bona fide* während

199 Art. 25 Ziff. 3 DSU.
200 Art. 3 Ziff. 7 DSU.
201 Grundl. *Fisher/Ury/Patton* (Anm. 9), 97 ff.; ausf. hierzu oben S. 40 ff. m.w.N.
202 Entspr. Art. 25 Ziff. 1 und 2 DSU zum Schiedsverfahren.
203 Hierzu ausf. oben S. 306 ff.; 397 ff. m.w.N.
204 Art. 3 Ziff. 7 DSU.
205 Hierzu oben S. 306 ff.; 362 f. m.w.N.

der Konsultationsgespräche und schadet letztlich dem kooperativen Charakter des Vorverfahrens im DSU. Zugleich fördert es den „Rechtsanspruch auf ein Panel“[206] als BATNA der ersuchenden Partei und überspannt die Anziehungskraft des DSU in der strategischen Forumswahl.

Zugangs- beziehungsweise Zulässigkeitsvoraussetzungen erklären die prozessualen „Spielregeln“, nach denen die Verhandlung im Forumsabschnitt fortgesetzt wird. In *Kodak-Fujifilm* konnten die Pfade DS44 und DS45 eine inhaltliche Hauptverhandlung abwickeln, da das DSU entsprechende Verfahrenspflichten normiert, während die Konsultationen aufgrund der Entscheidung von 1960 jenseits solcher Verfahrenspflichten und weitgehender Unsicherheit über die Anwendbarkeit des DSU die Nebenverhandlung erschöpften. Darüber hinaus definieren die Verfahrensregeln des DSU Strukturelemente der Verhandlung als Rechtspflichten, die im zwischenstaatlichen Umfeld gemeinhin empirischer Machtentfaltung überlassen sind: Interessen beispielsweise aus dem Rechtsschutz differenzierter Rechtspflichten im Geltungsbereich des DSU;[207] Macht etwa aus dem Vorrang multilateraler Streitbeilegung,[208] Fristen[209] und Alternativen;[210] Motivation etwa durch Verhaltenspflichten,[211] den eindeutigen Vorzug einer „beiderseits akzeptablen Lösung“[212] sowie die besondere Berücksichtigung der Probleme und Interessen von Entwicklungsländern;[213] Wahrnehmung beispielsweise durch Haftungsvermutung und Beweiserhebung;[214] Akteure etwa durch die Beteiligung von Parteien, Dritten,[215] Räten und

206 Art. 4 Ziff. 7 DSU i.V.m. Art. 6 Ziff. 1 DSU.

207 Art. 1 Ziff. 1 DSU i.V.m. Anhang 1 DSU.

208 Art. 23 DSU.

209 Art. 4 Ziff. 3, 8 und 9 DSU; Art. 5 Ziff. 4 DSU; Art. 7 Ziff. 1 DSU; Art. 8 Ziff. 5 und 7 DSU.

210 Trilaterale Koordinationsverfahren, Art. 5 Ziff. 1 bis 6 DSU; Schiedsverfahren, Art. 25 Ziff. 1 und 2 DSU; Sonderverfahren, Art. 1 Ziff. 2 DSU i.V.m. Anhang 2 DSU sowie entspr. Bestimmungen einzelner WTO-Teilabk.; „Rechtsanspruch auf ein Panel“, Art. 4 Ziff. 7 DSU i.V.m. Art. 6 Ziff. 1 DSU.

211 Art. 3 Ziff. 1, 3, 5 und 10 DSU; Art. 4 Ziff. 1 bis 6, 9 und 10 DSU.

212 Art. 3 Ziff. 7 DSU und Art. 4 Ziff. 5 DSU.

213 Art. 4 Ziff. 10 DSU; zudem „gebührende Zurückhaltung“ gegenüber am wenigsten entwickelte staatliche Mitglieder, Art. 24 Ziff. 1 DSU.

214 Art. 3 Ziff. 8 DSU; Art. 6 Ziff. 2 DSU; Art. 7 Ziff. 1 und 2 DSU; Art. 26 Ziff. 1 und 2 DSU.

215 Art. 4 Ziff. 11 DSU.

Amtsträgern der WTO,[216] sowie aus dem Ausschluss privater Mandaten und der Öffentlichkeit.[217]

Insbesondere definiert der Geltungsbereich des DSU[218] inhaltliche Bewertungsmaßstäbe der Verhandlung als Rechtspflichten der WTO-Teilabkommen, auf die subjektive Positionen und das *crédit diplomatique* der Parteien ausschließlich abstellen müssen. Umgekehrt bilden diese Rechtspflichten objektiv-systembezogene, ebenfalls auf der Rechtsebene definierte Bezugspunkte (*focal points*),[219] um welche die Parteien ihre inhaltliche Argumentation, Zugeständnisse und Tauschgegenstände konzentrieren, und ihre Lösung näherungsweise an die erforderliche Vereinbarkeit mit den WTO-Teilabkommen[220] heranführen können. Durch die fristgebundene Möglichkeit eines gerichtlichen Verfahrens stärkt der „Rechtsanspruch auf ein Panel“[221] solche „rechtsgeleitete Verhandlung“, da er Rechtsauffassungen glaubhafter erscheinen lässt, die einer möglichen künftigen „objektiven Beurteilung“[222] durch das Panel vorgreifen. Solcher weiteren Begrenzung ihrer Handlungs- und Ermessensfreiheit greifen die Parteien regelmäßig durch Angleichung ihrer Positionen im Vorverfahren des DSU vor. Zugleich gestalten sie die Faktoren des eingebauten BATNA, indem sie die Abänderung von Strukturelementen im Panel-Verfahren über die Formulierung ihrer Rechtsauffassungen im Antrag auf Einsetzung und während der Nebenverhandlung zu beeinflussen suchen. Insofern greifen materielle und prozessuale Rechtspflichten ineinander, sind Inhalt und Form nicht zu trennen, und laufen Haupt- wie Nebenverhandlung parallel ab.

IV. Zwischenergebnis

Dieses Kapitel ermittelt die Funktionen der Rechtsbindung im Koordinieren staatlichen Parteiwillens für die Strukturelemente der Interessen und der Macht.

---

216 Art. 3 Ziff. 6 und 12 DSU; Art. 5 Ziff. 1, 2 und 6 DSU; Art. 7 Ziff. 3 DSU; Art. 8 Ziff. 6 und 7 DSU; Art. 24 Ziff. 2 DSU; Art. 27 Ziff. 2 und 3 DSU; ferner die in Anhang 2 DSU aufgeführten Sonderverfahren.

217 Art. 4 Ziff. 6 DSU unter Maßgabe von Art. 4 Ziff. 11 DSU; für trilaterale Verfahren analog Art. 5 Ziff. 2 DSU.

218 Art. 1 Ziff. 1 DSU i.V.m. Anhang 1 DSU.

219 Grundl. wohl *Iklé* (Anm. 168), 213 f.

220 Art. 3 Ziff. 5 und 7 DSU.

221 Art. 4 Ziff. 7 DSU i.V.m. Art. 6 Ziff. 1 DSU.

222 Art. 11 DSU.

Als Transparenz-, Publikations- und Notifikationspflichten des Forums schafft die Rechtsbindung Voraussetzungen zum Definieren von Interessen im Vorbereitungsabschnitt der Verhandlung. Denn Information über staatliche Maßnahmen bildet die Grundlage, um eigene Interessen wahrzunehmen, eventuellen Koordinationsbedarf zu erkennen sowie bestehende Handlungs- und Ermessensspielräume zu ermitteln. *Kodak-Fujifilm* macht deutlich, dass die anfängliche Interessendefinition an Erkenntnissen aus der Verhandlung aktualisiert werden sollte, um Glaubwürdigkeitsverluste zu vermeiden und Lerneffekte zu nutzen.

Durch NGOs und MNCs gelieferte Information verbessert Transparenz, die Wahrnehmung der WTO in der Öffentlichkeit und die Debatte über die zwischenstaatliche Handelsregulierung. Insofern ist solch private Tätigkeit in den durch Artikel V Ziffer 2 WTO-Abkommen definierten Grenzen zu begrüßen. Freilich zeigt das Verhalten von *Kodak* in *Kodak-Fujifilm*, dass nichtamtliche Information der privaten Vereinnahmung von Interessen ausgesetzt ist und staatliche Verfahren zur Abwehr unlauterer Handelsmaßnahmen dieses Risiko erhöhen. Dies ist insbesondere dann fraglich, wenn solche Verfahren Handlungs- und Ermessensspielräume freigeben, die im zwischenstaatlichen Umfeld keinen Rechtsschutz genießen. Bedenklich scheint ebenfalls, die Prüfungskompetenz über private Beschwerden in eine staatliche Rechtsordnung zu verlegen, obgleich die Prüfungsfolgen die gesamte zwischenstaatliche Handelsregulierung betreffen. Deshalb ist die Einbindung solcher Verfahren unter die Prüfungspflicht der ersuchenden Partei aus Artikel 3 Ziffer 7 DSU zu fordern, ob Maßnahmen nach dem DSU „erfolgreich" wären, sowie eine Staaten- und Spruchpraxis, die diese Verhaltenspflicht wie im dritten Kapitel erörtert konkretisiert.

Insofern, als Teil A Zeile (i) TPRM ein systembezogenes Legitimieren von Information durch Kommentare, Richtlinien oder Standards ausschließt, erfolgt Interessendefinition in der WTO parteibezogen. Freilich ist die Teilnahmefähigkeit an einer Verhandlung, deren Vorbereitungsabschnitt weit vor dem zwischenstaatlichen Forum ansetzt, an das Vorliegen von Ressourcen gebunden, um Information auswerten und Interessen auch parteibezogen definieren zu können. Wenn gering dotierte Mitglieder ihre Notifikations- und Berichtspflichten nur schwer zu erfüllen vermögen, wird eine durch institutionelle Rechtspflichten tolerierte Asymmetrie erkennbar, die solche Mitglieder von der Interessendefinition ausgrenzt und anderen einen geringeren Überwachungs- und Durchsetzungsdruck auferlegt. Die private Tätigkeit von NGOs und MNCs kann solche Asymmetrie verschärfen, während auf die *veille juridique* für Entwicklungsländer spezialisierte NGOs, Rechtsberater und Think Tanks sie nicht umzukehren vermögen. Aufgrund der Unabhängigkeitsbindung kann institutionelle Beratung allenfalls ansatzweise abhelfen. Insofern sollte die strukturelle Abhängigkeit von Ressourcen für das Erfüllen und Auswerten von Transparenz-, Publikations- und Notifikationspflichten, die Teilnahmefähigkeit an der streitbeilegenden Verhandlung und die Effektivität des Streitbeilegungssystems der WTO berücksichtigt werden.

Da als Rechtspflichten erfasste Interessen der freien Disposition entzogen sind, erfordert das Ermitteln von Handlungs- und Ermessensspielräumen die Prüfung der geltenden Rechtslage. Der Rechtsschutz erwächst hierbei weniger aus der Rechtsbindung als aus der Rechtsebene, da staatliche Rechtsnormen tendenziell subjektiv-parteibezogene, zwischenstaatliche hingegen systembezogene Interessen stützen. In *Kodak-Fujifilm* zeigt der Pfad aufgrund der Entscheidung von 1960, dass dort, wo staatliche Gesetze solche Interessen schützen, die keinen zwischenstaatlichen Rechtsschutz genießen, eine ersuchte Partei den Koordinationsbedarf berechtigt abweisen kann. Infolge der Selbstauslegung zwischenstaatlicher Rechtsnormen bedienen Gegenmaßnahmen defensive Retorsion wie auch, sollte kein zwischenstaatlicher Rechtsschutz der vertretenen Interessen bestehen, offensive Repression. Jedenfalls erzeugen sie Nötigung und Rechtsverletzung, die das Risiko bergen, eine rechtswidrige Selbstauslegung des zwischenstaatlichen Rechtsschutzes als Lösung zu erzwingen. Im Geltungsbereich des DSU hingegen legen der Zugang zu Konsultationen, der „Rechtsanspruch auf ein Panel" und der Vorrang multilateraler Streitbeilegung schon im Vorbereitungs- und spätestens im Forumsabschnitt der Verhandlung nahe, Interessen auf den durch die WTO-Teilabkommen gewährten Rechtsschutz zu stutzen. Dies reduziert die Herrschaft extraterritorial projizierter staatlicher Rechtspflichten und bereinigt die zwischenstaatliche Handelsregulierung.

Die zur freien Disposition stehenden Handlungs- und Ermessensspielräume orientieren sich auch am Verpflichtungsgrad einer Rechtsnorm: Selbst in gefestigten Rechtsordnungen können Sachverhalte mehrfache Tatbestände erfüllen und weite Freiräume bestehen lassen. Insofern ist kein grundsätzlicher Wesens-, sondern lediglich ein Gradunterschied von der staatlichen zur zwischenstaatlichen Rechtsebene zu erkennen, obgleich letztere schwache Verpflichtungsgrade bevorzugt. Staatlichen Rechtsberatern obliegt es, nicht zuletzt aufgrund der Prüfungspflicht der ersuchenden Partei aus Artikel 3 Ziffer 7 DSU, den zwischenstaatlichen Rechtsschutz in der staatlichen Willensbildung glaubhaft zu machen.

Im Aufstellen von Positionen agiert die Rechtsbindung sowohl als Kooperations- wie auch als Konfrontationsfaktor. Denn einerseits hat sie zur

Eigenschaft, von ihrem Schutzbereich erfasste Positionen auf die Rechtsebene zu fördern, über das Verpflichtungsverhältnis von Tatbestand und Rechtsfolge zu binden und somit der freien Verfügung zu entziehen. Sie wird zum Machtfaktor, wenn eine Partei wahrnimmt, dass ein künftiges Ereignis als Rechtsfolge einer als Rechtsanspruch formulierten Position eintreten kann und sie ihr Handeln danach ausrichten sollte. Zur „rechtsgeleiteten Verhandlung" bietet die Rechtsnorm dann Interessenschutz, Handlungsanweisung, Legitimität und Alternativen, die auch faktisch überzeugen. Zugleich vermag das Ziehen von Positionen auf die Rechtsebene eine Situation zu entpolitisieren und ihr stattdessen die Dimension des Rechtsstreits zu verleihen, in der kooperatives Prüfen von Rechtsansprüchen Positionen wandeln, Spielregeln klären und Lerneffekte auslösen kann. Andererseits hemmt die handlungsanweisende Kraft der Rechtsnorm und ihre fehlende Abdingbarkeit das Wandeln von Positionen, was als konfrontativ zu begreifen ist, da es letztlich nur die eigene Macht zu stärken sucht. Die Unterscheidung von „macht-" und „rechtsgeleiteter" Verhandlung verkennt diese von der Rechtsbindung ausgehende Macht.

Das Verknüpfen eines künftigen Ereignisses als Rechtsfolge mit einer als Rechtsanspruch formulierten Position gilt als bestimmungsgerechtes Einfordern von Rechtspflichten. Deren Macht ist umso deutlicher, als der gewährte Rechtsschutz offensichtlich ist, wobei eine Partei konfrontative Motivation, taktische Auslegung und mitunter *mala fide* aufbringen muss, um eine abdingbare Rechtsbindung beziehungsweise einen undeutlichen Verpflichtungsgrad glaubhaft erscheinen zu lassen.

Das wiederholt erwiesene Vermögen einer Partei, eine als Position eingeforderte Rechtsbindung insoweit durchzusetzen, als ihre Rechtsfolge tatsächlich vollzogen wird, bildet eine als rechtliches *crédit diplomatique* bezeichnete Glaubwürdigkeit. Unwesentlich ist hierbei die Unterscheidung von Erwartung oder Präzedenzwirkung im Rechtssinne. Umgekehrt kann eine Rechtsbindung verfallen, wenn sie kaum eingefordert wird und deshalb an Glaubwürdigkeit einbüßt, dass ihre Rechtsfolge durchsetzbar sei. Dies betrifft vor allem Rechtsnormen, deren unvollkommene Rechtsverpflichtung kaum konkretisiert wird, was auf manche Zielbestimmungen und Verhaltenspflichten des Vorverfahrens im DSU zutrifft. Gerade deshalb sollten Mitglieder solche Rechtsnormen als Bestand ihres *crédit diplomatique* einfordern.

Mit dem Bedürfnis der Parteien, ihr *crédit diplomatique* vor Kritik am Umgang mit der Rechtsbindung im Einzelfall zu schützen, der andernfalls eine festigende Präzedenzwirkung entwickeln könnte, ist das Vertraulichkeitsgebot aus Artikel 4 Ziffer 6 DSU und der Zustimmungsvorbehalt zur Teilnahme interessierter Mitglieder an Konsultationen zu erklären. Zur Stützung der kooperativen Motivation der Parteien, die ein Wandeln ihrer Positionen begünstigen kann, ist Vertraulichkeit besonders geboten, wenn private Akteure außer zum Beschaffen und Auswerten von Information weitere Mitwirkungsrechte genießen. Freilich sollte Vertraulichkeit auf die eigentlichen Konsultationsgespräche beschränkt bleiben, da „beiderseits akzeptable Lösungen“ zu notifizieren sind und die Aufsicht des DSB aus Artikel 2 Ziffer 1 DSU und Artikel 3 Ziffer 6 DSU über die Vereinbarkeit mit den WTO-Teilabkommen gewährleistet sein muss. Wegen angebrachter Zweifel an der Umsetzung letzterer Gebote und der geringen Kontrolle über die Konsultationsgespräche ist Mitgliedern zu empfehlen, vom Einsatz systemwidriger Macht im *crédit diplomatique* abzusehen; das Verhandlungsgebot *bona fide* im Bemühen um Streitbeilegung aus Artikel 3 Ziffer 10 DSU zu konkretisieren; die Formvorschriften aus Artikel 4 Ziffer 4 DSU und ihre Kongruenz mit jenen aus Artikel 6 Ziffer 2 DSU zu beachten und einzufordern; geschlossene Konsultationen aus Artikel XXIII Ziffer 1 GATT 1994 und analoger Haftungsgrundlagen weiterer WTO-Teilabkommen zu vermeiden und die Teilnahme interessierter Mitglieder an Konsultationsgesprächen zu fördern.

Unter den Rechtsnormen, welche die Voraussetzungen definieren, an die Alternativen zur Verhandlung (BATNA) geknüpft sind, ist die Zulässigkeit zu judiziären Verfahren vom Zugang zu trilateralen Koordinationsverfahren zu unterscheiden, der einer empirischen Prüfung unterliegt. *Kodak-Fujifilm* belegt, dass die Strukturelemente der Verhandlung spätestens ab dem Forumsabschnitt durch die Zugangsvoraussetzungen zum DSU und dessen Verhaltenspflichten rechtlich definiert sind. Insbesondere setzt der Geltungsbereich des DSU die Rechtspflichten aus den WTO-Teilabkommen, auf welche die Parteien ihr *crédit diplomatique* beziehen und die Bezugspunkte setzen, um ihre Rechtsauffassungen, Zugeständnisse und Tauschgegenstände an die erforderliche Vereinbarkeit von „beiderseits akzeptablen Lösungen“ mit den WTO-Teilabkommen heranzuführen. Der „Rechtsanspruch auf ein Panel“ verstärkt den „rechtsgeleiteten“ Charakter der Koordination insofern, als er die Glaubwürdigkeit von Rechtsauffassungen stärkt, die eine eventuelle „objektive Beurteilung“ im gerichtlichen Hauptverfahren des DSU standhalten würden.

Siebentes Kapitel: Anwaltssicht im Handelsstreit

Die verbreitete Ansicht, Handelsstreitigkeiten würden in der Welthandelsorganisation (WTO) ausschließlich durch gerichtliche Entscheidung beigelegt,[1] werden staatliche Rechtsberater wohl differenzieren. Denn das Lösen von Situationen jenseits der WTO ist ihnen vertraut. Ebenso die Verhandlung unter vergleichsweise eingeschränkten und rechtlich differenzierten Handlungs- und Ermessensspielräumen im Vorverfahren der Vereinbarung über Regeln und Verfahren zur Streitbeilegung (DSU).[2] Weitere Subforen der WTO mit teils

---

1 So etwa *Montañá i Mora, Miquel*: A GATT with Teeth: Law Wins over Politics in the Resolution of International Trade Disputes, Columbia JTL 31 (1993/94), 103–180 (159 ff.; 176 ff.); *Lowenfeld, Andreas F.*: Remedies along with Rights: Institutional Reform in the New GATT, AJIL 88 (1994), 477–488 (479 ff.); *Kohona, Palitha T.*: Dispute Resolution under the World Trade Organization, JWT 28 (1994), 23–47 (24 f.); *Schott, Jeffrey J./Buurman, Johanna W.*: The Uruguay Round: An Assessment, Washington: IIE 1994, 125 ff.; *Bello, Judith. H./Holmer, Alan F.*: U.S. Trade Law and Policy Series No. 24: Dispute Resolution in the New World Trade Organization: Concerns and Net Benefits, Int'l Lawyer 28 (1994), 1095–1104 (1102 f.); *Preeg, Ernest H.*: Traders in a Brave New World: The Uruguay Round and the Future of the International Trading System, Chicago/London: Univ. of Chicago Pr. 1995, 208; *Young, Michael K.*: Dispute Resolution in the Uruguay Round: Lawyers Triumph over Diplomats, Int'l Lawyer 29 (1995), 389–409 (391 ff.); *Reich, Arie*: From Diplomacy to Law: The Juridicization of International Trade Relations, Northwestern JIL & Bus. 17 (1996/97), 775–849 (insbes. 784 ff.; 830 ff.); *Petersmann, Ernst-Ulrich*: International Trade Law and the GATT/WTO Dispute Settlement System 1948–1996: An Introduction, in: Petersmann, Ernst-Ulrich (ed.): International Trade Law and the GATT/WTO Dispute Settlement System, The Hague/London/Boston: Kluwer Law Int'l 1997, 3–122 (25 ff.); *Steger, Debra P./Hainsworth, Susan M.*: New Directions in International Trade Law: WTO Dispute Settlement, in: Cameron, James/Campbell, Karen (eds.): Dispute Resolution in the World Trade Organisation, London: Cameron May 1998, 28–58 (30 ff.); *Palmeter, David/Mavroidis, Petros C.*: Dispute Settlement in the World Trade Organization: Practice and Procedure, The Hague/London/Boston: Kluwer Law Int'l 1999, 17 f.; *Mengozzi, Paolo*: The World Trade Organization Law: An Analysis of its First Practice, in: Mengozzi, Paolo (ed.): International Trade Law on the 50th Anniversary of the Multilateral Trade System, Milano: Giuffrè 1999, 3–51 (5 ff.).

2 Understanding on Rules and Procedures Governing the Settlement of Disputes, Annex 2 to the Marrakesh Agreement Establishing the World Trade Organization,

kooperativen Sonderverfahren, sowie das Koordinieren der WTO-Mitglieder im Organ zur Überprüfung der Handelspolitik (TPRB), in zuständigen Räten und Ausschüssen, haben sie ebenfalls im Bilde.

Eine Völkerrechtsordnung aus 195 souveränen und gleichen Staaten,[3] die zugleich Rechtssetzer und Rechtsadressaten sind, belässt weite Handlungs- und Ermessensspielräume zum Koordinieren von Vertrag und Übereinkommen. Daher sollte die verbreitete Ansicht – bei aller Verrechtlichung und Judizialisierung im multilateralen Handelssystem – gerade staatliche Rechtsberater zur kritischen Überprüfung anregen.

A. Kernaspekte streitbeilegender Koordination

Ein Blick zwischen die Zeilen der Berichte von Panels und Berufungsgremium gibt rasch zu erkennen, dass die Beilegung von Handelsstreitigkeiten stärker von Koordination geprägt bleibt, als überwiegend vertreten. Dabei muss die Verhandlung nicht zwingend als empirische, machtbetonte *black box* verstanden, sondern kann durchaus rechtswissenschaftlich erschlossen werden. Dies mag zwar erhebliche Quellenforschung erfordern, doch hilft es, Missverständnisse und Zirkelschlüsse zu vermeiden: Denn Rechtswissenschaft, die sich auf Fragen der Vertragsauslegung durch gerichtliche Panels beschränkt, die lediglich die Spitze von auf solche Fragen reduzierten Handelsstreitigkeiten bilden, kann allzu leicht die gesamte Beilegung als gerichtlich wahrnehmen und eine Vielzahl von Handelsstreitigkeiten ignorieren, die das Hauptverfahren im DSU nie erreichen. Solche Handelsstreitigkeiten bleiben dann einer Staatenpraxis überlassen, die zwischenstaatlichen Belangen und dem multilateralen Handelssystem weniger Glaubwürdigkeit einräumt als subjektiv-parteibezogener Auslegung, konfrontativer Motivation und machtbetonter Taktik.

UNTS 1869 (1995), 401 ff.; TIAS No. 31874; abgedr. in: *World Trade Organization*: The WTO Agreements: The Marrakesh Agreement Establishing the World Trade Organization and its Annexes, Cambridge: Cambridge Univ. Pr., 2nd ed. 2017, 434 ff.; ABlEG L 336 vom 23. Dez. 1994, 234 ff.

3 So die Zahlen am 15. April 2021; siehe *UN Department of Public Information*: United Nations Member States, Press Release, Doc. UN/ORG/1469, circul. 3 July 2006; zu den 192 darin aufgeführten Mitgliedern ist zum 14. Juli 2011 die Republik Südsudan aufgenommen worden; darüber hinaus genießen der Heilige Stuhl bei unbestrittener, Palästina bei bestrittener Staatenqualität VN-Beobachterstatus; die Situation von Kosovo, Abkhasien, Taiwan, West-Sahara, Nordzypern oder etwa Transnistrien mag hier dahingestellt bleiben.

Dem kann aus Anwaltssicht abgeholfen werden. Hierzu sollte die Untersuchung vom engen, formalen und bilateralen Verhandlungsbegriff des Artikel 33 Ziffer 1 Charta der Vereinten Nationen (VN Charta)[4] und der herrschenden völkerrechtlichen Literatur[5] befreit werden. Stattdessen muss sie von einem materiellen Verhandlungsbegriff ausgehen, der an die sozialwissenschaftliche Forschung[6] anknüpft und Handlung wie Ermessen als rechtlich normierte Spielräume im Koordinieren von Parteiwillen begreift.

Die Verhandlung ist dann als Verfahren zur Koordination zweier oder mehrerer Parteien mit dem Ziel der einvernehmlichen Neuordnung von Interessen zu erkennen. Dies umfasst sowohl trilaterale Koordinationsverfahren inklusive der Vermittlung, der Untersuchung, der Schlichtung und weiterer Formate *ad hoc*. Es grenzt die Verhandlung hingegen von judiziären Verfahren ab, in denen ein Sachverhalt in ein rechtlich bestimmtes Eigenleben überführt wird und Lösungen aus objektiven Bewertungsmaßstäben sowie der anordnenden

---

4 Charter of the United Nations, signed at San Francisco, 26 June 1945, UNTS 1 (1946/47), 16 ff.; UKTS 67 (1946), in: UN Yearbook 23 (1969), 953 ff.; BGBl 1973 II, 431 ff.; 1974 II, 769 ff.; 1980 II, 1252 ff.

5 So etwa *Reuter, Paul*: De l'obligation de négocier, in: Il processo internazionale – Studi in onore di Gaetano Morelli, Comunicazioni e studi vol. XIV, Milano: Giuffrè 1975, 711–733 (714); *Combacau, Jean/Sur, Serge*: Droit international public, Paris: Montchrestien 1993, 567; *Fleischhauer, Carl-August*: Negotiation, in: Bernhardt, Rudolf (ed.): EPIL 3 (1997), 535–537 (536); *Schröder, Meinhard*: Verantwortlichkeit, Völkerstrafrecht, Streitbeilegung und Sanktionen, in: Vitzthum, Wolfgang Graf (Hrsg.): Völkerrecht, Berlin/New York: de Gruyter 1997, 525–580 (556 f.); *Merrills, John G.*: International Dispute Settlement, Cambridge/New York/Melbourne: Cambridge Univ. Pr., 3rd ed. 1998, 2 ff.

6 Hierzu etwa *Iklé, Fred C.*: Negotiation, in: Sills, David L. (ed.): International Encyclopedia of the Social Sciences, Vol. XI, London: Macmillan & Free Pr. 1968, 117–120 (117); *Rittberger, Volker*: International Conference Diplomacy: A Conspectus, in: Boisard, Marcel A./Chossudovsky, Evgeny M. (eds.): The United Nations System at Geneva: Scope and Practices of Multilateral Diplomacy and Co-operation, New York: UNITAR 1991, 36–44 (38 ff.); *Faure, Guy-Olivier*: Négociation, in: Akoun, André/Ansart, Pierre (Dir.): Dictionnaire de sociologie, Paris: Seuil 1999, 360–361 (360); *Zartman, Ira W./Rubin, Jeffrey Z.*: The Study of Power and the Practice of Negotiation, in: Zartman, Ira W./Rubin, Jeffrey Z. (eds.): Power and Negotiation, Ann Arbor: Univ. of Michigan Pr. 2002, 3–28 (12); *Paveau, Jacques/Duphil, François et al.*: Exporter: Pratique du commerce international, Vanves: Foucher/UBIFRANCE, 19e éd. 2005, 227; weiter gefasste und zugl. auf die Beilegung von Streitigkeiten reduzierte Definition bei *Lall, Arthur S.*: Modern International Negotiation: Principles and Practice, New York/London: Columbia Univ. Pr. 1966, 5.

Entscheidung eines unabhängigen Organs abgeleitet werden. Ebenso auszuschließen sind nicht auf Koordination ausgerichtete Information, Notifikation und Konsultation.

Folgt man diesem Verhandlungsbegriff, sind typischerweise Interessen, Macht, Forum, Motivation, Wahrnehmung, Akteure als Strukturelemente zu unterscheiden, welche das Koordinieren inhaltlich bestimmen. Der geregelte Verhandlungsablauf ist durch Vorbereitung, Forum, Erweiterung, Zugeständnis, Übereinkommen in Abschnitte gegliedert. In schöpferischer Konkretisierung dieser Aspekte sollen die Parteien eine Neuausrichtung ihrer Interessen erreichen,[7] der sie durch einen neuen Rechtsakt, dem Übereinkommen, positivrechtlichen Schutz verleihen. Hierbei besteht weitgehende Flexibilität, Inhalt und Ablauf dem Einzelfall anzugleichen, sowie Offenhaltung und Abänderung als alternative Lösungswege zu erwägen. Gerade staatliche Rechtsberater praktizieren die „strategische Vorausschau“ als Erwartung eines künftigen Verhandlungsabschnitts, dessen Spezifika bereits im laufenden Abschnitt greifen, falls die Parteien nicht sogleich zur Lösung finden.

Anders als von der „Richterbank“ aus betrachtet, bestehen Handelsstreit und Verhandlung aus Anwaltssicht nicht als Rechtsbegriffe, sondern als Konstanten, auf deren Grundlage ein schieds- oder gerichtliches Forum als eine unter vielen *best alternative to negotiated agreement* (BATNA)[8] gewählt werden kann.

---

7 So aus psychologischer Sicht, *Burton, John W.*: The Procedures of Conflict Resolution, in: Azar, Edward E./Burton, John W. (eds.): International Conflict Resolution: Theory and Practice, Boulder/Brighton: Lynne Rienner/Wheatsheaf 1986, 92–116 (93 ff.); allgemein *Fisher, Roger/Ury, William/Patton, Bruce*: Getting to YES: Negotiating Agreement Without Giving In, New York/London: Penguin, 2nd ed. 1991, 19 ff.; *Zartman, Ira W./Berman, Maureen B.*: The Practical Negotiator, New Haven/London: Yale Univ. Pr. 1982, 28; *Hopmann, Philip T.*: The Negotiation Process and the Resolution of International Conflicts, Columbia: Univ. of South Carolina Pr. 1996, 190; *Risse, Jörg*: Die Rolle des Rechts in der Wirtschaftsmediation, BB Nr. 27/1999, Beilage 9 Mediation & Recht, 1–7 (3); ansatzw. bereits *Simma, Bruno*: Das Reziprozitätselement im Zustandekommen völkerrechtlicher Verträge, Gedanken zu einem Bauprinzip internationaler Rechtsbeziehungen, Habil. Innsbruck, Berlin: Duncker & Humblot 1972, 81 ff.

8 Grundl. hierzu *Fisher/Ury/Patton* (Anm. 7), 97 ff.; weiter *Geamanŭ, Grigore*: Théorie et pratique des négociations en droit international, RdC 166 (1980 I), 365–448 (410); *Lax, David A./Sebenius, James K.*: The Power of Alternatives or the Limits to Negotiation, Negotiation Journal 1 (1985), 163–179 (163 ff.); *Habeeb, William M.*: Power and Tactics in International Negotiation: How Weak Nations Bargain with Strong Nations, Baltimore/London: Johns Hopkins Univ. Pr. 1988, 21; *Hopmann* (Anm. 7), 111 ff.; *Haft, Fritjof*: Verhandlung und Mediation: Die Alternative zum Rechtsstreit,

Deshalb sind dogmatische Unterscheidungen von Streitigkeiten und Spannungen[9] beziehungsweise von rechtsrelevanten und politischen Streitigkeiten[10] nur insofern relevant, als sie die Zulässigkeit von schieds- oder gerichtlichen Klagen bestimmen, die der Verhandlung entsprießen können. Auch ist letztlich unerheblich, ob Artikel 33 Ziffer 1 VN-Charta einen Vorrang der Verhandlung vor anderen Verfahren oder eine Rechtspflicht begründet, eine Abfolge einzelner Verfahren zu durchlaufen.[11] Denn gleich, ob als inhaltlich ausgerichtete Haupt- oder als prozessual gliedernde Nebenverhandlung, ist jeder Handelsstreit letztlich von Koordination durchzogen.

München: Beck, 2. Aufl. 2000, 204 f.; ansatzw. bereits *Schelling, Thomas C.*: The Strategy of Conflict, Cambridge: Harvard Univ. Pr. 1960, 61; *Iklé, Fred C.*: How Nations Negotiate, New York: Harper and Row 1964, 70 ff.

9 Siehe etwa *De Visscher, Charles*: Théories et réalités en droit international public, Paris: Pédone, 4ᵉ éd. 1970, 95; *Weick, Günter*: Vorbeugung und Beilegung von Konflikten in internationalen Verträgen, in: Horn, Norbert (Hrsg.): Europäisches Rechtsdenken in Geschichte und Gegenwart, Festschrift für Helmut Coing zum 70. Geburtstag, Bd. II, München: Beck 1982, 543–564 (544); *Rangarajan, Chakravarthy N.*: The Limitations of Conflict: a Theory of Bargaining and Negotiation, New York: St Martin's 1985, 20; *Tomuschat, Christian*: Art. 2 Ziff. 3, in: Simma, Bruno/Mosler, Hermann/Ranzeldorfer, Albrecht/Tomuschat, Christian/Wolfrum, Rüdiger (Hrsg.): Kommentar der Charta der Vereinten Nationen, München: Beck 1991, 58–67 (63); hierzu weiter oben S. 88 ff. m.w.N.

10 Grundl. *Morgenthau, Hans*: Die internationale Rechtspflege, ihr Wesen und ihre Grenzen, Diss. Frankfurt/Main, Leipzig: Noste 1929, 73 ff. insbes. 129 f.; ihm folgend *Bourquin, Maurice*: Dans quelle mesure le recours à des négociations est-il nécessaire avant qu'un différend puisse être soumis à la juridiction internationale? in: Accioly, Hildebrand (Dir.): Hommage d'une génération de juristes au Président Basdevant, Paris: Pédone 1960, 43–55 (52); *Verdross, Alfred/Simma, Bruno*: Universelles Völkerrecht: Theorie und Praxis, Berlin: Duncker & Humblot, 3. Aufl. 1984, 887 ff.; hierzu ausf. S. 88 ff. m.w.N.

11 Eine solche Rechtspflicht ablehnend, *Schröder* (Anm. 5), 556; *Escher, Regina*: Friedliche Erledigung von Streitigkeiten nach dem System der Vereinten Nationen, Diss. Bern, Zürich: Schulthess 1985, 13; hingegen *Ahi, Mehdi M.*: Les négociations diplomatiques préalables à la soumission d'un différend à une instance internationale, Thèse Genève, Genève: Coopérative d'imprimerie 1957, 38 ff.; 68 ff.; 78 ff.; 86 ff.; *Geamanŭ* (Anm. 8), 419; hierzu weiter oben S. 113, S. 92 ff. m.w.N.

B. Rechtlich gegliederter Verhandlungsablauf

Aus dem Handelsstreit *Kodak-Fujifilm*[12] gehen Ebenen, Strukturelemente, Abschnitte, Erscheinungsformen, Funktionen und Lösungen der streitbeilegenden Verhandlung hervor. Die beteiligten Regierungen der Vereinigten Staaten von Amerika (Vereinigte Staaten) und Japans holen zum Koordinieren zunächst weit über die WTO und das DSU hinweg aus.

I. Subjektivieren im Vorbereitungsabschnitt

Als Grundlage jeder Verhandlung gilt das Beschaffen und Auswerten von Information, etwa über die Rechts- und Sachlage anderer Mitglieder, was ein Identifizieren privater beziehungsweise gesellschaftlicher Interessen ermöglicht. Ist dies geschehen, folgt das Anhängen solcher Interessen bei staatlichen Akteuren aufgrund politischer, administrativer oder gerichtlicher Verfahren. Weiter folgt das Abgleichen konkurrierender Interessen, um staatliche Interessen zu klären, die über jene der privaten beziehungsweise gesellschaftlichen Mandanten hinaus reichen. Sodann werden staatliche Interessen in Positionen gegossen, um bestimmte Handlungsfolgen auf zwischenstaatlicher Ebene auszulösen. *Kodak-Fujifilm* belegt, dass durch Präzedenzen vorgegebene „Spielregeln" wesentlich bestimmen, ob und inwiefern solche Positionen als glaubhaft wahrgenommen werden.

Als letzte Funktion im Vorbereitungsabschnitt der Verhandlung ist das Bestimmen eines Forums bereits rechtlich erschlossen, oft aufgrund retrospektiver Entscheidung, ob die ersuchende Partei die Zugangs- oder Zulässigkeitsvoraussetzungen des gewählten Forums erfüllt hat. Aus Anwaltssicht entscheidet diese Partei, ob ein Handelsstreit aus frustriertem Koordinationsbedarf heraus der WTO oder anderen zwischenstaatlichen Foren zugeführt werden soll. Die Auswahl erfolgt strategisch anhand der Verfügbarkeit von Foren, der Struktur anwendbarer Bewertungsmaßstäbe, der Verfahren zur Entscheidungsfindung und der Effektivität voraussichtlicher Ergebnisse.[13] In diesem Wettbewerb

---

12 So die fortan verwendete Bezeichnung des Handelsstreits *Japan – Film*; verbreitet auch als „*Kodak-Fujifilm* dispute", „film-dispute" bzw. „Filmstreit".

13 Grundl. *Hafner, Gernard*: Should One Fear the Proliferation of Mechanisms for the Peaceful Settlement of Disputes? in: Caflisch, Lucius (ed.): The Peaceful Settlement of Disputes between States: Universal and European Perspectives, The Hague/London/Boston: Kluwer Law Int'l 1998, 25–41 (29 ff.); weitere Kriterien bei *Darwin, Henry G.*: General Introduction, in: Waldock, Sir Humphrey (ed.): International Disputes: The Legal Aspects, Report of a Study Group of the David Davies Memorial Institute of International Studies, London: Europa Publ. 1972, 3–76 (62); *Rosenne,*

bietet das DSU weit definierte, die Regeln des diplomatischen Schutzes und die vorherige Erschöpfung staatlicher Rechtsbehelfe derogierende Zugangs- und Zulässigkeitsvoraussetzungen; einen einseitigen „Rechtsanspruch auf ein Panel" nach Ablauf einer Frist von 60 Tagen;[14] differenziert normierte Vertragspflichten aus den Übereinkommen von Marrakesch;[15] weit gefasste Haftung aus Vertragsverletzung sowie, die Regeln der Staatenhaftung derogierend, aus Zunichtemachung oder Schmälerung des Gleichgewichtes von Vorteilen und Zugeständnissen sowie aus sonstigen Situationen.[16] Alternativ kann ein Handelsstreit der institutionellen Überwachung in der WTO durch die Ministerkonferenz, den zuständigen Räten sowie dem Mechanismus zur Überprüfung der Handelspolitik (TPRM)[17] zugeführt werden. Ist ein Forum identifiziert,

---

Shabtai: The Law and Practice of the International Court 1920–1996, Vol. I: The Court and the United Nations, The Hague/London/New York: Kluwer Law Int'l, 3rd ed. 1997, 179; *Steinberger, Helmut*: Judicial Settlement of International Disputes, in: Bernhardt, Rudolf (ed.): EPIL 3 (1997), 42–54 (48 f.).

14 Art. 4 Ziff. 7 DSU i.V.m. Art. 6 Ziff. 1 DSU.

15 Marrakesh Declaration of 15 April 1994, UNTS 1867 (1995), 14 ff.; TIAS No. 31874, in: ILM 33 (1994), 1263 ff.; in nichtamtl. Übers. *Benedek, Wolfgang*: Die Welthandelsorganisation (WTO), München: Beck 1998, 591 ff. (Erklärung von Marrakesch); einschl. Final Act Embodying the Results of the Uruguay Round of Multilateral Trade Negotiations, done at Marrakesh, 15 April 1994, UNTS 1867 (1995), 16 ff.; TIAS No. 31874, in: ILM 33 (1994), 1143 f.; ABlEG L 336 vom 23. Dez. 1994, 253 ff. (Schlussakte von Marrakesch), das Marrakesh Agreement Establishing the World Trade Organization, done at Marrakesh, 15 April 1994, UNTS 1867 (1995), 154 ff.; TIAS No. 31874, in: ILM 33 (1994), 1144 ff.; ABlEG L 336 vom 23. Dez. 1994, 3 ff. (Übereink. zur Errichtung der Welthandelsorganisation – WTO-Abkommen), die anhängenden Teilabk. sowie alle Beschlüsse, Erklärungen und Vereinbarungen der Uruguay-Runde werden nachf. als „Übereinkommen von Marrakesch" zusammengefasst.

16 Zu den vielfachen Vorteilen des DSU etwa *Montañá i Mora* (Anm. 1), 159 ff.; *Lowenfeld* (Anm. 1), 479 ff.; *Bello/Holmer* (Anm. 1), 1102 f.; *Young* (Anm. 1), 391 ff.; *Reich* (Anm. 1), 785 ff.; *Petersmann* (Anm. 1), 25 ff.; *Steger/Hainsworth* (Anm. 1), 30 ff.; *Palmeter/Mavroidis* (Anm. 1), 17 f.; hierzu weiter oben S. 109 ff. m.w.N.

17 Trade Policy Review Mechanism, Annex 3 to the Marrakesh Agreement Establishing the World Trade Organization, done at Marrakesh, 15 April 1994, UNTS 1869 (1995), 480 ff.; TIAS No. 31874; ABlEG L 336 vom 23 Dez. 1994, 251 ff.; amend. *General Council*: Amendment to the Trade Policy Review Mechanism, Decision of 26 July 2017, WTO Doc. WT/L/1014, circul. 27 July 2017; UNTS (im Erscheinen), in: *World Trade Organization*: The WTO Agreements: The Marrakesh Agreement Establishing the World Trade Organization and its Annexes, Cambridge: Cambridge Univ. Pr., 2nd ed. 2017, 461 ff.

richtet die ersuchende Partei ihre Positionen auf die Zugangs- oder Zulässigkeitsvoraussetzungen und Bewertungsmaßstäbe des Forums aus, um sie bestmöglich in dessen Schutzbereich zu verankern.

In diesem durch staatliche Rechtsnormen subjektiv-parteibezogen eingefassten Verhandlungsabschnitt vermittelt der staatliche Rechtsberater, wie *Kodak-Fujifilm* darlegt, staatliche und zwischenstaatliche Vorgaben.

II. Objektivieren im Vorverfahren des DSU

Wird das DSU als Forum bestimmt, hält eine Vielzahl von rechtlichen Zielbestimmungen, Verhaltenspflichten und Bewertungsmaßstäben die Parteien im Forumsabschnitt ihrer Verhandlung an, ihre Handlungs- und Ermessensspielräume kooperativ auszurichten.

1. Abstrakter Anspruch durch Zielbestimmungen und Verhaltenspflichten

So soll die ersuchte Partei den Antrag auf Konsultationen binnen zehn Tagen beantworten und nach spätestens 30 Tagen Konsultationsgespräche eingehen.[18] Im Gegenzug kann die ersuchende Partei den „Rechtsanspruch auf ein Panel" frühestens nach 60 Tagen geltend machen.[19] Weiter sind die Parteien angehalten, sich *bona fide* im Bemühen um Streitbeilegung am Verfahren zu beteiligen;[20] die Wirksamkeit von Konsultationen zu stärken und zu verbessern;[21] Ansprüche der Gegenpartei wohlwollend zu prüfen und ausreichend Gelegenheit zur Konsultation zu geben;[22] eine „positive Lösung" des Handelsstreits zu suchen;[23] eine „beiderseits akzeptable Lösung" eindeutig vorzuziehen;[24] Vertraulichkeit zu wahren;[25] das Verfahren in dringenden Fällen möglichst zu beschleunigen;[26] gegebenenfalls Problemen und Interessen von Entwicklungsländern beziehungsweise[27] der speziellen Lage von am wenigsten entwickelten

18 Art. 4 Ziff. 3 DSU.
19 Art. 4 Ziff. 7 DSU.
20 Art. 3 Ziff. 10 DSU.
21 Art. 4 Ziff. 1 DSU.
22 Art. 4 Ziff. 2 DSU.
23 Art. 3 Ziff. 7 DSU.
24 Art. 3 Ziff. 7 DSU und Art. 4 Ziff. 5 DSU.
25 Art. 4 Ziff. 6 DSU unter Maßgabe von Art. 4 Ziff. 11 DSU; für trilaterale Verfahren analog Art. 5 Ziff. 2 DSU.
26 Art. 4 Ziff. 8 und 9 DSU.
27 Art. 4 Ziff. 10 DSU.

Staaten (LLDCs)[28] besonders Rechnung zu tragen. Sonderverfahren einzelner WTO-Teilabkommen[29] normieren weitere Verhaltenspflichten. Zudem verbannt der Vorrang multilateraler Streitbeilegung die Androhung von Gegenmaßnahmen[30] und verhindert der „Rechtsanspruch auf ein Panel“[31] das Veto der beklagten Partei über die Einsetzung eines gerichtlichen Panels.

Die Angabe von „strittigen Maßnahmen“ und der „Rechtsgrundlage der Beschwerde“ im Antrag auf Konsultationen[32] erzeugt im Forumsabschnitt ein vielfaches Objektivieren. Zunächst in prozessualer Hinsicht, falls die Parteien den Bedarf verspüren, unbestimmte Verfahrenspflichten des DSU ergänzend zu koordinieren beziehungsweise Verhaltenskonflikte des DSU mit Sonderverfahren bestimmter WTO-Teilabkommen durch eine Verfahrensvereinbarung zu klären.[33] Derart bereinigte Verfahren erleichtern das Erörtern inhaltlicher Positionen.

Weiter erzeugt die Niederschrift ein Objektivieren in inhaltlicher Hinsicht, da die ersuchende Partei solche Positionen herausfiltert, die an den nunmehr wesentlichen Bewertungsmaßstäben der WTO-Teilabkommen scheitern würden, und verbleibende Positionen hieran ausrichtet. Die durch die Niederschrift hergestellte Rechtsbindung entzieht dieser Partei zudem die Freiheit, ihre Positionen taktisch zu ändern, so dass die ersuchte Partei sie erstmals an den WTO-Teilabkommen überprüfen kann. Hat die ersuchende Partei es unterlassen, auf unhaltbare Positionen zu verzichten, kann sie von der ersuchten Partei in „rechtsgeleiteter Verhandlung“ (*rule-oriented diplomacy*)[34] zur Erkenntnis gebracht werden, dass solche Positionen am Maßstab der WTO-Teilabkommen scheitern würden. In *Kodak-Fujifilm* gelang dies vor allem im Pfad DS45, in

---

28 Art. 24 Ziff. 1 DSU.

29 Art. 1 Ziff. 2 DSU i.V.m. Anhang 2 DSU sowie entspr. Bestimmungen einzelner WTO-Teilabk.

30 Art. 23 DSU.

31 Art. 6 Ziff. 1 DSU.

32 Art. 4 Ziff. 4 DSU.

33 Art. 1 Ziff. 2 DSU.

34 Wohl grundl. *Jackson, John H.*: The World Trading System: Law and Policy of International Economic Relations, Cambridge/London: MIT Press, 2nd ed. 1997, 109 ff.; ansatzw. *Petersmann* (Anm. 1), 30 ff.; ausf. *Baroncini, Elisa*: The WTO Dispute Settlement Understanding as a Promoter of Transparent, Rule-oriented, Mutually Agreed Solutions – A Study on the Value of DSU Consultations and Their Positive Conclusion, in: Mengozzi, Paolo (ed.): International Trade Law on the 50th Anniversary of the Multilateral Trade System, Milano: Giuffrè 1999, 152–302, 157 ff.; 186 ff.; 227 ff.

dem die Parteien unbestimmte Angaben der Niederschrift in kooperativer Gesinnung zu klären suchen.

Ferner erzeugt die Niederschrift ein Objektivieren in partizipativer Hinsicht, da interessierte Mitglieder aufgrund der Notifikation des Antrags an das DSB und die zuständigen Räte[35] die Funktionen der Vorbereitungs- und Forumsabschnitte der Verhandlung nachholen und die Parteien gegebenenfalls um Teilnahme an ihren Konsultationen Parteien ersuchen können.[36] Solche Teilnahme bereichert die Positionen der Parteien um jene der interessierten Mitglieder beziehungsweise um systembezogene Bezugspunkte (*focal points*),[37] erleichtert die Mitwirkung materiell und personell benachteiligter Mitglieder und gestaltet das werdende Übereinkommen, wobei jede zusätzliche Teilnahme näher an den Konsens der Gesamtheit aller Mitglieder führt. Um interessierte Mitglieder bereits im Vorverfahren des DSU zur Teilnahme zu berechtigen, sollten ersuchende Parteien Artikel XXII Ziffer 1 Allgemeines Zoll- und Handelsabkommen 1994 (GATT 1994),[38] Artikel XXII Ziffer 1 Allgemeines Übereinkommen über den Handel mit Dienstleistungen (GATS)[39] sowie analoge Bestimmungen weiterer WTO-Teilabkommen als Haftungsgrundlage vorziehen.

Vergleichbar ist die kollektive Mitwirkung im DSB, in dem die Gesamtheit aller Mitglieder etwa die Vereinbarkeit von „beiderseits akzeptablen Lösungen" mit den WTO-Teilabkommen überprüfen soll. Die überaus aktive Mitwirkung im DSB erklärt wohl, warum gute Dienste, Vermittlung und Schlichtung sowie analoge Zuständigkeiten des WTO-Generaldirektors[40] in der Staatenpraxis

---

35 Art. 4 Ziff. 4 DSU.

36 Art. 4 Ziff. 11 DSU.

37 Grundl. wohl *Iklé* (Anm. 8), 213 f.

38 General Agreement on Tariffs and Trade 1994, Annex 1A to the Marrakesh Agreement Establishing the World Trade Organization, done at Marrakesh, 15 April 1994, UNTS 1867 (1995), 187 ff.; TIAS No. 31874, in: ILM 33 (1994), 1154 ff.; ABlEG L 336 vom 23. Dez. 1994, 11 ff.

39 General Agreement on Trade in Services, Annex 1B to the Marrakesh Agreement Establishing the World Trade Organization, done at Marrakesh, 15 April 1994, UNTS 1869 (1995), 183 ff.; TIAS No. 31874, in: ILM 33 (1994), 1167 ff.; ABlEG L 336 vom 23. Dez. 1994, 191 ff.; amend. Second Protocol to the GATS, done at Geneva, 6 Oct. 1995, UNTS 2057 (1999), 149 ff.; ABlEG L 167 vom 6. Juli 1996, 25 ff.; Third Protocol to the GATS, done at Geneva, 6 Oct. 1995, UNTS 2061 (1999), 190 ff.; ABlEG L 167 vom 6. Juli 1996, 43 ff.; Fourth Protocol to the GATS, done at Geneva, 15 April 1997, UNTS 2061 (1999), 209 ff.; ABlEG L 347 vom 18. Dez. 1997, 45 ff.; Fifth Protocol to the GATS, done at Geneva, 27 Feb. 1998, UNTS 2066 (1999), 155 ff.; ABlEG L 20 vom 27. Jan. 1999, 40 ff.

40 Art. 5 Ziff. 1 bis 5 DSU.

kaum in Anspruch genommen werden. Jenseits des DSU bestehen erweiterte Mitwirkungsrechte, in den zuständigen Räten, im TPRB sowie in der Ministerkonferenz zur verbindlichen Auslegung,[41] Abänderung[42] oder begrenzten Entpflichtung[43] von WTO-Teilabkommen.

Hiervon abzugrenzen ist die Koordinations- und Entscheidungsgewalt des DSB zur Aufsicht über die Streitbeilegung[44] und über die Aufnahme, das Verkürzen und Verlängern von Konsultationen sowie das Einsetzen von Schiedsverfahren durch die Parteien. Auch nimmt das DSB zur Abstimmung mit Sonderverfahren aus bestimmten WTO-Teilabkommen, zur Umsetzung von Schiedssprüchen und zur Überprüfung der Vereinbarkeit von „beiderseits akzeptablen Lösungen" mit den WTO-Teilabkommen[45] differenzierte Vermittlungs-, Schlichtungs- und Schiedsaufgaben wahr. Das Potenzial des DSB zum systembezogenen Objektivieren des Handelsstreits wird von der Staatenpraxis nicht erschöpft und von der Spruchpraxis nur ansatzweise gewürdigt.

2. *Anreize im Schatten des gerichtlichen Hauptverfahrens*

Sind inhaltliche Handlungs- und Ermessensspielräume im Forumsabschnitt erschöpft, geht der übrige Koordinationsbedarf der ersuchenden Partei auf

41 Art. 3 Ziff. 9 DSU i.V.m. Art. IX Ziff. 2 WTO-Abkommen und etwa Art. XXV GATT 1994, durch eine Mehrheit von ¾ der Mitglieder; hierzu *Petersmann* (Anm. 1), 57; *Kohona* (Anm. 1), 30 f.; *Marceau, Gabrielle*: A Call for Coherence in International Law: Praises for the Prohibition against "Clinical Isolation" in WTO Dispute Settlement, JWT 33 (1999), 87–152 (145 f.).

42 Art. X Ziff. 1 bis 10 WTO-Abkommen; unter Beachtung von Sonderverfahren gem. Art. XXI Ziff. 1 bis 3 GATS; Art. 4 Ziff. 11 Agreement on Subsidies and Countervailing Measures, Annex 1A to the Marrakesh Agreement Establishing the World Trade Organization, done at Marrakesh, 15 April 1994, UNTS 1869 (1995), 14 ff.; TIAS No. 31874, in: *World Trade Organization:* The WTO Agreements: The Marrakesh Agreement Establishing the World Trade Organization and its Annexes, Cambridge: Cambridge Univ. Pr., 2nd ed. 2017, 263 ff.; ABlEG L 336 vom 23. Dez. 1994, 156 ff. (Übereink. über Subventionen und Ausgleichsmaßnahmen – SCM-Abkommen); Art. 7 Ziff. 10 SCM-Abkommen und Art. 8 Ziff. 5 SCM-Abkommen; hierzu *Palmeter/Mavroidis* (Anm. 1), 127 f.; 132 f.; *Marceau* (Anm. 41), 146 f.

43 Art. IX Ziff. 3 und 4 WTO-Abkommen; hierzu *Jackson* (Anm. 34), 55 f.; *Marceau* (Anm. 41), 144 f.

44 Art. 2 Ziff. 1 DSU.

45 *Dispute Settlement Body*: Rules of Conduct for the Understanding on Rules and Procedures Governing the Settlement of Disputes, adopt. 3 Dec. 1996, WTO Doc. WT/DSB/RC/1, circul. 11 Dec. 1996.

einen BATNA über; erfahren die Erweiterungs-, Zugeständnis- und Übereinkommensabschnitte nach der beantragten Einsetzung eines Panels[46] eine Teilung: Neue Spielräume zum Definieren des Rechtsstreits, des Panel-Mandats und zum Zusammensetzen des Panels eröffnen neben der inhaltlichen Haupt- eine prozessuale Nebenverhandlung.

Wegen kurzer Fristen bis zur Einlösung des „Rechtsanspruchs auf ein Panel"[47] und eines subsidiär normierten Standardmandats[48] besteht nur geringer Spielraum für ein besonderes Mandat. Aufgrund vorgegebener Kriterien, guter Dienste des WTO-Sekretariats und möglicher Entscheidung des WTO-Generaldirektors[49] ähnelt die Nebenverhandlung zur personellen Besetzung des Panels der *mediation-arbitration*. Anreize zu weiterem Objektivieren entstehen vor allem dadurch, dass der „Rechtsanspruch auf ein Panel" die im gerichtlichen Hauptverfahren des DSU herrschenden Bedingungen, insbesondere die Aufgabe von Panels zur „objektiven Beurteilung",[50] bei strategischer Vorausschau in die Hauptverhandlung hineinträgt: Spätestens im Antrag auf Einsetzung sollten die Parteien ihre Positionen zu den „strittigen Maßnahmen" und der „Rechtsgrundlage der Beschwerde"[51] daher auf solche beschränken, welche diese Beurteilung standhalten. Aufgrund kurzer Fristen hat solches Objektivieren nur geringe Aussichten auf Erfolg, doch belegt *Kodak-Fujifilm* im Pfad DS45, dass die ersuchende Partei notwendige Handlungs- und Zugeständnisspielräume erhalten kann, wenn sie die Einsetzung aufschiebt.

Das DSU gewährt der „beiderseits akzeptable Lösung" eindeutigen Vorzug vor dem gerichtlichen Hauptverfahren[52] und erkennt im Übereinkommen der Parteien eine „positive Lösung" des Handelsstreits.[53] In *Kodak-Fujifilm* mündete der Stillstand der Hauptverhandlung im Pfad DS44 dennoch in eine Nebenverhandlung zur Einlösung des „Rechtsanspruchs auf ein Panel". Im Pfad aufgrund der Entscheidung der VERTRAGSPARTEIEN[54] vom 18. November

---

46 Art. 4 Ziff. 7 DSU i.V.m. Art. 6 Ziff. 1 DSU.
47 Art. 6 Ziff. 1 DSU.
48 Art. 7 Ziff. 1 DSU.
49 Art. 8 Ziff. 1 bis 7 DSU.
50 Art. 11 DSU.
51 Art. 6 Ziff. 2 DSU.
52 Art. 3 Ziff. 7 DSU und Art. 4 Ziff. 5 DSU.
53 Art. 3 Ziff. 7 DSU.
54 Der Begriff (*CONTRACTING PARTIES*) bezeichnet, in Abgrenzung zu einzelnen Vertragsstaaten oder Vertragsparteien, alle Vertragsstaaten des GATT 1947 als handelndes Kollektiv; hierzu statt vieler *Jackson* (Anm. 34), 31 f.

1960[55] entstand inhaltliches Offenhalten und jenseits eines BATNA keine Nebenverhandlung. Im Pfad DS45 führten die verbesserte Niederschrift und eine „rechtsgeleitete Verhandlung“ zur Verabschiedung des Gesetzes über Maßnahmen großflächiger Kaufhäuser zum Schutz der Umwelt (Daiten Ricchi Hô).[56] Obgleich zeitverzögert, befriedigte diese Abänderung den inhaltlichen Koordinationsbedarf der ersuchenden Partei, erübrigte eine Nebenverhandlung und verwirklichte eine „positive Lösung“.

3. *Konkrete Schranken aufgrund von Staaten- und Spruchpraxis*

Die vielfältigen kooperativen Zielbestimmungen und Verhaltenspflichten scheinen ausreichend Vertrauensschutz im Vorverfahren des DSU zu gewähren. Freilich belegt *Kodak-Fujifilm* sowohl kooperatives Verhalten im Pfad DS45, als auch konfrontatives im Pfad DS44, in dem die ersuchende Partei nicht nur die Prüfungspflicht verkannte, ob Maßnahmen nach dem DSU „erfolgreich“ (*fruitful*) wären,[57] sondern ebenso die qualifizierte Niederschrift von „strittigen Maßnahmen“ und der „Rechtsgrundlage der Beschwerde“.[58] Unter dem Schutz des Vertraulichkeitsgebots[59] verhindert taktisches Vorenthalten von Information weiteres Objektivieren in den Konsultationsgesprächen und vertagt es auf das gerichtliche Hauptverfahren im DSU, bei Missachtung weiterer Verhaltenspflichten zum Streben nach einer „positiven“ und „beiderseits akzeptablen“ Lösung[60] und zum Beteiligen am Verfahren *bona fide* im Bemühen um Streitbeilegung.[61]

Insofern stoßen Vertrauensschutz, systembezogenes Objektivieren und „rechtsgeleitete Verhandlung“ an konkrete Grenzen. Weil die streitbeilegende Verhandlung von konfrontativer Motivation bestimmt ist, scheint das Bemühen der Literatur um „adäquate“ Konsultationen[62] wenig geeignet, parteibezogenes

---

55 *Restrictive Business Practices*: Proposal by Chairman of the Working Party, GATT Doc. W.17/37, circul. 17 Nov. 1960, adopt. by *CONTRACTING PARTIES*: Summary Record of the Tenth Meeting, Held at Palais des Nations, Geneva, on 18 Nov. 1960, GATT Doc. SR.17/10, circul. 30 Nov. 1960, Ziff. 4; abgedr. in: BISD 9S/28 (1960).

56 Act on Measures by Large Scale Retail Stores for the Preservation of the Living Environment, No. 91 (1998), Kanpô, Special Ed., 105 ff.

57 Art. 3 Ziff. 7 DSU.

58 Art. 4 Ziff. 4 DSU.

59 Art. 4 Ziff. 6 DSU unter Maßgabe von Art. 4 Ziff. 11 DSU; für trilaterale Verfahren analog Art. 5 Ziff. 2 DSU.

60 Art. 3 Ziff. 7 DSU und Art. 4 Ziff. 5 DSU.

61 Art. 3 Ziff. 10 DSU.

62 So etwa *Baroncini* (Anm. 34), 194 ff.; 207 ff.; 227 ff.

Taktieren *mala fide* von systembezogenem Verhalten *bona fide* zu unterscheiden. Auch deshalb nicht, weil es auf der Annahme beruht, „macht"- und „rechtsgeleitete" Verhandlung seien voneinander zu trennen,[63] wohingegen beide als Teilaspekte von Motivation bestehen.

Vielmehr ist zu erkennen, dass die kooperativen Zielbestimmungen und Verhaltenspflichten des DSU als Leistungspflichten normiert sind, die der Konkretisierung im Einzelfall bedürfen. Im Gegensatz hierzu normieren Vorschriften, die den „Rechtsanspruch auf ein Panel" einlösen und das gerichtliche Hauptverfahren im DSU vorbereiten, vergleichsweise eindeutige Ergebnispflichten und aufgrund einer umfassenden Spruchpraxis, etwa zur Wahrung der Rechte der Parteien aus dem Vertraulichkeitsgebot[64] oder zur „objektiven Beurteilung" durch Panels,[65] zugleich differenzierte Rechtsfolgen ihrer Verletzung im Panel-Verfahren. Jenseits einstweiliger Maßnahmen könnte vor dem Panel gerügtes Parteiverhalten lediglich eine Spruchpraxis *pro futuro* auslösen. Laufende Konsultationsgespräche blieben jedoch ungeprüft.

Zudem bleibt das Vorverfahren im DSU, da die Zuständigkeit von Panels und des Berufungsgremiums streng an das Mandat und die Einsetzung von Panels geknüpft wird,[66] der Kontrolle der Spruchpraxis weitgehend entzogen.

---

63 So etwa *Jackson* (Anm. 34), 109 f.; *Baroncini* (Anm. 34), 157 f.

64 Art. 4 Ziff. 6 DSU; Vertraulichkeit ist derart zu gewährleisten, dass die Rechte aller Parteien im Panel-Verfahren auch tatsächlich unberührt bleiben, *Australia – Automotive Leather II*, Report of the Panel, WTO Doc. WT/DS126/R, circul. 25 May 1999, adopt. 16 June 1999, Ziff. 9.31; *Brazil – Aircraft*, Report of the Appellate Body, WTO Doc. WT/DS46/AB/R, circul. 2 Aug. 1999, adopt. 20 Aug. 1999, Ziff. 120 ff.; *Mexico – Corn Syrup*, Report of the Panel, WTO Doc. WT/DS132/R and Corr.1, circul. 28 Jan. 2000 and 25 Feb. 2000, adopt. 24 Feb. 2000, Ziff. 7.41 ff.; hierzu weiter oben S. 322 ff. m.w.N.

65 Art. 11 DSU; zur RSpr. *Korea – Alcoholic Beverages*, Report of the Appellate Body, WTO Doc. WT/DS75/AB/R and WT/DS84/AB/R, circul. 18 Jan. 1999, adopt. 17 Feb. 1999, Ziff. 159 ff.; *Japan – Agricultural Products II*, Report of the Appellate Body, WTO Doc. WT/DS76/AB/R, circul. 22 Feb. 1999, adopt. 19 March 1999, Ziff. 140 ff.; *EC – Asbestos*, Report of the Appellate Body, WTO Doc. WT/DS135/AB/R, circul. 12 March 2001, adopt. 5 April 2001, Ziff. 84 ff.; *US – Cotton Yarn*, Report of the Appellate Body, WTO Doc. WT/DS192/AB/R, circul. 8 Oct. 2001, adopt. 5 Nov. 2001, Ziff. 62 ff. insbes. 73 f.; *US – Steel Safeguards*, Report of the Appellate Body, WTO Doc. WT/DS248/AB/R and WT/DS259/AB/R, circul. 10 Nov. 2003, adopt. 10 Dec. 2003, Ziff. 494 ff.; ausf. hierzu oben S. 317 ff. m.w.N.

66 So stehe die Rechtsprüfung über die konkrete Leistung der Konsultationsgespräche außerhalb des Panel-Mandats, *EC – Bananas III (US)*, Report of the Panel, WTO Doc. WT/DS27/R/USA, circul. 22 May 1997, adopt. as modif. 25 Sept. 1997, Ziff. 7.49 f.;

Hieraus folgt, dass kooperative Zielbestimmungen und Verhaltenspflichten dem subjektiven Parteiwillen überlassen sind und nur dann konkretisiert werden, wenn die ersuchende Partei es duldet. Indessen ist der Vertrauensschutz der ersuchten Partei geschwächt und das kooperative Vorverfahren entgegen dem eindeutigen Vorzug der „beiderseits akzeptablen Lösung" in den Dienst des gerichtlichen Panel-Verfahrens gestellt.

Ebenso gestattet das Streben der Parteien, ihre Positionen in den Zugeständnis- und Übereinkommensabschnitten der Verhandlung möglichst als „beiderseits akzeptable Lösung" zu verankern, berechtigte Zweifel, ob eine Lösung stets die erforderliche „Wiederherstellung eines ausgewogenen Verhältnisses von Rechten und Pflichten" stützt, „mit den WTO-Teilabkommen übereinstimmend" und „positiv" ist.[67] Aus dem Handelsstreit um Kraftfahrzeuge und Ersatzteile[68] geht hervor, dass die Formfreiheit von „Lösungen" und ihre teils lückenhafte Notifikation an das DSB und die zuständigen Räte[69] Zugeständnisse wie Tauschgegenstände verschleiert und missverständliche Übereinkommen ermöglicht. Dies hindert die Mitglieder daran, die Aufsicht des DSB über die Streitbeilegung zu erfüllen, indem sie die Vereinbarkeit solcher Übereinkommen mit den WTO-Teilabkommen thematisieren.

Diese Rechtslage erklärt die gegenwärtige konfrontative und gerichtliche Färbung der Streitbeilegung im DSU. Sie mag unter dem Einfluss der herrschenden Literatur entstanden sein, missachtet jedoch zahlreiche Bestimmungen des DSU sowie letztlich das normierte Gleichgewicht von konfrontativer und kooperativer Streitbeilegung.

4. *Ansätze zur Verwirklichung eines kooperativen Vorverfahrens*

Im Einklang mit den allgemeinen Auslegungsregeln des Völkerrechts[70] ist im Wortlaut, im Zusammenhang sowie in Ziel und Zweck von kooperativen

zust. Report of the Appellate Body, WTO Doc. WT/DS27/AB/R, circul. 9 Sept. 1997, adopt. 25 Sept. 1997, Ziff. 132 ff.; *Korea – Dairy*, Report of the Panel, WTO Doc. WT/DS98/R and Corr.1, circul. 21 June 1999 and 22 July 1999, adopt. as modif. 12 Jan. 2000, Ziff. 7.14; weiter hierzu oben S. 321 m.w.N.

67 Art. 3 Ziff. 2, 5 und 7 DSU.

68 So die Bezeichnung des Handelsstreits *US – Autos*, verbreitet auch als „auto dispute".

69 Art. 3 Ziff. 6 DSU.

70 Art. 3 Ziff. 2 DSU und Art. 11 DSU *in fine*; die RSpr. folgt der kodifizierten Auslegung nach Völkergewohnheitsrecht gem. Art. 31 und 32 Vienna Convention on the Law of Treaties, signed at Vienna, 23 May 1969, UNTS 1155 (1980), 331 ff.; TIAS No. 18232; BGBl 1985 II, 927 ff. (Wiener Übereink. über das Recht der Verträge – WVK), grundl.

Zielbestimmungen und Verhaltenspflichten des DSU der Wille der Vertragsstaaten zu erkennen, im Vorverfahren durchaus Vertrauensschutz und kooperatives Objektivieren zu gewährleisten sowie ein Gleichgewicht von gerichtlicher und kooperativer Streitbeilegung zu wahren. Insofern sei angeregt, diese wie andere Vertragspflichten des DSU zu beachten, zumal auch sie durch Empfehlungen und Entscheidungen des DSB weder ergänzt noch eingeschränkt werden dürfen.[71]

Ohne zwingend eine verbindliche Auslegung einzelner Zielbestimmungen und Verhaltenspflichten durch die Ministerkonferenz anzustreben,[72] um die fehlende Rechtsbindung aufzufangen, könnten Mitglieder der WTO „adäquate" Konsultationen im Vorverfahren des DSU konkretisieren, indem sie entsprechende Vorschriften als Parteien und interessierte Mitglieder einfordern, nach Treu und Glauben auslegen und anwenden. Auch könnten Mitglieder den Vollzug dieser Vorschriften verbessern, indem sie das Parteiverhalten jenseits der eigentlichen Konsultationsgespräche, die dem Vertraulichkeitsgebot unterliegen, einer strengeren Aufsicht des DSB unterwerfen.

Dies könnte zumindest hinsichtlich der Prüfungspflicht der ersuchenden Partei geschehen, ob Maßnahmen nach dem DSU „erfolgreich" wären,[73] um protektionistischen Missbrauch, unnötige zwischenstaatliche Eskalation privater Rechtsstreitigkeiten sowie übertriebenes *forum shopping* ohne vorherige Erschöpfung staatlicher Rechtsbehelfe zu vermeiden. Ein objektiver Pflichtgehalt wäre etwa über den konkreten Nachweis, etwa aufgrund von Richtlinien

US – Gasoline, Report of the Appellate Body, WTO Doc. WT/DS2/AB/R, circul. 29 April 1996, adopt. 20 May 1996, S. 16 ff.; weiter *Japan – Alcoholic Beverages II*, Report of the Appellate Body, WTO Doc. WT/DS8/AB/R, WT/DS10/AB/R and WT/DS11/AB/R, circul. 4 Oct. 1996, adopt. 1 Nov. 1996, S. 10 ff.; *India – Patents*, Report of the Appellate Body, WTO Doc. WT/DS50/AB/R, circul. 19 Dec. 1997, adopt. 16 Jan. 1998, Ziff. 43 ff.; *US – Shrimp*, Report of the Appellate Body, WTO Doc. WT/DS58/AB/R, circul. 12 Oct. 1998, adopt. as 6 Nov. 1998, Ziff. 114; *EC – Hormones*, Report of the Appellate Body, WTO Doc. WT/DS26/AB/R and WT/DS48/AB/R, circul. 16 Jan. 1998, adopt. 13 Feb. 1998, Ziff. 181; *Argentina – Footwear*, Report of the Appellate Body, WTO Doc. WT/DS121/AB/R, circul. 14 Dec. 1999, adopt. 12 Jan. 2000, Ziff. 85 ff.; *US – DRAMS*, Report of the Panel, WTO Doc. WT/DS99/R, circul. 29 Jan. 1999, adopt. 19 March 1999, Ziff. 6.13 f.; hierzu *Palmeter/Mavroidis* (Anm. 1), 48 ff.; *Marceau* (Anm. 41), 106 ff.; 115 ff.

71 Art. 3 Ziff. 2 DSU sowie, auf die RSpr. bezogen, Art. 19 Ziff. 2 DSU.

72 Art. 3 Ziff. 9 DSU i.V.m. Art. IX Ziff. 2 WTO-Abkommen und etwa Art. XXV GATT 1994.

73 Art. 3 Ziff. 7 DSU.

oder Formaten des DSB, einer vor dem Antrag auf Konsultationen durchgeführten Prüfung anzustreben. Zudem wäre die Verbindung der Prüfungspflicht mit kooperativen Zielbestimmungen und Verhaltenspflichten des DSU, mit materiellen Rechtspflichten aus den WTO-Teilabkommen beziehungsweise dem Völkerrecht zur vorherigen Erschöpfung staatlicher Rechtsbehelfe zu erwägen.

Auch könnte die Aufsicht des DSB über „beiderseits akzeptable Lösungen" besser strukturiert werden, um trotz des Vertraulichkeitsgebots während der eigentlichen Konsultationsgespräche die Rechtssicherheit über den konkreten Bestand von „Lösungen" zu gewährleisten, transparentere Ergebnisse zu ermöglichen und das Überprüfen der Übereinstimmung mit den WTO-Teilabkommen zu erleichtern. Hierzu könnten solche „Lösungen" minimalen Formvoraussetzungen wie eine übereinstimmende Notifikation durch alle beteiligten Parteien unterworfen werden, beziehungsweise Richtlinien und Formaten des DSB, welche die prozessualen und inhaltlichen Tauschgegenstände des Übereinkommens erfragen. Auf dieser Grundlage erfasste Angaben könnten die Parteien zur Gewährleistung von Vertrauensschutz auch während der Konsultationsgespräche anregen.

Mittelbar könnten Panels und das Berufungsgremium ihre Spruchpraxis überdenken und den unbestimmten Wortlaut von kooperativen Zielbestimmungen und Verhaltenspflichten des DSU konkretisieren. Artikel 3 Ziffer 2 DSU und Artikel 19 Ziffer 2 DSU geben dem Streitbeilegungssystem auf, Sicherheit und Vorhersehbarkeit zu leisten und bestehende Vorschriften zu klären. Entsprechende Bestimmungen wären auch mit dem eindeutigen Vorzug der „beiderseits akzeptablen Lösung" in Zusammenhang zu setzen.

Weiter könnten Konsultationen im kooperativen Sinn und Zweck verankert werden, wenn sie nach der Maßgabe beurteilt würden, ob sie ein „funktionsgerechtes" Objektivieren an den Rechtspflichten der WTO-Teilabkommen unterstützen. So würde etwa die Erkenntnis, dass die Niederschrift von „strittigen Maßnahmen" und der „Rechtsgrundlage der Beschwerde" im Antrag auf Konsultationen[74] den Sinn und Zweck erfüllt, das nachträgliche Abändern von Positionen zu verhindern und der ersuchten Partei zu ermöglichen, Aussagen über die zu koordinierende Zukunft zu treffen, ein bewusst mehrdeutiges Formulieren der Angaben verbieten. Sie könnte ebenso die Kongruenz der Anforderungen an die Niederschrift im Antrag auf Konsultationen und der „strittigen Maßnahmen" sowie der „Rechtsgrundlage der Beschwerde" im

74 Art. 4 Ziff. 4 DSU.

Antrag auf Einsetzung eines Panels[75] empfehlen, um das taktische Einbehalten von Information bis zum Antrag auf Einsetzung zu vermeiden. Denn während der Wortlaut die Kongruenz beider Vorschriften nahelegt, sind erstmals im Antrag auf Einsetzung genannte Sachverhalte, Maßnahmen und Ansprüche wegen der verbleibenden Fristen kaum noch in der Hauptverhandlung zu thematisieren. Alternativ könnten Nachbesserungen, die erstmals im Antrag auf Einsetzung auftauchen, als Verstoß gegen den Vertrauensschutz der ersuchten Partei im Vorverfahren des DSU gewertet und vom Panel-Mandat ausgeschlossen werden, um ersuchende Parteien zur ernsthaften Formulierung von Anträgen anzuhalten. Bei fehlender Kongruenz wäre eine Pflicht vorzuziehen, einen neuen Antrag auf Konsultationen einzureichen, wie in *Kodak-Fujifilm* im Pfad DS45 geschehen. Dies könnte taktische *mala fide* der ersuchenden Partei zumindest mit einem Zeitverlust belegen.

Ferner könnte die Motivation der Parteien zur Erlangung von Information, über welche die jeweils andere Partei verfügt, eine gegenseitige *bona fide* in Konsultationen konkretisieren helfen. So wäre *de lege ferenda* zu erwägen, einer Klärungspflicht der ersuchten Partei über „strittige Maßnahmen“, welche die Positionen der ersuchenden Partei trägt, Zug um Zug eine Bestimmungspflicht der ersuchenden Partei über die „Rechtsgrundlage der Beschwerde“ entgegenzustellen, welche die Überprüfung dieser Positionen durch die ersuchte Partei unterstützt.

III. Zusammenfassung der Ergebnisse

Zum Ausgleich von kooperativer und konfrontativer Streitbeilegung im multilateralen Handelssystem bedarf es ergänzend zur geläufigen Richtersicht einer Untersuchung aus Anwaltssicht. Ebenso kann das Erkennen von Strukturelementen der streitbeilegenden Verhandlung, ihrer Abschnitte und Funktionen, das Vorverfahren im DSU in das gesamte Koordinieren der Parteien integrieren. Weiter ist der Wert prozessualer wie materieller Rechtspflichten im Koordinieren vor dem Forum zu erkennen. Denn Normadressaten sind nicht nur Panels und das Berufungsgremium, sondern vor allem Mitglieder und deren Rechtsberater, welche die meisten Handelsstreitigkeiten lösen, bevor sie im gerichtlichen Hauptverfahren überhaupt thematisiert werden. Diese Rechtsberater benötigen greifende kooperative Rechtspflichten, um zwischenstaatliche Belange schon in der staatlichen Definition von Interessen, Positionen und Zuständigkeiten glaubwürdig zu vertreten.

75 Art. 6 Ziff. 2 DSU.

Insofern bietet die vorliegende Untersuchung ein Modell, um Handelsstreitigkeiten nicht aus der Rückschau einer gerichtlich entschiedenen Lösung, sondern von Beginn an rechtlich anzugehen. Mit anderen Worten, um Parteien aus einer Freiheit, die einen starken faktisch-empirischen Koordinationsbedarf aufweist, über einzelne Verhandlungsabschnitte an das Übereinkommen heranzuführen, in dem der Koordinationsbedarf in handlungsanweisende Rechtsbindung gefestigt ist. Hierzu sind rechtliche Verhaltens- und Bewertungsmaßstäbe als Handlungs- und Ermessensspielräume der Parteien zu begreifen und als rechtliche Dimension der Verhandlung zuzuordnen. Daraus erwachsen Funktionen solcher Rechtsaspekte im Koordinieren staatlichen Parteiwillens.

Aus Anwaltssicht wird deutlich, dass das Ermitteln verfügbarer Handlungs- und Ermessensspielräume die Prüfung des geltenden Rechtsschutzes gebietet, da als Rechtspflichten gebundene Interessen nicht disponibel sind. Entsprechende Information auszuwerten, Interessen zu definieren und Koordinationsbedarf zu ermitteln, ist mit Kosten für den Rechtsberater verbunden. Hieraus entsteht die Forderung, Transparenz-, Publikations- und Notifikationspflichten der WTO, die das Definieren von staatlichen Interessen überhaupt ermöglichen, möglichst kollektiv zu qualifizieren, etwa durch Kommentare, Richtlinien oder Standards des TPRM. Sind Verpflichtungsgrad beziehungsweise Schutzwirkung rechtlicher Verhaltens- und Bewertungsmaßstäbe diffus, muss der Rechtsberater überdies konfrontative Motivation aufbringen, um die Glaubwürdigkeit seiner Rechtsauffassung zu stärken. Hieraus wird erkennbar, dass materielle und personelle Ressourcen unabdingbare Voraussetzung für die Analyse von Information und die Wahrnehmung eigener Interessen sind, und gering dotierte Mitglieder deshalb Gefahr laufen, vom Streitbeilegungssystem der WTO ausgegrenzt zu sein. Dies erzeugt die Forderung an ein effektives, durch gleichmäßigen Überwachungs- und Durchsetzungsdruck geprägtes Streitbeilegungssystem, das einen Bestand an funktionsgebundenen Ressourcen berücksichtigt. Weiter lässt die Eigenschaft der Rechtsbindung, Handlung und Ermessen der Parteien zu beschränken, erkennen, dass das Aufstellen von Positionen, die durch Rechtsnormen des Forums gedeckt sind und dessen Schutz, Legitimität und Glaubwürdigkeit genießen; beziehungsweise das gezielte Auslegen von Rechtsnormen, um Positionen in den Schutz solcher Rechtsnormen zu stellen, letztlich konfrontativ, taktisch und *mala fide* motiviert ist. Auch deshalb sind Gegenüberstellungen von Parteiverhalten *bona* und *mala fide* und von macht- und „rechtsgeleiteter Verhandlung“ zu überdenken.

Vielmehr wäre zu berücksichtigen, dass Rechtsnormen durchaus Macht entwickeln, wenn ein künftiges Ereignis als Rechtsfolge einer Rechtsauffassung erkennbar wird, und eine Partei analog zu Drohung und Versprechen zum Treffen beziehungsweise Unterlassen von Entscheidungen veranlasst wird. Da Handlungsanweisung und Unabdingbarkeit konfrontatives Beharren auf Positionen stützen, sind solche Bewertungsmaßstäbe konsensfördernd, die Ermessensspielräume objektivieren, statt zwingende Rechtsfolgen zu normieren. Aus dem Vermögen einer Partei, ihre Rechtsauffassung insoweit durchzusetzen, als Rechtsfolgen daraus wiederholt vollzogen werden, entsteht eine als *crédit diplomatique* bezeichnete Macht. Vertraulichkeit schützt eben dieses *crédit* vor Kritik an der im Einzelfall *bona* oder *mala fide* eingeforderten Handlungsanweisung einer Rechtsnorm. Die Nötigung mit Gegenmaßnahmen, die *qua* Selbstauslegung zwischenstaatlicher Rechtsnormen ebenso Retorsion wie Repression stützen, mag eine rechtswidrige Selbstauslegung im Übereinkommen besiegeln. Doch ist im Geltungsbereich des DSU das Potenzial von Verhaltensmaßstäben zu erkennen, welche die Zugangs- und Zulassungsvoraussetzungen zum Forum als BATNA definieren; Interessen auf den Rechtsschutz der WTO-Teilabkommen begrenzen; Strukturmerkmale der Verhandlung auf das Forum ausrichten; und Bewertungsmaßstäbe der WTO-Teilabkommen als Bezugspunkte für Lösungen setzen. Dies lässt Verfahrenspflichten jenseits der Zulässigkeit von gerichtlichen Verfahren in neuem Licht erscheinen: Als freiheitsbegrenzende beziehungsweise -erweiternde Faktoren im Auslegen von materiellen Rechtspflichten und im Koordinieren von Lösungen.

Freiheit, Flexibilität, Koordination, Empirie und Abdingbarkeit der Verhandlung aus Anwaltssicht zu begreifen, bricht übliche Begriffe unweigerlich auf. Vielmehr ist Forschung jenseits von Panel-Berichten anzusetzen; Handlung und Ermessen außerhalb von Rechtsbindung zu orten; sind Standards, Formate und Richtlinien als Rechtsquellen zu erkennen; Trennungen von Verfahren und Inhalt, von Monismus und Dualismus, von privatem und öffentlichem internationalen Recht zu überwinden, die im multilateralen Handelssystem zusammenfinden.

Literaturverzeichnis

Abbott, Kenneth W.: The Trading Nation's Dilemma: The Functions of the Law of International Trade, Harvard ILJ 26 (1985), 501–532.

Abels, Tracy M.: The World Trade Organization's First Test: The United States-Japan Auto Dispute, UCLA LR 44 (1996), 467–526.

Abi-Saab, Georges: « Interprétation » et « auto-interprétation » : Quelques réflexions sur leur rôle dans la formation et la résolution du différend international, in: Beyerlin, Ulrich/Bothe, Michael/Hofmann, Rainer/Petersmann, Ernst-Ulrich (Hrsg.): Recht zwischen Umbruch und Bewahrung – Festschrift für Rudolf Bernhardt, Berlin/Heidelberg/New York: Springer 1995, 9–19.

— Fragmentation or Unification: Some Concluding Remarks, New York Univ. JILP 31 (1999), 919–933.

Aceves, William J.: Lost Sovereignty? The Implications of the Uruguay Round Agreements, Fordham ILJ 19 (1995/96), 427–474.

Afilalo, Ari: Not in My Backyard: Power and Protectionism in U.S. Trade Policy, New York Univ. JILP 34 (2002), 749–796.

Ahearn, Raymond J.: Japan's Response to U.S. Trade Pressures: End of an Era? CRS Rep. 95-714F (12 June 1995).

Ahi, Mehdi M.: Les négociations diplomatiques préalables à la soumission d'un différend à une instance internationale, Thèse Genève, Genève: Coopérative d'imprimerie 1957.

Akehurst, Michael: Jurisdiction in International Law, BYIL 46 (1972/73), 145–257.

Alland, Denis: Justice privée et ordre juridique international: Étude théorique des contre-mesures en droit international public, Thèse Paris, Paris: Pédone 1994.

Amerasinghe, Chittharanjan F.: Local Remedies in International Law, Cambridge/New York NY: Cambridge Univ. Pr., 2nd ed. 2004.

American Bar Association Section of Antitrust Law: Report of the Special Committee on International Antitrust: Working Draft, 1 Sept. 1991, Chicago: ABA 1991.

American Law Institute: Restatement (Third) of the Law: The Foreign Relations Law of the United States (1987), St. Paul: ALI 1987.

Amin, Samir: Le développement inégal: Essai sur les formations sociales du capitalisme périphérique, Paris: Éditions de Minuit 1973.

Anand, Ram P.: International Court and Contemporary Conflicts, London/Bombay: Asia Publ. 1974.

— The Role of International Adjudication, in: Gross, Leo (ed.): The Future of the International Court of Justice, Vol. I, Dobbs Ferry: Oceana 1976, 1–21.

Anderson, David: Negotiation and Dispute Settlement, in: Evans, Malcolm D. (ed.): Remedies in International Law: The Institutional Dilemma, Oxford: Hart 1998, 112–121.

Appleton, Arthur E.: Amicus Curiae Submissions in the Carbon Steel Case: Another Rabbit from the Appellate Body's Hat? JIEL 3 (2000), 691–699.

Bacharach, Samuel B./Lawler, Edward J.: Power Dependence and Power Paradoxes in Bargaining, Negotiation Journal 2 (1986), 167–174.

Baldwin, David A.: Interdependence and Power: A Conceptual Analysis, IO 34 (1980), 471–506.

Baldwin, Richard E.: The Impact of the 1986 US-Japan Semiconductor Agreement, Japan World Econ. 6 (1994), 129–152.

Baroncini, Elisa: The WTO Dispute Settlement Understanding as a Promoter of Transparent, Rule-oriented, Mutually Agreed Solutions – A Study on the Value of DSU Consultations and Their Positive Conclusion, in: Mengozzi, Paolo (ed.): International Trade Law on the 50th Anniversary of the Multilateral Trade System, Milano: Giuffrè 1999, 152–302.

Barshevsky, Charlene: Report on the United States-Japan Framework for a New Economic Partnership, in: US Senate Finance Committee: United States-Japan Policy, Hearing before the Subcommittee on International Trade, 103d Cong. 1st Sess. (22 July 1993), S.Hrg. 103–354, Washington: GPO 1994, 8–23.

Bar-Yaacov, Nissim: The Handling of International Disputes by Means of Inquiry, London/New York: Oxford Univ. Pr. 1974.

Bayard, Thomas O./Elliott, Kimberly A.: Reciprocity and Retaliation in U.S. Trade Policy, Washington: IIE 1994.

Bedjaoui, Mohammed: Pour un Nouvel ordre économique international, Paris: UNESCO 1979.

— L'égalité des États dans le procès international, un mythe? in: (Souscr.): Le procès international: Liber amicorum Jean-Pierre Cot, Bruxelles: Bruylant 2009, 1–27.

Behrens, Peter: Alternative Methods of Dispute Settlement in International Economic Relations, in: Petersmann, Ernst-Ulrich/Jaenicke, Günther (eds.): Adjudication of International Trade Disputes in International and National Economic Law, Fribourg: Éditions universitaires 1992, 1–42.

Beirlaen, André: La distinction entre les différends juridiques et les différends politiques dans la pratique des organistions internationales, RBDI 11 (1975), 405–440.

Bello, Judith H.: The WTO Dispute Settlement Understanding: Less is More, AJIL 90 (1996), 416–418.

— */Holmer, Alan F.*: U.S. Trade Law & Policy Series #13: Unilateral Action to Open Foreign Markets: The Mechanics of Retaliation Exercises, Int'l Lawyer 22 (1988), 1197–1206.

— */Holmer, Alan F.*: U.S. Trade Law & Policy Series No. 14, The 1988 Trade Bill: Savior or Scourge of the International Trading System? Int'l Lawyer 23 (1988), 523–532.

— */Holmer, Alan F.*: The Post-Uruguay Round Future of Section 301, Law & Policy Int'l Business 25 (1994), 1297–1309.

— */Holmer, Alan F.*: U.S. Trade Law and Policy Series No. 24: Dispute Resolution in the New World Trade Organization: Concerns and Net Benefits, Int'l Lawyer 28 (1994), 1095–1104.

Berber, Friedrich: Lehrbuch des Völkerrechts, Bd. III: Streiterledigung, Kriegsverhütung, Integration, München: Beck, 2. Aufl. 1977.

Bergsten, C. Fred/Noland, Marcus: Reconcilable Differences? United States-Japan Economic Conflict, Washington: IIE 1993.

Bernhardt, Rudolf: Die gerichtliche Durchsetzung völkerrechtlicher Verpflichtungen, ZaöRV 47 (1987), 17–31.

Berrisch, Georg M./Kamann, Hans-Georg: Die Handelshemmnis-Verordnung, EuZW 4 (1999), 101–107.

Beyerlin, Ulrich: Pactum de contrahendo und pactum de negotiando im Völkerrecht? ZaöRV 36 (1976), 407–443.

Bhagwati, Jagdish N.: Market Disruption, Export Market Disruption, Compensation, and GATT Reform, in: Bhagwati, Jagdish N. (ed.): The New International Economic Order: The North-South Debate, Cambridge: MIT Pr. 1978, 159–179.

— The US-Japan Car Dispute: A Monumental Mistake, Int'l Affairs 72 (1996), 261–279.

Bindschedler, Rudolf L.: Conciliation and Mediation, in: Bernhardt, Rudolf (ed.): EPIL 1 (1992), 721–725.

— Good Offices, in: Bernhardt, Rudolf (ed.): EPIL 2 (1995), 601–603.

Bleckmann, Albert: Das Souveränitätsprinzip im Völkerrecht, ArchVR 23 (1985), 450–477.

— Art. 2 Ziff. 1, in: Simma, Bruno/Mosler, Hermann/Ranzeldorfer, Albrecht/ Tomuschat, Christian/Wolfrum, Rüdiger (Hrsg.): Kommentar der Charta der Vereinten Nationen, München: Beck 1991, 37–50.

Blumenwitz, Dieter: Treaties of Friendship, Commerce, and Navigation, in: Bernhardt, Rudolf (ed.): EPIL 4 (2000), 953–958.

Bogdandy, Armin von: The Non-violation Procedure of Article XXIII:2 GATT: Its Operational Rationale, JWT 26 (1992), 95–111.

Bolton, John R.: Is There Really "Law" in International Affairs? Transnat'l Law & Contemp. Probs. 10 (2000), 1–48.

— Should We Take Global Governance Seriously? Chicago JIL 1 (2000), 205–221.

Borght, Kim van der: The Advisory Center on WTO Law: Advancing Fairness and Equality, JIEL 2 (1999), 723–728.

Bothe, Michael: Legal and Non-Legal Norms – A Meaningful Distinction in International Relations? NYIL 11 (1980), 65–95.

— Friedenssicherung und Kriegsrecht, in: Vitzthum, Wolfgang Graf (Hrsg.): Völkerrecht, Berlin/New York: de Gruyter 1997, 581–663.

Bourgeois, Jacques H.: GATT Surveillance of Trade-related Policies: A Comment, in: Petersmann, Ernst-Ulrich/Hilf, Meinhard (eds.): The New GATT Round of Multilateral Trade Negotiations – Legal and Economic Problems, Deventer/Boston: Kluwer Law and Taxation, 2nd ed. 1991, 157–161.

Bourquin, Maurice: Dans quelle mesure le recours à des négociations est-il nécessaire avant qu'un différend puisse être soumis à la juridiction internationale? in: Accioly, Hildebrand (Dir.): Hommage d'une génération de juristes au Président Basdevant, Paris: Pédone 1960, 43–55.

Bowett, Derek W.: Estoppel before International Tribunals and its Relation to Acquiescence, BYIL 33 (1957), 176–202.

— Contemporary Developments in Legal Techniques in the Settlement of Disputes, RdC 180 (1983 II), 169–235.

— */Crawford, James/Sinclair, Sir Ian/Watts, Sir Arthur*: The International Court of Justice: Efficiency of Procedures and Working Methods, Report of the Study Group Established by the British Institute of International and Comparative Law as a Contribution to the UN Decade of International Law, ICLQ 45 (1996) Suppl., S1–S35.

— *Res judicata*and the Limits of Rectification of Decisions by International Tribunals, RADIC 8 (1996), 577–591.

Bradley, Curtis A.: The *Charming Betsy* Canon and Separation of Powers: Rethinking the Interpretive Role of International Law, Georgetown LJ 86 (1998), 479–537.

Brams, Steven J./Taylor, Alan D.: Fair Division: From Cake-cutting to Dispute Settlement, Cambridge/New York/Melbourne: Cambridge Univ. Pr. 1996.

Brand, Ronald A.: The Status of the General Agreement on Tariffs and Trade in United States Domestic Law, Stanford JIL 26 (1990), 479–508.

Brander, James A./Spencer, Barbara J.: International R&D Rivalry and Industrial Strategy, Rev. Econ. Studies 50 (1983), 707–722.

— Trade Warfare: Tariffs and Cartel, Journ. Int'l Econs. 16 (1984), 227–242.

Breidenbach, Stephan: Mediation: Struktur, Chancen und Risiken von Vermittlung im Konflikt, Habil. München, Köln: Otto Schmidt 1995.

Bronckers, Marco C.E.J.: Voluntary Export Restraints and the GATT 1994 Agreement on Safeguards, in: Bourgeois, Jacques H.J./Berrod, Frédérique/Fournier, Éric G. (eds.): The Uruguay Round Results: A European Lawyers' Perspective, Bruges/Bruxelles: College of Europe/European Interuniv. Pr. 1995, 273–279.

— Private Participation in the Enforcement of WTO Law: The New EC Trade Barriers Regulation, CMLR 33 (1996), 299–318.

Brownlie, Ian: The Justiciability of Disputes and Issues in International Relations, BYIL 42 (1967), 123–143.

— Principles of Public International Law, Oxford: Oxford Univ. Pr., 5th ed. 1998.

Bruns, Viktor: Grenzen der Schiedsgerichtsbarkeit, ZaöRV 9 (1939/40), 627–645.

Brusick, Philippe: UN Control of Restrictive Business Practices: A Decisive First Step, JWTL 17 (1983), 337–351.

Buergenthal, Thomas: Law-making in the International Civil Aviation Organization, Syracuse: Syracuse Univ. Pr. 1969.

Burton, John W.: Systems, States, Diplomacy and Rules, Cambridge: Cambridge Univ. Pr. 1968.

— Conflict and Communication: The Use of Controlled Communication in International Relations, London: Macmillan 1969.

— The Procedures of Conflict Resolution, in: Azar, Edward E./Burton, John W. (eds.): International Conflict Resolution: Theory and Practice, Boulder/Brighton: Lynne Rienner/Wheatsheaf 1986, 92–116.

Busch, Marc L.: Trade Warriors: States, Firms, and Strategic Trade Policy in High-technology Competition, Cambridge/New York: Cambridge Univ. Pr. 1999.

— /*Reinhardt, Eric*: Bargaining in the Shadow of the Law: Early Settlement in GATT/WTO Disputes, Fordham ILJ 24 (2000), 158–172.

Butler, William E.: The Hague Permanent Court of Arbitration, in: Janis, Mark W. (ed.): International Courts for the Twenty-first Century, Dordrecht/London/Boston: Martinus Nijhoff/Kluwer Academic Publ. 1992, 43–54.

Buys, Cindy G./Isasi, William: An "Authoritative" Statement of Administrative Action: A Useful Political Invention or a Violation of the Separation of Powers Doctrine? NYU Journ. Legislation & Pub. Policy 7 (2003), 73–114.

Caflisch, Lucius: La protection des sociétés commerciales et des intérêts indirects en droit international public, Thèse Genève, La Haye: Martinus Nijhoff 1969.

— L'avenir de l'arbitrage interétatique, AFDI 25 (1979), 9–45.

Cahier, Philippe: Les négociations diplomatiques comme préalable à l'action judiciaire, in: Ghebali, Victor-Yves/Kappeler, Dietrich (Dir.): Les multiples aspects des relations internationales, Études à la mémoire du professeur Jean Siotis, Bruxelles: Bruylant 1995, 327–336.

Camps, Miriam: "First World" Relationships: The Role of the OECD, New York: Council of Foreign Relations 1975.

Cançado Trinidade, Antônio A.: Exhaustion of Local Remedies in International Law and the Role of National Courts, ArchVR 17 (1977–78), 333–370.

Caron, David D.: The Nature of the Iran-United States Claims Tribunal and the Evolving Structure of International Dispute Resolution, AJIL 84 (1990), 104–156.

Carreau, Dominique/Juillard, Patrick: Droit international économique, Paris: LGDJ, 4e éd. 1998.

Cassese, Antonio: The Concept of « Legal Dispute » in the Jurisprudence of the International Court, in: Il processo internazionale – Studi in onore di Gaetano Morelli, Comunicazioni e studi vol. XIV, Milano: Giuffrè 1975, 173–200.

Charney, Jonathan I.: Disputes Implicating the Institutional Credibility of the Court: Problems of Non-appearance, Non-participation, and Non-performance, in: Damrosch, Lori F. (ed.): The International Court of Justice at a Crossroads, Dobbs Ferry: Transnational Publ. 1987, 288–319.

— Is International Law Threatened by Multiple International Tribunals? RdC 271 (1998 I), 101–382.

Charpentier, Jean: Article 2 paragraphe 3, in: Cot, Jean-Pierre/Pellet, Alain (Dir.): La Charte des Nations Unies, Commentaire article par article, Paris: Économica, 2e éd. 1991, 103–113.

Chinkin, Christine: The State That Acts Alone: Bully, Good Samaritan or Iconoclast? EJIL 11 (2000), 31–41.

Claude, Inis L.: Multilateralism – Diplomatic and Otherwise, IO 12 (1958), 43–52.

Collier, John G.: The International Court of Justice and the Peaceful Settlement of Disputes, in: Lowe, Vaughan/Fitzmaurice, Malgosia (eds.): Fifty Years of the International Court of Justice: Essays in Honour of Sir Robert Jennings, Cambridge/New York: Cambridge Univ. Pr./Grotius Publ.i 1996, 364–372.

— */Lowe, Vaughan*: The Settlement of Disputes in International Law: Institutions and Procedures, Oxford: Oxford Univ. Pr. 2000.

Combacau, Jean: Droit des traités, Paris: PUF 1991.

— */Sur, Serge*: Droit international public, Paris: Montchrestien 1993.

Condorelli, Luigi: L'autorité de la décision des juridictions internationales permanentes, in: Société française pour le droit international (éd.): La juridiction internationale permanente, Colloque de Lyon, 29–31 mai 1986, Paris: Pédone 1987, 281–313.

Cooper, William H.: Japan-U.S. Trade: The Structural Impediments Initiative, CRS Rep. 93-341E (15 March 1993).

— The Japan-United States Framework for Trade Negotiations, CRS Rep. 93-722E (6 Aug. 1993).

Cot, Jean-Pierre: La conciliation internationale, Thèse Paris, Paris: Pédone 1968.

Cottier, Thomas/Schefer, Nadukavukaren: Non-violation Complaints in WTO/GATT Dispute Settlement: Past, Present and Future, in: Petersmann, Ernst-Ulrich (ed.): International Trade Law and the GATT/WTO Dispute Settlement System, The Hague/London/Boston: Kluwer Law Int'l 1997, 145–183.

Couvreur, Philippe: The Effectiveness of the International Court of Justice in the Peaceful Settlement of International Disputes, in: Muller, Alexander S./Raič, David/Thuránszky, Johanna M. (eds.): The International Court of Justice: Its Future Role after 50 Years, The Hague/London/Boston: Martinus Nijhoff 1997, 83–116.

Crawford, James: The UN Human Rights Treaty System: A System in Crisis? in: Alston, Philip/Crawford, James (eds.): The Future of UN Human Rights Treaty Monitoring, Cambridge/New York/Melbourne: Cambridge Univ. Pr. 2000, 1–14.

Croley, Steven P./Jackson, John H.: WTO Dispute Procedures, Standard of Review, and Deference to National Governments, AJIL 90 (1996), 193–213.

Dam, Kenneth: The GATT: Law and International Economic Organization, Chicago/London: Univ. of Chicago Pr. 1970.

Darwin, Henry G.: General Introduction, in: Waldock, Sir Humphrey (ed.): International Disputes: The Legal Aspects, Report of a Study Group of the David Davies Memorial Institute of International Studies, London: Europa Publ. 1972, 3–76.

— Mediation and Good Offices, in: Waldock, Sir Humphrey (ed.): International Disputes: The Legal Aspects, Report of a Study Group of the David Davies Memorial Institute of International Studies, London: Europa Publ. 1972, 77–158.

Decaux, Emmanuel: La réciprocité en droit international, Thèse Paris II, Paris: LGDJ 1980.

Delbez, Louis: Les principes généraux du contentieux international, Paris: LGDJ 1962.

— Les principes généraux du droit international public, Paris: LGDJ, 3e éd. 1964.

Delbrück, Jost: Friedlicher Wandel, in: Wolfrum, Rüdiger/Philipp, Christiane (Hrsg.): Handbuch Vereinte Nationen, München: Beck, 2. Aufl. 1991, 191–201.

Demaret, Paul: L'extraterritorialité des lois et les relations transatlantiques: Une question de droit ou de diplomatie? RTDE 21 (1985), 1–39.

Dershowitz, Alan M.: Why Terrorism Works: Understanding the Threat, Responding to the Challenge, New Haven: Yale Univ. Pr. 2002.

Deutsch, Morton: The Effect of Motivational Orientation upon Trust and Suspicion, Human Relations 16 (1960), 123–139.

— */Krauss, Robert M.*: Studies of Interpersonal Bargaining, Journ. Conflict Resolution 6 (1962), 52–76.

Devereaux, Charan/Lawrence, Robert Z./Watkins, Michael D.: Case Studies in US Trade Negotiations, Vol. II: Resolving Disputes, Washington: Peterson Institute 2006.

De Visscher, Charles: Théories et réalités en droit international public, Paris: Pédone, 4e éd. 1970.

Diebold, William: The End of the ITO, in: Princeton Essays in International Finance No. 16, Princeton: Princeton Univ. Pr. 1952.

Dillon, Sara: *Fuji-Kodak*, the WTO, and the Death of Domestic Political Constituencies, Minnesota JGT 8 (1999), 197–248.

Dillon, Thomas J.: The World Trade Organization: A New Legal Order for World Trade? Michigan JIL 16 (1995), 349–402.

Doehring, Karl: Handelt es sich bei einem Recht, das durch diplomatischen Schutz eingefordert wird, um ein solches, das dem die Protektion ausübenden Staat zusteht, oder geht es um die Erzwingung von Rechten des betroffenen Individuums? in: Ress, Georg/Stein, Torsten (Hrsg.): Der diplomatische Schutz im Völker- und Europarecht: Aktuelle Probleme und Entwicklungstendenzen, Baden-Baden: Nomos 1996, 13–26.

— Local Remedies, Exhaustion of, in: Bernhardt, Rudolf (ed.): EPIL 3 (1997), 238–242.

— Völkerrecht, Heidelberg: Müller 1999.

Doll, Katharina: Einführung in das japanische Verwaltungsrecht, in: Kaspar, Johannes/Schön, Oliver: Einführung in das japanische Recht, Baden-Baden: Nomos 2018, 181–203.

Dominick, Mary F.: Consultation, in: Bernhardt, Rudolf (ed.): EPIL 5 (2003), 776–779.

Doussis, Emmanuella: Intérêt juridique devant la Cour internationale de justice, RGDIP 105 (2001), 55–91.

Druckman, Daniel: Social-Psychological Approaches to the Study of Negotiation, in: Druckman, Daniel (ed.): Negotiation: Social-Psychological Perspectives, Beverly Hills/London: Sage Publ. 1977, 15–43.

Dupuy, Pierre-Marie: Droit international public, Paris: Dalloz, 7e éd. 2004.

— The Danger of Fragmentation or Unification of the International Legal System and the International Court of Justice, New York Univ. JILP 31 (1999), 791–807.

— The Place and Role of Unilateralism in Contemporary International Law, EJIL 11 (2000), 19–29.

Dupuy, René-Jean: Communauté internationale et disparités de développement: Cours général de droit international public, RdC 165 (1979 IV), 9–231.

— Le maintien de la paix, in: Dupuy, René-Jean (éd.): Manuel sur les organisations internationales, La Haye/Cambridge: Kluwer Law Int'l, 2e éd. 1998, 563–603.

Durling, James P.: Anatomy of a Trade Dispute: A Documentary History of the Kodak-Fujifilm Dispute, London: Cameron May 2000.

— */Lester, Simon N.*: Original Meanings and the Film Dispute: Drafting History, Textual Evolution, and Application of the Non-violation or Impairment Remedy, George Wash. JIL & Econs. 32 (1999), 211–268.

Eckhoff, Torstein: The Mediator, the Judge and the Administrator in Conflict-Resolution, Acta Sociologica 10 (1967), 148–172.

Economidès, Constantin P.: La Déclaration de Manille sur le règlement pacifique des différends internationaux, AFDI 28 (1982), 613–627.

— L'obligation de règlement pacifique des différends internationaux: Une norme fondamentale tenue à l'écart, in: (Souscr.): Paix, développement, démocratie,

Boutros Boutros-Ghali amicorum discipulorumque liber, Bruxelles: Bruylant 1998, 405–418.

Efremoff, Jean: La conciliation internationale, RdC 18 (1927 III), 5–148.

Eichmann, Erwin P./Horlick, Gary N.: Political Questions in International Trade: Judicial Review of Section 301, Michigan JIL 10 (1989), 735–764.

Eisenberg, Melvin A.: Private Ordering through Negotiation: Dispute Settlement and Rulemaking, Harvard LR 89 (1976), 637–681.

Elwell, Craig: U.S.-Japan Trade Confrontation: Economic Perspective and Policy Options, CRS Rep. 94-526E (23 June 1994).

Erler, Georg: Staatssouveränität und internationale Wirtschaftsverflechtung, BerDGV 1 (1957), 29–57.

Escher, Regina: Friedliche Erledigung von Streitigkeiten nach dem System der Vereinten Nationen, Diss. Bern, Zürich: Schulthess 1985.

Eyffinger, Arthur/Witteveen, Arthur/Mellink, Bert: The International Court of Justice 1946–1996, The Hague/London/Boston: Kluwer Law Int'l 1996.

Fastenrath, Ulrich: Lücken im Völkerrecht: Zu Rechtscharakter, Quellen, Systemzusammenhang, Methodenlehre und Funktionen des Völkerrechts, Habil. München, Berlin: Duncker & Humblot 1991.

Faure, Guy-Olivier: Négociation, in: Akoun, André/Ansart, Pierre (Dir.): Dictionnaire de sociologie, Paris: Seuil 1999, 360–361.

— */Rubin, Jeffrey Z.*: Lessons for Theory and Research, in: Faure, Guy-Olivier/Rubin, Jeffrey Z. (eds.): Culture and Negotiation: The Resolution of Water Disputes, Thousand Oaks/London/New Delhi: Sage Publ. 1993, 209–231.

Feld, Werner J./Jordan, Robert S./Hurwitz, Leon: International Organizations: A Comparative Approach, Westport/New York: Praeger, 3rd ed. 1994.

Fikentscher, Wolfgang/Drexl, Josef: Der Draft International Antitrust Code 1994 – Zur institutionellen Struktur eines künftigen Weltkartellrechts, RIW 40 (1994), 93–99.

First, Harry: Antitrust Enforcement in Japan, Antitrust LJ 64 (1995), 144–163.

Fisher, Roger: Fractionating Conflict, in: Fisher, Roger (ed.): International Conflict and Behavioral Sciences: The Craigville Papers, New York: Basic Books 1964, 91–110.

— */Brown, Scott*: Getting Together: Building Relationships as We Negotiate, New York: Penguin 1989.

— */Ury, William/Patton, Bruce*: Getting to YES: Negotiating Agreement Without Giving In, New York/London: Penguin, 2nd ed. 1991.

Flamm, Kenneth: Mismanaged Trade: Strategic Policy and the Semiconductor Industry, Washington: Brookings Institution 1996.

Flath, David J.: Why Are There So Many Retail Stores in Japan? Japan World Econ. 2 (1990), 365–386.

Fleischhauer, Carl-August: Negotiation, in: Bernhardt, Rudolf (ed.): EPIL 3 (1997), 535–537.

— Prescription, in: Bernhardt, Rudolf (ed.): EPIL 3 (1997), 1105–1108.

Flory, Maurice: La quatrième décennie pour le développement: La fin du Nouvel Ordre Économique International? AFDI 36 (1990), 606–613.

Flory, Thiébaut: Le GATT, droit international et commerce mondial, Diss. Paris, Paris: LGDJ 1968.

Fox, Eleanor M.: Toward World Antitrust and Market Access, AJIL 91 (1997), 1–25.

— International Antitrust: Against Minimum Rules, for Cosmopolitan Principles, Antitrust Bulletin 43 (1998), 5–13.

Fox, Hazel: Conciliation, in: Waldock, Sir Humphrey (ed.): International Disputes: The Legal Aspects, Report of a Study Group of the David Davies Memorial Institute of International Studies, London: Europa Publ. 1972, 93–100.

Friedmann, Wolfgang G.: The Changing Structure of International Law, New York/London: Columbia Univ. Pr./Stevens & Sons 1964.

Fujita, Tokiyasu: Streitvermeidung und Streiterledigung durch informelles Verwaltungshandeln in Japan, NVwZ 13 (1994), 133–138.

Fuller, Lon L.: Mediation – Its Forms and Functions, Southern California LR 44 (1970/71), 305–339.

Garten, Jeffrey E.: A Cold Peace: America, Japan, and the Struggle for Supremacy, New York: Times Books 1992.

— American Trade in a Changing World Economy, Int'l Lawyer 29 (1995), 15–41.

GATT Secretariat: Analytical Index: Guide to GATT Law and Practice, Geneva: GATT, 6th ed. 1994.

Geamanŭ, Grigore: Théorie et pratique des négociations en droit international, RdC 166 (1980 I), 365–448.

Geck, Wilhelm K.: Diplomatic Protection, in: Bernhardt, Rudolf (ed.): EPIL 1 (1992), 1045–1067.

Gervais, André: Quelques réflexions à propos de la distinction des « droits » et des « intérêts », in: (Souscr.): Mélanges en l'honneur de Paul Roubier: Théorie générale du droit et droit transitoire, Tome I, Paris: Dalloz & Sirey 1961, 241–252.

Ghozali, Nacer-Eddine: La négociation diplomatique dans la jurisprudence internationale, RBDI 25 (1992), 323–350.

Gilson, Ronald J./Roe, Mark J.: Understanding the Japanese Keiretsu: Overlaps between Corporate Governance and Industrial Organization, Yale LJ 102 (1993), 871–880.

Giuliano, Mario: Considerazioni sulla « via diplomatica » per la soluzione pacifica di controversie tra stati, in: Il processo internazionale – Studi in onore di Gaetano Morelli, Comunicazioni e studi vol. XIV, Milano: Giuffrè 1975, 365–376.

Gold, Sir Joseph: Prior Consultation in International Law, Virginia JIL 24 (1983/84), 729–753.

Goldman, Julie: Bad Lawyering or Ulterior Motive? Why the US Lost the Film Case before the WTO Dispute Settlement Panel, Law & Policy Int'l Business 30 (1998/99), 417–437.

Gottwald, Walther: Streitbeilegung ohne Urteil: Vermittelnde Konfliktregelung alltäglicher Streitigkeiten in den USA, Tübingen: Mohr 1981.

— Stadien, Strategien und Maximen in Verhandlungen, in: Gottwald, Walther/Haft, Fritjof (Hrsg.): Verhandeln und Vergleichen als juristische Fertigkeiten, Tübingen: Attempto, 2. Aufl. 1993, 65–89.

Gowdy, Jonathan S.: Exposing Kodak: A Critique of the Toleration of Anticompetitive Practice Provision of Section 301 of the Trade Act of 1974, Florida LR 47 (1995), 459–487.

Gray, Christine/Kingsbury, Benedict: Developments in Dispute Settlement: Inter-State Arbitration since 1945, BYIL 63 (1992), 97–134.

Green, Reginald H./Singer, Hans W.: Toward a Rational and Equitable New International Economic Order: A Case for Negotiated Structural Changes, World Development 3 (1975), 427–444.

Grewe, Wilhelm: Die Arten der Behandlung internationaler Konflikte, in: Iklé, Fred C. (Hrsg.): Strategie und Taktik des diplomatischen Verhandelns, Gütersloh: Bertelsmann 1965, 11–41.

Grier, Jean H.: Japan's Regulation of Large Retail Stores: Political Demands Versus Economic Interests, U. Penn. JIEL 22 (2001), 1–60.

Gros, André: Remarques sur la conciliation internationale, in: (Souscr.): L'évolution du droit public, Études offertes à Achille Mestre, Paris: Sirey 1956, 279–283.

— Observations sur le mode de délibération de la Cour internationale de justice, in: Il processo internazionale – Studi in onore di Gaetano Morelli, Comunicazioni e studi vol. XVI, Milano: Giuffrè 1975, 377–386.

Grosse, Robert: Codes of Conduct for Multinational Enterprises, JWT 16 (1982), 414–433.

Guggenheim, Paul: L'élaboration d'une clause modèle de compétence obligatoire de la Cour internationale de Justice, Rapport provisoire, Session de Sienne, avril 1952, Ann. IDI 44 (1952 I), 458–468.

— L'élaboration d'une clause modèle de compétence obligatoire de la Cour internationale de Justice, Rapport et projet de Résolutions, Session d'Aix-en-Provence, avril 1954, Ann. IDI 45 (1954 I), 310–406.

Guillaume, Gilbert: The Future of International Judicial Institutions, ICLQ 44 (1995), 848–862.

Haas, Ernst B.: Beyond the Nation State, Stanford: Stanford Univ. Pr. 1964.

Habeeb, William M.: Power and Tactics in International Negotiation: How Weak Nations Bargain with Strong Nations, Baltimore/London: Johns Hopkins Univ. Pr. 1988.

Hafner, Gerhard: The Physiognomy of Disputes and the Appropriate Means to Resolve Them, Round-Table Discussion held on 16 March 1995, in: International Law as a Language for International Relations, Proceedings of the United Nations Conference in Public International Law, New York, 13–17 March 1995, The Hague/London/Boston: UN/Kluwer Law Int'l 1996, 559–574.

— Should One Fear the Proliferation of Mechanisms for the Peaceful Settlement of Disputes? in: Caflisch, Lucius (ed.): The Peaceful Settlement of Disputes between States: Universal and European Perspectives, The Hague/London/Boston: Kluwer Law Int'l 1998, 25–41.

Haft, Fritjof: Verhandlung und Mediation: Die Alternative zum Rechtsstreit, München: Beck, 2. Aufl. 2000.

Hahn, Hugo J.: Le contrôle de l'exécution de l'obligation des États dans les organisations internationales économiques, in: Société française pour le droit international (éd.): Aspects du droit international économique – Élaboration, contrôle, sanction, Colloque d'Orléans, 25–27 mai 1971, Paris: Pédone 1972, 35–66.

Hahn, Michael J.: Die einseitige Aussetzung von GATT-Verpflichtungen als Repressalie, Diss. Heidelberg, Berlin/Heidelberg/New York: Springer 1996.

Hailbronner, Kay: Diplomatischer Schutz bei mehrfacher Staatsangehörigkeit, in: Ress, Georg/Stein, Torsten (Hrsg.): Der diplomatische Schutz im Völker- und Europarecht: Aktuelle Probleme und Entwicklungstendenzen, Baden-Baden: Nomos 1996, 27–43.

— Der Staat und der Einzelne als Völkerrechtssubjekte, in: Vitzthum, Wolfgang Graf (Hrsg.): Völkerrecht, Berlin/New York: de Gruyter 1997, 181–266.

Haley, John O.: Luck, Law, Culture and Trade: The Intractability of United States-Japan Trade Conflict, Cornell ILJ 22 (1989), 403–423.

Hamner, Clay W./Baird, Lloyd S.: The Effect of Strategy, Pressure to Reach Agreement and Relative Power on Bargaining Behavior, in: Sauermann, Heinz (ed.): Bargaining Behavior, Tübingen: Mohr Siebeck 1978, 247–269.

Hannum, Hurst: Human Rights, in: Schachter, Oscar/Joyner, Christopher (eds.): United Nations Legal Order, Vol. I, Cambridge/New York/Melbourne: Cambridge Univ. Pr. 1995, 319–348.

Hanschel, Dirk: Verhandlungslösungen im Umweltvölkerrecht: Eine Untersuchung verhandlungsorientierter Institutionalisierungsformen anhand der Regime über weiträumige grenzüberschreitende Luftverschmutzung, zum Schutz der Ozonschicht und des Klimas, Diss. Mannheim, Stuttgart/München/Hannover: Boorberg 2003.

Hansen, Marc/Vermulst, Edwin: The GATT Protocol of Provisional Application: A Dying Grandfather? Columbia JTL 27 (1988/89), 263–308.

Hansen, Patricia I.: Defining Unreasonableness in International Trade: Section 301 of the Trade Act of 1974, Yale LJ 96 (1987), 1122–1146.

Hardt, Renee: Kodak v. Fuji: A Test Case for the Extraterritorial Application of the Sherman Act, Boston University ILJ 15 (1997), 309–341.

Hawk, Barry E.: Antitrust and Market Access: The Scope and Coverage of Competition Laws and Implications for Trade, Paris: OECD 1996.

Hayter, Teresa: Aid as Imperialism, Middlesex/Baltimore/Ringwood: Penguin 1971.

Helpman, Elhanan/Krugman, Paul R.: Market Structure and Foreign Trade, Cambridge: MIT Pr. 1985.

Henkin, Louis: International Law as Law in the United States, Michigan LR 82 (1984), 1555–1569.

Herdegen, Matthias: Internationales Wirtschaftsrecht: Ein Studienbuch, München: Beck, 2. Aufl. 1995.

— Diplomatischer Schutz und die Erschöpfung von Rechtsbehelfen, in: Ress, Georg/Stein, Torsten (Hrsg.): Der diplomatische Schutz im Völker- und Europarecht: Aktuelle Probleme und Entwicklungstendenzen, Baden-Baden: Nomos 1996, 63–82.

Higgins, Rosalyn: Policy Considerations and the International Judicial Process, ICLQ 17 (1968), 58–84.

— Peaceful Settlement of Disputes, ASIL Proc. 89 (1995), 293–296.

Highet, Keith: Recent Developments in the International Court of Justice, in: Young, Michael K./Iwasawa, Yuji (eds.): Trilateral Perspectives on International Legal Issues: Relevance of Domestic Law and Policy, Irvington: Transnational Publ. 1996, 337–361.

Hill, Richard: Non-Adversarial Mediation, Journ. Int. Arb. 12 (1995), 135–143.

Hillman, Arye L.: Protectionist Policies as the Regulation of International Industry, Public Choice 67 (1990), 101–110.

Hilpold, Peter: Die Neuregelung der Schutzmaßnahmen im GATT/WTO-Recht und ihr Einfluß auf „Grauzonenmaßnahmen“, ZaöRV 55 (1995), 89–127.

Hindley, Brian: Competition Law and the WTO: Alternative Structures for Agreement, in: Bhagwati, Jagdish N./Hudec, Robert E. (eds.): Fair Trade and Harmonization: Prerequisites for Fair Trade? Vol. II: Legal Analysis, Cambridge: MIT Pr. 1996, 333–348.

Hoekman, Bernard M.: /Mavroidis, Petros C.: Competition, Competition Policy, and the GATT, World Economy 17 (1994), 121–150.

— */Mavroidis, Petros C.*: Policy Externalities and High-tech Rivalry: Competition and Multilateral Cooperation Beyond the WTO, Leiden JIL 9 (1996), 273–318.

— */Kostecki, Michel M.*: The Political Economy of the World Trading System: The WTO and Beyond, Oxford/New York: Oxford Univ. Pr., 2nd ed. 2001.

Hoellering, Michael F.: The Mini-Trial, Arbitration Journ. 37 (1982), 48–50.

Hoffmann, Gerhard: Die Grenzen rechtlicher Streiterledigung im Völkerrecht, BerDGV 9 (1969), 1–44.

Hogg, Sarah/Nawaz, Mahmud: Economic Considerations and the DSU, in: Cameron, James/Campbell, Karen (eds.): Dispute Resolution in the World Trade Organisation, London: Cameron May 1998, 59–68.

Hopmann, Philip T.: The Negotiation Process and the Resolution of International Conflicts, Columbia: Univ. of South Carolina Pr. 1996.

Horlick, Gary N.: Dispute Resolution Mechanism: Will the United States Play by the Rules? JWT 29 (1995), 163–171.

— */Butterton, Glenn R.*: A Problem of Process in WTO Jurisprudence: Identifying Disputed Issues in Panels and Consultations, Law & Policy Int’l Business 31 (1999/2000), 573–582.

Horn, Norbert: The Concepts of Adaptation and Renegotiation in the Law of Transnational Commercial Contracts, in: Horn, Norbert (ed.): Adaptation and Renegotiation of Contracts in International Trade and Finance, Deventer: Kluwer Law and Taxation 1985, 3–11.

Howell, Thomas R./Noellert, William A./MacLaughlin, Janet H./Wolff, Alan W.: The Microelectronics Race: The Impact of Government Policy on International Competition, Boulder: Westview Pr. 1988.

— */Wolff, Alan W.*: Introduction, in: Howell, Thomas R./Wolff, Alan W./Bartlett, Brent L./Gadbaw, R. Michael (eds.): Conflict Among Nations: Trade

Policies in the 1990s, Boulder/San Francisco/Oxford: Westview Pr. 1992, 3–43.

Hudec, Robert E.: The GATT Legal System: A Diplomat's Jurisprudence, JWTL 4 (1970), 615–665.

— GATT or GABB? Yale LJ 80 (1971), 1299–1386.

— Retaliation against "Unreasonable" Foreign Trade Practices: The New Section 301 and GATT Nullification and Impairment, Minnesota LR 59 (1975), 461–539.

— The Legal Status of GATT in the Domestic Law of the United States, in: Hilf, Meinhard/Jacobs, Francis G./Petersmann, Ernst-Ulrich (eds.): The European Community and GATT, Deventer/Boston: Kluwer Law and Taxation 1986, 187–249.

— Transcending the Ostensible: Some Reflections on the Nature of Litigation between Governments, Minnesota LR 72 (1987), 211–226.

— Thinking About the New Section 301: Beyond Good and Evil, in: Bhagwati, Jagdish N./Patrick, Hugh T. (eds.): Aggressive Unilateralism: America's 301 Policy and the World Trading System, Ann Arbor: Univ. of Michigan Pr. 1990, 113–159.

— The GATT Legal System and World Trade Diplomacy, Salem: Butterworth, 2nd ed. 1990.

— Tiger, Tiger in the House: A Critical Appraisal of the Case against Discriminatory Trade Measures, in: Petersmann, Ernst-Ulrich/Hilf, Meinhard (eds.): The New GATT Round of Multilateral Trade Negotiations – Legal and Economic Problems, Deventer/Boston: Kluwer Law and Taxation, 2nd ed. 1991, 165–212.

— Enforcing International Trade Law: The Evolution of the Modern GATT Legal System, Salem: Butterworth 1993.

Iida, Keisuke: Legalization and Japan: The Politics of WTO Dispute Settlement, London: Cameron May 2006.

Iklé, Fred C.: Negotiation, in: Sills, David L. (ed.): International Encyclopedia of the Social Sciences, Vol. XI, London: Macmillan & Free Pr. 1968, 117–120.

— How Nations Negotiate, New York: Harper and Row 1964.

Immenga, Ulrich: Comment: The Failure of Present Institutions and Rules to Respond to the Globalization of Competition, Aussenwirtschaft 49 (1994), 201–204.

Ipsen, Knut: Völkerrecht, München: Beck, 4. Aufl. 1999.

Iyori, Hiroshi: Competition Culture and the Aims of Competition Law, in: Zäch, Roger (ed.): Towards WTO Competition Rules: Key Issues and Comments on the WTO Report on Trade and Competition, Proceedings of the Seminar Held at Zurich University, 8–10 July 1999, Berne/The Hague/London *et al.*: Staempfli/Kluwer Law Int'l 1999, 127–136.

— */Uesugi, Akinori*: The Antimonopoly Laws and Policies of Japan, New York: Federal Legal Publ. 1994.

Jackson, John H.: The General Agreement on Tariffs and Trade in United States Domestic Law, Michigan LR 66 (1967), 249–332.

— World Trade and the Law of GATT: A Legal Analysis of the General Agreement on Tariffs and Trade, Indianapolis: Bobbs-Merill 1969.

— Alternative Approaches for Implementing Competition Rules in International Economic Relations, Aussenwirtschaft 49 (1994), 177–200.

— Testimony Prepared for the U.S. Senate Committee on Foreign Relations June 14, 1994 Hearing on the World Trade Organization and U.S. Sovereignty, 103d Cong. 2d Sess. (14 June 1994), unveröffentlicht.

— Reflections on Problems of International Economic Relations, in: Young, Michael K./Iwasawa, Yuji (eds.): Trilateral Perspectives on International Legal Issues: Relevance of Domestic Law and Policy, Irvington: Transnational Publ. 1996, 263–281.

— The World Trading System: Law and Policy of International Economic Relations, Cambridge/London: MIT Press, 2nd ed. 1997.

— The WTO Dispute Settlement Understanding: Misunderstandings on the Nature of Legal Obligation, AJIL 91 (1997), 60–64.

— Emerging Problems of the WTO Constitution: Dispute Settlement and Decision Making in the Jurisprudence of the WTO, in: Rutley, Philip/Mac Vay, Ian/Masa' deh, Ahmad (eds.): Liberalisation and Protectionism in the World Trading System, London: Cameron May 1999, 25–38.

Jacquemin, Alexis: Stratégies et coopération dans les échanges internationaux, in: Messerlin, Pierre/Vellas, François (éd.): Conflits et négociation dans le commerce international, Paris: Économica 1989, 77–96.

— The International Dimension of European Competition Policy, Journ. Common Market Studies 31 (1993), 91–101.

Janow, Merit E.: International Perspectives on Abuse of Dominance, in: Organization for Economic Co-operation and Development (ed.): Abuse of Dominance and Monopolisation, OECD Doc. GD(96)131, Paris: OECD 1996, 33–58.

— Unilateral and Bilateral Approaches to Competition Policy Drawing on Trade Experience, in: Lawrence, Robert Z. (ed.): Brookings Trade Forum 1998, Washington: Brookings Institution 1998, 253–298.

Jansen, Bernhard: Scope of Jurisdiction in GATT/WTO Dispute Settlement: Consultations and Panel Requests, in: Weiss, Friedl (ed.): Improving WTO Dispute Settlement Procedures: Issues and Lessons from the Practice of other International Courts and Tribunals, London: Cameron May 2000, 45–53.

Jennings, Robert Y.: Extraterritorial Jurisdiction and the United States Antitrust Laws, BYIL 33 (1957), 146–175.

— The International Court of Justice after Fifty Years, AJIL 89 (1995), 493–505.

— Reflections on the Term "Dispute" in: Macdonald, Ronald St. John (ed.): Essays in Honour of Wang Tieya, Dordrecht/Boston: Martinus Nijhoff/Kluwer Academic Publ. 1994, 401–405.

Jenny, Frédéric: Globalization, Competition and Trade Policy: Issues and Challenges, in: Zäch, Roger (ed.): Towards WTO Competition Rules: Key Issues and Comments on the WTO Report on Trade and Competition, Proceedings of the Seminar Held at Zürich University, 8–10 July 1999, Berne/The Hague/London *et al.*: Staempfli/Kluwer Law Int'l 1999, 3–40.

Jessup, Philip C.: A Modern Law of Nations: An Introduction, New York: Macmillan 1948.

— Do New Problems Need New Courts? ASIL Proc. 65 (1971), 261–268.

— Intervention in the International Court, AJIL 75 (1981), 903–909.

Joelson, Mark R.: The Kodak-Fuji Trade Dispute: A U.S. View, Int'l Trade Law & Reg. 34 (1998), 34–39.

Jolles, Paul: Verhandlungskunst, in: Corti, Mario/Ziegler, Peter (Hrsg.): Diplomatische Negoziation, Festschrift für Franz A. Blankart zum 60. Geburtstag, Bern/Stuttgart/Wien: Haupt, 2. Aufl. 1998, 23–32.

Karamanian, Susan L.: Economic Relations between Japan and North America: A Challenge to the International Legal System, in: Young, Michael K./Iwasawa, Yuji (eds.): Trilateral Perspectives on International Legal Issues: Relevance of Domestic Law and Policy, Irvington: Transnational Publ. 1996, 283–298.

Kaufmann, Johan: Conference Diplomacy: An Introductory Analysis, Leiden/Dobbs Ferry: Sijthoff/Oceana 1968.

Kazazi, Mojtaba: Burden of Proof and Related Issues: A Study on Evidence Before International Tribunals, Diss. Louvain, The Hague/London/Boston: Kluwer Law Int'l 1996.

Kelsen, Hans: The Principle of Sovereign Equality of States as a Basis for International Organization, Yale LJ 53 (1944), 207–220.

— Reine Rechtslehre, Wien: Deuticke, 2. Aufl. 1960.

Kennan, George F.: Memoirs 1925–1950, New York/Toronto: Pantheon Books/Random House 1967.

Keohane, Robert O.: Reciprocity in International Relations, IO 40 (1986), 1–27.

Kessie, Edwinie: Enhancing Security and Predictability for Private Business Operators under the Dispute Settlement System of the WTO, JWT 34 (2000), 1–17.

Killian, Johnny H./Costello, George A./Thomas, Kenneth R.: The Constitution of the United States of America: Analysis and Interpretation, Washington: GPO, 2nd ed. 2004.

Kimminich, Otto: Einführung in das Völkerrecht, Tübingen/Basel: Francke, 6. Aufl. 1997.

Kingsbury, Benedict: Foreword: Is the Proliferation of International Courts and Tribunals a Systemic Problem? New York Univ. JILP 31 (1999), 679–696.

Kirgis, Frederic L.: Prior Consultation in International Law: A Study of State Practice, Charlottesville, Univ. of Virginia Pr. 1983.

— Shipping, in: Schachter, Oscar/Joyner, Christopher (eds.): United Nations Legal Order, Vol. II, Cambridge/New York/Melbourne: Cambridge Univ. Pr. 1995, 715–752.

Klein, Eckart: Die internationalen und supranationalen Organisationen als Völkerrechtssubjekte, in: Vitzthum, Wolfgang Graf (Hrsg.): Völkerrecht, Berlin/New York: de Gruyter 1997, 267–391.

Klein, Joel I.: Anticipating the Millenium: International Antitrust Enforcement at the End of the Twentieth Century, in: Hawk, Barry E. (ed.): International Antitrust Law and Policy, 1997 Fordham Corp. Law Inst. Proc. 24 (1998), 1–12.

Ködderitzsch, Lorenz: Die Rolle der Verwaltungsvorschriften im japanischen Verwaltungsrecht, Diss. Freiburg/Breisgau, Baden-Baden: Nomos 1995.

Kohona, Palitha T.: Dispute Resolution under the World Trade Organization, JWT 28 (1994), 23–47.

Kratochwil, Friedrich V.: How Do Norms Matter? in: Byers, Michael (ed.): The Role of Law in International Politics – Essays in International Relations and International Law, Oxford: Oxford Univ. Pr. 2000, 35–68.

Krauss, Ellis S.: U.S.-Japan Negotiations on Construction and Semiconductors, 1985–1988: Building Friction and Relation-Chips, in: Evans, Peter B./Jacobson, Harold K./Putnam, Robert D. (eds.): Double-edged Diplomacy: International Bargaining and Domestic Politics, Berkeley/London: Univ. of California Pr. 1993, 265–293.

Kremenyuk, Victor A.: A Pluralistic Viewpoint, in: Faure, Guy-Olivier/Rubin, Jeffrey Z. (eds.): Culture and Negotiation: The Resolution of Water Disputes, Thousand Oaks/London/New Delhi: Sage Publ. 1993, 47–54.

Krugman, Paul R.: Competitiveness: A Dangerous Obsession, Foreign Affairs 73 (1994), 28–44.

— */Obstfeld, Maurice*: International Economics: Theory and Policy, Reading/Harlow: Addison Wesley, 4th ed. 1997.

Kuijper, Pieter J.: The Law of GATT As a Special Field of International Law – Ignorance, Further Refinement or Self-contained System of International Law? NYIL 25 (1994), 227–257.

— The New WTO Dispute Settlement System: The Impact on the European Community, JWT 29 (1995), 49–71.

— The Pre-litigation Stage in the WTO Dispute Settlement Procedure and in the EC Infringement Procedure, in: Weiss, Friedl (ed.): Improving WTO Dispute Settlement Procedures: Issues and Lessons from the Practice of other International Courts and Tribunals, London: Cameron May 2000, 67–74.

Kunig, Philip: Völkerrecht und staatliches Recht, in: Vitzthum, Wolfgang Graf (Hrsg.): Völkerrecht, Berlin/New York: de Gruyter 1997, 101–179.

Lacharrière, Guy de: La politique juridique extérieure, Paris: IFRI/Économica 1983.

Lachs, Manfred: The Law and the Settlement of International Disputes, in: Raman, K. Venkata (ed.): Dispute Settlement through the United Nations, New York/Dobbs Ferry: UNITAR/Oceana 1977, 283–300.

Laffont, Jean-Jacques/Tirole, Jean: The Politics of Governmental Decision-making: A Theory of Regulatory Capture, Quarterly Journ. Econs. 106 (1991), 1089–1127.

Laird, Sam: The WTO's Trade Policy Review Mechanism – From through the Looking Glass, World Economy 22 (1999), 741–764.

Lake, Charles D./Riccardi, Jennifer D.: Market Access Barriers in the Japanese Consumer Photographic Film and Paper Sector – Can Section 301 Address the Problem? UCLA JIL & Foreign Affairs 1 (1996), 143–180.

Lall, Arthur S.: Modern International Negotiation: Principles and Practice, New York/London: Columbia Univ. Pr. 1966.

Lang, Winfried: A Professional's View, in: Faure, Guy-Olivier/Rubin, Jeffrey Z. (eds.): Culture and Negotiation: The Resolution of Water Disputes, Newbury Park/London/New Delhi: Sage Publ. 1993, 38–46.

Lauterpacht, Hersch: La théorie des différends non justiciables en droit international, RdC 34(1930 IV), 493–654.

Lavalle, Roberto: La Banque mondiale et ses filiales: Aspects juridiques et fonctionnement, Paris: LGDJ 1972.

Lax, David A./Sebenius, James K.: The Power of Alternatives or the Limits to Negotiation, Negotiation Journal 1 (1985), 163–179.

Leonhard, Marc: Internationaler Industrieanlagenvertrag: Konfliktvermeidung und Konflikterledigung, BB Nr. 27/1999, Beilage 9 Mediation & Recht, 13–17.

Leutwiler, Fritz et al.: Trade Policies for a Better Future: The Leutwiler Report, in: Dunkel, Arthur (ed.): Trade Policies for a Better Future: The "Leutwiler Report", the GATT, and the Uruguay Round, Dordrecht/Lancaster/Boston: Martinus Nijhoff 1987, 9–69.

Lhuillier, Julien: Contractualisation et processus judiciaires en Europe (état de la situation en 2009): Étude préparée dans le cadre des travaux du Groupe de travail de la CEPEJ sur la qualité de la justice (CEPEJ-GT-QUAL), Doc. CEPEJ(2010)10, circul. 10 déc. 2010, Strasbourg: CEPEJ 2010.

Ligustro, Aldo: Le controversie tra Stati nel diritto del commercio internazionale: dal GATT all'OMC, Padova: CEDAM 1996.

Linarelli, John: The Role of Dispute Settlement in World Trade Law: Some Lessons from the *Kodak-Fuji* Dispute, Law & Policy Int'l Business 31 (1999/2000), 263–372.

Lincoln, Edward J.: Japan's Unequal Trade, Washington: Brookings Institution 1990.

Long, Olivier: Law and its Limitations in the GATT Multilateral Trade System, Dordrecht/London/Boston: Martinus Nijhoff/Kluwer Academic Publ. 1987.

Lowe, Vaughan: The Politics of Law-making: Are the Method and Character of Norm Creation Changing? in: Byers, Michael (ed.): The Role of Law in International Politics – Essays in International Relations and International Law, Oxford: Oxford Univ. Pr. 2000, 207–226.

Lowenfeld, Andreas F.: Remedies along with Rights: Institutional Reform in the New GATT, AJIL 88 (1994), 477–488.

— Conflict, Balancing of Interests, and the Exercise of Jurisdiction to Prescribe: Reflections on the Insurance Antitrust Case, AJIL 89 (1995), 42–52.

— Forum Shopping, Antisuit Injunctions, Negative Declarations, and Related Tools of International Litigation, AJIL 91 (1997), 314–324.

Lu, Ding: Resolving Economic Frictions: Role of Value Judgment and Relevance of Asian Values, in: Hamada, Koichi/Matsushita, Mitsuo/Komura, Chikara (eds.): Dreams and Dilemmas: Economic Friction and Dispute Settlement in the Asia-Pacific, Singapore/Seikei: Institute of Southeast Asian Studies/Center for Asian and Pacific Studies 2000, 229–255.

Lueke, Monika/Wickremasinghe, Chanaka: Expression by States of Consent to be Bound by a Treaty, in: Council of Europe/British Institute of International and Comparative Law (eds.): Treaty-making – Expression of Consent by States to be Bound by a Treaty, The Hague/London/New York: Kluwer Law Int'l 2001, 1–101.

Lukas, Martin: The Role of Private Parties in the Enforcement of the Uruguay Round Agreements, JWT 29 (1995), 181–206.

Lyall, Francis: Posts and Telecommunications, in: Schachter, Oscar/Joyner, Christopher (eds.): United Nations Legal Order, Vol. II, Cambridge/New York/Melbourne: Cambridge Univ. Pr. 1995, 789–824.

Malinverni, Georges: Le règlement des différends dans les organisations internationales économiques, Thèse Genève, Leiden/Genève: Sijthoff/IUHEI 1974.

Mann, Friedrich A.: The Doctrine of Jurisdiction in International Law, RdC 111 (1964 I), 1–162.

Manzenreiter, Wolfram: Konsum und Freizeit in Japan nach der Bubble: Trends der neunziger Jahre, in: Linhart, Sepp (Hrsg.): Gesellschaftlicher Wandel Japans in den 90er Jahren, Wien: AIAS 1999, 73–96.

Marcantonio, James B.: ICSID as a Forum for the Renegotiation and Adaptation of Contracts, in: Horn, Norbert (ed.): Adaptation and Renegotiation of Contracts in International Trade and Finance, Deventer: Kluwer Law and Taxation 1985, 235–250.

Marceau, Gabrielle: A Call for Coherence in International Law: Praises for the Prohibition against "Clinical Isolation" in WTO Dispute Settlement, JWT 33 (1999), 87–152.

— */Stilwell, Matthew*: Practical Suggestions for Amicus Curiae Briefs before WTO Adjudicating Bodies, JIEL 4 (2001), 155–187.

Martens, Charles de: Manuel diplomatique ou Précis de droits et des fonctions des agens diplomatiques, Paris/Londres/Bruxelles *et al.*: Treuttel et Würtz/Bossange/Frank-Demat-Wahlen/Brockhaus 1822.

Martha, Rutsel S.: World Trade Dispute Settlement and the Exhaustion of Local Remedies Rules, JWT 30 (1996), 107–130.

— Presumptions and Burden of Proof in World Trade Law, Journ. Int. Arb. 14 (1997), 67–98.

Martin, Antoine: L'estoppel en droit international public, précédé d'un aperçu de l'estoppel en droit anglais, Thèse Genève, Paris: Pédone 1979.

Mason, Edward S./Asher, Robert E.: The World Bank since Bretton Woods: The Origins, Policies, Operations, and Impact of the International Bank for Reconstruction and Development and other Members of the World Bank Group, Washington: Brookings Institution 1973.

Matsushita, Mitsuo: The Structural Impediments Initiative: An Example of Bilateral Trade Negotiations, Michigan JIL 12 (1991), 436–449.

— Coordinating International Trade with Competition Policies, in: Petersmann, Ernst-Ulrich/Hilf, Meinhard (eds.): The New GATT Round of Multilateral Trade Negotiations: Legal and Economic Problems, Deventer/Boston: Kluwer Law and Taxation, 2nd ed. 1991, 395–432.

— Restrictive Business Practices and the WTO/GATT Dispute Settlement Process, in: Petersmann, Ernst-Ulrich (ed.): International Trade Law and the GATT/WTO Dispute Settlement System, The Hague/London/Boston: Kluwer Law Int'l 1997, 357–373.

— The Antimonopoly Law of Japan, in: Graham, Edward M./Richardson, J. David (eds.): Global Competition Policy, Washington: IIE 1997, 151–198.

Mavroidis, Petros C.: Surveillance Schemes: The GATT's New Trade Policy Review Mechanism, Michigan JIL 13 (1992), 374–414.

— */Van Siclen, Sally*: The Application of the GATT/WTO Dispute Resolution System to Competition Issues, JWT 31 (1997), 5–48.

— */Zdouc, Werner*: Legal Means to Protect Private Parties' Interests in the WTO: The Case of the EC New Trade Barriers Regulation, JIEL 1 (1998), 407–432.

— */Cottier, Thomas/Davey, William J./Fox, Eleanor M./Horlick, Gary N./Komuro, Norio/Rosenthal, Douglas*: Is the WTO Dispute Settlement Mechanism Responsive to the Needs of the Traders? Would a System of Direct Action by Private Parties Yield Better Results? JWT 32 (1998), 147–165.

Mayer, Pierre: Droit international privé, Paris: Montchrestien, 3e éd. 1987.

McDonald, Kevin M.: Warum die USA Section 301 Trade Act nicht aufheben müssen, RIW 45 (1999), 356–358.

McDougal, Myres S.: International Law, Power, and Policy: A Contemporary Conception, RdC 82 (1953 I), 133–259.

McGovern, Edmond: International Trade Regulation: GATT, the United States and the European Community, Exeter: Globefield Press, 2nd ed. 1986.

McNelis, Natalie: The European Union Trade Barriers Regulation: A More Effective Instrument, JIEL 1 (1998), 149–155.

Meerhaeghe, Marcel A.G. van: International Economic Institutions, Dordrecht/London/Boston MA: Kluwer Academic Publ., 7th ed. 1998.

Meessen, Karl M.: Völkerrechtliche Grundsätze des internationalen Kartellrechts, Habil. Bonn, Baden-Baden: Nomos 1975.

Meng, Werner: Streitbeilegung im GATT, ZaöRV 41 (1981), 69–102.

— Neuere Entwicklungen im Streit um die Jurisdiktionshoheit der Staaten im Bereich der Wettbewerbsbeschränkungen, ZaöRV 41 (1981), 469–513.

— Extraterritoriale Jurisdiktion in der US-amerikanischen Sanktionsgesetzgebung, EuZW 8 (1997), 423–428.

— Wirtschaftssanktionen und staatliche Jurisdiktion - Grauzonen im Völkerrecht, ZaöRV 57 (1997), 269–328.

— WTO-Recht als Steuerungsmechanismus der neuen Welthandelsordnung, in: Klein, Martin/Meng, Werner/Rode, Reinhard (Hrsg.): Die neue Welthandelsordnung der WTO, Amsterdam: G+B Fakultas 1998, 19–73.

Mengozzi, Paolo: The World Trade Organization Law: An Analysis of its First Practice, in: Mengozzi, Paolo (ed.): International Trade Law on the 50th Anniversary of the Multilateral Trade System, Milano: Giuffrè 1999, 3–51.

Meron, Theodor: The Incidence of the Rule of Exhaustion of Local Remedies, BYIL 35 (1959), 83–101.

— Article 46 of the Vienna Convention on the Law of Treaties (*Ultra Vires* Treaties): Some Recent Cases, BYIL 49 (1978), 175–199.

Merrills, John G.: International Dispute Settlement, Cambridge/New York/ Melbourne: Cambridge Univ. Pr., 3rd ed. 1998.

Miert, Karel van: International Cooperation in the Field of Competition: A View from the EC, in: Hawk, Barry E. (ed.): International Antitrust Law and Policy, 1997 Fordham Corp. Law Inst. Proc. 24 (1998), 13–26.

Milano, Enrico: La sentenza arbitrale fra Italia e Costa Rica relativa ad un prestito, Riv. Dir. Int. 90 (2007), 121–180.

Miller, Arthur S.: The Corporation as a Private Government in the World Community, Virginia LR 46 (1960), 1539–1572.

Mitrany, David: The Progress of International Government, New Haven: Yale Univ. Pr. 1933.

— Working Peace System: An Argument for the Functional Development of International Organization, London: Oxford Univ. Pr./Royal Institute of Int'l Affairs 1943.

Mnookin, Robert N./Kornhauser, Lewis: Bargaining in the Shadow of the Law: The Case of Divorce, Yale LJ 88 (1979), 950–997.

Montañá i Mora, Miquel: A GATT with Teeth: Law Wins over Politics in the Resolution of International Trade Disputes, Columbia JTL 31 (1993/94), 103–180.

Morgenthau, Hans: Die internationale Rechtspflege, ihr Wesen und ihre Grenzen, Diss. Frankfurt/Main, Leipzig: Noste 1929.

Morita, Mark K.: Structural Impediments Initiative: Is it an Effective Correction of Japan's Antimonopoly Policy? U. Penn. Journ. Int'l Business Law 12 (1991), 777–809.

Morse, David A.: The Origin and Evolution of the ILO and its Role in the World Community, Ithaca: Cornell Univ. Pr. 1969.

Mosler, Hermann: Political and Justiciable Legal Disputes: Revival of an Old Controversy? in: Cheng, Bin/Brown, Edward D. (eds.): Contemporary Problems of International Law, Essays in Honour of Georg Schwarzenberger on his Eightieth Birthday, London: Stevens 1988, 216–229.

— Judgments of International Courts and Tribunals, in: Bernardt, Rudolf (ed.): EPIL 3 (1997), 31–38.

— Modus Vivendi, in: Bernhardt, Rudolf (ed.): EPIL 3 (1997), 442–444.

Moyer, Homer E.: How Will the Uruguay Round Change the Practice of Trade Law in the United States? U.S. Institutions, Not the WTO, May Hold the Answer, JWT 30 (1996), 63–85.

Murphy, Craig N.: The Emergence of the NIEO Ideology, Boulder: Westview Pr. 1984.

Murphy, John F.: Force and Arms, in: Schachter, Oscar/Joyner, Christopher (eds.): United Nations Legal Order, Vol. I, Cambridge/New York/Melbourne: Cambridge Univ. Pr. 1995, 247–317.

Murty, Bhagevatula S.: Diplomacy and Resolution of International Disputes, in: United Nations (ed.): International Law as a Language for International Relations, Proceedings of the United Nations Congress in Public International Law, New York, 13–17 March 1995, The Hague/London/Boston: UN/Kluwer Law Int'l 1996, 161–169.

Müller, Jörg P.: Vertrauensschutz im Völkerrecht, Habil. Bern, Köln/Berlin: Carl Heymanns 1971.

— Art. 2 Ziff. 2, in: Simma, Bruno (Hrsg.): Kommentar der Charta der Vereinten Nationen, München: Beck 1991, 50–58.

— */Cottier, Thomas*: Estoppel, in: Bernhardt, Rudolf (ed.): EPIL 2 (1995), 116–119;

Myerson, Toby: Barriers to Trade in Japan: The Keiretsu System – Problems and Prospects, New York Univ. JILP 24 (1992), 1107–1114.

N'Krumah, Kwame: Neo-colonialism: The Last Stage of Imperialism, London/New York: Nelson/International 1965.

Nakagawa, Takehisa: Administrative Guidance: A Tentative Model of How Japanese Lawyers Understand It, Kobe Univ. LR 32 (1998), 1–20.

Nanto, Dick K./Bass, Gwenell L.: The 1995 Japan-U.S. Auto and Parts Trade Dispute: Terms of the Settlement and Implications, CRS Rep. 95-876E (9 Aug. 1995).

— */Cooper, William H./Bass, Gwenell L.*: The Japan-U.S. Automobile and Parts Trade Dispute, CRS Rep. 95-725E (9 June 1995).

Nara, Fusae: A Shift Toward Protectionism under S. 301 of the 1974 Trade Act: Problems of Unilateral Trade Retaliation under International Law, Hofstra LR 19 (1990), 229–267.

Năstase, Adrian: Utilization of Negotiations and Consultations in the Process of Settlement of Disputes within International Economic Organizations, Revue roumaine d'études internat. 21 (1987), 431–441.

Neuhold, Hanspeter: Die Einhaltung des Völkerrechts in einer außenpolitischen „Kosten-Nutzen-Analyse", GYIL 19 (1976), 317–351.

— Internationale Konflikte – Verbotene und erlaubte Mittel ihrer Austragung, Habil. Wien, Wien/New York: Springer 1977.

Nicolaides, Phedon: For a World Competition Authority: The Role of Competition Policy in Economic Integration and the Role of Regional Blocs in Internationalizing Competition Policy, JWT 30 (1996), 131–145.

Nicolson, Harold: The Evolution of Diplomatic Method, London: Constable 1954.

Northedge, Frederick S./Donelan, Michael D.: International Disputes: The Political Aspects, Report of a Study Group of the David Davies Memorial Institute of International Studies, London: Europa Publ. 1971.

Ohara, Yoshio: The New U.S. Policy on the Extraterritorial Application of Antitrust Laws, and Japan's Response, World Competition 17 (1994), 49–54.

Ohashi, Yoichi: Verwaltungsvorschriften und informelles Verwaltungshandeln – Zum besseren Verständnis der Verwaltungspraxis Japans, VerwArch 82 (1991), 220–245.

Ohlhoff, Stefan/Schloemann, Hannes: Durchsetzung internationaler Handelsregeln durch Unternehmen und Verbände: Im Blickpunkt: EG-Verordnung gegen Handelshemmnisse, RIW 45 (1999), 649–659.

Oppetit, Bruno: Théorie de l'arbitrage, Paris: PUF 1998.

Organization for Economic Co-operation and Development: Introduction to the OECD Codes of Liberalisation, Paris: OECD 1995.

— Regulatory Reform in the Japan: The Role of Competition Policy in Regulatory Reform, Paris: OECD 1999.

Organisation für wirtschaftliche Zusammenarbeit und Entwicklung: OECD-Kodizes der Liberalisierung des Kapitalverkehrs und der laufenden unsichtbaren Operationen: Leitfaden für den Benutzer, Paris: OECD 2005.

Pace, Virgile: L'Organisation mondiale du commerce et le renforcement de la réglementation juridique des échanges commerciaux internationaux, Thèse Paris, Paris/Montréal: L'Harmattan 2000.

Palmeter, David/Spak, Gregory J.: Resolving Antidumping and Countervailing Duty Disputes: Defining GATT's Role in an Era of Increasing Conflict, Law & Policy Int'l Business 24 (1993), 1145–1166.

Palmeter, David/Mavroidis, Petros C.: Dispute Settlement in the World Trade Organization: Practice and Procedure, The Hague/London/Boston: Kluwer Law Int'l 1999.

Park, Young Duk/Eggers, Barbara: WTO Dispute Settlement 1995–99: A Statistical Analysis, JIEL 3 (2000), 193–204.

Partsch, Karl-Josef: Fact-finding and Inquiry, in: Bernhardt, Rudolf (ed.): EPIL 2 (1995), 343–345.

Pauwelyn, Joost: Enforcement and Countermeasures in the WTO: Rules Are Rules – Toward a More Collective Approach, AJIL 94 (2000), 335–347.

— The Role of Public International Law in the WTO: How Far Can we Go? AJIL 95 (2001), 535–578.

Paveau, Jacques/Duphil, François et al.: Exporter: Pratique du commerce international, Vanves: Foucher/UBIFRANCE, 19e éd. 2005.

Pechota, Vratislav: Complementary Structures of Third-Party Settlement of International Disputes, New York: UNITAR 1971.

— The Quiet Approach: A Study of the Good Offices Exercised by the United Nations Secretary-General in the Cause of Peace, New York: UNITAR 1972.

Petersmann, Ernst-Ulrich: Die Dritte Welt und das Wirtschaftsvölkerrecht: „Entwicklungsland" als privilegierter Rechtsstatus, ZaöRV 36 (1976), 492–548.

— Grey Area Measures and the Rule of Law, JWTL 22 (1988), 23–44.

— Strengthening the GATT Dispute Settlement System: On the Use of Arbitration in GATT, in: Petersmann, Ernst-Ulrich/Hilf, Meinhard (eds.): The New GATT Round of Multilateral Trade Negotiations: Legal and Economic Problems, Deventer/Boston: Kluwer Law and Taxation, 2nd ed. 1991, 323–343.

— Violation and Non-violation Complaints in Public International Trade Law, GYIL 34 (1991), 175–229.

— Proposals for Negotiating International Competition Rules in the GATT-WTO World Trade and Legal System, Aussenwirtschaft 49 (1994), 231–277.

— International Trade Law and the GATT/WTO Dispute Settlement System 1948–1996: An Introduction, in: Petersmann, Ernst-Ulrich (ed.): International Trade Law and the GATT/WTO Dispute Settlement System, The Hague/London/Boston: Kluwer Law Int'l 1997, 3–122.

— From the Hobbesian International Law of Coexistence to Modern Integration Law: The WTO Dispute Settlement System, JIEL 1 (1998), 175–198.

— Welthandelsrecht als Freiheits- und Verfassungsordnung, ZaöRV 65 (2005), 543–586.

Pilat, Dirk: Regulation and Performance in the Distribution Sector, Economics Department Working Papers No. 180, OECD Doc. GD(97)145, Paris: OECD 1997.

Plank, Rosine: An Unofficial Description of How a GATT Panel Works and Does Not, Journ. Int. Arb. 4 (1987), 53–102.

Plantey, Alain: La négociation internationale: Principes et méthodes, Paris: CNRS, 2e éd. 1994.

— Principes de diplomatie, Paris: Pédone 2000.

Plehwe, Friedrich-Karl von: Internationale Organisationen und die moderne Diplomatie, München/Wien: Olzog, 1972.

Politis, Nicolas: Méthodes d'interprétation du droit international conventionnel, in: (Souscr.): Les sources du droit: Recueil d'études en l'honneur de François Gény, Tome III: Les sources des diverses branches du droit, Paris: Sirey 1934, 375–382.

Pons, Javier-Fernández: Self-help and the World Trade Organization, in: Mengozzi, Paolo (ed.): International Trade Law on the 50th Anniversary of the World Trade System, Milano: Giuffrè 1999, 55–112.

Ponschab, Rainer: Der Verhandler – über den kompetitiven und kooperativen Verhandlungsstil von Anwälten, in: Schmidt, Hans-Martin/Schmidt, Andreas (Hrsg.): Juristen im Spiegel ihrer Stärken und Schwächen, Köln: Otto Schmidt 1998, 174–186.

Porter, Michael E.: The Competitive Advantage of Nations, London: Macmillan 1992.

Prebisch, Raùl: The Economic Development of Latin America and Its Principal Problems, UN Doc. E/CN.12/89/Rev.1, circul. 27 April 1950, Lake Success: UN 1950.

— Towards a New Trade Policy for Development, Report by the Secretary General of the Conference, in: Proccedings of the UN Conference on Trade and Development, Geneva, 23 March-16 June 1964, Vol. II: Policy Statements, UN Doc. E/CONF.46/141 Vol. II, New York: UN 1964, 5–64.

Preeg, Ernest H.: Traders in a Brave New World: The Uruguay Round and the Future of the International Trading System, Chicago/London: Univ. of Chicago Pr. 1995.

Prévost, Jean-François: Observations sur la nature juridique de l'Acte final de la Conférence sur la sécurité et la coopération en Europe, AFDI 21 (1975), 129–153.

Prestowitz, Clyde V.: Trading Places: How We Allowed Japan to Take the Lead, New York: Basic Books 1988.

Pruitt, Dean G.: Negotiation Theory and the Development of Identity, International Negotiation 6 (2001), 269–279.

— */Olczak, Paul V.*: Beyond Hope: Approaches to Resolving Seemingly Intractable Conflict, in: Bunker, Barbara B./Rubin, Jeffrey Z. (eds.): Conflict, Cooperation, and Justice: Essays Inspired by the Work of Morton Deutsch, San Francisco: Jossey-Bass Publ. 1995, 59–92.

Prütting, Hanns: Mediation und gerichtliches Verfahren – Ein nur scheinbarer Vergleich, BB Nr. 27/1999, Beilage 9 Mediation & Recht, 7–13.

Puckett, Lynne A./Reynolds, William L.: Rules, Sanctions and Enforcement under Section 301: At Odds with the WTO? AJIL 90 (1996), 675–689.

Quéneudec, Jean-Pierre: Article 33, in: Cot, Jean-Pierre/Pellet, Alain (Dir.): La Charte des Nations Unies: Commentaire article par article, Paris: Économica, 2e éd. 1991, 565–573.

Qureshi, Asif H.: Some Lessons from "Developing" Countries' Trade Policy Reviews in the GATT Framework: An Enforcement Perspective, World Economy 18 (1995), 489–503.

Radbruch, Gustav: Arten der Interpretation, in: (Souscr.): Les sources du droit: Recueil d'études en l'honneur de François Gény, Tome II: Les sources générales des systèmes juridiques actuels, Paris: Sirey 1934, 217–226.

Raiffa, Howard: The Art and Science of Negotiation, Cambridge: Harvard Univ. Pr. 1982.

Raman, K. Venkata: The Ways of the Peacemaker: A Study of United Nations Intermediary Assitance in the Peaceful Settlement of Disputes, in: Raman, K. Venkata (ed.): Dispute Settlement through the United Nations, New York/Dobbs Ferry: UNITAR/Oceana 1977, 367–515.

Ramseyer, John M.: The Costs of the Consensual Myth: Japanese Antitrust Enforcement and Institutional Barriers to Litigation in Japan, Yale LJ 94 (1985), 604–629.

Rangarajan, Chakravarthy N.: The Limitations of Conflict: A Theory of Bargaining and Negotiation, New York: St. Martin's 1985.

Ranzeldorfer, Albrecht: Art. 2 Ziff. 4, in: Simma, Bruno/Mosler, Hermann/Ranzeldorfer, Albrecht/Tomuschat, Christian/Wolfrum, Rüdiger (Hrsg.): Kommentar der Charta der Vereinten Nationen, München: Beck 1991, 67–90.

Redfern, Alan/Hunter, Martin/Smith, Murray: Law and Practice of International Commercial Arbitration, London: Sweet & Maxwell, 2nd ed. 1991.

Reich, Arie: From Diplomacy to Law: The Juridicization of International Trade Relations, Northwestern JIL & Bus. 17 (1996/97), 775–849.

Reisman, W. Michael: Unilateral Action and the Transformations of the World Constitutive Process: The Special Problem of Humanitarian Intervention, EJIL 11 (2000), 3–18.

Renouf, Yves: Les mécanismes d'adoption et de mise en œuvre du règlement des différends dans le cadre de l'OMC sont-ils viables? AFDI 40 (1994), 776–791.

— Garantir les « droits de la défense » : Quelques remarques préliminaires sur la nécessité de développer les règles de procédure dans le règlement des différends de l'OMC, in: Société française pour le droit international (éd.): La réorganisation mondiale des échanges (problèmes juridiques), Colloque de Nice, 1er-3 juin 1995, Paris: Pédone, 293–307.

Reuter, Paul: De l'obligation de négocier, in: Il processo internazionale – Studi in onore di Gaetano Morelli, Comunicazioni e studi vol. XIV, Milano: Giuffrè 1975, 711–733.

— Droit international public, Paris: PUF, 5e éd. 1976.

— /*Combacau, Jean*: Institutions et relations internationales, Paris: PUF, 4e éd. 1988.

Riedel, Eibe: Standards and Sources: Farewell to the Exclusivity of the Sources Triad in International Law? EJIL 2 (1991), 58–84.

— Recht, Zwang, Effektivität – Muß Recht justizförmig sein? in: Pawlowski, Hans-Martin/Roellecke, Gerd (Hrsg.): Der Universalitätsanspruch des demokratischen Rechtsstaates, Stuttgart: Steiner 1996, 149–171.

— Verhandlungslösungen im Rahmen des Sozialpakts der Vereinten Nationen, in: Ipsen, Jörn/Schmidt-Jortzig, Edzard (Hrsg.): Recht – Staat – Gemeinwohl, Festschrift für Dietrich Rauschning, Köln/Berlin: Carl Heymanns 2001, 441–456.

Riethmuller, Paul C.: Reform of the Japanese Food Distribution System: Implications for Consumers, Journ. Consumer Policy 19 (1996), 69–82.

Risse, Jörg: Die Rolle des Rechts in der Wirtschaftsmediation, BB Nr. 27/1999, Beilage 9 Mediation & Recht, 1–7.

Rittberger, Volker: International Conference Diplomacy: A Conspectus, in: Boisard, Marcel A./Chossudovsky, Evgeny M. (eds.): The United Nations System at Geneva: Scope and Practices of Multilateral Diplomacy and Co-operation, New York: UNITAR 1991, 36–44.

Roessler, Frieder: L'attitude des États-Unis et de la CEE devant le droit du GATT, in: Bourrinet, Jacques (Dir.): Les relations Communauté européenne-États-Unis, Travaux de la Commission pour l'étude des Communautés européennes, Paris: Économica 1987, 43–62.

— The Concept of Nullification and Impairment in the Legal System of the World Trade Organization, in: Petersmann, Ernst-Ulrich (ed.): International Trade Law and the GATT/WTO Dispute Settlement System, The Hague/London/Boston: Kluwer Law Int'l 1997, 125–142.

— Should Principles of Competition Policy Be Incorporated into WTO Law Through Non-violation Complaints? JIEL 2 (1999), 413–421.

Rogers, Rita R.: Psychological Aspects of Diplomatic Contacts in a Multicultural Setting, in: Boisard, Marcel A./Chossudovsky, Evgeny M. (eds.): The United Nations System at Geneva: Scope and Practices of Multilateral Diplomacy and Co-operation, New York: UNITAR 1991, 190–199.

Romano, Cesare P.: The Proliferation of International Judicial Bodies: The Pieces of the Puzzle, New York Univ. JILP 31 (1999), 709–751.

Rosenne, Shabtai: Procedure in the International Court: A Commentary on the 1978 Rules of the International Court of Justice, The Hague/London/Boston: Martinus Nijhoff/Kluwer Academic Publ. 1983.

— Intervention in the International Court of Justice, Dordrecht/Boston: Martinus Nijhoff/Kluwer Academic Publ. 1993.

— The Law and Practice of the International Court 1920–1996, Vol. I: The Court and the United Nations, The Hague/London/New York: Kluwer Law Int'l, 3rd ed. 1997.

Rousseau, Charles: L'indépendance de l'Etat dans l'ordre international, RdC 73 (1948 II), 167–253.

— Droit international public, Paris: Pédone 1984.

Rubin, Jeffrey Z./Brown, Bert R.: The Social Psychlogy of Bargaining and Negotiation, New York/London: Academic Pr. 1975.

Ruiz-Fabri, Hélène: Organisation mondiale du commerce: Chronique du règlement des différends 1996–1998, JDI 126 (1999), 453–506.

— Organisation mondiale du commerce: Chronique du règlement des différends 2000, JDI 128 (2001), 901–953.

— */Monnier, Pierre*: Organisation mondiale du commerce: Chronique du règlement des différends 2003, JDI 131 (2004), 997–1047.

Ryan, Michael P.: Playing by the Rules: American Trade Power and Diplomacy in the Pacific, Washington: Georgetown Univ. Pr. 1995.

Salacuse, Jeswald W.: Lessons for Practice, in: Zartman, Ira W./Rubin, Jeffrey Z. (eds.): Power and Negotiation, Ann Arbor: Univ. of Michigan Pr. 2002, 255–269.

Salmon, Jean: Le concept de raisonnable en droit international public, in: (Souscr.): Le droit international: unité et diversité, Mélanges offerts à Paul Reuter, Paris: Pédone 1981, 447–478.

Sands, Philippe: Turtles and Torturers: The Transformation of International Law, New York Univ. JILP 33 (2001), 527–559.

— Lawless World: America and the Making and Breaking of Global Rules, London/New York/Toronto: Penguin 2005.

Sawada, Toshio: Supplemental Procedural Rules in International Non-judicial Proceedings, in: Young, Michael K./Iwasawa, Yuji (eds.): Trilateral Perspectives on International Legal Issues: Relevance of Domestic Law and Policy, Irvington: Transnational Publ. 1996, 419–429.

Saxonhouse, Gary R.: Japan, SII and the International Harmonization of Domestic Economic Practices, Michigan JIL 12 (1991), 450–469.

Scanlan, William T.: A Test Case for the New World Trade Organization's Dispute Settlement Understanding: The Japan-United States Auto Parts Dispute, Kansas LR 45 (1996), 591–618.

Schachter, Oscar: The Place of Policy in International Law, Georgia Journ. Int'l & Comp. Law 2 (1972), 5–14.

— Disputes Involving the Use of Force, in: Damrosch, Lori F. (ed.): The International Court of Justice at a Crossroads, Dobbs Ferry: Transnational Publ. 1987, 223–241.

— Dispute Settlement and Countermeasures in the International Law Commission, AJIL 88 (1994), 471–477.

Schaefer, Matthew: Section 301 and the World Trade Organization: A Largely Peaceful Coexistence to Date, JIEL 1 (1998), 156–160.

Schaumann, Wilfried: Die Gleichheit der Staaten, ein Beitrag zu den Grundprinzipien des Völkerrechts, Habil. Zürich, Wien: Springer 1957.

Schede, Christian: The Strengthening of the Multilateral System: Article 23 of the WTO Dispute Settlement Understanding: Dismantling Unilateral Retaliation under Section 301 of the 1974 Trade Act? World Competition 20 (1996), 109–138.

Schelling, Thomas C.: The Strategy of Conflict, Cambridge: Harvard Univ. Pr. 1960.

Scherer, Frederic M.: Competition Policies for an Integrated World Economy, Washington: Brookings Institution 1994.

Schlochauer, Hans-Jürgen: Arbitration, in: Bernhardt, Rudolf (ed.): EPIL 1 (1992), 215–230.

— */Oellers-Frahm, Karin*: International Court of Justice, in: Bernhardt, Rudolf (ed.): EPIL 2 (1995), 1084–1107.

Schoch, Frank: Unbestimmte Rechtsbegriffe im Rahmen des GATT: Eine Untersuchung anhand der Regelungen über Dumping und Subventionen, Diss. Mannheim, Frankfurt/Berlin/Bern *et al.*: Lang 1994.

Schoppa, Leonard J.: Bargaining with Japan: What American Pressure Can and Cannot Do, New York: Columbia Univ. Pr. 1997.

Schott, Jeffrey J./Buurman, Johanna W.: The Uruguay Round: An Assessment, Washington: IIE 1994.

Schreuer, Christoph: The Waning of the Sovereign State: Towards a New Paradigm for International Law? EJIL 4 (1993), 447–471.

Schröder, Meinhard: Verantwortlichkeit, Völkerstrafrecht, Streitbeilegung und Sanktionen, in: Vitzthum, Wolfgang Graf (Hrsg.): Völkerrecht, Berlin/New York: de Gruyter 1997, 525–580.

Schwebel, Stephen M./Wetter, Jan G.: Arbitration and the Exhaustion of Local Remedies, AJIL 60 (1966), 484–501.

Schweisfurth, Theodor: Zur Frage der Rechtsnatur, Verbindlichkeit und völkerrechtlichen Relevanz der KSZE-Schlussakte, ZaöRV 36 (1976), 681–726.

Schweitzer, Frank J.: Flash of the Titans: A Picture of Section 301 in the Dispute Between Kodak and Fuji and a View Toward Dismantling Anticompetitive Practices in the Japanese Distribution System, Am. U.J. Int'l L. & Pol'y. 11 (1996), 847–875.

Scott, Bruce R.: U.S. Competitiveness: Concepts, Performance, and Implications, in: Scott, Bruce R./Lodge, George C. (eds.): U.S. Competitiveness in the World Economy, Boston: Harvard Business School 1985, 13–70.

Scott, Craig: Bodies of Knowledge: A Diversity Promotion Role for the UN High Commissioner for Human Rights, in: Alston, Philip/Crawford, James (eds.): The Future of Human Rights Treaty Monitoring, Cambridge/New York/Melbourne: Cambridge Univ. Pr. 2000, 403–437.

Seidl-Hohenveldern, Ignaz: Die Grenzen rechtlicher Streiterledigung im Völkerrecht und in internationalen Organisationen, BerDGV 9 (1969), 45–76.

Shaw, Malcolm N.: The International Court of Justice: A Practical Perspective, ICLQ 46 (1997), 831–865.

Shoyer, Andrew W.: The First Three Years of WTO Dispute Settlement: Observations and Suggestions, JIEL 1 (1998), 277–302.

Simma, Bruno: Das Reziprozitätselement im Zustandekommen völkerrechtlicher Verträge, Gedanken zu einem Bauprinzip internationaler Rechtsbeziehungen, Habil. Innsbruck, Berlin: Duncker & Humblot 1972.

— Self-contained Regimes, NYIL 16 (1985), 111–136.

Sinclair, Sir Ian: The Vienna Convention on the Law of Treaties, Manchester/Dover: Manchester Univ. Pr., 2nd ed. 1984.

Singer, Hans W.: The Distribution of Gains between Investing and Borrowing Countries, Am. Econ. Rev. 40 (1950), 473–483.

Slaughter, Anne-Marie: International Law in a World of Liberal States, EJIL 6 (1995) 503–538.

Smith, Aubry D.: Bringing Down Private Trade Barriers – An Assessment of the United States' Unilateral Options: Section 301 of the 1974 Trade Act and Extraterritorial Application of U.S. Antitrust Law, Michigan JIL 16 (1994), 241–289.

Soubeyrol, Jacques: La négociation diplomatique, élément du contentieux international, RGDIP 68 (1964), 319–349.

Southwick, James T.: Japan-United States: Automotive Agreement and Supporting Documents: Introductory Note, ILM 34 (1995), 1482–1489.

Staehlin, Jenö C.: Verhandlungsstil und Verhandlungstaktik als Problem interkultureller Verständigung, in: Corti, Mario/Ziegler, Peter (Hrsg.): Diplomatische Negoziation, Festschrift für Franz A. Blankart zum 60. Geburtstag, Bern/Stuttgart/Wien: Paul Haupt, 2. Aufl. 1998, 221–238.

Steger, Debra P./Hainsworth, Susan M.: New Directions in International Trade Law: WTO Dispute Settlement, in: Cameron, James/Campbell, Karen (eds.): Dispute Resolution in the World Trade Organisation, London: Cameron May 1998, 28–58.

Steinberger, Helmut: Judicial Settlement of International Disputes, in: Bernhardt, Rudolf (ed.): EPIL 3 (1997), 42–54.

Steinhardt, Ralph G.: The Role of International Law as a Canon of Domestic Statutory Construction, Vanderbilt LR 43 (1990), 1103–1197.

Stern, Brigitte: L'intervention des tiers dans le contentieux de l'OMC, RGDIP 107 (2003), 257–303.

Stewart, Terence P./Callahan, Christopher J.: Dispute Settlement Mechanisms in: Stewart, Terence P. (ed.): The GATT Uruguay Round: A Negotiating History (1986–1992), Vol. II: Commentary, Deventer/Boston: Kluwer Law and Taxation 1993, 2663–2878.

Sugihara, Takane: The Judicial Function of the International Court of Justice with Respect to Disputes Involving Highly Political Issues, in: Muller, Alexander S./Raič, David/Thuránszky, Johanna M. (eds.): The International Court of Justice: Its Future Role after 50 Years, The Hague/London/Boston: Martinus Nijhoff 1997, 117–138.

Sutter, Robert G.: Japan-U.S. Relations: U.S. Official's Attitudes on the Eve of the Clinton Administration, CRS Rep. 93-99S (19 Jan. 1993).

— Japanese Officials' View of Relations with the Clinton Administration, May-June 1993, CRS Report 93-601S (14 June 1993).

Suzuki, Masabumi: Toward Constructive International Trade Dispute Resolution: Lessons from Recent U.S.-Japan Disputes on Restrictive Business Practices, CNAPS Working Paper, Washington: Brookings Institution 1999.

Suzumura, Kotaro: Formal and Informal Measures for Controlling Competition in Japan: Institutional Overview and Theoretical Evaluation, in: Graham, Edward W./Richardson, J. David (eds.): Global Competition Policy, Washington: IIE 1997, 439–473.

— Competition, Welfare, and Competition Policy, FTC of Japan Competition Policy Research Center Discussion Paper Series CPDP 3E, Tokyo: CPRC 2003.

— */Kiyono, Kazuharu*: Entry Barriers and Economic Welfare, Rev. Econ. Studies 54 (1987), 157–167.

Szilassy, Julius de: Négociation, in: Frangulis, Antoine F. (Dir.): Dictionnaire diplomatique, Tome IV, Paris/Genève/New York: Académie diplomatique internat. 1948, 205 207.

Tamura, Jiro: U.S. Extraterritorial Application of Antitrust Law to Japanese Keiretsu, New York Univ. JILP 25 (1993), 385–403.

Tawney, Richard H.: Equality, London: Allen & Unwin 1931.

Thomas, Jeffrey C.: The Need for Due Process in WTO Proceedings, JWT 31 (1997), 45–57.

Thuderoz, Christian: Introduction: Identités, reconnaissance et négociations: Quelques coordonnées pour des débats majeurs en théorie de la négociation, Négociations 8 (2007), 5–10.

Thun-Hohenstein, Christoph: Konsultationen: Versuch einer Klassifizierung, ÖZöRV 35 (1984), 155–175.

Thurow, Lester C.: Head to Head: The Coming Economic Battle Among Japan, Europe, and America, New York: Morrow 1992.

Tilch, Horst (Hrsg.): Staatsrechtslexikon, Bd. 3, München: Beck, 2. Aufl. 1992.

Tomuschat, Christian: International Courts and Tribunals with Regionally Restricted and/or Specialized Jurisdiction, in: Max-Planck Institut für ausländischens öffentliches Recht und Völkerrecht (Hrsg.): Judicial Settlement of International Disputes: International Court of Justice, Other Courts and Tribunals, Arbitration and Conciliation: An International Symposium, Berlin/Heidelberg/New York: Springer 1974, 285–416.

— Die Charta der wirtschaftlichen Rechte und Pflichten der Staaten: Zur Gestaltungskraft von Deklarationen der UN-Generalversammlung, ZaöRV 36 (1976), 444–490.

— Art. 2 Ziff. 3, in: Simma, Bruno/Mosler, Hermann/Ranzeldorfer, Albrecht/Tomuschat, Christian/Wolfrum, Rüdiger (Hrsg.): Kommentar der Charta der Vereinten Nationen, München: Beck 1991, 58–67.

— Art. 33, in: Simma, Bruno/Mosler, Hermann/Ranzeldorfer, Albrecht/Tomuschat, Christian/Wolfrum, Rüdiger (Hrsg.): Kommentar der Charta der Vereinten Nationen, München: Beck 1991, 472–481.

— Are Counter-measures Subject to Prior Recourse to Dispute Settlement Procedures? EJIL 5 (1994), 77–88.

— International Courts and Tribunals, in: Bernhardt, Rudolf (ed.): EPIL 2 (1995), 1108–1115.

Trendl, Thomas J.: Self-help in International Trade Disputes, ASIL Proc. 84 (1990), 32–51.

Tsuchiya, Keizo/Riethmuller, Paul C.: The Japanese Food Distribution System and the Large Scale Retail Store Law, Int'l Journ. Social Econs. 24 (1997), 197–206.

Tyson, Laura D'Andrea: Who's Bashing Whom: Trade Conflict in High-technology Industries, Washington: IIE 1992.

Uerpmann-Wittzack, Robert: Völkerrechtliche Verfassungselemente, in: Bogdandy, Armin von/Bast, Jürgen (Hrsg.): Europäisches Verfassungsrecht: Theoretische und dogmatische Grundzüge, Berlin/Heidelberg: Springer, 2. Aufl. 2009, 177–226.

UN Commission on Trade and Development: Dispute Settlement: World Trade Organization, Mo-dule 3.1 Overview, UN Doc. UNCTAD/EDM/Misc.232/Add.11, New York/Geneva: UN 2003.

UN Office of Legal Affairs: Handbook on the Peaceful Settlement of Disputes between States, Annex to the Report of the Special Committee on the Charter of the United Nations and on the Strengthening of the Role of the Organization, UN Doc. ILA/COD/2394, GAOR XLVI, Supp. No. 33 (1992), 23 ff., New York: UN 1992.

Upham, Frank K: Privatized Regulation: Japanese Regulatory Style in Comparative and International Perspective, Fordham ILJ 20 (1996), 396–511.

Ury, William: Getting Past NO: Negotiating with Difficult People, New York: Bantham 1993.

Vagts, Detlev F.: Dispute-resolution Mechanisms in International Business, RdC 203 (1987 III), 9–94.

— The United States and its Treaties – Observance and Breach, AJIL 95 (2001), 313–334.

Vallée, Charles: Quelques observations sur l'estoppel en droit des gens, RGDIP 77 (1973), 949–999.

Van den Bossche, Peter: World Trade Organization Dispute Settlement in 1997 (Part I and II), JIEL 1 (1998), 161–171 und 479–490.

Van Siclen, Sally: Background Note, in: *CLP Committee*: Abuse of Dominance and Monopolisation, Proceedings of the February 1996 Competition Policy Roundtable, OECD Doc. GD(96)131, Paris: OECD 1996, 7–18.

Verdross, Alfred/Simma, Bruno: Universelles Völkerrecht: Theorie und Praxis, Berlin: Duncker & Humblot, 3. Aufl. 1984.

VerLoren van Themaat, Pieter: The Changing Structure of International Economic Law: A Contribution of Legal History, of Comparative Law, and of General Legal Debate on a New International Economic Order, The Hague/ Boston: TMC Asser Institute/Martinus Nijhoff 1981.

Vettovaglia, Jean-Pierre: De la coordination comme instrument essentiel de la négociation multilatérale intergouvernementale, in: Boisard, Marcel A./ Chossudovsky, Evgeny M. (eds.): The United Nations System at Geneva: Scope and Practices of Multilateral Diplomacy and Co-operation, New York: UNITAR 1991, 267–273.

Virally, Michel: Le principe de réciprocité dans le droit international contemporain, RdC 122(1967 III), 1–106.

— La Charte des droits et devoirs économiques des États: Notes de lecture, AFDI 20 (1974), 57–77.

— La pensée juridique, Neudruck, Paris: LGDJ 1998.

Vitzthum, Wolfgang Graf: Begriff, Geschichte und Quellen des Völkerrechts, in: Vitzthum, Wolfgang Graf (Hrsg.): Völkerrecht, Berlin/New York: de Gruyter 1997, 33–100.

Waart, Paul J.I.M. de: The Element of Negotiation in the Pacific Settlement of Disputes between States: An Analysis of Provisions Made and/or Applied since 1918 in the Field of Pacific Settlement of International Disputes, Diss. Amsterdam, The Hague: Martinus Nijhoff 1973.

Watts, Sir Arthur: The Importance of International Law, in: Byers, Michael (ed.): The Role of Law in International Politics – Essays in International Relations and International Law, Oxford: Oxford Univ. Pr. 2000, 5–16.

Weber, Ludwig: Universal Postal Union, in: Bernhardt, Rudolf (ed.): EPIL 4 (2000), 1235–1240.

Wedge, Bryant: Psychology of the Self in Social Conflict, in: Azar, Edward E./Burton, John W. (eds.): International Conflict Resolution: Theory and Practice, Boulder/Brighton: Lynne Rienner/Wheatsheaf 1986, 56–62.

Weeramantry, Christopher G.: The Function of the Internationnal Court of Justice in the Development of International Law, Leiden JIL 10 (1997), 309–340.

Wegen, Gerhard: Vergleich und Klagerücknahme im internationalen Prozeß, Diss. Tübingen, Berlin: Duncker & Humblot 1987.

Weick, Günter: Vorbeugung und Beilegung von Konflikten in internationalen Verträgen, in: Horn, Norbert (Hrsg.): Europäisches Rechtsdenken in Geschichte und Gegenwart, Festschrift für Helmut Coing zum 70. Geburtstag, Bd. II, München: Beck 1982, 543–564.

Weil, Prosper: Vers une normativité relative en droit international? RGDIP 8 (1982), 5–47.

Wengler, Wilhelm: Der Begriff des Politischen im internationalen Recht, Tübingen: Mohr 1956.

Whitt, Richard S.: The Politics of a Procedure: An Examination of the GATT Dispute Settlement Panel and the Article XXI Defense in the Context of the US Embargo of Nicaragua, Law & Policy Int'l Business 19 (1987), 603–631.

Wilcox, Clair: A Charter for World Trade, New York: Macmillan 1949.

Wildhaber, Luzius: Treaty-making Power and Constitution: An International and Comparative Study, Habil. Basel, Basel: Helbing & Lichtenhahn 1971.

Wildner, Heinrich: Die Technik der Diplomatie – L'art de négocier, Wien: Springer 1959.

Williams, Brett G.: Non-violation Complaints in the WTO System, in: Mengozzi, Paolo (ed.): International Trade Law on the 50th Anniversary of the Multilateral Trading System, Milano: Giuffrè 1999, 675–790.

Williams, Gerald R.: Legal Negotiation and Settlement, St. Paul: West Publ. 1983.

Winham, Gilbert R.: Negotiation as a Management Process, World Politics 30 (1977), 87–114.

— The Mediation of Multilateral Negotiations, JWTL 13 (1979), 193–208.

— */DeBoer-Ashworth, Elizabeth*: Asymmetry in Negotiating the Canada-US Free Trade Agreement, 1985–1987, in: Zartman, I. William/Rubin, Jeffrey Z.

(eds.): Power and Negotiation, Ann Arbor: Univ. of Michigan Pr. 2002, 35–52.

Wolfe, Robert: From Farm War to Working Peace: The Functionalist Approach to the Managment of Trade Conflict, in: Ashworth, Lucian M./Long, David (eds.): New Perspectives on International Functionalism, London/New York: Palgrave Macmillan/St. Martin's Pr. 1999, 137–155.

Wolff, Alan W.: The Changing Trade Policy Environment and the United States, in: Howell, Thomas R./Wolff, Alan W./Bartlett, Brent L./Gadbaw, R. Michael (eds.): Conflict Among Nations: Trade Policies in the 1990s, Boulder/San Francisco/Oxford: Westview Pr. 1992, 599–616.

Wolfrum, Rüdiger: Internationally Wrongful Acts, in: Bernhardt, Rudolf (ed.): EPIL 2 (1995), 1398–1403.

Wong, Peter: The Japanese Automotive Voluntary Export Restraint Agreements and International Law, Canadian YIL 23 (1985), 297–310.

Wróblewski, Jerzy: Les standards juridiques: problèmes théoriques de la législation et de l'application du droit, RRJ 13 (1988), 847–870.

Wühler, Norbert: Arbitration Clause in Treaties, in: Bernhardt, Rudolf (ed.): EPIL 1 (1992), 236–239.

Yamamura, Kozo: Caveat Emptor: The Industrial Policy of Japan, in: Krugman, Paul R. (ed.): Strategic Trade Policy and the New International Economics, Cambridge: MIT Pr. 1986, 169–210.

Young, Michael K.: Dispute Resolution in the Uruguay Round: Lawyers Triumph over Diplomats, Int'l Lawyer 29 (1995), 389–409.

Young, Oran R.: The Intermediaries: Third Parties in International Crises, Princeton: Princeton Univ. Pr. 1967.

Zartman, Ira W./Berman, Maureen B.: The Practical Negotiator, New Haven/London: Yale Univ. Pr. 1982.

Zartman, Ira W./Rubin, Jeffrey Z.: The Study of Power and the Practice of Negotiation, in: Zartman, Ira W./Rubin, Jeffrey Z. (eds.): Power and Negotiation, Ann Arbor: Univ. of Michigan Pr. 2002, 3–28.

Zemanek, Karl: The Unilateral Enforcement of International Obligations, ZaöRV 47 (1987), 32–43.

Zoller, Elisabeth: Peacetime Unilateral Remedies, Dobbs Ferry: Transnational Publ. 1984.

— Guerre commerciale et droit international: Réflexions sur les contre-mesures de la loi américaine de 1988 sur le commerce et la concurrence, AFDI 35 (1989), 65–89.

Anhang 1

Verzeichnis der zitierten Bestimmungen

Multilaterale Übereinkommen

Haager Streitbeilegungsabkommen 1907

— Convention pour le règlement pacifique des conflits internationaux, signée à La Haye, 18 oct. 1907, LNTS 54 (1927), 435 ff.; Tractatenblad (NL) 158 (1963), 1 ff.; RO (CH) 11, 194 ff.; RGBl 1910, 5 ff.

Satzung des Völkerbundes

— Pacte de la Société des Nations, Partie I du Traité de Versailles, signé le 28 juin 1919, JORF du 11 janv. 1920, 458 ff.; [1919] UKTS 4 (Cmd. 153); 2 Bevans 43 ff.; RGBl 1919, 701 ff.

Charta der Vereinten Nationen – VN-Charta

— Charter of the United Nations, signed at San Francisco, 26 June 1945, UNTS 1 (1946/47), 16 ff.; UKTS 67 (1946), in: UN Yearbook 23 (1969), 953 ff.; BGBl 1973 II, 431 ff.; 1974 II, 769 ff. und 1980 II, 1252 ff.

Statut des Internationalen Gerichtshofs – IGH-Statut

— Statute of the International Court of Justice, Annex to the Charter of the United Nations, signed at San Francisco, 26 June 1945, UNTS 1 (1946/47), 16 ff.; UKTS 67 (1946), in: UN Yearbook 23 (1969), 965 ff.; BGBl 1973 II, 505 ff.

Allgemeines Zoll- und Handelsabkommen 1947 – GATT 1947

— General Agreement on Tariffs and Trade, Annex to the Final Act Adopted at the Conclusion of the Second Session of the Preparatory Committee of the United Nations Conference on Trade and Employment, signed at Geneva, 30 Oct. 1947, UNTS 55 (1948), 194 ff.; TIAS No. 1700, in: Report on the Geneva Tariff Negotiations, with Text of the General Agreement on Tariffs and Trade, and Supplementary Agreements with the United States and Canada, Cmd. 7258, London: HMSO 1947; BGBl 1951 II, Anlagenband I, 4 ff.

Protokoll über die vorübergehende Anwendung des GATT 1947

— Protocol of Provisional Application of the General Agreement on Tariffs and Trade, signed at Geneva, 30 Oct. 1947, UNTS 55 (1948), 308 ff.; TIAS No. 1700, in: Report on the Geneva Tariff Negotiations, with Text of the General Agreement on Tariffs and Trade, and Supplementary Agreements with the

United States and Canada, Cmd. 7258, London: HMSO 1947; BGBl 1951 II, Anlagenband I, 4 ff.

Vertrag über die Gründung der Europäischen Gemeinschaft – EGV

— Traité instituant la Communauté économique européenne (avec annexes et protocoles), fait à Rome, le 25 mars 1957, UNTS 294 (1958), 23 ff.; TIAS No. 4300; BGBl 1957 II, 766 ff.; geänd. durch Vertrag über die Europäische Union, unterzeichnet in Maastricht am 7. Feb. 1992, ABlEG C 224 vom 31. Aug. 1992, 8 ff.; BGBl 1992 II, 1253 ff.; Vertrag von Amsterdam, unterzeichnet am 2. Okt. 1997, ABlEG C 340 vom 10. Nov. 1997, 173 ff.; BGBl 1998 II, 387 ff.; Vertrag von Nizza, unterzeichnet am 26. Feb. 2001, ABlEG C 80 vom 10. März 2001, 1 ff.; BGBl 2001 II, 1667 ff.; Vertrag über den Beitritt der Tschechischen Republik, Estlands, Zyperns usw., unterzeichnet in Athen am 16 April 2003, ABlEU L 236 vom 23. Sept. 2003, 17 ff.; BGBl 2003 II, 1410 ff.; Vertrag über den Beitritt der Republik Bulgarien und Rumäniens zur Europäischen Union, unterzeichnet in Luxemburg am 25. April 2005, ABlEU L 157 vom 21. Juni 2005, 11 ff.; konsol. Fassung ABlEU C 321E vom 29. Dez. 2006, 1 ff.; BGBl 2006 II, 1148 ff.; geänd. durch Vertrag von Lissabon, unterzeichnet am 13. Dez. 2007, ABlEU C 306 vom 17. Dez. 2007, 1 ff.

ICSID Konvention

— Convention on the Settlement of Investment Disputes between States and Nationals of other States (ICSID), signed at Washington, 18 March 1965, UNTS 575 (1966), 159 ff.; TIAS No. 8359, in: ILM 4 (1965), 532 ff.; BGBl 1969 II, 367 ff.

Wiener Übereinkommen über diplomatische Beziehungen – WÜD

— Vienna Convention on Diplomatic Relations, signed at Vienna, 18 April 1961, UNTS 500 (1964), 95 ff.; TIAS No. 7310; BGBl 1964 II, 958 ff.

Internationaler Pakt über wirtschaftliche, soziale und kulturelle Rechte

— International Covenant on Economic, Social and Cultural Rights, adopt. by *UN General Assembly*: International Covenant on Economic, Social and Cultural Rights, Res. 2200A (XXI), adopt. 16 Dec. 1966, UN Doc. A/6316 (1967), GAOR XXI, Suppl. No. 16 (1967), 49 ff.; UNTS 993 (1976), 3 ff.; TIAS No. 14531, in: ILM 6 (1967), 368 ff.; BGBl. 1973 II, 1569 ff.

Wiener Übereinkommen über das Recht der Verträge – WVK

— Vienna Convention on the Law of Treaties, signed at Vienna, 23 May 1969, UNTS 1155 (1980), 331 ff.; TIAS No. 18232; BGBl 1985 II, 927 ff.

Seerechtsübereinkommen – SRÜ

— UN Convention on the Law of the Sea (UNCLOS), concluded at Montego Bay, 10 Dec. 1982, UNTS 1833 (1994), 396 ff.; TIAS No. 31367, in: ILM 21 (1982), 1261 ff.; BGBl 1994 II, 1798 ff.

Vertrag über die Nordamerikanische Wirtschaftszone - NAFTA

— North American Free Trade Agreement between the Government of the United States of America, the Government of Canada and the Government of the United Mexican States (NAFTA), done at Washington, Ottawa and Mexico, 8, 11, 14 and 17 Dec. 1992, in: ILM 32 (1993), 289 ff. und 605 ff.

— North American Agreement on Environmental Cooperation between the Government of Canada, the Government of the United Mexican States and the Government of the United States of America (NAAEC), done at Ottawa, Mexico and Washington, 8, 9, 12 and 14 Sept. 1993, in: ILM 32 (1993), 1480 ff.

— North American Agreement on Labor Cooperation between the Government of the United Mexican States, the Government of the United States of America and the Governments of Canada, (NAALC), done at Mexico, Washington and Ottawa, 8, 9, 12 and 14 Sept. 1993, in: ILM 32 (1993), 1499 ff.

Konferenz über Sicherheit und Zusammenarbeit in Europa - KSZE

— Schlussakte der Konferenz über Sicherheit und Zusammenarbeit in Europa, unterzeichnet in Helsinki, 1 Aug. 1975, in: Europa-Archiv 30 (1975), D 437 ff.

— Charta von Paris für ein neues Europa, gefertigt zu Paris, 21 Nov. 1990, in: Europa-Archiv 45 (1990), D 656 ff.

— Europäische Sicherheitscharta, geschehen zu Istanbul, 19. Nov. 1999, in: Organisation für Sicherheit und Zusammenarbeit (Hrsg.): Dokument von Istanbul, Istanbul: OSZE 1999, 47 ff.

Übereinkommen zur Errichtung des Südzentrums

— Agreement to Establish the South Centre, signed at Geneva, 1 Sept. 1994, UNTS 1885 (1995), 63 ff.; TIAS No. 32076, in: Agreement to Establish the South Centre, UN Doc. UNST/LEG(092)/A32, New York: UN 1994.

Übereinkommen zur Errichtung des Beratungszentrums für WTO-Recht - ACWTL

— Agreement Establishing the Advisory Centre on WTO Law, signed at Seattle, 30 Nov. 1999, UNTS 2303 (2005), 421 ff.; TIAS No. 40998; AS (CH) 2005, 771 ff.

Übereinkommen zur Gründung der Agentur für internationale Handelsinformation und -kooperation als zwischenstaatliche Organisation - AITIC

— Agreement Establishing the Agency for International Trade Information and Co-operation as an Intergovernmental Organisation, done at Geneva, 9 Dec. 2002, UNTS 2256 (2006), 417 ff.; TIAS No. 40216; AS (CH) 2004, 3963 ff.

Bilaterale Übereinkommen

USA-JAP FCN Treaty

— Treaty and Protocol of Friendship, Commerce, and Navigation between the United States of America and Japan, signed at Tokyo, 2 April 1953, and Exchange of Notes of August 29, 1953, UNTS 206 (1955), 192 ff.; TIAS No. 2788.

USA-GER Antitrust Abkommen

— Abkommen zwischen der Regierung der Bundesrepublik Deutschland und der Regierung der Vereinigten Staaten von Amerika über die Zusammenarbeit in bezug auf restriktive Geschäftspraktiken, unterzeichnet in Bonn, 23. Juni 1976, UNTS 1039 (1977), 345 ff.; TIAS No. 8291; BGBl 1976 II, 1711 ff.; engl. Fassung 27 UST 1956 ff., in: ILM 15 (1976), 1282 ff.

USA-AUS Antitrust Abkommen 1982

— Agreement between the Government of the United States of America and the Government of Australia Relating to Cooperation on Antitrust Matters, signed at Washington, 29 June 1982, UNTS 1369 (1984), 43 ff.; TIAS No. 10365, in: ILM 21 (1982), 702 ff.

Semiconductor Trade Agreement - STA

— Arrangement between the Government of Japan and the Government of the United States of America Concerning Trade in Semiconductor Products (STA), signed at Washington, 2 Sept. 1986, in: ILM 25 (1986), 1409 ff.

— Semiconductor Letter, in: *Morrison, Wayne M./Cooper, William H./Nanto, Dick K.*: A "Managed Trade" Policy Toward Japan? CRS Rep. 94-524E (14 June 1994), 13 f.

— *Ambassador of Japan to the United States*: Letter to US Attorney General *Arnold I. Burns* (2 Sept. 1986); *US Attorney General*: Letter to Ambassador *Nobuo Matsunaga* (2 Sept. 1986), in: ILM 25 (1986), 1427 f.

— *US Trade Representative*: Letter to *Riohei Murata*, Ambassador of Japan to the United States (11 June 1991), in: ILM 31 (1992), 1078 ff.

United States-Japan Framework for a New Economic Partnership - FTA

— Joint Statement on the United States-Japan Framework for a New Economic Partnership, by President *William Clinton* and Prime Minister *Miyazawa*, done at Tokyo, 10 July 1993, in: ILM 32 (1993), 1414 ff.

— Agreement Clarifying the Framework Agreement, as agreed, 23 May 1994, in: U.S.-Japan Agreement on Framework, Inside U.S. Trade, Special Report (27 May 1994), No. 1656.

USA-EG Antitrust Abkommen 1998

— Agreement between the European Communities and the Government of the United States of America on the Application of Positive Comity Principles in the Enforcement of their Competition Laws, signed at Brussels and Washington, 3 and 4 June 1998, UNTS 2872 (2012), 107 ff.; TIAS No. 12958, in: ILM 37 (1998), 1070 ff.; ABlEG L 173 vom 18. Juli 1998, 28 ff.

USA-AUS Antitrust Abkommen 1999

— Agreement between the Government of the United States of America and the Government of Australia on Mutual Antitrust Enforcement, signed at Washington, 27 April 1999, UNTS 2117 (2000), 204 ff.; TIAS No. 36839, in: 4 Trade Reg. Rep. (CCH) No. 13502A.

USA-JAP Antitrust Abkommen

— Agreement between the Government of the United States of America and the Government of Japan Concerning Cooperation on Anticompetitive Activities, signed at Washington, 7 Oct. 1999, in: ILM 38 (1999), 1698 ff.

WTO-WIPO Kooperationsabkommen

— Agreement between the World Intellectual Property Organization and the World Trade Organization, done at Geneva, 22 Dec. 1995, WIPO Doc. WO030 (22 Dec. 1995), in: ILM 35 (1996), 754 ff.

Übereinkommen von Marrakesch

Erklärung von Marrakesch

— Marrakesh Declaration of 15 April 1994, UNTS 1867 (1995), 14 ff.; TIAS No. 31874, in: ILM 33 (1994), 1263 ff.; in nichtamtl. Übers. *Benedek, Wolfgang*: Die Welthandelsorganisation (WTO), München: Beck 1998, 591 ff.

Schlussakte von Marrakesch

— Final Act Embodying the Results of the Uruguay Round of Multilateral Trade Negotiations, done at Marrakesh, 15 April 1994, UNTS 1867 (1995), 16 ff.; TIAS No. 31874, in: ILM 33 (1994), 1143 f.; ABlEG L 336 vom 23. Dez. 1994, 253 ff.

Übereinkommen zur Errichtung der Welthandelsorganisation – WTO Abkommen

— Marrakesh Agreement Establishing the World Trade Organization, done at Marrakesh, 15 April 1994, UNTS 1867 (1995), 154 ff.; TIAS No. 31874, in: ILM 33 (1994), 1144 ff.; ABlEG L 336 vom 23. Dez. 1994, 3 ff.

Allgemeines Zoll- und Handelsabkommen 1994 – GATT 1994

— General Agreement on Tariffs and Trade 1994, Annex 1A to the Marrakesh Agreement Establishing the World Trade Organization, done at Marrakesh, 15 April 1994, UNTS 1867 (1995), 187 ff.; TIAS No. 31874, in: ILM 33 (1994), 1154 ff.; ABlEG L 336 vom 23. Dez. 1994, 11 ff.

Vereinbarung zur Auslegung des Artikels XVII des GATT 1994 – STR-Vereinbarung

— Understanding on the Interpretation of Article XVII of the General Agreement on Tariffs and Trade 1994, Annex 1A to the Marrakesh Agreement Establishing the World Trade Organization, done at Marrakesh, 15 April 1994, UNTS 1867 (1995), 202 f.; TIAS No. 31874, in: ILM 33 (1994), 1157 f.; ABlEG L 336 vom 23. Dez. 1994, 13 f.

Vereinbarung über Zahlungsbilanzbestimmungen des GATT 1994 – BOP-Vereinbarung

— Understanding on the Balance-of-Payments Provisions of the General Agreement on Tariffs and Trade 1994, Annex 1A to the Marrakesh Agreement Establishing the World Trade Organization, done at Marrakesh, 15 April 1994, UNTS 1867 (1995), 208 ff.; TIAS No. 31874, in: ILM 33 (1994), 1158 ff.; ABlEG L 336 vom 23. Dez. 1994, 14 ff.

Vereinbarung zur Auslegung von Artikel XXIV des GATT 1994 – FTA-Vereinbarung

— Understanding on the Interpretation of Article XXIV of the General Agreement on Tariffs and Trade 1994, Annex 1A to the Marrakesh Agreement Establishing the World Trade Organization, done at Marrakesh, 15 April 1994, UNTS 1867 (1995), 219 ff.; TIAS No. 31874, in: ILM 33 (1994), 1181 ff.; ABlEG L 336 vom 23. Dez. 1994, 16 ff.

Übereinkommen zur Durchführung des Artikels VI des GATT 1994 – ADP-Abkommen

— Agreement on Implementation of Article VI of the General Agreement on Tariffs and Trade 1994, Annex 1A to the Marrakesh Agreement Establishing the World Trade Organization, done at Marrakesh, 15 April 1994, UNTS 1868 (1995), 201 ff.; TIAS No. 31874, in: *World Trade Organization*: The WTO Agreements: The Marrakesh Agreement Establishing the World Trade Organization and its Annexes, Cambridge: Cambridge Univ. Pr., 2nd ed. 2017, 176 ff.; ABlEG L 336 vom 23. Dez. 1994, 103 ff.

Übereinkommen über die Landwirtschaft – AGR-Abkommen

— Agreement on Agriculture, Annex 1A to the Marrakesh Agreement Establishing the World Trade Organization, done at Marrakesh, 15 April 1994, UNTS 1867 (1995), 410 ff.; TIAS No. 31874, in: *World Trade Organization*: The

WTO Agreements: The Marrakesh Agreement Establishing the World Trade Organization and its Annexes, Cambridge: Cambridge Univ. Pr., 2nd ed. 2017, 106 ff.; ABlEG L336 vom 23. Dez. 1994, 22 ff.

Übereinkommen über die Anwendung gesundheitspolizeilicher und pflanzenschutzrechtlicher Maßnahmen – SPS-Abkommen

— Agreement on the Application of Sanitary and Phytosanitary Measures, Annex 1A to the Marrakesh Agreement Establishing the World Trade Organization, done at Marrakesh, 15 April 1994, UNTS 1867 (1995), 493 ff.; TIAS No. 31874, in: *World Trade Organization*: The WTO Agreements: The Marrakesh Agreement Establishing the World Trade Organization and its Annexes, Cambridge: Cambridge Univ. Pr., 2nd ed. 2017, 135 ff.; ABlEG L 336 vom 23. Dez. 1994, 40 ff.

Übereinkommen über technische Handelshemmnisse – TBT-Abkommen

— Agreement on Technical Barriers to Trade, Annex 1A to the Marrakesh Agreement Establishing the World Trade Organization, done at Marrakesh, 15 April 1994, UNTS 1868 (1995), 120 ff.; TIAS No. 31874, in: *World Trade Organization*: The WTO Agreements: The Marrakesh Agreement Establishing the World Trade Organization and its Annexes, Cambridge: Cambridge Univ. Pr., 2nd ed. 2017, 150 ff.; ABlEG L 336 vom 23. Dez. 1994, 86 ff.

Übereinkommen über handelsbezogene Investitionsmaßnahmen – TRIMs-Abkommen

— Agreement on Trade-related Investment Measures, Annex 1A to the Marrakesh Agreement Establishing the World Trade Organization, done at Marrakesh, 15 April 1994, UNTS 1868 (1995), 186 ff.; TIAS No. 31874, in: *World Trade Organization*: The WTO Agreements: The Marrakesh Agreement Establishing the World Trade Organization and its Annexes, Cambridge: Cambridge Univ. Pr., 2nd ed. 2017, 172 ff.; ABlEG L 336 vom 23. Dez. 1994, 100 ff.

Übereinkommen zur Durchführung des Artikels VII GATT 1994 – CVA-Abkommen

— Agreement on on Implementation of Article VII of the GATT 1994, Annex 1A to the Marrakesh Agreement Establishing the World Trade Organization, done at Marrakesh, 15 April 1994, UNTS 1868 (1995), 279 ff.; TIAS No. 31874, in: *World Trade Organization*: The WTO Agreements: The Marrakesh Agreement Establishing the World Trade Organization and its Annexes, Cambridge: Cambridge Univ. Pr., 2nd ed. 2017, 202 ff.; ABlEG L 336 vom 23. Dez. 1994, 119 ff.

Übereinkommen über Vorversandkontrollen – PSI-Abkommen

— Agreement on Preshipment Inspection, Annex 1A to the Marrakesh Agreement Establishing the World Trade Organization, done at Marrakesh,

15 April 1994, UNTS 1868 (1995), 368 ff.; TIAS No. 31874, in: *World Trade Organization*: The WTO Agreements: The Marrakesh Agreement Establishing the World Trade Organization and its Annexes, Cambridge: Cambridge Univ. Pr., 2nd ed. 2017, 232 ff.; ABlEG L 336 vom 23. Dez. 1994, 138 ff.

Übereinkommen über Einfuhrlizenzverfahren – ILP-Abkommen

— Agreement on Import Licensing Procedures, Annex 1A to the Marrakesh Agreement Establishing the World Trade Organization, done at Marrakesh, 15 April 1994, UNTS 1868 (1995), 436 ff.; TIAS No. 31874, in: *World Trade Organization*: The WTO Agreements: The Marrakesh Agreement Establishing the World Trade Organization and its Annexes, Cambridge: Cambridge Univ. Pr., 2nd ed. 2017, 255 ff.; ABlEG L 336 vom 23. Dez. 1994, 151 ff.

Übereinkommen über Subventionen und Ausgleichsmaßnahmen – SCM-Abkommen

— Agreement on Subsidies and Countervailing Measures, Annex 1A to the Marrakesh Agreement Establishing the World Trade Organization, done at Marrakesh, 15 April 1994, UNTS 1869 (1995), 14 ff.; TIAS No. 31874, in: *World Trade Organization*: The WTO Agreements: The Marrakesh Agreement Establishing the World Trade Organization and its Annexes, Cambridge: Cambridge Univ. Pr., 2nd ed. 2017, 263 ff.; ABlEG L 336 vom 23. Dez. 1994, 156 ff.

Übereinkommen über Schutzmaßnahmen – SFG-Abkommen

— Agreement on Safeguards, Annex 1A to the Marrakesh Agreement Establishing the World Trade Organization, done at Marrakesh, 15 April 1994, UNTS 1869 (1995), 154 ff.; TIAS No. 31874, in: *World Trade Organization*: The WTO Agreements: The Marrakesh Agreement Establishing the World Trade Organization and its Annexes, Cambridge: Cambridge Univ. Pr., 2nd ed. 2017, 311 ff.; ABlEG L 336 vom 23. Dez. 1994, 184 ff.

Allgemeines Übereinkommen über den Handel mit Dienstleistungen – GATS

— General Agreement on Trade in Services, Annex 1B to the Marrakesh Agreement Establishing the World Trade Organization, done at Marrakesh, 15 April 1994, UNTS 1869 (1995), 183 ff.; TIAS No. 31874, in: ILM 33 (1994), 1167 ff.; ABlEG L 336 vom 23. Dez. 1994, 191 ff.; amend. Second Protocol to the GATS, done at Geneva, 6 Oct. 1995, UNTS 2057 (1999), 149 ff.; ABlEG L 167 vom 6. Juli 1996, 25 ff.; Third Protocol to the GATS, done at Geneva, 6 Oct. 1995, UNTS 2061 (1999), 190 ff.; ABlEG L 167 vom 6. Juli 1996, 43 ff.; Fourth Protocol to the GATS, done at Geneva, 15 April 1997, UNTS 2061 (1999), 209 ff.; ABlEG L 347 vom 18. Dez. 1997, 45 ff.; Fifth Protocol to the GATS, done at Geneva, 27 Feb. 1998, UNTS 2066 (1999), 155 ff.; ABlEG L 20 vom 27. Jan. 1999, 40 ff.

— Annex on Air Transport Services, UNTS 1869 (1995), 208 f., in: ILM 33 (1994), 1188 f.; ABlEG L 336 vom 23. Dez. 1994, 205 f.

— Annex on Financial Services, UNTS 1869 (1995), 209 ff., in: ILM 33 (1994), 1189 ff.; ABlEG L 336 vom 23. Dez. 1994, 206 ff.

Übereinkommen über handelsbezogene Aspekte der Rechte des geistigen Eigentums - TRIPS-Abkommen

— Agreement on Trade-related Aspects of Intellectual Property Rights, Annex 1C to the Marrakesh Agreement Establishing the World Trade Organization, done at Marrakesh, 15 April 1994, UNTS 1869 (1995), 299 ff.; TIAS No. 31874, in: ILM 33 (1994), 1197 ff.; ABlEG L 336 vom 23. Dez. 1994, 214 ff.; amend. Protocol amending the TRIPS Agreement, done at Geneva, 6 Dec. 2005; adopt. by: *General Council*: Amendment of the TRIPS Agreement, Decision of 6 December 2005, Doc. WT/L/641, circul. 8 Dec. 2005; UNTS (im Erscheinen); ABlEU L 311 vom 29. Nov. 2004, 35 ff., in: *World Trade Organization*: The WTO Agreements: The Marrakesh Agreement Establishing the World Trade Organization and its Annexes, Cambridge: Cambridge Univ. Pr., 2nd ed. 2017, 396 ff.

Vereinbarung über Regeln und Verfahren zur Beilegung von Streitigkeiten - DSU

— Understanding on Rules and Procedures Governing the Settlement of Disputes, Annex 2 to the Marrakesh Agreement Establishing the World Trade Organization, done at Marrakesh, 15 April 1994, UNTS 1868 (1995), 401 ff.; TIAS No. 31874, in: ILM 33 (1994), 1226 ff.; ABlEG L 336 vom 23. Dez. 1994, 234 ff.

Mechanismus zur Überprüfung der Handelspolitik - TPRM

— Trade Policy Review Mechanism, Annex 3 to the Marrakesh Agreement Establishing the World Trade Organization, done at Marrakesh, 15 April 1994, UNTS 1869 (1995), 480 ff.; TIAS No. 31874; ABlEG L 336 vom 23. Dez. 1994, 251 ff.; amend. *General Council*: Amendment to the TPRM, Decision of 26 July 2017, Doc. WT/L/1014, circul. 27 July 2017; UNTS (im Erscheinen), in: *World Trade Organization*: The WTO Agreements: The Marrakesh Agreement Establishing the World Trade Organization and its Annexes, Cambridge: Cambridge Univ. Pr., 2nd ed. 2017, 461 ff.

Übereinkommen über den Handel mit Zivilluftfahrzeugen - TCA-Abkommen

— Agreement on Trade in Civil Aircraft, done at Geneva on 12 April 1979, UNTS 1186 (1980), 170 ff.; TIAS No. 814, in: BISD 26S/162 (1980); Annex 4 to the Marrakesh Agreement Establishing the World Trade Organization, done at Marrakesh, 15 April 1994, UNTS 1915 (1995), 103 ff.; TIAS No. 31874; ABlEG L 71 vom 17. März 1980, 58 ff.; amend. Protocol (2001) amending the

Annex to the Agreement on Trade in Civil Aircraft, done at Geneva, 6 June 2001, UNTS 2204 (2004), 206 ff.; ABlEU 151 E vom 25. Juni 2002, 236 ff.; Protocol (2015) amending the Annex to the Agreement on Trade in Civil Aircraft, done at Geneva, 5 Nov. 2015, UNTS (im Erscheinen); ABlEU L 69 vom 15. Nov. 2017, 3 ff., in: *World Trade Organization*: The WTO Agreements: The Marrakesh Agreement Establishing the World Trade Organization and its Annexes, Cambridge: Cambridge Univ. Pr., 2nd ed. 2017, 465 ff.

Übereinkommen über das öffentliche Beschaffungswesen – GPA-Abkommen

— Agreement on Government Procurement, Annex 4 to the Marrakesh Agreement Establishing the World Trade Organization, done at Marrakesh, 15 April 1994, UNTS 1915 (1995), 103 ff.; TIAS No. 31874; ABlEG L 334 vom 23. Dez. 1994, 273 ff.; amend. Protocol amending the Agreement on Government Procurement, done at Geneva, 30 March 2012, UNTS 3008 (im Erscheinen); ABlEU L 68 vom 7. März 2014, 2 ff., in: *World Trade Organization*: The WTO Agreements: The Marrakesh Agreement Establishing the World Trade Organization and its Annexes, Cambridge: Cambridge Univ. Pr., 2nd ed. 2017, 472 ff.

Beschluss zu den Notifikationsverfahren

— Decision on Notification Procedures, done at Marrakesh, 15 April 1994, UNTS 1867 (1995), 44 ff.; TIAS No. 31874, in: ILM 33 (1994), 1250 ff.; ABlEG L 336 vom 23 Dez. 1994, 256 ff.

Übereinkommen über Handelserleichterungen – TFA-Abkommen

— Agreement on Trade Facilitation, Annex 1A to the Marrakesh Agreement Establishing the World Trade Organization, done at Geneva, 27 Nov. 2014; UNTS (im Erscheinen), TIAS No. 31874, in: *World Trade Organization*: The WTO Agreements: The Marrakesh Agreement Establishing the World Trade Organization and its Annexes, Cambridge: Cambridge Univ. Pr., 2nd ed. 2017, 321 ff.; ABlEU L 284 vom 30. Okt. 2015, 3 ff.

Rechtsordnung der Europäischen Gemeinschaften/Union

Handelshemmnis-VO

— Verordnung (EG) Nr. 3286/94 des Rates vom 22. Dez. 1994 zur Festlegung der Verfahren der Gemeinschaft im Bereich der gemeinsamen Handelspolitik zur Ausübung der Rechte der Gemeinschaft nach internationalen Handelsregeln, insbesondere den im Rahmen der Welthandelsorganisation vereinbarten Regeln, ABlEG L 349 vom 31.12.1994, 71 ff.; geänd. durch Verordnung (EG) des Rates Nr. 356/95 vom 20. Feb. 1995, ABlEG L 41 vom 23 Feb. 1995, 3 ff.; Verordnung (EG) des Rates Nr. 125/2008 vom 12. Februar 2008, ABlEG L 40 vom 14. Feb. 2008, 1 ff.; Verordnung (EU) Nr. 37/2014 des Europäischen Parlaments und des Rates vom 15. Januar 2014, ABlEU Nr. L 18 vom 21. Januar 2014, 1 ff.; Verordnung (EU) No. 654 des Europäischen Parlaments und des Rates vom 15. Mai 2014, ABlEU Nr. L 189 vom 27. Juni 2014, 50 ff.

Rechtsordnung Japans

Act on the Prohibition of Private Monopolization and Maintenance of Fair Trade (Dokusen Kinshi Hô), No. 54 (1947), as amend. Act No. 107 (1992), Kanpô, 93 ff.

Ministry of International Trade and Industry Establishment Act (Tsûshô Sangyô Shô Setchi Hô), No. 275 (1949), Kanpô, 255 ff.

Foreign Exchange and Trade Control Act (Gaikoku Kawase Oyobi Gaikoku Bôeki Kanri Hô), No. 228 (1949), as amend. Act No. 65 (1979), Kanpô.

Act on the Organization of Small and Medium Enterprises (Shocho Kigyo Dantai No Soshiki Ni Kanzuru Horitsu), No. 185 (1957), as amend. Act No. 96 (1997), Kanpô.

Act on Special Measures for the Adjustment of Retail Business (Shocho Hô), No. 155 (1959), Kanpô.

Act to Prohibit Unreasonable Premiums and Misleading Representations (Futô Hyôji Bôshi Hô), No. 134 (1962), as amend. Act No. 89 (1993), Kanpô.

Urban Planning Act (Toshi Keikaku Hô), No. 100 (1968), as amend. Act No. 76 (1992), Kanpô.

Act on the Promotion of Small and Medium-sized Retailers (Shocho Kouri Shôgyô Shinkô Hô), No. 101 (1973), Kanpô.

Act on the Adjustment of Retail Business Operations at Large Scale Retail Stores (Daiten Hô), No. 109 (1973), as amend. Act No. 105 (1978), Kanpô, 71 ff.

Act on the Adjustment of Business Activities of Large Enterprises to Secure Business Opportunities for Small and Medium-sized Enterprises (Bunya Tô Chôsei Hô), No. 74 (1977), as amend. Act No. 78 (1983), Kanpô.

Act on Temporary Measures for the Improvement of Specified Facilities by Using the Abilities of Private Enterprise (Minkatsu Hô), No. 77 (1986), Kanpô.

Special Act on Exceptional Measures Concerning Floor Space for Import Sales (Yunyuuhin Senmon Uriba Hô), No. 81 (1991), Kanpô, Special Ed., 69 ff.

Act on Special Measures for the Improvement of Commerce Integration (Komâsu Tôgô No Kaizen Ni Kansuru Tokubetsu Sochi Hô), No. 82 (1991), Kanpô.

Act on the Business Reform for Specified Industries (Tokutei No Sangyô No Tame No Jigyô Kaikaku Ni Kansuru Hôritsu), No. 61 (1995), Kanpô.

Act on Measures by Large Scale Retail Stores for the Preservation of the Living Environment (Daiten Ricchi Hô), No. 91 (1998), Kanpô, Special Ed., 105 ff.

Cabinet of the Prime Minister: Decision on the Liberalization of Inward Investment (1967), Kanpô.

— Decision on the Deregulation Programme Outline (1988), Kanpô.

— Decision on the Deregulation Action Programme (1995), revised 1996 and 1997, Kanpô.

— Enforcement of the Act on Measures by Large-scale Retail Stores for the Preservation of the Living Environment (Daikibo Kouri Tempo Ricchi Hô Shikourei), Meirei No. 327 (1998).

Ministry of International Trade and Industry: Adjustment of the Retail Business Operations at Large Scale Retail Stores, Meirei No. 17 (1974).

— Order (Meirei) No. 33 (1994).

— Supplementary Provision for Meirei No. 33 (1994).

— Enforcement of the Act on Measures by Large-scale Retail Stores for the Preservation of the Living Environment, Meirei No. 62 (1999).

— Operation of the Commerce Adjustment Board, Directive No. 123 (1974).

— Self-restraint Regarding the Rush for the Construction and Expansion of New Stores, Directive No. 205 (1978).

— Self-restraint Regarding the Rush for the Expansion and Building of New Stores, Directive No. 564 (1978).

— Obligatory Action Pursuant to the Implementation Regulations for the Act Pertaining to the Adjustment of the Business Activities of the Retail Industry for Large Scale Stores, Directives Nos. 365 and 366 (1979).

— Immediate Measures Regarding Notification to Establish Large Scale Retail Stores, Directive No. 36 (1982).

— Guidance for Prior Explanation of Builders Carrying out a Notification for a Class I Store, Directive No. 135 (1990).

— Local Government Regulations Concerning Store Openings, *etc.*, Directive No. 24 (1992).

— Guidance for Local Explanation to Those Who submitted a Notification for New Construction of a Class I Large Scale Retail Store, Directive No. 25 (1992).

— Guidance for Local Explanation for Class I Stores that have Submitted a Notification for a New Building, Directive No. 93 (1994).

— Administrative Guidance to Promote Rationalization of Distribution System (1966).

— Guidelines on Trade Normalization for the Photo and Film Industry (1970).

— Guidelines on Business Practices to Promote a Free, Transparent and Competitive Distribution System (1990).

— Executive Regulations Regarding the Act on the Adjustment of Retail Business Operations at Large Scale Retail Stores (1994).

— /*Industrial Structure Council, Distribution Subcommittee*: Distribution Systemization (Tsusansho Koho) (1969).

MITI Director-General: Additional Local Regulations on New Store Openings, *etc.* by Local Governments, Sankyoku No. 24 (29 Jan. 1992).

— Instructing Parties Filing Notifications of New Type-I Large Scale Retail Stores *etc.* to Hold Public Briefing, Sankyoku Nos. 25 and 26 (1 April 1992).

— Establishment of Ombudsman on Additional Local Regulations *etc.* on New Store Openings by Local Governments, Sankyoku No. 92 (9 April 1994).

— Instructing Parties Filing Notifications of New Type-I Large Scale Retail Stores *etc.* to Hold Public Briefing, Sankyoku Nos. 93 and 94 (1 April 1994).

— Standards for Evaluating Probability under Article 7, Paragraphs 1 and 4 of the Large Stores Law, Sankyoku No. 96 (1 April 1994).

— Handling Procedures for the Enforcement of the Act on the Adjustment of Retail Business Operations at Large Scale Retail Stores, Sankyoku No. 97 (1 April 1994).

Fair Trade Commission of Japan: Rules on Hearing by the Fair Trade Commission, FTC Rule No. 8 (2005), in: Publication of the Cabinet Ordinances and the Fair Trade Commission Rules Related to the Implementation of the Amendments for the Antimonopoly Act, JFTC Press Release (6 Oct. 2005).

— Survey of Transactions among Firms Regarding Photographic Colour Film for General Use and Photographic Colour Paper, JFTC Press Release (23 July 1997).

JFTC Secretary-General: Guidelines on Distribution Systems and Business Practices under the Antimonopoly Act (11 July 1991).

— Guidelines on Administrative Guidance under the Antimonopoly Act (30 June 1994).

— Guidelines on the Activities of Trade Associations under the Antimonopoly Act (30 Oct. 1995).

Large Store Council (Daitenshin): Investigatory Procedures for the Adjustment of Retail Business Operations of Large Scale Retail Stores, Recommendation (14 Nov. 1991), in: *Commission of International Trade and Industry*: Large Scale Stores Laws and Regulations, Tokyo: MITI 1997, 35 ff.

Rechtsordnung der Vereinigten Staaten von Amerika

The Constitution of the United States, done at Philadelphia, 17 Sept. 1787, H.R. Doc. No. 110-50, 110th Cong. 1st Sess. (25 July 2007), Washington: GPO 2007.

Sherman Act, 26 Stat. 210 (2 July 1890); as amend. 50 Stat. 693 (17 Aug. 1937); 69 Stat. 282 (7 July 1955); Antitrust Procedures and Penalties Act, Pub. L. 93-528, 88 Stat. 1708 (21 Dec. 1974); Consumer Goods Pricing Act of 1975, Pub. L. 94-145, 89 Stat. 801 (12 Dec. 1975); as added Foreign Trade Antitrust Improvements Act of 1982, Pub. L. 97-290, 96 Stat. 1246 (8 Oct. 1982); Antitrust Amendments Act of 1990, Pub. L. 101-588, 104 Stat. 2880 (16 Nov. 1990); 15 USC §§1-7(1990).

Tariff Act of 1930, Pub. L. 71-361, 46 Stat. 700 (17 June 1930); 19 USC §1334(1930).

Trade Act of 1974, Pub. L. 93-618, 88 Stat. 1978 (3 Jan. 1975); as added Trade Agreements Act, Pub. L. 96-39, 93 Stat. 295 (26 July 1979); as amend. Trade and Tariff Act, Pub. L. 98-573, 98 Stat. 3002 (30 Oct. 1984); Omnibus Trade and Competitiveness Act of 1988, Pub. L. 100-418, 102 Stat. 1164 (23 Aug. 1988); Uruguay Round Agreements Act (URAA), Pub. L. 103-465, 108 Stat. 4993 (8 Dec. 1994); Act to Make Technical Corrections and Miscellaneous Amendments to Trade Laws, Pub. L. 104-295, 110 Stat. 3528 (11 Oct. 1996); 19 USC §§2411-2420 and §2155(a)(1996).

Omnibus Trade and Competitiveness Act of 1988, Pub. L. 100-418, 102 Stat. 1164 (23 Aug. 1988); as amend. Uruguay Round Agreements Act (URAA), Pub. L. 103-465, 108 Stat. 4993 (8 Dec. 1994); 19 USC §§1 *et seq.* (1994).

Uruguay Round Agreements Act (URAA) of 1994, Pub. L. 103-465, 108 Stat. 4809 (8 Dec. 1994); 19 USC §§3501-3624(1994).

Statement of Administrative Action (SAA), H.R. Doc. No. 103-316, 103d Cong., 2d Sess. (1994), 656-895, in: 1994 USCCAN (108 Stat. 4809) 3773.

US President: Proclamation 5631 Increase in the Rates of Duty for Certain Articles from Japan (17 April 1987), 52 FR 13412 (22 April 1987).

— Notification of Intention to Sign the Uruguay Round Agreements (15 Dec. 1993), 58 FR 67263 (20 Dec. 1993).

— Identification of Trade Expansion Priorities, Executive Order No. 12901 (3 March 1994), 59 FR 10727 (8 March 1994).

— Proclamation 7154 to Terminate Temporary Duties on Imports of Broom Corn Brooms (3 Dec. 1998), 63 FR 67761 (8 Dec. 1998).

US Department of Justice: Merger Guidelines (14 June 1984), in: 4 Trade Reg. Rep. (CCH) No. 13103.

— /*US Federal Trade Commission*: Antitrust Enforcement Guidelines for International Operations (5 April 1995), in: ILM 34 (1996), 1080 ff.

US Department of State: Circular No. 175 of 13 Dec. 1955 on Coordination, Reporting and Publication of International Agreements, Title 22 Foreign Relations, Part 181 (22 CFR 181.4), resulting from 46 FR 35918 (13 July 1981), amend. 31 FR 7071 (26 Feb. 1996); 71 FR 53009 (8 Sept. 2006).

Anhang 2

Verzeichnis der zitierten Dokumente

Ad hoc Schiedskommissionen

International Conciliation Commission Denmark-Lithuania: Method of Payment of the Balance of the Claim of Høgaard and Schultz against the Lithuanian Government, Report on 30 Sept. 1938, in: *Hamilton, Phyllis/Requena, Hilmara C./Scheltinga, Laurence de Blocq van/Shifman, Bette* (eds.): The Permanent Court of Arbitration: International Arbitration and Dispute Resolution: Summaries of Awards, Settlement Agreements and Reports, The Hague/Dordrecht/Boston: Kluwer Law Int'l 1999, 283 ff.

Irrégularités douanières (frais d'internement en Suisse de la deuxième division polonaise) (France c/ Suisse), Rapport de la Commission de conciliation franco-suisse du 24 nov. 1955, in: *Hamilton, Phyllis/Requena, Hilmara C./Scheltinga, Laurence de Blocq van/Shifman, Bette* (eds.): The Permanent Court of Arbitration: International Arbitration and Dispute Resolution: Summaries of Awards, Settlement Agreements and Reports, The Hague/Dordrecht/Boston: Kluwer Law Int'l 1999, 287 ff.

International Conciliation Commission Greece-Italy: Destruction of the Steamship "Roula", Report on 20 Oct. 1956, in: *Hamilton, Phyllis/Requena, Hilmara C./Scheltinga, Laurence de Blocq van/Shifman, Bette* (eds.): The Permanent Court of Arbitration: International Arbitration and Dispute Resolution: Summaries of Awards, Settlement Agreements and Reports, The Hague/Dordrecht/Boston: Kluwer Law Int'l 1999, 289 ff.

Continental Shelf Area between Iceland and Jan Mayen (Norway v. Iceland), Report and Recommendations of the Conciliation Commission to the Governments of Iceland and Norway of June 1981, in: RIAA 27 (2008), 1 ff.

VN-Generalversammlung

Draft Articles on Diplomatic Protection 2006

— Draft Articles on Diplomatic Protection, adopt. by *UN General Assembly*: Diplomatic Protection, Res. 61/35, 4 Dec. 2006, UN Doc. A/RES/61/35, circul. 18 Dec. 2006, in: *International Law Commission*: Report of its Work at its Fifty-eighth Session, 1 May-9 June and 3 July-11 Aug. 2006, UN Doc. A/61/10, GAOR LXI, Suppl. No. 10 (A/61/10), 16 ff.; YILC (2006 II) Part 2, 22 ff.

Draft Articles on State Responsibility 2001

— Draft Articles on Responsibility of States for Internationally Wrongful Acts, and Commentary, noted by *UN General Assembly*: Responsibility of States for Internationally Wrongful Acts, Res. 56/83, 12 Dec. 2001, UN Doc. A/RES/56/83, circul. 28 Jan. 2002, in: *International Law Commission*: Report on the Work at its Fifty-third Session, 23 April-1 June and 2 July-10 Aug. 2001, UN Doc. A/56/10 (2001), and Corr.4, UN Doc. A/56/49 (Vol. I)/Corr.4; YILC (2001 II) Part 2, 20 ff.

Draft Articles on State Responsibility 1996

— Draft Articles on State Responsibility for Internationally Wrongful Acts, in: *International Law Commission*: Report on the Work of its Forty-eighth Session, 6 May-26 July 1996, UN Doc. A/51/10, GAOR LI, Suppl. No. 10 (A/51/10 and Corr.1), 125 ff.; YILC (1996 II) Part 2, 57 ff.

Draft Model Rules on Conciliation 1995

— Draft Model Rules for the Conciliation of Disputes between States, Annex I to *UN General Assembly*: United Nations Rules for the Conciliation of Disputes between States, Res. 50/50, adopt. 11 Dec. 1995, UN Doc. A/RES/50/50, circul. 29 Jan. 1996, GAOR L, Suppl. No. 33 (A/50/33), in: ILM 30 (1991), 229 ff.

— Explanatory Commentary on the Application of the United Nations Rules for the Conciliation of Disputes between States, Annex II to *UN General Assembly*: United Nations Rules for the Conciliation of Disputes between States, Res. 50/50, adopt. 11 Dec. 1995, UN Doc. A/RES/50/50, circul. 26 Jan. 1996, GAOR L, Suppl. No. 33 (A/50/33), in: ILM 30 (1991), 243 f.

Prinzipien Deklaration

— *UN General Assembly*: Declaration on Principles of International Law Concerning Friendly Relations and Co-operation among States in Accordance with the Charter of the United Nations, Res. 2625 (XXV), adopt. 24 Oct. 1970, UN Doc. A/RES/2625 (XXV), circul. 24 Oct. 1970, GAOR XXV, Suppl. No. 28 (1970), 121 ff., in: ILM 9 (1970), 1292 ff.

Erklärung zur Errichtung einer neuen Weltwirtschaftsordnung

— *UN General Assembly*: Declaration on the Establishment of a New International Economic Order, Res. 3201 (S-VI), adopt. 1 May 1974, UN Doc. A/RES/3201 (S-VI), circul. 9 May 1974, GAOR XXIX, Suppl. No. 1 (1974), 3 ff., in: ILM 13 (1974), 715 ff.

Charta der wirtschaftlichen Rechte und Pflichten

— *UN General Assembly*: Charter of Economic Rights and Duties of States, Res. 3281 (XXIX), adopt. 12 Dec. 1974, UN Doc. A/RES/3281 (XXIX), circul. 15 Jan. 1975, GAOR XXIX, Suppl. No. 31 (1974), 51 ff., in: ILM 14 (1975), 251 ff.

Manila Deklaration

— *UN General Assembly*: Manila Declaration on the Peaceful Settlement of International Disputes, Res. 37/10, adopt. 15 Nov. 1982, UN Doc. A/RES/37/10, circul. 15 Nov. 1982, GAOR XXXVII, Suppl. No. 51 (1982), 261 ff., in: ILM 21 (1982), 449 ff.

UN General Assembly: Programme of Action on the Establishment of a New International Economic Order, Res. 3202 (S-VI), adopt. 1 May 1974, UN Doc. A/RES/3202 (S-VI), circul. 16 May 1974, GAOR XXIX, Suppl. No. 1 (1974), 5 ff., in: ILM 13 (1974), 720 ff.

— Development and International Economic Co-operation, Res. 3362 (S-VII), adopt. 16 Sept. 1975, UN Doc. A/RES/3362 (S-VII), circul. 19 Sept. 1975, GAOR XXX, Suppl. No. 1 (1975), 3 ff., in: ILM 14 (1975), 1524 ff.

— Declaration on the Enhancement of the Effectiveness of the Principle of Refraining from the Threat or Use of Force in International Relations, Res. 42/22 (XLII), adopt. 18 Nov. 1987, UN Doc. A/RES/42/22 (XLII), circul. 18 Nov. 1987, GAOR XLII, Suppl. No. 49 (1987), 287 ff., in: ILM 27 (1988), 1672 ff.

VN-Wirtschafts- und Sozialrat (ECOSOC)

UN Economic and Social Council: Calling of an International Conference on Trade and Employment, Res. No. 13, adopt. at its First Session, London, Feb. 1946, UN Doc. E/22(1946), in: *UN Conference on Trade and Employment*: Report of the First Session of the Preparatory Committee, London, 15 Oct. to 26 Nov. 1946, UN Doc. EPCT/33, circul. Oct. 1946, 42.

— Restrictive Business Practices, Res. 375 (XIII), adopt. 13 Sept. 1951, UN Doc. E/2152, circul. 10 Oct. 1951, in: UN Official Records, ESCOR, Thirteenth Session, 30 July to 21 Sept. 1951, Suppl. No. 1, 20 ff.

— Restrictive Business Practices, Res. 487 (XVI), adopt. 31 July 1953, UN Doc. E/2508, circul. 15 Aug. 1953, in: UN Official Records, ESCOR, Sixteenth Session, 30 June to 5 Aug. 1953, Suppl. No. 1, 4.

— Restrictive Business Practices, Res. 568 (XIX), adopt. 26 May 1955, UN Doc. E/2730/Add.1, circul. June 1955, in: UN Official Records, ESCOR, Nineteenth Session (Resumed), 16 to 27 May 1955, Suppl. No. 1A, 2.

Internationaler Gerichtshof (IGH)

IGH-VerfO

— *International Court of Justice*: Rules of Court (1978), adopt. 14 April 1978, as amend. 14 April 2005, in: *International Court of Justice*: Acts and Documents

Relating to the Organization of the Court No. 6: Charter of the United Nations, Statute and Rules of the Court and other Documents, The Hague: ICJ 2007, 92 ff.

International Law Commission (ILC)

International Law Commission: Third Report on the Content, Forms and Degrees of State Responsibility by Willem Riphagen, Special Rapporteur, 12 and 30 March 1982, UN Doc. A/CN.4/354, Corr.1, Add.1 and Add.2, in: YILC (1982 II) Part 1, 23 ff.

— Third Report on State Responsibility, by Gaetano Arangio-Ruiz, Special Rapporteur, 19 July 1991, UN Doc. A/CN.4/440 and Add.1, in: YILC (1991 II) Part 1, 1 ff.

Weitere Organe der VN

Charta von Havanna

— *Interim Commission for the International Trade Organization*: Final Act and Related Documents of the UN Conference on Trade and Employment Held at Havana, Cuba, from 21 Nov. 1947 to 24 March 1948, UN Doc. E/CONF.2/78, Lake Success: ICITO 1948; Cmd. 7376, London: HMSO 1948; US Department of State Pub. No. 3206, Commercial Policy Series No. 114, Washington 1948.

UN Conference on Restrictive Business Practices: The Set of Multilaterally Agreed Equitable Principles and Rules for the Control of Restrictive Business Practices, UN Doc. TD/RBP/10 (1980), circul. 2 May 1980, adopt. by *UN General Assembly*: Restrictive Business Practices, Res. 35/63, 5 Dec. 1980, UN Doc. A/RES/35/63, circul. 16 Dec. 1980, in: GAOR XXXV, Suppl. No. 48 (1980), 123 f.; ILM 19 (1980), 813 ff.

UN Commission on Transnational Corporations: Draft Code of Conduct on Transnational Corporations, Annex to the Letter from the Chairman of the Reconvened Special Session of the Commission on Transnational Corporations to the President of the ECOSOC, UN Doc. E/1990/94, circul. 12 June 1990.

UN Department of Public Information: United Nations Member States, Press Release, Doc. UN/ORG/1469, circul. 3 July 2006.

Organe des GATT 1947

CONTRACTING PARTIES: Restrictive Business Practices, Resolution of 5 Nov. 1958, GATT Doc. L/907, circul. 7 Nov. 1958, in: BISD 7S/29 (1958).

— Procedures under Article XXIII, Decision of 5 April 1966, GATT Doc. L/2644, circul. 25 April 1966, in: BISD 14S/18 (1966).

— Agreed Description of the Customary Practice of the GATT in the Field of Dispute Settlement (Article XXIII:2), Annex to the Understanding Regarding Notification, Consultation, Dispute Settlement and Surveillance, adopt. 28 Nov. 1979, GATT Doc. L/4907, circul. 3 Dec. 1979, in: BISD 26S/210 (1979).

— Thirty-eighth Session, Ministerial Declaration adopt. 29 Nov. 1982, GATT Doc. L/5424, circul. 29 Nov. 1982; agedr. in: BISD 29S/13 (1983).

— Improvements to the GATT Settlement Rules and Procedures (Montreal-Rules), Decision of 12 April 1989, GATT Doc. L/6489, circul. 13 April 1989, in: BISD 36S/61 (1989).

Council: Minutes of the Meeting held on 4 July 1968, GATT Doc. C/M/48, circul. 10 July 1968.

— Minutes of the Meeting held on 8 Nov. 1974, GATT Doc. C/M/101, circul. 18 Nov. 1974.

— Minutes of the Meeting held on 16 Nov. 1979, GATT Doc. C/M/136, circul. 22 Nov. 1979.

— Minutes of the Meeting held on 2 Nov. 1982, GATT Doc. C/M/162, circul. 19 Nov. 1982.

— Minutes of the Meeting held on 20 April 1983, GATT Doc. C/M/167, circul. 6 May 1983.

— Minutes of the Meeting held on 26 May 1983, GATT Doc. C/M/168, circul. 14 June 1983.

— Minutes of the Meeting held on 29 Jan. 1985, GATT Doc. C/M/185, circul. 13 Feb. 1985.

— Minutes of the Meeting held on 12 March 1985, GATT Doc. C/M/186, circul. 19 April 1985.

— Minutes of the Meeting held on 29 May 1985, GATT Doc. C/M/188, circul. 28 June 1985.

— Minutes of the Meeting held on 17–19 July 1985, GATT Doc. C/M/191, circul. 11 Sept. 1985.

— Minutes of the Meeting held on 10 Oct. 1985, GATT Doc. C/M/192, circul. 24 Oct. 1985.

— Minutes of the Meeting held on 22 May 1986, GATT Doc. C/M/198, circul. 12 June 1986.

— Minutes of the Meeting held on 2 Feb. 1988, GATT Doc. C/M/217, circul. 8 March 1988.

— Minutes of the Meeting held on 5–6 Nov. 1986, GATT Doc. C/M/204, circul. 19 Nov. 1986.

— Minutes of the Meeting held on 16 June 1988, GATT Doc. C/M/222, circul. 11 July 1988.

— Minutes of the Meeting held on 22 Sept. 1988, GATT Doc. C/M/224, circul. 17 Oct. 1988.

— Review of Developments in the Trading System, Minutes of the Meeting held on 19 Oct. 1988, GATT Doc. C/M/225, circul. 2 Nov. 1988.

— United States: Identification of Trade Liberalization Priorities for Japan under Section 301 of the Omnibus Trade and Competitiveness Act of 1988, Communication from Japan, 26 May 1989, GATT Doc. L/6511, circul. 29 May 1989.

— United States: Identification of Trade Liberalization Priorities for Brazil under Section 301 of the Omnibus Trade and Competitiveness Act of 1988, Communication from Brazil, 7 June 1989, GATT Doc. L/6517, circul. 8 June 1989.

— United States: Identification of India as a "Priority Country" under "Super 301" Provision of the Omnibus Trade and Competitiveness Act of 1988, Communication from India, 8 June 1989, GATT Doc. L/6525, circul. 9 June 1989.

— Discussion on Unilateral Measures, 8–9 Feb. 1989, GATT Doc. C/163, circul. 16 March 1989.

— Review of Developments in the Trading System (Special Meeting on Notification, Consultation, Dispute Settlement and Surveillance), Minutes of the Meeting held on 21 June 1989, GATT Doc. C/M/233, circul. 31 Aug. 1989.

— Minutes of the Meeting held on 22 June 1989, GATT Doc. C/M/234, circul. 31 July 1989.

— Minutes of the Meeting held on 11 Oct. 1989, GATT Doc. C/M/236, circul. 6 Nov. 1989.

— Minutes of the Meeting held on 16 May 1990, GATT Doc. C/M/241, circul. 8 June 1990.

— Minutes of the Meeting held on 29–30 May 1991, GATT Doc. C/M/250, circul. 28 June 1991.

Review of the General Agreement: Proposals by the Government of the Federal Republic of Germany, Addendum, GATT Doc. L/261/Add.1, circul. 12 Nov. 1954.

— Restrictive Business Practices, Proposal by the Delegations of Denmark, Norway, and Sweden, GATT Doc. L/283, circul. 17 Nov. 1954.

Restrictive Business Practices: Note by the Executive Secretary, GATT Doc. L/384, circul. 5 Aug. 1955.

— Proposal by the Delegation of the Federal Republic of Germany, GATT Doc. L/551, circul. 16 Oct. 1956.

— Report by the Chairman of the Working Party, GATT Doc. W.17/23, circul. 15 Nov. 1960.

— Proposal by Chairman of the Working Party, GATT Doc. W.17/37, circul. 17 Nov. 1960, adopt. by *CONTRACTING PARTIES*: Summary Record of the Tenth Meeting, Held at Palais des Nations, Geneva, on 18 Nov. 1960, GATT Doc. SR.17/10, circul. 30 Nov. 1960, Ziff. 4, in: BISD 9S/28 (1960).

Restrictive Business Practices and Trade in Services: Note by the Secretariat, GATT Doc. MTN.GNS/W/99, circul. 25 April 1990.

Action by the CONTRACTING PARTIES in Dealing with Restrictive Business Practices in International Trade: Report by the Group of Experts, GATT Doc. L/1015 and Corr.1, circul. 30 June 1959 and 1 July 1959, adopt. 2 June 1960, in: BISD 9S/170 (1960).

Panel on Subsidies and State Trading, Report on Subsidies, GATT Doc. L/1160, circul. 23 March 1960, adopt. 24 May 1960, in: BISD 9S/188 (1960).

Dokumente zur Streitbeilegung - GATT 1947

Uruguay - Recourse to Article XXIII

— *Council*: Recourse to Article XXIII by Uruguay: Statement by the Representative of Uruguay at the Meeting of the Contracting Parties, dated 8 Dec. 1961, GATT Doc. L/1679, circul. 18 Dec. 1961.

Canada - Article XXIV:6 Renegotiations with the European Communities

— *Permanent Mission of Canada*: Request for Inclusion on the Agenda, 4 Nov. 1974, circul. as *Canada - Article XXIV:6 Renegotiations with the European Communities*, GATT Doc. L/4107, 4 Nov. 1974.

Japan - Tobacco

— *Permanent Mission of the United States*: Communication from the United States, 7 Nov. 1979, circul. as *Japan - Restraints on Imports of Manufactured*

Tobacco, Recourse to Article XXIII:2 by the United States, GATT Doc. L/4871, 8 Nov. 1979.

Japan – Restrictions on Imports of Herring, Pollock and Surimi

— *Permanent Mission of the United States*: Communication from the United States, 23 Oct. 1986, circul. as *Japan – Restrictions on Imports of Herring, Pollock and Surimi*, Recourse to Article XXIII:2 by the United States, GATT Doc. L/6070, 24 Oct. 1986.

Japan – Nullification or Impairment of Benefits

— *Permanent Delegation of the European Commission*: Communication by the European Communities, 8 April 1983, circul. as *Japan – Nullification or Impairment of the Benefits Accruing to the EEC under the General Agreement and Impediment to the Attainment of GATT Objectives*, Recourse to Article XXIII:2 by the European Communities, GATT Doc. L/5479, 8 April 1983.

Japan – Copper Ores

— *Permanent Delegation of the European Commission*: Communication by the European Communities, 21 Jan. 1982, circul. as *Japan – Distorsions in the World Market for Copper Ores and Concentrates*, Request by the European Communities for Consultations under Article XXII:1, GATT Doc. L/5286, 29 Jan. 1982.

— *Measures Affecting the World Market for Copper Ores and Concentrates*, Note by the Director-General, including Good Offices Report by the Personal Representative of the Director-General, dated 16 Dec. 1988, GATT Doc. L/6456, circul. 31 Jan. 1989, in: BISD 36S/199 (1989).

Multilaterale Handelsverhandlungen (Uruguay-Runde)

Negotiating Group on Dispute Settlement: Concepts, Forms and Effects of Arbitration: Note by the Secretariat, GATT Doc. MTN.GNG/NG13/W/20, circul. 22 Feb. 1988.

— Non-violation Complaints under GATT Article XXIII:2, Note by the Secretariat, GATT Doc. MTN.GNG/NG13/W/31, circul. 14 July 1989.

— Statement by the Spokesman of the European Community at the Meeting on 5–6 April 1990, GATT Doc. MTN.GNG/NG13/W/39, circul. 5 April 1990.

— Communication from the United States, GATT Doc. MTN.GNG/NG13/W/40, circul. 6 April 1990.

— Communication from Canada, 28 June 1990, GATT Doc. MTN.GNG/NG13/W/41, circul. 28 June 1990.

— Proposal by Mexico, 11 July 1990, GATT Doc. MTN.GNG/NG13/W/42, circul. 12 July 1990.

Trade Negotiation Committee: Decision on Notification Procedures, 15 Dec. 1993, adopt. by *General Council*: Minutes of the Meeting held on 31 Jan. 1995, WTO Doc. WT/GD/M/1, circul. 28 Feb. 1995.

— Decision on Certain Dispute Settlement Procedures for the General Agreement on Trade in Services, 15 Dec. 1993, adopt. by *Council for Trade in Services*: Decision on Certain Dispute Settlement Procedures for the General Agreement on Trade in Services, 1 March 1995, WTO Doc. S/L/2, circul. 4 April 1995, in: *World Trade Organization*: The Legal Texts: The Results of the Uruguay Round of Multilateral Trade Negotiations, Geneva/Cambridge: WTO/Cambridge Univ. Pr. 2007, 401.

Preparatory Committee for the World Trade Organization Sub-committee on Institution, Procedural and Legal Matters, Informal Contact Group on Anti-dumping, Subsidies and Safeguards: Report by the Chairman, adopt. 28 Nov. 1994, GATT Doc. PC/IPL/11, circul. 2 Dec. 1994.

Multilateral Trade Negotiations on Services: Note on the Meeting of 10–25 July 1991, GATT Doc. MTN.GNS/44, circul. 28 Aug. 1991.

— Report by the Chairman of the Group of Negotiations on Services to the Trade Negotiation Committee, GATT Doc. MTN.GNS/W/130, circul. 30 July 1991.

WTO-Ministerkonferenz

Ministerial Conference: First Session, Singapore, 9–13 Dec. 1996: Ministerial Declaration, WTO Doc. WT/MIN(96)/DEC, adopt. 13 Dec. 1996, circul. 18 Dec. 1996.

— Fourth Session, Doha, 9–14 Nov. 2001: Ministerial Declaration, WTO Doc. WT/MIN(01)/DEC/1, adopt. 14 Nov. 2001, circul. 20 Nov. 2001.

— Fourth Session, Doha, 9–14 Nov. 2001: European Communities – The ACP-EC Partnership Agreement, Decision of 14 Nov. 2001, WTO Doc. WT/MIN(01)/15, circul. 14 Nov. 2001.

— Fourth Session, Doha, 9–14 Nov. 2001: European Communities – Transitional Regime for the EC Autonomous Tariff Rate Quotas on Imports of Bananas, Decision of 14 Nov. 2001, WTO Doc. WT/MIN(01)/16, circul. 14 Nov. 2001.

— Fourth Session, Doha, 9–14 Nov. 2001: Implementation-related Issues and Concerns, Decision of 14 November 2001, WTO Doc. WT/MIN(01)/17, circul. 20 Nov. 2001.

— Ninth Session, Bali, 3–6 December 2013: Ministerial Declaration, WTO Doc. WT/MIN(13)/DEC, adopt. 7 Dec. 2013, circul. 11 Dec 2013.

— Tenth Session, Nairobi, 15–18 Dec. 2015, Ministerial Declaration, WTO Doc. WT/MIN(15)/DEC, adopt. 19 Dec. 2015, circul. 21 Dec. 2015.

— Eleventh Session, Buenos Aires, 10–13 Dec. 2017: Non-governmental Organizations Accredited to Attend the Eleventh WTO Ministerial Conference, WTO Doc. WT/MIN(17)/INF/31, circul. 29 Jan. 2018.

WTO Allgemeiner Rat

General Council: Minutes of the Meeting held on 11 July 1995, WTO Doc. WT/GC/M/5, circul. 17 Aug. 1995.

— Operation of the Independent Entity Established under Article 4 of the Agreement on Preshipment Inspection, Decision of 13 Dec. 1995, WTO Doc. WT/L/125/Rev.1, circul. 9 Feb. 1996.

— Procedures for the Circulation and Derestriction of WTO Documents, Decision of 18 July 1996, WTO Doc. WT/L/160/Rev.1, circul. 26 July 1996.

— Guidelines for Arrangements on Relations with Non-governmental Organizations, Decision of 18 July 1996, WTO Doc. WT/L/162, circul. 23 July 1996.

— Supply of Information to the Integrated Data Base for Personal Computers, Decision of 16 July 1997, WTO Doc. WT/L/225, circul. 18 July 1997.

— Hungary – Agreement on Agriculture, Decision of 22 Oct. 1997, WTO Doc. WT/L/238, circul. 29 Oct. 1997.

— Notification Obligations and Procedures: Communication from the Chairman, WTO Doc. WT/GC/W/75, circul. 3 Feb. 1998.

— Minutes of the Meeting held on 19 Feb. 1998, WTO Doc. WT/GC/M/26, circul. 16 March 1998.

— Preferential Tariff Treatment for Least-developed Countries: Decision on Waiver, adopt. 15 June 1999, WTO Doc. WT/L/304, circul. 17 June 1999.

— Minutes of the Meeting held on 22 Nov. 2000, WTO Doc. WT/GC/M/60, circul. 23 Jan. 2001.

— Request for Mediation by the Philippines, Thailand and the European Communities: Communication from the Director-General, 10 Oct. 2001, WTO Doc. WT/GC/66 and Add.1, circul. 16 Oct. 2002 and 23 Dec. 2003.

— Request for Mediation by the Philippines, Thailand and the European Communities: Joint Communication from the European Communities, Thailand and the Philippines, 17 July 2003, WTO Doc. GC/71, circul. 1 Aug. 2003.

— Procedures for the Circulation and Derestriction of WTO Documents, Decision of 14 May 2002, WTO Doc. WT/L/452, circul. 16 May 2002.

— Derestriction of Official GATT 1947 Documents, Communication by the Chairman, 5 May 2006, WTO Doc. WT/GC/W/562, circul. 15 May 2006.

WTO-Streitbeilegungsgremium

Dispute Settlement Body: Minutes of the Meeting held on 31 May 1995, WTO Doc. WT/DSB/M/5, circul. 4 July 1995.

— Minutes of the Meeting held on 19 July 1995, WTO Doc. WT/DSB/M/6, circul. 28 Aug. 1995.

— Minutes of the Meeting held on 11 Oct. 1995, WTO Doc. WT/DSB/M/8, circul. 1 Nov. 1995.

— Minutes of the Meeting held on 21 Feb. 1996, WTO Doc. WT/DSB/M/11, circul. 19 March 1996.

— Minutes of the Meeting held on 5 March 1996, WTO Doc. WT/DSB/M/12, circul. 21 March 1996.

— Minutes of the Meeting held on 24 April 1996, WTO Doc. WT/DSB/M/15, circul. 15 May 1996.

— Indicative List of Governmental and Non-governmental Panelists, WTO Doc. WT/DSB/5, circul. 14 May 1996.

— Indicative List of Governmental and Non-governmental Panelists: Addendum, WTO Doc. WT/DSB/5, Add.1 and Add.2, circul. 14 May 1996, 6 Aug. 1996 and 2 Dec. 1996.

— Minutes of the Meeting held on 5 July 1996, WTO Doc. WT/DSB/M/20, circul. 29 July 1996.

— Minutes of the Meeting held on 15 and 16 July 1996, WTO Doc. WT/DSB/M/21, circul. 5 Aug. 1996.

— Notification of Mutually Agreed Solutions under Article 3.6 of the Dispute Settlement Understanding: Background Note by the Secretariat, WTO Doc. WT/DSB/W/35, circul. 7 Aug. 1996.

— Minutes of the Meeting held on 3 Oct. 1996, WTO Doc. WT/DSB/M/23, circul. 31 Oct. 1996.

— Minutes of the Meeting held on 16 Oct. 1996, WTO Doc. WT/DSB/M/24, circul. 26 Nov. 1996.

— Minutes of the Meeting held on 3 Dec. 1996, WTO Doc. WT/DSB/M/27, circul. 15 Jan. 1997.

— Rules of Conduct for the Understanding on Rules and Procedures Governing the Settlement of Disputes, adopt. 3 Dec. 1996, WTO Doc. WT/DSB/RC/1, circul. 11 Dec. 1996.

— Minutes of the Meeting held on 22 Jan. 1997, WTO Doc. WT/DSB/M/28, circul. 21 Feb. 1997.

— Minutes of the Meeting held on 25 Feb. 1997, WTO Doc. WT/DSB/M/29, circul. 26 March 1997.

— Minutes of the Meeting held on 30 April 1997, WTO Doc. WT/DSB/M/32, circul. 3 June 1997.
— Minutes of the Meeting held on 30 July 1997, WTO Doc. WT/DSB/M/36, circul. 17 Sept. 1997.
— Minutes of the Meeting held on 6 Nov. 1998, WTO Doc. WT/DSB/M/50, circul. 14 Dec. 1998.
— Minutes of the Meeting held on 22 April 1998, WTO Doc. WT/DSB/M/45, circul. 10 June 1998.
— Minutes of the Meeting held on 22 and 24 Sept. 1999, WTO Doc. WT/DSB/M/68, circul. 20 Oct. 1999.
— Minutes of the Meeting held on 27 Oct. and 3 Nov. 1999, WTO Doc. WT/DSB/M/70, circul. 15 Dec. 1999.
— Minutes of the Meeting held on 18 May 2000, WTO Doc. WT/DSB/M/80, circul. 26 June 2000.
— Minutes of the Meeting held on 7 June 2000, WTO Doc. WT/DSB/M/83, circul. 7 July 2000.
— Minutes of the Meeting held on 23 Oct. 2000, WTO Doc. WT/DSB/M/91, circul. 30 Nov. 2000.
— Minutes of the Meeting held on 21 Nov. 2001, WTO Doc. WT/DSB/M/113, circul. 17 Dec. 2001.
— Minutes of the Meeting held on 29 July 2002, WTO Doc. WT/DSB/M/130, circul. 18 Aug. 2002.

WTO-Organ zur Überprüfung der Handelspolitik

Trade Policy Review Body: Report of the Trade Policy Review Body for 2006, WTO Doc. WT/TPR/192, circul. 31 Oct. 2006.
— Overview of Developments in the International Trading Environment: Annual Report by the Director-General, WTO Doc. WT/TPR/OV/11, circul. 6 Feb. 2006.
— Report of the Trade Policy Review Body for 2008, WTO Doc. WT/TPR/232, circul. 14 Nov. 2008.
— Report of the Trade Policy Review Body for 2016, WTO Doc. WT/TPR/387, circul. 7 Nov. 2016.
— Report of the Trade Policy Review Body for 2017, WTO Doc. WT/TPR/407, circul. 30 Oct. 2017.

WTO-Rat für den Handel mit Waren

Council for Trade in Goods: Minutes of the Meeting held on 29 May 1995, WTO Doc. G/C/M/3, circul. 28 June 1995.
— Minutes of the Meeting held on 3 July 1995, WTO Doc. G/C/M/4, circul. 28 July 1995.
— Decision on Notification Procedures for Quantitative Restrictions, adopt. 1 Dec. 1995, WTO Doc. G/L/59, circul. 10 Jan. 1996.
— Minutes of the Meeting held on 19 Sept. 1996, WTO Doc. G/C/M/13, circul. 9 Oct. 1996.
— Report of the Working Group on Notification Obligations and Procedures, WTO Doc. G/L/112, circul. 7 Oct. 1996.
— Minutes of the Meeting held on 15 Oct. 1996, WTO Doc. G/C/M/14, circul. 30 Oct. 1996.
— Minutes of the Meeting held on 11 June 1997, WTO Doc. G/C/M/20, circul. 10 July 1997.
— Updating of the Listing of Notification Obligations and the Compliance Therewith Set Out in Annex III of the Report of the Working Group on Notification Obligations and Procedures, Revision, WTO Doc. G/L/223/Rev.25, circul. 21 Feb. 2018.

WTO-Ausschuss für Subventionen und Ausgleichsmaßnahmen

SCM-Committee: Notification of Laws and Regulations under Article 32.6 of the Agreement, WTO Doc. G/SCM/N/1, Corr.1 and Suppl.1, circul. 30 Jan. 1995, 23 Feb. 1995 and 2 March 1995.
— Notification Pursuant to Article 28.1(a) of Subsidies Inconsistent with the Agreement, WTO Doc. G/SCM/N/2, circul. 30 Jan. 1995.
— Notifications Pursuant to Article XVI:1 of the GATT 1994 and Article 25 of the Agreement on Subsidies and Countervailing Measures, WTO Doc. G/SCM/N/3, circul. 30 Jan. 1995.
— Format for Notifications under Article 27.13 of the Agreement on Subsidies and Countervailing Measures, adopt. 22 Feb. 1995, WTO Doc. G/SCM/15, circul. 31 March 1998.
— Format for Notification under Article 27.11 of the Agreement on Subsidies and Countervailing Measures, adopt. 22 Feb. 1995, WTO Doc. G/SCM/16, circul. 31 March 1998.
— Guidelines for Information Provided in the Semi-annual Reports, adopt. 13 June 1995, WTO Doc. G/SCM/2, circul. 22 June 1995.

— Minimum Information to Be Provided under Article 25.11 of the Agreement in the Reports on All Preliminary or Final Countervailing Actions, adopt. 13 June 1995, WTO Doc. G/SCM/3, circul. 22 June 1995.

— Questionnaire Format for Subsidy Notifications under Article 25 of the Agreement on Subsidies and Countervailing Measures and under Article XVI of the GATT 1994, adopt. 21 July 1995, WTO Doc. G/SCM/6, circul. 9 Aug. 1995; as amend. *SCM-Committee*: Questionnaire Format for Subsidy Notifications under Article 25 of the Agreement on Subsidies and Countervailing Measures and under Article XVI of the GATT 1994, adopt. 28 Oct. 2003, WTO Doc. G/SCM/6/Rev.1, circul. 11 Nov. 2003.

— Notification of Competent Authorities, WTO Doc. G/SCM/N/18, circul. 22 May 1996.

— Draft Rules of Procedure for the Permanent Group of Experts, unadopt., WTO Doc. G/SCM/W/365/Rev.1, circul. 26 June 1996.

— Minutes of the Meeting held on 22–26 July 1996, WTO Doc. G/SCM/M/11, circul. 24 Oct. 1996.

— Minutes of the Meeting held on 2–3 May 2001, WTO Doc. G/SCM/M/28, circul. 14 Aug. 2001.

— Members' Difficulties in Making Subsidy Notifications, Note from the Chairman on Members' Replies Submitted to Date to Questions in Part B of Document G/SCM/W/473, Doc. WTO G/SCM/W/505, circul. 27 March 2002.

— Procedure for Review of 2005 Full and New Subsidy Notifications, Note by the Secretariat, adopt. 14 April 2005, WTO Doc. G/SCM/117, circul. 26 April 2005.

— *Working Party on Subsidy Notifications*: Draft Format for Yearly Notifications under Article 8.3 of the Agreement on Subsidies and Countervailing Measures, Note from the Secretariat, WTO Doc. G/SCM/W/7, circul. 1 June 1995, adopt. by *SCM-Committee*: Format for Notifications under Article 8.3 of the Agreement on Subsidies and Countervailing Measures, 22 Feb. 1995, WTO Doc. G/SCM/14, circul. 31 March 1998.

WTO Ausschuss für Antidumping

ADP-Committee: Minutes of the Meeting held on 28 July 1993, GATT Doc. ADP/M/45, circul. 17 Oct. 1993.

— Minutes of the Meeting held on 22 Oct. 1996, GATT Doc. ADP/M/52, circul. 19 Feb. 1997.

WTO-Ausschuss für Handel und Entwicklung

Committee on Trade and Development: Biennial Technical Assistance and Training Plan 2018–2019, WTO Doc. WT/COMTD/W/227 and Rev.1, circul. 14 Sept. 2017 and 23 Oct. 2017.

WTO-Ausschuss für das öffentliche Beschaffungswesen

GPA-Committee: Special or Additional Rules and Procedures on Dispute Settlement in the Agreement on Government Procurement (1994), adopt. 8 July 1996, WTO Doc. GPA/5, circul. 19 July 1996.

WTO-Sekretariat

Director-General: Article 5 of the Dispute Settlement Understanding: Communication from the Director-General, 13 July 2001, WTO Doc. WT/DSB/25, circul. 17 July 2001.

Secretariat: Derestriction of Documents and Documents Remaining Restricted, Note of 28 May 1996, WTO Doc. WT/INF/3, circul. 12 June 1996.

— Technical Cooperation Handbook on Notification Requirements, WTO Doc. WT/TC/NOTIF/INF/1, circul. 12 Aug. 1996.

— Technical Cooperation Handbook on Notification Requirements: Agreement on Subsidies and Countervailing Measures, WTO Doc. WT/TC/NOTIF/SCM/1, circul. 9 Sept. 1996.

— Technical Cooperation Handbook on Notification Requirements: The Trade Policy Review Mechanism, WTO Doc. WT/TC/NOTIF/TPR/1, circul. 15 Oct. 1996.

— Central Registry of Notifications (CRN), WTO Doc. WT/INF/124, circul. 30 March 2007.

WTO Public Forum 2007: WTO Dispute Settlement – Its Impact on the Multilateral Trading System and its Role in a Globalized World, Geneva, 4–5 Oct. 2007.

— WTO and SMEs: What Is Needed to Have a Win-win Situation? Geneva, 4–5 Oct. 2007.

OECD-Rat

Guidelines for Multinational Enterprises, adopt. by *Council*: Declaration and Decisions on International Investment and Multinational Enterprises, 21 June 1976, OECD Doc. C(76)99/Final; zuletzt geänd. durch *Council*: Revised

Decision on Inter-governmental Consultation Procedures on the Guidelines for Multinational Enterprises, adopt. 13 June 1979, OECD Doc. C(79)102; *Council*: Second Revised Decision, adopt. 17 May 1984, OECD Doc. C(84)90; *Council*: Third Revised Decision, adopt. 5 June 1991, OECD Doc. C/MIN(91)7/Ann1, in: *Organization for Economic Co-operation and Development*: The OECD Guidelines for Multinational Enterprises, Paris: OECD 1994.

Council: Revised Recommendation Concerning Co-operation between Member Countries on Restrictive Business Practices Affecting International Trade, adopt. 21 May 1986, OECD Doc. C(86)44/Final, circul. 5 June 1986, in: ILM 25 (1986), 1629 ff.; as amend. *Council*: Revised Recommendation Concerning Co-operation between Member Countries on Anticompetitive Practices Affecting International Trade, adopt. 27–28 July 1995, OECD Doc. C(95)130/Final, circul. 21 Sept. 1995, in: ILM 35 (1996), 1313 ff.

— Recommendaton for Co-operation between Member Countries in Areas of Potential Conflict between Competition and Trade Policies, adopt. 23 Oct. 1986, OECD Doc. C(86)65/Final, in: *Organization for Economic Co-operation and Development*: Competition Policy and International Trade: OECD Instruments of Cooperation, Paris: OECD 1987, 24 ff.

— Recommendation Concerning Effective Action Against Hard Core Cartels, adopt. 25 March 1998, OECD Doc. C(98)35/Final, circul. 14 May 1998.

— Code of Liberalisation of Capital Movements, adopt. 12 Dec. 1961, OECD Doc. C(61)96; zuletzt geänd. durch *Council*: Resolution amending the Code of Liberalisation of Capital Movements, adopt. 19 April 1995, OECD Doc. C(95)45/Final, in: *Organization for Economic Co-operation and Development*: Code of Liberalisation of Capital Movements (1995), Paris: OECD 1995, 2 ff.

OECD-Ausschuss für Wettbewerbsrecht und -Politik

CLP Committee: Interim Report on Convergence of Competition Policies, June 1994, OECD Doc. GD(94)64, Paris: OECD 1994.

— Abuse of Dominance and Monopolisation, Proceedings of the February 1996 Competition Policy Roundtable, OECD Doc. GD(96)131, Paris: OECD 1996.

— Judicial Enforcement of Competition Law, Proceedings of the October 1996 Competition Policy Roundtable, OECD Doc. GD(97)200, Paris: OECD 1997.

— Resale Price Maintenance, Proceedings of the February 1997 Competition Policy Roundtable, OECD Doc. GD(97)229, Paris: OECD 1997.

— Competition Elements in International Trade Agreements: A Post-Uruguay Round Overview of WTO Agreements, adopt. 8 Jan. 1999, OECD Doc. COM/TD/DAFFE/CLP(98)26/Final, circul. 29 Jan. 1999, Paris: OECD 1999.

— Report on Positive Comity: Making International Markets more Efficient through "Positive Comity" in Competition Law Enforcement, adopt. 6–7 May 1999, OECD Doc. COM/TD/DAFFE/CLP(99)19/Final, circul. 14 June 1999, Paris: OECD 1999.

— /*Trade Committee*: Trade and Competition Policies, Joint Report by the Trade Committee and the Committee on Competition Law and Policy, June 1993, OECD Doc. GD(93)101, Paris: OECD 1993.

— /*Trade Committee*: Trade and Competition Policies, Joint Report by the Committee on Competition Law and Policy and the Trade Committee, June 1994, OECD Doc. GD(94)63, Paris: OECD 1994.

Weitere Organe der OECD

Committee on Invisible Operations: Report on Codes of Liberalisation of Capital Movements and of Current Invisible Operations, OECD Doc. C(61)37 and C(61)73, circul. 28 Oct. 1961 and 8 Dec. 1961, in: *Organization for Economic Co-operation and Development*: Introduction to the OECD Codes of Liberalisation, Paris: OECD 1995, 8 ff.

Joint Group on Trade and Competition: Complementarities between Trade and Competition Policies: Note by the Secretariat, adopt. 8 Jan. 1999, OECD Doc. COM/TD/DAFFE/CLP(98)98/Final, circul. 29 Jan. 1999, Paris: OECD 1999.

International Trade and Investment Division: Trade and Competition: Frictions After the Uruguay Round, Economics Department Working Paper No. 165, OECD Doc. GD(96)105, Paris: OECD 1996.

Weltorganisation für geistiges Eigentum (WIPO)

General Assembly: Proposed Treaty on the Settlement of Disputes between States in the Field of Intellectual Property: Memorandum Prepared by the International Bureau, Twenty-first Session, Geneva, 22 Sept.-1 Oct. 1997, WIPO Doc. WO/GA/XXI/2, circul. 30 April 1997; with Background Information Document, WIPO Doc. WO/GA/XXI/3, circul. 30 April 1997.

World Intellectual Property Organization: Mediation, Arbitration, and Expedited Arbitration Rules, Oct. 1994, in: ILM 34 (1995), 559 ff.; aktualisiert in: *World Intellectual Property Organization*: WIPO Arbitration, Mediation, and Expert Determination Rules and Clauses, WIPO Pub. No. 446, Geneva: WIPO 2009.

Internationales Zentrum für die Beilegung von Investitionsstreitigkeiten (ICSID)

International Centre for Settlement of Investment Disputes: Fact-Finding (Additional Facility) Rules, Schedule A to the ICSID Rules Governing the Addtional Facility for the Administration of Proceedings by the Secretariat, ICSID Doc. 11/Rev2(2006), Washington: ICSID 2006, 13 ff.

United States-Japan Working Group on the Structural Impediment Initiative (SII)

Joint Report of the U.S.-Japan Working Group on the Structural Impediment Initiative, Joint Press Release at Tokyo, 28 June 1990, in: Antitrust & Trade Reg. Rep. (BNA) 59 (5 July 1990), 28 ff.

First Annual Report of the U.S.-Japan Working Group on the Structural Impediment Initiative, Joint Press Release at Tokyo, 22 May 1991.

Second Annual Report of the U.S.-Japan Working Group on the Structural Impediment Initiative, Joint Press Release at Tokyo, 30 July 1992.

Final Annual Report of the U.S.-Japan Working Group on the Structural Impediment Initiative, Joint Press Release at Tokyo, 17 Feb. 1993, in: Key Elements of U.S.-Japan Structural Impediments Initiative Joint Report, Int'l Trade Rep. (BNA) 7 (1994), 1014 ff.

United States-Japan Enhanced Initiative on Deregulation and Competition Policy

Submission by the Government of the United States to the Government of Japan Regarding Deregulation, Competition Policy, and Transparency and Other Government Practices in Japan, 7 Nov. 1997, in: U.S. Deregulation Proposal, Inside U.S. Trade (14 Nov. 1997), No. 6333.

First Joint Status Report on the U.S.-Japan Enhanced Initiative on Deregulation and Competition Policy, 15 May 1998, in: U.S.-Japan Joint Report on Enhanced Deregulation Initiative, Inside U.S. Trade (19 May 1998), No. 53867.

International Antitrust Code Working Group (Munich Group)

International Antitrust Code Working Group: Draft International Antitrust Code as a GATT-MIO Plurilateral Trade Agreement, Special Supplement, in: Antitrust & Trade Reg. Rep. (BNA) 64 (1993), 1628 ff.

Institut für internationales Recht (IDI)

Institut de Droit international: Résolution relative à la conciliation internationale, adoptée à la Session de Salzbourg, le 11 Sept. 1961, Ann. IDI 49 (1961 II), 385 ff.

Kommission der Europäischen Gemeinschaften/ Union (Europäische Kommission)

EC Commission: Towards an International Framework of Competition Rules, Communication from the Commission to the Council, EU Doc. COM(96)284, circul. 18 June 1996.

— /*Group of Experts on International Cooperation in Competition Policy*: Competition Policy in the New Trade Order: Strengthening International Cooperation and Rules: Report by the Group of Experts, EU Doc. COM(95)359, circul. 12 July 1995.

— Kodak-Fuji Case – EU to Join the WTO/GATT Panel: Statement by the European Commission, Press Release of 16 Oct. 1996, EU Doc. IP/96/931.

Ministerium für Außenhandel und Industrie Japans (Kokusai Bôeki To Sangyôjô) (MITI)

Ministry of International Trade and Industry: Preparatory Survey: The Actual State of Trade Practices in Photo Film (1969).

— Business Bureau Report on Film Prices (1970).

— Basic Plan for Distribution Systemization (1971).

— Manual for Systemization of Distribution (1975).

— /*Small and Medium Enterprises Agency*: Distribution Vision for the 21st Century (1995).

Ministerium für auswärtige Angelegenheiten Japans (Gaimun Shô) (MOFA)

Japan Ministry of Foreign Affairs: Diplomatic Bluebook 1993 (Geiko Seisho): Striving for a More Secure and Humane World, Tokyo: MOFA 1994.

Weitere Staatsorgane Japans

Japan Economic Planning Agency: Economic Theory of Deregulation (10 June 1989), Tokyo: Ôkurashô Insatsuyoku 1989.

Handelsbevollmächtiger der Vereinigten Staaten (USTR)

US Trade Representative: Determination not to Initiate Investigation under Section 301: Roses, Inc., 50 FR 40250 (19 Sept. 1985).

— Investigation under Section 301: Semiconductor Industry Association, 50 FR 28866 (16 July 1985).

— Determination under Section 301 of the Trade Act of 1974, 51 FR 27811 (31 July 1986), in: ILM 25 (1986), 1408.

— Procedure for Filing Petitions for Actions under Section 301 of the Trade Act of 1974, 55 FR 20595 (18 May 1990).

— Initiation of Section 302 Investigation and Request for Public Comment: Barriers to Access to the Auto Parts Replacement Markets in Japan, 59 FR 52034 (13 Oct. 1994).

— Notice of Determination and Request for Public Comment Concerning Proposed Determination of Action Pursuant to Section 301: Barriers to Access to the Auto Parts Replacement Market in Japan, 60 FR 26745 (18 May 1995).

— Termination of Investigation: Barriers to Access to the Auto Parts Replacement Market in Japan, 60 FR 35253 (6 July 1995).

— Initiation of Investigation Pursuant to Section 302 Concerning Barriers to Access to the Japanese Market for Consumer Photographic Film and Paper, Request for Public Comment, 60 FR 35447 (7 July 1995).

— Section 304 Determinations: Barriers to Access to the Japanese Market for Consumer Photographic Film and Paper, Notice of Determinations, 61 FR 30929 (18 June 1996).

— Termination of Increased Duties on Certain Products of the European Community, 61 FR 37309 (17 July 1996).

— /*US Department of Commerce*: Access to Japan's Photographic Film and Paper Market: Report on Japan's Implementation of its WTO Representations (19 Aug. 1998), in: USTR Report on Japanese Film, Inside U.S. Trade (20 Aug. 1998), No. 55563.

— /*US Department of Commerce*: Access to Japan's Photographic Film and Paper Market: Report on Japan's Implementation of its WTO Representations (9 June 1999), in: Text of USTR Report on Access to Japan's Film Market, Inside U.S. Trade (10 June 1999), No. 62345.

Außenministerium der Vereinigten Staaten (USDOS)

US Department of State: U.S. Department of State Foreign Affairs Handbook, Volume 5 Handbook 1 – Correspondence Handbook, 5 FAH-1 H-410 Letters – Official State Department Letters.

— U.S. Department of State Foreign Affairs Handbook, Volume 5 Handbook 1 – Correspondence Handbook, 5 FAH-1 H-600 Diplomatic Notes.

— U.S. Department of State Foreign Affairs Handbook, Volume 5 Handbook 1 – Correspondence Handbook, 5 FAH-1 H-610 Diplomatic Notes – Using Diplomatic Notes.

— U.S. Department of State Foreign Affairs Handbook, Volume 5 Handbook 1 – Correspondence Handbook, 5 FAH-1 H-612 Diplomatic Notes – Using Diplomatic Notes – Types of Diplomatic Notes.

— U.S. Department of State Foreign Affairs Handbook, Volume 5 Handbook 1 – Correspondence Handbook, 5 FAH-1 H-613 Diplomatic Notes – Using Diplomatic Notes – Demarches.

— U.S. Department of State Foreign Affairs Manual, Volume 11 – Political Affairs, 11 FAM 710 Treaties and Other International Agreements – Uniform Measures and Procedures.

— U.S. Department of State Foreign Affairs Manual, Volume 11 – Political Affairs, 11 FAM 724.1 and 2 Treaties and Other International Agreements – Negotiation and Conclusion – Action Required in Negotiation, Conclusion, and Termination of Treaties and International Agreements.

— U.S. Department of State Foreign Affairs Manual, Volume 11 – Political Affairs, 11 FAM 724.3 Treaties and Other International Agreements – Negotiation and Conclusion – Action Required in Negotiation, Conclusion, and Termination of Treaties and International Agreements.

— U.S. Department of State Foreign Affairs Manual, Volume 11 – Political Affairs, 11 FAM 725.1 and 4 Treaties and Other International Agreements – Negotiation and Conclusion – Responsibility of Office or Officer Conducting Negotiations.

— U.S. Department of State Foreign Affairs Manual, Volume 11 – Politcal Affairs, 11 FAM 730 Treaties and Other International Agreements – Guidelines for Concluding International Agreements.

— U.S. Department of State Foreign Affairs Manual, Volume 11 – Political Affairs, 11 FAM 731 Treaties and Other International Agreements – Guidelines for Concluding International Agreements – Bilateral and Multilateral Agreements.

— U.S. Department of State Foreign Affairs Manual, Volume 11 – Political Affairs, 11 FAM 733 Treaties and Other International Agreements – Guidelines for Concluding International Agreements – Exchange or Exhibition of Full Powers.

Handelsministerium der Vereinigten Staaten (USDOC)

US Department of Commerce: Eraseable Programmable Read Only Memories (EPROMs) from Japan: Initiation of Antidumping Investigation, 50 FR 43603 (28 Oct. 1985).

— Dynamic Random Access Memory Semiconductors (DRAMs) of 256 Kilobits and Above from Japan: Initiation of Antidumping Investigation, 50 FR 51450 (6 Dec. 1985).

— Eraseable Programmable Read Only Memories (EPROMs) from Japan: Preliminary Determinations of Sales at Less Than Fair Value, 51 FR 9087 (17 March 1986).

— Dynamic Random Access Memory Semiconductors (DRAMs) of 256 Kilobits and Above from Japan: Preliminary Determination of Sales at Less Than Fair Value, 51 FR 9475 (19 March 1986).

— Eraseable Programmable Read Only Memories (EPROMs) from Japan: Suspension of Investigation, 51 FR 28253 (6 Aug. 1986).

— Dynamic Random Access Memory Semiconductors (DRAMs) of 256 Kilobits and Above from Japan: Suspension of Investigation, 51 FR 28396 (7 Aug. 1986).

— Solid Urea from the German Democratic Republic: Termination of Changed Circumstances Review, 61 FR 49436 (20 Sept. 1996).

— Preliminary Results of Antidumping Duty Administrative Review of Solid Urea from the Former German Democratic Republic, 62 FR 36492 (8 July 1997).

— Final Results of Antidumping Duty Administrative Review of Solid Urea from the Former German Democratic Republic, 62 FR 61271 (17 Nov. 1997).

— Color Television Receivers from the Republic of Korea: Final Results of Changed Circumstances Antidumping Duty Review, 63 FR 46759 (2 Sept. 1998).

Weitere Staatsorgane der Vereinigten Staaten von Amerika

US President: Statement, White House Press Release (4 Aug. 1986), WCPD 22 (1986), 1020 f., in: ILM 25 (1986), 1408.

— Remarks at the Commemoration of the 50th Anniversary of the World Trade Organization in Geneva, Switzerland, White House Press Release (18 May 1998), WCPD 34 (1998), 926 ff.

US Advisory Committee for Trade Policy and Negotiations: A Report to the President, the Congress, and the United States Trade Representative Concerning the Uruguay Round of Negotiations on the General Agreement on Tariffs and Trade (15 Jan. 1994), Washington: GPO 1994.

US Intergovernmental Policy Advisory Committee: The Uruguay Round of Multilateral Trade Negotiations: Report (14 Jan. 1994), Washington: GPO 1994.

US General Accounting Office: U.S.-Japan Trade: Evaluation of the Market-Oriented Sector-Selective Talks, Report to the Honorable Lloyd M. Bentsen, U.S. Senate (18 July 1988), GAO Doc. NSIAD-88-205, Washington: GAO 1988.

— The General Agreement on Tariffs and Trade: Uruguay Round Final Act Should Produce Overall U.S. Economic Gains, Report to the Congress (29 July 1994), Vol. II, GAO Doc. GGD-94-83B, Washington: GAO 1994.

Sonstige Quellen

Underlying Principles of New Framework Talks on Economy, Trade, and Cooperation, Prepared by the Government of Japan (May 1993), in: *Sutter, Robert G.*: Japanese Officials' View of Relations with the Clinton Administration, May-June 1993, CRS Report 93-601S (14 June 1993), 8.

Barringer, William H.: Letter to *Irving A. Williamson*, Chair Section 301 Committee: Fujifilm's Rebuttal Regarding the Alleged "Distribution Bottleneck" (21 Dec. 1995), auszugsw. in: *Durling, James P.*: Anatomy of a Trade Dispute: A Documentary History of the *Kodak-Fujifilm* Dispute, London: Cameron May 2000, 169 ff.

— Letter to *Irving A. Williamson*, Chair Section 301 Committee: Fujifilm's Rebuttal on Price Comparisons (7 Feb. 1996), auszugsw. in: *Durling, James P.*: Anatomy of a Trade Dispute: A Documentary History of the *Kodak-Fujifilm* Dispute, London: Cameron May 2000, 179 ff.

— Letter to *Irving A. Williamson*, Chair Section 301 Committee: Fujifilm's Comments on USTR's Legal Requirement to Take into Account Reciprocal Opportunities for Fujifilm in the U.S. Market (8 Feb. 1996), auszugsw. in: *Durling, James P.*: Anatomy of a Trade Dispute: A Documentary History of the *Kodak-Fujifilm* Dispute, London: Cameron May 2000, 191 ff.

— Letter to *Irving A. Williamson*, Chair Section 301 Committee: Fujifilm's Rebuttal Regarding its Alleged "Control" of the Tokuyakuten (13 March 1996), auszugsw. in: *Durling, James P.*: Anatomy of a Trade Dispute: A

Documentary History of the *Kodak-Fujifilm* Dispute, London: Cameron May 2000, 273 ff.

— Letter to *Irving A. Williamson*, Chair Section 301 Committee: Fujifilm's Rebuttal Regarding Vertical and Horizontal Price Fixing (28 March 1996), auszugsw. in: *Durling, James P.*: Anatomy of a Trade Dispute: A Documentary History of the *Kodak-Fujifilm* Dispute, London: Cameron May 2000, 182 ff.

— */Durling, James P./Porter, Daniel L./Lindsay, William B.*: Rewriting History: Kodak's Revisionist Account of the Japanese Consumer Photographic Market, Memorandum Filed by Willkie Farr & Gallagher for Fuji Photo Film Co., Ltd., Washington: Willkie Farr & Gallagher/Fuji Photo Film Co., Ltd. 1995.

— */Durling, James P./Porter, Daniel L./Lindsay, William B.*: Position Paper of Fuji Photo Film Co., Ltd. and Fuji Photo Film U.S.A., Inc.: Proposals and Rationales for Mechanisms to Address the Legal and Factual Disputes in the Section 301 Investigation of the Consumer Photographic Color Film and Color Negative Paper Markets in Japan (15 Nov. 1995), in: Fuji Memo on Kodak Section 301 Case, Inside U.S. Trade (5 Jan. 1996), No. 3701.

McCarthy, Dawn/Jinks, Beth: Kodak Files for Bankruptcy as Digital Era Spells End to Film, Bloomberg (19 Jan. 2012).

Howell, Thomas R.: Letter to *Irving A. Williamson*, Chair Section 301 Committee: Japan Market Access Survey for Photographic Film (20 March 1996), auszugsw. in: *Durling, James P.*: Anatomy of a Trade Dispute: A Documentary History of the *Kodak-Fujifilm* Dispute, London: Cameron May 2000, 172 ff.

— Letter to *Irving A. Williamson*, Chair Section 301 Committee: Restraints on Price Competition in the Japanese Market for Consumer Photographic Film and Paper (16 April 1996), auszugsw. in: *Durling, James P.*: Anatomy of a Trade Dispute: A Documentary History of the *Kodak-Fujifilm* Dispute, London: Cameron May 2000, 185 ff.

— */Bartlett, Brent L.*: Privatizing Protection: Japanese Market Barriers in Consumer Photographic Film and Consumer Photographic Paper, Memorandum in Support of a Petition Filed Pursuant to Section 301 of the Trade Act of 1974, Washington: Dewey Ballantine/Eastman Kodak Co. 1995.

— */Bartlett, Brent L.*: Japanese Market Barriers in Consumer Photographic Film and Paper: Investigation Pursuant to Section 301 of the Trade Act of 1974 as Amended, Volume I Submitted in Response to Fuji's *Rewriting History*, Washington: Dewey Ballantine/Eastman Kodak Co. 1995.

Okuyama, Yusai: Letter to Deputy USTR *Sidney L. Williams* (30 June 1989), Annex to the Cellular Telephone and Third Party Radio Agreement, signed at Washington, 30 June 1989, in: ILM 26 (1989), 1130 ff.

Padilla, Christopher/Wolff, Alan W./Howell, Thomas R./Reif, Timothy, M./Lake, Charles D.: Letter to Amelia Porges and William Kane, Office of the US Trade Representative (25 June 1998) upon *US Trade Representative*: Trade Policy Staff Committee: Request for Comments Concerning Review of the World Trade Organization Dispute Settlement Understanding, Notice and Request for Comments, 63 FR 28543 (26 May 1998), auszugsw. in: Kodak Charges WTO Secretariat with Unfair Intervention in Film Case, Inside U.S. Trade (3 July 1998), No. 66.

Williamson, Irving A.: Letter to *Thomas J. Downey*, Counsel to Fujifilm (10 Dec. 1995), in: USTR Letter on Kodak-Fuji Case, Inside U.S. Trade (5 Jan. 1996), No. 3702.

Kodak Files 301 Petition Against Anticompetitive Practices in Japan, Inside U.S. Trade (19 May 1995), No. 2924.

ACTPN Urges Greater Transparency in WTO Dispute Settlement, Inside U.S. Trade (28 April 1995), No. 2826.

Public Comments on Kodak Complaint Reveal Split in U.S. Film Industry, Inside U.S. Trade (18 Aug. 1995), No. 3205.

MITI Official Says Era of Bilateral Talks with U.S. Is Over, Inside U.S. Trade (22 March 1996), No. 4013.

Japan Considering Possible WTO Counterclaim Against U.S. on Film, Inside U.S. Trade (5 July 1996), No. 4443.

U.S.-Japan Film Talks in WTO Make Little Progress Toward Agreement, Inside U.S. Trade (12 July 1996), No. 4480.

Kodak Cites Private Anticompetitive Practices in JFTC Complaint, Inside U.S. Trade (9 Aug. 1996), No. 4589.

JFTC Report Finds Japan Film Market Free of Anticompetitive Practices, Inside U.S. Trade (25 July 1997), No. 5896.

Anhang 3

Verzeichnis der zitierten Judikatur

Ständiger internationaler Gerichtshof (StIGH)

Statut de la Carélie orientale, avis consultatif du 23 juil. 1923, Rec. CPJI Série B n° 5, 1 ff.

Concessions Mavrommatis en Palestine (Grèce c/ Royaume-Uni), arrêt du 30 août 1924, Rec. CPJI Série A n° 2, 1 ff.

Certains intérêts allemands en Haute-Silésie polonaise (Allemagne c/ Pologne), exceptions préliminaires, arrêt du 25 août 1925, Rec. CPJI Série A n° 6, 1 ff.

— fond, arrêt du 25 mai 1926, Rec. CPJI Série A n° 7, 3 ff.

« *Lotus* » (France c/ Turquie), arrêt du 7 sept. 1927, Rec. CPJI Série A n° 10, 1 ff.

Interprétation des arrêts n° 7 et 8 (Usine de Chorzów) (Allemagne c/ Pologne), arrêt du 16 déc. 1927, Rec. CPJI Série A n° 13, 1 ff.

« *Wimbledon* » (Royaume-Uni, France, Italie et Japon c/ Allemagne), intervention de la Pologne, arrêt du 28 juin 1923, Rec. CPJI Série A n° 1, 12 ff.

Usine de Chorzów (demande en indemnité) (Allemagne c/ Pologne), arrêt du 13 sept. 1928, Rec. CPJI Série A n° 17, 2 ff.

Zones franches de la Haute-Savoie et du Pays de Gex (Suisse c/ France), ordonnance du 19 août 1929, Rec. CPJI Série A n° 22, 1 ff.

— arrêt du 7 juin 1932, Rec. CPJI Série A/B n° 46, 95 ff.

Chemin de fer Panevezis-Saldutiskis (Estonie c/ Lithuanie), exceptions préliminaires, arrêt du 28 fév. 1939, CPJI Série A/B n° 76, 1 ff.

Compagnie d'électricité de Sofia (Belgique c/ Bulgarie), exception préliminaire, arrêt du 4 avril 1939, Rec. CPJI Série A/B n° 77, 63 ff.

Internationaler Gerichtshof (IGH)

Conditions of Admission of a State to Membership in the United Nations (Article 4 of the Charter), Advisory Opinion of 28 May 1948, ICJ Rep. 1948, 57 ff.

Reparation for Injuries Suffered in the Service of the United Nations, Advisory Opinion of 11 April 1949, ICJ Rep. 1949, 174 ff.

Corfu Channel (United Kingdom v. Albania), Merits, Judgment of 9 April 1949, ICJ Rep. 1949, 4 ff.

Asylum Case (Colombia v. Peru), Judgment of 20 Nov. 1950, ICJ Rep. 1950, 266 ff.

Interpretation of Peace Treaties with Bulgaria, Hungary and Romania, First Phase, Advisory Opinion of 30 March 1950, ICJ Rep. 1950, 65 ff.

Reservations to the Convention on the Prevention and Punishment of the Crime of Genocide, Advisory Opinion of 28 May 1951, ICJ Rep. 1951, 15 ff.

Haya de la Torre Case (Colombia v. Peru), Judgment of 13 June 1951, ICJ Rep. 1951, 71 ff.

Anglo-Iranian Oil Co. (United Kingdom v. Iran), Preliminary Objection, Judgment of 22 July 1952, ICJ Rep. 93 ff.

Monetary Gold Removed from Rome in 1943 (Italy v. France, United Kingdom and United States of America), Preliminary Question, Judgment of 15 June 1954, ICJ Rep. 1954, 19 ff.

Nottebohm (Liechtenstein v. Guatemala), Second Phase, Judgment of 6 April 1955, ICJ Rep. 1955, 4 ff.

Right of Passage over Indian Territory (Portugal v. India), Preliminary Objections, Judgment of 26 Nov. 1957, ICJ Rep. 1957, 125 ff.

Interhandel (Switzerland v. United States of America), Preliminary Objections, Judgment of 21 March 1959, ICJ Rep. 1959, 6 ff.

South West Africa (Ethiopia v. South Africa; Liberia v. South Africa), Preliminary Objections, Judgment of 21 Dec. 1962, ICJ Rep. 1962, 319 ff.

— Second Phase, Judgment of 18 July 1966, ICJ Rep. 1966, 6 ff.

Northern Cameroons (Cameroon v. United Kingdom), Preliminary Objections, Judgment of 2 Dec. 1963, ICJ Rep. 1963, 15 ff.

North Sea Continental Shelf (Germany v. Denmark; Germany v. Netherlands), Judgment of 20 Feb. 1969, ICJ Rep. 1969, 3 ff.

Barcelona Traction, Light and Power Company, Limited (Belgium v. Spain), Second Phase, Judgment of 5 Feb. 1970, ICJ Rep. 1970, 3 ff.

Nuclear Tests (Australia v. France), Judgment of 20 Dec. 1974, ICJ Rep. 1974, 253 ff.

Aegean Sea Continental Shelf (Greece v. Turkey), Interim Protection, Order of 11 Sept. 1976, ICJ Rep. 1976, 3 ff.

— Merits, Judgment of 19 Dec. 1978, ICJ Rep. 1978, 3 ff.

United States Diplomatic and Consular Staff in Tehran (United States of America v. Iran), Merits, Judgment of 24 May 1980, ICJ Rep. 1980, 3 ff.

Delimitation of the Maritime Boundary in the Gulf of Maine Area (Canada v. United States of America), Judgment of 12 Oct. 1984, ICJ Rep. 1984, 246 ff.

Continental Shelf (Tunisia v. Libyan Arab Jamahiriya), Application to Intervene, Judgment of 14 April 1981, ICJ Rep. 1981, 3 ff.

Continental Shelf (Libyan Arab Jamahiriya v. Malta), Application to Intervene, Judgment of 21 March 1984, ICJ Rep. 1984, 3 ff.

Application for Revision and Interpretation of the Judgment of 24 February 1982 in the Case Concerning the Continental Shelf (Tunisia v. Libyan Arab Jamahiriya) (Tunisia v. Libyan Arab Jamahiriya), Judgment of 10 Dec. 1985, ICJ Rep. 1985, 192 ff.

Military and Paramilitary Activities in and against Nicaragua (Nicaragua v. United States of America), Application Instituting Proceedings, filed on 9 April 1984, ICJ Rep. 1984, 1 ff.

— Declaration of Intervention, Order of 4 Oct. 1984, ICJ Rep. 1984, 215 ff.

— Merits, Judgment of 27 June 1986, ICJ Rep. 1986, 14 ff.

Applicability of the Obligation to Arbitrate under Section 21 of the United Nations Headquarters Agreement of 26 June 1947, Advisory Opinion of 26 April 1988, ICJ Rep. 1988, 12 ff.

Elettronica Sicula S.p.A. (ELSI) (United States of America v. Italy), Judgment of 20 July 1989, ICJ Rep. 1989, 15 ff.

Passage through the Great Belt (Finland v. Denmark), Request for the Indication of Provisional Measures, Order of 29 July 1991, ICJ Rep. 1991, 12 ff.

Certain Phosphate Lands in Nauru (Nauru v. Australia), Preliminary Objections, Judgment of 26 June 1992, ICJ Rep. 1992, 240 ff.

Land and Maritime Boundary between Cameroon and Nigeria (Cameroon v. Nigeria), Order of 16 June 1994, ICJ Rep. 1994, 105 ff.

— Order of 15 March 1996, ICJ Rep. 1996, 13 ff.

East Timor (Portugal v. Australia), Judgment of 30 June 1995, ICJ Rep. 1995, 90 ff.

LaGrand (Germany v. United States of America), Judgment of 27 June 2001, ICJ Rep. 2001, 466 ff.

Panels und Arbeitsgruppen des GATT 1947

Cuba - Textiles I

— *CONTRACTING PARTIES*: Report of Working Party 7 on the Cuban Schedule, GATT Doc. CP.2/43, circul. 13 Sept. 1948.

Australia - Ammonium Sulphate

— *Australia - Subsidy on Ammonium Sulphate*, Report of the Working Party, GATT Doc. CP.4/39, circul. 31 March 1950, adopt. 3 April 1950, in: BISD II/188 (1950).

US – Dairy

— *United States – Restrictions on Dairy Products*, Report of the Working Party on Netherlands Action under Article XXIII:2, GATT Doc. L/61, circul. 7 Nov. 1952, adopt. 8 Nov. 1952, in: BISD 1S/62 (1952).

— *Netherlands Dollar Import Restrictions*, First List of Liberalized Imports, GATT Doc. W.8/17, circul. 12 Oct. 1953, in: BISD 1S/32 (1953).

Germany – Sardines

— *Germany – Treatment of Imports of Sardines*, Report of the Panel, GATT Doc. G/26, circul. 30 Oct. 1952, adopt. 31 Oct. 1952, in: BISD 1S/53 (1952).

Germany – Flour

— *Germany – Import Duties on Starch and Potato Flour*, Report of the Panel, GATT Doc. W.9/178, circul. 7 Feb. 1955, noted 16 Feb. 1955, in: BISD 3S/77 (1955).

Italy – Agricultural Machinery

— *Italy – Discrimination against Imported Agricultural Machinery*, Report of the Panel, Doc. L/833, circul. 15 July 1958, adopt. 23 Oct. 1958, in: BISD 7S/60 (1958).

EEC – Animal Feed Proteins

— *Measures on Animal Feed Proteins*, Report of the Panel, GATT Doc. L/4599, circul. 2 Dec. 1977, adopt. 14 March 1978, in: BISD 25S/49 (1978).

EEC – Import Restrictions

— *European Economic Communities – Quantitative Restrictions Against Imports of Certain Products from Hong Kong*, Report of the Panel, GATT Doc. L/5511, circul. 1 July 1983, adopt. 12 July 1983, in: BISD 30S/129 (1983).

Canada – FIRA

— *Canada – Administration of the Foreign Investment Review Act*, Report of the Panel, GATT Doc. L/5504, circul. 25 June 1983, adopt. 7 Feb. 1984, in: BISD 30S/140 (1983).

US – Nicaraguan Trade

— *United States – Trade Measures Affecting Nicaragua*, Report of the Panel, GATT Doc. L/6053, circul. 13 Oct. 1986, unadopt., in: BISD 31S/67 (1984).

EEC – Citrus

— *European Economic Communities – Tariff Treatment on Imports of Citrus Products from Certain Countries in the Mediterranean Region*, Report of the Panel, GATT Doc. L/5776, circul. 7 Feb. 1985, unadopt.

US – Superfund

— *United States – Taxes on Petroleum and Certain Imported Substances (Superfund)*, Report of the Panel, GATT Doc. L/6175, circul. 5 June 1987, adopt. 17 June 1987, in: BISD 34S/136 (1987).

Japan – Agricultural Products I

— *Japan – Restrictions on Imports of Certain Agricultural Products*, Report of the Panel, GATT Doc. L/6253, circul. 18 Nov. 1987, adopt. 2 Feb. 1988, in: BISD 35S/163 (1988).

Japan – Semi-conductors

— *Japan – Trade in Semi-conductors*, Report of the Panel, GATT Doc. L/6309, circul. 24 March 1988, adopt. 4 May 1988, in: BISD 35S/116 (1988).

EEC – Dessert Apples (Chile)

— *European Economic Communities – Restrictions on Import of Dessert Apples* (Complaint by Chile), Report of the Panel, GATT Doc. L/6491, circul. 18 April 1989, adopt. 22 June 1989, in: BISD 36S/93 (1989).

US – Section 337 Tariff Act

— *United States – Section 337 of the Tariff Act of 1930*, Report of the Panel, GATT Doc. L/6439 and Add.1, circul. 16 Jan. 1989, adopt. 7 Nov. 1989, in: BISD 36S/345 (1989).

US – Sugar (EEC)

— *United States – Restrictions on the Importation of Sugar and Sugar-containing Products Applied under the 1955 Waiver and under the Headnote to the Schedule of Tariff Concessions* (Complaint by the European Economic Communities), Report of the Panel, GATT Doc. L/6631, circul. 22 Jan. 1990, adopt. 7 Nov. 1990, in: BISD 37S/228 (1990).

EEC – Oilseeds

— *European Economic Communities – Payments and Subsidies Paid to Processors and Producers of Oilseeds Related Animal-feed Proteins*, Report of the Panel, GATT Doc. L/6627, circul. 14 Dec. 1989, adopt. 25 Jan. 1990, in: BISD 37S/86 (1990).

EEC – Parts and Components

— *EEC – Regulation on Imports of Parts and Components*, Report of the Panel, GATT Doc. L/6657, circul. 22 March 1990, adopt. 16 May 1990, in: BISD 37S/132 (1990).

Canada – Provincial Liquor Board (US)

— *Canada – Import, Distribution an Sale of Certain Alcoholic Drinks by Provincial Marketing Agencies* (Complaint by the United States), Report of the Panel, GATT Doc. DS17/R, circul. 16 Oct. 1991, adopt. 18 Feb. 1992, in: BISD 39S/27 (1993).

US – MFN Footwear

— *United States – Denial of Most-favoured-nation Treatment as to Non-rubber Footwear from Brazil*, Report of the Panel, GATT Doc. DS18/R, circul. 10 Jan. 1992, adopt. 19 June 1992, in: BISD 39S/128 (1993).

US – Tuna (Mexico)

— *US – Restrictions on Imports of Tuna* (Complaint by Mexico), Report of the Panel, GATT Doc. DS21/R, circul. 3 Sept. 1991, unadopt., in: BISD 39S/155 (1993).

US – Cement

— *United States – Anti-dumping Duties on Gray Portland Cement and Cement Clinker from Mexico*, Report of the Panel, GATT Doc. ADP/82, circul. 7 Sept. 1992, unadopt.

Norway – Trondheim Toll Ring

— *Norway – Procurement of Toll Collection Equipment for the City of Trondheim*, Report of the Panel, GATT Doc. GPR/DS2/R, circul. 28 April 1992, adopt. 13 May 1992, in: BISD 40S/319 (1993).

US – Malt Beverages

— *United States – Measures Affecting Alcoholic and Malt Beverages*, Report of the Panel, GATT Doc. DS23/R, circul. 16 March 1992, adopt. 19 June 1992, in: BISD 39S/206 (1993).

US – Norwegian Salmon AD

— *United States – Imposition of Anti-dumping Duties on Imports of Fresh and Chilled Atlantic Salmon from Norway*, Report of the Panel, GATT Doc. ADP/87, circul. 30 Nov. 1992, adopt. 27 April 1994, in: BISD 41S/229 (1996).

US – Tobacco

— *United States – Measures Affecting the Importation, Sale and Use of Tobacco*, Report of the Panel, GATT Doc. DS44/R, circul. 12 Aug. 1994, adopt. 4 Oct. 1994, in: BISD 41S/131 (1994).

WTO-Berufungsgremium

US – Gasoline

— *United States – Standards for Reformulated and Convention Gasoline*, Report of the Appellate Body, WTO Doc. WT/DS2/AB/R, circul. 29 April 1996, adopt. 20 May 1996.

Japan – Alcoholic Beverages II

— *Japan – Taxes on Alcoholic Beverages*, Report of the Appellate Body, WTO Doc. WT/DS8/AB/R, WT/DS10/AB/R and WT/DS11/AB/R, circul. 4 Oct. 1996, adopt. 1 Nov. 1996.

Australia – Salmon

— *Australia – Measures Affecting Importation of Salmon*, Report of the Appellate Body, WTO Doc. WT/DS18/AB/R, circul. 20 Oct. 1998, adopt. 6 Nov. 1998.

Brazil – Desiccated Coconut

— *Brazil – Measures Affecting Desiccated Coconut*, Report of the Appellate Body, WTO Doc. WT/DS22/AB/R, circul. 21 Feb. 1997, adopt. 20 March 1997.

EC – Hormones

— *European Communities – Measures Concerning Meat and Meat Products (Hormones)*, Report of the Appellate Body, WTO Doc. WT/DS26/AB/R and WT/DS48/AB/R, circul. 16 Jan. 1998, adopt. 13 Feb. 1998.

EC – Bananas III

— *European Communities – Regime for the Importation, Sale and Distribution of Bananas*, Report of the Appellate Body, WTO Doc. WT/DS27/AB/R, circul. 9 Sept. 1997, adopt. 25 Sept. 1997.

Canada – Periodicals

— *Canada – Certain Measures Concerning Periodicals*, Report of the Appellate Body, WTO Doc. WT/DS31/AB/R, circul. 31 June 1997, adopt. 30 July 1997.

US – Wool Shirts and Blouses

— *United States – Measures Affecting Import of Woven Wool Shirts and Blouses from India*, Report of the Appellate Body, WTO Doc. WT/DS33/AB/R and Corr.1, circul. 25 April 1997 and 27 May 1997, adopt. 23 May 1997.

Turkey – Textiles

— *Turkey – Restrictions on Imports of Textile and Clothing Products*, Report of the Appellate Body, WTO Doc. WT/DS34/AB/R, circul. 22 Oct. 1999, adopt. 19 Nov. 1999.

Brazil – Aircraft

— *Brazil – Export Financing Programme for Aircraft*, Report of the Appellate Body, WTO Doc. WT/DS46/AB/R, circul. 2 Aug. 1999, adopt. 19 Nov. 1999.

India – Patents

— *India – Patent Protection for Pharmaceutical Chemical Products*, Report of the Appellate Body, WTO Doc. WT/DS50/AB/R, circul. 19 Dec. 1997, adopt. 16 Jan. 1998.

Argentina – Textiles and Apparel

— *Argentina – Measures Affecting Imports of Footwear, Textiles, Apparel and other Items*, Report of the Appellate Body, WTO Doc. WT/DS56/AB/R, circul. 27 March 1998, adopt. 22 April 1998.

US – Shrimp

— *United States – Import Prohibition on Certain Shrimp and Shrimp Products*, Report of the Appellate Body, WTO Doc. WT/DS58/AB/R, circul. 12 Oct. 1998, adopt. 6 Nov. 1998.

— *United States – Import Prohibition on Certain Shrimp and Shrimp Products*, Recourse by Malaysia to Article 21.5 of the DSU: Report of the Appellate Body, WTO Doc. WT/DS58/AB/RW, circul. 22 Oct. 2001, adopt. 21 Nov. 2001.

Guatemala – Cement I

— *Guatemala – Anti-dumping Investigation Regarding Portland Cement from Mexico*, Report of the Appellate Body, WTO Doc. WT/DS60/AB/R, circul. 2 Nov. 1998, adopt. 25 Nov. 1998.

EC – Computer Equipment

— *European Communities – Customs Classification of Certain Computer Equipment*, Report of the Appellate Body, WTO Doc. WT/DS62/AB/R, WT/DS67/AB/R and WT/DS68/AB/R, circul. 5 June 1998, adopt. 22 June 1998.

EC – Poultry

— *European Communities – Measures Affecting the Import of Certain Poultry Products*, Report of the Appellate Body, WTO Doc. WT/DS69/AB/R, circul. 13 July 1998, adopt. 23 July 1998.

Korea – Alcoholic Beverages

— *Korea – Taxes on Alcoholic Beverages*, Report of the Appellate Body, WTO Doc. WT/DS75/AB/R and WT/DS84/AB/R, circul. 18 Jan. 1999, adopt. 17 Feb. 1999.

Japan – Agricultural Products II

— *Japan – Measures Affecting Agricultural Products*, Report of the Appellate Body, WTO Doc. WT/DS76/AB/R, circul. 22 Feb. 1999, adopt. 19 March 1999.

India – Quantitative Restrictions

— *India – Quantitative Restrictions on Imports of Agricultural, Textile and Industrial Products*, Report of the Appellate Body, WTO Doc. WT/DS90/AB/R, circul. 23 Aug. 1999, adopt. 22 Sept. 1999.

Korea – Dairy

— *Korea – Definitive Safeguard Measure on Imports of Certain Dairy Products*, Report of the Appellate Body, WTO Doc. WT/DS98/AB/R, circul. 14 Dec. 1999, adopt. 12 Jan. 2000.

US – FSC

— *United States – Tax Treatment for "Foreign Sales Corporations"*, Report of the Appellate Body, WTO Doc. WT/DS108/AB/R, circul. 24 Feb. 2000, adopt. 20 March 2000.

Argentina – Footwear

— *Argentina – Safeguard Measures on Imports of Footwear*, Report of the Appellate Body, WTO Doc. WT/DS121/AB/R, circul. 14 Dec. 1999, adopt. 12 Jan. 2000.

Thailand – H-Beams

— *Thailand – Anti-dumping Duties on Angles, Shapes and Sections of Iron or Non-alloy Steel and H-Beams from Poland*, Report of the Appellate Body, WTO Doc. WT/DS122/AB/R, circul. 12 March 2001, adopt. 5 April 2001.

Mexico – Corn Syrup

— *Mexico – Anti-dumping Investigation of High-fructose Corn Syrup (HFCS) from the United States*, Recourse to Article 21.5 of the DSU by the United States: Report of the Appellate Body, WTO Doc. WT/DS132/AB/RW, circul. 22 Oct. 2001, adopt. 21 Nov. 2001.

EC – Asbestos

— *European Communities – Measures Affecting Asbestos and Asbestos-containing Products*, Report of the Appellate Body, WTO Doc. WT/DS135/AB/R, circul. 12 March 2001, adopt. 5 April 2001.

US – 1916 Act

— *United States – Anti-dumping Act of 1916*, Report of the Appellate Body, WTO Doc. WT/DS136/AB/R and WT/DS162/AB/R, circul. 28 Aug. 2000, adopt. 26 Sept. 2000.

US – Lead and Bismuth II

— *United States – Imposition of Countervailing Duties on Certain Hot-rolled Lead and Bismuth Carbon Steel Products Originating in the United Kingdom*, Report of the Appellate Body, WTO Doc. WT/DS138/AB/R, circul. 10 May 2000, adopt. 7 June 2000.

Guatemala – Cement II

— *Guatemala – Definitive Anti-dumping Measures on Grey Portland Cement from Mexico*, Report of the Panel, WTO Doc. WT/DS156/R, circul. 24 Oct. 2000, adopt. 17 Nov. 2000.

Korea – Various Measures on Beef

— *Korea – Measures Affecting Imports of Fresh, Chilled and Frozen Beef*, Report of the Appellate Body, WTO Doc. WT/DS161/AB/R and WT/DS169/AB/R, circul. 11 Dec. 2000, adopt. 10 Jan. 2001.

US – Wheat Gluten

— *United States – Definitive Safeguard Measures on Import of Wheat Gluten from the European Communities*, Report of the Appellate Body, WTO Doc. WT/DS166/AB/R, circul. 22 Dec. 2000, adopt. 19 Jan. 2001.

US – Certain EC Products

— *United States – Import Measures on Certain Products from the European Communities*, Report of the Appellate Body, WTO Doc. WT/DS165/AB/R, circul. 11 Dec. 2000, adopt. 10 Jan. 2001.

US – Section 211 Appropriations Act

— *United States – Section 211 Omnibus Appropriations Act of 1998*, Report of the Appellate Body, WTO Doc. WT/DS176/AB/R, circul. 2 Jan. 2002, adopt. 2 Jan. 2002.

US – Lamb

— *United States – Safeguard Measures on Imports of Fresh, Chilled or Frozen Lamb Meat from New Zealand and Australia*, Report of the Appellate Body, WTO Doc. WT/DS177/AB/R and WT/DS178/AB/R, circul. 1 May 2001, adopt. 16 May 2001.

US – Hot-rolled Steel

— *United States – Anti-dumping Measures on Certain Hot-rolled Steel Products from Japan*, Report of the Appellate Body, WTO Doc. WT/DS184/AB/R, circul. 24 July 2001, adopt. 23 Aug. 2001.

US – Cotton Yarn

— *United States – Transitional Safeguard Measures on Combed Cotton Yarn from Pakistan*, Report of the Appellate Body, WTO Doc. WT/DS192/AB/R, circul. 8 Oct. 2001, adopt. 5 Nov. 2001

US – Offset Act (Byrd Amendment)

— *United States – Continued Dumping and Subsidy Offset Act of 2000*, Report of the Appellate Body, WTO Doc. WT/DS217/AB/R and WT/DS234/AB/R, circul. 16 Jan. 2003, adopt. 27 Jan. 2003.

EC – Sardines

— *European Communities – Trade Description of Sardines*, Report of the Appellate Body, WTO Doc. WT/DS231/AB/R, circul. 26 Sept. 2002, adopt. 23 Oct. 2002.

Japan – Apples

— *Japan – Measures Affecting the Importation of Apples*, Report of the Appellate Body, WTO Doc. WT/DS245/AB/R, circul. 26 Nov. 2003, adopt. 10 Dec. 2003.

US – Steel Safeguards

— *United States – Definitive Safeguard Measures on Imports of Certain Steel Products*, Report of the Appellate Body, WTO Doc. WT/DS248/AB/R and WT/DS259/AB/R, circul. 10 Nov. 2003, adopt. 10 Dec. 2003.

US – Upland Cotton

— *United States – Subsidies on Upland Cotton*, Report of the Appellate Body, WTO Doc. WT/DS267/AB/R, circul. 3 March 2005, adopt. 21 March 2005.

— *Unted States – Subsidies on Upland Cotton*, Recourse to Article 21.5 of the DSU by Brazil, WTO Doc. WT/DS267/AB/RW, circul. 2 June 2008, adopt. 20 June 2008.

US – Gambling

— *United States – Measures Affecting the Cross-border Supply of Gambling and Betting Services*, Report of the Appellate Body, WTO Doc. WT/DS285/AB/R, circul. 7 April 2005, adopt. 20 April 2005.

EC and Certain Member States – Large Civil Aircraft

— *European Communities – Measures Affecting Civil Aircraft*, Report of the Appellate Body, WTO Doc. WT/DS316/AB/R, circul. 18 May 2011, adopt. 1 June 2011.

US – Continued Suspension

— *United States – Continued Suspension of Obligations in the EC – Hormones Dispute*, Report of the Appellate Body, WTO Doc. WT/DS320/AB/R, circul. 16 Oct. 2008, adopt. 14 Nov. 2008.

US – Stainless Steel (Mexico)

— *United States – Final Anti-dumping Measures on Stainless Steel from Mexico*, Report of the Appellate Body, WTO Doc. WT/DS344/AB/R, circul. 30 April 2008, adopt. 20 May 2008.

US – Large Civil Aircraft (2nd Complaint)

— *United States – Measures Affecting Trade in Civil Aircraft* (Second Complaint), Report of the Appellate Body, WTO Doc. WT/DS353/AB/R, circul. 12 March 2012, adopt. 23 March 2012.

Argentina – Financial Services

— *Argentina – Measures Relating to Trade in Goods and Services*, Report of the Appellate Body, WTO Doc. WT/DS453/AB/R, circul. 14 April 2016, adopt. 9 May 2016.

WTO-Panels

US – Gasoline

— *United States – Standards for Reformulated Gasoline*, Report of the Panel, WTO Doc. WT/DS2/R, circul. 29 Jan. 1996, adopt. as modif. 20 May 1996.

Japan – Alcoholic Beverages II

— *Japan – Taxes on Alcoholic Beverages*, Report of the Panel, WTO Doc. WT/DS8/R, WT/DS10/R and WT/DS11/R, circul. 11 July 1996, adopt. as modif. 1 Nov. 1996.

EC – Grains

— *Permanent Mission of the United States*: Communication to the Permanent Delegation of the European Commission and to the Dispute Settlement Body, 30 April 1997, circul. as *European Communities – Duties on Imports of Grains*, Communication from the United States, WTO Doc. WT/DS13/8, 2 May 1997.

Brazil – Desiccated Coconut

— *Permanent Mission of Brazil*: Communication to the Chairman of the Dispute Settlement Body, 24 January 1996, circul. as *Brazil – Measures Affecting Desiccated Coconut*, Communication by Brazil, WTO Doc. WT/DS22/3, circul. 29 Jan. 1996.

— *Permanent Mission of the Phillippines*: Communication to the Permanent Mission of Brazil, 5 Feb. 1996, circul. as *Brazil – Measures Affecting Desiccated Coconut*, Request for the Establishment of a Panel by the Philippines, WTO Doc. WT/DS22/5, circul. 8 Feb. 1996.

— *Brazil – Measures Affecting Desiccated Coconut*, Constitution of the Panel Established at the Request of the Philippines: Note by the Secretariat, WTO Doc. WT/DS22/6, circul. 18 April 1996.

— *Brazil – Measures Affecting Desiccated Coconut*, Report of the Panel, WTO Doc. WT/DS22/R, circul. 17 Oct. 1996, adopt. as modif. 20 March 1997.

US – Underwear

— *United States – Restrictions on Imports of Cotton and Man-made Fibre Underwear*, Report of the Panel, WT/DS24/R, circul. 8 Nov. 1996, adopt. as modif. 25 Feb. 1997.

EC – Hormones

— *European Communities – Measures Concerning Meat and Meat Products (Hormones)* (Complaint by the United States), Report of the Panel, WTO Doc. WT/DS26/R/USA, circul. 18 Aug. 1997, adopt. as modif. 13 Feb. 1998.

EC – Bananas III

— *European Communities – Regime for the Importation, Sale and Distribution of Bananas*, Constitution of the Panel Established at the Request of Ecuador, Guatemala, Honduras, Mexico and the United States: Communication by the DSB Chairman, WTO Doc. WT/DS27/7, circul. 7 June 1997.

— *European Communities – Regime for the Importation, Sale and Distribution of Bananas* (Complaint by Ecuador), Report of the Panel, WTO Doc. WT/DS27/R/ECU, circul. 22 May 1997, adopt. as modif. 25 Sept. 1997.

— *European Communities – Regime for the Importation, Sale and Distribution of Bananas* (Complaint by the United States), Report of the Panel, WTO Doc. WT/DS27/R/USA, circul. 22 May 1997, adopt. as modif. 25 Sept. 1997.

— *European Communities – Regime for the Importation, Sale and Distribution of Bananas*, Recourse to Article 21.5 of the DSU by Ecuador: Report of the Panel, WTO Doc. WT/DS27/RW/ECU, circul. 12 April 1999, adopt. 6 May 1999.

Turkey – Textiles

— *Turkey – Restrictions on Imports of Textile and Clothing Products*, Report of the Panel, WTO Doc. WT/DS34/R, circul. 31 May 1999, adopt. as modif. 19 Nov. 1999.

US – Helms-Burton

— *United States – The Cuban Liberty and Democratic Solidarity Act*, Constitution of the Panel Established at the Request of the European Communities: Communication by the DSB Chairman, WTO Doc. WT/DS38/3, circul. 20 Feb. 1997.

— *United States – The Cuban Liberty and Democratic Solidarity Act*, Communication from the Chairman of the Panel, WTO Doc. WT/DS38/5, circul. 25 April 1997.

— *United States – The Cuban Liberty and Democratic Solidarity Act*, Lapse of the Authority for Establishement of the Panel, Note by the Secretariat, WTO Doc. WT/DS38/6, circul. 24 April 1998.

Japan – Film

— *Permanent Mission of the United States*: Communication to the Chairman of the Dispute Settlement Body, 20 Sept. 1996, circul. as *Japan – Measures Affecting Consumer Photographic Film and Paper*, Request for the Establishment of a Panel by the United States, Doc. WT/DS44/2, 23 Sept. 1996.

— *Japan – Measures Affecting Consumer Photographic Film and Paper*, Constitution of the Panel Established at the Request of the United States, Communication from the DSB Chairman, WTO Doc. WT/DS44/3, circul. 17 Dec. 1996.

— *Japan – Measures Affecting Consumer Photographic Film and Paper*, First Submission of the United States of America, 20 Feb. 1997, zusammenf. in: *Durling, James P.*: Anatomy of a Trade Dispute: A Documentary History of the *Kodak-Fujifilm* Dispute, London: Cameron May 2000, 426 ff.

— *Japan – Measures Affecting Consumer Photographic Film and Paper*, Second Submission of the United States of America, 20 May 1997, zusammenf. in: *Durling, James P.*: Anatomy of a Trade Dispute: A Documentary History of the *Kodak-Fujifilm* Dispute, London: Cameron May 2000, 497 ff.

— *Japan – Measures Affecting Consumer Photographic Film and Paper*, Questions from the Panel to the United States, 18 April 1997, zusammenf. in: *Durling, James P.*: Anatomy of a Trade Dispute: A Documentary History of the *Kodak-Fujifilm* Dispute, London: Cameron May 2000, 469 ff.

— *Japan – Measures Affecting Consumer Photographic Film and Paper*, Questions from the Panel to the United States, 2 June 1997, zusammenf. in: *Durling, James P.*: Anatomy of a Trade Dispute: A Documentary History of the *Kodak-Fujifilm* Dispute, London: Cameron May 2000, 513 ff.

— *Japan – Measures Affecting Consumer Photographic Film and Paper*, Questions from the Panel to the Government of Japan, 17 April 1997, zusammenf. in: *Durling, James P.*: Anatomy of a Trade Dispute: A Documentary History of the *Kodak-Fujifilm* Dispute, London: Cameron May 2000, 475 ff.

— *Japan – Measures Affecting Consumer Photographic Film and Paper*, First Submission by the Government of Japan, 3 April 1997, zusammenf. in: *Durling, James P.*: Anatomy of a Trade Dispute: A Documentary History of the *Kodak-Fujifilm* Dispute, London: Cameron May 2000, 449 ff.

— *Japan – Measures Affecting Consumer Photographic Film and Paper*, Second Submission by the Government of Japan, 20 May 1997, zusammenf. in: *Durling, James P.*: Anatomy of a Trade Dispute: A Documentary History of the *Kodak-Fujifilm* Dispute, London: Cameron May 2000, 502 ff.

— *Japan – Measures Affecting Consumer Photographic Film and Paper*, Report of the Panel, WTO Doc. WT/DS44/R, circul. 31 March 1998, adopt. 22 April 1998.

Brazil – Aircraft

— *Brazil – Export Financing Programme for Aircraft*, Constitution of the Panel Established at the Request of Canada: Communication by the DSB Chairman, WTO Doc. WT/DS46/7, circul. 28 Oct. 1998.

— *Brazil – Export Financing Programme for Aircraft*, Report of the Panel, WTO Doc. WT/DS46/R, circul. 14 April 1999, adopt. as modif. 19 Nov. 1999.

India – Patents

— *India – Patent Protection for Pharmaceutical Chemical Products* (Complaint by the United States), Report of the Panel, WT/DS50/R, circul. 5 Sept. 1997, adopt. as modif. 16 Jan. 1998.

Indonesia – Autos

— *Indonesia – Certain Measures Affecting the Automobile Industry*, Constitution of the Panel Established at the Request of Japan, the European Communities and the United States: Communication by the DSB Chairman, WTO Doc. WT/DS54/8, WT/DS55/8, WT/DS59/7 and WT/DS64/6, circul. 5 Aug. 1997.

— *Indonesia – Certain Measures Affecting the Automobile Industry*, Report of the Panel, WTO Doc. WT/DS54/R, WT/DS55/R, WT/DS59/R, WT/DS64/R and Corr.1 to 4, circul. 2 July 1998, 9 July 1998, 6 Oct. 1998 and 27 Oct. 1998, adopt. as modif. 23 July 1998.

Argentina – Textiles and Apparel

— *Argentina – Measures Affecting Imports of Footwear, Textiles, Apparel and other Items*, Report of the Panel, WTO Doc. WT/DS56/R, circul. 25 Nov. 1997, adopt. as modif. 22 April 1998.

US – Shrimp

— *United States – Import Prohibition on Certain Shrimp and Shrimp Products*, Constitution of the Panel Established at the Requests of Malaysia, Thailand, Pakistan and India, Note by the Secretariat, WTO Doc. WT/DS58/9, circul. 17 April 1997.

— *United States – Import Prohibition on Certain Shrimp and Shrimp Products*, Report of the Panel, WTO Doc. WT/DS58/R, circul. 15 May 1998, adopt. as modif. 6 Nov. 1998.

— *United States – Import Prohibition on Certain Shrimp and Shrimp Products*, Recourse by Malaysia to Article 21.5 of the DSU: Report of the Panel, WTO Doc. WT/DS58/RW, circul. 15 June 2001, adopt. as modif. 21 Nov. 2001.

Guatemala – Cement I

— *Guatemala – Anti-dumping Investigation Regarding Portland Cement from Mexico*, Report of the Panel, WTO Doc. WT/DS60/R, circul. 19 June 1998, adopt. as modif. 25 Nov. 1998.

EC – Computer Equipment

— *European Communities – Customs Classification of Certain Computer Equipment*, Report of the Panel, WTO Doc. WT/DS62/R, WT/DS67/R and WT/DS68/R, circul. 5 Feb. 1998, adopt. as modif. 22 June 1998.

EC – Poultry

— *European Communities – Measures Affecting the Import of Certain Poultry Products*, Report of the Panel, WTO Doc. WT/DS69/R, circul. 12 March 1998, adopt. as modif. 23 July 1998.

Canada – Aircraft

— *Canada – Measures Affecting the Export of Civilian Aircraft*, Constitution of the Panel Established at the Request of Brazil: Communication by the DSB Chairman, WTO Doc. WT/DS70/3, circul. 27 Oct. 1998.

— *Canada – Measures Affecting the Export of Civilian Aircraft*, Report of the Panel, WTO Doc. WT/DS70/R, circul. 14 April 1999, adopt. as modif. 20 Aug. 1999.

Argentina – Textiles and Clothing

— *Argentina – Measures Affecting Textiles and Clothing*, Communication from the Chairman of the Panel, WTO Doc. WT/DS77/5, circul. 31 July 1998.

— *Argentina – Measures Affecting Textiles and Clothing*, Lapse of the Authority for the Establishment of the Panel, Note by the Secretariat, WTO Doc. WT/DS77/6, circul. 24 May 2002.

Korea – Alcoholic Beverages

— *Korea – Taxes on Alcoholic Beverages*, Constitution of the Panel Established at the Request of the European Communities: Note by the Secretariat, WTO Doc. WT/DS75/7 and WT/DS84/5, circul. 10 Dec. 1997.

— *Korea – Taxes on Alcoholic Beverages*, Report of the Panel, WTO Doc. WT/DS75/R and WT/DS84/R, circul. 17 Sept. 1998, adopt. as modif. 17 Feb. 1999.

US – Government Procurement

— *United States – Measures Affecting Government Procurement*, Communication from the Chairman of the Panel to the Chairman of the Dispute Settlement Body, WTO Doc. WT/DS88/5 and WT/DS95/5, circul. 12 Feb. 1999.

— *United States – Measures Affecting Government Procurement*, Lapse of Authority for Establishment of the Panel, Note by the Secretariat, WTO Doc. WT/DS88/6 and WT/DS95/6, circul. 14 Feb. 2000.

Korea – Dairy

— *Korea – Definitive Safeguard Measure on Imports of Certain Dairy Products*, Report of the Panel, WTO Doc. WT/DS98/R and Corr. 1, circul. 21 June 1999 and 22 July 1999, adopt. as modif. 12 Jan. 2000.

US – DRAMS

— *United States – Anti-dumping Duty on Dynamic Random Access Memory Semiconductors (DRAMs)*, Constitution of the Panel Established at the Request of Korea: Note by the Secretariat, WTO Doc. WT/DS99/3, circul. 23 March 1998.

— *United States – Anti-dumping Duty on Dynamic Random Access Memory Semiconductors (DRAMS) of One Megabit or Above from Korea*, Report of the Panel, WTO Doc. WT/DS99/R, circul. 29 Jan. 1999, adopt. 19 March 1999.

US – FSC

— *United States – Tax Treatment for "Foreign Sales Corporations"*, Report of the Panel, WTO Doc. WT/DS108/R, circul. 8 Oct. 1999, adopt. as modif. 20 March 2000.

Argentina – Footwear (EC)

— *Argentina – Safeguard Measures on Imports of Footwear* (Complaint by the European Communities), Constitution of the Panel Established at the Request of the European Communities, Note by the Secretariat, WTO Doc. WT/DS121/4, circul. 18 Sept. 1998.

— *Argentina – Safeguard Measures on Imports of Footwear* (Complaint by the European Communities), Report of the Panel, WTO Doc. WT/DS121/R, circul. 25 June 1999, adopt. as modif. 12 Jan. 2000.

Thailand – H-Beams

— *Thailand – Anti-dumping Duties on Angles, Shapes and Sections of Iron or Non-alloy Steel and H-Beams from Poland*, Report of the Panel, WTO Doc. WT/DS122/R, circul. 28 Sept. 2000, adopt. as modif. 5 April 2001.

Argentina – Footwear (Indonesia)

— *Permanent Mission of Indonesia*: Communication to the Chairman of the Dispute Settlement Body, 10 May 1999, circul. as *Argentina – Safeguard Measures on Imports of Footwear (Indonesia)*, Communication from Indonesia, WTO Doc. WT/DS123/4, 11 May 1999.

Australia – Automotive Leather II

— *Australia – Subsidies Provided to Producers and Exporters of Automotive Leather*, Report of the Panel, WTO Doc. WT/DS126/R, circul. 25 May 1999, adopt. 16 June 1999.

Mexico – Corn Syrup

— *Mexico – Anti-dumping Investigation of High-fructose Corn Syrup (HFCS) from the United States*, Report of the Panel, WTO Doc. WT/DS132/R and Corr.1, circul. 28 Jan. and 25 Feb. 2000, adopt. 24 Feb. 2000.

EC – Asbestos

— *European Communities – Measures Affecting Asbestos and Asbestos-containing Products*, Report of the Panel, WTO Doc. WT/DS135/R, circul. 18 Sept. 2000, adopt. as modif. 5 April 2001.

EC – Bed Linen

— *European Communities – Anti-dumping Duties on Import of Cotton-type Bed Linen from India*, Report of the Panel, WTO Doc. WT/DS141/R, circul. 30 Oct. 2000, adopt. as modif. 12 March 2001.

US – Section 301 Trade Act

— *United States – Sections 301-310 of the Trade Act of 1974*, Report of the Panel, WTO Doc. WT/DS152/R, circul. 22 Dec. 1999, adopt. 27 Jan. 2000.

Korea – Procurement

— *Korea – Measures Affecting Government Procurement*, Report of the Panel, WTO Doc. WT/DS163/R, circul. 1 May 2000, adopt. 19 June 2000.

Korea – Various Measures on Beef

— *Korea – Measures Affecting Imports of Fresh, Chilled and Frozen Beef*, Report of the Panel, WTO Doc. WT/DS161/R and WT/DS169/R, circul. 31 July 2000, adopt. as modif. 10 Jan. 2001.

US – Wheat Gluten

— *United States – Definitive Safeguard Measures on Import of Wheat Gluten from the European Communities*, Report of the Panel, WTO Doc. WT/DS166/R, circul. 31 July 2000, adopt. as modif. 19 Jan. 2001.

Canada – Patent Term

— *Canada – Term of Patent Protection*, Report of the Panel, WTO Doc. WT/DS170/R, circul. 5 May 2000, adopt. as modif. 12 Oct. 2000.

India – Autos

— *India – Measures Affecting Trade and Investment in the Motor Vehicle Sector*, Report of the Panel, WTO Doc. WT/DS175/R and Corr.1, circul. 21 Dec. 2001 and 10 Jan. 2002, adopt. as modif. 14 March 2002.

US – Lamb

— *United States – Safeguard Measure on Imports of Fresh, Chilled or Frozen Lamb from New Zealand*, Report of the Panel, WTO Doc. WT/DS177/R and WT/DS178/R, circul. 21 Dec. 2000, adopt. as modif. 16 May 2001.

Colombia - Polyester Filaments

— *Permanent Mission of Thailand*: Communication to the Permanent Mission of Colombia and the Dispute Settlement Body, 7 Sept. 1999, circul. as *Colombia - Safeguard Measure of Imports of Plain Polyester Filaments from Thailand*, Request for the Establishment of a Panel by Thailand, WTO Doc. WT/DS181/1, 8 Sept. 1999.

US - Hot-rolled Steel

— *United States - Anti-dumping Measures on Certain Hot-rolled Steel Products from Japan*, Report of the Panel, WTO Doc. WT/DS184/R, circul. 28 Feb. 2001, adopt. as modif. 23 Aug. 2001.

Chile - Swordfish

— *Permanent Delegation of the European Commission*: Communication to the Director-General, the Chairman of the Dispute Settlement Body and the Permanent Mission of Chile, 23 March 2001, circul. as *Chile - Measures Affecting the Transit and Importing of Swordfish*, Arrangement between the European Communities and Chile: Communication by the European Communities, WTO Doc. WT/DS193/3, 6 April 2001.

— *Permanent Delegation of the European Union and Chile*: Communication to the Chairperson of the Dispute Settlement Body, 28 May 2010, circul. as *Chile - Measures Affecting the Transit and Importing of Swordfish*, Joint Communication from the European Union and Chile, WTO Doc. WT/DS193/4, 3 June 2010.

US - Steel Plate

— *United States - Anti-dumping and Countervailing Duties on Steel Plate from India*, Report of the Panel, WTO Doc. WT/DS206/R, circul. 28 June 2002, adopt. 29 July 2002.

Belgium - Rice

— *Belgium - Administration of Measures Establishing Customs Duties for Rice*, Communication from the Chairman of the Panel to the Dispute Settlement Body, 26 July 2001, WTO Doc. WT/DS210/4, circul. 27 July 2001.

— *Permanent Mission of the United States/Permanent Delegation of the European Commission*: Communication to the Chairman of the Dispute Settlement Body, 18 Dec. 2001, circul. as *Belgium - Administration of Measures Establishing Customs Duties for Rice*, Notification of Mutually Agreed Solution, WTO Doc. WT/DS210/6, 2 Jan. 2002.

EC - Tube or Pipe Fittings

— *European Communities - Anti-dumping Duties on Malleable Cast Iron Tube or Pipe Fittings from Brazil*, Report of the Panel, WTO Doc. WT/DS219/R, circul. 7 March 2003, adopt. as modif. 18 Aug. 2003.

Canada – Aircraft Credits and Guarantees

— *Canada – Export Credits and Loan Guarantees for Regional Aircraft*, Report of the Panel, WTO Doc. WT/DS222/R and Corr.1, circul. 28 Jan. 2002, adopt. 19 Feb. 2002.

Turkey – Fresh Fruit Import Procedures

— *Permanent Mission of Ecuador/Permanent Mission of Turkey*: Communication to the Chairman of the Dispute Settlement Body, 22 Nov. 2002, circul. as *Turkey – Certain Import Procedures for Fresh Fruit*, Notification of Mutually Agreed Solution, WTO Doc. WT/DS237/4, 29 Nov. 2002.

Romania – Wheat and Wheat Flour

— *Permanent Mission of Hungary*: Communication to the Chairman of the Dispute Settlement Body, 20 Dec. 2001, circul. as *Romania – Import Prohibition on Wheat and Wheat Flour*, Withdrawal of the Request for the Establishment of a Panel by Hungary, WTO Doc. WT/DS240/3, 7 Jan. 2002.

US – Steel Safeguards

— *United States – Definitive Safeguard Measures on Imports of Certain Steel Products*, Constitution of the Panel Established at the Request of the European Communities, Japan, Korea, China, Switzerland, Norway and New Zealand, Note by the Secretariat, WTO Doc. WT/DS248/14, WT/DS249/8, WT/DS251/9, WT/DS252/7, WT/DS253/7, WT/DS254/7 and WT/DS258/11, circul. 29 July 2002.

— *United States – Definitive Safeguard Measures on Imports of Certain Stell Products*, Constitution of the Panel Established at the Request of the European Communities, Japan, Korea, China, Switzerland, Norway, New Zealand and Brazil, Note by the Secretariat, WTO Doc. WT/DS248/15, WT/DS249/9, WT/DS251/10, WT/DS252/8, WT/DS253/8, WT/DS254/8, WT/DS258/12 and WT/DS259/11, circul. 12 Aug. 2002.

US – Gambling

— *United States – Measures Affecting the Cross-border Supply of Gambling and Betting Services*, Report of the Panel, Doc. WT/D285/R, circul. 10 Nov. 2004, adopt. as modif. 20 April 2005.

US – Softwood Lumber V

— *United States – Final Dumping Determination on Softwood Lumber from Canada*, Recourse to Article 21.5 of the DSU by Canada, Constitution of the Panel: Note by the Secretariat, WTO Doc. WT/DS264/20, Rev.1 and Rev.2, circul. 10 June 2005, 15 June 2005 and 17 June 2005

— *United States – Final Dumping Determination on Softwood Lumber from Canada*, Replacement of the Chairperson of the Panel: Note by the Secretariat, WTO Doc. WT/DS264/23, circul. 29 Aug. 2005.

US – Upland Cotton

— *United States – Subsidies on Upland Cotton*, Report of the Panel, WTO Doc. WT/DS267/R, circul. 8 Sept. 2004, adopt. as modif. 21 March 2005.

US – Large Civil Aircraft (2nd Complaint)

— *United States – Measures Affecting Civil Aircraft (2nd Complaint)*, Report of the Panel, WTO Doc. WT/DS353/R, circul. 31 March 2011, adopt. as modif. 23 March 2012.

China – Publications and Audiovisual Products

— *China – Measures Affecting Trading Rights and Distribution Services for Certain Publications and Audiovisual Entertainment Products*, Report of the Panel, WTO Doc. WT/DS363/R, 12 Aug. 2009, adopt. as modif. 19 Jan. 2010.

China – Electronic Payment Services

— *China – Certain Measures Affecting Electronic Payment Services*, Report of the Panel, WTO Doc. WT/DS413/R, circul. 16 July 2012, adopt. 31 Aug. 2012.

WTO-Schiedsgericht

US – Section 110(5) Copyright Act

— *Permanent Delegation of the European Commission/Permanent Mission of the United States*: Communication to the Dispute Settlement Body, 23 July 2001, circul. as *US – Section 110(5) Copyright Act*, Recourse to Arbitration under Article 25 of the DSU, WTO Doc. WT/DS160/15.

— *United States – Section 110(5) Copyright Act*, Recourse to Arbitration under Article 25 of the DSU: Constitution of the Arbitrator, WTO Doc. WT/DS160/16, circul. 13 Aug. 2001.

— *United States – Section 110(5) of the US Copyright Act*, Recourse to Arbitration under Article 25 of the DSU: Award of the Arbitrators, WTO Doc. WT/DS160/ARB25/1, circul. 9 Nov. 2001.

WTO-Konsultationen

Malaysia – Polyethylene and Polypropylene

— *Permanent Mission of Malaysia*: Communication, 29 March 1995, circul. as *Malaysia – Prohibition of Imports of Polyethylene and Polypropylene*, Communication from Malaysia, WTO Doc. WT/DS1/3, 31 March 1995.

Korea – Agricultural Products

— *Permanent Mission of the United States*: Communication to the Permanent Mission of Korea, 4 April 1995, circul. as *Korea – Measures Concerning the Testing and Inspection of Agricultural Products*, Request for Consultations by the United States, WTO Doc. WT/DS3/1, 6 April 1995.

— *Permanent Mission of the United States*: Communication to the Permanent Mission of Korea, 24 May 1995, circul. as *Korea – Measures Concerning Inspection of Agricultural Products*, Request for Consultations by the United States, WTO Doc. WT/DS41/1, 31 May 1996.

US – Autos

— *US Trade Representative*: Communication to the Director-General, 10 May 1995, circul. as *United States – Imposition of Import Duties on Automobiles from Japan under Sections 301 and 304 of the Trade Act of 1974*, Communication from the United States, WTO Doc. WT/INF/1, 17 May 1995.

— *Permanent Mission of Japan*: Communication, 17 May 1995, circul. as *United States – Imposition of Import Duties on Automobiles from Japan under Sections 301 and 304 of the Trade Act of 1974*, Communication from Japan, WTO Doc. WT/INF/2, 22 May 1995.

— *Permanent Mission of Japan*: Communication to the Office of the United States Trade Representative, 17 May 1995, circul. as *United States – Imposition of Import Duties on Automobiles from Japan under Sections 301 and 304 of the Trade Act of 1974*, Request for Consultations by Japan, WTO Doc. WT/DS6/1, 22 May 1995.

— *Permanent Delegation of the European Commission*: Communication to the Office of the United States Trade Representative and the Permanent Mission of Japan, 31 May 1995, circul. as *United States – Imposition of Import Duties on Automobiles from Japan under Sections 301 and 304 of the Trade Act of 1974*, Request to Join Consultations Pursuant to Art. 4.11 DSU, WTO Doc. WT/DS6/2, 12 June 1995.

— *Permanent Mission of Australia*: Communication to the Permanent Mission of Japan and the Office of the United States Representative, 1 June 1995, circul. as *United States — Imposition of Import Duties on Automobiles from Japan under Sections 301 and 304 of the Trade Act of 1974*, Request to Join Consultations Pursuant to Art. 4.11 DSU, WTO Doc. WT/DS6/3, 2 June 1995.

— *Permanent Mission of Japan*: Statement by Japan at the Meeting of the Dispute Settlement Body on 31 May 1995, circul. as *United States' Auto and Autoparts Issues*: US Unilateral Measures: Statement by Japan, WTO Doc. WT/DSB/COM/1, 12 June 1995.

- *US Trade Representative*: Statement by the United States at the Meeting of the DSB on 31 May 1995, circul. as *United States' Auto and Autoparts Issues*: US Unilateral Measures: Statement by the United States, WTO Doc. WT/DSB/COM/2, 27 June 1995.
- *United States' Auto and Auto Parts Issues*: Statement by Japan at the Meeting of the General Council on 11 July 1995, WTO Doc. WT/GC/COM/3, circul. 21 July 1995.
- Joint Press Statement (29 June 1995), in: ILM 34 (1995), 1527.
- Joint Announcement by *Ryutaro Hashimoto*, Minister of Trade and Industry of Japan, and *Michael Kantor*, United States Trade Representative, Regarding the Japanese Auto Companies Plans (28 June 1995), in: ILM 34 (1995), 1524.
- Joint Announcement on Dealerships by Mr *Ryutaro Hashimoto*, Minister of International Trade and Industry, and Mr *Michael Kantor*, United States Representative (28 June 1995), in: ILM 34 (1995), 1525.
- Joint Announcement on Dealership by Mr *Ryutaro Hashimoto*, Minister of International Trade and Industry, and Mr *Michael Kantor*, United States Trade Representative (undatiert), in: ILM 34 (1995), 1526.
- Joint Announcement by *Ryutaro Hashimoto*, Minister of Trade and Industry of Japan, and *Michael Kantor*, United States Trade Representative, Regarding Autos and Auto Parts (28 June 1995), in: ILM 34 (1995), 1523.
- *Ambassador of Japan to the United States*: Letter to US Trade Representative *Michael Kantor* and US Secretary of Commerce *Ronald H. Brown* (23 Aug. 1995); *US Trade Representative/US Secretary of Commerce*: Letter to Ambassador *Takakazu Kuriyama* (23 Aug. 1995), in: ILM 34 (1995), 1492 ff.
- *MITI Minister*: Letter to Japan Automobile Dealers Association (JADA) (22 Aug. 1995), in: ILM 34 (1995), 1518.
- *MITI Director of Automobile Division*: Letter to US Director of the Office of Automotive Affairs *Henry P. Misisco* (22 Aug. 1995), in: ILM 34 (1995), 1519.
- *American Automobile Manufacturers Association (AAMA)*: Statement (29 June 1995), in: ILM 34 (1995), 1520.
- *Japan Automobile Manufacturers Association (JAMA)*: JAMA Action Plan for International Cooperation (June 1995), in: ILM 34 (1995), 1528 ff.
- *Japan Automobile Dealers Association (JADA)*: Statement on the Dealership of Foreign Automobiles (28 June 1995), in: ILM 34 (1995), 1533 f.
- *Japan Automobile Products Association/Japan Federation of Auto Parts Sales Association/Japan Auto Accessories*: Statement Concerning Efforts to

Improve Access to Japan's Auto Parts Aftermarket (29 June 1995), in: ILM 34 (1995), 1535.

— *Japan Automobile Service Promotion Association/Japan Automotive Industry Commerce Association*: Statement Concerning Efforts to Improve Access to Japan's Auto Parts Aftermarket (29 June 1995), in: ILM 34 (1995), 1536.

— *Japan Auto Parts Industries Association*: Global Plan to Promote International Coordination (29 June 1995), in: ILM 34 (1995), 1537 f.

EC – Cereals

— *Permanent Mission of Canada*: Communication to the Permanent Delegation of the European Commission, circul. as *European Communities – Duties on Imports of Cereals*, Request for Consultations by Canada, WTO Doc. WT/DS9/1, 10 July 1995.

EC – Grains

— *Permanent Delegation of the United States*: Communication to the Permanent Delegation of the European Communities, 19 July 1995, circul. as *European Communities – Duties on Imports of Grains*, Request for Consultations, WTO Doc. WT/DS13/1, 26 July 1995.

EC – Rice

— *Permanent Mission of Thailand*: Communication to the Permanent Delegation of the European Commission, 3 Oct. 1995, circul. as *European Communities – Duties on Imports of Rice*, Request for Consultations by Thailand, WTO Doc. WT/DS17/1, 11 Oct. 1995.

— *Permanent Mission of Uruguay*: Communication to the Permanent Delegation of the European Commission, 12 Dec. 1995, circul. as *European Communities – Duties on Imports of Rice*, Request for Consultations by Uruguay, WTO Doc. WT/DS25/1, 17 Jan. 1996.

Poland – Autos

— *Permanent Mission of India/Permanent Mission of Poland*: Communication, 26 Aug. 1996, circul. as *Poland – Import Regime for Automobiles*, Notification of Mutually Agreed Solution, WTO Doc. WT/DS19/2, 11 Sept. 1996.

Korea – Bottled Water

— *Permanent Mission of Canada/Permanent Mission of Korea*: Communication, 24 April 1996, circul. as *Korea – Measures Concerning Bottled Water*, Notification of Mutually Agreed Solution, WTO Doc. WT/DS20/6, 6 May 1996.

Australia – Salmonids

— *Permanent Mission of the United States/Permanent Mission of Australia*: Communication to the Chairman of the Dispute Settlement Body, 27

Oct. 2000, circul. as *Australia – Measures Affecting the Importation of Salmonids*, Notification of Mutually Agreed Solution, WTO Doc. WT/DS21/10, 1 Nov. 2000.

Brazil – Desiccated Coconut

— *Permanent Mission of the Philippines*: Communication to the Permanent Mission of Brazil, 27 Nov. 1995, circul. as *Brazil – Measures Affecting Desiccated Coconut*, Request for Consultations by the Philippines, WTO Doc. WT/DS22/1, circul. 20 Dec. 1995.

Venezuela – OCTG

— *Permanent Mission of Mexico*: Communication to the Permanent Mission of the Republic of Venezuela and to the Dispute Settlement Body, 6 May 1997, circul. as *Venezuela – Anti-dumping Investigation in Respect of Imports of Certain Oil Country Tubular Goods (OCTG)*, Notification Concerning Consultations, WTO Doc. WT/DS23/3, 26 May 1997.

Japan – Sound Recordings

— *Permanent Mission of the United States/Permanent Mission of Japan*: Communication to the Dispute Settlement Body, 24 Jan. 1997, circul. as *Japan – Measures Concerning Sound Recordings*, Notification of Mutually Agreed Solution, WTO Doc. WT/DS28/4, 5 Feb. 1997.

— *Permanent Delegation of the European Commission/Permanent Mission of Japan*: Communication to the Dispute Settlement Body, 7 Nov. 1997, circul. as *Japan – Measures Concerning Sound Recordings*, Notification of a Mutually Agreed Solution, WTO Doc. WT/DS42/4, 17 Nov. 1997.

Turkey – Textiles

— *Permanent Mission of Hong Kong*: Communication to the Permanent Mission of Turkey, 12 Feb. 1996, circul. as *Turkey – Restrictions on Imports of Textile and Clothing Products*, Request for Consultations by Hong Kong, WTO Doc. WT/DS29/1, 15 Feb. 1996.

— *Permanent Mission of India*: Communication to the Permanent Mission of Turkey, 21 March 1996, circul. as *Turkey – Restrictions on Imports of Textile and Clothing*, Request for Consultations by India, WTO Doc. WT/DS34/1, 25 March 1996.

— *Permanent Mission of Thailand*: Communication to the Permanent Mission of Turkey, 20 June 1996, circul. as *Turkey – Restrictions on Imports of Textile and Clothing Products*, Request for Consultations by Thailand, WTO Doc. WT/DS47/1, 26 June 1996.

— *Permanent Mission of India/Permanent Mission of Turkey*: Communication to the Dispute Settlement Body, 6 July 2001, circul. as *Turkey – Restrictions on Imports of Textile and Clothing Products*, Notification of Mutually Acceptable Solution, WTO Doc. WT/DS34/14, 19 July 2001.

Brazil – Desiccated Coconut and Coconut Milk Powder

— *Permanent Mission of Sri Lanka*: Communication to the Permanent Mission of Brazil, 23 Feb. 1996, circul. as *Brazil – Countervailing Duties on Imports of Desiccated Coconut and Coconut Milk Powder from Sri Lanka*, Request for Consultations by Sri Lanka, WTO Doc. WT/DS30/1, 5 March 1996.

Hungary – Agricultural Products

— *Permanent Missions of Argentina, Australia, Canada, New Zealand, Thailand and the United States*: Communication to the Permanent Mission of Hungary and to the Chairman of the Dispute Settlement Body, 27 March 1996, circul. as *Hungary – Export Subsidies in Respect of Agricultural Products*, Request for Consultations by Argentina, Australia, Canada, New Zealand, Thailand and the United States, WTO Doc. WT/DS35/1, 2 April 1996.

Korea – Telecommunications Procurement

— *Permanent Delegation of the European Commission/Permanent Mission of Korea*: Communication to the Dispute Settlement Body, 22 Oct. 1997, circul. as *Korea – Laws, Regulations and Practices in the Telecommunication Procurement Sector*, Notification of a Mutually Agreed Solution, WTO Doc. WT/DS40/2, 29 Oct. 1997.

Japan – Film

— *Shapiro, Ira S.*: Letter to MITI Vice-Minister *Yoshihiro Sakamoto* (21. Dec. 1995), in: Shapiro Letter in Kodak Case, Inside U.S. Trade (12 Jan. 1996), No. 3735.

— *Sakamoto, Yoshihiro*: Letter to Deputy USTR *Ira S. Shapiro* (5 Jan. 1996), in: Sakamoto Letter on Kodak Case, Inside U.S. Trade (12 Jan. 1996), No. 3736.

— *Permanent Mission of the United States*: Communication to the Permanent Mission of Japan and to the Dispute Settlement Body, 13 June 1996, circul. as *Japan – Measures Affecting Consumer Photographic Film and Paper*, Request for Consultations by the United States, WTO Doc. WT/DS44/1, 21 June 1996.

— *Permanent Mission of the United States*: Communication to the Permanent Mission of Japan, 8 July 1996, in: U.S. Letter on Film Consultations, Inside U.S. Trade (26 July 1996), No. 4530.

— *Permanent Mission of Japan*: Communication to the Permanent Mission of the United States, 9 Aug. 1996, in: Japanese Letter on Film Consultations, Inside U.S. Trade (30 Aug. 1996), No. 4660.

— *Permanent Mission of the United States*: Communication to the Permanent Mission of Japan, 21 Aug. 1996, in: U.S. Letter on Film Consultations, Inside U.S. Trade (30 Aug. 1996), No. 4659.

Japan – Distribution Services

— *Permanent Mission of the United States*: Communication to the Permanent Mission of Japan and to the Dispute Settlement Body, 13 June 1996, circul. as *Japan – Distribution Services*, Request for Consultations by the United States, WTO Doc. WT/DS45/1, 20 June 1996.

— *Permanent Mission of the United States*: Communication to the Permanent Mission of Japan and to the Dispute Settlement Body, 20 Sept. 1996, circul. as *Japan – Distribution Services*: Request for further Consultations by the United States, WTO Doc. WT/DS45/1/Add.1, 26 Sept. 1996.

Japan – Business Practices

— *Permanent Mission of the United States*: Communication to the Permanent Mission of Japan, 13 June 1996, circul. as *Japan – Business Practices Affecting Consumer Photographic Film and Paper*, Request for Consultations by the United States Pursuant to the Decision on "Restrictive Business Practices: Arrangement for Consultations", WTO Doc. WT/L/154, 26 June 1996.

— *Permanent Delegation of the European Commission*: Communication to the Permanent Missions of the United States and Japan, 5 July 1996, circul. as *Japan – Business Practices Affecting Consumer Photographic Film and Paper*: Communication from the European Communities, WTO Doc. WT/L/158, 11 July 1996.

— *Permanent Mission of Japan*: Communication to the Permanent Mission of the United States, 3 Oct. 1996, circul. as *United States – Business Practices Affecting Consumer Photographic Film and Paper*, Communication from Japan, WTO Doc. WT/L/180, 10 Oct. 1996.

Brazil – Autos

— *Permanent Mission of Japan*: Communication to the Permanent Mission of Brazil, 30 July 1996, circul. as *Brazil – Certain Automotive Investment Measures*, Request for Consultations by Japan, WTO Doc. WT/DS51/1, 6 Aug. 1996.

— *Permanent Mission of the United States*: Communication to the Permanent Mission of Brazil, 9 Aug. 1996, circul. as *Brazil – Certain Measures Affecting Trade and Investment in the Automotive Sector*, Request for Consultations by the United States, WTO Doc. WT/DS52/1, 6 Aug. 1996.

- *Permanent Mission of the United States*: Communication to the Permanent Mission of Brazil, 10 Jan. 1997, circul. as *Brazil – Certain Measures Affecting Trade and Investment in the Automotive Sector*, Request for Consultations by the United States, WTO Doc. WT/DS65/1, 17 Jan. 1997.
- *Permanent Delegation of the European Commission*: Communication to the Permanent Mission of Brazil, 7 May 1997, circul. as *Brazil – Certain Measures Affecting Trade and Investment in the Automotive Sector*, Request for Consultations by the European Communities, WTO Doc. WT/DS81/1, 20 May 1997.

Mexico – Customs Valuation

- *Permanent Delegation of the European Commission*: Communication to the Permanent Mission of Mexico, 27 Aug. 1996, circul. as *Mexico – Customs Valuation of Imports*, Request for Consultations by the European Communities, WTO Doc. WT/DS53/1, 9 Sept. 1996.

Australia – Import Credit Scheme

- *Permanent Mission of the United States*: Communication to the Permanent Mission of Australia, 7 Oct. 1996, circul. as *Australia – Textile, Clothing and Footwear Import Credit Scheme*, Request for Consultations by the United States, WTO Doc. WT/DS57/1, 9 Oct. 1996.

US – Shrimp

- *Permanent Mission of the Philippines*: Communication to the Permanent Mission of the United States and the Dispute Settlement Body, 25 Oct. 1996, circul. as *United States – Import Prohibition of Certain Shrimp and Shrimp Products*, Request for Consultations by the Philippines, WTO Doc. WT/DS61/1, 4 Nov. 1996.

US – Urea

- *Permanent Delegation of the European Commission*: Communication to the Permanent Mission of the United States, 28 Nov. 1996, circul. as *United States – Anti-dumping Measures on Imports of Solid Urea from the Former German Democratic Republic*, Request for Consultations by the European Communities, WTO Doc. WT/DS63/1, 9 Dec. 1996.

Japan –Pork

- *Delegation of the European Commission*: Communication to the Permanent Mission of Japan, 15 Jan. 1997, circul. as *Japan – Measures Affecting Imports of Pork*, Request for Consultations by the European Communities, WTO Doc. WT/DS66/1, 22 Jan. 1997.

Philippines – Pork and Poultry

- *Permanent Mission of the United States/Permanent Mission of the Philippines*: Communication, 12 March 1998, circul. as *Philippines – Measures*

Affecting Pork and Poultry, Notification of Mutually Agreed Solution, WTO Doc. WT/DS74/5, 13 March 1998.

US – Corn Brooms

— *Permanent Mission of Colombia*: Communication to the Permanent Mission of the United States, 28 April 1997, circul. as *United States – Safeguard Measure against Imports of Broom Corn Brooms*, Request for Consultations by Colombia, WTO Doc. WT/DS78/1, 1 May 1997.

Belgium – Telephone Services

— *Permanent Mission of the United States*: Communication to the Permanent Mission of Belgium, 2 May 1997, circul. as *Belgium – Measures Affecting Commercial Telephone Directory Services*, Request for Consultations by the United States, WTO Doc. WT/DS80/1, 13 May 1997.

Denmark – Intellectual Property Rights

— *Permanent Mission of the United States*: Communication to the Permanent Mission of Denmark and to the Dispute Settlement Body, 14 May 1997, circul. as *Denmark – Measures Affecting the Enforcement of Intellectual Property Rights*, Request for Consultations by the United States, WTO Doc. WT/DS83/1, 21 May 1997.

— *Permanent Mission of the United States/Permanent Mission of Denmark/Permanent Delegation of the European Commission*: Communication to the Chairman of the Dispute Settlement Body, 7 June 2001, circul. as *Denmark – Measures Affecting the Enforcement of Intellectual Property Rights*, Notification of Mutually Agreed Solution, WTO Doc. WT/DS83/2, 13 June 2001.

US – Textiles Apparel

— *Permanent Delegation of the European Commission/Permanent Mission of the United States*: Communication, 11 Feb. 1998, circul. as *United States – Measures Affecting Textiles Apparel Products*, Notification of Mutually Agreed Solution, WTO Doc. WT/DS85/9, 25 Feb. 1998.

US – Colour Televisions

— *Permanent Mission of Korea*: Communication to the Chairman of the Dispute Settlement Body, 15 Sept. 1998, circul. as *United States – Imposition of Anti-cumping Duties on Imports of Colour Television Receivers from Korea*, Communication from Korea, WTO Doc. WT/DS89/9, 18 Sept. 1998.

US – FSC

— *Permanent Delegation of the European Commission*: Communication to the Permanent Mission of the United States and to the Dispute Settlement Body, 18 Nov. 1997, circul. as *United States – Tax Treatment for "Foreign Sales Corporations"*, Request for Consultations by the European Communities, WT/DS108/1, 28 Nov. 1997.

— *Permanent Delegation of the European Commission*: Communication to the Permanent Mission of the United States and to the Dispute Settlement Body, 4 March 1998, circul. as *United States – Tax Treatment for "Foreign Sales Corporations"*, Request for Consultations by the European Communities, WT/DS108/1/Add.1, 12 March 1998.

Chile – Sugar

— *Permanent Mission of Colombia*: Communication to the Permanent Mission of Chile and to the Dispute Settlement Body, 15 March 2001, circul. as *Chile – Safeguard Measures and Modification of Schedules Regarding Sugar*, Request for Consultations by Colombia, WTO Doc. WT/DS228/1, 22 March 2001.

— *Permanent Mission of Colombia*: Communication to the Permanent Mission of Chile and to the Dispute Settlement Body, 17 April 2001, circul. as *Chile – Safeguard Measures and Modification of Schedules Regarding Sugar*, Request for Consultations by Colombia, WTO Doc. WT/DS230/1, 23 April 2001.

US – Steel Safeguards

— *Permanent Delegation of the European Commission*: Communication to the Chairman of the Dispute Settlement Body, 15 July 2002, circul. as *United States – Definitive Safeguard Measures on Imports of Certain Steel Products*: Procedural Agreement between the United States and China, the European Communities, Japan, Korea, New Zealand, Norway and Switzerland, WTO Doc. WT/DS248/13, WT/DS249/7, WT/DS251/8, WT/DS252/6, WT/DS253/6, WT/DS254/6 and WT/DS258/10, 22 July 2002.

US – Softwood Lumber IV

— *Permanent Mission of Canada*: Communication to the Permanent Mission of the United States and to the Dispute Settlement Body, 6 March 2002, circul. as *United States – Provisional Anti-dumping Measure on Imports of Certain Softwood Lumber from Canada*, Request for Consultations by Canada, WTO Doc. WT/DS247/1, 12 March 2002.

— *Permanent Mission of Canada*: Communication to the Permanent Mission of the United States and to the Dispute Settlement Body, 3 May 2002, circul. as *United States – Final Countervailing Duty Determination with Respect to Certain Softwood Lumber from Canada*, Request for Consultations by Canada, WTO Doc. WT/DS257/1, 13 May 2002.

Ad hoc Schiedsgerichte

Norwegian Shipowners' Claims (Norway v. United States of America), Award of the Tribunal of Arbitration under the Special Agreement of 30 June 1921, rendered on 13 Oct. 1922, in: RIAA 1 (1948), 307 ff.

Claim of Finnish Shipowners Against Great Britain in Respect of the Use of Certain Finnish Vessels During the War (Finland v. United Kingdom), Arbitral Award under the Special Agreement of 30 Sept. 1932, rendered on 9 May 1934, in: RIAA 3 (1949), 1479 ff.

The Ambatielos Claim (Greece v. United Kingdom), Award by the Commission of Arbitration established by the Agreement concluded 24 Feb. 1955, rendered on 6 March 1956, in: RIAA 12 (1963), 83 ff.

Lac Lanoux (Espagne c/ France), Sentence du Tribunal arbitral constitué en vertu du Compromis d'arbitrage du 19 nov. 1956, prononcée le 16 nov. 1957, in: RIAA 12 (1963), 281 ff.

Air Services Agreement of 27 March 1946 (France v. United States of America), Arbitral Award of 9 Dec. 1978, in: RIAA 18 (1978), 417 ff.

Difference Between New Zealand and France Concerning the Interpretation or Application of Two Agreements Concluded on 9 July 1986 Between the Two States and Which Related to the Problems Arising from the Rainbow Warrior *Affair* (New Zealand v. France), Decision of 20 April 1990, in: RIAA 20 (1990), 215 ff.

Contrat de prêt entre l'Italie et le Costa Rica (litige portant sur un recouvrement de credit) (Italie c/ Costa Rica), Sentence du Tribunal arbitral composé selon le Compromis arbitral du 11 sept. 1997, prononcée le 26 juin 1998, in: RIAA 25 (2006), 21 ff.

Gerichte der Europäischen Gemeinschaften/Union

Rs. C-191/82, *Fediol / Kommission*, 4 Dez. 1983, EuGH Slg. 1983, 2913 ff.

Gerichte Japans

Japan v. Idemitsu kosan, 985 Hanrei Jihô 3 (Tokyo High Ct. 26 Sept. 1980), *aff'd in part and rev'd in part*, 1108 Hanrei Jihô 3 (Sup.Ct. 24 Feb. 1984).

Gerichte der Vereinigten Staaten von Amerika

United States v. Schooner Peggy, 5 U.S. (1 Cr.) 103 (1801).

Murray v. Schooner Charming Betsy, 6 U.S. (2 Cr.) 64 (1804).

Foster v. Neilson, 27 U.S. (2 Pet.) 253 (1829).

The Cherokee Tobacco, 78 U.S. (11 Wall.) 616 (1871).

Head Money Cases (Edye v. Robertson), 112 U.S. 580 (1884).

Chew Heong v. United States, 112 U.S. 536 (1884).

Whitney v. Robertson, 124 U.S. 190 (1888).

Chinese Exclusion Case (Chae Chan Ping v. United States), 130 U.S. 581 (1889).

Cook v. United States, 288 U.S. 102 (1933).

United States v. Aluminium Co. of America (ALCOA), 148 F.2d 416 (2d Cir. 1945).

Diggs v. Shultz, 470 F.2d, 461 (D.C. Cir. 1972), *cert. denied*, 411 U.S. 931 (1973).

Consumers Union, Inc. v. Rogers, 352 F.Supp. 1319 (1973).

Saipan v. U.S. Dep't of the Interior, 502 F.2d 90 (9th Cir. 1974).

Timberlane Lumber Co. v. Bank of America, 549 F.2d 597 (9th Cir. 1976).

Sneaker Circus, Inc. v. Carter, 466 F.2d 396 (2d Cir. 1977).

Mannington Mills, Inc. v. Congoleum Corporation, 595 F.2d 1287 (3d Cir. 1979).

Sneaker Circus, Inc. v. Carter, 457 F.Supp. 771 (1978), *conf.*, 614 F.2d 1290 (1979).

In re Uranium Antitrust Litigation, 617 F.2d 1248 (7th Cir. 1980).

Hartford Fire Insurance Co. v. California, 11 S.Ct. 2891 (1993).

United States v. Eastman Kodak Co., 853 F.Supp. 1454 (W.D.N.Y. 1994), *aff'd*, 63 F.3d 95 (2d Cir. 1995).

United States v. Nippon Paper Industries Co. Ltd., 109 F.3d 1 (1st Cir. 1997), *cert. denied*, L.Ed. 2d 632, 118 S.Ct. 685 (1998).

Breard v. Greene, 523 U.S. 371 (1998).

In re Eastman Kodak Co., Case No. 12-10202, 2012 WL 2501071 (Bankr. S.D.N.Y. 2012).

Studien zum Internationalen, Europäischen und Öffentlichen Recht

Herausgegeben von Eibe Riedel

Band 1 Christian Jutzi: Das Brandwaffenprotokoll. Regelungen und Verbindlichkeit. 1997.

Band 2 Jutta Schumann: Faktische Gleichberechtigung. Die Grundgesetzerweiterung des Art. 3 II S. 2. 1997.

Band 3 Christian Keim: Der institutionelle Rahmen im Wettbewerbsrecht der Europäischen Union und mögliche Reformmodelle. Eine Darstellung des europäischen institutionellen Gefüges und eine Entwicklung eines neuen Modells durch Vergleich mit dem institutionellen Rahmen in den USA, Deutschland, Großbritannien und Frankreich. 1998.

Band 4 Andreas Torka: Nichtnavigatorische Wassernutzungen. Mechanismen der Internationalen Zusammenarbeit. Von der Konfrontation über die Kooperation zu koadministrativen Formen der Zusammenarbeit. 1999.

Band 5 Markus Reimann: Die nicht-navigatorische Nutzung internationaler Süßwasserressourcen im Umweltvölkerrecht. 1999.

Band 6 Felix William Stoecker: NGOs und die UNO. Die Einbindung von Nichtregierungsorganisationen (NGOs) in die Strukturen der Vereinten Nationen. 2000.

Band 7 Torsten Weigt: Die ökologische Aktion zur Vermeidung und Bekämpfung transnationaler Umweltkatastrophen. Ein Beitrag zu Möglichkeiten und Problemen der Durchsetzung umweltschützender Verpflichtungen im Völkerrecht. 2000.

Band 8 Markus Tjaden: Genanalyse als Verfassungsproblem. Zulässigkeit genanalytischer Anwendungen im Lichte von Menschenwürde und genetischem Selbstbestimmungsrecht. 2001.

Band 9 Thorsten Wagner: Funktion und praktische Auswirkungen der richterlichen Vorlagen an den Gerichtshof der Europäischen Gemeinschaften. Dargestellt an Beispielen aus der Rechtsprechung zur Anwendung und Auslegung der Richtlinie 77/187/EWG und deren Einfluss auf das deutsche Recht. 2001.

Band 10 Thomas F. Kremer: Die „wissenschaftliche Rechtsphilosophie“ Carl Magnus Bergbohms. Versuch einer analytisch-kritischen Rekonstruktion. 2001.

Band 11 Hüseyin Özcan: Rundfunkfreiheit in Deutschland und in der Türkei. Unter Berücksichtigung der Staatsferne des Rundfunks. 2002.

Band 12 Valentin Aichele: Nationale Menschenrechtsinstitutionen. Ein Beitrag zur nationalen Implementierung von Menschenrechten. 2003.

Band 13 Seong-Woo Ji: Die Ausgestaltung der Rundfunkfreiheit im dualen System. Eine rechtsvergleichende Untersuchung zum deutschen und koreanischen Verfassungsrecht. 2004.

Band 14 Andreas Blüthner: Welthandel und Menschenrechte in der Arbeit. The Compatibility of Human Rights at Work with the WTO-System. 2004.

Band 15 Christoph Steiner: Das Recht auf soziale Gesundheitsversorgung. Unter besonderer Berücksichtigung des Artikel 9 ICESCR. 2004.

Band 16 Joachim Spalcke: Arzneimittelzulassungsverfahren in der Europäischen Union und den Vereinigten Staaten von Amerika. Entwicklung und Harmonisierung. 2004.

Band 17 Bernd Neumann: Zeugnisverweigerungsrechte und strafprozessuale Ermittlungsmaßnahmen. 2005.

Band 18 Randolf Straky: Das Privatleben Prominenter als Verfassungsproblem. Ein Rechtsvergleich mit Frankreich und England unter Einbezug von Internetpublikationen. 2006.

Band 19 Fabian Böhm: Strukturen internationalen Subventionsrechts. EG-Beihilfenrecht und WTO-Subventionsrecht aus rechtsvergleichender Perspektive. 2007.

Band 20 Katharina Engbruch: Das Menschenrecht auf einen angemessenen Lebensstandard. Ernährung, Wasser, Bekleidung, Unterbringung und Energie als Elemente des Art. 11 (1) IPWSKR. 2008.

Band 21 Sandra Reinheimer: Das Verbindungskonzept der Bundeswasserstraßenverwaltung. 2008.

Band 22 Danny Reinhold: Der Schutz der Umwelt in der Binnenschifffahrt unter besonderer Berücksichtigung ausgewählter zukünftiger Handlungsansätze auf dem Weg zu einer ökologischen Binnenschifffahrtspolitik. 2009.

Band 23 Katrin Träbert: Sanktionen der Europäischen Union gegen ihre Mitgliedstaaten. Die Sanktionsverfahren nach Art. 228 Abs. 2 EGV und Art. 7 EUV. 2010.

Band 24 Ana Maria Suárez Franco: Die Justiziabilität wirtschaftlicher, sozialer und kultureller Menschenrechte. Eine Untersuchung über den aktuellen Zustand in Lateinamerika, unter Beachtung der völkerrechtlichen Menschenrechtsstandards. Kolumbien als Beispiel. 2010.

Band 25 Robert Kessel: Die Kontrolldichte der Normenkontrolle in Skandinavien aus deutscher Sicht. Eine rechtsvergleichende Untersuchung der richterlichen Überprüfung der Verfassungsmäßigkeit von Gesetzen in Dänemark, Norwegen und Schweden. 2011.

Band 26 Stephan Fehrentz: Rechtliche Grenzen von Privatisierungen im Strafvollzug. Unter besonderer Beachtung des Gesetzes über elektronische Aufsicht im Vollzug der Freiheitsstrafe. 2013.

Band 27 Anne-Kathrin Rühr: Instrumente des individuellen Grundrechtsschutzes in der Russischen Föderation. Eine rechtsvergleichende Betrachtung. 2016.

Band 28 Dennis-N. Warman: Energie als Menschenrecht. Ein Recht auf Zugang zur Grundversorgung mit Energie als Menschenrecht nach dem Internationalen Pakt über wirtschaftliche, soziale und kulturelle Rechte. 2017.

Band 29 Annika Bleier: Die extraterritoriale Anwendbarkeit der EMRK. Zugleich ein Beitrag zur menschenrechtlichen Verantwortlichkeit der Mitgliedstaaten für das transnationale Verhalten im Inland belegener Unternehmen. 2019.

Band 30 Marie Metzger: Verfassungs- und unionsrechtliche Grenzen von Maßnahmen zur Förderung der Geschlechtergleichstellung im Berufungsverfahren. 2020.

Band 31 Layla Kristina Jaber: Die Individualsanktionen des Sicherheitsrates der Vereinten Nationen und die Grund- und Menschenrechte aus der Europäischen Menschenrechtskonvention. 2020.

Band 32 Florent Duplouy: Die Verhandlung im Handelsstreit. Eine Untersuchung zum Vorverfahren im Streitbeilegungssystem der Welthandelsorganisation (WTO) am Beispiel der Sache *Kodak-Fujifilm*. 2021.

www.peterlang.com